2010年7月2日，中共中央政治局常委、国务院总理温家宝视察“三一重工”，亲切鼓励三一人把“三一重工”办成世界级企业。

2010年1月29日，中共中央政治局常委、全国政协主席贾庆林再度视察“三一重工”，勉励优秀中国特色社会主义建设者，保持荣誉，创造新的业绩。

2010年3月6日，中共中央政治局常委、国家副主席习近平参加十一届全国人大三次会议浙江代表团的审议。“南方水泥”党委副书记、常务执行副总裁张剑星代表向习近平副主席简要汇报了“南方水泥”的发展情况，并对习近平副主席在公司成立时专门发来贺信表示感谢。

2010年11月13日，中共中央政治局常委、中纪委书记贺国强（中），中纪委副书记黄树贤（右二）一行，在安徽省委书记张宝顺（右四）、省长王三运（右一）等陪同下，到安徽海螺集团视察。图为贺国强同海螺集团董事长郭文叁（右五）亲切握手。

2010年11月1日，中国建筑材料联合会会长张人为（前排左二），国务院国有重点大型企业监事会原主席乔龙德（前排左三）到安徽海螺集团考察。

2010年11月10日，全国人大常委会副委员长蒋树声率领全国人大常委会执法检查组来到天津振兴水泥有限公司，实地查看节能减排项目落实成果。

2010年11月22日，国务院国有重点大型企业监事会原主席乔龙德到中国水泥协会召开调研座谈会，就中国水泥协会工作情况进行全面、详细的了解。

2010年5月19日，国务院国有企业监事会主席罗汉等莅临“南方水泥”检查工作，对于公司央企市营的机制、联合重组的成长模式和“三五“管理模式给予了充分肯定。图为罗汉主席（右三）听取“南方水泥”总裁肖家祥（左一）汇报工作。

2010年1月8日，国家发改委等部门为“通达耐火”国家认定企业技术中心揭牌。

2010年3月30日，中国水泥协会六届三次理事大会暨行业形势报告会在北京召开。

2010年9月18日，由中国水泥协会和北京水泥行业协会联合主办的“在京水泥企业中秋联谊会”在北京召开。

2010年3月31日，由中国水泥协会和中国贸促会建材分会主办的主题为“推进低碳经济，转变发展方式”的中国国际水泥峰会在北京召开。

2010年3月20～24日，亚太地区清洁发展和气候伙伴关系（Asia Partnership on Clean Development and Climate）第8次APP水泥工作组会议在加拿大温哥华召开。由中国水泥协会秘书长孔祥忠为团长、中国建筑材料科学研究总院副院长隋同波等五名观察员组成的中国代表团参加了这次会议。

2010年5月8日，由中国水泥协会、水泥商情网和中国新型干法水泥生产技术培训中心联合主办、浙江锦城耐火材料有限公司独家冠名的“2010锦城耐火·首届中国水泥工业中控操作技能大比武”在全国开赛。

2010年5月9日，中国水泥协会会长雷前冶，副会长、秘书长孔祥忠一行应邀在上海世博园瑞典馆与阿特拉斯·科普柯集团高管进行了题为“助推中国水泥矿山转变增长方式”的高端对话。

2010年5月10日，中国水泥协会会长雷前冶一行在湖州南方水泥有限公司考察。

2010年8月7日，第三届中国水泥企业总工程师论坛暨全国水泥企业总工程师联合会年会在大连召开。图为获2010年优秀总工程师颁奖现场。

2010年8月18日，全国各省市区水泥协会秘书长联席会议在湖南长沙隆重召开。

2010年8月16日，中美政府项目合作会议在北京召开。

2010年8月12日，“台泥”收购“昌兴水泥”成功，在北京举办北京说明会。

2010年8月23日，中国西部水泥有限公司（陕西尧柏特种水泥有限公司）在香港联合交易所主板成功挂牌上市（股票代码：02233）。

2010年10月22日，雷前治会长一行冒雪考察圣彼得堡合肥院项目。

2010年10月27日，中国水泥协会代表团访问俄罗斯水泥协会及俄欧洲水泥集团。图为中国水泥协会代表团一行与俄罗斯水泥协会会长米凯尔先生（左四）合影。

2010年10月26日，中国水泥协会代表团参加俄罗斯国际水泥会议，就当今经济快速发展中的水泥工业，降低能源消耗和减少二氧化碳排放为主题进行交流和沟通。

2010年11月4日，南宁华润CSI培训如期召开。

2010年11月5日，中国建材联合会主办的建材工业“由大变强、靠新出强”发展战略回顾与展望座谈会在北京隆重举行。

2010年11月18日，广东水泥协会组织会员到日本太平洋水泥公司参观。

2010年12月31日，中国水泥协会在南京召开“长三角”水泥市场论坛。

《中国水泥年鉴》2011卷

协办单位

（排名不分先后）

中国联合水泥集团有限公司

冀东发展集团有限责任公司

北京金隅股份有限公司

拉法基瑞安水泥有限公司

华润水泥控股有限公司

新疆天山水泥股份有限公司

宁夏赛马实业股份有限公司

南方水泥有限公司

合肥水泥研究设计院

三一重工股份有限公司

徐工集团工程机械股份有限公司

中国水泥年鉴(2011)

China Cement Almanac

中国水泥协会　编

中国建材工业出版社

图书在版编目(C I P)数据

中国水泥年鉴. 2011/中国水泥协会编著. —北京:中国建材工业出版社,2012. 5
ISBN 978 - 7 - 5160 - 0148 - 6

Ⅰ. ①中…　Ⅱ. ①中…　Ⅲ. ①水泥工业—中国—2011—年鉴　Ⅳ. ①F426. 7 - 54

中国版本图书馆 CIP 数据核字(2012)第 075420 号

中国水泥年鉴(2011)

China Cement Almanac

中国水泥协会编

中国水泥年鉴(2011)
中国水泥协会编
责任编辑:贺　悦
出版发行:中国建材工业出版社
地　　址:北京市西城区车公庄大街 6 号
邮　　编:100044
经　　销:全国各地新华书店
印　　刷:北京宏伟双华印刷有限公司
开　　本:880mm × 1230mm
印　　张:35
字　　数:1200 千字
版　　次:2012 年 4 月第 1 版
印　　次:2012 年 4 月第 1 次
书　　号:ISBN 978 - 7 - 5160 - 0148 - 6
定　　价:580 元

本社网址:www. jccbs. com. cn
广告许可证:京西工商广字 8052
本书如出现印装质量问题,由中国水泥协会《年鉴》编辑部负责调换。联系电话:(010)57811171

编辑说明

《中国水泥年鉴》(下称《年鉴》)由中国水泥协会组织编纂,是一部全面反映中国水泥工业发展情况的史志性权威工具书,也是作为中国水泥行业面向国际市场敞开窗口、进行宣传交流的一个重要平台。《年鉴》(2011 卷)是对水泥行业"十一五"期间最后一年这一重要发展时期真实客观的历史记录。收录的内容自 2010 年 1 月至 2010 年 12 月 31 日止。

本《年鉴》2005 年创刊,至今连续出版 7 年,一直得到了国家有关政府部门和中国建材联合会领导的关注和支持,并联合全国各省市水泥协会、部分大型水泥企业和中国建材数量经济监理学会,在中国水泥协会的领导下共同进行编写工作。《年鉴》由中国水泥协会会长雷前治担任编委会主任,特邀请原中国建筑材料联合会会长张人为、原国家建材局局长王燕谋等 15 名行业专家及企业家作为高级顾问,中国水泥协会副会长、秘书长孔祥忠担任编委会常务副主任,中国水泥协会 28 位副会长担任编委会副主任,并特邀各省、区、市水泥协会、部分大型水泥集团、水泥院所的代表担任编委。

本《年鉴》内容共分七大篇章。第一篇是特载,主要介绍 2010 年国家出台的政策法规、地方政策,发表的重要文章、领导关怀、媒体关注及行业热点专题,从政策层面、不同角度阐述行业发展状况。第二篇是综述,反映 33 个省、市水泥工业概况,以便读者深入了解地方发展情况。第三篇是 2010 年公布的水泥行业标准、专利、科技成果。第四篇是先进集体及先进个人,以表彰 2010 年为中国水泥工业做出贡献的单位及个人。第五篇是企业篇,选择在行业内有影响力、技术先进、国家重点支持结构调整的部分大型水泥企业进行形象宣传,在行业史上记录领军企业的风采。同时,对 2010 年全国投产新型干法生产线、新建部分水泥生产线项目、余热发电项目,以及国外建设项目进行公布。第六篇是记事篇,详实记录水泥业 2010 年来国内发生的大事、要事,以及环球信息。第七篇是统计数据,准确统计了 2010 年中国水泥产品产量、进出口情况、产品价格、煤电购进价格、财务状况等数据及主要财务指标。

本《年鉴》中收录的全国各地水泥行业有关情况和统计数据,来源于各省、自治区、直辖市经贸委、建材行管办或水泥协会。某些主题和数据可能在不同部分和不同篇章中有所涉及,应综合对照才能更全面掌握有关情况。统计数据以中国建材数量经济监理学会提供材料为准。

本《年鉴》分部类、栏目、条目 3 个层次,根据资料分类的需要,在少数栏目下设有类目。条目为本年鉴的基本文献形式。条头一律用黑体字加"【】"表示。"★"表示本部分有注解说明。

本《年鉴》收集资料的范围是全国性的。暂未包括中国台湾省、香港特别行政区和澳门特别行政区。

本《年鉴》在搜集资料、编辑、整理、校对的过程中,承蒙编委会、特约编委、特约编辑及各地方行管办、水泥协会的大力支持和帮助,为本《年鉴》的出版做了大量的收录工作,在此谨致谢忱!

由于收录的资料繁杂,难免有所遗漏,望广大读者对本卷《年鉴》中的不足之处给予批评、指正!

《中国水泥年鉴》编辑部

2012 年 1 月 29 日

Editor Notes

Jan. 29. 2012

"Chinese Cement Almanac" (hereafter referred to as "Almanac") is a historic and authoritative reference book fully reflecting Chinese cement industry development organized and compiled by China Cement Association and it is also a window of Chinese cement industry open to international market and a great platform for propaganda and communication. "Almanac" (2011) is the real and objective historic record of cement industry in the vital developing period of the last year of "eleventh five – year" period. The recorded content started from January 2010 till Dec. 31, 2010.

The "Almanac" started publication in 2005 and has continued its publication for consecutive 7 years with all along care and support from relative state government sectors and leaders of Chinese Building Material Federation. It associates with each provincial and municipal cement association and some large cement enterprises as well as China Building Material Quantity Economy Supervision Association for the compilation together under the leadership of China Cement Association. Chairman Lei Qianzhi of China Cement Association assumes editing committee director of "Almanac"; 15 industrial experts and entrepreneurs such as Zhang Renwei – the chairman of China Building Material Federation and Wang Yanmou – the previous director of National Building Material Bureau were specially invited as senior advisors; Kong Xiangzhong – vice chairman and secretary general of China Cement Association assumes vice standing director of editing committee and 28 vice chairmen of China Cement Association assume vice directors of editing committee. It also specially invited representatives of provincial, regional and municipal cement associations and some large cement groups and cement institutes as members of editing committee.

The "Almanac" consists of seven chapters. Special edition Chapter 1 mainly introduces policy and law and regulations issued by the state in 2010, local policy, important articles published, leaders' care, media focus and special topic of industrial hotspot and it expounds industrial development status from policy level and different points of view. Chapter 2 is the summary, reflecting cement industry situation of 33 provinces and cities so as for readers to deeply understand local development. Chapter 3 is cement industrial standard, patent and technical achievement published in 2010. Chapter 4 is advanced collective and individuals so as to commend unit and individual with contribution to Chinese cement industry in 2010. Chapter 5 is for enterprises. It selects some large cement enterprises with influence in the industry, advanced technology and key state support for structure regulation for image propaganda so as to record the elegant demeanor of leading enterprises in industrial history. At the same time, it publishes the new pattern dry type production lines put into production in whole China, some newly built cement production line projects and power generation projects by remnant heat as well as foreign construction projects. Chapter 6 is event recording. It records in detail great domestic event and key event of cement industry in 2010 as well as global information. Chapter 7 is statistics, accurately counting such data as Chinese cement product output, import and export, product price, coal and electricity purchasing price, financial status as well as main financial index in 2010.

Relative status and statistics of local cement industry nationwide collected by the "Almanac" come from each provincial, autonomous regional and municipal economic and trade commission, building material administration or cement association. Some theme and data may be related in different parts and different chapters and it can master relative status more completely through comprehensive comparison. Material provided by China Building Material Quantity Economy Supervision Association should prevail for statistics.

The "Almanac" is divided to three levels of branch, column and entry and a few columns have subsections according to the need of data assortment. Entry is the basic literature format of this "Almanac". Head of the entry is all indicated by bold – face with "【】". "★" indicates annotation or note existing for the part.

Data collection scope of the "Almanac" is nationwide but it does not include that of Taiwan Province, Hong Kong SAR and Macao SAR for the time being.

The "Almanac" is indebted to great support and help from editing committee, specially arranged committee member, specially arranged editor and local administration and cement associations during its data collection, compilation, preparation and proofing that we hereby express our sincere thanks to their hard effort for the "Almanac" publication.

As datum to be collected is miscellaneous it is hard to avoid possible missing or omitting that all comments or corrections to the "Almanac" from broad readers would be much appreciated.

Newsroom of "Chinese Cement Almanac"

《中国水泥年鉴》(2011)
编委会和编辑部工作人员

编 委 会 主 任: 雷前治　中国建筑材料联合会副会长、中国水泥协会会长

高 级 顾 问: 张人为　王燕谋　李明豫　乔龙德　蒋明麟　李俭之　甘智和　唐明述
徐德龙　宋志平　谭仲明　郭文叁　李辛龙　胡中甲　高长明

编委会常务副主任: 孔祥忠　中国水泥协会副会长、中国水泥协会秘书长

编 委 会 副 主 任: 余　彪　中国水泥协会副会长、安徽海螺集团有限责任公司副总经理
张才奎　中国水泥协会副会长、山东山水水泥集团有限公司董事长、总经理
姚季鑫　中国水泥协会副会长、南方水泥有限公司党委书记、副董事长
李叶青　中国水泥协会副会长、湖北华新水泥股份有限公司总裁
张增光　中国水泥协会副会长、河北唐山冀东水泥股份有限公司党委书记、董事长
崔星太　中国水泥协会副会长、中国联合水泥集团有限公司党委书记、董事长
徐德复　中国水泥协会副会长、吉林亚泰集团副董事长
李建伦　中国水泥协会副会长、中国中材集团公司副总经理
姜德义　中国水泥协会副会长、北京金隅集团有限责任公司总经理
肖家祥　中国水泥协会副会长、河南天瑞集团公司总裁
章小华　中国水泥协会副会长、红狮控股集团有限公司董事长、总经理
杨　皓　中国水泥协会副会长、甘肃祁连山水泥集团股份有限公司董事长
徐惠明　中国水泥协会副会长、广东省梅州市塔牌集团有限公司总经理
韦　宁　中国水泥协会副会长、广西鱼峰集团有限公司董事长、党委书记
徐贵生　中国水泥协会副会长、江苏金峰水泥集团党委书记、董事长
牧　原　中国水泥协会副会长、内蒙古乌兰水泥集团有限公司副总经理
张丽荣　中国水泥协会副会长、新疆天山水泥股份有限公司总裁
姚　燕　中国水泥协会副会长、中国建筑材料集团总公司总经理
于兴敏　中国水泥协会副会长、天津水泥工业设计研究院有限公司董事长、总经理
王　伟　中国水泥协会副会长、中材国际工程股份有限公司总裁、董事
周海红　中国水泥协会副会长、法国拉法基水泥有限公司副总裁
缪建通　中国水泥协会副会长、南京建通水泥技术开发有限公司董事长
于　飞　中国水泥协会副会长、抚顺水泥股份有限公司董事长、总经理
徐永模　中国水泥协会副会长、中国建筑材料联合会国际合作部主任
曾学敏　中国水泥协会副会长、中国水泥协会矿山专业委员会主任
诸葛培智　中国水泥协会副会长、上海水泥行业协会会长
马泽民　中国水泥协会副会长、重庆水泥行业协会会长
王福江　中国水泥协会副会长、山东省建筑材料工业协会会长

2010 年水泥行业经济运行报告

中国水泥协会

2010 年是“十一五”的收官之年。五年间，水泥行业发展取得了令人欣喜的业绩，“十一五”时期，中国水泥工业跃上了一个新台阶。1.水泥投资大幅攀升——水泥建设的投资总额达 5 755 亿元，2010 年就接近2 000 亿元，“十一五”期间年平均投资 1 151 亿元，有 680 多条生产线建成投产。2.生产规模大型化——2010 年底建成投产的新型干法生产线近 1 300 条，其中日产 4 000 吨规模及以上的生产线将有 400 多条，熟料产能占到新型干法总量的 60% 以上。3.水泥产量稳步增长——2010 年全国水泥产量将达 18.7 亿吨，五年的时间共生产了 75 亿吨水泥，年平均增长 11.7%，建国以来 60 年共生产了 180 余亿吨水泥，几乎占 60 年的 40%。4.淘汰取得重大进展——五年间累计关停落后水泥熟料产能 4.34 亿吨。产业集中度大幅提高——2010 年 60 家年生产能力在 500 万吨以上的水泥企业集团熟料产量已经占总产量的半数以上，前 20 家年生产能力千万吨的企业集团则控制了熟料产量的 45%。5.节能减排成效显著——2010 年水泥行业能耗总量预计 1.65 亿吨标准煤，五年年平均增长 7.6%；万元增加值综合能耗预计 8.2 吨标准煤，比 2005 年下降 41%，万元增加值二氧化碳排放强度下降 35%。2010 年吨水泥综合能耗预计将下降到 97.6 千克标准煤，比 2005 年下降 24.6%，年平均下降 5.5%。6.产业延伸成新亮点——诸多大企业纷纷投资和收购水泥混凝土搅拌站、水泥机械、城市垃圾处理等新产业，在延伸产业链方面有了新的突破。

2010 年尽管遇到拉闸限电、原材料价格上扬等从紧的外部环境，但行业依然保持了旺盛需求，水泥利润总额、销售利润都大幅高于上年水平。水泥产量继续创新高，规模以上企业达到 18.7 亿吨。四季度水泥投资速度明显放缓，说明遏制产能过剩已经取得了明显成效。

一、宏观经济：政策拉动效应弱化　发展趋于稳定

国家的 4 万亿投资刺激政策在 2010 年仍有持续效应，基础设施建设有所延续，但拉动力量弱化，固定资产投资增速大幅下滑；而房地产投资逆势飘红，扭转了连续两年的增速低谷，大力拉升。

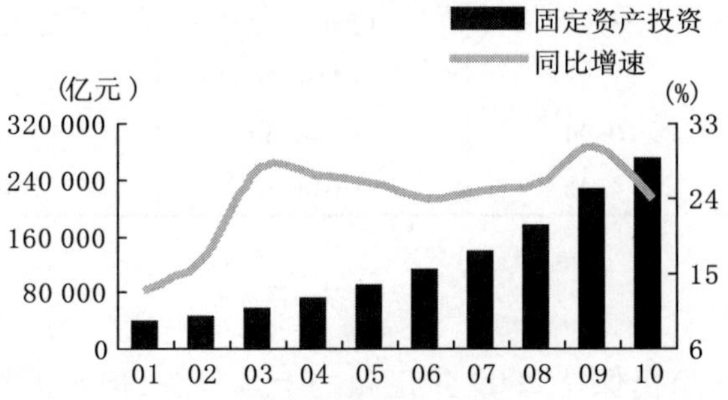

历年全国固定资产投资

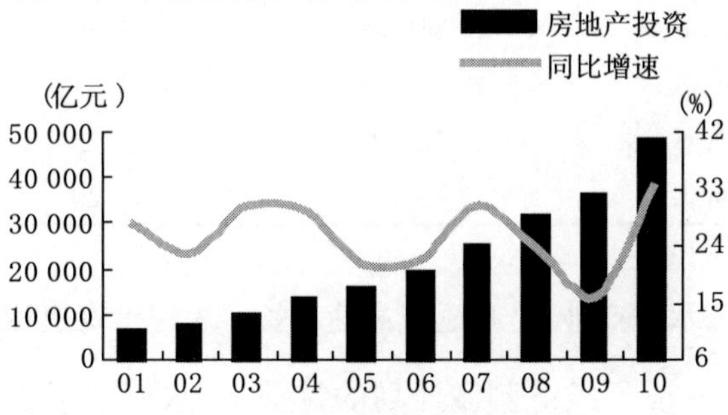

历年全国房地产投资

(一)固定资产投资:投资增速明显回调

2010 年,城镇固定资产投资仍保持平稳较快的增长,累计完成投资 270 251 亿元,但同比增速明显下滑,为 24.40%,回落至 2003 年以来的最低点,较 2009 年同期的同比增速降低 5.7 个百分点。

从各区域看:六大区域的固定资产投资均出现不同程度的增速下滑,特别是 2009 年增速排名靠前的西南、华北更是出现明显的增速回落;西北仍保持较为强劲的投资,同比增长 29.21%,较全国平均水平高出 5 个多百分点,但基数小;投资比重最大的华东地区固定资产投资较为稳定,同比增速为 22.55%,居六大区最末。

2010 年 1~12 月固定资产投资

单位:亿元

地区	2010 年 1~12 月			2009 年 1~12 月	
	固定资产投资	同比增长(%)	比重(%)	固定资产投资	比重(%)
全国	270 251.99	24.40	100.00	217 411.09	100.00
华北	40 908.67	23.38	15.14	33 155.66	15.25
东北	29 985.11	30.23	11.10	23 023.95	10.59
华东	90 048.34	22.55	33.32	73 476.27	33.80
中南	58 329.04	25.50	21.58	46 478.28	21.38
西南	27 868.33	23.29	10.31	22 603.68	10.40
西北	16 438.06	29.21	6.08	12 722.40	5.85

* 上表投资未含农村农户固定资产投资

(二)房地产投资:投资大幅增长　增速继续高攀

2010 年,全国累计房地产投资额 48 267 亿元,扭转了 2008 年、2009 年连续两年增速下滑的势头,自低谷反弹,达到 33.2%,与上年同期相比提升 17.1 个百分点,达到了近五年来的最高。"史上最严厉房产新政"的"新国十条"的实施并没有对房地产投资的发展造成实质性的影响,原因在于:一是本轮调控的目的在于"抑制房价过快上涨",政策针对的是住宅类房地产及房价上涨过快、过高的地区,而不是抑制房地产的投资;二是在政府的主导下,保障性住房、棚户区改造类建设会出现实质性的高速增长,就统计数据来看,这部分房产投资已经弥补了政策所可能造成的影响。

2010 年 1~12 月房地产投资

单位:亿元

地区	2010 年 1~12 月			2009 年 1~12 月	
	房地产投资	同比增长(%)	比重(%)	房地产投资	比重(%)
全国	48 267.07	33.20	100.00	36 231.71	100.00
华北	7 744.81	31.65	16.05	5 882.83	16.24
东北	5 229.89	32.04	10.84	3 960.82	10.93
华东	17 341.83	34.19	35.93	12 923.47	35.67
中南	10 535.43	33.33	21.83	7 901.76	21.81
西南	5 280.98	33.75	10.94	3 948.53	10.90
西北	2 134.13	32.20	4.42	1 614.30	4.46

二、水泥产业:产量延续高速增长　水泥投资迅速降温

在一揽子经济刺激计划的拉动下,水泥产量在 2010 年仍保持 2009 年迅猛的上升势头,但水泥投资在 38 号文的限制下,增速迅速下降。

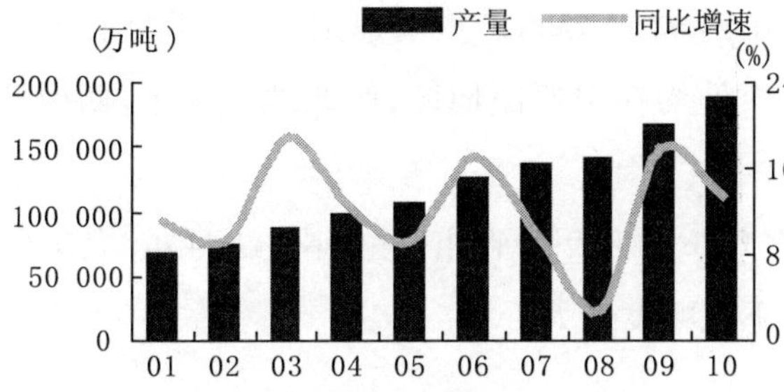

全国水泥产量

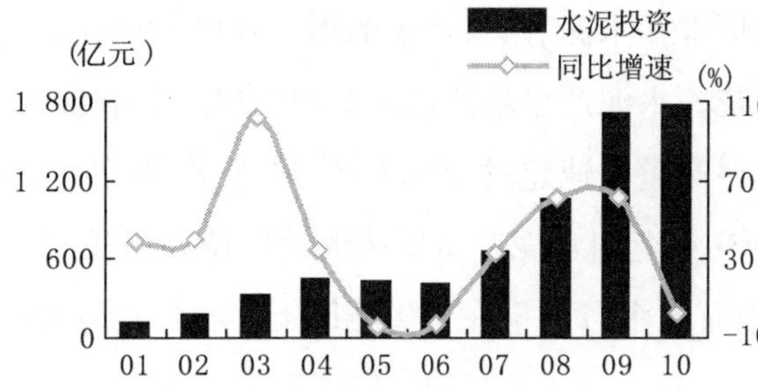

历年全国水泥投资

(一)水泥产量:仍保持两位数高速增长

2010 年延续了 2009 年扭转金融危机水泥产量增速大幅下挫的势头,在对 4 万亿投资的基础设施建设延续的乐观希望拉动下,2010 年全国规模以上企业累计水泥产量已达 18.7 亿吨,同比增速仍保持在 15.5% 的高速增长。2010 年生产熟料 11.52 亿吨,熟料占水泥产量比重 61.67%,比上年下降了近 3 个百分点。

2010 年 1 ~ 12 月全国水泥产量 **单位:万吨**

地区	2010 年 1 ~ 12 月			2009 年 1 ~ 12 月	
	产量	同比增长(%)	比重(%)	产量	比重(%)
全国	186 795.70	15.54	100.00	161 672.53	100.00
华北	23 121.06	20.02	12.38	19 264.03	11.92
东北	12 258.84	15.31	6.56	10 631.47	6.58
华东	62 230.21	6.81	33.31	58 261.11	36.04
中南	49 420.05	13.90	26.46	43 388.33	26.84
西南	27 344.97	35.31	14.64	20 209.48	12.50
西北	12 420.56	25.23	6.65	9 918.11	6.13

从各区域看:西部地区仍保持产量的上升势头,西南同比增长 35.3%,西北同比增长 25.23%,是六大区中水泥增速最快的两个区域,特别是西南地区,水泥产量占全国比重从 2009 年的 12.5% 提高到 14.6%;其余四个区域的产量增速出现不同幅度的放缓,而备受关注的华东,是此轮限电力度最大地区,增速从 2009 年的两位数增长下滑至单位数增长,占全国比重减少了近 3 个百分点。

从省份来看:江苏、安徽两省分别在水泥、熟料产量夺冠,山东、四川列第二、第三。有七个省份水泥产量超过 1 亿吨,安徽熟料产量逼近 1 亿吨。

水泥产量 **单位:亿吨,%**

地区	2010	2009	增速
全国	18.68	16.17	15.54
江苏省	1.56	1.44	8.35
山东省	1.47	1.39	5.77
四川省	1.32	0.88	49.51
河北省	1.26	1.08	16.36
广东省	1.15	1.01	14.52
河南省	1.15	1.17	-1.70
浙江省	1.13	1.07	5.37

熟料产量 **单位:亿吨,%**

地区	2010	2009	增速
全国	11.52	10.43	10.45
安徽省	0.98	0.95	3.99
山东省	0.86	0.78	11.07
四川省	0.85	0.59	44.33
广东省	0.83	0.77	7.80
河南省	0.60	0.63	-4.54

四川省在水泥、熟料产量的增长速度均列榜首,海南、山西水泥、熟料产量增速第二,贵州两项产量增速都列探花。水泥产量增速超过20%的有13个省份,除天津外均在中西部地区,西北地区4个,西南地区3个。熟料产量增速超过20%的有11个省份,西南地区4个。

2010年全国水泥产量增速继续保持高增长,增速低于10%的有9个省市,除河南、江西外,均在东部地区,其中有4个省产量在1亿吨以上,受世博会影响,上海下跌幅度最大。

水泥产量 单位:亿吨,%

地区	2010	2009	增速
全国	18.68	16.17	15.54
四川省	1.32	0.88	49.51
海南省	0.13	0.09	38.85
贵州省	0.37	0.27	37.75
黑龙江	0.35	0.26	35.58
甘肃省	0.24	0.18	33.24
青海省	0.08	0.06	32.97
湖北省	0.90	0.68	32.90
山西省	0.33	0.25	29.58
内蒙古	0.54	0.42	29.05
宁夏区	0.14	0.11	28.76
重庆市	0.46	0.36	26.38
陕西省	0.55	0.44	23.92
天津市	0.08	0.07	21.87

熟料产量 单位:亿吨,%

地区	2010	2009	增速
全国	11.52	10.43	10.45
四川省	0.85	0.59	44.33
山西省	0.22	0.16	37.96
贵州省	0.29	0.21	37.05
甘肃省	0.18	0.14	32.22
重庆市	0.33	0.25	30.95
西藏区	0.02	0.02	29.99
青海省	0.05	0.04	28.75
黑龙江	0.15	0.12	23.41
宁夏区	0.10	0.08	22.33
内蒙古	0.29	0.24	22.15
湖北省	0.47	0.39	20.24

(二)水泥投资:新建产能严卡 水泥投资增速大幅放缓

在国家对新建产能的严卡下,水泥投资增长迅速回落,2010年全国水泥累计投资1 754亿元,同比增长仅为3.19%。

从各区域看:西南、中南和华东均出现负增长,特别是西南地区,水泥投资从上年同期的130.03%下降到-13.21%;水泥投资增速排名前两位的华北、西北投资增速分别为35.56%、26.7%。

2010年1~12月水泥投资 单位:亿元

地区	2010年1~12月			2009年1~12月	
	水泥投资	同比增长(%)	比重(%)	水泥投资	比重(%)
全国	1 754.91	3.19	100.00	1 700.72	100.00
华北	303.67	35.56	17.30	224.01	13.17
东北	139.55	19.38	7.95	116.89	6.87
华东	336.02	-0.09	19.15	336.31	19.77
中南	430.04	-2.22	24.51	439.81	25.86
西南	352.48	-13.21	20.09	431.25	25.36
西北	193.16	26.70	11.01	152.46	8.96

从各省市情况来看，四川、河北、湖南三省的水泥固定资产投资额均超过 100 亿元，河北省是 10 大水泥投资省市中增长最为强劲的一个省份，同比增速为 56.6%；而四川则呈现快速“退热”态势，同比减少 36.6%；湖北、浙江、安徽等 11 个省也处于同比增速负增长态势。

三、经济指标：各项指标均处较高水平

2010 年全行业收入、利润、毛利率等指标，均处在较高水平。尤其是利润总额达到历史新高的 712 亿元。从区域表现上看，前期较差的华东地区“咸鱼翻身”，价格创历史新高，众多水泥企业大幅度盈利。

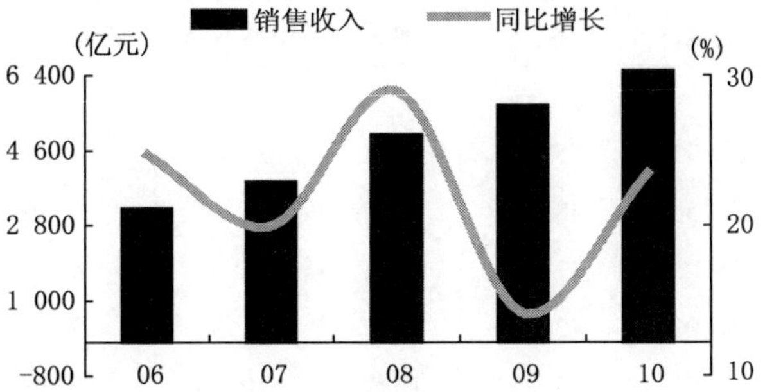

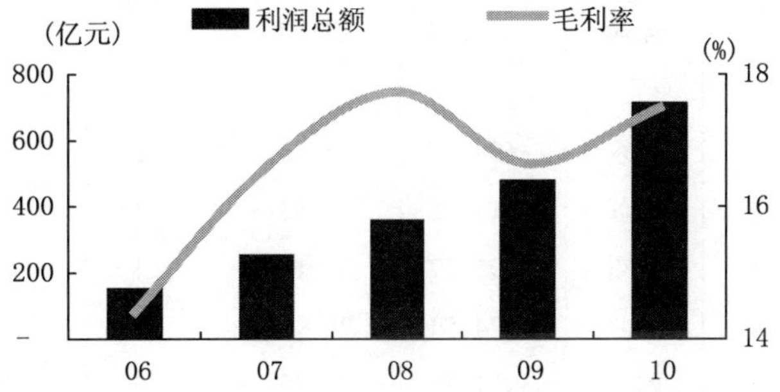

数据来源：中国水泥协会 · 数字水泥

“十一五”全国水泥主要经济指标

年度	水泥销售收入		水泥利润总额		毛利率(%)
	销售收入(亿元)	同比增长(%)	利润总额(亿元)	同比增长(%)	
2006	3 217	24.73	150	86.81	14.40
2007	3 859	19.97	251	67.02	16.61
2008	4 977	28.97	356	41.87	17.74
2009	5 684	14.19	478	34.23	16.65
2010	7 019	23.50	712	48.91	17.49

数据来源：中国水泥协会 · 数字水泥

销售收入：增速大幅增长，西北增速最高，华东增幅变化明显。

1～12 月，水泥行业实现销售收入 7 019 亿元，同比增长 23.50%，增速较 2009 年同期上涨了 9.31 个百分点。

从各个区域来说，东北同比增长最快，达到 31.7%，收入权重最大的华东地区，增速明显提高，从 2009 年的增速 4.58% 直接提升到 17%，这一改变，是全国收入大幅增长的主要原因。

2010 年水泥销售收入 单位：亿元

地区	2009		2010		增速增减(%)
	销售收入	增速(%)	销售收入	增速(%)	
全国	5 684	17.21	7 019	23.50	6.30
华北	661	33.38	849	28.45	-4.92
东北	499	22.98	657	31.70	8.72
华东	2 031	4.58	2 377	17.01	12.43
中南	1 484	18.09	1 838	23.85	5.76
西南	686	34.89	877	27.85	-7.03
西北	322	34.99	421	30.74	-4.24

数据来源：中国水泥协会 · 数字水泥

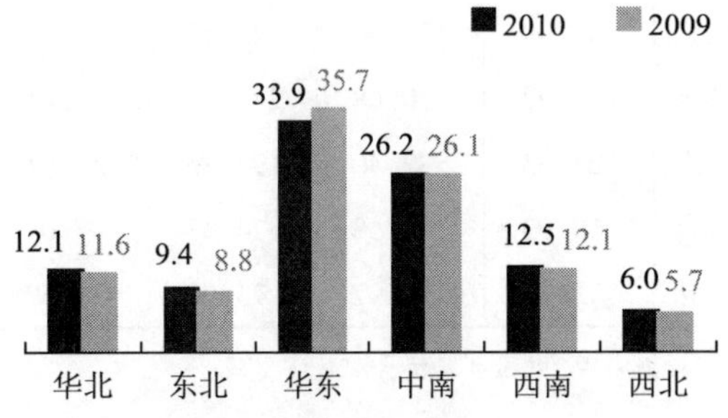

2010 年水泥销售收入份额（%）

数据来源：中国水泥协会 · 数字水泥

销售收入额前10的地区也是产量前十的地区，山东继续领衔收入第一，达到638亿元，江苏省位居第二，为517亿。

从销售收入增速看，黑龙江是增长最快省份，达到55%。上海、北京收入负增长，主要是淘汰落后，水泥产量下降导致。其余省份收入都为正增长，比上年部分省份负增长的情况，有了明显的改观。

2010年水泥销售收入排名

排名	地区	销售收入	增长(%)
	全国	7 019.44	23.50
1	山东	638.07	6.76
2	江苏	517.75	16.83
3	广东	495.72	35.17
4	河北	474.54	28.91
5	四川	471.71	29.86
6	河南	418.34	7.16
7	浙江	405.27	24.66
8	安徽	346.78	31.55
9	湖北	321.85	22.47
10	吉林	314.19	30.22

2010年水泥销售收入增速排名　　单位：亿元

排名	水泥销售收入增速排名(前10)			水泥销售收入增速排名(后10)		
	地区	销售收入	增速(%)	地区	销售收入	增速(%)
1	黑龙江	132.95	55.96	上海	30.84	-3.69
2	山西	94.50	48.44	北京	33.60	-0.30
3	海南	56.29	47.56	山东	638.07	6.76
4	青海	27.03	42.72	河南	418.34	7.16
5	天津	27.65	38.25	西藏	10.75	7.86
6	新疆	95.09	37.92	江西	231.57	16.74
7	甘肃	83.83	36.02	江苏	517.75	16.83
8	广西	241.93	35.24	重庆	132.14	20.11
9	广东	495.72	35.17	福建	206.34	20.56
10	宁夏	46.46	34.90	辽宁	210.26	21.79

数据来源：中国水泥协会·数字水泥

（二）利润总额：大幅提高　水泥又一个丰收年

2010年，继续延续上年高增长，全国水泥行业利润总额又创历史新高，达到712亿元，超出2009年同期233亿元，同比增长48.91%。

从地区利润贡献来看，华东地区贡献了241亿的利润，同比增长83%。从份额来看，华东地区贡献了33.9%的利润份额，比2009年提高了6.3%，逆转了长期以来华东地区只有量而没有效益的尴尬境地。中南地区贡献了193亿，同比增长52%，两个地区利润总和占全国超过60%。而上年为54%。

2010年水泥利润总额　　单位：亿元

地区	2009		2010		增速增减(%)
	利润总额	增速(%)	利润总额	增速(%)	
全国	478.28	39.04	712.20	48.91	9.87
华北	57.09	81.24	84.48	47.97	-33.27
东北	39.09	135.34	43.51	11.32	-124.03
华东	131.97	-0.68	241.78	83.21	83.89
中南	127.03	32.40	193.85	52.61	20.21
西南	69.93	40.68	74.87	7.07	-33.62
西北	53.18	93.97	73.71	38.59	-55.39

数据来源：中国水泥协会·数字水泥

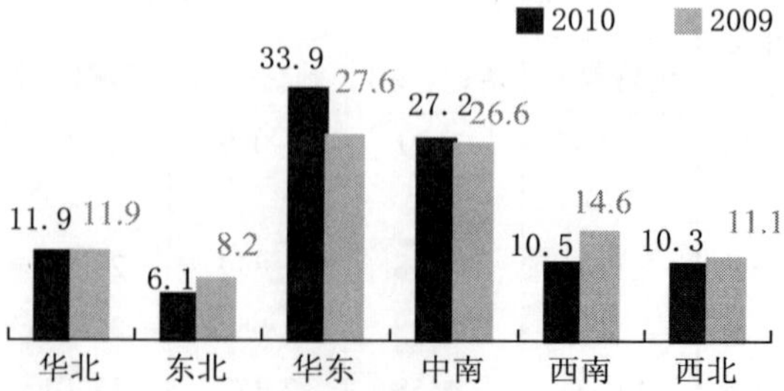

2010年利润总额份额（%）

数据来源：中国水泥协会·数字水泥

利润总额排名前10位的地区对全国利润总额贡献率达到65%。山东仍然是利润大省，利润总额64亿元，较上年同期增加了近17亿元。

四川由于新产能集中投放，价格下滑，利润总额已经从上年排名第二滑落到今年的第五。

利润增加明显的地区分别是浙江、安徽、广东、江苏、广西、山东和河北，这些省份比上年同期利润增长均超过 15 亿元，值得关注的是这 7 个地区有 5 个地区直接受益于“限电”。尤其是浙江省，在限电前(8 月份利润总额)还在利润前十名外，而到了限电后(11 月份)又重新回到前十，位居第 8 位。

2010 年度水泥利润总额排名

单位：亿元

排名	水泥利润总额排名(后 10)			水泥利润总额排名(前 10)		
	地区	利润总额	上年同期	地区	利润总额	上年同期
1	山东	64.75	47.41	天津	1.60	0.57
2	河北	54.86	37.91	上海	1.99	1.18
3	安徽	54.38	29.52	西藏	2.74	2.08
4	广东	50.96	28.31	贵州	3.16	3.50
5	四川	44.62	48.08	山西	3.18	-2.01
6	江苏	43.99	21.71	北京	4.02	4.15
7	河南	43.57	33.79	青海	5.32	3.22
8	浙江	39.84	14.11	宁夏	8.59	8.90
9	广西	39.14	17.76	海南	8.79	5.44
10	陕西	30.07	19.42	重庆	8.91	8.31

数据来源：中国水泥协会·数字水泥

(三)毛利率、销售利润率双双提升

1~12 月，全国水泥产业销售毛利率继续保持逐年递增的趋势，较上年同期上升了 0.84 个百分点，为 17.49%。

从省份来看，四川、吉林、重庆是毛利率下降最快的两个省，下降超过了 3 个百分点。宁夏、陕西和甘肃三省虽然毛利率水平均有不同程度的下降，但毛利率水平位居全国前列，依旧是利润回报较好的区域。

2010 年度水泥毛利率排名

排名	毛利率排名(前 10)				毛利率排名(后 10)			
	地区	毛利率(%)	上年同期(%)	同比增长百分点	地区	毛利率(%)	上年同期(%)	同比增长百分点
	全国	17.49	16.65	0.84				
1	西藏	32.04	30.88	1.15	天津	8.77	9.86	-1.08
2	青海	30.65	31.27	-0.62	福建	11.69	9.80	1.89
3	甘肃	29.39	31.15	-1.77	上海	12.58	9.79	2.78
4	宁夏	29.33	31.45	-2.12	吉林	12.63	16.09	-3.46
5	新疆	27.62	26.47	1.15	山西	13.32	10.10	3.22
6	广西	23.45	18.33	5.13	辽宁	13.85	14.81	-0.97
7	陕西	23.24	25.29	-2.05	北京	13.95	16.97	-3.03
8	海南	22.90	22.36	0.54	贵州	14.36	16.65	-2.30
9	安徽	22.26	18.39	3.87	浙江	14.83	10.24	4.59
10	河北	20.18	18.58	1.60	广东	15.40	14.19	1.21

数据来源：中国水泥协会·数字水泥

四、水泥出口增长、熟料出口下降

中国自2008年后水泥及熟料出口逐年下降,2010年开始好转,出口量略有回升,2010年中国水泥及熟料出口共计1 616万吨,同比增长3.5%,其中水泥出口982万吨,熟料出口633万吨。

2010水泥及熟料出口情况

品种	累计出口量		累计出口额		平均离岸价格(美元/吨)	
	数值(万吨)	增速(%)	金额(万美元)	增速(%)	2010.12	2009.12
水泥	982.71	15.80	49 607.51	16.56	50.48	50.15
其中:硅酸盐水泥	964.46	16.13	45 904.91	15.79	47.60	47.74
白水泥	8.68	34.85	828.85	19.53	95.49	107.73
水凝水泥	4.35	-46.28	544.92	19.65	125.31	56.26
矾土水泥	5.21	43.32	2 328.83	31.94	446.67	485.17
水泥熟料	633.55	-11.08	22 699.48	-13.23	35.83	36.72

2010年是水泥高供给、高需求的一年,总产量和利润总额均高于预期,这首先得益于国家的宏观调控,在保证经济平稳较快发展的前提下,全社会固定资产投资增速仍然保持在23.8%的高位,总体保持了市场对水泥的高需求状态。第二是得益于淘汰水泥落后产能步伐的加快,国发[2009]38号文、国发[2010]7号文以及国家发改委、工信部有相关文件的发布使淘汰水泥落后产能的力度空前加大,约有1亿吨的落后产能被公示淘汰,为市场腾出了空间。第三是国发[2009]38号文的下达扼制了水泥投资热,使产能过剩现象受到抑制。虽然这种影响更多地会在今后表现出来,但在项目清理中,对违规项目、资金不足仓促上马项目的停建缓建已对今年的市场产生了积极作用。

Economic Operation Report of Cement Industry 2010

China Cement Association

The year 2010 is the ending year of "Eleventh Five - year Plan". During the five years, cement industry development harvested delighted achievement and Chinese cement industry has leaped to a new level in the "Eleventh Five - year Plan" period. 1. The investment of cement rose by large extent - the total investment of cement building reached RMB 575.5 billion; investment in 2010 was close to RMB 200 billion; the average yearly investment during "Eleventh Five - year Plan" is RMB 115.1 billion with more than 680 production lines put into production. 2. Production scale is being larger - the new type dry process production lines put into production by the end of 2010 approached 1 300, where more than 400 production lines are of or above the daily production scale of 4 000 tons. The clinker capacity accounted for more than 60% of total new type dry process amount. 3. Stable growth of cement output - the national cement output in 2010 would reach 1.87 billion tons. It produced total 7.5 billion tons of cement in the five years with average yearly growth of 11.7%, compared with total over 18 billion tons of cement over past 60 years since the founding of the country, the number accounted for about 40% of the output of 60 years. 4. Important progress for elimination - it shutdown or closed the backward cement clinker capacity of 0.434 billion tons in all in the five years. Industrial concentration by large extent - the clinker output of 60 cement enterprise groups with the capacity of over 5 million tons in 2010 has accounted for more than half of the total output; the top 20 enterprise groups with capacity of tens of millions of tons have controlled 45% of clinker output. 5. Significant achievement in energy saving and emission reduction - the total energy consumption of cement industry in 2010 predicted at 0.165 billion tons of standard coal with average annual growth of 7.6% in five years. The comprehensive energy consumption of added value of RMB 10 000 predicted at 8.2 tons of standard coal, a drop of 41% than that of 2005. The comprehensive energy consumption of emission strength of carbon dioxide was reduced by 35%. The comprehensive energy consumption of per ton cement in 2010 predicted to drop to 97.6 kg. of standard coal, a drop of 24.6% than that of 2005, with an average annual drop of 5.5%. 6. Industrial extension becoming new highlight - many large enterprises invested and purchased such new industry as concrete mixing station, cement machine and urban rubbish treatment with new breakthrough in industrial extending chain.

Although the year 2010 encountered such constrained external environment as power restriction and price rise of raw material, the industry maintained thriving demand and both total cement profit and sale profit were much higher than that of the year before. Cement output continued to break new height and the above - scale enterprises reached 1.87 billion tons. The investment speed of cement in the fourth quarter experienced evident slowdown, indicating the evident effect attained by restricting overcapacity.

1. Macro economy: the policy pulling effect weakens and development tends to be stable

The investment stimulating policy of RMB 4 trillion by the state still had continued effect in 2010, the infrastructure building continued in some way but the pulling force weakened and the growing speed of investment of fixed assets dropped by large extent. Whereas, the investment of real estates thrived against the momentum and it retorted the low speed trend of two years with powerful rise.

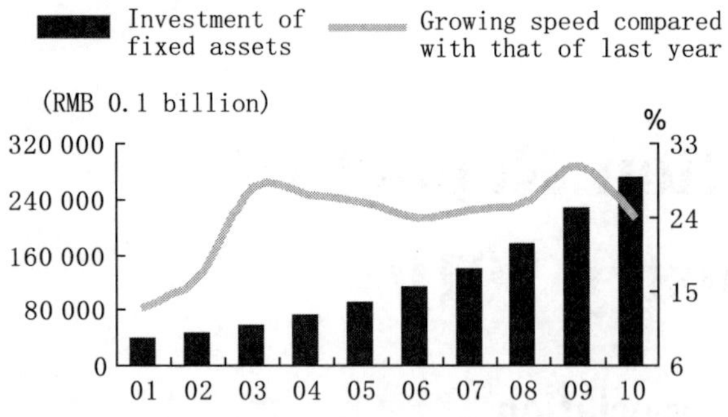

National investment of fixed assets in past years

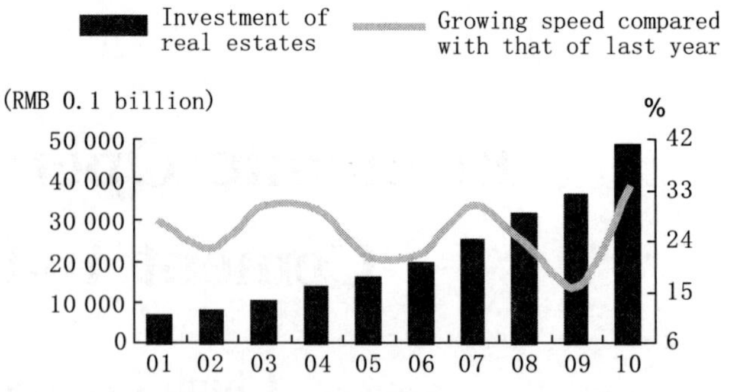

National investment of real estates in past years

(1) Investment of fixed assets: significant downward adjustment of growing investing speed

In 2010, the fixed assets investment of city and town still maintained stable and relatively fast growth with total investment accomplishment of RMB 27 025.1 billion. But the growing speed of 24.40% dropped evidently compared with that of the year before, dropping to the lowest point since the year 2003, a drop of 5.7 percentage point compared with the same period of 2009.

Investment of fixed assets in 1 ~ 12, 2010 **Unit: RMB 0.1 billion**

Region	1 ~ 12, 2010			1 ~ 12, 2009	
	Investment of fixed assets	Growth compared with that of last year (%)	Proportion (%)	Investment of fixed assets	Proportion (%)
State	270 251.99	24.40	100.00	217 411.09	100.00
North China	40 908.67	23.38	15.14	33 155.66	15.25
Northeast	29 985.11	30.23	11.10	23 023.95	10.59
East China	90 048.34	22.55	33.32	73 476.27	33.80
Mid - south	58 329.04	25.50	21.58	46 478.28	21.38
Southwest	27 868.33	23.29	10.31	22 603.68	10.40
Northwest	16 438.06	29.21	6.08	12 722.40	5.85

* The above table does not include investment of fixed assets by rural farmers

Viewing from each region: The fixed assets investment of six large regions all showed downward growing speed of different extent, especially the significant drop of growing speed in southwest and north China, which ranked at the top in growing speed drop in 2009. Northwest still kept quite strong investment with growth of 29.21% compared with that of the year before and 5 percentage points more than the average national level but with small cardinal number. The fixed assets investment of east China region with the biggest investment proportion was relatively stable with growing speed of 22.55% compared with that of the year before, ranking the last of the six large regions.

(2) Investment of real estates: Investment growth by large extent, continued rise of growing speed

The accumulated national real estates investment in 2010 was RMB 4 826.7 billion, which retorted the downward trend of growing speed in successive two years of 2008 and 2009 and rebounded to reach 33.2%. It rose by 17.1 percentage points compared with same period of last year to reach the top of recent five years. The implementation of "Newly ten national regulations" of the "severest new real estates policy in history" did not bring substantive effect to the development of real estates investment. It is because: on the one hand, the aim of the regulation this time is to "restrain rapid rise of house price". The policy aimed at regions with the rapid and high rise of housing real estates and house price but not to restrain investment of real estates. On the other hand, under the guidance of government, the affordable house and shelter area modification construction will show substantive and fast growth. Judging from the statistics, this portion of real estates investment has made up the effect that might be caused by the policy.

Investment of real estates in 1 ~ 12, 2010 **Unit: RMB 0.1 billion**

Region	1 ~ 12, 2010			1 ~ 12, 2009	
	Investment of real estates	Growth compared with that of last year (%)	Proportion (%)	Investment of real estates	Proportion (%)
State	48 267.07	33.20	100.00	36 231.71	100.00
North China	7 744.81	31.65	16.05	5 882.83	16.24
Northeast	5 229.89	32.04	10.84	3 960.82	10.93
East China	17 341.83	34.19	35.93	12 923.47	35.67
Mid - south	10 535.43	33.33	21.83	7 901.76	21.81
Southwest	5 280.98	33.75	10.94	3 948.53	10.90
Northwest	2 134.13	32.20	4.42	1 614.30	4.46

2. Cement industry: output continues high - speed growth and cement investment cools rapidly

With the pulling effect of package economic stipulating plan, cement output still kept the rapid rising trend of 2009 in 2010 but the growing speed of cement investment experienced certain decline with the restriction of Document No. 38.

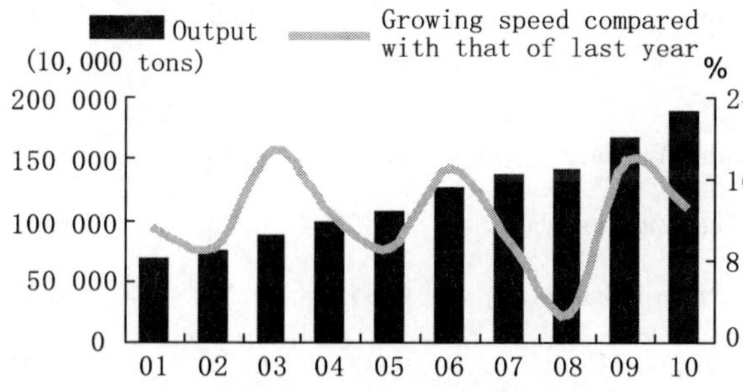

National cement output

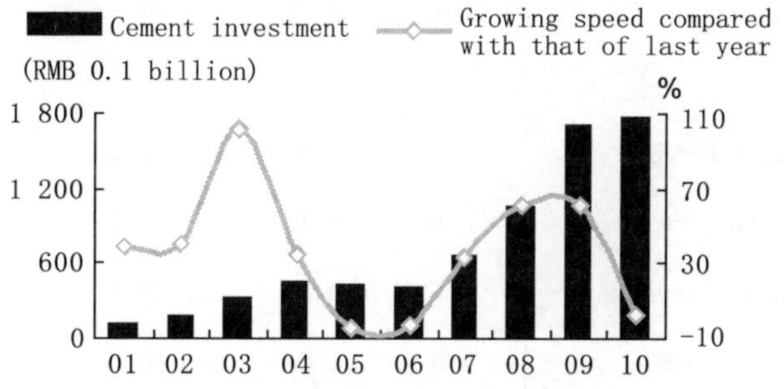

National cement investment in past years

(1) Cement output: Still keeping double - digit rapid growth

The year 2010 continued the trend of the year 2009 retorting the cement output growth declining by large extent caused by financial crises. With the optimistic and hopeful pulling effect of continued infrastructure construction of RMB 4 trillion investment, the cement output of national above - scale enterprises in 2010 reached 1.87 billion tons, a rapid growing speed still keeping at 15.5% compared with that of last year. It produced 1.152 billion tons of clinker in 2010 which accounts for the proportion of 61.67% of cement output, a drop of near 3 percentage points compared with last year.

National cement output in 1 ~ 12, 2010 **Unit: 10,000 tons**

Region	1 ~ 12, 2010			1 ~ 12, 2009	
	Output	Growth compared with that of last year (%)	Proportion (%)	Output	Proportion (%)
State	186 795.70	15.54	100.00	161 672.53	100.00
North China	23 121.06	20.02	12.38	19 264.03	11.92
Northeast	12 258.84	15.31	6.56	10 631.47	6.58
East China	62 230.21	6.81	33.31	58 261.11	36.04
Mid - south	49 420.05	13.90	26.46	43 388.33	26.84
Southwest	27 344.97	35.31	14.64	20 209.48	12.50
Northwest	12 420.56	25.23	6.65	9 918.11	6.13

Viewing from each region: West region still maintained the rising trend of output. The southwest grew by 35.3% compared with that of last year and northwest grew by 25.23% compared with that of last year and they were the rapidest two regions of cement growing speed in the six regions. The proportion of cement output of southwest region, especially, increased from 12.5% of 2009 to 14.6%. The output growing speed of remaining four regions showed slowdown of different extent. East China attracted most attention as it was the region under severest power restriction of this round, with growing speed dropping from the double - digit growth in 2009 to single digit growth and proportion in the country reducing about 3 percentage points.

Viewing from provinces: Jiangsu and Anhui provinces both took the first place respectively in cement and clinker and Shandong and Sichuan ranked at the second and the third places. Seven provinces had cement output over 0.1 billion tons and the clinker output of Anhui approached 0.1 billion tons.

Cement output **Unit: 0.1 billion tons**

Region	2010	2009	Growing speed
State	18.68	16.17	15.54
Jiangsu Province	1.56	1.44	8.35
Shandong Province	1.47	1.39	5.77
Sichuan Province	1.32	0.88	49.51
Hebei Province	1.26	1.08	16.36
Guangdong Province	1.15	1.01	14.52
Henan Province	1.15	1.17	-1.70
Zhejiang Province	1.13	1.07	5.37

Clinker output **Unit: 0.1 billion tons**

Region	2010	2009	Growing speed
State	11.52	10.43	10.45
Anhui Province	0.98	0.95	3.99
Shandong Province	0.86	0.78	11.07
Sichuan Province	0.85	0.59	44.33
Guangdong Province	0.83	0.77	7.80
Henan Province	0.60	0.63	-4.54

Sichuan Province ranked the first in growing speed of both cement and clinker output and Hainan and Shanxi ranked the second in cement and clinker output; Guizhou ranked the third place in growing speed of both outputs. There are 13 provinces with growing speed of cement output over 20% and they are all in middle and west region except Tianjin, 4 in northwest region and 3 in southwest region. There are 11 provinces with growing speed of clinker output over 20%, 4 in southwest region.

The growing speed of national cement output in 2010 maintained high growth. There were 9 provinces with growing speed lower than 10% and they are all in east region except Henan and Jiangxi. Of which, the output of 4 provinces was over 0.1 Billion tons and Shanghai had the biggest declining extent because of the World Expo impact.

Cement output Unit: 0.1 billion tons

Region	2010	2009	Growing speed
State	18.68	16.17	15.54
Sichuan Province	1.32	0.88	49.51
Hainan Province	0.13	0.09	38.85
Guizhou Province	0.37	0.27	37.75
Heilongjiang Province	0.35	0.26	35.58
Gansu Province	0.24	0.18	33.24
Qinghai Province	0.08	0.06	32.97
Hubei Province	0.90	0.68	32.90
Shanxi Province	0.33	0.25	29.58
Nei Menggu	0.54	0.42	29.05
Ningxia	0.14	0.11	28.76
Chongqing	0.46	0.36	26.38
Shaanxi Province	0.55	0.44	23.92
Tianjin	0.08	0.07	21.87

Clinker output Unit: 0.1 billion tons

Region	2010	2009	Growing speed
State	11.52	10.43	10.45
Sichuan Province	0.85	0.59	44.33
Shanxi Province	0.22	0.16	37.96
Guizhou Province	0.29	0.21	37.05
Gansu Province	0.18	0.14	32.22
Chongqing	0.33	0.25	30.95
Xizang	0.02	0.02	29.99
Qinghai Province	0.05	0.04	28.75
Heilongjiang Province	0.15	0.12	23.41
Ningxia	0.10	0.08	22.33
Nei Menggu	0.29	0.24	22.15
Hubei Province	0.47	0.39	20.24

(2) Cement investment: Strict restriction of newly built capacity, slowdown of growing speed of cement investment by large extent

With the strict restriction of newly built capacity by the state, the growing speed of cement investment dropped rapidly. The accumulated national cement investment in 2010 was RMB 175.4 billion, a growth of only 3.19% compared with that of last year.

Cement investment in 1 ~ 12, 2010 Unit: RMB 0.1 billion

Region	1 ~ 12, 2010			1 ~ 12, 2009	
	Cement investment	Growth compared with that of last year (%)	Proportion (%)	Cement investment	Proportion (%)
State	1 754.91	3.19	100.00	1 700.72	100.00
North China	303.67	35.56	17.30	224.01	13.17
Northeast	139.55	19.38	7.95	116.89	6.87
East China	336.02	-0.09	19.15	336.31	19.77
Mid - south	430.04	-2.22	24.51	439.81	25.86
Southwest	352.48	-18.27	20.09	431.25	25.36
Northwest	193.16	26.70	11.01	152.46	8.96

Viewing from each region: Southwest, middle south and east China all showed negative growth. The cement investment of southwest region, especially, dropped from 130.03% of the same period of the year before to -13.21%. The investment growing speed of north China and northwest, which ranked at the top two places of growing speed of cement investment was 35.56% and 26.7% respectively.

Viewing from the situation of each province and city, the fixed assets investment of cement in three provinces of Sichuan, Hebei and Hunan all exceeded RMB 10 billion. Hebei province is the strongest province of growth in the 10 large cement investing provinces with growing speed of 56.6% compared with that of last year. Whereas, Sichuan showed rapid trend of "slowdown", a decline of 36.6% compared with that of last year. 11 provinces such as Hubei, Zhejiang and Anhui were also in the trend of negative growth compared with that of last year.

3. Economic index: Each index is all in the relatively good level.

In 2010, the revenue, profit and gross profit of whole industry are all in the relatively good level. The total amount of profit, especially, reached the new historic height of RMB 71.2 billion. Judging from regional result, the relatively poor region of east China in the past "re - energized" with price reaching new historic height and many cement enterprises making big profit.

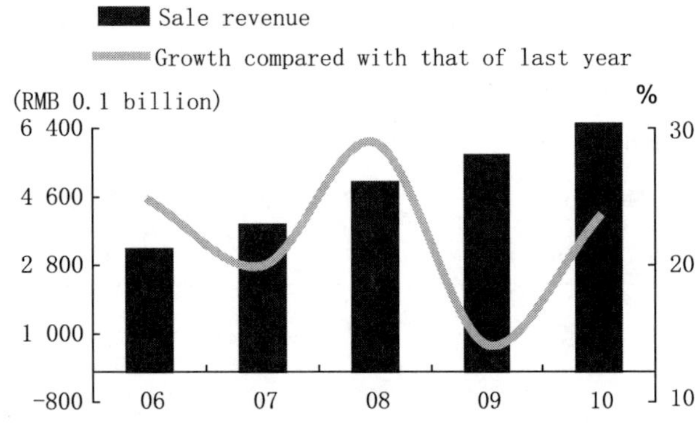

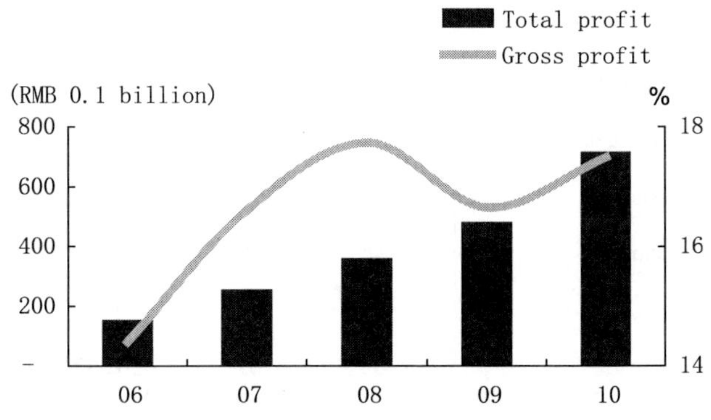

Data source: China Cement Association - Digital Cement

Sale revenue: Growing speed increased by large extent, ranking the first in northwest, evident change for growth extent in east China

Main economic index of national cement during "Eleventh Five - year Plan"

Year	Cement sale revenue (RMB 0.1 billion)		Total cement profit (RMB 0.1 billion)		Gross profit (%)
	Sale revenue (RMB 0.1 billion)	Growth compared with that of last year (%)	Total cement profit (RMB 0.1 billion)	Growth compared with that of last year (%)	
06	3 217	24.73	150	86.81	14.40
07	3 859	19.97	251	67.02	16.61
08	4 977	28.97	356	41.87	17.74
09	5 684	14.19	478	34.23	16.65
10	7 019	23.50	712	48.91	17.49

Data source: China Cement Association - Digital Cement

Cement industry realized sale revenue of RMB 701.9 billion from January to December, a growth of 23.50% compared with that of last year and the growing speed rose by 9.31 percentage points compared with same period of 2009.

Judging from each region, the growth of northeast was the fastest compared with that of last year, reaching 31.7%. The growing speed of east China region with the biggest proportion increased evidently from 4.58% in 2009 to 17% directly. This change comes mainly because of the big growth extent of national revenue.

Cement sale revenue in 2010 Unit: RMB 0.1 billion

Region	2009		2010		Change of growing speed (%)
	Sale revenue	Growing speed (%)	Sale revenue	Growing speed (%)	
State	5 684	17.21	7 019	23.50	6.30
North China	661	33.38	849	28.45	-4.92
Northeast	499	22.98	657	31.70	8.72
East China	2 031	4.58	2 377	17.01	12.43
Mid - south	1 484	18.09	1 838	23.85	5.76
Southwest	686	34.89	877	27.85	-7.03
Northwest	322	34.99	421	30.74	-4.24

Data source: China Cement Association - Digital Cement

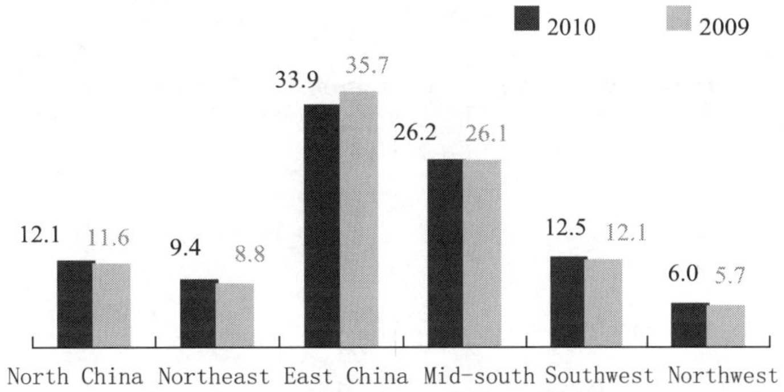

Share of cement sale revenue in 2010

Data source: China Cement Association - Digital Cement

The top ten regions of sale revenue amount are also the top 10 regions with output. Shandong continues to take the lead in revenue, reaching RMB 63.8 billion and Jiangsu Province takes the second place with RMB 51.7 billion.

For growing speed of sale revenue, Heilongjiang is the fastest province, reaching 55%. Shanghai and Beijing have negative revenue growth mainly because of eliminating backward capacity and declined cement output. Other provinces all showed positive growth which is of significant improvement compared with the negative growth status of some provinces in the first half of the year.

Ranking of cement sale revenue in 2010

Ranking	Region	Sale revenue	Growth (%)
	State	7 019.44	23.50
1	Shandong	638.07	6.76
2	Jiangsu	517.75	16.83
3	Guangdong	495.72	35.17
4	Hebei	474.54	28.91
5	Sichuan	471.71	29.86
6	Henan	418.34	7.16
7	Zhejiang	405.27	24.66
8	Anhui	346.78	31.55
9	Hubei	321.85	22.47
10	Jilin	314.19	30.22

Ranking of cement sale revenue growing speed in 2010 Unit: RMB 0.1 billion

Ranking	Ranking of cement sale revenue growing speed (top ten)			Ranking of cement sale revenue growing speed (last ten)		
	Region	Sale revenue	Growing speed (%)	Region	Sale revenue	Growing speed (%)
1	Heilongjiang	132.95	55.96	Shanghai	30.84	-3.69
2	Shanxi	94.50	48.44	Beijing	33.60	-0.30
3	Hainan	56.29	47.56	Shandong	638.07	6.76
4	Qinghai	27.03	42.72	Henan	418.34	7.16
5	Tianjin	27.65	38.25	Xizang	10.75	7.86
6	Xinjiang	95.09	37.92	Jiangxi	231.57	16.74
7	Gansu	83.83	36.02	Jiangsu	517.75	16.83
8	Guangxi	241.93	35.24	Chongqing	132.14	20.11
9	Guangdong	495.72	35.17	Fujian	206.34	20.56
10	Ningxia	46.46	34.90	Liaoning	210.26	21.79

Data source: China Cement Association - Digital Cement

(2) Total profit: Increase by large extent, another harvest year for cement

The year 2010 continued the high growth of the year before and the total profit of national cement industry hit historic new height, reaching RMB 71.2 billion which exceeded the same period of 2009 by RMB 23.3 billion, a growth of 48.91% compared with that of the year before.

Judging from regional profit contribution, east China region contributed profit of RMB 24.1 billion, a growth of 83% compared with that of the year before. Judging from the share, east China region contributed profit share of 33.9%, an increase of 6.3% compared with that of 2009 which reversed the long - time embarrassed situation of only quantity but no benefit in east China region. Middle south region contributed RMB 19.3 billion, a growth of 52% compared with that of the year before. The total profit of both regions accounted for over 60% of that of the whole country whereas it was 54 % the year before.

Total profit of cement in 2010 **Unit: RMB 0.1 billion**

Region	2009		2010		Change of growing speed (%)
	Total profit	Growing speed (%)	Total profit	Growing speed (%)	
State	478.28	39.04	712.20	48.91	9.87
North China	57.09	81.24	84.48	47.97	-33.27
Northeast	39.09	135.34	43.51	11.32	-124.03
East China	131.97	-0.68	241.78	83.21	83.89
Mid - south	127.03	32.40	193.85	52.61	20.21
Southwest	69.93	40.68	74.87	7.07	-33.62
Northwest	53.18	93.97	73.71	38.59	-55.39

Data source: China Cement Association - Digital Cement

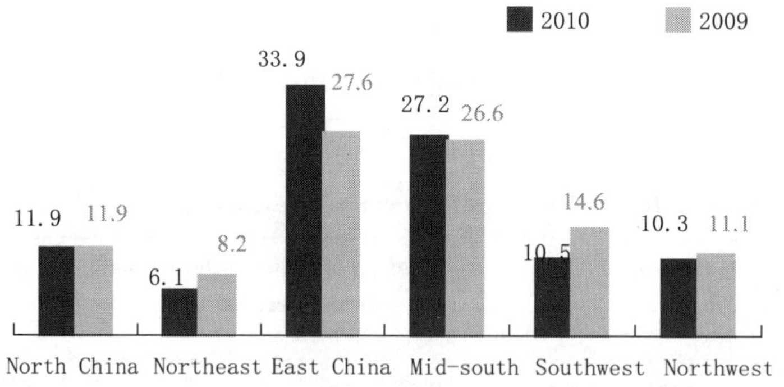

Share of total profit in 2010

Data source: China Cement Association - Digital Cement

The regions with total profit ranking at the top 10 places contributed up to 65% to total national profit. Shandong was still a big profit making province with total profit of RMB 6.4 billion, an increase of about RMB 1.7 billion compared with the same period of last year.

Because of concentrated input of new capacity with lowering price, the total profit of Sichuan dropped from the second place of last year to the fifth of this year.

The regions with significant profit growth are Zhejiang, Anhui, Guangdong, Jiangsu, Guangxi, Shandong and Hebei. Compared with the same period last year, profit growth of these provinces exceeds RMB 1.5 billion. What is worth attention is that 5 of the 7 regions are directly under the "power restriction". Zhejiang Province, especially, ranked after top ten places in profit (total profit of August) before power restriction but came back to top ten and ranked at the eighth after power restriction (November).

Ranking of total profit of cement in 2010 Unit: RMB 0.1 billion

Ranking	Ranking of total profit of cement (top ten)			Ranking of total profit of cement (last ten)		
	Region	Total profit	Same period last year	Region	Total profit	Same period last year
1	Shandong	64.75	47.41	Tianjin	1.60	0.57
2	Hebei	54.86	37.91	Shanghai	1.99	1.18
3	Anhui	54.38	29.52	Tibet	2.74	2.08
4	Guangdong	50.96	28.31	Guizhou	3.16	3.50
5	Sichuan	44.62	48.08	Shanxi	3.18	-2.01
6	Jiangsu	43.99	21.71	Beijing	4.02	4.15
7	Henan	43.57	33.79	Qinghai	5.32	3.22
8	Zhejiang	39.84	14.11	Ningxia	8.59	8.90
9	Guangxi	39.14	17.76	Hainan	8.79	5.44
10	Shaanxi	30.07	19.42	Chongqing	8.91	8.31

Data source: China Cement Association – Digital Cement

(3) Increase of both gross profit rate and sale profit rate

The gross profit rate of national cement industry continued to keep the increasing trend on a yearly basis from January to December with an increase of 17.49%, rising by 0.84 percentage point compared with the same period last year

Judging from provinces, Sichuan, Jilin and Chongqing are provinces with the quickest drop of gross profit rate, the decline of over 3 percentage points. Although the gross profit rate level of the three provinces of Ningxia, Shannxi and Gansu dropped by different extent, their gross profit rate level ranked at the front of the country. They were still the relatively good regions in profit return.

Ranking of gross profit rate of cement in 2010

Ranking	Ranking of gross profit rate of cement (top ten)				Ranking of gross profit rate of cement (last ten)			
	Region	Gross profit rate (%)	Same period last year (%)	Growth compared with that of last year Percentage point	Region	Gross profit rate (%)	Same period last year (%)	Growth compared with that of last year Percentage point
	State	17.49	16.65	0.84				
1	Xizang	32.04	30.88	1.15	Tianjin	8.77	9.86	-1.08
2	Qinghai	30.65	31.27	-0.62	Fujian	11.69	9.80	1.89
3	Gansu	29.39	31.15	-1.77	Shanghai	12.58	9.79	2.78
4	Ningxia	29.33	31.45	-2.12	Jilin	12.63	16.09	-3.46
5	Xinjiang	27.62	26.47	1.15	Shanxi	13.32	10.10	3.22
6	Guangxi	23.45	18.33	5.13	Liaoning	13.85	14.81	-0.97
7	Shaanxi	23.24	25.29	-2.05	Beijing	13.95	16.97	-3.03
8	Hainan	22.90	22.36	0.54	Guizhou	14.36	16.65	-2.30
9	Anhui	22.26	18.39	3.87	Zhejiang	14.83	10.24	4.59
10	Hebei	20.18	18.58	1.60	Guangdong	15.40	14.19	1.21

Data source: China Cement Association – Digital Cement

4. Growth of cement export, decline of clinker export

The export of cement and clinker of China declined year after year since 2008 and it turned for better starting from 2010 with a little rise of export amount. Cement and clinker export of China in 2010 was total 16. 16 million tons, a growth of 3. 5% compared with that of last year where export of cement was 9. 82 million tons and export of clinker was 6. 33 million tons.

Cement and clinker export status in 2010

Type	Total export quantity		Total export amount		Average FOB price (USD/Ton)	
	Value (10,000 tons)	Growing speed (%)	Sum (USD 10,000)	Growing speed (%)	2010. 12	2009. 12
Cement	982. 71	15. 80	49 607. 51	16. 56	50. 48	50. 15
Where: Portland cement	964. 46	16. 13	45 904. 91	15. 79	47. 60	47. 74
White cement	8. 68	34. 85	828. 85	19. 53	95. 49	107. 73
Hydraulic cement	4. 35	-46. 28	544. 92	19. 65	125. 31	56. 26
Bauxite cement	5. 21	43. 32	2 328. 83	31. 94	446. 67	485. 17
Clinker	633. 55	-11. 08	22 699. 48	-13. 23	35. 83	36. 72

The 2010 was the year of high supply and high demand for cement with total output and total profit both exceeding expectation and this benefited firstly from the macro regulation of the state. Under the precondition of ensuring stable and relatively fast development of economy, the growing speed of the fixed assets investment of whole society still maintained at the high level of 23. 8% and it kept the high demand status of the market to cement in general. Secondly, it benefited from the speeding - up of eliminating the backward cement capacity. The document No. [2009] 38, document No. [2010] 7 issued by the state and relative documents from National Development and Reform Commission and Ministry of Industry and Information made the force of eliminating the backward cement capacity stronger in an unprecedented manner and about 100 million tons of backward capacity were eliminated in publicity which made room for the market. Thirdly, the document No. [2009] 38 issued by the state curbed the cement investment heat and restrained the phenomenon of overcapacity. Although such effect will show up more in the future, the cessation and postponing of the projects not complying with regulation or projects building in haste with inadequate fund during the project rectification have already played an active role in the market this year.

目　录

Content

第一篇　特载

Chapter I Special Edition

第二篇 综述

Chapter II. Summary

第三篇 标准、专利、科技成果

Chapter III. Standard, Patent and Technical Achievement

第四篇 先进集体及先进个人

Chapter IV. Advanced Collective and Individuals

第五篇　企业篇

Chapter V. Enterprises

第六篇　记事篇

Chapter VI. Record of Events

第七篇　统计数据

Chapter VII.　Statistics

第一篇

特载

中共中央、国务院关注水泥工业

政策法规

地方政策

领导关怀

媒体关注

重要文章

中共中央、国务院关注水泥工业

CPC Central Committee and State Council care about cement industry

2010年

国务院将淘汰落后产能纳入地方政绩考核

State Council incorporates backward capacity elimination into local political achievement assessment

1月20日，国务院总理温家宝主持召开国务院常务会议，研究部署加强淘汰落后产能工作。会议指出，加快淘汰落后产能是转变经济发展方式、提高经济增长质量和效益、有效应对国际金融危机的迫切要求，也是推进节能减排、积极应对全球气候变化的需要。会议对电力、煤炭、建材等重点行业淘汰落后产能提出了具体目标任务。一要严格市场准入。二要充分运用市场机械。三要加大执法处罚力度。四要完善政策激励机制。五要加强监督检查。六要依法依规妥善安置职工。

国务院常务会议研究部署进一步贯彻落实重点产业调整和振兴规划

Executive meeting of State Council studies and deploys further implemenation of key industrial structuring and revitalization plan

2月24日 国务院总理温家宝就主持召开国务院常务会议，研究部署进一步贯彻落实重点产业调整和振兴规划，将中央政治局会议精神落到实处。

会议指出，面对国内外环境变化的新形势，必须牢牢抓住调整结构、转变发展方式这一重点，进一步加大工作力度，充实完善政策措施，加快体制机制创新，全面贯彻实施好产业调整和振兴规划，力争在提高产业发展的质量和效益上取得新的突破性进展。压缩和疏导过剩产能，加快淘汰落后产能，引导产业健康发展。坚决控制钢铁、水泥、电解铝、焦炭、电石等行业产能总量。强化安全、环保、能耗、质量等指标的约束作用，提高落后产能企业和项目使用能源、资源、环境、土地的成本。此外，要着力推进企业兼并重组，提高产业集中度和企业竞争能力。抑制产能过剩，提高产业集中度。

习近平副主席和张剑星代表亲切交谈

Vice Chairman Xi Jinping talks cordially with delegate Zhang Jianxing

3月6日，中共中央政治局常委、国家副主席习近平参加十一届全国人大三次会议浙江代表团的审议。“南方水泥”党委副书记、常务执行副总裁张剑星代表向习近平副主席简要汇报了“南方水泥”的发展情况，并对习近平副主席在公司成立时专门发来贺信表示感谢。习近平副主席高兴地说：“对‘南方水泥’的快速成长表示祝贺，愿公司取得更大的发展。”

中共中央政治局常委李长春见证“中材国际”签约欧洲最大的水泥熟料生产线

CPC political bureau standing Committee member Li Changchun witnesses the contract signing of the biggest European cement clinker production line by SINOMA

4月16日，中共中央政治局常委李长春到访土耳其首都安卡拉，在李长春和和土耳其副总理阿里·巴巴詹(Ali Babacan)的见证下，中国中材集团有限公司旗下中国中材国际工程有限公司与土耳其EREN集团签订了总值7.8亿美元的2条日产10 000吨水泥熟料生产线协议。

“中材国际”本次签订的MEDCEM CEMENT PLANT 2条日产10 000吨水泥熟料生产线项目位于土耳其南部Mersin港附近Silifke镇的Akdere区，项目意向总金额为7.8亿美元，其中，第一条生产线4.2亿美元，第二条生产线3.6亿美元。MCP项目的最终合同额将在有关技术谈判后确定，而正式合同的签署还有待于业主方项目融资资金逐步到位的进展情况，还存在一定的不确定性。

根据协议，MCP项目以EPC交钥匙总承包工程模式运行，范围包括工程设计、设备供应、土建工程、机电设备安装、培训生产调试等，项目工期30个月，采用中材国际自主工艺技术。

2010年淘汰落后水泥产能5 000万吨

Backward cement capacity of 50 million tons was eliminated in 2010

4月28日，温家宝总理主持召开国务院常务会议，部署进一步加大工作力度确保实现“十一五”节能减排目标。会议指出前四年，全国单位国内生产总值能耗累计下降14.38%，与“十一五”降低20%左右的目标仍有较大差距，特别是2009年三季度以来，高耗能、高排放行业快速增长，一些淘汰的落后产能死灰复燃，能耗强度下降趋势减缓甚至由降转升，形势十分严峻。2010年必须进一步采取强有力、见效快的措施，确保目标的实现。要加大淘汰落后产能力度，其中关停水泥落后产能5 000万吨。对未完成淘汰落后产能任务的地区，暂停项目环评、供地、核准和审批；对未完成任务的企业，不予审批和核准新的投资项目，不予批准新增用地，加大执法处罚力度。二要严控高耗能、高排放行业过快增长，不再审批、核准、备案扩大产能项目，未通过环评、节能审查和土地预审的项目一律不准开工建设。对未完成“十一五”节能目标任务的地区，对中央和地方监管部门，都要追究主要领导责任，根据情节给予处分。

温家宝：铁腕淘汰水泥等行业落后产能

Wen Jiabao: Eliminate such backward industrial capacity as cement by iron hand

在5月5日国务院召开的全国节能减排工作电视电话会议上，国务院总理温家宝作了重要讲话，明确要采取铁的手腕淘汰落后产能。

温家宝总理指出，要严控高耗能、高排放行业过快增长，加大淘汰落后产能力度。必须严格控制“两高”和产能过剩行业新上项目，严把项目审核管理关、项目审批程序关、“两高”产品出口关。年内要关停小火电机组1 000万千瓦，淘汰落后炼铁产能2 500万吨、炼钢600万吨、水泥5 000万吨、电解铝33万吨、平板玻璃600万重箱、造纸53万吨，5月底前要把任务落实到各地区和企业。

中央政治局常委、中纪委书记贺国强视察海螺集团

CPC political bureau standing committee member and secretary of CPC Commission for Discipline Inspection He Guoqiang inspects Hailuo Group

11月13日，中央政治局常委、中纪委书记贺国强一行到安徽海螺集团视察，中纪委副书记黄树贤，中纪委常委、秘书长吴玉良等随行，安徽省委书记张宝顺，省长王三运，省委常委、省政法委书记徐立全，省委常委、省纪委书记王宾宜，省委常委、省委秘书长詹夏来及芜湖市委书记陈树隆、市杨敬农等陪同视察。

听取了关于“海螺”T型发展战略的介绍，贺国强赞许：对集中生产熟料，加工水泥可以分散到有市场的地方进行销售。

贺国强详细了解了余热发电的有关情况，当听到介绍“海螺”在全国推广余热发电技术，有自己的知识产权，利用余热发出的电可解决生产三分之二用电，他点头赞许，对“海螺”推广实施余热发电新技术所做的工作表示满意。

在看到城市垃圾焚烧项目，听说垃圾处理不需要分拣，把垃圾焚烧与发电、水泥熟料有机结束起来，并能有效降解垃圾处理过程中的二□恶英。贺国强书记对此兴致很高，详细了解其流程与原理。省长王三运介绍：国家建设部准备推广他们这个经验。

在白马山水泥厂厂区，见到草青树绿、整洁有序的环境，贺国强感慨地说：原来在我的印象中，水泥厂很脏啊，污染很厉害，窑那个地方根本就进不去，我看你们这里很干净。

临别时，贺国强作了重要讲话，高度评价“海螺”的发展模式，并提出殷切期望：一是你们走集团化、规模化路子是对的。要想有效益、有速度，没有规模不行。二是你们现在用的技术是比较先进的，领先世界同行水平。三是做到了节能减排。水泥本是高耗能、高污染行业，你们做到了清洁生产，这点很不简单。四是垃圾焚烧处理利用，这解决了社会的问题。你们把垃圾焚烧处理与水泥和平、余热发电综合起来，真正叫做废物利用。五是不仅搞生产、还搞装备，搞工程。生产、科研、设备制造、设计一条龙，这不仅在国内，在国际上也具有竞争力。我认为，“海螺”30年的改革发展，走的是跨越式飞速发展的路子，希望你们继续在水泥行业起到排头兵的作用。

政策法规

Policies and regulations

2010年

国务院关于进一步加强淘汰落后产能工作的通知★

Circular of State Council about further strengthening the work of eliminating backward capacity

各省、自治区、直辖市人民政府,国务院各部委、各直属机构:

为深入贯彻落实科学发展观,加快转变经济发展方式,促进产业结构调整和优化升级,推进节能减排,现就进一步加强淘汰落后产能工作通知如下:

一、深刻认识淘汰落后产能的重要意义

加快淘汰落后产能是转变经济发展方式、调整经济结构、提高经济增长质量和效益的重大举措,是加快节能减排、积极应对全球气候变化的迫切需要,是走中国特色新型工业化道路、实现工业由大变强的必然要求。近年来,随着加快产能过剩行业结构调整、抑制重复建设、促进节能减排政策措施的实施,淘汰落后产能工作在部分领域取得了明显成效。但是,由于长期积累的结构性矛盾比较突出,落后产能退出的政策措施不够完善,激励和约束作用不够强,部分地区对淘汰落后产能工作认识存在偏差、责任不够落实,当前我国一些行业落后产能比重大的问题仍然比较严重,已经成为提高工业整体水平、落实应对气候变化举措、完成节能减排任务、实现经济社会可持续发展的严重制约,必须充分发挥市场的作用,采取更加有力的措施,综合运用法律、经济、技术及必要的行政手段,进一步建立健全淘汰落后产能的长效机制,确保按期实现淘汰落后产能的各项目标。各地区、各部门要切实把淘汰落后产能作为全面贯彻落实科学发展观,应对国际金融危机影响,保持经济平稳较快发展的一项重要任务,进一步增强责任感和紧迫感,充分调动一切积极因素,抓住关键环节,突破重点难点,加快淘汰落后产能,大力推进产业结构调整和优化升级。

二、总体要求和目标任务

(一)总体要求。

1. *发挥市场作用。*充分发挥市场配置资源的基础性作用,调整和理顺资源性产品价格形成机制,强化税收杠杆调节,努力营造有利于落后产能退出的市场环境。

2. *坚持依法行政。*充分发挥法律法规的约束作用和技术标准的门槛作用,严格执行环境保护、节约能源、清洁生产、安全生产、产品质量、职业健康等方面的法律法规和技术标准,依法淘汰落后产能。

3. *落实目标责任。*分解淘汰落后产能的目标任务,明确国务院有关部门、地方各级人民政府和企业的责任,加强指导、督促和检查,确保工作落到实处。

4. *优化政策环境。*强化政策约束和政策激励,统筹淘汰落后产能与产业升级、经济发展、社会稳定的关系,建立健全促进落后产能退出的政策体系。

5. *加强协调配合。*建立主管部门牵头,相关部门各负其责、密切配合、联合行动的工作机制,加强组织领导和协调配合,形成工作合力。

(二)目标任务。以电力、煤炭、钢铁、水泥、有色金属、焦炭、造纸、制革、印染等行业为重点,按照《国务院关于发布实施〈促进产业结构调整暂行规定〉的决定》(国发〔2005〕40号)、《国务院关于印发节能减排综合性工作方案的通知》(国发〔2007〕15号)、《国务院批转发展改革委等部门关于抑制部分行业产能过剩和重复建设引导产业健康发展若干意见的通知》(国发〔2009〕38号)、《产业结构调整指导目录》以及国务院制订的钢铁、有色金属、轻工、纺织等产业调整和振兴规划等文件规定的淘汰落后产能的范围和要求,按期淘汰落后产能。各地区可根据当地产业发展实际,制定范围更宽、标准更高的淘汰落后产能目标任务。

近期重点行业淘汰落后产能的具体目标任务是:(其他行业略)

建材行业:2012年底前,淘汰窑径3.0米以下水泥机械

化立窑生产线、窑径2.5米以下水泥干法中空窑(生产高铝水泥的除外)、水泥湿法窑生产线(主要用于处理污泥、电石渣等的除外)、Φ3.0米以下的水泥磨机(生产特种水泥的除外)以及水泥土(蛋)窑、普通立窑等落后水泥产能;淘汰平拉工艺平板玻璃生产线(含格法)等落后平板玻璃产能。

三、分解落实目标责任

(一)工业和信息化部、能源局要根据当前和今后一个时期经济发展形势以及国务院确定的淘汰落后产能阶段性目标任务,结合产业升级要求及各地区实际,商有关部门提出分行业的淘汰落后产能年度目标任务和实施方案,并将年度目标任务分解落实到各省、自治区、直辖市。各有关部门要充分发挥职能作用,抓紧制定限制落后产能企业生产、激励落后产能退出、促进落后产能改造等方面的配套政策措施,指导和督促各地区认真贯彻执行。

(二)各省、自治区、直辖市人民政府要根据工业和信息化部、能源局下达的淘汰落后产能目标任务,认真制定实施方案,将目标任务分解到市、县,落实到具体企业,及时将计划淘汰落后产能企业名单报工业和信息化部、能源局。要切实担负起本行政区域内淘汰落后产能工作的职责,严格执行相关法律、法规和各项政策措施,组织督促企业按要求淘汰落后产能、拆除落后设施装置,防止落后产能转移;对未按要求淘汰落后产能的企业,要依据有关法律法规责令停产或予以关闭。

(三)企业要切实承担起淘汰落后产能的主体责任,严格遵守安全、环保、节能、质量等法律法规,认真贯彻国家产业政策,积极履行社会责任,主动淘汰落后产能。

(四)各相关行业协会要充分发挥政府和企业间的桥梁纽带作用,认真宣传贯彻国家方针政策,加强行业自律,维护市场秩序,协助有关部门做好淘汰落后产能工作。

四、强化政策约束机制

(一)严格市场准入。强化安全、环保、能耗、物耗、质量、土地等指标的约束作用,尽快修订《产业结构调整指导目录》,制定和完善相关行业准入条件和落后产能界定标准,提高准入门槛,鼓励发展低消耗、低污染的先进产能。加强投资项目审核管理,尽快修订《政府核准的投资项目目录》,对产能过剩行业坚持新增产能与淘汰产能"等量置换"或"减量置换"的原则,严格环评、土地和安全生产审批,遏制低水平重复建设,防止新增落后产能。改善土地利用计划调控,严禁向落后产能和产能严重过剩行业建设项目提供土地。支持优势企业通过兼并、收购、重组落后产能企业,淘汰落后产能。

(二)强化经济和法律手段。充分发挥差别电价、资源性产品价格改革等价格机制在淘汰落后产能中的作用,落实和完善资源及环境保护税费制度,强化税收对节能减排的调控功能。加强环境保护监督性监测、减排核查和执法检查,加强对企业执行产品质量标准、能耗限额标准和安全生产规定的监督检查,提高落后产能企业和项目使用能源、资源、环境、土地的成本。采取综合性调控措施,抑制高消耗、高排放产品的市场需求。

(三)加大执法处罚力度。对未按期完成淘汰落后产能任务的地区,严格控制国家安排的投资项目,实行项目"区域限批",暂停对该地区项目的环评、核准和审批。对未按规定期限淘汰落后产能的企业吊销排污许可证,银行业金融机构不得提供任何形式的新增授信支持,投资管理部门不予审批和核准新的投资项目,国土资源管理部门不予批准新增用地,相关管理部门不予办理生产许可,已颁发生产许可证、安全生产许可证的要依法撤回。对未按规定淘汰落后产能、被地方政府责令关闭或撤销的企业,限期办理工商注销登记,或者依法吊销工商营业执照。必要时,政府相关部门可要求电力供应企业依法对落后产能企业停止供电。

五、完善政策激励机制

(一)加强财政资金引导。中央财政利用现有资金渠道,统筹支持各地区开展淘汰落后产能工作。资金安排使用与各地区淘汰落后产能任务相衔接,重点支持解决淘汰落后产能有关职工安置、企业转产等问题。对经济欠发达地区淘汰落后产能工作,通过增加转移支付加大支持和奖励力度。各地区也要积极安排资金,支持企业淘汰落后产能。在资金申报、安排、使用中,要充分发挥工业、能源等行业主管部门的作用,加强协调配合,确保资金安排对淘汰落后产能产生实效。

(二)做好职工安置工作。妥善处理淘汰落后产能与职工就业的关系,认真落实和完善企业职工安置政策,依照相关法律法规和规定妥善安置职工,做好职工社会保险关系转移与接续工作,避免大规模集中失业,防止发生群体性事件。

(三)支持企业升级改造。充分发挥科技对产业升级的支撑作用,统筹安排技术改造资金,落实并完善相关税收优惠和金融支持政策,支持符合国家产业政策和规划布局的企业,运用高新技术和先进适用技术,以质量品种、节能降耗、环境保护、改善装备、安全生产等为重点,对落后产能进行改造。提高生产、技术、安全、能耗、环保、质量等国家标准和行业标准水平,做好标准之间的衔接,加强标准贯彻,引导企业技术升级。对淘汰落后产能任务较重且完成较好的地区和企业,在安排技术改造资金、节能减排资金、投资项目核准备案、土地开发利用、融资支持等方面给予倾斜。对积极淘汰落后产能企业的土地开发利用,在符合国家土地管理政策的前提下,优先予以支持。

六、健全监督检查机制

（一）加强舆论和社会监督。各地区每年向社会公告本地区年度淘汰落后产能的企业名单、落后工艺设备和淘汰时限。工业和信息化部、能源局每年向社会公告淘汰落后产能企业名单、落后工艺设备、淘汰时限及总体进展情况。加强各地区、各行业淘汰落后产能工作交流，总结推广、广泛宣传淘汰落后产能工作先进地区和先进企业的有效做法，营造有利于淘汰落后产能的舆论氛围。

（二）加强监督检查。各省、自治区、直辖市人民政府有关部门要及时了解、掌握淘汰落后产能工作进展和职工安置情况，并定期向国家有关部门报告。工业和信息化部、发展改革委、财政部、能源局要组织有关部门定期对各地区淘汰落后产能工作情况进行监督检查，切实加强对重点地区淘汰落后产能工作的指导，并将进展情况报告国务院。

（三）实行问责制。将淘汰落后产能目标完成情况纳入地方政府绩效考核体系，参照《国务院批转节能减排统计监测及考核实施方案和办法的通知》（国发〔2007〕36 号）对淘汰落后产能任务完成情况进行考核，提高淘汰落后产能任务完成情况的考核比重。对未按要求完成淘汰落后产能任务的地区进行通报，限期整改。对瞒报、谎报淘汰落后产能进展情况或整改不到位的地区，要依法依纪追究该地区有关责任人员的责任。

七、切实加强组织领导

建立淘汰落后产能工作组织协调机制，加强对淘汰落后产能工作的领导。成立由工业和信息化部牵头，发展改革委、监察部、财政部、人力资源社会保障部、国土资源部、环境保护部、农业部、商务部、人民银行、国资委、税务总局、工商总局、质检总局、安全监管总局、银监会、电监会、能源局等部门参加的淘汰落后产能工作部际协调小组，统筹协调淘汰落后产能工作，研究解决淘汰落后产能工作中的重大问题，根据“十二五”规划研究提出下一步淘汰落后产能目标并做好任务分解和组织落实工作。有关部门要认真履行职责，积极贯彻落实各项政策措施，加强沟通配合，共同做好淘汰落后产能的各项工作。地方各级人民政府要健全领导机制，明确职责分工，做到责任到位、措施到位、监管到位，确保淘汰落后产能工作取得明显成效。

附件：淘汰落后产能重点工作分工表（略）

★国务院 **2010** 年 **2** 月 **6** 日发布的国发〔**2010**〕**7** 号文。

国务院关于进一步加大工作力度确保实现“十一五”节能减排目标的通知★

Circular of State Council about further increasing the working force to ensure the realization of “Eleventh Five - year” target of energy saving and emission reduction

各省、自治区、直辖市人民政府，国务院各部委、各直属机构：

2006 年以来，各地区、各部门认真贯彻落实科学发展观，把节能减排作为调整经济结构、转变发展方式的重要抓手，加大资金投入，强化责任考核，完善政策机制，加强综合协调，节能减排工作取得重要进展。全国单位国内生产总值能耗累计下降 14.38%，化学需氧量排放总量下降 9.66%，二氧化硫排放总量下降 13.14%。但要实现“十一五”单位国内生产总值能耗降低 20% 左右的目标，任务还相当艰巨。为进一步加大工作力度，确保实现“十一五”节能减排目标，现就有关事项通知如下：

一、增强做好节能减排工作的紧迫感和责任感

“十一五”节能减排指标是具有法律约束力的指标，是政府向全国人民作出的庄严承诺，是衡量落实科学发展观、加快调整产业结构、转变发展方式成效的重要标志，事关经济社会可持续发展，事关人民群众切身利益，事关我国的国际形象。当前，节能减排形势十分严峻，特别是 2009 年第三季度以来，高耗能、高排放行业快速增长，一些被淘汰的落后产能死灰复燃，能源需求大幅增加，能耗强度、二氧化硫排放量下降速度放缓甚至由降转升，化学需氧量排放总量下降趋势明显减缓。为应对全球气候变化，我国政府承诺到 2020 年单位国内生产总值二氧化碳排放要比 2005 年下降 40% ~ 45%，节能提高能效的贡献率要达到 85% 以上，这也给节能减排工作带来巨大挑战。各地区、各部门要充分认识加强节能减排工作的重要性和紧迫性，切实增强使命感和责任感，下更大决心，花更大气力，果断采取强有力、见效快的政策措施，打好节能减排攻坚战，确保实现“十一五”节能减排目标。

二、强化节能减排目标责任

组织开展对省级政府 2009 年节能减排目标完成情况和

措施落实情况及"十一五"目标完成进度的评价考核,考核结果向社会公告,落实奖惩措施,加大问责力度。及时发布2009年全国和各地区单位国内生产总值能耗、主要污染物排放量指标公报,以及2010年上半年全国单位国内生产总值能耗、主要污染物排放量指标公报。各地区要按照节能减排目标责任制的要求,一级抓一级,层层抓落实,组织开展本地区节能减排目标责任评价考核工作,对未完成目标的地区进行责任追究。到"十一五"末,要对节能减排目标完成情况算总账,实行严格的问责制,对未完成任务的地区、企业集团和行政不作为的部门,都要追究主要领导责任,根据情节给予相应处分。各地区"十二五"节能目标任务的确定要以2005年为基数。各省级政府要在5月底前,将本地区2010年节能减排目标和实施方案报国务院。

三、加大淘汰落后产能力度

2010年关停小火电机组1 000万千瓦,淘汰落后炼铁产能2 500万吨、炼钢600万吨、水泥5 000万吨、电解铝33万吨、平板玻璃600万重箱、造纸53万吨。各省级政府要抓紧制定本地区今年淘汰落后产能任务,将任务分解到市、县和有关企业,并于5月20日前报国务院有关部门。有关部门要在5月底前下达各地区淘汰落后产能任务,公布淘汰落后产能企业名单,确保落后产能在第三季度前全部关停。加强淘汰落后产能核查,对未按期完成淘汰落后产能任务的地区,严格控制国家安排的投资项目,实行项目"区域限批",暂停对该地区项目的环评、供地、核准和审批。对未按规定期限淘汰落后产能的企业,依法吊销排污许可证、生产许可证、安全生产许可证,投资管理部门不予审批和核准新的投资项目,国土资源管理部门不予批准新增用地,有关部门依法停止落后产能生产的供电供水。

四、严控高耗能、高排放行业过快增长

严格控制"两高"和产能过剩行业新上项目。各级投资主管部门要进一步加强项目审核管理,今年内不再审批、核准、备案"两高"和产能过剩行业扩大产能项目。未通过环评、节能审查和土地预审的项目,一律不准开工建设。对违规在建项目,有关部门要责令停止建设,金融机构一律不得发放贷款。对违规建成的项目,要责令停止生产,金融机构一律不得发放流动资金贷款,有关部门要停止供电供水。落实限制"两高"产品出口的各项政策,控制"两高"产品出口。

五、加快实施节能减排重点工程

安排中央预算内投资333亿元、中央财政资金500亿元,重点支持十大重点节能工程建设、循环经济发展、淘汰落后产能、城镇污水垃圾处理、重点流域水污染治理,以及节能环保能力建设等,形成年节能能力8 000万吨标准煤,新增城镇污水日处理能力1 500万吨、垃圾日处理能力6万吨。各地区要将节能减排指标落实到具体项目,节能减排专项资金要向能直接形成节能减排能力的项目倾斜,尽早下达资金,尽快形成节能减排能力。有关部门要在6月中旬前出台加快推行合同能源管理,促进节能服务产业发展的相关配套政策,对节能服务公司为企业实施节能改造给予支持。

六、切实加强用能管理

要加强对各地区综合能源消费量、高耗能行业用电量、高耗能产品产量等情况的跟踪监测,对能源消费和高耗能产业增长过快的地区,合理控制能源供应,切实改变敞开口子供应能源、无节制使用能源的现象。大力推进节能发电调度,加强电力需求侧管理,制定和实施有序用电方案,在保证合理用电需求的同时,要压缩高耗能、高排放企业用电。对能源消耗超过已有国家和地方单位产品能耗(电耗)限额标准的,实行惩罚性价格政策,具体由省级政府有关部门提出意见。省级节能主管部门组织各级节能监察机构于今年6月底前对重点用能单位上一年度和今年上半年主要产品能源消耗情况进行专项能源监察审计,提出超能耗(电耗)限额标准的企业和产品名单,实行惩罚性电价,对超过限额标准一倍以上的,比照淘汰类电价加价标准执行。加强城市照明管理,严格控制公用设施和大型建筑物装饰性景观照明能耗。

七、强化重点耗能单位节能管理

突出抓好千家企业节能行动,公告考核结果,强化目标责任,加强用能管理,提高用能水平,确保形成2 000万吨标准煤的年节能能力。省级节能主管部门要加强对年耗能5 000吨标准煤以上重点用能单位的节能监管,落实能源利用状况报告制度,推进能效水平对标活动,开展节能管理师和能源管理体系试点。已经完成"十一五"节能任务的用能单位,要继续狠抓节能不放松,为完成本地区节能任务多做贡献;尚未完成任务的用能单位,要采取有力措施,确保完成"十一五"节能任务。中央和地方国有企业都要发挥表率作用,加大节能投入,加强管理,对完不成节能减排目标和存在严重浪费能源资源的,在经营业绩考核中实行降级降分处理,并与企业负责人绩效薪酬紧密挂钩。

八、推动重点领域节能减排

加强电力、钢铁、有色、石油石化、化工、建材等重点行业节能减排管理,加大用先进适用技术改造传统产业的力度。加强新建建筑节能监管,到2010年底,全国城镇新建建筑执行节能强制性标准的比例达到95%以上,完成北方采暖地区

居住建筑供热计量及节能改造5 000万平方米，确保完成“十一五”期间1.5亿平方米的改造任务。夏季空调温度设置不低于26摄氏度。加强车辆用油定额考核，严格执行车辆燃料消耗量限值标准，对客车实载率低于70%的线路不得投放新的运力。推行公路甩挂运输，加快铁路电气化建设和运输装备改造升级，优化民航航路航线。开展节约型公共机构示范单位建设活动，2010年公共机构能源消耗指标要在去年基础上降低5%。加强流通服务业节能减排工作。加大汽车、家电以旧换新力度。抓好“三河三湖”、松花江等重点流域水污染治理。做好重金属污染治理工作。抓好农村环境综合整治。支持军队加快实施节能减排技术改造。

九、大力推广节能技术和产品

发布国家重点节能技术推广目录（第三批）。继续实施“节能产品惠民工程”，在加大高效节能空调推广的基础上，全面推广节能汽车、节能电机等产品，继续做好新能源汽车示范推广，5月底前有关部门要出台具体的实施细则。推广节能灯1.5亿只以上，东中部地区和有条件的西部地区城市道路照明、公共场所、公共机构全部淘汰低效照明产品。扩大能效标识实施范围，发布第七批能效标识产品目录。落实政府优先和强制采购节能产品制度，完善节能产品政府采购清单动态管理。

十、完善节能减排经济政策

深化能源价格改革，调整天然气价格，推行居民用电阶梯价格，落实煤层气、天然气发电上网电价和脱硫电价政策，出台鼓励余热余压发电上网和价格政策。对电解铝、铁合金、钢铁、电石、烧碱、水泥、黄磷、锌冶炼等高耗能行业中属于产业结构调整指导目录限制类、淘汰类范围的，严格执行差别电价政策。各地可在国家规定基础上，按照规定程序加大差别电价实施力度，大幅提高差别电价加价标准。加大污水处理费征收力度，改革垃圾处理费收费方式。积极落实国家支持节能减排的所得税、增值税等优惠政策，适时推进资源税改革。尽快出台排污权有偿使用和交易指导意见。深化生态补偿试点，完善生态补偿机制。开展环境污染责任保险。金融机构要加大对节能减排项目的信贷支持。

十一、加快完善法规标准

尽快出台固定资产投资项目节能评估和审查管理办法，抓紧完成城镇排水与污水处理条例的审查修改，做好大气污染防治法（修订）、节约用水条例、生态补偿条例的研究起草工作。研究制定重点用能单位节能管理办法、能源计量监督管理办法、节能产品认证管理办法、主要污染物排放许可证管理办法等。完善单位产品能耗限额标准、用能产品能效标准、建筑能耗标准等。

十二、加大监督检查力度

在2010年第三季度，国务院组成工作组，对部分地区贯彻落实本通知精神情况进行检查。各级政府要组织开展节能减排专项督察，严肃查处违规乱上“两高”项目、淘汰落后产能进展滞后、减排设施不正常运行及严重污染环境等问题，彻底清理对高耗能企业和产能过剩行业电价优惠政策，发现一起，查处一起，对重点案件要挂牌督办，对有关责任人要严肃追究责任。要组织节能监察机构对重点用能单位开展拉网式排查，严肃查处使用国家明令淘汰的用能设备或生产工艺、单位产品能耗超限额标准用能等问题，情节严重的，依法责令停业整顿或者关闭。开展酒店、商场、办公楼等公共场所空调温度以及城市景观过度照明检查。继续深入开展整治违法排污企业保障群众健康环保专项行动。发挥职工监督作用，加强职工节能减排义务监督员队伍建设。

十三、深入开展节能减排全民行动

加强能源资源和生态环境国情宣传教育，进一步增强全民资源忧患意识、节约意识和环保意识。组织开展好2010年全国节能宣传周、世界环境日等活动。在企业、机关、学校、社区、军营等开展广泛深入的“节能减排全民行动”，普及节能环保知识和方法，推介节能新技术、新产品，倡导绿色消费、适度消费理念，加快形成有利于节约资源和保护环境的消费模式。新闻媒体要加大节能减排宣传力度，在重要栏目、重要时段、重要版面跟踪报道各地区落实本通知要求采取的行动，宣传先进经验，曝光反面典型，充分发挥舆论宣传和监督作用。

十四、实施节能减排预警调控

要做好节能减排形势分析和预警预测。各地区要在6月底前制定相关预警调控方案，在第三季度组织开展“十一五”节能减排目标完成情况预考核；对完成目标有困难的地区，要及时启动预警调控方案。

各地区、各部门要把节能减排放在更加突出的位置，切实加强组织领导。地方各级人民政府对本行政区域节能减排负总责，政府主要领导是第一责任人。发展改革委要加强节能减排综合协调，指导推动节能降耗工作，环境保护部要做好减排的协调推动工作，统计局要加强能源监测和统计。有关部门在各自的职责范围内做好节能减排工作，加强对各地区贯彻落实本通知精神的督促检查，确保实现“十一五”节能减排目标。

★ 国务院2010年5月4日发布的国发〔2010〕12号文。

关于清理对高耗能企业优惠电价等问题的通知★

Circular about clarifying such issues as favorable electricity price to high energy consumption enterprises

各省、自治区、直辖市发展改革委、物价局、经贸委(经委),各区域电监局、城市电监办,国家电网公司、南方电网公司:

为了抑制高耗能企业盲目发展,促进经济发展方式转变和经济结构调整,根据国务院《关于进一步加大工作力度确保实现"十一五"节能减排目标的通知》(国发[2010]12号)精神,决定取消对高耗能企业的优惠电价措施。现将有关事项通知如下:

一、取消对高耗能企业的用电价格优惠

国家颁布的目录电价表中,铁合金、氯碱、电石等高耗能企业用电价格低于大工业电价10%以上的,暂时调整到比大工业电价低10%的水平。其中,两者价差在每千瓦时5分钱以内的,自2010年6月1日起调整到位;价差大于5分钱的,自2010年6月1日起,每年取消5分钱优惠,直至达到比大工业电价低10%的水平。上述高耗能企业用电价格低于大工业电价不足10%的,维持现行电价不变。

辽宁抚顺铝厂、山东铝厂、福建南平铝厂和浙江华东铝业公司电价优惠,按国家发展改革委、国家电监会《关于取消电解铝等高耗能行业电价优惠有关问题的通知》(发改价格[2007]3550号)确定的原则取消,具体实施方案另行下达。

取消上述电价优惠后电网企业增加的电费收入,用于疏导电价矛盾和电力需求侧管理。

二、坚决制止各地自行出台的优惠电价措施

各省(区、市)价格主管部门要会同电力监管等部门对国家电价政策执行情况进行自查自纠。凡是自行对高耗能企业(包括多晶硅)实行电价优惠,或未经批准以电力用户与发电企业直接交易、双边交易等名义变相对高耗能企业实行优惠电价的,要立即停止执行。各地要将自查自纠情况于6月10日前上报国家发展改革委、国家电监会和国家能源局。

符合国家规定条件的大型工业企业,可以按国家电监会、国家发展改革委、国家能源局联合下发的《关于完善电力用户与发电企业直接交易试点工作有关问题的通知》(电监市场[2009]20号)规定,申请与发电企业进行直接交易试点,但要按规定程序履行审批手续,并且遵循自愿原则,当地政府及其有关部门不得强制规定交易对象、电量和电价。

三、加大差别电价政策实施力度

继续对电解铝、铁合金、电石、烧碱、水泥、钢铁、黄磷、锌冶炼8个行业实行差别电价政策,并进一步提高差别电价加价标准,自2010年6月1日起,将限制类企业执行的电价加价标准由现行每千瓦时0.05元提高到0.10元,淘汰类企业执行的电价加价标准由现行每千瓦时0.20元提高到0.30元。在此基础上,各地可根据需要,进一步提高对淘汰类和限制类企业的加价标准。各地要严格执行差别电价政策,并加强对高耗能企业的动态甄别工作,及时更新执行差别电价的企业名单,确保差别电价政策全面落实到位。

四、对超能耗产品实行惩罚性电价

对能源消耗超过国家和地方规定的单位产品能耗(电耗)限额标准的,实行惩罚性电价。超过限额标准一倍以上的,比照淘汰类电价加价标准执行;超过限额标准一倍以内的,由省级价格主管部门会同电力监管机构制定加价标准。省级节能主管部门要会同有关单位在2010年6月底以前提出超能耗(电耗)企业和产品名单,省级价格主管部门会同电力监管机构按企业和产品名单落实惩罚性电价政策。

五、整顿电价秩序

各级价格主管部门、电力管理部门和电网企业要严格执行国家电价政策,不得擅自改变国家规定的上网电价和销售电价标准;不得违反规定对发电企业规定电量基数,降低基数外电量上网电价;不得强制规定电力直接交易的对象和电价标准;不得自行改变峰谷电价、丰枯电价的时段和电价标准,不得假借大用户与发电企业直接交易等名义对高耗能企业实行优惠电价。电网企业不得以跨省、跨区域电能交易名义,强迫发电企业降低上网电价;不得违反规定相互进行没有电能物理流量的虚假交易和接力送电;不得执行地方政府违反国家规定自行出台的优惠电价措施。省级价格主管部门和电力监管机构要加强对跨省、跨区域交易情况的监管,将电网企业购外省电价低于本省平均购电价的部分,用于疏导电价矛盾。

六、加强监督检查

省级价格主管部门要尽快向省级人民政府汇报,并会同有关部门按照以上要求进行自查自纠,立即停止执行自行出台的优惠电价措施;国家电网公司、南方电网公司要督促所属电网企业严格执行国家电价政策,自觉抵制各种违规出台的优惠电价措施。国家发展改革委、国家电监会和国家能源局将会同有关部门组成工作组,对各地执行差别电价情况和对自行出台优惠电价的自查自纠情况进行督查,并将督查情况报告国务院。对继续保留电价优惠或变相优惠的,不按国家规定对高耗能企业严格执行差别电价政策的,以及继续以各种名目降低发电企业上网电价的,将严肃查处;情节严重的,将追究有关责任人责任。

★国家发展改革委、国家电监会、国家能源局2010年5月12日发布的发改价格〔2010〕978号文。

2010年工业行业淘汰落后产能企业名单公告★

Bulletin of the list of backward capacity enterprises eliminated by industrial sector in 2010

2010年8月5日，工业和信息化部对2010年炼铁、炼钢、焦炭、铁合金、电石、电解铝、铜冶炼、铅冶炼、锌冶炼、水泥、玻璃、造纸、酒精、味精、柠檬酸、制革、印染和化纤等18个工业行业淘汰落后产能企业名单予以公告。全文如下：

按照《国务院关于进一步加强淘汰落后产能工作的通知》（国发[2010]7号）、《国务院关于进一步加大工作力度确保实现“十一五”节能减排目标的通知》（国发[2010]12号）和《关于下达2010年工业行业淘汰落后产能目标任务的通知》（工信部产业[2010]251号）要求，截至目前，各省、自治区、直辖市已将2010年工业行业淘汰落后产能目标任务分解落实到企业，并将淘汰落后产能企业名单在当地媒体上进行了公告。在各省、自治区、直辖市公告淘汰落后产能企业名单的基础上，现将2010年炼铁、炼钢、焦炭、铁合金、电石、电解铝、铜冶炼、铅冶炼、锌冶炼、水泥、玻璃、造纸、酒精、味精、柠檬酸、制革、印染和化纤等行业淘汰落后产能企业名单予以公告（见附件）。有关方面要采取有效措施，确保列入名单企业的落后产能在2010年9月底前关停。

附件：2010年工业行业淘汰落后产能企业名单（节选水泥行业，其他行业略）

2010年水泥行业淘汰落后产能企业名单

序号	省（区）	企业名称	淘汰生产线（设备）型号及数量	产能（万吨）
1	北京	北京市燕山水泥厂	Φ3.0×48米分解窑1台、磨机2台、Φ2.3×13米、2台Φ2.2×7.5米	25
2	北京	三力水泥有限公司	Φ3.6×70米中空余热发电窑1台、磨机1台Φ2.8×12米	25
3	北京	房山区琉璃河水泥厂	磨机1台Φ2.2×7米、2台Φ1.83×6.4米	24
4	北京	顺义特种水泥厂	Φ3×40米立筒预热器窑1台、磨机2台Φ2.2×7米、1台Φ2.2×8米	20
5	北京	北京市房山新街水泥厂	磨机1台Φ1.83×7米、2台Φ2.2×6.5米	15
6	北京	北京红旗水泥公司	磨机1台Φ2.2×7米	12
7	北京	房山新星水泥厂	磨机1台Φ2.2×7.5米	15
8	北京	恒顺达水泥熟料公司	磨机1台Φ2.2×9.5米	20
9	北京	北京房山如兴水泥厂	磨机1台Φ1.83×7米	6
10	北京	北京现代亚新水泥厂	磨机1台Φ2.2×6.5米	10
11	北京	北京房山区固邦水泥厂	磨机7台Φ2.2×6.5米	30
12	天津	天津市宝坻区潮丰建材有限公司	Φ3.1×11米机立窑生产线2条	40
13	天津	天津市飞龙建材有限公司	Φ2.8×10米机立窑生产线1条	10
14	天津	天津市宁河县天龙水泥厂	Φ2.8×10米机立窑生产线1条	10
15	河北	丰宁县钊宇矿业有限责任公司	机立窑Φ3×10米	18
16	河北	滦平县第二水泥厂	机立窑Φ3.2×11米	10
17	河北	围场县朝阳地通利水泥有限公司	机立窑Φ2.8×11米	8.8
18	河北	兴隆县燕山水泥制造有限公司	机立窑Φ2.8×11米	8.8
19	河北	平泉县水泥厂	机立窑Φ2.8×11米	10
20	河北	唐山市利丰水泥有限公司	机立窑Φ3.0×10米	10
21	河北	唐山六九水泥有限公司	机立窑Φ3.0×10米	10

22	河北	唐山市燕南水泥有限公司	机立窑 Φ3.0×10 米	10
23	河北	宏文京华(唐山)水泥有限公司	机立窑 Φ3.0×10 米	10
24	河北	唐山市信力水泥厂	机立窑 Φ3.0×10 米	10
25	河北	唐山市第一水泥厂	机立窑 Φ3.0×10 米	20
26	河北	唐山市渤海水泥总厂	机立窑 Φ3.0×10 米	20
27	河北	唐山市凤山水泥厂	机立窑 Φ3.0×10 米	20
28	河北	唐山燕东集团华城水泥有限公司	机立窑 Φ3.0×12 米	20
29	河北	唐山市丰润区全东水泥厂	机立窑 Φ3.0×12 米	10
30	河北	唐山市燕山水泥有限公司	机立窑 Φ3.0×12 米	10
31	河北	唐山冀丰水泥有限公司	机立窑 Φ3.0×12 米	40
32	河北	唐山燕东集团灰剑水泥有限公司	机立窑 Φ3.0×12 米	20
33	河北	河北启东水泥厂	机立窑 Φ3.0×10 米	10
34	河北	唐山华泰水泥有限公司	机立窑 Φ3.0×12 米	10
35	河北	唐山天马水泥有限公司	机立窑 Φ3.0×12 米	10
36	河北	唐山市鸿升水泥有限公司	机立窑 Φ3.0×12 米	10
37	河北	唐山市丰润区冀龙水泥有限公司	机立窑 Φ3.0×12 米	20
38	河北	河北省唐山华宇水泥厂	机立窑 Φ3.0×12 米	10
39	河北	河北树祥水泥厂	机立窑 Φ3.0×10 米	10
40	河北	唐山红日水泥厂	机立窑 Φ3.0×12 米	20
41	河北	唐山宏润水泥厂	机立窑 Φ3.0×12 米	10
42	河北	唐山正大水泥有限公司	机立窑 Φ3.0×12 米	10
43	河北	唐山市丰润区第1水泥厂	机立窑 Φ3.0×12 米	10
44	河北	唐山市金城水泥厂	机立窑 Φ3.0×12 米	10
45	河北	唐山市丰润区天龙水泥厂	机立窑 Φ3.0×12 米	10
46	河北	唐山市丰润区长城水泥厂	机立窑 Φ3.0×12 米	10
47	河北	唐山市泉河水泥有限公司	机立窑 Φ3.0×12 米	10
48	河北	滦南县第二水泥厂	机立窑 Φ3.0×11 米	10

			干法中空窑 Φ3.2×46 米	20
49	河北	乐亭县同乐水泥有限公司	机立窑 Φ3.0×10 米	10
50	河北	唐山市朋益水泥有限公司	机立窑 Φ3.0×10 米	10
51	河北	唐山弘也水泥有限公司	机立窑 Φ3.0×10 米	20
52	河北	玉田县春城水泥有限公司	机立窑 Φ3.0×11 米	10
53	河北	唐山市京滦水泥有限责任公司	机立窑 Φ3.2×11 米	15
54	河北	唐山启新水泥有限公司	干法中空窑 Φ4.0×60 米	60
55	河北	三河灵山水泥有限公司	机立窑 Φ3.2×11 米	23
56	河北	三河宏山水泥有限公司	机立窑 Φ3×10 米	32
57	河北	三河丰胜水泥有限公司	机立窑 Φ3.2×12 米	60
58	河北	三河燕郊新型建材有限公司	机立窑 Φ3×11 米	10
59	河北	三河三星水泥有限公司	机立窑 Φ3.2×11 米	60
			机立窑 Φ2.6×13 米	
60	河北	固安永盛水泥有限公司	机立窑 Φ2.5×10 米	7
61	河北	廊坊重工盘山水泥公司	机立窑 Φ2.5×10 米	24
62	河北	三河冀东新型建材有限公司	机立窑 Φ3.2×11 米 机立窑 Φ2.6×13 米	10
63	河北	廊坊富强水泥集团公司	机立窑 Φ2.8×10 米 五级旋风回转窑	18
64	河北	曲阳县恒岳水泥有限公司	机立窑 Φ2.8×9 米	8
65	河北	曲阳县太行山水泥有限公司	机立窑 Φ3×11 米	20
66	河北	河北省易县第二水泥厂	机立窑 Φ2.8×10 米	8.8
67	河北	涞水县双龙水泥有限责任公司	机立窑 Φ2.8×10 米	8.8

68	河北	涞源铜矿水泥厂	机立窑 Φ2.8×8 米	7
69	河北	阜平县板峪水泥厂	机立窑 Φ2.8×8 米	7
70	河北	定州市环诚水泥厂	机立窑 Φ2.8×8 米	7
71	河北	保定西山水泥有限公司	机立窑 Φ2.8×8 米	7
72	河北	高碑店高易铁路水泥厂	机立窑 Φ2.8×10 米	8.8
73	河北	定州市鑫丰建材有限公司	机立窑 Φ3.2×11 米	13
74	河北	顺平县保琛建材有限公司	机立窑 Φ3.2×10 米	10
75	河北	顺平县友谊水泥厂	机立窑 Φ3.2×10 米	10
76	河北	顺平县台鱼水泥厂	机立窑 Φ3.2×10 米	10
77	河北	顺平县光华水泥厂	机立窑 Φ3.2×10 米	10
78	河北	望都铁柏水泥厂	机立窑 Φ3.2×10 米	10
79	河北	河北省保定水泥厂	机立窑 Φ3.2×10 米	20
80	河北	邢台仙翁水泥股份有限公司	机立窑 Φ3.×11 米	20
81	河北	邢台万泰水泥有限公司	机立窑 Φ2.8×11 米	10
82	河北	河北省邢台县水泥厂	机立窑 Φ3×11 米	40
83	河北	临诚水泥二厂	机立窑 Φ3×11 米	10
84	河北	临诚县白云山水泥厂	机立窑 Φ3×11 米	20
85	河北	河北福得水泥熟料厂	机立窑 Φ2.8×10 米	8.8
86	河北	河北燕王建材有限责任公司	机立窑 Φ3.2×11 米	30
87	河北	沙河市赞善水泥熟料厂	机立窑 Φ2.8×8 米	6
88	河北	沙河市长城水泥厂	机立窑 Φ3×11 米	10
89	河北	沙河市八一水泥厂	机立窑 Φ2.6×8 米	4.4
90	河北	沙河市霞光水泥厂	机立窑 Φ2.6×8 米	4.4
91	河北	沙河市晋东水泥厂	机立窑 Φ2.6×10 米	5
92	河北	沙河市赞善太行水泥厂	机立窑 Φ2.6×10 米	6
93	河北	沙河市水泥熟料厂	机立窑 Φ2.8×11 米	8.8
94	河北	沙河市蓝天水泥厂	机立窑 Φ2.8×11 米	8.8
95	河北	沙河市水利水泥厂	机立窑 Φ3×11 米	10
96	河北	沙河市金诚水泥厂	机立窑 Φ2.8×11 米	8.8
97	河北	河北恒实水泥有限责任公司	机立窑 Φ3×11 米	20
98	河北	邯郸峰峰联营特种水泥厂	旋窑	2
99	河北	峰峰矿区爱华水泥厂	机立窑 Φ2.5×9 米	29
100	河北	冀中能源邯郸矿业集团邯风水泥有限公司	机立窑 Φ2.5×10 米	16
101	河北	武安市紫金山水泥厂	机立窑 Φ2.8×10 米	18
102	河北	涉县清漳水泥厂	机立窑 Φ2.8×10 米	18
103	山西	太原狮头水泥股份有限公司公司第 1 分公司	Φ2.2×6.5 米水泥磨机 1 台	6
104	山西	阳曲县泥屯水泥厂	Φ2.2×7 米水泥磨机 1 台	7
105	山西	太原市水利水泥厂	Φ2.2×8 米水泥磨机 1 台	7
106	山西	太原狮头水泥股份有限公司公司第 1 分公司	Φ2.2×5.5 米水泥磨机 1 台	6
107	山西	大同煤矿集团公司水泥厂	Φ2.5×8.5 米机立窑 2 座；Φ3.0×10 米机立窑 1 座	26
108	山西	大同煤矿集团白洞煤业有限公司水泥厂	Φ2.5×10 米机立窑 1 座	8
109	山西	大同市南郊区兴旺水泥有限责任公司	Φ2.5×10 米机立窑 1 座	8
110	山西	大同宝昌水泥有限公司	Φ2.5×8.5 米机立窑 1 座	8
111	山西	大同市浑源兴隆水泥厂	Φ2.3×8.5 米机立窑 1 座	7
112	山西	阳高县地方国营水泥厂	Φ2.5×8.5 米机立窑 1 座	8
113	山西	大同市泉兴粉磨厂	Φ2.2×7 米水泥磨机 1 台	7
114	山西	大同市口泉水泥粉磨站	Φ2.2×7 米水泥磨 1 台	7
115	山西	阳泉市青山水泥有限公司	Φ2.5×50 米中空回转窑 2 台	15
116	山西	攀宝平定里牌岭水泥厂	Φ3×10 米机立窑 1 座	10

117	山西	阳泉市狮头特种水泥有限公司	Φ1.9×36米中空回转窑二台	5
118	山西	晋中市洪鑫泰实业有限公司	Φ2.4×9米机立窑1座	8
119	山西	平遥百力水泥制造有限公司	Φ2.9×10米机立窑1座	10
120	山西	山西福泉水泥有限公司	Φ3×11米机立窑1座	10
121	山西	黎城东水洋水泥厂	Φ1.83×6.5米水泥磨1台	4
122	山西	潞城市第三水泥厂	Φ1.83×7米水泥磨1台	5
123	山西	沁源县荣华水泥有限公司	Φ2.4×8.5米机立窑1台	7
124	山西	长治市长城水泥厂(粉磨站)	Φ2.2×9.5米水泥磨1台	10
125	山西	沁源县荣华水泥有限公司	Φ2.2×7米水泥磨1台	10
126	山西	山西省长治市水泥制造有限责任公司	Φ2.5×10米机立窑1座	10
127	山西	铁道部第三工程局一处水泥厂	Φ2.5×10米机立窑1座	10
128	山西	中国人民解放军7016八一水泥厂	Φ2.2×7米水泥磨1台	7
129	山西	中国人民解放军7016八一水泥厂	Φ2.2×6.5米水泥磨1台	7
130	山西	长治市潞泰建材有限公司	Φ2.2×9.5米水泥磨1台	10
131	山西	长治市郊区长信水泥粉磨站	Φ2.2×7米水泥磨1台	7
132	山西	长治县陶清河水泥厂	Φ2.2×7米水泥磨1台	7
133	山西	潞城市宏润水泥有限公司	Φ2.5×10米机立窑1座	10
134	山西	潞城市宏润水泥有限公司	Φ2.2×7.5米水泥磨1台	9
135	山西	潞城市鲨王水泥有限公司	Φ2.5×10米机立窑1座	10
136	山西	潞城市卓越水泥有限公司	Φ2.5×9米机立窑1座	8
137	山西	潞城市第三水泥厂	Φ2.5×10米机立窑1座	9
138	山西	潞城市特种水泥厂	Φ2.5×10米机立窑1座	9
139	山西	山西昌靖建材有限公司	Φ2.5×8.7米机立窑1座	7
140	山西	忻州市奇石水泥厂	Φ2.6×12米机立窑1座	8
141	山西	岢岚筑威水泥有限公司	Φ2.5×10米机立窑1座	6
142	山西	山西南白聚鑫水泥有限公司	Φ2.8×10米机立窑1座	8
143	山西	神池宏运水泥有限责任公司	Φ2.4×10米机立窑1座	6
144	山西	忻府区禹王粉磨站	Φ2.2×8米水泥磨1台	10
145	山西	偏关县福利粉磨厂	Φ2.2×7米水泥磨1台	11
146	山西	河曲县兴龙水泥厂	Φ2.8×11米机立窑1座Φ2.2×7米磨机1台	9
147	山西	同煤集团轩岗煤电公司水泥厂	Φ2.5×10米机立窑1座	6
148	山西	静乐县天立水泥有限公司	Φ2.3×8.5米机立窑1座	6
149	山西	临县大禹水泥厂	Φ1.83×8米水泥磨2台	12
150	山西	岚县永盛水泥粉磨站	Φ2.2×7.5米水泥磨1台	7
151	山西	山西新星集团特种水泥厂	Φ2.2×7.5米水泥磨2台;Φ2.4×7.5米水泥磨1台	23
152	山西	山西省交城县昌盛水泥厂	Φ2.2×7.5米水泥磨1台	7
153	山西	山西前利水泥有限公司	Φ2.2×7.5米水泥磨1台	7
154	山西	山西红星兴水泥有限公司	Φ2.2×7米水泥磨1台	7
155	山西	山西红山水泥有限公司	Φ2.2×7.5米水泥磨1台	7
156	山西	文水县北徐宋志刚粉磨站	Φ2.2×8米水泥磨1台	10
157	山西	文水县北徐李建国粉磨站	Φ2.2×8米水泥磨1台	6

158	山西	河津市水泥有限公司	Φ2.5×10 米机立窑 1 座、Φ2.2×7 米磨机 1 台、Φ1.83×6.4 米磨机 1 台	9
159	山西	山西五色石有限公司	Φ3×10 米机立窑 1 座、Φ2.85×10 米机立窑 1 台	20
160	山西	临猗县夹马口红旗水泥厂	Φ1.83×7 米磨机 1 台	5
161	山西	山西中条山建筑有限公司水泥厂	Φ2.2×8 米磨机 1 台	9
162	山西	运城市第二水泥厂	Φ2.5×11 米机立窑 1 座、Φ2.2×9 米生料磨 1 台、Φ2.2×11 米水泥磨机 1 台	10
163	山西	运城市解州水泥厂	Φ2.2×8 米水泥磨机 1 台、Φ2.2×9 米水泥磨机 1 台	20
164	山西	新绛新华水泥公司	Φ2.2×7.5 米水泥磨 1 台	7
165	山西	洪洞县赵城镇长丰建材厂	粉磨站	20
166	山西	洪洞县庄园水泥粉磨站	粉磨站	4
167	山西	洪洞县弯里洪泉水泥粉磨站	粉磨站	4
168	山西	洪洞县孙堡老石水泥粉磨站	粉磨站	4
169	山西	洪洞县李忠义水泥粉磨站	粉磨站	4
170	山西	洪洞县古屯水泥粉磨站	粉磨站	3
171	山西	洪洞县弯里席瑞华水泥粉磨站	粉磨站	3
172	山西	洪洞县王开梁山水泥粉磨站	粉磨站	4
173	山西	洪洞县沟里末杵水泥粉磨站	粉磨站	4
174	山西	洪洞县柴村高中喜水泥粉磨站	粉磨站	3
175	山西	洪洞县王国俊水泥粉磨站	粉磨站	3
176	山西	洪洞县北郇李贡娃水泥粉磨站	粉磨站	3
177	山西	洪洞县郝鹏义水泥粉磨站	粉磨站	4
178	山西	洪洞县马二水泥粉磨站	粉磨站	2
179	山西	洪洞县长命水泥粉磨站	粉磨站	4
180	山西	洪洞县马驹村水泥粉磨站	粉磨站	4
181	山西	洪洞县董堡村水泥粉磨站	粉磨站	4
182	山西	洪洞县卢伟民铁厂内水泥粉磨站	粉磨站	4
183	山西	洪洞县南石明水泥粉磨站	粉磨站	4
184	山西	洪洞县跃上水泥粉磨站	粉磨站	2
185	山西	洪洞县霍岳建材有限公司	Φ2.4×10 米水泥磨 1 台	20
186	山西	襄汾县腾达水泥厂	Φ2.6×8.5 米机立窑 1 座	8.8
187	山西	固邦水泥厂	水泥磨 1 台	10
188	山西	太原狮头水泥股份有限公司第二分公司	Φ2.5×40 米回转窑 1 台	16
189	山西	山西省灵丘豪洋水泥有限公司	Φ2.5×8.5 米机立窑 1 台	6
190	山西	山西宏达水泥有限公司(粉磨站)	Φ2.2×8 米水泥磨 1 台	12
191	山西	交城东兴水泥有限公司	Φ2.2×8 米水泥磨 1 台	12
192	山西	交城县泰安建材公司	Φ2.2×7.5 米水泥磨 1 台	12
193	山西	交城阎海林水泥粉磨站(山西宏海水泥粉磨站粉磨车间)	Φ2.2×7.5 米水泥磨 1 台	12
194	山西	洪洞县二生水泥粉磨站	Φ1.83×7 米水泥磨 1 台	5
195	山西	曲沃县长城水泥有限公司	Φ2.2×7.5 米水泥磨 1 台	12
196	山西	曲沃县苏村建材有限公司	Φ2.2×7.5 米水泥磨 1 台	12
197	山西	侯马市汇丰建材有限责任公司	Φ2.7×9 米机立窑 1 台	9
198	山西	侯马市汇丰建材有限责任公司	Φ3.0×9 米机立窑 1 台	10
199	山西	河津市富强水泥有限公司(原名:河津市富强水泥厂)	Φ2.5×10 米机立窑 1 台	9
200	山西	夏县鑫丰水泥有限责任公司	Φ2.4×11 米机立窑 1 台,Φ2.2×7.5 米水泥磨 1 台	10

201	山西	阳城县金汤建材有限公司	Φ2.5×8.5米机立窑1台	6
202	山西	介休市绵山水泥有限公司(原名:介休市绵山水泥厂)	Φ2.5×10米机立窑二台	14
203	山西	昔阳县华丰建材厂	Φ2.5×9.5米机立窑1台	7
204	内蒙古	呼市新天方水泥有限责任公司	Φ3.5×60米中空窑1座	20
205	内蒙古	内蒙古天皓水泥有限公司	Φ3×2.5×58米、Φ3×48米2座 均带立筒预热器窑	25
206	内蒙古	阿荣旗金石水泥建材工业有限公司	Φ2.23×7.5米机立窑1座	6.5
207	内蒙古	赤峰远航水泥有限责任公司	Φ3.0×10米机立窑1座	11
208	内蒙古	卓资县隆胜水泥厂	Φ2.0 ×8米机立窑1座	6
209	内蒙古	内蒙乌后旗阴山特种水泥有限公司	Φ2.8×10米机立窑1座	10
210	内蒙古	内蒙古西水创业股份有限公司	Φ4×50.54米立波尔窑1座	40
211	内蒙古	包钢集团乌海矿业公司卡布其水泥厂	Φ2.5/2.8×44米窑外分解回转窑1座	20
212	内蒙古	乌海市长久水泥有限责任公司	Φ2.9/2.5×50米干法中空窑1座	5
213	辽宁	海城市第五水泥厂	机立窑	10
214	辽宁	本溪铁刹山水泥厂	机立窑	30
215	辽宁	本溪泓沅水泥制造有限公司	机立窑	30
216	辽宁	本溪合力水泥厂	机立窑	15
217	辽宁	本溪长白特种建材有限公司	机立窑	20
218	辽宁	丹东第二水泥有限公司	机立窑	10
219	辽宁	北镇市闾山水泥厂	机立窑	30
220	辽宁	凌海市双羊水泥厂	机立窑	10
221	辽宁	锦州锦固水泥有限公司	机立窑	10
222	辽宁	辽宁省铧子新生水泥厂	机立窑	30
223	辽宁	辽阳东方水泥厂	机立窑	15.4
224	辽宁	辽宁辽东水泥集团张台子水泥有限公司	机立窑	13.2
225	辽宁	辽阳市东京陵水泥总厂	机立窑	35
226	辽宁	辽阳市东京陵水泥厂	机立窑	12
227	辽宁	辽阳金仓水泥有限公司	机立窑	10
228	辽宁	灯塔市铧隆水泥有限公司	机立窑	30
229	辽宁	灯塔市塔东水泥有限公司	机立窑	20
230	辽宁	辽阳红钢水泥厂	机立窑	17.6
231	辽宁	铁岭县永胜水泥厂	机立窑	10
232	辽宁	铁岭县水泥厂	机立窑	20
233	辽宁	开原水泥有限公司	机立窑	30
234	辽宁	铁岭市丰鹿水泥厂	机立窑	12
235	辽宁	铁岭县建通水泥厂	机立窑	12
236	辽宁	北票金牛水泥有限公司	机立窑	12
237	辽宁	凌源源泉水泥有限公司	机立窑	25
238	辽宁	盘锦苇都水泥有限公司	机立窑	11
239	辽宁	盘锦金山水泥有限公司	机立窑	11
240	辽宁	绥中县水泥制造有限公司	机立窑	12
241	辽宁	葫芦岛莲花水泥厂	机立窑	40
242	吉林	吉林亚泰鼎鹿水泥有限公司	Φ3.5×60米熟料回转窑1套 Φ3.0×40米回转窑1套 Φ3.5×55米回转窑1套	45
243	吉林	桦甸市松源水泥有限公司	1.6×1.9旋窑	8

244	吉林	通化天力水泥制造有限公司	机立窑生产线1条。主要设备有Φ2.5×9米机立窑1台,Φ1.83×6.4米管磨机2台,Φ1.5×9米卧式烘干机1台,Φ1.2×7米卧式烘干机1台,Z米J－750A柱磨机1台及配套的皮带输送机、斗式提升机、叶轮给料机、螺旋输送机、电磁振动给料机、成球机等其他传输、配料设备22台。	8.8
245	吉林	永吉县大明水泥有限公司	H1512烘干机 Φ3.0×10.0米立窑 Φ2.2×6.5米生料磨	8.8
246	吉林	吉林亚泰白城市双华水泥厂	Φ3.0×11米机立窑 Φ1.83×6.12米生料磨2台、Φ1.83×6.12米水泥磨工艺线1套	15
247	黑龙江	哈尔滨小岭水泥有限责任公司	Φ2.5×50米回转窑	35
248	黑龙江	哈尔滨兴亚路桥水泥有限责任公司	Φ2.5×40米回转窑,Φ2.4/3.0×50米回转窑	17
249	黑龙江	哈尔滨吉华水泥有限公司	Φ3×11.5米机立窑1套	15
250	黑龙江	亚泰集团哈尔滨水泥有限公司	中空窑	100
251	黑龙江	哈尔滨呼兰水泥制造有限责任公司	Φ2.5×8米机立窑	8
252	黑龙江	哈尔滨帽儿山暖气片有限责任公司	Φ2.5×10米机立窑	8
253	黑龙江	哈尔滨市五常市拉林建材有限责任公司	Φ2.5×40米回转窑,Φ2.2×40米回转窑	15
254	黑龙江	依兰县鸿源建筑材料有限责任公司	Φ2.8×12米机立窑	10
255	黑龙江	鸡西市城海水泥有限责任公司	Φ2.5×50米回转窑	12
256	黑龙江	鸡西宏展水泥制造有限公司	Φ2.5×52米回转窑	6
257	黑龙江	佳木斯鑫发水泥有限公司	Φ2.5×8米机立窑	8
258	黑龙江	佳木斯永生水泥有限责任公司	Φ2.5×10米机立窑	8
259	黑龙江	哈尔滨铁路局工业总公司昂昂溪水泥厂	Φ2.5×55米回转窑	7
260	黑龙江	海伦市振兴水泥厂	Φ2.5×10米机立窑,Φ1.83×7米水泥磨机	8.8
261	黑龙江	黑龙江晨明水泥厂	Φ2.8/2.4×46米回转窑	12
262	黑龙江	黑龙江美溪建材有限责任公司	Φ2.5×9米机立窑,Φ2.8×10米机立窑	18
263	江苏	金山水泥有限公司	Φ2.5×11米和Φ3.5×11米立窑生产线各1条	25
264	江苏	镇江长河水泥有限公司	Φ3.2×30米立窑生产线1条,Φ2.4×11米生料磨和Φ2.2×6.5米水泥磨各1台	25
265	江苏	洋光水泥有限公司	Φ3.6×11米和Φ3.2×11米立窑生产线	25
266	浙江	浙江省之江水泥有限公司	Φ2.2×6.8米2台	20
267	浙江	杭州佳力水泥有限公司	Φ2.6×13米1台,Φ2.4×8米4台	55
268	浙江	杭州新宝水泥有限公司	Φ2.2×7米4台	40
269	浙江	杭州萧山航民水泥粉磨厂	Φ2.2×6.5米1台	10
270	浙江	杭州水泥集团有限公司	Φ2.4×8米1台 Φ3.0×11米2台	65
271	浙江	杭州南山水泥有限公司	Φ2.4×10米1台	10
272	浙江	杭州临峰水泥有限公司	Φ2.2×6.5米1台	10
273	浙江	建德鑫隆水泥有限公司	Φ2.2×7米1台	10
274	浙江	建德超翔水泥有限公司	Φ2.2×13米2台	20
275	浙江	嘉兴南湖南方水泥有限公司(嘉兴市芽芽水泥有限公司)	Φ2.2×7米2台	20

276	浙江	桐乡长城水泥厂	Φ2.2×9.0米2台	20
277	浙江	桐乡南方水泥有限公司(浙江桐星水泥有限公司)	Φ2.2×6.5米2台	20
278	浙江	海盐沈荡水泥制造有限公司	Φ2.2×6.5米2台	20
279	浙江	嘉兴三狮水泥有限公司	Φ2.2×7米1台 Φ2.4×7米1台	20
280	浙江	湖州市菱湖兆丰建材有限公司	Φ2.4×9米磨机1台	10
281	浙江	湖州菱湖南浔力威有限公司	Φ2.2×7米磨机2台	12
282	浙江	湖州昂飞水泥有限公司	Φ2.4×9米磨机1台	10
283	浙江	湖州双灵水泥有限公司	Φ2.2×11米磨机2台	12
284	浙江	浙江三狮水泥股份有限公司	Φ2.4×11米磨机2台	20
285	浙江	长兴第二水泥厂	Φ2.2×7米磨机1台	6
286	浙江	德清三狮五通建材有限公司	Φ2.4×9米磨机2台	20
287	浙江	德清新市南方水泥有限公司	Φ2.2×7米磨机1台	6
288	浙江	湖州自强水泥厂	Φ2.2×7米磨机1台	6
289	浙江	浙江金华高峰建材实业有限公司	Φ2.4×7米1台	10
290	浙江	浙江声威集团有限公司	Φ2.4×7米1台	10
291	浙江	浙江科华集团有限公司	Φ2.4×7米1台	10
292	浙江	浙江华西建材有限公司	Φ2.2×6.5米1台	10
293	浙江	兰溪市第五水泥厂	Φ2.2×6.5米,Φ2.2×6.5米各1台	20
294	浙江	义乌承力水泥粉磨有限公司	Φ2.2×6.5米,Φ2.2×6.5米各1台	20
295	浙江	浦江白马水泥厂有限公司	Φ2.2×7米1台	10
296	浙江	浙江金华东莹建材有限公司	Φ2.2×6.5米1台	10
297	浙江	江山市何家山水泥有限公司	2条Φ1.83×7米1台	14
298	浙江	江山市丰足水泥有限公司	3条Φ1.83×7米1台	21
299	浙江	龙游豪龙建材有限公司	2条Φ2.2×6.5米1台	20
300	浙江	衢州江山虎头水泥有限公司	2条Φ2.2×6.5米和1条Φ2.2×7米	30
301	安徽	淮南市巨石水泥公司	2条Φ3.0×10米机立窑	30
302	安徽	来安县八仙水泥有限公司	1条机立窑生产线	10
303	安徽	安徽省全椒合宁水泥有限公司	1条机立窑生产线	10
304	安徽	天长市千秋水泥有限责任公司	2条机立窑生产线	18
305	安徽	安徽省凤阳县特种水泥厂	1条机立窑生产线	10
306	安徽	金寨虎力水泥有限责任公司	1条机立窑生产线	10
307	安徽	安徽昌龙有限责任公司	1条机立窑生产线	10
308	安徽	巢湖长江水泥有限责任公司	2条机立窑Φ3×11米	20
309	安徽	芜湖市红花山水泥有限公司	3条机立窑Φ3×10米	30
310	安徽	繁昌县和马水泥有限公司	5条机立窑Φ3×10米	50
311	安徽	芜湖市金鑫水泥有限公司	5条机立窑Φ3×10米	50
312	安徽	南陵县水泥厂	1条机立窑Φ3.6×11米	10
313	安徽	南陵县南芜水泥有限公司	1条机立窑Φ3×10米	10
314	安徽	泾县石山水泥厂	1条机立窑Φ3.0×8.0米	10
315	安徽	宣城青龙山建材有限责任公司	1条机立窑Φ3.0×10米	10
316	安徽	安庆市雷山水泥厂	1条机立窑生产线	8.8
317	安徽	安徽宜泉水泥公司	1条机立窑生产线	10
318	安徽	望江县杭联水泥厂	1条机立窑生产线	10
319	安徽	怀宁县远东水泥公司	1条机立窑生产线	10

320	安徽	安庆市红旗水泥公司	1条机立窑生产线	10
321	安徽	安庆市月山水泥厂	1条机立窑生产线	10
322	安徽	安庆市集贤关水泥公司	1条机立窑生产线	10
323	安徽	宿松召立山水泥公司	1条机立窑生产线	10
324	安徽	怀宁海豚水泥公司	1条机立窑生产线	10
325	安徽	凤阳金鑫水泥厂	1条机立窑 Φ2.8×12米	10
326	安徽	凤阳义怀水泥厂	1条机立窑 Φ2.8×12米	10
327	安徽	凤阳东方水泥厂	1条机立窑 Φ2.8×12米	10
328	安徽	凤阳胜利水泥厂	2条机立窑 Φ3.0×11米,1条机立窑 Φ3.2×11米	40
329	福建	福建长汀童菲水泥有限公司	机立窑	24
330	福建	永安市凌鹰水泥有限公司	机立窑	8.8
331	福建	永安市大湖水泥厂	机立窑	8.8
332	福建	永安市金山水泥厂	机立窑	10
333	福建	永安市南山水泥厂	机立窑	10
334	福建	永安市融盛水泥有限公司	机立窑	10
335	福建	福建省永安市西华水泥厂	机立窑	10
336	福建	永安八闽水泥股份有限公司	机立窑	17.6
337	福建	福建省大田县济阳五建石凤水泥有限公司	机立窑	10
338	福建	福建省大田石凤水泥有限公司	机立窑	10
339	福建	明溪县昌盛水泥熟料有限公司	机立窑	8.8
340	福建	福建省将乐飞达水泥有限公司(将乐县回头山水泥有限公司)	机立窑	6.6
341	福建	福建省大田县岩城水泥有限责任公司	机立窑	8.8
342	福建	福建省大田东岩水泥有限公司	机立窑	6.6
343	福建	福建沙县洛山水泥有限公司(沙县永兴水泥有限公司)	机立窑	10
344	福建	福建省明溪县瀚仙水泥有限公司	机立窑	10
345	福建	永安市金信工贸有限公司	机立窑	10
346	福建	永安市永富水泥有限公司	机立窑	10
347	福建	永安市永大水泥有限公司	机立窑	20
348	福建	永安飞桥水泥厂	机立窑	20
349	福建	永安市新华水泥有限公司	机立窑	20
350	福建	福建省永安市马岩水泥有限公司	机立窑	38.8
351	福建	福建省永安市双安建材有限公司	机立窑	10
352	福建	永安市永胜水泥有限责任公司	机立窑	10
353	福建	将乐县延乐水泥有限责任公司	机立窑	10
354	福建	福建省安溪三元岩水泥有限公司	机立窑	17.6
355	江西	横峰县铺前水泥有限公司	Φ2.6×8.5机立窑1台	6.6
356	江西	上饶天峰水泥有限公司	Φ3×11机立窑1台	10
357	江西	婺源县嶂公山水泥厂	Φ2.9×10机立窑1台	8.8
358	江西	永丰金峰水泥厂	Φ2.5×8.5机立窑1台	6.6
359	江西	萍乡市超强水泥有限公司	Φ2.5×10机立窑1台	6.6
360	江西	莲花县城建水泥有限公司	Φ2.6×9机立窑1台	6.6
361	江西	莲花县城南水泥有限公司	Φ2.5×9机立窑1台	6.6
362	江西	江西锦溪水泥有限公司	Φ3×11机立窑3台	30
363	江西	德安双鹰水泥有限公司	Φ3米以下机立窑3台	26.6

364	江西	新干黄金城水泥有限公司	Φ1.83 米的磨机 2 台	8.8
365	江西	江西鹰潭玉鹰水泥有限公司	Φ2.2 米的磨机 1 台	10
366	江西	兴国县建筑材料有限公司	Φ1.83 米的磨机 1 台	4.4
367	江西	广昌恒顺水泥有限公司	Φ1.83 米的磨机 1 台	4.4
368	江西	万年三新水泥有限公司	Φ2.5 米的磨机 1 台	15
369	江西	九江市建筑陶瓷工业总公司水泥制品厂	Φ2.2 米的磨机 1 台	10
370	山东	长清区第二水泥厂	机立窑 1 座	8
371	山东	淄博嘉桓水泥有限公司	机立窑 2 座	27
372	山东	淄博多山水泥有限公司	机立窑 2 座	20
373	山东	淄博昌国特种水泥股份有限公司	机立窑 2 座	20
374	山东	淄博张店鑫沣水泥厂	机立窑 2 座	20
375	山东	市中区永安水泥厂	机立窑 1 座	10
376	山东	阜宁县仁舟水泥公司枣庄分公司	机立窑 1 座	10
377	山东	枣庄沪鲁建材厂	机立窑 1 座	10
378	山东	滕州市东郭水泥有限公司	机立窑 1 座	10
379	山东	滕州市张汪水泥厂	机立窑 1 座	10
380	山东	滕州市祥源水泥有限公司	机立窑 1 座	10
381	山东	枣庄矿业集团物资供销公司水泥厂(枣庄矿务局水泥厂)	机立窑 3 座	24
382	山东	胜利油田胜利水泥厂	机立窑 2 座	30
383	山东	烟台塔峰实业有限公司(栖霞县大庄头水泥厂)	机立窑 1 座	17
384	山东	青州市兴旺水泥厂	机立窑 4 座	35
385	山东	肥城市马山水泥有限公司	机立窑 2 座	20
386	山东	文登市小观水泥有限责任公司	机立窑 1 座	12
387	山东	日照市第三水泥厂棋山熟料生产基地	机立窑 1 座	10
388	山东	临沂华蒙水泥有限公司	机立窑 1 座	10
389	山东	临沂市阳都水泥有限公司	机立窑 1 座	13.5
390	山东	临沭县德坤建材公司	机立窑 2 座	20
391	山东	临沭县振华建材公司	机立窑 2 座	16
392	山东	沂水县第二水泥厂	机立窑 1 座	15
393	山东	禹城市兴达建材有限公司	机立窑 3 座	30.9
394	山东	东阿东昌水泥有限公司	机立窑 5 座	80
395	河南	郑州市洞林水泥股份有限公司	机立窑 4 台、Φ2.2×10 米球磨机 8 台	40
396	河南	新密市关口水泥厂	机械化立窑、生料磨机、水泥磨机、鄂式破碎机、反击式破碎机、烘干机、提升机	10
397	河南	河南省中联水泥有限责任公司	1250×1250 米双转子反击式破碎机 1 台,Φ3.2×8.8 米中卸磨 1 台,Φ3×48 米带五级预热筒回转窑 1 台,Φ2.2×4.4 米风扫煤磨 1 台,Φ2.4×12 米尾卸磨 2 台,14 嘴回转式包装机 2 台,TPC16×16 破碎机 1 台,Φ3.5×10 米中卸磨 1 台,Φ3.2×46 米带五级预热筒回转窑 1 台,Φ2.2×4.4 米风扫磨 1 台,Φ3.2×12 米尾卸磨 2 台等	60
398	河南	登封市嵩山水泥厂	Φ3×11 米机立窑	8.8
399	河南	登封市第二永固水泥厂	Φ2.2×8.5 机立窑;600 颚式破碎机;Φ2.2 米球磨机 2 台	4.4

400	河南	郑州集华嵘昌实业有限公司	Φ3×80米回转窑生产线1条；Φ2.4×7生料球磨机；Φ2.2×14米烘干机；冷却机	16
401	河南	浙江浦峰集团河南新安水泥有限公司	Φ3.2×11米机立窑	12
402	河南	洛阳市铁门水泥工业有限公司	Φ2.2×6.5磨机2台，Φ1.83×6.4磨机1台，pr米25/12型立磨1台	50
403	河南	嵩县陆浑冶金建材有限公司	2台Φ1.83米磨机，2台Φ2.2米磨机及配套附属设备	100
404	河南	天瑞集团水泥有限公司	Φ3.95×150米湿法回转窑及相关设备	30
405	河南	河南省汤阴县寿阳水泥有限责任公司	Φ3×10米机立窑1座及附属设备见清单	8
406	河南	河南省新乡市塔山水泥厂	Φ2.5×10米、Φ3×10米两台机立窑，4台球磨机	10
407	河南	新乡市豫辉水泥厂	Φ3.2×11米机立窑 Φ2.2×7米磨机	7.6
408	河南	新乡市兴海水泥厂	机立窑Φ2.8×10米1条，磨机Φ2.2×9米2台。	4.4
409	河南	新乡市万柏水泥厂	磨机	10
410	河南	新乡市兴华水泥厂	立窑	10
411	河南	新乡市新煌水泥厂	机立窑	10
412	河南	新乡市朝阳水泥厂	Φ3.2米机立窑，Φ2.4米磨机2台	1
413	河南	禹州市福利水泥厂	Φ3×11米立窑2条	20
414	河南	禹州市福利水泥厂禹梁分厂	Φ3×11米立窑1条	10
415	河南	禹州市禹灵水泥有限责任公司	Φ3×10米立窑4条	40
416	河南	禹州市禹王水泥有限责任公司	Φ3×11米立窑4条	40
417	河南	禹州市禹天水泥有限责任公司	Φ3×11米立窑1条	10
418	河南	内乡县灵山蒙古族水泥厂	Φ3.0×11米机立窑1座、球磨机2台、破碎机、圆库等	8.8
419	河南	平顶山星峰集团有限公司周口分公司	输送设备2套、挤压设备2套、粉磨设备、静电除尘设备2套、装车设备等	25
420	河南	河南华润电力古厂城有限公司	机立窑生产线2条，Φ2.4×8米磨机6台，Φ9×24米立库4座	21
421	河南	舞钢市年华水泥有限公司	粉磨、破碎机、提升机等；无覆膜塑编生产线；石灰立窑等。	15
422	河南	新乡市石岭水泥厂	立窑Φ2.5×10米3台、生料磨机Φ7.5×2.2米3台、熟料磨机Φ7.5×2.2米3台、输送带4006套，提升0.35×18米18套	28
423	河南	新乡市东海水泥厂	立窑Φ3×10米1台，生料磨机Φ7.5×2.2米1台，熟料磨机Φ7.5×2.2米1台，输送机400 1套，提升0.35×18米6套	10
424	河南	河南省新乡天泰水泥有限公司	Φ2.2×9.5米水泥磨机及其配套设施	14
425	河南	新乡市太行水泥粉磨有限公司	Φ2.9×10米强化式机立窑1台，Φ2.9×11米强化式机立窑1台	22
426	河南	河南南阳航天水泥厂内乡分厂	Φ1.83×6.4米水泥磨2台；Φ1.83×7米水泥磨1台；Φ2.4×7水泥磨3台；Φ2.2×6.5米水泥磨4台	156
427	河南	南阳中联卧龙水泥有限公司光达粉磨公司	Φ2.2×6.5米水泥磨7台	50
428	湖北	武汉市梅山桥业水泥有限责任公司	Φ3.2×11米1台，Φ3×11米2台	36
429	湖北	湖北娲石水泥股份有限公司	Φ3.2×11米1台，Φ3×11米3台	50
430	湖北	襄樊新三利水泥有限公司	Φ3.2×11米(2台)	25
431	湖北	保康荆山水泥有限责任公司	Φ2.8×10米(1台) Φ3×11米(2台)	30

432	湖北	汉川市华龙水泥有限责任公司	Φ2.2×7米(1台粉磨站)	10
433	湖北	汉川市华清水泥有限责任公司	Φ2.1×8米(1台粉磨站)	10
434	湖北	武汉桥建汉川水泥厂	Φ2.1×8米(1台粉磨站)	10
435	湖北	湖北省沙洋新生水泥厂	Φ3.2 ×11米(1台) Φ3.1 ×11米(1台)	25
436	湖北	湖北省沙洋马良水泥厂	Φ3×11米(1台) Φ2.5 ×8.5米(1台)	20
437	湖北	阳新县富兰水泥有限公司	Φ2.8×10米(1台) Φ2.5 ×8.5米(1台) Φ3×10.5米(1台)	30
438	湖北	英山县水泥厂	Φ2×8米	3
439	湖北	黄石市飞云水泥有限公司	Φ2.8×10米(2台)	20
440	湖北	利川市齐岳山水泥有限责任公司	Φ2.5×10米(1台)	8
441	湖南	浏阳市浏阳河水泥有限公司	机立窑	6.6
442	湖南	湖南省坪塘水泥厂	机立窑	8.8
443	湖南	长沙五江建材实业有限公司	机立窑	17.6
444	湖南	长沙县印山合力建材有限公司	机立窑	17.6
445	湖南	湘潭市水泥有限公司	机立窑	17.6
446	湖南	常宁市麦元水泥厂	机立窑	4.4
447	湖南	水口山金信铅业公司水泥车间	机立窑	4.4
448	湖南	衡阳湘浙水泥实业有限公司	机立窑	20
449	湖南	邵阳崀峰环保建材有限公司	机立窑	6.6
450	湖南	新邵县寸石镇工农水泥厂	机立窑	8.8
451	湖南	洞口县丰茂水泥厂	机立窑	8.8
452	湖南	洞口县秀丰水泥厂	机立窑	10
453	湖南	湖南省新邵县强力水泥有限责任公司	机立窑	8.8
454	湖南	新邵筱溪水泥有限公司	机立窑	8
455	湖南	武冈云峰水泥有限公司	机立窑	8.8
456	湖南	邵阳市宝庆水泥厂	机立窑	12.4
457	湖南	洞庭水泥有限公司	机立窑	8.8
458	湖南	益阳大泉水泥有限公司	机立窑	4.4
459	湖南	湖南省益阳市通程水泥有限公司	机立窑	4.4
460	湖南	益阳市赫山区建材化工厂	机立窑	4.4
461	湖南	安化县平口峰力水泥厂	机立窑	6.6
462	湖南	湖南省益阳宏远水泥有限公司	机立窑	8.8
463	湖南	湖南省益阳市宏达水泥有限公司	机立窑	8.8
464	湖南	湖南明月水泥集团有限公司	机立窑	28.2
465	湖南	慈利县第二水泥厂	机立窑	20
466	湖南	宜章筑英白水泥有限公司	机立窑	8.8
467	湖南	嘉禾县南岭水泥有限公司	机立窑	10
468	湖南	嘉禾县第二水泥厂	机立窑	6.6
469	湖南	宜章县永诚水泥有限公司	机立窑	25
470	湖南	道县潇水水泥公司	机立窑	10
471	湖南	道县谷源水泥公司	机立窑	10
472	湖南	祁阳县祁峰水泥厂	机立窑	15.4
473	广东	兴宁市兴业水泥厂	Φ3.0×10米	10
474	广东	蕉岭县顺发联营水泥厂	Φ3.0×10米	10
475	广东	惠阳市水泥厂	Φ2.5×9米	6
476	广东	惠州市水泥厂(惠州市水泥有限公司)	Φ3.0×10米	10
477	广东	龙门县惠发水泥有限公司	Φ3.0×10米	10
478	广东	惠州市惠珠水泥厂有限公司(惠阳市水泥二厂)	Φ3.0×10米2台	20

479	广东	惠阳区新白云水泥有限公司（惠阳市白云水泥厂）	Φ3.0×11米	10
480	广东	惠东县水泥一厂（惠东县富力水泥有限公司）	Φ3.0×11米2台	20
481	广东	博罗县东骏水泥有限公司	Φ3.0×11米2台	20
482	广东	龙门县云龙水泥厂	Φ3.0×10米	10
483	广东	广州市水电局水泥厂（广州水电水泥厂）	Φ3.0×10米	10
484	广东	台山市盛丰建材有限公司	Φ2.75×10米	7
485	广东	台山市白沙双飞马建材有限公司	Φ3.0×10米	10
486	广东	鹤山市佳宝建材有限公司	Φ3.0×10.5米2台	20
487	广东	恩平市沙湖水泥厂	Φ3.2×10米	10
488	广东	恩平市天南建材有限公司	Φ3.0×10米2台	20
489	广东	恩平市大槐水泥厂	Φ3.0×10米	10
490	广东	恩平市粤海建材有限公司	Φ3.0×10米	10
491	广东	恩平市熊猫水泥有限公司	Φ3.0×10米	10
492	广东	恩平市金沙建材实业有限公司	Φ3.0×10米	10
493	广东	恩平市金钱建材有限公司（恩平市新第二水泥厂建材实业有限公司）	Φ3.0×10米	10
494	广东	恩平市乾隆建材有限公司	Φ2.5×10米	7
495	广东	恩平市银鹰建材实业有限公司	Φ3.0×11米	10
496	广东	恩平市横陂水泥厂	Φ3.0×10米	10
497	广东	恩平市银城建材有限公司（青龙水泥厂）	Φ3.0×10米	10
498	广东	恩平市诚辉实业有限公司	Φ3.0×10米	10
499	广东	恩平市恒力实业有限公司（恩平市圣堂水泥厂）	Φ3.0×10米	10
500	广东	恩平市恩庭建材有限公司	Φ3.0×10米	10
501	广东	恩平市田野水泥厂	Φ3.0×10米	10
502	广东	恩平市恩洲水泥厂	Φ3.0×10米	10
503	广东	恩平市鹰咀湾水泥厂	Φ3.0×10米2台	20
504	广东	恩平市金龙建材有限公司	Φ3.0×10米	10
505	广东	恩平市牛江水泥厂	机立窑Φ2.5×10米2台、Φ3.0×10米	27
506	广东	湛江市官渡水泥厂（湛江洪鹏水泥有限公司）	Φ3.0×10米，Φ2.5×9米	16
507	广东	电白县水泥厂	Φ3.0×11米	10
508	广东	英德市大镇水泥厂	Φ3.0×11米	10
509	广东	英德市英城镇第五水泥厂	Φ3.0×10米2台	20
510	广东	英德市九龙水泥厂	Φ3.0×11米	10
511	广东	河源市水泥厂（河源市龟峰水泥有限公司）	Φ3.0×10米2台	20
512	广东	云安县新广云水泥有限公司	机立窑Φ3×10米、Φ2.84×10米	19
513	广东	新兴县西江水泥有限公司	Φ3×11米2台，Φ3×10米，Φ2.5×8米	36
514	广西	横县祥兴实业水泥有限公司	1台机立窑	8.8
515	广西	南化丰塔水泥公司	1台湿法窑	15
516	广西	横县圣山水泥厂	1台Φ1.83×7米水泥磨	5
517	广西	武鸣明秀水泥厂	1台Φ1.83×7米水泥磨	5
518	广西	南宁市武鸣县武港水泥厂	1台Φ1.83×7米水泥磨	5
519	广西	上林县象山水泥厂	1台Φ1.83×6.5米水泥磨	5
520	广西	马山县红山水泥有限责任公司	1台Φ1.83×7米水泥磨	5

521	广西	南宁广龙水泥有限公司金龙水泥厂	1台Φ1.83×7米水泥磨	5
522	广西	武鸣香山水泥建材厂	2台Φ1.83×7米水泥磨	10
523	广西	广西农垦黎塘氮肥厂	1台Φ1.83×7米水泥磨	5
524	广西	上林县水泥厂	1台Φ1.83×6.5米水泥磨	5
525	广西	广西壮族自治区邕宁县明阳水泥厂	1台Φ1.83×6.5米水泥磨	5
526	广西	柳城县水泥厂	1台Φ1.83×6.5米水泥磨	5
527	广西	柳州铁路局白山水泥厂	1台Φ1.83×7米水泥磨	5
528	广西	柳江县水泥厂	1台Φ1.83×7米水泥磨	5
529	广西	广西鹿寨英山水泥厂	1台Φ1.83×6.5米水泥磨	5
530	广西	柳州正菱鹿寨水泥有限公司	1台Φ1.83×6.4米水泥磨	5
531	广西	兴安东风水泥厂	2台Φ2.2米机立窑	8.8
532	广西	灌阳县水泥厂	1台Φ1.83×7米水泥磨	5
533	广西	桂林三和水泥有限公司	1台Φ1.83×7米水泥磨	5
534	广西	临桂县又一村水泥厂	2台Φ1.83×7米水泥磨	10
535	广西	全州湘塔水泥有限责任公司	1台Φ1.83×6.1米水泥磨	5
536	广西	柳州铁路局桂林水泥厂	1台Φ1.83×7米水泥磨	5
537	广西	资源县水泥厂	1台Φ1.83×6.4米水泥磨	5
538	广西	苍梧县水泥厂	1台Φ1.83×7.0米水泥磨	5
539	广西	藤县浮金水泥有限责任公司	1台Φ1.83×6.5米水泥磨	5
540	广西	蒙山县水泥厂	2台Φ1.83×7.0米水泥磨	10
541	广西	北海市银岭水泥厂	3台机立窑	30
542	广西	合浦县盛源水泥厂	1台机立窑	8.8
543	广西	广西合浦广源水泥厂	1台Φ1.83×7米水泥磨	5
544	广西	灵山县文岩总公司（一厂）	2台Φ1.83×6.4米水泥磨	10
545	广西	钦州市湘钦水泥厂	1台Φ1.83×7米水泥磨	5
546	广西	钦州市大寺水泥厂	1台Φ1.83×7米水泥磨	5
547	广西	钦州市广福水泥厂	1台Φ1.83×7米水泥磨	5
548	广西	浦北县龙门水泥厂	1台Φ1.83×7米水泥磨	5
549	广西	贵港市独山水泥厂	1台Φ1.83×6.5米水泥磨	5
550	广西	贵港市水泥厂	2台Φ1.83×6.5米水泥磨	10
551	广西	平南县水泥厂	3台Φ1.83×7米水泥磨	15
552	广西	玉林大秦水泥有限公司	3台机立窑	30
553	广西	玉林市北流水泥厂	2台Φ1.83×6.12米水泥磨	10
554	广西	广西林业北流水泥厂	1台Φ1.83×7米水泥磨	5
555	广西	广西北流市神通水泥厂	1台Φ1.83×7米水泥磨	5
556	广西	北流市第六水泥厂	1台Φ1.83×6.5米水泥磨	5
557	广西	北流市蟠龙水泥厂	1台Φ1.83×6.4米水泥磨	5
558	广西	玉林市石南水泥厂	1台Φ1.83×7.0米水泥磨	5
559	广西	玉林市桂兴水泥厂	1台Φ1.83×7.0米水泥磨	5
560	广西	玉林市荣琨水泥厂	1台Φ1.83×7.0米水泥磨	5
561	广西	玉林市葵山水泥厂	1台Φ1.83×6.4米水泥磨	5
562	广西	容县容州水泥厂	1台Φ1.83×7.0米水泥磨	5
563	广西	贺州市宏泰建材有限公司	1台Φ1.83×7.0米水泥磨	5
564	广西	平果县水泥厂	1台Φ1.83×7米水泥磨	5

565	广西	凌云县水泥厂	1 台 Φ1.83×6.5 米水泥磨	5
566	广西	靖西县浙浦水泥有限责任公司	1 台 Φ1.83×7.0 米水泥磨	5
567	广西	田阳县水泥厂	1 台 Φ1.83×7.0 米水泥磨	5
568	广西	西林县水泥厂	1 台 Φ1.83×6.4 米水泥磨	5
569	广西	乐业县水泥厂	1 台 Φ1.83×6.4 米水泥磨	5
570	广西	德保县水泥厂	1 台 Φ1.83×6.4 米水泥磨	5
571	广西	广西河池化工(集团)建筑材料股份合作有限公司	1 台 Φ1.83×7 米水泥磨	5
572	广西	都安瑶族自治县水泥厂	1 台 Φ1.83×7 米水泥磨	5
573	广西	广西百龙水泥有限责任公司	2 台 Φ1.83×7 米水泥磨	10
574	广西	罗城仫佬族自治县龙潭水泥有限责任公司	1 台 Φ1.83×6.4 米水泥磨	5
575	广西	凤山县水泥厂	1 台 Φ1.83×7 米水泥磨	5
576	广西	忻城县水泥厂	1 台 Φ1.83×7 米水泥磨	5
577	广西	武宣县水泥厂	1 台 Φ1.83×7 米水泥磨	5
578	广西	宁明县水泥厂	1 台 Φ1.83×6.4 米水泥磨	5
579	广西	广西东泥天等水泥有限公司	1 台 Φ1.83×6.5 米水泥磨	5
580	海南	海南保亭水泥厂	机立窑生产线 1 条	10
581	海南	白沙大荣水泥有限公司	机立窑生产线 2 条	16
582	海南	海南五指山大江南水泥有限公司	机立窑生产线 1 条	5
583	海南	海南农垦石碌水泥厂	机立窑生产线 2 条	16
584	海南	儋州明成水泥有限公司	机立窑生产线 2 条	20
585	海南	海南八一金岭水泥厂	机立窑生产线 2 条	20
586	海南	海南八一水泥有限责任公司	机立窑生产线 1 条	8
587	海南	儋州西培水泥有限公司	机立窑生产线 2 条	17
588	海南	儋州宝强实业有限公司	机立窑生产线 1 条	9
589	海南	东方双吉水泥厂	机立窑生产线 4 条	40
590	海南	东方欣达实业有限公司	机立窑生产线 1 条	10
591	重庆	重庆泰琦水泥有限公司	机立窑 Φ3.0×11 米 1 台 机立窑 Φ3.2×11 米 2 台	30
592	重庆	重庆地王水泥有限公司	机立窑 Φ3.2×11 米	10
593	重庆	重庆市沙坪坝区青木关水泥厂	机立窑 Φ3.0×11 米	10
594	重庆	重庆永荣青鹏煤业公司(市能投集团控股)	机立窑 Φ3.0×11 米	10
595	重庆	重庆市参天水泥有限公司	机立窑 Φ3.0×11 米 机立窑 Φ3.2×12 米	30
596	重庆	重庆市富丰水泥集团富华水泥有限公司	湿法窑 Φ4.0×145 米	30
597	重庆	秀山中和水泥厂	机立窑 Φ2.8×9.5 米 2 台	10
598	重庆	重庆弘扬建材(集团)有限公司	机立窑 Φ3.0×10 米 2 台 机立窑 Φ3.2×11 米 2 台	40
599	重庆	重庆璧山县水泥有限公司	机立窑 Φ2.35×8 机立窑 Φ2.8×10 米	20
600	重庆	重庆市缙云水泥厂	机立窑 Φ3.2×10 米	10
601	重庆	重庆市夏强水泥有限公司	机立窑 Φ3.3×11 米	15
602	重庆	重庆华林水泥有限公司	机立窑 Φ3.2×12 米	10
603	贵州	贵州泰宇水泥有限责任公司	Φ3 米机立窑	16
604	贵州	贵州水泥厂	Φ4 米湿法回转窑	30

605	贵州	贵州畅达瑞安水泥有限公司	Φ3.95 米湿法旋窑	30
606	贵州	贵州遵义瑞安水泥有限公司	Φ3 米湿法窑	24
607	贵州	遵义市汇川区西部水泥有限公司	Φ2.5 米和 Φ3 米机立窑	16.6
608	贵州	遵义县龙辉建材厂	Φ2.8 米机立窑	8
609	贵州	遵义县桂花水泥厂	Φ2.5 米机立窑	6
610	贵州	遵义县启明水泥厂	Φ3 米机立窑	10
611	贵州	务川自治县水泥厂	Φ2.5 米机立窑	5
612	贵州	仁怀市建台水泥厂	Φ3 米机立窑	10
613	贵州	江口县宏森宏波水泥有公司	Φ3 米湿法回转窑	10
614	贵州	思南县兴康实业有限公司	Φ3 米机立窑	6
615	贵州	德江县乌江水泥厂	Φ3 米湿法回转窑	20
616	贵州	沿河自治县供销水泥厂	Φ2.6 米机立窑	6
617	贵州	黔西南州兴铁实业有限责任公司水泥厂	Φ2.5 米机立窑	6
618	贵州	贵州毕节瑞安水泥有限公司	Φ3.5 米湿法回转窑	20
619	贵州	贵州省镇远仁都建材有限公司	Φ3 米机械化立窑	10
620	贵州	贵州剑江水泥有限公司	Φ4 米湿法回转窑	28
621	贵州	长顺县长兴水泥厂	Φ2.5 米机立窑	4.4
622	贵州	贵州省长顺县福林水泥有限责任公司	Φ2.5 米机立窑	6.6
623	云南	昆明立宇建材有限责任公司	Φ2.8×10 米机立窑	8
624	云南	寻甸回族彝族自治县马街水泥厂	Φ2.5×10 米机立窑	7
625	云南	鲁甸县江底水泥厂	Φ3.0×10 米机立窑	11
626	云南	曲靖水泥有限责任公司	Φ2.8×10 米机立窑 Φ3.0×11 米机立窑	19
627	云南	宣威市虹桥水泥厂	Φ2.8×10 米机立窑 Φ3.2×11 米机立窑	21.5
628	云南	富源县水泥有限责任公司	Φ2.8×10 米机立窑	8
629	云南	陆良县马军营水泥厂	Φ2.5×10 米机立窑	7
630	云南	云南大东水泥厂	Φ2.5×10 米机立窑	7
631	云南	陆良县三岔河水泥厂	Φ3.0×11 米机立窑	11
632	云南	华宁向阳煤炭建材有限责任公司水泥厂	Φ2.5×10 米机立窑	7
633	云南	华宁县盘溪水泥有限责任公司	Φ2.5×10 米机立窑	7
634	云南	江川县凤凰山水泥有限责任公司	Φ2.8×8.5 米机立窑	8
635	云南	通海县海东水泥厂	Φ2.5×8.5 米机立窑	7
636	云南	通海解家营水泥厂	Φ2.8×10 米机立窑	8
637	云南	通海三义水泥厂	Φ2.5×8.5 米机立窑	7
638	云南	通海元山水泥厂	Φ2.5×8.5 米机立窑	7
639	云南	通海鉷泰建材有限公司	Φ2.5×8.5 米机立窑	7
640	云南	新平鲁奎山水泥有限公司	Φ3.0×10 米机立窑	11
641	云南	云南省峨山彝族自治县塔甸水泥厂	Φ2.5×10 米机立窑	7
642	云南	元江县永发水泥有限公司	Φ2.85×10 米机立窑 Φ4.0×8.6 米机立窑	31
643	云南	玉溪市北城水泥厂	Φ2.5×10 米机立窑	7
644	云南	云南省玉溪市东前水泥厂	Φ2.5×10 米机立窑	7
645	云南	云南省玉溪市莲池实业总公司	Φ2.5×9 米机立窑 Φ2.85×10 米机立窑	15
646	云南	云南玉溪南莲池水泥制造有限公司	Φ2.5×10 米机立窑	7
647	云南	云南省玉溪市白凤山水泥制造有限公司	Φ2.5×10 米机立窑	13.5
648	云南	云南省玉溪市刘总旗活发水泥有限公司	Φ2.5×8 米机立窑	13.5
649	云南	玉溪市北城青龙山水泥厂	Φ2.5×10 米机立窑	7
650	云南	玉溪市研和太标水泥制造有限公司	Φ2.5×10 米机立窑	7
651	云南	玉溪市龙潭水泥有限公司	Φ3.0×10 米机立窑	22

652	云南	元江栋梁水泥有限责任公司	Φ3.2×10米机立窑	13.5
653	云南	云南江川翠峰水泥有限公司	Φ2.8×8.5米机立窑	8
654	云南	澄江县西浦水泥有限责任公司	Φ3.0×11米机立窑	22
655	云南	玉溪市峨山县龙盛特种水泥厂	Φ3.0×11米机立窑	11
656	云南	云南省江川县水泥厂	Φ3.0×11米机立窑	11
657	云南	施甸县建材有限公司	Φ3.2×11米机立窑	13.5
658	云南	红河州紫燕水泥有限责任公司	Φ2.5×11米机立窑 Φ2.9×10米机立窑	15
659	云南	云南省个旧市水泥总厂	Φ2.5×8.5米机立窑 Φ3.0×10米机立窑	17.5
660	云南	弥勒县河湾水泥制造有限责任公司	Φ2.3×8米机立窑	7
661	云南	泸西县建材工业有限责任公司	Φ3.0×11米机立窑	22
662	云南	泸西县中枢水泥厂	Φ3.4×11米机立窑	16
663	云南	蒙自瀛洲水泥有限责任公司	Φ3.6×11米机立窑	17.5
664	云南	红河建材熔剂有限公司(古山)	Φ3.0×11米机立窑	22
665	云南	富宁县富港经贸有限公司睦伦水泥厂	Φ3.0×10米机立窑	11
666	云南	景谷傣族彝族自治县永平水泥有限公司	Φ2.5×10米机立窑	7
667	云南	宁洱哈尼族彝族自治县攀龙建材有限责任公司	Φ2.8×11米机立窑	8
668	云南	云南普洱天壁水泥有限公司	Φ2.84×10米机立窑 Φ3.0×10米机立窑	19
669	云南	思茅市接力水泥有限责任公司	Φ3.2×11米机立窑	13.5
670	云南	大理市上和水泥厂	Φ2.8×8.5米机立窑	8
671	云南	洱源县天琪水泥有限责任公司	Φ2.8×10米机立窑	8
672	云南	大理市华营水泥厂	Φ3.6×11米机立窑	35
673	云南	祥云县太鼎水泥制造有限公司	Φ3.0×11米机立窑	11
674	云南	祥云县清华洞水泥厂	Φ3.5×13米机立窑	17.5
675	云南	祥云县水利水电三台坡水泥厂	Φ3.8×11米机立窑	20
676	云南	巍山县高炉水泥有限责任公司	Φ4.2×12米机立窑	23
677	云南	盈江剑雄水泥有限责任公司	Φ2.5×8.5米机立窑	7
678	云南	潞西市城郊水泥厂	Φ2.5×10米机立窑	7
679	云南	德宏州潞西市陇遮水泥厂	Φ3.2×12米机立窑	13.5
680	云南	德宏三象通用水泥有限责任公司	Φ3.0×11米机立窑	11
681	云南	瑞丽畹町经济开发区康达水泥厂	Φ3.0×10米机立窑	11
682	云南	丽江永保水泥有限责任公司	Φ3.3×50米旋窑	41
683	云南	临沧河底岗红河水泥有限公司	Φ2.8×10米机立窑 Φ3.1/2.5×78米湿法回转窑	16
684	陕西	灞桥区新星水泥厂	Φ2.5×10米机立窑生产线1条	10
685	陕西	凤县三联建材有限责任公司	Φ3×11米机立窑生产线1条	10
686	陕西	凤县金狮建材有限责任公司	Φ2.8×10米机立窑生产线1条	10
687	陕西	陕西省陇州水泥有限责任公司	Φ3.5×11米机立窑生产线1条	15
688	陕西	陕西省天柱水泥制造有限责任公司	Φ3.4×12米机立窑生产线1条	15
689	陕西	凤翔县雍东水泥厂	Φ3×10米机立窑生产线1条	10
690	陕西	凤翔县雍山水泥有限责任公司	Φ3×10米机立窑生产线2条	20
691	陕西	凤翔县雍川水泥有限公司	Φ3×11米机立窑生产线1条	10
692	陕西	千阳县兴盛千岭水泥有限责任公司	Φ3×11米、Φ2.8×10米机立窑生产线各1条	25

693	陕西	西铁烽阳水泥厂	Φ2.6×8.5 米、Φ3×11 米机立窑生产线各 1 条	20
694	陕西	韩城迪源建材有限责任公司	Φ3.2×11 米机立窑生产线 1 条	13
695	陕西	国营陕西韩城水泥厂	Φ2.8×8.4 米机立窑生产线 1 条	9
696	陕西	大荔远东水泥有限公司	Φ3×10 米机立窑生产线 1 条	10
697	陕西	韩城市禹门水泥有限责任公司	Φ3×10 米机立窑生产线 1 条	10
698	陕西	蒲城县泰陵水泥厂	Φ3×10 米机立窑生产线 1 条	10
699	陕西	陕西省蒲城县成龙水泥厂	Φ3×11 米机立窑生产线 2 条 Φ2.9×12 米机立窑生产线 1 条	30
700	陕西	陕西省蒲城县秦东水泥有限责任公司	Φ3×11、Φ2.8×11 米机立窑生产线各 1 条	18.8
701	陕西	陕西省蒲城县坡头水泥厂	Φ3×11 米机立窑生产线 1 条	10
702	陕西	陕西秦盾水泥有限公司	Φ3.2×12 米机立窑生产线 1 条	10
703	陕西	陕西蒲城双龙水泥有限责任公司	Φ3×10 米机立窑生产线 1 条	10
704	陕西	渭南市蒲城县恒达水泥有限责任公司	Φ3×10 米机立窑生产线 1 条	10
705	陕西	蒲城县杰林水泥有限责任公司	Φ3×11、Φ3.3×55 米机立窑和回转窑生产线各 1 条	25
706	陕西	陕西尧柏特种水泥有限公司蒲城分公司	Φ2.5×8.5 米机立窑、Φ2.5×40 米、Φ2.8×42 米、Φ2.5/2.8 米回转窑生产线各 1 条	40
707	陕西	陕西省蒲城县北关水泥厂	Φ3×11 米机立窑生产线 1 条	10
708	陕西	蒲城县大孔乡群力水泥厂	Φ3×11 米机立窑生产线 1 条	10
709	陕西	蒲城县金燕平水泥有限责任公司	Φ3×11 米机立窑、Φ3×25 旋窑生产线各 1 条	20
710	陕西	蒲城永峰水泥有限责任公司	Φ3×11 米机立窑生产线 2 条	20
711	陕西	蒲城县大孔乡蒲北水泥厂	Φ3×10 米机立窑生产线 1 条	10
712	陕西	蒲城县前兴水泥厂	Φ3×12 米机立窑生产线 1 条	8
713	陕西	铜川市秦川建材有限公司	Φ2.5×42 米旋窑生产线 1 条	10
714	陕西	铜川市特种水泥厂	Φ2.5×40 米旋窑生产线 1 条	20
715	陕西	汉中市汉江水泥厂	Φ3×10 米机立窑生产线 1 条	10
716	陕西	勉县温泉水泥有限责任公司	Φ3×11 米机立窑生产线 1 条	10
717	陕西	陕西丹洛水泥有限责任公司	Φ3.8×12 米机立窑生产线 1 条	20
718	陕西	平利县康华水泥公司	Φ3×11 米、Φ3.3×12 米机立窑生产线各 1 条	30
719	陕西	黄河集团十万吨水泥厂	Φ3×12 米机立窑生产线 1 条	10
720	甘肃	永登祁连山水泥有限公司	Φ3.5×124，Φ3/3.3/3.5×124 米湿法水泥生产线	30
721	甘肃	榆中县水泥厂	Φ2.7×7.5 机产窑	10
722	甘肃	白银市王岘水泥有限公司	Φ3.0×10 米机立窑	8
723	甘肃	甘谷县渭阳水泥厂	Φ2.2×7 米机立窑	3
724	甘肃	金昌水泥(集团)有限责任公司 1 厂	机产窑	20
725	甘肃	宁县永虎水泥粉磨站	小粉磨生产线	5
726	甘肃	文县玉丰水泥有限公司	Φ3.2×12 米机产窑生产线 1 条	10
727	甘肃	临夏市河州建材有限责任公司	Φ2×8 米机产窑 2 条	4
728	宁夏	固原长征水泥有限责任公司	1 台机立窑	9
729	宁夏	隆德县隆峰水泥有限责任公司	1 台机立窑	7
730	宁夏	宁夏瀛海灵武特种水泥有限公司	1 台立筒预热器窑	10
731	宁夏	宁夏贺兰金山水泥有限公司	2 台机立窑	17
732	宁夏	宁夏胜金水泥有限公司	1 台机立窑	9

733	宁夏	吴忠市水泥工业有限责任公司	1台机立窑	8
734	宁夏	宁夏瀛海建材集团	2台机立窑、1条小旋窑	20
735	青海	青海青海湖水泥有限公司	Φ3.2×10米机立窑1座	15
736	青海	青海江河源水泥有限责任公司	Φ3.2×11米机立窑1座	15
737	青海	青海大通水泥有限公司	Φ2.5×11米的机立窑2座,Φ1.83×7米的球磨机2台,Φ2.2×7.5米的球磨机2台	15
738	青海	青海大通元朔水泥有限公司	机立窑1座	22
739	青海	青海新型建材工贸有限公司	机立窑1座	12
740	青海	浙江浦峰集团民和水泥公司	Φ3.3×12米机立窑2台	30
741	青海	威远水泥有限公司	Φ3.2×1.85米机立窑2台	30
742	青海	鼓楼水泥有限公司	Φ2.2×8米机立窑1台,Φ2.5×8米机立窑1台	15
743	青海	金圆水泥有限公司	Φ3.2×1.85米机立窑3台	40
744	青海	循化振荣水泥有限公司	Φ1.83×7.0米水泥磨机	10
745	青海	青山建材水泥有限公司	Φ1.86×6.4米球磨机1台,Φ2.0×7米机立窑1台,Φ1.2×4.5米球磨机1台	
746	青海	青海乐都华夏水泥有限公司	Φ3.3×10米机立窑3台	40
747	青海	青海泰宁水泥有限公司	Φ3.3×12米机立窑3台	40
748	青海	贵德县水泥有限公司	Φ2.8×45机立窑1台	10
749	新疆	和布克赛尔县雪山水泥有限责任公司	Φ3/2.5×60米中空余热发电窑	8
750	新疆	伊宁市水泥厂	Φ2.5×40米预热器窑1条	7
751	新疆	新疆西域水泥有限责任公司	Φ2.5×10米机立窑3台	20
			Φ2.4×13米球磨机1台	13
			Φ2.4×7米球磨机1台	6.5
			Φ2.2×9.5米球磨机1台	6.5
			Φ2.2×7米球磨机1台	6.5
			Φ2.2×6.5米球磨机1台	5
			Φ1.83×6.12米球磨机1台	3.5
752	新疆	新疆天山水泥股份有限公司塔里木分公司	Φ1.83×6.4米磨机2台	10
753	新疆	福海三海水泥有限责任公司	Φ1.6/1.9×40米干法中空窑生产系统2套	5
754	新疆	青河县水泥有限公司	Φ2.5×8.5米1台,生料磨Φ1.5×5.7米2台;其他负债设备多台	6
755	新疆	昭苏县南岗建材有限责任公司	Φ3×11米机立窑生产线1套	12
756	新疆	新疆屯河水泥有限责任公司头屯河水泥厂	Φ1.9/1.6×36米预分解窑生产线2条	10
			Φ2.5×80.9米中空窑生产线1条	5
757	新疆	新疆屯河水泥有限责任公司富蕴水泥分公司	Φ1.83×7米开路水泥磨	5
758	新疆	新疆屯河水泥有限责任公司沙湾五宫水泥分公司	Φ1.9/1.6×36米中空窑窑生产线1条	2
759	新疆兵团	青松建化股份有限公司本部	Φ3×11米立窑3台	30
760	新疆兵团	二师巴州丝路水泥制造有限公司	Φ2.5×9.5米立窑1台	6
761	新疆兵团	伊犁南港水泥厂	Φ1.9/1.6×40米中空窑2台	2
762	新疆兵团	哈密新工建材有限责任公司	Φ3.5×42米立窑预热器窑1台	10

★工业和信息化部**2010**年**8**月**5**日发布的工产业〔**2010**〕第**111**号公告。

关于开展重点用能行业能效水平对标达标活动的通知★

Circular about unfolding the energy and efficiency standard conforming and standard reaching activity in key energy using industries

各省、自治区、直辖市及计划单列市、新疆生产建设兵团工业和信息化主管部门，相关行业协会：

为贯彻落实国务院节能减排工作电视电话会议精神，全面完成“十一五”节能减排约束性目标，按照我部节能减排工作重点任务安排，我们先期选择钢铁、有色、化工、建材等四个重点用能行业中粗钢（含焦化、烧结、球团、炼铁、转炉炼钢、电炉炼钢）、电解铝、合成氨、烧碱、电石、水泥、平板玻璃等13种产品（工序），以国内同类企业能效先进水平作为参照值，开展能效水平对标达标活动。现将上述产品（工序）能效标杆指标印发你们，并提出如下要求：

一、企业是开展能效水平对标达标活动的实施主体

参加对标达标活动的企业应按照国家相关标准和行业统计方法要求，严格规范能源计量、统计和管理等各项工作，开展好对标达标活动。一是要强化对标达标活动管理，落实机构和人员，从组织管理上确保对标达标工作落到实处；二是要认真制定开展能效水平对标达标活动的工作方案，通过活动的开展，使自身能效水平达到或接近同行业国内领先水平。

二、各相关行业协会要加强对参与能效水平对标达标活动企业的指导

要根据企业的信息需求，为企业提供标准、计算方法等方面的技术支撑，为能效水平对标达标活动的进一步开展奠定基础。同时，要做好先进节能技术的推广应用，指导企业采取有效措施，确保能效水平对标达标活动的质量和成效。

三、各地工业和信息化主管部门要加强对参与活动企业的组织、监督和指导

一是组织企业做好能源审计工作，摸清企业能耗现状、查找差距和潜力，有针对性地引导企业采取有效措施，实现对标达标；二是组织企业做好能效水平对标数据的收集、整理、分析工作。于每年1月底前，对本地区能效水平对标达标活动进行总结，并将总结报告及相关指标数据分析报告报送工业和信息化部（节能与综合利用司）。

四、工业和信息化部将会同相关行业协会，根据各地对标达标活动情况及行业能效水平发展情况，适时调整和更新能效水平标杆，完善指标体系，并陆续开展其他行业产品（工序）的能效水平对标达标活动

同时，工业和信息化部将组织有关行业协会，对各地工业和信息化主管部门推荐的在能效对标达标活动中取得显著成效的对标企业进行表彰。

附件：1. 钢铁行业主要产品（工序）能效标杆指标（略）

2. 有色行业主要能效标杆指标（略）

3. 建材行业主要能效标杆指标

4. 化工行业主要能效标杆指标（略）

附件3　建材行业主要能效标杆指标

表3－1　4 000t/d（含）以上水泥企业能效标杆指标

序号	指标名称	单位	能效标杆指标	备注
一	能耗指标			
1	可比熟料综合煤耗	kgce/t	105	
2	可比熟料综合电耗[a]	kWh/t	57	
3	可比水泥综合电耗[b]	kWh/t	90	
4	可比熟料综合能耗	kgce/t	111	
5	可比水泥综合能耗	kgce/t	88	
二	回收指标			
1	余热发电量	kWh/t	40	

表3－2　2 000t/d（含）～4 000t/d水泥企业能效标杆指标

序号	指标名称	单位	能效标杆指标	备注
一	能耗指标			
1	可比熟料综合煤耗	kgce/t	108	
2	可比熟料综合电耗[a]	kWh/t	60	
3	可比水泥综合电耗[b]	kWh/t	93	
4	可比熟料综合能耗	kgce/t	115	
5	可比水泥综合能耗	kgce/t	91	
二	回收指标			
1	余热发电量	kWh/t	39.83	

注a：对只生产水泥熟料的企业。

注b：对生产水泥和水泥熟料的企业

表3－3　平板玻璃企业能效标杆指标（略）

注：建材行业相关产品（工序）指标界定范围及计算方法的依据为《水泥单位产品能源消耗限额》（GB16780－2007）、《平板玻璃单位产品能源消耗限额》（GB21340－2008）。

★工业和信息化部**2010**年**8**月**18**日发布的工信厅节函〔**2010**〕**594**号通知。

国务院关于促进企业兼并重组的意见★

Opinion of State Council about promoting enterprise merging and reorganization

各省、自治区、直辖市人民政府,国务院各部委、各直属机构:

为深入贯彻落实科学发展观,切实加快经济发展方式转变和结构调整,提高发展质量和效益,现就加快调整优化产业结构、促进企业兼并重组提出以下意见:

一、充分认识企业兼并重组的重要意义

近年来,各行业、各领域企业通过合并和股权、资产收购等多种形式积极进行整合,兼并重组步伐加快,产业组织结构不断优化,取得了明显成效。但一些行业重复建设严重、产业集中度低、自主创新能力不强、市场竞争力较弱的问题仍很突出。在资源环境约束日益严重、国际间产业竞争更加激烈、贸易保护主义明显抬头的新形势下,必须切实推进企业兼并重组,深化企业改革,促进产业结构优化升级,加快转变发展方式,提高发展质量和效益,增强抵御国际市场风险能力,实现可持续发展。各地区、各有关部门要把促进企业兼并重组作为贯彻落实科学发展观,保持经济平稳较快发展的重要任务,进一步统一思想,正确处理局部与整体、当前与长远的关系,切实抓好促进企业兼并重组各项工作部署的贯彻落实。

二、主要目标和基本原则

(一)主要目标。通过促进企业兼并重组,深化体制机制改革,完善以公有制为主体、多种所有制经济共同发展的基本经济制度。加快国有经济布局和结构的战略性调整,健全国有资本有进有退的合理流动机制,鼓励和支持民营企业参与竞争性领域国有企业改革、改制和改组,促进非公有制经济和中小企业发展。兼并重组企业要转换经营机制,完善公司治理结构,建立现代企业制度,加强和改善内部管理,加强技术改造,推进技术进步和自主创新,淘汰落后产能,压缩过剩产能,促进节能减排,提高市场竞争力。

进一步贯彻落实重点产业调整和振兴规划,做强做大优势企业。以汽车、钢铁、水泥、机械制造、电解铝、稀土等行业为重点,推动优势企业实施强强联合、跨地区兼并重组、境外并购和投资合作,提高产业集中度,促进规模化、集约化经营,加快发展具有自主知识产权和知名品牌的骨干企业,培养一批具有国际竞争力的大型企业集团,推动产业结构优化升级。

(二)基本原则。

1. *发挥企业的主体作用。*充分尊重企业意愿,充分调动企业积极性,通过完善相关行业规划和政策措施,引导和激励企业自愿、自主参与兼并重组。

2. *坚持市场化运作。*遵循市场经济规则,充分发挥市场机制的基础性作用,规范行政行为,由企业通过平等协商、依法合规开展兼并重组,防止“拉郎配”。

3. *促进市场有效竞争。*统筹协调,分类指导,促进提高产业集中度,促进大中小企业协调发展,促进各种所有制企业公平竞争和优胜劣汰,形成结构合理、竞争有效、规范有序的市场格局。

4. *维护企业与社会和谐稳定。*严格执行相关法律法规和规章制度,妥善解决企业兼并重组中资产债务处置、职工安置等问题,依法维护债权人、债务人以及企业职工等利益主体的合法权益,促进企业、社会的和谐稳定。

三、消除企业兼并重组的制度障碍

(一)清理限制跨地区兼并重组的规定。为优化产业布局、进一步破除市场分割和地区封锁,要认真清理废止各种不利于企业兼并重组和妨碍公平竞争的规定,尤其要坚决取消各地区自行出台的限制外地企业对本地企业实施兼并重组的规定。

(二)理顺地区间利益分配关系。在不违背国家有关政策规定的前提下,地区间可根据企业资产规模和盈利能力,签订企业兼并重组后的财税利益分成协议,妥善解决企业兼并重组后工业增加值等统计数据的归属问题,实现企业兼并重组成果共享。

(三)放宽民营资本的市场准入。切实向民营资本开放法律法规未禁入的行业和领域,并放宽在股权比例等方面的限制。加快垄断行业改革,鼓励民营资本通过兼并重组等方式进入垄断行业的竞争性业务领域,支持民营资本进入基础设施、公共事业、金融服务和社会事业相关领域。

四、加强对企业兼并重组的引导和政策扶持

(一)落实税收优惠政策。研究完善支持企业兼并重组的财税政策。对企业兼并重组涉及的资产评估增值、债务重组收益、土地房屋权属转移等给予税收优惠,具体按照财政部、税务总局《关于企业兼并重组业务企业所得

税处理若干问题的通知》（财税〔2009〕59 号）、《关于企业改制重组若干契税政策的通知》（财税〔2008〕175 号）等规定执行。

（二）加强财政资金投入。在中央国有资本经营预算中设立专项资金，通过技改贴息、职工安置补助等方式，支持中央企业兼并重组。鼓励地方人民政府通过财政贴息、信贷奖励补助等方式，激励商业银行加大对企业兼并重组的信贷支持力度。有条件的地方可设立企业兼并重组专项资金，支持本地区企业兼并重组，财政资金投入要优先支持重点产业调整和振兴规划确定的企业兼并重组。

（三）加大金融支持力度。商业银行要积极稳妥开展并购贷款业务，扩大贷款规模，合理确定贷款期限。鼓励商业银行对兼并重组后的企业实行综合授信。鼓励证券公司、资产管理公司、股权投资基金以及产业投资基金等参与企业兼并重组，并向企业提供直接投资、委托贷款、过桥贷款等融资支持。积极探索设立专门的并购基金等兼并重组融资新模式，完善股权投资退出机制，吸引社会资金参与企业兼并重组。通过并购贷款、境内外银团贷款、贷款贴息等方式支持企业跨国并购。

（四）支持企业自主创新和技术进步。支持有条件的企业建立企业技术中心，提高研发水平和自主创新能力，加快科技成果向现实生产力转化。大力支持兼并重组企业技术改造和产品结构调整，优先安排技术改造资金，对符合国家产业政策的技术改造项目优先立项。鼓励和引导企业通过兼并重组淘汰落后产能，切实防止以兼并重组为名盲目扩张产能和低水平重复建设。

（五）充分发挥资本市场推动企业重组的作用。进一步推进资本市场企业并购重组的市场化改革，健全市场化定价机制，完善相关规章及配套政策，支持企业利用资本市场开展兼并重组，促进行业整合和产业升级。支持符合条件的企业通过发行股票、债券、可转换债等方式为兼并重组融资。鼓励上市公司以股权、现金及其他金融创新方式作为兼并重组的支付手段，拓宽兼并重组融资渠道，提高资本市场兼并重组效率。

（六）完善相关土地管理政策。兼并重组涉及的划拨土地符合划拨用地条件的，经所在地县级以上人民政府批准可继续以划拨方式使用；不符合划拨用地条件的，依法实行有偿使用，划拨土地使用权价格可依法作为土地使用权人的权益。重点产业调整和振兴规划确定的企业兼并重组项目涉及的原生产经营性划拨土地，经省级以上人民政府国土资源部门批准，可以国家作价出资（入股）方式处置。

（七）妥善解决债权债务和职工安置问题。兼并重组要严格依照有关法律规定和政策妥善分类处置债权债务关系，落实清偿责任，确保债权人、债务人的合法利益。研究债务重组政策措施，支持资产管理公司、创业投资企业、股权投资基金、产业投资基金等机构参与被兼并企业的债务处置。切实落实相关政策规定，积极稳妥解决职工劳动关系、社会保险关系接续、拖欠职工工资等问题。制定完善相关政策措施，继续支持国有企业实施主辅分离、辅业改制和分流安置富余人员。认真落实积极的就业政策，促进下岗失业人员再就业，所需资金从就业专项资金中列支。

（八）深化企业体制改革和管理创新。鼓励兼并重组企业进行公司制、股份制改革，建立健全规范的法人治理结构，转换企业经营机制，创新管理理念、管理机制和管理手段，加强和改善生产经营管理，促进自主创新，提高企业市场竞争力。

五、改进对兼并重组的管理和服务

（一）做好信息咨询服务。加快引进和培养熟悉企业并购业务特别是跨国并购业务的专门人才，建立促进境内外并购活动的公共服务平台，拓宽企业兼并重组信息交流渠道，加强市场信息、战略咨询、法律顾问、财务顾问、资产评估、产权交易、融资中介、独立审计和企业管理等咨询服务，推动企业兼并重组中介服务加快专业化、规范化发展。

（二）加强风险监控。督促企业严格执行兼并重组的有关法律法规和政策，规范操作程序，加强信息披露，防范道德风险，确保兼并重组操作规范、公开、透明。深入研究企业兼并重组中可能出现的各种矛盾和问题，加强风险评估，妥善制定相应的应对预案和措施，切实维护企业、社会和谐稳定。有效防范和打击内幕交易和市场操纵行为，防止恶意收购，防止以企业兼并重组之名甩包袱、偷逃税款、逃废债务，防止国有资产流失。充分发挥境内银行、证券公司等金融机构在跨国并购中的咨询服务作用，指导和帮助企业制定境外并购风险防范和应对方案，保护企业利益。

（三）维护公平竞争和国家安全。完善相关管理办法，加强和完善对重大企业兼并重组交易的管理，对达到经营者集中法定申报标准的企业兼并重组，依法进行经营者集中审查。进一步完善外资并购管理规定，建立健全外资并购国内企业国家安全审查制度，鼓励和规范外资以参股、并购方式参与国内企业改组改造和兼并重组，维护国家安全。

六、加强对企业兼并重组工作的领导

建立健全组织协调机制，加强对企业兼并重组工作的领导。由工业和信息化部牵头，发展改革委、财政部、人力资源社会保障部、国土资源部、商务部、人民银行、国资委、税务总局、工商总局、银监会、证监会等部门参加，成立企业兼并重组工作协调小组，统筹协调企业兼并重组工作，研究解决推进企业兼并重组工作中的重大问题，细化有关政策和配套措施，落实重点产业调整和振兴规划的相关要求，协调有关地区和企业做好组织实施。各地区要努力营造企业跨地区、跨行业、跨所有制兼并重组的良好环境，指导督促企业切实做好兼并重组有关工作。

附件：促进企业兼并重组任务分工表

促进企业兼并重组任务分工表

序号	工 作 任 务	牵头单位	参加单位
1	清理取消阻碍企业兼并重组的规定	工业和信息化部	各省、自治区、直辖市人民政府
2	放宽民营资本的市场准入	工业和信息化部	发展改革委、国土资源部、工商总局、银监会等
3	完善和落实企业兼并重组的税收优惠政策	财政部	税务总局
4	鼓励商业银行开展并购贷款业务，扩大贷款规模鼓励商业银行对兼并重组后的企业实行综合授信。通过并购贷款、境内外银团贷款、贷款贴息等方式支持企业跨国并购	银监会、人民银行	发展改革委、工业和信息化部、财政部
5	积极探索设立专门并购基金等兼并重组融资新模式，完善股权投资退出机制。支持符合条件的企业通过发行股票、债券、可转换债等为兼并重组融资	证监会、发展改革委	工业和信息化部、财政部
6	在中央国有资本经营预算中设立专项资金，支持中央企业兼并重组	财政部	国资委、发展改革委、工业和信息化部、商务部
7	鼓励地方人民政府通过财政贴息、信贷奖励补助等方式，激励商业银行加大对企业兼并重组的信贷支持力度。有条件的地方可设立企业兼并重组专项资金	各省、自治区、直辖市人民政府	
8	进一步推进资本市场企业并购重组的市场化改革，健全市场化定价机制，完善相关规章及配套政策，支持企业利用资本市场开展兼并重组。鼓励上市公司以股权、现金及其他金融创新方式作为兼并重组的支付手段	证监会	发展改革委、财政部、商务部、人民银行、银监会
9	完善土地使用优惠政策	国土资源部	财政部
10	加大对兼并重组企业技术改造支持力度。支持有条件的企业建立企业技术中心。鼓励和引导企业通过兼并重组淘汰落后产能，切实防止以兼并重组为名盲目扩张产能和低水平重复建设	发展改革委、工业和信息化部	财政部
11	研究债务重组政策措施，支持资产管理公司、创业投资企业、股权投资基金、产业投资基金等机构参与被兼并企业的债务处置	财政部	发展改革委、人民银行、国资委、银监会
12	制订完善相关政策措施，继续支持国有企业实施主辅分离、辅业改制和分流安置富余人员	财政部、国资委	人力资源社会保障部
13	落实积极的就业政策，促进下岗失业人员再就业	人力资源社会保障部、财政部，各省、自治区、直辖市人民政府	国资委
14	建立促进境内外并购活动的公共服务平台	工业和信息化部	发展改革委、商务部、证监会

续　表

序号	工 作 任 务	牵头单位	参加单位
15	发挥境内银行、证券公司等金融机构在跨国并购中的咨询服务作用,指导和帮助企业制定境外并购风险防范和应对方案	商务部	银监会、证监会、工业和信息化部、发展改革委等
16	督促企业严格执行有关法律法规和政策,规范操作程序,加强信息披露。有效防范和打击内幕交易和市场操纵行为,防止恶意收购,防止以企业兼并重组之名甩包袱、偷逃税款、逃废债务,防止国有资产流失	工业和信息化部	发展改革委、财政部、商务部、国资委、人民银行、税务总局、工商总局、银监会、证监会
17	深入研究企业兼并重组中可能出现的各种矛盾和问题,加强风险评估,制定相应的应对预案	工业和信息化部	发展改革委、财政部、人力资源社会保障部、商务部、人民银行、国资委、银监会、证监会
18	对达到经营者集中法定申报标准的企业兼并重组,依法进行经营者集中审查	商务部	发展改革委、工业和信息化部、国资委等
19	完善相关管理办法,加强和完善对重大的企业兼并重组交易的管理	工业和信息化部	发展改革委、财政部、商务部、国资委、证监会
20	建立企业兼并重组工作部际协调机制	工业和信息化部	发展改革委、财政部、人力资源社会保障部、国土资源部、商务部、人民银行、国资委、税务总局、工商总局、银监会、证监会等

★国务院 **2010** 年 **8** 月 **28** 日发布的国发〔**2010**〕**27** 号文。

关于开展推动建材下乡试点的通知★

Circular about unfolding the pilot project of promoting building material going to countryside

山东省、宁夏回族自治区住房城乡建设厅、财政厅、发展改革委、工业信息化厅(经济信息委)、国土资源厅、商务厅:

为贯彻落实《国务院办公厅关于落实中共中央国务院关于加大统筹城乡发展力度进一步夯实农业农村发展基础的若干意见有关政策措施分工的通知》(国办函[2010]31 号)中关于"采取有效措施推动建材下乡,鼓励有条件的地方通过多种形式支持农民依法依规建设自用住房"的工作部署,现将开展推动建材下乡试点工作的有关要求通知如下:

一、工作目标

(一)探索工作办法。在山东省、宁夏回族自治区(以下称试点省区)开展推动建材下乡试点。

(二)支持建材下乡。试点省区可结合本省实际情况制定政策,支持农户依法依规建设自用住房,有效推动建材下乡,并由地方财政承担相关支出。

(三)检验政策效果。通过试点,检验推动建材下乡、支持农民依法依规建设自用住房对提高土地利用和资源配置效率、改善农民住房条件、扩大农村内需、抑制落后产能在农村的扩散、促进建材行业结构调整等方面的效果。

二、试点内容

(一)推动水泥产品下乡。现阶段,推动建材下乡主要是推动农房建设所需的大宗建材下乡。为保证试点工作效果,在试点期间,建材下乡以推动水泥产品下乡为主。试点省区应鼓励使用散装水泥和预拌混凝土,同时积极探索节能、抗震等其他建材下乡的可行性,积累经验。

(二)提出建材选用要求。试点省区住房城乡建设部门要会同发展改革、工业和信息化部门按照产业发展政策、行业准入条件以及国家相关规定,提出有利于建材行业结构调整、严防落后产能向农村市场扩散的要求。建材下乡严禁采用按产业发展政策应予淘汰的产品。

(三)制定试点实施方案。试点省区住房城乡建设部门要牵头组织编制开展推动建材下乡试点实施方案,明确试点范围、对象、目标、年度计划任务及分解。实施建材补贴的地区,还要制定补贴兑付等具体操作办法。实施方案 10 月底以前报住房和城乡建设部、财政部、国家发展改革委、工业和信息化部、国土资源部、商务部。

（四）确定建材下乡企业。 试点省区住房城乡建设部门要会同省级工业和信息化、商务主管部门制定下乡建材（水泥）生产经营企业资格、产品标准、流通渠道覆盖率、经销网点条件等具体要求，招标确定建材下乡企业，并向社会公告。中标企业应制定代储代存、保证质量、及时供货的具体方案，实行水泥直接配送到户。水泥直接配送流程要实行闭合管理，以便于检查核对。

（五）严格经销网点管理。 建材下乡经销网点实行备案制。中标建材（水泥）企业的经销网点必须报试点省区相应商务主管部门备案，原则上不得变更。已备案经销网点应张贴明显标志，醒目公示产品价格，接受公众监督。

（六）公开建材下乡信息。 试点省区要积极推动建材下乡信息公开，采取建立信息发布平台等方式，通过多种渠道宣传建材（水泥）下乡政策，方便试点区域农户及时了解建材下乡政策，引导农户按照科学统一的规划建设自用住房，改善居住条件，拉动和扩大农村消费，提高土地使用效率。

（七）总结评估试点经验。 试点省区住房城乡建设部门要会同有关部门及时总结建立工作机制、确定下乡建材、制定工作方案、推行招标管理、实行经销网点备案、建立农户档案、加强村庄规划、农民宅基地和农房建设管理等方面的经验，并对推动建材下乡具体措施的政策效果进行评估。有关结果要形成报告报住房和城乡建设部、财政部、国家发展改革委、工业和信息化部、国土资源部、商务部。

三、加强试点实施保障

（一）建立工作协调机制。 试点省区住房城乡建设部门要主动会同财政、发展改革、工业和信息化、国土资源、商务等部门，建立建材下乡部门工作协调机制，制定和落实建材下乡试点方案，协同推进试点工作。

（二）加强农村宅基地管理。 试点省区要切实依法保障农民住宅建设合理用地需求。建材下乡政策措施支持范围内的建房农户必须严格按照土地利用总体规划、村庄规划和宅基地管理有关规定进行建设，需要新增宅基地的，要履行申请、审批程序，依法办理用地手续。

（三）加强农房规划建设指导。 试点省区要认真研究本地农民建房需求，编制科学合理的村庄建设规划，切实防止大拆大建。通过为农民提供适用、合理的住房设计图集，加强对农村建筑工匠的管理和培训，完善农房技术标准和规范，做好农房规划和建设指导工作。

（四）强化监督检查。 试点省区住房城乡建设部门要会同财政、发展改革、工业和信息化、国土资源、商务等有关部门，加强对建材下乡监督检查，要对试点省区县级人民政府提出建材下乡政策支持的农户档案、供货招标档案及中标水泥生产经营企业和产品价格、水泥产品质量检验和抽查情况等报省级主管部门备案的要求。除水泥下乡各个环节外，还要加强农村建筑用钢材及其他结构材料、主要装修材料等建材产品质量监管，建立建材下乡工作考核机制。

★中华人民共和国住房和城乡建设部、中华人民共和国财政部、中华人民共和国国家发展和改革委员会、中华人民共和国工业和信息化部、中华人民共和国国土资源部、中华人民共和国商务部 **2010** 年 **9** 月 **29** 日联合发布的建材〔**2010**〕**154** 号通知。

部分工业行业淘汰落后生产工艺装备和产品指导目录（2010年本）★

Guiding catalog of backward production process equipment and product eliminated by partial industrial sectors (version 2010)

为加快淘汰落后生产能力，促进工业结构优化升级，按照《国务院关于进一步加强淘汰落后产能工作的通知》（国发［2010］7号）要求，依据国家有关法律、法规，我部制定了《部分工业行业淘汰落后生产工艺装备和产品指导目录（2010年本）》。

一、本目录所列淘汰落后生产工艺装备和产品主要是不符合有关法律法规规定，严重浪费资源、污染环境、不具备安全生产条件，需要淘汰的落后生产工艺装备和产品。按照以下原则确定淘汰落后生产工艺装备和产品目录：

（一）危及生产和人身安全，不具备安全生产条件；

（二）严重污染环境或严重破坏生态环境；

（三）产品不符合国家或行业规定标准；

（四）严重浪费资源、能源；

（五）法律、行政法规规定的其他情形。

二、对本目录所列的落后生产工艺装备和产品，按规定期限淘汰，一律不得转移、生产、销售、使用和采用。

三、按照国发［2010］7号文件要求，对未按规定限期淘汰落后产能的企业吊销排污许可证，银行业金融机构不得提供任何形式的新增授信支持，有关部门不予审批和核准新的投资项目，国土资源管理部门不予批准新增用地，环境保护部门不予审批扩大产能的项目，相关管理部门不予办理生产许可，已颁发生产许可证、安全生产许可证的要依法撤回。对未按规定淘汰落后产能、被地方政府责令关闭或撤销的企业，限期办理工商注销登记，或者依法吊销工商营业执照。必要时，政府相关部门可要求电力供应企业依法对落后产能企业停止供电。

四、工业和信息化部将根据工业结构调整需要适时修订本目录。

五、本目录自发布之日起执行，由工业和信息化部负责解释。

特此公告

附件：部分工业行业淘汰落后生产工艺装备和产品指导目录(2010年本)(建材部分)

1. 平拉工艺平板玻璃生产线(含格法)。
2. 窑径2.2米及以下水泥机械化立窑。
3. 窑径2.2米以上、3.0米以下水泥机械化立窑(2012年)。
4. 水泥干法中空窑(生产高铝水泥除外)。
5. 水泥干法中空余热发电窑(2012年)。
6. 水泥湿法窑(主要用于处理污泥、电石渣等除外)。
7. 直径2.2米及以下的磨机(生产特种水泥的除外)。
8. 水泥粉磨站直径3.0米以下的球磨机(西部省份的边远地区除外)(2012年)。
9. 无覆膜塑编水泥包装袋生产线。
10. 年产70万平方米以下中低档建筑陶瓷砖、年产20万件以下低档卫生陶瓷生产线 。
11. 年产400万平方米及以下纸面石膏板生产线。
12. 聚乙烯丙纶类复合防水卷材二次加热复合成型生产工艺。
13. 年产500万平方米以下改性沥青类防水卷材生产线(2010年)。
14. 年产500万平方米以下沥青复合胎柔性防水卷材生产线。
15. 年产100万卷以下沥青纸胎油毡生产线。
16. 建筑卫生陶瓷土窑、倒焰窑、多孔窑、煤烧明焰隧道窑、隔焰隧道窑、匣钵装卫生陶瓷隧道窑。
17. 建筑陶瓷砖成型用摩擦压砖机。
18. 石灰土立窑。
19. 陶土坩埚玻璃纤维拉丝生产工艺与装备。
20. 砖瓦24门以下轮窑(2010年)。
21. 砖瓦18门以下轮窑以及立窑、无顶轮窑、马蹄窑等土窑。
22. 普通挤砖机。
23. SJ1580－3000双轴、单轴搅拌机。
24. SQP400500－700500双辊破碎机。
25. 1000型普通切条机。
26. 100吨以下盘转式压砖机。
27. 手工制作墙板生产线。
28. 简易移动式混凝土砌块成型机、附着式振动成型台。
29. 单班年产1万立方米以下的混凝土砌块固定式成型机，单班年产10万平方米以下的混凝土铺地砖固定式成型机。
30. 人工浇筑、非机械成型的石膏(空心)砌块生产工艺。
31. 真空加压法和气炼一步法石英玻璃生产工艺装备。
32. 6×600吨六面顶小型压机生产人造金刚石工艺。
33. 非蒸压养护加气混凝土生产线，手工切割加气混凝土生产线。
34. 不符合环保、安全生产要求的非金属矿开采，非机械化非金属矿开采 。
35. 用于制备轻烧氧化镁的土焙烧窑、土煅烧窑。
36. 标准煤耗≥330千克/吨、容积≤18立方米轻烧菱镁反射炉。
37. 非烧结、非蒸压粉煤灰砖。
38. 装饰石材矿山硐室爆破开采技术、吊索式大理石土拉锯。
39. 使用非耐碱玻纤或非低碱水泥生产的玻纤增强水泥(GRC)空心条板。
40. 陶土坩埚拉丝玻璃纤维和制品及其增强塑料(玻璃钢)制品。
41. 25A空腹钢窗。
42. S－2型混凝土轨枕。
43. 一次冲洗用水量9升以上的便器。
44. 角闪石石棉(即蓝石棉)。
45. 非机械生产中空玻璃、双层双框各类门窗及单腔结构型的塑料门窗 。
46. 聚乙烯芯材厚度在0.5mm以下的聚乙烯丙纶复合防水卷材；聚氯乙烯防水卷材(S型)；棉涤玻纤(高碱)网格复合胎基材料。
47. 实心黏土砖 。
48. 湿法模塑成型的混凝土路面砖、路缘石 。

注:条目后括号内年份为淘汰期限,如淘汰期限为“2010年”是指最迟应于2010年底前淘汰,其余类推;有淘汰计划的条目,根据计划进行淘汰;未标淘汰期限或淘汰计划的条目为已过淘汰期限应立即淘汰。

★工业和信息化部**2010**年**10**月**13**日发布的工产业〔**2010**〕第**122**号公告。

中华人民共和国工业和信息化部公告★

Bulletin of PRC Industry and Information Ministry

为贯彻落实科学发展观,促进水泥行业节能减排、淘汰落后和结构调整,引导行业健康发展,根据国家有关法律法规和产业政策,我部会同有关部门制定了《水泥行业准入条件》,现予以公告。

有关部门在对水泥(熟料)建设项目核准、备案管理、土地审批、环境影响评价、信贷融资、生产许可、产品质量认证、工商注册登记等工作中要以本准入条件为依据。

附件:水泥行业准入条件

水泥行业准入条件

一、总则

(一)为贯彻落实科学发展观,抑制产能过剩和重复建设,加快结构调整,引导水泥行业健康发展,根据国家有关法律法规和产业政策,特制定水泥行业准入条件。

二、项目建设条件与生产线布局

(二)投资新建或改扩建水泥(熟料)生产线、水泥粉磨站,要符合国家产业政策和产业规划,符合省级水泥行业发展规划及区域、产业规划环评要求,和项目与当地资源、能源、环境、经济发展、市场需求等情况相适应,其用地必须符合土地供应政策和土地使用标准。

(三)各省、自治区、直辖市要根据水泥产能总量控制、有序发展原则,严格控制新建水泥(熟料)生产线项目。

对新型干法水泥熟料年产能超过人均900千克的省份,原则上应停止核准新建扩大水泥(熟料)产能生产线项目,新建水泥熟料生产线项目必须严格按照“等量或减量淘汰”的原则执行。

(四)鼓励现有水泥(熟料)企业兼并重组,支持不以新增产能为目的的技术改造项目。

(五)投资新建水泥(熟料)生产线项目的企业应是在国内大陆地区现有从事生产经营的水泥(熟料)企业。

(六)严禁在风景名胜区、自然保护区、饮用水保护区和其他需要特别保护的区域内新建水泥(熟料)项目。禁止在无大气环境容量的区域内新建水泥(熟料)生产项目,对该区域已有水泥(熟料)生产企业的改造项目要做到“以新代老、减排治污”。

(七)新建项目要取得土地预审、矿山开采许可、环境影响评价批复后方可立项核准,必须依法取得国有建设用地使用权后方可开工。

(八)鼓励对现有水泥(熟料)生产线进行低温余热发电、粉磨系统节能、变频调速和以消纳城市生活垃圾、污泥、工业废弃物可替代原料、燃料等节能减排的技术改造投资项目。

(九)投资水泥(熟料)新、改、扩、迁建项目自有资本金的比例不得低于项目总投资的35%。

三、生产线规模、工艺与装备

(十)新建水泥(熟料)生产线要采用新型干法生产工艺。单线建设要达到日产4 000吨级水泥熟料规模,经济欠发达、交通不便、市场容量有限的边远地区单线最低规模不得小于日产2 000吨级水泥熟料(利用电石渣生产水泥熟料和特种水泥生产除外)。

(十一)新建水泥(熟料)生产线要配置纯低温余热发电,有可供设计开采年限30年以上的水泥用灰岩资源保证,并做到规范矿山勘探、设计、开采。做好资源综合利用,加强环境保护,及时复垦绿化,严防水土流失。

(十二)新建水泥粉磨站的规模要达到年产水泥60万吨及以上。边远省份单线粉磨系统不得低于年产30万吨规模。

粉磨站的建设应靠近市场、有稳定的熟料供应源和就近工业废渣等大宗混合材的来源地,要配套70%以上散装能力。

(十三)水泥(熟料)生产线项目的建设要发包给具有相应资质等级的工程勘探、设计、施工、监理等单位。

(十四)新建水泥(熟料)项目要采用先进成熟、节能环保型技术装备,保证系统的安全、稳定和长期运转。具体要求如下:

1. 采用先进的矿山安全爆破和均化开采、原料预均化、生料均化技术和设施。

2. 采用立磨、辊压机、高效选粉机等先进节能环保粉磨工艺技术和装备。

3. 采用节能降耗的窑炉、预热器、分解炉、篦冷机等煅烧工艺技术和装备。

4. 采用先进的破碎、冷却、输送、计量及烘干技术和装备。

5. 采用先进、高效及可靠的环保技术和装备。

6. 采用先进的计算机生产监视控制和管理控制系统。

四、能源消耗和资源综合利用

（十五）新建水泥（熟料）生产线可比熟料综合煤耗、综合电耗、综合能耗和可比水泥综合电耗、综合能耗要达到国家规定的单位水泥能耗限额标准。

（十六）水泥粉磨站可比水泥综合电耗≤38 千瓦时/吨。

（十七）利用工业废渣作为水泥混合材的，其废渣品种、品质和掺加量要符合国家标准。

（十八）年耗标准煤 5 000 吨及以上的企业，应按国家《节约能源法》规定，开展能源审计和能效环保评价检验测试，提供准确可靠的能耗数据和环境污染的基本数据。

五、环境保护

（十九）水泥（熟料）建设项目环境影响评价要符合环保部门的有关规定。

新建或改扩建水泥（熟料）生产线项目，必须依法编制环境影响评价文件；严格执行环境保护设施与主体工程同时设计、同时施工、同时投入使用的环境保护"三同时"制度，严格落实各项环保措施；新建或改扩建水泥（熟料）生产线项目未经环保部门验收的不得投产。

（二十）严格执行《水泥工业大气污染物排放标准》和《水泥工业除尘工程技术规范》以及可替代原料、燃料处理的污染控制标准。对水泥行业大气污染物实行总量控制，新建或改扩建水泥（熟料）生产线项目须配置脱除 NO_x 效率不低于60%的烟气脱硝装置。新建水泥项目要安装在线排放监控装置，并采用高效污染治理设备。

（二十一）要遵守《中华人民共和国清洁生产促进法》，按国家发布的《水泥行业清洁生产评价指标体系和标准》的规定，建立清洁生产机制，依法定期实施清洁生产审核。

（二十二）水泥用石灰岩开采应符合矿产资源规划，并严格按照业经批复的矿产资源开发利用方案进行。要分别制定矿山生态、地质环境保护方案和土地复垦方案，严格执行矿山生态恢复治理保证金制度，并按照审查通过的方案进行矿山生态、地质环境恢复治理和矿区土地复垦。

（二十三）原料和产品破碎、储运等过程产生的无组织排放含尘气体，要达标排放。新建或改扩建水泥（熟料）生产线项目须严格执行《水泥厂卫生防护距离标准》的要求。

（二十四）新建水泥粉磨站和已有水泥粉磨站除粉尘和大气污染指标应该达标外，要增设和完善噪音防治设施。

六、产品质量

（二十五）水泥（熟料）生产企业要按《水泥产品生产许可证实施细则》的要求取得产品生产许可证，出厂水泥（熟料）产品质量要符合相关产品标准。

（二十六）水泥（熟料）企业要建立完善的质量管理体系，对生产全过程实施严格的质量管理。参照国家颁布的《水泥企业质量管理规程》建立本企业全过程的质量控制指标体系，严格执行。

（二十七）水泥（熟料）企业要按国家颁布的《水泥企业质量管理规程》建立完善的化验室，并取得化验室合格证。

（二十八）水泥（熟料）企业要执行国家颁布的《水泥企业质量管理规程》，建立水泥产品质量对比验证和内部抽查制度，参加国家和省组织的产品质量检验和化学分析对比验证检验和抽查对比活动。

（二十九）凡在水泥粉磨过程中添加水泥助磨剂的，应在水泥产品出厂检验报告单上注明所添加助磨剂的类型（液体或粉体）、主要化学成分。

七、安全、卫生和社会责任

（三十）水泥（熟料）生产过程要符合《安全生产法》、《矿山安全法》、《职业病防治法》等法律法规，具备相应的安全生产和职业危害防治条件，并建立、健全安全生产责任制度和各项规章制度。

新建或改扩建水泥（熟料）生产线项目安全设施和职业危害防治设施要与主体工程同时设计、同时施工、同时投入使用。

（三十一）要建立职业危害防治设施，配备符合国家有关标准的个人劳动防护用品和安全事故防范设施，建立健全相关制度，并通过地方行政主管部门的专项验收。

（三十二）不得拖欠国家税收、职工工资和医疗费，按期交纳国家规定的养老、医疗、工伤、失业保险金。

八、监督与管理

（三十三）新建或改扩建水泥（熟料）生产项目必须符合上述相关准入条件。对不符合准入条件的项目，投资和工业主管部门不得核准；土地部门不得办理供地手续；环保部门不得批准环境影响评价报告；质检部门不得发放生产许可证；金融机构不得提供新增信贷支持；电力部门依法停止供电。

（三十四）新建或改扩建水泥（熟料）生产项目建成投产前，要经省级工业主管部门组织同级有关部门、行业协会、水泥专家，按照准入条件要求进行检查验收，验收合格后方可正常生产。

凡达不到上述准入条件的新建和改扩建水泥（熟料）项目不得投入生产，已经生产的应限期整改，整改后仍不符合准入条件的，要停止生产和收回生产许可证。

（三十五）准入条件发布前已投产运营的水泥（熟料）企业和生产线应通过技术改造、加强管理达到准入条件规定的各项标准。

（三十六）工业和信息化部定期公告符合准入条件的水泥（熟料）生产企业和生产线名单，实行社会监督、动态管理。公告管理办法由工业和信息化部另行制定发布。

中国建筑材料联合会、中国水泥协会及相关技术、认证和检验机构按照相关规定和要求协助、配合政府有关部门做好行业准入管理。

九、附 则

（三十七）本准入条件适用于中华人民共和国境内（台湾、香港、澳门特殊地区除外）所有水泥（熟料）生产企业。

（三十八）本准入条件所涉及的国家标准和行业政策、法规若进行修订，则按修订后的规定执行。

（三十九）本条件自2011年1月1日起实施，由工业和信息化部负责解释。

★工业和信息化部**2010**年**11**月**16**日发布的工原〔**2010**〕第**127**号公告。

工业和信息化部关于水泥工业节能减排的指导意见★

Guiding opinion of Industry and Information Ministry about energy saving and emission reduction in cement industry

各省、自治区、直辖市及计划单列市、新疆生产建设兵团工业和信息化主管部门，中国建筑材料联合会，有关中央企业，相关单位：

为贯彻落实科学发展观，促进水泥行业提高能源资源利用效率、降低污染物排放，实现水泥行业可持续发展，现就进一步加强水泥行业节能减排工作，提出如下意见：

一、充分认识加强水泥行业节能减排工作的重要意义

水泥行业是我国国民经济建设的重要基础材料产业，也是主要的能源资源消耗和污染物排放行业之一。2009年全国水泥总产量16.5亿吨，水泥行业能源消耗总量约占全国能源消耗总量的5%，颗粒物排放量约占工业排放总量的30%左右。

"十一五"以来，水泥行业按照国家节能减排总体要求，加快产业结构调整步伐，大力推广新型干法水泥生产工艺，2009年新型干法水泥产量比重达到70%；大型新型干法水泥生产技术、余热发电技术等一批技术和装备达到国际先进水平；水泥行业节能减排工作取得积极进展，吨水泥综合能耗明显降低，颗粒物排放总量不断减少，年消纳、利用各类工业废弃物超过4亿吨。但是，水泥行业能源资源消耗高、环境负荷重的局面还未得到根本改变，节能减排仍有很多突出的问题亟待解决：

单位产品能耗、排放与国际先进水平比较仍有差距。水泥行业工艺水平参差不齐，技术装备差距较大，行业整体能效水平不高。污染物和颗粒物排放水平与国际先进水平相比仍有一定差距。

落后产能还占一定比重，节能减排技术和装备推广力度不够。东西部地区淘汰落后产能差异较大，部分企业未达到国家能耗和环保相关标准要求。立磨、辊压磨等高效粉磨技术和变频调速技术没有得到充分应用。目前大约有300条新型干法水泥生产线未建成低温余热发电系统。

水泥行业消纳废弃物的潜力未得到充分发挥。水泥行业对工业废物的利用主要集中在混合材的使用上，重点是粉煤灰和矿渣，处置利用手段比较单一，利用新型干法水泥工艺及回转窑无害化、资源化协同处理工业可燃废弃物、生活垃圾及污泥处置技术等尚处于起步阶段。

水泥行业节能减排管理水平需进一步提高。水泥行业节能减排统计、监测和考核体系还有待建立和完善。现有的节能减排标准和规范还不完善，也未得到认真实施。相当多的企业节能减排管理职能机构不健全。

当前，我国正处于工业化、城镇化加速发展的重要阶段，经济社会发展面临着严峻的资源和环境双重约束。水泥行业作为我国主要的高能耗、高排放产业，是工业领域节能减排的重点和难点，其节能减排效果对完成我国能源消耗目标、工业可持续发展起着举足轻重的作用。加大节能减排力度，已成为水泥行业面临的一项艰巨而紧迫的任务。

二、指导思想和主要目标

（一）指导思想。全面贯彻落实科学发展观，严格执行产业政策，以降低能源资源消耗、减少污染物排放为目标。加快科技进步，大力推广应用先进节能减排技术、工艺、装备；加大淘汰落后产能力度，推行清洁生产；加强综合利用，发展循环经济，强化科学管理，努力构建资源节约与环境友好型水泥行业，促进水泥行业节约、清洁、低碳和可持续发展。

（二）主要目标。到"十二五"末，全国水泥生产平均可比吨熟料综合能耗小于114千克标准煤，吨水泥综合能耗小于93千克标准煤。水泥颗粒物排放在2009年基础上降低50%，氮氧化物在2009年基础上降低25%，二氧化碳排放强度进一步下降。在新型干法水泥生产线上普遍应用余热发电、高效粉磨技术、电机变频等技术，重点水泥企业加快建设能源管理中心。大城市周边的水泥企业基本形成协同处置城市生活垃圾和城市污泥的能力，使水泥工业转变为兼顾污染物处置的新兴环保产业。

三、重点任务

（三）严格控制新增产能，加快淘汰落后产能。严格执行国家水泥工业产业政策，执行等量或超量淘汰落后产能的原则，防止盲目扩张和重复建设，完成近期内淘汰落后产能的预定目标。严格执行《水泥行业准入条件》，指导水泥生产企

业合理布局。积极推动企业联合重组，鼓励延长产业链并形成新的经济增长点。

（四）加快科技进步，提高水泥生产的能效水平。采用大型立磨、辊压机等代替传统的球磨机。优化预分解窑炉工艺设计，形成高能效窑炉设备系列，支持新型节能型窑炉技术的研究和创新。继续开发推广应用水泥窑余热发电技术。支持采用高压变频调速和高效电机等节能技术措施，实现水泥生产能耗的显著下降。

（五）大力推行清洁生产，降低污染物排放。加大水泥行业先进、适用清洁生产技术的推广应用，加快研发烟气有害组分减排技术，重点研究氮氧化物减排控制技术，推广高效袋式除尘技术。加强生产过程中粉尘无组织排放的控制，推广设备降噪新技术，显著降低噪声污染。积极开展清洁生产审核，到2015年大中型企业完成一轮审核。完善清洁生产评价体系，提高清洁生产水平。

（六）推动信息化、智能化建设，提高水泥生产的信息化水平。支持产、学、研结合开发生产信息化、智能化管理技术，开发能源、资源消耗信息化管理和分析系统。研究、推广和应用矿山开采信息管理和优化开采方案，努力实现矿山开采的零排放。研究、推广和应用生产过程集散控制系统、水泥生料在线自动监测系统、熟料生产线专家系统等信息化技术，实现生产技术水平的大幅度提升。重点推广企业能源管理中心建设，用3～5年时间，加快推动大中型企业能源管理中心建设。

（七）加快研发低碳技术，逐步降低单位二氧化碳排放强度。大力支持工业废渣的再利用，减少水泥生产的过程排放，加强水泥熟料低温煅烧技术研究。开展水泥生产二氧化碳分离、应用技术及其碳捕集、封存的可行性研究。逐步建立水泥行业碳排放的基础数据库，建立评价指标体系，逐步实现水泥行业二氧化碳排放水平的降低。

（八）鼓励资源综合利用，完善循环经济发展模式。继续鼓励水泥生产企业对矿渣、粉煤灰、副产石膏等大宗工业废弃物进行综合利用。推动废弃物替代燃料的技术开发和应用，支持有条件的企业进行废弃物（包括一些危险废弃物）的协同处置。鼓励利用水泥窑炉处置市政污泥和城市生活垃圾，建立一批处置污泥和生活垃圾的示范生产企业，加强与市政部门有关政策协调。加强矿山资源的综合利用，充分有效使用低品位石灰石，提高矿产资源利用率，减少废弃物排放。

（九）积极开展资源节约、环境友好型企业创建活动。选择一批有代表性的先进水泥企业，积极开展“资源节约型、环境友好型”企业创建试点工作，争取在较短时间内建设一批典型示范企业，建立“资源节约、环境友好型”水泥企业统计指标体系和评价标准。积极总结先进典型经验，加强经验交流和推广，研究制定鼓励“资源节约、环境友好型”企业发展的具体政策，推进全行业向资源节约型、环境友好型发展模式转变。

（十）实施水泥行业节能减排重点工程建设。以实施节能减排重点工程为牵引，大幅度提高水泥行业资源利用效率、降低排放。实施低温余热发电、高效粉磨、高压变频、能源管理中心建设等节能改造工程，形成年节约750万吨标准煤的能力。实施电改袋除尘改造和有害气体排放控制治理工程，有效减少有害气体排放。实施消纳工业废弃物和协同处置市政污泥及生活垃圾工程，实现年处理能力约4 200万吨（节能减排重点工程具体建设内容见附件）。

四、政策措施

（十一）加强监督管理。各级工业主管部门要进一步加强对企业重点用能设备、排放设备、计量器具配备、能源利用、目标责任考核等工作的监督管理，建立和完善水泥行业节能减排统计、监测和考核体系，定期组织相关分析，开展预测预警工作。认真贯彻落实国家水泥工业产业政策，严格执行水泥行业准入条件。加快研究制订水泥行业改扩建项目节能评估审查具体办法，从严控制水泥企业盲目扩张。定期公告落后产能企业名单，进一步完善落后产能退出的资金补贴政策机制，加大政策执行力度。

（十二）建立完善节能减排新机制和优惠政策。鼓励专业节能服务公司为水泥企业提供能源审计、节能减排工程服务、合同能源管理、节能项目融资等一系列节能减排技术应用服务。引导水泥企业积极参与有序用电、科学用电等电力需求侧管理工作，降低环境污染，实现系统节能。积极研究有利于支持水泥行业利用废弃物的优惠政策，完善废弃物管理体系，理顺废弃物来源渠道，鼓励废弃物收集和处理的专业化，促进水泥行业废弃物预处理产业的发展。

（十三）完善节能减排标准体系。充分发挥科研院所和专业标准化委员会的作用，制修订水泥行业节能减排的技术标准，建立较完善的限额标准体系、检测标准体系、审核和认证标准体系。推动制定水泥行业二氧化碳计算统计系列标准、水泥窑等主要耗能设备效率测定与评价标准，不断完善水泥行业资源综合利用标准体系。加强对行业能效对标活动的指导，鼓励行业协会在现有能效对标研究成果的基础上，进一步加强对企业能效对标工作的技术指导，完善细化水泥行业能效对标指南等技术文件，通过开展行业对标推广活动，提高水泥行业的能源利用效率。

（十四）积极鼓励水泥行业技术创新。推动国家级水泥工业节能减排工程技术研究中心建设，建立跨部门、跨行业产学研紧密结合的科技创新体系。针对我国水泥行业在节能环保方面存在的突出技术问题，加大技术改造和新技术研发资金投入，开展行业共性、关键性支撑技术的研发与工程应用。鼓励装备制造骨干企业提升制造水平，实现高效、节能、环保水泥生产线装备的国产化、大型化，带动水泥产业的升级和技术进步。在水泥成套技术装备出口退税方面加大支持和引导力度。

（十五）明确节能减排主体，加强企业能力建设。要进一步明确生产企业是节能减排的主体，充分发挥企业的积极性。企业要强化节能减排管理制度建设，设立能源管理负责人，明确岗位责任和目标考核要求。依据能源管理体系标准，在行业中积极开展试点工作，逐步提升行业及企业能源管理能力。依据节能减排统计、监测和考核体系的要求，进一步完善企业内部能源计量在线检测、分析工作，提高企业的能效管理水平。

（十六）加强组织领导。各地工业主管部门要加强对水泥行业节能减排工作的组织领导，结合本地区实际，按照国家水泥工业产业政策和本意见要求，加强组织和协调，确保各项措施落实，推动水泥行业节能减排取得实效。要充分发挥行业协会、中介组织的作用。相关行业协会要进一步做好节能减排调研、数据采集、统计分析等工作，鼓励行业协会和中介组织搭建节能减排技术和产品交流平台。发动社会各界力量做好节能减排宣传工作，通过会议、论坛、网络媒体等多种形式，大力开展宣传培训活动，广泛宣传国家节能减排的法律法规和政策措施，提高节能减排意识。

附件：水泥工业节能减排重点专项工程汇总表

水泥工业节能减排重点专项工程汇总表

序号	名 称	目 标	主要内容	实施效果	建设年限
1	余热发电建设工程	所有具备条件的新型干法生产线都必须完成利用余热进行余热发电项目的改造	推广新型干法水泥窑余热发电技术，对具有余热开发价值的新型干法水泥窑实施技术改造，进行300套余热发电工程建设	可实现年节能量约600万吨标准煤	2010～2015年
2	高效粉磨节能改造工程	完成60%的水泥粉磨系统的节能改造	在生料粉磨系统中用立磨替代球磨机；在水泥粉磨系统中，特别是年产100万吨水泥粉磨站，选用辊压机联合粉磨系统替代单一的球磨机；在煤磨系统中，用立磨替代风扫磨	实现水泥粉磨电耗降低10%，可实现年节能量约100万吨标准煤	2010～2015年
3	高压变频节能改造工程	完成200条新型干法水泥生产线的大中型电机变频技术节能改造	对变工况电机系统进行变频调速改造	可实现节能量约230万吨标准煤	2010～2015年
4	电改袋除尘改造工程	推广袋式除尘技术	现有水泥窑电收尘器改为袋收尘（低压脉冲除尘器）	颗粒物	
5	有害气体的排放控制和治理工程	在大中型水泥企业中推广清洁生产技术，实现低污染排放	在现有日产2 000吨以上工厂，建设低NOx设施，推广低NOx（非催化还原、催化还原、低NOx燃烧技术等）技术	NOx排放浓度降低25%	2010～2015年
6	消纳工业废渣及废弃物工程	培育50个发展循环经济的示范水泥企业	在重化工工业聚集区域，选择有条件的现有工厂建设协同处理工业废渣及废弃物的设施，推动工业废渣及废弃物收集和预处理产业发展	形成年处理工业废渣及废弃物3 000万吨的能力	2010～2015年
7	协同处置城市生活垃圾和城市污泥工程	使水泥企业成为大中城市污泥、城市生活垃圾无害化处置的重要一环	选择大中城市周边日产2 000吨或以上规模的现有工厂协同处置城市生活垃圾或城市污泥	形成年处理1 200万吨的能力	2010～2015年
8	能源管理中心建设工程	60家企业建立能源管理中心	加快水泥生产智能化和信息化控制系统的研发，建立企业能源资源消耗信息化管理平台，推动企业能源管理中心建设，挖掘节能潜力，采取节能措施，提高管理水平	可实现节能率1%～2%	2010～2015年

★工业和信息化部**2010**年**11**月**25**日发布的工信部节〔**2010**〕**582**号文。

国家重点节能技术推广目录（第三批）★

Popularizing catalog of key state energy saving technology (the third batch)

为贯彻落实《中华人民共和国节约能源法》、《国务院关于加强节能工作的决定》和《国务院关于进一步加大工作力度确保实现"十一五"节能减排目标的通知》，加快重点节能技术的推广普及，引导用能单位采用先进的节能新工艺、新技术和新设备，提高能源利用效率，我们组织编制了《国家重点节能技术推广目录（第三批）》，现予公布。

本目录涉及煤炭、电力、钢铁、有色金属、石油石化、化工、建材、机械、纺织、建筑、交通等11个行业，共30项高效节能技术。

附件：国家重点节能技术推广目录（第三批）

国家重点节能技术推广目录（第三批节选水泥部分）

序号	节能技术名称	适用范围	主要技术内容	典型项目				单位节能量	目前推广比例（%）
				适用的技术条件	项目建设规模	投资额	项目节能量		
6	高压变频调速技术	电力、钢铁、化工、水泥等行业	高压变频调速技术采用单元串联多电平技术或者IGBT元件直接串联高压变频器等技术，实现变频调速系统的高输出功率（功率因数>0.95），同时消除对电网谐波的污染。对中高压、大功率风机、水泵的节电降耗作用明显，平均节电率在30%以上	电力、钢铁、化工等行业的高压电机、风机的变频调速改造	1 000kW/6kV 风机高压变频器改造	280 万元	1 160 tce/a	0.086 kgce/kW	15

★国家发展和改革委员会2010年11月29日发布的第33号公告。

工业和信息化部公告《水泥企业质量管理规程》★

Bulletin of Industry and Information Ministry "Quality control regulation of cement enterprises"

为加强水泥企业的质量管理，规范企业内部生产过程质量控制，确保出厂水泥和水泥熟料产品质量，现制订《水泥企业质量管理规程》，予以公告。

本规程自2011年1月1日起实施。自实施之日起，原《水泥企业质量管理规程》、《水泥企业化验室基本条件》和《水泥产品质量对比验证检验管理办法》同时废止。

水泥企业质量管理规程

第一章 总则

第一条 为加强水泥企业管理，保证和稳定水泥及水泥熟料产品质量，根据《中华人民共和国产品质量法》和相关水泥、水泥熟料的产品标准，特制定本规程。

第二条 本规程适用于中华人民共和国境内所有水泥和水泥熟料生产企业。

第三条 水泥企业应严格执行国家有关法律、法规和相关标准，按照GB/T19000－ISO9000族标准，建立健全质量管理体系，结合企业实际情况制定质量管理体系文件，确保有效运行。水泥企业应建立质量考核制度，实行质量否决权，并设立质量基金，用于开展质量活动和奖励对企业质量管理有突出贡献的单位和个人。

第四条 企业法定代表人是本企业产品质量的第一责任者。

企业最高管理者可以任命管理者代表全权负责质量管理，化验室主任在企业法人或管理者代表直接领导下对产品质量具体负责。

第五条 在工业和信息化部及各省行业主管部门的领导下，中国建筑材料联合会和省级建材（水泥）行业协会应加强对水泥企业产品质量管理的监督检查，督促企业认真执行本规程。

第二章 质量管理机构

第六条 质量管理机构的设置

（一）企业应确立以最高管理者或管理者代表负责的质量管理组织和设立符合《水泥企业化验室基本条件》（附件1）的化验室。

（二）质量管理组织设专门机构或专职人员负责企业的质量管理工作，各车间和职能部门设立相应的质量管理组织，负责本部门的质量管理工作。

（三）企业化验室内设控制组、分析组、物检组和质量管理组等，分别负责原燃材料、半成品、成品质量的检验、控制、监督与管理工作。

第七条 质量管理机构的职责

（一）质量管理组织的职责。

1. 编制适合本企业的质量管理体系文件。

2. 组织制定企业的质量方针和质量目标。

3. 负责和监督企业质量管理体系的有效运行。

4. 制定质量奖惩制度，负责协调各部门的质量责任，并考核工作质量。

5. 组织企业内部质量审核。

6. 负责重大质量事故的分析处理。

7. 监督企业质量基金的使用与管理。

8. 组织开展群众性质量活动。

（二）各车间和职能部门的职责。

1. 保证质量管理体系在本单位得到有效运行。

2. 组织开展质量管理活动。

3. 严格执行质量管理组织和化验室的质量指令。

4. 完成本单位涉及的质量指标或质量目标。

（三）化验室的职责和权限。

1. 质量检验。按照有关标准和规定，对原燃材料、半成品、成品进行检验。按规定做好质量记录和标识，及时提供准确可靠的检验数据，掌握质量动态，保证产品检验的可追溯性。

2. 质量控制。根据产品质量要求，制定原燃材料、半成品和成品的企业内控质量指标，组织实施过程质量控制，运用数理统计方法掌握质量波动规律，不断提高预见性与预防能力，并及时采取纠正措施、预防措施，使生产全过程处于受控状态。

3. 出厂水泥和水泥熟料的合格确认和验证。严格按照相关产品标准和企业制定的出厂水泥和水泥熟料合格确认程序进行确认和验证，杜绝不合格水泥和水泥熟料的出厂。

4. 质量统计和分析。利用数理统计方法，及时进行质量统计，做好分析和改进工作。

5. 试验研究。根据原燃材料、助磨剂、混合材等材料的变更情况及用户需求，及时进行产品试验研究，提高水泥和熟料质量，改善产品使用性能。

6. 化验室具有水泥和水泥熟料出厂决定权。

第八条 化验室人员配备

（一）化验室应配备主任、工艺、质量调度、统计及检验等人员。企业根据具体情况可配备一定数量科研人员。检验人员人数应能满足检验工作需要，一般不得低于全厂生产职工总数的4%，或不得少于12人。

（二）化验室人员任职要求 。

1. 化验室主任：必须具备中级职称以上资格，或从事化验室工作多年，具备较丰富的质量管理经验和良好职业道德，有一定的组织能力和分析处理问题的能力，坚持原则，熟知生产工艺、相关标准和质量法规，并取得省级（含省级）以上建材行业主管部门或其授权的建材行业协会或其授权的建材质检机构签发的水泥企业化验室主任资格证书。化验室主任的任命和变动应报行业主管部门备案。

2. 工艺、质量调度人员：具备初级职称以上资格，具有良好职业道德，经过专业训练，掌握水泥生产理论知识和检验技术，熟知有关标准和规章制度。

3. 质量统计人员：具备初级职称以上资格，具有良好职业道德，经过专业训练，掌握水泥生产理论知识和相关统计技术，熟知有关标准和规章制度，并取得省级（含省级）以上建材行业主管部门或其授权的建材行业协会或其授权的建材质检机构签发的水泥企业质量统计员资格证书。

4. 检验人员：具有高中（或相当于高中）以上文化水平，熟知本岗位的操作规程、控制项目、指标范围及检验方法，经专门培训、考核，取得省级（含省级）以上建材行业主管部门或其授权的建材行业协会或其授权的建材质检机构签发的岗位资格证书。

5. 化验室人员要相对稳定，化验室业务骨干的任用和调动应征求化验室主任的意见。

第九条 企业化验室的认定

（一）化验室需取得合格证：日产熟料4 000吨（合计产能）及以上规模的企业需取得中国建筑材料联合会颁发的化验室合格证，其他水泥企业需取得各省级建材行业主管部门或其授权的各省级建材行业协会颁发的化验室合格证。

（二）水泥企业化验室评审考核管理办法、水泥企业化验室评审考核评审员管理办法、水泥企业化验室评审考核表见附件2、附件3、附件4。

第三章 质量管理制度

第十条 企业结合实际情况，按照本规程的要求，制定企业质量管理实施细则，编制生产过程质量控制图表和原燃材料、半成品、成品的内控指标，按照GB/T19000－ISO9000族标准编制为保证质量管理体系有效运行所必需的程序文件。

第十一条　化验室应建立健全内部管理与检验制度，主要包括：

（一） 各组职责范围、岗位责任制和作业指导书。

（二） 质量事故报告制度。

（三） 对比验证制度（如与国家级、省级对比验证；内部抽查对比验证；使用国家有证标准样品/标准物质对比验证）。

（四） 检验和试验仪器设备、化学试剂的管理制度。

（五） 标准溶液配制和专人管理制度。

（六） 标准砂采购和管理制度。

（七） 文件管理制度。

（八） 样品管理制度。

（九） 人员培训和考核制度。

（十） 检验原始记录、台账和检验报告的填写、编制、审批制度。

（十一） 月报、年报的填写和上报制度。

（十二） 质量统计管理制度。

（十三） 出厂水泥（熟料）的合格确认制度。

第十二条　检验环境条件、试验仪器设备和化学试剂的管理要求

（一） 检验环境条件必须符合相关技术标准的要求。

（二） 仪器设备必须按相关水泥产品标准和《水泥企业化验室基本条件》要求配置齐全，符合有关技术标准，并建立仪器设备档案。

（三） 检验用的化学试剂应验明其生产企业名称、产品等级、执行标准及生产许可证的编号，严禁使用不符合要求的化学试剂。

第十三条　产品对比验证检验和抽查对比的管理要求

（一） 企业应按《水泥企业产品质量对比验证检验管理办法》（附件5）的要求，定期向国家水泥质量监督检验中心或建材行业授权的质检机构寄（送）样品，进行对比验证检验，不断提高检验水平和检验结果的准确性；检验结果以相应质检机构的检验结果为准。凡无故不按规定寄（送）样品者，当年对比合格率按零统计。

（二） 参加国家或省级建材行业质检机构组织的水泥物理性能检验和化学分析对比。

（三） 为了确保检验数据的准确性和可靠性，化验室对各检验岗位人员要组织内部密码抽查和操作考核。

抽查次数：生产控制岗位每人每月不少于4个样品；

化学全分析岗位每人每月不少于2个样品；

单项物理检验岗位每人每月不少于4个样品；

强度检验岗位每月不少于2个样品；

同一岗位的对比检验每月应进行一次。

（四） 企业检验中所用基准物质，必须是国家有证标准样品和标准物质。

（五） 试验允许误差应符合《试验允许误差表》（见附件6）规定。

第十四条　质量记录、档案、资料、报表管理及上报的要求

（一） 按照《档案法》的要求，做好质量技术文件的档案管理工作。

原始记录和台账使用统一的表式，各项检验要有完整的原始记录和分类台账，并按月装订成册，由专人保管，按期存技术档案室。原始记录保存期为三年。台账应长期保存。

（二） 各项检验原始记录和分类台账的填写，必须清晰、完整，不得任意涂改。当笔误时，须在笔误数据中央划两横杠，在其上方书写更改后的数据并加盖修改人印章，涉及出厂水泥和水泥熟料的检验记录的更正应有化验室主任签字或盖章。

（三） 对质量检验数据要及时整理和统计，每月有月统计报表和月统计分析总结，全年应有年统计报表和年统计质量总结。

（四） 质量月报、年报要按统一表式填报齐全，月报于每月10日前，年报于次年2月10日前报相应的管理部门（附件7）。

（五） 企业应创造条件，建立计算机质量管理数据库，利用互联网在企业内部和省级建材行业主管部门或建材行业质检机构建立质量信息交流平台。

第十五条　人员培训和考核

（一） 提高企业职工的质量意识和技术素质，是保证产品质量的重要环节，每年应制定培训和考核计划，并按期实施。

（二） 每年按计划对检验人员进行质量教育和技术培训、考核，建立检验人员培训档案，考核成绩应作为评价其技术素质的依据之一，对连续两次考核不合格者，应调离质检岗位。

第四章　原燃材料的质量管理

第十六条　企业应根据质量控制要求选择合格的供方，以保证所采购的原燃材料符合规定要求，供应部门应严格按照原燃材料质量标准均衡组织进货。建立原燃材料供货方的档案，并对其符合性进行评价。原燃材料质量控制指标应符合《过程质量控制指标要求》（以下简称《指标要求》，见附件8）。

第十七条　原燃材料的质量应能满足工艺技术条件的要求，建立预均化库或预均化堆场，保证原燃材料均化后再使用，使用前应先检验。对于同库存放多种原料时，应按原料种类分区存放，存放现场应有标识，避免混杂。原燃材料初次使用或更换产地时，必须检验放射性，确认能保证水泥和水泥熟料产品放射性合格后方可使用。

第十八条　混合材、石膏、水泥助磨剂、水泥包装袋等质量应符合相关的标准要求。

（一） 企业在初次使用时，必须按相关标准进行检验，确

认能保证产品质量后方可使用。

（二）供方应按品种和批次随货提供货物出厂检验报告或型式检验报告。

（三）水泥企业应按相关标准进行验收。

（四）对质量波动大的材料应及时记录，并在生产时注意搭配使用。对验收不合格的材料，应及时通知供方，可采取退货或让步接收的办法处理；当采取让步接收的办法处理时，应不影响下道工序产品的质量；当双方发生纠纷时，可委托省级或省级以上建材质检机构进行型式检验或仲裁检验；

（五）混合材的品种和掺量必须符合相应产品标准的要求。

第十九条 原燃材料应保持合理的贮存量，其最低贮存量为：石灰石质原料5天（外购10天）；黏土质原料、燃料、混合材10天；铁质校正原料、铝质校正原料、石膏20天。企业根据原燃材料供应的难易程度，在保证正常生产的前提下，可以适当调整其最低贮存量。当低于最低贮存量时，企业应组织有关部门采取措施，限期补足。

第二十条 矿山开采应执行国家相关规定。制定开采计划和质量指标时，首先要满足配料要求，不同品位的矿石应分别开采，按化验室规定的比例搭配进厂。企业自备矿山外包开采时，应对分包方进行能力评定，签订外包协议书，并进行有效的控制。

第五章 半成品的质量管理

第二十一条 化验室会同有关部门制定半成品的质量管理和控制方案，经企业质量负责人批准后执行。化验室负责监督、检查方案的实施。

第二十二条 生料

（一）为保证生料质量，应配备精度符合配料需求的计量设备，并建立定期维护和校准制度，生料配料应按化验室下达的通知进行，配料过程应及时调控，确保稳定配料；出磨生料的质量控制要求应符合《指标要求》的规定。

（二）出磨生料要采取必要的均化措施，并保持合理库存。出磨生料和入窑生料的质量控制要求应符合《指标要求》的规定。

第二十三条 入窑煤粉

煤粉质量应相对稳定。入窑煤粉应配置准确的计量控制装备。煤粉质量控制要求应符合《指标要求》的规定。

第二十四条 熟料

熟料质量是确保水泥质量的关键。要求：

（一）窑操作员应经培训持证后上岗。

（二）入窑风、煤、料的配合应合理，统一操作，确保窑热工制度的稳定，并根据窑况及时采取调整措施，防止欠烧料、生烧料的出现。

（三）出窑熟料的质量控制要求应符合《指标要求》的规定。

（四）出窑熟料按化验室指定的贮库存放，不应直接入磨，应搭配或均化后使用，可用贮量应保证5天的使用量。熟料中不得混有杂物，对质量差的熟料，化验室应采取多点搭配或分开存放并标识，经检验后按比例搭配使用，同时对出磨水泥质量进行跟踪管理。

第二十五条 水泥粉磨

（一）为保证水泥质量，水泥磨喂料设备应配备精度符合配料需求的计量设备，并建立定期维护和校准制度。发生断料或不能保证物料配比准确性时，应立即采取有效措施予以纠正。

（二）熟料、石膏、混合材和水泥助磨剂等入磨物料的配比应按化验室下达的通知进行，并有相应的记录。

（三）粉磨中改品种或强度等级由低改高时，应用高强度等级水泥清洗磨和输送设备，清洗的水泥全部按低强度等级处理，并做好相应的记录。

（四）入磨熟料温度控制在100℃以下。

（五）出磨水泥温度不大于135℃。超过此温度应停磨或采取降温措施，防止石膏脱水而影响水泥的性能。

第二十六条 出磨水泥

（一）出磨水泥的质量控制要求应符合《指标要求》的规定。

（二）水泥库应有明显标识，出磨水泥应按化验室指令入库，每班应准确测量各水泥库的库存量并做好记录，按化验室要求做好入库管理。

（三）同一库不得混装不同品种、强度等级的水泥。生产中改品种或强度等级由低改高时，应用高强度等级水泥清洗输送设备、水泥贮存库和包装设备，清洗的水泥全部按低强度等级处理，并做好相应的记录。

（四）专用水泥或特性水泥应用专用库贮存。

（五）出磨水泥要保持3天以上的贮存量。

（六）出磨水泥应按相关产品标准的规定进行检验，检验数据经验证可以作为出厂水泥相关指标的确认依据，但不能作为出厂水泥的实物质量检验数据。检验项目、频次应符合《指标要求》的规定。

第二十七条 在生产过程中重要质量指标3小时以上或连续三次检测不合格时，属于过程质量事故，化验室应及时向责任部门反馈，责任部门应及时采取纠正措施，做好记录并报有关部门。

第六章 出厂水泥和水泥熟料的质量管理

第二十八条 水泥和水泥熟料的出厂决定权属于化验室。化验室应配备专业技术人员负责出厂水泥和水泥熟料的检验和过程管理，水泥和水泥熟料出厂应有化验室通知方可出厂。

第二十九条 出厂水泥和水泥熟料质量必须按相关的水泥产品标准严格检验和控制，由于出厂水泥和水泥熟料检验结果滞后，企业必须建立出厂水泥和水泥熟料质量合格确认制度，经确认合格后方可出厂。出厂水泥和水泥熟料质量合格确认制度由化验室负责制定，内容如下：

（一）按照水泥产品标准规定，出厂水泥所有的技术指标均应建立相应的质量合格确认制度（出厂前已有检验结果的项目除外），并形成书面文件。

（二）以出厂水泥进行确认时，其中强度指标应根据出厂水泥品种和强度等级分别建立早期强度与实物水泥3天和28天强度的关系式。早期强度检验方法按JC/T738《水泥强度快速检验方法》进行。

（三）以出磨水泥进行确认时，出磨水泥质量应稳定，且28天抗压强度月（或一统计期）平均变异系数满足Cv≤5.0%（强度等级32.5）、Cv≤4.0%（强度等级42.5）、Cv≤3.5%（强度等级52.5及以上）。其中强度指标应根据出磨水泥品种和强度等级分别建立早期强度与实物水泥3天和28天强度的关系式。早期强度检验方法按JC/T738《水泥强度快速检验方法》进行。

（四）当出磨水泥质量出现波动或28天抗压强度月（或一统计期）平均变异系数Cv>5.0%（强度等级32.5）、Cv>4.0%（强度等级42.5）、Cv>3.5%（强度等级52.5及以上）时，应按出厂水泥进行确认。

（五）出厂水泥的合格确认制度应定期根据生产条件、原料变化等及时修正。

（六）水泥熟料的出厂合格确认制度参照出厂水泥制定。

第三十条 出厂水泥质量控制

为保证出厂水泥的实物质量，企业应制定严于现行标准要求的内控指标。出厂水泥的内控指标要求应符合《指标要求》的规定。

第三十一条 均化

水泥出厂必须均化后出厂。保证水泥的均匀性，缩小标准偏差，严禁无均化功能的水泥库单库包装或散装，严禁上入下出。每季度应进行一次水泥28天抗压强度匀质性试验。水泥匀质性试验方法按GB12573附录B规定进行。

第三十二条 根据化验室签发的书面通知，按库号和比例出库，并做好记录。同时水泥库应定期清理和维护，卸料设备保持完好，确保正常出库。

第三十三条 包装

按照水泥产品标准的规定，应建立水泥包装质量的确认程序，形成书面文件，并定期根据包装质量的变化进行修正。水泥包装质量的确认内容要求如下：

（一）选择水泥包装袋定点生产企业，建立供方资质、生产能力等档案。每批包装袋应有出厂检验报告，每年至少一次型式检验报告，每月或按包装袋的批次进行牢固度验收检验。

（二）建立包装质量抽查制度。每班每台包装机至少抽查20袋，其包装质量、标志等应符合标准要求，发现不符合要求时，应及时处理，并做好记录。散装水泥应出具与袋装水泥包装标志内容相同的卡片。

（三）袋装水泥在确认或检验合格后存放一个月以上，化验室应发出停止该批水泥出厂通知，并现场标识。经重新取样检验，确认符合标准规定后方能重新签发水泥出厂通知单。

第三十四条 取样和编号

（一）出厂水泥必须按产品标准规定取代表性样品进行检验并留样封存，封存日期按相关产品标准规定。

（二）出厂水泥的编号，应严格执行产品标准的规定，禁止超吨位编号。

第三十五条 交货与验收

出厂水泥质量交货与验收必须严格执行相关产品标准的规定。

第三十六条 标准砂

标准砂是检验水泥胶砂强度的法定标准物质，企业应在国家指定的各省（区、市）定点经销单位购买标准砂，并保存购买发票和标准砂标准样品证书复印件等。根据水泥产量和试验需求制定合理的标准砂年采购数量。杜绝使用和购买假砂。

第三十七条 不合格水泥的处理

（一）出厂水泥检验结果中任一项指标不合格时，应立即通知用户停止使用该批水泥，企业与用户双方将该编号封存样寄送省级或省级以上国家认可的建材行业质检机构进行复检，以复检结果为准。

（二）按合同要求进行实物质量验收中，双方共同签封的样品在有效期内被省级或省级以上国家认可的建材行业质检机构判为不合格的，企业应及时查明原因，采取纠正措施和预防措施。

（三）出厂水泥自检或经过复检，富裕强度不符合《指标要求》时，企业应及时查明原因，采取纠正措施和预防措施。

第三十八条 本规程未指明的其他品种水泥和商品熟料生产企业应参照本规程制定对出厂产品的要求，并组织实施。

第三十九条 企业应积极做好售后服务，建立和坚持访问用户制度，广泛征询对水泥质量、性能、包装、运输及执行合同等方面的意见，建立用户档案，持续改进和追踪。

本规程自2011年1月1日起实施。自实施之日起，原《水泥企业质量管理规程》、《水泥企业化验室基本条件》和《水泥企业产品质量对比验证检验管理办法》同时废止。

本规程由工业和信息化部负责解释。

附件1：水泥企业化验室基本条件

附件2：水泥企业化验室评审考核管理办法

附件3：水泥企业化验室评审考核评审员管理办法

附件4：水泥企业化验室评审考核表（略）

附件5：水泥企业产品质量对比验证检验管理办法

附件6：试验允许误差表（略）

附件7：水泥企业产品质量月报（略）

附件8：过程质量控制指标要求（略）

附件1：

水泥企业化验室基本条件

第一条 总则

为完善水泥企业化验室的检验条件，提高检测水平，确保水泥产品质量，特制定水泥企业化验室基本条件。

第二条 环境条件

（一） 企业必须建立满足生产控制和产品质量检验需求的试验室、样品存放室、药品试剂库等检验试验基础设施。周围环境的粉尘、噪音、振动、电磁辐射等均不得影响检验工作。

（二） 化验室的面积、采光、通风、温度、湿度、水、电等均应满足检验试验需求及国家、行业标准规定的要求。

（三） 化学分析用天平和氧弹热量计、氯离子测定仪（蒸馏法）及高温设备（高温炉、烘干箱等）要与分析试验室隔开。

（四） 化验室标准小磨等制样设备及压蒸釜、沸煮箱、快速强度养护箱等应单独放置。

（五） 化验室内仪器设备应摆布合理，方便操作，保证安全。试验室内应保持清洁，与检验试验无关的物品不准带入。

（六） 化学分析试验室应有通风柜（罩），供排除有害气体用。

（七）仪器分析使用易燃易爆气体时，应有安全防护设施。

（八）应有安全处理、处置有毒有害物质的设施和措施。

第三条 检验人员

检验人员配备及素质技能应符合《水泥企业质量管理规程》要求。

第四条 检验仪器设备

（一）进货检验、过程检验以及最终检验所需仪器设备均应齐全，其性能应满足有关规定的技术要求，常用易损的仪器设备应有备品备件。

（二）企业应根据检验试验工作需要，配置先进的检测仪器设备，如偏光显微镜、激光粒度分析仪、压蒸釜、X射线荧光分析仪、原子吸收光谱仪等。

（三）常用和必备的仪器设备，如空调、温度、湿度控制装置、玻璃器皿等消耗品、易损件的配备由企业自定。

（四）化验室应有仪器设备清单和计量检定（校准）周期表并建立设备档案，档案内容包括名称、规格、型号、编号、生产厂家、出厂日期、出厂合格证、使用说明书及使用过程中维修、检定（校准）等记录及证书，并建立仪器设备使用、维修和计量检定（校准）管理制度。

第五条 仪器设备技术要求和检定（校准）周期

（一） 化验室仪器设备技术要求、检定（校准）周期见附表。

（二） 计量器具应按期检定并有有效的计量检定合格证。专业检验仪器设备应按期校准并有有效的校准证书。自检自校仪器设备应建立自检自校方法，并留有自检自校记录。

（三） 当水泥产品标准或检验方法标准修订后，企业应根据标准要求及时更换仪器设备。

附表：水泥企业化验室仪器设备技术要求、检定（校准）周期一览表（略）

附件2：

水泥企业化验室评审考核管理办法

第一章 总则

第一条 为了提高水泥企业化验室检验工作质量和生产过程控制水平，保证企业持续稳定地生产合格水泥产品，根据《水泥企业质量管理规程》第六条规定，特制定本办法。

本办法所称的水泥企业化验室评审考核，是指在工业和信息化部的指导下，中国建筑材料联合会和省级建材行业主管部门或其授权的省级建材行业协会对水泥企业化验室的质量体系、检验能力和运行情况是否符合水泥企业质量管理规程及相关技术规范、标准实施的评价和认可的活动。

第二条 制定本办法的依据为：

（一）《水泥企业质量管理规程》；

（二）《水泥企业化验室基本条件》；

（三）《水泥企业产品质量对比验证检验管理办法》。

同时还参照了GB/T27025《检测和校准实验室能力的通用要求》。

第三条 本办法适用于中华人民共和国境内所有水泥（熟料）生产企业化验室。

第二章 评审考核的管理

第四条 在工业和信息化部的领导下，中国建筑材料联合会统一管理、监督和综合协调水泥企业化验室评审考核工作，负责年度工作总结并报送工业和信息化部原材料工业司。

中国建筑材料联合会负责日产熟料4 000吨（合计产能）及以上规模的通用水泥企业以及特性水泥、专用水泥企业化验室的评审考核、公示和发证，评审考核结果报工业和信息化部原材料工业司备案。

省级建材行业主管部门或其授权的省级建材行业协会负责其他水泥企业化验室的评审考核和发证，评审考核结果报工业和信息化部原材料工业司和中国建筑材料联合会备案。

第五条 负责评审考核的单位需下设办事机构，其职责为：

受理评审考核申请；

制定评审考核计划；

组织现场评审考核；

汇总、上报评审考核材料；

对获证企业的监督检查；

承办评审考核的其他有关事项。

第三章　评审考核的步骤

第六条　评审考核的申请

申请单位必须按水泥企业化验室评审考核表（附录4）的具体要求，进行自检自查，

在符合要求的情况下，方可向负责评审考核的单位提出申请。

申请单位须根据企业的生产能力，向相应的评审考核办事机构提出评审考核申请（详见本办法第四条）。

申请单位必须提交以下文件：

（一）化验室评审考核申请书；

（二）化验室质量管理手册

第七条　申请的受理

评审考核办事机构负责申请的审核。

审核的重点是《申请书》各项内容是否填写齐全、正确；《化验室质量管理手册》编写是否符合要求；申请单位是否属于证实受理的范围。

经审核符合规定要求的申请，则予以受理。评审考核办事机构向申请单位发出受理申请通知，通知申请单位准备接受评审考核。

申请经审核不符合规定要求的申请，则不予受理。评审考核办事机构向申请单位发出不受理申请通知，说明不能受理的理由。

第八条　现场评审考核

申请受理后，办事机构组织评审组进行现场评审考核。主要程序是：首次会议、现场考查、评审、与被证实方领导沟通、末次会议。

第九条　评审报告

证实报告由评审组编写，经评审组长及各评审员签字后送办事机构，由办事机构发证单位审批。评审报告格式由中国建筑材料联合会统一规定。

评审结论应明确写明“通过”、“基本通过”或“不通过”。

第四章　评审内容和评定方法

第十条　评审内容

证实内容共分七大方面、二十八项，详见附件4（略）。

第十一条　评定方法

一般应按照《水泥企业化验室评审考核表》的规定逐项评审考核，水泥熟料生产、水泥粉磨企业可根据各自生产的特点减项。

每项评审考核分为：“符合”、“基本符合”和“不符合”三种情况。

评审的结论分为“通过”、“基本通过”和“不通过”。

（一）满足下述两条者为“通过”。

1.“符合”项数超过总项数的80%；

2.无“不符合”项。

（二）出现下述两条之一者为“不通过”。

1. 重点项（即*号项）出现“不符合”。

2. 非重点项“不符合”项数超过三项。

（三）余下情况者为“基本通过”。

第五章　评审组及评审人员

第十二条　评审组一般由2～4人组成，组长和成员由办事机构选派。评审员应是熟悉水泥生产、水泥检验的人员，须经中国建筑材料联合会组织的培训考核合格，并取得中国建筑材料联合会颁发的评审员资格证书。评审组的工作质量由发证单位监督检查。

第六章　合格证的发放、监督管理和复查换证

第十三条　对评审考核合格的水泥企业化验室，由发证单位审查批准，并颁发水泥企业化验室评审考核合格证，（以下简称：合格证）。

第十四条　化验室合格证有效期为五年。有效期内，由办事机构组织一次监督检查。监督检查参照本办法的评审内容和评定方法进行。

第十五条　当合格证有效期满六个月前，企业须提出换证申请，逾期不提出申请的，由发证单位注销其合格证。

第十六条　在合格证的有效期内，凡发现下列情况之一者，由发证单位报请工业和信息化部原材料工业司同意后撤销其合格证：

（一）因水泥质量问题造成重大工程质量事故的；

（二）企业质量管理混乱，将未经检验、不合格品或废品水泥出厂的；

（三）连续两次国家、省级水泥产品质量监督抽查不合格的；

（四）未能通过化验室监督检查的。

第十七条　被撤销合格证的水泥企业化验室经整改自查合格后可重新申请评审考核。

第七章　附则

第十八条　负责评审考核的单位向申请评审考核和接受监督检查的水泥企业，酌收审核工本费。

第十九条　本办法由工业和信息化部负责解释。

附件3：

水泥企业化验室评审考核评审员管理办法

第一条　为加强水泥企业化验室评审考核评审员（以下简称评审员）的培训、考核及注册管理工作，根据《水泥企业化验室评审考核管理办法》第十二条的规定，制定本办法。

第二条　本办法所称的评审员是受省级及以上建材行业主管部门或其授权的建材行业协会委托，承担对水泥企业

化验室进行考核评审的人员。

第三条 评审员须由省级及以上建材行业主管部门或其授权的建材行业协会审查推荐,并经中国建筑材料联合会组织的培训考核合格,获得评审员资格证书后才能参加水泥企业化验室的评审考核。评审员资格证书有效期为五年。

第四条 参加日产熟料4000吨及以上规模水泥企业、特性水泥企业化验室评审考核的评审员由国家建材行业主管部门或其授权的建材协会委托。参加其他水泥企业化验室评审考核的评审员由省级建材行业主管部门或其授权的建材行业协会委托。

第五条 评审员应具备以下基本条件:

(一)具有工程师以上技术职称;

(二)具有三年以上在水泥生产、研究和检验单位从事检验或者管理工作的经验;

(三)熟悉质量、标准、计量等有关法律法规、水泥标准及水泥产品质量检测技术,

掌握《水泥企业化验室评审考核管理办法》的内容和评审考核要求;

(四)对检测质量和质量管理体系有较强的判断、分析能力。

第六条 评审组长应具有3次以上现场评审经历,具有较强的组织能力和政策水平,

由省级及以上建材行业主管部门后其授权的建材行业协会从评审员中选派。

第七条 评审人员的职责

(一)评审组长

1. 负责组织评审考核工作,对包括文件初审、现场评审、评审结论等整个评审活动的质量负责;

2. 负责向水泥企业化验室和评审员解释化验室合格证评审考核的有关规定,掌握评审标准;

3. 当评审组成员在评审条件的掌握上有分歧时,负责协调和裁决;

4. 向省级及以上建材行业主管部门或其授权的建材行业协会办事机构报告评审结果。

(二)评审员

1. 服从安排,认真执行现场评审任务;

2. 对所承担的评审考核任务的质量和真实性负责,为被评审方保守秘密;

3. 自觉接受评审考核办事机构的监督管理;

4. 在评审考核中,有权保留自己的意见,并有权直接向有关评审考核主管部门报告。

第八条 评审员的培训

评审员由中国建筑材料联合会组织培训并发证。培训的主要内容为质量、标准、计量等有关法律法规、水泥企业质量管理规程、水泥企业化验室评审考核管理办法和考核标准等。

第九条 评审员应严肃认真,公正无私,实事求是,平等待人,遵守纪律,严格执行

国家法律、法规和水泥企业化验室评审考核评定标准。

第十条 评审员在评审工作中首先应出示有效评审证件,企业有权拒绝无资格人员进

行评审考核工作。评审员若有丧失公正立场。失职违规者,发证机关应取消其评审员资格。情节严重的,建议由评审员所在单位予以行政处分。

第十一条 发证机构应对评审员的评审活动及其在评审中的表现进行监督,对不称职

的评审员及时做出相应处理。

第十二条 本办法有工业和信息化部负责解释。

附件4:

水泥企业化验室评审考核表(略)

附件5:

水泥企业产品质量对比验证检验管理办法

第一条 为了规范水泥检验人员操作,不断提高检测水平,提高和稳定产品质量,根据《水泥企业质量管理规程》,制定本办法。

第二条 在工业和信息化部领导下,中国建筑材料联合会会同国家水泥质量监督检验中心具体负责全国水泥企业产品质量对比验证检验工作。

日产熟料4000吨及以上规模的企业以及生产特种(特性)水泥企业与国家水泥质量监督检验中心进行对比验证检验,其他水泥和水泥熟料生产企业与所在省级建材主管部门或其授权的建材行业协会认定的建材(水泥)质检机构(以下简称水泥质检机构)进行对比验证检验。

国家水泥质检中心每年应与国际水泥实验室进行对比验证检验,以实现对比验证检验的量值溯源,其对比结果上报中国建筑材料联合会。省级水泥质检机构每两个月与国家水泥质量监督检验中心进行一次对比验证检验,确保对比验证检验的量值溯源。

在工业和信息化部领导下,中国建筑材料联合会会同国家水泥质量监督检验中心定期对对比验证检验承检单位技术能力进行评审考核,实行动态管理,考评不合格者,取消其对比验证检验资质。

第三条 各对比单位要严格按照第二条规定送对比验证检验样品到相应的质检机构进行对比验证检验。企业有权拒绝非认定授权或超职责范围的质检机构提出的对比验证送样要求。

第四条 对比验证检验以水泥质检机构的结果为准,其结果作为企业进行内外部质量考核评审的依据。

第五条　水泥质检机构收到对比验证检验样品后应及时进行检验，最终检验报告应于收样后45天内（在收到企业自检报告前提下）发出，并对检验结果负责。

第六条　为保证对比验证检验工作的质量，承担对比验证检验工作的水泥质检机构有权对水泥企业化验室的仪器设备、环境条件、检测过程、检验记录、管理制度等进行检查。

第七条　水泥质检机构工作人员和检测人员要坚持原则、客观公正、实事求是、认真负责，从严质检，严格执行标准及有关规定。应定期进行内部抽查对比，积极参加实验室能力验证和全国水泥检测大对比，不断提高检测水平。

第八条　对比验证检验的具体规定：

（一）对比频次

1. 通用水泥分品种每两个月送样1个；

2. 特性水泥和专用水泥分品种每月送样1个；

3. 非常年生产的品种，可在生产期内按规定均衡送样；

4. 每个企业全年送样不少于6个；

5. 具有对比验证检验资质的水泥质检机构履行国家或省级质量监督抽查时，抽取的监督抽查样可等量代替对比验证检验样。

（二）对比要求

1. 企业应有专人负责对比验证检验工作，并制定相应的管理办法。

2. 所送样品必须是本企业按规定随即抽取的出厂水泥样（只生产熟料企业选取同编号熟料样），并且在一年内涵盖所生产的所有品种和强度等级的水泥。

3. 所送对比验证检验样品应过0.9毫米方孔筛，去除杂质并混合均匀，分成送检样、自检样、封存样。送检样品应在取样后3天内寄（送）出。

4. 样品量应满足检验需要，送样单按水泥质检机构要求的统一格式填写，样品包装应适宜，以防受潮破损。

5. 企业必须及时向水泥质检机构寄报对比验证检验自检报告，质检机构收到企业自检报告后应及时发出该企业的对比验证检验报告。

（三）对比验证检验项目

对应水泥产品标准中的全部技术要求。

第九条　承担对比验证检验的水泥质检机构应对对比验证检验工作进行年度总结和通报，并报送工业和信息化部原材料工业司、中国建筑材料联合会。对长期不参加对比验证检验、对比严重超差和发生重大质量事故的企业，水泥质检机构有权建议相关部门严肃处理。

第十条　对比验证检验收费按现行检验收费标准执行，费用由送检单位承担。

★工业和信息化部**2010**年**12**月**28**日发布的公告。

地方政策

Local policy

北京市

Beijing

北京市人民政府关于进一步加强淘汰落后产能工作的实施意见★

Implementing opinion of Beijing Municipal People's Government about further strengthening the backward capacity elimination work

各区、县人民政府,市政府各委、办、局,各市属机构:

为深入贯彻落实《国务院关于进一步加强淘汰落后产能工作的通知》(国发【2010】7号,以下简称《通知》)精神,加强本市淘汰落后产能工作,现结合实际制定本实施意见:

一、指导思想

深入贯彻落实科学发展观,以转变发展方式、提升产业结构、优化产业布局、推进节能减排为目标,按照"高端、高效、高辐射"的产业定位,全面推进本市淘汰落后产能工作,加快"人文北京、科技北京、绿色北京"和中国特色世界城市的建设进程。

二、工作原则

(一)全面统筹,积极稳妥。淘汰落后产能工作情况复杂、利益主体多元、主体诉求多样,要全面统筹其与产业升级、经济发展和社会稳定的关系,在积极完成工作目标的同时,确保相关问题得到妥善处理,职工得到妥善安置。

(二)分类分期推进,因地因企制宜。按照淘汰时限、行业特点、目标任务和影响程度,分类指导、分期推进淘汰落后产能工作。因地因企制宜,突出方式和手段的针对性、有效性。充分发挥市场配置资源的基础性作用,综合运用经济、技术及必要的行政手段,采取关停、转产、兼并、重组、收购、技改等多种方式淘汰落后产能。

(三)淘汰落后产能与促进发展相结合。将淘汰落后产能工作与促进经济发展有机结合起来,保证国家淘汰落后产能的政策得到坚决执行、相关任务如期完成。同时要抓住机遇,积极发展符合首都功能定位的替代产业,推动首都经济发展。

三、目标任务

按照《通知》精神及工业和信息化部下达的2010年北京市淘汰落后产能任务要求,结合实际确定近期本市淘汰落后产能任务。

水泥行业:按照工业和信息化部相关要求,按时淘汰202万吨水泥行业落后产能。此项工作共涉及11家生产企业,其中房山区9家,产能157万吨;顺义区1家,产能20万吨;金隅集团(石景山区)1家,产能25万吨。石灰行业:2010年底前全部关停124家石灰生产企业,其中房山区117家,门头沟区4家,丰台区3家。

其他行业:(略)

四、实施步骤

(一)制订方案。各相关区县政府对本区县淘汰落后产能工作负总责,要制订本区县重点行业淘汰落后产能实施计划,编制工作方案。

(二)组织实施。各相关区县政府要组织专门力量落实工作方案,确保在规定期限内实现淘汰落后产能目标,完成淘汰退出各项任务。列入淘汰落后产能范围的企业,要按照国家及本市的工作要求,积极履行社会责任,主动配合有关部门开展淘汰落后产能工作,确保顺利推进。

(三)检查验收。建立检查验收制度,由市经济信息化委、市发展改革委、市财政局、市国土局、市规划委、市环保局、市国资委、市统计局、市人力社保局、市工商局、市质监局、市安全监管局、市水务局等部门成立联合检查验收小组,对相关区县淘汰落后产能工作的落实情况进行检查验收。

(四)补偿安置。对完成淘汰退出任务并通过验收的区县,由市有关部门按照相关安置补偿办法和标准进行补偿安置。

五、保障措施

(一)加强组织领导。成立本市淘汰落后产能工作领导小组,负责统筹协调淘汰落后产能工作,研究解决工作中出现的重大问题,制订全市重点行业淘汰落后产能工作计划方案、相关标准和目标任务,对各部门、各区县淘汰落后产能执行情况进行督促检查,确保国家及本市相关政策的贯彻落实。领导小组成员单位包括市政府办公厅、市发展改革委、市经济信息化委、市公安局、市监察局、市民政局、市财政局、市人力社保局、市国土局、市环保局、市规划委、市交通委、市水务局、市国资委、市地税局、市工商局、市质监局、市安全监管局、市统计局、市园林绿化局、市金融局、市信访办、中关村管委会、北京经济技术开发区管委会、市投资促进局、北京银监局、北京市电力公司及各区县政府。领导小组办公室设在市经济信息化委,负责淘汰落后产能日常工作。市有关部门和相关区县政府要根据任务分工认真履行职责,积极贯彻落实各项政策措施,加强沟通配合,共同做好工作。

（二）加大宣传力度。加强对淘汰落后产能工作的宣传报道。一是要广泛宣传淘汰落后产能工作的重要意义，提高各单位的工作积极性、主动性和创造性，争取企业及有关方面的理解、支持和配合。二是要加强宣传报道、促进工作交流，总结推广淘汰落后产能工作先进区县和先进企业的有效做法，营造有利于淘汰落后产能的舆论氛围。

（三）完善政策体系。

1. *完善财政资金支持政策。*加强对淘汰落后产能工作的资金支持力度，根据行业特点、淘汰方式和测算标准，完善资金支持政策。充分发挥财政资金的支持作用，与淘汰任务和淘汰进度相衔接，引导区县和企业积极实施。鼓励优势企业通过兼并、重组、收购、转产等方式淘汰落后产能，支持企业升级改造。

2. *妥善做好职工分流安置工作，保护职工合法权益。*要妥善处理淘汰落后产能与职工就业的关系，依照相关法律法规和规定妥善安置职工，做好其社会保险关系转移与接续工作，保护职工权益不受侵害。市有关部门和相关区县政府要共同努力，切实帮助企业解决人员安置方面的实际问题，实现多种渠道分流安置企业职工，避免大规模集中失业，防止发生群体性事件，维护首都社会稳定。

3. *研究制订替代产业发展和布局调整政策。*各区县要抓住淘汰落后产能的机遇，发展替代产业，优化产业布局，提升产业水平，实现新的发展。各相关区县政府要制定替代产业发展和布局调整规划，推进结构优化和产业集聚。市有关部门要研究制定相关政策，在资金、项目审批、土地开发利用、融资服务等方面给予支持。

4. *合理安排和使用腾退土地，妥善处置闲置资产。*对通过淘汰落后产能腾退出来的土地资源，在符合城市总体规划和土地利用规划的前提下，依据各区县新城规划和产业布局要求，合理调整，并优先用于工业发展。同时要妥善处置企业闲置的厂房和设备。

（四）加强综合监管。

1. *严格市场准入。*强化安全、环保、能耗、物耗、质量、土地等指标的约束作用，对产能过剩行业坚持新增产能与淘汰产能“等量置换”或“减量置换”的原则，严格环评、土地和安全生产审批，严禁向落后产能和产能严重过剩行业建设项目提供土地。

2. *强化经济和法律手段，加强对现有落后产能存量企业的监管。*发挥差别电价、资源性产品价格改革等价格机制在淘汰落后产能中的作用，落实和完善资源及环境保护税费制度，强化税收对节能减排的调控功能。加强环境保护监督性监测、减排核查和执法检查，加强对企业执行产品质量标准、能耗限额标准和安全生产规定的监督检查，提高落后产能企业和项目使用能源、资源、环境和土地的成本。采取综合性调控措施，抑制高消耗、高排放产品的市场需求。

3. *加大执法处罚力度。*对未按期完成淘汰落后产能任务的区县，实行项目“区域限批”，暂停对该区县项目的环评、核准和审批。对未按期完成淘汰落后产能任务的企业，吊销排污许可证，银行业金融机构不提供任何形式的新增授信支持，投资管理部门不予审批和核准新的投资项目，国土部门不予批准新增用地，相关部门不予办理生产许可证，已颁发生产许可证、安全生产许可证的要依法撤回。对未按规定淘汰落后产能、被政府责令关闭或撤销的企业应限期办理工商注销登记，逾期未办理注销登记的，工商管理部门依法吊销工商营业执照。必要时，政府相关部门可要求电力供应企业依法对落后产能企业停止供电。

（五）健全监督检查机制。

1. *加强舆论和社会监督。*市经济信息化委每年向社会公告各区县年度淘汰落后产能的企业名单、落后工艺设备和淘汰时限。二是市有关部门组成联合监督检查组，加强对区县淘汰落后产能工作的检查和指导；建立信息报送制度，及时了解掌握区县淘汰落后产能工作进展和职工安置情况，并向市政府报告。三是加强督促检查，实行问责制。要将淘汰落后产能工作作为市政府重点工作进行督促检查，将市有关部门和相关区县政府淘汰落后产能工作纳入专项督察范围。对未按要求完成淘汰落后产能任务的进行通报，限期整改。对瞒报、谎报淘汰落后产能进展情况或整改不到位的，要依法依纪追究有关责任人的责任。

★北京市人民政府2010年12月24日发布的京政发【2010】43号文。

天津市

Tianjin

天津市人民政府关于进一步做好天津市淘汰落后产能工作的实施意见★

Implementing opinion of Tianjin Municipal People's Government about further unfolding the backward capacity elimination work in Tianjin City

各区、县人民政府，各委、局，各直属单位：

为贯彻落实《国务院关于进一步加强淘汰落后产能工作的通知》（国发【2010】7号）精神，加快我市经济发展方式转变，优化产业结构，推进节能减排，现就进一步做好我市淘汰落后产能工作提出如下实施意见：

一、总体要求

深入贯彻落实科学发展观，按照“发挥市场作用，坚持依法行政，落实目标责任，优化政策环境，加强协调配合”的原则，认真执行国家有关产业政策，严格市场准入，强化经济和法律手段，加大执法力度，抓住关键环节，突破重点难点，加快淘汰落后产能工作，进一步建立健全淘汰落后产能的长效机制，大力推进产业结构调整和优化升级，提高经济增长的质量和效益。

二、目标任务

按照《国务院关于进一步加强淘汰落后产能工作的通知》、工业和信息化部《关于下达2010年工业行业淘汰落后产能目标任务的通知》（工信部产业【2010】251号）精神，结合天津市《关于贯彻落实国家抑制部分行业产能过剩和重复建设 引导产业健康发展若干意见的实施方案》（津政发【2010】4号）以及工业发展实际情况，以电力、钢铁、水泥、印染等行业为重点，分年度制定淘汰落后产能计划，并分解落实到有关区县人民政府和企业。

全市重点行业淘汰落后产能的具体目标任务是：

建材行业：2012年底前，淘汰窑径3.0米以下水泥机械化立窑生产线、窑径2.5米以下水泥干法中空窑（生产高铝水泥的除外）、水泥湿法窑生产线（主要用于处理污泥、电石渣等的除外）、直径3.0米以下的水泥磨机（生产特种水泥的除外）以及水泥土（蛋）窑、普通立窑等落后水泥产能。2010年9月底前，淘汰窑径3.0米以下水泥机械化立窑生产线4条，水泥产能60万吨。

其他行业：（略）

三、责任分工

（一）市经济和信息化委、市发展改革委根据国家和我市确定的淘汰落后产能具体任务，将年度目标任务分解落实到有关区县人民政府。各有关部门要充分发挥职能作用，抓紧制定限制落后产能企业生产、激励落后产能退出、促进落后产能改造等方面的配套政策措施，指导和督促有关区县人民政府认真贯彻执行。

（二）有关区县人民政府要按照全市淘汰落后产能目标任务，制定有效措施，将目标任务分解落实到具体企业，及时将计划淘汰落后产能企业名单报市经济和信息化委、市发展改革委。要切实担负起本行政区域内淘汰落后产能工作职责，严格执行相关法律、法规和各项政策措施，组织督促企业按要求淘汰落后产能、拆除落后设施装置，防止落后产能转移；对未按要求淘汰落后产能的企业，依据有关法律法规责令停产或予以关闭。

（三）企业要切实承担起淘汰落后产能的主体责任，严格遵守安全、环保、节能、质量等法律法规，认真贯彻执行国家产业政策，积极履行社会责任，主动淘汰落后产能。

（四）各相关行业协会要充分发挥政府和企业间的桥梁纽带作用，认真宣传贯彻国家产业政策，加强行业自律，维护市场秩序，协助有关部门做好淘汰落后产能工作。

四、强化政策约束

（一）严格市场准入。强化安全、环保、能耗、物耗、质量、土地等指标的约束作用，严格执行准入标准。加强投资项目审核管理，对产能过剩行业坚持新增产能与淘汰产能“等量置换”或“减量置换”的原则，严格环评、能评、土地和安全生产审批，遏制低水平重复建设，防止新增落后产能。严禁向落后产能和产能严重过剩行业建设项目提供土地。支持优势企业通过兼并、收购、重组落后产能企业，淘汰落后产能。

（二）强化经济和法律手段。提高逐步退出或淘汰的落后产能企业和项目使用能源、资源、环境、土地的成本，实行差别电价，推进资源性产品价格改革，严格执行资源及环境保护税费制度。加强环境保护监督性监测、减排核查和对企业执行产品质量标准、能耗限额、安全生产规定的监督检查。

（三）加大执法处罚力度。对未按规定期限淘汰落后产能的企业，环保部门吊销排污许可证，银行业金融机构不得提供任何形式的新增授信支持，投资管理部门不予审批和核准新的投资项目，国土资源管理部门不予批准新增用地，相关管理部门不予办理生产许可，已颁发生产许可证、安全生产许可证的要依法撤回。对未按规定淘汰落后产能、被责令关闭或撤销的企业，工商行政管理部门限期办理工商注销登记或依法吊销工商营业执照。必要时，相关部门可要求电力供应企业依法对落后产能企业停止供电。

五、完善政策激励

（一）加强财政资金引导。积极争取中央财政对我市淘汰落后产能工作的资金支持。积极安排资金，支持企业淘汰落后产能，重点支持解决淘汰落后产能有关职工安置、企业转产、债务处理等问题。在资金申报、安排、使用中，要充分发挥政府调控作用，加强协调配合，确保资金安排对淘汰落后产能工作产生实效。

（二）做好职工安置工作。制定天津市淘汰落后产能企业职工安置意见，妥善处理好淘汰落后产能企业的职工安置及就业问题，做好职工社会保险关系转移与接续工作，避免大规模集中失业，防止发生群体性事件。

（三）支持企业升级改造。统筹安排技术改造资金，支持符合产业政策和规划布局的企业，运用高新技术和先进适用技术，以质量品种、节能降耗、环境保护、改善装备、安全生产等为重点，对落后产能进行改造，在改造中淘汰落后产能。对淘汰落后产能任务较重且完成较好的区县和企业，在安排技术改造资金、节能减排资金、投资项目核准备案、土地开发利用、融资支持等方面给予倾斜。对积极淘汰落后产能企业的土地开发利用，在符合国家土地管理政策的前提下，优先予以支持。

六、加强组织领导

建立淘汰落后产能工作组织协调机制，成立由市人民政府有关领导同志任组长，市经济和信息化委、市发展改革委、市商务委、市农委、市国资委、市财政局、市国土房管局、市人力社保局、市环保局、市工商局、市质监局、市安全监管局、市监察局、市国税局、市中小企业局、人民银行天津分行和天津银监局等部门参加的天津市淘汰落后产能工作协调小组，统筹协调我市淘汰落后产能工作，研究解决我市淘汰落后产能工作中的重大问题，根据国家下达的“十二五”期间淘汰落后产能目标，做好我市的任务分解和组织落实工作。有关部门要认真履行职责，积极贯彻落实各项政策措施，加强沟通配合，共同做好淘汰落后产能的各项工作。有关区县要建立相应的组织协调机制，积极稳妥地推进本区县淘汰落后产能工作。

市和区县人民政府要建立淘汰落后产能工作目标责任制，对淘汰落后产能工作实行问责制，并将淘汰落后产能工作目标完成情况纳入政府绩效考核体系，有关区县人民政府要及时向市人民政府有关部门报送工作目标完成情况。对未按要求完成淘汰落后产能工作任务的区县、企业进行通报，限期整改；对瞒报、谎报淘汰落后产能情况或整改不到位的区县，要依法依纪追究有关责任人的责任，切实将淘汰落后产能工作落到实处。

★天津市人民政府 2010 年 9 月 8 日发布的津政发【2010】29 号文。

河北省

Hebei Province

河北省人民政府关于进一步加强淘汰落后产能工作的实施意见★

Implementing opinion of Hebei Provincial People's Government about further strengthening the backward capacity elimination work

各设区市人民政府，省政府各部门：

为贯彻落实《国务院关于进一步加强淘汰落后产能工作的通知》（国发【2010】7 号），加快转变经济发展方式，促进产业结构调整和优化升级，结合我省实际，制定本实施意见。

一、指导思想和基本原则

（一）指导思想。坚持以科学发展观为指导，以加快转变经济发展方式为主线，以电力、煤炭、焦炭、钢铁、水泥、玻璃、造纸、制革、印染等行业为重点，与企业转型升级、整合重组和优化生产力布局有机结合，严格执行国家产业政策，坚定有序地淘汰落后产能，推进产业结构调整升级，提高经济增长质量和效益，实现我省工业又好又快发展。

（二）基本原则。坚持市场主导和依法行政相结合。在充分发挥市场配置资源基础性作用、调整和理顺资源性产品价格形成机制的同时，严格执行环境保护、节约能源、清洁生产、产品质量、安全生产、职业健康等方面的法律法规和技术标准，强化法律约束，提高技术门槛，依法淘汰落后产能。

坚持政策激励和政策约束相结合。从激励和约束两个方面进一步研究制定和完善政策措施，建立健全淘汰落后产能的政策体系，充分调动一切积极因素，推动落后产能退出和企业转型升级。

坚持坚决淘汰和有序推进相结合。既要按照国家产业政策和相关规定坚决淘汰落后产能，又要统筹淘汰落后产能与产业升级、整合重组、经济发展、社会稳定的关系，把握好工作节奏和力度，有计划、有步骤地关停并转。

坚持分级负责和协调联动相结合。逐级分解淘汰落后产能目标任务，明确各级政府、有关部门和企业的责任，建立政府统一领导、部门各司其职、协会指导服务、企业严格落实的工作机制，确保各项措施落到实处。

二、目标任务

按照国务院国发【2010】7 号文件明确的淘汰范围和目标任务，结合我省产业现状和调整振兴规划实施意见，分年度制定落后产能淘汰计划，并分解落实到各设区市和各企业。今年全省重点行业淘汰落后产能的具体任务是：

电力行业：（略）

煤炭行业：（略）

焦炭行业：（略）

钢铁行业：（略）

建材行业：淘汰 87 家企业的 129 座水泥机械化立窑，产能 1 260 万吨；淘汰 5 家企业的平板（格法）玻璃生产线 6 条，产能 464 万重量箱。

轻工行业：（略）

纺织行业：（略）

各设区市要依据《国家产业结构调整指导目录》和相关行业准入条件，结合各地发展实际，重点围绕产品、装备、工艺等方面，制定范围更宽、标准更高的淘汰落后产能目标任务，明确具体的退出时间表，按期淘汰到位。

三、职责分工

（一）省工业和信息化厅、省安全监管局、省能源局要按照全省重点行业淘汰落后产能的具体任务，依据职责提出行业淘汰落后产能年度计划，并分解落实到各设区市和相关企业。省政府有关部门要依据各自职能，制定限制落后产能生产、激励落后产能退出、促进落后产能转产改造及企业职工安置等方面的配套政策措施，指导督促各设区市和相关企业认真贯彻执行。

（二）各设区市政府要根据全省淘汰落后产能目标任务和省工业和信息化厅、省安全监管局、省能源局下达的年度计划，认真制定实施方案并报送省有关部门。各设区市政府要切实担负起本行政区域内淘汰落后产能工作责任，实行市长负责制，组织督导企业按时淘汰落后产能、拆除落后装备；要指导企业做好职工安置、转产改造等工作，确保社会稳定；对未按时完成淘汰落后产能任务的企业，依据有关法律法规责令停产或予以关闭。

（三）企业要切实承担淘汰落后产能的主体责任，严格执行国家产业政策，遵守安全、环保、节能、质量等法律法规，认真履行社会责任，按照省有关部门下达的淘汰落后产能年度计划和当地政府制定的实施方案，按时完成落后产能淘汰任务。

（四）省工经联和有关行业协会要充分发挥政府和企业间的桥梁纽带作用，认真宣传贯彻国家产业政策，加强行业自律和指导服务，维护市场秩序，协助有关部门做好淘汰落后产能工作。

四、保障措施

（一）严格市场准入。强化安全、环保、能耗、物耗、质量等指标约束，提高行业准入门槛。改善土地利用计划调控，严禁向落后产能项目提供土地。加强投资项目审核管理，对产能过剩行业坚持新增产能与淘汰产能“等量置换”或“减量置换”，遏制低水平重复建设，防止新增落后产能。

（二）强化经济和法律手段。采取综合性调控措施，严格执行差别电价、差别水价政策，强化环境保护监督性监测、减排核查、执法检查，加强对企业执行产品质量标准、能耗限额标准和安全生产规定的监督检查，提高落后产能企业使用能源、资源、环境、土地的成本，促其尽快退出市场。

（三）加大执法处罚力度。对未按时完成淘汰落后产能任务的地区，严格控制国家和省级安排的投资项目，实行建设项目“区域限批”。对未按时完成淘汰落后产能任务的企业，投资管理部门不予审批、核准、备案新的投资项目；国土资源部门不予批准新增建设用地；质量技术监督部门不予办理工业产品生产许可证，安全生产监督管理部门不予办理安全生产许可证，已颁发的要依法收回；环境保护部门吊销排污许可证；银行业金融机构不得提供任何形式的新增授信支持。被当地政府责令关闭的企业，限期办理工商注销登记，或依法吊销工商营业执照；必要时，当地政府有关部门可要求电力供应企业依法对其停止供电。

（四）加强财政资金引导。积极争取中央财政淘汰落后产能奖励资金，利用差别电价增加的电费收入，统筹支持各设区市淘汰落后产能工作。在资金安排使用上与各设区市淘汰落后产能任务相衔接，重点支持淘汰落后产能企业职工安置、转产改造等。各设区市要安排相应的配套资金，支持企业淘汰落后产能。在资金申报和安排使用中，要充分发挥工业行业主管部门的作用，加强协调配合，确保资金安排发挥应有作用。

（五）支持企业升级改造。统筹安排国家技术改造资金和省产业发展资金，支持符合产业政策和规划布局的企业，运用高新技术和先进适用技术，以质量品种、节能降耗、环境保护、改善装备、安全生产等为重点，对落后产能进行改造。对按时完成淘汰落后产能任务的地区和企业，在技术改造资金、节能减排资金、投资项目审批核准备案、土地开发利用、融资等方面给予支持。鼓励优势企业通过兼并、收购、重组落后产能企业，促其转产改造。对积极淘汰落后产能企业的土地开发利用，在符合土地管理政策的前提下，优先予以支持。对落后产能进行技术改造且符合银行信贷条件的企业和项目，银行业金融机构要优先给予支持，加大信贷资金支持力度。

五、组织领导

（一）建立组织协调机制。省政府成立由主管副省长任组长、省有关部门负责同志为成员的淘汰落后产能工作领导小组，负责全省淘汰落后产能工作的组织领导，研究解决重大问题。领导小组办公室设在省工业和信息化厅，具体协调淘汰落后产能工作，分解目标任务，组织监督考核。领导小组成员单位要切实履行职责，加强沟通、密切配合，共同推动淘汰落后产能各项工作。各设区市政府也要建立相应的组织协调机制，明确职责分工，做到目标明确、责任落实、措施到位、监管有效。

（二）强化监督检查。省政府有关部门和各设区市政府要及时了解、掌握淘汰落后产能工作进展情况，定期向省淘汰落后产能工作领导小组办公室报告。省淘汰落后产能工作领导小组办公室要组织有关部相对各地淘汰落后产能工作情况进行督导检查，并定期通报。

（三）严格考核问责。将淘汰落后产能目标完成情况纳入各设区市政府绩效考核体系，参照《河北省人民政府关于印发节能减排统计监测及考核实施方案和办法的通知》（冀政【2008】50号），对淘汰落后产能任务完成情况进行考核。对未按规定期限完成淘汰任务的进行通报；对瞒报、谎报的，依法依纪追究相关人员责任。

（四）加强社会监督。省淘汰落后产能工作领导小组办公室要及时在省主要新闻媒体公布淘汰落后产能政策和淘汰落后产能企业、装备名单，各设区市要在当地主要新闻媒体公布本地年度淘汰落后产能企业、装备名单和淘汰时限，接受社会监督。省工业和信息化厅要会同有关部门，加强淘汰落后产能工作交流，注意发现、总结和推广各地行之有效的做法和经验，确保淘汰落后产能工作坚定有序推进。

附：1. 淘汰落后产能重点工作分工表（略）

2. 河北省淘汰落后产能工作领导小组成员名单（略）

★河北省人民政府2010年4月9日发布的冀政【2010】52号文。

辽宁省

Liaoning Province

辽宁省人民政府关于做好淘汰落后产能工作的实施意见★

Implementing opinion of Liaoning Provincial People's Government about further strengthening the backward capacity elimination work

各市人民政府，省政府各厅委、各直属机构：

为贯彻落实《国务院关于进一步加强淘汰落后产能工作的通知》（国发【2010】7号）精神，加快推进全省淘汰落后产能工作，现结合我省实际，提出如下实施意见：

一、指导思想

以科学发展观为指导，以优化产业结构为主线，坚持经济、法律、行政手段相结合，通过采取产业政策引导和投资、环保、土地以及绩效考评等综合措施，加大力度、落实责任，全面推进淘汰落后产能工作，经过三年努力，凡属淘汰标准范围的落后产能基本得到淘汰，落后产能退出机制基本建立，产业结构水平明显提升。

二、淘汰落后产能重点行业及其目标任务

（一）建材行业

2010年底前，淘汰水泥机立窑、干法中空窑（生产特种水泥除外）；平板玻璃平拉法（含格法）工艺；实心黏土砖。2011年底前，淘汰直径2.2米以下水泥粉磨设备，2.2米（含）~2.5米水泥粉磨设备 。2012年底前，淘汰2.5米（含）~3.0米水泥粉磨设备。

（二）其他行业：（略）

三、强化政策约束和激励机制

（一）严格市场准入。强化安全、环保、能耗、质量、土地等指标的约束作用。严格执行国家产业政策和行业准入标准等有关规定，提高准入门槛，鼓励发展低消耗、低污染的先进产能。加强投资项目审核管理，对产能过剩行业坚持新增产能与淘汰落后产能“等量置换”或“减量置换”的原则，严格环评、土地和安全生产审批，遏制低水平重复建设，防止新增落后产能。严禁向落后产能和产能过剩行业建设项目提供土地。支持优势企业通过兼并、收购、重组落后产能企业，淘汰落后产能。

（二）强化经济和法律手段。提高落后产能企业和项目使用能源、资源、环境、土地的成本，对落后产能用电坚决实行差别电价，严格执行资源和环境保护税费制度。加强环境保护监测、减排核查和对企业执行产品质量标准、能耗限额、安全生产规定的监督检查。

（三）加大执法处罚力度。对未按规定期限淘汰落后产能的企业，环保部门吊销排污许可证，银行业金融机构不得提供任何形式的新增授信支持，投资管理部门不予审批和核准新的投资项目，国土资源管理部门不予批准新增用地，相关管理部门不予办理生产许可证，已颁发生产许可证、安全生产许可证的要依法撤回。对未按规定淘汰落后产能、被地方政府责令关闭或撤销的企业，工商管理部门限期办理工商注销登记或依法吊销工商营业执照。必要时，政府相关部门可要求电力供应企业依法对落后产能企业停止供电。

（四）加强财政资金引导。各级政府要筹措资金，支持企业淘汰落后产能，重点支持解决淘汰落后产能有关职工安置、企业转产、债务处理等问题。对淘汰落后产能任务较重且完成任务较好的地区和企业，在安排淘汰落后产能奖励资金、技术改造资金、节能减排资金等专项资金上给予倾斜。

（五）做好职工安置工作。各市政府要指导关停企业制定职工安置方案，妥善处理好淘汰落后产能企业的职工安置及就业问题，做好职工社会保险关系转移和接续工作，避免职工集中大规模失业，防止因职工安置等问题发生群体性上访事件。

（六）支持企业升级改造。统筹安排技术改造资金，运用高新技术和先进适用技术，围绕提高产品质量、节能降耗、达标排放、保护环境、改善安全生产条件等方面改造落后生产工艺设备，改扩建项目要履行安全生产“三同时”，在改造中淘汰落后产能。

四、加强组织领导

为做好淘汰落后产能工作，成立辽宁省淘汰落后产能工作协调小组。其主要职责是：研究确定全省淘汰落后产能规划；制定全省淘汰落后产能实施方案；协调有关部门制定、实施淘汰落后产能政策，解决淘汰落后产能的重大问题，确保国家和省确定目标的完成。协调小组成员单位要互相支持，互相配合，充分发挥职能作用。省经济和信息化委要认真组织制定全省淘汰落后产能三年规划和年度计划，将淘汰落后产能年度计划指标分解到各市，加大督促检查力度，加强工作指导。各有关部门要抓紧制定限制落后产能企业生产、鼓励落后产能退出、促进落后产能改造等方面的配套政策措施，确保各项法规和政策落到实处。各市也要成立相应机构，积极推进本地淘汰落后产能工作的开展。

各级政府要建立淘汰落后产能工作目标责任制，对淘汰落后产能工作实行问责制，并将淘汰落后产能工作目标完成情况纳入政府绩效考核体系。对未按要求完成淘汰落后产能工作任务的地区要及时通报，限期整改；对瞒报、谎报淘汰落后产能情况及整改不到位的地区，要追究该地区有关责任人的责任，切实将淘汰落后产能工作落到实处。

附件：1、辽宁省淘汰落后产能协调小组组成人员名单（略）

2、全省淘汰落后产能重点工作分工表（略）

★辽宁省人民政府 2010 年 5 月 27 日发布的辽政发【2010】17 号文。

黑龙江省

Heilongjiang Province

黑龙江省人民政府关于进一步加快淘汰落后产能的实施意见★

Implementing opinion of Heilongjiang Provincial People's Government about further speeding up the backward capacity elimination work

各市（地）人民政府（行署），省政府各直属单位：

为贯彻落实《国务院关于进一步加强淘汰落后产能工作的通知》（国发【2010】7 号）精神，切实加快转变经济发展方式，促进产业结构调整和优化升级，结合我省实际，现提出如下实施意见：

一、指导思想

全面贯彻落实科学发展观，以加快转变经济发展方式、调整经济结构、提高经济增长质量和效益为主线，以电力、煤炭、焦炭、铁合金、炼钢、炼铁、水泥、造纸等行业为重点，通过综合运用法律、经济、技术及必要的行政手段，进一步建立健全淘汰落后产能的长效机制，加快淘汰落后产能，促进产业结构调整和优化升级，推动我省工业经济又好又快发展。

二、目标任务

按照国家明确的淘汰范围和目标任务，结合全省产业现状，分年度制定落后产能淘汰计划，并分解落实到各市地和相关企业。各地可根据当地产业发展实际，制定范围更宽、标准更高的淘汰落后产能目标任务。今年全省重点行业淘汰落后产能的具体任务是：

其他行业：（略）

水泥行业：淘汰 16 户企业的落后产能 287.8 万吨。

三、职责分工

（一）省发改委、工业和信息化委员会、煤炭生产安全管理局要按照全省重点行业淘汰落后产能的具体任务，依据职责提出行业淘汰落后产能目标任务年度计划，并将目标任务分解落实到各市地和相关企业。省政府各有关部门要依据各自职能，制定限制落后产能生产、激励落后产能退出、促进落后产能转产改造以及职工安置等方面的配套政策措施，指导督促各市地和相关企业认真贯彻执行。

（二）各市（地）政府（行署）要根据全省淘汰落后产能目标任务和省发改委、工业和信息化委员会、煤炭生产安全管理局下达的年度计划，认真制定实施方案并报省相关部门。要切实担负起本行政区域内淘汰落后产能的工作责任，实行市长（专员）负责制，组织督导企业按要求淘汰落后产能、拆除落后设施装置，防止落后产能转移；要指导企业做好职工安置、转产改造等工作，确保社会稳定；对未按要求完成淘汰落后产能任务的企业，依据有关法律法规责令停产或予以关闭。

（三）企业要切实承担淘汰落后产能的主体责任，严格执行国家产业政策，遵守安全、环保、节能、质量等法律法规，积极履行社会责任，按照省政府有关部门下达的淘汰落后产能年度计划和当地政府制定的实施方案，按时完成落后产能淘汰任务。

（四）各有关行业协会要充分发挥政府和企业间的桥梁纽带作用，认真宣传贯彻国家产业政策，加强行业自律和指导服务，维护市场秩序，协助有关部门做好淘汰落后产能工作。

四、保障措施

（一）严格市场准入。强化安全、环保、能耗、物耗、质量等指标的约束作用，提高行业准入门槛。加强投资项目审核管理，对产能过剩行业坚持新增产能与淘汰产能“等量置换”或“减量置换”的原则，严格环评、土地和安全生产审批，遏制低水平重复建设，防止新增落后产能。改善土地利用计划调控，严禁向落后产能和产能严重过剩行业建设项目提供土地。支持优势企业通过兼并、收购、重组落后产能企业，淘汰落后产能。

（二）强化经济和法律手段。采取综合性调控措施，严格执行差别电价等政策，加强环境保护监督性监测、减排核查、执法检查以及对企业执行产品质量标准、能耗限额标准和安全生产规定的监督检查，提高落后产能企业使用能源、资源、环境、土地的成本。采取综合性调控措施，抑制高消耗、高排放产品的市场需求。

（三）加大执法处罚力度。对未按时完成淘汰落后产能任务的地区，严格控制国家和省安排的投资项目，实行建设项目“区域限批”。对未按时完成淘汰落后产能任务的企业，环保部门吊销排污许可证，银行业金融机构不得提供任何形式的新增授信支持，投资管理部门不予审批、核准、备案新的投资项目，国土资源部门不予批准新增建设用地，相关管理部门不予办理生产许可，已颁发生产许可证、安全生产许可证的要依法收回。对未按规定淘汰落后产能、被当地政府责令关闭的企业，限期办理工商注销登记，或者依法吊销工商营业执照；必要时，当地政府相关部门可要求电力供应企业依法对其停止供电。

（四）充分发挥财政资金引导作用。在积极争取中央财政淘汰落后产能奖励资金的基础上，充分利用省级现有经济结构调整、节能环保等专项资金和差别电价增加的电费收入等，重点支持全省淘汰落后产能工作。在资金安排使用上与各地淘汰落后产能任务相衔接，重点支持淘汰落后产能企业职工安置、转产改造等工作。各市（地）政府（行署）要安排相应的配套资金，支持企业淘汰落后产能。

（五）支持企业升级改造。统筹安排国家和省技术改造资金，支持符合产业政策和规划布局的企业，运用高新技术和先进适用技术，以质量品种、节能降耗、环境保护、改善装备、安全生产等为重点进行改造。对按时完成淘汰落后产能任务的各市（地）政府（行署）和企业，在技术改造资金、节能减排资金、投资项目审批核准备案、土地开发利用、融资等方面给予优先支持。对积极淘汰落后产能企业的土地开发利用，在符合土地管理政策的前提下，优先予以支持。

五、组织领导

（一）建立协调机制。成立由省工业和信息化委员会牵头、有关部门参加的省淘汰落后产能协调小组（以下简称省协调小组），负责全省淘汰落后产能工作的组织协调，研究解决重大问题。省协调小组办公室设在省工业和信息化委员会，负责淘汰落后产能的日常协调工作。省协调小组成员单位要加强沟通、密切配合，共同推动淘汰落后产能目标任务的完成。各市（地）政府（行署）也要建立相应的组织协调机制，明确职责分工。

（二）强化监督检查。省政府各有关部门和各市（地）政府（行署）要及时掌握淘汰落后产能工作进展情况，定期向省协调小组办公室报告。省协调小组办公室要组织有关部门对各地淘汰落后产能工作情况进行督导检查，并定期通报。

（三）严格考核问责。将淘汰落后产能目标完成情况纳入市（地）政府（行署）绩效考核体系，参照《黑龙江省人民政府关于批转黑龙江省节能减排统计监测及考核实施方案和办法的通知》（黑政发【2008】44号），对淘汰落后产能任务完成情况进行考核，依据考核情况，对未按要求完成淘汰任务的市地进行通报；对瞒报、谎报淘汰落后产能进展情况或整改不到位的市（地）政府（行署）和企业，依法依纪追究相关人员责任。

（四）加强社会监督。省协调小组办公室要及时在省主要新闻媒体公布淘汰落后产能的企业名单、落后工艺设备和淘汰时限，各市（地）政府（行署）要在当地主要新闻媒体公布本地年度淘汰落后产能的企业名单、落后工艺设备和淘汰时限，接受社会监督。省协调小组办公室要加强淘汰落后产能工作交流，注意发现、总结和推广各地行之有效的做法和经验，确保淘汰落后产能工作坚定有序地推进。

附件：黑龙江省淘汰落后产能工作分工表（略）

★黑龙江人民政府2010年12月4日发布的黑政发【2010】100号文。

江苏省

Jiangsu Province

江苏省政府关于加快淘汰落后产能工作的实施意见★

Implementing opinion of Jiangsu Provincial People's Government about further speeding up the backward capacity elimination work

各市、县人民政府，省各委、办、厅、局，省各直属单位：

加快淘汰落后产能是转变经济发展方式、促进产业转型升级的必然要求，也是实现节能减排目标的重要举措。近年来，我省以科学发展观为指导，认真落实国家有关部署，加大电力、钢铁、水泥、化工等行业落后产能淘汰力度，取得了明显成效。但由于我省经济发展长期积累的结构性矛盾比较突出，淘汰落后产能工作任务仍然十分繁重，各地、各部门必须进一步增强责任感和紧迫感，采取更加有力的措施，确保按期实现淘汰落后产能的各项目标。根据《国务院关于进一步加强淘汰落后产能工作的通知》（国发【2010】7号）精神，结合江苏实际，现就我省加快淘汰落后产能工作提出如下实施意见：

一、主要任务

（一）全面完成重点行业淘汰落后产能工作任务。2010～2012年，全省重点要淘汰电力、钢铁、水泥、化工、造纸、制革、印染等行业的落后产能。在确保完成国家下达我省的淘汰落后产能目标任务基础上，根据我省钢铁、石化、纺织、轻工等重点产业调整和振兴规划纲要确定的淘汰落后产能范围及标准，确定江苏省淘汰落后产能目标任务，促进产业加快转型升级。

（二）深入开展化工生产企业专项整治。按照《省政府办公厅关于印发全省深入开展化工生产企业专项整治工作方案的通知》（苏政办发【2010】9号），继续清理整顿各类化工生产企业，对违法违规设立、不符合安全生产条件、不能稳定达标排放污染物的化工生产企业，坚决予以关闭。对严重浪费资源、污染环境、不具备安全生产条件的落后生产工艺、技术装备和产品，坚决予以淘汰。同时推进化工集中区整治和化工企业入园进区。

（三）继续推进太湖流域工业污染专项整治。重点整治化工、印染、造纸、电镀、食品（酿造）等行业的重污染企业，坚决关闭不能稳定达标排放的企业。

二、分解落实目标责任

省经济和信息化委牵头，会同省发展改革委（能源局）等有关部门制订三年淘汰落后产能目标任务计划，按年度分解下达任务指标。省发展改革委（能源局）负责电力、煤炭行业淘汰落后产能工作，省经济和信息化委负责除电力、煤炭以外其他各行业的淘汰落后产能工作。

各级政府对本地区淘汰落后产能工作负总责。各市要根据省下达的目标任务要求，制订本地淘汰落后产能工作目标，分解到县、市（区），落实到具体企业。要切实担负起本行政区域内淘汰落后产能工作的职责，严格执行相关法律、法规和各项政策措施，组织督促企业按要求淘汰落后产能、拆除落后设施装置，防止落后产能转移；对未按要求淘汰落后产能的企业，要依据有关法律法规责令停产或予以关闭。

有淘汰落后产能任务的企业要切实承担起主体责任，制订淘汰落后产能的实施方案，明确淘汰时间进度表，确保按期完成淘汰落后产能任务。

三、强化政策激励约束

（一）完善激励机制。对淘汰落后产能任务较重且完成较好的地区和企业，各地、各部门要在财政专项资金、土地开发利用、融资担保支持等方面予以倾斜。2010年，省财政初步安排3000万元，对全面完成淘汰落后产能工作任务的市、县给予奖励，同时节能减排等专项资金也将重点支持相关企业调整转产。各地也要安排财政资金，对淘汰落后产能企业予以补助和奖励。鼓励支持优势企业兼并、收购、重组落后产能企业。完善企业职工安置政策，依照相关法律法规妥善安置职工，做好职工社会保险关系转移与接续工作。职工再就业符合条件的，可享受下岗失业人员再就业的有关扶持政策。

（二）强化约束机制。省各有关部门和单位按照职能分工切实履行职责，严格执行国家和省关于企业、产品市场准入门槛，严格执行节能降耗、安全生产、环境保护以及投资项目管理的有关规定。加强投资项目审核管理，对产能过剩行业坚持新增产能与淘汰落后产能"等量置换"或"减量置换"原则，严格环评、土地和安全生产审批，防止新增落后产能。强化经济、法律和必要的行政手段，充分发挥差别电价、资源性产品价格机制、税收等政策的引导作用，充分发挥质量标准、能耗限额标准、排放标准的硬约束作用，采取综合性调控措施，抑制高消耗、高排放产品的市场需求。各部门要加强沟通与衔接，加大执法处罚力度，政策联动，合力推进，形成淘汰落后产能的倒逼机制。

四、加大监督检查力度

建立监督检查和考核机制，将淘汰落后产能目标任务完成情况纳入地方各级政府及相关部门的绩效考核范围，并实行严格的问责制。省经济和信息化委会同省发展改革委（能源局）等有关部门、单位，要组织有关方面的专家，充分发挥行业协会作用，做好淘汰落后产能进度的跟踪统计，定期对各地淘汰落后产能工作进行监督检查，并将督察情况向省政府报告。各部门要加强联系，共享信息。各地要加强对基层和企业淘汰落后产能工作的协调指导，开展监督检查，组织考核验收，定期向省有关部门报告工作进展情况。对未按要求及时完成淘汰落后产能任务的地区进行通报，暂停项目环评、核准和审批，限期整改；对未完成任务的企业，不予审批和核准新的投资项目，不予批准新增用地；对瞒报落后产能、谎报工作进展情况的地区，实施行政问责。

五、切实加强组织领导

省政府成立淘汰落后产能工作协调小组，由省经济和信息化委牵头，成员单位有省发展改革委（能源局）、监察厅、财政厅、人力资源社会保障厅、国土资源厅、环保厅、商务厅、国资委、国税局、地税局、工商局、质监局、安监局、物价局、人行南京分行、江苏银监局、南京电监办、省电力公司等，统筹协调全省淘汰落后产能工作和部门分工，负责目标任务分解和组织落实，研究解决工作中的重大问题。协调小组办公室设在省经济和信息化委。各地也要在政府的统一协调下，建立相应的组织领导机制，加快推进本地区淘汰落后产能工作。

附件：淘汰落后产能重点工作分工表(略)

★江苏省人民政府2010年6月30日发布的苏政发【2010】70号文。

浙江省

Zhejiang Province

浙江省人民政府关于加快淘汰落后产能促进工业转型升级的若干意见★

Several opinions of Zhejiang Provincial People's Government about further speeding up the backward capacity elimination and promoting industrial transformation and upgrading

根据《国务院关于进一步加强淘汰落后产能工作的通知》(国发【2010】7号)和省委、省政府关于加快工业转型升级的战略部署，现就加快淘汰落后产能工作提出如下意见：

一、重要意义

工业是我省经济的支柱。改革开放以来，我省工业不断发展壮大，取得了显著成绩。但是，由于长期积累的结构性矛盾，落后产能在一些行业和地方较多存在，一些企业生产工艺简陋、产品单耗高企、环境污染严重、安全隐患突出，加剧资源环境约束，增加信贷风险隐患，也极易引发社会不稳定因素。加快淘汰落后产能，不仅是促进产业和产品结构优化，推动工业转型升级，转变经济发展方式的迫切需要，也是降低金融风险，防止发生安全生产事故，保持经济持续健康发展的迫切需要，更是为先进生产力腾出空间，推进节能减排，构建集约发展新格局的迫切需要。

二、指导思想和目标任务

(一)指导思想。按照贯彻落实科学发展观、建设资源节约型和环境友好型社会、加快工业转型升级的总体要求，深入实施"两创"总战略，充分发挥市场的作用，采取更加有力的措施，综合运用法律、经济、技术及必要的行政手段，进一步建立健全淘汰落后产能的长效机制，确保按期实现淘汰落后产能的各项目标，大力推进产业结构调整和优化升级，提高经济增长质量和效益，增强可持续发展能力。

(二)目标任务。通过3年左右时间的努力，逐步淘汰一批不符合产业政策和节能减排要求的落后产品、技术和工艺设备，建立比较完善的淘汰落后产能政策体系、标准认定体系、监督管理体系和技术服务体系。具体目标任务是：

钢铁行业：(略)

建材行业：2012年底前，淘汰直径3.0米以下的水泥磨机(生产特种水泥的除外)。

轻工业：(略)

纺织行业：(略)

三、强化约束机制

(一)充分运用法律手段。依照大气污染防治、水污染防治、固体废物污染环境防治、清洁生产、安全生产、节约能源和循环经济等方面法律法规的规定，以节能降耗、清洁减排、循环利用为重点，加强对钢铁、有色、建材、化纤、石化、印染、造纸、食品、小火电等行业落后产能企业的环境保护监督性监测、减排核查和执法检查，加强对企业执行产品质量标准、能耗限额标准和安全生产规定的监督检查，提高落后产能企业和项目使用能源、资源、环境、土地的成本。对列入国家产业结构调整目录淘汰类的生产技术装备不得转移。

(二)强化经济杠杆作用。贯彻落实国家有关电力、煤炭、成品油、天然气和水等资源性产品价格改革措施，利用价格杠杆淘汰落后产能。继续对电解铝、铁合金、电石、烧碱、水泥、钢铁、黄磷、锌冶炼等8个行业实行差别电价政策，加大对淘汰类、限制类企业的甄别认定工作力度。对超能耗(电耗)企业和产品，按电价加价标准严格落实惩罚性电价政策。积极推行非居民用户超计划、超定额用水累进加价收费办法。落实和完善环保税费制度，提高排污费征收标准，加大征收力度。采取综合性调控措施，抑制高消耗、高排放产品的市场需求。

(三)严格市场准入。根据国家产业结构调整指导目录，研究制订更加注重节能环保、产品质量、技术进步、安全生产、集约利用的地方性产业目录。严格行业准入，鼓励发展低消耗、低污染的先进产能。加强投资项目审核管理，对产能过剩行业坚持新增产能与淘汰产能"减量置换"或"等量置换"的原则，严格环评、土地和安全生产审批，遏制低水平重复建设,防止新增落后产能。改善土地利用计划调控,严禁向落后产能和产能严重过剩行业建设项目提供土地。

(四)加大执法处罚力度。 对未按期完成淘汰落后产能任务的市、县(市、区),严格控制国家和省里安排的投资项目。实行项目"区域限批",暂停对该地区项目的环评、核准和审批。对未按规定期限淘汰落后产能的企业吊销排污许可证,银行业金融机构不得提供任何形式的新增授信支持,投资管理部门不予审批和核准新的投资项目,国土资源部门不予批准新增用地,质监、安监等部门不予办理生产许可和安全许可,已颁发的许可证要依法撤回。对未按规定淘汰落后产能、被地方政府责令关闭或撤销的企业,限期办理工商注销登记,或者依法吊销工商营业执照。必要时,政府相关部门可要求电力供应企业依法对落后产能企业停止供电。

四、完善激励机制

(一)建立完善落后产能退出补偿机制。 省财政要加大对淘汰落后产能工作的支持力度。对落后产能较集中、企业转产难度较大的经济欠发达地区,省财政视情予以适当倾斜。各地也要积极安排资金,支持企业淘汰落后产能。充分利用企业原有的土地、厂房、设备等资源,通过综合应用财政补助、税收优惠、土地开发置换、资金融通等政策,统筹解决淘汰落后产能的资产补偿和人员安置等问题。健全矛盾纠纷协调机制。

(二)支持企业加快升级改造。 充分发挥科技对产业升级的支撑作用,统筹安排工业转型升级专项资金,落实相关税收和金融支持政策,支持符合产业政策和规划布局的企业,以质量品种、节能降耗、环境保护、改善设备、安全生产等为重点,运用高新技术和先进适用技术,对落后产能进行升级改造。加强生产、技术、安全、能耗、环保、质量等国家标准和行业标准的贯彻,引导企业技术升级。对消化落后生产能力的跨地区、跨行业的兼并重组,要在项目核准、信贷支持等方面给予支持。对淘汰落后产能任务较重且完成较好的地方和企业,在安排工业转型升级资金、节能减排资金、投资项目核准备案、土地开发利用、融资支持等方面给予倾斜。对积极淘汰落后产能企业的土地开发利用,在符合土地管理政策的前提下,优先予以支持。

(三)做好企业转产和职工安置等服务。 各级政府及有关部门要深入企业、服务企业,积极帮助企业解决淘汰落后产能工作中遇到的困难和问题。支持优势企业通过兼并、收购、重组等方式整合落后产能企业的有效资产。加强产业政策指导和信息咨询,加强企业职工技能培训,为企业转型发展创造条件。妥善处理淘汰落后产能与职工就业的关系,认真落实和完善企业职工安置政策,依照相关法律法规和规定妥善安置职工,做好职工社会保险关系的衔接工作,避免大规模集中失业,防止发生群体性事件。

五、健全监督检查机制

(一)加强监督检查和舆论宣传。 各市、县(市、区)每年向社会公告本地区年度淘汰落后产能的企业名单、落后工艺设备和淘汰时限。省经信委每年要向社会公告全省淘汰落后产能的企业名单、落后工艺设备、淘汰时限及进展情况。会同有关部门定期对各地淘汰落后产能工作情况进行监督检查,加强指导。加强各地、各行业淘汰落后产能工作交流,总结推广、广泛宣传淘汰落后产能工作先进地区和企业的经验,营造良好的舆论氛围。

(二)实行问责制。 将淘汰落后产能目标完成情况纳入地方政府绩效考核体系,参照《浙江省人民政府批转节能减排统计监测及考核实施方案和办法的通知》(浙政发【2008】42号)对淘汰落后产能任务完成情况进行考核,提高淘汰落后产能任务完成情况的考核比重。对未按要求完成淘汰落后产能任务的地区进行通报,限期整改。对瞒报、谎报淘汰落后产能进展情况或整改不到位的地区,要依法依纪追究该地区有关责任人员的责任。

六、切实加强组织领导

(一)切实加强组织领导。 省政府成立省淘汰落后产能工作协调小组(以下简称省协调小组),办公室设在省经信委,统筹协调和推进全省淘汰落后产能工作,研究解决相关重大问题。省级有关部门要认真履行职责,积极贯彻落实各项政策措施,加强沟通配合,共同做好淘汰落后产能的各项工作。各市、县(市、区)政府要健全领导机制,明确职责分工,做到责任到位、措施到位、监管到位。要进一步强化企业淘汰落后产能的责任,加强指导、督促和检查。各行业协会要充分发挥政府和企业间的桥梁纽带作用,认真宣传贯彻有关方针政策,加强行业自律,维护市场秩序,协助有关部门做好淘汰落后产能工作。

(二)抓紧制定落后产能的界定标准。 由省经信委牵头,会同省级有关部门和行业协会,进一步修订完善淘汰类生产能力界定标准,规范企业关闭淘汰程序。省协调小组办公室、省经信委要抓紧制订出台淘汰和禁止发展的落后生产能力目录。各地要结合实际出台淘汰落后产能政策意见,进一步做好组织实施、指导和协调工作,保持政策连续性。

(三)制订淘汰落后产能实施方案。 各地要对落后产能进行全面调查摸底,特别是要摸清能耗高、污染大的重点行业和重点企业底数。在此基础上,制订分年度的淘汰落后产能工作方案,落实配套政策措施,有计划、有步骤地组织实施。认真完成国家下达的淘汰落后产能工作任务。对列入淘汰落后产能计划的企业,必须确保按期完成淘汰任务。

附件:淘汰落后产能重点工作分工表(略)

★浙江省人民政府办公厅2010年8月20日发布的浙政发【2010】34号文。

安徽省

Anhui Province

安徽省人民政府关于切实做好2010年淘汰落后产能工作的通知★

Circular of Anhui Provincial People's Government about unfolding the backward capacity elimination work in 2010

各市、县人民政府，省政府各部门、各直属机构：

为认真贯彻《国务院关于进一步加强淘汰落后产能工作的通知》（国发【2010】7号）、《国务院关于进一步加大工作力度 确保实现"十一五"节能减排目标的通知》（国发【2010】12号）精神，现就做好2010年淘汰落后产能工作通知如下：

一、提高对淘汰落后产能工作的认识

淘汰落后产能是全面完成"十一五"节能任务的关键之举，是加快我省经济发展方式转变的具体行动，也是促进全省经济社会持续平稳较快发展的重要内容。各地、各部门一定要把思想认识统一到党中央、国务院的重大决策上来，统一到省委、省政府的具体要求上来，把淘汰落后产能作为全面贯彻落实科学发展观、加速安徽崛起的一项重要任务，进一步增强责任感和紧迫感。

二、明确2010年淘汰落后产能的目标任务

2010年，淘汰机立窑水泥生产线49条，淘汰落后产能446.8万吨；淘汰关闭砖瓦窑871家；淘汰落后造纸生产线2条，淘汰落后产能3万吨；关闭小煤矿矿井11对，淘汰落后产能69万吨；淘汰铅冶炼炉8台，锌冶炼马弗炉1台，淘汰落后产能4万吨。通过淘汰落后产能，实现全年节能164万吨标准煤。

三、落实约束和引导政策

（一）实施差别电价政策。对列入淘汰计划、但未按期淘汰落后产能的企业（装备），自淘汰截止之日起加倍实施差别电价。对列入实施差别电价的企业，在企业淘汰落后产能前，不得执行峰谷分时电价，也不再享受相关行业优惠电价政策。到2010年9月底，对列入淘汰的企业（装备）一律停止供电。落后生产装备拆除后，企业可按规定程序报经省经济和信息化委确认后，取消执行差别电价。

（二）加大执法处罚力度。对高耗能、高污染企业，环保部门要加大对粉尘、污水、二氧化硫等污染物排放治理的执法检查力度，对不能达标排放的，继续实行限期整改、停产治理、关闭淘汰等相关政策。对公布淘汰企业的换证（照）申请，须经省经济和信息化委出具淘汰落后完成情况确认书，质监、工商部门方可受理。对未按规定期限淘汰落后产能的企业，金融机构不得提供任何形式的新增授信支持，投资管理部门不予审批和核准新的投资项目，国土资源管理部门不予批准新增用地，相关管理部门不予办理生产许可。对未按规定淘汰落后产能、被地方政府责令关闭或撤销的企业，限期办理工商注销登记或者依法吊销营业执照。

（三）严格市场准入。按照国家现行产业政策和相关行业准入条件，做好落后产能界定工作，提高准入门槛，鼓励发展低消耗、低污染的先进产能。加强投资项目审核管理，对国家公布的产能过剩行业，坚持新增产能与淘汰产能"等量置换"的原则，严格环评、土地和安全生产审批，遏制低水平重复建设。支持优势企业兼并、收购、重组落后产能企业，实现淘汰落后产能。

（四）加强资金引导。要积极引导企业充分利用国家相关淘汰落后补助政策，争取中央财政资金支持。省各类专项资金要加大对淘汰落后产能任务重和经济欠发达地区的倾斜，省收取的差别电价资金用于对淘汰落后产能的补贴和奖励，支持九大产业调整振兴。在资金的安排和使用中，要充分发挥行业主管部门的作用，加强协调配合，务求淘汰落后产能取得实效。

（五）支持企业升级。充分发挥科技在高能耗、高污染企业升级改造中的支撑作用，落实好对主动淘汰落后产能、实施节能和环保改造企业的税收、金融支持政策。统筹安排省级技术改造资金、节能减排资金、安全改造资金等，支持高能耗企业以质量品种、节能降耗、环境保护、改善装备、安全生产等为重点，对落后生产能力进行改造。对淘汰落后产能任务较重且完成较好的地区和企业，在安排专项资金、投资项目核准备案、土地开发利用、融资支持等方面予以倾斜。

四、加强组织领导

（一）加强监督检查。省经济和信息化委会同省有关部

门要定期组织对淘汰落后产能工作进行监督检查，切实加强对重点地区淘汰落后产能工作的指导，对未按要求完成淘汰落后产能任务的地区按规定进行通报，限期整改。省有关部门对瞒报、谎报淘汰落后产能进展情况或整改不到位的地区，依法依纪追究相关责任人员的责任。

（二）完善领导和协调机制。各地、各部门要严格按照省政府确定的淘汰任务和要求，健全组织协调机制，落实相关任务和责任。同时，要结合实际，因地制宜、因企施策，积极稳妥地推进淘汰落后产能工作。要及时了解、掌握辖区淘汰落后产能工作进展和职工安置情况，采取切实有效措施，妥善安置好关停企业的职工，安排好被关停、淘汰企业的善后处理，确保社会和谐稳定，促进经济平稳较快发展。

附件：1. 2010 年全省淘汰落后产能分行业目标任务表（略）

2. 2010 年全省淘汰关闭砖瓦窑企业名单（略）

★安徽省人民政府 2010 年 05 月 31 日发布的皖政【2010】39 号文。

福建省

Fujian Province

福建龙岩关于下达 2010 年淘汰落后水泥产能计划的通知★

Circular of Longyan, Fujian about issuing the backward cement capacity elimination plan in 2010

新罗区、永定县、武平县、长汀县人民政府：

根据《国务院关于进一步淘汰落后产能工作的通知》（国发【2010】7 号）和《福建省人民政府批转省经贸委发展改革委关于加快水泥结构调整实施意见的通知》（闽政文【2006】608 号）精神，加快龙岩市淘汰落后水泥产能步伐，经市政府研究，同意你们上报市经贸委的 2010 年淘汰落后水泥产能计划和淘汰落后水泥企业名单。现将有关事项通知如下：

一、2010 年我市淘汰落后水泥产能计划为 310 万吨，其中：新罗区 168 万吨、永定县 82 万吨、长汀县 24 万吨、武平县 36 万吨。同意新罗区岩山福利水泥厂等 16 家机立窑水泥企业列入 2010 年淘汰落后水泥产能企业（名单附后）。请你们督促有关企业认真做好淘汰关闭的有关工作，确保按时平稳关闭。

二、列为 2010 年淘汰落后水泥产能的企业，必须执行 A 类差别电价，执行时间和标准以省经贸委及省物价局文件为准。

三、列为 2010 年淘汰落后水泥产能的企业，按生产许可证核定水泥产能每万吨奖励 20 万元，奖励标准不再逐月递减。水泥熟料生产企业按 2/3 计发，粉磨企业按 1/3 计发（配套机立窑的水泥磨机，以机立窑核定产能，单独粉磨生产线，按粉磨企业核定产能和奖励）。企业在履行关闭程续后，先付给 50% 奖励资金，用于职工安置及前期费用，剩余 50% 奖励资金，必须在做好放射源送储及职工安置的前提下，按时完成机立窑及所有机械设备拆除，并经市、县水泥工业结构调整办公室现场验收后，方能领取。企业可在规定时间内提前完成设备拆除，超过规定时间未能拆除的企业不予奖励。对未妥善做好职工安置工作，造成群体上访或越级上访的企业，将酌情扣减奖励资金。对放射源安全及时送储的企业，每个机立窑补助送储费 0.5 万元。

四、对 2009 年内关闭淘汰的水泥企业，每万吨水泥产能奖励资金低于 20 万元的，可按 20 万元/吨给予奖励（含中心城区关闭的水泥企业）。

五、所有关闭淘汰的水泥企业不得保留粉磨站或转产胶结材等低品质水泥类产品。为鼓励煤矸石资源综合利用和解决当前露天焙烧煤矸石的污染问题，新罗区和永定县可以各选择 1～2 座靠近煤矿的淘汰机立窑进行煤矸石机械化焙烧试验。被县（区）经贸部门商环保部门确定为煤矸石机械化焙烧试验的淘汰机立窑，可向市水泥结构调整办公室申请延期拆除，经批准延期拆除的企业不扣减奖励资金。试验成功并经环评许可的可转产煤矸石混合材。

以上通知同时向社会公布并报省有关部门。

附件：龙岩市 2010 年淘汰落后水泥产能企业名单

附件

龙岩市2010年淘汰落后水泥产能企业名单

序号	企业名称	产能（万吨）	立窑规格（米）	数量（台）	设备拆除时间	备注
1	新罗区岩山福利水泥厂	30	Φ3.2×11	1	2010.6	熟料企业
			Φ3.1×10	1		
			Φ2.5×9.5	1		
2	新罗区立成水泥熟料有限公司	24	Φ3.2×11	1	2010.6	熟料企业
			Φ3.1×9.5	1		
3	新罗区东岩水泥厂	24	Φ3.2×11	2	2010.6	熟料企业
4	龙岩聚宝水泥有限公司	12	Φ3.2×12	1	2010.12	
5	新罗区适中仁河熟料厂	12	Φ3.2×11	1	2010.6	熟料企业
6	龙岩市福龙建材制品有限公司	12	Φ2.5×10	2	2010.6	
7	永富水泥集团公司第二水泥厂	24	Φ3.2×10	2	2010.6	熟料企业
8	新罗区龙泉水泥厂	水泥12 粉磨15	Φ3.2×12 Φ2.4×11	1	2010.6	
9	新罗区新龙水泥厂	12	Φ2.5×8.5	2	2010.12	
10	龙岩玉鹭水泥厂	6	Φ2.5×8.5	1	2010.12	削减1台
11	长汀童菲水泥有限公司	24	Φ3.2×10	2	2010.6	
12	龙岩高雁水泥集团有限公司	24	Φ3.2×11	2	2010.6	
13	福建永富水泥集团公司	32	Φ3.2×10	1	2010.6	
			Φ3.0×10	2		
14	永定东中水泥熟料厂	10	Φ3.0×10	1	2010.6	
15	永定三旺水泥熟料厂	16	Φ2.5×8.5	1	2010.6	
			Φ3.0×10	1		
16	武平县通用建材实业有限公司	36	Φ3.2×10	3	2010.6	
	合　　计	325万吨（其中粉磨15）		30		

★龙岩市人民政府2010年4月29日发布的龙政综【2010】150号文。

江西省

Jiangxi Province

江西省人民政府关于2010年淘汰落后产能的实施意见★

Implementing opinion of Jiangxi Provincial People's Government about backward capacity elimination in 2010

各市、县（区）人民政府，省政府各部门：

为深入贯彻落实科学发展观，加快转变经济发展方式，推进鄱阳湖生态经济区建设，确保完成今年全省淘汰落后产能目标任务，根据《国务院关于进一步加强淘汰落后产能工作的通知》（国发【2010】7号）、工信部《关于下达2010年工业行业淘汰落后产能目标任务的通知》（工信部产业【2010】

251号)要求,特制定本实施意见。

一、总体要求

(一)坚决依法淘汰落后产能。 坚决依法关闭、依法淘汰落后产能,严格执行环境保护、节约能源、清洁生产、安全生产、产品质量、职业健康等方面的法律法规和标准。在淘汰落后产能过程中对于不符合法律法规要求的,要严格按法律程序办事,推动淘汰落后产能工作开展。要严格执行行业标准,按照国家有关规定提高准入门槛,严格环评、土地和安全生产等前置审批,不符合标准的项目一律不予审批,防止一边淘汰落后产能,一边增加新的落后产能。

(二)充分利用市场机制和经济手段推动落后产能退出市场。 充分发挥市场优胜劣汰功能,促使落后产能退出市场。对落后产能执行差别电价,运用经济杠杆进行市场调节。提高落后产能企业和项目使用能源、资源、环境、土地的成本,迫使落后工艺装备及生产能力尽快退出市场。

(三)支持企业在淘汰落后产能中改造重组。 把淘汰落后与培植新的增长点、促进产业升级结合起来。要充分发挥技术改造对产业升级的支撑作用,引导和支持企业运用高新技术和先进适用技术,对落后产能进行改造和升级。鼓励和支持优势企业通过兼并、收购、重组落后产能企业,提高优势资源集中度。

(四)坚持属地管理。 淘汰落后产能的组织实施,由淘汰落后产能企业所在地设区市人民政府负责,淘汰落后产能企业的法定代表人为淘汰落后产能的第一责任人。

二、目标任务和淘汰落后产能企业

根据工信部《关于下达2010年工业行业淘汰落后产能目标任务的通知》(工信部产业【2010】251号)要求,2010年全省淘汰落后产能目标任务分别是:炼钢100万吨,焦炭10万吨,铜冶炼3万吨,水泥161万吨,造纸4万吨,制革10万标张,化纤0.5万吨。上述淘汰目标任务须在今年第三季度前完成。淘汰落后产能企业名单及目标任务见附件。

三、淘汰依据和标准

(一)主要依据。《中华人民共和国水污染防治法》、《中华人民共和国清洁生产促进法》,《国务院关于进一步加强淘汰落后产能工作的通知》(国发【2010】7号)、《国务院关于进一步加大工作力度确保实现"十一五"节能减排目标的通知》(国发【2010】12号)、《国务院批转发展改革委等部门关于抑制部分行业产能过剩和重复建设引导产业健康发展若干意见的通知》(国发【2009】38号)、《国务院关于发布实施〈促进产业结构调整暂行规定〉的决定》(国发【2005】40号)、《产业结构调整指导目录》(2005年本),国务院制定的钢铁、有色金属、轻工、纺织等产业调整和振兴规划。

(二)具体标准。 其他行业:(略)

水泥行业:淘汰窑径3.0米以下水泥机械化立窑生产线、窑径2.5米以下水泥干法中空窑(生产高铝水泥的除外)、水泥湿法窑生产线(主要用于处理污泥、电石渣等的除外)、直径3.0米以下的水泥磨机(生产特种水泥的除外)以及水泥土(蛋)窑、普通立窑等落后水泥产能。

四、工作要求

(一)强化组织领导。 成立由省工信委主要负责同志为组长,省发改委、省财政厅等有关单位负责同志为成员的江西省淘汰落后产能工作协调小组(以下简称协调小组),负责全省淘汰落后产能的组织领导工作,指导和督促各设区市相对应的部门开展淘汰落后产能工作。协调小组下设办公室,负责日常工作,办公室设在省工信委。各设区市也要成立相应的工作协调机构。

(二)落实目标任务。 按照责任主体原则,由省工信委向各设区市下达淘汰落后产能目标任务书,各设区市政府根据淘汰落后产能目标任务书的要求,明确责任主体和责任人,并按本实施意见确定的淘汰落后产能任务和淘汰落后产能企业,制定具体工作方案,切实抓好淘汰落后产能的组织领导和实施工作。

(三)强化舆论和社会监督。 在媒体上公告需要淘汰的落后产能、落后工艺设备、淘汰时限及企业名单。对未按规定期限淘汰落后产能的企业,由设区市政府责令其停业、关闭,当地环保部门吊销排污许可证,银行业金融机构不得提供任何形式的新增授信支持,投资管理部门不予审批和核准新的投资项目,国土资源管理部门不予批准新增用地,相关管理部门不予办理生产许可;已颁发生产许可证、安全生产许可证的要依法撤回。对未按规定淘汰落后产能、被政府责令关闭或撤销的企业,限期办理工商注销登记,或者依法吊销工商营业执照。

(四)加强督促检查。 建立淘汰落后产能工作督察和定期报告制度,各设区市政府对本地区淘汰落后产能工作实施和任务落实情况要开展经常性检查,对落后产能企业退出情况进行监督,按月向省淘汰落后产能工作协调小组办公室通报淘汰落后产能进展情况。

(五)妥善安置职工。 做好关闭企业和下岗职工的政策指导工作,协调解决好合规企业关停后职工安置、债务处理、设备拆除费用及企业下岗人员再就业和再就业培训等问题。

五、保障措施

(一)落实工作责任。 各设区市要高度重视淘汰落后产能工作,明确工作责任,统筹协调本地区淘汰落后产能工作,研究解决淘汰落后产能过程中的有关重大问题。要进一步强化企业主体责任,确保淘汰落后产能企业认真贯彻国家产业政策,积极履行社会责任,按要求如期完成淘汰落后产能任务。

(二)落实考核和问责制。 将淘汰落后产能任务的完成情况纳入各设区市经济社会发展综合评价和年度考核内容,把考核结果作为领导干部政绩考核的依据。对未按要求完成淘汰落后产能任务的地区进行通报，限期整改。对瞒报、谎报淘汰落后产能进展情况或整改不到位的地区，要依法追究该地区相关责任人员的责任。

（三）用足用好淘汰落后产能奖励资金。充分发挥国家淘汰落后产能奖励资金作用，资金安排使用与各地区淘汰落后产能任务相衔接，重点支持解决淘汰落后产能有关职工安置、企业转产等问题。各地区也要积极安排资金，支持企业淘汰落后产能。在资金申报、安排、使用中，要充分发挥工业、能源等行业主管部门的作用，加强协调配合，确保资金发挥实效。

（四）严格执行差别电价政策。要按照《国务院办公厅转发发展改革委关于完善差别电价政策意见的通知》（国办发【2006】77 号）精神，结合我省实际，严格执行差别电价政策，促使落后产能企业加速淘汰高能耗工艺和设备。

（五）切实维护社会稳定和谐。在淘汰过程中要坚持依法行政，依规办事，妥善处理淘汰落后产能与职工就业的关系，认真落实和完善企业职工安置政策，消除不稳定因素，切实维护社会稳定。

附件：2010 年江西省工业行业淘汰落后产能目标任务分解表（略）

★江西省人民政府 2010 年 07 月 15 日发布的赣府发【2010】23 号文。

山东省

Shandong Province

山东省人民政府关于贯彻国发【2010】7 号文件进一步加强淘汰落后产能工作的通知★

Circular of Shandong Provincial People's Government about implementing Document GF (2010) No. 7 in further strengthening backward capacity elimination work

各市人民政府，各县（市、区）人民政府，省政府各部门、各直属机构，各大企业，各高等院校：

为贯彻落实《国务院关于进一步加强淘汰落后产能工作的通知》（国发【2010】7 号）精神，现结合我省实际，就进一步加强淘汰落后产能工作通知如下：

一、进一步增强淘汰落后产能的责任感和使命感

加强淘汰落后产能是转变经济发展方式、调整经济结构、提高经济增长质量和效益的重大举措，是加快节能减排和走中国特色新型工业化道路、实现工业由大变强的必然要求。近年来，我省积极落实国家产业政策和节能减排的部署要求，淘汰落后产能工作在部分领域取得了明显成效。但是，由于长期积累的结构性矛盾比较突出，落后产能在部分地区和行业仍占有相当比重，成为提高工业整体水平、落实应对气候变化举措、完成节能减排任务、实现经济社会可持续发展的重要制约因素。因此，必须充分发挥市场的作用，采取更加有力的措施，综合运用法律、经济、技术和必要的行政手段，建立健全淘汰落后产能的长效机制，确保按期实现淘汰落后产能的各项目标。各地、各部门要切实把淘汰落后产能作为全面贯彻落实科学发展观，应对国际金融危机影响，保持经济平稳较快发展的一项重要任务，纳入重要议事日程，充分调动一切积极因素，抓住关键环节，加快淘汰落后产能，推进产业结构调整和优化升级。

二、目标任务

以电力、煤炭、钢铁、水泥、有色金属、焦炭、造纸、制革、印染等行业为重点，按照国家有关政策规定和我省确定的淘汰落后产能的范围和要求，按期淘汰落后产能。各地可根据转方式、调结构的总体要求和当地产业发展实际，制定范围更宽、标准更高的淘汰落后产能目标任务。

山东省近期重点行业淘汰落后产能的具体目标任务是：

其他行业：（略）

建材行业：2012 年底前，淘汰窑径 3.0 米以下水泥机械化立窑，逐步改造和淘汰直径 3.0 米以下的水泥磨机（生产特种水泥的除外）；淘汰平拉工艺平板玻璃生产线（含格法）等落后平板玻璃产能。

三、分解落实目标责任

（一）省经济和信息化委根据当前和今后一个时期经济发展形势以及省政府确定的淘汰落后产能阶段性目标任务，结合产业升级要求及各地实际，会同有关部门提出分行业的淘汰落后产能年度目标任务和具体实施方案，并将年度目标任务落实到各市和有关部门。各有关部门要按照职责分工，制定工作措施，完善工作机制，指导和督导各地区认真贯彻执行。

（二）各市人民政府要根据省里下达的淘汰落后产能目标任务，认真制定实施方案，将目标任务落实到县（市、区）和

企业,并将淘汰落后产能工作实施方案报省淘汰落后产能工作领导小组办公室。各市人民政府要切实担负起本行政区域内淘汰落后产能工作的职责,组织督促企业按要求淘汰落后产能、拆除落后设施装置,防止落后产能转移;对未按要求淘汰落后产能的企业,要依据有关法律法规责令停产或予以关闭。

(三)企业要切实承担起淘汰落后产能的主体责任,严格遵守国家有关法律、法规,认真贯彻产业政策,履行社会责任,积极主动淘汰落后产能。

(四)各相关行业协会要充分发挥政府和企业间的桥梁纽带作用,认真宣传贯彻国家方针政策,加强行业自律,协助有关部门做好淘汰落后产能工作。

四、充分发挥市场作用,强化政策约束机制

(一)充分发挥市场配置资源的基础性作用,调整和理顺资源性产品价格形成机制,强化税收杠杆调节,努力营造有利于落后产能退出的市场环境。

(二)严防新增落后产能。加强项目审核管理,依据《政府核准的投资项目目录》,对产能过剩行业坚持新增产能与淘汰产能"等量置换"或"减量置换"的原则,严格环评、能评、土地和安全生产前置审批,遏制低水平重复建设,严格防止新增落后产能。改善土地利用计划调控,严禁向落后产能和产能严重过剩行业建设项目提供土地。支持优势企业通过兼并、收购、重组落后产能企业,淘汰落后产能。

(三)强化经济和法律手段。对未按计划时限完成淘汰任务的企业实行差别电价和资源性产品加价政策,按照国家规定进行税收处理,提高落后产能企业和项目使用能源、资源、环境、土地的成本。

五、坚持依法行政,完善政策激励机制

(一)坚持依法行政。充分发挥法律法规的约束作用和技术标准的门槛作用,严格执行环境保护、节约能源、清洁生产、安全生产、产品质量、职业健康等方面的法律、法规和技术标准,依法淘汰落后产能。

(二)加大执法处罚力度。对未按期完成淘汰落后产能任务的地区,实行项目"区域限批",暂停对该地区项目的环评、核准和审批。对未按规定期限淘汰落后产能的企业吊销排污许可证,金融机构不得提供任何形式的新增授信支持,投资管理部门不予审批和核准新的投资项目,国土资源管理部门不予批准新增用地,相关管理部门不予办理生产许可,已颁发生产许可证、安全生产许可证的要依法撤回。对未按规定淘汰落后产能、被地方政府责令关闭或撤销的企业,限期办理工商注销登记,或者依法吊销工商营业执照。必要时,电力供应企业依法对落后产能企业停止供电。

(三)加强财政资金引导。认真落实中央淘汰落后产能的奖补政策,重点安排淘汰落后产能企业的职工安置、企业转产及债务化解等淘汰落后产能相关支出。各市也要安排资金,支持企业淘汰落后产能。有关部门要发挥行业主管部门作用,加强协调配合,确保资金发挥实效。

(四)做好职工安置工作。妥善处理淘汰落后产能与职工就业的关系,认真落实和完善企业职工安置政策,依照相关法律、法规和规定妥善安置职工,做好职工社会保险关系转移与接续工作,积极稳妥地推进淘汰落后产能工作,坚决避免集中下岗失业,防止激化矛盾和发生群体性事件。

(五)支持企业升级改造。引导和支持企业运用高新技术和先进适用技术,对落后产能进行改造和升级。对淘汰落后产能任务较重且完成较好的地区和企业,在安排技术改造资金、节能减排资金、投资项目核准备案、土地开发利用、融资支持等方面给予倾斜。

六、健全监督检查机制

(一)加强舆论和社会监督。省及各市每年向社会公告本地淘汰落后产能企业名单、落后工艺设备、淘汰时限和总体进展情况。加强各市、各行业淘汰落后产能工作交流,总结推广、广泛宣传淘汰落后产能工作先进地区和先进企业的有效做法,营造有利于淘汰落后产能的舆论氛围。

(二)加强监督检查。各级人民政府有关部门要及时了解、掌握淘汰落后产能工作进展和职工安置情况,并及时向上级有关部门报告。省淘汰落后产能领导小组办公室组织有关部门定期对各地淘汰落后产能工作情况进行监督检查,对重点地区淘汰落后产能工作进行指导,并将进展情况报告省政府。

(三)实行问责制。省政府将淘汰落后产能目标任务完成情况纳入绩效考核体系,参照《国务院批转节能减排统计监测及考核实施方案和办法的通知》(国发【2007】36号)与各市签订责任书,对完成淘汰落后产能任务情况进行考核。对未按要求完成淘汰落后产能任务的地区进行通报,限期整改。对瞒报、谎报淘汰落后产能,进展缓慢或整改不到位的地区,要依法依纪追究该地区及有关责任人员的责任。

七、切实加强组织领导

成立山东省淘汰落后产能工作领导小组,领导小组办公室设在省经济和信息化委,负责统筹协调淘汰落后产能工作,研究解决淘汰落后产能工作中的重大问题,并根据"十二五"规划研究提出下一步淘汰落后产能目标,做好任务分解和组织落实工作。领导小组各成员单位要根据职责分工,积极落实各项工作任务,加强沟通配合,共同做好淘汰落后产能工作。各地要健全领导机制,明确职责分工,做到责任到位、措施到位、监管到位,确保淘汰落后产能工作取得明显成效。

★山东省人民政府2010年5月15日发布的鲁政发【2010】46号文。

山东省促进散装水泥发展规定★

Stipulation of Shandong Province about promoting the development of bulk cement

第一条　为了促进散装水泥的发展和应用，节约资源和能源，保护和改善环境，提高经济和社会效益，根据《中华人民共和国循环经济促进法》、《中华人民共和国清洁生产促进法》等法律、法规，结合本省实际，制定本规定。

第二条　在本省行政区域内从事水泥、预拌混凝土和预拌砂浆生产、经营、运输、使用和管理的单位和个人，应当遵守本规定。

第三条　本规定所称散装水泥，是指不用包装，直接通过专用设备出厂、运输、储存和使用的水泥。

本规定所称预拌混凝土，是指由水泥、集料、水以及所需的外加剂和掺合料等，在搅拌站按一定比例计量、拌制后，通过专用设备运输、使用的拌合物。

本规定所称预拌砂浆，是指由水泥、砂以及所需的外加剂和掺和料等，在搅拌站按一定比例计量、拌制后，通过专用设备运输、使用的拌和物。预拌砂浆包括干混砂浆和湿拌砂浆。

第四条　县级以上人民政府应当加强对发展散装水泥工作的领导，将其纳入当地国民经济和社会发展规划，并制定相应的工作目标和措施，促进散装水泥的发展。

第五条　县级以上人民政府确定的部门（以下统称散装水泥行政主管部门）负责本行政区域内散装水泥的监督管理工作。

县级以上人民政府散装水泥行政主管部门所属的散装水泥管理机构承担散装水泥管理的具体工作，其工作经费列入同级财政预算。

经济和信息化、发展改革、公安、财政、交通运输、住房城乡建设、审计、环境保护、统计等有关部门，应当按照职责分工，做好发展散装水泥的相关工作。

建材等行业协会应当加强行业自律，规范行业行为，为会员提供信息、技术、培训等服务，依法维护会员和行业的合法权益。

第六条　县级以上人民政府应当采取措施，鼓励科研教育机构、企业和个人进行散装水泥推广应用技术和配套设施设备的科研开发。

第七条　散装水泥行政主管部门应当根据当地国民经济和社会发展规划，会同发展改革、住房城乡建设、环境保护等行政主管部门，编制本行政区域内散装水泥的发展规划和年度计划，并由散装水泥管理机构组织实施。

散装水泥管理机构应当为散装水泥的生产、经营和使用提供信息咨询、业务培训等服务，推广应用新技术、新工艺、新产品。

第八条　县级以上人民政府及其有关部门应当支持、引导散装水泥、预拌混凝土和预拌砂浆现代物流体系建设，发展第三方物流，提高物流的社会化、专业化水平。

第九条　省散装水泥行政主管部门应当会同有关部门根据国家发展散装水泥的有关规定，制定并适时发布散装水泥生产工艺和设备导向目录。

第十条　新建、扩建和改建的水泥生产企业（包括粉磨站和配制厂），其散装水泥发放能力应当达到国家规定的标准。

已建成的水泥生产企业应当通过技术改造、增加设施设备等方式，逐步提高散装水泥发放能力，并达到国家规定的要求。

第十一条　鼓励发展预拌混凝土和预拌砂浆。

新建、扩建和改建预拌混凝土、预拌砂浆项目，有关部门应当在用地、资金等方面给予支持。

第十二条　水泥生产企业以及预拌混凝土、预拌砂浆和水泥制品生产企业，应当建立健全质量管理体系，保证散装水泥、预拌混凝土、预拌砂浆和水泥制品的质量符合国家规定的标准。

预拌混凝土、预拌砂浆和水泥制品生产企业应当全部使用散装水泥。

第十三条　城市、县人民政府所在地的镇规划区以及国家和省批准的各类开发区范围内，限期禁止建设工程现场搅拌混凝土、砂浆。

市（县）散装水泥行政主管部门应当会同有关部门，按照国家和省有关规定，结合本地实际情况，提出禁止现场搅拌混凝土、砂浆的具体区域和起始日期，报本级人民政府批准后实施，并向社会公告。

禁止现场搅拌混凝土、砂浆区域外的交通、能源、水利、港口等建设工程以及其他政府投资的建设工程，具备条件的，应当使用预拌混凝土和预拌砂浆。

第十四条　散装水泥、预拌混凝土、预拌砂浆的运输应当使用专用车辆，并保持车况良好、车貌整洁。

装载散装水泥、预拌混凝土、预拌砂浆的专用车辆和混凝土泵车需要进入城市市区的，应当凭当地散装水泥管理机构开具的证明，事先到当地公安机关交通管理部门办理特定时间和路线行驶的通行手续，公安机关交通管理部门应当及时办理。

装载预拌混凝土、预拌砂浆的专用车辆和混凝土泵车发生交通违法行为的，公安机关交通管理部门应当及时处理，处理时间需要1小时以上的，应当先予记录放行，待卸载后再行处理。

第十五条 从事水泥、预拌混凝土、预拌砂浆和水泥制品生产、经营、运输的单位和个人，应当采取有效措施，确保生产、运输、储存等设施设备以及生产经营场所符合国家有关安全生产和环境保护的要求。

第十六条 水泥、预拌混凝土、预拌砂浆和水泥制品生产企业，应当按照统计法律、法规和统计制度的规定，真实、准确、完整、及时地向散装水泥管理机构提供散装水泥生产和使用统计数据，不得虚报、瞒报和拒报。

第十七条 各级人民政府及其有关部门应当在农村规划建设散装水泥销售网点，建立健全散装水泥配送和服务体系，并鼓励农村居民使用散装水泥、预拌混凝土和预拌砂浆。

第十八条 水泥生产企业和使用单位应当按照国家和省有关规定缴纳散装水泥专项资金。

任何单位和个人不得违反国家规定，擅自减免或者批准缓缴散装水泥专项资金，不得改变散装水泥专项资金征收对象或者提高征收标准。

散装水泥专项资金属于政府性基金，必须专项用于发展散装水泥事业，任何单位和个人不得截留、坐支、平调或者挪用。

第十九条 违反本规定，建设单位在禁止现场搅拌混凝土、砂浆的区域内现场搅拌混凝土、砂浆的，由住房城乡建设行政主管部门责令限期改正；逾期不改正的，处1万元以上3万元以下的罚款。

第二十条 违反本规定，水泥、预拌混凝土、预拌砂浆和水泥制品生产企业虚报、瞒报或者拒报散装水泥生产和使用统计数据的，由散装水泥行政主管部门责令限期改正；逾期不改正的，处2 000元以上1万元以下的罚款。

第二十一条 违反本规定，水泥生产企业和使用单位未及时、足额缴纳或者拒绝缴纳散装水泥专项资金的，由散装水泥行政主管部门责令限期缴纳，并加收滞纳金。

第二十二条 违反本规定，擅自减免或者批准缓缴散装水泥专项资金，改变散装水泥专项资金征收对象或者提高征收标准，或者截留、坐支、平调、挪用散装水泥专项资金的，由财政部门或者散装水泥行政主管部门责令限期改正；对直接负责的主管人员和其他直接责任人员，依法给予处分；构成犯罪的，依法追究刑事责任。

第二十三条 散装水泥行政主管部门可以委托其所属的散装水泥管理机构依法查处违反本规定的行为。

第二十四条 政府及其有关部门的工作人员在散装水泥监督管理工作中滥用职权、玩忽职守、徇私舞弊的，依法给予处分；构成犯罪的，依法追究刑事责任。

第二十五条 本规定自2010年3月1日起施行。

★山东省人民政府2010年1月12日发布的第219号令。

河南省

Henan Province

河南省人民政府关于批转省工业和信息化厅河南省淘汰落后产能工作实施意见的通知★

Circular of Henan Provincial Peoples Government about approving and forwarding the implementing opinion of provincial Industry and Information Office for backward capacity elimination work in Henan Province

各省辖市人民政府，省人民政府各部门：

省政府同意省工业和信息化厅制定的《河南省淘汰落后产能工作实施意见》，现批转给你们，请认真贯彻执行。

河南省淘汰落后产能工作实施意见

为深入贯彻落实科学发展观，加快转变经济发展方式，促进产业结构调整和优化升级，推进节能减排，根据《国务院关于进一步加强淘汰落后产能工作的通知》（国发【2010】7号）精神，制定河南省淘汰落后产能工作实施意见。

一、深刻认识淘汰落后产能的重要意义

加快淘汰落后产能是转变我省经济发展方式、调整经济结构、提高经济增长质量和提升经济效益的重大举措，是加快节能减排、积极应对全球气候变化的迫切需要，是我省走新型工业化道路、实现由工业大省向工业强省转变的必然要求。近年来，随着加快产能过剩行业结构调整、抑制重复建设、促进节能减排政策措施的实施，淘汰落后产能工作取得了明显成效。但由于长期积累的结构性矛盾比较突出，落后产能退出的政策措施不够完善，激励和约束作用不够强以及部分地方工作认识上存在偏差，当前我省一些行业落后产能比重较大的问题依然存在，已成为提高我省工业整体水平、落实环境保护政策、完成节能减排任务、实现经济社会可持续发展的严重制约因素。为此，各地务必采取更加有力的措施，综合运用法律、经济、技术及必要的行政手段，进一步建立健全淘汰落后产能的长效机制，确保按期实现淘汰落后产能的各项目标。

二、总体要求和目标任务

(一)总体要求。

1. *发挥市场作用*。充分发挥市场配置资源的基础性作用,调整和理顺资源性产品价格形成机制,强化税收杠杆调节,努力营造有利于落后产能退出的市场环境。

2. *坚持依法行政*。充分发挥法律、法规的约束作用和技术标准的门槛作用,严格执行环境保护、节约能源、清洁生产、安全生产、产品质量、职业健康等方面的法律、法规和技术标准,依法淘汰落后产能。

3. *落实目标责任*。分解淘汰落后产能的目标任务,明确省直有关部门、各级政府和企业的责任,加强指导、督促和检查,确保工作落到实处。

4. *优化政策环境*。强化政策约束和政策激励,统筹淘汰落后产能与产业升级、经济发展、社会稳定的关系,建立健全促进落后产能退出的政策体系。

5. *加强协调配合*。建立主管部门牵头,相关部门各负其责、密切配合、联合行动的工作机制,加强组织领导和协调配合,形成工作合力。

(二)目标任务。以电力、煤炭、钢铁、水泥、有色金属、焦炭、造纸、制革、印染等行业为重点,按照《国务院关于发布实施促进产业结构调整暂行规定的决定》(国发【2005】40 号)、《国务院关于印发节能减排综合性工作方案的通知》(国发【2007】15 号)、《国务院批转发展改革委员会等部门关于抑制部分行业产能过剩和重复建设引导产业健康发展若干意见的通知》(国发【2009】38 号)、国家《产业结构调整指导目录》以及国务院制定的钢铁、有色金属、轻工、纺织等产业调整和振兴规划等文件规定,近期重点行业淘汰落后产能的具体目标任务是:

煤炭行业:按照《河南省人民政府关于批转河南省煤炭企业兼并重组实施意见的通知》(豫政【2010】32 号)执行。

焦炭行业:(略)

铁合金行业:(略)

电石行业:(略)

钢铁行业:(略)

有色金属行业:(略)

建材行业:2012 年年底前淘汰窑径 2.5 米以下水泥干法中空窑(生产特种水泥的除外)、日产 1000 吨及以下新型干法水泥生产线和能耗较高的日产 1000 吨及以下水泥熟料生产线、直径 3 米以下的水泥磨机(生产特种水泥的除外),防止水泥立窑死灰复燃;淘汰平拉工艺平板玻璃生产线(含格法)等落后产能。

轻工业:(略)

纺织行业:(略)

三、目标责任

(一)省工业和信息化厅、发展改革委要根据国务院和我省确定的淘汰落后产能阶段性目标任务,结合产业升级要求及我省实际,协商有关部门提出上述分行业的淘汰落后产能年度目标任务,并将年度目标任务分解落实到各省辖市。各有关部门要充分发挥职能作用,抓紧制定限制落后产能企业生产、激励落后产能退出、促进落后产能改造等方面的配套政策措施,指导和督促各地认真贯彻执行。

(二)各省辖市政府要根据省工业和信息化厅、发展改革委下达的淘汰落后产能目标任务,制定措施,将目标任务分解到县(市、区),落实到具体企业,及时将计划淘汰落后产能企业名单报省工业和信息化厅、发展改革委。要切实承担本行政区域内淘汰落后产能工作的职责,严格执行相关法律、法规和各项政策措施,组织督促企业按要求淘汰落后产能、拆除落后设施装置,防止落后产能转移;对未按要求淘汰落后产能的企业,要依据有关法律、法规责令停产或予以关闭。

(三)企业要切实承担淘汰落后产能的主体责任,严格遵守安全、环保、节能、质量等法律、法规,认真贯彻国家产业政策,积极履行社会责任,主动淘汰落后产能。

(四)各相关行业协会要充分发挥政府和企业间的桥梁纽带作用,认真宣传贯彻国家方针政策,加强行业自律,维护市场秩序,协助有关部门做好淘汰落后产能工作。

四、强化政策约束机制

(一)严格市场准入。强化安全、环保、能耗、物耗、质量、土地和矿产开发等指标的约束作用,制定和完善相关行业准入条件和落后产能界定标准,提高准入门槛,鼓励发展低消耗、低污染的先进产能。加强投资项目审核管理,对产能过剩行业坚持新增产能与淘汰产能"等量置换"或"减量置换"的原则,严格环评、土地和安全生产审批,遏制低水平重复建设,防止新增落后产能。改善土地利用计划调控,严禁为落后产能和产能严重过剩行业建设项目提供土地。支持优势企业通过兼并、收购、重组落后产能企业,淘汰落后产能。

(二)强化经济和法律手段。充分发挥差别电价、资源性产品价格改革等价格机制在淘汰落后产能中的作用,落实和完善资源及环境保护税费制度,强化税收对节能减排的调控功能。加强环境保护监督性监测、减排核查和执法检查,加强对企业执行产品质量标准、能耗限额标准和安全生产规定的监督检查,提高落后产能企业和项目使用能源、资源、环境、土地的成本。采取综合性调控措施,抑制高消耗、高排放产品的市场需求。

(三)加大执法处罚力度。对未按期完成淘汰落后产能任务的地方,严格控制国家、省安排的投资项目,实行项目"区域限批",暂停对该地项目的环评、核准和审批。对未按规定期限淘汰落后产能的企业,吊销排污许可证,银行业金融机构不得提供任何形式的新增授信支持,投资管理部门不予审批和核准新的投资项目,国土资源部门不予批准新增用地,相关部门不予办理生产许可,已颁发生产许可证、安全生产许可证的要依法撤回。对未按规定淘汰落后产能、被政府责令关闭或撤销的企业，限期办理工商注销登记，或者依法吊销工商营业执照。必要时，电力供应企业要按照政府及相关部门的要求对落后产能企业停止供电。

五、完善政策激励机制

（一）加强财政资金引导。积极争取中央财政对淘汰落后产能的资金支持，充分发挥中央财政奖励资金对淘汰落后产能的引导作用。各级政府要积极安排资金，支持开展淘汰落后产能工作。资金安排使用与各地淘汰落后产能任务相衔接，重点支持解决淘汰落后产能有关职工安置、企业转产等问题。在资金申报、安排、使用中，要充分发挥政府的调控作用，确保资金安排对淘汰落后产能产生实效。

（二）做好职工安置工作。妥善处理淘汰落后产能与职工就业的关系，认真落实和完善企业职工安置政策，依照相关法律、法规和规定妥善安置职工，做好职工社会保险关系转移与接续工作，避免大规模集中失业，防止发生群体性事件。

（三）支持企业升级改造。充分发挥科技对产业升级的支撑作用，落实并完善相关税收优惠和金融支持政策，支持符合国家产业政策和规划布局的企业运用高新技术和先进适用技术，以质量品种、节能降耗、环境保护、改善装备、安全生产等为重点，对落后产能进行改造。根据生产、技术、安全、能耗、环保、质量等国家标准和行业标准，做好标准之间的衔接，加强标准贯彻，引导企业技术升级。对淘汰落后产能任务较重且完成较好的地方和企业，在投资项目核准备案、土地开发利用、融资支持等方面予以倾斜。对积极淘汰落后产能企业的土地开发利用，在符合国家土地管理政策的前提下优先予以支持。积极实施"走出去"战略，支持有条件的过剩产能企业到省外、境外投资办厂。

六、健全监督检查机制

（一）加强舆论监督。省工业和信息化厅、各级政府要每年向社会公布淘汰落后产能企业名单、落后工艺设备、淘汰时限和年底进展情况。加强各地、各行业淘汰落后产能工作交流，总结推广、广泛宣传淘汰落后产能工作先进地方和先进企业的做法，营造有利于淘汰落后产能的舆论氛围。

（二）加强监督检查。各省辖市政府有关部门要及时了解、掌握淘汰落后产能工作进展和职工安置情况，并定期向省直有关部门报告。省工业和信息化厅、发展改革委、财政厅等有关部门要定期对各地淘汰落后产能工作情况进行监督检查，切实加强对重点地区淘汰落后产能工作的指导并将进展情况报省政府。

（三）实行问责制。将淘汰落后产能任务完成情况纳入政府绩效考核体系，对淘汰落后产能任务完成情况进行考核，提高淘汰落后产能任务完成情况的考核比重。对未按要求完成淘汰落后产能任务的地方进行通报，限期整改。对瞒报、谎报淘汰落后产能进展情况或整改不到位、造成不良影响的地方，要依法依纪追究有关责任人员的责任。

七、切实加强组织领导

建立淘汰落后产能工作组织协调机制，加强对淘汰落后产能工作的领导。成立由省工业和信息化厅牵头，省发展改革委、监察厅、财政厅、人力资源社会保障厅、国土资源厅、环保厅、农业厅、商务厅、工商局、安全监管局、省政府国资委、省国税局、地税局、质监局、人行郑州中心支行、河南银监局、郑州电监办、省能源局等部门参加的淘汰落后产能工作协调小组，统筹协调淘汰落后产能工作，研究解决淘汰落后产能工作中的重大问题。有关部门要认真履行职责，积极贯彻落实各项政策措施，加强沟通配合，共同做好淘汰落后产能的各项工作。各省辖市政府要健全领导机制，明确职责分工，做到责任到位、措施到位、监管到位，确保淘汰落后产能工作取得明显成效。

附件：淘汰落后产能重点工作分工表（略）

★河南省人民政府2010年5月25日发布的豫政【2010】56号文。

湖北省

Hubei Province

湖北省人民政府关于进一步加强淘汰落后产能工作的意见★

Opinion of Hubei Provincial People's Government about further strengthening the backward capacity elimination work

各市、州、县人民政府，省政府各部门：

为贯彻落实《国务院关于进一步加强淘汰落后产能工作的通知》（国发【2010】7号）精神，加快转变经济发展方式，促进产业结构调整和优化升级，现结合我省实际，就进一步加强淘汰落后产能工作提出以下意见：

一、进一步提高认识，增强淘汰落后产能工作的责任感和紧迫感

近年来，全省把淘汰落后产能工作作为落实科学发展观，推进体制机制创新和“两型社会”建设，调整经济结构，转变经济发展方式的重要抓手，并取得了明显的成效。但由于长期积累的结构性矛盾仍比较突出，落后产能退出机制和政策措施不够完善，激励和约束作用不够健全，以及部分地方工作认识存在偏差，全省一些行业落后产能仍大量存在，已成为提高全省工业整体水平、落实环境保护政策、完成节能减排任务、实现经济社会可持续发展的重要制约因素。为此，各地、各有关部门要切实把淘汰落后产能作为全面贯彻落实科学发展观、保持经济平稳较快发展的一项重要任务，增强做好淘汰落后产能工作的责任感和紧迫感，把淘汰落后产能工作列入重要议事日程，摆在更加突出的位置，加大工作力度，抓住关键环节，突破重点难点，加快淘汰落后产能，推进节能减排，促进产业结构优化升级。

二、进一步明确总体要求和目标任务

（一）总体要求。充分发挥各级政府的主导作用和市场配置资源的基础性作用，强化企业主体责任，综合运用法律制约、政策引导和行政管理等多项手段，加强各项政策措施的协调配合，坚持依法行政，优化政策环境，加快淘汰落后产能，推动结构调整，提高产业竞争力。

（二）目标任务。按照国家规定的淘汰落后产能范围和要求，2012 年前，全省将以电力、煤炭、钢铁、水泥、有色金属、焦炭、造纸、制革、印染等行业为重点，推进淘汰落后产能工作。各地要根据淘汰落后产能和调整结构的总体要求，结合本地实际，制定和落实淘汰落后产能工作方案。

湖北省 2012 年前重点行业淘汰落后产能的具体目标任务是：

其他行业：（略）

建材行业：2012 年底前，淘汰窑径 3.0 米以下水泥机械化立窑、窑径 2.5 米以下水泥干法中空窑（生产高铝水泥的除外）、水泥湿法窑生产线（主要用于处理污泥、电石渣等除外）、直径 3.0 米以下的水泥磨机（生产特种水泥的除外），以及水泥土（蛋）窑、普通立窑等落后水泥产能；淘汰平拉工艺平板玻璃生产线（含格法）等落后平板玻璃产能。

三、进一步落实目标责任

淘汰落后产能工作是一项长期艰巨的任务，各地、各有关部门要把目标责任落到实处。

（一）省经信委要根据当前和今后一个时期经济发展形势和省政府确定的淘汰落后产能阶段性目标任务，结合产业升级要求及各地实际，会同省发改委、省环保厅等部门提出分行业淘汰落后产能年度目标任务和具体实施方案，并将年度目标任务分解落实到各市州和有关部门，并严格考核问责。各有关部门要按照职责分工，制定工作措施，完善工作机制，指导和督促各地认真完成淘汰落后产能目标任务。

（二）各市州人民政府要根据省下达的淘汰落后产能目标任务，认真制定实施方案，将目标任务分解落实到县（市、区）和企业，并将淘汰落后产能工作实施方案报省淘汰落后产能工作领导小组办公室（省经信委），同时抄送省发改委、省环保厅。各市州人民政府要切实担负起本行政区域内淘汰落后产能工作的职责，组织督促企业按要求淘汰落后产能，拆除落后设施装置，依据相关法律法规妥善做好淘汰落后产能企业的职工安置和相关稳定工作。

（三）各有关企业要切实承担起淘汰落后产能的主体责任，严格遵守国家有关法律法规，认真贯彻国家产业政策，履行社会责任，积极主动地淘汰落后产能。

（四）各相关行业协会要充分发挥政府和企业间桥梁纽带的作用，认真宣传贯彻国家方针政策，加强行业自律，协助有关部门做好淘汰落后产能工作。

四、进一步健全政策约束与激励机制

（一）严格市场准入。贯彻落实国家产业政策，进一步完善《湖北省产业结构调整指导目录》，指导产业规范发展，限制高耗能、高污染和资源型产业发展。提高资源消耗高、污染排放高行业的市场准入门槛。加强投资项目审核管理，对产能过剩行业坚持新增产能与淘汰产能“等量置换”或“减量置换”的原则。严格环评、土地和安全生产审批，遏制低水平重复建设，防止新增落后产能。改善土地利用计划调控，严禁为落后产能和产能严重过剩行业建设项目提供用地。

（二）强化经济和法律手段。运用价格杠杆等经济手段，提高落后产能企业使用能源、资源、环境、土地的成本，促使落后产能尽快淘汰。对落后产能用电坚决实行差别电价，严格实行资源和环境保护税费制度。加强环境保护监督性检测、减排核查和执法检查。加强对企业执行产品质量标准、能耗限额标准和安全生产规定的监督检查。采取综合性调控措施，抑制高消耗、高排放产品的市场需求。

（三）加大执法处罚力度。对未按期完成淘汰落后产能任务的市州，严格控制国家、省安排的投资项目，实行项目“区域限批”和暂停对该地项目的环评、核准与审批，直至整改完成并通过企业（生产线）关闭工作验收。对未按规定期限淘汰落后产能的企业，吊销其排污许可证，金融机构不得对其提供任何形式的新增授信支持，投资管理部门不予审批和核准其新的投资项目，国土资源管理部门不予批准其新增用地，相关部门不予办理其生产许可证，已颁发生产许可证、安全生产许可证的要依法撤回。对未按规定淘汰落后产能、被政府责令关闭或撤销的企业，工商部门要责令其限期办理工商注销登记；逾期不办理的，依法吊销其工商营业执照。必要时，电力供应企业要按有关规定对落后产能企业停止供电。

（四）加强财政资金引导。继续执行和完善“以奖代补”政策，引导和鼓励各地淘汰落后产能。各市、州、县也要积极

安排资金，支持企业淘汰落后产能。积极争取中央财政对淘汰落后产能资金的支持，充分发挥中央财政奖励资金对淘汰落后产能工作的引导作用。继续安排省级财政奖励资金，重点支持淘汰落后产能企业的职工安置、企业转产等工作。有关部门要切实履行行业主管部门的职能，加强协调配合，确保财政资金发挥实效。

（五）做好职工安置工作。各地政府要指导关停企业制定职工安置方案，妥善处理好淘汰落后产能企业职工安置及就业问题。支持优势企业兼并、收购、重组落后产能企业。认真完善和落实企业职工安置政策，依照相关法律法规和规定妥善安置职工，做好职工档案管理和社会保险关系转移与接续工作。坚决避免大规模失业，防止激化矛盾和发生群体性事件，积极稳妥地推进淘汰落后产能工作。

（六）支持企业升级改造。引导和支持企业运用高新技术和先进适用技术，对落后产能进行改造和升级。对淘汰落后产能任务较重且完成较好的地方和企业，在安排技术改造资金、节能减排资金、投资项目核准备案、土地开发利用、企业融资等方面给予倾斜。

五、进一步强化监督检查

（一）强化舆论和社会监督。建立淘汰落后产能名单公示、公告制度。省及各有关市、州、县每年要向社会公告本地淘汰落后产能企业、落后工艺设备名单以及淘汰时限和总体进展情况。要加强工作交流，总结推广和广泛宣传淘汰落后产能工作先进地区和先进企业的有效做法，营造有利于淘汰落后产能的舆论氛围。

（二）加强监督检查。各级政府和有关部门要及时了解掌握淘汰落后产能工作进展和职工安置情况，并及时向上级有关部门报告。省淘汰落后产能工作领导小组办公室组织有关部门定期对各地淘汰落后产能工作情况进行监督检查，对重点地区淘汰落后产能工作进行指导，并将进展情况报告省政府。

（三）严格考核问责。省政府对各地完成淘汰落后产能任务情况进行考核，对未按要求完成淘汰落后产能任务的地区进行通报，限期整改。对瞒报、谎报淘汰落后产能，进展缓慢或整改不到位的地区，要依法依纪追究该地区有关责任人的责任。

六、进一步加强组织协调

省淘汰落后产能工作领导小组各成员单位要认真履行职责，进一步研究制定相关配套政策和措施。要加强协调配合，共同做好淘汰落后产能工作。各地要健全组织协调机制，明确职责分工，做到责任到位、措施到位、监管到位，确保淘汰落后产能工作取得实效。

附件：湖北省淘汰落后产能工作领导小组成员单位职责分工表（略）

★湖北省人民政府2010年9月30日鄂政发【2010】60号文。

湖南省

Hunan Province

关于印发《湖南省淘汰落后产能工作实施方案》的通知★

Circular about printing and distributing "Implementing plan for backward capacity elimination work in Hunan Province"

各市州人民政府：

为进一步贯彻落实《国务院关于进一步加强淘汰落后产能工作的通知》（国发【2010】7号）精神，加快全省淘汰落后产能工作步伐，确保按期完成淘汰落后产能目标任务，经2010年8月16日省政府第61次政府常务会议及11月24日省淘汰落后产能工作领导小组会议批准，现将《湖南省淘汰落后产能工作实施方案》印发给你们，请按照方案要求认真抓好落实。

湖南省淘汰落后产能工作实施方案

为认真贯彻《国务院关于进一步加强淘汰落后产能工作的通知》（国发【2010】7号）精神，加快淘汰落后产能，切实转变经济发展方式，推进产业结构调整和优化升级，现结合我省实际，制定湖南省淘汰落后产能工作实施方案。

一、深刻认识淘汰落后产能的重要意义

加快淘汰落后产能是转变经济发展方式、调整经济结构、提高经济增长质量和效益的重大举措，是促进节能减排、积极应对气候变化、走新型工业化道路的迫切需要。加快淘汰落后产能，有利于改变高投入、高消耗、高污染、低产出的粗放型发展方式；有利于为先进产能腾出市场容量，缓解产能过剩矛盾；有利于优化产业结构，提高技术装备水平和企业竞争力，为加速推进新型工业化打下坚实基础。

近年来，我省积极贯彻落实国家产业政策，加大淘汰落

后产能力度,取得了明显成效。但是淘汰落后产能工作还存在一些突出的矛盾和问题。由于长期积累的结构性矛盾比较突出,部分行业落后产能比重大的问题仍然存在,特别是一些地方和企业对淘汰落后产能的认识存在偏差,淘汰落后产能退出机制尚不完善,淘汰落后产能工作职责尚未明确落实,淘汰落后产能政策支持力度不够,淘汰落后产能面临的任务依然十分艰巨。各地各部门要充分认识做好淘汰落后产能工作的重要意义,迅速把思想认识统一到中央的重大决策和省委省政府的具体要求上来,把淘汰落后产能工作摆在更加突出的位置,切实抓紧抓好。

二、总体要求和目标任务

(一)总体要求。以科学发展观为指导,以加快转变经济发展方式和调整经济结构为主线,以煤炭、焦炭、电力、水泥、冶金、电石和铁合金等行业为重点,按照《国务院关于进一步加强淘汰落后产能工作的通知》(国发〔2010〕7号)文件要求,确定目标任务,强化工作措施,按期淘汰落后产能。

(二)淘汰范围。其他行业:(略)

建材行业:2012年底前,淘汰窑径3米以下水泥机械化立窑生产线、窑径2.5米以下水泥干法中空窑(生产高铝水泥的除外)、水泥湿法窑生产线(主要用于处理污泥、电石渣等的除外)、直径3.0米以下的水泥磨机(生产特种水泥的除外)以及水泥土(蛋)窑、普通立窑等落后水泥产能;淘汰平拉工艺平板玻璃生产线(含格法)等落后平板玻璃产能。

(三)目标任务。2010年湖南省工业行业淘汰落后产能目标任务涉及12个行业93家企业,按行业分布为:炼钢50万吨,炼铁52万吨,铁合金37.16万吨,铅冶炼9.8万吨,水泥349.4万吨,玻璃100万重量箱,造纸15.2万吨,制革40万标张,印染0.7亿米,化纤0.4万吨。

2010年湖南省煤炭行业淘汰落后产能计划为:关闭小煤矿100处、淘汰小煤矿落后生产能力470万吨。

2010年湖南省电力行业无淘汰落后产能任务。

2010年湖南省淘汰落后产能目标任务表及企业名单见附件(略)。

三、工作措施

(一)加强组织领导。成立湖南省淘汰落后产能工作领导小组,统筹协调淘汰落后产能工作,研究解决淘汰落后产能工作中的重大问题。领导小组组长由省人民政府领导担任,副组长由省政府办公厅、省经信委、省发改委、省财政厅负责人担任,成员单位包括:省监察厅、省人力资源和社会保障厅、省国土资源厅、省商务厅、省环保厅、省地税局、省国资委、省工商局、省质检局、省物价局、省安监局、湖南煤监局、省国税局、省煤炭工业局、湖南银监局、省电监办等部门和单位。领导小组办公室设在省经信委,负责日常工作。

(二)严格市场准入。按照国家产业政策和行业准入标准,严格界定落后产能,提高准入门槛,鼓励发展低消耗、低污染的先进产能。加强投资项目审核管理,严格控制"两高"和产能过剩行业新上项目,今年内不再审批、核准、备案"两高"和产能过剩行业扩大产能项目。对国家公布的产能过剩行业坚持新增产能与淘汰产能"等量置换"或"减量置换"的原则,严格环评、土地和安全生产审批,防止新增落后产能。严禁落后产能违规扩建,对在建和拟建项目进行清理整顿,对不符合国家产业政策、有关规划、供地条件、环境保护、安全生产的工业项目依法停止建设,防止低水平重复扩建。在地区招商引资和承接产业转移中切实防止落后产能的转移和低端产业的引进。

(三)强化经济和法律手段。严格执行差别电价,结合国家对高耗能行业颁布的行业准入条件,对高耗能行业严格执行差别电价政策,加强对高耗能企业的动态甄别工作,及时更新执行差别电价的企业名单,确保差别电价政策全面落实到位。整顿电价秩序,坚决制止各地自行出台的优惠电价措施;加强环境保护监督性监测、减排核查和执法检查,加强对企业执行产品质量标准、能耗限额标准和安全生产规定的监督检查;严格执行资源环境保护税费、资源性产品价格改革等国家调控政策,提高落后产能企业和项目使用能源、资源、环境、土地的成本。

(四)加强资金引导。积极争取淘汰落后产能中央财政奖励资金,在奖励资金申报和安排使用和监管中要充分发挥牵头部门的作用,加强协调配合,确保奖励资金使用的规范性、安全性和有效性。省各类专项资金要加大对淘汰落后产能任务重和经济欠发达地区的倾斜。研究设立淘汰落后产能专项资金,有条件的市、州可安排淘汰落后产能配套资金,对淘汰落后产能给予适当补偿奖励。

(五)做好职工安置。认真落实和完善职工安置政策,做好职工社会保险关系转移和接续工作,妥善处理淘汰落后产能和职工就业的关系,避免大规模集中失业,防止发生群体性事件。

(六)支持升级改造。在符合产业政策和发展规划的原则下,支持技术水平高、发展潜力大的成长型企业实施技术改造和技术创新,重点围绕提升技术水平、改善品种、保护环境、保障安全、降低能耗和提高资源综合利用率等方面发展先进生产力,淘汰落后产能,充分发挥技术改造对产业升级的支撑作用;推进兼并重组,支持优势企业通过兼并、收购、重组落后产能企业,淘汰落后产能,提高产业集中度。

(七)创新体制机制。加强宏观规划引导,制定行业结构调整发展规划,整合资源,上大压小,提升产业层次;加强财政资金引导,通过增加省财政资金转移支付加大支持和奖励力度,对淘汰落后产能任务较重且完成较好的地区和企业在安排技术改造资金、节能减排资金、投资项目核准备案、土地开发利用、融资支持等方面给予倾斜;研究制定省内资源价格、税费调节机制,充分发挥价格机制对淘汰落后产能的调控作用;建立政府淘汰落后产能工作考核机制,将淘汰落后产能工作完成情况与政府绩效及相关工作考核挂钩，对淘汰落后产能任务完成较好的地区和企业给予奖励。

（八）强化执法处罚。对未按期完成淘汰落后产能任务的地区，严格控制国家安排的投资项目，实行项目“区域限批”，暂停对该地区项目的环评、核准和审批。对未按规定期限淘汰落后产能的企业吊销排污许可证，银行业金融机构不得提供任何形式的新增授信支持，投资管理部门不予审批和核准新的投资项目，国土资源管理部门不予批准新增用地，相关管理部门不予办理生产许可，已颁发生产许可证、安全生产许可证的要依法撤回。对未按规定淘汰落后产能、被地方政府责令关闭或撤销的企业，限期办理工商注销登记，或者依法吊销工商营业执照。

（九）加强监督考核。省淘汰落后产能领导小组要强化监督检查，定期组织对淘汰落后产能工作情况进行监督检查，着力抓好重点地区重点行业淘汰落后产能工作，向社会公告各市州淘汰落后产能企业名单、落后工艺设备、淘汰时限和总体进展情况；将淘汰落后工作纳入年度各级政府绩效考核体系，提高淘汰落后产能任务完成情况的考核比重。对未按要求完成淘汰落后产能任务的地区进行通报，限期整改；对瞒报、谎报淘汰落后产能，进展缓慢或整改不到位的地区，依法依纪追究该地区及有关责任人员的责任；加强和舆论宣传，总结推广、广泛宣传淘汰落后产能工作先进地区和先进企业的有效做法，指导和促进淘汰落后产能工作有序进展。

四、工作要求

（一）省经信委负责全省工业行业淘汰落后产能工作，省发改委负责电力行业淘汰落后产能工作，省煤炭工业局和省国土资源厅负责煤炭行业淘汰落后产能工作。各牵头部门负责提出淘汰落后产能年度目标任务和实施方案，并分解落实到各市州和企业，积极协调各市州和有关部门的工作；其他各有关部门要充分发挥职能作用，按照责任分工各司其职，完善工作机制，抓紧制定限制落后产能企业生产、激励落后产能退出、促进落后产能改造等方面的配套政策措施，指导和督促各市州认真贯彻执行。

（二）各市州人民政府要切实担负起本地区淘汰落后产能工作职责，加强组织实施、监督检查和工作考核。要根据全省下达的淘汰落后产能目标任务，认真制定实施方案，将目标任务分解落实到县（市、区）和企业；要及时了解掌握本地区淘汰落后产能工作情况并定期向省淘汰落后产能工作领导小组报告；要严格执行相关法律、法规和各项政策措施，组织督促企业按要求淘汰落后产能、拆除落后设施装置，防止落后产能转移。对未按要求淘汰落后产能的企业，要依据有关法律法规责令停产或予以关闭。

（三）企业要切实承担起淘汰落后产能的主体责任，严格遵守安全、环保、节能、质量等法律法规，认真贯彻国家产业政策，积极履行社会责任，主动淘汰落后产能。

（四）各行业管理部门和各相关行业协会要充分发挥行业管理和桥梁纽带作用，认真宣传贯彻国家方针政策，维护市场秩序，协助有关部门做好淘汰落后产能工作。

附表：2010年湖南省淘汰落后产能目标任务表及企业名单（略）

★湖南省人民政府淘汰落后产能工作领导小组2010年12月6日发布的湘淘汰落后产能【2010】2号文。

广东省

Guangdong Province

广东省人民政府办公厅印发广东省进一步加强淘汰落后产能工作实施方案的通知★

Circular of Guangdong Provincial People's Government Office about printing and distributing the implementing plan of further strengthening the backward capacity elimination work in Guangdong Province

各地级以上市人民政府，各县（市、区）人民政府，省政府各部门、各直属机构：

《广东省进一步加强淘汰落后产能工作实施方案》业经省人民政府同意，现印发给你们，请按照执行。执行中遇到的问题，请径向省经济和信息化委反映。

广东省进一步加强淘汰落后产能工作实施方案

为贯彻落实《国务院关于进一步加强淘汰落后产能工作的通知》（国发【2010】7号）和《国务院关于进一步加大工作力度确保实现“十一五”节能减排目标的通知》（国发【2010】12号）精神，确保按时完成淘汰落后产能任务，结合我省实际，制订本方案。

一、工作任务

（一）淘汰范围和时限。

其他行业：（略）

水泥行业：2012年底前，淘汰窑径3.0米以下水泥机械化立窑生产线、窑径2.5米以下水泥干法中空窑（生产高铝水泥的除外）、水泥湿法窑生产线（主要用于处理污泥、电石渣等的除外）、直径3.0米以下的水泥球磨机（生产特种水泥的除外）以及水泥土（蛋）窑、普通立窑等落后水泥产能。有条件的地区要加快淘汰全部立窑水泥生产线。

（二）淘汰落后产能任务。2010年全省淘汰炼铁50万吨、炼钢100万吨、水泥530万吨、造纸5.6万吨、味精1万吨、制革51万标张、印染10 480万米、化纤2 000吨。

2010年淘汰落后产能目标任务已分解下达到有关市，有关市要进一步抓紧分解落实到企业，力争在第三季度前关停落后产能，确保完成2010年淘汰任务。

二、工作分工

由省经济和信息化委会同省发展改革委根据国家下达的年度或阶段性目标任务，结合我省实际，确定全省各行业淘汰落后产能计划指标，经省政府同意后分解下达到有关市，并按照"淘汰一批公布一批"的原则，及时公布淘汰的落后产能、落后工艺设备、淘汰时限及企业名单。各市要及时将省下达本市的淘汰落后产能目标任务分解落实到具体企业，确保按时完成本地区淘汰落后产能目标任务。

省经济和信息化委、发展改革委按行业分工牵头负责推进全省淘汰落后产能工作。省经济和信息化委牵头负责水泥、平板玻璃、焦炭、铜冶炼、铅冶炼、锌冶炼、造纸、酒精、味精、制革、印染、化纤等12个行业；省发展改革委牵头负责钢铁、电力行业。牵头部门要认真制订所负责行业淘汰落后产能的具体工作方案（或行动计划），扎实推进各行业淘汰落后产能工作。

三、工作措施

（一）建立健全工作机制。为切实加强对我省淘汰落后产能工作的领导，省政府成立由分管副省长任总召集人的淘汰落后产能工作联席会议，负责协调解决全省推进淘汰落后产能工作中遇到的问题，确保有关工作顺利开展。联席会议下设办公室，办公室日常工作由省经济和信息化委负责。有关市人民政府对本地区淘汰落后产能工作负总责，要参照国家和省的做法，建立健全相应的工作机制，认真研究制订具体实施方案，落实人员和工作经费，采取有力措施，切实加强本地区淘汰落后产能工作。

（二）加强财政资金引导。在继续落实省财政淘汰落后产能补助资金的基础上，积极争取中央财政奖励资金支持，并根据国家下达任务情况及我省实际，统筹考虑安排省财政淘汰落后产能专项鼓励资金。按照"早退多补"原则，鼓励各地区加快淘汰落后产能。各有关市也要积极筹措安排专项资金，支持企业淘汰落后产能。

（三）建立政策激励机制。对淘汰落后产能任务较重且完成较好的地区和企业，在安排省挖潜改造资金、节能减排资金、差别电价资金，以及投资项目审批、核准和备案，土地开发利用、融资支持等方面给予倾斜；对淘汰落后产能企业实施的改造提升项目，凡符合国家有关规费减免规定及省财政资金补助规定的，可按现行政策实行规费减免、贷款贴息等政策扶持措施；鼓励和支持优势企业兼并或收购落后产能企业，发展产业政策鼓励的建设项目；支持符合国家产业政策和规划布局的企业运用高新技术和先进适用技术，对落后产能进行技术改造或转产，在符合国家和省有关政策法规规定的前提下，有关部门在能评、环评、用地和项目审批、核准等方面给予倾斜。鼓励粤东西北地区积极运用"双转移"等政策措施，加快发展新兴产业，改造提升传统产业，保持经济平稳较快发展。

（四）严格执行差别电价。对属于淘汰范围内的生产企业（生产线），除严格执行差别电价政策外，以省物价局公布的2010年的现行差别电价为基准，2011年电价加价0.10元/千瓦时、2012年加价0.20元/千瓦时。对能源消耗超过现有国家和地方单位产品能耗（电耗）限额标准的，同时实行惩罚性电价政策。各级发展改革、价格、经济和信息化、电监部门及电网企业要加强监督，确保差别电价政策落实到位。对列入淘汰名单、到期拒不关停的企业（生产线），电力供应企业要配合地方政府依法停止供电。

（五）加强环保监管。严格执行国家环保法律、法规和标准，将淘汰范围内的行业和企业列入环保日常执法重点，加强环境保护监督性监测、减排核查和执法检查，严格环保监督管理，并定期组织进行环保核查。对环保不达标的企业依法责令限期整改，对拒不整改或经整改后仍不达标的企业依法吊销排污许可证，并按规定依法予以关闭。

（六）严格项目审批和证照管理。有关部门在为淘汰范围内的行业企业办理新上（扩建）项目审批、核准和备案前，应主动征求相关行业主管部门意见。对产能过剩行业坚持"上大压小"、新增产能与淘汰落后产能"等量置换"或"减量置换"的原则，严格环评、土地和安全生产审批，遏制低水平重复建设，防止新增落后产能。对未按期完成淘汰落后产能任务的地区，实行项目"区域限批"，暂停对该地区新上（扩建）项目的环评、审批、核准和备案，并严格控制省安排的投资项目。

（七）加大执法处罚力度。对未按期淘汰落后产能的企业，环保主管部门要吊销排污许可证，投资管理部门不予审批、核准新的投资项目，国土资源管理部门不予批准新增用地，相关管理部门不予办理生产许可，已颁发生产许可证、安全许可证的要依法撤回。对未按规定淘汰落后产能、被政府责令关闭或撤销的企业，限期办理工商注销登记，或者依法吊销工商营业执照。加强对淘汰范围内行业的相关企业执行环境保护标准、产品质量标准、能耗限额标准和安全生产规定等情况的监督检查，对不达标的企业要责令整改或限期治理。对已关停的小火电企业或机组，电力监管机构要及时注销其电力业务许可证，电网企业不得再收购其发电，电力调度机构不得调度其发电。

（八）强化税收监管和信贷管理。对不按规定时限淘汰落后产能的企业，有关部门要加大税收监管力度，按照国家规定停止其享受税收优惠政策。金融机构要严格执行国家产业和信贷政策，对不按规定时限淘汰落后产能的企业项目不予提供任何形式的新增授信支持，各级政府和有关部门要协助金融机构切实做好有关债权处理与保全工作。

（九）发挥行业协会和企业的作用。各相关行业协会要大力宣传有关政策法规，加强行业自律，协助有关部门做好淘汰落后产能工作。企业要切实承担起淘汰落后产能的主体责任，严格遵守安全、环保、节能、质量等法律法规，认真贯彻国家产业政策，积极履行社会责任，主动淘汰落后产能。

四、工作要求

（一）加强领导，狠抓落实。各级政府、各有关部门和企业的主要负责人要切实承担起淘汰落后产能第一责任人的职责，做到责任到位、措施到位、监管到位。各有关部门要制定本部门淘汰落后产能工作方案或行动计划，研究出台配套政策措施，确保淘汰落后产能工作积极稳妥推进。

（二）加强监督，严格考核。各有关部门要加强督促检查，对不按规定时间关停的企业，要依法责令关停，并督促相关企业拆除落后装置，防止落后设备转移。牵头部门要制订淘汰落后产能验收标准，组织相关部门对各市年度淘汰落后产能情况进行核查验收。省淘汰落后产能工作联席会议办公室每年要牵头组织对各地淘汰落后产能工作完成情况进行考核，考核结果报省政府同意后向社会公布。对瞒报、谎报淘汰落后产能进展情况或因关停不当影响社会稳定的，要依法追究该地区有关责任人员的责任。

（三）统筹推进，维护稳定。有关市政府、有关部门要统筹处理好淘汰落后产能与保障企业、职工合法权益的关系。督促落后产能企业根据国家和省有关规定制定职工安置方案并报有关部门审核后执行，落实安置资金，清缴欠费，理顺劳动关系。认真落实和完善企业职工安置政策，加强淘汰落后产能企业职工就业信息服务和技能培训，做好被淘汰企业职工的社会保险关系接续，切实保障企业和职工的合法权益，维护社会稳定。

（四）及时总结，加强宣传。各有关市政府和省牵头负责部门每半年要对本地区或本行业淘汰落后产能目标任务完成及工作推进情况进行一次总结，并于每年 7 月 15 日和 1 月 15 日前将有关情况报送省淘汰落后产能工作联席会议办公室。联席会议办公室要及时向省政府报告全省淘汰落后产能工作情况，并总结推广淘汰落后产能工作的有效做法，宣传先进地区和先进企业的典型经验和国家淘汰落后产能的政策法规，营造良好的社会舆论氛围。

附件：广东省淘汰落后产能重点工作分工表（略）

★广东省人民政府办公厅 2010 年 10 月 9 日发布的粤府办【2010】56 号文。

海南省

Hainan Province

海南省人民政府关于进一步加强淘汰落后产能工作的通知★

Circular of Hainan Provincial People's Government about further strengthening the backward capacity elimination work

各市、县、自治县人民政府，省政府直属有关单位：

淘汰落后产能是实现我省“十一五”节能减排目标的重要举措，对优化全省经济结构、加快转变发展方式和推进国际旅游岛建设具有十分重要的意义。近年来，我省加大淘汰落后产能工作力度，淘汰电力、钢铁、建材行业部分落后产能，取得了阶段性成效。但是，由于部分市、县对淘汰落后产能认识存在偏差，落后产能退出政策不够完善，责任不够明确，措施不够有力，全省淘汰落后产能工作进展滞后。为贯彻落实《国务院关于进一步加强淘汰落后产能工作的通知》（国发【2010】7 号）精神，确保实现我省淘汰落后产能目标任务，现将有关要求通知如下：

一、指导思想和目标任务

（一）指导思想。以科学发展观为指导，围绕推进海南国际旅游岛建设的总体要求，把淘汰落后产能作为调整经济结构、转变发展方式的重要抓手，认真贯彻落实国务院淘汰落后产能各项工作部署，综合运用经济、法律、标准和必要的行政手段，积极稳妥推进淘汰落后产能，促进全省经济持续快速健康发展。

（二）目标任务。根据国家下达海南的淘汰落后产能计划，结合海南省实际，2010 ~ 2011 年全省淘汰落后产能的目标如下：

水泥行业：2010 年，淘汰落后水泥产能 171 万吨；2011

年,淘汰全部落后水泥产能。2010 年,清除非法生产经营的小采矿点、小采石场。

其他行业:(略)

二、工作和保障措施

(一)加强组织领导。成立海南省淘汰落后产能工作协调小组(以下简称协调小组),由省政府分管副省长任组长,省政府办公厅、省工业和信息化厅、省发展改革委、省监察厅、省财政厅、省人力资源社会保障厅、省国土环境资源厅、省商务厅、省国资委、省国税局、省地税局、省工商局、省质监局、省安全监管局、人民银行海口中心支行、海南银监局、海南电网公司为成员单位,负责研究解决淘汰落后产能工作中的重大问题。协调小组办公室设在省工业和信息化厅,负责协调小组的日常工作。

各市、县政府要进一步加强对淘汰落后产能工作的组织领导,建立相应的领导机构,健全工作机制,明确淘汰落后产能的责任主体和责任人,确保工作责任和任务措施落实到位。

(二)分解落实目标责任。省工业和信息化厅根据国家和省政府关于淘汰落后产能的要求和总量计划,制定分解计划和实施方案,下达给各有关市、县政府;各有关市、县政府根据省工业和信息化厅下达的分解计划和实施方案,制定本地区淘汰落后产能计划(内容包括责任企业名单,淘汰的落后工艺、设备、产品,淘汰时限要求等)和实施方案,并在省工业和信息化厅分解计划和实施方案下达后 20 天内,将本地区淘汰落后产能计划和实施方案报省工业和信息化厅;省工业和信息化厅对各有关市、县政府上报的淘汰落后产能计划和实施方案进行审查后,在《海南日报》和省政府门户网站上进行公示。

(三)强化政策约束机制。省政府各有关部门和各市、县政府要坚持新增产能与淘汰产能"等量置换"原则,严格执行环评、节能评估审查、土地和安全生产等有关管理制度。省物价局、省工业和信息化厅要按照 2010 年 6 月 11 日省应对气候变化及节能减排工作领导小组会议精神,抓紧制定海南省淘汰落后产能差别电价政策的调整方案报省政府。各市、县政府和各有关部门、单位及电力供应企业要严格执行国家和我省淘汰落后产能有关政策。对未按规定淘汰落后产能的企业,金融机构不得提供任何形式的新增授信支持;投资管理部门不予审批、核准新的投资项目;国土资源管理部门不予批准新增用地;环保部门依法吊销排污许可证;质监、安全监管等部门不予办理生产许可证、安全生产许可证,已颁发的要依法撤回。对未按规定淘汰落后产能,被市、县政府责令关闭或者撤销的企业,限期办理工商注销登记,或者由工商部门依法吊销工商营业执照。必要时,省政府有关部门可要求电力供应企业依法对落后产能企业停止供电。

(四)建立政策激励机制。省工业和信息化厅要会同有关部门研究淘汰落后产能的配套政策并报省政府。对淘汰落后产能任务完成较好的市县和企业,在安排技术改造资金、节能减排资金、中小企业资金、投资项目核准备案、土地开发利用、融资等方面优先予以支持。省财政厅要积极争取中央财政增加转移支付,支持我省淘汰落后产能工作。2010 年省财政安排 5000 万元淘汰落后产能专项资金,省财政厅、省工业和信息化厅要于 2010 年 7 月中旬前制定淘汰落后产能专项资金使用管理办法报省政府审定。淘汰落后产能专项资金的安排要与各市、县淘汰落后产能任务相衔接,重点解决被关停企业职工安置、转产等问题。有条件的市县,要安排专项资金用于支持淘汰落后产能。省人力资源社会保障厅、省财政厅和各市、县政府要落实和完善企业职工安置政策,制定企业职工安置方案,妥善解决好企业关停后职工安置、社会保险关系转移与接续、债务处理以及下岗人员再就业和再就业培训等问题,防止发生群体性上访事件。

(五)落实问责制。将淘汰落后产能任务完成情况作为对各市、县政府 2010 年节能减排目标责任履行情况考核的重要内容,提高淘汰落后产能在考核指标中所占分值。对行政不作为、措施不力、不能按期完成淘汰落后产能任务的市县,严格控制国家和省里安排的投资项目,暂停对该地区项目的环评、节能评估审查、核准和审批,并责令其限期进行整改;对在淘汰落后产能工作中弄虚作假,瞒报、谎报淘汰落后产能情况或整改不到位的市县,要追究相关责任人员的责任。

三、工作要求

(一)省政府各有关部门要认真履行职责,严格执行淘汰落后产能有关法律法规和各项政策措施,抓紧制定本部门促进落后产能退出、转产等配套政策措施,加强对市县政府的指导、监督和服务,确保淘汰落后产能各项工作措施落到实处。

(二)各市、县政府要加强对淘汰落后产能计划落实情况和落后产能退出情况的监督检查,防止因工作不彻底导致落后产能死灰复燃。对淘汰的落后设备,要及时作销毁处理,严禁落后生产能力转移流动。对未按要求淘汰落后产能的企业,依据有关法律法规予以处罚。

(三)各市、县政府自 2010 年 7 月开始,于每月 10 日前将本地区淘汰落后产能工作进展情况报省工业和信息化厅。省淘汰落后产能工作协调小组将于 2010 年 8 月对全省淘汰落后产能年度计划执行情况进行检查,并将检查结果上报省政府。

(四)各有关企业要切实负起淘汰落后产能的责任,严格遵守安全、环保、节能、质量等法律法规,认真执行国家产业政策,积极履行社会责任,主动淘汰落后产能。

(五)各相关行业协会要充分发挥政府和企业间的桥梁纽带作用,积极宣传国家的法律法规和方针政策,协助政府做好淘汰落后产能工作。

★海南省人民政府 2010 年 6 月 25 日发布的琼府【2010】44 号文。

重庆市

Chongqing

重庆市人民政府关于进一步加强淘汰落后产能工作的通知★

Circular of Chongqing Municipal People's Government about further strengthening the backward capacity elimination work

各区县(自治县)人民政府,市政府各部门,有关单位:

为贯彻落实科学发展观,转变经济发展方式,推动老工业基地改造振兴,促进产业结构调整和优化升级,根据《国务院关于进一步加强淘汰落后产能工作的通知》(国发【2010】7号)精神,现就进一步加强我市淘汰落后产能工作有关事宜通知如下:

一、进一步增强责任感和使命感

加快淘汰落后产能是转变经济发展方式,调整经济结构,提高经济增长质量和效益的重大举措;是加快我市老工业基地改造振兴,推进产业升级,建设"国家重要的现代制造业基地"和"内陆开放型经济高地"的重要任务;是加快我市节能减排和走新型工业化道路、实现工业由小变大、由大变强的必然要求。近年来,我市积极落实国家产业政策和节能减排的部署要求,淘汰落后产能工作取得明显成效。到2009年年底,全市累计淘汰落后水泥生产能力758.4万吨,共计181条生产线;累计关停淘汰小火电机组31台,装机容量35.86万千瓦;淘汰落后炼钢产能350万吨、落后造纸产能0.75万吨、落后制革产能10万张、落后电石产能7万吨。

作为全国重要的老工业基地,由于长期积累的结构性矛盾比较突出,落后产能在我市部分地区和行业仍占有一定比重,成为制约我市工业整体水平提升和经济社会可持续发展的重要因素。各区县(自治县)人民政府和市政府有关部门要进一步增强责任感和使命感,切实把淘汰落后产能作为全面贯彻落实科学发展观,保持经济平稳较快发展的一项重要任务,纳入重要议事日程;要充分调动一切积极因素,充分发挥市场配置资源的基础性作用,采取更加有力的措施,综合运用法律、经济、技术和必要的行政手段,建立健全淘汰落后产能长效机制;要抓住关键环节,突破重点难点,大力推进产业结构调整和优化升级,转变经济发展方式。

二、目标任务

以电力、煤炭、钢铁、水泥、有色金属、造纸、制革、印染等行业为重点,按照国家有关政策规定和我市确定的淘汰落后产能的范围和要求,按期淘汰落后产能。各区县(自治县)可根据当地产业发展实际,制定范围更宽、标准更高的淘汰落后产能目标任务。

我市近期重点行业淘汰落后产能的具体目标任务是:

电力行业:(略)

煤炭行业:(略)

焦炭行业:(略)

铁合金行业:(略)

电石行业:(略)

钢铁行业:(略)

有色金属行业:(略)

建材行业:2012年年底前,淘汰窑径3.0米以下水泥机械化立窑生产线、窑径2.5米以下水泥干法中空窑(生产高铝水泥的除外)、水泥湿法窑生产线(主要用于处理污泥、电石渣等的除外)、直径3.0米以下的水泥磨机(生产特种水泥的除外)以及水泥土(蛋)窑、普通立窑等落后水泥产能;淘汰平拉工艺平板玻璃生产线(含格法)等落后平板玻璃产能。

轻工业:(略)

纺织行业:(略)

三、分解落实目标责任

(一) 市经济信息委要根据国家下达我市的年度淘汰落后产能任务,会同市发展改革委、市财政局、市国土房管局、市环保局、市人力社保局等部门提出我市年度淘汰落后产能目标任务分解建议,经市政府批准后分解到有关区县(自治县)人民政府和市政府有关部门。

(二) 各区县(自治县)人民政府和市政府有关部门要切实担负起本行政区域内和所属企业淘汰落后产能工作的职责,根据市政府下达的淘汰落后产能目标任务,认真制订实施方案,将目标任务落实到企业,并将淘汰落后产能工作实施方案报市淘汰落后产能工作领导小组办公室。各区县(自治县)人民政府和市政府有关部门要组织督促企业按要求淘汰落后产能、拆除落后设施装置,防止落后产能转移;对未按要求淘汰落后产能的企业,要依据有关法律、法规责令停产或予以关闭。有关区县(自治县)人民政府和市政府有关部门在推进淘汰落后产能工作中遇到的重大问题,要及时向市政府报告。

市煤炭工业管理局牵头负责全市煤矿整顿关闭淘汰落后产能工作。

(三) 有关企业要切实承担起淘汰落后产能的主体责任,严格遵守国家有关法律、法规,认真贯彻国家产业政策,履行社会责任，积极主动淘汰落后产能，按期完成淘汰任务。

(四) 有关行业协会要充分发挥政府和企业间的桥梁纽带作用，认真宣传贯彻国家淘汰落后产能政策，加强行业自律，协助有关部门做好淘汰落后产能工作。

四、健全监督检查机制

(一)加强舆论和社会监督。各区县(自治县)人民政府和市政府有关部门每年向社会公告本地淘汰落后产能企业名单、落后工艺设备、淘汰时限和总体进展情况。市淘汰落后产能领导小组办公室要加强对淘汰落后产能工作的经验总结和交流推广，广泛宣传淘汰落后产能工作先进区县(自治县)、先进企业的有效做法，营造有利于淘汰落后产能的舆论氛围。

(二)加强监督检查。各区县(自治县)人民政府和市政府有关部门要及时了解、掌握淘汰落后产能工作进展和职工安置情况；市淘汰落后产能领导小组办公室要组织市政府有关部门定期对各区县(自治县)、市属国有企业淘汰落后产能工作情况进行监督检查，对重点区县(自治县)淘汰落后产能工作进行指导，并将进展情况汇总上报市政府。

(三)实行问责制。市政府将淘汰落后产能目标任务完成情况纳入绩效考核体系，由市监察局、市经济信息委、市政府督察室组成联合工作组对完成淘汰落后产能任务情况进行考核，对未按要求完成淘汰落后产能任务的区县(自治县)和市属国有企业进行通报，限期整改；对瞒报、谎报淘汰落后产能，进展缓慢或整改不到位的区县(自治县)和市属国有企业，要依法依纪追究该区县(自治县)和市属国有企业主要领导及有关负责人的责任。

五、强化政策约束机制

(一)严格市场准入。市发展改革委、市经济信息委要进一步加强项目审核管理，强化安全、环保、能耗、物耗、质量、土地等指标的约束作用，对产能过剩行业坚持新增产能与淘汰产能"等量置换"或"减量置换"的原则，严格环评、能效评估、土地和安全生产审批，遏制低水平重复建设，严防新增落后产能。

(二)强化经济和法律手段。充分发挥差别电价、资源性产品价格改革等价格机制在淘汰落后产能中的作用，对电解铝、铁合金、钢铁、电石、水泥等高耗能行业中属于《产业结构调整指导目录》中限制类、淘汰类范围的，严格执行国家差别电价政策。市物价局、市经济信息委要对我市能耗超过国家和地方能耗限额标准的产品提出惩罚性价格政策意见。市环保局要加强环境保护监督性监测、减排核查和执法检查，推进淘汰落后产能工作。市经济信息委、市质监局、市安监局、市环保局、市国土房管局要加强对企业执行产品质量标准、能耗限额和安全生产的监督检查，提高落后产能企业和项目使用能源、资源、环境、土地的成本。采取综合性调控措施，抑制高消耗、高排放产品的市场需求。

(三)加大执法处罚力度。市监察局、市经济信息委等部门要加大淘汰落后产能工作核查力度，对未按期完成淘汰落后产能任务的区县(自治县)，市发展改革委、市经济信息委要实行项目"区域限批"，市环保局、市国土房管局要暂停对该区县(自治县)项目的环评、供地、核准和审批。对未按规定期限淘汰落后产能的企业，市环保局、市质监局、市安监局要依法吊销排污许可证、生产许可证、安全生产许可证，市发展改革委、市经济信息委等投资管理部门不予审批和核准新的投资项目，市国土房管局不予批准新增用地，金融机构不提供金融支持，有关部门依法停止落后产能生产的供电供水。

六、完善政策激励机制

(一)加强财政资金引导。认真落实中央财政淘汰落后产能奖励政策，发挥财政资金的引导和支持作用，调动企业淘汰落后产能的积极性。市财政局要会同市经济信息委做好中央淘汰落后产能奖励资金的申报、安排、使用和监管等工作，确保资金安排对淘汰落后产能产生实效。市级财政配套资金和各区县(自治县)财政资金重点支持解决淘汰落后产能有关职工安置、企业转产等问题。

(二)做好职工安置工作。市人力社保局、市财政局、市国资委和市经济信息委要指导各区县(自治县)和市属国有企业妥善处理淘汰落后产能与职工就业的关系，认真落实和完善企业职工安置政策，依照相关法律、法规和规定妥善安置职工，做好职工社会保险关系转移与接续工作，积极稳妥地推进淘汰落后产能工作，避免大规模集中失业，防止发生群体性事件。

(三)支持企业升级改造。市发展改革委、市经济信息委、市科委要引导和支持企业运用高新技术和先进适用技术对落后产能进行改造升级。市发展改革委、市经济信息委、市财政局、市国土房管局、有关金融机构要对淘汰落后产能任务较重且完成较好的区县(自治县)和市属国有企业在安排技术改造资金、节能减排资金、投资项目核准备案、土地开发利用、融资支持等方面给予倾斜。

七、切实加强组织领导

成立重庆市淘汰落后产能工作领导小组，组织领导和统筹协调全市淘汰落后产能工作，研究解决淘汰落后产能工作中的重大问题。由市政府分管领导任组长，市政府分管副秘书长、市经济信息委主任任副组长，市发展改革委、市财政局、市经济信息委、市监察局、市人力社保局、市国土房管局、市环保局、市商委、人行重庆营管部、市国资委、市国税局、市地税局、市工商局、市质监局、市安监局、市煤炭工业管理局、重庆银监局、市物价局、市中小企业局、市三电办、市电力公司等部门和单位分管领导为成员。领导小组下设办公室，设在市经济信息委，负责统筹协调淘汰落后产能日常工作，研究解决淘汰落后产能工作中的重大问题，牵头编制全市"十二五"淘汰落后产能目标和规划，做好任务分解和督促落实等工作。

领导小组各成员单位要根据各自工作职责，加强沟通配合，共同做好淘汰落后产能工作。各区县（自治县）人民政府要健全领导机构和工作机制，明确职责分工，做到责任到位、措施到位、监管到位，确保淘汰落后产能工作顺利推进。

★重庆市人民政府办公厅2010年7月15日发布的渝府发【2010】75号文。

重庆市人民政府关于进一步加大工作力度确保实现“十一五”节能减排目标的通知★

Circular of Chongqing Municipal People's Government about further increasing the work force to ensure the realization of "Eleventh Five－year" target of energy saving and emission reduction

各区县（自治县）人民政府，市政府各部门，有关单位：

根据国务院节能减排工作电视电话会议精神，按照《国务院关于进一步加大工作力度确保实现“十一五”节能减排目标的通知》（国发【2010】12号）要求，为进一步加大工作力度，确保全市“十一五”节能减排目标顺利实现，现就做好节能减排有关工作通知如下：

一、提高认识，增强紧迫感和责任感

“十一五”节能减排目标是中央向全国人民做出的庄严承诺，是具有法律约束力的指标，是刚性指标，不容改变。近年来，我市贯彻落实科学发展观，坚持把节能减排作为促进产业结构调整和经济发展方式转变的重要手段。“十一五”前四年，我市单位GDP能耗累计下降了17.1%，全市化学需氧量和二氧化硫排放总量比2005年下降了10.86%，达到时间目标进度要求。但是，我市的节能减排形势仍然严峻，特别是随着全市经济迅速复苏，部分高耗能、高排放（以下简称“两高”）行业较快发展，能源需求大幅度增加，能源消耗强度下降趋势减缓，总量减排形势严峻。各区县（自治县）人民政府和市政府有关部门要充分认识加强节能减排工作的重要性和紧迫性，切实增强使命感和责任感，坚定信心，采取强有力措施，落实目标责任，打好节能减排攻坚战，努力完成2010年节能减排目标任务，确保实现“十一五”节能减排目标。

二、强化目标责任，加大问责力度

根据《重庆市节能目标责任评价考核办法》和2009年度节能降耗目标任务分解，市政府督察室和市节能办要组织开展对各区县（自治县）人民政府2009年节能减排目标完成情况、措施落实情况以及“十一五”目标完成进度的评价考核，并向社会公告考核结果，落实奖惩措施。对未完成年度节能目标任务的区县（自治县），按照有关规定扣减下一年度财政转移支付额度。各区县（自治县）人民政府要按照节能减排目标责任制的要求，一级抓一级，层层抓落实，组织开展本地区节能减排目标责任评价考核工作，对未完成目标的地区进行责任追究。到“十一五”期末，市政府将组织对节能减排目标完成情况进行考核，对未完成任务的区县（自治县）、企业和行政不作为的部门，实行严格的问责制。各区县（自治县）人民政府和有关部门要根据“十一五”节能减排目标完成情况，抓紧制定“十二五”节能减排规划。

三、严控“两高”行业，加快淘汰落后产能

严格控制“两高”和产能过剩行业新上项目。市、区县（自治县）投资主管部门要进一步加强项目管理，今年内不再审批、核准、备案“两高”和产能过剩行业扩大产能项目。未通过环评、节能审查和土地预审的项目，一律不准开工建设。对违规在建项目，有关部门要责令停止建设，金融机构一律不得发放贷款。对违规建成的项目，要责令停止生产，金融机构一律不得发放流动资金贷款，有关部门依法停止供电供水。落实限制“两高”产品出口的各项政策，控制“两高”产品出口。

加快淘汰落后产能是转变经济发展方式、调整经济结构、提高经济增长质量和效益的重大举措。要严格按照《国务院关于进一步加强淘汰落后产能工作的通知》（国发【2010】7号）要求，加快淘汰电力、钢铁、水泥、有色金属以及铁合金、焦炭、电石、造纸、制革、印染等重点行业落后产能。各区县（自治县）人民政府和市政府有关部门要根据市政府分解下达的淘汰落后产能任务，尽快落实工作方案，抓紧组织实施，按期实施淘汰。确保今年淘汰的落后产能项目在第三季度前全部关停。市监察局、市经济信息委要组织有关部门加强淘汰落后产能核查，对未按期完成淘汰落后产能任务的地区和企业提出名单，市政府有关部门按照名单严格控制国家和市级安排的投资项目，实行项目“区域限批”，暂停对该地区项目的环评、供地、核准和审批。对未按规定期限淘汰落后产能的企业，依法吊销排污许可证、生产许可证、安全生产许可证，投资管理部门不得审批和核准新的投资项目，有关部门依法停止落后产能生产的供电供水。

四、加快实施重点工程，尽快发挥节能减排效能

各区县（自治县）人民政府要加大工作力度，按照《重庆市人民政府办公厅关于下达2010年主要污染物总量减排任务的通知》（渝办发【2010】90号）中确定的总量减排项目，加快彭水县污水处理厂等重点减排项目的建设进度，加大城市

污水处理厂服务片区管网的建设力度，限期整改市政污水排口直排问题，不断提高污水收集率，充分发挥污水处理厂的减排效益，确保减排任务完成。市发展改革委、市经济信息委要充分利用中央和地方财政资金的引导作用，实施一批重点节能减排项目，重点支持燃煤锅炉改造、区域热电联产等“十大”节能工程，发展循环经济，淘汰落后产能项目。组织实施《三峡库区及其上游水污染防治规划（修订）》项目，加快推进次级河流污染综合整治、重点镇生活污水和垃圾处理、主城企业环保搬迁、重金属污染治理。各工业园区（包括小企业创业基地和都市工业园）要加快污水集中处理设施建设。积极申报国家节能技术改造国债补助项目和节能奖励项目。市级节能和循环经济专项资金要及早安排落实到具体项目。各区县（自治县）要落实区县级节能和循环经济专项资金，积极组织实施本地区的节能重点项目。已纳入国家和市级循环经济示范的区县（自治县）和企业要落实资金支持循环经济示范项目。节能专项资金要向能直接形成节能能力的短平快项目倾斜，尽早实施，尽快形成节能能力。加强项目核查，对已下达投资计划的项目，要加快形成节能能力；对已下达投资计划的未开工项目，要加强督察督办。

五、开展合同能源管理，大力推广高效节能产品

继续实施“节能产品惠民工程”，积极推进“家电下乡”、“汽车下乡”、“太阳能下乡”、“高效照明产品推广”、“新能源汽车示范推广”等国家财政补贴惠民工程。计划全年推广高效照明产品300万只。在城市道路照明、公共场所、公共机构加快淘汰低效照明产品。市财政局、市机关事务局要进一步落实政府优先和强制采购节能产品制度，完善节能产品政府采购清单动态管理。加快节能新技术、新设备的推广应用，积极扶持节能服务产业，研究制定加快推行合同能源管理、促进节能服务产业发展的意见；积极支持节能服务公司为用户提供节能诊断、融资、改造等服务，以节能效益分享方式回收投资和获得合理利润，降低用能单位节能改造的资金和技术风险。

六、加强用能管理，深化能源价格改革

加强对各区县（自治县）综合能源消费量、高耗能行业用电量、高耗能产品产量等情况的跟踪监测，对能源消费和高耗能产业增长过快的地区，合理控制能源供应。大力推进节能环保发电调度，市经济信息委、市电力公司在分配发电时间、电量以及运行调度中，首先满足水力发电、风力发电、垃圾发电、沼气发电等再生能源以及煤层气发电的上网需求。对于火电机组在确保电网安全和兼顾公平的情况下，大容量、高参数的节能环保机组优先安排。加强电力需求侧管理，制订和实施有序用电方案，在保证合理用电需求的同时，压缩高耗能、高排放企业用电。继续深化能源价格改革，配合国家天然气价格调整，相应疏导城市燃气销售价格，逐步理顺车用天然气与成品油的比价关系，研究推进居民用电阶梯价格政策，落实煤层气发电上网电价和脱硫电价政策。对能源消耗超过已有国家和地方单位产品能耗（电耗）限额标准的，实行惩罚性价格政策，具体办法由市物价局会同市经济信息委制定。市经济信息委要组织市三电办和市节能监察中心对重点用能单位上一年度和今年上半年主要产品能源消耗情况进行专项能源监察审计，提出超能耗（电耗）限额标准的企业和产品名单，实行惩罚性电价，对超过限额标准一倍以上的，按照有关规定比照淘汰类电价加价标准执行。对电解铝、铁合金、钢铁、电石、烧碱、水泥、黄磷、锌冶炼等高耗能行业中属于产业结构调整指导目录限制类、淘汰类范围的，严格执行国家差别电价政策。

七、强化重点耗能单位节能管理，推动重点领域节能减排

市经济信息委要会同市级有关部门突出抓好年耗标准煤1万吨以上的重点用能单位节能行动，强化目标责任，加强用能管理，开展节能审计，提高用能水平，确保完成“十一五”节能目标。各区县（自治县）人民政府要加强对年耗能5000吨标准煤以上重点用能单位的节能监管，落实能源利用状况报告制度，推进能效水平对标活动，开展节能管理师和能源管理体系试点，强制实行能源审计。国有企业要发挥表率作用，加大节能投入，加强管理。对未完成节能减排目标和存在严重浪费能源资源的市属国有企业，市国资委要在经营业绩考核中扣减企业负责人绩效薪酬，问题严重的要对企业负责人实行降级或撤职处分。

加强电力、钢铁、有色金属、石油石化、化工、建材等重点用能行业以及建筑、交通、市政、公共机构领域等节能减排管理，加大用先进适用技术改造传统产业的力度。市城乡建委要进一步加强新建建筑节能监管，到2010年年底，确保全市城镇新建建筑执行节能强制性标准的比例达到95%以上，牵头推进全国可再生能源建筑应用示范城市和大型公共建筑节能监管体系示范城市建设。市交委要加强车辆用油定额考核，严格执行车辆燃料消耗量限值标准，对客车实载率低于70%的线路不得投放新的运力。推行公路甩挂运输，加快铁路电气化建设和运输装备改造升级，优化民航航路航线。市机关事务局要积极开展节约型公共机构示范单位建设活动，今年公共机构能源消耗指标要在去年基础上降低5%。市商委要加强流通服务业节能减排工作。

八、加强项目节能评估，加大监督检查力度

市经济信息委要会同有关部门加快修改完善《重庆市固定资产投资项目节能评估和审查管理办法》，公布第一批节能咨询评估单位，从源头上杜绝新建能源利用效率低的项目，严格控制高能耗项目建设，特别是能耗超过全市万元工业增加值能耗平均水平的新建项目。今年，市政府督察室要会同市经济信息委、市节能办对近年来年耗能3000吨标准煤以上的新建项目进行检查清理，对未按规定进行节能评估和审查的，一律补做。将年耗能3000吨标准煤以下新建项

目的节能评估和审查执行率纳入区县(自治县)人民政府年度节能目标评价考核体系予以重点考核。

市经济信息委、市环保局和各区县(自治县)人民政府要组织开展节能减排专项督察,严肃查处违规乱上“两高”项目、淘汰落后产能进展滞后、减排设施不正常运行及严重污染环境等问题,彻底清理对高耗能企业和产能过剩行业电价优惠政策,对重点案件要挂牌督办,对有关责任人要严肃追究责任。严肃查处使用国家明令淘汰的用能设备或生产工艺、单位产品能耗超限额标准用能等问题,情节严重的,依法责令停业整顿或关闭。市政府有关部门组织开展酒店、商场、办公楼等公共场所空调温度以及城市景观过度照明检查,夏季空调温度设置不低于26摄氏度。

九、强化宣传教育,深入开展节能减排全民行动

加强能源资源和生态环境国情宣传教育,增强全民资源忧患意识、节约意识和环保意识。市经济信息委、市环保局、市科委、市总工会、团市委等部门和单位要组织开展好2010年全国节能宣传周、世界环境日等活动。广泛开展“节能减排全民行动”,开展能源紧缺体验,加强车辆节能,减少电梯使用,控制路灯和景观照明,推广使用节能产品等,普及节能环保知识和方法,推介节能新技术、新产品,积极倡导绿色消费、适度消费理念,加快形成有利于节约资源和保护环境的生产方式、消费模式和生活习惯。新闻媒体要加大节能减排宣传力度,在重要栏目、重要时段、重要版面跟踪报道我市落实国务院节能减排工作电视电话会议精神采取的行动,宣传先进经验,曝光反面典型,充分发挥舆论宣传和监督作用,推动形成全社会关心、参与节能减排的良好氛围。

十、搞好形势分析,做好预警调控

做好节能减排形势分析和预警预测。市统计局要加强相关数据统计分析,实行季度分析报告制度,在第二季度第一个月底前提供前一季度统计分析报告。建立节能减排会商制度和协调机制,定期分析节能减排动态形势,及时协调解决相关问题,共同推进节能减排工作。市经济信息委、市环保局和市统计局要在今年6月底前制订相关预警调控方案,在第三季度组织开展“十一五”节能减排目标完成情况预考核。对完成目标有困难的,经市政府批准后及时启动预警调控方案。

各区县(自治县)人民政府、市政府各部门和重点用能单位要把节能减排放在更加突出的位置,切实加强组织领导。区县(自治县)人民政府和用能单位对本行政区域和本单位节能减排负总责,政府主要领导和企业法人是第一责任人。市经济信息委要进一步加强节能减排综合协调,指导推动全市节能降耗工作,定期报告有关任务分解落实情况。各区县(自治县)人民政府、市政府有关部门要按照市政府的安排部署,精心组织,密切配合,确保实现“十一五”节能减排目标。

★重庆市人民政府办公厅2010年7月19日发布的渝府发【2010】76号文。

四川省

Sichuan Province

四川省人民政府批转省发展改革委关于抑制部分行业产能过剩和重复建设引导产业健康发展的意见的通知★

Circular of Sichuan Provincial People's Government about approving and forwarding the opinion of provincial Development and Reform Commission about inhibiting partial industrial capacity excess and repeated construction and guiding healthy industrial development

(州)、县(市、区)人民政府,省政府各部门、各直属机构:

省发展改革委《关于抑制部分行业产能过剩和重复建设引导产业健康发展的意见》经省政府同意,现予转发,请认真贯彻执行。

关于抑制部分行业产能过剩和重复建设引导产业健康发展的意见

为深入贯彻落实科学发展观,切实转变经济发展方式,加快推进我省产业结构调整,坚决抑制部分行业产能过剩和重复建设,加大淘汰落后产能力度,引导产业健康有序的发展,促进全省经济加快发展、科学发展、又好又快的发展,根据《国务院批转发展改革委等部门关于抑制部分行业产能过剩和重复建设引导产业健康发展若干意见的通知》(国发【2009】38号)和《国务院关于进一步加大工作力度确保实现“十一五”节能减排目标的通知》(国发【2010】12号)精神,结合全省经济社会发展实际,现将有关事项通知如下。

一、高度重视部分行业产能过剩和重复建设问题

近年来，全省上下按照省委确定的经济工作总体要求，紧紧抓住灾后恢复重建和扩大内需重大机遇，奋力推进“两个加快”，经济发展逐步向好，但部分行业重复建设的倾向有所抬头，水泥、多晶硅、平板玻璃等产业投资过热，部分地区违规审批、未批先建等现象时有发生。

水泥：截至2009年底，全省落后水泥产能约5 800万吨，已建成新型干法水泥产能6 000万吨，核准开工产能近6 700万吨，此外，尚有拟建产能约3 500万吨。若全部建成，全省水泥产能将超过2.1亿吨，人均产能达2.3吨以上，大大超过全国平均水平，将形成严重过剩。

多晶硅：（略）

平板玻璃：（略）

必须清醒地认识到，当前我国经济回升持续向好的基础还不稳固，世界经济复苏曲折多变。对于部分行业出现的产能过剩和重复建设，如不及时加以调控和引导，任其发展，市场恶性竞争难以避免，经济效益难以提高，并将导致企业倒闭或开工不足、人员下岗失业、银行不良资产大量增加等一系列问题，不仅严重影响国家扩大内需一揽子计划的实施效果和来之不易的企稳向好形势，而且将错失利用国际金融危机形成的市场形势推动结构调整的历史机遇。因此，尽快抑制产能过剩和重复建设，加大淘汰落后产能力度，把有限的要素资源引导和配置到优化存量、培育新的增长点上来，大力发展符合市场需求的高新技术产业和服务业，对调整产业结构，转变发展方式，提高经济增长的质量和效益，实现经济社会可持续发展具有重要意义。

二、正确把握抑制产能过剩和重复建设的政策导向

当前，我省经济正处于加快发展的关键时期，必须认真贯彻落实科学发展观，围绕加快建设西部经济发展高地的战略目标，全力打造“一枢纽、三中心、四基地”，大力发展先进制造业和现代服务业，坚决抑制部分行业产能过剩和重复建设，加大淘汰落后产能力度，促进产业结构优化升级。抑制产能过剩和重复建设既要充分发挥市场机制的作用，又要辅之必要的调控措施，注意把握好以下原则和产业政策导向：

（一）主要原则。

1. 控制增量和优化存量相结合。严格控制产能过剩行业盲目扩张和重复建设，推进企业兼并重组和联合重组，加快淘汰落后产能；结合实施“走出去”战略，支持有条件的企业转移产能，形成参与国际产业竞争的新格局；依靠技术进步，优化存量，调整产品结构，谋求有效益、有质量、可持续的发展。

2. 分类指导和有保有压相结合。对钢铁、水泥等高耗能、高污染产业，要坚决控制总量、抑制产能过剩；鼓励发展高技术、高附加值、低消耗、低排放的新工艺和新产品，延长产业链，形成新的增长点。对多晶硅、风电设备等新兴产业，要集中有效资源，支持企业提高关键环节和关键部件自主创新能力，积极开展产业化示范，防止投资过热和重复建设，引导有序发展。

3. 培育新兴产业和提升传统产业相结合。立足于新一轮国际竞争和可持续发展的需要，尽快培育一批科技含量高、发展潜力大、带动作用强的新兴产业；抓紧改造提升传统产业，及时修订相关支持政策，对结构调整给予明确产业政策引导。

4. 市场引导和宏观调控相结合。加强行业产销形势的监测、分析和国内外市场需求的信息发布，发挥市场配置资源的基础性作用；综合运用法律、经济、技术、标准以及必要的行政手段，协调产业、环保、土地和金融政策，形成抑制产能过剩、引导产业健康发展的合力；坚持深化改革，标本兼治，通过体制机制创新解决重复建设的深层次矛盾。

（二）产业政策导向。

钢铁：（略）

水泥：切实加强总量控制，坚决淘汰落后产能。省发展改革委、省经济和信息化委继续抓好全省水泥项目清理，对已取得核准批复满两年未开工的项目，取消核准文件。省经济和信息化委会同环保、质监等部门按照国家规定抓紧制定3年内全部淘汰落后水泥产能的安排计划。省内非灾区市（州）的落后水泥产能从现在起安排分步淘汰。成都、乐山、广安、绵阳、达州等重点市建设新型干法水泥项目时已承诺淘汰的落后产能，2011年前全部关闭淘汰。到2012年底，全省关停淘汰全部落后水泥产能。鼓励企业联合重组，新型干法水泥投产要优先安置关停淘汰企业职工。支持新型干法水泥企业对工业废弃物和城市垃圾进行资源化利用。

平板玻璃：（略）

煤化工：（略）

多晶硅：（略）

风电设备：（略）

三、严格落实抑制产能过剩和重复建设的对策措施

各市（州）政府、省级各部门要认真贯彻落实省政府发布的相关产业调整振兴规划和加强节能减排、淘汰落后产能的有关要求，把握好调整的方向、力度和节奏，切实转变经济发展方式，进一步增强大局意识、责任意识，坚决抑制产能过剩和重复建设势头，采取铁的手腕淘汰落后产能。

（一）确保完成淘汰落后产能任务。省经济和信息化委要按照国家有关精神和要求，抓紧制定今年淘汰炼铁、炼钢、水泥、平板玻璃、铁合金、焦化、造纸等落后产能任务，尽快将

任务分解下达到市（州）、县（市、区）和有关企业，及时公布淘汰落后产能企业名单，确保落后产能在第三季度前全部关停。加强淘汰落后产能核查，对未按期完成淘汰落后产能任务的地区，严格控制国家和省安排的投资项目，实行项目“区域限批”，暂停对该地区项目的环评、供地、核准和审批。对未按规定期限淘汰落后产能的企业，依法吊销排污许可证、生产许可证、安全生产许可证，投资管理部门不予审批和核准新的投资项目，国土资源管理部门不予批准新增用地，有关部门依法停止落后产能生产的供电供水。

（二）严格市场准入。认真贯彻执行国家产业政策和相关行业准入条件，加快编制、修订专项规划，避免盲目无序建设。质量管理部门要按照产业政策的要求，严格受理螺纹钢、线材、水泥等产品生产许可证的申请，坚决查处无证生产。建设主管部门要禁止落后水泥进入重点建设工程和建筑结构工程，查处违法违规建设。

（三）强化环境监管。开展区域产业规划环境影响评价，区域内的钢铁、水泥、平板玻璃、传统煤化工、多晶硅等高耗能、高污染项目环境影响评价文件必须在产业规划环评通过后才能受理和审批。未通过环境评价审批的项目一律不准开工建设。环保部门要定期发布环保不达标的生产企业名单，对使用有毒、有害原料进行生产或者在生产中排放有毒、有害物质的企业限期完成清洁生产审核，对达不到排放标准或超过排污总量指标的生产企业实行限期治理，未完成限期治理任务的，依法予以关闭。对主要污染物排放超总量控制指标的地区，要暂停增加主要污染物排放项目的环评审批。

（四）依法依规供地用地。切实加强对各类建设项目用地监管。对不符合产业政策和供地政策、未按规定履行审批或核准手续、未达到现行《工业项目建设用地控制指标》或相关工程建设项目用地指标要求的项目，一律不批准用地。对未经依法批准擅自占地开工建设的，要依法从重处理；对有关责任人要追究政纪法律责任，构成犯罪的，依法追究刑事责任。

（五）实行有保有控的金融政策。要加强信贷政策指导和监管，引导和督促金融机构改进和完善信贷审核。对不符合国家相关产业政策要求，未按规定程序审批或核准的项目，金融机构一律不得授信，已授信的不得发放贷款，已发放贷款的要切实采取措施，实施保全。对落后产能要停止授信支持，并尽快收回已发放的贷款，适时冲销损失。严格发债、资本市场融资审核程序，对不符合全省相关产业规划和国家产业政策要求，不按规定程序审批或核准的项目及项目发起人，一律不得通过企业债、项目债、短期融资券、中期票据、可转换债、首次公开发行股票、增资扩股等方式进行融资。人民银行成都分行、四川银监局、四川证监局、省发展改革委要对违反规定的金融机构和有关单位予以严肃处理。

（六）严格项目审批管理。各级投资主管部门要进一步加强钢铁、水泥、平板玻璃、煤化工、多晶硅、风电设备等产能过剩行业项目投资管理，原则上不再批准扩大产能的项目，不得下放审批权限，严禁化整为零、违规审批。严格防止各级政府的财政性资金流向产能过剩行业的扩大产能项目。在国家新的投资项目核准目录出台前，上述产能过剩行业确有必要建设的项目，根据国家规定，按程序报国家发展改革委核准。

（七）做好企业兼并重组工作。产能过剩行业企业兼并和联合重组的任务十分紧迫和艰巨，结构调整、控制总量和淘汰落后产能均需要对企业组织结构进行相应的调整。各地要抓紧建立科学规范、行之有效的工作程序，扎实做好企业改组、改制中的思想政治工作。妥善安置关停企业职工，支持符合国家产业政策的新建大型企业和重点项目帮助解决职工再就业问题。切实维护群众利益，保持社会稳定，防止国有资产流失。省经济和信息化委要按照有关精神和要求，尽快制定相关产业加快企业兼并重组的指导意见。

（八）建立信息发布制度。省发展改革委要会同有关部门，建立部门联合发布信息制度，加强行业产能及产能利用率的统一监测，适时向社会发布产业政策导向及产业规模、社会需求、生产销售库存、淘汰落后、企业重组、污染排放等信息。充分发挥行业协会作用，及时反映行业问题和企业诉求，为企业提供信息服务，引导企业和投资者落实国家产业政策和行业发展规划，加强行业自律，提高行业整体素质。

（九）实行问责制。各级人民政府不得强制企业投资低水平产能过剩行业。政府各有关部门及金融机构要认真履行职责，依法依纪把好土地关、环保关、信贷关、产业政策关和项目审批（核准）关，加强政策研究、信息共享和工作协调，形成合力，有效抑制部分行业产能过剩和重复建设。要按照《中共中央办公厅国务院办公厅印发〈关于实行党政领导干部问责的暂行规定〉的通知》（中办发【2009】25号）的有关要求，对违反国家土地、环保法律法规和信贷政策、产业政策规定，工作严重失职或失误造成重大损失或恶劣影响的行为要进行问责，严肃处理。

（十）深化体制机制改革。要着眼于推进产业结构调整以及解决长期困扰我省产业发展的深层次矛盾，进一步深化财税体制、投融资体制、价格体制、社会保障体制等方面的改革，完善干部考核制度，形成有力促进经济结构战略性调整，推动我省经济加快发展、科学发展、又好又快发展的体制环境。

★四川省人民政府6月24日发布的川府发【2010】15号文。

贵州省

Guizhou Province

贵州省人民政府关于进一步加强淘汰落后产能工作的意见★

Opinion of Guizhou Provincial People's Government about further strengthening the backward capacity elimination work

各自治州、市人民政府,各地区行署,各县(自治县、市、市辖区、特区)人民政府,省政府各部门、各直属机构:

为贯彻落实《国务院关于进一步加强淘汰落后产能工作的通知》(国发【2010】7号)精神,加快转变经济发展方式,推进贵州省产业结构调整和优化升级,结合贵州省实际,提出以下意见:

一、深刻认识淘汰落后产能的重要意义

加快淘汰落后产能是转变经济发展方式、调整经济结构、提高经济增长质量和效益的重大举措,是加快节能减排、积极应对全球气候变化的迫切需要,是走中国特色新型工业化道路、实现工业由大变强的必然要求。我省能源、矿产等资源丰富,将资源优势转化为产业优势和经济优势,必须深入贯彻落实科学发展观,正确处理好淘汰落后产能与促进经济增长的关系,抓住当前经济发展中的有利时机,充分发挥市场机制和政策引导作用,进一步建立健全淘汰落后产能的长效机制,加快淘汰落后产能。各地、各部门要高度重视淘汰落后生产能力工作,切实增强工作责任感、使命感和紧迫感,克服畏难情绪,增强工作主动性,坚持依法行政,运用法律、经济和行政手段,突出重点领域,强化责任考核,切实做好淘汰落后产能工作,促进产业结构调整和优化升级。

二、目标任务

省有关部门要按照国发【2010】7号文件的总体要求和具体目标任务,结合《贵州省淘汰落后生产能力工作实施方案》,于2010年4月底前制定完善我省重点行业实施方案或计划。各市(州、地)要按照省有关部门的要求,做好本地区淘汰落后产能工作的摸底调查,不得隐瞒、虚报。

重点行业淘汰落后产能的具体安排是:

其他行业:(略)

建材行业:2010年底前,淘汰水泥湿法窑生产线(主要用于处理污泥、电石渣等的除外),坚决取缔无证水泥生产线;2012年底前,淘汰窑径3米以下的水泥机械化立窑生产线、直径3米以下水泥磨机(生产特种水泥除外);2012年前淘汰平拉工艺平板玻璃生产线(含格法)。由省经济和信息化委会同省质监局制定水泥行业结构调整实施方案。

三、强化政策约束和激励机制

(一)严格市场准入。严格按照相关行业准入条件,加强投资项目审核管理,强化安全、环保、能耗、物耗、质量、土地等指标的约束作用。对产能过剩行业坚持新增产能与淘汰产能"等量置换"或"减量置换"的原则,严格环评、土地和安全生产审批,遏制低水平重复建设,防止新增落后产能。通过兼并重组、上大压小,充分利用淘汰企业的土地存量,发展循环经济等新型工业化项目,淘汰落后产能。

(二)发挥市场机制和经济手段作用。进一步深化改革,充分发挥市场优胜劣汰功能;加大差别电价执行力度,推行差别排污费试点等配套政策,严格执行国家资源及环境保护税费制度,加速我省落后产能的退出。

(三)加大执法处罚力度。对未按期完成淘汰落后产能任务的地区,严格控制省安排的投资项目,实行项目"区域限批",暂停对该地区项目的环评、核准和审批。对未按规定期限淘汰落后产能的企业吊销排污许可证,银行业金融机构按规定不提供新增授信支持,投资管理部门不予审批和核准新的投资项目,国土资源管理部门不予批准新增用地,相关管理部门不予办理生产许可,依法撤回已颁发的生产许可证、安全生产许可证。对未按规定淘汰落后产能、被地方政府责令关闭或撤销的企业,限期办理工商注销登记,或者依法吊销工商营业执照,供电部门依法停止供电。

(四)继续执行财政奖励机制。积极争取国家奖励资金,继续安排省级资金给予支持,各市(州、地)政府(行署)要安排相应配套资金,统筹安排技术改造等资金,引导企业运用高新技术和先进适用技术,发展循环经济,实现升级改造。加强部门协调配合,重点支持淘汰落后产能企业的职工安置,确保资金在淘汰落后产能中取得实效。

四、加强组织领导和监督检查

(一)切实加强组织领导,进一步充实调整我省淘汰落后产能工作领导小组成员,建立和完善省、地、县三级工作领导小组和工作机制,确保完成淘汰落后产能目标任务。

(二)省经济和信息化委、省能源局要根据当前和今后一个时期我省经济发展形势及国家确定的淘汰落后产能阶段目标任务,结合产业升级要求及各市(州、地)实际,会同有

关部门提出分行业的淘汰落后产能年度目标任务和实施方案，并将年度目标任务分解落实到各市（州、地）。各有关部门要充分发挥职能作用，抓紧制定限制落后产能企业生产、激励落后产能退出、促进落后产能改造等方面的配套政策措施，指导和督促各市（州、地）认真贯彻执行。

（三）各市（州、地）政府（行署）要根据省经济和信息化委、省能源局下达的淘汰落后产能目标任务，认真制定实施方案，将目标任务分解到市、县、区，落实到具体企业，及时将计划淘汰落后产能企业名单报省经济和信息化委、省能源局。要切实担负起本行政区域内淘汰落后产能工作的职责，严格执行相关法律、法规和各项政策措施，组织督促企业按要求淘汰落后产能、拆除落后设施装置，防止落后产能转移；对未按要求淘汰落后产能的企业，要依据有关法律法规责令停产或予以关闭。

（四）企业要切实承担起淘汰落后产能的主体责任，严格遵守安全、环保、节能、质量等法律法规，认真贯彻国家产业政策，积极履行社会责任，主动淘汰落后产能。

（五）实行问责制。淘汰落后产能目标完成情况纳入地方政府绩效考核体系，参照《国务院批转节能减排统计监测及考核实施方案和办法的通知》（国发【2007】36号）对淘汰落后产能任务完成情况进行考核。对未按要求完成淘汰落后产能任务的地区进行通报，限期整改。对瞒报、谎报淘汰落后产能进展情况或整改不到位的地区，实行新建、技改项目区域限批，一切要素不予倾斜支持，并追究有关人员责任。

（六）加强监督检查和舆论宣传。各地、各有关部门要严格监督检查制度，加强舆论宣传，加强各地区、各行业淘汰落后产能工作交流，总结推广、广泛宣传淘汰落后产能工作先进地区和先进企业的有效做法，充分发挥媒体舆论监督和社会监督的作用，营造有利于淘汰落后产能的舆论氛围。

（七）加强动态管理。有关部门要及时根据国务院和有关部门对淘汰落后产能政策、标准的修订，对工作进行相应调整并实施。

★贵州省人民政府2010年04月20日发布的黔府发【2010】3号文。

云南省

Yunnan Province

云南省物价局关于运用价格政策加强淘汰落后产能工作的通知★

Circular of Yunnan Provincial Price Bureau about strengthening backward capacity elimination work by pricing policy

各州、市发展和改革委员会：

根据《云南省人民政府贯彻落实国务院关于进一步加强淘汰落后产能工作通知的实施意见》（云政发【2010】123号）精神，按照省政府提出的强化政策约束机制，加快落后产能退出的目标要求，为充分发挥价格政策在淘汰落后产能中的作用，结合云南省实际，提出如下实施意见，请认真贯彻执行。

一、统一思想，提高认识

加快淘汰落后产能是转变经济发展方式、调整产业结构、提高经济增长质量和效益的重大举措，是加快节能减排的迫切需要，是当前和今后一段时期的一项重要工作任务。各级价格主管部门要进一步增强责任感和紧迫感，积极运用价格政策加快淘汰落后产能，建立健全淘汰落后产能的长效机制，为全省按期实现淘汰落后产能目标和不断推进产业结构调整和优化升级作出积极贡献。

二、充分运用价格政策，加快淘汰落后产能

（一）认真落实差别电价政策。按照国家发改委、国家电监会和国家能源局联合下发《关于清理对高耗能企业优惠电价等问题的通知》（发改价格【2010】978号）要求，我省加大了差别电价政策实施力度，自2010年6月1日起，已将限制类企业执行的电价加价标准由每千瓦时0.05元提高到0.10元，淘汰类企业执行的电价加价标准由每千瓦时0.20元提高到0.30元。各地要严格按照省工信委公布的限制类、淘汰类企业及生产装置名单认真落实差别电价政策。

（二）认真执行国家和省清理优惠电价的相关政策。2010年6月，省发展和改革委员会、省工业和信息化委员会和原国家电监会昆明监管办公室联合下发了《转发关于清理对高耗能企业优惠电价等问题文件的通知》（云发改物价【2010】908号），对我省清理高耗能企业优惠电价工作进行了专门部署。各地要认真贯彻落实，坚决清理取消地方自行出台的优惠电价。德宏、怒江、迪庆等地方独立电网对高耗能企业用电价格，要严格执行省发展改革委、省物价局清理规范后的电价。

（三）切实规范电能交易价格行为。2009年11月，省发改委、国家电监会昆明监管办公室联合下发了《转发国家三部门关于规范电能交易价格管理等有关问题文件的通知》（云发改价格【2009】2212号）。各州市发改委、云南电网公司及相关电力企业要严格按照相关规定执行，不得自行提高

或降低电力用户销售电价,不得自行以大用户直购电(或直供电)等名义实行电价优惠。

(四)抓紧落实对超能耗产品实行惩罚性电价工作。按照云发改物价【2010】908号文件规定,我省对能源消耗超过国家和地方规定的单位产品能耗(电耗)限额标准的企业,实行惩罚性电价。凡超过限额标准一倍以上的,按淘汰类企业电价加价标准执行;超过限额标准一倍以内的,按照限制类电价加价标准执行。对超能耗(电耗)企业和产品,各地要严格按照省工信委公布的名单,执行惩罚性电价政策。

(五)逐步在全省推行差别水价政策。根据国家和我省产业政策要求,对电解铝、铁合金、电石、炼碱、水泥、钢铁、黄磷、锌冶炼、采矿、冶炼、化工、造纸、建材、印染等高耗能、高耗水行业实行差别水价政策,限制类企业在现行水价基础上每立方米加价0.50元,淘汰类企业加价1.00元。自来水企业(水利工程供水单位)收取的差别水费,实行单独列帐,州市价格主管部门可安排用于疏导当地供排水价格矛盾。对自来水的淘汰类、限制类企业征收的水资源费也应实行差别政策,具体规定另行制定。

三、认真贯彻落实价格政策,建立健全淘汰落后产能长效机制

各地要认真贯彻落实淘汰落后产能的相关价格政策。通过采取加大对高耗能行业执行差别电价及差别水价的力度、取消对高耗能企业的优惠电价以及对超能耗产品实行惩罚性电价等政策措施,建立健全淘汰落后产能的长效机制,逐步提高落后产能企业使用水电等资源的成本,限制高耗能企业盲目扩张,积极引导企业走新型工业化道路,优化产业结构,提高产业竞争力,促进产业健康发展。

★云南省物价局2010年9月29日发布的云价价格【2010】124号文。

陕西省

Shaanxi Province

陕西省人民政府关于分解下达2010年我省工业行业淘汰落后产能目标任务的通知★

Circular of Shaanxi Provincial People's Government about decomposing and issuing the target of backward capacity elimination in provincial industry in 2010

各设区市人民政府,省人民政府各有关工作部门:

根据《国务院关于进一步加强淘汰落后产能工作的通知》(国发【2010】7号)精神,工业和信息化部已下达2010年陕西省工业行业淘汰落后产能目标任务,其中,炼铁60万吨,焦炭160万吨,铁合金16.16万吨,电石3.2万吨,电解铝0.72万吨,锌冶炼1万吨,水泥538万吨,造纸46.3万吨,印染0.4亿米。现将2010年我省工业行业淘汰落后产能目标任务分解下达给你们,请切实加强领导和组织协调,认真督促相关企业按时限完成淘汰落后产能任务,并请社会各界予以监督。

附件:2010年陕西省工业行业淘汰落后产能目标任务分解表(水泥行业)

序号	企业名称	企业总产能(万吨、万米)	淘汰落后产能任务(万吨、万米)	淘汰落后工艺设备型号和数量	淘汰时间
水泥企业	合计(36户)	793.8	538.8		
西安市		25	10		
1	灞桥区新星水泥厂	10	10	Φ2.5×10米机立窑生产线1条	2010年6月
宝鸡市		170	115		
1	凤县三联建材有限责任公司	20	10	Φ3×11米机立窑生产线1条	2010年6月
2	凤县金狮建材有限责任公司	10	10	Φ2.8×10米机立窑生产线1条	2010年6月
3	陕西省陇州水泥有限责任公司	15	15	Φ3.5×11米机立窑生产线1条	2010年2月
4	陕西省天柱水泥制造有限责任公司	60	15	Φ3.4×12米机立窑生产线1条	2010年6月
5	凤翔县雍东水泥厂	10	10	Φ3×10米机立窑生产线1条	2010年6月

续 表

序号	企业名称	企业总产能（万吨、万米）	淘汰落后产能任务（万吨、万米）	淘汰落后工艺设备型号和数量	淘汰时间
6	凤翔县雍山水泥有限责任公司	20	20	Φ3×10 米机立窑生产线 2 条	2010 年 6 月
7	凤翔县雍川水泥有限公司	10	10	Φ3×11 米机立窑生产线 1 条	2010 年 6 月
8	千阳县兴盛千岭水泥有限责任公司	25	25	Φ3×11 米、Φ2.8×10 米机立窑生产线各 1 条	2010 年 6 月
咸阳市		20	20		
1	西铁烽阳水泥厂	20	20	Φ2.6×8.5 米、Φ3×11 米机立窑生产线各 1 条	2010 年 6 月
铜川市		30	30		
1	铜川市秦川建材有限公司	10	10	Φ2.5×42 米旋窑生产线 1 条	2010 年 6 月
2	铜川市特种水泥厂	20	20	Φ2.5×40 米旋窑生产线 1 条	2010 年 6 月
渭南市		413.8	283.8		
1	韩城迪源建材有限责任公司	13	13	Φ3.2×11 米机立窑生产线 1 条	2010 年 6 月
2	国营陕西韩城水泥厂	9	9	Φ2.8×8.4 米机立窑生产线 1 条	2010 年 6 月
3	大荔远东水泥有限公司	10	10	Φ3×10 米机立窑生产线 1 条	2010 年 6 月
4	韩城市禹门水泥有限责任公司	10	10	Φ3×10 米机立窑生产线 1 条	2010 年 6 月
5	蒲城县泰陵水泥厂	10	10	Φ3×10 米机立窑生产线 1 条	2010 年 6 月
6	陕西省蒲城县成龙水泥厂	30	30	Φ3×11 米机立窑生产线 2 条 Φ2.9×12 米机立窑生产线 1 条	2010 年 6 月
7	陕西省蒲城县秦东水泥有限责任公司	18.8	18.8	Φ3×11、2.8×11 米机立窑生产线各 1 条	2010 年 6 月
8	陕西省蒲城县坡头水泥厂	30	10	Φ3×11 米机立窑生产线 1 条	2010 年 6 月
9	陕西秦盾水泥有限公司	10	10	Φ3.2×12 米机立窑生产线 1 条	2010 年 6 月
10	陕西蒲城双龙水泥有限责任公司	10	10	Φ3×10 米机立窑生产线 1 条	2010 年 6 月
11	渭南市蒲城县恒达水泥有限责任公司	10	10	Φ3×10 米机立窑生产线 1 条	2010 年 6 月
12	蒲城县杰林水泥有限责任公司	25	25	Φ3×11、Φ3.3×55 米机立窑和回转窑生产线各 1 条	2010 年 6 月
13	陕西尧柏特种水泥有限公司蒲城分公司	150	40	Φ2.5×8.5 米机立窑、Φ2.5×40 米、Φ2.8×42 米、Φ2.5/2.8 米回转窑生产线各 1 条	2010 年 6 月
14	陕西省蒲城县北关水泥厂	10	10	Φ3×11 米机立窑生产线 1 条	2010 年 6 月
15	蒲城县大孔乡群力水泥厂	10	10	Φ3×11 米机立窑生产线 1 条	2010 年 6 月
16	蒲城县金燕平水泥有限责任公司	20	20	Φ3×11 米机立窑、Φ3×25 旋窑生产线各 1 条	2010 年 6 月
17	蒲城永峰水泥有限责任公司	20	20	Φ3×11 米机立窑生产线 2 条	2010 年 6 月
18	蒲城县大孔乡蒲北水泥厂	10	10	Φ3×10 米机立窑生产线 1 条	2010 年 6 月
19	蒲城县前兴水泥厂	8	8	Φ3×12 米机立窑生产线 1 条	2010 年 6 月
榆林市		10	10		
1	黄河集团十万吨水泥厂	10	10	Φ3×12 米机立窑生产线 1 条	2010 年 6 月
汉中市		75	20		

续　表

序号	企业名称	企业总产能（万吨、万米）	淘汰落后产能任务（万吨、万米）	淘汰落后工艺设备型号和数量	淘汰时间
1	汉中市汉江水泥厂	25	10	Φ3×10 米机立窑生产线 1 条	2010 年 6 月
2	勉县温泉水泥有限责任公司	50	10	Φ3×11 米机立窑生产线 1 条	2010 年 6 月
安康市		30	30		
1	平利县康华水泥公司	30	30	Φ3×11 米、Φ3.3×12 米机立窑生产线各 1 条	2010 年 6 月
商洛市		20	20		
1	陕西丹洛水泥有限责任公司	20	20	Φ3.8×12 米机立窑生产线 1 条	2010 年 6 月

★陕西省人民政府 2010 年 7 月 2 日发布的陕政发【2010】25 号文。

甘肃省

Gansu Province

甘肃省人民政府关于进一步加强淘汰落后产能工作的实施意见★

Implementing opinion of Gansu Provincial People's Government about further strengthening the backward capacity elimination work

各市、自治州人民政府，省政府有关部门，中央在甘有关单位，省属有关企业：

为深入贯彻落实科学发展观，严控高耗能、高排放行业过快增长，加大淘汰落后产能工作力度，确保全面完成“十一五”节能降耗目标任务，根据《国务院关于进一步加强淘汰落后产能工作的通知》（国发【2010】7 号）和《工业和信息化部关于下达 2010 年工业行业淘汰落后产能目标任务的通知》（工信部产业【2010】251 号）精神，结合我省实际，特制定本实施意见。

一、重要意义

淘汰落后产能是加快转变发展方式、调整优化经济结构、提升经济增长质量和效益的重大举措，是扎实推进节能减排、积极应对全球气候变化的迫切需要，是走中国特色新型工业化道路的必然要求。近年来，全省各级政府、各有关部门积极争取中央财政奖励政策，主动淘汰落后产能，取得了较好成效，为确保实现全省节能降耗目标任务奠定了坚实基础。但仍然存在结构性矛盾没有根本改变、政策措施不够完善、激励约束机制尚不健全、部分企业设备老化、技术相对落后等问题，严重制约了全省工业生产水平的整体提高。为此，各市州、各有关部门和企业要进一步统一思想，提高认识，切实把淘汰落后产能作为全面贯彻落实科学发展观，保持经济平稳较快发展的一项重要任务，进一步增强责任感和紧迫感，突出重点，突破难点，加大力度，加快进度，确保完成国家下达的目标任务，大力推进产业结构调整和优化升级。

二、总体要求和目标任务

（一）总体要求。

按照国家和省委、省政府淘汰落后产能的有关要求，结合省政府与各市州政府签订的节能目标责任书，以电力、煤炭、钢铁、水泥、有色金属、焦炭、造纸、制革等行业为重点，逐级分解落实淘汰计划，按期淘汰落后产能，确保完成“十一五”淘汰落后产能目标任务。

（二）目标任务。

建材行业：2012 年底前，淘汰窑径 3 米以下的水泥机械化立窑生产线、窑径 2.5 米以下的水泥干法中空窑（生产高铝水泥的除外）、水泥湿法窑生产线（主要用于处理污泥、电石渣等的除外）、直径 3 米以下的水泥磨机（生产特种水泥的除外）以及水泥土（蛋）窑、普通立窑等落后水泥产能；淘汰平拉工艺平板玻璃生产线（含格法）等落后平板玻璃产能。

其他工业：（略）

三、保障措施

（一）落实工作责任。省工信委要切实担负起负责全省工业淘汰落后产能的工作职责，各有关部门要积极配合，督促组织企业按要求淘汰落后产能、拆除落后设施装置，防止落后产能转移；对未按要求淘汰落后产能的企业，要依据相关法律法规责令停产或关闭。同时，根据经济发展形势以及国务院确定的淘汰落后产能阶段性目标任务，结合全省产业转型升级需要及各市州实际，商有关部门提出分行业淘汰落后产能年度目标任务和实施方案，并将年度目标任务分解落实到各市州、各有关部门和企业。各有关企业要切实承担起淘汰落后产能的主体责任，严格遵守安全、环保、节能、质量等方面的法律法规，认真贯彻国家产业政策，主动淘汰落后产能。各行业协会要充分发挥政府和企业间的中介作用，大力宣传贯彻国家方针政策，切实加强行业自律，积极维护市场秩序。

（二）夯实工作措施。一是严格市场准入。加强固定资产投资能评管理，强化安全、环保、能耗、物耗、质量、土地等指标的约束作用，制定完善相关行业准入条件和落后产能界定标准，遏制低水平重复建设，防止新增落后产能。二是强化经济和法律手段。充分发挥差别电价、资源性产品价格改革等价格机制在淘汰落后产能中的作用，加强对企业执行产品质量标准、能耗限额标准和安全生产规定的监督检查，采取综合性调控措施，抑制高能耗、高排放产品的市场需求。三是加大执法处罚力度。发挥节能监察作用，对未按期完成淘汰落后产能任务的市州，严格控制国家安排的投资项目，实行项目"区域限批"，暂停项目的环评、核准和审批；对未按规定期限淘汰落后产能的企业不予办理生产许可证，依法吊销工商营业执照，并责令其关闭或撤销。

（三）建立健全机制。各级财政部门要加大资金支持力度，重点做好落后产能淘汰企业的职工安置工作，支持企业通过技术改造实现转型升级，特别是要逐步建立淘汰落后产能退出机制。省及市州财政要建立淘汰落后产能专项资金，充分发挥财政资金导向作用。

（四）严格监督考核。一是加强舆论监督。各市州每年要向社会通告本地区年度淘汰落后产能的企业名单、落后工艺设备和淘汰时限及总体进展情况。并利用广播、报纸等新闻媒体广泛宣传淘汰落后产能工作先进单位和先进企业的有效做法，营造有利于淘汰落后产能的社会舆论氛围。二是加强监督检查。各市州要及时了解、掌握淘汰落后产能工作进展和落后产能淘汰企业职工安置情况，并定期向省工信委报告。省工信委要组织有关部门定期对各市州淘汰落后产能工作情况进行监督检查，并将进展情况及时报告省政府。三是实行问责制。要将淘汰落后产能目标任务完成情况纳入各市州政府和有关部门绩效考核体系，参照《国务院批转节能减排统计监测及考核实施方案和办法的通知》（国发【2007】36号），对淘汰落后产能任务完成情况进行考核，严格问责。对瞒报、谎报淘汰落后产能进展情况或整改不到位的市州和部门，要依法依纪追究有关责任。

（五）加强财政监管。省财政厅要会同省工信委等部门，根据财政部《淘汰落后产能中央财政奖励资金管理暂行办法》（财建【2007】873号），切实加强对中央财政奖励资金使用情况的监管，确保奖励资金使用的规范性、安全性和有效性。对享受到财政奖励的企业，由省市县三级政府相关职能部门联合进行跟踪检查，对于违反规定，虚报冒领、截留、挪用奖励资金或出现其他违规行为的企业，坚决追回相关资金，并追究相关人员责任。

（六）强化组织协调。建立淘汰落后产能工作组织协调机制，加强对淘汰落后产能工作的指导协调。由省工信委牵头，省发展改革委、省监察厅、省财政厅、省人社厅、省国土资源厅、省环保厅、省农牧厅、省商务厅、省政府国资委、省地税局、省工商局、省质监局、省安监局、人行兰州中心支行、甘肃银监局、兰州电监办等部门和单位配合，统筹指导协调全省淘汰落后产能工作，及时研究解决淘汰落后产能工作中的困难和问题，并根据"十二五"规划研究提出下一步淘汰落后产能目标任务，同时做好任务分解和组织落实工作。各有关部门要加强协作配合，做到责任到位、措施到位、监管到位，确保淘汰落后产能工作取得明显成效。

附件：甘肃省全省淘汰落后产能重点任务分解表（略）

★甘肃省人民政府2010年6月27日发布的甘政发【2010】50号文。

青海省

Qinghai Province

青海省人民政府办公厅关于进一步加强淘汰落后产能工作的意见★

Opinion of General Office of Qinghai Provincial People's Government about further strengthening the backward capacity elimination work

西宁市、各自治州人民政府，海东行署，省政府各委、办、厅、局：

根据《国务院关于进一步加强淘汰落后产能工作的通知》（国发【2010】7号）和《国务院关于进一步加大工作力度确保实现"十一五"节能减排目标的通知》（国发【2010】12号）精神，经省政府同意，结合我省实际，现就进一步加强淘汰落后产能工作提出如下意见：

一、2010 年淘汰落后产能计划安排

水泥行业：淘汰所有机立窑，淘汰落后产能 245 万吨。其中，西宁市淘汰 30 万吨、海南藏族自治州淘汰 10 万吨、海东地区淘汰 205 万吨，实现节能量 2.7 万吨标准煤。

其他行业：（略）

二、工作措施

（一）分解落实任务。按照国家和我省产业政策要求，省经委制定年度淘汰落后产能计划，将任务分解落实到各州、地、市和有关企业。按照《国务院关于进一步加大工作力度确保实现“十一五”节能减排目标的通知》（国发【2010】12 号）的要求，为确保完成今年淘汰落后产能的工作目标，各地区淘汰落后产能计划提前至今年 9 月底前全部实施关停（水泥行业 10 月底前完成淘汰任务）。从 6 月份开始，进一步加大淘汰落后产能力度，按照节能量顺序，逐月淘汰铁合金、电解铝、碳化硅、电石和水泥的落后产能。同时，向社会公布淘汰落后产能的企业名单和淘汰设备情况，接受社会监督。

（二）加快淘汰落后产能。各州（地、市）人民政府及相关部门对已列入青政办【2008】141 号文件淘汰范围的落后生产能力和设备进行严格排查，按规定时限实施关闭；对未按规定实施关闭的企业，电力部门要立即停止电力供应，坚决予以关闭。

（三）鼓励产业升级和技术改造。鼓励淘汰落后产能的企业通过技术改造，实现向其他行业或相关产业转移，有关部门在立项、土地审批、环评、信贷等方面给予政策支持。鼓励支持企业通过联合、兼并、收购等形式重组淘汰落后产能企业，提高产业集中度。加快对淘汰落后产能的企业实施节能技术改造，推广应用铁合金、水泥余热发电、低压无功率补偿等节能技术。省财政安排节能技术改造和淘汰落后产能财政奖励资金，对积极实施节能技术改造、淘汰落后产能、推进产业升级的企业，给予奖励和资金支持。

（四）组织实施。各州（地、市）人民政府责成相关部门对本地区淘汰落后产能工作进行再部署、再安排、再落实，确保在规定的时限内完成淘汰落后产能的任务。列入淘汰落后产能计划的企业法定代表人为第一责任人，要严格按照相关规定，制定淘汰落后产能工作方案，并组织实施。

（五）检查验收。由省经委负责，会同省发展改革委、省财政厅、省国土资源厅、省环境保护厅、省统计局、省电力公司等单位成立联合检查小组，对各地区今年淘汰落后产能目标任务的完成情况，按季度进行监督检查，督促落实。

★青海省人民政府办公厅 2010 年 5 月 18 日发布的青政办【2010】92 号文。

领导关怀

Leader's care

2010年

The year 2010

甘肃省委书记陆浩到“天水中材水泥”调研

1月11日，甘肃省委书记陆浩在省委、省政府相关领导的陪同下到中国中材集团有限公司所属企业——天水中材水泥有限责任公司进行调研，公司董事长尹自波、总经理朱晓明汇报了项目的建设情况。

陆浩一行就天水中材水泥公司项目建设情况进行了调研，详细了解公司新型干法水泥生产线的建设和运营后的节能减排等方面的情况，对加快后续配套工程的建设提出了具体要求，并向天水中材水泥公司顺利点火投产表示祝贺，对与中材集团的良好合作感到欣慰，对天水中材水泥公司的投产运行为甘肃省经济社会发展做出的贡献给予肯定。

甘肃省委常委、省委秘书长姜信治，省人大常委会副主任、省总工会主席孙效东，副省长张晓兰，省政协副主席邵克文及甘肃省直有关部门负责人参加调研。

中国建材联合会会长张人为一行赴海南“华盛水泥”调研

1月24日，中国建材联合会会长张人为、副会长兼秘书长孙铁石以及中国建材杂志社社长秦春雨等一行来到海南华盛水泥集团天涯水泥厂进行调研。

华盛集团总经理来正新向张人为一行介绍了“华盛”这些年的发展情况。华盛水泥集团自2000年底转制，到目前拥有2条5 000吨新型干法水泥生产线和1条5 500吨生产线。“华盛水泥”是一家非常注重资源综合利用、节能减排和技术创新的民营企业。

张人为会长对华盛集团在短短10年时间取得的成绩给予了肯定，并代表中国建材联合会感谢华盛集团对水泥新型干法技术的贡献。他说，水泥行业这些年发展很快，特别是民营资本的介入，意义重大。希望“华盛水泥”抓住海南国际旅游岛大发展的机遇，对标水泥行业领军企业，特别是在企业现代化精细管理、绩效管理方面确定学习对象，在新时期有更大的发展。

甘肃省副省长石军祝贺“祁连山水泥”生产线投产

2月26日，在甘谷祁连山水泥有限公司现场举行了隆重的生产线竣工典礼暨投产仪式。甘肃省副省长石军代表省政府发来贺信，甘肃省政协副主席张津梁宣布甘谷祁连山水泥有限公司120万吨生产线正式点火生产。

石军在贺信说，多年来，“祁连山”主动适应市场变化，积极协调发展战略，大力实施战略合作，扎实推进项目建设，生产规模、经营效益、竞争实力大幅提升，为促进全省工业增长、经济发展做出了重要贡献。相信，甘谷项目的建成投产，必将进一步夯实祁连山做大做强主业的基础，同时为甘谷县乃至天水市的经济社会发展注入新的活力。

据悉，甘谷年产120万吨水泥生产线是甘肃省重点项目之一，总投资4.15亿元，是“祁连山”在全资子公司甘谷祁连山水泥有限公司原有一条年产30万吨新型干法水泥生产线的基础上，新建的一条新型干法水泥生产线。该项目于2009年3月5日动工建设。

中国建材联合会会长张人为考察天津院有限公司

3月17～18日，中国建材联合会会长张人为、副会长陈国庆等专程到天津院有限公司考察调研。

张人为一行在天津院有限公司董事长宋寿顺、党委书记夏春光、总经理徐培涛等陪同下参观了公司研发和水泥装备产业基地。张人为详细了解了企业在节能减排、资源综合利用、污泥处置、垃圾焚烧等最新技术研发和装备产业化方面的情况。宋寿顺代表天津院有限公司班子成员，向张人为一行详细汇报了天津水泥院有限公司近年来在国家级节能减排示范线、水泥厂污泥处置项目、亚洲最大的白水泥生产线的建设以及第四代冷却机、二挡短窑、大型辊式磨、新型预分解系统大推力燃烧器等一批最新装备的推广应用情况。

张人为会长对天津院有限公司从单一的设计院发展成为集科研开发、工程设计、装备制造、工程总承包、备件服务于一体的大型科技企业所取得的成绩给予充分肯定，称赞天津院有限公司为中国水泥工业发展做出了卓越贡献。在分析了国内外水泥工业发展的形势后，张人为会长希望天津院有限公司在中材集团、“中材国际”的领导下，不断引领行业发展，把握最前沿技术，持续创新，全面提升竞争力，进一步在发展谋略和自主创新上加大力度，继续以核心技术、装备产业化及备件服务为重点，为水泥工业的发展做出更大贡献。张人为会长认为，这次考察中听到、看到和感受到的，让他深受鼓舞，他对天津院有限公司的未来发展充满信心。

原国家财政部常务副部长迟海滨一行到海螺集团考察指导

3月27日，原国家财政部常务副部长迟海滨在芜湖市委常委、常务副市长赵馨群，芜湖市财政局党组书记许茂环等陪同下到海螺集团考察指导。海螺集团董事长、总经理郭文叁，副总会计师朱忠平及相关部门负责人接待了客人一行。

迟副部长一行首先参观了新型节能公司厂房，并饶有兴趣地参观了海螺集团展厅，观看《中国“海螺” 三十而立》宣传片，详细了解了海螺集团三十多年的改革发展历程。

在新型节能公司厂房内的展板前，郭文叁董事长向迟副部长一行介绍了以余热发电等为代表的“海螺”新型节能产业情况；节能公司负责人详细介绍了“海螺”余热发电、垃圾焚烧工艺流程以及节能公司在国内外的业绩。在做大做强水泥主业的同时，在海螺集团大力推动和倡导下，余热发电技术在国内外得到迅速推广，垃圾焚烧技术也有了一定的发展，为将水泥行业打造成为节能环保的循环经济产业做出了大企业的应有贡献。当听到这些介绍时，迟副部长不时点头赞许，并询问了解了有关技术细节问题。

在观看完《中国“海螺” 三十而立》宣传片，详细了解了海螺集团三十余年来的改革和发展情况后，他表示，“海螺”让他改变了对传统水泥制造企业“脏、乱、差”的概念，在他面前的是一个绿色的、环保型的企业。参观结束，他勉励“海螺”在节能环保产业上取得更大的成绩，为发展低碳经济做出更大的贡献。

全国人大常委会副委员长陈至立到“金隅”新北水公司考察调研

4月15日，全国人大常委会副委员长陈至立，全国人大常委会委员、环资委主任委员汪光焘，全国人大常委会委员、环资委副主任委员曹伯纯，全国人大常委会环资委委员张洪飚等在北京市人大常委会主任杜德印、副主任刘晓晨，北京市副市长苟仲文和北京市政府有关部门领导的陪同下来到“金隅”新北水有限责任公司，就“以科技促进循环经济”进行专题考察调研。

陈至立一行听取了北京市发展改革委主任张工关于北京市循环经济发展工作基本情况、北京金隅集团董事长蒋卫平关于金隅集团循环经济发展情况的汇报。

陈至立对北京市和北京企业发展循环经济的成果给予充分肯定。她强调，全国人大在2008年8月29日通过了《循环经济促进法》，2009年开始实施，标志着我国发展循环经济步入法制化管理阶段。她指出，发展循环经济是全面落实科学发展观、促进经济社会又好又快发展的大事。发展循环经济，依法促进生产流通过程中的减量化、资源化，可在经济增长的同时有效减少污染物排放，提高经济发展的总体质量。我国是人口大国，特别是北京市，资源的制约是发展的最大瓶颈，因此，循环经济是实现北京可持续发展的必由之路；通过发展循环经济能够促进北京经济发展模式的转变，即由依靠能源资源消费和基础投资拉动，转变为依靠科技进步、人才素质提高来转变发展方式，从而构建符合科学发展观的社会发展模式；发展循环经济不仅不是被动适应，而且可以创造新的经济增长点、催生新的产品、衍生新的行业，具有巨大潜力。金隅集团不仅实现了自身的清洁生产，而且较好地服务于城市发展，其发展轨迹也印证了这一点。最后，陈至立希望北京成为发展循环经济的首善之区。

座谈汇报结束后，陈至立一行参观了新北水公司厂区、环保示范线和中央控制室。在城市污水处理厂污泥处置项目现场，陈至立详细询问了项目投资、工艺技术和社会效益等情况，对金隅集团不仅实现自身清洁生产，而且大力实施工业废弃物、城市污泥等处置项目，为城市发展积极做贡献表示高度赞赏。

吉林省省长王儒林会见爱尔兰CRH老城堡集团公司首席运营官阿尔勃特一行

4月20日下午，吉林省省长王儒林在省政府会见爱尔兰CRH老城堡集团公司首席运营官阿尔勃特一行。

王儒林对阿尔勃特一行的到来表示欢迎。他说，爱尔兰CRH老城堡集团公司作为世界500强企业，在世界建材行业中排名靠前。吉林亚泰集团是中国重点支持的12家大型水泥生产企业之一，发展前景广阔。目前，双方合作基础较好，项目进展顺利。吉林正处在高速发展时期，建材行业面临难得的发展机遇。希望老城堡集团公司继续深化与吉林省的合作，省政府将一如既往地给予支持，提供良好发展环境。

阿尔勃特感谢王儒林的会见。他表示，老城堡集团公司将继续与亚泰集团加深彼此了解，更好地合作，取得更大发展。副省长王祖继、省政府秘书长王云岫及省直有关部门负责同志参加会见。

随后，长春市委常委、市委书记高广滨及市委常委、秘书长钱万成、副市长肖万成等领导在长春宾馆也会见了阿尔勃特一行。

亚泰集团公司董事长、总裁宋尚龙及副总裁徐德复、孙晓峰、张国栋参加了会见。

全国政协副主席、全国工商联主席黄孟复视察“南威水泥”

5月11日，全国政协副主席、全国工商联主席黄孟复率全国工商联副主席谢经荣，省政协副主席、省工商联主席陈次昌等莅临四川南威水泥有限公司视察工作。

四川南威水泥有限公司是由四川省星船城水泥股份有限公司（控股）和四川南江矿业集团有限公司共同投资建设

的年产100万吨新型干法水泥企业,拥有巴中市惟一一条新型干法水泥生产线。黄孟复在厂区察看设施设备,了解生产规模和市场营销情况。在中控室,"南威水泥"全部生产流程在12个电子显示屏上一目了然。黄孟复仔细看后,十分关心粉尘污染的处理情况和公司今后的打算,公司董事长岳俊聪汇报了粉尘污染的处理情况。

该厂的生产流程都是在封闭状态下运行的。为确保水泥厂无污染,环保设施共投入了7 000万元,布设了60台收尘器、一套循环水处理设备,"三废"指标实现了达标排放。

临别时,黄孟复希望企业负责人要提高产品质量,加强内部管理,努力把企业建成经济高效、生态环保的现代化企业。

四川省副省长李成云视察"南威水泥"

5月14日,四川省副省长李成云莅临四川南威水泥有限公司视察工作,巴中市副市长魏文通及南江县委书记张长云,县委常委、政法委书记杨波,副县长陈俊、符大纲等领导陪同视察,南威公司董事长岳俊聪,常务副总经理林廷全向李成云一行详细汇报了公司的发展情况。

李成云仔细了解企业生产和销售情况。在公司宣传栏前观看了公司建设与发展、领导关怀、南威风采、企业文化等。公司发展轨迹一目了然,在中控室,6名工作人员一丝不苟地监控着生产流程的各个环节。在得知南威水泥公司总投资3.9亿元,仅9个月时间就竣工投产,环保设施投入7 000万元,"三废"指标实现了达标排放,今年头4个月实现工业总产值1.5亿元,预计全年可产销水泥100万吨,实现产值5亿元、利税5 000万元后,李成云副省长在肯定公司所做出的成绩的同时,要求南威水泥公司要进一步强化内部管理,加强技术创新,提高产品质量,抓好市场开拓,做大做强企业。

四川省副省长黄小祥考察会东利森水泥公司

6月3日,四川省副省长黄小祥、省政府副秘书长李家国、省商务厅厅长谢开华及省相关部门领导,在凉山州委书记翟占一、会东县委书记王和相等的陪同下,考察了四川省灾后建设重点引资项目,凉山州会东县的重点关注企业——会东利森水泥有限公司年产100万吨新型干法水泥生产项目建设工地。

在了解了项目进展情况后,黄小祥对公司建设提出了殷切希望。他说,企业要抓住机遇,抢工期、抢进度,加快工程建设步伐,争取早日点火投产,为四川创造更大的效益。

内蒙古自治区书记胡春华考察"中联水泥"承建的首个蒙古国水泥项目

6月18日,内蒙古自治区书记胡春华、中国建材集团公司总经理姚燕考察"中国联合水泥"乌兰察布蒙中水泥公司年产100万吨水泥生产线在建项目。"中国联合水泥"董事长崔星太、乌兰察布中联水泥有限公司董事长罗振华及蒙古地区官员等陪同考察。

中国企业承建蒙古国100万吨水泥项目得到中蒙两国国家领导人的高度重视。该项目位于距离乌兰巴托100公里处的蒙古中央省斯日古楞苏木,是于2009年6月在中共中央政治局常委、中央纪委书记贺国强与蒙古国总理桑巴雅尔的共同见证下,由中国建材集团公司董事长宋志平、国家开发银行行长马健代表中方与蒙古国建设部部长巴图图拉嘎共同签署《投资建设年产100万吨水泥项目意向书》。考虑"中国联合水泥"在水泥领域的突出成就,经过细致的考察,项目由"乌兰察布中联"承建,目前项目进展顺利,水泥粉磨系统循环水泵房、混合料库、粉煤灰库、水泥库、水泥粉磨车间5个单体的基础工程已完成并全面回填,水泥粉磨系统及熟料生产线全部场平工作已完成。

在简单了解水泥项目建设情况后,胡春华一行就工期进度情况、施工过程中遇到的问题进行了详细询问。胡春华肯定了该项目目前的进展并高度赞扬了项目对促进当地经济建设,推动双边友好邻邦关系所起到的作用。他表示,作为中国企业"走出去"在蒙古建设的第一个水泥项目,目前项目建设情况良好,未来市场预期乐观,这些表明项目对促进中蒙两国友好发展起到重要的作用。

全国人大常委副委员长陈至立视察西安蓝田尧柏水泥公司

6月30日,全国人大常委会副委员长陈至立率领以全国人大常委会委员、全国人大环资委主任委员汪光焘为组长的全国人大执法检查组,在陕西省人大常委会副主任李晓东等领导陪同下,视察西安蓝田尧柏水泥有限公司,并就《清洁生产促进法》的贯彻落实情况进行调研。

在余热发电站车间,陈至立一行听取了技术总监王建礼就余热发电系统和资源综合利用作的详细介绍。当了解到西安蓝田尧柏水泥公司建成的余热发电系统,年发电量5 400余万千瓦时,每年可少从电网购电5 000万千瓦时,可以节约标准煤2万吨,减排二氧化碳5.3万吨;年利用矿山废渣70万吨、电厂脱硫石膏约15万吨、电厂粉煤灰20余万吨、城市建筑垃圾15余万吨、硫酸渣10万吨;通过生活污水生化处理系统,实现水泥生产过程污水的零排放,年节约用水100余万吨等实现节能减排、清洁生产的具体措施和成果时,她高兴地指出,这种做法很好,值得提倡,不仅降低了企业的成本,更有效地实现了资源的循环利用。

中共中央政治局委员、国务院副总理张德江视察徐州"中联水泥"万吨线

8月11日,中共中央政治局委员、国务院副总理、国务院安全生产委员会主任张德江,在国家安全监管总局局长骆

琳，总局副局长、国家煤矿安监局局长赵铁锤，江苏省委书记梁保华、省长罗志军等领导的陪同下，到中国建材集团旗下的徐州中联水泥有限公司检查非煤矿山安全生产管理工作并视察日产万吨水泥生产线。他对中国建材集团旗下“中联水泥”在安全生产管理方面做出的成绩给予肯定并提出了殷切希望。

江苏省副省长史和平，省政府副秘书长韩庆华，徐州市委书记曹新平、市长张敬华陪同视察；中国建筑材料集团有限公司副总经理刘宝瑛，中国联合水泥集团有限公司董事长崔星太参加了活动，中国联合水泥集团有限公司副总经理、淮海运营管理区总裁刘彬，徐州中联水泥有限公司总经理丁颂亚汇报工作。

在详细询问了矿山安全管理毫秒微差爆破、分层开采方式、矿山生态恢复、安全应急预案、防暑降温等具体安全工作实施举措后，张德江副总理指出：“徐州中联水泥有限公司安全管理工作做得比较好，作为中央企业“中国建材”和“中联水泥”的一部分，希望你们在安全生产上带个好头，做个好榜样！”

在视察万吨水泥生产线时，看到整洁的厂区，绿的树、青的草，具有经济规模的自动化计算机集散式控制生产工艺流程和正在建设的二期日产 1 万吨熟料生产线带配套纯低温余热发电综合工程后，张德江副总理对中国建材集团贯彻落实科学发展观，带领行业结构调整，促进区域经济发展，推进节能减排的做法，尤其是中国联合水泥集团所有生产线均装备余热发电设备和徐州中联公司二线设备国产化高比率给予了充分肯定。

在视察结束时，张德江副总理对中国建材集团和“中国联合水泥”在安全生产建设方面已取得的成果，以及注重循环经济、环保节能的举措表示赞许。他叮嘱：虽然“徐州中联”目前安全生产形势很好，但不能麻痹大意，要常抓不懈，认真把安全生产工作抓实抓好。

贵州省委书记栗战书、代省长赵克志考察天津院贵州三岔项目

9 月 2 日，贵州省委书记栗战书，省委副书记、代省长赵克志率领省、市、县党政代表团一行 20 人，到中材集团旗下天津水泥工业设计院有限公司总承包的“拉法基瑞安”日产熟料 4 600 吨新型干法水泥、节能环保型水泥生产线暨配套余热发电项目考察。

“拉法基瑞安”水泥贵州地区总裁薛金华、“拉法基瑞安”水泥三岔水泥厂厂长陈薛城、天津院“三岔拉法基”项目经理玄立峰陪同考察。

薛金华向代表团汇报了项目总体概况、项目目标、“拉法基水泥”在贵州地区市场及运营情况。据悉，该生产线将于月底投产，水泥年产能力将达到 200 万吨。

听完汇报后，栗战书指出，拉法基水泥集团是全球水泥行业巨头，天津院是国内一流的设计研究院，双方实现战略合作，强强联合，一定能早日实现生产线的投产目标。他说，当前正值贵州省基础设施建设蓬勃发展时期，房地产开发发展势头良好，水泥的需求依然强劲，势必大力推动水泥行业的发展，希望“拉法基水泥”抢抓机遇，为遵义地区乃至贵州省经济建设做出更多贡献。

全国政协常委、政协民族和宗教委员会副主任蒋明麟考察安徽海螺集团

10 月 16 日，全国政协常委、政协民族和宗教委员会副主任、国务院参事蒋明麟考察了安徽海螺集团。海螺集团公司董事长郭文叁简要汇报了企业改革发展情况和今年前 9 个月生产经营情况，重点介绍了海螺集团在余热发电、回转窑处理城市垃圾等方面取得的成绩，以及日产 1.2 万吨水泥熟料生产线设计、建设等情况。随后，蒋明麟参观了海螺集团总部和水泥装备及余热发电锅炉的制造车间。

蒋明麟参观后表示，海螺集团牢牢把握了科学发展观的指引方向，紧紧抓住水泥产业发展机遇，不仅水泥主业在规模、技术、实力等方面得到了巨大发展和长足进步，而且围绕水泥产业走新型工业化道路和产业升级，研发、集成并大力推广高效煅烧、节能粉磨、余热发电、垃圾焚烧等新技术、新装备，为建材行业的产业结构调整和节能减排做出了突出贡献。蒋明麟希望“十二五”期间，海螺集团在建材行业发展低碳经济、推进产业结构调整、促进节能减排、推动自主创新、实现产业可持续发展进程中继续发挥“领头羊”的作用。

中共中央政治局常委、全国政协主席贾庆林接见中材集团党委书记于世良一行

10 月 29 日，中共中央政治局常委、全国政协主席贾庆林在叙利亚首都大马士革，亲切接见了中国中材集团有限公司党委书记、副董事长于世良一行。这是贾庆林在叙的第一项中方公司会见活动。

听完于世良的汇报，贾庆林说，“很鼓舞人心”，“从你们这里我看到我们的水泥工业在进步，在壮大”。他还说，“走出去”我们刚刚起步，应该像你们这样，把事业搞得更快一些，更广阔一些，面向国际市场。我们是贸易大国，但不是贸易强国，我们是制造业大国，还不是制造业强国，我们可以变成强国，要走你们这个路子，不断技术创新，跟踪国际最先进的技术。

中国水泥协会会长雷前治考察哈萨克斯坦生产线

10 月 29 日，中国建筑材料联合会副会长，中国水泥协会会长雷前治，中国水泥协会副秘书长、技术中心主任王郁涛一行在中国建材工程公司副总工程师、水泥部部长、北京凯盛总经理马明亮的陪同下，对哈萨克斯坦梅纳拉尔日产3 000吨熟料水泥生产线进展情况进行了视察，受到了业主哈萨克斯坦梅纳拉尔公司总经理阿伊瓦尔、江布水泥总经理叶尔让及“中国建材”工程水泥部现场全体人员的热烈欢迎。该项目是目前哈萨克斯坦在建的规模、装备、技术最先进的水泥生产线，由欧洲资深水泥公司法国 VICAT 公司控股投资建设。是哈萨克斯坦 16 个大型项目之一，受到哈萨克斯坦政府的高度重视。中国建材国际工程集团公司（CTIEC）作为这个项目的总包方，承担该项目的设计、设备制造、运输、土建、安装、调试、培训、试运行、一年生产服务等工作。

雷前治在听取项目进展情况并检查现场工作后，对梅纳拉尔项目团队通过优化设计，严抓项目成本和管理取得的成绩表示赞赏，对项目的工作给予了充分肯定。并代表中国水泥协会对战斗在哈萨克斯坦偏远戈壁上的“中国建材”工程技术人员及建设工人表示慰问。希望项目组全体成员继续发扬连续作战、迎难而上、敢于胜利的扎实作风，做好项目后期的调试、点火投产工作，为在冬季严寒天气下建设、生产积累经验。

雷前治指出：项目业主 VICAT 公司是一家具有 150 多年历史的国际知名水泥生产公司，要求严格，能和这样的业主合作并得到业主的肯定实属不易。“中国建材”项目团队一定要重视这个与“巨人”同舞的机会，开阔视野，提高水平，建设国际精品工程。

最后，雷前治欣然挥毫泼墨，为项目题词“建国际精品工程，创凯盛水泥名牌”，勉励凯盛人奋发图强，齐心协力，将每个海外水泥项目都做成国际精品工程，提升中国建材集团“凯盛水泥”在中亚乃至世界的知名度和影响力，打造“凯盛水泥”名牌。

中共中央政治局常委、全国政协主席贾庆林视察中材集团叙利亚 ABC 水泥厂项目部

10 月 30 日，中共中央政治局常委、全国政协主席子贾庆林，在叙利亚国家工业部副部长穆罕默德·萨玛克的陪同下，来到叙利亚阿布沙马（abu al shamat）地区，视察由中国中材集团所属企业“中材建设”承建的叙利亚阿尔巴迪亚（简称 ABC）水泥厂建设现场。陪同贾庆林主席前往的还有中国商务部副部长姜增伟、驻叙利亚大使李华新等。

贾庆林主席一行受到了 ABC 水泥厂业主哈立德先生，中国中材集团有限公司党委书记、副董事长于世良，中国中材股份有限公司副总裁顾超，中国中材股份有限公司副总裁、中国中材国际工程股份有限公司董事长王伟，中国中材国际工程股份有限公司副总裁、中材建设有限公司董事长彭建新，以及“中材建设”总经理童来苟，“中材建设”党委书记刘建民和管理团队率领的职工队伍的热烈欢迎。贾庆林主席在听取了于世良、彭建新的汇报后非常高兴，还关切询问了企业职工的工作和生活。

ABC 水泥厂是由叙利亚、沙特阿拉伯和意大利联合成立的叙利亚阿尔巴迪亚水泥股份有限公司投资建设的，项目投资额约 3 亿美元，由中材集团所属的“中材建设”叙利亚 ABC 水泥厂项目部承建。

国家环保部吴晓青副部长调研“新北水”污泥项目

11 月 10 日，国家环保部副部长吴晓青、北京市环保局局长陈添、环保产业协会秘书长杜琳、昌平区环保局局长田国瑞等领导一行就“金隅股份”下属的“新北水”处置污水厂污泥工程项目进行实地调研，污泥处置现场、工业危险废弃物处置现场，“金隅股份”总裁姜德义、新北水公司经理赵雍分别对污水厂污泥项目进展情况与工业危险废弃物处置情况做了汇报。

吴晓青指出，污泥处置的前景十分广阔，要继续做好这一项目。下一步要解决设备的问题，引进、消化、吸收、再创新，将这一技术推广运用开来，既能盘活水泥厂也可解决城市环境污染问题。他强调，企业做环保项目也要创效益，没有效益不可能实现可持续发展。赵雍表示，企业将立足“绿色北京以及国家首都”的定位，发挥城市“净化器”作用，积极践行社会责任，努力打造循环经济示范基地，为城市环境建设多做贡献。

原国务院国资委监事会主席乔龙德到中国水泥协会调研

11 月 22 日，原国务院国资委监事会主席乔龙德到中国水泥协会召开调研座谈会，就中国水泥协会工作情况情况进行全面、详细的了解。中国水泥协会副会长、秘书长孔祥忠向乔龙德主席介绍了协会的职能定位、组织结构、人员构成、职责履行及各分支机构等情况，并详细汇报了近几年协会在围绕服务政府、服务企业、国际交流、自身建设、存在问题、未来设想等内容，同时提交了较为详细的书面汇报材料。在听取汇报的过程中，乔龙德主席就水泥协会开展的工作和遇到的问题进行了充分的交流和沟通，并对水泥协会开展的工作和取得的成绩表示充分的肯定，也对协会今后工作提出了要求和期望。

乔龙德主席表示，中国水泥协会近些年为行业发展做出

了重要贡献。第一,组织、举办了较多的行业活动,为加强行业信息交流提供了良好平台;第二,体现出较强的行业凝聚力、号召力;第三,搭建起政府、企业间的桥梁,确实为政府,为企业做了实事;第四,"两块牌子、一套人马"的人事体制创新为有关部门和组织提供了有效借鉴;第五,充分发挥行业主流媒体的作用,向外界发出了行业声音;第六,发起、组织的国际水泥会议,为提高中国水泥在国际上的影响力发挥了重要作用。通过国际交流促成5家大型水泥企业进入CSI组织,这是对行业发展做出的重大贡献;第七,在稳定协会队伍,发挥人才优势方面做出了努力。

乔龙德主席期望,未来中国水泥协会要继续发挥行业协调作用,并能很好解决国际、国内以下几个重要议题:

国际问题:一是如何提高中国水泥在世界上的地位,增强国际同行中的话语权、主动权;二是在目前中国水泥已经基本赶上世界水泥整体水平的背景下,如何进一步超越、并最终实现引领世界水泥技术的发展。

针对国内问题,乔龙德主席也提了几要求。第一,国家经济在发展,投资在增长,水泥的需求就还会增加,要总量控制、合理布局,但并不能就此停止发展。行业协会要有自己的见解。协会要继续推动行业技术创新、节能减排,促进行业更好更快地发展;第二,尤其要注重发挥水泥行业在循环经济和低碳经济的不可替代的作用。要在水泥环保和资源综合利用方面有所不断突破。第三,水泥协会是最了解行业情况的,因此,行业的规划应首先听取水泥协会的意见。

最后,乔龙德主席表示,希望中国水泥协会在下一阶段的水泥事业发展中为行业做出更多贡献,引领众多企业积极健康发展。

媒体关注

Media focus on cement industry

2010年一季度中经水泥产业景气指数报告解读

Interpretation of cement industrial prosperity index of Chinese Economy in the first quarter of 2010

摘自2010年4月30日《经济日报》

水泥行业加快优化升级步伐

Cement industry speeding up optimization and upgrading step

解读人:中国水泥协会会长 雷前治

中经水泥产业景气指数报告显示,2010年一季度中经水泥产业景气指数为102.5点,比上季度上升0.5点;水泥产业预警指数为120.0点,较上季度上升23.3点。水泥产业的生产经营状况继续朝着良好的方向发展。今年,水泥行业实现良好开局,是市场需求拉动与政策调控共同作用的结果。水泥行业要进一步贯彻落实好国家有关产业政策,坚持不懈地推进结构调整,加快淘汰落后产能,加大节能减排力度,努力实现产业优化升级。

"需求拉动水泥增长、政策推动结构调整将是今年水泥行业发展的主旋律。"中国水泥协会会长雷前治在解读中经水泥产业景气指数报告时表示,中经水泥产业景气指数的变动显示出该产业处于景气上升通道,行业生产经营状况得到较大改善。

行业相关数据显示,今年前两个月,水泥产量19 898万吨,同比增长26.5%,同比增速加快9.5个百分点。雷前治认为,国家4万亿元投资拉动作用继续显现,基础设施建设陆续转入对水泥需求的高峰期,我国水泥消费总量将继续扩大,预计2010年水泥行业仍将延续2009年高速增长态势。与此同时,国家宏观经济政策的调整将是左右水泥市场发展趋势的主要因素。预计在三季度前后,增速会出现一定幅度的下滑,但这种调整不会影响全年的发展趋势。

政策效果显现

"一季度水泥产业出现产成品资金占用急速下滑、行业利润增速加快的良好态势,离不开调控政策因素的支持。"雷前治在解读中经水泥产业景气指数报告时认为,2009年,根据行业健康发展的需要,国家出台了《关于抑制部分行业产能过剩和重复建设 引导产业健康发展若干意见》等一系列政策措施。如今,这些政策已经见效,对推动水泥行业内部整合、抑制投资过热等方面起到了重要的作用,不仅有利于巩固行业回升向好势头,而且促进了行业健康发展。

去年以来,水泥行业产业集中度明显提高。年生产能力在1 000万吨以上水泥企业(集团)16家,水泥熟料产量占全国总量43.83%,并有2家企业集团水泥产能超过1亿吨。

淘汰落后产能进展顺利。2009年全国共关停水泥熟料生产能力9 421万吨(折合水泥能力约1.2亿吨),其中关停立窑等落后熟料生产能力8 359万吨,早期建设的缺乏竞争力的小型新型干法熟料生产能力1 062万吨。

节能减排取得成效。2009年水泥产品综合能耗大大降低,吨熟料能耗124.15千克标准煤,比2008年降低4.85%;吨水泥能耗95.08千克标准煤,比2008年降低8.11%。

加大调整力度

当前,在水泥市场形势较好的情况下,行业企业要清醒地认识到,影响行业可持续发展的深层次矛盾和问题依然存在,全行业必须要以更大的决心和更强的紧迫感加快转变发展方式,进一步推进结构调整。

尤其是落后水泥产能明显过剩问题。有关数据显示,全国共有水泥产能20.2亿吨,其中新型干法水泥生产线产能约13.7亿吨,落后水泥产能约3.9亿吨,水泥粉磨站能力5.6亿吨,其中落后粉磨能力2.4亿吨。全国在建的项目全部建成后,将新增水泥产能6.2亿吨。加上已有产能,全国新型干法水泥产能达到17.2亿吨。预计2010年水泥消费量16亿~18亿吨,新型干法水泥能满足经济建设发展需要。

如果不全部淘汰现有落后产能及小型粉磨站，落后水泥产能过剩明显。

日前，国务院印发了《关于进一步加强淘汰落后产能工作的通知》，水泥行业名列重点行业。按照有关文件要求，2012年底前，淘汰窑径3.0米以下水泥机械化立窑生产线、窑径2.5米及以下水泥干法中空窑(生产高铝水泥的除外)、水泥湿法窑生产线(主要用于处理污泥、电石渣等的除外)、直径3.0米以下的水泥磨机(生产特种水泥除外)以及水泥土(蛋)窑、普通立窑等落后水泥产能。

"2010年将是水泥行业新政策密集出台的年份。"雷前治表示，新修订的产业政策、行业准入条件，明确淘汰落后任务、支持优势企业进行战略重组等金融和财政政策出台，将继续推动行业的结构调整，并对进一步优化产业技术及组织结构，促进企业布局的完善具有重要意义。与此同时，水泥行业的节能减排也会面临新的压力和机会，在政策上会有更为严格和明确的要求来限制企业的排放，也会给出一些优惠和鼓励措施来提高企业节能减排的主动性。

水泥行业是国民经济和社会发展的原材料产业，又是消耗资源能源大的耗能产业，同时也是排放温室气体的大户。近日，在中国水泥协会主办的2010年中国国际水泥峰会上，"推动低碳经济，转变发展方式"成为与会者热烈探讨的主题。参会代表普遍认为，在全球关注气候变化的背景下，水泥行业降低资源和能源消耗，改善并消除环境污染，大力开发低碳技术，转变产业发展方式，走可持续发展道路至关重要。

有关人士在峰会上展望，通过这几年建设大型新型干法水泥生产线，加大结构调整力度，淘汰落后产能，执行严格的能效和排放标准，到2020年的时候，中国新型干法水泥生产线有可能全部为日产4 000吨以上规模，水泥熟料烧成热耗达到105千克标煤/吨熟料，水泥综合电耗小于90千瓦时/吨水泥。我国水泥产业将达到世界先进水平。完成这些目标，对水泥产业来讲，既是挑战又是机遇。

"发展低碳经济是我们的必然选择，水泥产业在能耗、污染、排放三个方面都需要不断改善进步。"雷前治表示，在当前大力发展低碳经济的形势下，水泥行业将继续加大节能减排、降耗的力度，下一步的工作重点将放在集中推广余热发电技术和加大废弃物利用方面。

2010年二季度中经水泥产业景气指数报告解读

Interpretation of cement industrial prosperity index of Chinese Economy in the second quarter of 2010

摘自2010年7月27日《经济日报》

水泥行业加快推进战略重组

Cement industry speeding up and promoting strategic reorganization

解读人：中国水泥协会会长　雷前治

核心提示

中经水泥产业景气指数报告显示，2010年二季度中经水泥产业景气指数为102.4点，比上季度下降0.1点；中经水泥产业预警指数为113.3点，比上季度下降6.7点。这表明水泥产业景气状况继续保持平稳上升态势，但增速趋缓。在产业政策调控力度加强以及市场需求不断调整之下，水泥行业已步入平稳运行区间。下一步，水泥行业仍需进一步调整优化产业结构，提高产业集中度，加快兼并重组步伐。

区域发展特点各异

"2010年二季度水泥行业的运行特点是，延续2009年的高速发展惯性，在产量增速、利润增速和投资增速三方面继续保持增长，但是其内容发生了变化。"中国水泥协会会长雷前治在解读中经水泥产业景气指数报告时表示，2010年上半年，水泥行业基于2009年的高速发展，增长态势依然明显，但行业具体发展状况还是有所变化。

据雷前治介绍，中国水泥协会通过调研得出，按区域划分，2010年二季度我国东部、中部和西部地区水泥行业均有发展，但各有特点：东部地区水泥行业保持良好增长态势，市场需求已有所回暖；中部地区由于大部分的新型干法窑新建项目2010年上半年处于投产状态，因此行业发展相对平稳；西部地区水泥行业在二季度产量需求继续保持了高速增长。

"从区域来讲，水泥行业经济增长重点已不断西移。"雷前治分析道，2009年水泥行业导致利润高速增长的主要区域是中部和西部接合的区域，例如陕西、四川、贵州等省；2010年上半年，由于西部区域水泥需求持续旺盛，利润增高，经济增长区域转移到西部青海、甘肃、新疆等省区。雷前治认为，西部地区水泥行业的高速发展与国家的经济建设密切相关。

中经水泥产业景气指数报告显示，2010年二季度水泥产业投资总额为1 861.6亿元，比上季度增加了1 230.3亿元，但同比增速较上季度回落 2.2 个百分点。对此，雷前治认为，2009 年水泥行业投资增长主要因为新开项目较多，建成了 177 条生产线，还有 200 多条在建设当中。从协会调研结果来看，2010 年的投资主要集中在去年项目的续建工作，新开项目较少。“这主要是得益于国家宏观调控发挥了很好的作用，使盲目建设投资过热得到了有效控制。”雷前治说。

政策推动行业整合

据了解，今年以来，国家出台了一系列政策促进水泥行业发展，为水泥行业扩大市场需求、加大兼并重组力度创造了条件。中国水泥协会也在行业内大力倡导积极贯彻落实这些政策，朝着提高水泥产业集中度、促进水泥产业结构调整和技术升级的方向不断努力。

雷前治告诉记者，水泥行业经济发展加快，主要是靠国家政策的推动，还有市场需求的不断变化。只有行业贯彻落实好国家政策，加快推进战略重组，行业投资才会稳定，从而使企业亏损减少，利润得到提升。

对于工业和信息化部于近日提出的“确保在今年第三季度前关停 9 155 万吨落后水泥产能”的目标，雷前治表示，水泥行业会顺利完成任务。首先，新型干法水泥目前在国内的发展状况日趋成熟，已经替代传统的立窑。其次，在政策支持之下，一些大企业纷纷加快兼并重组步伐，一些落后小企业也主动表示愿意与大企业兼并，进而优化水泥产业结构，促进淘汰落后产能工作顺利完成。再次，水泥行业市场需求在不断扩大。水泥企业纷纷通过技术改造，提升市场竞争力，以赢得更大的市场份额。

在淘汰落后产能步伐加快的同时，部分水泥企业开始寻求原材料利废方面的发展，大力推进节约化经营。这样可以有效利用工业废弃物，降低污染，同时可以降低水泥的生产成本，促进水泥产业节能减排。

对此，雷前治建议，希望能尽早出台相关利废政策，以推动、鼓励水泥企业更多利用城市垃圾污泥；同时希望国家能继续加大淘汰落后产能的政策力度，并进一步加大对企业兼并重组的支持力度。“只有这些方面做到位，水泥行业发展才能更健康，投资才能更加趋稳，行业才会有合理利润。”雷前治说。

鼓励企业转型升级

“在调研中我们发现，随着新型干法水泥生产线的相继投产，很多小企业关闭、爆破落后的立窑之后就很难生存下去。”雷前治在谈到水泥行业目前状况时说，“因此我们建议，有些企业可以转变发展方式，实现升级，有些可以在相关方面的支持下尝试转行。”

在转型升级方面，水泥行业虽然起步不早，但一直在努力加快步伐。其重要标志就是新型干法水泥在行业中的比重，现在已经处在一个比较合理的水平，超过了 50%。目前水泥行业节能降耗技术推广很快，比如余热发电、变频技术等等，已经取得一定成效。雷前治分析，从宏观上看，水泥行业目前存在的主要问题就是企业平均规模太小，因此兼并重组步伐必须加快，“水泥行业协会也在积极倡导，使水泥市场从无序竞争逐步走向理性有序是目前水泥产业升级的重要任务。”

从微观来看，水泥企业实现升级还应加强精细化管理。雷前治认为，水泥企业在如何发挥水泥窑特有功能和在利废、寻求新的替代燃料方面还有很大空间。

对于水泥行业下半年的走势，雷前治认为，行业整体还会保持较快增长，但在市场需求的影响下，同上半年相比增幅会有所回落。

2010 年三季度中经水泥产业景气指数报告解读

Interpretation of cement industrial prosperity index of Chinese Economy in the third quarter of 2010

摘自 2010 年 10 月 26 日《经济日报》

水泥产业继续保持平稳发展势头

Cement industry continues to maintain stable developing trend

解读人：中国水泥协会会长　雷前治

核心提示

2010 年三季度，中经水泥产业景气指数与上季度基本持平，各主要指标都有不同程度增长。其中，水泥出口额和水泥产业税金总额及同比增速均呈现上升，水泥产业产品产量、产品销售收入、从业人员数等指标则呈现绝对量季节性增加、同比增速下降的状况。

在国家各项调控政策以及水泥刚性需求不断增大等积极因素的影响下，预计四季度水泥产业将继续平稳发展，景气度将保持正常水平。

报告要点

2010 年三季度，水泥产业投资总额为 2 380.1 亿元，比上季度增加 518.5 亿元，但同比增速较上季度回落 3.4 个百分点。

报告要点解读之一

投资增速回落

政策引导

投资理性化

专家解读："在国家多项调控政策的作用下，水泥等高耗能行业的投资增速开始明显回落。"雷前治认为，三季度水泥产业固定资产投资总额较上季度仍有所增加，主要是由于前期水泥行业大规模投资的延续造成的。

数据显示，今年水泥产业有 160 多条生产线要建成投产，这批水泥生产项目建设高潮过去之后，我国水泥产业的大规模新线建设势头会趋缓，水泥产业投资由我国东部地区向西部地区延递的趋势将日益明显。

从各主要区域来看，东部地区水泥产业发展势头良好，水泥价格在缓步回升；中部和西南地区由于近几年特别是今年投资较为集中，新的产能集中释放，产能释放的速度远远高于市场需求增长的速度，从而导致区域内出现新的产能过剩。西部地区水泥产业在国家西部大开发战略的推动下投资速度明显加快。

对于中部以及西南地区水泥行业目前出现的"阶段性产能过剩"情况，雷前治建议：第一，未动工项目该停则停；第二，加强行业联合重组；第三，在小区域内进行整合。"中部和西南地区应积极淘汰一些落后产能，不光是传统的立窑、湿法窑，也包括一些小型的新型干法窑，从而降低产能释放，提高企业效益和社会效益。"雷前治表示。

报告要点

中经水泥产业景气指数报告显示，2010 年三季度，中经水泥产业景气指数为 102.3 点，与上季度基本持平，行业景气度处于正常水平。

报告要点解读之二

景气指数走势平稳

行业运行状况良好

专家解读：三季度水泥产业景气指数之所以继续保持平稳运行态势，主要有两方面原因。

首先是随着我国城市化建设步伐逐渐加快，东部地区的水泥需求量大，其中城际铁路建设对水泥需求的拉动效应更为明显。"例如上海、南京、杭州等城市，随着城市化建设的不断推进，城际铁路可以发挥连接纽带作用，也推动了各地的水泥需求。"雷前治说。

其次，在打好节能减排攻坚仗的背景下，一些重点地区针对水泥等高耗能行业采取了限电措施，导致部分地区供需关系发生变化，价格随之提升。"两方面的因素相互叠加，对大水泥企业形成利好。"雷前治分析道，"一方面是多点布局的大企业相比单线企业水泥的供应能力强，特别是对重点工程的保供能力更强；另一方面，大企业通过管理整合，能进一步降低生产成本。比如"南方水泥"，在初步完成并购之后目前已进入整合阶段，通过规范管理使各项成本大大降低，进一步增强了市场竞争力。"

"从三季度情况看，西部地区也是水泥产业发展的一个亮点地区。"雷前治表示，随着西部大开发战略的深入实施，加上今年召开的中央新疆工作座谈会的积极影响，西部地区发展呈现显著提升之势。三季度，在一些西部大开发重点建设项目的带动下，甘肃、青海、宁夏等西部省区的经济发展势头良好，基本建设进展较快。"水泥是基建的晴雨表，对于西部地区基建这一部分，水泥是属于供不应求的。随着西部水泥需求的明显加快，出现了新的供求不平衡，这反映出西部经济发展速度在提升。在 10 月 15 日召开的第 12 届亚洲水泥论坛上，关于中国水泥工业报告中提到，未来水泥产品新增需求的市场在西部地区。"雷前治说道。

报告要点

经初步季节调整，2010 年三季度，水泥产业利润总额为 175.5 亿元，比上季度增加 36.6 亿元。销售利润率为 6.5%，略低于去年同期水平，但高于上季度 0.7 个百分点。

报告要点解读之三

利润总额有所增加

行业精细化管理得到加强

专家解读：从总体来看，节能减排对提高整个水泥产业效益起到了较大作用。据雷前治介绍，2009 年水泥产业 400 多亿元的利润中，有 100 多亿元是依靠余热发电、节能减排等项目获得的。

"余热项目的建成、投产是水泥产业目前发展的亮点。东部地区的余热发电、高压变频等项目都得到广泛推广，经济效益和社会效益都很明显；中部地区余热发电项目也已进入高速建设阶段。"雷前治说，水泥产业下一个发展亮点将是利废。利用工业、城市废弃物来生产水泥，既能解决环保问题，又能使企业节约成本。

目前，利废技术在一些中心城市的大水泥企业逐步得到推广使用，"金隅"、"海螺"等企业的利废项目进入了实际投入运行阶段。不久前，中国水泥协会还与国外一家水泥协会针对利废方面的问题进行了交流，希望能对水泥产业利废起到推动作用。

"预计未来 2 ~ 3 年内，水泥业利废项目将会取得很好的效益。"雷前治介绍说，浙江余姚的一家水泥企业在利废项目上已经尝到甜头。这家企业主要是处理电镀废渣，不仅解决了宁波电镀行业废弃物污染的大问题，同时也为自身创造了效益。

当前,推进区域内的战略重组是水泥产业发展的一个工作重点。水泥产业集中度的提高,有助于提升产业发展质量,推动产业可持续发展。“东部地区水泥产业目前已逐步走向成熟,联合重组工作已经形成气候。大企业通过整合,加强统一管理,对于降低生产成本起到很大作用。例如南方水泥公司,其下属的“浙江南方”将原有的100多个企业统分为4个企业管理,并实现资源共享,既降低了生产成本,又便于管理;“湖州南方”则把一些生产用的小矿都停了,只开一个矿,这一项就为公司节约不少成本。”雷前治说。

雷前治认为,在国家有关政策的推动下,水泥产业淘汰落后速度不断加快。下一步,水泥产业将加快战略重组,在发展低碳经济的大背景下继续推进节能减排,对于落后生产线进行技术改造,助力水泥产业的技术进步,并推动水泥产业加强精细化管理。

2010年四季度中经水泥产业景气指数报告解读

Interpretation of cement industrial prosperity index of Chinese Economy in the fourth quarter of 2010

摘自2011年1月26日《经济日报》

水泥产业呈现持续稳步发展态势

Cement industry shows sustainable and stable developing trend

解读人:中国水泥协会会长　雷前治

核心提示

2010年四季度,中经水泥产业景气指数较上季度上升1.0点,保持平稳上升态势,部分主要指标均有不同程度增长。其中,水泥产量、利润总额、产品销售收入、从业人员数和税金总额及同比增速均双双上升,水泥产业产品出厂价格指数也有大幅提升。

在国家抑制产能过剩、淘汰落后产能、推行《水泥行业准入条件》等政策措施的积极推动下,预计2011年一季度,水泥产业将向更合理的方向发展。

报告要点解读之一　总量增速加快

市场需求促进产量适度增长

报告要点

经初步季节调整,2010年四季度水泥产量为52 202.3万吨,比上季度增加1 806.8万吨。同比增长12.3%,同比增速较上季度加快1.4个百分点。

专家解读:2010年四季度,水泥产量持续增长。据中经产业景气指数报告显示,水泥产量同比增速在连续3个季度回落之后,四季度首次出现加快。“从需求来讲,每年四季度都是水泥消费旺季,尽管面临国家采取的限电政策以及水泥原材料价格上扬等因素,水泥市场需求依旧旺盛。因此水泥产量还是保持了适度增长。”中国水泥协会会长雷前治表示。

据雷前治分析,2010年四季度水泥产量上升主要集中在需求不断上升的中西部地区;东部地区由于限电政策的影响,产量增长幅度不大。“城镇化建设特别是基建的步伐加快,是推动2010年四季度中西部地区水泥市场回暖的重要因素。由于基建规模的不断扩大,对水泥的需求也是不断上升。”雷前治说。预计,中部地区水泥市场需求还将进一步增长。

对于2011年一季度水泥产量发展情况,雷前治认为,总需求量还将增长。但是由于2010年水泥总产量已达18.5亿吨,总量基数较大,因此2011年一季度水泥产量增速将会逐渐减缓,不会达到2010年的增长水平。

报告要点解读之二　利润大幅增加

供需关系决定利润提升

报告要点

经初步季节调整,2010年四季度,水泥产业利润总额为272.3亿元,比上季度大幅增加96.8亿元。同比增长52.6%,同比增速较上季度加快34.7个百分点。

专家解读:“2010年可以说是中国水泥行业各方面都是最突出的一年,从华东地区到新疆维吾尔自治区、从黑龙江省到广东省,全国的水泥市场发展都稳步上升,大部分企业在盈利方面都取得一定成绩。特别是四季度,“海螺水泥”创造了全行业利润的50%~60%,达到40多亿元;““中国建材””旗下的““南方水泥””四季度创造的利润比2010年前三个季度的利润总合还要多,有20多亿元,成绩喜人。”雷前治介绍道。

2010年四季度,水泥产业创造的利润占2010年全年一半以上。华东地区2010年上半年利润还处于回落状态，下半年则明显上涨，最主要原因是限电政策调整了供需关系，使华东地区从之前的产能过剩转为供不应求。尽管四季度“海螺”、“南方”等企业水泥产量与之前相比略有下降，但是利润却大幅增加。

“可见影响水泥利润的关键还是供求关系。这也是2010年四季度水泥产业的一大亮点。”雷前治说，“供求关系的变化，促使大企业的管理理念发生了变化，不再追求高产量。例如东部地区，正逐步走向成熟市场。”

报告要点解读之三　价格持续回升

水泥价格处于理性回归阶段

报告要点

2010年四季度水泥产品出厂价格同比上涨9.1%，涨幅较上季度上升6.1个百分点。

专家解读：针对于2010年四季度上涨较快的水泥价格，雷前治认为，价格上涨的原因一方面是因为限电政策调整了供求关系，使价格有所提升；另一方面也是源于水泥行业自身的调整。大企业在兼并重组之后区域集中度提高，为了维持行业的健康发展，迫切需要水泥价格趋向合理。

“目前国内的水泥价格与国际水泥均价相比，依然相差很远。因此我认为，四季度水泥价格的上涨是‘价值的理性回归’。同时，希望2011年的水泥价格还能有所回升并趋向稳定，这对于企业承担社会责任、老厂进行节能技改都具有重要意义。”雷前治认为。

据雷前治介绍，水泥在基础建设中的成本占比不足3%，因此水泥产品价格的提升并不会提高基建的成本。“我认为，从整体来看，目前水泥价格的上涨还没有过线。局部地区曾一度达到500元/吨，但很快回落。因此，四季度水泥价格仍处于稳步上升阶段。”雷前治说。

报告要点解读之四　投资增速趋缓

控制产能过剩　见成效

报告要点

经初步季节调整，2010年四季度水泥产业投资总额为2 176.1亿元，比上季度减少204.0亿元，环比增长8.6%；同比增长22.8%，同比增速较上季度回落4.6个百分点。

专家解读：2010年四季度水泥行业投资速度有所缓慢，这对行业来说是好事，表示抑制产能过剩已经取得明显成效，特别是自国务院批转国家发展改革委等部门《关于抑制部分行业产能过剩和重复建设 引导产业健康发展若干意见》颁布实施以来，直到2010年年底收到了显著成效。

雷前治表示，2010年四季度，对于水泥产业节能减排、利废方面，无论是业内的研究院、设计院还是企业，在观念上、技术上、资金投放上，都已经做好了准备。“这个在‘十二五’规划中就能看出来。在政策的拉动下，预计2011年一季度，水泥产业在节能减排、利废方面的投资占总投资的比重将会明显增高。”雷前治分析道，“2009年和2010年国家出台的政策都是鼓励大力推进水泥行业节能减排、利废工作。但具体实施起来还需要做一些技术准备。”

具体实施利废工作的技术准备主要来自三方面。一方面要引进消化吸收先进的技术，并在生产过程中得以应用；其次是推行自主创新，这主要依靠业内的研究院、设计院。目前，全国各地的研究院在利废技术研发方面都有很大投入，花费不少人力物力财力进行攻关研究，部分项目已通过国家鉴定，并进入大面积推广的阶段；第三，有些企业的水泥厂通过这几年消纳工业废弃物，积累了很多经验，同时也创造了巨大效益，作为企业来说这种宝贵经验是非常可贵的，这对于下一步投资以及厂区改造的积极性起到推动作用。

“南方水泥”模式：中国水泥工业联合重组的方向

"Southern Cement" pattern: The direction of Chinese cement industry combination and reorganization

——访中国水泥协会会长雷前治

摘自2010年9月24日《中国建材报》

3年前，以南方水泥有限公司（下称“南方水泥”）成立为标志，中国建材股份有限公司（下称“中国建材”）以市场化的方式，在东南经济区推动了一场跨地区、跨所有制的战略性重组。在中国乃至世界水泥发展史上，从没有一家企业，在这么短时间内将产能做到1亿吨，“南方水泥”创造了一个难以复制的“中国建材”速度，也演绎了一个联合重组、市场协同、管理整合的快速成长故事。

3年间，“南方水泥”联合重组了近150家不同所有制的企业，这个超大型企业如何健康运转。经过联合重组一路走来的“中国建材”，赋予了“南方水泥”跨越式、超常规发展的内在能力。3年来，“南方水泥”以管理整合为重要手段，大力推进以“五化”、“五集中”、“五个关键指标”为核心的“三五”管理模式，不仅从机制和管理模式上为打造中国水泥行业最大的舰队提供了保障，也为其提升可持续发展能力、逐步做强奠定了坚实的基础。

"南方水泥"用3年的时间在水泥业界创造了一个完全靠战略驱动、整体规划和市场化运作迅速诞生并发展成大型水泥集团的成功范例。作为竭力促成"中国建材"在东南经济区联合重组的"红娘",更作为"南方水泥"成长的见证者,中国水泥协会会长雷前治看到"南方水泥"3年来的成长、成熟,心中一块石头已然落地,心中释然。

解读"南方水泥"的成长轨迹,如何理解其联合重组和管理整合经验对整个行业发展所起到的引领作用,在"南方水泥"成立3周年之际,雷前治接受了本报记者的专访。

在各省、市、自治区水泥协会秘书长联席会上,全行业形成了这样的共识:"南方水泥"为中国水泥工业联合重组创造了一个全新的模式,为水泥行业今后的联合重组积累了宝贵的经验。

说起"南方水泥"发展模式对水泥行业的意义,雷前治兴奋地介绍说,前不久,在长沙召开的各省市区水泥协会秘书长联席会上,形成了这样的共识:"南方水泥"为中国水泥工业联合重组创造了一个全新的模式,为水泥行业今后的联合重组积累了宝贵的经验。现在,"浙江现象"又有了新的内涵,河南、四川、重庆、贵州等地区都在研究探讨"南方水泥"开创的新"浙江现象"。

2006年,率先在全国完成技术结构调整的浙江省水泥工业,陷入了发展的困境,产能严重过剩,企业高度分散,众多的水泥企业在无序竞争与过度竞争的泥潭中难以生存,而浙江也成为全国水泥价格的洼地。由此,曾经在两三年前受全国瞩目的"浙江现象"变成了贬义的"浙江现象"。正因为此,当"中国建材"上市后寻求迅速扩张的机遇时,雷前治向中国建材集团董事长宋志平推荐了民营资本活跃的浙江省。

记者:"南方水泥"成立之前,东南经济区域水泥市场竞争激烈,企业生存状况比较艰难,而您却向"中国建材"推荐了这一区域,"中国建材"也毅然地选择了浙江等东南经济区进行联合重组,这是为什么?

雷前治:2006年,"中国建材"在香港上市前,宋志平曾与我进行过一次交谈,当分析在哪些地区水泥企业联合重组有机会时,我提了两个地区,一个是北京、一个是浙江。当时这两个地区都有水泥产能过剩的现象。在北京,不少企业为抓住奥运商机,围绕京城布下了很多生产线,但是实际市场并没有想象的那么大。在浙江,民营资本非常活跃,在2004年前后,水泥行业的利润吸引了大量的投资进入。我当时在浙江诸暨调研时看到,新建水泥项目有83%的投资是行业外资本。这些民营资本多数是投资一两条生产线,规模不大,过剩后的无序竞争让这些企业均感到生存压力。

2007年年初,浙江地区的水泥行业纷纷在寻找出路,尖峰集团、"浙江水泥"等企业已与国际资本进行了深入的接触,有的已经到了快签约的程度。对此,我和浙江省水泥协会会长李辛龙都很着急,我们不希望浙江的水泥资源被分割、分散进入不同的大公司或跨国公司,但浙江本土水泥企业又没有哪家能牵头联合重组。宋志平告诉我,中国建材准备选择东南经济区进行联合重组,首先从浙江省做起。这对浙江水泥行业来说无疑是及时雨,因此也得到了浙江省各级政府、水泥协会、广大企业、金融机构等行业内外的广泛欢迎和支持。

尖峰集团董事长杜自弘对联合重组的态度有一个比喻:自己的女儿到了该出嫁的年龄,我不奢求能找到一个婆家让女儿荣华富贵,但至少男方与女方是真心相爱的,婆家不能虐待我的女儿。当时的尖峰集团已经与外资洽谈到了准备签署合同的程度,但最后还是选择了"中国建材"。

作为国家产业政策的积极践行者,"南方水泥"为全国水泥行业的联合重组上演了一场波澜壮阔的揭幕大戏。然而,这场戏的亮点并不在于联合重组本身,而在于如何实现双赢和多赢。对于"南方水泥"惊人的整合效率和效益,雷前治认为有三个方面值得赞扬。

记者:您如何评价"中国建材"用存量整合优化的方式来扩大自己的发展思路,您认为"中国建材"联合重组和管理整合能有今天的成效有哪些内在和外在因素?

雷前治:"中国建材"整合速度为什么会那么快,效率为什么会那么高,其中有三个方面值得赞扬。

首先,在体制上,"中国建材"联合重组的出发点是推动区域市场健康发展,让区域内企业共同受益。联合重组不是迫使原企业股东退出,而是加盟,采取市场化运作,以资本为纽带,大中型水泥企业在平等互利、共赢的原则基础上,联合起来形成一个全新的利益共同体。中国建材创造的这个全新体制让民营企业加入后感觉很融洽。

其次,在价格上,"中国建材"充分考虑原股东利益,给了一定的溢价,让股东感到这么多年付出心血辛苦建厂没有白建。对"中国建材"来说,在联合重组过程中付出的成本与当时国际市场价格相比并不高,价格对重组各方都比较透明公道。

再次,在文化上,"中国建材"在联合重组中采取的是融合文化,而不是强买强卖的文化,联合后也充分发挥原有企业管理团队和员工团队的作用,继续让他们在原有岗位上施展才华。"中国建材"是用资本搭建了一个平台,让大家实现同一个愿望,朝同一个目标努力。

第一年联合,第二年建章建制,第三年按照规则真正融合运行,这是雷前治3年前对"南方水泥"发展的初步设想。然而,无论是企业的微观发展,还是企业带给整个行业的宏观效益,“南方水泥”都远远超乎了人们的预期。

记者:3年前,中国水泥协会积极支持“南方水泥”联合重组,您当时心中对“南方水泥”成立3年后有何设想,现在是否实现?

雷前治:当时我希望“南方水泥”3年初见成效。第一年联合,第二年建章建制,第三年按照规则真正融合运行。现在看来,比我预期的还要提前一年实现。

说实在的,3年内联合重组这么多企业,而且大多是民营企业,把这些企业整合成有竞争力的实体确实非常困难。所以对于“南方水泥”而言,更大的挑战在于能否通过有效整合,使公司成为有战斗力的航母,而不是拼凑而成的舰队。当时行业内外都很担心,我认为这都很正常,因为“中国建材做”的是一件开创先河的事情,没有范例可循,之前没有哪个行业、哪家央企联合重组了上百家不同体制的企业。

“南方水泥”成立后第二年我去调研,“湖州南方”的一位负责人说,我是很有钱,现在我也完全可以什么事都不干,做一个甩手掌柜。但我知道“中国建材”做的是一件开创性的事情,人还是应该干点有意义的事业。“中国建材”对我非常信任,我也愿意为“中国建材”、为浙江水泥行业做些贡献。

“湖州南方”这位负责人说出了加盟“南方水泥”的诸多职业经理人的心里话。“南方水泥”通过重组后的文化融合和深入的管理整合,盈利能力持续提升,在区域内的影响力和企业竞争力大大增强。随着企业微观效应的显现,地方的宏观效应也显现出来,“南方水泥”的成长不仅对浙江、上海、湖南、江西、广西和江苏部分区域水泥产业结构调整起到了积极的促进作用,也推动了这些区域水泥市场走向健康化。

中国是世界水泥大国,却大而不强,从万元GDP消耗的能源及排放来计算,在全球最落后,为什么?因为我们的水泥价格太低,价格不上来,整个行业在社会中的地位就上不来。因此,在结构优化、节能利废、低碳减排等问题上,中国水泥行业还任重而道远,还需要“中国建材”这样的大企业集团承担更多的社会责任。

记者:在您看来,“中国建材”在未来中国水泥行业发展历程中将扮演什么样的角色?您对“南方水泥”有何期待?

雷前治:我很欣赏宋志平的一个理念:中国建材企业的利益孕育在行业的利益之中,行业利益高于企业利益。

中国是世界水泥工业大国,单线最先进的水泥企业也在中国,但从万元GDP消耗的能源及排放来计算,中国在全球最落后。为什么落后?就是我们的水泥价格太低,价格不上来,整个行业在社会中的地位就上不来。为使中国水泥行业的技术经济指标进入世界先进行列,一方面要制止低水平重复建设,推进现有生产线技术进步,加大淘汰落后力度。所谓淘汰落后,不仅仅指淘汰立窑,对一些技术指标比较落后、生产条件差的新型干法水泥也要予以淘汰,保持水泥市场供求关系合理。另一方面要努力提高生产集中度。最近国务院又出台了国发〔2010〕27号文,把水泥列入重点支持企业兼并重组的六大行业之一。像“中国建材”这样的大企业要起到表率作用,为提高水泥行业的社会地位做出更大的贡献。

“南方水泥”最初的区域定位是从上海至长沙的铁路沿线地区,目前“南方水泥”已将这一区域发展成为核心市场,并逐渐向西延伸。我希望“南方水泥”扎实推进既定的发展战略,不断提高市场的控制能力和可持续发展能力,同时,发挥大企业的引领和带头作用,为这一区域市场整合、结构调整和节能减排做出更大的贡献,创造出新的发展奇迹。

建构中国水泥发展的新向度

Set up the new orientation of Chinese cement development

——“南方水泥”成立三周年综述

摘自2010年9月24日《中国建材报》

所谓“向度”,原本是一个物理学概念,意指物理量的递延具有一定的方向性,是一个“矢量”。后来,人文研究将其引入精神生活的梳理与建构,借用“向度”来揭示思想流变的多向性与当代思潮的多元生态、主流趋势。

21世纪初的中国水泥就处在这样一个流变多向、发展多元的时代。

刚刚经历了高速成长的快意,却又陷入了诸多高速成长行业发展很难摆脱的宿命:当行业的发展渐趋成熟时,内部竞争便空前激烈,利润被极度挤压。人们不得不重新思考未来发展的战略走向,对未来之路作出新的抉择。家电行业走过这一历程，相似的一幕曾在电脑行业上演，水泥行业同样没有能够幸免。

是重起炉灶继续做大，还是着眼现实存量调整，成为两条迥然不同的发展路径。

2007年9月26日，“中国建材”组建的超大型水泥企业——“南方水泥”横空出世、石破天惊。短短3年时间，“南方水泥”就在环太湖、浙中南、上海、闽浙赣、湖南、江西、广西七大区域内联合重组企业近150家，形成水泥产能超过1亿吨，开创了中国水泥低碳经济集约发展的新路径。

联合重组："中国建材"拥有的只是真诚，而不是慷慨

在欧美，有一个与兼并有关的词更形象，也更易深入人心，就是收购者往往被称作“门口的野蛮人”。可以想象，一旦被其闯入，瓶罐难保，家中难安。为了避免成为“门口的野蛮人”，“中国建材”将行将开展的“并购”称之为“联合重组”，这既是一个巧妙躲避了西方文化贬义，同时又充满了中国文化人情智慧的词汇。

“放眼全球思考，立足本地行动”，“中国建材”率先选择以浙江为主要区域开展企业并购。是时，“浙江水泥”在完成技术结构调整、实现新型干法生产水泥后，面临着产能过剩、恶性竞争的窘迫境地。针锋相对的碰撞、虚与委蛇的周旋，粉碎了所有关于技术、效益和持续增长的美学想象。水泥行业在产业链中受制于上游产业煤电油运的涨价，又无法向下游产业转嫁由此带来的沉重包裹，其状犹如风箱里的老鼠两头受挤。2005年，东南水泥市场陷入低谷，浙江水泥吨利润仅仅只有1元！直至2007年，浙江水泥仍然在陷于市场供过于求的泥淖不能自拔。投身水泥事业50余年的浙江省水泥行业协会理事长李辛龙怒斥，这是“干高技术的活，挣要饭的钱”！

西子湖畔，杨柳荫下，一杯龙井，三五同行。“中国建材”董事局主席宋志平、总裁曹江林与浙江三狮集团董事长姚季鑫、浙江虎山集团董事长张剑星、浙江尖峰集团董事长杜自弘等促膝长谈；在江西南昌、湖南长沙，与江西省建材集团公司总经理兼党委书记、江西万年青水泥股份有限公司董事长刘明寿，湖南韶峰水泥集团董事长肖小高坦诚相见。在君子坦荡荡的心境下，他们彼此都从对话之中听到了来自他们大脑深处的思想的回声：志同道合，心心相印。在资本魔杖的挥舞变幻面前，在“南方水泥”的大旗之下，东南经济区内水泥企业纷至沓来。除了实实在在的资产，还有一份厚重的情感依托。

“专业（Professional）、负责（Responsibility）、尊重（Respect）、互让（Compromise）”，根据PRRC的重组整合准则，“中国建材”深入了解企业生产状况，全面掌握财务状况；不仅关心企业的现在，更关注企业的未来；不仅对“中国建材”负责，也对原股东负责；对企业、对企业家个人给予尊重，即使在细小的问题和环节上，也要充分考虑对方的感受和要求。从企业实力与风险评估到企业战略、发展潜力；从新进企业与现有企业之间的协同效应到资产、人员、价格和非竞争等条款安排，不疏漏每一个大环节、小细节。在“中国建材”夤夜不辍的艰苦谈判历程中，大环节可见坦率和真诚，小细节流泻机智和人情。

“南方水泥”成立3年，参与重组的企业由当初的0家增加到现在的146家，产能由当初的0吨增加到如今的1.2亿吨。今年上半年，就有53家企业新签合作意向书，其中13家企业已与“南方水泥”各区域公司签订正式《股权转让协议》。通过联合重组，“南方水泥”新增熟料能力1 240万吨/年，水泥粉磨能力1 915万吨/年，与此同时水泥行业集中度大幅提高。2009年，浙江省熟料产能前三甲占比68%，其中“南方水泥”产能占比达51.5%。水泥产量前三甲占比60%，处于全国领先水平。

能够打动如此众多区域内的企业和企业家，参加到联合重组的行列里来，“‘中国建材’拥有的只是真诚，而不是慷慨。”“中国建材”董事宋志平坦言。

管理整合：发生了巨大的路向转变，却没有发生传统的断裂

根据美国学者Bruner R. F对全球数千起并购案的调查，仅有17%的兼并能带来实质性回报，33%并未带来任何利益，20%造成相当损失，30%造成严重的财务损失。

面对跨越“五省一市”、多达百余家企业的管理整合，决不是简单的物理堆砌与数字叠加，要让企业组合与生产规模、经济效益相得益彰，必须完成复杂的化学反应。

“中国建材”以高瞻远瞩的气度、和谐共赢的文化、严密科学的制度，用自己不懈的努力拿出了答卷。在过去的3年里，“南方水泥”一方面以多种形式积极推进以“绩效、和谐、责任”为核心价值观的文化整合，把以绩效为核心的企业文化有效植入到联合重组企业，形成了强大的精神动力；另一方面加大一体化管理，通过“湖州南方”、“嘉兴南方”、“金华南方”、“杭州南方”、“湖南南方”、“江西南方”、“江苏南方”、“上海南方”等八大区域公司及直属企业“桂林南方”的组建，建立并完善了“南方水泥”总部、区域公司、生产企业三级管理架构，以市场营销集中和财务集中为重点着手内部整合，消除内部竞争，实施统一市场布局、市场开发和价格管理，集中统一规范财务管理，同步实施包括采购集中、技术集中、投资决策集中在内的“五集中”管理，一体化管理取得明显成效。

“制度比人更重要”。这是现代管理学十分推崇的一个观点。“南方水泥”在管理上采用了两个“抓手”。一个是对标管理，大力实施管理改进和技术改造，全面落实“中国建材”的成本节约特别计划，有力地促进了技术改进和管理改进；创新实践以“成本领先、区域化、市场拓展”为核心的“CRM”经营战略，有效地增进了成员企业间的协作和联动效应。另一个是辅导员制度，即所有企业对照优秀指标学习、赶超。如果干得不好，达不到标准，派人进行辅导；如果还不行，再更换责任人。为此，“南方水泥”制定并推行了一套标准化、程式化的管理制度和实施方法，使管理与考核有了科学的依据。

“南方水泥”适时在企业中开展的各种劳动竞赛，为企业设备可靠性大幅提升、熟料质量稳步提升、维修费用和各项消耗大幅度降低提供了有力支撑。今年上半年，累计熟料单位维修成本比预算降低1.5元/吨；水泥单位维修成本比预算降低0.73元/吨；共降低维修费用6 398万元。熟料平均综合电耗比去年同期降低0.2千瓦时/吨，熟料标准煤耗比去年同期降低2.4千克/吨。2010年上半年，“南方水泥”共生产水泥2 995.77万吨，熟料2 807.8万吨，同比分别增长58%和33%；销售水泥、熟料合计3 968万吨，同比增长45%。

“发生了巨大的路向转变，却没有发生传统的断裂”。这是“南方水泥”有别于许多行业巨头并购失利而持续壮大的重要因素。

价值提升：赢利也是一种思维方式

工业社会的中轴原理是效率。在工业社会的市场经济制度下，高效率战胜低效率是一个不以人的意志为转移的客观规律。而实现高效率的最有效手段就是竞争。没有竞争就没有竞争力，竞争力必须在竞争过程中形成，这是一条基本的经济规律。在生产能力过剩，市场容量有限的条件下，一些企业的壮大和大规模扩张，就意味着更多企业承受更大的压力，以至陷入困境。只要有竞争，就会有代价、有损失、有痛苦。

世界市场水泥和钢材的比价是1∶3，但这个比价在中国却是1∶15。10年前的中国，水泥价格是煤炭的2倍；10年后，煤炭价格是水泥的2倍。全国5 000多家水泥企业，鱼目混珠，产品难以实现优质优价；全球近30亿吨水泥，中国就占了其中一半多。如何在这样一个价值体系失衡、生存环境欠佳的市场条件下实现经济与社会效益的双赢？

“中国建材”推崇的是央企市营，拿“中国建材”总裁曹江林的话来说就是“央企的壳，市场的核”。

“南方水泥”总裁肖家祥认为，行业的困难有的来自于外部忧患，有的来自于内部循环。没有办法改变环境，没有办法改变规则，能改变的只有自己的行为方式。“南方水泥”通过建立区域内水泥企业以限产保价和价格协调联动为主要内容的市场协同机制，来减少产品价格的恶性竞争。“南方水泥”通过与“海螺水泥”、“红狮水泥”、“金峰水泥”等区域内大企业的反复磋商、不断沟通，终于达成了关于节能限产、行业自律、保价稳价的系列共识，初步形成了“南方水泥”和“海螺”、“红狮”等区域内大企业主导的环太湖、浙中南、上海、闽浙赣、湖南、江西六大区域市场协同的格局。由于产业集中度提升，行业自律得到深入和强化，企业经济效益大幅提升。2009年浙江省全行业利润13.44亿元，吨水泥利润12.45元，比2005年提升12倍，预计2010年行业整体利润水平还将有较大幅度的提升。

在美国被誉为战略性企业设计大师的亚德里安·斯莱沃斯基说：“赢利也是一种思维方式……没有利润，就意味着没有能量，就没有能力参与未来，也就没有能力建设未来。”

今年春节期间，“南方水泥”与江浙沪区域内大企业实施停窑节能、限产保价行动，统一停窑时间平均达32天，尽管产、销量下降，但水泥价格始终维持在230～280元/吨，熟料价格始终维持在230～250元/吨的合理水平。湖南、江西等地也开展了多次市场协同，为水泥市场价格合理回归奠定了良好基础。6月下旬，“南方水泥”又历史性地推动了浙江7月份和8月份两次全省水泥企业统一停电节能限产工作。1～8月份，“南方水泥”产品价格整体同比提高16元/吨，浙江区域同比提高20元/吨。

与此同时，“南方水泥”各区域公司在巩固现有市场份额的基础上，将深度开发本地市场作为重点，着力加强营销统一管理、销售网络建设和客户服务，在嘉兴、湖州、杭州、长沙、吉安、湘南、沪南等多个核心区域的市场占有率均有较大幅度提高，其中嘉兴市场占有率高达60%。

对此，国务院国资委副主任邵宁给以“南方水泥”高度评价：“这种通过区域性的联合重组和管理整合，有力地推进了这些区域地区水泥行业结构调整、提高生产集中度的进程，扩大企业规模、优化资源配置的示范作用，为国资委进一步深化国有企业改革，发展壮大国有经济提供了有益的借鉴。”

兴盛起来的文明，即是进化史上优选的智慧基因。中国建材联合会会长张人为，中国建材联合会副会长、中国水泥协会会长雷前治等均对“中国建材”“南方水泥”的组建和取得的成绩给予充分肯定，“南方水泥”的成长路径、管理模式、经营业绩也赢得了业内众多企业的认同和赞赏。在业界的高峰论坛上，“台泥”董事长辜成允就曾毫不吝啬地公开称赞：“南方水泥”的成功是战略的成功！”

哲学家赫伯特·马尔库塞在《单向度的人》一书中认为，当代人的思想应该有两个向度：一个是肯定、认同外部世界的向度，另一个是怀疑、批判外部世界的向度。随着科学技术的高度发展，当代人的思想失去了第二个向度，成了“单向度的人”。由此思考当代中国工业发展，或许也陷入了这种“单向度思想”的困境。“中国建材”在一个没有一家水泥企业作依托的大区域内，成功组建了一家大型水泥企业集团，通过存量调整与增量建设的相结合，实现区域内行业企业的管理整合与市场协同，有效提升了传统行业的新价值，就在于“重建了思想的向度”，即怀疑的、批判的、独立思索的向度。这是决策者超越现实的战略谋划的成果。

时间就是发展的坐标，就是无休止的变化，就是日新月异总是不一样。有人说，“实业链条＋资本链条”是现代企业生存、壮大的任督二脉。“中国建材”在产业领域如鱼得水，在资本市场长袖善舞，打通了此二脉，应该还可以造就一个水泥帝国的神话。

三年成功重组近150家企业
“南方水泥”成水泥行业联合重组典范

The successful reorganization of near 150 enterprises in three years by "Southern Cement" becomes the combination and reorganization model of cement industry

摘自2010年9月27日新华社报道

产能过剩、中小企业多、产业集中度低……这是中国众多行业的通病，而这些问题在水泥行业尤为严重——5 000多家水泥企业、20余亿吨的庞大产能，让这个行业在无序竞争中苦苦挣扎。

如何才能让水泥行业摆脱无序竞争状态，实现持续健康发展？中国建材股份有限公司旗下的南方水泥有限公司以成立3年重组近150家企业、产能超过1亿吨的速度，创造了行业奇迹，也为中国水泥工业今后的联合重组创造了成功的范例。

2005年，东南地区水泥市场陷入低谷，浙江水泥吨利润仅仅只有1元。直至2007年，东南地区水泥行业仍然陷于产能分散、供过于求的泥淖而不能自拔。

2007年9月26日，有意做大水泥产业的“中国建材”，适时组建了南方水泥有限公司——这家公司从成立伊始，就以整合东南地区水泥企业为使命。

但是，东南地区水泥企业中，有的是国企，有的是民企，有的是混合所有制。身为央企的“中国建材”，如何才能把这些大小不一、性质各异的企业整合在一起？这需要智慧。

“在‘南方水泥’组建之初，我们就有一个不成文的原则：不说‘收购兼并’，而说‘联合重组’。”“中国建材”总裁、南方水泥董事长曹江林说，“这不是简单的词汇替换，而是体现了一种包容、合作、共赢的思想。联合重组不是厂房的联合，不是土地的联合，更不是矿山的联合，其核心是人的联合，是平台的搭建。”

在共赢理念的指导下，“中国建材”创新管理体制，探索出一种“央企市营”的管理模式。“我们就是要用市场化方式把央企的品牌、资金实力与民企的市场活力有机融合在一起，形成市场竞争力。”曹江林说。

中国水泥协会会长雷前治在总结“南方水泥”的成功之道时说，在体制上，“南方水泥”不是迫使原企业股东退出，而是让其加盟，大家以资本为纽带结成全新的利益共同体；在价格上，“中国建材”充分考虑原股东利益，给了一定的溢价，让股东感到这么多年付出心血辛苦建厂没有白建；在管理上，联合重组后继续充分发挥原有企业管理团队和员工团队的作用，让大家感觉很融洽。

“我们希望‘南方水泥’成为一个和谐的企业，企业内部要和谐，让员工与企业共同成长；与竞争对手、与上下游产业也要和谐发展，不搞恶性竞争。”曹江林说。透过市场化运营，“南方水泥”与区域内其他企业共同推动产业结构调整、节能减排，与上游厂商集体谈判统一招标采购，3年来，“南方水泥”已初步构建起了一条完整的和谐商业链。

在“南方水泥”的带动下，今年春节期间，苏浙沪区域内大水泥企业实施停窑节能、限产保价行动，统一停窑时间平均达32天，让水泥价格保持在合理水平。今年7月和8月，“南方水泥”又两次推动浙江全省水泥企业统一停电节能限产工作，为区域水泥市场的健康发展立下汗马功劳。

和谐共赢的文化让“南方水泥”迅速崛起成为中国水泥行业的排头兵企业。如今，“南方水泥”产能达1.2亿吨，总资产超过400亿元，年销售收入超过250亿元，年利税超过30亿元，吨水泥盈利年复合增长率达到20%。

“‘中国建材’做的是一件开创先河的事情，没有范例可循，之前没有哪个行业、哪家央企联合重组了上百家不同体制的企业。”雷前治说，当前水泥行业依然存在产能过剩、集中度低等一系列问题，“南方水泥”的成功，堪为水泥行业联合重组、结构调整的典范。

权威人士评说“南方”

Authority comment on "Southern Cement"

摘自2010年10期《中国水泥》杂志

张人为：**永不满足追求极致**

（中国建材联合会会长）

提三点希望，第一，一定要始终保持永不满足、追求极致的精神，我认为这个很重要，成绩很大但是还有不足。过去的水泥价格是一吨水泥十吨钢，现在则是十吨水泥一吨钢，价格提升不上去本质上是供求关系造成，我们的重组联合还要不断优化，行业还需要有更高层次上的重组联合。希望“南方水泥”一定要有继续追求极致的理念。

第二，水泥工业发展到现在，从东部来讲，已经从以前的高速增长到现在的平缓发展，以后则甚至会减量。这说明水泥数量增长的空间已经不大了，要在运行的质量上提高，要延伸产业链。

第三，现在很多企业在实践水泥窑协同处置工业废弃物、生活垃圾，国家把环保当成新兴产业之一，也像低温余热发电一样，前景是存在的，特别是东部沿海地区，研究开发环保技术装备产业，并且在水泥窑上使用，这样企业的立足之地就更大了，企业的效益也将更好。

雷前治：**代表中国水泥结构调整的方向**

（中国水泥协会会长）

“南方水泥”已经发展到江西、江苏、湖南，现在已经进入了江西、上海，我也希望我们把这些经验充分运用到其他地方去。我作为一个“南方水泥”成长过程见证者，看到你们的成长很高兴。希望“南方水泥”在整合运营当中，积累丰富的经验，为全国水泥行业结构调整发挥领头羊的作用，宋总讲企业责任，我非常赞成，企业的利益一定要和行业利益挂钩，没有行业利益就没有企业利益，这个要作为水泥工业发展的座右铭进行大力推广，希望所有的企业都把行业利益立于企业利益之上，希望能把我们的价值提上来！

王燕谋：**中国水泥史上的奇迹**

（原国家建材局局长、中国建材集团高级顾问）

南方水泥的成功是中国水泥史上的奇迹，是中国水泥行业的骄傲。联合重组成功的主要标志有以下几个方面：1. 企业和社会效益大幅度提升。许多不良资产转化成优良资产，社会效益提高。2. 重组中重视人才、引进人才，组成了决策能力强、进取心强、责任心强、和谐、优秀的领导班子。3. 形成一个良好的企业政治思想氛围。“南方水泥”是利用央企在融资、技术和文化等方面优势作为困难企业发展平台进行兼并重组而成的。各企业都是自愿加盟，不是奉政府之命凑合而成的。因此，企业具有较强的凝聚力。4. 产权清晰。重组中首先进行了产权清理，剥离企业的社会负担，重组企业资产，组成了产权清晰的国有控股股份制企业。5. 责权明确。通过重组建立了三级不同功能的组织体系，决策中心（总部）—利润中心（区域公司）—成本中心（成员企业）。各中心都有明确的权利和责任。6. 管理科学。将现代企业管理理论与本企业的特点相结合，提出了自己的管理理念和方法。全国水泥企业应该学习“南方水泥”兼并重组的经验，以加快我国水泥工业机构调整的步伐。

宋志平：**大力推进联合重组实现战略目标**

（中国建材集团董事长、中国建材董事局主席）

“中国建材”在央企里并不是一个实力非常雄厚的公司，因而组建像“南方水泥”这样一个公司，“中国建材”还是有很大压力的。但是这三年来在各级政府、主管部门，在社会各界的支持下，“南方水泥”还是成功扩大了。作为一家央企，我们很关注企业的战略目标是什么。“中国建材”的战略目标就是成为具有持续创新能力的、有国际竞争能力的大型建材集团。要达到这个目标，我们就得大力推进行业的联合重组和节能减排。不是在增量而是在存量基础上实现联合重组，追求行业价值的提高和技术的进步。关于“中国建材”的成长模式我们总结了16字方针，就是“资本运作、联合重组、管理整合、市场协同”。

孔祥忠：**做世界一流水平的水泥企业**

（中国水泥协会副会长、中国水泥协会秘书长）

“南方水泥”取得如此优异成绩，可以说是来之不易。因为他们是在面对区域产能严重过剩、金融危机带来的宏观经济不景气、固定资产投资下降的不利影响下，是在整合的基础上实现的业绩，也充分说明了重组联合实现资源优化配置是水泥行业结构调整的未来方向。希望今后“南方水泥”在环保、资源利用、能源消耗等方面能有几条代表世界一流水平的生产线，以一流的技术、一流的管理、一流的效益，从而创建“创新绩效型、资源节约型、环境友好型、社会责任型企业”的“四型企业”。

白英:创新之路值得在央企推广

(国务院国资委规划局副局长)

对于充分竞争的央企如何发展,“中国建材”走了联合重组之路,总结了五个创新,值得在央企推广,尤其是对充分竞争的企业如何承担起政治经济社会责任都有很大的借鉴意义。另外作为集团公司管理模式,也有非常好的经验。我们国资委管理着120多家央企,基本都是集团公司,集团公司对整个企业的管理模式和理念怎样,很多企业做法不同,集团管理对有些企业提出了挑战。“南方水泥”和“中国建材”走出了一条管理整合的路,“三五”管理值得在央企推广。

袁克兰:成功离不开好的战略

(国家工信部产业政策司处长)

“南方水泥”成功的首要方面是因为制定了一个好的战略,2007年“中国建材”做三年规划,当时就认为只有做水泥才能迅速做强做大,事实证明,这个战略迈出了关键一步。第二个,“中国建材”有一批很有抱负的领导者,从宋总这个带头人到曹总、肖总等一批领导,都有活跃的思想和远大的抱负,这也是“中国建材”走向成功的关键。再一个是“中国建材”抓住了机遇善于利用各种资源,还有就是注意了目标市场的选择。另外,整合三年下来,这么多企业没有一件群体事件发生,做到这一步相当不容易。在这个方面,“中国建材”在企业文化上有很多经验值得总结,为下一步国务院在兼并重组特别是国有企业的整合上提供了很多借鉴。

杨晓喻:产业结构升级的典范

(湖南省国资委副主任)

南方水泥公司的成立促进了国家水泥产业结构调整,为下一阶段国家产业结构升级提供好的典范,下一步继续利用资本市场募集更多发展的资金,促进企业进一步发展壮大。在中国建材集团和“南方水泥”的高度重视下,“湖南南方”取得了优异成绩,新建的几条水泥生产线进展顺利。我代表湖南省国资委表示,我们将一如既往地支持中国建材集团和南方水泥公司今后的发展,祝愿“中国建材”和“南方水泥”更加兴旺,更加辉煌!

李辛龙:引领行业回归应有地位

(浙江省水泥协会会长)

我国的水泥工业规模是全世界产量最大的,而且我们的水泥工业在技术上不亚于世界水平。但是这么重要的建筑材料,在我国却是价格和价值极不相称,我们的水泥工业应该唤起本来面貌、应该体现我们的价值。究其原因就是产能严重过剩无序竞争造成。希望我们能从“十二五”开始用5年时间在“南方水泥”这样的大集团的领导下回归水泥行业本来的面目,给水泥工业以应有的地位,水泥产品价格要体现价值。

姜均露:成功的企业文化基础

(“中国建材”外部董事)

企业文化在战略过程中无处不体现。五湖四海,和而不同、同而不和。“南方水泥”保持了各方面的优势,跟它的文化有很大关系。“南方水泥”取得今天的成绩固然值得欣喜,但是还是需要逆水行舟继续爬坡,希望“南方水泥”的同仁再上一个新台阶。

周道炯:行业重组的宝贵经验

(“中国建材”独立董事)

仅用了三年时间“南方水泥”就取得了今天的成就,将一百多家企业联合在一起,堪称是是中国行业重组当中的一个典范,非常了不起。第一,管理模式总结还要再细化,这些从实践中得到的经验是非常宝贵的,对行业有很好的借鉴意义。第二,要进一步提高对资本市场的认识,重视资本市场。没有成功的资本运作就没有“南方水泥”的今天。第三是重视人才,充分发挥人才的作用。再有,就是要面对现实、迎接挑战。

崔星太:联合重组理念的正确体现

(中国建材股份公司副总裁、中联水泥集团公司董事长)

“南方水泥”从三年前的零产能发展到目前的一亿吨,在中国甚至全球企业成长史上都是一个奇迹。通过不断的管理整合,“南方水泥”使一百多家所有制、企业理念、管理模式不同的企业平稳和谐地融合在一起,并且经济效益有了非常大的提升,这充分体现了“中国建材”联合重组理念的正确。对“中国联合水泥”、“中国建材”旗下的其他企业都是一个激励。相信“南方水泥”在“中国建材”的坚强领导下事业更辉煌。

肖家祥:核心市场占有率不断提高

(“中国建材”副总裁、“南方水泥”总裁)

三年来“南方水泥”认真贯彻“中国建材”资本运作、联合重组、管理整合、市场协同的方针,紧抓市场、紧抓发展、紧抓管理、紧抓文化建设,深入推进管理整合,大力推进市场协同和核心技术建设,不断优化市场布局,不断提升管理能力、区域市场控制力和企业的赢利能力,市场地位和经营业绩的大幅度增长,“南方水泥”已经成为中国东南经济区水泥行业健康发展的主要推动力量。通过以上的做法有效提高了“南方水泥”的市场竞争力,“南方水泥”核心市场占有率不断提高。

联合 管理 效益

Combination, management, efficiency and benefit

——中国联合水泥集团山东区域各企业发展见闻

摘自2010年1月12日《中国建材报》

2009年年末，中国联合水泥集团传来消息，中联水泥集团山东区域各企业提前两个月完成全年利润指标。主管中国联合水泥集团山东区域经营管理工作的中国联合水泥集团副总经理冯耀银说："中国联合水泥集团在山东区域之所以能取得这样的成绩，得益于中国联合水泥集团搭建的区域发展大平台，得益于我们实施了严格高效的管理措施，得益于广大一线管理者和员工的共同努力。是'联合'的思路创建了这样一个大平台，这个大平台让每一个企业最大程度地发挥了各种潜能，实现了以往难以达到的良好业绩。"

冯耀银介绍，目前中国联合水泥集团在山东的水泥企业已达22家，产能超过2 800万吨，其中熟料基地10家，水泥粉磨站12家。

"联合"搭建了一个好平台

中国联合水泥集团成立10年来，始终遵循中国建材集团的发展战略，驱动资本运营和联合重组，进行区域性联合重组和管理整合，走市场化的运营机制道路，走争取地方资源支持并为地方经济做贡献的道路，实现了企业又好又快发展。

几乎所有的中国联合水泥集团山东企业负责人都称赞中国联合水泥集团搭建的平台好，在这个平台上，每个企业都可以很方便地做到许多过去想都不敢想的事情。

"泰山中联"分管生产技术的副总经理郁国强告诉记者，加盟中国联合水泥集团后，"泰山中联"在生产方面的变化十分明显。过去"泰山水泥"的2条生产线亏损，2007年7月1日加入中国联合水泥集团后，集中采购费用降低，统一销售，区域价格联动，加强了现场管理，下半年即实现盈利1 000多万元。目前"泰山中联"虽然在技术力量上没有增加投入，但由于在山东区域内到各兄弟厂家学习的机会多了，平台大了，后盾强了，可以利用整个团队的技术力量和优势，所以感觉公司的技术力量十分强大。

"德州中联"总经理孙勇介绍，加入中国联合水泥集团后，企业有了一个强大的平台，有了一个广阔的发展空间，原来企业是一个"点"，现在是一个"面"。过去企业是闭塞的，而现在视野开阔，中国联合水泥集团山东区域的各企业就像一个单位。

"曲阜中联"董事长孙建成讲道："中国联合水泥集团是个大家庭，只要一家企业有事，其他的企业马上提供帮助。"

如果说是中国联合水泥集团给旗下企业搭建了一个好的平台，那么把这个平台的作用发挥到极致的，是主管中国联合水泥集团山东区域经营工作的冯耀银。正是他，在山东区域企业间开创性地实施了对标管理。

中国联合水泥集团山东区域实施对标管理以来，深受中国联合水泥集团和业内的好评。不久，国家发改委就委托中国水泥协会主持全国水泥试点企业能效"对标"工作。

中国联合水泥集团山东区域企业的对标管理自2007年3月开始实施，每月初轮流在各企业驻地举办，这样既完成了"对标"，又做到了现场观摩交流。如今，每月初召开"对标会议"成了中国联合水泥集团山东各水泥企业的一项重要工作。

孙建成认为，对标管理激发了山东区域企业的活力。通过"对标"发现自身某个环节有问题，企业可以马上派人到优于自己的企业去学习，形成"比、学、赶、帮、超"的风气。

孙勇说："对标管理模式非常好，刚开始时，我们在会上真有点坐不住，看到其他企业的数据，自己心里很不好受。但正是这种形式，可以自我加压，找到差距，互相借鉴、学习其他企业先进的生产技术和管理经验，进行标杆管理。我们还把对标管理引入企业内部车间，对对标管理进行了再创造。今年，企业原料石膏的采购，每吨下降了100多元，仅此一项一年就'对'出了1 000万元的利润。"

"联合"后实施精细化管理

"中国建材"提出的"精细管理、创造绩效"的总体工作思路，在中国联合水泥集团山东企业的日常工作中得到了严格贯彻和落实。冯耀银发挥长期在煤炭和水泥行业从事企业管理工作的经验，积极探索集团化管理模式。

在冯耀银的领导下，中国联合水泥集团山东企业坚持以"精细管理，创造绩效"为主线，以控制成本为目标，加强基础管理工作，革新挖潜，节能降耗，探索出一套对各个企业统一管理的模式：即下达指标、监督过程、统一考核、严格奖惩、具体分析。每月月初组织召开"中联"山东区域企业"对标"会，对比分析企业间的成绩与不足，同时下达本月的生产经营计划。

几年来，在统一的管理模式下，中国联合水泥集团山东各企业都摸索出了一套完善的管理方法。

过去“鲁南中联”日产5 000吨生产线产量一直在4 800～4 900百吨上转悠，许多不完善的地方需再改造，对此他们从生料配比到窑提速，从工艺到设备实施了全面的升级管理，日产量一下子提高到五千六七百吨，生产线的各项指标从过去的“老末”走到前列。

“枣庄中联”2条日产2 500吨线不光在当初建设期间创出了投资最少、工期最短的纪录，建成后，各项指标瞄准更高标准，在国内位居前列，其成本能与万吨线相抗衡，成为“中国联合水泥”的“明星”线。

“曲阜中联”推行精细化管理、市场终端管理，最佳工艺方案管理，加强三级监督管理和三级安全网络，使精细化管理日益完善，努力实现节点管理无盲点。

“德州中联”提出“停窑就是事故”的理念，严把管理中的各个细节，探索出“全方位成本控制机制”，对原材料采取联合取样和编码管理，组建了督察组，对生产销售的各个环节实施督查管理。

“青州中联”严格落实“点检、巡检、紧固、润滑”的设备管理八字方针，努力提高设备运转率。他们对进厂原燃材料严把质量关，做到一车一检，对质量检测结果超标的拒收，并且在日常工作中非常注重生产现场和厂区环境治理。2009年3月，中国联合水泥集团在“青州中联”召开生产现场会，推广其生产现场管理经验。

“联合”创造高效益

努力耕耘自有回报。2009年以来，中国联合水泥集团山东各企业生产经营运行稳定，各项指标不断攀升，市场销售业绩良好，临近年末，捷报频传，各企业均提前两个月完成年初制定的利润指标。

在“枣庄中联”2009年庆功大会上，冯耀银高兴地宣布，2009年1～9月，“枣庄中联”完成全年利润任务的107%，提前3个月完成了上级下达的全年利润指标。日产5 000吨水泥熟料生产线于9月10日点火投产，并通过运行调试达产达标，余热发电成功并网发电。“枣庄中联”水泥工业生态园内防尘、降尘、防噪、绿化系统、景观湖亭和凉亭等一期工程建设初具规模，二、三期工程正在同步快速推进。项目完成后，“枣庄中联”将成为集生态工业、生态农业、生态人居、旅游观光于一体的生态型水泥生产示范企业。

“鲁南中联”作为“中国联合水泥”的发源地，其2条日产2 300吨生产线为上世纪90年代初建成，因设备老化，运行成本高，进行技术改造。近年来在严格的管理和运行下，老国企焕发了生机，目前日产5 000吨生产线产量由原来的5 000吨上升到5 600吨。“鲁南中联”今年的生产利润可超亿元。

“日照中联”两年前重组“港源水泥”，2条生产线停产，缺乏流动资金，燃煤紧张，存在许多问题。总经理盛春德一方面请“鲁南中联”的培训师前来授课，邀请大学教授进行营销培训；另一方面积极组织力量恢复生产，重组当年年底就赢利700万元。2009年“日照中联”生产经营稳定上升，到11月份全年多销售水泥50余万吨。

“临沂中联”是2008年1月由山东“江元水泥”重组后成立的。企业的生产经营一直不正常，重组成立之初，公司有关领导组织管理和技术人员对生产经营进行诊断，整修设备，优化系统，将原“带病”运转的设备进行全方位的整修，重新制定设备管理方针，严格管理，两个月后企业进入正常生产经营轨道，连续运转率和产能利用率不断提高，熟料日产量超过5 500吨。2009年是“临沂中联”快速成长的一年，公司重点在提升经营质量，加强管理水平，优化发展方式等方面下功夫，前三季度企业利润和销量指标完成情况良好。山东省水泥协会一位领导考察了“临沂中联”后，给予的评价是“脱胎换骨的转变”。

联合的力量还显现在各企业文化和品牌的统一上。山东区域内所属企业将产品品牌全部更换成了统一的“中联水泥（CUCC）”。“泰山中联”加盟前是亏损大户，通过严格管理如今成了盈利大户。郁国强告诉记者，“泰山水泥”目前已完成品牌转换，由原来的“泰山水泥”变为CUCC，转换后品牌效应得到放大，品牌影响力转变为价格优势的效应明显，带动了区域销量的上升。

如今，按照中国联合水泥集团管理整合总体方案，山东区域内所属企业正在进行更为彻底的管理整合工作：即将成立中国联合水泥山东运营管理区，最终实现“营销统一、生产技术统一、采购统一”的区域集中管理运营模式。这将是继对标管理之后，中国联合水泥集团2009年为山东区域各企业搭建的又一个发展平台。我们期待在这个新平台上，中国联合水泥集团山东区域各企业会有更大的作为。

西北水泥进入“中材时代”

Northwestern Cement enters "SINOMA Era"

摘自2010年1期《中国建材》

5年，只是历史长河中一个短暂的瞬间。在东部水泥市场烽烟四起的时候，“中材”独辟蹊径转战西北，从零起步，5

年时间即打造出一个"中材时代"。先取"天山",再并"赛马",又成功控股"祁连山",在兼并重组的道路上,与国家政策导向保持高度同调,以富有前瞻性战略取胜的中材集团演绎出了一段荡气回肠的经典。

入主甘肃　"中材水泥"西北称雄

苍莽祁连山脉,今日风起云涌。年终岁末,甘肃兰州——12 月 27 日,中材集团旗下的中国"中材股份"与甘肃省国资委签署股权受让协议,"中材股份"成为 A 股上市公司"祁连山"实际控制人。在甘肃省委书记陆浩、省长徐守盛,中材集团董事长兼"中材股份"董事长谭仲明、中材集团党委书记于世良等人的见证下,"中材股份"总裁周育先、甘肃省国资委主任马艾武、祁连山公司董事长杨皓作为三方代表签署增资扩股及股权转让协议。

同日,谭仲明与甘肃省副省长石军分别代表中材集团与甘肃省政府在兰州签署新的战略合作协议,这是在第一份战略合作协议取得积极成效的基础上,双方战略合作的进一步升级。

28 日,"中材天水"2 条日产 2 500 吨新型干法水泥生产线一期工程竣工点火。至此,"中材"在甘肃的水泥产能达到 1 500 万吨以上。

此前的 2008 年 7 月,中材集团呼应甘肃省"工业强省、引强入甘"战略,双方签署第一份战略合作协议。6 月,中材集团投资 5 亿多元,成为"祁连山水泥"第二大股东;8 月,"中材科技"甘肃酒泉年产 500 套复合材料风电叶片项目第一期工程叶片下线,第二期项目建成后将形成 1 000 套以上生产能力;年底前,白银日产 5 000 吨新型干法水泥生产线建设顺利,将于明年上半年建成投产。至此,中材集团在甘肃各项投资已超过 20 亿。这些项目的陆续建成投产,标志着中材集团与甘肃省战略合作进入了"黄金时期"。

此次中材集团控股"祁连山",占有 51% 股份,更加稳固了中材集团在西北水泥市场的霸主地位,标志西北水泥从此步入"中材时代"。西北水泥市场,从此一统天下。

把握战机　天山、赛马尽收囊中

作为一家科技型中央企业,中材集团一贯强调产业的发展导向在市场,根基在地方。哪里有市场、有资源、有适合又快又好发展的环境,中材集团就在哪里生根、发展。"天山股份"是中材集团进军西部的第一站,也是重要的一个平台。作为局外人,我们无从得知"中材"的西北战略是从何时开始酝酿的,但一场突如其来的股市风波,显然加速了这一进程。

"天山水泥"是建材行业的重点企业,是新疆最大的水泥上市公司,占据着疆内最大的市场份额,其高标号水泥一直是新疆各大重点工程的首选产品,其市场还辐射到周边的青海、甘肃等地,经营状况一直良好。2004 年,"天山股份"突然遭遇"德隆危机",运营形势急转直下,股市危机甚至一度影响到了新疆自治区的社会稳定。危难之时,中材集团先施援手,在没有得到任何承诺的情况下紧急拨出巨款支援自治区政府和"天山股份",很快恢复了公司的经营,促进了社会的稳定。

中材集团"先化解危机、后并购重组",得到了新疆自治区的高度认可,中央政治局委员、新疆自治区党委书记王乐泉给予高度评价。为了使新疆建材产业更快更好发展,新疆自治区政府将其所持有的全部建材产业资产——天山建材集团 47.31% 的股权,全部无偿划拨给中材集团。重组后,中材集团从资金、技术、人才、发展战略、运营管理等方面,给予"天山股份"大力支持。新投资建设水泥生产线总产能 679 万吨,相当于原公司总产能的 60%。"天山股份"重组后很快扭亏为盈,资产价值迅速提升,总市值比 2005 年增长超过 6 倍。

"天山股份"是中材集团进军西部的第一站,也是重要的一个平台。从此,"中材"在祖国的最西端建立起第一个坚实的桥头堡。

中材集团重组"天山股份"的出色业绩,引起了宁夏方面的高度关注。为了快速发展宁夏经济,大力发展水泥产业,同时受新疆成功经验的启发,2007 年 5 月 20 日,宁夏回族自治区政府决定,将其所有的建材产业资产——宁夏建材集团有限责任公司 51% 股权,无偿划拨给中材集团。随着此次股权划拨,中材集团成为上市公司宁夏赛马实业股份有限公司的实际控制人。

中材集团控股后,"中材股份"迅速增资 10 亿元重组"宁夏建材",支持其在做大做强宁夏区内企业的同时,加速向区外水泥市场发展。至今,已投资建设 7 条水泥生产线、粉磨站和 4 座低温余热发电系统。这些新建项目竣工后,增加水泥生产能力 700 万吨,相当于再建了一个"宁夏建材"。对此,宁夏自治区领导高度评价,党委书记陈建国在《宁夏建材集团改革发展情况汇报》上批示:"宁夏建材集团的实践,再次说明自治区国有大企业与中央企业重组是正确和成功的。"随着兼并重组的稳步推进,"中材"的西北区域水泥战略逐渐成形,业内人士和媒体也由此揣测"中材"的方向。正如人们所分析的那样,位于甘肃的"祁连山水泥"逐渐进入人们的视野。拿下"祁连山",不仅可以将西北市场连成一片,更可以以此作为新的战略前线,在稳固后方的基础上,挺进陕西、内蒙市场。

2008 年年底,国家出台 4 万亿投资拉动经济增长,特别加大西部地区的基础设施建设的投资,"祁连山"的战略价值更加瞩目,这也引起了国内其他水泥巨头的极大关注。业内先后传出有"海螺"、"中国建材"等大型水泥集团与"祁连山"重组的消息,各种传言不绝于耳,充斥于各种媒体。

成竹在胸　"中材"成功登顶"祁连山"

甘肃位于连接新疆、青海、内蒙古、陕西、四川五省区的交通枢纽地位，地理位置得天独厚。在陆续控制了“天山股份”和“赛马实业”两家上市公司之后，进一步控制甘肃水泥市场已是势在必行。“祁连山”是甘肃、青海地区最大的水泥生厂商，水泥总产能超过1 000 万吨，占甘肃省水泥总产能的40% 以上，也是国家重点支持的12 家“全国大型水泥企业”之一，居区域绝对领先地位，竞争优势非常突出。控股“祁连山”，就等于控制了整个的甘肃市场。

实际上，早在2007 年，中材集团就已经有牵手“祁连山”的意愿；2008 年3 月，更是卷入“祁连山”增发的传闻，并一度与“海螺”、“中国建材”等水泥巨头展开竞争。由于甘肃省国资委对于放弃控股权“心有不甘”，与中材集团一贯秉承的“绝对控股”战略相悖，致使中材集团暂时搁置联手“祁连山”。但是，“中材”称霸西北水泥市场的战略目标一点儿没有改变！中材集团所规划的版图是将新疆、青海、甘肃和宁夏连成一线，绝对掌控并在这一区域发挥最大的话语权。在这样的战略眼光下，甘肃地区必然成为中材集团突破西北水泥市场的关键目标。在巩固新疆、宁夏水泥市场的基础上，中材集团迅速布局甘肃、青海等地，相继与甘肃兰州等9 个地级市政府多家水泥公司签署战略合作框架协议，并通过其控制的“赛马实业”在甘青地区实施大规模新建产能计划，直接威胁“祁连山”的区域市场，并呈包围之势。兵临城下，加之“祁连山”水泥的部分矿山资源掌控在“中材”手中，此时“祁连山”归属“中材”已是大势所趋。

2009 年6 月，“中材”介入“祁连山”非公开发行，“中材”出资5.010 5 亿元，以每股9.11 元价格认购5 500 万股，占“祁连山”发行股本的11.58%，成功成为“祁连山”第二大股东，与第一大股东甘肃省国资委仅差1.2 个百分点。

随着国家对水泥新建产能进行严格控制，特别是38 号文下发之后，水泥行业调控越来越紧，水泥企业之间合纵连横已经是必然选择。

2009 年12 月28 日，甘肃省国资委与中国中材集团正式签署股权转让协议，中国“中材”通过增资扩股和股权受让的方式获得“建材控股”（“祁连山”实际控制人）51% 股权。“祁连山”同日发布公告，实际控制人由甘肃省国资委变更为中国“中材”。

对此，中材集团董事长谭仲明表示，实现对西北区域市场的有效整合，是“中材”实现北方最大水泥制造商战略目标的核心步骤。2011 年，中材集团水泥产能将超亿吨！

在“中材水泥”西北战略完美收官之时，西北水泥步入“中材时代”之后，“中材”剑指何方？我们拭目以待。

评：商战之道　智者为王

在东部市场烽烟四起的时候，“中材”却独辟蹊径转战西北，从零起步，5 年时间即打造出一个崭新的“中材时代”。同为西北战略的组成部分，推进方式却各不相同：“天山股份”，先出资救助再接受无偿划拨；“赛马实业”，则是自治区政府直接拱手相让。“祁连山”一度是诸多巨头觊觎的对象，而“中材”在开始阶段遇阻之后，断然在“祁连山”周边全线发力。大批新线的布局，既增加了收购谈判的筹码，也向对手发出信号，使其知难而退；而“祁连山”一旦重组成功，新线与“祁连山”既有的产能合并在一起，更增加了对区域市场的掌控能力。在兼并重组的道路上，中材集团“法无定法”，收购“祁连山”虽然一波三折，最终却是一箭三雕顺利拿下，堪称经典。

今日之中国，东部地区已是人满为患，放眼北京上海，私家车限号出行，公交车早晚爆满，犹如沙丁鱼罐头，政府恨不得把市民打包做成压缩饼干；高楼林立几乎见缝插针，难以再有规模扩张，曾经红火的水泥市场也逐渐不可逆转地走向萎缩，金融危机到来更加速了这一进程。既有企业良辰不再，为保生存，难免刀光剑影，自相残杀。相对于东部的萧条，即便是金融危机的今天，西北水泥企业依然一片火爆的光景：生产线高速运转，等待拉水泥的车队排成了长龙。因为需求火爆，市场价格也水涨船高，长期居高不下，用户恨不得往水泥中掺上几斤酵母，一包顶上几包用。

在广袤的版图上，西部绝大多数地区保持着近乎原生的状态，仅有的一些城市也与内地有着数十年的发展差距，犹如一张白纸，期待着“最新最美的图画”。西部大开发，既是国家层面的战略，也是经济发展的必然。三十年的改革开放，造就了今天东部的繁荣。更加辽阔的西部，恐怕远不止三十年的繁荣市场！

直到金融危机猝然而至，一些企业才“突然”发现这块西北早已存在多年的“洼地”，纷纷摩拳擦掌。但面对已经布局完成、“一夫当关”的“中材”，加上国家严格限制新建产能的宏观调控政策，后来者恐怕已难有大的作为。风闻“海螺水泥”要被安徽国资委打包出售，隐隐透露出其不太平坦的前途；“海螺”自身虽然极力摆脱，但平白使发展前景增添了几分变数，扩张之路也因此多少有些自顾不暇。“冀东”四面出击，同样没有当地政府支持的根基。向外扩张，“肥水流出自家田”，难以引起地方政府的兴趣，这可能是省属国企共同的悲哀。“中材”的区域战略，使其他对手难以撼动“中材”的控制地位，在未来可以预期的时间内，“中材”顺风顺水一家独大的西北局面将长期保持。

商场如战场。一些人风风火火，攻城掠地，不亦乐乎；一些人运筹帷幄，谋定而动，一招制胜。胸怀韬略，各领风骚。有时候高手对弈，看似波澜不惊，实则杀机四伏；表面不温不火，心中却早已未雨绸缪。待到平地惊雷，却是大局已定。高涨的股市，疯狂的楼盘，火爆的背后有时是崩盘的隐忧，等终于下定决心大举杀入，也许正是击鼓传花的最后一家。机会对每人都是公平的，只是发现的早晚。准确把握未来的机会，那是少数人具备的才智。

同为战略重组，风格亦各不相同。有人喜欢兼并，有人喜欢整合。看起来相似的连横，有时会有“混合物”和“化合物”的差别；有人看重“大”，有人追求“强”。韩信点兵多多益善者有之，五虎上将可抵曹兵百万者亦有之。大路朝天，各走一边，兵无定法，水无常形。

世界的未来在中国，中国的未来在西部。这是一些有识之士的明断。中国经济未来的出路在西部，西北有着广袤的土地，丰富的资源。占住了西部，一定意义上就是占住了未来发展的先机。“中材”踏实做事，低调做人的风格，总能赢得合作方的广泛好感。“中材”在西部兼并重组的战略，难免给人更多想象的空间。除了广而告之的明修栈道，是否还有不为人知的暗渡陈仓？毕竟，“中材”涉足建材行业几乎全部的产业，在能源、资源、装备等诸多领域，同样有着大力施展的空间。

水泥行业上市民企与国企三年经营指标比较

Three years′ operation index comparison of market listed private enterprises with state－owned enterprises in cement industry

摘自《凤凰网财经》

改革开放30年来，我国水泥行业发生了巨大变化，以新技术新装备为代表的集约化生产，不断取代落后分散的粗放型生产方式，已成为我国重要的经济支柱型产业。

水泥行业属于完全竞争的行业，不存在对民营企业的准入限制。我们试图通过公开的数据，来分析在这样一个接近完全竞争的行业，国有企业和民营企业在经营上有什么异同，并探讨这些异同，给我们带来什么样的启示。

英策咨询2009版《中国上市公司数据库》显示，在2005年至2008年这4年间，我国沪深交易所共有21家水泥行业的上市公司，其中，国有控股上市公司16家，占76%；民营控股上市公司5家，占24%。我们根据上述《中国上市公司数据库》，编制了以下这张“2005～2008年沪深水泥行业民营与国有上市公司经营指标对比表”。

2005～2008年沪深水泥行业民营与国有上市公司指标对比　　单位：千元人民币

水泥行业	报告期	家数	大专以上员工比例	主营业务收入	毛利率	销售费用率	管理费用率	财务费用率	利润总额	资产负债率	三年销售平均增长率
国有企业	2005	16	24.02%	24 477 250	21.46%	8.29%	7.45%	4.72%	544 564	62.97%	25.83%
	2006	16	23.58%	32 959 527	24.77%	6.96%	6.21%	4.33%	2 829 591	63.00%	
	2007	16	24.69%	39 168 456	27.75%	6.67%	5.95%	4.31%	5 345 025	57.31%	
	2008	16	23.80%	48 765 740	24.90%	6.07%	6.35%	4.21%	5 003 151	50.42%	
民营企业	2005	5	18.69%	4 708 042	19.41%	5.41%	6.78%	4.27%	210 020	66.16%	27.58%
	2006	5	21.90%	5 990 426	22.32%	6.37%	5.64%	4.27%	384 498	68.03%	
	2007	5	25.34%	7 576 906	23.38%	6.63%	4.63%	4.28%	396 778	70.68%	
	2008	5	26.11%	9 775 543	22.94%	5.44%	4.54%	3.39%	1 001 818	55.09%	

下面，我们就上表中的重要指标，把民营企业与国营企业做如下对比：

1. 在过往四年中(2005～2008)，水泥行业民营企业的毛利率，每年均低于国营企业两个百分点。造成这一现象，可能有两种原因：一、在水泥原材料、劳动力和辅料市场上，民营企业与国营企业相比，尚处于相对的竞争劣势状态，需要以较高的成本获得相同的资源；二、本行业的民营企业在生产管理上，平均水平尚未达到国营企业的管理水平；

2. 在最近三年(2006～2008),民营控股上市公司的销售平均增长率,高于国有控股上市公司。这说明,在水泥行业,民营控股上市公司的主营业务增长趋势和稳定程度,相对来说比国有控股上市公司要好,可持续发展能力及发展潜力都比国有控股上市公司大;

3. 民营控股上市公司的三项费用率指标,每年都比国有控股上市公司略低,这说明民营企业较注重费用控制,控制措施比国企做得好;

4. 尽管民营企业的人员素质(以大专以上员工比例为代表)在前两年均低于国企,但近两年该指标均反超国企,体现了民营上市公司越来越重视人员素质的提高,在人力资本上有超越国企的趋势;

5. 四年来,民营上市公司的资产负债率指标,均高于国有上市公司,这说明民营公司的资本投入,与国营企业相比,尚显不足,负债较高,因而抗风险能力与国营业企业相比也较弱。

综上所述,通过将上市公司做为样本,对水泥行业民企和国企的毛利率、销售增长率、三项费用率、大专以上员工比例和资产负债率等指标的分析,我们可以看出,通过改善生产管理水平或取得更加公平的竞争条件,水泥行业民营企业,将与国营企业一样,有着同样甚至更加良好的发展趋势。此外,我们预计,受金融和房地产复苏、四万亿投资逐步落实和新农村建设步伐加快等因素的影响,国内市场对水泥的需求量,将呈现较快的增长趋势。

建材下乡被指纵容产能过剩　淘汰落后产能难度加大

Building material going to countryside is criticized as conniving capacity excess and backward capacity elimination becoming more difficult

摘自2010年1月26日《21世纪经济报道》

"建材下乡是否已确定写入一号文件,我现在还知道。不过,就这一计划,我们行业已经做了很长时间的调研,并正在积极争取国家相关政策的支持。"1月25日,中国水泥行业协会会长雷前治这样告诉本报记者。

此前,有媒体报道称,2010年中央的"一号文件"将"采取有效措施推动建材下乡","把支持农民建房作为扩大内需的重大举措"。

这也是"中建材南方水泥"执行董事、常务副总裁张剑星试图推动的。25日,身为全国人大代表的他对本报记者称,正考虑将此议题形成正式议案,在2010年两会上提出。

一位业界人士表示,"下乡"或将为过剩的水泥产能打开一条新的出路。作为建材领域的主力,水泥产能过剩,早已是避无可避的重大话题。

不过,这位人士亦担忧,此举或将让水泥行业的"结构调整"难上加难。此前,工信部原材料司建材处处长吕桂新曾表示,现有产能"加上在建、已审批而未建的生产线","中国水泥产能高达28亿吨"。而整个2009年,中国水泥的实际产量仅为16.3亿吨。

第三次下乡

有汽车、家电业的成功经验在先,中国建材行业开始了第三次"下乡"尝试。

雷前治告诉本报记者,此前,在"老建材部年代"和"上世纪90年代的后建材局的时期",就曾计划过要推动新型建材下乡,但由于体制和成本等问题,始终未能成行,"付出的代价则是,每年消耗几十万亩的土地来进行烧砖"。

在他看来,经过多年酝酿,真正要实现的"建材下乡"理应包括三个方面:"在政策优惠和政府补贴的基础上,送新材料下乡;摈弃旧有传统模式,以部件构造,送新技术下乡;以及,出于现实的人工费用考虑,以指导培训农民为主,送人才下乡。"

本报记者从备战"下乡"的旗舰企业中国建材集团了解到,从2009年开始,该公司已经调研、试水了"新型房屋下乡"——把房子在工厂里造好,再到农村进行组装。张剑星告诉记者,今年,这正是南方水泥公司等"中建材"旗下公司的"工作重点"。

等待"补贴"

"新型建材下乡,一方面可以拉动内需、加强新农村建设,也可以实现综合利用资源、节能减排。"在张剑星看来,这显然是一个巨大的机会。

而农村居住房,只是这个新市场的一小部分。"修缮乡村道路、建设水利系统等农村公共设施,才是建材下乡的重头目标。"

"中建材"董事长宋志平指出,大量的基础建设、公共建设、房地产业与农村城镇化进程,决定了国内建材需求在较长一段时间内仍然是强劲和刚性的。他算过一笔账:目前,中国农村每年新建农房和公共建筑面积约10亿平方米,以建设每平方米1 000元计算,每年至少需投入1万亿元。

但张剑星坦言,这一计划的实施仍需诸多条件。新型房屋下乡计划,现在并没有得到政府的补贴,操作还有不小难度。"他表示,一般农村居住房的平均建设成本大概为20万至30万元,但以新型板材、工厂化生产计算,则成本要高出10%至20%。

“水泥行业本身就已是个薄利行业,若没有政策支持,仅靠企业,下乡将难以操作。”雷前治也表示,“这也正是我们行业在积极争取的优惠,希望像家电、汽车下乡一样,能获得来自政策的支持。”

此前,于重庆召开的商务部建材下乡调研会,讨论的补贴方案包括:实施按限定面积补贴的形式,如建筑成本补贴60%,装饰成本补贴40%。

纵容过剩

对一个高能耗、产能严重过剩的行业实施补贴?质疑随之而来。

1月25日,水泥行业一名人士对本报记者表示:“建材下乡落实,对水泥行业来说,确实是一大利好。但严控产能过剩,依然会是2010年的行业主题。我们预测,国家的调控力度还会加大。打开下乡之门,可能使得淘汰落后产能的难度加大。”

2009年,中国水泥产量仅为16.3亿吨,而产能却高达28亿吨(包括在建、已批未建),产能利用率仅为58%。而2008年,这一数字为75%。

2009年,虽然中国水泥业有望创造400亿元的利润新高,但全国5 500家企业、平均规模仅40万吨、落后产能严重过剩的现状,也让水泥业成为国家重点调控的对象。“如何在建材下乡的机遇和可能带来的产能再扩风险之间找到平衡,也只能依赖政策的执行力。”该人士说。

对此,雷前治表示:“结构调整、节能减排,当然还要继续进行。但农村需求毕竟还是很大的,尤其是农村建设比较领先的江浙。鉴于西部的财力可能还无法支撑,所以,我们建议,先选择经济相对比较发达、市场需求比较旺盛地区,如安徽、湖南、湖北、江西等地,试点进行建材下乡。”

数字水泥网独家专访:张人为会长谈“建材下乡”

Exclusive interview by Digital Cement Network: Chairman Zhang Renwei talks about "building material going to countryside"

摘自《数字水泥网》

2010年1月29日下午,中国建材联合会会长张人为在刚结束由建材联合会组织的有关“建材下乡”的座谈会后,即刻接受了数字水泥网的独家专访。参加这次座谈会的有联合会下的各代管协会、建材规划院、相关企业等部门和单位。

上报两套方案 盼望政策出台

就近期各界热议的“建材下乡”写入今年的中央一号文件一事,张人为会长表示:推动“建材下乡”的有关工作,联合会从去年6月前后就开始进行了,经过广泛的调研和前期试点工作,也取得了初步的效果和经验。这次受工信部委托,由中国建材联合会牵头组织了规划院、有关专业协会及中国建材集团提出了《扩大建材下乡政策及实施建议(初稿)》上报给工信部。

张人为会长介绍说,在最初的四个方案中通过比对、筛选拿出了两个方案上报。一个方案建议对农户购买的以水泥、玻璃为代表的基础材料给予消费金额15%比例的补贴;另一个是对购买新型节能整体房屋的给予20%的补贴。补贴资金来源初步计划由中央财政和省级财政共同承担。

初稿在工信部获得了很高的肯定,目前还在各部委联合会签阶段。是否写入今年的中央一号文件,待文件出来后大家就知道了,建材联合会也在做更全面和细致的准备,随时都能配合政府政策的出台和贯彻执行。

“建材下乡”时机成熟

张人为会长认为目前是推动建材下乡的一个好的时机。当前我国正处于应对金融危机和进一步扩大内需,保持经济平稳健康发展的关键时期。国家在应对金融危机时密集出台了农机补贴,家电、汽车下乡等政策,在“保增长”中取得了很好的效果。但要进一步扩内需,就需要有新的措施来跟进,而建材下乡目前也具备了以下有利条件:

1. 当前我国的绝大部分农民生活已经由温饱开始向小康阶段迈进,建房和居住消费弹性提高,政策对刺激消费的显现作用增强。

2. 我们国家的财政状况具备在一定程度上补贴特定消费的能力。

3. 前期的农机补贴和家电下乡等政策为建材下乡提供了借鉴经验。

4. 从去年开始已经在重庆和山东等省市开展了建材下乡的试点工作,初步取得了效果和经验。

正是鉴于这些有利条件,联合会认为当前实施扩大建材下乡政策的时机已经成熟,完成了《扩大建材下乡政策及实施建议(初稿)》上报给工信部。

建材下乡的落脚点是给农民带来真正的实惠

张人为会长强调“建材下乡”将会遵循几个方面的原则:

首先最基本的原则或说落脚点是让广大的农民真正地受到实惠。建材下乡要借鉴农机补贴、家电下乡的成功经验和做法,周密地组织安排,又要尽可能地简化手续,我们要怀着对农民的深厚感情,真正想农民之所想,方便农民购买产品和享受补贴。"建材下乡"政策一旦启动,将使全国 1 500 ~2 000万户、约 6 000 ~8 000 万农民受益。

第二个就是一定要保证产品质量,防止假冒伪劣产品流入农村市场。建筑本来就是百年大计,建房对农民(特别是中西部地区)来说是头等大事,盖好的房子也不能像家电产品可以轻易地维修或者更换。建材下乡一定要把没有后顾之忧的优质新型建材送到农户手中。

第三考虑到我国幅员广阔,各地区的生活习惯,经济发展水平差异性很大,建材下乡遵循因地制宜的原则。在制定建材下乡的产品目录时会有一个全国性的大目录,同时各地相关部门应根据实际情况制定目录和实施细节。本着积极稳妥的原则,先试点,在中央政策出台后进一步扩大试点范围,再在全国实施,将会持续 2 ~3 年。

第四在让广大农民得到实惠的同时,还要对建材产品扶优扶新。要引导和鼓励农民建房朝统一规划、环保、美观的现代新农村建设方向发展,对采用新材料新技术建设的新型节能房屋,包括现代装配式集成房屋,可以让农户享受更高比例的补贴。

建材下乡将加快新农村建设、扩大内需和带动建材业结构升级

张人为会长表示,扩大建材下乡政策实施,对加快新农村建设、扩大内需和带动建材业结构升级具有十分重要的意义。农房建设是新农村建设的重要内容,也是体现农村文明和现代化程度的重要标志。通过政府引导和政策支持,有组织地开展建材下乡,引导农民使用新型节能建筑材料,改善居住条件和环境,为全面建设小康社会、实现城乡经济社会发展一体化新格局服务,对加快推进新农村建设有重大意义。

张人为会长指出通过财政补贴政策,如能激发农民建房在原有基础上增长 10% ~15%,则每年可拉动国内消费 5 500 ~6 000亿元。面对当前金融危机和经济下滑,对国内需求的拉动作用不可小视。通过建材下乡,可以培育和加快农村建筑业发展,推动农房和村镇建设朝合理规划,美观配套、节能环保方向发展,有利于建筑业保持繁荣和增长。也有利于进一步推广应用新型建材、优质建材和新型整体房屋,加快建材生产和消费结构的更新、调整与升级,同时也有利于缓解当前水泥、平板玻璃等因产能过剩带来的市场供需矛盾。

张人为会长最后表示,"建材下乡"是联合会当前在抓的头等大事,各方面工作都在积极推进。也盼望着中央政策的出台,让广大的农民能尽快地享受到更多的实惠。希望建材行业的企业积极准备,抓住机遇大发展。

世界水泥可持续发展的现状和未来

Sustainable development status quo and future of world cement

——访水泥可持续性发展倡议组织主管霍华德·克里先生

摘自 2010 年 2 月 8 日《中国建材报》

近日,在伦敦皇家艺术学院见到水泥可持续性发展倡议组织(CSI)主管霍华德·克里先生,他就 CSI 的现状和未来的发展,以及其他一些关于行业的问题进行了探讨。

CSI 是在世界可持续发展工商理事会(WBCSD)的赞助下于 1999 年成立的,任务是实现水泥业的可持续发展,包括个体企业和更广阔的层面。到 2009 年年初,已有 19 个主要水泥生产商加入 CSI,分为核心成员和参与成员,占世界水泥生产 28% 的份额,主要的国际大企业基本都在其中,如"墨西哥水泥"、CRH 集团、"海德堡水泥"、"意大利水泥"、拉法基集团、"太平洋水泥"等都是其核心成员。CSI 的功能被细化为 7 个行动小组,包括负责任地使用原燃料、混凝土循环使用、对土地及社区的本地影响、二氧化碳及气候保护、排放监控与减排、员工安全与健康、报告与交流。

从 1999 年启动以来,CSI 已经获得了一系列成功。到 2006 年,其成员的工厂中约 80% 已经独立测试、报告并确认了二氧化碳排放量。其中,11 个 CSI 成员设立了各自的二氧化碳减排目标。另外,在 CSI 的帮助下,1999 年到 2006 年之间生产每吨水泥的二氧化碳净排放量降低了 12%,其成员企业的工厂消耗燃料中现在已有 10% 是替代燃料。

克里先生和 NinoMancino 博士见面,讨论了 CSI 目前所处的位置、行业状况及发展方向。参与谈话的还有"墨西哥水泥"的 MartinCasey 和"拉法基"的 VincentMages。

近年来的成绩

2008 年,CSI 出版了一个关键文件《气候行动》,概括了

CSI自1999年以来的大事记。另一成绩是建立了全球资料库,用以追踪全球水泥和熟料厂的节能与排放状况。这个简称作GNR的系统是和"普华永道"合作开发的,包含了全球超过800家水泥厂的资料,相当于8亿吨水泥产量。

另外,CSI还启动了清洁发展机制(CDM)方法及在线新工具——议定书,用作温室气体补救监控。凭借这个议定书,企业就能在一个被普遍接受的方法和定义框架内,监测排放量并减排。同样在2008年,CSI迎来了第19位成员,巴西的CamargoCorrea水泥公司。"Camargo很快会报告它使用该议定书的二氧化碳排放情况。"克里先生补充道。

共同但有区别的责任

2012年《京都议定书》的第一期就要到期了,制定政策的人不得不决定如何继续下去。全世界80%以上的水泥是在G8+5(加拿大、法国、德国、意大利、日本、俄罗斯、英国、美国+巴西、中国、印度、墨西哥、南非)这些国家生产的。CSI认为这些国家不能使用相同的减排目标,它们各自的排放历史和生产工艺都不同。在执行保护气候的战略时,比较有效的方法是一段时期内把精力集中在一个具体的行业上,而不是扰乱其整体经济。因此更好的选择是水泥行业给每个国家、地区设定自己的减排目标,既考虑到国家差异,又保证整体的排放量减少。发达国家和发展中国家应该承担的是共同但有区别的责任。

关于"碳泄露"

谈话的下一个话题是欧盟排放交易计划(EU-ETS)第三期的修订,以及这些修订是否会无意中引发碳泄漏(注:有人担心减排会导致参与减排计划的国家竞争力受损,从而导致产业转移到不受减排束缚的发展中国家,并增加能源密集型产品的进口。这种部分发达国家减排,却通过贸易和投资渠道间接导致发展中国家增加排放的假说被称作"碳泄漏")。"欧盟委员会必须正确地立法,欧洲水泥业不能接受碳泄漏。"克里先生说。

"墨西哥水泥"的MartinCasey进一步解释:"欧盟用了很多方法防止气候变化,但EU-ETS的任何改变都必须能吸引欧盟以外的其他国家,它必须是一个其他国家也会想要采纳的模式。"现在的风险就是碳泄漏将给例如中国这样的国家更多的压力,使其生产比现在更多的水泥。"中国不想成为世界工厂,不管从生意角度还是环境角度,那都是个蠢念头。"Casey先生说。

中国的作用

不考虑到中国的作用,任何关于水泥业可持续发展的讨论都是不完整的。中国生产全世界49%的水泥,自2009年6月份以来已有3家中国的水泥企业向CSI提交了入会申请,并已经成为正式会员。2009年8月5日,CSI还在中国水泥协会的帮助下在"拉法基瑞安"中国区总部召开了首期CSI介绍会,6家中国大型水泥企业与会。不仅如此,中国水泥协会也在2009年年末派代表来访了CSI总部。双方在深入交流之后确立了伙伴关系,并对未来合作的细节进行了探讨。

CSI——前路

会议最后讨论了CSI未来的计划。CSI已经开始从行业角度出发对水泥业二氧化碳减排的效果做模型及模拟,来比较其他政策选择。

克里先生认为在很多方面来说CSI的工作都才刚刚开始。"我们正在进入令人激动的时期。政界和商界间的新对话一直在进行,我们正在协助发展中国家提升能力和技术培训。"未来水泥需求的80%预计都将来自发展中国家,这一点无疑十分重要。

尽管经济下滑,这几位先生都认为需求在中长期将重新抬头。"水泥是战略物资,而世界能源需求的40%来自建筑,水泥行业将继续在改进能源效率中扮演领先角色。要实现这些当然很具挑战性,但也很令人兴奋。"克里先生这样进行了总结。

"建材下乡"将有助于淘汰落后产能

"Building material going to countryside" helps eliminate backward capacity

摘自2010年2月23日《经济日报》

2010年中央"一号文件"中提出,抓住当前农村建房快速增长和建筑材料供给充裕的时机,把支持农民建房作为扩大内需的重大举措,采取有效措施推动"建材下乡",鼓励农民依法依规建设自用住房。

有关专家测算,我国农村居民每年用于建房和房屋维修消费近5 000亿元。通过财政补贴等政策,如能激发并拉动农民建房在原有基础上净增长10%~15%,则每年可增加国内消费至少500亿~600亿元,将拉动农村新增水泥销量在

3 000 万吨左右。因此“建材下乡”补贴能缩小甚至扭转新干法水泥和落后产能水泥的价格差，有助于鼓励农村更多使用新干法水泥，加速落后产能退出市场。

对此，中国水泥协会于日前召开了《水泥产品“建材下乡”若干实施问题征询意见座谈会》，中国水泥协会秘书长孔祥忠在会上表示，“建材下乡”可以拉动水泥在农村市场的需求。据统计，2009 年全国新建投产新型干法水泥生产线 176 条，年新增设计水泥熟料产能 1.95 亿吨。其中日产 5 000 吨及以上生产线 69 条，占新增总产能的 56.47%。日前中国建材联合会向工信部提交的《扩大建材下乡政策及实施建议》中提到，要使全国 1 500 万 ~2 000 万户农民在建房上得到益处，所有的建房都离不开水泥。因此这部分新增量加上 4 万亿元投资计划的拉动基本上可以消耗掉 2009 年新增产能的三分之一左右；如果再算上原有市场的需求，将能够有效地消化掉水泥行业 2009 年新增的 176 条新型干法生产线所释放的产能。

水泥行业有关专家认为，落后产能的淘汰同样也要注重市场。类似立窑这种落后产能，由于投资少、周期短、工艺简单等原因，前几年在我国水泥生产方式中占比居高不下。如今，随着水泥行业固定资产高增长带来的巨大需求以及节能减排的迫切需要，小型分散的立窑已经逐渐失去了生存的土壤，差别电价和取消优惠政策更使它们进一步丧失竞争力。

据数字水泥网总裁刘作毅介绍，自《关于抑制部分行业产能过剩和重复建设引导产业健康发展若干意见》出台后，水泥新增产能的扩张被有效扼制；落后产能的淘汰力度增强；行业的并购整合被政策鼓励；行业的集中度将进一步提高。

专家认为，随着水泥生产集中度的提高，落后产能的淘汰也将水到渠成。随着《关于抑制部分行业产能过剩和重复建设引导产业健康发展若干意见》的出台，减少了大企业进一步增加生产线的途径，企业间的兼并重组和区域联合将成为主流，大型企业之间通过联合达到对区域水泥市场的控制，从而淘汰区域落后和较小产能。因此，全国剩余的落后产能将依靠市场的手段自然而然予以淘汰。

加快经济发展方式转变，由“做大”向“做强”迈进

Speed up economic development pattern transformation, stride forward from "large" to "strong"

——访中国建筑材料联合会会长张人为

摘自 2010 年 3 月 15 日《中国建材报》

3 月 11 日，正值全国“两会”期间，本报记者就建材工业的发展趋势对中国建筑材料联合会会长张人为进行了专访。

我们走进会长办公室时，张人为正在埋头查阅着文件。见到记者进来，他微笑着从堆满文件的办公桌一侧走过来，坐在会客的沙发上接受采访。记者与张人为的谈话围绕建材工业转变经济发展方式开始。

“现在我们建材工业的体量已经够大了，水泥、玻璃等主要产业已被国家列为过剩产业，我们不能不正视这个问题。加快推进经济发展方式的转变对于建材工业来讲已刻不容缓。我们不能再刻意追求数量和规模，建材工业发展方式必须从数量、规模增长为主转到更加注重质量和效益，真正要在‘做强’上下功夫了。”张人为认为，建材工业经济发展方式的转变要一以贯之地将结构调整作为发展主线。结构调整既有技术结构、产品结构的调整，也有组织结构的调整。结构调整在新形势、新任务面前都会有新的内容，不同的时段会有所侧重。实现建材工业“由大变强、靠新出强”的蓝图，就要坚持自主创新，开发新技术、新装备，发展新产品、新产业，把节能减排、发展循环经济作为未来产业发展的永恒课题。

技术结构调整以节能减排为重点

坚持以节能减排为重点的技术结构调整，有力地推动了建材工业的节能发展。进入新世纪以来，新型干法水泥工艺在实现“国产化、低投资”以后，熟料产能以年均 1 亿吨的规模增长，其占整个水泥熟料的比重已提高到 70% 以上。“湿法工艺生产 1 千克熟料需要 5 852 千焦热量，而新型干法工艺生产 1 千克熟料需要 2 926 千焦热量。”张人为对两种工艺简单做了一个对比，“我们可以设想，如果不以规模大、低能耗的新型干法水泥工艺替代高能耗的湿法工艺，水泥行业和企业必将在资源、能源瓶颈和市场约束下难以为继。今后建材工业的技术结构调整还是要坚持以节能减排为中心，加快成为同经济、环境、社会发展相协调的‘两型’产业。”

这些年来，包括水泥、平板玻璃产业等在内的建材工业，通过积极推进以节能减排为重点的技术结构调整，正在逐步改变建材行业“两高一资”的社会形象。“今后，建材工业尤其是水泥工业不但可以成为少污染甚至不污染环境的产业，而且还可以成为优化环境的产业。城市周边的水泥工厂在生产水泥产品的同时，将成为城市环境的净化器。”张人为表示。

目前,"北水"、"海螺"、"越堡"等水泥企业已经在水泥窑处理城市污泥、有毒有害废弃物、工业固体废弃物和生活垃圾等方面做了有益的探索,取得了成效。水泥工业在净化环境中具有得天独厚的优势,可供选用。

张人为说,近几年我国东部地区的每万元投资对水泥产品的需求量逐步在下降,这是因为东部地区的基础设施建设已经达到一定的规模。东部地区的水泥产能过剩可能要比中西部地区来得早、来得突出。东部地区的水泥企业该如何应对?城市周边的水泥企业在未来的调整中进而成为城市环境净化器或许是个理想的选择,企业这样做就有了生存和发展的余地。日本水泥工业的类似发展经验值得我们借鉴。

产品结构调整以市场需求为导向

建筑业的发展离不开建材业,建材工业的发展同样要以建筑业的需求为主要导向,因为70%以上的建材产品是应用于建筑业的。张人为指出,建材工业产品结构调整要坚持以市场需求特别是建筑业的需求和需求结构变化为主要导向,推动行业理性发展。

"坚持以建筑业需求为导向,要求我们要洞察建筑业未来的技术发展进步对建材产品需求的相应变化。如提高混凝土性能和标号、施工的干作业、装配化的推进等。"

张人为表示,现在我们尤其要注意研究建筑节能对建材业的新要求,包括新型墙体材料、门窗、玻璃、保温隔热材料、采暖设施,以及许多新型材料、复合材料等,如何更好地满足建筑节能需求;我们还要研究农村建筑市场和新农村建设带来的多种市场需求。张人为提出,坚持以建筑业需求为主要导向的同时,还要注意研究包括钢铁工业、化工、航空航天、国防军工等相关产业及新能源等战略性新兴产业发展给建材工业带来的需求变化、趋势和机会。譬如为新能源产业提供新型无机非金属新材料,建材行业就大有作为:风电的发展离不开玻璃钢叶片,光伏发电的硅电池组件离不开超白玻璃,非硅薄膜光伏发电和光热发电更需要大量的玻璃。尤其要重视节能环保新产业发展的市场机遇。总之,新的需求必然催生新技术、新产品,应运而生的新产业也将会成为经济发展中新的增长点。

在以市场为导向的同时,延伸产业链也是建材工业产品结构调整的一个重要方向。张人为表示,建材工业的内涵已不是单纯原材料制造业的概念。无论是水泥、玻璃还是陶瓷工业,每一个产业都自成一个体系,它们的健康发展离不开自身产业链上的协调与延伸。我国水泥工业改革开放以来之所以发生了巨大变化,是与水泥粉磨、散装水泥、商品混凝土和混凝土制品等产业的快速发展密不可分的,这些环节都是水泥熟料制造业的延伸。平板玻璃工业如果只生产玻璃原片并将其提供市场,这和加工成 Low - E 玻璃、中空玻璃、钢化玻璃、夹层玻璃等深加工玻璃制品的价值量体现完全不同。建材工业延伸产业链的结果是,不仅有原材料制造业,还要派生出制品加工业、建材物流业和生产性的服务业,产业构成了一个比较完整的体系。在这个体系中,形成每个行业的高、中、低端技术和产品结构,能够较全面地满足不同市场、不同层次消费的需要。

张人为说,建材工业从原材料制造业向原材料及加工制品业方向的发展,将是重大的优化升级。我们要牢记1995 年时任国务院副总理的邹家华同志在指导制定中国建材工业"由大变强,靠新出强"跨世纪发展战略时,明确提出的建材工业要向制品工业发展、产业链要延伸、结构要调整的指示。

组织结构调整以存量重组为重心

建材工业要实现又好又快、可持续健康发展,成为与国民经济、环境、社会发展相适应的"两型"产业,张人为认为,关键还是要转变发展方式,核心是调整产业结构,难点在于组织结构的调整。

进入新世纪以来,我国水泥工业取得巨大发展进步,重要原因就是崛起了一批大企业,他们的成长壮大为行业带来了勃勃生机,起到了行业改革发展的"脊梁"作用。这些年来,大企业在推进行业产业结构调整优化、提高区域市场集中度、加快技术进步,以及节能减排、淘汰落后产能、发展循环经济、提高经济效益等方面发挥了重要作用。

"大企业是组织结构调整的核心力量,组织结构调整难就难在切入的'火候'上,产业出现过剩是组织结构调整的好时机,中国建材集团、中国中材集团、金隅集团和冀东集团等企业在水泥行业组织结构调整中做出了很大的贡献。"张人为指出,"我国水泥工业发展已趋于成熟,现有水泥总量庞大、产量快速增长空间有限、企业集中度不高,对水泥大企业而言,在继续寻求做强做大的商业机会中,着力点不宜放在新建生产线上,而应更多地注重对现有水泥企业存量资产的调整,要以实施并购重组和技术改造为重点。"

"我们倡导在组织结构调整过程中,既要有公平竞争,更要多一些合作与交流,避免市场恶性竞争。要大力弘扬企业社会责任,树立良好社会形象,共同提升行业发展水平。"张人为提出。

自主创新是转变发展方式的根本出路

"自主创新是我们建材工业转变经济发展方式、实现又好又快发展的根本出路。"张人为指出,我们过去常说的建材工业"大而不强",本质上就是自主创新能力不强。实现"由大变强",就是要"靠新出强"。通过创新工艺、创新装备、创新产品和创新观念、创新机制、创新管理等来实现。自主创新能力是行业实现"由大变强"的原动力。

目前建材工业以企业为主体的自主创新体系正在逐步形成。张人为说,要实现建材工业由大变强,就需建立以企业为主体、市场为导向、产学研相结合的技术创新体系,使企业真正成为研究开发投入的主体、技术创新的主体和成果应用的主体。当前,一批优势企业纷纷建立国家重点实验室、研究开发中心等机构,行业技术成果的来源正在从过去主要依靠科研院所和高校逐渐向大企业转移,但总体来说研发资金投入还远远不够。

“改革开放以来,建材工业一个成功的经验就是,我们通过增强自主创新能力,突破了工艺、技术和装备落后的瓶颈。”张人为说,水泥工业在引进、消化和吸收的基础上,实现了新型干法水泥低投资,从而实现了加速发展。水泥技术和装备的集成创新和再创新催生了“中材国际”等成为国际水泥工程建设市场上占据首位的领军企业。玻璃工业拥有自主知识产权的中国洛阳浮法玻璃技术在生产线的建设周期、投资规模、技术经济指标等各方面都有较强的竞争力。建材工业的发展经验证明,坚持自主创新是推动行业实现科学发展的关键。今后,我们要进一步增强建材工业的自主创新能力,为推动行业实现全面协调可持续的科学发展奠定坚实的技术基础。

张人为表示:“上世纪 90 年代提出的中国建材工业‘由大变强,靠新出强’的跨世纪发展战略,将继续成为引领建材工业发展的一面旗帜。我们现在要真正把‘做强’放到更加突出的地位,要把‘做强’叫得更响,做得更实,争取在推进建材工业发展方式的转变上取得更快的进展。

水泥行业:继续加大兼并重组力度

Cement industry: Continue to increase merging and reorganization strength

摘自 2010 年 3 月 30 日《经济日报》

日前,记者从中国水泥协会了解到,2010 年国家产业政策将通过税收政策和财政优惠补贴,对新建及淘汰项目进行整体的产业引导。据中国水泥协会秘书长孔祥忠介绍,即将出台的水泥行业“十二五”规划将一改大力发展新型干法的提法,变为适度发展;支持企业进行兼并重组将成为“十二五”规划的一大重点。

市场格局日趋明朗

记者近日从工业和信息化部获悉,据初步统计,2009 年水泥行业兼并重组涉及整合水泥产能近 8 000 万吨。水泥行业重组整合分为企业收购、内部整合、外资参股三种形式。企业收购主要涉及 10 家大型水泥集团,内部整合主要涉及 5 家水泥集团,外资参股涉及 2 家外国公司。通过竞争与联合重组,国内水泥区域市场格局越来越明朗化。

据了解,2009 年大型水泥集团在并购重组方面取得重大进展。“中国建材”收购“辽源金刚”、“佳木斯鸿基”组建“北方水泥”,收购了“乌兰水泥”并入“中联水泥”,完成“中国建材”期内水泥产能第一目标;“中材集团”收购“祁连山水泥”,完成大西北市场战略;“冀东水泥”完成控股“秦岭水泥”,主导了陕西水泥市场;“华新水泥”联合西藏四家企业组建公司,完成西藏水泥市场整合;“金隅水泥”控股天津“振兴水泥”,整合京津唐市场;“华润水泥”收购“国投海南”和“广东春湾”,巩固水路战略……

专家认为,中国目前的水泥企业有 5 000 多家,数量过多,产业集中度不高。在相关政策的引导下,2010 年中国水泥产业结构调整仍将继续,企业的并购重组大剧还将上演,企业兼并重组的步伐会不断加快。

重组亮点精彩纷呈

工业和信息化部发布报告指出,2010 年水泥行业兼并重组的新亮点主要体现在延伸水泥产业链进入大企业的发展战略、投资和收购水泥混凝土搅拌站,以及水泥机械、城市垃圾处理等新产业已迈出步伐两方面。

据了解,“中国建材”、中材集团等行业领军企业纷纷将产业链延伸、城市垃圾处理等新产业落实到具体重组工作中。“中国建材”董事长宋志平表示,2010 年“中国建材”将继续加大重组力度,不断强化和完善产业布局;强化产业链延伸,致力发展绿色低碳水泥,从根本上提高企业核心竞争力。

记者从中国水泥协会获悉,国务院提出鼓励外资以并购方式参与企业兼并重组。在应对国际金融危机、保持经济平稳较快发展过程中,要充分发挥我国的比较优势,创造更加开放、更加优化的投资环境,不断提高利用外资质量,更好地发挥利用外资在推动科技创新、产业升级和区域协调发展等方面的积极作用。

此外,孔祥忠表示,水泥行业将设立专门用于兼并重组的贷款,对调整结构,提高产业集中度给予资金支持。孔祥忠告诉记者,近几年来国家一直鼓励水泥行业大企业做大做强,以前没有水泥业务的央企也先后开始发展水泥业务。据专家预测,目前仍有不到 4 亿吨产能的小立窑需要淘汰,未来的政策导向将加快对此的淘汰力度。

政策导向支持重组

据有关专家分析,水泥行业与钢铁、化工行业不同,更突出地表现为区域性过剩。因此控制总量和调整结构要结合起来,要有保有压,淘汰落后,为大企业、优势企业做大做强创造条件。专家认为,我国正处于工业化、城镇化加速阶段,水泥需求量到底多大,预测较为困难。目前我国水泥产业结构仍需调整,但发展潜力较大。当前的核心问题是如何调整产业结构，让市场更有序。

有关专家认为，推进工业企业兼并重组，必须充分发挥大型工业企业各方面优势，努力形成一批竞争力强的大型企业集团；促进中小企业加快结构升级和产品换代；坚持发展先进和淘汰落后相结合，依托大型企业兼并重组落后生产能力；坚持兼并重组与调整产业布局相结合，结合区位优势发展特色工业；坚持横向兼并与纵向联合相结合，延长产业链壮大产业群。

对此专家认为，就兼并重组的方向，政府的着重点将放在使优势企业做大做强；鼓励上下游、关联企业联合重组；对于规模经济效益显著的公司要鼓励其跨地区的兼并重组，以实现较大范围内的资源优化配置和专业化分工；推动中小企业的协调发展等方面。据了解，目前水泥行业里很多公司都在做地方水泥公司的横向并购，但同时应加强与上游原材料商、下游水运等行业的纵向联合，这样水泥产业的利润才能持续增加。

2010年水泥协会主要工作

Main work of Cement Association in 2010

——央视财经频道“行业协会”座谈会

为更好地展示重点行业协会在社会经济运行中的价值和作用，3月31日下午，中央电视台财经频道在北京梅地亚酒店举办《财经频道“行业协会”座谈会》。发言的有银行业、证券业、期货业、食品工业、汽车工业、资产评估、水泥等10家行业协会。

曾学敏副会长代表中国水泥协会协会发言，主要内容如下。

温家宝总理在哥本哈根会议上提出“到2020年二氧化碳的排放量要比2005年削减40%～45%”的承诺。在节能减排里，主要是工业领域、交通领域和建筑领域，其中工业领域主要包括钢铁、煤炭、化工和建材，而在建材行业里，水泥的能源消耗占到整个建材能耗大约70%的比例。

低碳经济渐行渐近，中国水泥协会的工作主要围绕这个方面的工作来进行：

落实国家政策　抑制水泥产能过剩

2009年，中国水泥协会受国家发展改革委员会委托，由中国水泥协会会长雷前治带队，对华东水泥市场进行了调研，进一步与各省级发改委、工信委对水泥在建、核准项目落实后，撰写了调研报告。这份调研报告得到国务院温家宝总理、李克强副总理的重视，进行了相应批示，2009年9月30日，国务院转发改委等十部门《关于抑制部分行业产能过剩和重复建设 引导产业健康发展若干意见的通知》（国发[2009]38号文）。

38号文中用很大篇幅来阐述水泥产业，“2008年我国水泥产能18.7亿吨，其中新型干法水泥11亿吨，特种水泥与粉磨站产能2.7亿吨，落后产能约5亿吨，当年水泥产量14亿吨。目前在建水泥生产线418条，产能6.2亿吨，另外还有已核准尚未开工的生产线147条，产能2.1亿吨。这些产能全部建成后，水泥产能将达到27亿吨，市场需求仅为16亿吨，产能将严重过剩。”

为了进一步落实38号文，2010年2月底国务院又印发了《国务院关于进一步加强淘汰落后产能的工作意见》（国发[2010]7号），其中具体阐述了水泥行业淘汰的的内容：“2012年底前，淘汰窑径3.0米以下水泥机械化立窑生产线、窑径2.5米以下水泥干法中空窑（生产高铝水泥除外），水泥湿法窑生产线（主要用于处理污泥、电石渣等除外），直径3米以下水泥磨机（生产特种水泥除外）以及水泥土（蛋）窑、普通立窑等落后水泥产能”。

2010年水泥协会主要工作就是配合国家落实国务院的38号文、国务院的7号文，以及水泥的产业政策、水泥工业的准入条件等。

工信部正在进行《关于推进企业兼并重组的相关方案》的制定工作。在原推进组织结构调整中主要是振兴规划中的十大产业，现在把水泥纳入到《关于推进企业兼并重组的相关方案》的行业之中，说明国家对水泥这个高耗能产业的足够重视。水泥协会全力配合做好相应工作。

全力推进行业节能减排

节能减排和发展低碳经济，从根本上讲两条途径：一是提高能效，二是增加可再生能源（风能、太阳能、生物质能等包括核电等在内的清洁能源）。

推进水泥行业提高能效水平是协会今年重点工作之一，抓手是企业能效对标，也是工信部今年重点工作之一。UNDP第一批项目中，企业能效对标仅有钢铁、水泥和化工三个子项目。中国水泥协会组织编制了《水泥企业能效对标指南》，涉及了能效对标的基线、各种节能技术、对标案例等，应工信部的要求，协会起草了《水泥行业能效水平对标活动实施方案》，协会需要做的就是如何把对标这项工作落实好、推广好，促进行业能效水平的提高。

另一个重点工作是在行业抓好低碳经济、循环经济的试点。水泥行业有试点工作基础,"北水"、"亚泰"、乌兰水泥厂是循环经济的试点企业。"同力"、"赛马"、"鲁南"、"舜岳"是能效对标的 试点企业;在行业抓好低碳经济、循环经济的试点具有一定经验。

今年的试点工作主要抓水泥窑焚烧生活垃圾、焚烧污泥等废弃物。处理污泥方面的工作,水泥协会与建设部城建司有多次交流沟通,现在的"惠民工程",县县都要建污水处理厂,这样就会产生大量的污泥。而我国的污水排放,生活污水和工业污水基本上没有分开,污水处理后的污泥中含有一些有害的金属离子,使得污泥难以用于沤肥。最好的处理方法就是利用污泥替代部分水泥的燃料和原料,水泥窑污泥处理具有利用其余热对污泥进行烘干、高温煅烧的优势,且无二次污染。

城市环境净化需要水泥厂——因为垃圾、污泥、工业废弃物(如粉煤灰、水渣、钢渣炉渣、化工厂废渣、建筑垃圾等),都可以成为水泥工业的"粮食"。

加强行业规划引导

原来的规划往往是以项目为中心,规划跟着项目走,资金跟着规划走。我们认为今后的规划应注重三个方面的研究。

首先,应该研究水泥总量的问题。例如,**2009** 年我国的水泥产量 **16.5** 亿吨,到底什么时候总量达到峰值出现拐点?峰值以后的趋势怎么样?温家宝总理在哥本哈根会议上,提出了到 **2020** 年二氧化碳的排放量要比 **2005** 年削减 **40%** ~ **45%** 的承诺,在这样的情况下,水泥行业作为碳排放的大户,如何做到减少总量的增长达到减少排放的目的。

其次,要研究规模结构问题。水泥行业大、中、小企业规模如何合理划分?之间比例多少合适?区域性水泥核心企业的规模多大为好?全国性大型水泥企业集团是否越大越好?这是要研究规模结构问题;还要研究相关政策问题,央企、国企、民企在兼并重组过程中是否享受同样的政策?特别是融资问题,企业兼并重组的主体央企、国企、民企应该是什么比例?

第三,要研究行业发展方式转变问题。如何走低碳发展之路?低碳水泥技术、装备和品种开发是世界发展的趋势,如何配套创新机制体制?如何打破行政管理界限,建立废弃物分类、加工、利用的相应政策?

第四,要研究水泥企业走出国门。水泥技术装备出口在国际装备市场已占 **40%** 份额,水泥产品出口在其国际贸易总额中占有重要位置,但水泥企业没有走出去。那么如何引导这些高耗能、高资源消耗的企业走出去,也应是规划的组成部分。

积极开展国际交流与合作

中国水泥协会去年底成为"世界水泥可持续发展倡议行动组织(CSI)"的合作伙伴。

中国建材集团,中国中材集团 、"天瑞"、"华润"、同力水泥公司加入了该组织(CSI)。

美国伯克利劳伦斯实验室与中国水泥协会合作,编制了"水泥能效对标分析工具",为水泥企业能效水平诊断提供帮助。

亚太地区清洁生产和大气合作组织(APP)中国水泥工作组,在国内大企业中,进行 CSI 工具使用的培训工作,并与美国政府合作运用 CSI 等能效工具开展 **40** 多条水泥生产线的能效评估工作。

中国水泥协会搭建的"东亚水泥论坛"扩大为"亚州水泥论坛";中国水泥协会和国际其他相关组织也建立了非常好的合作关系,此时正在国际会议中心召开"**2010** 中国国际水泥峰会",这些为中国水泥工业实施低碳发展与国际同行交流提供了条件。

搭建信息发布平台

利用水泥协会的"数字水泥网"、《中国水泥》杂志、《中国水泥年鉴》及时发布信息,特别是节能减排方面的国家政策、法规及新技术。

关注"云计算"、"三网合一"(电信网、广播电视网、互联网)、"**IPv6**"、" 物联网"最新信息技术的发展,为行业优质发展、节能、管理提供服务,这是最节能的节能措施。

加强协会自身建设;维护行业利益;积极向政府反映、反馈会员和企业意见;服务政府配合做好相应工作;推动"水泥产品下乡"等方面的工作,都是今年协会要抓的工作。

"台泥":产能政策转向下 战略华丽转型的先行者

"Taini Cement": The leader of magnificent strategic transformation with capacity policy change

摘自《数字水泥网》

古语云:"识时务者为俊杰",今日则要说:"识时代者为俊杰"。当代的水泥大企业的成功已经不仅仅是生产、管理成本的降低，而是一个融合了政策、资金、市场、物流、生产的大系统工程。水泥产能政策的转向，使企业战略也随之发生变化，前期以新建为主扩张方式的大企业，将目光迅速转向并购。

众多水泥大企业中，“台泥”在转换中反应最为灵敏，在38号文发布后仅两个月就拿下了“昌兴矿业”，实现了华丽转型。4月1日，数字水泥网记者见到了“台泥”副总黄健强先生，谦厚的黄总笑着告诉记者“政策只是加快了“台泥”、“昌兴”双方的合作，其实“台泥”早有长远战略”，并就收购后的双方的动向做了介绍。

收购“昌兴”“一石二鸟”

说到收购“昌兴矿业”，黄总用一个词形容——“一石二鸟”。“昌兴矿业”是一个区域性分布式企业，有800万吨的产能在华南市场，并在重庆、贵州、四川、辽宁有在建生产线。“昌兴矿业”想回归并发扬本业，而“台泥”一直希望能达到在大陆5 000万吨的目标，双方意愿相符，且一直关系甚好，合作顺理成章，皆大欢喜。黄总说：“这个决策不是顿感，应该有长远战略，辜董事长的宏观把握、魄力和思维，在这次的并购中展现无遗。而政策只是促进双方迅速完成并购的外因。”

收购“昌兴”之后，双方经营将采取双轨制，“昌兴”完全维持原团队继续经营，“昌兴”经营得也不错，我们不仅取得他们的股权、他们的资产，也要取得他们的人才。双方的整合主要体现在三个方面：

一是业务的整合。双方业务融合，并借由此次并购与“海螺”更加紧密地结合。4月1日，在“珠三角”水泥企业协同下，涨价20元/吨，应该说就是市场整合的力量；

二是采购平台的整合，优化渠道，降低成本。

三是两个团队经营绩效的比较，互相学习融合，达到“1+1>2”的效果。

未来思路　稳步拓展

谈到并购“昌兴矿业”后“台泥”下一步的思路，黄总坚定地说，“我们思路仍然是先巩固华南市场，再进入其他地区，新进入的地区，不一定要做大，但要保证获利。”

原“昌兴矿业”旗下的生产基地中，辽宁辽阳一线将于今年5月份建成，贵州与重庆生产线在下半年或年底也会陆续投产，而四川广安刚刚开工，与“昆钢”的合作也在深入中。

提及福建市场，前期经济发展落后于周边省份，当地市场没有领军企业，市场和生产基地相隔较远，公路运输成本高，这些都为“台泥”、“华润”等水泥大企业通过便利的水路运输进入提供了不可多得的机遇，成为了卧居华南水泥大企业拓展重点关注的区域。但同时，福建市场政策封闭、矿山资源品质不高成为了水泥大企业在当地建厂的巨大瓶颈。

“台泥”很早就进入了福建市场，但苦于一直找不到矿山和大规模场地，因此在福州先行设立了粉磨站，但黄总表示“我们不会放弃福建市场”，除继续寻求比较好的矿山和地点，粉磨站建设也在考虑中——福州两期三个磨，后期打算再建两个磨，建厂整地已经整好，申请立项正在进行中。

福建主要生产基地在龙岩，当地石灰石剥采比高，交通运输条件受限，运到沿海的厦门就要80元以上的运输成本，运到闽北地区费用更高，且本地水泥企业规模上比较小，生产成本高、余热发电效果也不好，生产成本高。相比于两广地区，“台泥”福州粉磨站熟料从江苏句容供给更有优势，运输费用仅约在50～60元/吨，优势明显。受市场需求旺盛，江苏句容原1条日产6 500吨生产线供不应求，于2009年底投产了第2条生产线（日产6 000吨），目前每个月大约有8～10万吨熟料运到福州。

市场才是主导力量，对未来福建水泥市场，笔者认为政策门槛迟早都会打开，成为水泥大亨新的利润增长点。

“台泥”宣传视频：“台泥”——静极思动“精 简 准”

3月31日，在北京国家会议中心举办的“第十一届中国国际水泥技术及装备展览会暨2010中国国际水泥峰会”（水泥展）、“2010中国国际混凝土周暨中国国际混凝土技术及装备展览会”（混凝土周）以及“中国国际矿山开采与粉体加工展览会”（矿山开采与粉体加工）分别是水泥、混凝土行业一年一度的大型活动，已经成为共议行业走势，展望产业经济走向的前瞻性舞台。

2010年度，三展首次联袂，贯穿了矿山开采、水泥生产、混凝土生产应用全行业上下游产业链，打造了基础建材领域的航母。

近年来，随着政策导向和市场需求的变化，作为混凝土的上游企业——大中型水泥企业纷纷开始向下游混凝土产业链延伸，许多跨国水泥公司包括“拉法基”、“HOLCIM”、“海德堡”、“CRH”、“意大利水泥”等，都早已发展混凝土产业。国内外水泥混凝土发展的经验表明，水泥企业和混凝土企业产业链之间的相互延伸已成为企业发展的必然趋势。水泥展与混凝土周同期同场举行，这不仅为计划进入混凝土领域的水泥行业提供了一次了解混凝土行业绝佳机会，也是混凝土企业推广自己、扩大产品销售领域的最佳机遇。

另外，为了更进一步实现上下游产业一站式采购，展会首次引入“2010中国国际矿山开采与粉体加工装备展览会”，将矿山开采、生料制备、烧成冷却、成品制备、过程控制与自动化、收尘与节能等工艺流程全面覆盖。

水泥、混凝土、矿山开采与粉体加工，三大行业盛事首次联袂，搭建了独一无二的行业关联平台。有意的结合，无形的链接，必将更进一步推动行业的发展！

多家水泥公司再融资等待获批扩建生产线不受鼓励

The refinancing of many cement companies is waiting for approval and production line expansion is not encourage

摘自2010年3月31日《第一财经日报》

去年3月，“江西水泥”计划发行4亿元的公司债用来扩建生产线及补充流动资金，但这一计划面临流产。

与“江西水泥”“同病相怜”的还有“华新水泥”、塔牌集团以及“青松建化”，它们用于扩大再生产的再融资方案，目前无一获批。尽管有些公司修改了再融资方案，但是有分析人士认为这些方案要获得证监会和发改委的通过，现在看来并不容易。

因国家4万亿投资的带动，全国基建、房产投资项目去年明显增多，这也带动了水泥这种原材料的用量，5 103家水泥公司在去年生产了16.5亿吨的水泥，同比增长16%。为了抢占这一商机，多家水泥公司在建新的生产线。

众多上市公司也同时在2009年提出了配股、增发、发行可转债等方案，直接或间接用于扩建。如“华新水泥”拟增发40亿元，“江西水泥”计划发行4亿元公司债，“青松建化”则希望通过配股向总计6.9亿元的熟料干法生产线投资，“塔牌水泥”也打算发行7亿元的可转换债券，一系列再融资都能增加各自的产量，抢占市场份额。

但去年9月30日，国务院出台的38号文件，明确表示对水泥等6大产能过剩行业原则上不再批准扩大产能的项目，确有必要建设的要报发改委论证和核准。紧接着的11月18日，发改委也明确指出，对2009年9月30日前尚未投产的在建项目、已核准未开工水泥项目进行清理，进一步在新增产能上给予了严格限制的相关规定。

正是由于这些政策，证监会在进行涉及水泥等过剩产业的再融资审核时，都会征求发改委的意见。

“江西水泥”一位管理层告诉记者，公司债发行计划即将在今年4月到期，“发债计划要先让发改委出一个意见，发改委至今没有出示意见。”而“华新水泥”的一位管理层也告诉记者，他们的再融资计划通过了商务部的核准（“华新”的第一大股东为外资，再融资计划先要由商务部核准），现在递交到了发改委，“发改委有几个部门如外资司、产业司等都要看，具体结果是怎样还不清楚。”

“各公司募集资金的用处之一是扩建新的生产线，他们并不符合国家政策，所以再融资计划很难过关。”一位基金研究员告诉《第一财经日报》。

为了实现再融资，“华新水泥”甚至修改了募集资金计划。该公司上述管理层就表示，公司在2009年7月推出的再融资计划中，部分资金是用在11个水泥熟料项目上的，“这些项目其实都是在38号文之前开工的，不能说是违反了国家的规定，但我们考虑后还是调整了募集投向。”最新方案里，该公司把募集资金用途从水泥熟料厂变为了15个余热发电、25个混凝土搅拌站等国家鼓励的项目，募集额也从40亿元缩减为25亿元。

而在上个月，塔牌集团也把拟发行的7亿可转债募集资金用途由“偿还或置换公司（或公司全资子公司在金融机构）的贷款”变成了“混凝土搅拌站项目”，全资和参股建设12个搅拌站（将水泥、矿粉、砂石骨料等混合搅拌成混凝土的站点）。

再融资项目变更肯定能抑制部分水泥产能的扩大。“一些公司今年的在建、拟建水泥生产线还不少，如果都建成，全国水泥产能将严重过剩。”工信部一位主管水泥业务的人士对本报记者表示。

瑞银证券对“华新水泥”的再融资计划能否过关还心存疑虑，最近瑞银证券公布的报告称：“因为国家对水泥产能的严控，‘华新水泥’的股票增发计划或许难以获得政府支持。尽管公司已压缩了增发规模并调整了募集资金的用途。”

“中国联合水泥”的加法

The addition of “China Unity Cement ”

摘自2010年5月5日《中国建材报》

收入90亿元，同比增长22%；营业利润17亿元，同比增长35%。这是记者在中国建材股份有限公司公布的2009年度业绩报告中看到的有关中国联合水泥集团有限公司的一组数据。作为中国水泥行业领军企业之一，同时也是"中国建材"水泥业务板块的重要企业之一，"中国联合水泥"2009年通过加快联合重组和深入管理整合，使区域市场控制力继续增加，整合效果不断显现，盈利能力持续提升。

"中国联合水泥"作为"中国建材"旗下成立最早的水泥企业，在1999年成立之初仅有1家年产能130万吨的水泥厂，并且在较长一段时间内产能规模的增长速度十分缓慢。2005年"中国建材"成立后，明确了联合重组的成长路线。在董事长宋志平存量优化、联合重组的思路指引下，"中国建材"坚持资本运营和联合重组，在既定的战略区域迅速实施低成本扩张，短短几年，用"中国联合水泥"、"南方水泥"、"北方水泥"3个区域性大水泥集团的快速发展奠定了自己的行业领军者地位，令整个水泥行业瞩目。"中国建材"及其管理团队在此过程中展示的极强的包容文化使重组后的整合极为顺畅，也使联合重组的放大效应快速凸显。

"中国联合水泥"就是一个在联合重组进程中"加"出来的大型水泥企业。从重组控股鲁南水泥厂到全资重组南阳航天水泥厂，从重组控股淮海水泥厂到接手"徐州海螺"……"中国联合水泥"管理整合的轨迹表现出由"单一企业技术整合"到"公司业务协同"再到"建立'三五'管理模式"的上升过程。"中国联合水泥"解出了一道1+1>2的不寻常的"加"法题。

联合重组提升市场竞争力

几年前，"中国建材"在香港上市之初，对"中国联合水泥"的市场定位主要是包括江苏北部、山东南部等地的淮海经济区。2006年重组"徐州海螺"，使"中国联合水泥"一举全面占领这个区域市场。随后几年，在"中国建材"联合重组+资本运营两轮驱动战略推动下，"中国联合水泥"以淮海经济区为核心市场，在山东、河南、江苏、安徽等区域加速整合，陆续重组30余家企业。之后，又将触角延伸至四川、内蒙古等区域，先后在四川组建"北川中联"和"安县中联"等企业，在内蒙古重组"乌兰水泥"等企业。

对四川市场，"中国联合水泥"最早是没有计划的。但在汶川大地震以后，中央企业按政府要求带头支援四川建设；另外，灾后重建对建材产品需求很大，市场空间可观。基于控盘区域市场的理念，"中国联合水泥"在"中国建材"的统一部署下选择了四川的绵阳、德阳地区。

"这个区域的水泥市场还处在良性发展阶段。在绵阳，'中国联合水泥'有2条日产5 000吨水泥熟料生产线，在周边和其他已经投产的一些公司也在谈合作，我们希望在绵阳和德阳未来能够形成核心利润区，区域里其他水泥企业如果也愿意和'中国联合水泥'协同，或者是重组合作，我们也非常欢迎。"在位于北京中国建材大厦16层的办公室里，"中国建材"副总裁、"中国联合水泥"董事长崔星太如是说。

截止至2009年年底，"中国联合水泥"的产能规模已由上市之初的1 100万吨增至5 200万吨，其在区域市场的控制力已举足轻重。

现在"中国联合水泥"在山东、河南、江苏、内蒙古等战略目标区域的重组成果还在继续扩大。崔星太说："我们与这些战略区域范围的一些企业已达成合作意向，争取产能规模在2009年基础上实现新的突破，使"中国建材"大水泥战略得到快速推进，使公司的市场控制力得到更大的提升。因为现在还是水泥行业整合的良机，现在加速联合重组可以做大市场份额，可以积累经验，可以赢得未来的市场空间和话语权。"

优化管理激发企业创造力

如何使联合重组取得最终成功，使重组后的企业创造出更大的效益，一直是世界管理学界不懈研究的课题。做联合重组不容易，使重组的企业尽快实现文化与管理的融合就更加不易。

的确，在重组之初，"中国联合水泥"各企业之间及各企业与总部之间存在着管理职能、生产布局和市场区域交叉甚至内部企业互相竞争的情况。例如在山东济宁市周边就有多家同属于"中国联合水泥"的企业，总部对每家企业都有考核任务，各家企业难免在争取客户过程中使出种种不利于协同发展的竞争手段。再如"鲁南中联"的粉磨站在荷泽，"泰安中联"的粉磨站在济宁，他们都选择用本企业生产的熟料，但实际是"鲁南中联"距离济宁更近，这就无形中加大了运输成本。

"中国建材"本部是投资中心，各业务板块是利润中心，各个工厂是成本中心。"中国建材"从成立之初就确定了这样的管理层级，之后结合管理实践推出了"三五"管理模式，即五化运行模式（一体化、模式化、制度化、流程化、数字化）+五集中管理模式（市场营销集中、采购集中、财务集中、技术集中、投资决策集中）+五类关键经营指标（每个企业必须高度关注净利润、售价、成本费用、现金流、资产负债率五个核心指标），全面推进一体化管理，优化资源配置，打造规模优势。随着联合重组企业的骤增，要使所有企业在管理层级下实现"三五"管理，还需要各业务平台去推动。

按照"中国建材"董事长宋志平和总裁曹江林的具体要求，2009年，"中国联合水泥"以"中国建材""管理整合年"为契机，积极探索企业管理整合的方法和途径，进行了一系列管理改进实践，着力点就是让"三五"管理"落地"。

在对重组企业统一名称的基础上，2009年，"中国联合水泥"按照"中国建材""管理整合年"的总体要求，对总部和企业的管理机构和职责分工进行了进一步的优化调整，实行"六统一"，即建立文化统一、营销统一、采购统一、财务统一、生产技术统一、人力资源统一的公司运作模式。"中国联合水泥"总部负责人力资源、财务、运营管理及统一制定下属公司营销、采购、生产技术管理方面的政策与制度。

按照一体化管理思路,"中国联合水泥"创造性地提出在各大区域内设置运营管理区,作为总部的派出机构负责区域内的营销、采购、生产技术管理。目前山东、淮海、河南三大运营管理区均已挂牌成立,四川运营管理区与内蒙古运营管理区也正在筹划之中。运营管理区运转后,运营管理区营销中心全权负责水泥销售,每家工厂保留的销售部只负责周边百姓到工厂用现金购买水泥,销售部的人员由营销中心统一管理,各大区域的水泥价格由各运营管理区报"中国联合水泥"总部审批,由此彻底实现了"中国联合水泥"各大区域内企业的营销统一。

"中国联合水泥"下属的工厂则成为一个成本中心,"工厂主要负责5件事,即产能利用率、成本、质量、安全、与地方政府协调合作。"崔星太说。

目前,"中国联合水泥"正积极推进财务整合,建立统一的财务管理平台,试行资金集中管理制度,实现集团资金的统一监管、统一调度、统一结算,从而提高资金使用效益,降低资金成本。

协同发展推动效益飞升

运营管理区成立,实实在在将"中国联合水泥"的管理整合向前推进了一大步。2009年山东地区物流成本节约3 600万元,销售人员由原来各下属企业的420多人统一整合为营销中心的260人。过去每吨水泥的销售成本大约2.5元,现在只需要1.1元。

2009年,"中国联合水泥"进一步扩大了集中采购的范围,分别实施了石膏、砂岩、润滑油、研磨体、包装袋、耐火材料、耐热钢、耐磨钢、输送带、收尘袋等大宗材料和备品备件的集中采购工作。9月份首次实施了包括工作服、安全帽、劳保鞋等劳保防护用品的集中采购。集中采购的有效实施充分发挥了集团采购的优势,最大限度降低了采购成本,全年累计节约采购资金4 048万元。

"中国联合水泥2010年煤炭采购预计需要资金近50亿元,集中采购价格如果能降1%,就相当于获得了5 000万元的净利润。"崔星太强调集中采购对提高采购价格谈判能力的影响不容小视。

"通过技术改造、节能降耗等方式降低成本虽然是企业获得利润的重要手段之一,但绝对值毕竟有限。面对激烈的竞争,我们只有进行市场协同,才能保持合理的利润空间。"崔星太表示,"中国联合水泥"近年来通过管理整合在市场协同方面取得了一定的成效。

"中国建材"根据各区域市场特点、区域产能集中程度和对市场的控制程度,将公司的市场区域划分为核心利润区和协同利润区。

在核心利润区,"中国联合水泥"以骨干企业为依托,强化市场控制力,通过区域营销中心发挥稳定市场价格的主力作用,主导区域内企业的良性竞争。而在协同利润区,"中国联合水泥"则积极促进与区域内其他大企业的合作与协同,共同维护市场的良性竞争机制。

近年来,"中国联合水泥"在山东区域、淮海区域、河南区域实施市场协同取得的显著成果被业界津津乐道。2008年煤炭价格一路高涨,山东等区域的水泥企业在成本压力不断加大的情况下迟迟不愿主动调整价格,有些企业甚至赔本赚吆喝。"中国联合水泥"主动站了出来,分别组织了6次以"避免恶性竞争、维护行业健康发展"为主题的研讨会,倡导同行企业重视区域市场的培育,追求多赢、共赢,得到区域企业的积极响应,维护了企业的合理利润,促进了区域内水泥市场的健康发展。

在前不久刚刚进行的"中国建材"管理层年度业绩路演中,投资者对2009年"中国联合水泥"取得的骄人业绩十分赞叹,特别是近3年的净利润复合增长率为65%,使投资者对其整合能力予以充分肯定。对"中国联合水泥"近年来实施管理整合带来的盈利能力的持续提升,宋志平在"中国建材"内部会议上有过一个精彩的比喻:"'中国联合水泥'的管理水平就像一部行驶中的汽车,过去多年一直在土路上跑,后来渐渐找到感觉进入了国道,现在这部车已经驶上了高速路。"

"北方水泥":开启东北区域"整合时代"

"Northern Cement": Start "the integration era" in northeastern region

摘自2010年5月17日《中国建材报》

"低调做事,稳步扩张。"这是成立刚刚一年多的北方水泥有限公司留给水泥业界人士的印象。

"北方水泥"是"中国建材"继"南方水泥"、"中联水泥"在东南经济区、淮海经济区基本完成水泥产业布局后,在我国北方地区又一重要战略布局。

2009年3月6日,中国建材股份有限公司、辽源金刚水泥(集团)有限公司与"弘毅投资"在北京签署协议,共同出资设立北方水泥有限公司。2009年6月,"中国建材"与佳木斯鸿基集团签署了联合重组战略合作协议,鸿基集团成为"北方水泥"的重要成员企业。"北方水泥"的成立,使得东北三省成为"中国建材"的第三大战略区域。

"北方水泥"成立以来,围绕联合重组这一核心工作,坚持"中国建材"制定的战略、协同、效益、风险的联合重组原则,坚持广泛联系、积极接触,成熟一家、重组一家的基本步骤,做到合理布局、重点推进,开启了东北区域水泥市场的"整合时代"。

"现在的'北方水泥'旗下企业以辽源金刚集团和佳木斯鸿基集团为主。""北方水泥"总裁张传军介绍说,"截止至2009年年底,"北方水泥"年产能达到800万吨。目前还有许多企业期待与我们合作,这是因为"中国建材"联合重组的理念及文化被越来越多的企业所认同。"

联合重组的精髓是文化认同

始建于2002年的辽源金刚集团是一家大型民营水泥企业,集团下属的10多家子(分)公司分布在哈尔滨、大庆、长春、大连、辽源、白山、铁岭、抚顺、延边、通化、松原等东北地区各大中型城市,区域优势突出。

与"中国建材"合作之前,辽源金刚最初锁定的合作者是外资公司。"当时我们已经与一家外资公司签订了框架协议,但之后与宋志平董事长40分钟的谈话最终让我们与"中国建材"走到了一起。"张传军认为,联合重组最重要的是文化理念的重组,精髓是文化认同。

"宋总常常提到'知足、感恩、包容'。我在此基础上又添加了'珍惜'。国内像"辽源金刚"这样规模的水泥企业有若干家,偏偏我有幸结识了宋总,并最终走到了一起。"与"中国建材"已合作一年多的张传军深切体会到,"中国建材"将企业文化作为管理整合的重要部分,倡导相互融合、相互协同的理念,提倡尊重人、理解人、关心人,形成了一体化的核心价值观和经营理念,得到了企业的广泛认同。

"北方水泥"副总裁、佳木斯北方水泥有限公司董事长赵君用"合作共赢,信任支持"来评价"中国建材"的管理整合文化。佳木斯北方水泥有限公司的前身是佳木斯鸿基集团,位于东北边陲,地处黑龙江、乌苏里江和松花江汇流的三江平原腹地。"当时我们对合作方的选择非常慎重,但"中国建材"的管理整合文化及规范管理模式深深打动了我。"赵君表示,加盟"中国建材"后,"佳木斯北方水泥"的区域整合及管理能力有了迅速提升。

进入或即将进入"北方水泥"的企业认同这些企业文化及水泥业务区域性战略,无一例外地都有强烈的归属感。联合重组使加入"北方水泥"的企业依托资源市场优势,迸发出前所未有的新的生机与活力,呈现出了风正、气顺、心齐、劲足的崭新局面。

加快联合重组步伐 完善战略布局

"中国建材"对"北方水泥"的定位是建设成为一个北方地区规模最大、盈利能力最强的中大型水泥公司。之所以强调"北方水泥"的盈利能力,是因为"中国建材"看好东北地区的市场潜力与发展空间。

近年来,东北地区受益于国家"振兴东北老工业基地"政策,重点工程项目多,固定资产投资旺盛,大批铁路、公路等基础建设项目陆续开工。张传军形容东北地区基础设施建设正处在"补课"阶段,东北水泥市场总体向好。东北地区的地理及气候环境特殊,加之良性的市场需求,吨水泥的盈利水平相对较高。

水泥需求旺盛,促使包括"冀东水泥"、山水集团、天瑞集团等国内大企业纷纷谋求在东北地区的发展,东北本土的亚泰集团等强势企业也不甘落后,积极扩张产能。在吉林和黑龙江,亚泰集团已拥有一定实力,辽宁市场同样也有山水集团的存在。吉林和黑龙江水泥供需平衡,辽宁水泥产能略有盈余,但东北三省并没有形成大企业的垄断格局,这对"北方水泥"而言,仍是一个良好的发展契机。

2009年,"北方水泥"联合重组工作稳步推进。建立健全了联合重组组织机构;实行区域责任制,明确工作分工,明晰领导责任;组织编制了公司在东北三省区域的联合重组战略规划,初步选择联合重组重要水泥企业,积极稳妥地开展联合重组工作;建立全面风险管理制度,确保风险可控,"北方水泥"在保证规模快速提升的情况下最大限度降低联合重组风险。

按照"北方水泥"重组规划,2010年,公司将大力推动黑龙江、吉林、辽宁三省的联合重组,同时加快这些区域粉磨站的重组,以完善布局。"北方水泥"还将在国家政策的指引下,继续推动重组企业在建项目的填平补齐建设,以进一步扩大产能规模,提高企业的盈利水平和在核心区域市场的控制力。

在东北水泥市场历经风雨的张传军对这片生他养他的黑土地了如指掌。"这里是辽源—通化—白山—延吉,这里是长春—松原—白城……"他在介绍"北方水泥"下属企业及目标市场的同时,就随手绘制出了一幅东北水泥市场战略区域的蓝图。

"'北方水泥'的成立顺应北方地区水泥工业发展潮流,借助'中国建材'这个央企平台,再加之充足的资金注入,北方水泥的联合重组战略会迅速在东北三省铺开。"张传军说。

四川震区重建之后 落后水泥产能自决生死

After rebuilding of Sichuan earthquake area, life and death of backward cement capacity by self – determination

摘自 2010 年 5 月 17 日《中国经营报》

三年重建,两年完成。在刚刚过去的“5·12”两周年里,受灾群众陆续地搬进了新居。但对于两年以来在灾区排兵布阵的水泥企业来说,好日子或许要宣告结束了。

首当其冲的就是在灾后重建中暂时“免死”的落后产能,市场显然已经成为迈不过去的坎。水泥需求量下降,价格也在竞争中持续下滑。据《中国经营报》调查,目前四川灾区散装水泥价格已经较最高时期每吨下跌 200 元以上,而价格最高时超过 600 元/吨。

与此同时,工信部初步意向是在今后三年内淘汰总计三亿吨落后产能。显然,从政策层面对落后产能将再次收紧。但记者从相关渠道获悉,考虑到四川水泥市场的特殊情况,未来全省在落后产能的淘汰上将不会采取强制措施,而是采取以市场自主淘汰为主、政策督促为辅的“新举措”。

灾后重建的水泥乱象

“到今年 6 月份,援建汉旺镇的项目将全部竣工,我们就该撤离了。”援建单位无锡指挥部副指挥丁满琪告诉《中国经营报》记者,一座汉旺新城已经崛起了。

随着灾区建设两年完成的实现,曾经旺盛的水泥需求市场总算尘埃落定。记者在两年的跟踪采访中了解到,灾区散装水泥价格最高的时候达每吨 600 元以上,现在最低已经是一吨 350 元左右。

根据灾后出台的《四川汶川地震灾区水泥工业生产力布局和产业调整规划》中披露的数据,预计受灾六地市农村房屋、城镇房屋、基础设施和工业厂房的恢复建设共需水泥1 亿吨,按 3 年恢复期及各类型设施的复建进度计算,2008 ~ 2010 年因灾后重建带来的水泥需求分别为 3 770万吨、3 903 万吨和 2 286 万吨。

“显然,随着灾后重建步伐的加快,今年灾区水泥的总需求量将远低于 2 200 万吨。”一家主要供应灾区市场的水泥企业市场代表告诉记者,他所销售的水泥已经会减少三分之一以上,价格能维持在现在每吨 400 元已经非常不错了。

据四川水泥协会之前提供的数据显示,2009 年四川水泥投资一路猛增,与 2008 年同期相比增长了 3 倍左右。截止到 2009 年 5 月底,在四川省发改委和省经委上报并经过审批的水泥干法生产项目就有 100 多个,其中已建、在建和拟建新型干法生产线就有超过 120 条。而这些大都为新型干法水泥熟料生产线,一旦这些产能得到释放,将会直接导致四川水泥产能出现严重过剩。

“重建结束了,水泥市场的需求就减少了很多,这是今年年初以来价格一直下滑的重要原因之一;国家近期对房地产市场的调控,也会在未来几个月内逐渐显现出水泥市场需求的疲软。”水泥营销专家、西南民族大学副教授刘德昌预测说,等新建产能逐渐释放,未来水泥价格会滑落到每吨 280 元左右(主流型号 P·O 42.5),而价格极限则是 250 元左右。

落后产能“最后一公里”

2007 年 10 月,成都市为完全淘汰落后水泥产能,投入 3.3 亿元对其辖区内的落后水泥企业全部予以淘汰,此举被称为淘汰落后的“成都模式”。在这一模式下,成都无条件关闭了所有落后水泥企业,而政府则拿出巨额资金,对被责令关闭的企业给予补助。

事实上,汶川地震前四川曾几次利用行政手段强令要求关闭落后水泥产能。这些产能包括那些无生产许可证的水泥生产企业,土(蛋)窑、普通立窑、直径 2.2 米及以下的机立窑,以及淘汰干法中空窑生产线和湿法窑生产线。但汶川地震后,考虑到巨大的水泥供需矛盾,四川省政府在地震后做出决定,对那些环保和质量均达到要求的湿法窑,其生产线可以延期至 2010 年,显然,这将是“最后一公里”。

“四川水泥行业落后产能大概占到总产能的 30% 以上。”有业界人士分析说。但这一数据记者没有能够从政府部门求证到。但有资料显示,四川省立窑及小旋窑水泥生产能力占水泥总生产能力的比例,1996 年为 84.42%,2000 年上升到 88.35%,2005 年降为 78%,2008 年进一步降到 59.82%。由此,以立窑为主的落后产能比例应该不小。

记者注意到,目前四川一些大的水泥企业已经主动对落后产能进行了淘汰。3 月 12 日,四川峨胜水泥股份有限公司对该公司最后 2 条年总产能 35 万吨机立窑水泥生产线实施爆破,彻底结束了公司以机立窑生产水泥的历史。此外,四川“双马水泥”也就自己的落后产能进行了淘汰。

根据规划,2007 ~ 2010 年四川省将累计淘汰落后产能 1 000万吨,据此测算 2010 年省内新型干法水泥产能占比约为 50%,仍将远低于全国目前的平均水平(70%)。

但记者注意到，在去年11月份记者参加四川省经委的一次关于淘汰落后产能的会议上，当时提出的水泥淘汰企业还不到10家，总产能不过90万吨。

根据工信部日前提出的今后三年内淘汰总计三亿吨落后产能的初步意向，作为落后产能主要集结地的四川显然无法躲过这一劫。

成都模式难以复制

“淘汰落后生产能力，既涉及政治因素（如当年的乡镇企业异军突起，曾被称为改革开放的一大成果），也涉及经济问题（如资金来源，如何归还贷款，影响当地税收等），更涉及企业所在地的安定团结（如人员安排等）。工作千头万绪，如一盘棋局，牵一发而动全身。”业内人士窦瑞麟分析说。

“目前，四川部分偏远地区的水泥消费基本全部是从立窑企业那里得来的。”四川水泥协会负责人表示，在四川其他地方采用“成都模式”强令淘汰落后产能不现实，一方面各地政府拿不出这笔补助资金，另一方面各地立窑企业大都是当地的纳税大户。去年11月，四川省经委召开的会议上，只有九家小水泥厂不到九十万吨产能淘汰，这实际只是地方的缓兵之计，有点儿交差的意思。实际上地方也没有太多的资金可补贴。对小水泥企业来说，小半径的消费市场尚能生存，除非大企业如“拉法基”等进入与之竞争。

对此，四川峨胜水泥厂厂办主任陈永军告诉记者，他们淘汰立窑时，当地政府给予了400万元财政补贴。而四川双马水泥之前发布公告称，公司收到《江油市财政局关于下达2009年度淘汰落后产能中央财政奖励资金的通知》，对公司响应国家关政策淘汰的落后产能，下发2009年淘汰落后产能奖励资金1 750万元。

但并不是所有的地方政府都能够像成都那样一次性可以拿出3.3亿元财政，或者像江油给予上市公司以财政补贴。更多的地方政府还需要依赖落后产能为当地生产水泥，创造财政收入。

正是在此种背景之下，四川省主管部门在对待落后水泥企业的淘汰上态度开始出现“微妙变化”。四川省主管部门表示，各地政府不会对立窑企业“赶尽杀绝”，但立窑企业还想继续生产，必须首先保证质量和环保达到要求。同时四川省政府还表示，不淘汰并不意味着政府在落后产能问题上不作为，而是将把这些企业投放到市场中，让市场决定其生死。

“落后产能的淘汰，如果政府强制+金钱双重刺激，可能很快会有效果。”刘德昌副教授表示，通过市场价格来淘汰，只能淘汰那些湿法生产线，对立窑企业影响可能不大。最终还是需要双管齐下。

山西省淘汰水泥落后产能调查

Investigation of backward cement capacity elimination in Shanxi Province

摘自2010年6月9日《人民日报》

“落后产能是能耗过高、环境污染的源头。淘汰落后产能是实现节能降耗目标的重要途径和有力手段，也是解决山西能源消耗结构性矛盾的关键。”山西省经济和信息化委员会主任洪发科说。

6月7日，山西省公布了今年淘汰落后产能的任务：炼铁产能1 039万吨、炼钢20万吨、焦化502万吨、电石铁合金20万吨、水泥670万吨、造纸9.6万吨、小火电108.85万千瓦时、化纤3万吨。

减量置换，淘汰落后产能的重要手段

今年初，山西省经济和信息化委员会对晋汇南白水泥公司新型干法水泥熟料生产线技改项目核准的批复，前提是淘汰忻州市南白水泥厂、定襄县官庄水泥厂等14户企业85万吨生产工艺落后、能耗高、污染大的落后产能。

“上大压小、等（减）量置换、扶优汰劣是水泥行业淘汰落后产能的一个重要手段。这个新项目的综合电耗为92千瓦时/吨，完全符合国家标准，节能减排效果明显。”山西省经济和信息化委员会产业处处长李志松说。

大同冀东水泥公司新建两条新型干法水泥生产线，水泥耗水由原来的1.17吨下降到现在的0.29吨，降低80%多，耗煤由原来的每吨230千克下降到现在的110千克，降低了50%多。同时，每年减少二氧化碳排放量5.66万吨；利用高温废气还实现了余热发电，节约电费6 500多万元。

统计显示，“十一五”以来，山西省水泥行业淘汰落后产能1 795万吨，淘汰水泥熟料落后产能1 080万吨。据测算，山西省仅通过淘汰落后水泥产能一项，3年来累计减少能源消费175万吨标煤，减少烟尘排放1.4万吨，减少二氧化硫排放2.8万吨。

淘汰落后产能为新上转产转型项目提供了市场容量和发展空间，促进了山西省水泥产业结构的调整和水平的提升：水泥行业新型干法水泥比例由“十五”末期的20%提高到2009年底的58%。

经济补偿，加快淘汰步伐

2007年起，山西省共安排淘汰落后产能补偿及奖励资金

24.37 亿元，关停淘汰水泥落后工艺生产设备约 310 台套。山西省规定，2009 年 9 月 30 日起，新建水泥项目或扩建水泥项目，必须实行等量或超量置换；凡列入山西省水泥淘汰落后产能三年计划内的落后产能，均可按 5 元/吨水泥的标准有偿置换给新建水泥项目或扩建水泥项目，有窑企业将熟料产能按 1.4 系数折算成水泥产能。同时，根据《山西省淘汰落后产能专项补偿资金管理办法》，山西省有窑企业按照熟料产能补偿，每 1 万吨熟料补偿 30 万元；水泥粉磨企业按照水泥产能补偿，每 1 万吨水泥 5 万元；无证企业给予适当的拆除费，有窑企业 60 万元，粉磨企业 30 万元。

太原狮头水泥公司朔州分公司积极淘汰污染严重、工艺落后产能，先后拆除 2 座机立窑，淘汰年产 15 万吨落后产能生产线，因此狮头公司拿到了 285 万元淘汰落后产能补贴。"与拆除两座窑给企业带来的经济损失相比，285 万元钱显得微不足道，但治理污染是迟早的事情，这笔钱促使我们下决心上新型干法生产线。"狮头水泥公司负责人说。

"就眼前而言，淘汰水泥产业落后产能的阻力来自两个方面，一是地方财政收入会有所减少，另一个就是职工再就业问题。"李志松坦言。

整合重组，从根本上做强水泥产业

资源消耗高、环境污染重、安全无保障，是落后产能的集中体现，已成为提高工业整体水平、完成节能减排任务、实现可持续发展的严重制约。同时，落后产能还与先进产能争市场、抢资源。"只有淘汰落后产能，才能为先进产能腾出市场空间，才能改善产品结构，提高产品质量，增加企业效益；才能缓解产能过剩矛盾，保障供需平衡，避免大起大落，促进产业健康发展；才能优化产业结构，提高技术装备水平和产业竞争力，实现工业由大变强。"工业和信息化部总工程师朱宏任如是说。

水泥行业是我国基础原材料工业的重要组成部分，在社会经济发展中发挥着不可替代的作用。淘汰大量落后产能的目的，不仅为了节能减排，更重要的是提高新型干法水泥比重和水泥散装率，从根本上做强山西的水泥产业。

预计 2010～2012 年的三年内，山西省淘汰熟料落后产能 2 053 万吨，水泥落后产能 1 092 万吨。与此同时，山西省根据地域特点、资源优劣，合理布局与淘汰落后紧密结合，加大整合重组力度，着力培育五大水泥集群，加快建设散装水泥储运体系。

"到 2011 年，全省水泥行业产量达到 4 000 万吨，其中，新型干法水泥产量达到 2 600 万吨；新型干法水泥比重达到 65%；水泥散装率达 50%；废渣（含粉煤灰、煤矸石、镁渣、电石渣、铜渣、磷肥渣、钢渣等）年利用量达到 1 200 万吨。"《山西省水泥行业调整振兴实施方案》提出了该省水泥行业的发展目标。

新形势下新疆水泥市场机遇

Opportunity of Xinjiang cement market under the new situation

摘自 2010 年 6 期《中国水泥》杂志

一、新疆的发展与稳定关系到全国改革发展稳定的大局

新疆是中国面积最大的省区，约占全国陆地面积的 1/6，相当于英国、法国、意大利、西班牙和瑞士 5 国面积之和。新疆石油、天然气、煤炭蕴藏量均居全国首位。乌鲁木齐与海岸最近距离为 2 250 公里，是中国也是世界上距海洋最远的内陆城市。历史上，丝绸之路的开凿曾使新疆昌盛繁荣，使新疆成为世界四大文明的交汇地。海上丝绸之路兴起后，新疆曾一度处在世界政经的边缘。而当下新欧亚大陆桥重新开通，中亚的地缘政治和能源战略再次提升，使新疆成为"亚洲的能源枢纽"与"欧亚的新重心"。新疆的发展和稳定，关系全国改革发展稳定大局，关系祖国统一、民族团结、国家安全，关系中华民族的伟大复兴，具有重大经济意义和重大政治意义。

按照党中央的决策部署，对新疆发展的一系列优惠政策措施将陆续出台，新疆迎来了大建设、大开放、大发展的历史性机遇。中央提出到 2020 年新疆实现全面小康，到 2015 年新疆地区人均生产总值达到全国平均水平。这对于新疆来说正面临着史无前例的发展机遇。有媒体评论说，1979 年中央在中国的深圳画了一个圈，从此中国的沿海地区经济建设迅速崛起，经济腾飞发展，几十年来，成了引领中国建设的榜样，经济增长成了中国的支柱。而今，中央又对中国西部的新疆制定振兴规划，新疆的经济在不久的将来，一定迅速崛起，将是下一个中国的"深圳"，中国的一南一西振兴了，中国岂有不富不强之理？如果说东南沿海的发展是中国"水"的兴旺的话，那么，西北新疆的繁荣将是中国"山"的崛起。占中国面积六分之一的新疆稳定了，发展了，富裕了，那么中国将会更加政通人和，国泰民安。

此次中央新疆工作座谈会确定，中央为推动新形势下新疆经济社会加快发展，不但加大了政策支持新疆建设力度，

而且拟举全国之力全面实施对口援疆工作。中央政府拟从五个方面实施新疆跨越式发展的规划：一是新疆率先进行资源税费改革。在新疆将原油、天然气资源税由从量计征改为从价计征，对新疆困难地区符合条件的企业给予企业所得税“两免三减半”优惠；二是着力保障和改善民生。中央对新疆的投入和支援省市的援助资金重点用于改善各族群众生产生活条件，通过资源税等方面改革增加财力重点用于改善民生，资源开发更直接地惠及新疆各族群众；三是在喀什设经济特区。喀什将以“东有深圳、西有喀什”的定位，把喀什建设成为世界级的国际化大都市；四是着力推进生态文明建设。加大开发资源中的环境保护力度，防止在开发过程中生态恶化，确保生态文明建设；五是新疆跨越式发展2020年实现全面小康，走具有中国特色、符合新疆实际的发展路子，全面推进新疆经济建设，促进新疆区域协调发展、人民富裕、生态良好、民族团结、社会稳定、边疆巩固、文明进步，确保实现全面建设小康社会的奋斗目标。

二、新疆跨越式发展将带来巨大的市场机遇

伴随着新疆优势资源转换战略的深入推进，新疆的石油、天然气、煤炭、特色林果等优势资源不断加快向经济优势转化。一系列重点工程的开工建设，带来的是欣欣向荣的发展景象。尤其随着全国兄弟省区对口援疆各项工作的启动，新疆将以昂扬的气势，行进在实现跨越式发展的坦途中。

在中央的政策、资金扶持下，新疆经济快速发展。石油、天然气产量分别占据全国第三和第一席位。全疆已建成准噶尔、塔里木、吐哈三大石油天然气生产基地和吐-哈、南疆等四个石油炼制和加工基地。“西气东输”、中哈原油、西部原油管道等相继建成投产，新疆已成为我国石油天然气的主产区和国家重要的石油战略基地。此外，以农业产业化企业为龙头的现代农业格局已经形成，新疆正成为全国最大的商品棉基地、林果基地、啤酒花、番茄酱生产基地以及全国重要的畜产品和糖料加工基地。

统计数据显示，正是有了党中央的亲切关怀和全国人民的大力支持，新中国成立60年来，新疆各项社会事业稳步发展。固定资产投资累计达15 021.61亿元，如今，在新疆各地，交通、电力、能源等200多项重点工程项目相继开工、投产，为新疆的经济建设增添了生机与活力。在建9条高速公路、20个国省道改造项目、16个新建公路项目，使公路交通网呈现出前所未有的繁忙景象；13个铁路在建项目总投资超过193亿元，刷新了新疆铁路建设规模记录；乌鲁木齐国际机场国际航线新增到33条，通航国家18个，通航境外城市30个；全区21座关系民生的重点控制性水库正积极争取纳入国家规划。

中央新疆工作座谈会提出，“十二五”期间中央投资额将继续向新疆和兵团倾斜，全社会固定资产投资规模将比“十一五”期间翻一番多。如果按“十一五”1万亿元的投资规模计算，未来五年，中央对新疆地区的投资规模将超过2万亿元。“十二五”期间，中央将鼓励央企加大对新疆的投入力度，并将研究制定政策措施，推动东中部地区与新疆开展经济合作，引导社会资金到当地投资兴办企业。据介绍，今后平均每年对新疆的支持力度增长1 000亿元左右，还有全国19个省市对新疆的对口支持，可以说新疆的发展速度一定是前所未有的。

在金融支持方面，中央将鼓励多类银行机构在偏远地区设立服务网点，鼓励股份制商业银行和外资银行到新疆设立分支机构，并开展“更有特色”的信贷支持，如适当下放贷款审批权限、对金融机构符合条件的贷款给予综合费用补贴、扩大信用保险补贴范围等。

在产业政策方面，中央将适当放宽在新疆具备资源优势、在本地区和周边地区有市场需求行业的准入限制。同时，国家将在新疆建设一大批铁路、公路和机场项目，基础设施的进一步完善都将拉动相关产业来疆投资。

据新疆有关部门介绍，新疆2010年规划出台在即，疆内重点工程将密集开工。“很快，整个新疆就会成为一个沸腾的大工地。”这是近日人们在新疆，不止一次听到的话。要实现中央提出到2020年新疆实现全面小康，到2015年新疆地区人均生产总值达到全国平均水平的目标，近年新疆的经济发展必须力争达到两位数的增长速度。

新疆国资委、发改委、经贸委等各职能部门迅速做出部署：2010年，新疆继续实施一大批水利、交通、能源、生态等项目设施建设。2010年新疆固定资产投资将达到3 000亿元，增速达到25%，其中重点项目200项，30个新开工建设项目，计划完成投资1 200亿元。

在陆续开工的重点项目中，人们可以看到新疆今年积极争取将21座水库纳入国家规划：完成塔河流域近期综合治理工程，建成下坂地水利枢纽、叶河中游渠首工程和伊犁河南岸干渠、喀克水利枢纽以及中葛根、铜场水库等一批山区控制性水利工程。开工建设克孜加尔等重大水利枢纽工程和白杨河、努尔加河等一批中型水库建设。投资逾千亿元。横亘于我国西北甘肃、青海、新疆三省区的兰新铁路第二双线已于去年11月奠基开工。对同样已开工建设的喀和铁路、吐库二线、哈罗、库额等铁路，新疆政府要求一定要加快工程进度，确保按期完成投资建设任务。今年，新疆铁路还要建成喀什—和田、乌准铁路五彩湾—将军庙段；开工建设福海—富蕴、哈密—将军庙、哈密—额济纳铁路。力争早日开工建设中吉乌、库尔勒—格尔木—成都等铁路项目。围绕进一步扩大交通建设规模，完善交通运输网络，2010年，新疆公路交通计划完成投资150亿元，其中74亿元用于高速公路建设。具体项目包括要建成赛里木湖—果子沟口高速公路，国道217线独山子—乔尔玛—那拉提—库加力，国道315线民丰—于田、乌恰—吐尔尕特口岸，省道205线博乐—精河县五台镇岔口、布尔津—白碱滩二期改建等项目；争取开工建设星星峡—吐鲁番、库车—阿克苏、明水（甘新界）—哈

密高速公路；进一步改善农牧区交通出行条件；继续推进喀什—伊尔克什坦、克拉玛依—乌尔禾高速公路等项目前期工作。民航方面，新疆加快吐鲁番机场、库车机场的迁建，伊宁机场的改扩建和博乐机场建设，力争年内投入使用。同时加快推进富蕴、塔中、且末机场的前期工作。

据了解，铁路方面，国家拟规划尽快建成兰新第二双线等9个在建铁路项目，早日开工建设库尔勒至格尔木等铁路项目。同时，还将积极推进库车至拜城等一批铁路项目的前期工作。此外，国家还拟规划积极推进中吉乌铁路前期工作，同时准备适时开展中巴铁路规划研究。目标是到2020年，新疆将构建出“四纵四横”的铁路主骨架，形成新疆对外运输的四大通道和6个口岸站。公路方面，也有一大批项目将开建。国家拟规划加快奎屯至克拉玛依、星星峡至吐鲁番等规划内的高速铁路建设。目标是到2020年，基本建成新疆国家高速公路和连接重要经济节点的高速公路，国家一类口岸的公路要达到二级及以上标准。机场方面，国家拟规划加快改扩建乌鲁木齐、和田、库尔勒机场等项目，同时还将迁建和新建几个机场。目前新疆在建铁路11条，并有多条铁路干线即将开建。如投资1 400多亿元的兰新铁路第二双线已经开工建设，将终结新疆没有高速铁路的历史。

对于新疆房地产市场，2009年很多审批的工程，今年春季已集中开工建设。而一大批民生工程：35万户抗震安居房，2万户游牧民定居，8.5万套廉租房，7万套城市棚户区、国有工矿棚户区住房改造，还有学校和部分医院的抗震防灾工程，以及一大批煤矿、煤电、高等级电网和煤化工项目均已开工建设。

三、在新疆跨越式发展中建材及水泥是先行产业和支柱产业

除了密集开工的重点工程外，全国19个对口援疆省市的新一轮建设将把重点放在城镇化建设和重点集中在保障与改善民生上。大强度的房屋建设将在新疆遍地“开花”。最初的项目主要集中在抗震安居房建设、棚户区改造、医院和学校建设等方面。特别是遭受去冬今春暴雪寒潮、融雪型山洪灾害的新疆北部地区，多省援助项目更多关注灾后住房重建。

据新疆建材行业办公室介绍，新疆水泥工业“十一五”以来得到了快速发展，4年来建成投产的新型干法水泥生产线达17条，形成新型干法水泥生产能力1 126万吨，其中2009年建成投产的新型干法水泥生产线6条，形成新型干法水泥生产能力420万吨。目前，新疆有水泥生产能力2 590万吨，新型干法水泥产能占总产能比重63%，比“十五”末提高了35个百分点，水泥供应能力大幅提高，但由于需求增量大，使用集中，区域间工程集中度有差异，需求量不一致，特种、低碱、高强度水泥新增量大，预计2010年水泥供应任务依然比较重，仍有可能出现区域上、时间上、品种上的供应紧张现象。

2007、2008年受投资和出口的拉动，水泥需求量快速增长，虽然水泥企业开足马力生产，加大冬存水泥熟料，以备旺季水泥需求。但是由于供需预知信息不够清，企业生产与需求衔接不顺，在工程施工旺季曾出现部分区域在时间、品种上水泥供应紧张的现象。自治区领导曾亲自协调过水泥供需事宜。2009年新疆水泥需求量超过2 000万吨，新增用量350万吨，同比增速超过20%，增速创28年来新高，水泥需求的旺季水泥产销量增长超过45%，特种水泥、低碱水泥、高强度水泥需求量增长最为明显。在水泥需求量猛增情况下，供需总体平衡，没有出现供应紧张的局面。2010年自治区计划完成全社会固定资产投资同比增长25%，其中安排重点项目200个，30个新开工建设项目。按照全社会固定资产投资和水泥需求的关系和2009年投资惯性对水泥需求量的拉动测算，预计2010年新疆水泥需求量仍将保持20%以上的增长，新增水泥需求量将达500万吨。2010年期初新疆水泥产能2 590万吨，利用率为96.5%，从理论上计算，水泥供应有缺口。但2010年新疆预计有10条水泥生产线投产，将增加水泥供应能力800万吨，扣除淘汰落后产能，可新增产能700多万吨，但大多是在年中和下半年投产。由于不同区域新增工程量和投产生产线不同，水泥生产线区域间发展不平衡，新增水泥生产线能力发挥存在一定的滞后性，水泥供应仍然可能出现区域上、时间上、品种上的供应紧张局面，但总供给量基本平衡。

新疆基础设施建设反映出的特点是量大、面广、重点工程开工密集、对材料的要求高，特别是对特种水泥、低碱水泥、高强度水泥等需求量大。2009年是新疆建材项目建设最多、投入最大的一年，仅2009年全疆水泥需求量超过2 000万吨，同比增速超过20%，增速创28年来的新高。今年新疆还将继续实施一大批水利、交通、能源、生态等项目设施建设。从国家的战略布局，经济政策环境、新疆的区情、目前的工程建设量看，新疆水泥需求量还将继续保持高速增长，预计2010年水泥的需求量将保持20%以上的增长，新增水泥用量500万吨。

人们坚信，新疆又一轮大规模基建投资高潮，将强劲带动建筑建材及水泥的需求。在新疆以水泥为主业的公司中，“天山股份”、“青松建化”、“南岗水泥”、“新疆天业”四家企业的水泥产能占到了新疆总产能的80%以上，水泥生产的集中度在全国处于先进水平。

新疆水泥龙头企业“天山股份”近3年的平均净利润增幅达到101%。从2006年开始步入新一轮增长的“天山股份”，2009年水泥销售量已超过1 200万吨左右，2010年会突破1 300万吨。

2010年5月，“天山股份”定向增发成功完成。增发实施的7个项目达产后，公司预计新增产能年均实现销售收入9.84亿元。“天山股份”表示，将紧紧抓住新疆经济重要的发展机遇期，争取续建项目早日竣工投产，早日达标达产，在发展新疆经济的同时，壮大自己。地处新疆南疆的“青松建

化”亦有着明显的区域优势。2006～2009年，“青松建化”盈利水平年均增速达到79%。同时，“青松”投资项目全面推进，发展后劲得以增强：与中石油、中石化的合作，为公司提供了相对稳定的油井水泥市场；随着南疆新改扩建的铁路、公路、机场等交通设施项目，以及南疆地州水利水电枢纽工程等项目的开工建设，都将为公司带来新的市场机遇。

新疆最大的商品混凝土生产企业“西部建设”近3年来业绩保持着稳定增长，“西部建设”表示，公司会抓住机遇，做大做强，在加快募集资金项目建设的同时，将适当地向上游原材料及下游房地产开发方面延伸。2010年，“西部建设”的经营目标是：实现营业收入10亿元，实现利润总额1亿元。

5月15日，领跑新疆水泥业的新疆天山水泥股份有限公司发布公告，2009年“天山股份”取得了历史上的最好业绩，实现销售收入41亿元，利润总额4.8亿元。据了解，2009年是“天山股份”运营总量增长水平最高的一年，也是实施新建、改造项目最多、最大的一年。预计到2010年年底，该公司将有10个项目建成投产（其中含3个纯低温余热发电项目）。项目投产后，“天山股份”的总体规模将有较大的提高。

新疆跨越式发展的历史性帷幕已经隆重拉开，作为先行产业、支柱产业、基础产业的新疆建材及水泥产业必将抓住机遇，成为这次巨大市场商机中的弄潮儿。

政策与对策的较力

Wrestling of policy with countermeasure

——透视“新政”下的云南水泥产业样本

摘自2010年7期《中国水泥》杂志

为树立科学发展观，转变发展方式，走新型工业化道路，2009年9月26日，国务院转发中央10部门《关于抑制部分行业产能过剩和重复建设，引导产业健康发展的若干意见》（国发[2009]38号），从产业导向、市场准入、环境监管、土地供给、金融政策、项目审批、问责制度、体制改革等方方面面，对抑制包括水泥在内的产能过剩和重复建设，促进产业健康发展提出了明确具体的政策措施。随后，中央政府连续出台一系列抑制产能过剩、淘汰落后、节能减排的政策，引导产业转变发展方式，实施可持续发展。

产业“新政”一出，水泥行业上下多少人为之欢欣，为之鼓舞，对水泥工业发展步入科学、有序、理性、健康的发展充满了信心与期待。然而，“新政”实施几近一年，各地落实“新政”情况不一，效果不尽人意。记者最近在云南省做了一番走访调研，云南不少地方在发展经济、招商引资、建设西南开放桥头堡的旗号下，中央的政策被变通或变更，长官意志我行我素，地方政府旨在完成经济发展和招商引资指标助推新上水泥项目，水泥企业和投资商欲还扩大产能……极大地化解了中央政策的威力。透视云南各个层面执行产业“新政“的具体情况，不失为极具代表性的典型样本——

看现象——中央产业新政遭遇变通

2009年9月30日前，云南已核准但尚未建成投产的新型干法水泥项目达42项之多。其中，尚有10余个项目未开工建设。38号文件明确规定，严格控制新增水泥产能，执行等量淘汰落后产能的原则，对2009年9月30日前尚未开工水泥项目一律暂停建设并进行一次认真清理，对不符合上述原则的项目严禁开工建设。对此，业内反响种种不一。建成投产的希望未建项目一律禁止，今后三年不再新批项目，以减轻竞争压力。急于上项目的盼望政策因地而异，网开一面。已核准未开工的业主们更是一阵紧张一阵忙碌，八仙过海使出各种招数，虚构早已开工的假象假景，想以此蒙混各级主管部门的清理审核。经过较长时间的忐忑和等待，省级投资主管部门最终决定，为促进地方经济发展，对所有核准过的水泥项目一律保留，对尚未开工建设的项目不再清理，以免折腾。好一个发展经济，以免折腾，无非是相关部门站在各自的立场，为了各自的利益，不愿按照中央的规定，花费时间和精力进行认真清理罢了。“涉案”的业主们是长舒了一口气，但中央政策被变更变通的现实，无疑在社会、企业和投资商面前，再一次佐证了上有政策下有对策的说法，佐证了政策具有因地而异，网开一面的灵活性。

探究竟——长官意志也是产能过剩的根源

云南水泥工业经过数十年的发展，特别是“十一五“以来，通过不断优化产业结构，大力淘汰落后产能，新型工业化取得了明显成效。至2009年底，全省建成投产日产1 000吨以上的新型干法水泥生产线68条，新型干法水泥生产能力占全省水泥生产能力的71.84%，处于西部领先地位，提前一年实现国家产业政策规定到2010年新型干法水泥比重达到

70%以上的发展目标。2010年,在淘汰落后熟料产能870万吨的同时,预计新增新型干法水泥熟料生产能力不少于1 200万吨,新型干法水泥产能将提高到89%以上。尽管先进生产力得到快速发展,产能利用率却一直在中低位徘徊。以"十一五"期间为例,2006年为53.3%,2007年为53.85%,2008年为57.25%,2009年为63.3%,四年平均产能利用率仅为57.8%,即使以2009年数据为参照,明显的产能过剩也是不争的事实。

无可否认,云南地处边疆,山区半山区占全省国土面积的94%,地区之间、民族之间发展不平衡,差异性较大。有关部门本着实事求是的态度,准确客观地核定了云南水泥现有产能及认真分析了云南水泥工业现状后,得出的结论为:水泥总量明显过剩,边疆局部尚有不足。在核准水泥项目时必须树立全省"一盘棋"的思想,统筹兼顾,科学决策。而多年来,省级主管水泥投资项目审批的一些官员坚守西部特殊,边疆落后的惯性思维,一再核准小项目。对批大建小的行为监管缺失,放任自流。"新政"出台后,有的官员仍在不同场合甚至在产能严重过剩地区公开表态,云南的水泥还不够用,还有增长空间。这种于中央政策而不顾,于本省行情而不管,不作认真的调查分析,不作周密的科学测算,凭长官意志我行我素的言行,分明就是在暗示政府支持和鼓励新上项目,引起了企业和投资商思想和认识上的混乱,煽燃其投资的激情。就在"新政"实施前后,全省各地上报到省里的新上或技改项目竟然多达数十个,而没有任何一个项目符合等量淘汰落后产能的要求。省级投资主管部门为保护地方积极性,经过平衡,同意其中的38个项目开展前期工作,为上报中央审批打下基础。与"新政"关于严格项目审批管理,原则上不再批准扩大产能的项目的规定背道而驰。

追动机——地方政府"政绩观"在推波助澜

近年来,云南省在大力推进建设面向西南开放桥头堡的进程中,各级地方政府都把扩大对外开放,大力招商引资作为重要突破口,不少地方还将水泥项目列为投资重点,政府部门不遗余力加以推介,并把招商引资成果作为考核政绩的硬指标。奥运之年,昆明市政府主要领导发出指令,要用三年时间,将所辖宜良县打造成年产2 000万吨水泥的建材大县。并责成有关部门赶制了专项规划,制定了优惠政策,加快了工业园区建设。这种不顾资源、能源和市场配置条件,凭主观臆想,靠行政手段,以招商引资为由,强力推进水泥项目投资建设的独断专行,被业内人士称之为"伟大壮举"。2009年始,云南省政府将水泥项目审批放权给昆明市,昆明市又将审批权限直接下放到所辖各县区。以宜良县为例,该县是一个人口不足45万的农业县。2008年以前,已有两条新型干法水泥生产线投产运行,且周边县市已布有多条新型干法生产线。市场竞争已经相当激励。然而,市领导仍然坚持要在现有水泥产能的基础上再新增1 850万吨。虽然明白人都知道这种做法严重违背科学发展规律,也是一个难以企及的目标,但在不换思想就换人的高压下,只得唯心地到处招商引资,竭力促成投资项目。虽然也吸引来了东部投资者,但与既定目标还是相距甚远。

产业"新政"实施后,各级地方政府曾经拥有的水泥项目审批权自然自行废止了,但是,一些地方政府有意回避和淡化产业"新政"的相关规定,继续为水泥项目招商引资,支持现有企业上二线、上三线,或搞异地扩张。打开各地的政府网站,不少地方的水泥项目招商赫然在列,并罗列了一系列优惠待遇。在6月上旬举办的第15届昆明出口商品交易会上,一些地方政府的招商引资目录中,依然列有水泥投资项目。有的是原来核准过但因各种原因迟迟未开工的项目急于寻觅国内外投资者;有的是省里已同意开展前期工作的项目招揽合作伙伴;更有的是尚在构想中的项目吸引意向者前往考察洽谈。

问焦点——水泥投资热情为何一如既往

尽管云南的水泥产能总量已经明显过剩,尽管产业"新政"红灯高悬,在政策可以变更变通,长官意志大行其道,政府部门支持鼓励的作用力下,不少欲扩大产能的水泥企业主和投资商依旧对云南水泥市场前景满怀憧憬。

不少投产多年的新型干法企业,有的自恃占据良好的区位优势,辐射能力强;有的认为具有明显的品牌效应,颇具竞争力;有的瞄准即将开工建设的国家重点工程;有的担心日后在整合中被兼并重组,不约而同都把扩大产能,再上新线作为企业发展的重要战略。还有的以推进节能减排,消纳工业废弃物为由立项。在省级投资主管部门同意开展前期准备工作的38个项目中,就有16个项目的业主系现有的新型干法企业,16个项目的业主系立窑企业。一些未被列进名单的企业,仍在想方设法全力游说政府,疏通各种关系,寻求突破口。

一些外来投资商考察后认为,云南地理位置特殊,交通闭塞,多年来形成的产业布局、市场环境、消费习惯,使得本省的水泥出不去,外省的水泥进不来,形成了较为封闭的自给自足的市场格局。特别是云南在国家政策支持下,积极推进桥头堡建设,水泥需求量在"十二五"及相当一段时期内将有增无减,只要投资布点合理,就一定能够偏安一隅取得发展。为此,有的收购了已核准但迟迟未开工的项目;有的与核准过的项目业主进行合作;还有的跃跃欲试准备大干一场。部分企业认为,既然"新政"只是规定原则上不再批准扩大产能的项目,并未限制粉磨站上马,不妨先期建设粉磨站,等风头过后,再配套建成全能生产线。有的正在秣马厉兵,有的已经付诸行动。

求良策——各方人士建言献策

云南不同层面贯彻执行产业"新政"的种种所为以及产生的效果,引起了行业内外越来越多的关注和反响。

主管部门认为,虽然"新政"出台多时,但由于相关配套政策及法规滞后，给具体操作带来一定难度。

水泥企业坦言，“新政”的规定仍然挡不住高涨的投资热情，再不严管，今后水泥市场的恶性竞争在所难免。有的甚至预言：浙江的昨日，就是云南的明天。投资商抱怨，政府主管部门同意如此多的项目开展前期工作的认定依据和标准何在？这样的做法缺乏透明公开，违背了打造阳光政府的承诺。

业内专家担忧，相比地方政府对经济发展和招商引资硬指标实行的问责制度，“新政”所指的问责对地方政府根本不起任何作用。

为了有效制止产业“新政”执行过程中随意变通变更中央政策的我行我素，制止地方政府为了经济利益以各种方式继续支持鼓励新上水泥项目；制止水泥企业和投资商以各种借口行扩大产能之实等种种违规行为，引导水泥企业和投资商的市场行为遵循科学发展规律，符合云南实际，关心云南水泥工业发展的各方人士纷纷建言：

一、完善配套政策

吁请国务院和有关部门尽快出台与产业“新政”配套的专项政策和法规，对有关产业政策中诸如新上水泥项目是否包含粉磨站，问责制度具体由哪一级、哪个部门负责实施等作出明晰的界定。

二、强化政府职责

凡省级投资主管部门同意上报国家发改委审批的项目，须先报请省政府主管工业和投资的领导审查，签署审核意见，以强化省政府对造成或加剧产能过剩以及重复建设失职行为的监管和问责力度；强化投资主管部门服务科学发展的责任意识、执行意识和岗位意识，在项目审核中，真正做到讲法制、重约束，确保执行国家产业政策不变形，不走样。

三、加大监管力度

鉴于地方主管部门已不能有效控制产能膨胀的趋势，建议国务院有关部门派出督查组深入云南各地，对贯彻执行产业“新政”的情况进行明查暗访，排除各种干扰，坚决纠正执行产业政策中变形走样的各种违规行为和混乱现象，防止重复建设和产能扩张造成的投资失误和资源浪费。

四、严格审批制度

对上报国家发改委审批的新上项目在组织论证时，一定要进行实地考察，必要时召开听证会广泛听取各方意见和诉求，根据产能局部不足地区的实际情况和边疆经济发展的需要，认真把关，科学评估，审慎决策。严防“领导项目”、“人情项目”和“腐败项目”上马，确保新批项目在控制总量，等量淘汰的原则下，既满足边疆经济建设需要，又符合国家产业政策要求，切实维护中央政策的权威性和公信度。

云南的水泥产业下一步如何发展，中国的产业如何发展？我们将拭目以待。

调控政策执行中的隐忧

Concealed worry during the implementation of control policy

摘自2010年7期《中国水泥》杂志

《中国水泥》杂志本期刊登了特约记者甄源的一篇报道，反映了云南省水泥行业投资过热的情况。说的是云南，其实折射出各地普遍存在的一种现象。一些地方没有按中央要求，清理本地所有投资项目，违规核准、审批现象有所抬头。一些地方调控政策力度远远低于预期，应引起国务院有关部门和省级政府领导的高度关注。

投资过热是中国经济发展中反复出现的老问题，这些年来，抑制水泥等产业的盲目投资一直是中央政府宏观调控的重要内容。中央政府尽管采取了一系列举措给投资降温，但效果并不显著。借用毛泽东主席当年说过的一句话：“抓而不紧，等于不抓”。

投资过热，是谁惹的祸

2009年，全国水泥行业总投资额高达1 700亿元，同比增幅达到61.75%。今年前4个月，全国水泥行业投资额为428亿元，同比增幅为17%。目前除京沪津没有在建拟建项目外，其他地区在建水泥生产线还有248条，预计新增水泥产能3.5亿吨。由此估算，2010年全国在建项目投资规模将达1 200亿元以上。即便减去今年水泥落后产能淘汰掉的9 155万吨，整个行业产能过剩，不容置疑。投资过热是困扰中国经济的难题，每隔几年就要调控一番。究其原因有以下几点：

一是，无工不富，工业项目上产值最快。地方政府发展首先靠的是“项目经济”、“投资经济”。为了拉动本地GDP增长，为了增加财政收入，为了提升政绩，地方官员总是要通过优先上工业项目，来达到立竿见影之效果。

二是，地方一些官员为了拉动经济，在招商引资中，搞“倾斜”，使水泥投资中成本收益比发生了人为扭曲。夸大当地资源优势和市场需求，突破原来省级的产业规划或发展设想，不顾资源和环境负担，有的地方把石灰石矿山“一女嫁多郎”。

三是，部分企业被地方政府在土地、税收、金融、基础设施等方面的倾斜优惠所吸引、迷惑，憧憬着未来的市场，盲目做大做强。

柔性变通，皆为局部利

去年9月国务院出台的国发[2009]38号文件，显示出中央遏制投资过热的决心，宏观调控政策，需要各地政府去切实执行。但令人遗憾的是，有些地方在执行中央政策上打了折扣，甚至变通把待建的项目都全部越权核准了，这显然不利于遏制投资过热目标的实现。

“硬政策，软着陆”的局面令人尴尬，有人戏言为“薯条效应”，即政策刚出炉时一样又脆又硬，然而，放久便会又软又松。部分地方政府在执行中央政策上如此表现，说到底是因为自身与项目投资市场有着诸多的关联利益，严格执行中央调控政策，会损失地方政府的实际利益。投资过热的调控要想取得实效，必要破除地方政府侥幸心理，通过建立问责制，严厉追究那些违法审批项目的地方官员责任。这样才能改变地方政府刚性不足、柔性有余变通政策的现象。

对一项中央刚刚出台的产业新政，首先应当不折不扣地严格执行下去，如果在执行过程中发现须要完善则可以适时完善。无论如何，不能尚未执行就先行变通，这样将势必毁损政策的严肃性和政府公信力。

宏观调控，要用新思维

破解水泥行业发展过程中投资过热、产能过剩的矛盾和问题，根本途径在于加快经济发展，转变增长方式。但转变增长方式讲起来很简单，做起来并不容易。首先，要改变传统的调控模式，避免出现“一抓就死，一放就乱”的恶性循环，遏制投资过热，不能仅靠收回审批权的单一政策。调控手段也不能只是土地、资金、环保等项目的审批把关。要标本兼治，要进一步深化财税体制改革，改革地方领导GDP政绩考核制度，从根本上解决地方政府在项目投资上的冲动与盲动。其次，出台调控政策之前，要做深入细致的调查研究，由于各地经济发展不平衡，调控政策要区别对待，不能搞一刀切。政策不仅有原则性的条款，还要有具体的配套措施和可操作的实施细则。要保证政令畅通，令行禁止，维护中央政策的权威性。再次，紧紧抓住“淘汰落后、节能减排，重组联合、提高产业集中度”几大措施；转变增长方式，深入推进行业的结构调整。资本市场期待已久、即将面世的、新的《水泥工业产业政策》和《市场准入办法》将是引领水泥行业健康发展的纲领性文件。

借助资本之翼实现“金隅”腾飞

Realize the soaring of “Jinyu” with the wings of capital

——写在金隅股份成功上市一周年之际

摘自2010年7月29日《中国建材报》

“今天，标志着‘金隅’这家具有50多年发展历史的大型国有企业集团迈入国际资本市场，跨入国际公众化公司行列，掀开新的历史发展篇章。几代‘金隅’人的不懈努力和追求终于在这一刻夙愿成真！”这是“金隅股份”董事长蒋卫平在2009年7月29日香港联交所交易大厅举行的“金隅股份”H股上市仪式上满怀激情的宣言。今天，重温这句话，每一个“金隅”人的思绪都回到了去年今天那个激动人心的辉煌时刻。

“金隅股份”正式登陆国际资本市场

北京金隅股份有限公司H股在香港联交所成功上市，标志着“金隅股份”正式登陆国际资本市场，实现了由传统国有企业向国际化公众公司的成功飞跃，完成了从产品市场向资本市场的历史性跨越。“金隅”从此开启了发展的新纪元！

2009年7月，“金隅股份”以全球发行10.73亿股（含超额配股权）、融资总额68.46亿港元、国际配售部分超额认购达235倍、香港公开发售部分超额认购达775倍的骄人业绩成功发行H股并上市，受到了投资者的热烈追捧。“金隅股份”获得了香港资本市场上的多项殊荣，成为自2008年9月金融危机爆发后全球第一个H股发行上市项目和中国国有企业海外首次公开发行项目，也是金融危机之后首个成功引入基础投资者的香港IPO项目；香港公开发行冻结资金4 660亿港元，成为香港联交所历史上冻结资金第二多的IPO项目；同时，也是最大的地方国有企业境外发行上市项目和国内同行业中最大的IPO项目。上市当日，“金隅股份”H股报收9.97港元，收涨56%，成交金额超过76亿港元，并在上市后抓住股价上涨、交易活跃、需求旺盛的有利时机，成功行使超额配售选择权1.39亿股。“金隅股份”以近乎完美的表现首次亮相国际资本市场，充分体现了公司优良的经营质量、投资价值和市场形象，大大提升了“金隅”的影响力和竞争力。

H股上市实现了“金隅股份”从国有企业到资本市场直接融资的革命性跨越，不仅为企业聚集了更加雄厚的发展资本，开创了更加广阔的发展空间，奠定了更加坚实的发展基础，也为“金隅”跨越式发展搭建起良好的资本平台，开拓出持续的融资渠道，掀开了以产业资本与金融资本有效融合为依托、加快做强做大做优的新篇章；不仅充分展示了国有企业卓越的经营能力，突出的盈利能力和强劲的发展能力，提升了北京大型国有企业在香港乃至国际资本市场的影响力，也进一步实现了国有资本的证券化、市场化和价值最大化。

今天，站在国际资本市场的舞台上，“金隅股份”那令人难忘的上市之路历历在目。“金隅”人历经22个月的不懈努力，克服国际金融危机蔓延、全球股市振荡、内地新股发行停滞等重重困难，最终取得上市成功的历史性突破。“金隅股份”成功上市，得益于北京市委、市政府和市国资委等政府部门和社会各界的支持、鼓励，得益于“金隅”50年来的励精图治、厚积薄发和奋发图强，得益于作为综合性产业集团，“金隅”独具特色的产业链优势、雄厚的发展实力和强大的增长潜力，更得益于几代“金隅”人艰苦创业的不懈付出、历届领导团队锐意进取的智慧与精神。同时，“金隅股份”的成功上市离不开各级领导、各相关企业的大力支持与通力配合，也离不开上市工作团队全体人员22个月的日夜兼程和奋力拼搏。艰辛而又光辉的上市历程，充分凝聚和诠释了“金隅”人与生俱来而又与时俱进的“特别能吃苦、特别能奉献、特别有激情、特别有思路、特别能融合、特别有追求、特别能理解、特别能实干”的人文精神。

经营业绩持续攀升，金隅股份交出精彩答卷

“金隅股份”凭借以水泥、新型建筑材料、房地产开发和物业投资及管理为核心的纵向一体化产业链，成功抓住国家4万亿元投资和住房结构调整的发展契机，在上市后第一年里交出了一份精彩的答卷：2009年，营业收入人民币117亿元，首次突破百亿元大关，同比增长36.8%；毛利人民币32.6亿元，同比增长54.3%；净利润人民币21.2亿元，同比增长52.6%；归属于公司股东的净利润人民币20.4亿元，同比增长54.1%。水泥板块继续以京津冀为中心，稳健推进周边区域产业布局的“大十字”战略，同时进军河南、山西、吉林等市场；新型建筑材料板块继续推进“园区化”的发展模式，发挥产业集群效应；房地产开发板块通过产品和土地储备“两个结构”调整，做到“好水快流”，加快资金回笼；物业投资及管理板块强化品牌效应，逐步增加一线城市优质物业的持有面积。

“金隅股份”2009年成功入选MSCI和香港恒生指数成分股，通过其良好的经营业绩和发展前景，受到香港资本市场的青睐。公司股票日均交易额逐步提升，交易活跃，重点机构投资者持股比例增加。自国家4月12日发布房地产调控政策以来，在境内外资本普遍低迷的情况下，“金隅股份”股价逆势上涨近20%。公司市值位列国内建材行业前两位，成为2009年香港资本市场表现最为优异的新股之一。“金隅股份”的投资价值及在国际资本市场的影响力和形象不断提升。

大力实施整合重组，加快上市资源整合注入

H股上市1年来，“金隅股份”在实现产业规模和经营业绩持续、快速增长的同时，并没有停止战略性资本运营步伐，充分利用公司的上市平台、产业整合平台和资本运营平台，积极推进整体上市和A股回购，取得了重大阶段性成果。

“金隅股份”境外上市后，为充分利用上市公司的有利平台，进一步整合集团范围内的上市资源和优势产业，完善上市公司的产业链和业务结构，促进上市公司不断做强做大做优，确立了集团优质资产整合注入上市公司、加快集团国有资产整体上市的运作思路。

自2009年下半年开始，“金隅股份”对水泥及预拌混凝土、新型建材制造、房地产开发、物业投资与管理四大产业板块近60户企业实施了大力度的整合重组，既涉及资产重新配置、人员交流调配等横向重组，也涉及管理层级压缩、劣势企业退出等纵向调整，尽管调整力度大，但规划和实施过程井然有序，初步达到预期成效。在此基础上，“金隅”先后将集团所属22家企业和3项实物资产等经营性资产注入“金隅股份”。

通过集团优质资产的整体注入，上市公司的产业链和业务结构得到进一步完善。“金隅股份”作为集团国有资产运营主体、产业发展主体、直接融资主体和市场竞争主体，产权结构将更加清晰、合理，公司治理将更趋规范、高效，资产质量和核心竞争力将显著提升，经营优势和发展地位进一步突出。

维护各方股东利益，搭建A+H股上市平台

“金隅股份”H股上市后，为妥善解决与金隅集团旗下所属A股上市公司“太行水泥”的同业竞争问题，同时，如期履行H股上市时作出的“12个月内完成水泥资产整合方案并进入申报程序”的承诺，公司抓住“太行水泥”重组机遇和具备的成熟条件，周密部署、果断决策，于4月2日对“太行水泥”实施重大重组股票停牌，将“太行”股价锁定在公司预定的目标范围内，由此正式启动“金隅股份”回归A股工作。在当时严峻市场环境下，“太行水泥”停牌时机的选择充分体现了公司主要领导对资本市场的判断力和决策的魄力。“太行水泥”适时果断停牌，为后期项目有条不紊地开展创造了良好的前提条件。

为切实维护“太行水泥”中小股东利益、同时兼顾“金隅股份”的长远发展及有关整体上市的政策导向，经过细致的研究和论证，“金隅股份”最终确定了发行A股换股吸收合并“太行水泥”的方式，以彻底解决目前面临的同业竞争、治理架构、决策机制、长远发展利益等问题，兼顾公司和股东的

长期和短期利益，为投资者带来更优及长远的回报。本次方案的最大亮点是对"太行水泥"股东提供二次现金选择权，最大程度地保护了"太行水泥"股东的利益，而大股东金隅集团和信达集团担任现金选择权提供方，充分体现了对公司未来发展的信心，为"金隅股份"和"太行水泥"股东对方案最终审核通过提供信心支撑。

"太行水泥"停牌后，在公司领导的科学决策和正确领导下，在各企业和总部各部门的通力配合下，项目团队经过了4个月的不懈努力，高质量地完成了第一、二次董事会阶段的全部工作，先后完成并正式公告了"金隅股份"换股吸收合并"太行水泥"预案说明书和报告书，受到了市场的肯定。"太行水泥"股价企稳回升，"金隅股份"股价比同行业可比公司增长20%~30%，更加印证了市场对"太行水泥"资产整合方案的充分认可。目前，相关政府机构及境外监管机构审批、"金隅股份"和"太行水泥"股东大会、投资者关系管理等重点工作正按照工作计划目标全力推进。

通过换股吸收合并"太行水泥"这一创新方式实现回归A股，必将成为继H股上市后"金隅股份"发展史上又一具有里程碑意义的重大事件。从短期来看，公司通过换股吸收合并"太行水泥"，切实履行整合旗下水泥资产的相关承诺，解决了与"太行水泥"之间的同业竞争，树立了公司良好的资本市场形象，使"太行水泥"这一遗留问题转化为A股上市的切入点和突破口，最大限度地实现了"太行水泥"A股投资者与"金隅股份"H股投资者、国有股东及其他股东的利益共赢，得到了境内外投资者的普遍欢迎和支持，也获得了相关监管部门的初步认可；从长期来看，回归A股后，"金隅股份"拥有国内、国际两个融资平台，形成A+H股上市模式，不断提升公司的融资效率、融资规模和可持续融资能力，为公司快速健康发展提供持续稳定的资本支持。

站在历史新起点，规划"金隅"新蓝图。在"金隅""十二五"发展规划中，公司确立了"三个翻番带动一个翻番"战略目标。依托于境内外两个资本市场，"金隅"人将更加努力，为创"金隅"百年基业、打造一流的大型产业集团和国际化公众公司，再创新的辉煌！

激活行业景气，水泥淘汰落后幅度超预期

Activate industrial boom, the extent of eliminating backward cement exceeds expectation

摘自2010年8月23日《中国工业报》

8月8日，中国工业和信息化部公布18个工业行业淘汰落后产能企业名单，这些企业的落后产能必须在今年9月底前关闭。18个工业行业2010年淘汰落后产能共涉及企业2 087家，其中水泥行业涉及28个省份的762家企业，合计落后产能1.07亿吨，占总产能的5%左右。

淘汰幅度超预期

业内人士指出，此次工信部公告各行业淘汰落后产能企业名单和产能，大都在市场人士的预期之中。该公告是对《国务院关于进一步加强淘汰落后产能工作的通知》、《国务院关于进一步加大工作力度确保实现"十一五"节能减排目标的通知》和《关于下达2010年工业行业淘汰落后产能目标任务的通知》的政策延续。由于7月底各省市已将2010年工业行业淘汰落后产能目标任务分解落实到企业，此次工信部将淘汰落后产能企业名单予以公告，其目的是为了确保列入名单企业的落后产能在2010年9月底前关停。

但长江证券研究员刘元瑞指出，8月8日工信部公布了淘汰落后产能企业名单，涉及水泥企业762个，产能总计达10 728万吨，相对于5月27日的全国工业系统淘汰落后产能工作会议制定的淘汰任务9 155万吨有17%的增幅。而5月5日《关于进一步加大工作力度确保实现"十一五"节能减排目标的通知》仅要求5 000万吨，淘汰幅度超预期。

政策执行力度加大

实际上，在此次加大淘汰落后政策之前的8月3日，国家统计局、发改委、国家能源局发布公报显示，2010年上半年单位GDP能耗同比上升0.09%。而要完成"十一五"节能减排任务，2010年单位GDP能耗同比2009年需要降低5.2%，这意味着今年下半年节能减排任务加大。

而从各地的情况来看，节能减排政策已经有加力的趋势。浙江省已要求高耗电企业避开高峰期用电，计划从7月21~29日以及8月21~29日进行两次拉闸限电，暂时对粉磨站执行限时停电措施，每晚停8个小时。业内人士认为，在下半年节能减排任务加重的背景下淘汰落后产能，至少短期内的执行力度会比较大。

山西证券分析师赵红认为，虽然此次公布9月底前需要淘汰的落后产能近1.07亿吨，超出5月公布的9 155万吨的规模近17%，但其中包含了部分已停产关闭的产能、落后粉磨站等，因此最终的实际淘汰量会小于计划值。然而，抛开量的差异，人们可以看到的是监管部门水泥落后产能淘汰的决心。

赵红认为，从长远来看，这有利于水泥市场的健康发展。

部分区域市场先受益

据统计，除西藏、上海和四川外，其余 28 个省市均有企业落后产能淘汰，淘汰产能超过 500 万吨的有河北、河南、山西、云南、浙江、辽宁、陕西、广东省，河北淘汰落后产能更是达到 1 314 万吨。

公示名单中涉及的企业家数和淘汰落后产能数量，由高向低排列依次为华北、西南、华东、东北、东南、中南和西北，9 月底前需淘汰的落后产能总量依次为 3 822 万吨、1 733 万吨、1 637 万吨、1 060 万吨、1 045 万吨、787 万吨和 643 万吨。其中，华北区的河北、山西、河南省淘汰落后产能均在 800 万吨以上，西南区的云南省淘汰落后产能将近 800 万吨。

比较各省市 2009、2010 年淘汰落后的计划，可以看到此次政策出台，"冀东"、"祁连山"、"太行"、"亚泰"、"塔牌"、"华新"所在地区相对于去年淘汰增速最大。

由于水泥地区的差异性明显，因此落后产能淘汰的受益程度有很大不同。其中，最为受益的以及水泥市场基本情况较好的应是青海、河北、山西、陕西等地的水泥市场。

光大证券分析师陈浩武指出，经过统计汇总各省份公示淘汰产能、2009 年水泥产量和新型干法产能等各项数据后，分析得出青海、山西、北京、海南、云南、河北、陕西、辽宁、黑龙江、贵州，淘汰冲击动能（= 淘汰/2009 年产量）分别为 48%、34%、19%、18%、16%、12%、12%、11%、11%、10%。如按要求的 9 月底前落后产能全部淘汰得到贯彻实施，不排除上述区域行业景气度出现井喷行情。

行业景气度将提升

陈浩武认为，全行业角度，2010 年 9 月底前落后产能淘汰企业家数涉及 762 家，合计落后产能 1.073 亿吨，淘汰冲击动能 6.6%。虽冲击动能指标绝对占比不高，但注意到淘汰进度的执行是短时期内必须完成的，而产品需求的增长仍在持续，产业集中度不断提高，全行业角度落后产能淘汰政策年内如能得到贯彻落实，将明显提高行业景气程度。

此次工信部公告各行业淘汰落后产能企业名单和产能在市场预期之中，后期主要关注各省市落后产能淘汰的执行力度和效果上。陈浩武认为，通过明确落后产能关停的确切时间，一方面，断绝各地政府因各自利益诉求而拖延执行的后退之道；另一方面，短时间内供给端迅速减少 1 亿吨，部分区域（青海、山西、北京、海南、云南）不排除因此政策执行出现景气度井喷的格局。同时，新增产能投放对行业的冲击在未来半年里将逐渐呈下降态势，而需求仍将保持一定幅度增长。

中投证券建材行业首席分析师李凡认为，产能供给压力不仅要看淘汰落后产能，关键还要看新增产能。综合分析各省市 2009 年水泥投资产生的新增产能以及本次淘汰的落后产能，他认为今年青海、北京、浙江三省市的水泥产能会有所下降，海南、天津、江苏、河北、云南、山东省市水泥产能增加幅度不大，其余省市仍然有较大的产能供给压力。

另外，从更长期角度看待落后产能淘汰对行业乃至公司的影响，虽此次各省份公示产能淘汰名单中，山东（淘汰 488 万吨，动能冲击 3.5%）、广东（淘汰 538 万吨，动能冲击 5.4%）、江西（淘汰 161 万吨，动能冲击 2.6%）的淘汰力度低于业内的预期，但上述省份的落后产能淘汰的持续能力值得乐观看待，因为淘汰空间仍然巨大！

半生水泥情：专访"亚东水泥"董事长张才雄

Cement passion of half a lifetime: Exclusive interview to Zhang Caixiong, President of "Yadong Cement"

摘自 8 月 27 日中央电视台《财智人物》专访

卷首语：

初次听闻"亚洲水泥"，是在一次与中国大陆的水泥龙头"海螺水泥"的对话中，他们说：我们很在意"亚泥"。

初次对张才雄产生兴趣，是在一次偶然的阅读中，文章最后对张才雄的定论是：领先者的背影，无比巨大。

片花：

他，被人们称为"台湾水泥王"，也是大众眼中的"行业常青树"。从台湾到中国大陆，他倾其一生都奉献给了自己钟爱的事业，漫漫四十六年的无悔之路，支撑他的 是坚持 是责任 还是信仰。敬请收看本期《财智人物》——半生水泥情。

解说：中国是世界上最大的水泥生产国，也是世界水泥消费大国，从 1985 年开始，我国总产量已经连续 18 年保持在世界首位，然而在十九世纪末二十世纪初的几年里，中国水泥行业的从业人员和附近居民却一直遭受着环境高污染的困扰。

解说:2000年,江西瑞昌的码头镇却在不知不觉间悄然冒起了一座水泥厂,而不同于以往的是,这里不仅没有滚滚冒出的黑烟,反而更给当地居民增添了一抹绿意,从此,这家水泥集团在中国中西部开始了它的扩张之旅。然而,一个众人公认的高污染行业为何能绿树成荫,一个被普遍赞同的高投入,回报慢的行业潜规则是怎样被他突破,为它领航的舵手又会是怎样的一个传奇人物呢?

终于,几经辗转,带着一颗一探究竟的好奇心,在一个艳阳高照的夏日,我们来到了亚洲水泥股份有限公司在大陆转投资设立的公司——四川亚东水泥有限公司。

踏进这里的董事长办公室,一位神采奕奕的老人立即向我们迎来,精瘦的个子,干练的眼神,连微笑都显露出他充沛的精力,而他的一口乡音更是让我们觉得分外亲切。说起水泥,谈到投资建厂,老先生好像有说不完的话,用不完的激情。他,就是水泥行业的常青树,享有“台湾水泥王”美誉的张才雄先生。

张才雄(四川“亚东水泥”董事长):做企业,尤其像我这么大年纪做企业,不是为了多少利益,更要紧是对社会的一个贡献,如果你办一个企业,对社会是有害的,那你何必做呢?你的人生就没有意义了。

解说:因为父亲常年在江西萍乡煤矿工作,张才雄也就在那里出生了,一年之后,他随家人回到了家乡汉阳蔡甸。儿时的张才雄对于家乡这个词,其实并没有太深刻的概念,在他的记忆中父亲长期在外工作,到处奔波。

张才雄:因为我父亲在萍乡煤矿工作,所以我们才跟着去的。我在那里出生一年之后,在襁褓中回到武汉。后来大概十多岁,十二岁,我又跟着到我父亲那里,那个时候父亲在湖北大冶煤矿工作,我到那儿去读书,读了一年,那个时候抗战发生了,我就和政府一起撤退到四川。家庭对我来说只有10年,我在家里。就是只有10年。

解说:小的时候,张才雄最盼望的就是一家人围坐在一起吃一顿晚饭,但那时父亲的工作却异常忙碌。虽然不能常常与父亲相处,谈心,但像其它孩子一样,张才雄也深深的崇拜着自己的父亲,也曾默默的下定决心,将来要成为像父亲一样出色的男人。

张才雄:他是工程师,我们工程方面分很多种,他的工程师是在煤矿的机械工程师。不能说受多少影响,但是无形中受了影响也可能。反正我们都是搞工程的,我们一家人都是在搞工程的。那么我搞工程最早也是在煤矿,但是我不是跟我父亲在一起工作。

解说:抗日战争胜利之后,张才雄从重庆回到成都工作。由于台湾花莲港在二次大战时期遭受美军飞机轰炸的原因,港口有些被炸掉的沉船,防波提也受损严重,那个时候,花莲港急于修复,并打捞港口的沉船,于是,在1948年,张才雄在这个机遇之下辗转来到了台湾。

张才雄:我就在港口,港务局,港口工程方面,扩建工程,打捞工程就是做这些工程。不过是当别人的助理,去协助工程师工作的。

解说:二十世纪六十年代初,台湾正经历着一次大转变,由于政府相关政策的扶持,民营企业开始逐渐发展起来,1960年,“亚洲水泥”新竹厂开始了第一套窑的生产,时隔三年,张才雄有了进入“亚泥”的机会,而这个时候,39岁的张才雄在台湾基隆港及花莲港整整工作了十五个年头。

张才雄:民营机构的待遇比较好,待遇几乎比公营机构要多到三到四倍。所以我就考进了亚洲水泥公司,亚洲水泥公司招人,我就去参加这个考试,做高级机械工程师。我在“亚洲水泥”做工程,进去就是工程师,慢慢做到厂长,先做新竹厂的厂长。我们“亚洲水泥”第一个厂是在新竹,新竹厂的厂长。

解说:当时,台湾水泥业集中在西部发展,由于水泥生产工艺落后,导致环境污染极其严重。那个时候,工厂周围到处沾满泥灰,厂区内部乌烟瘴气,甚至连景观和自然生态都遭到了严重破坏。而此时已经进入“亚泥”并担任新竹厂厂长的张才雄将这一切看在眼中,急在心里,他不相信经济与环保水火不容的理论,更不忍心看着自己的员工与附近居民在这样一种恶劣的环境下工作,生活。

张才雄:那个时候的电线是露天的,电线上面可以结成圈,成一个斜坡。老百姓反应屋顶都是一层灰。我们还给他们去清扫。工作很辛苦,我们要戴口罩,也许你没有戴口罩戴久过,戴久了实在是很不好受。同时我也考虑,要降低劳工辛劳度,我们是需要他努力工作,但经常在这种很恶劣的情况下工作,我觉得这也不对,应该提高他们工作环境的标准。当时在水泥厂工作实在是很不卫生,可以这么讲。

解说:其实,从进入“亚泥”的那一刻起,张才雄的心底就一直有一个冲动,而这份冲动已经在他内心积压了十年之久。

字幕:

刚刚进入新竹厂时,我们的水泥工业非常落后,厂间采用的还是半干式旋窑,操作程序困难,效率低,耗能却很高。工人们整天工作在高度污染的环境之中,那个时候起,我就梦想着要建一个环保,高效,低能耗的水泥工厂。

张才雄:我一直做到厂长,我觉得一定要下决心,“亚洲水泥”一定要改革,所以在新竹厂大概做了六七年,我有机会到全世界去考察其它水泥厂,从东方一直到欧洲去考察,我要考察到底什么缘故我们水泥烧不好,品质也不好,同时灰尘满天。

解说:1967年,担任“亚泥”新竹厂厂长的张才雄,相继到日本,美国,德国和意大利考察,研究水泥厂如何改善品质,并能兼顾环保。最终,终于发现了问题的关键,就是原料的来源及在生料制备过程中,要让进窑生料成分稳定,才能提高品质与改善环境污染。发现这一关键之后,张才雄如获至宝，兴奋得夜不能寐，第二天就坐上了飞往台湾的飞机。

张才雄：我把重点找到了。我把我们在新竹的厂，进窑烧的这个生料情况做了一个分析，并且每个钟头的变化，我都搞清楚了，国外别人也是这样做的。

解说：回到台湾之后，张才雄再次投入到了新竹厂的发展之中，但那次考察却无时无刻地不在自己的脑海中浮现，每次站在厂区，看着四周弥漫的灰尘，埋藏在张才雄心底的愿望就会变得更加迫切 。

张才雄：这个重点拿回来的时候，我就想建花莲厂。

解说：两年之后，在总公司远东集团的支持下，张才雄终于有了一展宏图，实现自己多年愿望的机会。

张才雄：台湾是一个岛，一个小岛，一个西边一个东边，西边就是西岸，挨着中国大陆这边是西部，挨着太平洋是东边，台湾西部是很热闹，东部是很偏僻的，东部石灰石的原料西部也有，但西部储量并不大，我们在新竹就是在西部，西部好处是我们烧成水泥，立即就可以到市场卖。但是讲到石灰石储量的话，还是东部好，同时西部慢慢地也开得差不多了，所以我们就考虑在东部建厂。我在西部做厂长，但我要到东部去建一个新厂。完全采取欧洲的这个方式，但是我不是只找一家买，我要买最好的设备进来。

解说：1975年，亚泥花莲厂正式竣工投产，当时，花莲厂的成立对于台湾水泥业来说，是一次前所未有的革命，它真正做到了张才雄心中高环保，高质量，高效率，低成本，三高一低的目标，对于张才雄来说，他的梦想终于得以实现。

张才雄：我们是第一次做就成功的，所以我们的烧成很稳定，效率很高。我们花莲厂开了三个月之后，老百姓还不晓得我们已经开窑了，因为烟囱根本看不见灰，他们从来没有看到水泥厂不冒灰的。

解说：每次回忆起花莲厂的建成和运行的成功，张才雄的脸上总会浮现出抑制不住的兴奋，笑得就像个孩子，那种高兴的表情就像是一个孩子向别人展示自己最心爱的宝贝一样。从刚刚步入水泥行业到现在仅仅过了十三个年头，也许，张才雄怎么也不会想到自己想要毕生为之奋斗的愿望就这样得以实现，更没想到自己为整个台湾水泥行业带来的竟是一次伟大的变革。

张才雄：这是一个突破，等于水泥工业一个革命，以前是乌烟瘴气，这个花莲厂开起来是没有污染的，工厂很漂亮，也不必戴口罩也不必打窑皮了，并且品质也好。所以水泥企业的形象完全改观了。

解说：那个时候，张才雄已经六十九岁了，身为台湾两个水泥厂的厂长，本应六十岁退休的他已经自我特聘了九年之久。如今，张才雄终于可以不留一丝遗憾地退居二线，享受幸福的晚年时光。可此时的张才雄却万万没有意识到，花莲厂的建成并不是自己事业的终点，因为，他的事业才刚刚开始起步。

张才雄：这个时候我69岁，我是很想退休了，不过公司还希望我能够到大陆来设厂。因为我们创办人徐有庠先生，以及现任董事长徐旭东先生，他们两父子，都是上海这边去的，他们是海门人，江苏人。他们都有想法，看能不能把我们最好的东西，移到大陆来，也是一个抱负，他们极力劝我到大陆来。

字幕：

决定是否要来大陆开厂那一年，我已经70岁了，虽然那时的我依然干劲十足，但却不得不考虑年龄问题和身体状况，好在那时的我腰板还很硬朗，其实我很了解自己，在内心的深处，我是愿意来到祖国大陆的，我还依然愿意在祖国继续着我的工作。

张才雄：当时因为一方面是老长官，他是老板，希望我去，当时我自己也是从大陆过去的，我也很希望把我的一点成就，我们盖花莲厂是一个成就，很想把花莲厂这个技术在大陆这边盖一两个厂。能够影响大陆的水泥。也希望做一点贡献。

解说：一讲到“亚泥”最初在祖国内地建厂的情形，眼前这位已年过八旬、但仍神采奕奕的老人就打开了话匣子，用他那几十年没变的乡音向我们讲述了“亚洲水泥”在中国大陆的发展历程。

张才雄：大陆的水泥，那个时候还是立窑很多，那个时候就是三亿吨的产量，整个中国只有三亿吨，并且80%以上都是立窑，这个立窑生产时就是灰尘满天，品质也不好，耗能也高，不过那个时候，国内也在进行改善，也在对外面招商引资，希望国外的，也希望台商来做这个工作，所以我就先来考察。

解说：1993年，由张才雄带队的考察小组来到东北，考察那里的矿产资源。想在那里建成在大陆的第一家水泥工厂。一开始，大家都对这里的矿藏信心满满，但最终张才雄还是找到了缺陷。

张才雄：因为我盖水泥厂是非常认真的，水泥厂我要考虑50年，并且考虑它的品质，要做最好的水泥，既然来了我们大家一定做最好的水泥，最好的水泥一定要最好的原料，好的原料地就是50年一个样，就是需要这样的一个原料，所以刚开始在辽宁省锦西市考察，有一个矿给我们，那我也不是有了矿我们就开始，我一定需要一个时间去把它了解一下，到底有多少矿？它储量有多少？它下面的品质怎么样？品质好不好，所以我们要钻孔，后来钻下去，越到下面它的品质越不好，就是氧化镁太高，所以到最后我们钻了四个孔，我就跟锦西市领导讲，我要放弃，你品质不够好。

解说：那个时候，张才雄想到了撤退，想因此而回到台湾，尽管这时自己的心中有千般不舍，但也只能万般无奈的告诫自己，做水泥，做企业最重要的就是品质。由于肩上还扛着台湾新竹，花莲两个工厂的重任，此时外出已久的张才雄准备即刻动身，返回台湾，就这样，“亚洲水泥”进入大陆的第一次尝试，没有成功。

张才雄：从东北回到北京，这时台办那边有一个刘震涛局长，他说你为什么不到江西去，我们江西有一个好矿你要不要去？他很希望我们去。

解说：此时的张才雄，一直挂心不下台湾的水泥厂，况且这时离自己刚刚来到大陆考察已经有一年的时间了，最终，张才雄还是决定先回台湾，而在大陆办厂的事情就这样搁置了下来。可回到台湾的张才雄却又反而一心惦记起江西矿藏的事情，最终，张才雄决定，还是要去那里看一看。

张才雄：我到了江西，因为我自己学生时期生活在大陆，所以我的胆子比较大，就是到江西来调查一下这个矿，我感觉这个矿是很好，同时他给我们的这个地也很好，在江西瑞昌，就是九江瑞昌市码头镇，这个厂的地点挨着长江，位置非常好，它的矿隔这个江，只有两公里，也就是说隔着两公里多，很近，非常好的地方，所以我看了非常满意。同时那个时候，江西省的省长是吴官正，他是清华毕业的，他学工程的，所以他对我的计划，非常了解，他是很支持的。所以后来又有很多困难的问题，他都支持下去了。

解说：2000 年，江西亚东水泥有限公司正式成立并试运行成功，很快，在之后的十年时间里，张才雄利用江西瑞昌厂的成功模式又相继在四川，湖北，黄冈开了水泥厂，"亚泥"中国的产能由 2000 年一套窑，年产量 200 万公吨水泥，增长为 2010 年十一套窑（包括 2010 年并购的武汉亚鑫水泥公司及将于 10 月投产的湖北亚东水泥公司二号旋窑生产系统），2 240万公吨水泥的产能，并供给江西、四川、湖北、扬州及上海各个地区。多次的实践证明，张才雄独特的企业模式和他的那些固执的坚持成为了企业成功的关键。

字幕：

我一直坚信，一个企业的发展，绝对不是一天建成的，当你迈开步子的时候，就必须想好怎么去走，我很庆幸，我们来大陆发展水泥之前，就有了花莲厂的独特成功模式。我们需要做的，就是坚持我们的理念，坚定地走下去。

解说：由于大西部的水泥几乎都是立窑，品质不佳，许多同业都是以交锁匙方式购买当地的整套生产设备。但张才雄却始终坚持亚泥自己规划设计，关键设备与零组件从欧、美、日等著名厂商进口，但大部分设备购买蓝图或自行设计，于国内选可靠厂商制作装配。同时根据花莲厂地震多的经验，坚持要求工厂以耐 7 级地震的规格建造，建厂成本虽然增加，但最终，这个坚持在 2008 年 5 月 12 日的四川大地震中发挥了效应，也在旋窑生产效率达到 120% 的成果中获得印证。

张才雄：成都这个厂，地震就在其附近，在汶川，距离三十几公里，地震的当天摇晃得很厉害，我们都还在安装第二套生产设备。但是我们的厂几乎没有受到损害，我发货还照样可以发，这时救灾所需的水泥只剩下我们可以供应。

解说：虽然四川彭州水泥厂并没有在这次地震中受到严重破坏，但很多人悬着的心并没有放下来，更不凑巧的是，亚州水泥（中国）控股公司偏偏在之前选择了 2008 年 5 月 20 号在香港股市挂牌上市，四川彭州水泥厂的旋窑是否能赶在 20 日上市之前恢复点火成功并正常运行，成为了所有人关注的焦点。

张才雄：很多银行啊，代销商，贸易商，他们很害怕，问我到底明天上市前能不能生产？我当时跟她讲，火已经点起来了，立刻可以生产，如果你们不相信，可以打电话到工厂去问，他们真的打电话到厂里来问了，厂里说我们已经点火了，明天早上就可以出熟料，就是水泥前面的半成品，把这个熟料，磨细粉加了石膏就是水泥了，所以那我们已经烧出来了，到第二天早上八点钟我们这边的熟料出来了，十点钟我们就敲钟上市，所以那时上市的时候我们的股票是猛涨的。

解说：其实，这些奇迹背后所鉴证的正是张才雄老先生在祖国大陆长达十六年辛苦耕耘的结果。如今，当人们漫步在亚东厂区，只见绿草青青，树木成荫。生活区内，养鱼池、网球场、羽毛球场、篮球场、足球场一应俱全，生产区内，具有国际顶尖水平的各种设备井然有序地被组合在一起，高大厂房巍然屹立。而我们眼前这位因为兴致所至，眉飞色舞地为我们讲解的张才雄，恍惚间，似乎变成了一个园林工人，此刻正在兴奋地为我们述说他修饰整个园林的过程，向我们展现他的光荣成果。

到了这个时候，谁又能将他与在水泥界叱咤风云的"台湾水泥王"联系到一起呢？眼前，他只是一位慈祥、和蔼的长者，在他面前，你兴许会偷偷地遐想一下子孙围绕在他膝下的场景，脑中也会不由自主地浮现出他与夫人相濡以沫，共度一生的画面。

张才雄：我的老伴她已经七十岁了，她唯一给我发牢骚就这点，我常常不在身边，她很不高兴，说我简直是爱厂比家里还喜欢一点，即便在台湾我做总经理，我都比较晚回去，不过我的成就她也感觉得到 。

解说：采访即将结束了，这个时候，我们忍不住向眼前这位毕生从事水泥制造业的大企业家，这位已 86 岁高龄的老人问起，既然事业已经有了辉煌的成就，又为何仍然在海峡两岸来回奔波？在"亚东"这个远离都市的地方辛勤劳作的原因究竟是什么？

张才雄：好像总认为，民营公司董事长是老板，但我不是老板，我不是大股东，纯粹是专业性的董事长，专业性的执行长。不过老板完全授权给我在做，这是我最大的兴趣，有个工程师能够有人出钱，按照你的计划，按照你的设计，按照你的想法去做一样东西，这是工程师求之不得的机会，我很宝贵这个机会。七十多岁，那时候我确实很想下来了，不过他们临时也找不到合适的人，因为这场面越做越大了。我们慢慢在训练，现在差不多了，我可以放手下去了。感觉我这一生，我自己想做的我做了，我自己学工程，也按我的意思做了，每个过程都实际经过……我也吸收别人的东西，引进最好的设备、建最好的厂，我感觉自己这一生值得了。

水泥行业：拐点初现　大公司受益整合

Cement industry: Initial appearance of turning point, large companies benefited from integration

摘自2010年8月30日《投资者报》

经历近几年的迅猛发展后，国内水泥行业今年上半年迎来深幅调整，不利消息接踵而来：整顿楼市、减慢基建和固定投资、产能过剩、取消电价优惠等，致使刚刚经历4万亿疯狂的水泥板块表现逊于大市。

工信部8月8日公布的18个工业行业淘汰落后产能企业名单中，水泥企业"首当其冲"占到762家。但此次重拳出击被业内普遍认为是水泥行业否极泰来的分水岭。多家券商分析师接受《投资者报》采访时均认为，淘汰落后产能将有助于在一定程度上缓解水泥行业供求矛盾，支持水泥价格走高，利好整个行业，尤其对淘汰比重较高地区的上市公司有利。

"预测水泥下半年价格走势有些难，但我们所在的内蒙古、吉林、陕西市场会比较乐观，价格应该保持稳中有升的态势。"冀东水泥"董秘李占军日前接受《投资者报》采访时，对下半年水泥行业略显乐观。

淘汰落后产能超1亿吨

在多行业面临产能过剩的背景下，政府今年对水泥落后产能的淘汰力度空前。早在今年5月27日，工信部就与各省区签订责任状，要求确保今年计划淘汰落后水泥产能9 155万吨在第三季度前全部关停。

而8月初公布具体淘汰企业名单时，计划要淘汰的落后产能进一步增加，由9 155万吨增至1.07亿吨，增幅为17%，而且约占总产能的5%。而今年5月5日《关于进一步加大工作力度确保实现"十一五"节能减排目标的通知》仅要求5 000万吨，淘汰幅度再次超出预期。

此次淘汰名单中的水泥企业大致分为三类：一类是水泥熟料生产线与配套的粉磨站一起淘汰的水泥生产企业；二类是落后的水泥熟料生产线；三类是单纯的落后粉磨站。基于这一分类，中信证券测算认为，今年有效落后产能淘汰目标为9 650万吨。

据统计，除西藏、上海和四川外，其余28个省市均有企业落后产能淘汰，淘汰产能超过500万吨的有河北、河南、山西、云南、浙江、辽宁、陕西、广东省，河北淘汰落后产能更是达到1 314万吨。

对于此次淘汰的可执行性，国金证券认为，在节能减排面临压力的大环境下，配套有良好的奖惩机制，而且此次公示使落后水泥企业面临直接的社会和舆论监督压力，更有理由相信此轮淘汰的可执行性。而且，目前距离9月底只剩一个多月，淘汰目标完成的概率较大。

事实上，自去年以来，政府部门对于新疆、黑龙江以外的省份已基本不再审批新建水泥生产线。包括"中国建材"、"海螺水泥"、"冀东水泥"在内的骨干企业，最近两年纷纷将扩张的重心从新建生产线转向对现有产能进行重组整合。

行业拐点初现

就在淘汰落后产能的呼声不断加大的同时，水泥行业却在悄然酝酿着一场行业拐点。

最近，水泥和熟料都出现严重短缺。安徽熟料价格从每吨210元涨至260元，水泥价格上涨了10～20元/吨；江苏的熟料价格继一周前上调15元/吨后再度上涨25元/吨，水泥价格也提高了30～25元/吨；浙江近期水泥价格已上涨了40～80元/吨，而且这些地区的库存仍处于相对较低点。

瑞银证券分析师密叶舟认为，"平均来看，华东地区的熟料价格和水泥价格将分别涨至逾320元/吨和380元/吨。"

由于9月是落后产能淘汰的大限，业内普遍认为，水泥行业产能过剩风险将在9月以后减弱。因为随着高房价风险逐步消退，信贷紧缩可能放缓，而更为宽松的信贷环境也将提升水泥企业的议价能力。

中信证券分析师潘建平认为，进入四季度后，预计落后产能与清理拟建项目对供给端的正面累积效应将显现，而需求端或将面临利好政策刺激，同时四季度又是水泥行业全年最大的传统旺季，行业景气面临转机。

前不久召开的西部大开发工作会议精神显示，未来十年西部开发将迎来新的高潮。今年23项重点工程项目的建设拉动水泥需求增速约3.2个百分点。长期来看，西部12省市人均GDP、城市化率、当年人均水泥消费量及过去60年累计人均水泥消费量等几大指标均普遍落后于全国平均，未来水泥需求空间依然很大。

大公司受益产能调整

在预期向好的背景下，目前价格持续低迷的水泥股正迎来逐步加仓的良机。近期不少券商发布研究报告认为，市场对水泥股的预期过于悲观，该行业整体估值已处历史低位，目前可提供安全边际。

中信证券提出，近期在保障性住房、落后产能淘汰、支持行业兼并重组以及西部大开发相关利好政策的刺激下，水泥股估值将得以修复，目前估值区间已提升至11～13倍，乐观情况下预计短期内水泥股估值可上探至15～20倍。

事实是，如果落后产能淘汰在2011年达到8 000万吨，国内水泥行业产能在2011年将达到23.59亿吨，同比减少2.7%。区域市场，最大四家水泥生产商的集中度将持续改善，水泥企业将获得更多溢价能力。

中金公司分析师罗炜认为，由于政府限电，导致水泥产量下降，库存告急，浙江、安徽、江苏等地水泥企业协调统一提价，造成夏季淡季水泥价格提前上涨。

当许多小企业由于产能调整而处于减产或停产状态时，一些大的水泥企业却在版图扩张方面显得游刃有余。李占军就对《投资者报》表示，冀东水泥的发展步伐不会因为国家限制新线审批建设而减速，公司将通过转变发展方式，继续保持快速发展，尤其是在公司具有一定优势的北方市场。

据他介绍，“并购重组既能为水泥行业结构调整作出贡献，也有助于企业提高话语权，为提高企业在区域市场的盈利能力创造条件”。

水泥行业大鳄密集入晋　山西水泥行业经历颠覆式变革

Giants of cement industry concentrate into Shanxi Province;

cement industry there experiences subversive change

摘自2010年8月30日《山西晚报》

“华润水泥”收购山西“福龙”，“中联水泥”签约山西“威顿”，“冀东水泥”完成山西布局……就在山西本土水泥企业“狼来了”的惊呼声中，中国水泥行业的大鳄们已经纷纷在山西跑马圈地，加速自己的产业布局。

由于众多资本大鳄的进场，从2009年至今，山西的水泥行业正经历着一场史无前例的"颠覆式"变革。

“目前山西的水泥行业正处于纷乱的‘战国时代’。外来的超大型企业竞相入驻，山西本土企业已经开始退出。旧的格局已经打破，新的格局即将建立。”山西省建筑材料工业行业管理办公室行管部部长党朝旭说。

省外巨头纷纷在晋布局

6月1日，“华润水泥”发布公告，通过收购山西福龙水泥有限公司，将新建2条日产4 800吨的新型干法水泥生产线，布局柳林。

8月10日，“华润水泥”再次出手与山西省国新能源发展集团有限公司签约68亿元项目，将在山西新建6条水泥生产线，布局长治、晋城、忻州、运城、朔州、霍州。

8月23日，“中国建材”旗下的“中联水泥”和山西“威顿”达成初步意向，前者将在山西新建三条日产5 000吨的新型干法水泥生产线，布局太原、运城和霍州。

而无论是“华润”还是“中联”，都是目前中国水泥行业的前十强企业。

山西省外水泥业巨头密集入晋，无疑让省内企业有风声鹤唳的感觉。“智海水泥”常务副总经理丛培友就讲道，“省外大企业的竞相入晋，势必会给山西本土企业带来冲击。”

事实上，省内的水泥企业早在2009年就已经感受到了来自省外企业“压迫式”的进攻。“巨大的资本、先进的生产线，几乎是在一夜之间就涌进了山西的水泥市场。”虽然一直在水泥行业摸爬滚打，并兼任山西建筑材料工业协会秘书长，但面对近一年来省外水泥企业在山西大规模的投资建厂，党朝旭还是显得有些惊讶。他在讲述时，数次强调了“一夜之间”和“涌进”这两个词。

据了解，目前山西省能够日产5 000吨新型干法水泥的生产线并不多，而这为数不多的生产线也几乎全都来自于“外来投资者”。“‘华润’在柳林，‘冀东’在阳泉、大同、闻喜，‘中联’在运城。”8月26日，党朝旭如数家珍般地向记者介绍道，仅去年山西省就投产了5条大规模的新型干法水泥生产线。

而随着这些产量巨大的新型干法水泥生产线的投产，新型干法水泥在全省水泥产量中的比重也由2008年的30%以下，迅速提升至2009年的55%。据山西省建材行业协会统计，这一比重之前数年一直徘徊在20%～30%之间。业界公认，这一数据是衡量一个地区水泥工业发展水平的重要指标。

看重山西成本低环境好

对于省外水泥大鳄为何选择在近一年内密集入晋，“华润水泥”负责山西项目的副总经理郑东峰给出了自己的解释。

由于煤炭和石灰石是制造水泥的主要原材料，而煤炭又占水泥生产成本的60%。“山西不仅有丰富的煤炭资源，而且石灰石资源充沛，所以在山西投资建设水泥企业能够最大限度地节约成本。”郑东峰讲道。

河北“冀东水泥”质量部部长芦锋也谈道，“在山西的‘十二五’规划中，水泥行业的发展受到了相当重视，政策和区位的优势是吸引水泥业巨头来晋的一个原因。”

之所以有数家国内一流的水泥企业选择在2009年和2010年间密集来晋，郑东峰认为，“一方面近一年来省外的水泥市场已近饱和，而山西市场却因为淘汰落后产能力度较大，水泥企业又多为中小型，故而市场还有很大发展空间，所以才会引来众多的国内水泥业巨头。”

如郑东峰所言，此前山西市场的水泥企业大多规模较小、生产工艺落后。分析原因，党朝旭认为，“水泥行业本身利润率较低，甚至低于山西省所有行业的平均利润率，所以大多数的山西资本不愿意投向水泥行业，导致山西省水泥工业的发展水平一直落后于全国，且呈现散、乱、小的发展格局。”

一个生动的例子是，此前一位山西“煤老板”试图投资水泥生产线，当得知一条日产5 000吨的新型干法水泥投资需要5亿元时，他爽快地说可以立刻投资。但问及利润后知道需要5年才能收回成本，这位“煤老板”便断然否决了这一投资计划，他说，“我干煤炭，一年就可以回本。”

而郑东峰表示，“在省外投资者看来，水泥行业的利润回报其实是比较可观的。”

本土企业无还手之力

对于沉寂许久的山西水泥行业来说，外省水泥大鳄的到来，无疑就像一阵猛烈的暴风雨，他们不是“搅动”而是彻底“掀翻”了山西水泥行业的旧有格局。

摆在山西众多中小水泥企业面前的不是挑战书，而是彻底出局的悼念词。

一位不愿意透露姓名的山西水泥企业主告诉记者，“我的生产线是机械立式的，这种生产线在前几年还是山西水泥市场的顶梁柱，可是从2009年开始，我们一下子就站在了被淘汰的边缘，更不要说散布于山西各地市的小窑式生产线了。”因为，“冀东”、“华润”、“中联”、“中材”、“三水”等这些咄咄逼人的行业巨头们，拥有山西水泥企业所无法企及的资金、技术、管理和人才优势。

在谈到“华润水泥”入驻山西的优势时，郑东峰谈道，我们的管理经验、资金支持加上山西当地的资源优势，无疑是一个很好的组合。“由于水泥行业利润率低，所以单凭企业自身要想完成资金积累，投产更大规模的生产线，甚至兼并其他水泥企业，这对于中小水泥企业来说几乎是一个不可能完成的任务。”党朝旭讲道。

于是，当国内水泥业巨头携带大量资金、先进技术和优秀管理人才闯入山西时，我们的本土企业几乎连螳臂挡车的勇气都没有，就纷纷束手就擒了。

丛培友说，“‘智海水泥’在本省企业中就算是大的了，可是现在许多外省企业在山西的项目要比我们大得多，一些省内的中小企业受到的冲击更大。”

丛培友所言的冲击，对于一些中小水泥企业来说无疑是毁灭式的。据山西省建材行业办的统计，近两年来已经有许多本土企业选择退出水泥市场。即使那些手握水泥项目投资批文的企业，也大多由于资金匮乏而纷纷选择与省外大企业合作，甚至被兼并。

三年内必将形成新格局

事实上，自2009年开始的这场山西水泥业“颠覆式”变革，至今仍处于进行时。

郑东峰透露，到2012年，“华润水泥”在山西的年产能就将达到2 000万吨。而芦锋也说，“‘冀东’在山西大同、阳泉、运城都计划新建日产4 500吨的生产线。目前，已经形成了北、中、南的产业布局。”

与“华润”和“冀东”一样，“山东三水”、中材集团、“山西吉港”也都在纷纷加大自己在山西的水泥产能。

按照山西省建筑材料工业协会的测算，到“十二五”期间上述五家的水泥年产能将分别达到2 000万吨、2 500万吨、2 500万吨、700万吨和500万吨。而山西省也将形成以上述五家企业为龙头的产业集群式的发展模式。届时，这五家水泥企业的产量将占到全省总产量的90%。但引人深思的是这五家企业竟无一例外地是来自外省的水泥企业。

据了解，目前山西省上市的水泥企业只有两家。其中，“大同水泥”早早挂上了“＊ST”的名号，而“狮头水泥”在2010年上半年的业绩报告中也显示，企业净利润比上年同期下降80.21%。

党朝旭介绍，以目前山西省新型干法水泥的投产速度计算，到明年底山西省新型干法水泥在水泥总产量中的比重就可以达到75%以上。

对于外来水泥巨头密集入晋，并迅速占领市场的现象，党朝旭认为，“这是一个好事，它们代表了先进的生产力，用先进代替落后是市场经济发展的规律，对于山西水泥行业也是一个好事。新型干法水泥能有效地综合利用资源，在保护环境，减少资源浪费，减少污染方面有其不可替代的优势。”

由于水泥产品本身的特性，它的运输半径只有200公里，业内熟称“水泥腿短”。所以在未来几年，省内还将有一些中小水泥企业存在，以弥补大企业布局之间所留下的产能空隙。但正如山西建筑行业协会所预测的那样，三年内，山西必将形成一个以三到五家大集团为主的水泥行业新格局。

水泥“十二五”规划或催生“并购潮”

Cement : "12th Five - year" plan may bring the birth of "merging tide"

摘自2010年10月18日《经济参考报》

参与制定水泥工业“十二五”规划的专家向《经济参考报》记者透露，进一步提高产业集中度和落实节能减排将成为“十二五”期间我国水泥工业发展的主线，其主要方法就是推进兼并重组和淘汰落后产能，那些大型的、上市的水泥企业，尤其是国有企业将在“并购潮”中受益。

中国建筑材料工业规划研究院水泥产业咨询研究部主任高智透露，水泥工业“十二五”规划草案（以下简称“草案”）已进入征求意见阶段。“十二五”期间，水泥工业的发展方向将不再是以新增生产能力为主导，而将转向深层次的产业结构调整和产业优化升级。

中国目前是水泥生产第一大国，年产量占全球的50%，但存在两个突出问题：一是落后产能数量较大。在水泥产能总量潜在过剩的同时，目前全国仍有近4亿吨落后产能，约占现有总产能的27%。二是产业集中度总体仍然偏低。全国5 000多家水泥生产企业，平均生产规模只有30万吨左右，排列前10位的大企业总规模占全部水泥比重只有20%多一点。

该“草案”提出，至2015年，前10家企业水泥产量达到全国水泥产量的35%以上，而前10家的平均规模大于7 000万吨产能。

“‘十二五’期间乃至到2020年，集团化发展的趋势将会延续。2009年，前10家企业水泥产量占全国水泥产量的22.6%。从‘十一五’的情况来看，到2015年前10家水泥企业市场占有率达到40%也是有可能的。”高智说。

中国水泥网市场总监李华表示，由于“十二五”期间水泥行业有可能实行“减量淘汰”，即淘汰落后产能后，也不再新建等量的先进产能，所以兼并和重组是未来水泥企业做大做强的必由之路。

目前，水泥行业区域整合已初露端倪。来自长江证券的报告称，国内各大区域都已经初步形成各自的领袖企业：西北（“中材”）、华北（“冀东”、“金隅”）、东北（“亚泰”、“天瑞”、“山水”）、华东（“中建材”、“海螺”）、华中（“华新”、“海螺”、“中建材”）、华南（“台泥”、“华润”、“海螺”）、西南（“拉法基”、“华新”）。大企业繁荣时代即将到来。

“未来5年，水泥行业兼并重组的趋势将更加明显。虽然之前的兼并重组都是大企业针对小企业，但今后大企业与大企业之间的兼并重组有望成为可能。”李华说。

致力于做世界最大水泥企业的中国建材集团，规划到2012年水泥总产能达到3亿吨（2009年产量10 795万吨），其中，旗下“南方水泥”实现产能1.5亿吨。而“南方水泥”在3年时间内已重组146家水泥企业，目前产能超1亿吨。有消息称，“南方水泥”与广西水泥龙头企业——广西“鱼峰水泥”的重组整合事宜已进入关键阶段，这意味着“南方水泥”有望进一步扩大势力范围。

中材集团自进入水泥业务以来，一直以并购水泥区域龙头的方式，欲打造成北方最大的水泥企业。去年底成功入主“祁连山”后，中材集团水泥产能达到5 820万吨。中材集团规划2011年将水泥总产能突破1亿吨，并计划在未来3年斥资50亿元至100亿元在西部地区进行并购。

更令市场关注的是，水泥业巨头间的并购也呼之欲出。今年一季度，“海螺”已经持有“冀东水泥”1.22亿股，占“冀东水泥”股份总数的10.05%；二季度，“海螺”继续增持“冀东水泥”2 216.4万股，持股数量达到1.34亿股，占“冀东水泥”股份总数的11.05%。

外来水泥企业也看好中国“十二五”的水泥市场。“台泥”董事长辜成允告诉《经济参考报》记者，就水泥行业而言，节能减排和兼并重组是未来五年的发展方向，对于“台泥”这样的大企业而言，肯定是一个利好。

据透露，到今年年底，“台泥”的水泥产能将提前突破5 000万吨，其中大陆部分为4 035万吨。今年8月，其旗下台泥国际集团有限公司斥资38亿港元并购昌兴矿业集团于大陆之水泥业务已经告成。

分析人士指出，“十二五”期间，国内水泥行业仍然前景看好，城镇化、新农村以及基础设施建设还将成为拉动水泥消费的主要动力。高智预测，如果以2009年或者2010年的产量为基数，估计2015年水泥需求量有望达到21亿吨左右。

水泥产业抢跑六大行业重组

Cement industry false starts the reorganization of six major industries

摘自2010年10月28日《中国企业报》

国家调控产业力度再度加大。上个月，国务院印发了《国务院关于促进企业兼并重组的意见》（以下简称《意见》），《意见》从解决企业兼并重组面临的突出矛盾和问题出发，全面、系统地提出了促进六大产业企业兼并重组的政策措施，注重消除长期以来制约企业兼并重组的制度障碍。

细观汽车、钢铁、水泥、机械制造、电解铝、稀土等这六大产业，汽车、钢铁这两大产业近年来重组兼并取得了一定成效，机械制造、电解铝、稀土产业则是以央企重组为主线，也开始走上集中化的道路；水泥产业则是央企、民企充分竞争，市场化并购最为明显的行业。

值得注意的是，除了在国内开展重组，提高产业集中度以外，有的企业开始走向国外市场，打响了中国水泥海外扩张第一枪。

无论是此前接受记者采访的行业专家，还是近期各个证券机构出台的研究报告纷纷认为，此次国家出台企业间兼并重组意见，可谓“拳拳到肉”，政策上的进一步趋紧，将更加有利于水泥企业之间的兼并重组。

并购时机再现

《意见》出台后，国内各个证券公司对水泥产业做出推测并对上市公司做出推荐评价。

例如，长江证券发布的水泥报告认为，当前来看，国内水泥产业并购是最好的时机。长江证券分析师认为，目前各区域已基本形成区域龙头，空白市场基本被抢占完毕，从行业生命周期来看，水泥行业已经发展到加速整合阶段；其次，产能政策阻断了新建之路，大企业的扩张只能通过并购进行，而鼓励并购的政策已经扫清了并购以及后续整合带来的障碍。

消息一经发布，便引起业内对水泥产业的看好，特别是对于产品以农村市场为主的水泥企业公司构成利好。

中信建投研究所报告表示，2010年行业整合的步伐还会进一步加大，政策上也会重点扶持大型水泥集团企业收购兼并。今年恐怕更值得期待的是央企的进一步动作，最具想象力的是“中国建材”对“海螺水泥”和“江西水泥”的整合。

海外扩张成新路径

就在《意见》发布的第二天，又一个并购案例定调。河北太行水泥股份有限公司发布公告称，“金隅股份”已经收到国务院国资委出具的有关批复文件，原则同意“金隅股份”与“太行水泥”换股吸收合并方案。

而业界最为关心的莫过于“海螺水泥”的并购案。此前，有传闻称安徽省国资委正准备将其持有海螺集团的51%的股权转让。

事实证明，建材界两大央企“中材”、“中建材”确实与安徽省国资委都有接洽，但至今未果。

近期有业内人士透露，“中建材”或“中建材”旗下的“南方水泥”与安徽海螺集团正在确定合作意向，即“海螺水泥”可能最终将花落“中建材”。对于传言两家公司都没有公开澄清，事实还有待于市场检验。

而在这一轮的并购中，出现了新的特点，那就是出海扩张。10月12日，国家发改委网站公布了一批9月份所核准的国内企业海外投资项目清单，其中，中国水泥巨头——河北冀东发展集团联合国内中非发展基金在南非建设水泥生产线的项目获得核准。这是中国水泥厂商第一次在海外直接投资建厂。

国家发改委公告显示，2010年9月，国家发展改革委核准河北冀东发展集团有限公司联合中非基金在南非投资建设熟料水泥生产线项目。

据了解，“冀东发展”和“中非基金”联合持有的股权比例为51%：49%，而在两者首先成立的一个合资公司中，控股方也是冀东发展集团。

冀东发展集团高层此前表示，此次是中国水泥企业第一次在海外投资建厂运营。之前，国内山水集团、中材集团曾经在尼日利亚等承建水泥厂，但并未参与投资和运营。

业内人士表示，对于水泥企业海外扩张，对于国内集中度颇高的水泥产业，提供了一个新的发展思路，对企业同样也有借鉴意义。

产能过剩："水泥荒"将何去何从？

Capacity excess: What course to follow by "cement shortage"?

摘自2010年12月10日《中国建材报》

一边是产能过剩，严厉打击水泥过剩产能；一边却因货源紧张，水泥价格飙升。产能过剩之下为何突现"水泥荒"，是供需逆转、成本推动还是有人在鼓吹提价？新华社记者近日分赴多地展开调研。

"价高货紧"笼罩市场

最近，在山东省潍坊市一家建筑公司工作的冯志伟一直在为寻找水泥货源发愁。

"一个月前，我们以每吨270元的价格和一家大型水泥企业签了供应合同，并支付了十几万元定金，但到了交割的时候，对方却要求我们按照每吨近400元价格购买，不然就拒绝供货。"冯志伟说，"我们了解到，周边500公里范围内的水泥出厂价较年初普遍翻了一番。"

除了价格攀高，紧张的供货行情也在困扰着下游企业。在山东临沂地区做水泥生意的经销商李会庆介绍说："由于今年以来陆续关停了不少水泥企业，现在客户需要水泥必须到为数不多的几家水泥厂排队购买，一般要等三四天才能买上，单次购买量也要受到限制。"山东是全国水泥大省，曾连续16年水泥产量位居全国第一。"突然出现水泥荒，令人意外。"冯志伟等人说。

水泥"价高货紧"的现象目前已在全国各地普遍存在。据中国水泥协会和数字水泥网数据显示，11月最后一周全国水泥均价环比大涨4.12%，突破400元/吨，创下历史新高。其中，华东地区涨幅居前。一周内，上海水泥价格每吨涨了100多元，站上每吨500多元的高位。

此番水泥价格上涨始于七八月份需求淡季，当时由于成本推动、限制产能等原因，华东、华南、华北地区水泥价格开始出现小幅跳涨，涨势一直持续到第三季度末。有关部门曾预计，随着北方建筑施工逐步进入淡季，第四季度全国水泥价格将面临下行压力。然而事实并非如此，10月份，全国重点建材企业水泥平均出厂价环比上涨16元/吨，同比上涨47.8%。

作为经济建设的重要基础原材料，目前国内外极少有其他材料可以替代水泥使用。水泥价格上涨很快推高建筑等下游行业成本攀升。

产能过剩下的水泥荒

与气荒、油荒不同的是，突如其来的水泥荒与近年来长期存在的水泥产能过剩问题并存。据测算，2009年我国水泥市场需求量为16亿吨，而当年水泥产量达到16.3亿吨，供大于求。今年以来，水泥市场需求量有所减少。但截止至10月底，全国已生产水泥15.19亿吨，同比增长15.2%。水泥行业面临再度产能过剩风险。

为严格抑制水泥行业产能过剩和重复建设，继此前工业和信息化部发文遏制落后产能借价格上涨死灰复燃后，11月底，工业和信息化部发布《水泥行业准入条件》公告。这项将于明年1月1日起执行的政策规定，对新型干法水泥熟料年产能超过人均900千克的省份，原则上应停止核准新建扩大水泥（熟料）产能生产线项目，新建水泥熟料生产线项目必须严格按照"等量或减量淘汰"的原则执行。

一方面，政府紧锣密鼓地部署打压水泥过剩产能，另一方面为何突然出现水泥荒？有分析认为，水泥供应短缺缘自部分省区为完成节能减排目标任务，对水泥企业实施了更加严厉的"关停限电"措施；但也有分析认为，出现水泥荒的根本原因在于部分大型水泥厂商串通涨价。

"今冬，作为水泥生产上游产品的煤炭价格大涨，下游房地产价格也居高不下，水泥厂商早就坐不住了，寻找机会提价。'拉闸限电''缩减产能'只是为这些厂商提价提供了难得题材。"山东一位不愿透露姓名的建材行业协会人士告诉记者。

国家发展和改革委员会经济运行调节局截止至目前公布的统计数据显示，水泥"价高货紧"不断加剧以来，水泥企业大幅提高库存。截止至第三季度，重点建材企业水泥库存1 298万吨，同比上升30.5%；10月份重点建材企业库存量虽环比有所降低，但仍同比增长28.4%，高于同期水泥产量增速。

此外，赶在“十一五”结束前完成工期也是导致今年水泥价格普涨的重要原因。记者在北京、山东一些建筑工地发现，与往年冬季进入工程淡季不同，今年入冬以来，华东、华北、华南不少地区工程并未停工。淡季不淡，导致水泥需求不减，水泥经销商在定价中的话语权增重。

高价水泥将持续多久?

在水泥价格上涨预期下，多家券商作出“优于大市”“增持”“推荐”的判断。中国水泥行业协会副秘书长刘作毅说，由于水泥生产销售区域性较强，过去10年间，水泥价格一直比较稳定，年均价格浮动仅在10%到15%之间，今年价格波动异常，应予关注。

业内人士认为，应区别对待水泥价格上涨不同原因。中信证券分析报告指出，今年我国不同地区水泥价格波动的原因各不相同。华东地区涨价原因在于原材料能源价格快速上升，旺盛需求等；华中地区除了需求和成本因素外，还有企业协同效应发挥的作用；西南地区则因季节性需求导致低迷的水泥价格出现一定幅度上调；西北地区则因部分工程停工减少需求，导致水泥价格出现季节性下调。

数字水泥网发表分析说：“此波高价行情将会持续至春节前期，即使限电完全恢复供给有所增加，水泥价格下跌的速度也不会太快。这是因为商家赚钱心态很重，‘涨价可以快跑，降价自当慢走’。”

对此，较早发生水泥荒的一些南方省市开始干预水泥价格，对价格预期产生重要影响。福建省物价局日前发出紧急通知，从12月1日起对辖区内的水泥价格实施干预，规定供需双方应严格按照签订的合同价格执行，水泥出厂价格不得高于本厂2010年11月上旬的加权平均出厂价格水平。如不执行上述干预措施，物价部门将按照《价格法》和《价格违法行为行政处罚规定》的有关规定对其严厉查处。

近日，不少地方政府还表示，压缩水泥产能决不“误伤”优质产能。山东省经济和信息化委员会一位官员在接受记者采访时说，过去部分地方政府为完成产能削减任务，保住本地发展机会，甚至不惜关停先进生产线，这种做法很不恰当，对市场预期产生了不利影响，目前已得到纠正。

重要文章

Important articles

“由大变强、靠新出强”跨世纪发展战略的由来、实践与展望★

The origin, practice and expectation of the century crossing development strategy of “from large to strong, becoming strong by innovation”

◎中国建筑材料联合会会长　张人为

Zhang Renwei, Chairman of China Building Material Federation

今年是我国建材工业“由大变强、靠新出强”跨世纪发展战略（以下简称《战略》）制定、颁布15周年。在实施《战略》已走过前两个阶段的15年、即将进入为期20年左右的第三阶段、且行业上下正在组织编制“十二五”规划之际，通过认真回顾总结《战略》实施15年来的成就、经验和不足，进一步凝聚全行业职工智慧，丰富与完善《战略》的内涵，以期继续发挥好《战略》对行业又好又快发展的引导作用，对促进中国建材工业加快转变发展方式，实现“由大变强”的历史性跨越是非常必要的。

本文将从《战略》的“由来、实践、展望”3方面与大家研讨。

《战略》的由来

建国以来，尤其是改革开放后，我国建材工业持续较快发展，到20世纪80年代中期，水泥、平板玻璃、建筑卫生陶瓷等主要建材产品产量均居世界第一。这是建材行业几代人艰苦创业所取得的来之不易的成就！但是我们又清醒地意识到，在多项“世界第一”的桂冠下，容易忽视发展中存在的深层次矛盾和问题。

受传统体制机制、发展模式以及人们的思想、理念束缚等的影响，这种发展总体上属于外延型的数量扩张。而且由于国家投资不足，在市场需求拉动下，一大批工艺技术落后的小企业应运而生，并伴随着能源资源的过度消耗、环境的污染和低质产品充斥市场。虽然这是由当时我国生产力发展水平和工业化所处阶段所决定，但时任国家建材局党政班子强烈意识到肩负的责任。我们深刻认识到，这种发展方式将难以适应国民经济和城乡建设的需要，也与经济的可持续发展相悖，必须认真面对，严肃思考和主动应对。

面对当时形势的抉择，或是调整发展战略、改变发展思路，或是依旧惯性发展则将陷入困境。原国家建材局党组坚持党的实事求是思想路线，遵循党中央一贯倡导的在经济工作中重视质量和效益、强调从粗放经营向集约经营转变的精神，从建材行业实际出发，肯定成绩，正视问题，客观分析机遇和挑战，决定在世纪之交，面向未来，制定一部用以指导建材工业长远发展的跨世纪发展战略。

自决定制定《战略》之后，局党组认真学习、深刻领会党的“十四大”精神和十四届三中全会通过的《关于建立社会主义市场经济体制若干问题的决定》，从调查研究入手，多次组织班子成员到各省（区、市）建材主管部门和企事业单位听取意见，召开多种类型座谈会交流思想。在集中全行业干部职工智慧的基础上，1994年5月局党组明确提出“临近和进入21世纪，我国建材工业的发展要以产量增长为主转到大力提高集约化生产程度，提高工艺技术装备水平，提高质量和配套能力的轨道上来，即以提高经济运行质量和经济效益为中心，把跨世纪的中国建材工业逐步建成具有国际竞争力的现代原材料工业”。其后于1994年国庆45周年前夕，又对实现上述战略目标提出了“从现在起到21世纪三、四十年代左右，分3个阶段渐进发展”的思路。局党组的上述思路为制定《战略》奠定了思想基础。为了将《战略》的制定建立在理论与实践、定性与定量、全行业干部职工的智慧与专家学者的学识专长相结合的基础上，在局党组领导下，组成了以中国建材规划研究院和中国社会科学院数量经济与技术经济研究所为主、局技术情报研究所参加的课题组来承担制定《战略》的任务。

战略是一个行业和企业发展的灵魂，而制定战略的过程则是吃透中央精神和行业实际这“两头”，探索行业发展规律的过程。局党组在充分占有行业现状的资料和统计数据的情况下，研究归纳出建材行业所存在“四大五低”的特征（“四大”是指产品数量大、企业数量大、职工队伍大、能源消耗大；“五低”是指劳动生产率低、集约化程度低、科技含量低、市场应变能力低、经济效益低）。“四大”中的有些“大”

虽然也表明行业的发展进步，但从总体上看，更多的则是“大而不强”的反映。跨世纪发展所设定的目标是将建材工业建设成为现代原材料工业，那么，顺理成章地就必然是要从现实的“大而不强”达到未来的“由大变强”。“由大变强”作为《战略》的最终目标得到了课题组的一致赞同。那么在设定目标下的实现途径应当是什么呢？在剖析行业“四大五低”现状的产生原因时，大家认为，落后的工艺技术和装备是导致这一状况的最重要成因，并认识到，邓小平同志提出的“科学技术是第一生产力”和党的“十四大”提出的“振兴经济首先要振兴科技。只有坚定地推进科技进步，才能在激烈的竞争中取得主动”、要“努力提高科技进步在经济增长中所占的含量，促进整个经济由粗放经营向集约经营转变”，这是建材工业寻求变强途径的重要指引。

1995 年初，《战略》思路大体形成，局党组分别向原国家计委、原国家经贸委的领导同志作了汇报，并得到原则赞同。当年 2 月，时任国务院副总理的邹家华同志听取我们制定《战略》的情况汇报。家华同志明确指示：“建材工业要由单纯的原材料工业向现代化原材料及制品工业转变”，并特别强调建材工业未来的发展要在“新”字上做文章。我们在全面领会家华副总理指示后，提出建材工业要实现“由大变强”，就必须坚持“靠新出强”，并建议以此分别作为《战略》的目标和途径，随即得到邹家华副总理的赞同。

随后，1995 年 4 月至 8 月，在《中国建材报》组织展开了有关战略的大讨论，发稿 100 余篇，15 万多字，凝聚全行业干部职工的聪明才智。与此同时，课题组经过半年多的深入研究后，最终提出了以“由大变强”为目标，“靠新出强”为途径，以实现“四个转变”、“三个阶段”实施、“八项对策”和十个“新”为主要内容的中国建材工业跨世纪发展战略。1995 年 9 月，由国内众多权威的经济、科技专家参与的审议中，《战略》得到了充分的肯定。此后，我们又认真学习了党的十四届五中全会关于实行两个具有全局意义的根本性转变的精神，对《战略》做了进一步的修改和完善。

至此，以“由大变强、靠新出强”8 个字准确表征的中国建材工业跨世纪发展战略正式诞生并付诸全行业实施，成为将凝聚全行业职工努力奋斗几十载，最终基本实现中国建材工业强国的一面旗帜！

回顾《战略》的由来，我们深切体会到：

1. 改变建材工业“大而不强”的面貌，实现现代化的建材工业强国不仅是国民经济和社会发展的迫切需要，也是几代建材职工和广大企业几十年的强烈愿望，《战略》的制定是顺乎民心的。

2. 制定《战略》所遵循的是党中央、国务院有关经济工作一系列重要精神，所依据的是建材工业的实际。《战略》的成果是全行业智慧的结晶，是领导、专家、职工紧密结合的成功产物。这就决定了《战略》是具有生命力的，它将对行业的发展长期发挥引导作用。

3. 制定《战略》来之不易，但更重要的是实施好《战略》、实现《战略》目标。

《战略》的实践

《战略》已经颁布、实施了 15 年，经历了《战略》规划期的两个阶段，这 15 年是我国建材工业取得巨大发展与进步的时期。从 20 世纪 90 年代中期以来，我国建材工业在产业规模、结构调整、节能减排、科技进步、发展循环经济、发展大企业集团、推进“两化融合”和提高经济运行质量与效益等诸多方面成就突出，从总体上满足了国民经济和城乡建设对建材产品与服务在质量和数量上的需求。

《战略》是指引行业发展的纲领，其价值更在于实践。15 年来，原国家建材局和中国建材联合会始终按照《战略》的要求，认真贯彻国务院领导同志的工作指示，一以贯之地以结构调整为发展主线，以节能减排为中心，以技术进步和创新为根本出路，不断提升建材工业发展水平。

在《战略》的指导下，建材行业先后编制和协助编制了“九五”、“十五”、“十一五”《建材发展规划》、《水泥专项发展规划》、《建材工业产业政策》、《水泥工业产业政策》，修订了《建材技术政策》，制定了《建材工业投资指南》、《建材科技成果转化指南》。国家在“九五”规划中，将建材工业与建筑业并列为支柱产业，此后，全国相继有十多个省区市也将建材工业列为该地区经济发展的支柱产业，极大地提升了建材工业在国民经济和社会发展中的地位和影响力。

在实施《战略》以“打基础”为主要任务的第一阶段 5 年里（即“九五”期间），正值亚洲金融危机的爆发，国内主攻国企 3 年脱困，经济处于周期下行期。我们组织全行业结合《战略》的要求，着力做了推动水泥、墙体材料和玻璃纤维工业等几个重点、难点产业的结构调整的大量基础性技术准备和工作准备。

1. 水泥行业通过“科技创新、优化设计、国产设备、业主负责”的路径，实现了新型干法水泥的“低投资”，突破了发展中的“资金”瓶颈制约，有力地促进了进入新世纪后新型干法水泥的大发展。原局属天津、南京、成都水泥院，“海螺水泥”、“山东水泥”和一批机械制造企业、工程建设公司等单位都为此做出了突出贡献。在原国家经贸委、原国家建材局和各级政府领导下，启动和推进了淘汰 1 亿吨落后的“小水泥”和几千万重量箱落后的“小玻璃”，为进入新世纪更大规模、更高工作水准上的淘汰工作开了个好头。

为促进我国新型干法水泥的加快发展，2000 年 8 月末，原国家建材局向国务院提交了专项报告，国务院领导同志在该报告上作了“水泥产量不少，但小水泥太多，好水泥不多，有个结构调整问题”的重要批示。时任国家经贸委主任的盛华仁同志立即组织研究落实。在经贸委的指导下，国家建材局制定了“十五”期间每年新增 1 000 万吨新型干法水泥熟料的专项规划，重点布局了“海螺”、“渤海”、“中联”、“山水”等九大水泥企业的项目。国家经贸委先后批准了一批老厂技改扩建项目,这对于新型干法水泥在新世纪的发展起了推动作用。

2. 大力推进墙体材料革新工作。继续实施始于80年代末的"以政策法规为导向、以建筑为龙头、多部门合作"系统工程方法,加快墙材革新。1996年第二次全国墙体材料革新工作会议在北京举行,时任国务院副总理邹家华同志亲临大会并作了重要讲话,对推进墙材革新工作提出了明确要求。1999年原国家建材局会同建设部在上海召开了全国新型建筑材料及制品推广应用经验交流会议,其后国家建材局发布了《新型墙材及制品发展导向目录》。需要特别指出的是,在各省区市政府的重视和支持下,各地建立了较为完善的"墙改办"工作体系,他们在推动墙改政策贯彻落实、"限实"到"禁实"、促进新型建材发展等方面做出了突出的业绩,从而逐渐改变墙材工业长期秦砖汉瓦一统天下的落后局面。各地举办了不少的建材展会也为宣传、推广新型墙材,推动墙改工作提供了平台。

3. 无机非金属新材料产业在建材工业3大产业板块中较为薄弱。玻璃纤维工业是该产业中极具市场前景、可望做大做强的一个产业。以池窑拉丝工艺替代当时仍占生产主体的落后坩埚工艺是正确的技术方向。在面临国外技术封锁的环境下,国家建材局组织山东泰安玻纤厂和原局属南京玻璃纤维院共同合作,通过"点菜拼盘",用引进部分关键技术和借鉴国内攻关成果相结合的方式,奋力拼搏,实现了我国万吨级玻璃纤维池窑生产线从无到有的重大突破,为新世纪中国玻纤工业的快速发展和现代化进程打下基础。

进入新世纪,我国国民经济和城乡建设在科学发展观统领下得到稳定较快发展,对建材行业保持了强劲的需求。10年来,全行业紧紧抓住发展机遇,在不断扩大产业规模满足市场需求的同时,始终坚持调整结构为发展主线,推动行业又好又快的发展。应该指出的是,这一时期国家高度重视建材工业的发展,国务院以及国家发改委、原国家经贸委和工信部等部委密集出台了一系列支持、引导和规范建材行业特别是水泥、墙体材料、平板玻璃工业健康发展的文件。中国建材联合会、中国水泥协会、中国建筑玻璃与工业玻璃协会等积极参与其间的调查研究,充分反映企业的正当诉求,如支持发展大企业集团、有保有压地发展水泥工业、发展循环经济等政策建议,为政府所采纳。

在实施《战略》第二阶段的10年里,全行业产业规模以主营业务收入计,2010年(预计)将达26 000亿元,是2000年的8.8倍。结构优化升级,按工业增加值计,传统高耗能产业所占比重2010年(预计)为45%,降低了17个百分点,促进了建材行业产业结构"轻型化";先进生产力实现了跨越式发展,小水泥等落后产能淘汰步伐加快。以新型干法水泥产量为例,从2000年0.6亿吨,占比11%,发展到2010年(预计)的14亿吨,占比80%。新型墙体材料从2000年占比28%左右提高到2009年占比52%。池窑工艺生产的玻璃纤维从2000年6万吨,占比31%,发展到2010年(预计)的200万吨,占比63%。节能减排成效显著,建材工业万元工业增加值能耗从2000年9.53吨标准煤降低到2010年(预计)的3吨标准煤。在国家推进循环经济发展工作中,建材行业做出了特殊的贡献。水泥和墙材工业是建材行业利用工业固体废弃物的主要产业,其利用量从2000年的1.7亿吨增加到2010年(预计)的6亿吨,增长高达3.5倍。"北水"、"海螺"、"越堡"水泥在利用水泥窑协同处置有毒有害废弃物、城市生活垃圾和污水处理厂污泥等各类废弃物方面取得成功。水泥工业的技术进步不仅可以实现自身不污染环境,还可以同时消纳废弃物而改善环境,水泥窑可以享有城市"环境净化器"的美名。水泥工业大力推广纯低温余热发电,已实现总装机达330余万千瓦。10年来,大企业的迅速崛起和发展壮大意义特别重大。"中国建材"、"中国中材"两个央企成为建材行业众多领域的领军企业,"海螺"、"冀东"、"山水"、"金隅"、"华新"、"金晶"、"南玻"、"华尔润"、"惠达"、"新明珠"、"浙东"等一批大企业成为所在产业的排头兵,还有一批大企业正在崛起。他们有力地推动了行业结构调整、技术创新、节能减排、发展循环经济、推进"两化融合"、走新型工业化道路和提高经济效益等各方面的工作,成为引领行业科学发展的脊梁,赖以提升建材工业在国民经济和社会发展中的地位,其作用是明显的。10年期间,全行业全员劳动生产率和利润总额分别翻了近7倍和近20倍,这一优异成绩的取得,是与正在逐步形成的以大企业为骨干中坚力量、中小企业协调发展的企业组织格局分不开的。

10年来,我们支持新型建材工业、各产业的加工制品业的发展,玻璃、玻璃纤维工业等加工率都有提升;支持石材工业等低能耗非金属矿工业发展;坚定支持新能源产业和建筑节能蓬勃发展所催生的玻璃钢和工业技术玻璃等无机非金属新材料产业的加快发展;支持环保技术装备产业的成长等,所有这一切都延伸了产业链,提高了附加值,促进了建材产业结构"轻型化"的发展。

10年来,行业的"国际化"程度得以提升,不仅出口水泥、玻璃及非金属矿等产品,也大量出口水泥、玻璃、建筑卫生陶瓷、墙体材料工业等成套技术装备,在国外投资建厂也已起步。"中材国际"、合肥水泥院、中国建材国际工程公司等一批科技型企业紧紧依靠技术创新,大幅度提升水泥、玻璃等建材主要产业的科技研发、工程设计、装备成套和工程总包服务水平,不但满足了国内建材较高水平发展的需要,同时在国际水泥等工程市场竞争中占有领先地位。

《战略》实施以来,行业取得的发展和进步是巨大的,但我们还要清醒地看到不足。主要是,产业结构调整和优化升级任务远未完成;节能减排的任务十分艰巨;部分地区和企业在发展中追求数量规模,追逐利益的盲目发展导致水泥、玻璃等建材主要产业的过剩;整体上自主创新能力不强等。我们要认真总结发展中的经验和教训,肯定成绩,正视问题,着力解决。

中国建材联合会通过诸多方面的工作，发挥《战略》对行业发展的引导作用：

1. 以《战略》的内涵为指导，参与制、修订一系列有关行业发展的规划、政策、行政法规、标准规程等，并推动贯彻落实；

2. 在不同的阶段，从行业发展和市场实际出发，提出体现《战略》要求的工作部署，并身体力行地推动取得实效；

3. 用理论与实践相结合的研究方法，在工业部门率先开展产业循环经济的研究、推进工作；

4. 发挥榜样的示范带动作用。组织召开由"海螺"等12家水泥龙头企业和"中国建材"、"中国中材"两大央企参加的《走新型工业化道"路海"螺论坛》，学习、推广"海螺"典型经验。

总结和宣传依靠技术进步和创新取得跨越式发展的科技型典型企业，指导产学研相结合的科技创新工作，增强"靠新出强"的实施力度；

5. 在政府部门指导下，建立政、企、协三方工作沟通平台。并会同全国政协、国家发改委、工信部等有关部门分别召开循环经济、水泥窑纯低温余热发电、节能减排、玻璃行业余热发电暨烟气治理技术和行业管理工作会议。总结、宣传先进典型，推动行业相关工作的发展；

6. 充分发挥《中国建材报》、《中国建材》杂志等媒体有力的正面宣传、信息交流作用。

总之，中国建材联合会采用直接和间接、有形和无形、近期和长远、点和面的结合等诸多工作方式，在各项工作实践中来努力贯彻实施《战略》，积极发挥《战略》的引导作用。

从《战略》实践中，我们感悟到：

1.《战略》第一、二阶段的目标、任务基本实现，这一成就的取得得益于改革开放、得益于全行业坚持科学发展观，贯彻落实党中央、国务院制定的一系列正确的经济社会发展战略、方针和政策措施、得益于国民经济和城乡建设稳定较快发展对建材工业的持续强劲拉动、得益于国家和各级地方政府部门对建材工业的领导支持，同时这也是实施《战略》进程中，全行业广大干部职工奋力拼搏、艰辛付出而取得的硕果。

2. 建材工业要实现"由大变强"的目标还要走很长的路，实施《战略》第三阶段的任务更为艰巨而繁重，需要全行业为之付出更大的努力。《战略》实施15年来，建材工业发展的内外环境都发生了很大变化，要与时俱进地丰富和发展《战略》的内涵，关键是把中央关于加快转变经济发展方式中"五个坚持"的要求贯彻落实到行业"由大变强"的发展实践中。

3. 发挥好行业协会在《战略》实施中的积极作用。在各级政府行业主管部门的指导下，努力探索《战略》同本地区行业和企业发展实际的结合，开拓进取，积累经验，以发挥《战略》对行业发展的引导作用。

《战略》的展望

我们即将进入实施《战略》为期20年左右的第三阶段，其目标是使建材工业总体上基本实现现代化。

我们可以清晰地看到，未来20年左右时期内的如下情景：

1. 我国经济社会发展仍处于可以大有作为的重要战略机遇期，既面临难得的历史机遇，也面对诸多风险挑战。在《战略》实施的第三阶段中，我国将于2020年实现全面建设小康社会和基本实现工业化目标。国民经济将呈现持续稳定较快发展态势。

2. 我国还正处于加快工业化、城市化进程的阶段。随着中部崛起战略、西部大开发战略的加快推进和新农村建设的全面展开，预期以房屋和土木工程建筑业、装饰建筑业所构成规模宏大的城乡建设，将成为建材工业未来最大的市场需求所在。

3. 随着建筑产业结构调整，随着居民对建筑质量和居住舒适度要求的愈益提高，必然萌生对建材产品在质量、品种、配套、品牌和性价比等诸多方面的新需求。还要预想到，新能源、电子信息等战略性新兴产业的跨越式发展将催生无机非金属新材料产业加快发展，同时也会促进建材传统产业的转型升级。

建材工业要依靠技术创新，不断开发新技术、新产品，不仅要满足现实需求，还要去挖掘潜在需求，引导未来需求。

4. 建材工业是资源、能源依赖型工业，节能减排、降低碳强度将是永恒的发展主题，走资源能源节约型、环境友好型产业的绿色发展之路是我们的必然选择，差距不小，任重道远。

综上所述，作为主要服务于建筑业的建材工业所面临的机遇和挑战都是不言而喻的。

实现《战略》第三阶段的目标任务，从根本上讲，就是要以科学发展观为指导，加快转变建材发展方式，把党的"十七大"和十七届五中全会的精神贯彻落实到行业的科学发展实践中。

第一，坚持以满足建筑业市场需求为建材工业发展主要导向和服务方向。

建材工业顾名思义就是主要服务于建筑业的产业。目前70%以上的建筑材料是应用于建筑业的，建材产品范围还会不断扩大以满足建筑业的新需求。

我们研究了2007年的《中国投入产出表》。大量数据表明，建材工业与建筑业两个产业之间的关联是十分密切的。建筑业的发展离不开建材工业，建材工业的发展同样要以建筑业的需求为主要导向。未来我国建材工业发展要满足建筑节能、绿色建筑、住宅产业化和生态城市建设的要求，要适应未来光伏、光热建筑一体化、施工装配化以及工厂化生产房屋等建筑业现代化的需求，建材产品必然向部件化、制品化方向发展，这就要大力推动墙体材料革新，发展新型建筑材料；大力发展水泥、玻璃、石材、玻璃纤维等产业的加工制品业；延伸产业链，开发新材料、新产品，提高产品的科技含量和附加值，从而推进建材工业结构优化升级，极大地提升科学发展水平。

建材企业和有关协会要关注建筑业改革发展的新动向，研究其对建材工业的新需求。要主动加强与各级建设主管部门、建筑设计科研院所、建筑业有关协会和企业的交流合作，促进建材新产品的推广应用。发展建材工业，不认真研究建筑业的发展是万万不成的，要努力实现建材建筑业的共同发展、共同繁荣。

第二，坚持结构调整是加快转变建材发展方式的主攻方向。

建材结构调整对行业发展进步带来了巨大变化。在新形势、新任务面前结构调整都会有新的内容，不同的发展阶段又有不同的侧重。目前建材行业生产集中度不高，小而散的状况并没有根本改观，今后一段时期内，我们要把结构调整的重点放在企业组织结构调整上。我们要支持大企业做强做大，中国建材企业一定要进入世界500强企业行列。要以国发[2010]27号文件为指导，充分发挥大企业的作用，首先把水泥工业的并购重组工作做好，同时带动建材工业其他产业的重组。

技术结构调整要紧紧围绕节能减排为中心，要从政策上解决好节能减排的环境效益、社会效益和企业经济效益的统一，以保持其长期稳定发展。

产品结构调整重点应该按照邹家华副总理15年前的指示精神，大力发展加工制品业，延伸产业链，提高附加值。"冀东"、"金隅"、"华新"、"华润"等大型水泥企业涉足集料和预拌混凝土、水泥制品行业，这是水泥企业向两头延伸产业链的新探索，预期会引起水泥工业发展上的重大变革，应予关注。工厂化制造房屋也在试点中，一定会有前景。

新技术、新产品催生新产业是"靠新出强"的重要内容，对作为传统产业的建材工业来说，尤为重要。

拥有一批做强的大企业是行业乃至国家强盛的基石。在经济全球化的今天，评价中国建材企业的竞争力，不仅是其在国内市场的表现，还必须放到国际竞争的大环境中接受检验。建材大企业要坚定地实施"走出去"战略，这是企业和行业做强的必然要求。我们要统筹利用好两个市场、两种资源，积极支持有实力、有能力的企业实施"走出去"战略，以资金、技术和管理优势主动参与经济全球化和区域经济一体化进程。

第三，坚持推进节能减排、发展循环经济，建设资源节约型、环境友好型建材产业。

1. 继续坚定不移地坚持依靠科技进步推进节能减排。要在技术和管理层面上抓好现有企业的以节能减排为中心的技术改造和发展循环经济工作。信息技术在生产过程控制中的广泛应用，将取得事半功倍的成效。继续推进水泥窑低温余热发电、玻璃熔窑余热发电、电厂脱硫石膏制石膏板、水泥窑协同处置各类废弃物等项技术的广泛应用，也要积极探索和研发建筑陶瓷"湿改干"短流程新工艺和新装备；加快建筑陶瓷适度薄型化和卫生陶瓷适度轻型化的研发工作，并择时修订相关标准。要把建材环保技术装备的开发、应用列为重要工作抓好。

加强企业的精细管理，强化各层级、各岗位的责任制也是推进节能减排所不可或缺的重要方面。

2. 继续推进结构调整主导下的产业"轻型化"。2000年水泥等高耗能产业占建材工业比重（按工业增加值计算）为62%，经10年来的结构调整，2010年预计将降到45%，已取得明显的节能减排效果。

主要通过加快墙体革新，大力发展新型建筑材料；大力发展各产业的加工制品化；大力发展低能耗的非金属矿物和无机非金属新材料；水泥、建筑卫生陶瓷工业"减量化"等结构调整措施，推进建材工业高耗能产业占比持续下降，加快建材工业结构"轻型化"的进程。

3. 推动水泥工业"减量化"。水泥工业取得的成就举世瞩目，但在需求刚性拉动下的总量增长也受到能源、环境的制约。在水泥工业继续呈现增长态势下，提出控制总量，以至"减量化"会经历一个时间过程。

水泥工业"减量化"的路径可以是：

（1）在加快转变经济发展方式的国内经济环境下，投资增速减缓的水泥减量；

（2）城乡建筑物、构筑物长寿命化的预期；

（3）水泥的"以质代量"；

（4）发展循环经济，工业固体废弃物在水泥和混凝土工业中的资源化利用；

（5）加快淘汰落后"小水泥"；

（6）建筑、建材、钢铁业联动，提高预拌混凝土强度标号，广泛采用高性能混凝土所致的水泥减量。

4. 降低建材工业碳强度。这项工作涉及面广，要作出长期艰巨的努力。做好节能减排、发展循环经济处于关键地位，同时前已述及的产业结构"轻型化"、水泥"减量化"以及从国家宏观、行业中观、企业微观的3个层面上为解决水泥、玻璃"过剩产业"作出的协同努力有助于调控总量，形成产需基本协调的公平竞争的市场格局，将有助于价格回归价值，提高产业的工业增加值率，提高效率，从而从技术、管理措施上降低碳强度。

上述4个方面工作都归结到逐步实现"两型"建材产业的目标。

第四，坚持"靠新出强"，依靠自主创新，推动行业科学发展。

预期未来20年，我国建材工业的发展将步入主要依靠自主创新和经营管理制胜的时代。建材工业要"靠新出强"，就应高度重视技术创新，建立健全以企业为主体、以市场为导向的产学研结合的创新体制、机制。提高全行业，尤其是大企业研发投入水平，发挥好国家重点实验室和企业研发中心的作用。以行业发展的共性、关键性技术攻关为切入点，组织发挥好产业技术创新战略联盟的作用。要特别重视装备制造企业的技术进步，先进工艺技术必须通过先进装备实现转化。企业要充分运用国家的技术创新政策，营造创新环境，培养创新人才，提高创新成果的转化和加快产业化。

广泛开展企业群众性的技术革新活动，这是企业科技进步的基础工作。要发挥中国建材联合会和中国硅酸盐学会联合设定的科学技术奖评审发布对行业科技进步和成果转化的积极推动作用。

加强经营管理创新同样重要。要高度重视产业与资本对接加快发展；要积极探索新的商业发展模式，合理整合相关产业链，提高竞争力。要大力推进“两化融合”，积极应用企业资源计划（ERP）、电子商务（EC、EB）等信息技术提升经营管理水平，建立现代化管理模式。要加强积极向上的企业文化建设，履行公民企业的责任。企业自主创新应该是全方位的创新，既可表现为技术、工艺、产品，也可表现为战略商业模式创新，还可以是包括文化、管理、组织、营销在内的管理创新。建材大企业首先应该是技术创新和管理创新比翼双飞的强势企业。

发展生产性服务业，推动建材工业的协调发展是个新事物，值得我们认真思考和探索。建材行业在分销、物流、融资和其他生产性服务业方面发展相对滞后。在行业加快转变经济发展方式和产业愈益开放的背景下，促进生产性服务业与产品制造业和加工制品业的协同发展是重要的。要重视预期新一代信息技术如物联网（IOT）在建材传统产业转型升级中的战略性作用，择时积极推广应用。

自主创新无止境，要加快行业从要素驱动发展向创新驱动发展的转变，提高行业的核心竞争力。建材工业要将此作为加快转变发展方式，实现科学发展的根本出路。

15 年前制定、颁布的《战略》，对我国建材工业的发展发挥了积极的引导作用。党的十七届五中全会通过的《建议》，为我国“十二五”期间的科学发展指明了前进方向。我们要以此为指导，认真总结《战略》实施的成就、经验和不足，进一步深化对行业发展规律的认识。要通过广泛的研讨，引发全行业对未来发展的深入思考，自觉坚持贯彻落实科学发展观。要凝聚全行业智慧，根据新形势、新任务，与时俱进地丰富和发展《战略》的有关内容、拓展《战略》内涵。当前要以党的十七届五中全会精神为指导，协助工信部把“十二五”建材行业发展规划编制好，同时也要把实施《战略》第三阶段的方案深化、细化好，以期更好地继续发挥《战略》在促进行业科学发展中的积极引导作用。

从前途似锦而又任重道远的展望中，我们坚信：在建设中国特色社会主义的旗帜下，在科学发展观的统领下，建材工业依靠改革开放和国内外市场，依靠自身加快转变发展方式，依靠几十年来几代建材人所创建的丰厚技术物质基础和精神财富，继承和发扬建材行业艰苦奋斗、开拓创新的优良传统和作风，充分发挥《战略》对行业发展积极引导作用，我们一步一个脚印地真抓实干、锲而不舍地坚持走“靠新出强”之路，一定能够实现中国建材工业“由大变强”的历史性跨越，成为现代化建材工业强国！

★该篇文章为中国建材联合会会长张人为在 2010 年 11 月 5 日召开的“由大变强，靠新出强”战略回顾与展望座谈会上的发言。

回顾展望《战略》继续引领发展★

Review and expectation “Strategy” continues to lead the development

◎国有重点大型企业监事会主席　乔龙德

Qiao Longde, Chairman of Board of Supervisors for state - owned large enterprises

中国建筑材料联合会在贯彻落实科学发展观，总结“十一五”、构思“十二五”的过程中，一致认为有必要在建材行业开展“由大变强、靠新出强”发展战略的总结回顾与展望活动。特别是学习了党的十七届五中全会精神以后，显得尤为必要。

《战略》是在 20 世纪 90 年代中期原国家建材局党组和张人为局长的领导下制定的。本人参与了《战略》的编制并在实施的第一阶段，即打好基础的“九五”期间，分管建材工业规划发展工作，同时在党组的领导下主持了《战略》第二阶段“十五”及 2010 年发展规划的编制工作，因此对《战略》比较了解并有一定的理解。但之前，对《战略》实施全过程及作用未作过完整的思考与总结。最近一段时间又阅读了《战略》，结合思考“十二五”规划，查阅了相关资料，一件件成果和一组组倍增的数据，尤其看到《战略》目标中提出的一些重点产业有了突破性的成就之后，使我进一步加深了对《战略》思想内涵及其本质、对其起的作用和取得的成果、对其生命力及其时代意义等方面的认识。

看到发展成就，首先联想到两个根本的原因，即中国建材工业快速发展最根本的是得益于我国国民经济的快速发展；引领建材工业发展的《战略》具有持久的作用，最根本的是得益于党中央发展经济的指导方针支撑了《战略》的生命力。从而内心更加坚信未来建材工业发展，必须按照党的十七届五中全会精神，以科学发展为主题，以加快转变经济发展方式为主线，以此丰富完善提升《战略》的内涵，进而继续用《战略》引领建材工业进入一个新的发展时期。因此，开展回顾与展望《战略》活动的意义既现实又非常深远。

一、《战略》具有较强的引领建材工业发展的生命力，必须得到继承

由于《战略》建立在正确的理论和国家方针、政策为指导的基点上，有牢固的基础和支撑点。因此，要继续坚持并发挥其引领作用。《战略》的意义从整体上说，制定时有特定的时代意义，实施过程有较强的实践指导意义。今天进一步丰富完善，以展望未来发展具有更长远的现实意义。

《战略》之所以有较强的生命力和较长远的指导作用，最根本的就是把握了两个关键：一是其指导思想和内涵与我们党和国家在这个较长的历史阶段发展经济的指导方针是完全一致的，二是制定的目标和基本任务与我国建材工业这个历史阶段的现状、面对的挑战、发展的客观要求完全一致。这两个完全一致是《战略》生命力和引领力的源泉和再次回顾展望的根基所在。

第一个一致：首先我们要简单回忆一下，《战略》制定特别是主题思想形成的前后，自党的十二大以来，特别是党的十四大以后，我们党指导经济发展的方针已逐渐转向质量效益型的轨道。因此，国家建材局党组在1994年6月提出："临近21世纪，我国建材工业发展要以产量增长为主转移到大力提高集约化生产程度，提高工业技术装备水平，提高质量和配套能力的轨道上来，即以提高经济运行质量和经济效益为中心，把跨世纪的建材工业逐步建设成为具有国际竞争力的现代化原材料工业"，这是《战略》产生的前奏和思想基础，继而在《战略》主题思想形成过程中，正是1995年9月党的十四届五中全会召开，提出了"两个根本转变"：一是经济体制从传统的计划经济体制向社会主义市场经济体制转变；二是经济增长方式由粗放型转向集约型，由追求量的增长转到质的提高和以经济效益为中心的轨道上来。《战略》"由大变强、靠新出强"的脉络正是由此而生。其次，我们再回顾一下党的"十五"大以来，国家的每个国民经济发展五年计划纲要都把经济发展的指导方针和重点，定位在调整经济发展战略布局和调整经济结构、调整产业结构和实现产业升级这条主线上，而这个时期建材工业正是围绕《战略》实施的主线，也始终围绕调整产业发展布局和产品结构，用靠新出强实施优胜劣汰、产业升级和节能减排为中心任务开展布局的，其都在认真贯彻党中央发展经济的工作方针。由于广大干部职工贯彻党的方针政策自觉性的不断提高，对思想脉络与中央精神相同的《战略》的认可程度和自觉用《战略》引领行业发展的自觉性也在不断提高这样进一步增强了《战略》的威力与生命力。

第二个一致：《战略》紧扣建材工业客观存在的"四大五低"的问题，尤其是节能、环保和经济效益相对落后及总体实力较弱的实际。用"由大变强、靠新出强"作为总揽全局和引领未来发展的总方针，既道出了行业的共同心声，又指出了行业发展的必由之路，由于切合建材工业的实际，具有较强的针对性，实践空间大、价值高、效果好。

总之，由于上述说的两个完全一致，使《战略》不仅成为引领行业发展的指导，而且也成为了广大企业发展的自身需要，从而增强了《战略》的号召力和凝聚力。上述两个方面是《战略》具有生命力的根基。今天建材工业面对的挑战和主要任务，尽管形势与15年前有了很大的变化，但主要特征和主要矛盾依然是大而不强，要实现建材工业由大变强，出路必须要"靠新出强"。因此，丰富完善《战略》、继续发挥其引领作用是行业发展的客观要求，必须得到继承。

二、《战略》是建材行业发展规律的总结和实践的结晶，需要倍加珍惜与坚持

《战略》的形成和实施成果都是建材行业对于新的历史阶段发展特点的认识与有效把握的写照。《战略》实施的成果证明，建材行业已经逐渐认识了自身发展的规律与特点，由此增加了发展的主导权和主动权。

在国民经济快速发展拉动下，在全社会的支持下，加之历届建材部、局领导打下的良好发展基础，通过全行业共同奋斗，从"九五"到"十一五"的15年，是建材工业发展最快最好的时期，规模以上的建材工业增加值、主营业务收入、利润总额分别是之前的12倍、13.7倍和36倍；水泥、平板玻璃、陶瓷砖、卫生陶瓷、玻纤产量是之前的3.8倍、4.5倍、2.9倍和8.1倍；固定资产投资、全员劳动生产率分别是之前的23倍和114倍；万元工业增加值综合能耗下降了4.1倍。《战略》的指导与实践，使大家认识到：不断创新技术、推进科技进步和增加自主知识产权是建材工业调整结构和产业升级的根本，正确把握国际、国内经济发展的时代特征与转型时期的发展规律，抓住机遇是快速发展的前提；运用《战略》指导，从宏观上定好向，从微观上定准位，从经济政策上定好标是建材工业健康发展的必备条件；对影响和制约建材工业发展的瓶颈和关键问题，有计划地集中行业力量组织攻坚是提升产业登上新台阶的有效途径；主动地、有序地实施建材工业资源配置与整合，转变发展方式是实现规模经济和提高企业市场竞争力的必由之路，凡此等等都是广大干部职工实践经验的结晶。

由于建材行业把握了自身发展的一般规律，取得了快速的蓬勃发展。这当然与广大企业家的思维创新和企业的技术创新等密切相关，同时也必须看到，《战略》使行业发展有了明确的导向，指导了三个五年规划的编制，使其转化为产业政策和促使行业法规形成的力量和作用是不可低估的。

各个产业和很多企业都省略了很多共性问题的探索与摸

索，减少了盲目发展的几率和避免了可能会走的弯路，这有利于统一认识、凝聚行业的智慧和力量。因此，总结《战略》及其继续发挥更大的作用，也是进一步总结建材行业发展的规律，将正确有效的成功经验融入和丰富于《战略》之中。这既是对发展历史的尊重，也是对建材人的智慧的尊重。

实质上，这就是坚持科学发展观在建材行业的一次总结，是提升把握自身发展规律的客观需要。因此，赋予《战略》新的内涵，坚持用《战略》来指导行业发展也就是坚持继续探索规律和坚持成功规律的必然选择。这次开展的回顾与展望《战略》的活动是继往开来的序幕，回顾在当前，展望在未来，意义在长远。

三、《战略》的思想内涵具有较长远的引领作用，值得继续丰富与完善

《战略》不仅有丰富深刻的思想内涵和明确的发展目标，而且还有数学模型支撑，这是其能够站立并能持久引领发展的关键。《战略》从加快实现我国建材工业现代化的目标为出发点，以"由大变强、靠新出强"作为切入手段和实现目的，运用系统工程的原理，描绘了建材工业35年分三个阶段实现的总目标和分目标，提出了"两个根本、四个转变、三步走、八项对策"等战略步骤，并且请中国社会科学院有关专家用数学模型与其目标相对应，使《战略》建立在比较客观的支撑点上。

由于《战略》的思想内涵建立在与时俱进的"靠新出强"的哲学基础上，加之具有超前与前瞻性，因此就决定了其具有较长远的引领作用。就《战略》本身最核心的"由大变强、靠新出强"八个字的内涵、系统工程的原理和对应的逻辑规律，包括建材工业实现现代化的目标要求，以及15年来的实践结果看，指导原则仍有较强的引领作用和较强的实践指导作用。因为《战略》既有代表时代进取的思想，又有系统配套的组织体系，更有实践的空间和巨大价值。因此，对《战略》总结回顾、丰富完善具有很大的现实意义，正因为其具有较长远的引领作用，值得我们花力气去丰富与完善。15年前，《战略》曾获得国家部级科技进步一等奖，今天从历史的角度评判仍不逊色。

四、《战略》自身也要与时俱进，不足的需要强化，只有丰富完善才能更好地引领未来的发展

《战略》本身的思想内涵和目标是超前的、有前瞻性的，但与其他事物一样，必须与时俱进，不断丰富完善。只有进一步赋予以科学发展观为主题的时代进步的思想内涵，丰富完善那些受当时认识和条件局限，现在需要进一步深化和明确的问题，包括经济社会进步发展要求建设"两型社会"低碳循环经济对建材工业的新要求等，应有新的揭示和表述。例如，对建材工业现代化的表述还应增加新的内容和指标体系：结合中国特色的社会主义建设与发展进程、国际国内经济发展趋势、经济转型特点、国家中长期发展纲要对新型工业化的要求等，应有机地进入《战略》的指导思想和战略目标体系中，对《战略》本身"由大变强"的"大"，和"靠新出强"的"强"要有更清晰的定义与表述，并用数学模型将其量化，由定性的表述转向定性与定量相结合的目标体系。对《战略》第三阶段，即到2030年建材工业的发展目标，要依据国家发展纲要划分若干阶段，然而对各阶段的目标、重点、应对举措等近期的要细化，远期的作适当描绘。尤其是要把加快转变建材工业发展方式，面对的挑战和攻坚的难点、路径，包括节能减排及低碳的社会进步要求，采取的战略、对策要有方向性的引领原则和一定的量化要求，这样《战略》才能更好地引领未来建材工业的发展，才有时代意义和更强的针对性。

与此同时，对《战略》实施中存在的不足和随着形势变化面对的主要矛盾及挑战也应在《战略》完善中揭示出来，使未来的发展建立在总结经验与寻找不足的基础上，更有针对性。例如，对《战略》引领行业发展的宣贯工作还缺乏广度和力度，因而在一定层面还缺乏运用的自觉性；在加快发展，提高产业技术水平，调整结构的过程中，有效配置资源的主动性和能动性还显得不够，因而在一些产品和一些企业仍存在管理相对粗放，节能减排效率和经济效益低的问题，在一些传统建材产品得到快速发展的过程中，同质化现象比较严重，加工制品业发展较缓慢，产业链延伸步伐不快，在靠新出强总体上建材工业取得巨大成就的同时，自主创新能力不足，新领域、新产业、新技术，特别是有规模效益的主导产品较少，新产品在销售收入中的比例较低，虽然在市场化、国际化和市场开发应用方面迈出了较大的步子，上了一个较高的台阶，但总体上建材工业出口贸易额占销售收入的比例仍然较低，适应建筑业发展对建材产品配置需求和如何推进建筑业应用与配置方式变化带动建材产品发展等方面，仍是未来发展的一大难题。总之，通过大家讨论之后，要把最需要揭示和丰富进去的问题在《战略》中予以明确，使其更好地引领现实问题的解决。

五、《战略》继续引领行业发展，必须依靠全行业的智慧和力量将其提升

建材工业改革开放以来，尤其最近三个五年计划以来，取得了巨大成就，但是，真正实力大、竞争力强的产业和企业仍为数不多，从整体上看仍属于经济实力较弱、自主知识产权少、资源配置能力和效益较低的行业，特别与经济社会进步要求在节能、环保、低碳和改善民生质量等方面的距离还甚大。面对新的挑战，建材工业要攻克前进路上的困难，要变建材生产大国为又大又强的现代化的建材工业的强国，全行业必须要有统一的奋斗目标，必须要有引领发展的旗帜，这就是要有一个注入了新的内涵，能够更好地去引领行业发展的《战略》。

为此，开展这次活动就是要以党的十七届五中全会精神为指导，深入贯彻落实科学发展观，以加快转变发展方式为契机，立足现实，放眼未来，描绘出行业发展的新蓝图。完善丰富《战略》就是开展这次活动的落脚点，基于这一目的，就

是要动员全行业广大干部职工、企业家、科技专家献计献策，要集行业智慧，丰富《战略》，用行业发展成功的经验提升《战略》，并且还要依靠全社会尤其是国家相关部委的支持，以创新思维、创新观念和创新性举措去丰富完善《战略》。要把丰富完善《战略》建立在靠“新”总揽发展全局的层面上规划未来，使建材工业发展《战略》继续担当起引领中国建材工业不断前进的重任。

★该篇文章为国有重点大型企业监事会主席乔龙德在2010年11月5日召开的“由大变强，靠新出强”战略回顾与展望座谈会上的发言。

发展低碳经济增进相互合作谋求共同发展★

Develop low carbon economy, promote mutual cooperation and seek common development

◎工业和信息化部副部长　苗　圩

Miao Wei, Vice Minister of Industry and Information Ministry

2009年我国水泥工业保持了持续、健康和较快的发展态势。水泥工业是国民经济建设重要的基础产业。上年我国水泥工业努力克服国际金融危机的不利影响，在中央实施“保增长、扩内需、调结构、惠民生”一揽子计划的推动下，全行业发展呈现出企稳向好的态势。突出表现在以下几方面：

一是生产快速增长。全国水泥产量16.5亿吨，同比增长16%，增速比上年加快13个百分点。

二是市场销售旺盛，经济效益稳定增长。全年水泥平均产销率达97.62%。全行业实现利润总额400多亿元，同比增长近40%。

三是新型干法水泥加快发展，落后产能加快淘汰，结构调整取得新的成效。去年通过拆除生产线淘汰落后产能7 400多万吨，新型干法水泥熟料比重已经达到70%以上，提前一年完成“十一五”结构调整确定的目标。

四是大型企业集团并购重组步伐加快，已有18家企业水泥产能超千万吨，产业集中度明显提高。

五是节能减排成效喜人，已有40%以上的新型干法水泥生产线配套建成投产了余热发电机组，总装机容量超过3 316兆瓦，年节省标煤800多万吨。利用水泥窑协同处理利用工业废弃物、城市污泥、垃圾等试点项目陆续启动。

六是水泥技术和装备成功走向世界，随着我国水泥工业快速发展，一批有实力的建材大型企业加快了国际化进程，在充分利用“两种资源、两个市场”方面取得积极成效。同时，也成功带动了国内水泥制造技术与装备的出口，在国际市场上份额日益扩大。

继续保持好来之不易的发展形势，进一步加大结构调整的力度。2009年哥本哈根气候变化会议的召开，以低能耗、低污染、低排放为基础的发展“低碳经济”受到世界各国关注。我国政府已明确提出2020年控制温室气体排放行动目标和政策措施。胡锦涛总书记在今年2月初省部级主要领导干部研讨班开班式上讲话强调：加快经济发展方式转变是我国经济领域的一场深刻变革，关系改革开放和社会主义现代化建设全局。必须增强主动性、紧迫感、责任感，深化认识，统一思想，加强规划引导，突出战略重点，明确主要任务，兼顾当前和长远，处理好速度和效益、局部和整体的关系，调动各方面积极性，推动经济发展方式转变不断取得扎扎实实的成效。因此，结构调整既是国家应对国际金融危机的一项重要措施，也是工业行业今后几年乃至更长时期的工作重心。

我国是水泥生产大国，产量已连续20多年居世界首位。今后几年，我国水泥工业仍将保持一定增长。但是，我国水泥工业总体而言大而不强，落后产能仍占有较大比重。特别是，近年来由于需求拉动和投资回报率的提高，局部地区水泥盲目投资、重复建设问题仍然非常严重。传统水泥产业属典型的“两高一资”行业，依旧受到环境和资源的制约，难以可持续健康发展。为此，中国水泥工业在转变发展方式和结构调整上要做好以下几点：

（一）坚决抑制产能过剩和重复建设。要认真贯彻落实好国发（2009）38号文件精神，做好水泥工业投资合理布局，优化产业结构，改善产品结构，大力提倡“以质代量”，增加优质高性能水泥的使用。同时，探索延伸水泥工业的产业链，提高企业竞争能力。工业和信息化部将会同有关部门抓紧制定发布《水泥行业准入条件》，进一步提高工艺规模、能源消耗、环境保护、资源综合利用等方面的准入门槛。

（二）加快淘汰落后水泥产能。按照国发（2009）38号和国发（2010）7号文件精神，抓紧制定具体淘汰落后水泥产能实施方案，明确目标任务，落实政策措施，加大淘汰力度，建立和完善落后产能退出机制，力争三年彻底淘汰不符合产业政策和环保、能耗、质量、安全要求的落后水泥产能。

（三）抓好企业的兼并重组。国家正在抓紧制定出台政策，鼓励大企业并购重组落后企业，推动结构调整，提高产业集中度。水泥行业也是并购重组的重点行业，要积极开展调查研究，提出支持水泥兼并重组的优惠措施建议，完善国家对重点支持水泥企业的各项政策。培育一批具有核心竞争力、具有国际影响力的大型水泥企业。

（四）做好技术创新和技术改造。水泥工业要努力提高资源和能源的利用率，走内涵式发展道路。要加快建立技术改造的长效机制，重点支持企业通过上大压小、等量或减量置换落后产能、开展综合利用、推进节约生产、清洁生产等有利于节能降耗、减排治污、提高质量为主要内容的技术改造。

（五）发展循环经济促进节能减排。要充分发挥新型干法水泥窑在处置城市垃圾、污泥和有毒有害危险废弃物方面的优势，积极发展循环经济，加强环境保护，提高可替代原料和燃料的使用率，实现节能减排。真正把水泥工业发展成资源节约型、环境友好型产业。

（六）强化企业的社会责任意识。大企业是引领行业结构调整、淘汰落后、技术进步的主力军，理应在履行社会责任方面起示范带头作用。要积极参与行业活动和国际交流，通过发布社会责任报告等形式，及时了解和回应利益相关方的意见和建议，主动接受社会监督，为造就和谐社会做出贡献。

发展低碳经济、应对气候变化是全世界面临的共同课题。但是，中国还是一个发展中国家，目前还处于工业化中期阶段，在这方面要坚持规则的公平性和“共同但有区别的责任”原则。本次国际水泥峰会就“推进低碳经济，转变发展方式”这一主题进行研讨，必将对水泥工业发展带来良好的启示。希望大家就水泥工业健康和谐发展的理念和实践进行广泛交流和研讨，分享好的经验，增进相互合作，谋求共同发展。我相信，中国水泥将与国际同行一道，站在新的历史起点和新的高度，为建设和谐美好的世界做出应有的更大的贡献。

★该篇文章发表于2010年4期《中国水泥》杂志。

我国“十二五”水泥行业面临的机遇与挑战★

Opportunity and challenge faced by Chinese “12th Five – year” cement industry

◎中国水泥协会会长　雷前治

Lei Qianzhi, Chairman of China Cement Association

现在正是各个省在制定“十二五”规划的时候，对究竟怎样制定、制定多少，都有困惑。目前，我国一些省份比如河南已经站在了三岔路口上，产业结构调整已经基本结束，下一步该如何行动？山东也提出要自求（产需）平衡，利用核心区域向周边辐射。因此，笔者想就“十二五”我国水泥工业究竟怎样发展、“十二五”水泥工业的战略如何制定，以及指导思想如何确定等问题进行一下探讨。

所谓战略，就是谋大事，想大局，整个局面怎么来把握，更重要的是找准未来的发展方向，这是摆在我们面前的重要问题。

笔者认为，考虑规划的时候要跳出水泥行业来看水泥行业，首先要看国民经济发展对水泥行业有什么需求？关联度如何？建国后的前50年水泥基本供不应求，所以那个年代只要生产搞好了就不愁卖！但是，近10年来我国水泥工业跟国民经济的关联度越来越密切，国民经济对水泥行业究竟有什么样的需求？这是我们都需要思考的问题。

国家发改委有关部门正在为中共中央起草“十二五”国民经济建设的建议。笔者从中受到了很大启发，有两条判断希望大家来共同研究。

第一个基本判断，是对整个“十二五”期间，国际形势发展是个怎样态势的判断。1996～2000年世界经济发展的平均速度是5%，主要靠中国、印度等发展中国家高速发展拉动，经济比较发达的国家受美国金融风暴影响经济动荡；2011～2015年，世界都希望发展中国家有更好的发展机遇，但是，根据世界经济银行的预计，这几年经济发展的增长速度将由现在的5%下降到3%，这意味着，不仅发达国家受这次经济风暴影响严重，发展中国家如中国、印度也会因影响而发展趋缓，这是我国在制定“十二五”发展规划时对国际经济形势的判断。

第二个基本判断，即“十二五”期间我国国民经济发展的基本特征。基本特征可以用以下四句话来概括：

第一，我国国民经济进入到了转型期，现在的工业化进程已经进入中期或者叫做中后期，也就是说到“十二五”末我国工业化基本完成，这比原来制定的2020年基本实现现代化、完成工业化提前了5年。过去，我们研究水泥消费规律，基本的判断是2020年我国基本实现工业化，水泥消费的拐点在那时出现。现在工业化在“十二五”后期基本实现，说明水泥消费的拐点将比原来提前3～5年。

第二，“十二五”期间我国的城市化进程将进入推进期。国民经济提升主要是靠工业化，现在工业化基本完成了，城市化率是下一个5年国民经济发展的主要推手，尤其是经济发达的华东地区，都在制定新的推动城市化建设、加强小城镇建设、农村劳动力转向城市等规划。

第三，“十二五”是我国体制改革进入攻坚期的阶段。事实上，水泥行业的很多案例在经济体制改革中已经有了很多创新，尤其是在行业联合重组方面。比如“南方水泥”的组建，很多民营资本进入“南方水泥”，那是一种全新的经济体制——不是以民营资本为主，即民营资本所占比重不是很大，国资委没有给中国建材集团增加一分钱注册资本，都是通过上市募集到的资金，在这样的体制下，无论是国有资本还是民营资本，可以说与上市募集的资金都融为一体了。它是全新的经济体制。体制创新不仅应该是国家大的体制创新，还应该是企业的创新。战略重组过程中，要打破这种所谓“纯民营”、“纯国有”、“纯上市公司”的体制，要走混合经济体制，才能走出全新的经济体制，这就是体制创新。

第四，我国国际地位处在提升期，这是有利也有弊的。在国际地位不断提高的过程中，我国承担的国际义务、国际责任和国际上对我国发展的约束力都在增加。国家层面提出新口号，即“培育造就一批中国的跨国公司”，这对大企业来讲是机遇。现在水泥企业的前10强中，不管“海螺”、“中国建材”做到多大，都不给他们排名。这是为什么？因为他们有很重要的一个指标，即企业的利润必须来自5个国家或地区以上，这样的企业才是比较稳定的企业。现在我国的大企业还都达不到这个水平，尽管在国外都建立了海外事业部，但都没有实现利润。如今国家提出培育我国自己的跨国公司，应该说像“海螺”、“中国建材”、“中材”这样的企业已经具备了实力，但是现在要迈出这个步伐向国际进军，估计在下一个5年计划里，国家在外汇管理、外汇信贷方面，都会对企业实施走出去战略有一些大的政治倾向。希望水泥行业抓住这个机遇，能培育出我国水泥行业自己的大的跨国公司，使我国水泥行业在国际上的地位进一步提升。

总之，水泥行业在“十二五”处在非常关键的时期，处在经济转型期，能不能转好，这对全行业是一个大的考验。经济转型期不是太好把握，回顾1990～2000年我国水泥行业的风云企业和风云人物，再看2 000～2010年这10年，他们都发生了哪些大的变化？大概在2004年前后上市的水泥企业有24家，经过这几年发展，这24家企业是什么状况呢？做得好的有9家迅速壮大，像“海螺”、“中国建材”、“中材”迅速崛起。中等发展的是8家，基本上垮掉了的是7家。历史是非常严酷的，同样的发展时间，为什么结果会这么不同？我们都要好好总结思考一下。

“十二五”期间水泥产业该怎么应对才能保持可持续健康发展？笔者认为，首先也是最重要的是要进行产业整合。可以判断，在今年年末全国新型干法生产线达到1 300条、新型干法比重达到80%的情况下，结构调整任务基本完成，但是产业集中度也只有20%多一点。生产集中度这个指标，从浙江、山东的例子可以看到，只要大家联手是可以提高的。但如果企业还是无序竞争，光靠调控很困难。浙江假如没有“南方水泥”在那顶着，仅靠单线企业来调控难度很大。在调控中各个企业都得到了较好的利润，大家才会联手。没有大企业带头是很难的。因此，区域培养龙头企业，以更好地提高集中度，是下一步的重要工作。“十二五”的重点还是结构调整，但是内容发生了变化。从前是技术结构调整，“十二五”则是组织结构调整。

其次，低碳经济给我们带来了挑战和机遇。过去水泥厂单纯为社会提供产品，现在更重要的是为社会承担义务。去年笔者去日本调研得出了一份报告给环境保护部参考。他们看后认为水泥窑是系统处置垃圾很好的方式，现在也纳进了大纲。去年财政部也采纳了中国水泥协会的建议，工信部也把水泥窑处置废弃物写入了产业政策。上面在呼吁，下面也在呼吁，这需要大企业来共同营造这个气氛，也需要各省水泥协会适当进行引导。

最后，做好产业链。笔者曾经呼吁修复水泥产业链。本来水泥从熟料到混凝土是一个完整的产业链，政府管理部门把一个完整的产业链弄得支离破碎，现在我们呼吁要修复这个产业链，因此政府政策要调整，大企业要带头。商品混凝土行业小企业居多，混乱程度比水泥行业更甚。大企业在对水泥行业重组的过程中也要对商品混凝土行业进行整合，这是很关键的，呼吁大企业在这方面进行考虑。比如“湖南南方水泥”，下一步的重点就不是建新线，而是整合商品混凝土行业，对原有的生产线进行改造，以降低能耗。

★该篇文章根据雷前治在第三届中国水泥企业总工程师论坛上的演讲整理后，发表于2010年9月14日《中国建材报》。

中国水泥工业发展规划的战略思考★

Strategic reflection on Chinese cement industry development plan

◎中国水泥协会会长　雷前治

Lei Qianzhi, Chairman of China Cement Association

一年一度的总工论坛如今是越办越好，聚集了很高的人气，我在此首先向获得表彰的27位优秀总工表示祝贺。水泥工业的技术进步和中国水泥工业取得今天的成绩与大家共同的努力是分不开的。

当前中央“十一五”规划建议还没出台，水泥行业的“十一五”规划由国家工信部和中国建材联合会共同制定。我之前不久听了一次国家发改委宏观经济所做的“十一五”战略研讨报告，受到了很多启发，现在和大家一起沟通交流一下。

回顾“十一五”成绩辉煌

说到战略研究，大的方面就是要研究我们整个行业大的宏观形势，研究下一步的发展方向。这些问题肯定要充分发挥全行业的智慧，才能够找出一个比较明确的思路。

“十一五”确实是中国水泥工业发展最重要的时期，也是取得成果最为辉煌的时期。中国水泥工业在世界水泥史上创造了很多奇迹，我们用5年的时间，总共生产了75亿吨的水泥，这75亿吨水泥是一个什么概念呢？建国以来60年我们累计生产了85亿吨的水泥，而仅仅这5年时间就生产的水泥是占这60年生产水泥的45%以上；2010年底新型干法水泥生产线将预计能达到1 300条左右；熟料总产能突破13亿吨。1 300条新型干法水泥生产线基本都是在2000年以后建立起来的，总产能的60%是在这5年当中产生的。日本水泥界同行曾对我说，我们是用200年时间产生了1亿吨产能，而中国用一年的时间就完成了，简直是不可思议的事；这5年，我国水泥行业的综合实力也有所提升：“海螺”、“中国建材”等已跻身世界五强，世界五强的排名要重新排列了；“中材国际”在国际总承包的比例已接近一半；同时，与我们总工的努力密不可分的是，经历了引进消化吸收，自主开发阶段，行业自主创新能力也取得了举世瞩目的成果。我们应该为中国水泥行业取得的成绩感到骄傲。

总的来说，“十一五”期间，我们水泥行业技术结构的调整已经基本完成了，新型干法生产线比例大大提升，日产4 000吨以上规模生产线比重已超过50%。从区域布局看，现在全国人均占有新型干法水泥熟料产能超过0.8吨的有20多个地区，只有北京、天津、上海、西藏还有黑龙江等几个中心城市及边远地区还没有达到这一水平。按照我以前的观点，人均0.8吨已经是比较高的水平了，由此可见，新型干法生产线的生产布局任务也基本完成了。

回顾2009年，水泥全行业创造了4个亿的利润，分析可知，4亿元的利润之中，沿海和东部地区以70%的水泥产量创造了30%的利润，西部地区是30%的水泥创造了70%的利润；东部发达的区域创造的100多万的利润中余热发电的贡献率占了将近40%多。

“十一五”期间，水泥行业在能降耗方面主要是采用三大措施：余热发电、高中压变频以及废弃物利用。这三样是至关重要的，再加上是企业自身管理的加强，生产成本的降低，为企业节能降耗完成指标做出了贡献。除此之外，我们在国际上的竞争能力也确确实实提高了。

“十一五”水泥行业的辉煌成果将成为过去，很快就要进入“十二五”，接下来该怎么走。水泥工业有辉煌的成绩，同时也有忧虑。今年的水泥产量有可能达到18.5亿吨，新型干法水泥的产量可能达到13亿吨。这既是我们的成绩同时也是忧虑，“十一五”期间整个宏观经济社会对我们水泥行业带来哪些机遇及挑战，现在说清楚还为时尚早。但我们应该进行思考，首先应当对宏观经济社会进行研究。根据国家发改委宏观经济研究所的报告，“十一五”中国国民经济所面临的国际环境是比较严峻的。一是，金融危机对世界经济的重创是很严重的，有些专家对下一个5年世界经济的发展进行了预测，下一个5年比上一个5年，也就是2005年~2010年这个5年全球的经济增长幅度可能要有所减缓，他们预测2005~2010年世界经济增长速度大致为5%，2011~2015年世界经济的增长速度可能在3%要下降2个百分点。

中国、印度这些发展中国家在这5年中经济增长速度基本上都是达到两位数，所以他们对于世界经济增长这个5%的贡献率是很主要的。可能等到下一个5年，发达国家的经济增长速度上不来，发展中国家也有所减缓，可能达到3%，比上一个5年下降两个百分点。大家不要小看这两个百分点，它的影响是不容小视的。据报告预测，中国的宏观经济总的特点可以用四句话概括：第一句话是：中国经济处于转型期，他的标志是中国的工业化进程处在中后期阶段。过去我常说，衡量工业化进程一个很重要的曲线叫人均消费水平增长率。中国水泥协会前几年对此做过研究，钢铁协会是花费一千多万进行了研究，他们研究出来的中国工业化进程这一条曲线和我们的研究结果不谋而合。根据我们两家单位的预测，中国的钢材和水泥的消费拐点基本是出现在2018年或者在2020年。拐点的出现就标志着中国的工业化基本完成。发改委宏观经济研究所的报告指出，去年，中国的制造业已经开始减产，因此“十一五”期间中国工业化要基本完成，处于中后期，这就意味着我们距离水泥的消费拐点不远了。第一句话是：在“十一五”期间，中国大力推进城市化，要把城市化率提高到50%以上。我们听了很高兴，因为对水泥行业来说，在城市化的过程当中，我们有很多的机遇。国家提出“让进城的农民工市民化”，无论是基础设施建设还是消费对水泥工业都是比较大的拉动。第二句话是：中国的经济体制改革进入攻坚期。这个问题很值得我们行业思考。水泥行业现在进行的联合重组、兼并，这在经济体制改革中已经走在前面了，有了很多的创新。比如“南方水泥”的组建，就是一种体制创新。第四句话是：中国的国际地位处在一个提升期。随着我们的国际地位不断提高，所承担的国际义务、国际责任及国际上对中国经济发展的约束力也在增加。

以上宏观经济的四大特征为水泥工业带来什么机遇和挑战呢？通过与行业内人士的交流，我们认为水泥行业目前最突出的问题是水泥产品的价格严重背离了其价值。水泥工业的高速发展没有使我们抱上“金娃娃”，反而是背上个大包袱。从计划经济年代，水泥与钢材的价格比是1比10，现在则是1比12或13。与煤炭相比，“十一五”期间煤炭价格和水泥的价格差不多，煤炭占水泥成本的比重是40%多一点，但是现在煤炭涨到八九百，而水泥价格并没有涨，还是进一步下降，现在煤炭这一项的消耗在我们水泥行业成本中已经占到60%甚至更高。而水泥工业随着技术水平的进步，已从1吨水泥消耗170多千克标煤下降到140千克，但我们却没有尝到技术进步的成果，这显然不符合经济发展规律。

美国前两年水泥的需求量从1.1亿吨增加到1.3亿吨，一年增加2 000万吨消费量，全行业赚到了好几亿美金，而我们的水泥产量从11亿吨上升到今年的18亿吨，我们的吨水泥利润还是停留在20元钱左右，所以说我们水泥的价格和价值背离得越来越严重。这带来的不仅仅是少赚几个钱的问题，更重要的是我们这个行业再这样做下去，我们在整个国际市场和国内各个经济产业部门当中的形象越来越差。

有某个部的部长说中国水泥要比国际落后 20% 到 30%，我要说，经过多年的建设，我们拥有世界上最先进的水泥厂，从平均水平看我们也不落后。按照吨水泥或吨熟料的消耗总量看，现在大致排序为，第一是日本，第二是德国，第三是印度，中国可以排第四。但如按照万元增加值所消耗的能源资源及排放水平来算，我们的水泥就是最落后的，因为我们的水泥价格是最低的。

中国的水泥价格可说是全球最低的，我们看一下日本，水泥的总消费量从 1987 年的 1 亿多吨，下降到今年 4 000 多万吨，2011 年估计比 2009 年还要下降 1 000 多万吨，即使在如此严峻的市场条件下，东京的散装水泥价格始终没有低于 80 美元/吨。美国基本是都处在 100 美元/吨以上，欧洲较低也是在 60 美元/吨左右，我们中国的水泥价格始终在 40 美元/吨上下徘徊，这样在国际舞台上，我们的万元 GDP 排放的水平远远落后于其他国家。

展望“十二五”机遇与挑战并存

“十二五”期间，水泥行业面对这样的形势，机遇或者挑战是很现实。从机遇来讲，现在国家开展西部开发大战略，大型城市地铁的建设等因素，估计水泥在“十二五”期间的水泥的需求量总体还是呈增长的趋势，但增长的速度可能会非常缓慢。2011 年新投产的 180 条生产线产能将陆续释放，因此水泥产能过剩情况将进一步加剧。根据国内经济的增长形势，我们分析，水泥接近消费拐点的时间应该不会太长，现在有一些老板还在千方百计要建新厂，一定要认真思考。

当前各国都在制定政策推动低碳经济、绿色能源，这个同样对我们水泥行业带来了机遇，但是同时也出现了压力，我们的机遇就是围绕低碳经济和新能源，水泥工业可以做很多工作，尤其是利用水泥窑协同处置废弃物，这可能是水泥行业在下一个 5 年中新的投资热点和亮点。我的观点就是，作为是政府层面应该出台相关政策；作为我们所有为水泥服务的企业、科研设计院所还有技术装备生产部门，要做好技术储备；作为水泥厂要很好地开展前期工作

“十二五”期间，国家对我们的一项要求是要培育和造就一批中国的跨国公司，这对大企业集团是一个机遇。衡量一个企业是否为跨国公司的一个重要指标就是公司的利润必须是来自 5 个国家地区以上，因为只有这样企业发展才是比较稳定的。在水泥行业，“海螺”、“中国建材”等大集团现在已经具备了这样的实力，需要做的是迈出这一步伐，向国际进军。

当前我们水泥行业处在一个非常关键的经济转型期，能否转好是对全行业一个重大的考验。这不是件很容易把握的事情。我们回顾一下 1990 年到 2000 年，这段时期中国水泥行业涌现很多风云人物和重大事件。到 2010 年这十年，发生了什么变化。2004 年前后，上市的水泥企业有 24 家，经过 5 年的发展，这 24 家企业的状况是：做得好的迅速壮大，像“海螺”、“中国建材”、“中国中材”；做得不好的有 10 多家基本算是垮了。这个例子是非常现实的，大家可以好好总结一下。阳光是普照的，关键是看经济转型期有没有把握住机遇。“海螺”是把上市募集到的资金用得最好的一个企业。他一分钱没浪费，都用于发展主业，利用这些资金“海螺”迅速地发展起来；“中国建材”同样也是充分利用募集到的资金，抓住战略重组的机遇，以拿来主义快速发展壮大起来。总的来看，这两家企业很重要的是都有一个好的战略，且战略制定的起点比较高。

说了这么多，我衷心希望把我们的产业做好做强做大，在经济转型的时期，一定要把握好，把自己单位的力量和外界的力量都集中起来，来做一个好的发展战略，这个发展战略要凝聚本单位所有人，劲往一个地方使，这样我们的产业才能在今后的领域里，让企业更健康、可持续地发展。

★该篇文章为雷会长在 2010 年 8 月 7 日召开的第三届中国水泥企业总工程师论坛上的讲话。

变压力为调整产业结构的动力★

Change pressure to momentum of industrial structure regulation

◎国务院参事室副主任、全国政协民族与宗教委员会副主任　蒋明麟

Vice director of Counselors Office of State Council Jiang Minglin, Vice director of Nationality and Religion Committee of CPPCC National Committee

能源和气候变化已经成为全人类共同关注的重大而迫切的问题，而这两者都与高碳排放有密切的关系：碳密集的能源结构和生产方式、能源消费方式，导致全球的能源消费日益增长、能源供应日益紧张，最终的结果将是社会不能持续发展；而高碳的排放，则对地球生态环境产生严重的破坏，大气污染、温室效应等越来越威胁到世界经济和社会发展，乃至人类的生存。面对这些危机，以低能耗、低污染、低排放为基本特点的低碳经济应运而生。走低碳发展之路，逐步减少对化石能源等高碳资源的依赖，已成为世界各国促进经济社会和环境可持续发展的重要选择。

低碳经济是以碳排放为度量的人类经济活动，是以低能耗、低污染、低排放为基础的经济模式，其中包括低碳能源系统、低碳技术、低碳产业体系。低碳经济的实质是提高能源利用效率和创新清洁能源结构，其核心是技术创新、制度创新和发展观的转变。

在2008年国际金融危机影响下，各国纷纷提出用绿色经济和绿色新政应对金融危机和气候变化的双重挑战，把发展低碳经济看做是缓解当前经济危机和今后长期发展、实现全球经济转型的重要途径。我国作为世界人口众多、经济基础薄弱和经济快速增长的发展中大国，面临长期和艰苦的发展任务。我们需要从贯彻落实科学发展观的高度，通过学习和借鉴发达国家的有效经验和做法，积极推动我国低碳经济发展。

1. *加强低碳经济发展战略研究，建立完善的法律制度。*要采取更加有力有效的措施，建立和完善我国应对气候变化的法律制度。一方面，提高立法层次，以法律规范形式明确我国应对气候变化的基本方针和原则。另一方面，将规范应对气候变化工作纳入各级政府国民经济和社会发展规划及年度计划，统筹协调各级政府及其部门的应对气候变化行动。

2. *研究探索利用市场化机制，推动企业自愿节能减排。*发展低碳经济应充分利用市场手段，把“碳排放”作为一种“商品”进行交易，使企业能够在减少碳排放的同时，获得相应的经济利益。2008年8月成立的北京环境交易所和上海环境能源交易所，为我国环境类权益提供了市场交易平台，推进了环境权益交易的市场化进程。

3. *加强经济结构调整，大力发展清洁能源和可再生能源。*我国正处在工业化、城镇化的快速发展阶段，我们必须在努力增加能源供给的同时，坚持节约优先、提高能源利用效率、积极转变经济增长方式和调整产业结构，推动企业自主创新，鼓励节能新技术研发，形成新的经济增长点。同时，完善发展风能、太阳能、生物能、地热能、潮汐能等可再生能源的配套鼓励政策，实现多能互补，扩大可再生能源在总能源供应中的比重，从而减少碳排放。

4. *建立有效的低碳技术开发和转让制度。*应当抓紧研究和建立支持低碳技术研发和转让的政府引导资金；加强技术方面的能力建设和人员培训，提高自主创新能力；加强与发达国家的合作，引进和消化发达国家在发展低碳经济中的新技术。

5. *建立和完善温室气体排放的检测体系。*要逐步建立和形成排放检测的指标体系、标准体系、考核体系和相应的奖惩体系。适时颁布环境会计准则体系。除此之外，政府应加强金融、税收政策对可持续发展的支持，加强和完善国际合作机制等，促进低碳经济发展。

建材产业是国民经济和社会发展的重要原材料产业，也是消耗资源能源大的工业领域六大耗能产业之一，同时又是排放温室气体的大户。当前国民经济的快速发展，拉动了建材产业产能和产量的高速增长。在产业规划布局和产业结构调整滞后的情况下，导致某些建材产品如水泥、平板玻璃出现了产能过剩。因此，如何使建材产业在推进低碳经济发展的环境下，促进产业可持续健康发展面临巨大的挑战，同时也面临难得的机遇。关键在于我们如何变压力为调整产业结构的动力，在于我们认真分析建材产业未来发展的前景，着重在总量控制、淘汰落后、兼并重组、节能减排、自主创新5个方面，确实针对建材产业各个领域进行研究和探索，提出扎实推进产业结构调整的有效措施。在推动低碳经济发展的进程中，在加强应对气候变化能力建设和我国实现工业化、城镇化的进程中，建材产业应成为资源能源消耗少、温室气体排放小、与环境友好的新型绿色产业，为推动我国低碳经济的发展探索有力的途径，为我国对外承诺的到2020年单位国内生产总值能耗比2005年降低40%～45%贡献力量。我相信经过全行业的共同努力，这个目标一定能够实现。

★该篇文章发表于2010年3月30日《中国建材报》。

低碳经济——水泥工业必然选择★

Low carbon economy – inevitable choice of cement industry

◎中国水泥协会会长　雷前治

Lei Qianzhi, Chairman of China Cement Association

2009年的峰会，我们曾经讨论过“金融危机下水泥行业的机遇与挑战”。面对国际金融风暴的巨大冲击，中国政府采取了一系列强有力的应对措施，尤其4万亿“扩内需，促增长”的举措，使水泥行业获得一个又一个重大的机遇，全行业市场消费量、产量、利润等都实现了两位数的增长，投资高达1 700亿元，新建投产新型干法生产线176条，年销售水泥超过1 000万吨的企业已经有18家，淘汰落后产能7 416万吨。中国水泥工业结构得到有效的调整。2009年水泥产品综合能耗大大降低，吨熟料能耗124.15千克标准煤，比2008年降低4.85%；吨水泥能耗95.08千克标准煤，比2008年降低8.11%。全行业节能减排取得了显著成效。

从京都议定书到哥本哈根世界气候大会，中国政府都作了庄严的承诺，为此也采取了一系列的政策措施。今天，我们又聚集在这里，讨论在全球关注气候变化的背景下，水泥行业降低资源和能源消耗，减轻并消除环境污染，大力开发低碳技术，转变产业发展方式，使水泥工业走可持续发展道路等关键问题。今年峰会的主题是“推动低碳经济转变发展方式”。国家发改委、工信部、环境部、建设部、中国建材联合会等部门对这次会议非常重视，发改委解振华副主任致电张人为会长，了解会议的准备情况并给大会组委会写信表示祝贺；工信部苗圩副部长会前在百忙中抽出时间听会议专题汇报，今天又亲临会场将要发表重要讲话；国家发改委气候司苏伟司长人在外地还多次来电话询问会议的准备情况并对会议的召开提出明确的指导意见；建设部及有关单位也都很关心这次会议，派专家和领导到会指导并作技术报告。

国内外同行都非常关注这次会议，中国建材集团董事长宋志平、海螺集团总经理任勇、法国拉法基集团董事长兼首席执行官乐峰先生等亲临会场并发表讲话。本届峰会邀请了政府部门领导、研究机构学者、国际水泥组织、知名企业领袖、设计研究专家、市场、证券分析师等进行讲演和对话研讨，旨在解读国家产业政策、回顾上年经济运行、展望未来发展走势、分析市场、研讨低碳经济、水泥制造前沿技术及发展趋势；推动产业市场化、资本化和国际化；构建中外政府、专家、企业、媒体高层次、高规格的对话与交流、合作平台。

发展低碳经济是我们的必然选择，而降低二氧化碳排放强度一旦成为产业量化标准和强制目标，必将给水泥工业带来巨大的挑战和机遇，同样，也为所有为水泥行业服务的产业带来巨大的商机。

★该篇文章为中国水泥协会会长雷前治在3月31日召开的“2010中国国际水泥峰会”上的发言。

积极正面地看待水泥行业的调整★

Look at cement industry regulation from active and positive angle

——写在762家水泥淘汰落后产能企业名单公布之际

◎**中国建材集团董事长**　宋志平

Song Zhiping, President of CNBM

近年来，我国水泥行业实现了迅猛发展，并以自身的发展有力支持了国家经济建设。在行业大发展的同时，我们也清醒地看到，产能过剩、企业分散、过度竞争等问题仍然严重制约着水泥行业的发展。

为进一步加快转变经济发展方式，促进产业结构优化升级，实现可持续发展，今年年初以来，针对水泥行业的现状，各级政府紧锣密鼓地出台了一系列措施，把对行业结构调整的各项政策不断深化和细化。前不久，国务院常务会议对企业兼并重组工作进行了研究部署，随后，工信部很快公布了762家水泥淘汰落后产能企业名单。这两件事对我国水泥行业的发展具有里程碑意义，它们传递出一个明确信号：中国水泥业进入一个加快淘汰落后、推进战略重组的崭新时代。

虽然产能过剩已经是行业内外的共识，但一些地方想上水泥生产线的热情仍然不减，这也是一直以来大家担心政府的一系列政策措施能否真正取得成效、担心落后产能是否还有死灰复燃机会的原因。而此次公布淘汰落后水泥产能企业的详细名单，凸显了政府的决心和淘汰落后的力度。我们认为这个名单的公布非常及时和必要，社会和行业对此的反映也十分积极和正面。

低碳经济的到来，给水泥行业的节能减排带来空前压力，也为行业可持续发展提出了新的课题。现在政府出台强有力措施，一方面鼓励企业兼并重组，一方面用铁手腕淘汰落后。在这个重要的历史时刻，我们应该就水泥行业发展的一些深层次问题，就行业价值和今后的发展路径进行深入系统的思考，推动行业更加健康地发展。

一、从过度竞争到适度竞争

水泥行业是一个竞争性行业。我国经济发展的历史和现状表明，对事关国家安全和对资源和环境有重大影响的行业不能采取过度的市场竞争。水泥作为一个高度依赖资源和能源、对环境有一定负荷的重资产行业，应该在政府部门的协调下有序地开展适度竞争。

近年来，随着新型干法水泥的大发展，水泥总产量和总用量都迅速增长。然而，在从计划经济到社会主义市场经济的转变过程中，我国水泥行业实际上是越过了充分竞争而进入到了过度、无序竞争之中。这给行业发展带来一系列困扰：水泥企业家数多、产量大，但集中度低，没有形成有市场影响力的大企业；行业布局混乱、高度分散，造成资源的巨大浪费；企业之间压价竞争成为竞争的主要手段，没有有效的市场协同，水泥价格长期在低位徘徊，企业盈利难以实现，行业价值没有得到应有的体现。我国是全球水泥最大的生产国和消费国，但同时也是全球水泥价格最低的国家。

事实证明，水泥行业单纯依靠市场的力量，是无法达到合理布局和市场竞争有序化的。我们应该让适度竞争成为全行业的共识，具体来说，一是在政府指导下进行合理化布局，在现阶段不要再盲目上新线，要学习借鉴土耳其、沙特等国家实施的水泥项目听证制经验，由政府、行业协会对整个布局进行分析、听证，根据区域的需求统筹决定是否上新线及项目选址；二是鼓励企业通过兼并重组的方式形成区域性大集团，主导市场格局；三是鼓励和引导企业在竞争中实施区域市场的自律和进行市场化协同。

二、从纵向价值比较到横向价值比较

过去我们衡量水泥行业的价值，更多是从纵向进行比较，也就是从行业自身发展的不同阶段来对比，而没有放在整个国民经济价值体系中进行比较。

在整个价值体系中，水泥行业的利益长期受到挤压。当价值链中上下游行业的价值体系形成的时候，由于企业规模小，没有市场定价能力，水泥行业十分被动，无法很好地设计和寻求行业自身的利益和价值。与同属于建材的钢铁业相比，国际上钢铁与水泥的价格比一般是3∶1，而中国是10∶1，高的时候甚至达到15∶1。与水泥的重要原材料煤炭相比，10年前我国水泥价格是煤炭的两倍左右，现在煤炭价格是水泥的两倍。我们并没有把煤炭涨价带给企业成本上涨的压力通过产业链进行有效传递。与最终产品房地产相比，水泥行业也没有分享到房地产价格高涨带来的应有收益。

多年来，水泥行业进行了大量投入，包括技术结构调整、余热发电技术推广等，客观地讲，确实降低了生产成本，强化了节能减排。但是，我们的水泥企业一直沿用了一种扩大自身规模、压低生产成本的行业内部竞争思路，而忽视了整个行业价值的提升，忽视了寻求提升行业价值的思路和方法。每一次新的投入，并没有真正转化为企业利润，无论是余热发电带来的效益，还是政府给予的循环经济政策补贴等，最终都成为一轮轮降价的理由，成为价格竞争的工具。

当年浙江省率先全部淘汰了落后水泥生产力，但由于上线过多，布局不合理，导致价格一落千丈，“南方水泥”重组后才使浙江的局面好转起来。河南和四川的水泥价格一度很高，在大力淘汰了落后之后，由于上线过多和缺乏整合，目前处于价格低谷。这些历史和教训，行业里所有的人都不应该忽视和忘记。

对长期偏低的水泥价格，很多人习以为常，似乎认为这样的价格就是合理的，殊不知我们的水泥价格是长期在不合理的轨道上运行，我们一直用水泥产品的低价格、用水泥行业的低价值服务于房地产等高额利润行业。这种状况再也不能持续下去了。

水泥行业消耗大量能源和资源，排放大量二氧化碳，又是一个重投资行业，理应为社会创造更多税收，为企业、投资人、银行及社会相关利益群体创造高额回报。这次国家强力淘汰落后推动结构调整，成为水泥价格和行业价值合理化回归的良机。

随着限制新增和淘汰落后，水泥的供需将从过剩转向平衡，价格也会随之恢复性上涨，但这应该是行业价值的正常回归和对过去多年超低价格的补偿，不能成为新一轮新增产能的理由。水泥企业应该理性看待，千万不能脑子一热去“大干快上”，使来之不易的局面付之东流，那样我们将会犯历史性错误。

我们必须抓住这个难得机遇，改变长期以来的竞争思路和对行业价值的模糊认识，通过这次调整把水泥价格合理化、把行业价值合理化，让水泥行业创造出厚重的GDP，也只有这样才能满足国家对单位GDP二氧化碳排放的要求。

三、从技术结构调整到组织结构调整

近年来，我国水泥行业技术结构调整速度日益加快，以消化吸收和自主创新推动的技术进步，带动了整个水泥行业的快速发展，这一方面表现在新型干法技术得到普遍应用，到2009年年底新型干法水泥产量比重已达76.88%；另一方面，余热发电技术的大规模采用对水泥行业的节能减排和可持续发展起到至关重要作用。

虽然水泥行业的技术结构调整取得了很大成绩，但组织结构调整并没有得到同步推进。2009年我国前10强水泥企业产量占全国总产量的21%左右，这个数据虽然比10年前的4%左右有较大提升，但与发达国家相比仍差距悬殊。西方经济学认为，行业中竞争的激烈程度和这个行业中企业的数量成正比，集中度低导致水泥产业布局不尽合理、企业过于分散、无序恶性竞争、普遍效益不佳的状况。因此，大规模淘汰落后产能后，我国水泥结构调整的主要矛盾转向了组织结构调整，我国水泥行业发展已经进入大规模组织结构调整的时期。

组织结构调整的核心就是通过加快推进联合重组，增加行业集中度，提高大企业对市场的控制力、影响力和定价实力，使行业得以健康发展。过去这几年“中国建材”在“中联水泥”、“南方水泥”和“北方水泥”的重组实践中已经充分证明了这个问题，现在我们希望在原有基础上推动行业中更大规模的战略性重组。

此次政府公布762家落后产能企业淘汰名单，一些人理解为这只是一次技术结构的调整，我认为它实际上包含了三层意思：第一层，当然是淘汰落后力度的加大，名单中涉及落后产能1.07亿吨，从目前仍有超过3亿吨的落后产能来看，未来我国水泥工业淘汰落后产能的任务依然艰巨，工作量依然繁重。第二层，是我国及各省的节能减排压力非常大，加快淘汰落后能够有效促进减排任务的完成。第三层，也是最主要的一层意思，就是这次淘汰不只是针对落后产能，更重要的是针对过剩产能。这意味着此次淘汰与以往的显著不同就在于过去我们是用新增来淘汰落后，是“等量淘汰”，而这次是纯粹的“减量淘汰”，淘汰就减少量，不会再用新增来弥补被淘汰的量。因为只有减量才能解决过剩和节能减排的问题。目前我国水泥在大部分地区已经没有再新增、新建的理由,不应该为淘汰落后附加任何条件。因此,确切地说,这次淘汰是基于技术结构调整的组织结构调整。

四、从增量发展到减量发展

过去的10年是我国水泥大发展的10年,水泥总产量从2000年的不到6亿吨增长到2009年的超过16亿吨,年复合增长率高达12%。在这种快速增长的情况下,水泥行业的发展呈现两大特点:一是大量建设新型干法水泥生产线,新型干法水泥生产线由2000年的135条增加到2009年的1 113条,仅2009年一年新建成投产的大型新型干法生产线就有176条;二是大量企业进入水泥行业,水泥企业的数量不断增加,虽然近两年随着联合重组规模的加大,企业数量有所减少,但在目前也仍有4 000家以上。

从水泥消费与经济社会发展的一般规律来看,在经济社会发展初期到大规模建设阶段,水泥消费量会逐年增长,增速加快;当增长接近峰值时,水泥消费量增速趋缓;越过峰值后,水泥消费量将会逐年降低。现在行业内比较普遍的看法是,中国水泥年消费量峰值为20亿~22亿吨左右,而预计今年的水泥总量就会突破18亿吨。这一方面说明我国水泥行业总量已经处于过剩之中,另外也表明消费量的峰值即将到达。加上我国政府把单位GDP二氧化碳下降值作为低碳化的重要指标,而水泥是一个二氧化碳的重排放行业,国家对二氧化碳排放的限制有效阻止了水泥产能的继续扩张。在这样的情况下,水泥行业的发展不能再追求过去的那种大规模建设新线和大规模企业进入的方式,而是要走一条减量化发展的道路。

减量化发展,首先要把水泥量的增幅从高速增长的两位数降下来。其次,要从低碳化、延伸产业链和增加附加值方面来考虑行业未来的发展,具体来说,要走一条"四化"之路。

一是"高标号化",提高水泥产品性能。我国现在水泥产品以32.5水泥为主,混凝土等级以C30为主,这与经济发展和建筑质量的要求很不匹配,更重要的是与国家的节能减排要求不匹配。发达国家大都是42.5、52.5水泥和C50混凝土,这大大提高了水泥的附加值,减少了水泥的用量。所以我们的水泥企业应该以高标号化来迎接低碳经济。二是"特种化",实现产品品种多样化。政策限制导致企业不能扩大产量之后,企业应该加大技术创新力度,大力开发特种水泥,细分市场,使产品向多样化发展,增加产品附加值。三是"商混化",推行粉磨站和搅拌站一体化。延伸产业链,使水泥厂大规模进入商品混凝土领域。在淘汰完小水泥之后,行业还要大力推动水泥和商混企业大规模整合重组。四是"制品化",推动水泥与建筑的结合。水泥制品化是水泥企业延伸产业链的方向,水泥产品大型构件化、集成化、模式化,可以极大地提高水泥产品的附加值。

由此可以看出,在水泥行业进入减量化发展轨道后,有更多事情等待我们的水泥企业去做。去年日本水泥总量已从20年前经济高峰时代的1.2亿吨降到了4 500万吨,但日本企业大力发展特种水泥和水泥制品,提高水泥价格,集约化程度非常高,企业效益也非常好。

我们坚信,政府加大淘汰落后产能和加快推动联合重组的举措,将有力助推中国水泥行业的发展。我们要吸取过去的教训,推动行业理性成长,迎接行业健康发展的新时代。"中国建材"将充分发挥央企的引导和带动作用,抓住政策机遇,加快淘汰落后,实施更大规模、更高层次的跨区域、跨所有制的战略性重组,为我国水泥工业真正实现由大变强做出应有的贡献。

★该篇文章发表于2010年9期《中国建材》杂志。

汇聚能量 执着进取 为建设具有较强国际竞争力的企业集团而努力奋斗★

Converge energy, advance persistently and strive to build the enterprise group with relatively strong international competing force

◎中国中材集团有限公司董事长 谭仲明
Tan Zhongming, President of SINOMA

一、十年来的发展回顾

十年创新,十年发展。在正确发展战略引领下,在广大干部职工坚持不懈努力下,中材集团(下称"集团")已由一个困难企业发展成为品牌优秀、业绩突出、科技领先、制度完善的现代企业。十年来,"集团"企业规模迅速壮大,经济实力显著增强,经营业绩快速增长,管理体系基本完善,创新能力持续增强,企业品牌快速提升,国际竞争力不断提高,企业文化健康发展,困难企业基本退出,历史债务问题绝大部分处理完毕。

十年改革,十年收获。与十年前相比,"集团"资产总额由57亿元,增长至730亿元,年复合增长率为29%;营业收入由17.16亿元，增长至500亿元以上，增长28倍，年复合增长率为40%；利润总额由0.44亿元，增长至40亿元，增长90倍，年复合增长率为57%。

"集团"所取得的骄人业绩，得益于正确的战略指引，得益于成功商业模式的运用，得益于全体员工的共同努力。

回顾十年的工作，我们主要取得了以下几方面的收获：

（一）正确的发展战略，引领了"集团"快速健康发展。正确的战略是保证"集团"快速健康发展的前提。十年来，"集团"始终把战略管理工作作为首要任务。

2001年"集团"提出了"五大创新"、"五大目标"的战略、目标体系；2002年确定了"五六五三二"的战略措施体系；2003年确定了"科技型、产业型、国际型"企业定位和"高回报性、高成长性、战略性"产业定位；2004年确定了"6+1"的骨干企业发展格局；2005年确定了"创一流企业"战略和新的"五大任务、五大目标"；2006~2007年，实施了第二轮资产重组，推动主业上市；2008年确定了建设12个管理体系；2009~2010年，实施了董事会试点，完善了现代企业治理结构。

在"集团"总体发展战略的框架下，结合各个产业不同的目标和实际情况，制定实施了具体产业的发展战略。

实施了技术装备工程业"国际化"战略，国际市场份额从几乎为"零"发展到2009年的36%，连续三年稳居全球第一，超过了国际上传统强势竞争对手，树立了良好的品牌形象。

实施了水泥产业"西部战略"和"区域龙头战略"。"集团"的水泥产业从无到有，从小到大，已经成为国家重点支持的十二家全国性大型水泥企业之一，产销量位居全国前六，掌控了国内效益最好的水泥市场，具有了行业内最强的盈利能力。

实施了新材料产业"科技成果尽快商业化，以创新引领成果转化，快速培育科技型产业"的战略。培育了太阳能发电多晶硅熔炼器、风电叶片、CNG气瓶等多个优势产业。实施了玻纤产业"承接国际产业化转移，快速切入"的战略。"集团"玻纤产能位居国内前三，具备了玻纤制品的生产能力，竞争优势逐步增强。

实施了非金属矿业"向探、采、选、科、工、贸一体的企业格局发展"的战略。巩固了原有业务，拓展了新的业务领域。

确定了加速地勘单位产业化发展和企业化进程的"三个稳定、三个机制、一个灵活、两个目的"的发展指导原则，有效地推动了地勘业的改革、发展与稳定。

（二）不断优化企业组织结构，运行机制进一步完善。资产的科学重组和组织结构的不断优化，是"集团"科学创新发展的重要基础，取得了极其显著的成果。2001年开始进行第一轮资产重组，将部分优势企业的资产进行规范的公司制改造，设立了以上市为目的的"中材国际"和"中材科技"，并分别于2005年、2006年成功上市，实现了科技型企业资产重组推动产业发展并与资本市场对接。2004年起开始实施了涵盖集团大部分企业绝大多数资产的第二轮资产重组，于2007年7月31日设立了中国中材股份有限公司，并于同年12月在香港联交所主板成功上市。

在发展过程中，"集团"始终注重打造完整的产业链，形成集团产业的整体竞争优势。"集团"将4家矿山公司合并重组设立了新的公司，有效地提升了"集团"矿山企业的竞争能力，提高了盈利水平；"集团"还准确把握国内外节能减排需求提升的时机，及时设立了余热发电专业公司，使"集团"的余热发电业务得到了迅速壮大。

根据国务院国资委工作部署，"集团"与天津水泥院进行了资产重组，壮大了"集团"实力。"集团"还积极开展行业内优质企业的并购，新疆、甘肃、宁夏、山东等地一批主业突出、业绩优良的行业龙头企业先后进入"集团"，为"集团"的发展注入了新的力量，带来了新的活力。

通过自有资产的整合上市，以及并购重组，到2010年，"集团"旗下的上市公司已经发展成1家H股、6家A股的上市公司格局。"集团"7家上市公司以优异的业绩在资本市场上树立了良好的形象。

在不断完善组织结构的同时，"集团"按照国务院国资委国有企业建立现代企业治理制度的要求，积极开展、全面推进了董事会试点工作。自2009年9月正式开展董事会试点工作以来，"集团"修订完善了制度体系，调整了总部机构设置，建立了董事会运作支撑机构体系，规范了出资人、董事会、监事会、经理层的权责，形成了决策机构、监督机构和经营管理者各负其责、协调运转、有效制衡的治理机制。董事会、党组织、经理班子之间的沟通更加顺畅，形成了董事会把握全局，制定战略；党组织主导用人，参与决策；经理班子贯彻落实，抓好运营的职责明确、运转协调的管理和运行模式。截止至目前，"集团"第一届董事会已召开董事会会议13次，各类专业委员会会议9次，审议通过董事会及专业委员会议案50余项。

"集团"还积极推动了职代会建设，建立健全了职工民主管理权力机构，选举产生了职工董事，进一步推动了职工民主管理工作的制度化、规范化，促进了持续健康发展。

（三）加强了科技创新，推进了可持续发展。科技创新是"集团"实现主业发展的重要支撑。"集团"拥有的13家国家级科研设计院，5个国家工程研究中心，2个联合国开发计划署合作建立的发展中心，6个国家级产品质量监督检测中心，6个国家级计量认证测试单位，9个国家标准化技术委员会及标准技术归口单位，在"集团"科技创新、加速推动科技成果向产业项目转化中发挥了骨干作用，其他各类企业充分发挥企业在创新中的主力军作用，形成了良性互动、相互促进的局面。"集团"围绕培育一流科技创新能力和建设"创新型国家试点企业”，加大对科技投入的考核力度，努力推动科技成果向产业转化，不断增强自主创新能力，逐步建立完善了分工明确、优势互补、特色突出、机制灵活的三级科技创新体系。

“集团”的科技创新已经形成了以科技创新促进产业发展，以产业发展推动科技创新的良性互动。一大批前沿技术转化为了产业化项目，新的产业和市场需求进一步催生了新的科技成果。“集团”具有自主知识产权的新型干法水泥生产技术及全系列装备达到世界领先水平；“集团”生产的先进复合材料、特种玻纤及制品、人工晶体等产品广泛应用于“神舟”系列载人飞船、“嫦娥”探月工程，以及陆、海、空、二炮等诸兵种新型武器装备，为我国航空、航天及国防事业的发展做出了重要贡献；应用复合材料技术的1.5兆瓦以上级风电叶片的产业化制造技术引领了我国风力发电叶片的发展方向；自主研发成功了全球规格最大、功效最高、质量最优的太阳能发电多晶硅熔炼器；水泥窑处置废弃物、余热发电等节能减排和循环经济技术的研发应用居于国内领先。

2000年以来，“集团”先后承担国家和地方各类科研项目560余项，落实国家科技项目投资、军工配套技改项目资金、军工配套科研项目资金总额超过10亿元；取得各类科研、设计、咨询、工程奖励或成果1 332项，其中国家科技进步一等奖1项、二等奖10项；获得国土资源部地质找矿一等奖1项、二等奖1项；“集团”先后评出科技进步特等奖2项、一等奖14项、二等奖24项、三等奖7项，评出科技进步地质成果一等奖18项，二等奖81项，三等奖132项。目前，“集团”拥有各类有效专利460项。

这些成绩的取得表明“集团”自主创新能力有了显著提高，科研体系的建立完善和科研成果的不断产生，为“集团”可持续发展提供了不竭的动力。

（四）强化了各项管理，向一流企业进一步迈进。管理工作是企业发展的永恒主题，在过去的十年里，“集团”始终注重管理工作的强化、优化和细化。逐步建立健全了以战略管理、投资管理、财务管理、激励与约束、审计监督、企业文化等为核心内容的，符合“集团”特点和实际的管理体系。

成功的战略管理模式，保证了“集团”的发展方向，推动了产业的快速发展和经济实力的不断壮大。投资三原则的确立实施，保证了“集团”在十年的发展中，没有出现投资失误，有限的资源得到了充分高效的利用。

“集团”明确了各部门在决策程序中承担的职责，规定了完成合同、议案等审核工作的要求和时限，建立了“议案受理—部门会审—会议研究—形成决议”的规范决策程序；形成了“决策部署、传达贯彻、监督检查”三位一体的执行力管理体系；“集团”以资产关系为控制主线的现代企业治理制度日趋完善。

不断完善了稳健的财务机制。综合会计核算监督、决算管理、预算报告、动态监测、中介审计监督、不良资产管理等方面内容，建立并不断完善了财务工作体系，有效地监督了经营活动，加强了考核评价；拓宽了融资渠道，降低了融资成本；加强了产权管理，提高了资产质量；为“集团”的发展提供了有力的支持和保证。

强化了运营管理，坚持并创新了运营分析制度，通过对标管理优化了整体技术指标和盈利能力。

创新了审计工作。十年间，“集团”共组织完成审计项目762项，其中经济责任审计615项，届满审计99项、离任审计48项。在考核评价、资产重组、投融资、促进经济效益提高、违纪违法案件查处等方面发挥了重要的作用，基本实现了内部审计由“监管型”向“管理控制型”和“全面风险管理型”的过渡。

建立并完善了规范有序的“目标责任—审计监督—考核奖惩”三位一体的经营者激励与约束机制。通过“集团”所属企业目标、绩效与年薪制的推行，有效提高了企业管理人员的工作积极性，促进了“集团”各企业的业绩提升。

开展了全面风险管理体系建设，建立和完善了一整套风险防范制度；建立了覆盖全“集团”的企业法律顾问制度，培养了一批公司律师及企业法律顾问；重大项目事前介入、事中控制、事后监督的全过程法律风险防范体系日趋完善。

加强了人力资源管理。推行了面向社会公开招聘、择优上岗的用工制度改革；建立并完善了符合法律法规，适应“集团”实际的收入分配制度；实行干部公开选拔，竞争上岗，优胜劣汰，废除了职务终身制。十年来，“集团”对直接管理的下属单位通过换届、引进、招聘、考核、续聘、解聘、免职等方式合计聘任（解聘）领导干部1 106人次，其中解聘考核不合格或不能胜任工作的71人。目前“集团”共有在职职工5.8万名，其中中国工程院院士2名，工程设计大师3名，有突出贡献的中青年专家、享受国务院特贴专家及教授级高级工程师600多名，中级以上技术职称的近7 000名，已基本形成了结构合理，层次分明的职工队伍。

积极采取破产、改制、出售、清算、注销等有效措施，基本解决了历史遗留问题。退出困难企业41家，安置分流职工5 500余人，解决历史遗留的贷款、担保等诉讼案件22起，处置债务金额5亿余元，有效排除了历史遗留问题对“集团”发展的干扰，为“集团”发展营造了良好的环境。

通过持续努力，“集团”各项管理工作水平不断提高，效用不断增强。十年来，“集团”先后被评为全国经济责任审计先进单位和全国内部审计先进单位，统计工作、财务工作、公文管理及保密工作等多次受到商务部、财政部、统计局、国资委等部委的通报表彰。

（五）注重党建工作和企业文化建设，营造了和谐发展氛围。“集团”始终注重党建工作，各级党组织团结带领全体党员和职工群众，深入学习党的“十六大”、“十七大”精神，始终保持共产党员先进性，增强贯彻落实“三个代表”重要思想和科学发展观的自觉性和坚定性，积极推动创先争优。坚持围绕中心，服务大局，发挥优势，充分发挥党委的政治核心作用、党支部的战斗堡垒作用和党员的先锋模范作用，有力地推动了“集团”的改革，促进了发展，维护了稳定。

十年间共发展党员1 700余名，壮大了党员队伍，增强了党组织的战斗力；“集团”评选表彰先进基层党组织64个，“四好”领导班子10家，优秀共产党员、优秀党务工作者和劳动模范395人。“集团”3家单位荣获“全国五一劳动奖状”，4家单位被评为中央企业先进基层党组织，3家单位被评为中央企业先进集体；5名同志荣获全国劳动模范，29名同志荣获省部级劳动模范，多名同志当选为全国、省、市等各级人大代表、政协委员，荣获“全国五一劳动奖章”、“全国三八红旗手”等称号。这一系列奖项的获得，弘扬了正气，促进了忠诚企业，爱岗敬业局面的形成。工会、共青团充分发挥作用，积极开展职工、群众和青年工作，确保了各项任务的圆满完成。

成功设计导入了SINOMA标志形象，并进行了全面推广和广泛应用，对内达到了企业标志的统一，对外达到了企业标志的惟一。自VI成功导入以来，SINOMA标志已伴随着“集团”的业务发展和国际合作，走进了全球五大洲各个国家，SINOMA品牌的国际、国内影响力不断提升。

“集团”积极推进企业文化建设，大力倡导健康商业文化、职业文化和人际文化，宣传弘扬了“汇聚能量，执著进取”的企业精神，培育了良好的企业信誉和职工形象，营造了和谐发展的文化氛围。

“集团”始终注重主动履行企业的社会责任，积极回报社会。在南方雨雪冰冻灾害、5.12汶川特大地震、青海玉树地震、甘肃舟曲泥石流灾害面前，“集团”各级单位积极投入抢险救灾工作，踊跃捐款捐物，总计超过4 000万元；“集团”还出资500万元在新疆、贵州等地援建了一批希望小学；出资2 000万元援建了新疆水库工程，为新疆捐助民族互助基金近400万元。

过去的十年，我们打基础、上台阶、谋发展，产业规模不断壮大、经济实力大幅度提升、组织结构不断优化、品牌塑造成效显著，取得了令人瞩目的成绩。但是也要清醒地认识到，我们还存在一些差距。比如我们的规模还不够大；投资实力还不够强；高端复合人才还比较少；科技创新还不能完全满足“集团”快速发展的需要；管理体系还有待于持续完善；风险防范体系还要持续加强等。

二、战略与目标

“十二五”期间“集团”总体战略指导思想是：以科学发展观统揽全局，坚持“创一流企业”目标，坚持“创新型、国际型、价值型”企业定位，坚持高成长型、高回报型、战略型新兴产业定位，坚持培育较强发展实力、较大产业规模、优秀自主知识产权、知名国际品牌，把集团建设成为具有较强国际竞争力的企业集团。

要在“集团”“创一流企业”战略取得成功的基础上继续深化创一流产业水平、一流创新能力、一流管理体系、一流市场品牌、一流企业文化的措施，全面完善企业战略管理体系、全面预算管理体系、生产运营管理体系、全面风险管理体系、安全管理与应急体系、投融资管理体系、财务管理体系、科技创新体系、激励与约束体系、品牌与文化管理体系、信息化体系、执行力与公务管理体系。

要持续增强“集团”已培育形成的“创新引领的发展模式、系统集成的商业模式、高端发展的产业模式”为主要内容的企业核心竞争力，不断完善内涵与范围。

在“集团”业已形成优秀产业基础的形势下，要在新的企业战略定位和产业战略定位导向下，进一步强化创新推动和价值引领，提升国际经营比重和主业规模，积极创造条件，向世界500强企业迈进，将“集团”建设成为具有较强国际竞争力的企业集团。

要继续发挥“集团”六大核心技术优势，努力开发新型关键技术，大力推动技术装备工程业和非金属新材料主导产业持续快速发展，进一步扩大科技在集团快速健康发展中的贡献率。推动非金属矿业稳健、高效发展，提升经济效益。加大力度支持地勘业充分利用好国家政策、自身条件、市场机遇和“集团”内协同效应，加快地勘单位发展。要积极拓宽发展道路，大力发展循环经济、节能减排，发展新能源、新光源、新型制造业等新兴产业。

要以坚持战略导向型发展模式，引领“集团”重点产业快速健康发展。技术装备工程产业要继续坚持国际化品牌、现代商业模式战略，积极推行价值创新战略、新兴产业战略；水泥装备制造业要确立国际领先战略，通过持续创新、完善管理、集约化经营，制造出全球最好的水泥装备；余热发电产业要贯彻完善、提高、领先战略，尽快完善产业链，提高技术和装备创新水平，持续创造领先优势。水泥产业要实施西部扩张、环境友好、价值提升战略；商品混凝土产业要加快区域布点、优质企业并购，做大规模。

继续创新发展战略，开拓新兴产业。快速发展水泥窑协同处理废弃物产业，占领先机，创造品牌；利用成熟的商业模式经验，形成太阳能、风能发电系统集成能力，发展技术、装备、工程业务；发展新型光源产业；及时发展规模化汽车配件、管罐领域复合材料产业；探索进入水务产业的可行性及途径。

到2015年，“集团”总体目标是：资产总额超过1 500亿元，营业收入超过1 500亿元，利润总额超过150亿元，科技贡献率超过75%，国际业务收入超过集团总收入的50%。

十年发展取得的成就，为“集团”在新的五年里提升竞争能力，壮大产业规模，拓展产业领域，实现跨越式发展奠定了坚实的基础，“集团”新的五年发展规划为我们描绘了美好的蓝图，让我们继续坚持以科学发展观统揽全局，锐意进取，开拓创新，为把“集团”建设成为具有较强国际竞争能力的企业集团而努力奋斗。（注：原文有删减）

★该篇文章为谭仲明在2010年12月20日中材集团工作会议上的工作报告。

发展循环经济　走新型工业化道路★

Develop circulated economy and stick to new industrialized road

◎北京金隅集团有限责任公司董事长　蒋卫平
Jiang Weiping, President of Jinyu Group Co. Ltd.

如果把自18世纪欧洲工业革命开始至第二次世界大战结束前的世界工业化进程喻为第一轮世界工业化进程，或称之为传统工业化道路，那么其后，特别是自20世纪60年代以来出现的以发展中国家（地区）为主体的世界工业化进程，则可称之为第二轮世界工业化进程，或曰新型工业化道路。我国作为世界最大的发展中国家，历经计划经济、有计划的商品经济及社会主义市场经济等各阶段的发展，既有沉重的教训，也积累了诸多经验，并确立了保障经济社会可持续发展的科学发展观。在此过程中，作为国民经济重要支柱的建筑材料行业，也实现了长足进步。在此谨以北京金隅集团有限责任公司为案例作简要分析，以期能为行业走好新型工业化道路提供可资借鉴之经验。

一、主动践行循环经济理念是走新型工业化道路的现实选择和落实科学发展观的生动实践

一要使循环经济理念根植于企业经营者、管理者心中，从而化为发展循环经济的自觉行动。

被冠以“两高一资”帽子的建材行业，如何通过大力发展循环经济，加快新型工业化进程，从而逐步转向现代生态工业体系，是当务之急，也是长远之计。其决定性前提，也即思想观念，就是如何深刻地认识和理解何谓循环经济。循环经济是一种以“减量化、再利用、资源化”为原则的经济增长模式，但更为重要的是，它更是一种涉及经济社会方方面面，几乎涵盖人类全部活动的发展理念。因此，建材行业要摘掉“两高一资”的帽子，就必须在坚持以信息化带动工业化、以工业化促进信息化的同时，更加主动地将循环经济理念融入到企业战略方针的研究制定、更加广泛地将循环经济措施运用至企业生产经营管理的各个层面，更加深入地将循环经济理念落实到日常生产管理活动的具体环节，努力走出一条科技含量高、经济效益好、资源消耗低、环境污染少、人力资源优势得到充分发挥的新型工业化道路，既符合企业当前利益，也决定着其长远可持续发展。

作为地处首都的大型国有企业和行业领先企业，金隅集团始终将“经济效益、社会效益、生态效益协调统一”作为坚持发展第一要务的最高原则，以规划指导和制度建设，使其逐步成为企业管理者的思维方式和企业管理的长效机制，并将其列为系统内企业负责人经营绩效考核的重要指标。

二要以结构的大力度调整作为发展循环经济的核心之举，进而成为走好新型工业化道路的有力保障。发展循环经济本质上是遵循生态规律和经济规律安排经济活动，其核心是建立一种新的生态化产业模式。从宏观层面讲，就是要依据产业关联技术经济的客观比例关系，来调整不协调的产业结构，促进国民经济各产业的协调发展。产业结构优化过程就是通过有关产业政策调整影响产业结构变化的供给结构和需求结构，实行资源优化配置与再配置，来推进产业结构的合理化和高度化发展，最终在不同类别的产业之间形成类似于自然生态链的关系，运用反馈式、网络状动态联系，使物质能量流在系统内不同行业之间有序循环。从微观层面讲，企业作为这个大的生态化体系的组成单元或者节点，只有主动进行产品结构、产业结构、组织结构等的持续优化乃至大力度调整，方能适应或积极引领行业发展。

北京金隅集团由成立于1955年的原北京市建筑材料工业局经企业化、集团化、股份化、证券化等多次转型而来，之所以能发展成为以水泥及预拌混凝土——新型建材制造——房地产开发——物业投资与管理为核心产业链的大型产业集团的重要原因之一在于结构调整。一是坚持走新型工业化道路，坚决淘汰了胶合板、硬质纤维板、水泥纤维板、石棉制品、砂石产品等50多种高能耗、高污染、技术附加值低的传统建材产品，重点发展绿色环保、节能低耗的新型建材产品，目前已成为全国最大建材制造商之一和环渤海经济圈建材行业的领导者、京津冀地区最大的水泥供应商和北京地区最大的水泥生产商，并被列为国家重点支持的12家大型水泥企业（集团）之一。金隅水泥等各类新型建材产品广泛应用于国家重点工程项目和重大基础设施建设，在北京奥运会场馆建设中成为产品品种最多、用量最大、应用最广的建材供应商，其中高标号水泥在北京奥运会场馆建设中的份额达到90%以上。二是在加快建材工业结构调整的同时，充分利用腾退出的土地，大力发展房地产开发业，金隅集团已成为北京综合实力最强的房地产开发商之一（年均开复工面积200万平方米以上）、最大的保障性住房开发企业之一（累计超过400万平方米），并以房地产开发收益反哺、升级和壮大新型建材制造业。三是在实施房地产开发的同时，自持部分优质不动产，大力发展以高端写字楼经营、度假休闲和物业服务为核心的现代服务业，发展符合首都定位的都市型产业和培育新的经济增长点。目前，金隅集团也是北京最大的投资性物业持有者和管理者，持有的高档物业超过70万平方米，经营管理的中高端物业超过100万平方米。

在深入贯彻落实科学发展观的当前，金隅集团将结构更加优化、效益更加显著、发展更加和谐确立为加快实现集团战略目标的有效路径，其中结构更加优化是前提和基础，也必将成为集团在新型工业化道路上又好又快发展的有力保障。

二、强力推进清洁生产是发展循环经济的重要基础

清洁生产旨在最大限度地减少原材料和能源消耗，实现在生命周期内对产品进行全过程的污染控制与管理，兼顾了经济效益和环境效益，是发展循环经济的重要基础和有效途径。就企业层面而言，清洁生产本身即循环经济的微观体现，一个产品、一台装置、一条生产线都可采用清洁生产的方案。在发展循环经济的实际运作过程中，需要解决一系列问题，清洁生产为此提供了必要手段。特别应该指出的是，发展循环经济技术上的前提是产品的生态设计，没有产品的生态设计，循环经济只能是一句口号而无法变成现实。因此，推进清洁生产也是有强烈社会责任感和行业发展使命感的企业，发展循环经济最现实和最理性的选择；就行业层面而言，在行业发展规划、行业标准制定、业内竞争自律等方面同样应以清洁生产的实施成效作为先进性衡量和价值判断的重要依据。这也是行业协会发挥巨大作用之所在。只有实现微观和中观的良性互动，宏观的或者说广义的循环经济才能在更广范围和区域内得以发展并获得最终成效，进而实现构建资源节约型和环境友好型社会的目标。

在坚持走新型工业化道路的10多年中，金隅集团始终强力推行清洁生产，一方面坚持新建、改建、扩建项目要达到工艺先进、能耗物耗小、污染排放少的标准和要求，并通过产品结构调整、污染企业搬迁、新改扩项目以新代老、老污染源限期治理等措施，实现了从单纯的末端治理向生产全过程控制的转变；另一方面不断加大节能减排工作力度和环保投入，取得了明显成效。与2000年相比，2009年集团万元产值综合能耗下降46%，工业万元产值取水下降85%，在京工业企业的烟尘、工业粉尘、二氧化硫、COD排放分别下降85.64%、39.91%、87.8%和88.34%，在北京市城市综合整治定量考核中，连续多年名列榜首。

三、大力开展资源综合利用是发展循环经济的重要举措

建材行业是目前综合利用各类废弃物，尤其是废物、废水和废气的大户，也是潜力最大的行业，其中每年消纳和利用的各类固体废弃物约占全国工业部门固体废弃物利用总量的80%以上，是整个社会实现资源循环的一个关键环节。就水泥工业来看，运用粉煤灰和煤矸石替代黏土，运用转炉渣、硫酸渣替代铁矿石，运用脱硫石膏替代天然石膏，运用电石渣替代石灰石原料等技术已十分成熟，在实践中也较为普遍；就利废第二大行业墙体材料工业来看，综合利用石灰石和砂岩、矿山废石生产新型建材，粉煤灰、煤矸石、炉渣、矿山废石、脱硫石膏等的综合利用量之大及范围之广亦非常可观。因此，许多工业废弃物都可作为建材产品生产的替代原料和替代燃料。在能源资源问题日益制约经济社会发展的今天，中央作出的建设节约型社会的战略部署，对作为我国国民经济重要产业之一的建材工业而言，在节能减排及能源结构调整中大有可为。

目前，金隅集团系统内经省级政府相关部门认定的资源综合利用企业已近30家，年均消纳粉煤灰、脱硫石膏、废陶瓷、矿山废石等各类废弃物1 000多万吨，产值近60亿元。集团拥有自主知识产权的利用水泥回转窑余热发电技术，已在系统内广泛应用。集团所属水泥企业已建成和正在建设的余热发电装机总量117兆瓦，全部建成投产后预计可实现年供电近10亿千瓦时，节约标煤34万吨，减少二氧化碳排放近90万吨，其中仅目前已建成运行的项目每年即可累计发电约3.5亿千瓦时，节约电费近2亿元。

四、不断推动自主创新是持续丰富循环经济发展途径的动力源泉

建材行业作为国家发展循环经济的试点行业，在进行初级综合利用的基础上，如何对废弃物进行资源化利用和无害化处置，既是对建材行业社会责任感的考验，也是对其创新能力的考量。

在即将完成的金隅集团"十一五"规划期间，集团不断加大技术研发投资力度，累计投入3亿多元用于新产品、新技术和新工艺的研发，累计投入近20亿元用于污染扰民企业调整搬迁和落后技术工艺改造，为技术进步和产业升级提供了有力保障。与此同时，集团通过大力整合技术资源，打造了一流的研发平台。以北京建材科研总院为依托，墙体材料、水泥混凝土、家具设计、固废处置、耐火材料、矿棉吸声板、建筑技术等7个分中心的集团技术中心，被评为国家级企业技术中心，不仅为集团自身提供了强大的技术支持，同时也成为行业新技术"孵化器"。

更为重要的是，"集团"充分发挥水泥这一依托于窑炉的建材工业在发展循环经济方面自身独特的先天优势和广阔的拓展空间，先后建成并成功运营我国第一条具有自主

知识产权、利用水泥窑无害化处置工业废弃物的示范线，不但实现了水泥生产过程中部分原燃材料的有效替代，而且有机物有害成分的焚毁率达到99.99%以上，有效地解决了传统处置过程中产生的二次污染问题；自主研发建成我国第一条依托水泥窑无害化、资源化处置城市生活污水处理厂污泥生产线，年处置能力占北京市生活污泥总量的1/4；承建了北京市政府折子工程——全市最大危险废弃物处置项目，并已投入运营，项目中废矿物油、废铅酸电池、废乳化液等处置线年处置能力4.7万吨，达到城市产业化功能；成功完成垃圾焚烧飞灰水洗及水洗后烧制水泥熟料工艺的中试线的建设，并已具备垃圾焚烧飞灰再利用的产业化基础；积极探索城市工业污染土壤、生活垃圾资源化处置的有效途径，建成利用水泥窑焚烧生活垃圾筛上物基础设施。这些项目的投建和运行，不仅发挥了建材窑炉工业的自身优势，也培育了新的经济增长点和开拓了循环经济发展的新途径，既实现了集团自身经济效益和资源利用效率的最大化，也为城市发展、环境安全和社会和谐做出了积极贡献。

发展循环经济、走新型工业化道路是我国建材行业实现可持续发展的必由之路，需要业内同仁积极探索、自觉实践和不断创新，需要行业协会悉心指导、宣传推广和呼吁引导，也需要政府规范市场、扶优促强和强力支持，但根本在于企业自身主动转变发展方式，逐步“由大变强”，坚持“靠新出强”，方能在全国上下深入贯彻落实科学发展观的当前和国家“十二五”规划的未来5年有所作为，并努力使建材行业由国家发展循环经济的试点行业发展成为示范行业，为我国经济社会又好又快发展做出应有贡献。

★该篇文章发表于2010年12期《中国建材》杂志。

坚持科学发展 努力把水泥工业打造成节能环保新产业★

Stick to scientific development and strive to make cement industry to new industry of energy saving and environment production

◎安徽海螺集团公司董事长　郭文叁

Guo Wensan, President of Anhui Hailuo Group Company

水泥工业是建材工业的主要组成部分，也是国民经济重要的基础产业。多年来，特别是20世纪90年代中期以来，我国建材行业的领导、专家学者从水泥工业发展实际出发，制定了“由大变强、靠新出强”的发展战略，实行水泥工业“控制总量、调整结构”的产业政策，全面落实“降低投资、设备国产、优化设计、强化管理、大力发展新型干法水泥”等一系列发展措施，促进了中国水泥工业的技术进步和跨越式发展，取得了举世瞩目的辉煌成就。通过秉承“由大变强，靠新出强”的发展战略，一大批水泥企业走向成熟，迅猛发展。

安徽海螺集团公司自1996年成立以来，正是在这一战略的指引下，在原国家建材局、中国建材联合会各位领导、专家的关心和支持下，走出了一条由小变大、由大变强、靠新出强的科学快速发展之路。在企业发展的关键时刻，领导和专家多次深入海螺进行调研指导，坚定了企业的发展信心，为企业指明了前进的方向。

海螺集团是以水泥为主导产业的企业集团。水泥工业作为资源性产业，也是节能减排潜力最大、发展循环经济前景最好的行业之一。多年来，在快速扩张的同时，集团十分注重企业发展与经济社会、资源环境的协调发展，围绕把水泥工业打造成节能环保新产业的目标，坚持以科学发展观为统领，贯彻节约资源和保护环境基本国策的要求，通过持续的技术创新和管理创新，将发展循环经济、推动节能减排作为企业可持续发展的重要组成部分，走出了一条跨越发展、科学发展、和谐发展之路。

一、大力发展新型干法水泥生产技术，提高水泥产业节能减排水平

自20世纪90年代起，海螺集团通过与设计、制造等相关单位联手攻关，在大型装备制造等关键技术方面取得了突破性进展，开辟了国内低投资、国产化建设新型干法水泥生产线的先河，率先建成了我国第一条日产5 000吨新型干法国产化示范线，通过大力发展新型干法水泥，带动了我国新型干法水泥生产技术的推广和普及，推动了我国水泥工业的结构调整和技术进步，为推动全行业的节能减排做出了贡献。

到目前为止，集团投产运行日产5 000吨以上生产线68条，成为我国规模最大、资产最优质的建材企业集团之一；规模化经营、标准化生产，从技术装备上为降低能耗指标提供了先决条件。2009年，集团可比熟料综合能耗为118.57千克标煤/吨，低于行业推荐的2010年限额120千克标煤，考虑余热

发电后的实际耗能为105.92千克标煤/吨；可比水泥综合能耗为97千克标煤/吨，比行业平均水平120千克低19%，与行业推荐2010年限额97千克标煤的标准相当，达到了国际水泥行业的先进水平。按照1亿吨水泥的年产量计算，与全国行业平均能耗水平相比，集团年节约标煤230万吨，年节约成本17.9亿元。今年1～9月，集团吨熟料综合能耗为118.34千克标煤，考虑余热发电后的实际耗能为105.65千克标煤（可比能耗更低），较去年继续保持下降势头。

二、着力推广实施水泥余热发电技术，拓展节能减排新途径

1995年，在原国家计委、原国家建材局和日本新能源产业结构等的共同努力下，日本政府赠送中国的首套水泥低温余热发电示范项目在宁国水泥厂建成投产，开辟了中国水泥低温余热发电的先河，成为国内水泥窑纯低温余热发电的最早应用者。

海螺集团宁国水泥厂水泥低温余热发电示范项目的成功，得到了国家有关部门的充分肯定，此项技术被国家发改委列为国家十大重点节能工程之一。从2005年开始，集团在总结、消化、吸收的基础上，把水泥低温余热发电作为优先发展的重点产业，在所有生产线上配套建成了余热发电系统。在实施余热发电项目的同时，企业充分利用技术领先优势，加大推广实施力度，并推广到钢铁行业。

到目前为止，集团已签约国内外150多套余热发电机组，在我国和泰国、巴基斯坦、缅甸、土耳其等地推广建成了134套余热发电机组，总装机容量达1 680兆瓦，年发电量130亿千瓦时，相当于年节约标煤460万吨，年减排二氧化碳1 100万吨，为把水泥工业建成资源节约型、环境友好型产业做出了有益探索和贡献。

到今年年底，我国新型干法生产线将达到1 080条左右，除已建和在建外，还有约40%的生产线可以配置余热发电装置。如果以上新型干法生产线全部配套余热发电，每年可实现节电270亿千瓦时，相当于节约煤炭消耗1 000万吨，共减排二氧化碳约2 360万吨。今年1～9月，集团内部余热发电量就达到了27.33亿千瓦时。

当前正是实现“十一五”节能减排目标的攻坚阶段，水泥低温余热发电可解决水泥生产相当一部分的用电量，并能节约煤炭消耗、减排二氧化碳，对完成“十一五”节能减排目标任务具有特别重要的现实意义。

2010年10月24日，在东京举行的第五届中日节能环保综合论坛上，海螺集团作为中国企业的惟一代表，在开幕式上作了发言，总结了开发推广水泥低温余热发电、城市生活垃圾处理等节能环保新技术的典型经验，得到中日两国政府的高度评价。

三、自主研发利用新型干法水泥窑处理城市生活垃圾系统，落实企业社会责任

2007年以来，海螺集团通过对国内外垃圾处理技术的实地考察和研究，凭借其在水泥高温煅烧、废气处理技术领域的研究和经验积累，结合我国城市生活垃圾的特性，开发出具有自主知识产权的利用新型干法水泥窑处理城市生活垃圾系统，此技术为世界首创。其显著特点在于：工艺布局简洁，投资低；采用汽化炉焚烧，燃烧的气体有害成分被水泥窑高温所分解，科学解决二□恶英的降解，对大气无污染；所形成的残渣作为水泥原料配料，无任何废弃物，真正做到了垃圾的无害化处理；焚烧时利用垃圾自身热能实现自燃，不需要任何燃料，且可替代水泥窑部分燃料，达到节能效果。

2010年3月，世界首套水泥窑垃圾处理系统——日处理600吨垃圾示范项目在铜陵海螺公司建成，年处理城市生活垃圾达20万吨，节约标煤约1.3万吨，减排二氧化碳约3万吨。目前，项目各系统运行正常，经检测各项环保指标完全合格。其中，经中国国家权威机构实地取样、德国EurofinsGfAGmbH实验室检测，二□恶英排放指标仅为每立方米0.037 6纳克，大大优于欧洲发达国家每立方米0.1纳克的标准要求。截止至今年9月底，这套系统已处理生活垃圾4.9万吨。项目技术的成功开发和应用，彻底解决了城市垃圾填埋、大量占用土地、污染环境的难题，相比传统的填埋、堆肥、焚烧等垃圾处理方式，节能减排效果好，社会效益显著，是典型的循环经济发展模式。

四、开发应用水泥节能立磨、高效节能预热器等大型装备

通过开展国际技术交流与合作，海螺集团在节能、环保装备开发制造方面取得新成效。集团投资建设的节能环保装备制造基地，继开发制造了系列余热锅炉后，还开发制造了垃圾焚烧炉，CK系列节能原料立磨、矿渣立磨，低压损水泥窑尾预热器，高效水泥熟料冷却机和辊压机等节能环保装备，并逐步朝着产业化方向发展，为推进水泥行业乃至相关产业的节能减排发挥着越来越重要的作用。

2009年，集团自主开发的CK－450立磨开始装备到集团新建熟料生产线上，而且已销售到集团外水泥企业（共有业绩42台）。集团内已有13台立磨调试投运，台时产量达到430～460吨，振动速度只有每秒0.3～0.6毫米，与同类型其他立磨相比，主电机电流下降15%左右。此产品具有运行稳定可靠、台时产量高、原料适应性强等优越性能，受到国内外水泥、钢铁企业的广泛关注。

此外，集团通过技术引进和对多条生产线运行经验的总结，开发出了日产3200吨、日产5 000吨、日产12 000吨生产线预热器系列技术装备，并形成批量生产。2009年以来，集团签订了17台（套）NSP预热器项目，首台预热器已在“弋阳海螺”投运。

五、积极消纳各类工业废渣，全力打造生态环保型企业

多年来，集团将生态环境保护贯穿于工厂的规划、建设

和生产等全过程，加大环保设施的投入，在粉尘、废气、废水和噪声等治理方面取得了显著成效，所建设的水泥厂以其布局合理、环境优美而享誉全球。

集团不仅在建设和生产中重视生态环境保护，加大环保设施的投入，同时依托专业优势，积极研究各种工业废渣的特性，并在水泥生产中最大限度地消纳脱硫石膏、磷石膏、硫酸渣、粉煤灰、炉渣等工业废渣，为发展循环经济、建设环保型社会做出了有益探索。去年，海螺集团旗下各水泥企业共消纳粉煤灰、柠檬酸渣、脱硫石膏、铁和铜矿尾渣等工业废渣1 100多万吨。

"十二五"期间，国家将把建设资源节约型、环境友好型社会作为加快转变经济发展方式的重要着力点，并将节能环保产业作为培育和发展战略性新兴产业的重点领域。海螺集团将在行业协会的正确领导下，围绕把水泥工业打造成节能环保产业的目标要求，继续秉承"由大变强、靠新出强"的发展战略，继续加大有效投入，着力提高企业运行质量，大力发展符合市场需求的节能环保新产品，为推动我国建材工业技术创新、节能减排做出自己的贡献。

★该篇文章发表于2010年11月16日《中国建材报》。

联合重组　合作协同谋共同发展★

Combination and reorganization, cooperate and coordinate for mutual development

◎中国联合水泥集团有限公司董事长　崔星太

Cui Xingtai, President of China United Cement Group Co. Ltd.

"中国建材"针对市场主要分为两部分。第一部分是主导市场区域，希望产能达到50%以上，正常在60%～70%，在这个区域里对市场价格有一定的话语权，能够对这个市场有比较大的影响；第二部分是协同利润区域，我们有30%～40%的市场份额，也许更少一点，在这些区域里作为参与者，可以和竞争对手共同协作，维护市场的正常环境和秩序，在市场上共同发展。

寻觅北方市场合作伙伴

目前"北方水泥"的范围包括东北地区黑龙江、吉林、辽宁三省。最早内蒙古也在其中，后来根据整个业务的发展方向，最后决定将其划分给"中国联合水泥"，因为"中国联合水泥"在河北有企业，虽然量不大，但是可以和内蒙、山西连成一片。2009年12月，与内蒙"乌兰水泥"签订正式的合作协议，最近又与内蒙其他一些企业在商谈合作，而山西市场也有一些动作，预计3月底，我们在内蒙和山西就会有新的战略合作伙伴来共同发展这个市场。

"中国建材"对山西和内蒙关注时间很长，2003年开始和山西"大同水泥"有过接触。此后，国家出台加速淘汰落后产能的政策，山西"大同水泥"有7条湿法窑，按照政策2007年底全部关闭，还有5 400员工，因此，我们就退出了。

继续关注山西和内蒙两个区主要是基于三方面的考虑：

一是，两个地区都是能源基地。就目前来看，煤电仍占水泥生产成本的63%左右，这两个区域煤电价格非常低，但是水泥价格在全国却是中等偏上；

二是，两个区域人口虽不多，但是GDP增长很快。特别山西省煤炭行业现在开始整合，后期将会像中东拥有石油的国家一样发展得更快；

三是，两个区域市场还没有形成足够有影响力的龙头企业。目前内蒙主要企业有"蒙西"、"乌兰"和"冀东"，但是规模都不是很大，山西也是如此，别说在全国排名前12家，就连国家重点支持60家以内的企业，山西也没有一家，企业相对比较散。

加大沿海区域重组与协同

东南沿海地区经济是国家市场最活跃、经济最发达的区域，而建材行业特别是水泥行业曾经有过辉煌，但最近几年一直陷入低谷，最突出的是浙江省每年1亿多吨的产销量，而价格及企业的盈利水平在全国基本是垫底的。这种情况不仅给区域乃至整个行业都带来不好的影响，当然也给全国其他地区敲了警钟。尽管地区经济最发达，需求很大，购买力水平也挺高，但是水泥价格就是上不去，使我们水泥行业在这个区域里一直处于比较被动的状态。其主要原因就是"产能过剩、集中度不高"，与全国的基本情况差不多，所以"中国建材"从2006年开始在华东地区做一些工作，进入2007年以后实行联合重组。到目前为止，我们在华东的浙江、江西、湖南、江苏、上海等地区，大概有1.1亿吨的产能，广西等其他地方也在做一些探讨，希望能够继续加大合作的队伍。

计划2010年年底"南方水泥"包括广西在内，五省一市可以形成1.5亿吨的产能。在这个经济最活跃、最发达的区域里，虽然有"海螺"、"南方公司"、"华润"、"台泥"、"中材"等一些大的企业集团，但是大家在市场方面的协作程度并不是太高。所以，去年不仅只是"海螺"，包括区域里的其他竞争对手，按照"中国建材"的市场理念，我们都希望和他们有合作。如果从资产组带上能有点合作，无论是控股方或者是参股方都可以考虑的，假如参股或控股都行不通，在市场方面做个协同也比较不错的。协同并不是搞区域垄断，因为在中国目前最少还有 4 000 多家水泥企业，所以说再怎么做也谈不上垄断，只是希望在一些区域平时能有一些联系，在市场上大家能够有所合作，让行业和企业盈利状况得到改善。

至于未来华东市场格局是个什么样子不太好说。目前，华东地区有近 6 亿吨水泥产能，“中国建材”希望有 3 ~ 5 家水泥企业能够携起手来把它共同维护好，这样对“中国建材”来讲在区域里进行的联合重组也基本达到目的。

构建四川、广西和谐利润区

“中国建材”在四川、广西也有一些动作，但目前形成产能的只有四川，对于四川我们最早是没有计划的。一是，因为 5. 12 地震以后，中央政府要求央企带头支援四川建设；二是，四川地震以后对建材产品需求很大，价格又高，那么利润空间也就较大，这也是我们进入的原因。

进入四川时我们是经过精心选择的：一个是要体现中央的号召，进入一定的重灾区；第二个是在这个区域里面未来能有一定的控制力。基于这两个条件，我们最终选择了四川的绵阳，12 月 28 日位于北川第一条生产线已经建成投产。

这个项目我们在搞活动的时候，绵阳市委书记当时和我说：“真正在四川重灾区投资到位的重工业项目你们是第一家”。我们在绵阳投资 2 条生产线，1 条是在北川、1 条是在安县，安县大概在今年 5 月份投产，现在预热器整个已经封顶，选择这个区域主要就是想构建一个和谐利润区。

利润区的范围不是以省为概念，也可能是一个城市，比如说绵阳，本身我们是 2 条日产 5 000 吨的生产线，在周边和其他已经投产的一些公司也在谈合作，我们毫不避讳，而且希望在绵阳和德阳未来能够形成核心利润区，至于四川其他的区域里面，因为还有别的公司在做，但是如果能够和这个连成一片，也愿意和“中国建材”、“中国联合水泥”协同，或者是重组合作，我们也非常愿意，如果说目前没有意向的话，我们也希望在市场上成为伙伴。

对于广西区域我们目前是有进入的想法，当然也有这个机会，只是还没有实质性地做起来，那么未来还是按照我们的战略规划，只要是在一个区域里的一个市或者两个市能够形成核心的利润区，我们都不排除进入到市场里面去的可能。

响应号召支持淘汰落后产能

目前，行业内讲的落后产能主要是立窑、湿法窑，包括一些立波尔窑等。国家已经明确三年内把它淘汰掉，那么淘汰后，随着市场经营进一步规范，随着国家的经济走向更稳定、更成熟的时机，我们相信水泥需求量也不可能总是长期维持在 15% 的增速。大家都知道 2009 年发改委发的 38 号文件，认为水泥产能严重过剩，要求严格限制新建、扩建，尽管行业里有不同的声音，“中国建材”则认为这个文件发的非常及时，如果要不控制，可能给这个行业带来很大的灾难。

一些局外人或个别企业认为这个文件对行业整个发展没有好处，但是我相信绝大多数企业家都会认同国家这个决策，按照目前统计的新型干法生产线全部建成要在 22 亿吨左右，这个数字远远超出中国市场的需求。一旦供需矛盾发生突出变化，那时整个行业的竞争不是大企业间的竞争，或是大水泥和小水泥的竞争，到时候纯粹是新型干法之间的竞争，当然随着技术进步或市场变化，未来日产 1 000 吨、日产 1 500 吨、日产 2 000 吨、日产 2 500 吨的生产线，可能逐渐的都会被淘汰，这是一个不可避免的过程。

“中国建材”一直强调和对手合作，但合作有一个原则——技术装备水平必须是新型干法水泥企业。而新型干法还分日产 1 000 吨、2 000 吨、5 000 吨、10 000 吨的，有些合作伙伴，只把日产 5 000 吨的生产线拿走了，把日产 1 000 吨的留给原经营者，我相信任何一个原经营者或所有者都不愿意。“中国建材”也不愿意这样做，要做就全部合作，而不是合作一部分，还要和原有的企业做竞争，因此我们收过来的生产线中的确有一部分小线，从目前情况来看，这些小线还有一定的生存空间，当然随着时间的推移，他们就会被淘汰掉。

最后，非常感谢数字水泥网提供与这次大家交流的平台，也谢谢大家对“中国建材”的关注和支持！

★该篇文章是崔星太在 1 月 15 日召开的“2010 年中国水泥市场论坛”区域会场上的讲话。

践行可持续发展战略★

Carry out sustainable development strategy

◎拉法基集团董事长兼首席执行官　乐　峰

Le Feng, President and CEO of Lafarge Group

2009 年中国水泥产量 16. 5 亿吨，几乎占全世界水泥总产量的一半。作为一家主要水泥企业，“拉法基”为成为这个增长中的一部分而感到自豪。然而,最令人印象深刻的增长不单单是在产量方面,还有中国在节能减排方面取得的进步。五年前,中国政府制定了新型干法产能占中国水泥总产能70%的宏伟目标。今天,这一目标已经成为现实,这是一项伟大的成就。我们,也就是在坐的各位,应该为如此惊人的进步喝彩。

大会的主题是"低碳",这不仅仅在水泥行业,在整个世界的经济发展中都是一个最热的话题。"拉法基"确信,没有社会发展、环保和对当地社区的尊重就不会有经济的持续增长。基于这个认识,"拉法基"践行可持续发展战略,把经济绩效与对人和环境的尊重结合起来。在我们的努力下,"拉法基"被评选为2010年"全球百家可持续发展企业",是建材行业惟一一家连续6年荣获这一称号的企业。今天,为低碳发展探索新路已经成为我们可持续发展工作的一项重要内容。

我们在中国的水泥业务主体——"拉法基瑞安水泥"关停了38条落后的高耗能立窑和湿法窑生产线,对技术升级和新型干法线进行了大量的投资。2005~2009年间,我们的水泥厂生产每吨熟料的粉尘、NO_X和SO_2排放量分别降低了90%、49%和78%;同时,在1990~2009年间,生产每吨水泥的CO_2排放量降低了29%。

我们为节约自然资源所取得的另一个成绩就是矿山恢复。拉法基集团的目标是到2010年85%的矿山都有矿山恢复计划,每年都为矿山恢复计划预留一笔专项预算。我们的重庆分公司和四川分公司在这方面走在了前头。我们重庆分公司的南山厂今年3月设立了重庆市的第一个矿山植被恢复示范区;我们四川分公司的都江堰厂自2002年建厂以来对矿山恢复进行了大量的投资,包括恢复植被、建设水土保持设施等。"拉法基瑞安水泥"已经成为中国水泥行业第一家系统化实施矿山恢复工作的企业。

另外,"拉法基"还非常愿意与我们的利益相关方分享经验,通过为公众提供更加安全、舒适和高质量的生活环境为当地社区做出贡献。2009年6月,拉法基集团和中国水泥协会组织了第一次"中国大型水泥企业CEO圆桌会议"。会议期间,在中国水泥协会的倡议下,与会水泥企业签署了"中国大型水泥企业可持续发展宣言",这是中国大型水泥企业共同订立的第一个可持续发展共同规划和承诺。会后,"中国建材"、中材集团、天瑞集团、华润集团和亚太集团加入了水泥可持续发展倡议行动组织,这是一个全球领先水泥企业参加的国际组织,其成员企业的水泥产量占全球总产量的40%。

2009年9月,我们与重庆市人民政府签署了加快重庆市可持续发展的战略合作协议,协议涵盖了"拉法基"在中国的所有业务分支,包括水泥、混凝土和骨料及石膏板。有了这个战略合作协议,"拉法基"将在可持续发展方面对重庆市政府提供支持。拉法基已经在重庆市成功运作了几个循环经济和环保项目,包括余热发电、淤泥处理、利用水泥窑修复污染土壤、使用脱硫石膏等项目,为当地废物的无害化处理和利用探索了新路。单是淤泥处理一项就能帮助重庆市每年处理3万多吨淤泥,这不仅解决了淤泥占地的问题,还省去了建焚烧设施的投资,大大降低了煤耗、二口恶英污染和CO_2排放。

此外,为了保持水泥行业的可持续性,创新对于所有水泥厂商都至关重要。"拉法基"一直致力于提供创新的产品和解决方案。凭借强大的研发优势,以及在创新产品研发方面的巨大成功,"拉法基"将其特有的管理经验、技术知识带入中国的同时,还致力于与中国的水泥行业共同成长,并为中国的可持续发展贡献力量。

正像我所说的,"拉法基"希望通过与业界伙伴、非政府组织和政府部门的密切合作,强化行业的正面影响,并确保实现可持续发展。我们相信,活力四射的中国水泥行业在不远的将来会有更多在全球水泥行业发挥领导作用的机会。

祝愿我们在2010年携手共进,使中国水泥行业的发展更上一层楼。最后,祝大会取得圆满成功!

★该篇文章为拉法基集团董事长兼首席执行官乐峰在3月31日召开的"2010中国国际水泥峰会"上的发言。

发挥产业政策作用 促进水泥工业节能减排★

Bring into play the industrial policy to promote energy saving and emission reduction in cement industry

◎工业和信息化部产业政策司副司长 辛仁周

Xin Renzhou, Vice Director of Industrial Policy Department of Industry and Information Ministry

产业政策是促进水泥工业健康发展的重要手段,也是实现水泥工业节能减排、发展绿色经济的重要保障。2006年经国务院批准发布实施的《水泥工业产业发展政策》，对促进我国水泥工业发展和结构调整发挥了重要作用，但随着水泥供求形势变化特别是全社会节能减排的深入推进，需要加以充实和完善。去年以来，我们在中国水泥协会的大力支持下，会同有关部门在调查研究的基础上，开展了《水泥工业产业发展政策》修订工作，由于这项工作仍在按程序办理之中，在这里，我就新形势下水泥工业产业政策主要特点谈些粗浅的看法。

把运用市场机制与加强宏观调控结合起来。坚持市场经济改革方向，发挥市场配置资源的基础性作用，充分尊重企业的市场主体地位，激发市场活力，增强水泥工业发展的动力。实践证明，市场经济越发展就越需要加强和改善宏观调控。水泥工业建设周期较短，社会资本进入比较容易，如果调控不及时容易出现一哄而起，盲目投资，重复建设。因此，对水泥工业的发展要辅之以必要的调控措施，根据经济社会发展的需要和水泥市场供求关系，通过发展规划和信贷、税收、土地等多种政策工具的作用，引导水泥工业持续健康发展。

把促进企业技术进步与管理创新结合起来。技术进步是企业增强竞争力的关键环节。管理创新是促进企业技术进步和健康发展的重要保障。要鼓励水泥企业积极推广应用信息技术等先进适用技术，全面提升生产工艺、技术装备和自动化水平。支持水泥企业建立能源管理中心和企业技术中心等技术研发机构，鼓励建立各种形式的技术联盟，支持具备条件的科研设计单位和高等院校建立开发行业共性、关键性技术的研发中心。支持新品种、新工艺、新装备的研发，加快产业技术进步，提高我国重大水泥技术与装备的设计、制造水平。鼓励企业积极开展管理创新活动，整合内部资源，发展电子商务，实现流程再造，提高生产控制、物流配送和管理水平。

把提高产业集中度与促进中小企业发展结合起来。以市场为导向，以资产为纽带，以优势企业为龙头，鼓励企业以多种方式进行兼并重组，推进企业强强联合，支持优势企业兼并重组落后、困难企业，推动企业跨区域、跨所有制兼并重组，实现集约化经营和资源的合理配置，提高水泥企业竞争力和生产集中度，优化产业组织结构，实现集约化经营，扭转我国水泥企业生产集中度低、发展方式粗放的局面。重视发展中小型水泥企业，支持中小水泥企业通过技术改造，提高技术装备水平，实现节能减排。鼓励中小企业之间通过合作联合、兼并重组，提高资源配置效率。对主动淘汰落后产能，退出水泥行业的中小企业，给予适当的财政补贴。鼓励中小企业采用先进生产工艺生产特种水泥。

把适度发展新型干法水泥与淘汰落后产能结合起来。根据新的形势和要求，适度发展大型新型干法水泥。发展大型新型干法水泥，必须坚持等量淘汰落后产能的原则。鼓励水泥企业以水泥为主业，发展商品骨料（包括利用建筑废弃物制成的骨料）、预拌砂浆、商品混凝土和水泥制品，延伸产业链，提高产品附加值。要按照国务院的要求，下大力加快淘汰落后生产能力。要制定淘汰落后水泥产能的相关政策措施和工作方案，明确任务和分工，并将任务分解到各地，推动各地认真落实，确保到2012年底前完成淘汰落后水泥产能的任务。

把节能减排与发展循环经济结合起来。节能减排是发展绿色经济的重要举措。发展循环经济是节约资源、提高经济效益的必然要求。水泥生产企业要严格执行行业能源消耗、清洁生产和污染物排放等国家标准和相关规定，实施清洁生产，发展循环经济。鼓励水泥企业利用自身优势开展跨行业合作，构建上下游相互衔接的循环经济体系。支持水泥企业综合利用各类工业废渣和低品位原燃材料。重点支持高等院校、科研设计单位和优势企业对利用水泥窑协同处置工业废弃物、污泥和城市生活垃圾的科技攻关，引导和支持大城市或中心城市利用周边水泥厂改造建设相应的工厂。

把控制总量与优化布局结合起来。近年来，我国水泥工业重复建设和产能过剩问题比较突出。要严格控制总量，抑制产能过剩。要根据国家促进区域经济协调发展的方针政策和发展重点，完善水泥工业地区布局，促进区域间水泥工业协调发展。在中西部地区尤其是环境脆弱地区发展水泥工业，要防止盲目重复建设，切实加强环境保护和节约资源，以免给当地经济社会发展和生态建设增加新困难和负担。

把扩大国内需求与"走出去"结合起来。扩大国内需求是中国经济发展的基本立足点和长期战略方针。水泥工业要坚持以内需为主、内外需结合，在使巨大的国内市场转化为广阔的发展空间的同时，通过"走出去"为水泥工业寻找新的发展机会。要拓展水泥工业对外开放的广度和深度，提高利用外资的质量和效益。鼓励水泥企业开展国际竞争与合作，支持企业参与世界水泥可持续性倡议行动组织（CSI），推动行业可持续发展。支持有实力的水泥企业"走出去"，在国外开展建设工程总承包、租赁经营、收购兼并或直接投资办厂。

★该篇文章为工业和信息化部产业政策司副司长辛仁周在3月31日召开的"2010中国国际水泥峰会"上的发言。

努力巩固和发展水泥工业企稳向好的形势★

Strive to consolidate and develop the stable and favored trend of cement industry

◎工业和信息化部原材料司建材处处长　吕桂新

Lv Guixin, former director of Building Material Division, Material Department, Industry and Information Ministry

水泥是重要的建筑基础材料。举目四望,遍布城乡的各类建筑、联通各地的道路桥梁……无不是由水泥凝聚工业化文明的实体财富。时代在变,水泥也在变,新型干法水泥生产已不再是原来传统意义上的水泥产业,而是注入了大量高新技术的资源节约和环境友好的绿色现代工业。

我国是水泥生产大国。水泥产量已连续 20 多年居世界第一,为经济社会发展做出了巨大贡献。2009 年,全国有各类水泥生产企业 5 103 家,全国水泥生产能力 21 亿吨,较上年增加 2 亿多吨。全国水泥熟料生产能力 13.85 亿吨,比上年增加 9 197 万吨;其中新型干法熟料能力 9.59 亿吨,比上年增加 1.45 亿吨,全年运营的新型干法熟料生产线 1 014 条,比上年增加 102 条。新型干法水泥比例达到 70% 以上,成为国内水泥生产的主流。

2009 年,在中央实施"保增长、扩内需、调结构、惠民生"一揽子计划的推动下,我国水泥工业努力克服国际金融危机的不利影响,全行业发展呈现出企稳向好的形势。全国水泥产量 16.5 亿吨,同比增长 16%,增速比上年加快 13 个百分点。水泥企业平均产销率为 97.62%,虽然略低于上年,但总体仍属高水平。全行业经济效益在上年大幅增长基础上继续保持较高增长。其中,1 ~ 11 月份水泥制造业盈亏相抵后实现利润总额 366 亿元,同比增长 39%。与此同时,水泥工业结构调整取得新成效。新型干法加快发展,机立窑等落后产能加快淘汰,新型干法水泥熟料比重达到 70% 以上,提前 1 年完成"十一五"结构调整规定的目标。大企业(集团)通过并购重组产能迅速扩张,产业集中度明显提高,目前已有 18 家企业水泥产能超千万吨。节能减排成效喜人,全国有 498 条新型干法水泥生产线配套建成投产了余热发电机组,总装机容量超过 3 316 兆瓦,年节约标煤 800 多万吨。利用水泥窑协同处置工业废弃物、城市污泥、垃圾等技术改造也取得新的进展。以"中国中材"、"中国建材"为代表的大企业继续实施"走出去"战略,水泥技术、装备和工程总承包成功走向世界,在国际市场上的份额日益扩大。

当前,在看到水泥工业取得成绩的同时,我们必须清醒认识到存在的深层次矛盾。一是重复建设、产能过剩的矛盾尚未得到有效解决。近年来需求的拉动和投资回报率的提高,加之一些地方水泥项目核准多头审批,导致局部地区水泥盲目投资、重复建设问题有所蔓延和加剧。据初步统计,去年全国新建成投产水泥生产线 170 多条,新增产能近 2 亿吨。今年在建、拟建的水泥生产线仍然不少,如果这些生产线都建成,全国水泥产能将严重过剩。二是落后产能数量较大。在水泥产能总量潜在过剩的同时,目前全国仍有 5 亿吨落后产能,约占现有总产能的 27%。三是产业集中度总体仍然偏低。全国 5 000 多家水泥生产企业,平均生产规模只有 30 万吨左右,排在前 10 位的大企业总规模占全部水泥比重仅 20% 多一点。四是资源浪费、环境污染、生产无序等状况依然比较严重。一些能耗和环保超限企业没有得到及时整治,部分地区仍然存在无证企业非法生产的现象。五是产品出口急剧下降。去年全国水泥及熟料出口仅 1 561 万吨,同比下降 42.3%。

2010 年,是我国实现"十一五"规划目标的决定性一年,也是进入新世纪以来经济社会发展最为复杂的一年。就国内水泥工业而言,当前正处在发展的关键时期,虽然去年顶住了国际金融危机的冲击,出现了企稳回升势头,但行业面临的形势仍然十分复杂,不确定、不可预见的因素依然较多。因此,今年要继续保持回升的基础还不牢固,内在动力明显不足,结构性矛盾突出,结构调整任务艰巨。为此,我们一定要对所面临的形势有清醒的认识,进一步把思想统一到国发[2009]38 号、国发[2010]7 号等文件上来,在保增长的同时更加注重结构调整和转变发展方式,重点抓好抑制产能过剩和重复建设、加快技术进步和加大淘汰落后的力度、推动节能减排和发展循环经济、鼓励兼并重组和提高产业集中度、改善经营管理和提高经济效益等方面的工作。我相信,只要大的环境和大的政策不发生变化,今年水泥工业仍将继续呈现出企稳向好的形势。

★该篇文章发表于 2010 年 3 月 30 日《中国建材报》。

顺水好行舟 扬帆入大海★

Easy ship travel in downstream, going to sea with raised sail

——写在我国建材工业由大变强靠新出强发展战略制定颁布15周年之际

◎中国水泥协会副会长兼秘书长 孔祥忠

Kong Xiangzhong. Vice Chairmen Concorrently Secretary General of China Cement Association

1995年底,原国家建筑材料工业局提出了我国建材工业"由大变强、靠新出强"的发展战略,这是中国建材工业跨世纪的发展战略。《发展战略》凝聚了建材人的聪明才智,她体现了坚持党的实事求是的思想路线,客观真实地反映出建材行业实际情况,充分践行了科学发展观。15年来,在实践《发展战略》的过程中,中国建材工业取得了历史性的大发展。《发展战略》不仅具体指导了近中期的行业结构调整,而且科学地引导了未来行业的可持续发展。

《发展战略》像中国建材行业前行的灯、行船的帆,她提出了发展目标、指明了发展途径、描述了发展内容,制定了发展措施。中国水泥工业也正是在实践《发展战略》中取得了"由大变强、靠新出强"的辉煌成就。

15年来,中国水泥工业以结构调整为发展主线,以节能减排为中心,以技术进步和创新为根本出路,向着大而强的目标不断迈进。正是有了《发展战略》的引导,中国水泥工业在短短15年的历史瞬间,水泥产量占到了世界总量的50%,新型干法水泥技术达到了世界先进水平,世界最大的水泥技术装备出口商和工程承包商也来自中国。水泥工业的成绩不仅得到了行业和政府的认同,也令世界同行瞩目。

一、新型干法水泥发展的15年

早在15年前,中国水泥产量已位居世界第一,但那时的水泥生产主要是以立窑为主,1995年立窑水泥产量占当时全国水泥总量的82%。要改变中国水泥工业大而不强、技术落后的局面,就要大力发展新型干法水泥、淘汰落后产能。

"九五"期间,正值实施《发展战略》的前5年,即作为打基础阶段。原国家建材局围绕"控制总量,调整结构",努力推动两个根本性转变,制定了水泥工业"上大改小"和地方水泥工业"限制、淘汰、改造、提高"的发展方针;通过"科技创新、优化设计、国产设备、业主负责"的路径,实现了新型干法水泥的"低投资",突破了发展中的"资金"瓶颈制约。与此同时,各大水泥研究设计院所围绕装备国产化、低投资,通过引进消化、科技创新、优化设计,有力地促进了新型干法水泥的大发展。这5年间,水泥总量累计增长25.52%,新型干法水泥熟料产能累计增长了120.29%。水泥工业的技术结构调整虽起步艰难,但有了突破,为后来的发展奠定了良好的基础,节能减排取得初步成效。

在实施《发展战略》的第二阶段,即在"十五"、"十一五"期间,新型干法水泥得到了快速发展,技术结构调整得到了彻底改观。2009年,新型干法水泥产量占到总量的76.8%,预计2010年将达到85%以上。

在实施《发展战略》的第二阶段,即在"十五"、"十一五"期间,随着国家经济增长,市场拉动,新型干法水泥得到了快速发展,技术结构调整得到了彻底改观。2009年,新型干法水泥产量占到总量的76.8%,预计2010年将达到85%以上。可以毫不夸张地说,没有当年的"低投资、国产化"打下的基础,就没有今天的新型干法水泥的大发展,行业的技术结构调整任务也很难完成。

表1 近10年水泥投资表

年度	水泥投资(亿元)	增速(%)
2001	113.97	39.53
2002	159.58	40.02
2003	321.07	101.20
2004	433.40	34.99
2005	412.51	-4.82
2006	402.77	-2.36
2007	654.07	32.98
2008	1 051.46	60.76
2009	1 700.72	61.75
2010	1 950.00	14.66

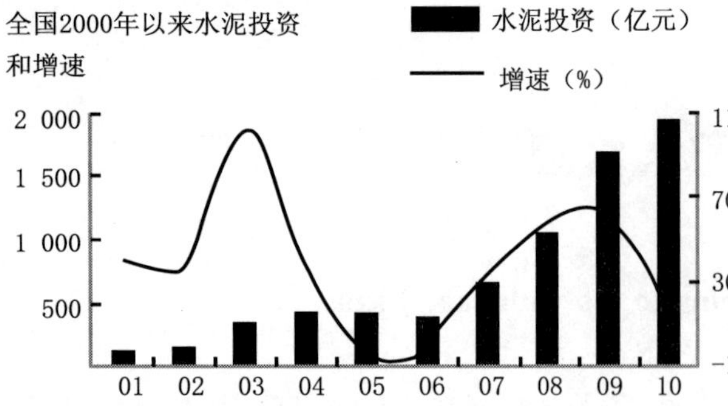

图1　近10年水泥投资和增速图

新型干法水泥生产线的规模由小到大，从日产2 000吨到日产12 000吨水泥熟料生产线的陆续投运，外企投资运行的生产线起到了很好的示范作用，我国大企业也发挥了技术和资金的优势，为国产化日产5 000吨及以上的水泥熟料生产线的发展做出了突出贡献，充分体现了企业是技术创新的主体作用。截止至2009年，我国已有5条国产万吨级新型干法水泥熟料生产线投运；在2009年1 113条运行的新型干法水泥生产线中，有316条日产4 000吨规模及以上的生产线，其熟料产能占到新型干法总量的51.25%；在当年新投产的176条生产线中，81条日产4 000吨规模及以上的生产线熟料产能占到了当年投产新线总产能的64.1%。预计2010年，我国将有150条新线投产，届时我国新型干法水泥熟料年产能将达到11.4亿吨，其中日产4 000吨规模及以上的生产线将有400多条，熟料产能占到新型干法总量的60%以上。

新型干法水泥生产线的规模化，也有力地提升了国内建材机械工业的加工制造能力，日产万吨级水泥熟料生产线的窑系统、配套的大型立式磨、辊压机都已做到国产化。

行业有了好的《发展战略》，但更需要政府的有力支持，要把《发展战略》的精神和内容变成政府规范行业发展的政策法规，这才能贯彻落实国家对工业发展的方针路线。在《发展战略》的指导下，协会协助政府部门编制了《水泥工业发展专项规划》、《水泥工业产业发展政策》，《水泥能源消耗标准》，参与修订《硅酸盐水泥标准》等工作。尤其在“十五”、“十一五”期间，国家为水泥工业的发展所颁布的政策法规最为密集，仅在2009年里，政府出台了涉及水泥工业发展的政策、法规文件就有9件。这也反映出水泥工业在国民经济和社会发展中的地位和影响力在不断提升。

表2　15年来水泥产量和增速表

年度	水泥产量(万吨)	增速(%)
1996	49 119	3.28
1997	51 174	4.18
1998	53 600	4.74
1999	57 300	6.90
2000	59 700	4.19
2001	66 400	11.22
2002	72 500	9.19
2003	86 200	18.90
2004	97 000	12.53
2005	106 000	9.28
2006	124 000	16.98
2007	136 000	9.68
2008	140 000	2.94
2009	165 000	11.52
2010	184 000	11.52

表3　15年来新型干法水泥熟料设计产能表

年度	新干熟料产能(万吨)	增速(%)
1996	3 974	35.18
1997	5 013	26.13
1998	5 434	8.14
1999	5 906	8.67
2000	6 529	10.55
2001	8 187	25.40
2002	11 591	41.58
2003	19 983	72.40
2004	32 762	63.95
2005	43 650	33.23
2006	52 326	19.88
2007	61 524	17.58
2008	77 077	25.28
2009	96 548	25.26
2010	114 000	29.80

二、企业规模不断扩大的15年

长期困扰水泥工业发展的另一个问题是企业众多、规模偏小、竞争力差。只有完善行业的组织结构调整，提高生产集中度、建立并完善市场机制，才能增加企业竞争力，做大做强企业。水泥大企业的快速成长对中国水泥工业的未来发展具有重大历史意义。

尤其是近10年，随着企业规模的放大，具备了技术、管理、市场和资本的优势，走兼并重组的道路是迅速做大企业，抢占市场、完成布局的有效的企业发展战略。企业规模、融资能力、政策支持是推动企业兼并重组的关键因素。企业规模是参与市场整合的基础;融资能力反映出对市场整合的力度;政策支持反映出政府对市场的调控方向。

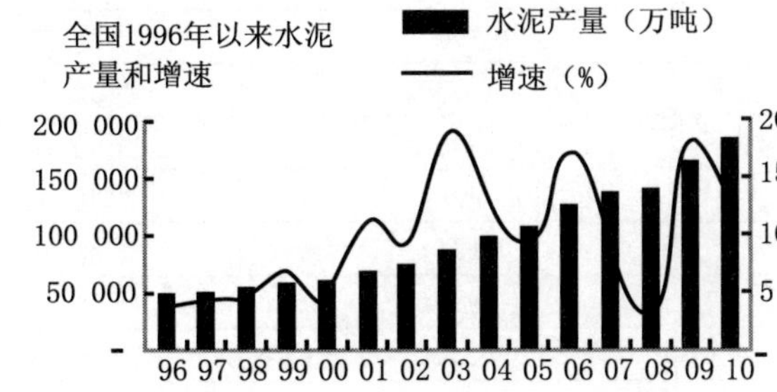

图 2 近 15 年水泥产量和增速图

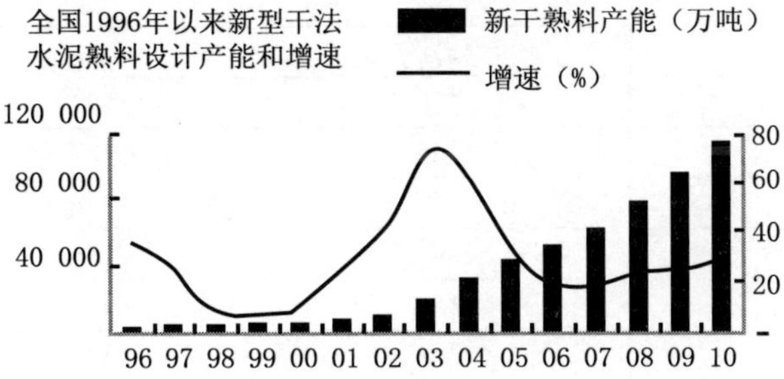

图 3 15 年新型干法水泥熟料产能和增速图

企业兼并重组的瓶颈是融资能力。大企业除了具有规模盈利能力外,还有较高的银行授信额度,且多为上市公司,是参与企业兼并重组的主体。目前,国内已有 25 家水泥上市公司(A 股、H 股),在国内投资的外企和台企也基本都是上市公司。2001 ~2007 年,水泥建设投资每年平均在 400 亿元以下。2008 年水泥建设投资突破 1 000 亿元,2009 年水泥建设投资为 1 700 亿元,2010 年预计接近 2 000 亿元。因此,企业并购重组的融资瓶颈已基本解决,今后需要在规范市场、合理布局、调整税费、加强服务等方面继续完善。

2006 年,国家确立了 60 户大型水泥企业(集团)为国家重点支持水泥工业结构调整的企业。国家鼓励大型水泥企业兼并、重组、联合,迅速提高生产集中度,优化资源配置,带动水泥行业结构调整,并对这些大型水泥企业在开展项目投资、兼并重组时的项目核准、土地审批、信贷投放等方面予以优先支持。

“十五”以来,中国建材集团采用资本运作快速完成“中国联合水泥”、“南方水泥”、“北方水泥”三大专业水泥公司的组建,水泥熟料年产能已经超过 1.8 亿吨,成为中国最大的水泥集团,“中国建材”水泥板块的南、中、北三大区域市场布局已经形成;中国中材集团稳步快速发展,已完成新疆、甘肃、宁夏西北市场的整合,“中材水泥”是西部大开发的最大受益者;“冀东水泥”成功收购“秦岭水泥”,主控陕西市场,以投资新建和并购的方式巩固华北大本营;山东山水集团在山东省内与“中联水泥”平分市场后,近两年又挺进辽宁、吉林、山西、内蒙,通过并购与新建迅速形成有市场控制力的区域,长期看好华北、东北市场;北京“金隅水泥”锁定北京、天津、河北水泥市场,在 2009 年并购了 11 家水泥企业,2009 年 7 月,“金隅股份”在香港上市,超额募得资金 68 亿,其中 34% 的融资都将用于水泥厂的收购,近期又涉足山西、河南、吉林市场,推进市场区域范围;“亚泰水泥”2008 年与 CRH 公司战略合作,完成收购“吉林金圆”、“通化特水”、“新时代”、“铁新水泥”,组建“珲春水泥”,目标锁定“东北王”;“台湾水泥”占据台湾岛内 55% 的市场份额,在中国内地华南水泥市场占有率将超过 30%,同时将市场版图延伸到西南四省市(重庆、四川、云南和贵州),2009 年以 40 亿元港币收购“昌兴”,在大陆有 2 000 万吨水泥产能;“华润水泥”2009 年收购海南“昌江国投水泥”、广东“春湾水泥”,2010 年收购福建“三德水泥”、山西福龙公司,组建广西西江航运联公司,稳控广西西江航运物流;“拉法基水泥”与“瑞安水泥”的合并组成了“拉法基瑞安水泥”,成功地巩固了川渝市场,并大举进入云贵。其后,顺利完成了对“四川双马”的收购并成功整合了原云南国资水泥业务,一举奠定其在西南水泥的战略格局;“华新水泥”2009 年底整合西藏水泥市场,组建的西藏建材集团“华新水泥”占股 43%,为第一大股东,成为西藏高原的水泥“老大”;“浙江红狮”收购“江西华昌”、“湖南帅府”,涉足八个省份,并计划进入新疆,实施跨省战略……;“海螺水泥”近 5 年在资本运作上对兼并重组较为谨慎,其实,“海螺水泥”的发家正是从兼并重组起步的,从 1995 年至 2004 年九年时间里,“海螺”在“长三角”及湖南、江西两省先后整合了 16 家水泥企业,涉及水泥产能 4 000 万吨,通过一系列并购,“海螺”不仅在“长三角”地区成功推进了“T”形战略,还将自己的触角伸进湘赣水泥市场。

表 4 2009 年国发 38 号文件后 ~2010 上半年水泥行业的部分并购案例

序号	时间	并购主体	被并购对象	涉及水泥年产能(万吨)	所在区域
1	2009.11	台泥国际	昌兴水泥	1 600(共其 600 在建)	华南、西南
2	2009.11	中联水泥	乌兰水泥	600	华北
3	2009.11	华润水泥	国投海南	400	华南
4	2009.11	冀东水泥	陕西秦岭	500	西北
5	2009.12	北京金隅	西平水泥	100	东北

续 表

序号	时间	并购主体	被并购对象	涉及水泥年产能(万吨)	所在区域
6	2009.12	华润水泥	广东春湾	100	华南
7	2010.1	中材集团	祁连山水泥	1 000	西北
8	2010.1	北京金隅	平二水泥	80	华北
9	2010.1	陕西尧柏	秀山水泥	80	西北
10	2010.2	冀东水泥	河北康达	128	华北
11	2010.2	北京金隅	北京拉法基	150	华北
12	2010.4	华润水泥	福建三德	200	华南
13	2010.4	太行水泥(金隅)	河北宙石	150	华北
14	2010.4	山水水泥	山西晋牌	80	华北
15	2010.4	山水水泥	天津天辉		华北
16	2010.5	中材集团	酒钢宏达	120	西北
17	2010.5	山水水泥	赤峰远航	100	西北
18	2010.6	华润水泥	环球水泥	345	华东、华南
19	2010.6	华润水泥	卫智投资	400(在建)	华北
20	2010.6	北方水泥	鹤岗鸿泰水泥	60	东北
21	2010.6	亚洲水泥	武汉鑫凌云	150	华中

初步统计,仅2009年水泥行业兼并重组涉及整合水泥产能近8 000万吨。通过竞争与联合重组,国内水泥区域市场格局越来越明朗化,市场集中度明显提高。2009年前50家水泥企业(集团)的水泥销售量达到了6亿吨以上,产能利用率在80%。前20家水泥企业熟料年产能占全国新型干法水泥总产能的52.01%,前10家占到40.40%。

上述企业的扩张有如下特征:一是借助资本发力,发展企业规模;二是区域扩张,形成势力控制范围。根本改变了以往企业靠自身积累滚动发展的模式和市场上"混战"的格局。资源、市场、资金迅速向大企业集结,形成区域控制,这一发展趋势将进一得到强化。

值得关注的新亮点是:水泥产业链的延伸已作为大企业的发展战略内容。投资和收购水泥混凝土搅拌站、水泥机械、城市垃圾处理等新产业已迈出步伐。

2010年8月国务院颁发《关于促进企业兼并重组的意见》(国发〔2010〕27号),明确要求水泥作为六大重点整合产业之一。政府推进企业兼并重组,其意义在于"深化企业改革,促进产业结构优化升级,加快转变发展方式,提高发展质量和效益,增强抵御国际市场风险能力,实现可持续发展。"企业兼并重组正是水泥工业组织结构调整的核心内容,随着国家对水泥新建产能进行严格控制,未来在全国水泥总产量难以持续高速增长的背景下,兼并重组将成为水泥行业投资主线,而具有央企、国企背景的水泥上市公司将是并购重组的主体。

加速水泥行业的兼并重组极有利于淘汰落后水泥产能。在政策和市场的剪刀差下,三年基本完成淘汰落后水泥产能是有可能的。

正是有了行业《发展战略》的引导,有了企业参与重组联合的积极性,有了政府对兼并重组的政策支持,推动水泥工业的兼并重组必将带来行业大洗牌,市场集中度进一步提高,企业竞争能力不断加强,对上下游行业的话语权、影响力会提高,水泥工业在国家经济建设中的作用和地位将越发凸显。

三、技术创新节能减排的15年

面对我国经济发展出现的能源紧张、消耗偏多、环境负荷加重的状况,中央在"十一五"规划中已将节能减排作为约束性指标下达各地政府。节能减排是加快经济发展方式转变的关键性的环节,是关系我国经济社会可持续发展的大事,也是关系全球可持续发展的大事。

依靠技术创新推进节能减排。长期以来,水泥工业的技术创新主要表现在研发和推广节能减排的新技术、新产品等方面。技术创新给企业带来明显的经济效益,也产生了良好的社会效益,增强了企业的核心竞争能力。通过技术创新,还提高企业管理水平,产生了一批创新型企业。可以说,没有技术创新,水泥工业结构调整也无从谈起。

15年来,水泥工业围绕"装备国产化、大型化、优化工程设计、资源综合利用、环保、新品种"等内容进行了持续的技术创新工作,不断推进了行业的节能减排。

截止到2009年,实现了日产5 000吨水泥熟料生产线主机装备完全国产化。高效低阻窑尾预热器一级出口废气温度接近300℃;原料立式磨单位产品粉磨电耗小于17千瓦时/吨;辊压机粉磨系统水泥单位电耗小于30千瓦时/吨;余热发电、第四代熟料冷却机、窑尾高效斗式提升机、煤粉计量转子秤、大型选粉机、大型袋式收尘器、高压变频器、水泥助磨剂、高效回转烘干机、耐磨耐热材料、电石渣替代石灰石生产水泥技术、矿山均化开采、大型破碎机、计算机集散控制技术等等一大批具有自主知识产权的创新技术和设备被推广应用;水泥标准的修订、水泥环保标准的修订、水泥清洁生产标准和水泥能源消耗标准的制定,极大地推进了水泥工业的节能减排,行业形象得到彻底改观。

"十一五"期间,以水泥窑余热发电创新技术的推广应用给行业节能减排带来的贡献最明显。1 条日产 5 000 吨水泥熟料生产线进行余热发电技术改造后,年平均发电量 5 100 多万千瓦时,相当于节约标煤 1.9 万吨,减少 CO_2 排放约 4 万吨,年减少 SO_2 排放约 40 吨,年减少 NO_X 排放约 140 吨。截止到 2009 年底,初步统计水泥窑余热发电项目,投运水泥生产线 508 条、发电机组 397 台,总装机 3 367 兆瓦。

与此同时,"金隅新北水"、"海螺水泥"、"广州越堡"、"华新水泥"、"拉法基瑞安"、"中联乌兰"、"亚泰水泥"、"大连小野田"、"浙江舜江"等一批水泥企业,尝试利用水泥窑协同处置城市污泥、生活垃圾、危险废物。水泥工业寻求可替代原料、燃料的技术创新正全面展开。

2009 年水泥产品综合能耗大大降低,吨熟料能耗 124.15 千克标准煤,比 2008 年降低 4.85%;吨水泥能耗 95.08 千克标准煤,比 2008 年降低 8.11%。水泥工业巨大的节能减排市场催生了合同能效管理,打破了水泥企业单一投资改造项目的资金运作模式。

已累计完成联合国 EB 组织水泥注册项目 31 个,涉及每年减排量 273 万吨。

表 5　世界水泥行业 CDM 项目统计(截止至 2010 年 3 月 1 日)

项目名称		单位	低碳燃料	原料替代	增加混合材	余热发电	能效提高
发改委批准的中国项目	项目数	个	1	12	5	174	
	每年减排量	万吨	14	278	33	1 190	
EB 注册的中国项目	项目数	个		5		131	
	每年减排量	万吨		120		283	
	已签发减排量	万吨				38	
EB 注册的外国项目	项目数	个	2	10	13	3	5
	每年减排量	万吨	7	165	199	13	7
	已签发减排量	万吨	3	58	113	8	1

来源:上海川吉投资管理有限公司

实践证明,水泥工业以单一的微观技术创新推进了行业的宏观节能减排,以众多的微观技术创新又达到了宏观行业结构调整的目的。

在全球化、信息化、低碳经济的背景下,企业的技术创新遇到了新的挑战与机遇。

技术改造机遇:鉴于国家对水泥工业的能源消耗、环境保护的要求愈来愈高,有必要对"十五"期间及以前的新型干法水泥生产线进行技术改造;用自动化技术提高生产控制水平;用计算机技术提升企业管理水平等。在未来新线投资建设减少的情况下,技术改造必将有大量的市场需求。

新领域研发机遇:重点是根据国情研发利用水泥回转窑处置城市污泥、垃圾、焚烧危险废弃物技术和装备,这不仅是解决环境保护问题,也将对我国城市化建设做出新贡献;随着大企业的整合,联合矿山开采的资源综合利用技术、矿山植被恢复技术、骨料加工储运技术、混凝土制品技术、水泥商品的物流监控技术等,都是大企业完善提高的内容。

国际合作机遇:为应对国际气候变化,发达国家水泥企业和许多国际研究组织都在积极探索水泥生产的节能减排,我们的技术创新可以主动参与国际合作。我们应转变长期依赖引进技术的思维,中国先进的水泥技术也完全可以进入国际转让和服务。

四、未来可持续发展的 20 年

未来二十年,是继续实施《发展战略》,追求"做大做强"目标的二十年;是不断丰富《发展战略》内涵,提出更高目标的二十年。水泥工业要做到大而强,创新永无止境,结构调整任重道远。

1. 企业兼并重组——做大做强。未来 10 年,水泥行业通过兼并重组,企业规模可能会出现"大者恒大、强者恒强"现象,市场布局需重新划分的局面。未来预测全国水泥产能分布将出现"631"的格局:即前 10 家大企业的水泥年产能占全国水泥总产能的 60%;前 20 ~ 50 家的产能占总产能的 30%;剩下的企业占到总产能的 10%。在完成上述格局之后,部分大企业将向跨国公司迈进,谋求海外投资。

2. 企业国际化——扬帆入大海。中国水泥的技术、装备和工程能力已极具国际竞争能力,那些水泥工业欠发达的国家和新兴第三世界国家,正是中国水泥企业未来的巨大市场。我们部分水泥大企业已经有能力、有实力走出去、国际化,向跨国公司的组织形式迈进。在支持那些需要投资的国家的同时,我们的企业也得到了成长。我们的集团公司可以向在海外投资的子(分)公司或合资公司转让水泥技术、出口装备、参与产品经营贸易,取得回报效益。

在国外水泥工程建设中,我们输出了技术,带动了装备出口,培养了国际化人才。但也必须看到,在这个过程中我们也交付了学费,付出了心血,甚至是生命的代价。中国水泥要走出国门,企业要国际化就必须探索"技术 + 工程 + 投资 + 收购 = 长期回报"的发展模式。仅做国外工程,拿点劳务费，没有海外投资，不是企业国际化。跨国公司（TransnationalCorporation）也是多国公司（Multi－nationalEnterprise），按照联合国定义，必须有两个或两个以上国家的经济实体所组成，并从事生产、销售和其他经营活动的国际性大型企业，才称为国际公司。培养出中国的水泥跨国公司才是“由大变强”的最终体现。

从中国政府2000年第一次明确提出“走出去”的口号，至今已经十年。目前有12 000家中国境内投资者已在境外设立13 000家企业，遍布全球170多个国家和地区。截止到2009年年底，中国对外投资的存量约2 460亿美元，居全球第15位，发展中国家第3位。政府部门将继续通过具体的政策，支持中国企业进一步“走出去”。外有市场需求，内有政府支持，有远见的水泥大集团应该积极调整发展战略，是扬帆入海迈进国际市场的时候了。

3.企业社会责任是可持续发展的重要内容。在中国社科院刚刚公布的2010年《企业社会责任蓝皮书》中，属于非金属矿物制品业的建材工业，在企业社会责任发展指数方面只是个“旁观者”，距“起步者”、“追赶者”、“领先者”得分甚远。值得欣慰的是在《中国100强企业社会责任发展指数（2010）表》，在“旁观者”百强企业名单中，惟一见到了吉林亚泰（集团）股份有限公司，排名第66位，而众多大型水泥企业连名单都未见。我们的企业应研究企业社会责任的评价指标体系，早日有更多的企业进入“起步者”行列。

4.技术创新——节能减排。应对低碳经济发展，中国水泥工业节能减排的重点更多的将转向可替代原料、燃料的利用，以及推行以质代量，高标号水泥应用方面。合理增加废渣利用、靠近大中城市的水泥企业，利用水泥窑协同处理城市垃圾、污泥，融入城市循环经济的发展中。

顺水行舟，扬帆入海。中国水泥工业在《发展战略》的引导下，依靠创新出强，坚持结构调整，推进节能减排，正经历着由小到大，由大变强的成长过程。中国既是世界水泥大国，也一定会是世界水泥强国。

★该篇文章发表于2010年12期《中国水泥》杂志。

“中材国际”的“由大变强、靠新出强”之路★

The road of SINOMA “from large to strong, becoming strong by innovation”

◎“中材国际”董事长　王　伟
Wang Wei, President of SINOMA Internatioanl

在建材工业“由大变强、靠新出强”的战略指引下，一大批行业领军企业经过锤炼和努力，实现了发展的梦想，成功走向国际市场的中国中材国际工程股份有限公司就是其中之一。2001年年底“中材国际”成立之时，谁也不会料到，在短短9年时间内，其国际市场占有率就能问鼎全球之冠，销售收入和利润能实现数十倍的增长。“中材国际”走向国际市场的过程，对无数中国水泥工程技术与装备的行业从业者来说也是一个将梦想变成现实的过程，在这一过程中，“中材国际”实现了从小到大、由大变强、靠新出强的凤凰涅槃般的转变。

一、面对产业现状，整合内部资源

1995年，国家建材局及局长张人为提出“由大变强、靠新出强”的跨世纪发展战略，激发了无数建材人的理想。当时，这个行业国内市场容量有限，行业内企业加在一起，一年也只有几亿元的销售收入，并出现为一个项目过度竞争、互相找主管部门协调的局面。这些单个企业在国内行业或许是佼佼者，而到国际市场去竞争，从规模、品牌、能力、技术、装备各个方面看，还难以有真正跨出国门成为全球第一的雄心壮志。在全力思考如何做大的情况下，还能谈什么做强呢？2001年，中材集团总经理谭仲明，高瞻远瞩，洞察产业发展趋势和资本市场规律，整合资源，开拓市场，践行“由大变强、靠新出强”战略，带领一批敢于尝鲜的队伍闯出了一条中国式的水泥技术装备工程业发展之路。

世界水泥工业自20世纪50年代初期研制成功悬浮预热窑、70年代初期发明预分解窑以来，水泥熟料煅烧技术获得革命性突破，并推动水泥生产全过程的技术创新，形成了新型干法水泥生产技术。我国水泥工业自20世纪70年代末期，开始在行业主管部门的主导下，着手新型干法水泥熟料煅烧技术的研究、开发、应用，水泥技术装备经历了引进关键制造技术、消化吸收和自主开发等阶段后，逐步形成了具有自主知识产权的日产1 000~10 000吨水泥生产线工艺技术，且工艺技术装备达到全球先进水平。

中材集团在承继国家建材局水泥技术装备工程业优势资源基础上，以资产为纽带，以产业链为主线，重组南京水泥院、成都建材院、苏州混凝土院和唐山、邯郸、苏州3家安装公司设立“中材国际”，并确立通过创新，走资产重组、国内上市、国际化做大做强的战略。

首先通过整合内部资源和适度收购外部资源，对南京水泥院、成都建材院、唐山公司、苏州混凝土院、邯郸公司的水泥设备制造资源进行重组，形成一定规模，使装备制造能力达到10万吨左右，并能制造大部分主机设备，形成了较为完善的产业链。2006年，公司与天津水泥工业设计研究院进行重组，从设计到研发、制造，实力大为增强，年装备制造能力更扩大到20万吨。之后，公司陆续收购了"溧阳重机"、"扬州重机"等装备制造公司及组建中国建材装备有限公司，增加了对唐山"中材重机"、"徐州仕名"、"淄博仕名"等装备制造基地的投入，制造规模进一步扩大，品种进一步完善。目前，公司正在按工程设计、装备制造、新业务开发等为业务单元进行整合，重新定位，提高效率，提升市场竞争力。

二、创新发展模式，走国际化道路

国际市场竞争战略的确定。"中材国际"成立后基本确立了在国内市场的领先地位，中国之外的国际市场被几家欧洲公司瓜分。与这些国际强手相比，"中材国际"从何入手、在哪里突破，采取什么样的竞争战略至关重要。经过对自身资源状况、市场需求和竞争对手的分析，公司管理层认为，"中材国际"进入国际市场必须提供体现产业链完整优势的EPC服务（设计+装备制造+工程建设），并保证在工期和成本方面优于对手，为客户创造超值感受。最终，"中材国际"形成了"总成本领先的差异化战略"，并将其作为进军国际市场的竞争战略。在运营管理中实施总成本领先战略。中国的劳动力成本、装备制造成本及健全的工业体系是中材国际实施总成本领先战略的基础；在业务模式上实施差异化战略。"中材国际"EPC总承包业务模式更好地适应了业主需求。

实施国际市场竞争战略切入点。根据总成本领先的差异化战略，公司以外部加大市场开拓力度、塑造品牌，内部加大资源整合、强化项目履约能力作为国际化战略实施路径，积极推进公司市场国际化进程。

搭建市场平台，选择切入点。公司自2004年全面启动国际市场开拓工作，并围绕市场开拓和品牌塑造进行了战略性安排。首先，充分展示项目实施水平和能力，建立与全球大型国际水泥企业的战略合作关系，并承接了这些大型国际水泥投资商遍布全球多个国家的项目，借助跨国企业的品牌实现公司海外市场的发展。其次，战略性进入欧美发达国家，由于这些国家对工艺技术水平和节能环保要求非常高，公司项目在这些地区顺利竣工起到了很好的示范效果。再次，公司通过国际市场调研分析，决定战略性进入沙特市场，以形成对中东、非洲乃至全球市场的辐射。2004年公司签订了沙特SPCC日产5 000吨水泥熟料生产线总承包合同，此后又以交钥匙总承包模式签订了8条水泥熟料生产线，其中包括世界顶级规模的3条日产万吨水泥熟料生产线和5条日产5 000吨水泥熟料生产线，合同总金额超过22亿美元。通过这些战略安排，塑造了SINOMA品牌，加速了公司国际市场开拓进程。

优化组织结构，提升整合优势。公司通过整合行业内的设计、设备安装优势资源及部分装备制造业务，形成了完整的工程总承包产业链模式。产业链整合完成后，进一步实施业务流程再造，将市场营销、工程设计、采购、物流、装备制造和监造、现场施工安装、调试和运行、工程和保险索赔及内部制度、控制体系等流程实行再造，强化项目一体化建设，充分发挥竞争优势。

通过国际市场竞争战略的实施，公司海外市场取得了快速发展。从2008年起，公司已经连续两年在水泥技术装备和工程领域的海外市场占有率居全球第一。

三、持续创造价值，积极回报股东

"中材国际"一直以"持续解读客户需求，持续创造公司价值"为经营理念，坚定不移地走国际化道路，战略实施取得明显成效，实现了"由大变强、靠新出强"。

业绩快速增长，企业价值快速提升。经过9年超常规扩张，"中材国际"由一家中型规模公司发展成为核心竞争力明显的大型集团化现代企业，各项经营指标快速增长，企业价值明显提升。2009年年底，"中材国际"总资产已达169亿元，是公司2001年年底成立时的23倍；净资产21亿元，是2001年的14倍；2009年实现销售收入180亿元，是2001年的23倍；2009年实现利润总额10.75亿元，是2001年的24倍；2009年新签合同额205亿元，是成立时的17倍。

推动了行业产业升级和节能环保进程。我国新型干法水泥产量由2001年的0.8亿吨、占总产量比重的14.2%，提高到2009年的11.8亿吨、占总产量比重的72%。新型干法水泥生产线也由2001年的128条发展到2009年的1 113条。在众多推动中国水泥产业结构升级的力量中，"中材国际"是强大推手，并引领着技术、装备和业务模式创新。促进项目工期不断缩短，吨投资额不断降低，带动中国水泥生产线装备国产化率提升，并全面走向国际市场。

积极推动我国水泥工业的节能环保进程。公司在创新发展现有技术和利用水泥窑协同处置城市生活垃圾技术、城市污泥处置技术、利用电石渣替代石灰石原料、余热发电、清洁碳酸钙技术等水泥低碳环保领域积极展开研究，并取得成效。

引领中国技术装备工程业走向全球。"中材国际"已完成和正在建设的国外水泥生产线超过百条，囊括了近年来全球绝大部分新增顶级规模水泥生产线（日产万吨线）项目，项目遍及欧洲、美洲、亚洲、非洲的近60个国家，其中包括法国、西班牙、意大利、美国等发达国家，印度、巴西、俄罗斯等新兴经济体国家，沙特、伊拉克、阿曼等中东石油输出国家，尼日利亚、赞比亚、越南、多米尼加等发展中国家,在全球形成广泛市场分布。2008 年,“中材国际”签订海外市场合同额达 480 亿元人民币,公司水泥工程技术与装备的国际市场份额达到 32%,首次居全球第一,成为国际水泥技术装备、工程市场的主要技术和服务供应商。2009 年,“中材国际”以 36% 的市场份额再次成为全球最大的水泥技术装备工程服务商。

四、“中材国际”“由大变强、靠新出强”经验总结

不断创新是企业做大做强的动力之源。持续创新是竞争优势持久性的惟一来源,持续创新能力决定了企业做大做强的速度和质量。体制、机制、管理和技术创新是企业发展的不竭动力之源。

“中材国际”一直在创新中求变,在变中不断创新。“中材国际”根据国际市场需求形成了国际通行的总承包业务模式,使产业链完整的优势得以充分发挥,总承包业务已占到公司业务总量的 80% 以上。与此同时,公司加大技术创新,研发技术连续取得重大进展,日产5 000吨、日产 10 000 吨规模生产线工艺技术装备相继开发成功,整体技术水平达到国际先进水平。

“中材国际”从传统国有企业经过持续的改制和规范,转变为规范运营的上市公司;形成了现代人力资源管理的激励机制和约束机制,培养锻炼了一大批懂得国际项目运作的技术、管理人才,形成了公司国际化发展的人才队伍;在战略管理、流程再造、业务模式改造、组织整合、资源有效利用等方面持续不断地产生新思想、运用新方法、完善新体系;在风险管理、全面预算管理、投融资管理、采购物流管理等职能领域,更是一直贯穿管理创新的思维。

以客户需求为前提的业务模式是企业竞争力的基础。持续解读顾客需求、持续创造公司价值是公司一贯坚持的理念。签订项目合同只是一个开始,真正重要的是客户对每个项目的建设过程是否充分认可。为此公司不断调整完善自身业务模式,围绕项目工期和质量,精心打造进度保障体系和质量保障体系,同时强化工程设计、现场施工和设备材料供应的一体化管理。

业务模式是一个企业提供产品服务的方式。“中材国际”根据自身资源特点和客户需求构建服务体系,使客户价值实现最大化。

清晰的战略思维是企业做大做强的基本保证。企业只有明确战略规划才能保证正确的前进方向。“中材国际”通过上市和内部改制、改造,业务模式改造和并购重组,再通过国际市场的开拓逐步实现资产、业务、人员、品牌等全面国际化转型,在品牌、规模、技术、业务模式、成本控制等方面形成核心竞争力,最终实现水泥工程业务的做大做强。在此基础上,为获得企业持续发展的动力和增长空间,“中材国际”实施“有限、相关、多元”发展战略,择机进入新产业,形成多领域发展。2010 年,公司提出在保持主营业务快速稳定增长的前提下,加快推进“有限、相关、多元”发展战略的实施,依靠自身技术、管理和市场优势,加快城市废弃物处置业务及新能源包括太阳能光伏发电和风力发电等领域的拓展。

规范的公司治理和内部控制是企业国际化的基石。一家优秀的国际化公司必然有一个完善的公司治理结构和内部控制体系,否则国际化就失去了根基。“中材国际”成功上市后,健全了股东会、董事会、监事会和经营层各司其责的治理结构,并结合生产经营管理的实际情况,形成了以公司章程为核心的授权、用权、监督制度和流程体系,提高了公司战略决策水平和管理水平,并结合有效的绩效考核和激励制度,实现决策机制、激励机制、监督与约束机制的良性运转,降低了重大事项的决策风险,公司治理的有效性得到充分发挥。

“中材国际”由小变大,由大变强,创新是关键,是灵魂。“中材国际”今后的发展中依然会持续进行创新和变革,积极为会和行业做出更多贡献。

★该篇文章发表于 2010 年 12 月 3 日《中国建材报》。

低碳经济与水泥工业的可持续发展★

Sustainable development of low carbon economy and cement industry

◎安徽海螺集团总经理　任　勇

Ren Yong, General Manager of Anhui Hailuo Group

在气候问题备受关注的国际大背景下,发展低碳经济已经成为全球性共识。在去年召开的哥本哈根世界气候大会上,温家宝总理向全世界庄严承诺,到 2020 年单位国内生产总值二氧化碳排放比 2005 年下降 40% ~45%,这意味着中国从此进入了低碳经济时代,同时,也意味着作为能源和资源消耗密集型产业的水泥工业面临着更大的挑战,走以有效

利用资源和保护环境为基础的循环经济之路，构筑以低能耗、低污染、低排放为基础的发展模式，是水泥行业实现可持续发展的必由之路。立足于"为人类创造未来的生活空间"这一经营理念，近年来，海螺集团在发展低碳经济方面做出了积极而有效的尝试，最为突出的表现在两个方面：

其一，就是水泥纯低温余热发电技术的开发和应用。海螺集团不仅是国内水泥行业纯低温余热发电技术的最早应用者，也是全球纯低温余热发电装机容量最大的水泥企业。1998年，集团首条余热发电机组投入运行，这次试水一跳，促成了"十一五"期间中国十大节能工程之一的水泥纯低温余热发电技术的全面开花。截止到2009年，集团已先后建成投运30套余热发电机组，装机规模达到483.5兆瓦，在建余热发电机组14套，装机规模达到151.7兆瓦。总装机规模达到635兆瓦。上述机组全部投运后年发电量48.26亿千瓦时，按火力发电同口径计算，年可以节约标煤174万吨，减少二氧化碳排放419万吨。与此同时，已在国内外27家水泥企业推广了余热发电技术，共111套机组，涉及173条水泥熟料生产线，装机规模达到1 471兆瓦，市场占有率达到30%，余热发电市场已覆盖到全国22个省、市、自治区。上述项目全部建成后预计年发电量112亿千瓦时，将减排二氧化碳971万吨，节约标煤392万吨。

其二，就是城市生活垃圾焚烧处理技术的研究和开发。长期以来，城市垃圾处理一直是困扰我国经济社会发展的重大难题，随着我国城市化进程的不断加快而日趋明显。为切实解决好这一社会难题，近年来，海螺集团投入巨资，组织开发了城市生活垃圾处理技术。这一技术的基本原理就是利用水泥窑稳定高温环境完全降解垃圾焚烧产生的二□恶英，实现无害化处理，垃圾燃烧的热能可替代水泥熟料生产所需要的部分燃料，灰烬用作水泥原料，对水泥生产及产品品质不产生任何影响，从而有效地解决我国城市垃圾处理中大量占用土地、产生二次污染的难题。这项技术首先在安徽铜陵市予以实施。2010年3月26日，参加2010国际水泥周的50余名代表深入安徽铜陵市，实地考察了刚刚建成启用的水泥窑处理垃圾项目，清楚地看到经过破碎、搅拌和均化后的垃圾正被供料装置定量送至气化燃烧炉内，亲身体会到该系统具有节能减排效果好、高效处理二□恶英、处理流程简单的特点。

实践证明，水泥行业采取科学的方式、方法，不仅完全可以做到节能环保，而且可以成为环境的净化器，在发展低碳经济方面扮演重要的角色。

发展低碳经济是未来水泥工业的重点方向。作为中国目前最大的水泥企业，我们有责任、有信心通过技术创新，在节能减排、垃圾焚烧处理等方面做出更为积极的努力和尝试。相信，通过大家的共同努力，水泥行业一定能够为发展低碳经济做出新的、更大的贡献！

★该篇文章为安徽海螺集团总经理任勇在3月31日召开的"2010中国国际水泥峰会"上的发言。

低碳经济及其对新材料研究开发的挑战★

Low carbon economy and challenge to new material research and development

◎北京航空航天大学教授 王天民 王 莹

Wang Tianmin and Wang Ying

一、低碳经济及其产生背景

2009年12月7日，《联合国气候变化框架公约》第15次缔约方会议暨《京都议定书》第5次缔约方会议在丹麦首都哥本哈根召开。192个国家、110国元首出席、1.5万人参加，经过十多天艰苦的会议，在达成不具法律约束力的《哥本哈根协议》后于12月19日闭幕。该协议维护了《联合国气候变化框架公约》及其《京都议定书》确立的"共同但有区别的责任"原则，就发达国家实行强制减排和发展中国家采取自主减排行动做出了安排。会议广泛深入地研讨了温室气体排放与全球气候变暖的严峻局面和危机，同时也向世人展示了低碳经济给能源安全、经济收益、地方环境和气候变化等领域带来的好处，对鼓励和促进世界各国减少二氧化碳的排放大有裨益。

十多年以来，联合国有关气候变化的大会已召开过多次，一直深受世人的广泛关注。这究竟是为什么？因为在可预见的将来，温室气体水平继续增高将会导致全球气候进一步变暖，给人类生活与生存带来多方面的负面影响。据科学预测，与工业化前相比，如果地球平均气温增加量超过"2℃"，地球上将会发生人类难以承受的气候变动，从而使社会和生态系统遭到毁灭性的破坏。因此，作为全球长期的气候目标，《哥本哈根协议》进一步确认了把全球气温的升幅控制在2℃以内的气候目标。

自从工业革命以来，随着全球工业化进程的推进，人类活动排放的各种温室气体的浓度不断增加。例如，二氧化碳浓度现已达到368ppm，是地球42万年历史以来的最大值。据预测，目前全球的温室气体排放约为470亿吨的二氧化碳当量，如果不采取任何行动，到2020年这个数字将达550亿吨以上。为保证全球气温的上升能有50%的概率不超过2℃，2020年全球的碳排放当量不能超过440亿吨；而即使按照世界各国过去几个月的减排计划推算，2020年的碳排放约为460亿吨。因此，这次大会能为拯救这颗星球做些什么，无疑是21世纪第一个十年即将过去时的全球视线中心。

面对二氧化碳不断在大气层中聚集的现实，面对各种温室气体愈排愈多与全球气候变暖不断加剧的现状，国际社会给予了越来越多的关注。人类开始反省自己，检讨自己的所作所为。作为对策就是倡导节能减排，调节能源结构，开发清洁能源和可再生能源，进而对整个国民经济体系进行革新等。这是人类和社会经济持续发展的必然选择和重要举措。

正是由于这个背景，近年来发展低碳经济逐渐成为各国政府、非政府组织、学者、媒体和民众关注和重视的课题，认为推行低碳经济是避免气候发生灾难性变化、保持人类可持续发展的有效方法之一。随之在社会经济领域，各种冠以“低碳”前缀的新名词和新术语不断涌现，诸如：低碳经济、低碳发展、低碳技术、低碳工业、低碳农业、低碳产业、低碳旅游、低碳能源、低碳食品、低碳生活、低碳消费、低碳市场、低碳社会等等。此外，各种冠以“碳”的新名词和新概念也应运而生，比如：碳足迹、碳形象、碳责任、碳主张、碳困境、碳对策、碳交易、碳金融、碳税（碳关税）等。与此同时，各国都争先恐后地提出和制定了各种相应的政策、法案法规和行动计划，虽然这些都是以遏制全球气候变暖和拯救地球文明为出发点，但仔细研究后就会发现，低碳经济里包含着巨大的商机，与国家的生存和持续发展密切相关。因此，推行低碳经济具有十分重要的现实意义和战略意义。

那么，低碳经济到底是什么涵义呢？低碳经济是以低能耗、低污染、低排放为基础的经济模式，是人类社会继农业文明、工业文明之后的又一次重大进步。低碳经济的内涵很广，涉及社会政治经济层面的各个领域，上面列举的各种冠以前缀“低碳”和“碳”的活动与行为仅仅是其中的一部分内容。低碳经济包括三个方面，一个是提高能源效率，一个是采用低碳能源或者是零碳能源，还有一个是去碳技术，这样能够保证二氧化碳排放量少。它的实质是能源高效利用、清洁能源开发、追求绿色GDP的问题，是遏制地球生态环境恶化和全球气候变暖趋势，建造人类和自然和谐共存的发展模式。其核心是能源技术和减排技术创新、能源结构与产业结构创新以及人类生存发展观念的根本性转变，是落实科学发展观实现社会经济可持续发展的重大举措，并由此可以导致经济及其管理体制上的重大革新和社会进步。

二、各国有关低碳经济的战略部署和计划

如前所述，气候变暖的核心是如何控制温室气体排放的问题。归结起来是如何尽快和健康地发展低碳经济的问题。为此工业发达国家已经和正在通过各种立法以促进其低碳经济的发展，并通过包括碳关税等各种手段来给发展中国家特别是中国施加压力。因此，在当今全球形势下，我们一方面要充分认识到发展低碳经济对人类生存的长远意义，但更重要的方面是应该清醒地认识到工业发达国家的政治经济战略。与此同时，我们必须十分重视发展低碳经济。

低碳经济的概念最初由英国在2003年的能源白皮书《我们能源的未来—创建低碳经济》提出的。作为第一次工业革命的先驱和资源受限的岛国，英国充分认识到了气候变化和能源安全的威胁。该报告指出了当前英国的能源结构从自给自足渐变到了主要依靠进口的模式，之前的能源政策没有在环境方面给予足够的重视，需要新的能源政策来保证能源与环境管理和经济发展更加协调。提出了以当前排放为基准，到2050年减少碳排放60%的目标，并计划要增加可再生能源在总发电量中的份额，使2020年时的可再生能源份额比2010年时的份额（10%）翻一番。接着英国政府在2009年3月伦敦举行的低碳工业峰会上又提出了关于促进低碳工业的四个主要措施，即：提高能源效率；改善能源基础结构（可再生能源，核能，碳捕获和存储（CCS）及智能电网系统）；低碳汽车的生产；促进英国低碳经济的商业行为。

英国提出的碳减排目标和概念得到了世界上其他国家和地区的积极响应。美国，日本，加拿大，欧共体等各国也先后制定了相应的政策法规来减少二氧化碳的排放。

2007年11月，美国进步中心公布了题为《抓住能源机遇：创建低碳经济》的报告，指出美国已在与环境和能源相关的关键绿色技术方面丧失了优势。报告提出了创建低碳经济的10步计划，其中主要包括培养建立碳交易市场环境，促进低碳经济政策出台，鼓励对能源技术的投资等。奥巴马政府通过了《2009美国复兴和再投资法案》，以此来刺激经济的复苏，该法案把开发和利用新能源作为国家发展的重点之一。而美国《清洁能源和安全法案》则是一个应对气候变化的一揽子计划，包括了改变美国对能源的依赖性，提高能源效率，加强对新能源开发以及碳限额排放贸易机制的经费投入等重要措施。

2008年6月，日本首相福田康夫提出了日本新的防止全球变暖对策“福田蓝图”，作为日本减排的长期目标，到2050年使本国的温室气体排放量比目前减少60%至80%。新出台的行动计划草案中明确表示，从2009年起将对碳捕捉及封存技术进行大规模的验证实验，并力争在2020年前将这

些技术实用化。“福田蓝图”还提出了未来太阳能的发展目标，到2020年日本太阳能发电量要达到目前的10倍，到2030年要提高到目前的40倍。前不久，日本新首相鸠山由纪夫提出了新的中期减排目标——到2020年将日本的温室气体排放量比1990年时减少25%。这相当于麻生政权所定8%目标的3倍。

自2003年以来，我国制定了一系列社会经济发展的战略方针，明确提出要实施科学发展观，发展循环经济，促进人与自然的和谐发展。胡锦涛主席于2007年9月8日在亚太经合组织（APEC）第15次领导人会议上，郑重提出了4项建议，明确主张“发展低碳经济”。去年8月国务院常务会议，审议并原则通过《规划环境影响评价条例（草案）》。一个时期以来，我国坚定不移地走可持续发展道路，认真贯彻实施环境保护法等法律法规，成立了国家应对气候变化领导机构，制定了《中国应对气候变化国家方案》，不断增加对气候变化科技研发投入，落实调整经济和产业结构、优化能源结构、节能减排和提高能效等政策和措施，尽力减少温室气体排放，取得了积极成效。随之全国人大常委会表决通过了关于积极应对气候变化的决议。在最近哥本哈根召开的“联合国气候变化会议”上温家宝总理再次强调了我国节能减排的目标，即到2020年时，我国单位国内生产总值二氧化碳排放比2005年下降40%～45%。大力发展生物质能、太阳能、地热、风能等新型可再生能源。节能减排和提高能源利用效率，是我国发展低碳经济与控制碳排放量的基本国策。

综上，包括中国在内的世界各国，在发展低碳经济方面主要可归纳为以下四点：把发展低碳经济提高到国家战略高度；逐步改变能源结构，减小对不可再生能源的依赖度；提供研究基金加强研究部署，进行能源材料和技术的研究开发；进行环境意识教育，培育和促进低碳消费和低碳市场的成长。

三、低碳经济与循环经济的关系

对于环境恶化、资源匮乏的关注，使得一些学者和产业界开始思考如何改变资源流通模式？如何从传统资源—消费—垃圾场的线性流通模式向资源—消费—再生利用的闭合循环的流通模式转变？

也就是说，在当前，资源库实际已经由传统意义上的一个资源库变成了两个资源库，即“天然资源库”和由各种废弃物构成的“再生资源库”，而且前者在不断的减少或贫化，后者正在迅速地增长。当今人类社会所面临的挑战，就是如何将天然资源库与再生资源库通过产业有机地组合起来，形成和建立作为循环经济物质基础的新型循环产业。因此，循环经济是通过机制革新建立起来的以众多循环型产业（企业）为核心并与社会有机结合起来的庞大的社会经济体系，是一个精密的社会系统工程。

循环经济主要是出于提高资源与环境效率以达到缓解资源短缺实现保护环境的目的，是实现资源或者物质可持续利用的全新的经济模式和发展战略。

德国是世界上最早实施循环经济的国家之一，其循环经济法制建设也走在前列。自1986年始，相继颁布了《废弃物管理法》、《包装条例》、《限制废车条例》等，并于1994年9月，率先公布了《循环经济和废物处置法》，具体规定了建立循环经济的3R原则（Reduce，Reuse，Recycle），即减量化、再利用和再生循环，把资源闭路循环的循环经济思想从商品包装扩展到社会相关领域。此后又制定了《垃圾法》、《持续推动生态税改革法》、《再生能源法》等等。相关法律法规由个别领域逐渐向社会各行各业推展，并且从生产领域扩展到了消费领域，现已形成条款日益严密、结构不断完善的循环经济法律体系。

日本自1991年始，先后制定了《再生资源利用法》、《环境基本法》，1994年制定了环境基本计划，首次提出“实现以循环为基调的经济社会体制”，包含了循环经济的内容。1998年日本制定“新千年计划”，把循环经济作为构建21世纪日本社会发展目标。2000年日本国会通过了《建立循环型社会基本法》，先后修订颁布了《废弃物处理法》和《资源有效利用促进法》、《建筑材料循环法》、《绿色采购法》等10多部配套法律法规。日本的循环经济立法是世界上较为完备的，以此为依据，使其成为世界上第一个号称以建立“循环型社会”为目标的国家。

此外，美国和欧洲许多国家也都制定了有关循环经济的法律法规和计划。

如上所述，循环经济是以生态设计（Ecodesign）的理念和原则为指导，以对资源和能源、生产、使用、消费和废弃全过程的生命周期评价为手段，追求在产品生产与使用过程中，运用清洁能源实现清洁生产，贯彻节能减排，节省资源使用量，减少环境污染并使废弃物成为新的原材料再次进入生产和消费环节，从而最大限度地实现资源的循环利用，以达到提高资源与环境效益的目的。这是对物质和资源循环利用的全新的经济形式。因此，从某种意义上讲，促进资源的循环利用是循环经济的核心内涵。而低碳经济则是更多地强调了低能耗、低污染、低排放的方面。其实，低碳经济与循环经济本质上讲都是提高资源（能源）与环境效率、追求绿色GDP的问题，都是为了实现人类社会和经济的可持续发展。表面上看，似乎前者更强调减排温室气体，遏制全球气候变暖趋势的问题，而后者似乎更为综合地强调了在尽可能减小污染的情况下地球资源的循环再生利用。实质上，两者是一个问题的两种表达方式或者两个侧面，都是保护地球生态环境、促进人类与自然和谐共存，从而实现社会经济可持续发展的经济模式，并且其评价的方法学也都源于生命周期评价（LCA）。

低碳经济的着重点在于能源及其结构调整，而循环经济则着重于资源/能源的再生循环利用，但前提都是尽可能减小对环境和生态体系的损伤和污染。在当前地球气候变暖以及“哥本哈根气候大会”成为世人注视焦点的大形势下，在全球范围内掀起低碳经济热潮是完全可以理解的，当然也是十分必要和紧迫的。此外，我们还必须清醒地认识到，低碳经济不仅是应对气候变化的手段，还是改变国家能源结构，即从传统的高碳能源向低碳能源转化的大事。不仅能够实现减少二氧化碳排放量的目标，还可以为摆脱过分依赖国外能源和不可再生能源创造有利条件，从而保障国家的能源供应，实现国家的能源安全战略。

四、生态设计原则与生命周期评价方法是低碳经济与循环经济的指导思想与理论基础

1. 生态设计（Ecodesign）。生态设计又叫环境协调性设计，它是一种全新的设计思想，即在产品或材料设计中，在考虑成本、功能（或性能）、质量、外观等传统使用性能指标的同时，充分考虑产品或材料的环境性能。通过实施减量化、再利用、再制造与再生循环利用（4R 原则）和生命周期评价（LCA），达到经济、环境和社会效益的和谐统一。顺便述及，这里的所谓4R，是在前面提及 Reduce，Reuse，Recycle 基础上增加了 Remanufacturing（再制造）。从 3R 到 4R 使得生态设计和循环经济的内涵更加科学和切合实际，作者完全赞同和支持这种观点。

生态设计、循环产业以及在此基础上形成的低碳经济与循环经济，是新时代所有材料、产品、生产活动以及企业遵循的原则，也是其发展的趋势和方向。这是人类解决所面临的资源、环境问题以及遏制地球气候变暖、保护地球家园，实现经济和社会可持续发展的根本途径。

必须强调，生态设计的思想与原则，一定要逐步地贯彻到各种材料、产品和社会服务的设计实践中去，每个人都应该成为生态设计者和积极的低碳消费者，提高资源环境意识，实行节能减排，倡导和厉行低碳生活方式。

毋庸置疑，作为社会经济的物质基础——材料，必须贯彻生态设计的原则或者进行生态化改造，这就是所谓的生态环境材料。可以肯定地说，生态环境材料是新世纪材料发展的必然方向和趋势。

2. 生命周期评估（LCA）方法是低碳经济、循环经济有力的评价和认证手段。生命周期评估的全局观念是低碳经济和循环经济的核心理念和评价方法。根据通常采用的 SETAC 和 ISO 的定义，生命周期评价（LCA）是一种系统的环境评价工具，它对一种产品、过程或活动，从原材料提取、材料制备直至最终废弃的整个生命周期内，对能源和资源消耗以及废物排放对环境所造成的潜在影响进行评价，进而提出改善环境性能的建议和措施。

在这里必须强调指出，生命周期评价方法已经从 20 世纪 70 年代“从摇篮到坟墓”的线性全程控制向着适应循环经济和低碳经济的“从摇篮到摇篮”的闭合循环流程控制演进。

碳的减排目标、碳限额排放贸易机制（carboncapandtrade）、碳交易、碳税等将在政治经济领域里对我国有重大影响，这些机制都与生命周期评价（LCA）紧密相关。美国的清洁能源和安全法案也专门提到了要每年监察中国和印度是否执行了减排标准，而其工具就是基于 LCA。哥本哈根大会上，温家宝总理也提到我国将进一步完善对减排信息的统计以及监测和考核办法。

美国的各个产业都在积极开展和应用 LCA 来进行二氧化碳排放量的基准调查。例如美国乳制品管理的行业协会（DairyManagementInc）就投资 170 万美元进行牛奶及其各种包装品，奶酪的 LCA 研究，并制定了以 2007 年排放量为基准，到 2020 年要达到减少 25% 的目标，这件事在美国及国际上也造成了很大影响。美国农业部和该行业协会在哥本哈根进行了新闻发布会，签署了谅解备忘录，表明农业部将支持美国牛奶业的二氧化碳减排目标，大力推荐 LCA 方法，并将进一步提供数量可观的研究资金支持。美国农业部还提出要在未来五年之内，还将继续增加农业应对气候变化的研究经费，从现有的三千万美元增加到一亿三千万美元。

因此，我国应进一步加强 LCA 的研究与实例应用，建立产品（尤其是出口的产品）的生命周期评价的数据库，做到知己知彼，以便在今后的国际碳交易中处于有利地位。

环境保护与治理和遏制气候变暖是低碳经济、循环经济生产方式追求的目标。但是，今天的低碳经济、循环经济概念已经远远超出了单纯的环境保护与治理范畴，涉及社会再生产、贸易体系、技术支撑、法律体系、政策保障等领域的全方位经济运作形式。

五、材料及其产业在新经济模式下的发展现状与动向

在全球气候变暖、环境恶化与资源面临枯竭的大形势下，材料科技及其产业领域必须不断地增强环境意识，将材料研发、生产与生态平衡、环境保护密切结合起来，延长材料使用寿命、提高循环使用特性和再生利用率是今后的重要课题，而材料在制备、生产和使用全过程的节能减排、环境友好与净化以及无毒无害、保障人类生存安全则是今后研发新材料时所要考虑的首要因素。众所周知，材料作为社会进步的基础和先导,为社会带来了巨大的物质财富,并推动了人类文明的进程。同样,在国民经济向低碳经济模式转型的过程中,新材料及其产业也必将为这一转变提供强有力的物质基础。

因此,为适应材料及其产业的发展的新形势,在充分考虑环境和能源问题与材料之间相互关系的基础上完善材料科学体系已成为许多材料科学家所关心的问题。日本国家材料科学研究所(NIMS)发布的《能源与环境材料展望》报告对传统材料科学进行了再论证与再认识,评述了日本能源与环境材料的发展现状和今后的发展重点,并提出了重建材料科学体系的问题。其实,包括中国在内的世界各国,都不失时机地提出了类似的新材料发展战略,并相继出台了相关的研究计划与研究报告。

总之,为适应发展低碳经济和循环经济,材料研发与材料产业首当其冲的是两大材料领域:一是新能源材料的研发与产业化,包括直接用于产生能源或转化的材料以及为实现转化与输送的其他相关配套材料,还有除天然碳汇之外能够实现 CO_2 捕获或固化的技术所必需的新材料等;二是生态环境材料的研发与产业化,而其中的生态建筑材料则成了低碳经济热潮中比较引人注目的材料门类。这是由于建筑材料量大面广,在生产与使用过程中都要耗费大量的能源与资源,是贯彻低碳经济方针时必须重点抓的材料领域之一。

1. 能源材料。随着人们对环境问题和能源问题的日益重视,清洁能源已成为一种有市场竞争力的能源形式,而且随着技术进步,清洁能源的价格继续朝着越来越为人们所能接受的方向发展。其中,风能对某些风能资源丰富的地区来说,是一种最廉价的能源;乙醇目前已在美国、巴西等国家和地区应用于汽车领域;生物燃油,包括各种各样不同的动物和植物油,随着生物燃油柴油机性能的改善,已逐渐贴近了实际应用。转瞬之间,一直以来作为备用能源方式的清洁能源,已成为能源应用市场的热点投资领域。因此,相应的能源输送和转换材料,如:超导材料、磁制冷材料、永磁体材料、力学响应材料、低摩擦材料、轻质材料是发展清洁能源中需要大力发展的材料门类。

在能源技术领域,有两个值得特别注意的方向:一是太阳能供电系统;二是便携式供电系统。电子能源材料与此直接相关,如:用于 PDA、移动电话、便携式电动工具和笔记本电脑等的太阳电池材料、LED 材料、电子产品、元器件材料、金属化电极材料、热电转换材料以及用以满足太阳电池性能提升要求的精密丝网印刷及相关材料技术等。在此领域,材料与产品的一体化是其发展趋势的明显特征,而进一步提高太阳能电池的性能如光电转换效率仍是电子能源材料领域的永久的课题;其次,化学能源材料引人注目,如:氢能源和储藏用材料、光催化材料、燃料电池材料、二次电池材料、耐蚀材料等;再次,应用于大型高效发电厂的材料,如:燃气涡轮发电机用超耐热材料,超临界界面稳定的火力发电用材料等也是关注的方面;最后,纳米级能源材料,如:原子开关材料、纳米级材料、纳米组装材料、纳米控制技术等作为新宠这些年发展十分迅速。最近报道的纳米器件自供能系统及其相配套的纳米发电机的成功研制可能是纳米能源材料将迈向实际应用的重大进展之一。

2. 生态环境材料。生态环境材料应是同时具有满意的使用性能和优良的环境协调性或者能够改善环境的材料。所谓环境协调性是指资源和能源消耗少,环境污染小和循环再利用率高。它是在生态设计思想和原则的指导下,在材料环境协调性评价(LCA)的基础上,采用环境协调性工艺开发出来的新型材料。需要强调的是,这里包括对传统材料经过生态化改造赋予特别优异环境协调性的材料,而且,这部分材料是相当量大面广的。因此,可以说生态环境材料是在传统材料的基础上相比较而产生、相比较而发展起来的一大类材料,其判断和认知往往是相对的和动态的,其环境特性也随技术进步而不断得到改善和提升。

生态环境材料、生态设计以及在此基础上形成的循环产业,是新时代所有材料、产品和企业发展的必然趋势和方向,是循环经济的物质基础,也是人类解决所面临的资源、环境问题,实现经济和社会可持续发展的根本途径。

自 20 世纪 90 年代以来,生态环境材料研得到了长足进步,其理念已对材料科学与工程产生了重要影响,并推动了材料制备科学的发展,丰富了材料科学的内容。自 1993 年以来每年多次举行的《Ecomaterials》、《Ecobalance》、《Ecodesign》国际会议以及《Ecoproducts 展览会》,已经成为材料科学领域最重要的系列盛会,其研讨的内容主要包括:长寿命材料及材料的延寿技术、材料与产品的再生循环利用、生态建筑材料、环境相容材料、仿生物材料、绿色包装材料、生态建材、环境降解材料(生物降解塑料等)、环境工程材料(包括沙漠治理材料、蓄水渗膜材料等)、环境修复材料、环境净化材料(光催化材料、分子筛、离子筛材料)、环境替代材料、材料的环境友好制备技术以及作为评价认证基础的材料环境协调性评价体系(LCA)等。我国相关部门一直十分重视和支持生态环境材料的发展,已经并将继续得到国家自然科学基金、"863"、"973"以及国家支撑项目的大力支持。产学研结合是开发生态环境材料的基本特点,这种态势目前已深入到产业的各个领域,它在提高资源/能源效率和减少环境负荷方面具有不可替代的作用,是实现低碳经济和循环经济战略的重要物质基础。

3. 生态建筑材料。生态建筑材料的概念来自于生态环境材料,由于其具有量大面广和相对比较自成系统的特点,许多时候又被单列一类。其特点是:具有优异的使用性能;尽可能使用可再生资源;采用清洁的生产技术,废气、废渣和废水的排放量相对较少;与环境相协调,使用过程中有益于人体健康,有利于改善生态环境;废弃后可作为再生资源/能源加以利用或易于净化处理等。

近些年来,生态建材研发态势比较迅猛,最新的材料可简要列举以下几种:TIM透明绝热材料:在建筑上通常将其与外墙复合成为透明隔热墙(TIW),从而减少因对流造成的热量损失。在瑞士、英国和日本等国已有完全用TIM透明绝热材料作为外立面的“零能耗(或零碳)”房屋或者“生态住宅”;复合保温玻璃:已经历热反射中空玻璃,低辐射中空玻璃以及低辐射－热反射中空玻璃三个阶段,后者是前两代产品复合物,同时具有双重保温性能的理想组合,目前在欧洲的生态建筑中被广为使用;太阳能光电材料:将太阳能电池与建筑材料复合而成的新型建材。太阳能光电屋顶、太阳能电力墙和太阳能光电玻璃是目前已在日本、德国和瑞士等国得到应用的主要太阳能光电材料。它们不仅能吸收太阳热能,还能将其转换为电能,支持住宅内部用电,有些甚至还能将多余电力输入电网。用以取代玻璃的透明太阳能光电池,也即太阳能光电玻璃,有望在十年之内成为生态建筑中的主流玻璃材料。随着太阳能技术不断取得突破,太阳能发电效率进一步提高,太阳能光电材料的前景非常看好。

结束语

发展低碳经济和循环经济是人类社会经济发展的历史必然。在国民经济向低碳经济和循环经济模式转型的过程中,材料必将为这一经济模式的转变提供强有力的物质基础。

1. 面向未来,我们必须认真对待资源、能源和环境问题以及全球气候变暖的问题。只有政府、企业、消费者在资源与环境等方面的通力合作,以及产、学、研密切真诚地合作,才能推动低碳经济与循环经济的推行与发展,为社会经济的可持续发展做出贡献。在这里企业的主动精神、积极进取和必要的经费投入是非常重要的。

2. 材料是国民经济的物质基础,在推进和发展低碳经济与循环经济的进程中,革新材料的制备/生产技术是当务之急。因此,加强材料工作者的环境观念,普及全民的环境意识教育十分重要。随着全民环境意识的增强、低碳消费和绿色采购的逐步普及以及材料与产品低碳认证与环境认证的推展与强化,生态设计的原则和方法必将得到更为广泛的普及与推广,能源材料、生态环境材料/产品以及生态建筑材料的研究开发必将出现新局面。

3. 不管欧、美、日等工业发达国家在减排指标分配问题上动机和表现如何,我们必须走自己的路,从国家利益和长远战略目标出发,安排好有关低碳经济的战略部署和时间表。材料产业必须从传统的资源消耗、环境污染型,向以资源节约和循环利用、清洁生产和零排放为特征的低碳经济型和资源循环型产业转变。这是材料及其产业今后发展的方向,也是所有材料科技工作者义不容辞的历史重任。

“勿以善小而不为,勿以恶小而为之”,每个人都应该在实践中贯彻节能减排原则,倡导和厉行低碳生活。从现在做起,从自身做起,从一切事情做起!

★该篇文章发表于2010年1期《中国材料进展》。

水泥行业全面启动能效对标★

Cement industry fully starts up energy and efficiency conforming to standard

◎中国水泥协会副会长　曾学敏
Zeng Xuemin, Vice Chairmen of China Cement Association

一、国家高度重视水泥行业节能减排

中国正处在经济快速发展阶段,能源消费持续增长。改变经济增长方式,建立经济、清洁、高效、可持续的能源供应、消费体系,走出一条适合中国自己的低碳发展道路,是摆在中国政府和每个人面前的课题。工业能源消耗占全国能源消耗总量的70%左右,工业节能任务繁重艰巨,受到社会全方位重视。水泥是国民经济发展的重要原材料,是产品消费和能源消耗大户。2009年水泥产量达到16.5亿吨,比上年增长17.9%;能源消耗总量初步测算为1.47亿吨标准煤,比上年增长5.74%,占全国能源消费总量的4.74%,因此水泥行业节能减排受到国家高度重视。近年来,在国家强有力节能政策推动下,水泥工业能效对标活动正在不断深入开展,节能减排取得了显著效果,能源消耗总量增长速度低于水泥产量增长速度(见表1)。随着水泥工业技术进步,其产品单耗和工序能耗仍有较大节能潜力。因此水泥行业被列为国家重点关注的节能减排行业,第一批EUEEP(国家发展和改革委、联合国开发计划署、全球环境基金(NDRC/UNDP/GEF)共同组织实施的“中国终端能效项目”将水泥行业列入其中。

表1　“十一五”期间水泥行业能源消耗情况

年份	水泥产量		能源消耗		产品综合能耗			
					吨熟料		吨水泥	
	总产量(万吨)	增长(%)	总量(万吨)	增长(%)	能耗(kgce)	增长(%)	能耗(kgce)	增长(%)
2006	123 611	15.65	12 606	7.47	142	-4.01	120	-5.54
2007	136 100	10.10	13 890	10.19	138	-2.0	115	-4.2
2008	140 311	3.09	13 933	0.31	130.48	-5.45	103.47	-10.0
2009	164 800	17.45	14 733	5.74	124.15	-4.85	95.08	-8.11

注:表中2009年数据为初步测算结果,以今后公布数据为准

二、能效对标项目实施意义

在“中国终端能效项目”中中国水泥协会承担了《水泥工厂节能设计规范》(该规范已于2008年5月1日实施)和《水泥行业节能协议活动的组织和协调》两个子项目,编写《水泥企业能效对标指南》和组织水泥能效对标试点企业开展能效对标活动是《水泥行业节能协议活动的组织和协调》工作的核心内容。

水泥企业能效对标项目实施有助于克服我国水泥工业能源利用效率低的障碍,促进水泥行业全面实施能效对标、节能技术推广、强化节能管理,促进水泥工业能效水平提高;引导广大水泥企业科学用能、合理用能、节约用能,促进生产方式向高效率、低消耗、低排放转变,为实现我国“十一五”节能目标做出贡献;通过组织和协调能效对标试点企业开展能效对标活动,为试点企业提供节能理念、人员培训、寻找差距、节能技术、计划实施、使用“工具”、解决问题等方面指导,充分挖掘企业节能潜力,提高能源利用效率。

三、项目承担的主要任务和完成的主要成果

——对行业能源消耗状况进行调研,编写调研报告,制订企业综合性能耗指标对标基线;

——对国内外典型生产线工序能耗分布进行调查,确定工序能耗对标基线;

——制订水泥能效对标活动试点企业选择原则,确定能效对标试点企业,协助指导其制定能效对标工作计划并开展能效对标工作;

——制定水泥企业能效对标指南编制大纲,在此基础上完成《水泥企业能效对标指南》的编制并不断修改完善,并于2009年3月获国家发改委审核通过;

——协助完成“水泥能效对标分析工具”修改、使用和培训;

——制定能效对标试点企业对标案例编写提纲,指导试点企业完成“企业能效对标案例”的编写,案例作为附录纳入《水泥企业能效对标指南》;

——开展水泥能效对标试点企业考察评估工作,编写考察评估报告;

——编写了“水泥矿山对标管理探讨”供矿山工作人员参考;

——编写了《水泥行业开展能效水平对标活动实施意见》,为在全行业开展能效对标工作起到指导作用;

——分别召开了《水泥企业能效对标指南》新闻发布暨东部区宣讲会议、召开了全国水泥行业能效对标活动启动大会暨《水泥企业能效对标指南》西部区宣讲会议,推动了全行业能效对标工作的深入开展;

——开展能效对标工作国际交流与合作,借鉴其先进经验,促进我国能效对标工作上水平。

四、《水泥企业能效对标指南》核心内容

1.《指南》核心内容 水泥企业能效对标指标体系、影响各工序的主要因素、解决途径及工程实例;提高能效水平的有效技术;附录的核心内容是企业对标案例、主要政策、法规和标准。

2.能效对标指标体系 内容框架、综合能耗指标体系及对标基线、工序能耗指标体系及对标基线。

3.主要节能技术 根据水泥工艺核心内容“两磨一烧”的特点,主要介绍了粉磨、烧成、余热利用、废弃物替代、通用设备、电气节能的主要技术。

——粉磨技术

粉磨工序能耗主要体现在生料制备、煤粉制备和水泥粉磨的环节,其电量消耗占水泥生产综合电耗的72%(生料粉磨电耗约占水泥综合电耗的24%,水泥粉磨电耗约占水泥综合电耗的38%)。生料粉磨主要采用风扫式球磨系统、中卸提升循环磨系统、尾卸提升循环磨系统、立磨系统以及辊压机系统等,近几年来立磨系统得到广泛使用。对于中等易磨性的原料,一般采用立磨系统比采用球磨系统节电5~6千瓦时/吨生料左右。煤粉制备有风扫式球磨和立磨系统,立磨的电耗约为球磨的一半。对于易磨性指数HGI为55的中等易磨性的原煤,煤粉细度0.08毫米筛筛余12%的球磨主机电耗24.5千瓦时/吨左右,立磨主机电耗13千瓦时/吨左右。水泥粉磨的磨机型式主要有球磨机系统、辊压机预粉磨系统、立磨终粉磨系统。采用辊压机

与球磨机组成的各种预粉磨系统(包括循环预粉磨、联合粉磨、半终粉磨等),由于大幅度节电已经成为水泥粉磨的主要方案;粉磨水泥采用立磨系统正在兴起。辊压机预粉磨系统、立磨终粉磨系统的粉磨效率一般是球磨机的2倍左右,系统节电30%以上。

——助磨剂技术

水泥助磨剂是一种表面活性较高的化学物质,可吸附在水泥颗粒表面上,降低了物料颗粒表面自由能,防止细颗粒的再聚合,降低了粉磨阻力,提高细粉颗粒的分散度,使颗粒易碎性得到提高。因此加入适量助磨剂可提高磨机台时产量10%~25%,降低粉磨电耗25%左右,同时可降低过粉磨现象、优化水泥颗粒级配、提高水泥颗粒圆度系数,从而提高水泥强度3~5兆帕,达到提高混合材掺加量的目的。

——烧成技术

水泥生产过程中几乎100%的燃料消耗在熟料烧成。烧成系统的节能主要技术和设备有六级预热器预分解炉系统、二支承短回转窑、高性能大推力燃烧器、煤粉助燃剂、步进式无漏料冷却机、高性能耐火衬料、废弃物替代原料和燃料技术等。火电行业燃煤锅炉等离子电子点火技术在水泥行业的推广应用,可实现水泥窑点火不用油。

——余热利用技术

水泥企业余热利用主要用于原燃材料、混合材的烘干;利用余热发电;余热发电和采暖联合采用。随着国家惠民水处理工程的启动,县县建设污水处理厂,利用水泥窑处理污泥不仅有高温煅烧、无二次污染的优势,还有利用废热进行烘干的优势。

——通用设备节能技术

主要包括:控制生料质量;采用合适的喂料方式,提高设备的精度;窑尾系统设置气体分析仪;风机传动方式采用变频调速技术;优化压缩空气系统;简化系统流程;改变袋式收尘器的滤袋材质,降低阻力;生产过程物料搬运节能(带式输送机新型托辊等)。

——电气节能技术及配置

主要包括:高压电压等级采用110千伏电压供电,中压电压等级采用10千伏;变电所、配电站位置靠近负荷中心,减少配电级数;根据负荷性质、用电容量等因素合理确定变压器容量、台数和运行方式;选用低损耗节能型变压器;选用高效电动机;采用无功功率补偿提高功率因数;按经济电流密度校验10千伏及以上输电线路的导线截面;抑制配电系统中的高次谐波;低压电机节电;绿色照明。

五、试点企业开展能效对标活动的效果

能效对标活动试点企业选择条件有4项:(1)企业对能效对标和节能减排工作积极性高,领导高度重视,通过能效对标实践活动挖掘节能潜力,产生较大的节能减排效果,取得较好的经济效益。(2)企业的能源管理基础工作比较好,能源管理机构设置、人员配备、计量仪器仪表装置、能源消耗统计分析等方面有较好的基础。(3)企业发展前景好、市场好、产品销售好,重合同、守信誉。经济效益较好,在能效对标实践资金投入方面有一定保证。(4)企业在行业中有一定代表性和影响力。

根据上述条件,本着自愿的原则,挑选了河南同力水泥股份有限公司、宁夏赛马实业股份有限公司、淮南舜岳水泥公司和鲁南中联水泥有限公司为能效对标活动试点企业,这些试点企业2008~2009上半年完成的节能量见表2。

表2 试点企业2008~2009上半年完成的节能量

试点企业	节能量(tce)	减排量(tCO_2)	改造资金(万元)
河南同力	106 991	311 344	4 850
淮南舜岳	36 403	105 933	3 500
鲁南中联	40 261	117 160	5 443
宁夏赛马	97 713	284 345	7 100
合计	281 368	818 781	20 893

六、企业开展能效对标注意事项及存在问题

1.认识要到位。企业对某一设备或某一工艺系统进行节能改造后,其能耗指标水平提高了,认为这就是能效对标了,其实这是片面理解对标的概念,能效对标是一整套科学管理系统和贯穿整个系统的科学管理理念。

2.实施有条件。企业一把手要高度重视和支持,只有这样,有条件可以进行对标,没有条件创造条件也要进行对标;其次是建立一整套对标管理的组织、运行、指标、考核、奖惩、信息等机制,强调机制配套、信息畅通、责任到人、指标到位,并与个人收益挂钩,充分调动全体员工参与对标的积极性;第三是建立良好的内外部信息交流渠道;第四是改造和淘汰并举,经技术经济比较,没有改造必要、规模偏小的生产线和装备不要犹豫,坚决淘汰。

3.标杆应合理。对标管理就是和标杆进行比、学、赶、超的不断循环过程。标杆最好是具体企业,这样很实际,学起来摸得着看得见。学习标杆就是要找出自身的差距,学习其精髓,并与自身的实际情况紧密结合,与基础能源管理紧密结合。据此制定本企业比、学、赶、超计划,用节能目标引导计划,用措施落实计划,加强过程控制,把握关键细节。

4.程序需保证。成立对标领导小组;挖掘内外部信息采集渠道;建立信息库;确定合适的对标标杆;实施能耗现状检测标定工程,建立能耗档案;制定年度能效对标实施计划;建立对标业绩指标考核体系与奖惩制度;定期召开技术经验交流会,加强沟通和交流;做好能效对标的阶段性评估考核工作;建立新的对标指标体系。

5.问题要解决。当前多数企业没有做到有能源消耗

就有计量，企业系统计量设备还需要完善；大部分企业工序能耗没有做到准确分工序计量；熟料产量、煤耗计量设备可靠性、耐久性差，影响能耗分析和正确判断；节能新技术、边缘节能技术推广存在一定障碍；竞争对手的能耗指标数据获得很困难；行业能效对标基线的更新也是摆在面前的难题。

★该篇文章为中国水泥协会曾学敏在3月31日召开的"2010中国国际水泥峰会"上的发言。

关于当前水泥产业政策中几个问题的探讨★

Discussion of several issues about current cement industrial policy

◎中国水泥协会副会长兼秘书长 孔祥忠

Kong Xiangzhong, Secretary General of China Cement Association

从2009年9月26号国务院颁发国发38号文件《关于抑制部分行业产能过剩和重复建设引导产业健康发展若干意见》，到2010年2月6号国务院颁发国发7号文件《关于进一步加强淘汰落后产能工作的通知》，这期间国家发改委办公厅还下发了发改办产业[2009]2351号文件《关于水泥、平板玻璃建设项目清理工作有关问题的通知》，可见在应对国际金融危机，保持国内经济稳步增长中出现的部分行业投资增长过快，政府出手要抑制产能过剩带来的后果；同样为应对全球温室气体变化，政府要加快淘汰落后产能来转变发展方式。

自38号文件颁发以来，中国水泥协会一直在做行业调研工作，听取行业各方面代表对38号文件和7号文件的意见和建议，并做了大量的、必要的解释工作。本人结合调研情况，就当前水泥产业政策中几个问题谈点个人见解，仅供业内参考。

一、关于水泥项目清理与核准问题

国家发改委的2351号文件是根据国务院2009年国发38号文件的要求，开展对水泥、平板玻璃建设项目进行清理工作。38号文件之后，全国水泥建设项目核准开始冻结，但在这之前大多数省份已核准了过多的水泥建设项目。从去年年底以来，水泥投资一直保持旺盛势头，今年2月统计水泥投资116.6亿元，同比增长31.40%；3月水泥投资278.47亿元，同比增长19.02%，可见政策的抑制作用至少要到今年下半年才能见效。在这期间，在去年9月之前拿到项目批文的大企业一直在创造条件投资兴建项目，而部分虽拿到项目批文，但资金不到位和不具备条件的项目，有的在转卖项目，有的成为地方政府招商引资的吸引条件。当然，也有部分为回避风险就此退出不干了。但值得注意的是，在部分地区存在不经核准违规建设的现象。在水泥投资持续增长的情况下，国家新项目的核准不可能马上启动。

所谓抑制产能过剩，我以为是指新增水泥熟料产能，不能在省市水泥工业发展规划之外新上水泥窑，这是控制投资节奏，合理产业布局，抑制产能过剩的根本。而新建大型水泥粉磨站并非是新增水泥产能，那只是新增水泥粉磨能力。

调研中许多地方企业提到新项目核准什么时候开始，我想全国各省市自治区水泥工业发展也是不均衡的，个别省份存在较大的淘汰落后空间，这些省份的企业在明年拿到新的核准文件是有可能的。

暂时停止新项目的核准，有利于加快淘汰落后水泥产能，控制水泥投资节奏，为维护整个行业的盈利水平客观上提供了保障，是抑制产能过剩的需要。

现在出现了一个问题，新项目核准是停了，但有些地方连现有企业的正常技术改造项目也给停了，这似乎不合科学发展观。只要不是异地新建改造，不是以新增产能为目的的，在条件许可的情况下，对原有生产线通过技术改造而达到节能减排的项目还是应该许可的。

二、关于淘汰落后水泥产能问题

1. 关于淘汰"直径3.0米以下的水泥磨机"的说法。中国水泥协会在修订《水泥产业发展政策》时就咨询过行业磨机专家，对磨机的规格和产能做过科学的论证。这里是指"含直径3.0米及以下的水泥球磨机所组成的粉磨系统"，只有直径大于3.0米以上的球磨机配辊压机所组成的水泥粉磨系统才能达到年产60万吨以上的生产规模。在满足年产规模60万吨以上的前提下，采用其他更为先进的、节能降耗的粉磨新装备、新工艺也是可行的，因为科学技术是在不断发展的。

对于年产规模低于60万吨的水泥粉磨站要坚决淘汰。对于年产规模大于60万吨的水泥粉磨站，但粉磨系统都是由

2个或多个小磨机组成的多条粉磨生产线的企业也应该淘汰;而由一台大于直径3米的大磨机和1台或多台小磨机组成的粉磨站,应淘汰直径3米及以下的小磨机,改造新增直径大于3米以上的大磨机。

全国现有大小水泥粉磨站初步统计要超过1 680家,而球磨机直径3.0米及以下的小水泥粉磨站的粉磨能力至少有2.73亿吨,这是淘汰的重点之一。部分小水泥粉磨站、尤其是无证生产的小粉磨站是制售假冒伪劣水泥产品的主要源头。同时,我们也应该支持大型水泥粉磨站的建设,让水泥熟料的销售渠道流向大型水泥粉磨站。

2. 关于淘汰机立窑的说法。淘汰落后水泥产能不仅仅单指3 400多台机立窑,还有30台湿法窑、200台中空窑、近千家小粉磨站。落后产能包含落后的生产工艺、较低的劳动生产率。所谓落后的生产工艺应是能源消耗高、环境污染重、自动化程度低、产品质量不稳定、资源利用率低;所谓较低的劳动生产率应是企业规模小、人均产能低、市场竞争力差。实际上在江浙一带,日产1 000吨规模的新型干法水泥生产线,甚至2 000吨规模的生产线也照样有被市场淘汰的。这充分说明,淘汰落后产能主要靠市场,而在个别边远落后地区,小型企业也许还有一个过渡的生存期。在新型干法水泥占到总量的95% ~98%的时候,淘汰落后产能也就不是主要问题了。

我个人认为,淘汰落后水泥产能可以不必具体规定窑的规格,只要下达淘汰落后产能的指标就行了。不然你就得对指定淘汰规格以外的要有个说法。应相信地方政府在完成淘汰落后产能指标时会首先淘汰哪些规模小的生产线。

单从科技发展的角度,我是这样看待淘汰落后产能的:水泥工业从1824年诞生立窑煅烧技术,到1877年发明回转窑煅烧技术,期间已经经历了中空窑、立波尔窑、湿法窑、预热器窑到预分解窑的五代煅烧技术,沸腾煅烧等更新的窑炉煅烧技术正在研制中。因此,从技术进步来讲,落后煅烧技术的退出是科技发展的自然属性。

专家运用生命周期评价方法对不同煅烧工艺对环境影响进行的系统研究,所得结论是:“不同水泥煅烧工艺具有不同的环境污染综合指标,预分解窑对环境的影响最小,其次为机立窑和预热器窑,湿法长窑对环境的影响最大。”中国水泥产量占全世界总量的50%,也就是说,因水泥生产而产生的环境污染中国占全球一半。利用大型水泥回转窑可以进行城市垃圾、危险废弃物和城市污泥的处置,做到资源利用的最大化。因此,从环保和资源利用来讲,落后产能的退出也是科技发展的社会属性。

水泥工业是讲究规模经济的,产能规模越大,再加上集团化,它对市场的覆盖率就大,它的劳动生产率就高,在市场上的竞争力自然就强。水泥工业也是讲究资源占有率的,那些没有自己石灰石资源的小企业在市场竞争中总是处于劣势。落后产能的退出虽有政策引导的因素,但更多的是市场竞争的结果。

因此,从企业竞争力来说,落后产能的退出也是科技发展的市场属性。

淘汰落后产能不仅仅是我们水泥行业发展自身的需要,也是国家应对气候变化的战略发展需要。中国水泥协会(CCA)正在参与国家的《循环经济统计指标建设》、《水泥工业污染防治技术政策》、《水泥工业污染防治最佳可行技术指南》(水泥BAT)、《低碳水泥认证标准》等工作。可以看出,今后国家对水泥企业的污染排放和能源消耗将管理得越来越紧,政策和法规逼着落后产能要淘汰。实际上在国发38号文件没有出台前,很多省份淘汰落后水泥产能的速度已经加快了。一是政策导向;二是市场竞争法则,使得许多落后企业产生主动退出的意愿。

三、去年38号文件与今年7号文件中关于淘汰落后水泥产能的提法问题

38号文件提到:“尽快制定三年内彻底淘汰落后产能时间表”;7号文件三年目标提出:“淘汰窑径3.0米以下水泥机械化立窑生产线”。在去年年底,部分省市已经根据38号文件起草修订了本省市的“十二五”水泥工业发展规划,7号文件颁发后,原有规划稿内容要“倒退”,业内不少人士对此有看法。

我个人认为应该坚定不移地贯彻落实38号文件精神,新型干法水泥发展了,市场也就逼着落后水泥淘汰。淘汰落后产能用量的概念比具体设备规格好,在边远落后地区淘汰落后的速度会慢些,而在发达地区已经没有落后产能要淘汰了。政府需要制定一个好的引导退出机制,并使这个机制和补偿办法公开透明化,加强社会力量对淘汰落后产能的监督。

四、《水泥行业准入条件》和《水泥产业发展政策》出台问题

从2008年底到整个2009年,中国水泥协会发动全行业参与《水泥行业准入条件》和《水泥产业发展政策》文件的制订和修订工作,现在只等着政策出台了。但望眼欲穿,只见雷声不见雨点,这对整个行业发展是不利的。

从政策发展角度讲,鼓励企业重组联合、适度发展新线建设、注重环保、节能减排、延伸产业链将是发展的主题。从技术发展角度讲,锁定低碳减排的技术,如节能粉磨、余热发电、高压变频、矿山优化开采、水泥窑协同处置废弃物、提高原燃材料利用率、低碳品种、检测和控制等技术是发展方向。

五、房地产发展对今年水泥消费的影响问题

不可否认，建筑钢材、水泥与下游房地产业的关联度高，1 立方米的混凝土结构需要 100～300 千克的钢材和 300～400 千克的水泥。政府当前对房地产的整顿，对水泥市场需求有一定的影响。根据有关研究报告，2009 年城市房地产的水泥消费只占全国的 22%，且消费增速比 2008 年已下降了 10.6%。而采矿业、制造业、电力燃气、交通仓储、水利环境的水泥消费占到 51%，其他是农村建设消费。当前政府打压的是高房价，而非是房地产业。因此，今年房地产的变化不应是影响水泥消费量的主要因素。问题是我们该怎样保持自己行业的稳定健康、可持续发展。

至于调高水泥企业生产用电价格问题，势必增加水泥生产成本。这项政策对限制和淘汰类企业有加快淘汰落后的作用，而对于一般大企业主要是寻求成本转移机会，市场集中度高的区域成本转移的机会就大。

★该篇文章发表于 2010 年 6 期《中国水泥》杂志。

对“长三角”地区水泥产业的分析★

Analysis of cement industry in Yangtze River Delta region

◎上海水泥协会会长　诸葛培智

Zhuge Peizhi, Chairman of Shanghai Cement Association

一、“长三角”地区率先发展是国家战略

2010 年 5 月，国务院正式批准实施《长江三角洲地区区域规划》，这是我国第一个跨省份的区域规划，也是 2008 年以来国务院批准的第 18 个区域发展规划。《规划》明确了长江三角洲地区发展的战略定位，即亚太地区重要的国际门户、全球重要的现代服务业和先进制造业中心、具有较强国际竞争力的世界级城市群。

《规划》提出了城镇发展与城乡统筹、产业发展与布局、自主创新与创新型区域建设、基础设施建设与布局、资源利用与生态环境保护、社会事业与公共服务、体制改革与制度创新、对外开放与合作八个方面的发展方向和重点任务，并明确了保障规划实施的政策措施。

“长三角”区域未来发展格局是：在强化上海核心的同时，优化提升沪宁、沪杭沿线发展带，重点建设沿江发展带、沿（杭州）湾发展带，积极开发沿海发展带，积极培育宁湖（湖州）杭发展带，引导发展沿湖（太湖）生态服务带。人们简称为“一核六带”。

“长三角”地区率先发展是国家战略。预计到 2015 年，“长三角”地区率先实现全面建设小康社会的目标；到 2020 年，力争率先基本实现现代化。

二、投资拉动效应体现

2009 年全国水泥增长近 18%，突破 16 亿吨达到 16.28 亿吨，同比增长 17.91%。同时，2009 年中国水泥出现了四大特点：

第一，2009 年的水泥产量近 16.5 亿吨，同比增长 2.5 亿吨，相当于位居世界第二、第三的印度和美国水泥年产量的总和。

第二，水泥投资规模庞大。达到 1 700 亿元，相当于“十五”期间的水泥投资总额！

第三，利润创新高。行业利润超 400 亿元。

第四，行业并购整合显著。2009 年，“中国建材”组建“北方水泥”，“红狮”收购“江西华昌”，“金隅”控股“天津振兴”；“亚泰”收购“金圆”；“华润”收购“国投海南”股权并购买“春湾水泥”在建项目，“台泥”以 38 亿元巨资收购“昌兴矿业”，“冀东”收购“秦岭”，“中国中材”控股“祁连山”。

与此同时，全国固定资产投资高涨后开始回稳。据统计，1～12 月，全国城镇固定资产投资 194 139 亿元，同比增长 30.5%。12 月当月固定资产投资增速为24.09%，较上月下滑 0.1 个百分点，中央政策开始指向调结构，是固定资产投资增速开始趋于稳定的重要原因。1～12 月，增速最低的华东，为 23.66%，是惟一低于全国平均增速的大区，但总量规模居各区首位，见图 1、表 1。

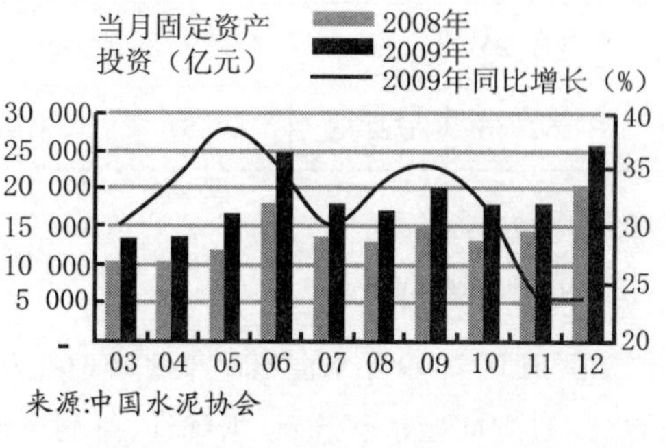

图 1　2009 年华东地区投资增速

根据图 2 可以看出，水泥产量增速呈现着涨跌互现的趋势，2009 年成为产量增速新峰值，接下来会是继续上行还是下跌？是走出 V 还是 W 线路？现在还不能下结论。

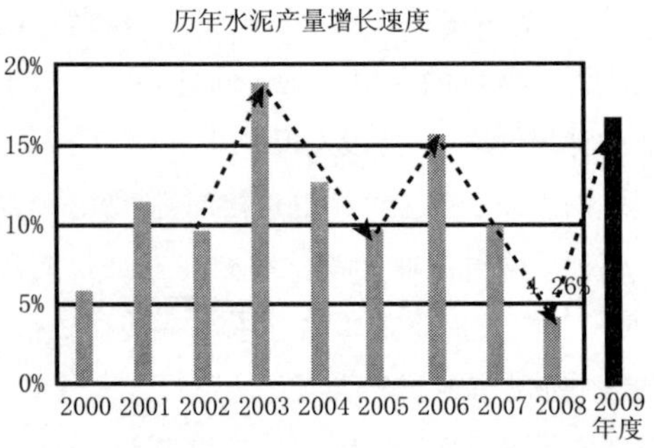

图 2　历年水泥产量增速

在这样的大背景下，华东固定资产则呈现了投资高增速低的现象。目前，华东仍是固定资产投资额最高的地区，但增速为 23.66% 是同比增长最少的地区是惟一低于全国平均增速的大区。其中，上海去年全年完成投资 4 718.76 亿元，增长 7.10%，是全国惟一固定资产投资增速在 10% 以下的。

同时，华东地区房地产投资也呈现规模大增速低的现象。江苏省以 3 338.58 亿元房地产投资成为 2009 年全国房地产投资规模最大的省份，在全国的比重接近 10%。江苏、上海五省市的房地产投资增速分别是 1% 以及 2%，为全国增速最慢的省市。

表 1　2009 年 1～12 月水泥投资　　单位：亿元

地区	水泥投资	上年同期	均速（%）	比重（%）
全国	1 700.72	1 051.46	61.75	100.00
东部	415.25	269.00	54.37	24.42
中部	558.89	395.27	41.39	32.86
西部	726.39	387.19	87.66	42.72
华北	224.01	131.77	70.01	13.17
东北	116.80	88.25	32.46	6.87
华东	336.31	215.08	56.37	19.77
中南	439.81	340.54	29.15	25.86
西南	431.25	203.08	112.35	25.36
西北	152.46	72.75	109.57	8.96

来源：中国水泥协会

三、2009 年市场的特点

“长三角”地区 2009 年水泥累计产量 26 166 万吨，同比增长 6%。过剩问题依然严重，据统计，过剩产能约为 7 000 万吨。

上海市场：上海水泥消费市场在“十一五”五年期间，年消费量均在 2 500 万吨左右，达到历史最高位；2009 年同比增长 13%，达到 2 700 万吨的高峰值。但水泥价格呈现低位徘徊，见图 3。

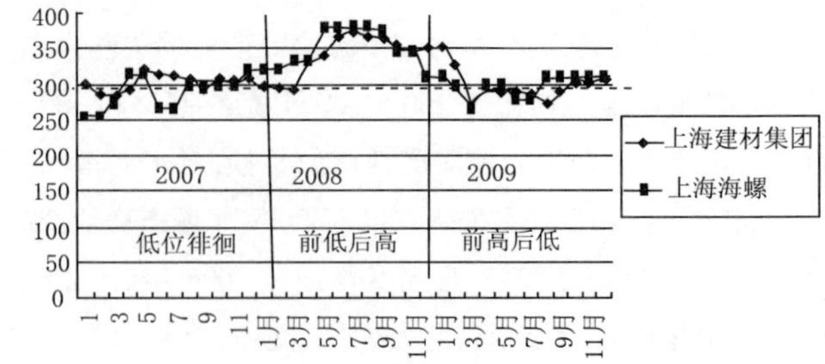

图 3　上海市场水泥价格

江苏市场：2009 年，江苏省水泥行业总产量为 14 570 万吨，与上年同期相比增长 6%，约占全国总产量的 9%，居全国第一。水泥熟料总产量为 6 800 万吨，同比增长 10%，居全国第四；新型干法水泥熟料总产量 5 000 万吨，与山东并列全国第二。

从表 2、表 3 中可以看出，2009 年江苏水泥投资热情不减。

表 2　2009 年 1～12 月度水泥投资增速排名　　单位：亿元

排名	水泥投资增速排名（前 10 名）			
	地区	投资额	上年同期	增速（%）
1	甘肃	31.41	5.75	446.20
2	宁夏	14.41	3.15	358.00
3	天津	4.45	1.21	268.60
4	山东	6705	24.98	168.40
5	四川	227.45	89.78	153.40
6	重庆	83.21	38.72	114.90
7	广东	70.67	35.12	101.20
8	江苏	52.97	27.83	90.40
9	黑龙江	31.06	16.39	89.50
10	山西	57.86	30.93	87.10

江苏省建材行业协会会长聂长兰分析过剩原因认为主要是投资拉动造成。

江苏省固定资产投资增速较快，占全国第一位。全年完成全社会固定资产投资 18 751.6 亿元，增长 24.5%。

江苏省水泥行业呈现出三大特点：

（1）立窑“变身”为水泥粉磨站，带来水泥粉磨产能过剩的新问题。粉磨能力约为 2.05 亿吨。

（2）江苏省水泥熟料产能主要集中在南京、无锡、常州、镇江等苏南地区和徐州，过剩严重。（全省还有立窑 45 座）。

（3）江苏处在浙江、山东、安徽 3 个具有成本优势的水泥熟料产能大省包围中，每年进入江苏的水泥熟料超过 3 000 万吨。

目前，江苏省水泥市场有从苏南市场向东部发展的趋势，见图4。

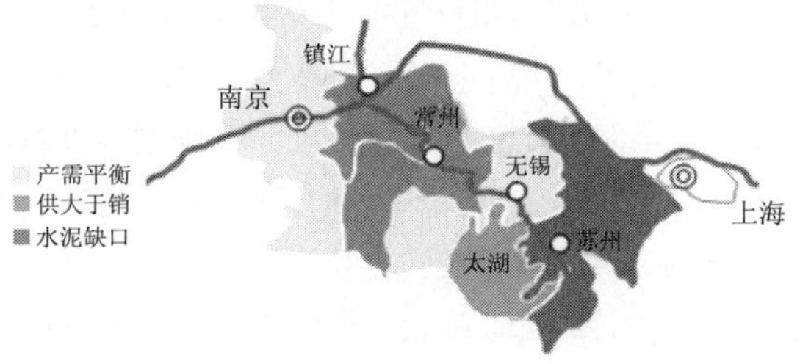

图4　苏南市场状况示意图

浙江市场：浙江水泥行业的三个领先：淘汰落后、行业自律、产业集中度。

2009年，浙江全社会固定资产投资突破1万亿元，达到10742亿元（见图5），列江苏、山东、广东、辽宁、河南、河北、四川后，居全国各省市区第8位。

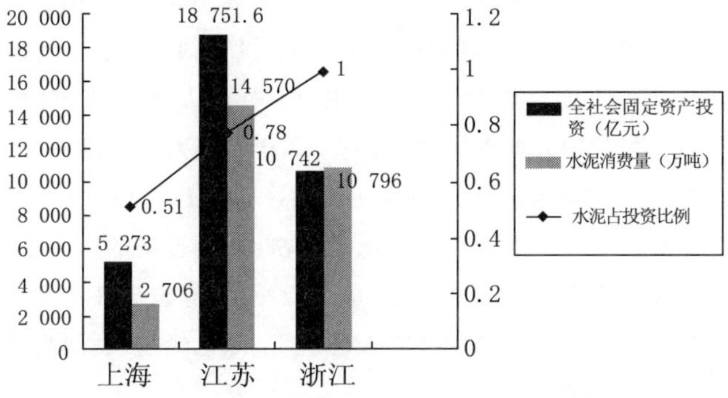

图5　2009年上海、江浙固定资产投资和水泥消费量

2009年浙江水泥产能16 300万吨，产量10796万吨，同比增长6%（统计局7.2%）。

江浙沪投资与水泥消费关系：可以看出，浙江拉动水泥消费的仍然是基础设施的投资，达到1:1，江苏为0.78，而上海投资中，基础建设的比例仍然处于0.5左右低位。

四、区域中的主要水泥企业情况

1.“海螺”——要市场也要效益。海螺集团“十二五”目标为1 000亿元，“海螺”2009年实现营业额545亿元；实现利润总额（税前）58亿元，同比增长47%。2010年，有望实现营业收入超过600亿元。经过3～5年的努力，装备制造、节能减排项目等投产后，营业收入力争突破千亿元。

“海螺”在“长三角”地区处于“霸主”地位，在水泥市场价格上从独家话语权的角色逐渐转化为参加行业自律活动，体现大企业社会责任的变化，得到业内好评，自身也取得明显的经济效益。

“海螺”近几年发展战略仍以新建为主，收购兼并为辅。

2.“南方水泥”——整合初见成效。2009年，“南方”已发展到1.2亿吨的产能，水泥和熟料销售8 000万吨，销售收入、净利润同比增长均超过50%以上。旗下共140多家企业。“南方”市场范围覆盖上海、浙江、江西、湖南、江苏、安徽东南部以及广西北部，还包括一部分福建及相关周边区域。

由于初步实现了统一的管理，“南方水泥”经济效益有了较大的提高，2009年利润超过1个亿。公司计划在未来1～2年内实现上市。

3.以“金峰”为代表的苏南水泥低价挑战“海螺”、“南方”。苏南地区水泥以低价与“海螺”、“南方”竞争，在“长三角”地区的市场占有率逐渐上升，以上海地区为例，近年来从每年100多万吨，已提高到500多万吨。

4.2009年上海市场四角鼎立趋势变化。“海螺”、“南方”并驾齐驱，苏南水泥逐渐增长，上海本地水泥逐渐萎缩。

五、上海水泥市场预测

（1）预计2010年世博会召开的半年期间，上海多数建筑工地将停产，全年水泥用量预计下降至2 000万吨左右。“十二五”期间，在世博会及配套基础设施、中国金融中心建设、中国航运中心建设、中国第一高楼—上海中心、迪士尼乐园及配套基础设施等第三产业项目的启动，水泥消费市场将反弹，市场需求维持在2 000万吨左右，见图6～图8。

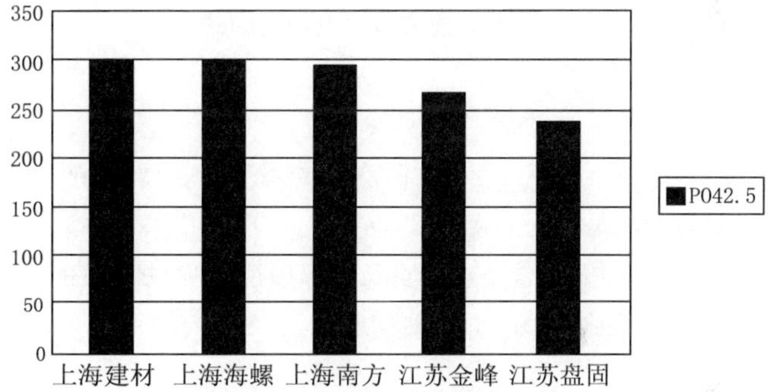

图6　上海市场价格比较图

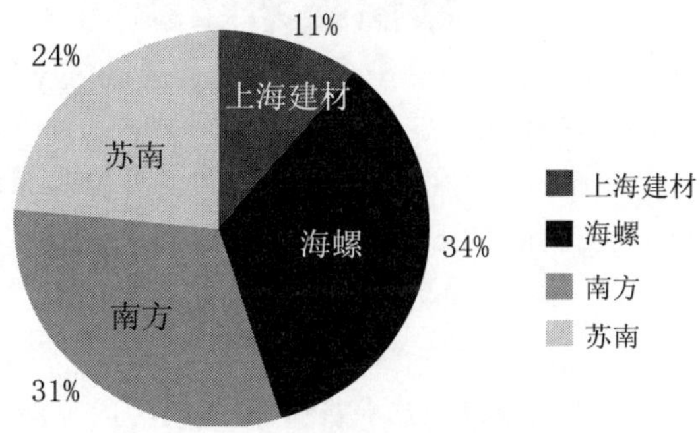

图7　上海市场分布图

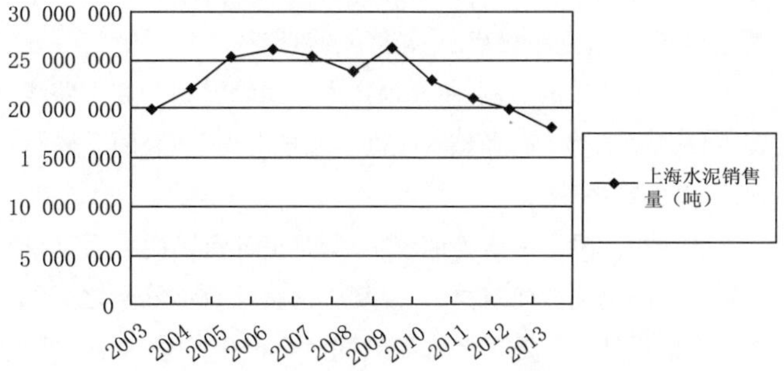

图8　上海水泥市场预测－M形走势图

(2)外省进沪水泥量呈上升趋势将比例突破70%，见图9。

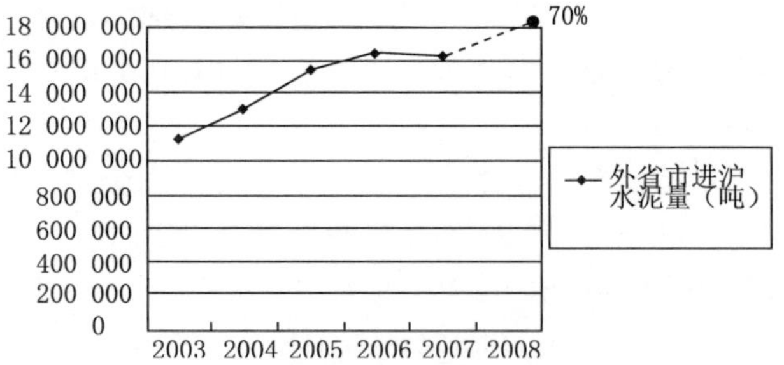

图9 外省进沪水泥量趋势图

(3)上海投资与水泥消费关系，维持在0.5左右，见图10。

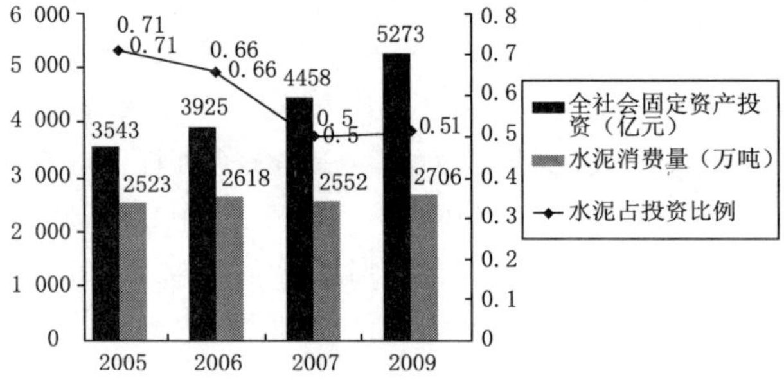

图10 上海投资与水泥消费的关系

六、行业发展的主旋律

在水泥行业新一轮结构调整中，继续整合、节能减排、产业链延伸将是行业主旋律，2009年7月9日，中共中央政治局常委、全国人大常委会委员长吴邦国视察"海螺"节能项目，关注水泥行业的节能减排问题。"海螺"是全国余热发电规模最大企业，2006年来，投资15亿元建设11套余热发电工程，装机规模达19万千瓦，每吨产品可节电40千瓦时，企业每年可节电13.6亿千瓦时，减少二氧化碳排放169万吨。2007～2008年，增加投资21亿元，在17个工厂全部配套建设余热发电工程，新增装机规模31万千瓦，每年节电22亿千瓦时，相当于节能原煤110万吨，减少二氧化碳排放270万吨。

江苏木渎的污泥处理项目：华新金猫水泥(苏州)有限公司的"污泥水泥窑煅烧资源综合利用项目"，利用全苏州污水处理厂每天产生的2 500吨污泥作为替代原料和生产燃料。地方财政每吨补贴200元，在"长三角"地区起到很好的示范作用。

目前上海水泥行业正进行以处理城市废弃物为主的新一轮结构调整，目前上海水泥行业加大了清理小水泥产能的力度，发展环保生产线，关停了金山日产1 500吨、浦东水泥厂、海豹水泥厂2条日产600吨、上海水泥厂日产2 000吨，四家水泥厂的五条新型干法生产线，关闭100万吨/年以下的粉磨站；在水泥熟料减量的基础上，投资约16亿元，建设以处理城市废弃物250万吨为主要目标的大型新型干法生产线。发展协同处理污泥(环保)、200万吨大型粉磨站、中转配置－物流和深加工、混凝土拌站－深加工产业链。

长三角地区水泥行业在低碳经济，产能过剩的压力下，行业发展仍有机会；合作共赢是众望所归，应该扎扎实实做下去；下一轮技术改造将以"循环经济、绿色经济、利用废弃物"为主流趋势。

★该篇文章发表于2010年6期《中国水泥》杂志。

水泥技术路线图2009～2050年碳减排目标★

Road map of cement technology, carbon emission reduction target 2009～2050

◎世界可持续发展工商理事会　国际能源署

International Energy Office, Industrial and Commercial Council of World Sustainable Development

为了支持减排核心技术路线图的工作，国际能源署(IEA)也对水泥行业进行了调查。水泥生产技术既包括水泥行业特有的技术，也包括与其他行业共享的技术(如：粉磨、燃料制备、燃烧、破碎、运输等)。该路线图针对特定行业提供了一个有效的机制，将几种技术方案综合到一起。路线图不仅概述了单个行业技术改进的减排潜力，还表明了跨行业之间的合作潜力。

水泥是混凝土中必需的胶粘剂，是世界范围内社会基础设施建设的基础性建筑材料，混凝土是全球每年继水之后的第二大消耗品。但是生产水泥的同时会产生CO_2，从而导致水泥行业的CO_2排放量占到全球人为CO_2排放量的5%左右。随着气候变化减缓与适应措施的增加，对混凝土的需求预计未来还会增长。特别是在发展中国家，由于现代化进程和经济增长，水泥生产预期还会增长。2006年全球水泥总产量为25.5亿吨。对于2050年的世界水泥产量，路线图采用了一种较低增长的情景，届时产量是36.9亿吨；另一种是增长较快的情景，产量预计达到44亿吨(注：1)。

有一点很清楚，那就是至少在未来十年内，出现规模足以产生实质性影响的水泥替代品是不现实的。但是，近年来水泥行业已达到增长与CO_2绝对排放量的部分脱钩：2000年到2006年全球水泥生产增长54%，但CO_2绝对排放量增长仅约42%(5.6亿吨)，2006年排放达到18.8亿吨(注：2)(IEA)。但这种趋势不会无限持续，无论在何处，市场对于混凝土和水泥的需求增长速度超过了生产每吨产品CO_2减排的技术潜力，CO_2 绝对排放量将会继续增长。

附表 1 IEA 路线图模型中采用的排放系数

CO_2 排放系数	
煤炭	4.4 吨 CO_2/吨油当量
石油	3.2 吨 CO_2/吨油当量
天然气	2.34 吨 CO_2/吨油当量
替代燃料（平均）	1.85 吨 CO_2/吨油当量
CCS 技术	0.54 吨 CO_2/吨熟料

附表 2 IEA 路线图模型中的基线计算

	2006	2050 基线（低）	2050 基线（高）	2050 路线图（低需求）	2050 路线图（高需求）
全球指数					
熟料%	79	75	74	71	73
替代燃料（包括生物质燃料）*%	3	4	4	37	37
吉焦/吨熟料	4.2	3.5	3.5	3.3	3.2
千瓦时/吨水泥（不含 CCS）	111	95	95	92	92
千克 CO_2/吨水泥	800	693	636	426	352**
全球产量					
水泥生产，百万吨	2 559	3 657	4 397	3 657	4 397
CO_2 排放（不含 CCS），百万吨	2 047	2 337	2 796	2 052	2 521

*IEA 采用替代燃料中 40% 为生物质燃料（注：3）

**在高需求的情况下达到低排放——352 千克 CO_2/吨水泥以符合 IEA 蓝色规划

在 2050 年要求每吨水泥 CO_2 的碳捕集和碳贮存量约为 221 千克

注：随着水泥行业基线的开发，路线图预计 CO_2 排放会显著降低。这包括熟料水泥比降低、能耗降低、燃料消耗和电耗同时降低。另外还伴随着替代燃料使用量的小幅增加，每吨水泥 CO_2 排放量将从现阶段的 800 千克下降到 693 千克（减排超过 13%）。

附表 3 水泥低需求情景与高需求情景的主要区别

水泥需求预测是评估减排潜力的一个重要参数。需求量高意味着在一定时期内达得更低的绝对减排量，或需要加速实施 CCS，或两种方式相结合。关于预测范围可以在不同的研究报告中查到。此路线图中 IEA 对 2050 年需求的预测处于预测范围的低端。例如，IDDRI 和 Entreprisespourl'Environnement（EpE）预测 2050 年水泥需求为近 50 亿吨，世界自然基金会（WWF）/拉法基的预测为超过 55 亿吨。这里列出了 IEA 所预测的高低需求情景的主要区别：

●水泥低需求情景预测 2050 年水泥产量为 36.6 亿吨，高需求情景预测产量为 44 亿吨；有 7.4 亿吨的差异；

●实施 CCS 技术减排的 CO_2：高低情景的差异为 4.3 亿吨；

●没有实施 CCS 技术减排的 CO_2：高低情景的差异为 4.2 亿吨；

●CO_2 总减排：高低情景的差异为 0.1 亿吨；

●排放强度（包括电耗产生的）：高低情景的差异为 0.074 吨 CO_2/吨水泥；

●排放强度（不包括 CCS）：0.003 吨 CO_2/吨水泥；

●电耗：不包括 CCS 的高低情景没有区别，包括 CCS 的高低情景差异为 14 千瓦时/吨水泥。

世界可持续发展工商理事会水泥可持续发展

倡议行动（WBCSD－CSI）

CSI 是一个自愿性的商业倡议行动。近十几年来，其成员一直致力于应对气候变化问题。众所周知，尽管水泥生产会带来负面的环境影响，但使用混凝土也有诸多好处。混凝土的耐久性可达几个世纪，其维护和修护的花费有限，使用生命周期结束时还可以被回收利用（作为集料）。一个设计良好的混凝土建筑物与样的一个轻质结构建筑物相比要少消耗 5%～15% 的热量，对室内供暖和制冷要求更低。在混凝土使用期限内，它还在慢慢地从空气中吸收 CO_2（碳封存）。混凝土还有较高的反射效果，它能反射更多的太阳光并吸收较少热量，形成更凉爽的当地温度和减少城市热岛效应。水泥由当地生产提供。CSI 目前正致力于了解水泥在整个使用生命周期内产生的影响，包括作为混凝土和再生集料。路线图的下一阶段任务可能是就此问题制定技术路线图。

路线图的起草

路线图基于国际能源署蓝色规划中水泥行业的模型，该规划检查了全球所有针对减少与能源相关的 CO_2 排放的政策，计划在 2006 年的基础上到 2050 年 CO_2 排放减半（蓝色情景规划 IEA，2008）。根据气候变化政府间小组（IPCC）所述，蓝色规划预计全球气温将升高 2～3 度，但这是建立在

CO_2 减排和其他温室气体排放大幅减少共同实现的前提下。路线图所基于的模型数据来自《工业能源技术转变》(IEA，2009)ETP

能源技术愿景(ETP)2008蓝色规划

蓝色规划介绍了为实现全球2050年 CO_2 排放减半的目标，全球能源经济可能发生的变化。模型是一个倒置的马卡模型，在自然资源的条件限制下，利用成本最优原则来识别成本最低的综合能源技术和燃料来满足能源需求。ETP模型是一个关于全球15个地区的模型，各地区可在整个能源系统中分析各种燃料和技术方案。模型中详细的技术方案包括约一千个单独技术的介绍。此外，对于在工业、建筑和运输行业的所有主要终端用户，ETP模型有详细的需求模型补充。

该路线图由CSI资助，由欧洲水泥研究院(ECRA)开发，列出了由38个技术文件组成的一套技术减排方案。IEA选择了对该路线图有贡献的具体减排潜力。技术文件中列出了现有的和潜在的技术、预测成本、实施时间和减排潜力。文件重点关注对水泥行业可行的四种减排途径：提高热效与电效、替代燃料的使用、熟料替代、碳捕集与碳贮存(CCS)。严格意义上讲，如果要实现蓝色规划的目标，需要综合运用所有这些技术，单靠某一减排途径是不可能实现的。虽然这些文件是基于当前的技术知识，但也提供了未来潜在的减排愿景。文件假定水泥生产技术不会有重大突破，因此如果水泥行业要显著减少排放，CCS的重要性不言而喻。但即使随着CCS的开发和实施，水泥行业也不可能在其现有技术、投资和创新体制内实现碳中和。目前还没有可以替代混凝土作为全球主要建筑材料的大宗替代品。某些材料仅在一些领域内可以作为替代产品，但仍无法像混凝土一样如此广泛地被使用。

水泥生产一览

水泥是一种人造粉末，与水和集料混合后就形成了混凝土。水泥生产工艺可以分为两个基本步骤：

(1)在1 450℃的窑中形成熟料；

(2)熟料与其他矿物共同粉磨后的粉末即水泥。

碳排放的减排途径

目前已有若干机构做过关于水泥行业减排潜力的研究【包括IEA(2008，2009)，CSI(2009)，ECRA(2009)，CCAP(2008)，McKinsey(2008)】。通过对不同发展情况、基线排放和未来需求预测的研究，他们得出相似的结论，其中都重点强调以下4种碳减排途径的影响：

提高热效与电效——对新水泥厂采用当前最新工艺技术，对旧厂在经济可行性情况下进行节能设备改造。

替代燃料的使用——使用低碳排放强度化石燃料，使用更多的替代化石燃料和生物质燃料。替代燃料包括那些可能在焚烧炉中被焚烧，填埋或处置不当的废弃物。

熟料替代——用其他具有胶结性的低碳排放强度材料替代高碳排放强度的熟料。

碳捕集与碳贮存(CCS)——在 CO_2 排放到大气中之前将其捕集并安全地贮存，使其以后也不会再次排放。经常发生这样的情况，任何一种减排途径会对其他途径的减排潜力产生影响。比如，使用替代燃料通常会增加单位热耗(比如由于水分较高)。所以，简单将每种技术的减排潜力加和计算总的减排潜力是不可行的。减排潜力是基于净排放。

具有潜力的低碳水泥

目前有一些新兴公司正在开发低碳与负碳水泥，预计在2010或2011年建立试点工厂。这些新型水泥的力学特性与波特兰水泥相似，但其新工艺还在开发阶段，产品的经济性和长期可靠性都还没有得到验证。由于建材行业材料和建筑标准有较高的要求，所以建筑业还没有接受这些新产品。随着首批工厂开始生产，产品的初期使用范围可能会很有限，只针对特定的专业市场，消费者的认可和广泛应用尚待时日。

因此，该产品对未来水泥行业发展是否会产生影响尚不得而知。因此在该路线图中没有考虑此项技术。从长远来看，它们可能会对水泥生产降低 CO_2 排放强度带来机遇，政府和行业也应当认真关注并支持它们的发展。

Novacem主要原料是硅酸镁(提供MgO)，而不是普通波特兰水泥中使用的石灰石。据估算硅酸镁在全球的储量相当大，但是分布不均匀，使用前需要加工。通过低碳低温工艺将硅酸镁转化成氧化镁，然后加入矿物外加剂以加速强度发展和 CO_2 的吸收。这为开发负碳排放水泥提供了机会。

Calera是碳酸钙与碳酸镁以及氢氧化钙与氢氧化镁的混合物。它的生产工艺包括将海水、咸水或盐水与发电站所排烟气的余热接触，烟气中的 CO_2 被吸收，碳酸盐矿物沉淀。

Calix's水泥是由白云石在反应器中的超热气流里被迅速煅烧而成。排放的 CO_2 由一个单独的 CO_2 净化系统收集。

地聚水泥利用电力行业中的废弃物(粉煤灰、底灰)，钢铁行业的废渣和混凝土废弃物来生产碱激发水泥。该水泥的性能由原料的化学成分、化学激发剂氢氧化钠和氢氧化钾的浓度，以及可溶解的硅酸盐浓度等因素决定。该水泥已在小范围内实现商业化，但还未在强度要求较高的工程中大规模应用。该技术开发于20世纪50年代。

减排技术之一

提高热效与电效

当新建水泥厂时，应使用最新开发的技术，同时也是具有最高能效的技术，因此新线的能效相对而言都是较高的。能效高的技术可通过降低能耗为生产者带来成本优势。因此随着新厂的建立和老厂的升级改造，能效在逐步提高。

目前有许多可行的节能技术，生产每吨熟料可节约

0.2～3.5吉焦。水泥行业正逐步淘汰低能效的长干法窑和湿法窑。市场导向和经济效益促使低能效设备淘汰，而采用更多先进技术。

设备的热效很大程度上取决于最初的工程设计。但安装完毕后，机器的运转和维护是确保实现其最大潜在运转效率的关键。不同的技术其运转效率也不相同，并且难以测量。但这是能源和排放管理的一个重要方面。目前最先进的工艺是带预热器和预分解炉的新型干法工艺。根据CSI把数据搞准（GNR）中的数据，1990年窑的加权平均热耗是3 605兆焦/吨熟料，2006年为3 382兆焦/吨熟料，这表明16年来热耗降低了220兆焦/吨熟料（6%）。

能效是水泥厂初始和后续投资的函数，经常受当地能源价格的影响。比如，在印度的水泥厂对提高电效和热效的投资较大，是由于当地能源价格昂贵和煤炭资源匮乏，需要部分依赖价格更高的进口煤炭。且印度许多地区供电不稳定，水泥生产商建有高能效锅炉的自备发电站，近年来余热回收设备开始兴建。

作为四种减排途径之一，惟有能效由行业自身进行管理。其他途径很大程度上受到政策和法律框架的影响。

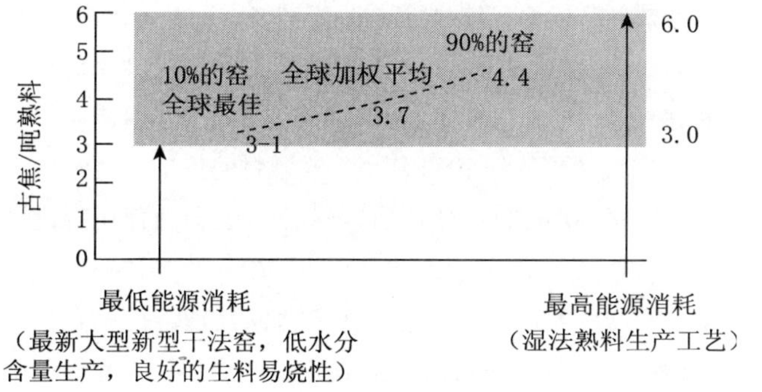

热效范围（熟料）

来源："把数据搞准"2006，WBCSD

电效（水泥）

水泥生产电耗	
水泥生产电耗	千瓦时/吨水泥
10%的粉磨	89
全球加权平均	111
90%的粉磨	130

备注：复合水泥和硅酸盐水泥的数据

来源：GNR数据2006，WBCSD

实施障碍

理论上化学和矿物反应所需要的一次能耗（热）最低约为1.6～1.85吉焦/吨水泥（Locher，2006）。但由于种种技术原因而无法实现，如窑或分解炉表面会有不可避免的传导热损失。然而对于减少单位电耗（电），也存在一些障碍让行业难以实现理论上的最低值。例如：只有通过大量的升级改造，电耗才能显著下降。但这需要大量的投资，所以目前升级改造有限；提高环境要求的同时也会增加电耗（比如，限制粉尘排放，则无论采用何种技术除尘分离都要消耗更多电力）；对水泥性能要求更高，则要求水泥粉磨得更细，同样会比生产低性能水泥消耗更多的电力；碳捕集与碳贮存（CCS）是减少CO_2排放的关键技术，但是工厂也会增加50%～120%的电耗（用于空气分离、提取、纯化、CO_2压缩等）；其他减排途径也会对能效产生负面影响。例如，熟料的替代品如矿渣和粉煤灰在熟料生产中可以减少CO_2排放，但是在水泥粉磨时，则一般需要消耗更多的电力。

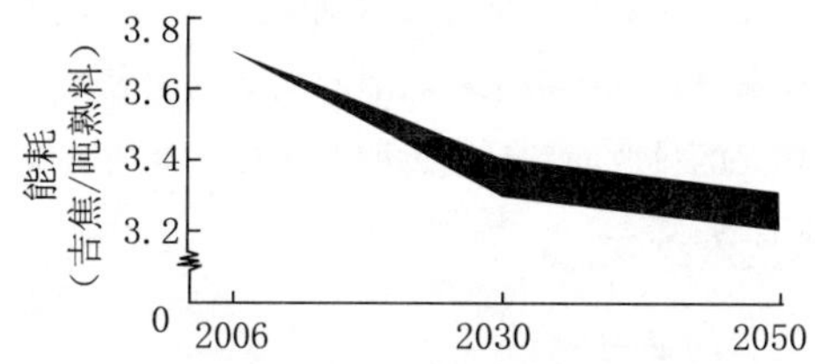

热效不同年份熟料生产热耗

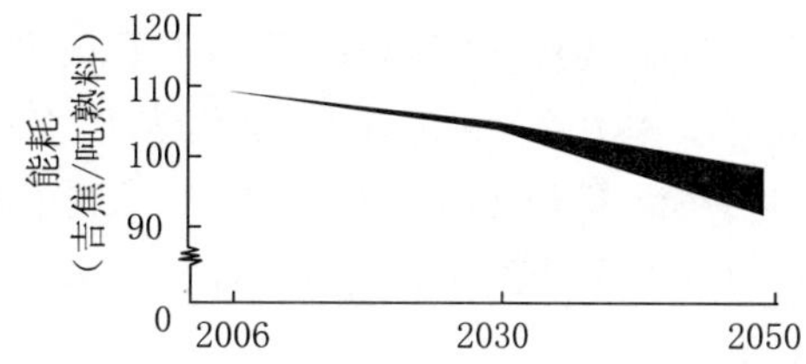

电效（占约10%的能耗）不同年份水泥生产电耗（不含CCS）

来源：ECRA技文件（2009）

备注：均为估计平均值

备注：IEA的预测包括2050年全球电耗的减排，该预测仅用于减排而不适用于基线情况，因此在减排情况中的CO_2排放和CCS规模不受电效影响。

合作方的职责

项目/合作方	行业	行业供应商	政府	大学	研究机构
最佳范例	x	x			
技术研究	x $	x $	$	x	x
技术推广	x $	x	$		
体制机构	x	x	x	x	x
性能数据	x				

x＝要求领导作用和直接参与

$＝资金来源

潜在影响

备注：上述合作方职责表格显示不同利益相关方在保证提高与电数技术开发和实施中所必须起到的不同作用，以及开发技术所需的资金来源，类似表格同样用于路线图中的每项碳减排措施；

备注：上述潜在影响图表示水泥厂提高能效时对左边不同项目的潜在影响，当潜在影响范围较大时，影响大小从低到高用颜色标注，当潜在影响比较明显时，仅影响程度用颜色标注。类似图表用于路线图中的每项碳减排措施。

研发需求和目标

流化床是一项能够改进热效的具有发展前景的技术，现在已广泛应用于其他一些行业，但仍需证明其适用于水泥行业。其他可以产生更高能效的重大突破技术目前还不可预期。因此，确保新建工厂使用最高能效的技术非常重要，并注意良好的运行和维护。

同时正在研究新型粉磨设备和助磨剂对降低磨机电耗的作用。现有技术需要进一步研发以确保取得最大进展。需要注意的是在蓝色规划中是用更新能效更高的窑替代旧窑来减少与能效相关的排放而不是通过如上述技术上的开发。

减排技术之二

替代燃料的使用

用替代燃料如可替代的化石燃料（天然气）和生物燃料，代替传统燃料（主要是煤或焦炭）用来加热水泥窑。混合燃料比煤的碳排放强度小 20% ~25%（路线图中使用的 IEA 排放系数见附表 1[3]）。水泥窑特别适合使用替代燃料的原因有两点：替代燃料的能源组分是化石燃料的替代品；其中的无机部分，如灰可与熟料相结合。使用替代燃料排放的 CO_2 比传统固体燃料更少。

生命周期分析表明：如果这些替代燃料作为废弃物被焚烧，还需要用额外的化石燃料来焚烧它们，又多排放了 CO_2；使用替代燃料还防止了不必要的垃圾填埋。

水泥行业使用的一些典型替代燃料有：预处理过的工业和城市固体垃圾（生活垃圾）、废弃轮胎、废油和溶剂、塑料、纺织品和纸质废渣、生物质、动物骨粉、原木、木条和木屑、回收的木材和纸、农业废弃物，如稻壳和锯末、下水道污泥、生物质农作物等。

重点关注：废旧轮胎。据估计每年全球产生 10 亿个废旧轮胎。水泥窑可以使用整个或切碎的轮胎作为燃料，目前美国和日本的使用量最多。轮胎比煤的热值更高，在可控环境下燃烧，其排放不高于其他燃料。一些应用案例表明，使用轮胎替代化石燃料可减少 NO_2、SO_2 和 CO_2 的排放。重金属残渣被封固在熟料中。

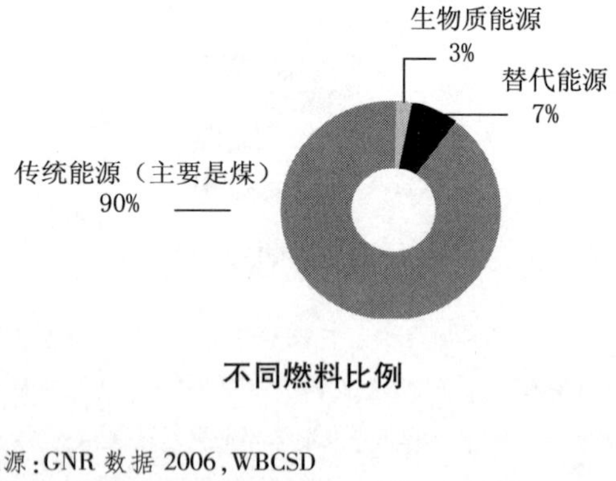

不同燃料比例

来源：GNR 数据 2006，WBCSD

从技术层面上讲，使用更多的替代燃料是可能的。在一些欧洲国家，水泥行业平均燃料替代率超过 50%，对于单个水泥厂年平均可达 98%。水泥生产中与燃料相关的 CO_2 排放占到 40%，因此使用替代燃料减少 CO_2 排放的潜力巨大。

模型中预计到 2050 年，由于较高的碳价格和其他燃料价格，使用天然气替代煤或焦炭在经济上更具吸引力。由于天然气的碳含量更低，使用天然气比使用替代燃料提高能效或熟料替代品对减排的效果更加明显。在该路线图中，燃料变化包括在替代燃料使用范畴中，因为两者都可降低混合燃料的平均碳排放强度，都是基本的减排途径。

实施障碍

尽管从技术上讲水泥窑可以 100% 地使用替代燃料，但在实际操作中还存在一些限制。大多数替代燃料的物理和化学性质与传统燃料有明显不同。水泥行业可以很容易地使用某些替代燃料（如肉骨粉），但有许多替代燃料使用起来仍有技术上的困难，如低热值、高水分、含高氯或其他微量元素的物质。还有一些挥发性金属（如汞、镉、铊）必须严格管理，适当清理水泥窑系统的粉尘也是必要的。这意味着经常需要预处理，以确保均一的化学成分和最佳燃烧。但是，比起技术上的困难，实现高替代率还会遇到强大的政治和法律障碍：废弃物管理条例的影响尤为明显：只有当地方法规严格限制垃圾填埋和焚烧，并允许废弃物可控收集和处理替代燃料的地区才会有高燃料替代率；当地废弃物收集网络必须发达；替代燃料价格很可能会随碳排放价格的升高而上涨。这会使水泥行业以可接受的价格获得大量生物质燃料变得愈来愈困难。

该路线图预计到 2030 年当替代燃料的价格将达到传统燃料成本的 30%，2050 年达到 70% 时，水泥行业使用替代燃料仍是经济可行的；社会对水泥厂协同处理废弃物的接受程度会产生极大影响。人们经常担心协同处理会排放有害气体，而实际上管理良好的水泥厂使用或不使用替代燃料的排放水平是相同的。此外，使用替代燃料有可能会增加热耗，如前面提到的预处理就增加热耗。

研发需求和目标

必须对适合用来做替代燃料的材料进行识别和分类。处理和使用这些燃料的研发成果应当共享，以确保可以大量稳定地使用替代燃料。

区域性前景

各地区和国家之间使用废弃物作为替代能源的情况不尽相同。主要受当地工业类型、废弃物法规发展水平、规范框架和执行、废弃物收集设施和当地环保意识等因素影响。

合作方的职责

项目/合作方	行业	行业供应商	政府（包括地方自治政府）	大学	研究机构
最佳范例	x	x			
技术研究	x $	x $	$	x	x
技术推广	x $	x	$		
体制机构	x	x	x	x	x
性能数据	x				

x = 要求领导作用和直接参与

$ = 资金来源

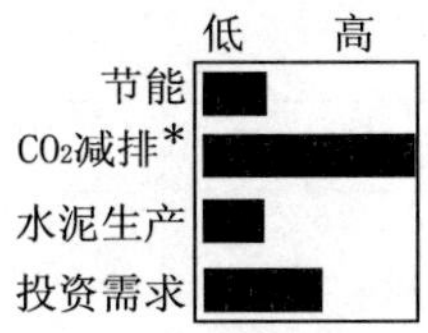

* 所给范围基于替代燃料使用的定义

潜在影响

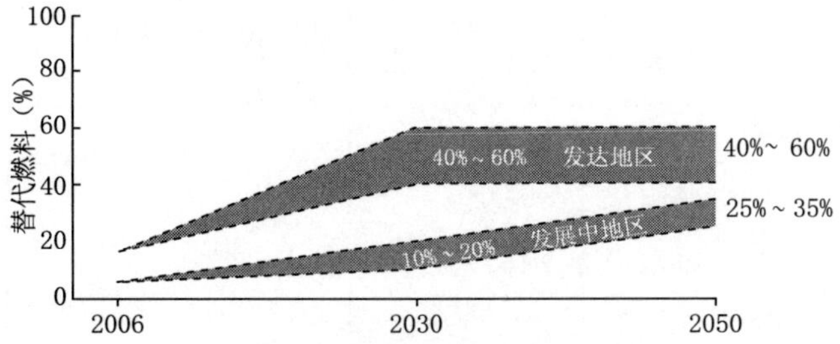

2006－2050 替代燃料使用情况预测

来源：ECRA 技术文件(2009)，GNR 数据 2006(WBCSD)，IEA(2009)

备注：每个地区的最高水平取决于其他行业对替代燃料的竞争。

GNR 数据的地区性分析显示，欧洲水泥厂使用替代燃料占到总体能源需求的 20%（15% 替代化石燃料和 5% 生物质燃料）。北美、日本、澳大利亚和新西兰使用 11% 废弃物替代化石燃料。拉丁美洲替代能源使用比例达到 10%（6% 化石燃料和 4% 生物质燃料）。亚洲刚刚开始使用，2006 年的替代率为 4%（2% 化石燃料和 2% 生物质燃料）。在非洲、中东和独联体国家，替代燃料的使用量极少。

即使是在发达地区，替代燃料的使用差别也很大。例如，荷兰的使用比例为 98%，而西班牙接近 0%。这表明上图所显示的平均使用量不具有广泛代表性，应当详细考虑个别国家的实际情况。

实现大量使用替代燃料的一个主要障碍在于燃料的可获得性。在荷兰的 Maastricht，2008 年该地区替代燃料的使用率是 98%，但到 2009 年下降到了 89%，其原因就是燃料来源有限。在日本，由于来源有限，到 2030 年替代燃料的使用率预计最多可达 20%（包括生物质燃料在内）。在其他地区，处理废弃物的土地资源缺乏是提高当地环保意识或废弃物法规水平的主要动力。

遵照 IPCC1996 国家温室气体清单指南，CSI 成员企业认为只要农作物连续丰收，可认为生物质燃料对气候是中性的（在短时间内生物质再生长可以补偿排放）。水泥行业报告的总排放量是在一定时期内水泥厂的直接 CO_2 排放量。总排放包括使用替代化石燃料产生的 CO_2，但不包括使用生物质燃料产生的 CO_2。水泥行业使用替代燃料可以减少填埋和垃圾焚烧（产生甲烷）产生的温室气体排放。由于废弃物种类不同及不再采用的处理废弃物方法，由此产生的 CO_2 间接排放减排量与水泥厂使用其作为替代燃料产生的直接排放量或高、或低、或相同。无论如何这会导致整体 CO_2 排放的降低。结合生物质燃料成本可能升高和来源减少，考虑到直接排放的影响、减少间接排放以及资源的有效利用，用替代燃料代替传统化石燃料仍是减少全球温室气体排放的有效方法。基于以上原因，在水泥行业的净排放报告中，从总排放中扣除了替代化石燃料的排放。如果把所有的替代燃料（包括替代化石燃料）看做碳中性，那么预计到 2050 年水泥行业的计算减排量将从 18% 增加到大约 24%。

减排技术之三

熟料替代

熟料是绝大多数水泥的主要成分，当其与 4% ~5% 的石膏混合粉磨后，加水反应并逐渐硬化。有些矿物组分同熟料和石膏混合粉磨后，也具有这种水硬性，特别是磨细高炉矿渣（钢铁行业的副产品）、粉煤灰（火力发电厂产生的废渣）和天然火山灰材料。这些可以部分替代水泥中的熟料，因此可减少熟料的使用，同时可减少与熟料生产相关的工艺、燃料和电能产生的排放。水泥中熟料的含量（熟料水泥比）差别很大。尽管有一些极端产品仅在特殊工程中使用，普通波特兰水泥中的熟料含量是 95%（其余为石膏）。根据 2006 年 GNR 数据，全球平均熟料系数是 78%，相当于超过 5 亿吨的熟料替代材料用于生产 24 亿吨水泥，不过地区间的差异也很大（注：4）。

熟料替代品	来源	优点	缺点	年产量水平	可获得性
磨细高炉矿渣	钢铁行业	后期强度更高，较好的抗化学腐蚀性能	早期强度低，粉磨电耗高	2 亿吨(2006)	很难预测未来钢铁产量
粉煤灰	燃煤炉的烟气	需水量低，良好的工作性，后期强度高，耐久性更好（取决于如何使用）	早期强度低，发电行业燃料主要来源发生变化，可获得性会降低	5 亿吨(2006)	很难预测未来火力发电厂的数量和产能

续 表

熟料替代品	来源	优点	缺点	年产量水平	可获得性
天然火山灰质材料，如火山灰，稻壳灰，硅灰	火山，一些沉积岩，其他行业	有利于强度发展，良好的工作性，后期强度高，较好的抗化学腐蚀性能	多数火山灰会导致早期强度降低，水泥性能变化显著	3亿吨（2003），只有50%被利用	取决于当地条件—许多地区没有在水泥中使用火山灰
人造火山灰（煅烧黏土）	特别生产	同天然火山灰	煅烧需要额外热能，CO_2 减排效果受到影响	不详	由于经济限制，可获得性不高
石灰石	矿山	改善工作性	为了维持同等强度需要消耗额外电力将熟料磨得更细	不详	容易获得

来源：ECRA 技术文件（2009）

合作方的作用

项目/合作方	行业	行业供应商	政府（包括国家实验室）	大学	研究机构
最佳范例	x	x			
技术研究	x $	x $	$	x	x
技术推广	x $	x	$		
体制机构	x	x	x	x	x
性能数据	x				

x = 要求领导作用和直接参与

$ = 资金来源

潜在影响

实施障碍

从技术角度看，高熟料系数对于某些混凝土产品是可能的。但有5种非技术因素会造成障碍：区域内熟料替代品的来源；替代材料的价格不断升高；替代材料的性能和水泥的特殊应用；普通波特兰水泥和复合水泥的国家标准；消费者和建筑商的惯例和对复合水泥的接受度和使用情况。

受环境政策和法规的影响，未来熟料替代品的可获得性具有不确定性。如未来电力行业的去碳化发展会限制粉煤灰的来源，或者火力发电站采用脱硝技术（注：5）来减少氮氧化物的排放，但这会导致粉煤灰中 NH_3（氨）含量过高而无法使用其作为熟料替代品。

研发需求和目标

必须对混合材的性能进行系统的评估，以便理解哪一种混合材最适合某种特定的用途。比如，水泥标准允许矿渣在某些水泥中含量达到95%，但早期强度会非常低，这种水泥只能针对非常特殊的用途，其使用也取决于它的可获得性。为此，开发由于生产熟料替代材料而与水泥工业相关的不同行业的交叉参考路线图是很有价值的。这将可以预测某一行业的减排效果对其他行业减排潜力的影响。

减排技术四

碳捕集与碳贮存

（备注：本路线图仅限于碳捕集技术。IEA 的 CCS 路线图则包括 CCS 整个技术链的各个环节，包括运输和贮存，详见网页 www.iea.org/Papers/2009/CCS_Roadmap.pdf）

碳捕集与碳贮存（CCS）是一项新技术，尽管还未在工业规模的水泥生产中得到验证，但发展前景光明。在 CO_2 排放时即将其捕集，然后压缩成液体，通过管道运输到地下深层永久贮存。在水泥行业中，CO_2 由燃料燃烧和石灰石煅烧产生。针对这两种 CO_2 排放源，需要低成本并且有效的适于特定行业的捕集技术。一些文献研究表明某些捕集技术似乎更适合水泥窑。

可参考《碳捕集与碳贮存——一种重要的减碳途径》了解更多关于 CCS 技术的信息（IEA，2008）。水泥行业已经在积极地研发 CO_2 捕集技术。需要牢记的是捕集技术只有在拥有整个 CCS 链时才能运转，包括运输设施、适合的贮存地点、运输和贮存 CO_2 的法律框架、监管和验证、许可程序等。

直到现在，水泥厂还未采用预燃烧技术。首先，在水泥生产中 CO_2 排放的主要来源是石灰石的煅烧，即使采用预燃烧技术，排放依然不会减少。另外，氢有爆炸性，因此熟料烧成工艺需要有大的改动。所以该路线图关注的是适合水泥生产的 CO_2 捕集技术。

后燃烧技术是末端措施，熟料烧成工艺不需要大的改变，因此该技术适合于新窑，特别适合于窑的改造：化学吸附是最有希望的，其他行业已经使用胺、钾和其他化学溶液获得高 CO_2 捕集率；如果开发出合适的材料和清洁技术，膜技术也可以在水泥窑中长期使用；碳酸盐循环吸收工艺是让氧化钙与含 CO_2 的燃烧气体发生作用生成碳酸钙，目前水泥行业正在评估该项技术，以作为现有窑潜在的改造方案并开发新的全氧燃烧窑。此外，还可与发电厂产生协同效应（发电厂失去活性的吸收剂可以作为水泥窑二次原料重复使用）；其他后燃烧措施的技术很少被开发(如物理吸附或矿物吸附等)。

全氧燃烧技术——在水泥窑中使用氧气替代空气,会产生一个相对纯的CO_2气流。但仍需要大量的研究来了解可能对熟料煅烧工艺产生的潜在影响。全氧燃烧技术正在小型发电厂中示范应用,获得的结果可能会对水泥窑有所帮助。从技术角度来看,水泥行业的碳捕集技术在2020年前不太可能实现商业化。在此之前,需要早期研究和试点来获得实践经验。一些机构已经开始努力尝试,比如ECRA的研究,以及在加利福尼亚和英国的试点。2015年到2020年期间,大规模示范项目会逐步启动(特别是后燃烧技术),但对整个CO_2减排产生的作用仍很小。据粗略估计,如果全球10-20个大型窑(平均日产6 000吨)使用该项技术,并达到减排80%,每年最多可减少2 000~3 500万吨的CO_2排放。2020年以后,如果获得政治框架的支持和社会民意的认可,CCS将实现商业化运作。

由于单位成本较高,日产低于4000~5 000吨熟料的窑不会采用CCS技术。CCS需要运输CO_2的基础设施连接到贮存地点,比起在非工业化地区的水泥窑,工业化地区的水泥窑更容易连接到网络。全氧燃烧技术2025年可以实现其商业化运作。

年产200万吨的熟料厂利用化学吸附技术进行后燃烧碳捕集的费用估算

	新设备/改造	
	投资(百万欧元)	已运行(欧元/吨熟料)
2015	未知	未知
2030	100~300	10~50
2050	80~250	10~40

来源:ECRA技术文件(2009)

备注:预计成本基于ECRA的计算(2009).投资成本为水泥厂内额外的投资,不包括运输和贮存。

实施障碍

除技术因素外,经济架构对于未来水泥行业应用CCS至关重要。当前CO_2捕集成本太高,随着科技进步,预计未来CCS成本会降低,但捕集每吨CO_2需要花费20~75欧元以上(20欧元/吨CO_2的价格只在非常适合的条件下,并不代表大规模CCS的平均使用成本)。

只有在政治架构能有效控制碳泄漏(在不同国家或地区重新分布水泥生产线不受限制)的风险时,CCS才能在水泥行业中应用。目前公众对于CCS的认识还很有限,对CCS及其在减缓气候变化中的作用还未形成一个稳定的观念。公众的支持很重要,需要从以下几方面做工作。

1.政治上的支持,获得政府的鼓励、研究资助并成为长期的责任,将CCS使用作为气候变化整体战略的一部分。

2.取得土地所有者的合作,为CO_2的运输和贮存地点获得必要的许可。

3.对计划在当地社区实施的CCS项目,争取当地居民的知情同意。

4.政府和行业继续努力教育宣传,让公众和各利益相关方了解CCS。

研发需求和目标

目前正在讨论针对水泥行业的CCS措施,不过现在仅开展了少数一些可行性研究,还没有试点或者水泥窑工业规模的实验结果。特别是富氧燃烧技术还需要大力开发,以促进CCS技术在行业应用中形成规模。

CO_2排放源和贮存地点之间的运输问题是至关重要的,但对此项技术和所需的基础设施还未得到足够关注。管道运输在不同地区有不同的规定,要对地域性整合CCS运输管道的重要性和复杂性有清楚的把握。

由于全球内对适合作为贮存地点的认识只是刚刚开始,还不可能对CCS的实施做出详细的评估。如果CCS在所有行业中实现商业化运用成功,则需要额外资金支持以得出先进的贮存地点的特点。水泥厂通常靠近石灰石矿山,可能靠近或者不靠近适合贮存CO_2的地点。CCS集群将受与更大的CO_2排放源,如主要的火力发电厂的影响。必须扩大关于CO_2贮存的研究以覆盖发展中国家,因为预计到2050年,80%的新水泥产能会来自发展中国家。政府同样需要做大量工作来开发出通用一致的方法来对CO_2的贮存进行地点选择、运行、维护、监管和审核。水泥行业必须继续找到双边和多边资助方,让他们有更浓厚的兴趣支持CCS的技术转让和能力建设。

路线图提出要实现水泥行业18%的减排目标需要实施的技术。以下具有挑战性的数字将表明通过CCS技术的实施将如何达到目标。假设水泥窑的使用寿命是30~50年,2020年之前,20%~33%的现有水泥窑将被新窑取代。假设50%的新产能是大型窑(年产200万吨),并假定新大型窑的CCS应用率是100%,2030~2050年全球约有40%~45%的产能安装CCS。这些窑中有10%是改造过的(ECRA,2009),这种潜在的更新时间表只是给出一个水泥行业潜在的更新量级,并假设运输和贮存问题已得到解决。

CCS很可能在需要大量新产能的地区实施,或正在运转和改造的大型水泥窑的地区,以及有适合贮存的地点实施。但是,由于水泥厂设施使用寿命较长,大多数在今后十年内建设的水泥厂仍会运营40~50年。到2050年,抑制排放的要求将促进对于具备碳捕集条件工厂(注:6)的新建或改造投资。这些决定明显具有短期的经济和政治含义,所有利益相关方需要认真评估。

合作方的作用

合作方 / 项目	行业	供应商	政府	大学	研究机构	其他涉及CCS运输和贮存的行业
最佳范例	x		x $ (运输)			
技术研究	x $	x $	$	x	x	x

续 表

合作方 / 项目	行业	供应商	政府	大学	研究机构	其他涉及 CCS 运输和贮存的行业
技术推广	x $	x $	$	x	x	x
体制机构	x	x	x	x	x $	x
性能数据	x	x	x	x	x	

x = 要求领导作用和直接参与

$ = 资金来源

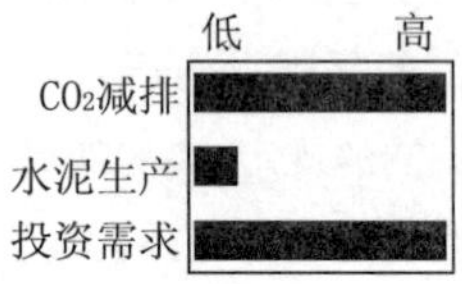

潜在影响

需要怎样的政策支持?

任何水泥路线图的成功实施都离不开政策框架对必要的技术开发和推广的支持。通过阐述政策需求,路线图向世界各国政府提出实际的政策建议,然后制定出适合本国国情的政策以实施这些建议。

1. 促进新窑和改造窑采用现有的最佳能效技术。随着预热器和预分解窑新型干法工艺的发展,水泥行业的能耗强度明显降低。尽管有许多可行的高能效技术,但高投资成本和基础设施使用寿命较长仍是实施这些技术的主要障碍。在许多地区,近一步提高能效是可能的,但我们必须马上行动起来。即使是投资并不划算,但通过公认的项目支持政策可以让实施变为可能。联合实施项目,如 CRH 公司用现代高能效技术改造乌克兰的一个水泥厂,是一个通过政策引导投资能效技术的良好范例。该路线图建议:取消能源价格补贴政策,价格补贴是实施更高节能技术的障碍;在发达国家和发展中国家中淘汰干法长窑和湿法生产工艺;加强国际合作,收集可靠的工业级能源和排放数据,支持有效的政策制定、跟踪性能,找出地区和国家的性能差距,开展最佳范例对标,如通过 CSI 的 GNR 数据库进行对标;制定并执行水泥行业能效和 CO_2 排放的国际标准;分享促进水泥行业节能和 CO_2 减排的最佳政策(如设在北京的 APP 水泥最佳范例中心),注重技术推广与能力建设。

2. 鼓励并促进替代燃料的更多使用。使用替代燃料可以防止化石燃料被不必要地焚烧或一些潜在的燃料资源被填埋。行业对其工艺和可能的应用有很好的认识,然而对进一步减排还需要有合适的法律法规框架。必须加强环境部门的监督和执法力度,增加透明度,建立社区信任。与目前相比,估计 2030 年全球平均燃料替代率将达到 30%,到 2050 年达到 35%。(但在这个平均值上,每个国家的替代率会有很大差别)

当前,广泛使用替代燃料的障碍主要为替代燃料和生物质燃料的来源、与协同处置、填埋和焚烧相关的立法支持与执行、公众的不理解和不接受。已有一些好的案例克服了这些障碍,如欧洲焚烧指导条例(2006/7),其中采取逐步方法允许使用替代燃料,水泥生产选择和使用原燃材料指南(CSI,2005. 10),其中对可能的替代燃料进行了分类。

该路线图建议:政策制定者帮助利益相关方和公众了解替代燃料在减排中的作用。如在挪威国家废物政策中,首选水泥窑来处理有害废物;检查并改进国家、地区和当地的法律,确保政策对使用替代燃料是鼓励,而不是限制;政府推介生态工业的理念,并推广循环型社会的理念,如英国的国家工业共生项目(NSIP)。法律和规章制度必须支持诸如丹麦 Kalundborg 工业园的发展、美国副产品综合利用(BPS)区域流程(如芝加哥废弃物变财富网 W2P)、俄亥俄州工业生态伙伴关系(PIECO)等;确保操作者遵守替代燃料使用指南,以保证其正确处理。比如对员工和承包商的入职培训和再培训、文件记录和监管等;确保对政府部门的培训,以保证有充足技术背景的公务人员来负责批准、控制和监督;政府和行业共同探讨开采回填地,以产生更多的替代原燃料(如因城市扩建所需的空间)。

3. 鼓励并促进熟料替代品的更多使用。当前阻碍达到熟料最大化替代的因素主要包括:现行水泥标准和建筑规范、公众和消费者的不理解、地区和当地替代材料的来源、国际和国家的新立法不能反映替代燃料的来源。比如在欧洲一些地方已经根据新建筑标准生产复合水泥。与传统的波特兰水泥相比,复合水泥具有一定程度上不同的化学、物理和力学性能,其在混凝土中的应用必须符合特定的参数以确保结构足够安全,在扩大其使用范围方面已取得了很大进展,比如,欧盟非 I 型(Non - CEMI)波特兰水泥的比例已从 1994 年的 13. 1% 上升到 2004 年的 72. 5%(CEMBUREAU, 2007)(注:7)。

该路线图建议:对水泥和其他行业使用的主要替代材料进行独立的环境影响研究(EIS),以表明在何处可达到最高的减排潜力;一些国家需要制定或修订相应的水泥标准和规范,以允许更广泛地使用复合水泥。例如,标准以产品性能而不是以成分为准,并确保地方主管部门接受其使用;对由于质量限制而在目前不能使用的具有潜力的熟料替代品开展制备工艺的研发工作;同国家标准化机构和认证机构一起开展国际培训,交流关于熟料替代品、混凝土标准、新型水泥制备混凝土的长期性能和环境经济影响方面的经验。

4. 促进碳捕集与碳贮存的发展。碳捕集与碳贮存(CCS)是目前水泥行业减少 CO_2 排放最可行的新技术,急需大力支持其发展和实施。在短时期内鼓励并开展有效捕集水泥行业 CO_2 的研发、试点项目、工业范围的示范,以确保水泥行业启动工业化的 CO_2 捕集,这会支持整个 CCS 链。

CCS 的边际减量成本估计是 40 ~ 170 美元/吨 CO_2(IEA2009)(注:8),实施后会导致水泥成本翻番。在没有建立全球框架的条件下,只有在政治框架可以有效控制碳泄漏

(见词汇表)风险时,CCS 技术才能在水泥行业中得以应用。新建厂应用 CCS 的成本比改造现有设备来应用 CCS 的成本低,由于水泥未来需求所在区域多数还没有当前的碳排放限制,必须建立鼓励机制推动 CCS 在所有地区尽早开展。

该路线图建议:制定 CCS 管理框架,开展 CCS 管理条例的国际合作,例如,支持 CCS 管理工作($STRACO_2$)项目的开展即为支持欧盟制定 CCS 管理框架(www. euchina - ccs. org);政府支持资助水泥工业的试点和示范项目,以引导实现商业规模的示范工厂和贮存地点可行性;确认并建立靠近水泥厂的运输网络和贮存地点;协调地区、国家和国际的 CO_2 运输网络,优化基础设施的发展以降低成本;调研现有网络的连接和网络集成,以及工业区集群合作机会;政府和行业继续努力,加强对关键利益相关方关于 CCS 的教育和知情。

5.鼓励有前瞻性的、客观稳定的 CO_2 排放限制和国际范围的能源框架。只有出现全球统一的碳价格,或者是否或何时会出现这种价格变得明晰,行业才会制定有效的技术研发计划。碳市场必须与能够使行业有效采用清洁减排技术的机制结合。如行业的减排途径或国家减排行动(NAMAS)等。有关协议必须支持国际气候变化谈判。

该路线图建议:改进现有的清洁发展机制(CDM)框架以推进对能效项目的资金支持,对 CCS 项目的及时涵盖并接受 CCS 在碳交易机制如 EUETS 中的作用。确保通过支持性的监管、报告和论证(MRV)框架政策,利用 CDM 激励 CCS 技术的发展。开发一个全球性 CDM 基金,支持可行的 CCS 项目(有助于 CCS 中长期的商业化可行性)。或者 CDM 项目准则可以包括水泥行业的对标,以激励 CCS 早期的发展;认为生物质燃料产生的 CO_2 捕集是中性排放,假定水泥行业更多地使用生物质燃料;奖励清洁能源投资,如对余热回收的财政支持,惩罚耗能性投资,如减少对低效产能的补贴;在联合国气候变化框架公约(UNFCCC)内,政府与行业共同探索成功框架的关键因素,如行业数据要求,测量、报告和认证实践,设定目标,建立国际标准规定的 CO_2 通用计算方法为基础的潜在评分机制;政府和行业一起制定有效的国家政策措施来减少水泥行业 CO_2 排放,确保政府和行业公平承担责任。地区性的行动必须在贸易协会的良好指导下进行;确保全球政治框架有效地控制碳泄漏的风险。

6.加强研发能力、技术、技能和创新。水泥行业需要对长期的研发显著加大力度。投资伴随着整个创新链,从大学培训到行业范围的创新必须来自学术界,来自行业,来自设备供应商,来自政府。例如,新一代水硬性胶凝材料能提高减排效果,但是并没有被很好地理解或没有发展到一定规模,还需要进一步的集中研发工作。

该路线图建议:提高水泥行业科研工作者的数量和专业技术技能水平,通过政府和行业联合,对适当的大学科研项目进行支持,设置材料科学和工业气候保护领域的教学和科研岗位;整合或联盟国家级和国际研究项目,让项目所在国的公司直接参与到项目中;鼓励国家间科学工程研究项目,建立合作性的研究项目或网络,包括公司、设备供应商、研究机构和政府,以共享研发资金和资源;推进标准精细化,能涵盖最近出现的新型水泥,即水硬性胶结料,以促进高减排潜力水泥能够快速使用。

7.鼓励国际合作和公私合作伙伴。该路线图涉及的所有领域的现行国际知识必须进行评估,并将核心知识整合为一个共同的目标:在全球范围内实施减排技术。国际合作像催化剂一样,在加速技术示范阶段的进程中起着重要的作用。需要特别指出的是,以单一公司或国家的经济与技术能力无法在 2020 年完成 CCS 的关键设施,只有靠各个阶段大范围的合作才能达到。

新形式的公私合作伙伴必须确认哪些政府、研发机构、水泥行业和设备供应商共同努力在很短的时间内来组织、资助、筛选、开发和示范所选择的技术。钢铁行业中有一个很好的例子,超低 CO_2 排放钢铁制造项目由欧洲委员会资助,48 个公司和机构形成联盟,合作承担研发钢铁生产中如何减少 CO_2 排放。

该路线图建议:开展公私合作以减少技术风险,并开发更多方案提高能效或者减少 CO_2 排放,例如,瑞士西北应用科学大学所组织协调的 GTZ - Holcim 公私合作伙伴(www. coprocem. org);确保水泥行业在 CCS 示范项目的国际合作;转移国家创新重点,确保气候保护国际合作研发活动在规模和速度上的有效性;改进技术转让程序以适应单独地区,要意识到不同地区在材料来源(原材料、替代燃料、熟料替代品)、法律支持和执行、公众对水泥工艺的理解程度上存在差异。

行业减排途径

世界各国就减排问题还未达成一致,相比按地区划分所作出的一些反应,以行业划分为基础所提出的气候挑战分析和行业减排途径有更多优势。正因为如此,行业减排途径现已提上国际气候政策日程。对 CSI 来讲,行业减排途径涉及行业中主要生产商有组织的行为,在联合国气候变化框架公约内,其所在国的政府有责任来应对其产品和工艺所排放的温室气体,它可以作为国家适当减排战略的一部分来实施。为了表明不同政策对 CO_2 排放的相关影响,CSI 开展了一个经济和政策示范项目,兼有利益相关者之间的对话。这个经济模型包括世界 8 个地区,收集了水泥生产技术、运输、能源成本和 CO_2 减排方案的数据。模型还包括地区目标、碳减排方案和交易的成本。模型还分析比较了不同的碳政策方案,以及其对区域 CO_2 排放和水泥流量及成本的影响。

行业减排途径被做成一种模型,综合了附表 1 中 CO_2 的固定排放系数,这只是众多可能的政策组合方案的一种。与其他相同主题的报告不同,CSI 行业减排途径模型不用于预测未来,相反,它将不同的政策方案在非承诺的基础上进行了比较。模型反映(注:9):相比"无承诺"的基本情况,行业减排途径可以显著减少水泥行业排放；尽管存在地区差异，行业减排途径能够通过细致的国家政策设计，获得更多的行业主要温室气体减排途径；要全面实现行业减排途径的潜力，需要参与国政府的支持性政策（包括水泥标准、建筑规范和废弃物管理办法等）。

对多数政府来讲，行业减排途径提供了重要的国家控制措施，让排放和能效目标的管理适应当地的环境和能力。行业减排途径也可以帮助提高行业温室气体减排的速度和有效性，如果设计合理，还能对发展中的经济、商业和政府提供强大的参与动力。

CSI已经准备好并能够更加细化该行业途径，包括行业数据要求，测量、报告和验证（MRV）实践，目标设定、评分政策，有针对性的国家政策，如围绕水泥产品标准和建筑规范的政策等。

政策制定者所面对的挑战在于如何把当前关于行业减排途径的概念转变为有效的国际政策工具，以促进最佳可行技术的快速和低成本应用，并向行业发出一个强烈的信号，使减排成为创新的重点。

欧盟最近着手的工作表明其在政治上对各种方案的接受程度，以及如果行业评分机制实行所需要满足的条件。还有一些其他工作研究了在联合国气候变化框架公约内实施可行的行业减排途径的程序。另外，日本在联合国气候变化框架公约波兹南会议上提交了一项方案，其中提出了成功实施行业减排途径的一些步骤。（注:10）

需要怎样的财政支持？

蓝色规划中预估的累积额外投资需求

增量成本（基线以上），以美元计

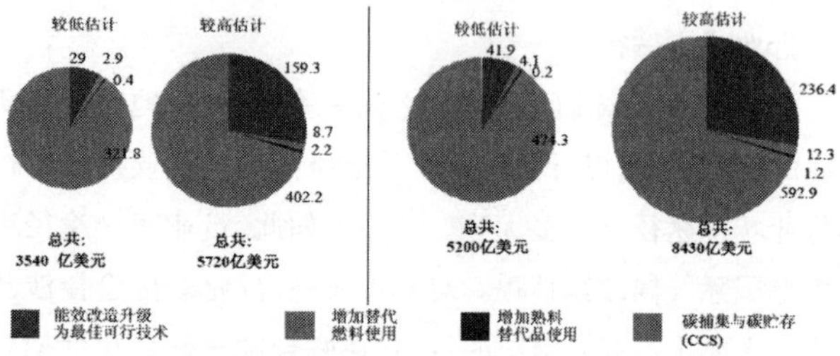

低需求情景的统计成本范围　高需求情景的预计成本范围

本报告计算了从2005～2050年的额外投资需求，作为常规商业规划和蓝色规划中不同技术投资而导致的投资变化。该预测不包括这些投资所产生的经济收益而引起的成本降低。来源:IEA，2009

根据国际能源署估算，实现CO_2减排目标需要的额外投资有两种情况：一种是低需求情景，约为3 500～5 700亿美元；另一种是高需求情景，约需5 200～8 400亿美元。发展中国家需要其中多数的投资，这些国家目前正在出台CO_2政策。对他们而言，资金主要用作发展经济，要大范围实施减排技术，克服资金障碍是非常关键的。

电力行业减排的高额成本可以通过政府定价转嫁到使用者身上。与电力行业不同，水泥是国际贸易商品，它的价格由市场决定。未来全球的碳交易系统可能会是另一个重要的政策工具。但是，在中短期内，覆盖了主要能源密集型产业的所有主要排放国之间的国际协议，将是在关注竞争力和碳泄漏同时刺激应用新技术的实质性的第一步。对于改进能效的融资，政府担保贷款将在短期内支持一些国家的减排工作。

水泥行业的投资需求将主要集中在水泥厂安装CCS设备的额外费用上。在欧洲，CCS设备将使水泥厂的投资需求翻番，同时能源使用和运行成本也会增加。显然，水泥行业的总投资需求和边际减量成本对未来CCS的费用非常敏感。在短期内，CCS的开发和示范需要强有力的政府支持，因为行业本身无法独自来承担这笔费用。水泥行业的CCS示范项目预估需要20～30亿美元，预计到2030年，还需要300～500亿美元的额外费用来应用这项技术（50－70个商业化工厂）。

水泥行业碳捕集技术的开发和示范尤其需要资金支持。在2020年之前，资金主要用于资助CCS示范工厂，之后则用于富氧燃烧示范。行业的传统融资标准不适用于CCS项目，除非有全球碳价格或激励政策，对CO_2减排的价值给出一个清晰的长期信号，证明这是符合减排成本的。不像其他节能技术一样，可以通过减少燃料花费进行投资回报，碳捕集技术目前还没有投资回报。相反，它们还会提高运行成本。从长远来看，预计全球的碳价格从每吨50～100美元上升到2050年的200美元时才会对CCS投资产生回报。

从近期来看，CCS增加的成本所产生的资金缺口无法靠现有CO_2市场得到弥补，相应地需要政府来弥补差距，因为没有商业利益驱动，行业自身无法弥补这个资金缺口。如果CO_2奖励和惩罚措施没有到位，则需要额外的政府共同投资的研发和额外的应用支持。

要大规模商业化实施CCS，则需要更宽泛的融资机制。这种机制需要使CO_2长期稳定地保持在高价位上。缺乏这种机制，CCS的使用则无法达到路线图目标所要求的水平。因此，就需要加强现有CO_2减排融资机制（如确保CCS有资格入选CDM项目）和一些新机制，如碳捕集和碳贮存的最低保证价格等。针对CO_2减排最普遍考虑的融资机制是配额交易市场，如欧盟的排放交易计划。

目前不同国家有不同的融资渠道来开发和实施低碳技术，但多数集中在如何提高能效上，很少有支持CCS开发和应用的。当前资金支持的重点是发电行业的CCS示范，但也应该扩大到水泥和其他行业，不同行业采用该技术有显著的差异。经济刺激一揽子计划用于CCS的一部分资金应用以支持水泥行业。

总而言之，当前的金融危机、暗淡的经济前景和商品价格的下降对水泥行业的投资计划产生了巨大的影响。由于缺乏可承担的建设资金以及未来市场需求的不稳定性，新的水泥项目被推迟或被取消。在这种经济形势下，由政府来支持技术开发至关重要。如通过大范围的政府担保贷款来帮助降低低碳技术的投资风险。

该路线图建议：全球排放交易系统可以帮助水泥行业最大程度地降低 CO_2 减排成本，包括 CCS 技术；安排政府担保贷款专项以降低风险，确保水泥行业 CCS 投资可行性；扩大清洁发展机制和联合实施项目来促进对提高能效、替代燃料和熟料替代品利用项目以及 CCS 技术的资金支持；大力推进水泥行业低碳技术的多种融资渠道，包括出口信贷机构和多边发展银行（如世界银行管理的气候投资基金、国际金融公司、欧洲重建与发展银行、欧洲投资银行等）和能源服务公司。

进展指标

可以运用一些指标来协助跟踪水泥路线图的进程。由于技术发展的速度不同，且 CO_2 减排方案的实施具有不可预见性，制订出这样的指标很困难。然而这仍有助于制定未来技术和政策规划的里程碑。这些指标包括截止至 2050 年最佳技术的利用、替代燃料、熟料替代品的使用和 CCS 的开发示范和应用情况。

这些指标指出水泥行业需要怎样发展才能实现路线图中的目标。它们可以作为国际合作框架下制定目标时的总指导方针。由于目前 CCS 的技术和商业可行性尚未被证实，给出的 CCS 数据显得雄心勃勃，并重点突出了 CCS 示范和应用阶段的紧迫性。

水泥路线图指标

	2012	2015	2020	2025	2030	2050
热能消耗吉焦/吨熟料	3.9	3.8	3.5～3.7	3.4～3.6	3.3～3.4	3.2
替代燃料和生物质燃料的比例(1)	5%～10%	10%～12%	12%～15%	15%～20%	23%～24%	37%
熟料系数	77%	76%	74%	73.5%	73	71%
CCS						
示范工厂数量	2	3				
示范工厂运行数量		2	6			
商业化工厂运行数量				10－15	50－70	200－400
贮存量（百万吨）	0.1	0.4	5－10	20－35	100－160	490－920
吨 CO_2 排放/吨水泥(2)	0.75	0.66	0.62	0.59	0.56	0.42

备注：(1)假设 2015 年使用 2 500～3 000 万吨油当量替代燃料，2030 年使用 5 000～6 000 万吨油当量替代燃料，不包括 CCS 的能耗和电耗，(2)包括 CCS 带来的减排量。

来源：IEA，2009

利益相关方

财政经济部门	·奖励清洁能源投资，如对余热回收（WHR）的财政激励政策 ·取消能源价格补贴，为应用节能技术扫清障碍 ·提供政府担保贷款来支持 CCS 试点和示范工厂的风险管理和投资 ·建立全球排放交易系统，使其有利于水泥行业 CO_2 减排方案的融资
环境、能源和资源部门	·分享节能和 CO_2 减排的成功实践政策 ·制订和执行能效和 CO_2 排放的国际标准 ·确保国家废弃物处理政策能够充分支撑水泥行业共处置的潜力，并提高利益相关方和公众对替代燃料的使用对减缓气候变化作用的认识 ·开发新标准，修订现有水泥标准，允许复合水泥更广泛的使用，促进新一代水泥的使用 ·支持研发项目，填补 CCS 技术开发/共同开发不同层面的知识差距 ·修订 CDM 框架以促进能效项目，包括对 CCS 项目的资金支持 ·在排放交易计划中承认 CCS 带来的减排，如 EUETS（欧盟排放交易体系） ·制定 CCS 规范框架，加强 CCS 规范的国际合作 ·建立 CCS 公众/延伸教育计划 ·调查工业之间现有的或潜在的网络集成和 CCS 集群合作的机会，确认靠近水泥厂的交通网络和贮存地点

培训/科技部门和大学	·推进国家标准化机构和认证协会组织的国际培训，交流在熟料替代品、混凝土标准和混凝土性能方面的经验 ·监督水泥和其他行业主要替代原料的使用对环境影响的独立研究(EIS)，寻求能够最大限度减排的领域 ·通过设立材料科学和工业气候保护方面的教学与科研岗位，提高具备水泥工业专业知识的科研人员的数量和科研水平 ·整合或统一国家级和国际级的气候保护研究项目，尽可能让公司直接参与到项目中去
多边发展机构	·为行业范围的技术行动建立机构框架(管理和执行项目、融资机制、合作规则以及监管模式)，与其他利益相关方合作，加强国家之间以及国家的公私部门之间的合作，以积累资金和知识，并进行技术互补
行业	·在世界范围内淘汰长干法窑和湿法窑 ·收集可靠的行业能耗和排放数据以追踪性能、确立标杆 ·对由于质量限制目前不能使用的潜在熟料替代品加工工艺技术的研发 ·参与政府讨论，推广工业生态概念，利用矿山回填生产替代燃料和原材料 ·在公司、设备供应商、研究机构和政府之间建立合作研究项目或网络，以共用减排方面的研发资源和公私伙伴关系(包括 CCS) ·在《联合国气候变化框架公约》下与政府合作，探索有效的气候框架的关键因素，如行业数据要求，测量、报告和验证，目标设定及潜在评分机制
中央、省级和地方政府	·修改和更新地方法律，确保政策鼓励而非限制替代燃料和生物质燃料的应用 ·与水泥工业贸易协会进行接洽，确证政府和行业之间在技术开发的责任上公平分配 ·确保操作者遵守替代燃料的共同使用指南，以保证处理工艺充分得当。如可通过培训、文件记录和监管以保证透明性 ·对负责许可、控制和监管的人员提供培训，建立社区信任 ·认识到在材料来源、法律支持和执行、以及公众理解等方面存在着差异，应使技术转让过程适应各个地区
非政府组织和智库	·与行业合作，充分理解共处置技术在气候保护方面的作用 ·交流 CCS 在减缓气候变化方面的作用

结论

该路线图首次致力于全行业范围内的减排技术途径。国际能源署和 CSI 成员公司共同合作开发出一条可能的转变路径使水泥行业为实现 2050 年全球 CO_2 排放量减半而努力。

本路线图讨论了水泥工业四种可行的主要的 CO_2 减排途径：

(1)提高热效与电效；

(2)替代燃料的使用；

(3)熟料替代；

(4)碳捕集与碳贮存技术。

要发挥每种减排途径的最大潜力需要政策和经济的支持，以及行业自身的技术发展。要实现路线图中规划的结果，需要所描述的政策和技术活动的全力配合。上述所确认的进展指标只能在每一个具体地区，通过适合该地区的减排途径行为才能达到。政策建议在不同地区都应进行调整，以确保整个工业范围的减排途径在不同地区是适合的，例如不同地区存在原材料来源的差异。

水泥行业减排的愿景宏大，该路线图设定了里程碑以帮助国际社会追踪为实现 2050 年 CO_2 减排目标所开发的技术成果。将来路线图的更新将反映这些指标的真实情况并监控其进展。

我们共同开发此路线图，以表明在全球深度减排中合作和伙伴关系的价值。我们在这里为一个行业提供了一种可能的发展道路，利用它我们寻求与政策决策者、经济伙伴及其他行业的公开对话，帮助我们有效调整以适应所面对的低碳世界。

关于该路线图的投入和执行方面的更多信息，可以访问 www. iea. org/roadmaps，关于该路线图与 CSI 在其他环保和减排方面的有关工作，可以访问 www. wbcsdcement. org/technology。

注：1. 水泥需求预测是评估减排潜力的一个关键参数。需求大的情景则意味着更低的绝对减排或者更快地实施碳捕集与碳贮存，或者两种情况都出现。

注：2. 18.8 亿吨 CO_2 仅来自直接能源和生产工艺的排放。

注：3. IEA 模型假定使用 40% 的生物质替代燃料，高于当前比例。

注：4. 不同国家产业结构也存在差异，如在大多数欧洲国家，熟料替代品在工厂中直接加入水泥，这就导致熟料系数下降，而在美国和加拿大，熟料替代品一般是在混凝土中加入（即

在商品砼搅拌站中加入）。

注：5. 烟气脱硝（NO_X）工艺。

注：6. 当必要的经济驱动和政策保障到位时，一个具备"碳捕集能力"的水泥厂是可以捕集 CO_2 的。通过设计改造水泥厂的"捕集能力"，其中包括留出足够的空间、获得碳捕集设备、确认 CO_2 贮存路径。

注：7. 根据欧洲标准 EN197－1，"Non－CEMI"为除了普通波特兰水泥之外的其他所有普通水泥。这些水泥比普通波特兰水泥的熟料含量低。

注：8. 包括运输和贮存费用。

注：9. www. wbcsdcement. org/sectoral。

注：10. 日本提交的关于行业减排途径实施备忘录 2008 年 11 月。

★该篇文章发表于 2010 年 6 期《中国水泥》杂志。

中国水泥工业发展状况分析★

Analysis of Chinese cement industry development status

◎中国建材工业规划研究院原院长　昃向祯

Ze Xiangzhen, former dean of CNBM Industrial Planning and Research Institute

一、现状特点及问题

水泥工业是国民经济发展、生产建设和人民生活不可缺少的基础原材料工业。随着我国经济的发展，水泥产业已达到相当大的规模，2009 年我国水泥产量 16.5 亿吨，占世界水泥总产量 50% 以上，已连续 20 多年居世界第一位。水泥工业总产值 5 000 多亿元，占我国建材行业总产值的三分之一以上。

进入新世纪以来，我国水泥工业发生了突破性的变化。从单纯的数量增长型转向质量效益增长型；从技术装备落后型转向技术装备先进型；从劳动密集型转向投资密集型；从管理粗放型转向管理集约型；从资源浪费型转向资源节约型；从满足国内市场需求型转向面向国内外两个市场需求型。实现上述根本转变的原因，是进入新世纪以来新型干法水泥生产技术的快速发展和应用。在产业政策的正确引导下，体现出以下特点：

1. 结构调整步伐加快，全面进入新型干法水泥时代。实现"低投资，国产化"是中国全面进入新型干法水泥时代的关键，海螺集团、山水集团是实践这一过程的先行者。我国新型干法水泥的飞速发展，源于对新型干法水泥工艺技术的研究和装备的开发、设计、制造取得的重大进展。在过去开发和研制日产 2 000 吨成套技术装备的基础上，采取自行研制与引进吸收相结合的方式，进一步开发了日产 5 000 吨、日产 8 000 吨、日产 10 000 吨级的新型干法水泥生产成套技术装备。大型设备国产化率的提高，大大增强了企业的竞争力。新型干法水泥生产工艺和装备在"工艺过程节能化、技术装备大型化、生产环境清洁化、控制管理信息化"等方面取得了突出的成绩。由于技术的先进、成熟、可靠，使得新型干法水泥生产线的各项主要技术经济指标达到国际同类生产线的先进水平，制造成本明显下降，企业竞争力明显增强。据中国水泥协会统计，截止到 2009 年底，全国已有 1 113 条新型干法水泥生产线在运行，年设计熟料产能 95 859 万吨。其中日产 700 吨～900 吨生产线 41 条；日产 1 000 吨生产线 151 条；日产 1 100～1 400 吨生产线 99 条；日产 1 500～1 800 吨生产线 53 条；日产2 000吨生产线 76 条；日产 2 500 吨生产线 324 条；日产 3 000～3 500 吨生产线 53 条；日产 4 000～4 200 吨生产线 46 条；日产 5 000 吨及以上生产线 270 条。日产5 000吨及以上生产线设计水泥熟料产能占总新型干法水泥熟料产能的比重为 45.27%。新型干法水泥所占比重已达到 76.88%。单线产能正向大型化发展，"继海"螺几条日产 1 0000吨生产线投产后，河南"天瑞荥阳"日产 12 000 吨生产线也已投入正常运行，全国落后水泥产能正加速淘汰。

2. 兼并重组步伐加快，水泥产业向大型企业集团集中。近年来大型水泥企业集团的扩张推动了兼并重组步伐，并提高了大型企业集团在水泥工业中的集中度。2009 年，年生产能力在 500 万吨以上的水泥企业（集团）65 家，水泥熟料生产能力 6.73 亿吨，占水泥熟料总生产能力的 48.53%，水泥熟料产量 5.6 亿吨，占水泥熟料总产量的 51.91%；其中1 000万吨以上的水泥企业（集团）20 家，水泥熟料生产能力

4.82 亿吨，占水泥熟料总生产能力的 34.76%，水泥熟料产量 4.19 亿吨，占水泥熟料总产量的 38.82%。

3. *节能减排，发展余热发电取得明显成效*。节能减排成效显著，2009 年水泥产品综合能耗大大降低，吨熟料能耗 124.15 千克标准煤，比 2008 年降低 4.85%；吨水泥能耗 95.08 千克标准煤，比 2008 年降低 8.11%。截止到 2009 年全国已有 498 条日产 2 000 吨以上新型干法生产线安装了余热发电，总装机容量 3 316 兆瓦，年发电能力 222 亿千瓦时，节能 800 多万吨标煤，减排 2 000 万吨 CO_2。

4. *水泥粉磨企业迅速发展*。2009 年末，在近 5 000 家水泥生产企业中，水泥粉磨企业 1 800 多家；在 22.69 亿吨的水泥生产能力中，水泥粉磨企业能力 7.13 亿吨，占水泥生产能力的31.41%；2009 年全国水泥粉磨企业产量 5.01 亿吨，占全国水泥产量的 30.36%。

在水泥粉磨企业中，年生产能力 60 万吨以上企业数量占 1/5，生产能力占将近 60%。其中，60～120 万吨企业 270 家，能力 2.08 亿吨，占粉磨企业总能力的 29.17%；生产能力 120～300 万吨水泥粉磨企业 93 家，水泥生产能力 1.43 亿吨，占粉磨企业总能力的20.06%；300 万吨以上企业 19 家，生产能力 6 250 万吨，占粉磨企业总能力的 8.77%。大型水泥粉磨企业主要分布在大中城市周边或水陆交通枢纽。大型企业集团在内部实行专业化生产，形成了熟料生产基地加水泥粉磨站的生产格局。

5. *存在问题*。在产能迅速增长的宏观布局上，出现结构性、地区性产能过剩。通过几年来“上大压小、淘汰落后”调整结构的努力，水泥落后产能的比重已大幅下降。但截至 2009 年底，全国仍有近 4 亿吨落后产能充斥市场，占总产能 1/5。虽然有些省份如浙江、河南、安徽等落后产能已基本退出市场，但新型干法水泥产能也出现地区性过剩。例如安徽省 2009 年水泥实际产量 7 200 多万吨，但水泥熟料输出量达 5 000 万吨。随后，估计四川、重庆、内蒙、宁夏等西部地区也将会出现地区性产能过剩。

二、发展趋势

趋势之一：大企业集团的“雪球”将越滚越大，产业集中度将进一步提升

在(2009)国 38 号与(2010)国 7 号两个文件的双重压力下，水泥行业落后产能未来三年绝大部分将退出市场。同时，水泥企业兼并重组的质量和力度也将加快升级，从原先的大企业有点“饥不择食”的兼并，演变成大企业集团有选择地并购区域龙头，企业数量将大大减少，产业集中度将大幅度得到提升。有业内人士预判：到 2015 年，前 10 名大企业集团的水泥熟料产量有望达到总产量的 50% 以上。

趋势之二：废渣资源化利用，发展循环经济渐成主流趋势

在废渣资源化利用方面，是我国水泥工业的又一个显著特点。自 20 世纪 50～60 年代，就已经开始利用工业废渣，70～80 年代利用工业废渣的种类和数量在不断增加，除矿渣外，粉煤灰、煤矸石、电石渣、钢渣、磷渣、铜渣、赤泥、糖渣、排烟脱硫石膏等相继进入水泥生产领域，不但用做水泥混合材，还用做熟料生产配料。90 年代开始在处理城市垃圾、下水道污泥及一些有毒有害物方面，也不断取得进展。进入新世纪以来，水泥工业发展循环经济的路子越走越宽，优惠的政策导向和良好的经济效益，吸引更多的企业进入发展循环经济行列。相信即将开始的“十二五”规划，必将把发展循环经济，建设资源节约型、环境友好型社会，走新型工业化道路作为一项战略要求提出。从过度依赖资金、自然资源和环境投入、以量的扩张实现增长，转向更多依靠发展循环经济和技术进步、以提高产品质量和效率获取水泥工业的经济增长。

趋势之三：节能减排，发展低碳经济方兴未艾

水泥工业是单位 GDP 排放 CO_2 比较高的行业，原因有三：一是水泥能耗高附加值低；二是水泥熟料煅烧主要是用煤作燃料；第三个原因，也是最重要的原因，是用石灰石作原料。每吨熟料大约排放 0.8 吨 CO_2，有 2/3CO_2 来自石灰石 $CaCO_3$ 分解产生的。2009 年我国水泥工业万元 GDP 的 CO_2 排放量约 14.7 吨，是全国平均万元 GDP 排放 CO_2 量的 5.9 倍。

面对全球气候变暖和环境日益恶化的严重威胁，我国政府在去年 12 月哥本哈根气候峰会上，庄严提出了到“2020 年单位国内生产总值二氧化碳排放比 2005 年下降 40% 至 45%”的目标。因此，如何加大节能减排的力度，将水泥单位产值的 CO_2 排放量降下来，是水泥工业面临的一大课题，也是一项不可回避而又十分艰巨的战略任务。

现在水泥行业节能减排，发展低能耗、低排放、低污染的低碳经济理念已深入人心，正在寻求各种途径降低 CO_2 排放。例如：采用先进的节能技术及工艺，提高水泥窑炉的能量利用率以减少 CO_2 排放；通过实施节电技术及采用节电设备降低电耗，减少与发电相关的 CO_2 排放；通过集约化、规模化生产减少 CO_2 的排放；使用替代原料作为生产熟料的原料；使用磨细的矿渣、粉煤灰、天然火山灰或石灰石细粉来替代部分熟料；大量使用某些可燃废弃物作为水泥窑炉的二次替代燃料；提高水泥的品质，延长水泥、混凝土的使用寿命，以减少水泥的用量；捕集回收 CO_2 加以综合利用，生产衍生产品等。

趋势之四：由水泥出口转向成套装备出口及工程总承包越做越大

面对国际水泥贸易市场萎缩及发展中国家大兴水泥项目工程建设的局面，我国水泥(含熟料)出口量连续四年呈下降趋势，由最高 2006 年的 3 613 万吨(占当年总产量的 2.91%)，下降为 2009 年的 1 561 万吨(占当年总产量的

0.95%）。在国家鼓励水泥企业“走出去”战略的支持下，中国中材集团、中国建材集团，在水泥成套装备出口和工程总承包方面已做出了骄人的业绩。承包的工程项目，不但有日产5 000吨、6 000吨，还有日产10 000吨。与外国承包商相比，中国承包的海外水泥厂工程，其造价降低25%～35%，工期缩短20%～30%，具有很强的竞争力，目前中国企业在国际水泥建设工程承包市场所占份额已达40%以上。

趋势之五：由单一的水泥生产向多元产业发展初见端倪

“大家办水泥”已是司空见惯的现象，例如煤炭、钢铁、化工、电力、轻工、农垦以及建筑、房地产开发等行业，早已涉足办水泥产业。而“水泥办大家”却是近些年来出现的新事物。例如北京金隅集团，原先是在琉璃河水泥厂、北京水泥厂基础上发展起步的，现已成为集水泥、新型建材、房地产开发、物业投资及管理为核心产业的大型企业集团。再如内蒙古蒙西高新技术集团，是从一家名不见经传的水泥企业起家，经过十余年的发展，已初步发展成为以资源为依托、以科技为支撑，产业涉及水泥、高岭土、纳米材料、二氧化碳、全降解塑料、粉煤灰提取氧化铝、技术开发等多个领域集团化运作的自治区重点企业。最近从冀东水泥集团更名为“冀东发展集团”可知，目的是拓宽业务领域，除继续做大做强水泥产业外，重点加强水泥装备制造、风电装备制造和工程承包建设，做大商品混凝土业务，并涉足房地产开发行业。

由此可见，水泥产业由单一的水泥生产向多元产业发展，不但对企业由小变大、由大变强有重要意义，而且对延伸产业链，推进建材、建筑、房地产开发三业联动发展，实现经济增长方式转变有重要意义，尤其对面临矿山资源即将枯竭的水泥企业转型更具有战略意义。

三、几个商榷的问题

1. 关于产能过剩问题。笔者认为，对产能过剩要做具体分析，不能一概而论。产能过剩应分结构性过剩和地区性过剩。所谓结构性过剩是由落后产能存量过大所致，如经济大省广东和山东，其落后产能至今分别占全省总产能的35%和37%。地区性产能过剩基本属于新型干法生产线上得过多、过快或重复建设造成的。如浙江、河南、安徽等省的落后产能早已基本淘汰出局，如果这些地区出现产能过剩，就不是落后产能的问题了。潜在的产能过剩地区还有四川、内蒙、宁夏、重庆等，这些地区在建和拟建的新型干法线投产后，即使落后产能全部被淘汰，还会出现供过于求。

对结构性产能过剩，通过市场竞争，有利于淘汰落后，可以“变坏事为好事”。对于地区性产能过剩也要做具体分析，有些是合理的，有些是不合理的。如安徽省产能过剩就是合理的，因为利用它得天独厚的资源条件和长江水运条件，便捷地供给缺资源的“长三角”市场需要。同样，如果广西出现产能过剩，其过剩水泥或熟料可以便捷地通过西江水运供给缺资源的“珠三角”市场。然而，像四川、宁夏那些受地域条件限制的省份，如果出现产能过剩，就是件很头疼的事，因为过剩产品向外输出既不经济又不合理。

2. 关于新政下新增产能的掌控问题。国发（2009）38号文，提出了抑制产能过剩的原则，严格控制新增产能的措施。其核心是提高了行业新增产能准入门槛和上收了项目核准权限，这无疑是非常正确的。但在实际掌控和执行中，却往往不分青红皂白地全面“急刹车”。首先是对“新增产能”的内涵界限不清，好像不管新增新型干法熟料生产线产能，还是新增大型水泥粉磨站产能；不管是新（扩）建项目新增产能，还是技术改造项目新增产能，都一律停办。其次，不管是符合国发38号文产业政策导向的项目，还是不符合产业政策导向的项目，也一律停办。这种“一刀切”的做法，短时间可以，但时间拖久，是会影响淘汰落后产能的，不利于结构调整。笔者认为，抑制产能过剩主要抑制新上或扩建布局不合理的熟料生产线。对于布局合理的大型水泥粉磨站和技改升级项目不应受到抑制。

3. 关于重组中的“假整合”现象。控制总量、优化存量，推进企业兼并重组和联合重组，是近些年来产业政策一直倡导的，也是国发（2009）38号文所主张的一条重要原则。在这些方面，国企扮演着很重要的角色，并取得了令人瞩目的成绩。但重组中不乏也存在一些瑕疵，这些瑕疵表现为：重形式，忽视内容；重数量，忽视质量；重轰轰烈烈，忽视讲究实效；重表观重组，忽视内部管理。这种“只起物理变化，未起化学变化”的重组整合，实际是“假整合”，不会带来多大经济效益上的变化。建议相关部门，应规定几条实施重组整合的标准，以便于检验和衡量。因为这个问题涉及产业“集中度”问题，“假整合”不会带来“真集中度”，相反会给统计工作带来混乱。

4. 关于“规模经济”与“经济规模”问题。日产万吨生产线在中国问世后，好像出现“规模越大越好”的倾向，个别西部地区，也跃跃欲试上万吨生产线。笔者认为，这是对“规模经济”理解片面而引发的误区。

所谓规模经济，是指由于生产规模增大所引起单位产品生产成本降低而导致的经济收益现象。当生产规模增大的比率小于收益增加的比率时，就是规模收益递增，即N倍的投入产生了大于N倍的收益；当生产规模增大的比率大于收益增加的比率时，就是规模收益递减，即N倍的投入产生了小于N倍的收益。这就是说，收益不是一直随生产规模的增大而增大。在一定条件下，当规模大到一定程度时，收益则随规模的增大而降低。经济规模则是指达到最小单位成本的最佳生产规模。我们追求的是效益最佳（即成本最小）的经济规模，而不是一味追求规模的最大化。

水泥工业产品的效益，不但受生产成本影响，还受到达市场的运输成本影响。在市场消费密度（用单面积水泥的年消费量表示）不变的情况下，工厂规模增大，运输半径就增大，运输费用也随之增大。当运输费用的增大超过规模增大所带来的经济效益时，则规模经济就变成规模不经济（即规模收益递减）了。例如西部某地区某个项目本来上日产3 000吨生产线比较合理，可是考虑规模效益而决定上日产5 000吨生产线。后者生产线水泥生产成本可降低约每吨10元（其中由于劳动生产率的提高工资每吨节省6元、节电2.5元、节煤1.5元）；节能约4.7千克标煤/吨（其中节省热耗20千卡/千克折合标煤2.9千克/吨、节电5千瓦时/吨折合标煤1.8千克/吨）。可是汽车运输半径却由原来平均150公里增加到250公里，增加了100公里的运距，单程运费增加40～50元/吨（尚不计高速公路过路费），汽车油耗100公里增加3～4千克/吨，折合标煤4.3～5.8千克/吨。由此可见，不但未节能，也未节省成本，到达市场的成本反而增加了许多。所以，在规模问题上，不能单纯追求规模增大带来的收益，也要考虑由于规模不合理增大带来的负面影响。对规模问题，要全面权衡利弊，该大则大，该小则小，以求得一个合理的“经济规模”，不是越大越好。

5. 关于熟料与水泥比例关系背离问题。近年来水泥产量增长速度都高于熟料产量增长速度。20世纪90年代至本世纪初，全国熟料与水泥产量的比例一直在72%上下。到2008年，熟料与水泥产量比例降为70%以下；2009年熟料与水泥产量比例再次下降到65.45%，这就是说，2009年全国平均用两吨熟料生产三吨水泥。

熟料与水泥比例关系背离，导致两者增速不同步。2009年全国水泥熟料产量比上年增长10.4%，水泥产量却增长了16.1%。分析其原因，一是与新型干法熟料比例的提高有关。新型干法熟料质量高，对混合材掺入量承受能力大，普遍加大了混合材的掺入量，致使全国低标号32.5级水泥比例占水泥总量的60%以上；二是不严格按水泥标准规范要求掺加混合材。笔者发现，不少厂家为了追逐利润，其生产的普通硅酸盐水泥名不符实。水泥国标规定普通硅酸盐水泥混合材掺入量≤20%，但在实际操作中往往超过此比例，混合材掺入量超过30%并不鲜见。然而玩了“猫腻”，不知内情是不容易发觉的。

由于以上原因，致使我国水泥在统计上越来越离谱，并与国际水泥无法对比。建议今后相关部门加强监督检查，要有行之有效的抽查水泥混合材超标的检验手段。另外，提倡有些混合材（如矿渣、粉煤灰等）单独细磨，像国外那样作为细集料（或微集料）在混凝土搅拌站掺入。这样可以大幅度降低混合材在水泥磨混合粉磨过程的掺入量，使水泥与熟料的比例关系回归正常。

6. 关于新型干法产能由东向西转移问题。2009年全国水泥工业投资共1 700.72亿元，增速61.75%。其中，东部地区投资415.25亿元，增速54.37%，所占比重24.42%；中部地区投资558.89亿元，增速41.39%，所占比重32.86%；西部地区投资726.59亿元，增速87.66%，所占比重42.72%。

笔者发现，西部地区的水泥投资比重似乎过大、增速过快。2009年全国东、中、西三地区的固定资产投资（FAI）分别为10 9765.76亿元、62 839.60亿元、51 634.53亿元，分别占全国固定资产总投资的49%、28%、23%。西部地区水泥投资占全国水泥总投资43%的比重，几乎是该地区固定资产投资占全国固定资产总投资比重23%的两倍。从另一角度看，2009年东、中、西三地区的GDP分别为20 9736.05亿元、85 628.47亿元、66 868.16亿元，分别占全国GDP的58%、24%、18%。2009年东、中、西三地区水泥产量分别为73 495.56万吨、48 914.74万吨、41 092.19万吨，分别占全国水泥总产量的45%、30%、24%。西部地区水泥的配置量显然超过了当地经济发展水平。例如西部地区的内蒙古和宁夏人均水泥占有量已分别达到1 765kg和1 703千克，超过了东部地区及过全国平均水平。所以，西部地区的新型干法生产线不应再提“大力发展”了，只能有区别地“适度发展”。

★2010年6月28日发表于《数字水泥网》。

浅析水泥工业的低碳之路★

Brief analysis of low carbon road in cement industry

◎吉林石油集团有限公司长春水泥厂　陈永贤　长春理工大学　李湘洲

Chen Yongxian, Changchun Cement Plant of Jilin Oil Group Co. and

Li Xiangzhou, Changchun University of Technology

低碳经济与节能减排

水泥行业是能源、矿石资源消耗大的资源密集型产业，同时又受到资源不足、环境污染的严重制约。我国吨水泥综合能耗离世界水平还有很大差距。开展资源综合利用、构建绿色生态企业、发展低碳经济，将进一步促进水泥企业结构调整和技术升级。事实上，发展低碳经济不仅是迫于能源压力的具有全局性的战略选择，也是水泥行业实施结构调整、完成产业升级的契机，谁抢得了这一先机，谁就走在了前面。走新型工业化道路，发展低碳经济，这将是水泥行业的必由之路。同时，低碳经济是推动水泥工业低碳生产技术研发和应用，促进水泥工业大幅度节能减排，实现水泥工业先进、绿色制造。这是水泥工业发展面临的紧迫任务。

当前，解决"低碳水泥"产业的发展问题，根本仍在于抑制产能过剩和重复建设，加快技术进步和淘汰落后产能，推动节能减排和发展循环经济，鼓励更多优秀、技术先进的企业加入"低碳水泥"的发展体系中来。

二、影响 CO_2 排放的因素

水泥生产中，CO_2 的排放以工艺排放为主，燃烧排放次之，电力消耗的排放比较小。影响水泥工业 CO_2 排放的主要因素如下。

1. *原燃材料*。工艺排放主要是碳酸盐的分解，采用碳酸含量低的钙质原料可大大降低工艺过程中 CO_2 的排放。例如，采用电石渣等原料替代石灰石。燃料燃烧产生 CO_2，与燃料的品种有关。我国以燃煤为主要燃料，以废弃物作为替代燃料或更换 CO_2 排放密度低的燃料是通常采用的方法。

2. *品种*。对于通用硅酸盐水泥而言，不同品种的水泥，其原料和混合材掺加量不同，CO_2 的排放也不同。通用硅酸盐水泥中的矿渣水泥、火山灰水泥、粉煤灰水泥及复合水泥，添加了具有潜在水硬活性的胶凝材料，减少了熟料的比例，因而有效地降低了水泥的 CO_2 排放。低能耗、低排放的新品种水泥中，如硫铝酸盐水泥、高贝利特水泥熟料，由于熟料矿物组成的低碳化设计和主导矿物形成温度低，从而降低了工艺过程 CO_2 的排放。

3. *水泥熟料热耗*。水泥熟料热耗是燃烧排放的直接影响因素，而采用的工艺和技术水平以及管理水平，又都影响水泥窑的熟料热耗。采用先进工艺，合理利用余热，降低水泥熟料热耗，是降低水泥生产燃烧排放 CO_2 的直接途径。

4. *电能消耗*。通常依靠余热发电可以有效减少外部电能消耗，单纯依靠降低电能消耗减少 CO_2 排放潜力不大。

水泥产业低碳经济作为一种新的经济发展形态，其本质就是可持续发展。其主要原料石灰石是不可再生的，煤、电消耗也不是可以无限制地增长。要在资源和环境允许的前提下，把水泥工业建设成资源节约型环境友好型产业，促进水泥产业低碳经济发展。

三、水泥工业发展的低碳之路

1. *做好彻底淘汰落后水泥工作*。新型干法水泥生产技术的发展，大量节约了资源、能源，减少了 CO_2 排放量；采用高效除尘技术、烟气脱硫技术及遮幕技术等，基本解决了粉尘、SO_2 和 NO_X 排放及噪声污染问题。利用低品位原燃料及工业废弃物，减轻了社会环境负荷，推动了水泥工业的可持续发展。按照国发[2009]38 号文件要求，各地必须尽快制定三年内彻底淘汰落后产能时间表。落后产能除生产特种水泥 200 台中空窑，根据需要可以暂时保留，但也要采用新工艺、新技术进行改造，其他落后产能必须在三年之内彻底淘汰。尽量彻底淘汰落后水泥产能是实现水泥产业结构调整的需要，也是水泥工业走低碳之路的前提条件。

2. *做好节能升级工作*。(1)发展循环经济。利用水泥窑协同处置工业废弃物、有毒有害废弃物、城市污泥、生活垃圾等，以实现水泥产业绿色发展。全国有 660 座城市，若在每一座城市周边选择一家新型干法水泥企业，利用现有水泥生产线协同处置工业废弃物、生活垃圾、污泥、有毒有害废弃物，则每套装置需投资 1～1.5 亿元。(2)建设余热发电生产线。截止到 2009 年，已经配套建成余热发电生产线近 500 条，到 2020 年，还有 1 000 条新型干法水泥生产线需要配套建余热发电装置，每套余热发电装置需投资 6 000 万元。(3)对电机、磨机及收尘系统进行节能改造。采用变频电机对现有大功率电机进行改造，需要投资约 150 亿元左右。采用节能粉磨技术，对年产 60 万吨以上规模粉磨系统进行改造，需要投资约 800 亿元。采用节能环保的开凿设备改进矿山开采，需要投资 50 亿元。按新的排放标准，对收尘系统进行达标改造，需投资 200 亿元。以上节能减排方面的投资估算需要 2 800 亿元左右。看来水泥低碳经济有很大的发展空间。

3. *通过技术创新减少碳排放*。水泥工业发展低碳经济，首先要明确技术路线，规范好节能减排目标和标准。然后对每项技术的投资、减排空间进行逐一分析，要以节能增效为原则，谋求高效率与可持续发展。(1)通过自主创新，研发新的窑炉煅烧和分解技术、新的破碎和粉磨技术，采用先进适用技术，提高各工艺环节能效。(2)通过回收水泥生产过程中产生的 CO_2，使其成为生产其他化学品的原料，减少 CO_2 排放。(3)通过调整水泥品种结构，减少熟料生产过程产生的 CO_2 排放。(4)提高替代原料、燃料比例，减少石灰石和化石燃料的消耗。

4. 延长产业链提高水泥附加值。通过上下的延伸，延长产业链，使水泥企业由销售水泥向销售商品混凝土转变，一吨水泥可以生产3立方米商品混凝土，一吨水泥和一立方米商品混凝土价格差不多，产业链延伸可使吨水泥产生三倍附加值，同时水泥工业单位 $GDPCO_2$ 排放指标也会降低。

四、水泥工业减缓碳排放的技术途径

1. 提高水泥生产的能效。熟料制备技术包括：提高生料易烧性，如加入矿化剂等；预分解技术替代长窑生产；提高能效的技术包括：预热器改造，如低压降旋风筒；高效熟料冷却技术；预热回收技术；增加预热器级数；富氧燃烧技术；生产自动化控制系统；提高窑产量；燃烧器改造，如单通道改为多通道；流化床水泥窑系统；节能粉磨系统技术包括：带立磨和辊压机水泥粉磨系统；高效选粉机；球磨机运行参数优化；原料组分分别粉磨；先进粉磨技术；降低电耗的变频驱动技术等。

2. 替代原料和燃料的利用。主要采用低化石燃料替代传统燃料，用非碳酸盐钙质原料替代石灰石，如利用粉煤灰、煤矸石、赤泥、电石渣、各种尾矿渣等替代部分石灰石原料，以及利用经过适当处理的工业废渣替代水泥熟料，减少水泥生产中的熟料用量，从而减少 CO_2 的直接排放；利用废轮胎、废油、废塑料等可燃废弃物作替代燃料，这方面我国与发达国家差距大，有很大发展潜力。根据欧共体的统计，在其成员国中，利用二次燃料替代天然燃料用于水泥生产的平均替代率为12%，其中荷兰最高达72%，其他如瑞士、比利时、奥地利、法国等国的替代率为27%～31%，这类废弃物包括废轮胎、废塑料、废有机溶液、废油以及其他工业可燃废料等。

3. 调整材料组成技术。这些水泥包括高贝利特水泥、硫铝酸盐水泥、地聚水泥、MgO 水泥等。如传统水泥熟料以 C_3S 为主要矿物组成，含量至少占60%，对应57.8% $CaCO_3$。贝利特水泥（以 C_2S 为主），可以减少约16%的 CO_2，但由于 C_2S 活性低，导致水泥凝结时间长，强度发展慢，难以在现代混凝土工程中使用。硫铝酸盐水泥含有75%硫铝酸钙（CSA），相比传统熟料排放53%的 CO_2，它仅排放 $CO_2$22%，作为“低能耗水泥”，已用于预制混凝土、自应力混凝土等，但由于硫铝酸盐水泥的主要原料是铝矾土而限制了其发展。在传统熟料的矿物组成中，引入少量CSA调整其他矿物组成，可以降低10%的 CO_2，同时可以复合大量混合材料。

4. 废气的高效分离、捕获及转化主要是研发和应用 NO_X、粉尘和 SO_2 以及 CO_2 高效分离、捕获及转化技术。目前，国内外 CO_2 的分离捕获技术种类繁多，包括吸收法、吸附法、低温蒸馏法和膜分离法等。而通过催化转化将 CO_2 转化为高附加值的化工产品，无疑将是最具市场潜力、应用前景看好的一个途径。此外，国内外研究人员正在研发一些未来具有减排潜力的技术，例如，碳捕获与碳储存（CCS）技术；气化合成气提取氢气为水泥窑燃料（适合 CO_2 捕集结合）；用于捕集 CO_2 的后燃烧技术；利用水泥窑余热废气生产生物能源如制藻技术等等。

五、几点建议

1. 节能减排需再努力“攻坚”主。早在2007年，国家质量监督检验检疫总局和国家发展与改革委员会，相继颁布了建材行业四大耗能产业——水泥、平板玻璃、建筑卫生陶瓷和烧结砖瓦的能源消耗限额和行业标准，但总体执行情况不尽人意。特别是去年下半年以来，高能耗、高排放行业快速增长，一些被淘汰的落后产能死灰复燃，能源需求大幅增加，能耗强度下降速度放缓，甚至由降转升。今年一季度，工业能耗、用电量更是同比分别增长了20.1%、27.6%。据统计，从2005年到2009年，全国规模以上企业单位工业增加值能耗累计下降20.76%，但要完成“十一五”目标，任务仍然十分艰巨，必须加快淘汰落后产能。为此，不久前工信部下发了18个行业2010年淘汰落后产能的目标任务，并明确提出今年应淘汰的落后产能要在第三季度前全部关停。

2. 加快企业重组和提高集中度，打造绿色水泥发展平台。我国水泥行业产业集中度低，大型企业集团数量少，众多中小企业技术装备落后，产品档次低，市场应变能力差，经济效益低，无力考虑资源、能源、环境等大难题。我国的水泥企业与国外水泥巨头相比，有很多方面都存在相当大的差距。因此，我国的水泥行业需要不断提升企业集中度，提高技术和管理水平，强化市场控制和盈利的能力，使企业集团成为发展绿色水泥的主力军。

3. 鼓励水泥企业综合处理利用废物，体现绿色水泥价值。绿色水泥不仅体现本行业废水、废气、余热、废渣的利用方面，更重要的是与煤炭、钢铁、电力和化工等行业的生态链接，有效地利用了粉煤灰、脱硫石膏、钢渣、煤矸石和磷渣等工业废渣替代天然资源作原料。同时，水泥工业还应协同处理生活垃圾和有毒、有害废弃物，政府可根据废弃物的类型和处置难度有区别地予以支持。建议：(1)可替代原燃料、处理难度低的工业废渣可通过减免税以资鼓励；(2)替代原燃料价值不大，处理有难度并投入较大，而且有其他处理方式（填埋、焚烧等）的工业废弃物，除免税政策外，在起步阶段国家应给予一定的财政补贴，然后进入收费处置的市场化运营；(3)对于处理难度大，运营成本高的有毒有害危险废弃物，则需政府给予财政补贴。

六、结语

低碳生产技术是水泥工业的发展方向。实现我国承诺的低碳行动目标和任务需要付出艰苦的努力，必须把应对气候变化和实施可持续发展战略，加快建立资源节约型、环境友好型社会和创新型国家紧密结合，充分发挥水泥综合利用和合理处置工业、城市废物的独特优势，通过水泥与冶金、化工等产业的联动发展循环经济，提高资源利用率，才能有效地控制工业生产过程的温室气体排放，走出一条低消耗、低排放、高效益、高产出的新型工业化道路。

在“低碳经济”的发展道路上，中国水泥行业还要经受更多的坎坷与磨砺，这是挑战，也是机遇，水泥企业应该积极把握这个机遇，加快升级和调整，推动水泥行业的转变，实现可持续发展。

★该篇文章发表于2010年8期《中国水泥》杂志。

我国水泥余热发电 CDM 项目综述★

Summary of Chinese power generation CDM project by cement remnant heat

◎中材节能发展有限公司　魏　晶
Wei Jing, SINOMA Energy Saving Development Co. Ltd.

一、引言

《京都议定书》规定了发达国家硬性减排指标，而发展中国家由于历史排放量较少，且需把经济发展放在首位，因此议定书中暂没有对发展中国家做出减排要求；议定书也规定了三种灵活市场机制（国际间排放交易 IET、联合履约 JI、清洁发展机制 CDM）帮助发达国家实现减排承诺，于是全球性碳交易营运而生，其中 CDM 是惟一与发展中国家有关的旨在减少温室气体排放，缓解温室效应的机制。由于发达国家减排温室气体成本是发展中国家几倍甚至几十倍，所以，发达国家可通过在发展中国家实施具有温室气体减排效果 CDM 项目，把其产生温室气体排放量作为履行议定书规定的部分减排义务。CDM 是一个双赢机制，既可帮助发达国家实现低成本减排温室气体，又有利于推动发展中国家节能减排事业并获得发达国家经济和技术支持。CDM 实施过程如图 1 所示。

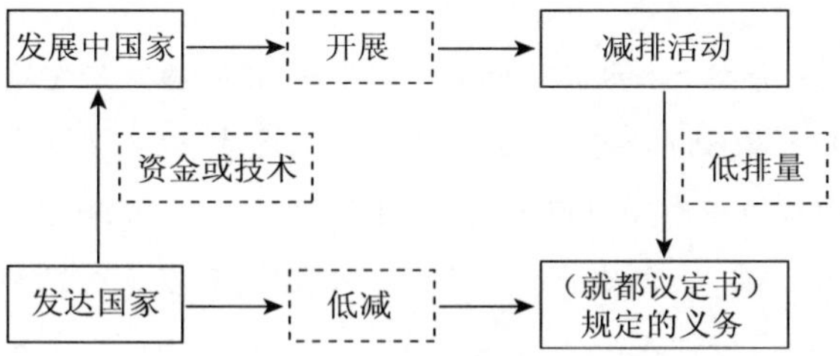

图1　CDM 示意图

水泥是国民经济基础原材料之一，经多年发展，我国水泥工业发展取得了很大成绩，产量已多年位居世界第一（约占世界水泥总产量 50%），但我国水泥工业结构性矛盾仍十分突出，资源和能源消耗高，环境污染比较严重。水泥工业是最主要高能耗部门之一，其能源消耗约占全国能源消耗总量 7% 左右；水泥工业也是最主要温室气体排放部门之一，其温室气体排放约占全国温室气体排放总量 14% 左右。水泥工业 CO_2 排放主要来源于工艺过程中矿石原料分解和能源消耗两个方面。据统计分析，每生产 1 吨水泥，其生产工艺和能源消耗分别排放 CO_2 约 0.356 吨和 0.3 吨。根据 2009 年统计我国水泥产量为 16.3 亿吨，则与水泥产量相对应的生产工艺和能源消耗分别排放 CO_2 约 5.803 亿吨和 4.89 亿吨，而 2009 年我国 CO_2 总排放量为 81.42 亿吨，水泥工业 CO_2 排放量占全国总排放量的 13.13%。

二、新型干法水泥纯低温余热发电 CDM 项目概况

1. 新型干法水泥纯低温余热发电 CDM 项目的数量视角。2005～2010 年期间，我国国家发改委应对气候变化司（下简称“中国 DNA”）批准项目数量和联合国 CDM 执行理事会（下简称“EB”）注册项目数量随时间变化呈倒 V 型分布，均在 2008 年达到高峰；但 EB 注册项目数量占中国 DNA 批准项目数量比例随时间变化却呈递增趋势（见图 2）。

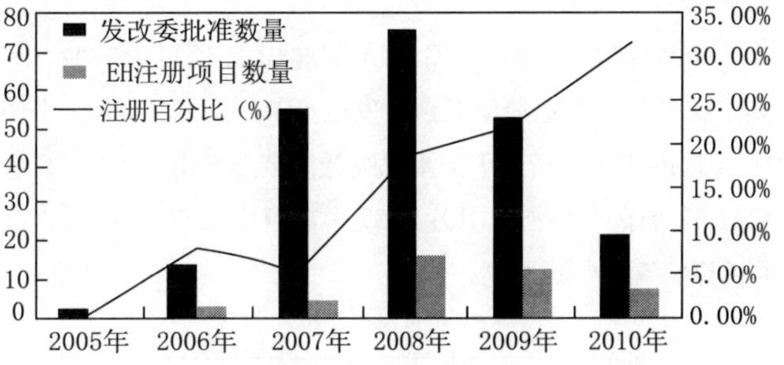

图2　CDM 项目数量分析

中国 DNA 批准项目数量在 2007 年和 2009 年相差甚微，但 EB 注册项目数量在 2007 年和 2009 年却有较大差别，说明 EB 注册项目具有显著的滞后性，其主要原因有：一是 CDM 受国际政策驱动性很强，二是 CDM 受联合国指定第三方经营实体（下简称“DOE”）审核员对水泥行业工艺技术和水泥行业则务分析等行业知识理解程度有直接关系。

2006 年和 2010 年间呈现数量变化规律类似于 2007 年和 2009 年间数量变化规律，但造成相似变化规律的深

层原因却各不相同。2006 年 CDM 对我国很多水泥企业而言，是属于非常陌生的新生事物，而 2010 年中国 DNA 批准项目和 EB 注册项目较少的主要原因如下：国际金融危机影响，使得发达国家减排需求减少；《京都议定书》规定的第一承诺期 2012 年将结束，第二承诺期减排目标仍未确定；国际买方不愿购买和开发此类期货项目，因在 2012 年底前无法产生预期的 CERs；中国 DNA 对此类项目的文件一致性审查越来越严格；EB 对此类项目的额外性审查更为严格和挑剔，使很多此类项目获中国 DNA 批准但很难在 EB 注册，尤其是 2008 年以后中国 DNA 批准项目，更为甚之。

2. 新型干法水泥纯低温余热发电 CDM 项目的状态视角。2005 ~ 2010 年间，全球各国在 EB 注册成功 CDM 项目共 2 587 个，其中，我国注册成功 CDM 项目 1 077 个；EB 已成功签发我国 CDM 项目 313 个(见图 3)。

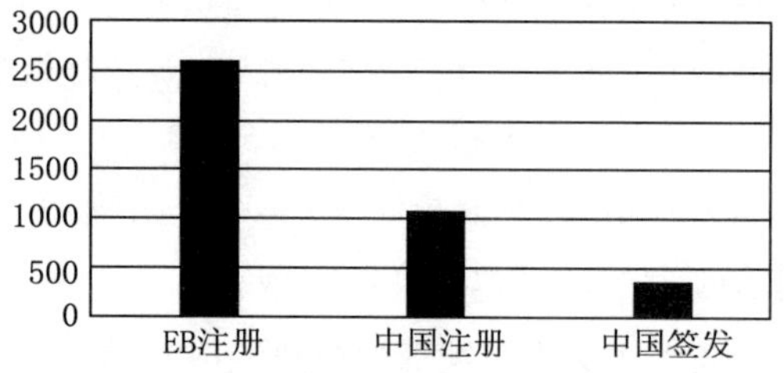

图 3　全球 CDM 进展状态分析

图 3 表明我国注册 CDM 项目占 EB 注册项目总量 41.63%，是世界上核证温室气体减排量(下简称"CERs")最大供应国；但这些注册项目能否产生实际 CERs，还需对这些注册项目现场与提交 EB 注册的项目设计文件(下简称"PDD"进行核查并落实是否按照 PDD 中监测计划执行。

2005 ~ 2010 年间，我国 DNA 批准 CDM 项目共 2 785 个，其中新烈干法水泥纯低温余热发电 CDM 项目 217 个。中国 DNA 批准 217 个新烈干法水泥纯低温余热发电 CDM 项目中仅有 37 个在 EB 注册，其注册 37 个项目中仅有 18 个项目获得 CERs 签发(见图 4)。

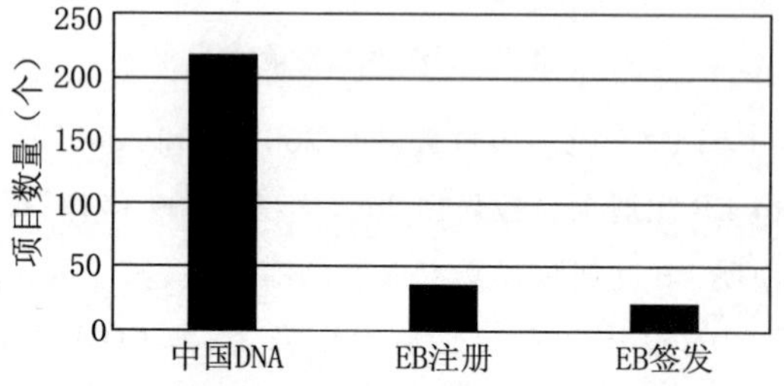

图 4　我国新型干法水泥纯低余热发电 CDM 进展分析

新烈干法水泥纯低温余热发电 CDM 项目较易获得中国 DNA 批准，但较难通过 DOE 审定并在 EB 注册，2008 中国 DNA 批准项目在 EB 成功注册 8 个，而 2009 年之后，中国 DNA 批准新型干法水泥纯低温余热发电 CDM 没有一个在 EB 成功注册，说明在 DOE 审定中遇到很多问题难以得到满意解决(如投资分析中所有财务数据的校核、电表安装接入等)。

3. 新型干法水泥纯低温余热发电 CDM 项目成功注册所需时间概括。2005 ~ 2010 年间，中国 DNA 批准新型干法水泥生产线纯低温余热发电 CDM 项目 217 个，其中 EB 注册项目数量仅 37 个。从中国 DNA 批准到 EB 注册所需最短时间 7 个月(不包括中国 DNA 批准前所需时间，EB 注册号 366)，该项目于 2005 年 11 月 20 日获中国 DNA 批准，且是最早被我国 DNA 批准的新型干法水泥生产线纯低温余热发电 CDM 项目。

2005 ~ 2010 年间，从中国 DNA 批准到 EB 注册的新型干法水泥生产线纯低温余热发电 CDM 项目数量随时间跨度的分布规律如图 5 所示，即时间跨度 12 个月、13 ~ 24 个月、25 ~ 36 个月和 36 个月的 EB 注册项目所占比例分别为 27.03%、43.24%、24.32% 和 5.41%。

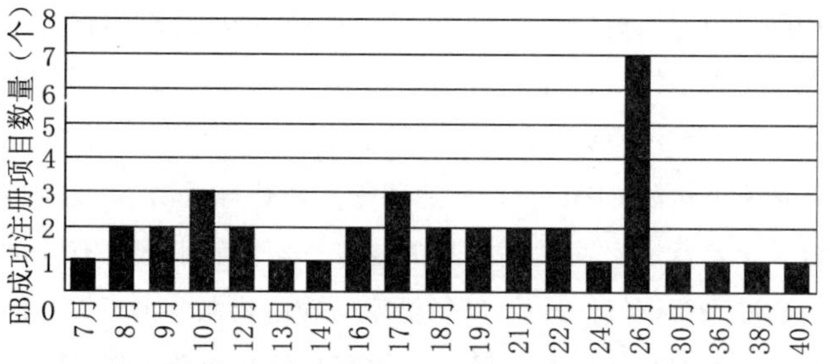

图 5　我国新型干法水泥纯低温余热发电 CDM 时间分析

统计分析 EB 注册此类项目 PDD 文件版本，说明中国 DNA 批准到 EB 注册所需时间小于 12 月的项目全部是 2007 年之前获得中国 DNA 批准，而 2008 年之后获中国 DNA 批准项目仅注册 8 个，且注册所需时间是 25 ~ 36 个月之间，2009 年之后获中国 DNA 批准项目无一在 EB 注册成功。

4. 新型干法水泥纯低温余热发电 CDM 项目签发概况。2005 ~ 2010 年期间，EB 已签发我国此类 CDM 共 18 个，其中签发 4 次项目仅 1 个(该项目于 2005.11.20 获中国 DNA 批准，于 2006.6.24 在 EB 注册)。签发 3 次、2 次和 1 次项目分别 4 个，6 个和 7 个(表 1 和图 6)。经分析，这 18 个项目全部于 2007 年 8 月 17 日前获中国 DNA 批准。

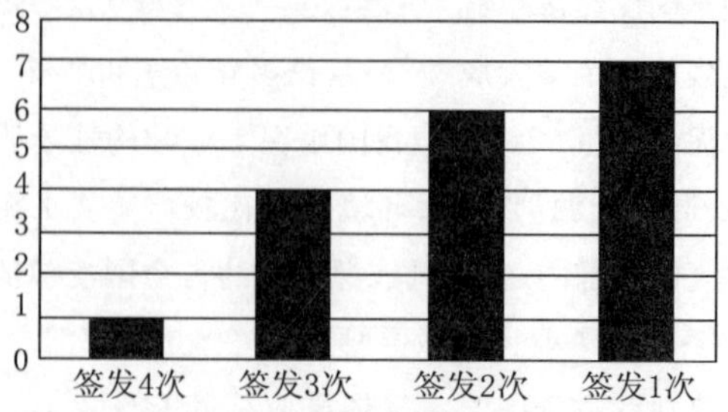

图 6　我国新型干法水泥纯低温余热发电 CDM 签发分析

表1　我国新型干法水泥纯低温余热发电 CDM 项目签发统计

<table>
<tr><th>序号</th><th>EB 注册号</th><th>签发次数</th><th>项目个数</th><th>序号</th><th>EB 注册号</th><th>签发次数</th><th>项目次数</th></tr>
<tr><td>1</td><td>366</td><td>4</td><td>1</td><td>10</td><td>1 675</td><td>2</td><td rowspan="2"></td></tr>
<tr><td>2</td><td>898</td><td>3</td><td rowspan="3">4</td><td>11</td><td>1 676</td><td>2</td></tr>
<tr><td>3</td><td>1 353</td><td>3</td><td>12</td><td>1 225</td><td>1</td><td rowspan="7">7</td></tr>
<tr><td>4</td><td>1 625</td><td>3</td><td>13</td><td>1 450</td><td>1</td></tr>
<tr><td>5</td><td>1 624</td><td>3</td><td rowspan="5">6</td><td>14</td><td>1 672</td><td>1</td></tr>
<tr><td>6</td><td>1 380</td><td>2</td><td>15</td><td>1 673</td><td>1</td></tr>
<tr><td>7</td><td>1 402</td><td>2</td><td>16</td><td>1 674</td><td>1</td></tr>
<tr><td>8</td><td>1 619</td><td>2</td><td>17</td><td>1 730</td><td>1</td></tr>
<tr><td>9</td><td>1 622</td><td>2</td><td>18</td><td>1 874</td><td>1</td></tr>
</table>

CDM 项目签发次数除与 EB 注册时间前后和项目实际投产时间有关外，还与项目业主的重视程度、签发时间间隔等有密切关系，但我国水泥企业一般采取一年核查签发一次。

*5. 新型干法水泥纯低温余热发电 CDM 项目开发模式。*目前我国 CDM 项目开发模式主要有三种，分别是单边模式、双边模式、多边模式。我国 DNA 批准 217 个新型干法水泥纯低温余热发电 CDM 全部采用双边模式，即在项目开发前，发达国家碳信用买方和水泥余热发电企业签订购碳合同（下简称“ERPA”）并共同开发项目或发达国家在发展中国家投资开发 CDM 项目，由发达国家获得项目产生 CERs。这种双边模式对于项目企业而言，在项目前期技术开发阶段不需支付任何费用，但业主一般不会认真考虑这些费用，且没有给以足够重视，直到项目签发后，项目业主才意识到它直接影响其最终可获净收益。

6. 新型干法水泥纯低温余热发电 CDM 项目的影响因素。

技术因素

综合分析我国新型干法水泥纯低温余热发电 CDM 已在 EB 注册项目技术方案，可以看出项目主要采用两种技术开发方案，一种是障碍分析法，一种是投资分析法。在已注册的 37 个新型干法水泥纯低温余热发电 CDM 中，其中 8 个采用障碍分析法，其余 29 个采用投资分析法，但投资分析法中有 11 个采用集团内部收益率（下简称“WACC”）方法，其远高于水泥行业基准收益率（下简称“IRR”），其余 18 个采用水泥行业基准收益率，但这些项目多位于 CDM 早期且电价较低的地区。

IRR 因子：近年由于我国各电网的下网电价不断提高，使新型干法水泥纯低温余热发电 CDM 的 IRR 都较高，若业主考虑 CERs 收益，项目 IRR 可保持约 20% 以上，这也是水泥企业积极开展低温余热发电 CDM 动机所在。但较高 IRR 是一把双刃剑，已成为制约此类项目在 EB 成功注册主要原因之一，使此类项目注册成功率大大降低。

技术文件：PDD 是 EB 为 CDM 开发者提供的编制指南和格式标准，也是申请 CDM 合格性和核查核证减排量主要依据。在 EB 注册 37 个项目很多都是在 2007 年获中国 DNA 批准，且当时业主仅是根据项目可研报告进行开发，在项目后期建设中业主没有考虑到项目现场与 PDD 中已有设备、电力接线等不一致，致使很多项目需要整改或需重新向 EB 申请偏移监测计划，难以获得 EB 签发。

政策因素

宏观政策：水泥企业开展 CDM 主要源于 CDM 机制积极作用和我国政府制定的水泥行业产业优化调整的宏观政策。

减排意识：政府积极引导节能减排、水泥企业自身减排意识的提高、降低生产成本、增强企业竞争力等客观要求发挥的重要作用。

示范效应：日本川崎公司于 1995 年资助“海螺水泥”1 号生产线余热发电设备进行示范运行，使新型干法水泥生产线纯低温余热发电技术在我国进行成功转让与技术扩散的示范。尤其从 2005 年加快了余热发电技术设备本土化进程并产生了很多国内余热发电专利技术。

其他因素

税负影响：利用余热发电的水泥企业所缴纳增值税要高于生产同等电量火电企业，这降低了余热发电利用企业的积极性，尤其在电价低的情况下。

并网机制：水泥余热发电产生电力基本全部由水泥厂自用，但余热发电机组必须通过并网才能保证供电质量，即“并网不上网”，但余热发电项目在并网问题上协调困难（如收取“上网费”等）。

金融危机：金融危机使发达国家经济衰退，导致发达国家许多工厂停产减产，导致能源需求和减排需求都下降，这种自动减排效应减少了对碳交易需求；另外碳交易投资高度依赖金融市场，由于部分金融机构陷于困境，用于碳交易资金投入相应减少，造成许多 CDM 处于停滞状态。

价格影响：CERs 一级市场价格大幅下滑，从 2008 年 9 月 14 欧元下降到 2009 年 3 月 7 欧元左右，降幅约 50%。目前 CERs 价格略有回升（2010 年 12 月 CERs 价格为 11.40 欧元）。

交易量：由于买方不能确定垫付前期高 CDM 的开发成本和垫付资金是否可以如期回收，使难以注册成功率不高的水泥纯低温余热发电 CDM 项目几乎没有买方关注，从而导致一级市场交易量萎缩。

三、结语

《京都议定书》第一承诺期于2012年结束，第二承诺期的减排目标仍未确定，使国际碳市场各方处于观望状态；受金融危机影响，国际碳价一直下跌（从近30欧元跌到11.42欧元），对我国CDM市场造成了负面影响，尤其是新型干法水泥纯低温余热发电CDM，使此类CDM项目从2009年下半年开始进入低迷期。通过近6年CDM实践，我国政府和企业更希望CDM能够与行业结构调整相配合，更希望通过CDM可获得正常商业渠道无法获得的技术并增加其获得国际融资可能性。

我国一贯秉承可持续发展理念，未来将在高耗能行业和部门中采取更为严格措施。我国政府于2009年11月庄严承诺到2020年单位GDP的CO_2排放比2005年下降40%～45%。2009年我国水泥工业总产值占GDP的1.53%，水泥行业在国民经济中仍占据基础性产业的稳固地位；但2009年水泥行业CO_2排放却占全国CO_2排放总量约14%。因此水泥行业不仅面临结构性矛盾调整，也面临温室气体减排的巨大压力和挑战。我国水泥行业未来必须通过技术革新和技术进步应对行业温室气体减排，以煤电为主要能源消耗的水泥行业借此可以得到一定调整。未来在通过CDM实现温室气体减排同时，更应注重CDM渠道带来的技术转让和转移，使我国水泥行业及时用上减少温室气体排放先进技术，从而提高水泥行业应对温室气体减排的能力。但从2005年开始执行CDM机制和政策并未给我国水泥行业带来世界更先进的技术转移，即使有，也仅局限在个别CDM项目。

★该篇文章发表于2011年1期《中国水泥》杂志。

"十一五"时期水泥产业能源利用情况述评★

Review of energy utilizing status in cement industry during "11th Five - year" period

◎中国建材数量经济监理学会

China Building Material Quantity Economy Board of Supervisors

"十一五"时期水泥工业产业结构调整和节能降耗取得巨大成就，新型干法取代立窑成为水泥生产主流工艺，水泥单位产品能耗大幅度下降，部分企业或生产线能源利用效率跨入世界先进水平行列。我国目前仍处于社会主义初级阶段，社会经济发展水平的不平衡决定了水泥工业先进和落后并存，能源利用效率整体水平仍然不高。产业结构调整和提高能源利用效率将是水泥工业的长期任务。

水泥产业能源消耗概况

2010年全国水泥产量预计18.8亿吨，"十一五"时期年平均增长11.7%，年平均增长率低于"十五"时期0.9个百分点（见图表1）。

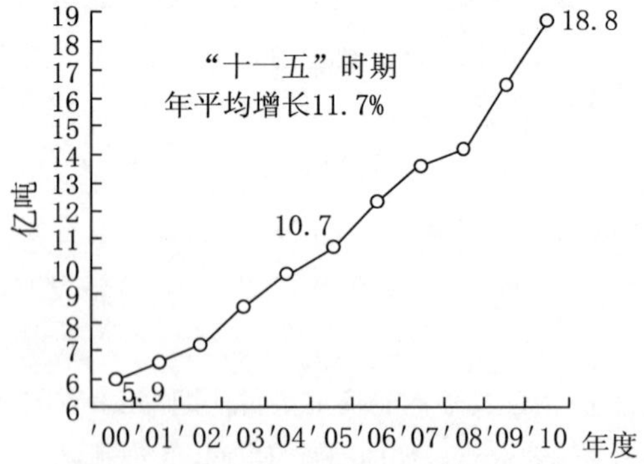

图表1 历年水泥产量

水泥是重要基础原材料，水泥制造业是最大的建筑材料制造行业，同时又是高耗能产业。2009年水泥制造业工业增加值占建材工业27.3%（按2005年价格计算，下同），能源消耗总量1.5亿吨标准煤，占建材工业能耗总量72.4%，占全国工业部门能耗总量6.8%；消耗煤炭1.9亿吨，占建材工业煤炭消耗81.6%、全国工业部门6.6%；消耗电力1 376亿千瓦时，占建材工业电力消耗65.4%、全国工业部门5.4%。2009年水泥制造业万元增加值综合能耗9.2吨标准煤，是建材工业平均水平的2.6倍，全国工业平均水平的4.5倍。

2010年水泥制造业能耗总量预计1.65亿吨标准煤，"十一五"时期年平均增长7.6%。万元增加值综合能耗预计8.2吨标准煤，比"十五"末期的2005年下降41%（见图表2），万元增加值二氧化碳排放强度下降35%（见图表3）。

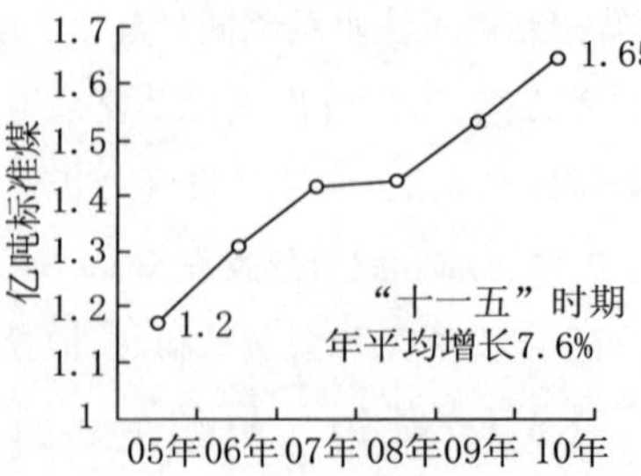

图表2 水泥制作业能源消耗总量

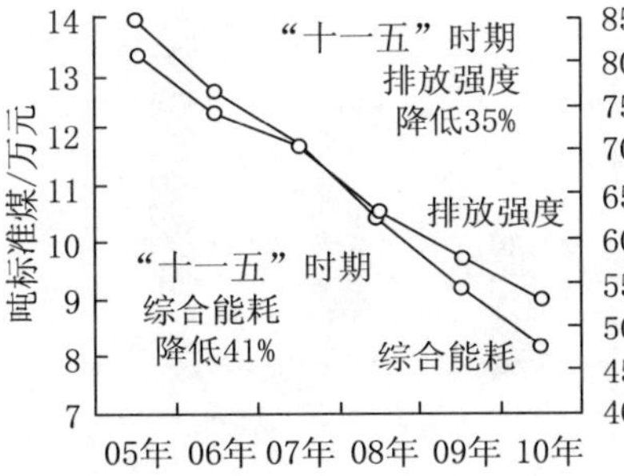

图表 3　水泥制造业万元增加值综合能耗和二氧化碳排放强度

水泥制造业产值和能耗是以企业为对象统计的,因而在产值和能耗中包括非水泥产品产量和能耗,如水泥企业的发电、砖瓦、建筑卫生陶瓷、平板玻璃、耐火材料、水泥制品等产量和能耗。同样,非水泥企业的水泥产品产量和能耗也不在水泥制造业产值和能耗中。非水泥企业水泥熟料年产量估计有6 000多万吨,水泥产量在1亿吨以上。

单位产品能耗大幅度下降

2010年吨水泥综合能耗预计将下降到97.6千克标准煤/吨,比“十五”末期的2005年下降24.6%(见图表4),年平均下降5.5%。这也意味着按五年前的水泥单位产品能耗水平,2010年生产18.8亿吨水泥需要2.4亿吨标准煤的能源,而2010年水泥生产实际消耗能源预计只有1.8亿吨标准煤。“十一五”时期因水泥单位产品能耗下降,节约能源约5800万吨标准煤。由于单位产品煤耗的下降,水泥生产二氧化碳排放强度也随之下降。2010年吨水泥熟料排放二氧化碳预计比“十五”末期的2005年下降8.6%(见图表5)。

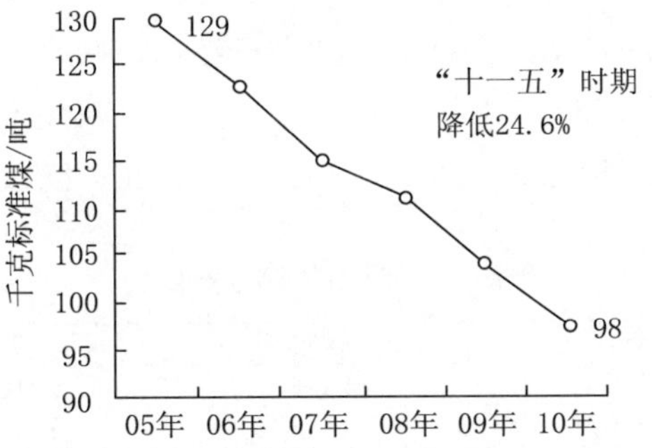

图表 4　吨水泥综合能耗

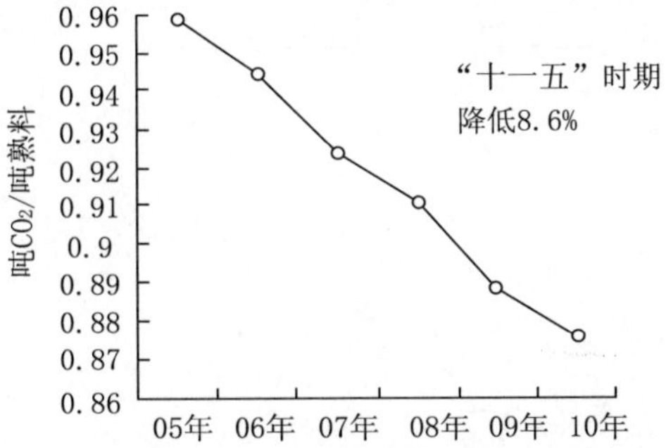

图表 5　吨水泥熟料排放二氧化碳

从2009年水泥单位产品能耗统计结果来看:2009年我国吨水泥熟料烧成耗标煤平均水平121.830千克标准煤(熟料热耗852千卡/千克,3 564千焦尔/千克),比2005年下降15.4%。2009年我国新型干法工艺吨水泥熟料烧成耗标煤平均水平114.1千克标准煤(熟料热耗798千卡/千克,3 339千焦尔/千克),日产4 000吨以上大型新型干法生产线吨水泥熟料烧成耗标煤平均水平108.7千克标准煤(熟料热耗761千卡/千克,3 181千焦尔/千克)。2009年我国吨水泥综合电耗平均水平91.1千瓦时,比2005年下降7.7%。“十一五”期间水泥工业节能降耗取得巨大进步。

生产工艺结构迅速优化

“十一五”时期吨水泥熟料烧成耗标煤下降,其中新型干法和立窑工艺分别只下降9.7%和10.7%,而整个水泥熟料烧成耗标煤却下降了20.1%,这就是水泥生产工艺结构优化的结果。新型干法单位产品能耗比立窑低20%(见图表6),2005年水泥熟料生产新型干法比例39%,2010年将提高到80%(见图表7)。“十一五”时期新型干法取代立窑成为水泥生产主流工艺,先进生产工艺比重的提高使水泥单位产品能耗下降。

生产规模结构不断提升

先进生产工艺规模结构的优化,也是水泥单位产品能耗下降的重要原因。

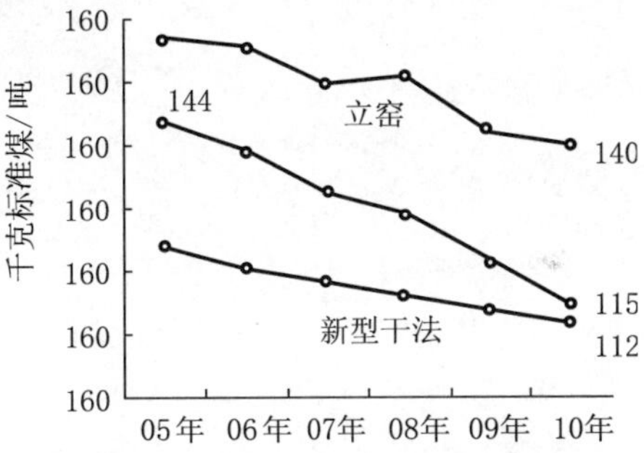

图表 6　吨水泥熟料烧成耗标煤

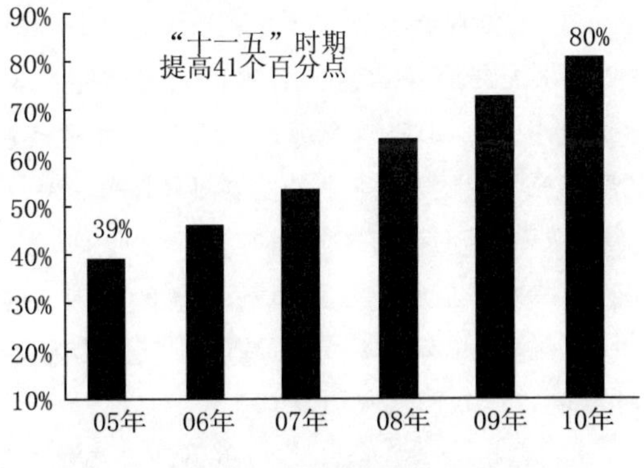

图表 7　水泥熟料生产新型干法工艺比例

“十一五”时期在水泥新型干法工艺生产中,日产4 000~5 000吨和日产2 000~2 500吨生产线吨水泥熟料烧成耗标煤分别下降5%和7%,新型干法工艺吨水泥熟料烧成耗标煤整体平均水平下降9.7%,就是因为新型干法工艺规模结构的优化。从新型干法水泥熟料生产实际情况来看,日产4000~5 000吨水泥熟料生产线的吨熟料标准煤耗平均水平，比日产规模 2 000～2 500 吨生产线平均水平低 7%，比日产规模 2 000 吨以下生产线平均水平低 16%（见图表 8）。2005 年我国新型干法生产能力中日产规模 2 000 吨以下生产线占 21%，日产规模 4 000 吨及以上生产线能力占 38%；2009 年以后日产 4 000 吨及以上生产线能力占新型干法能力比重超过 50%（见图表 9）。新型干法工艺生产规模结构的优化，降低了吨水泥熟料单位产品能耗。

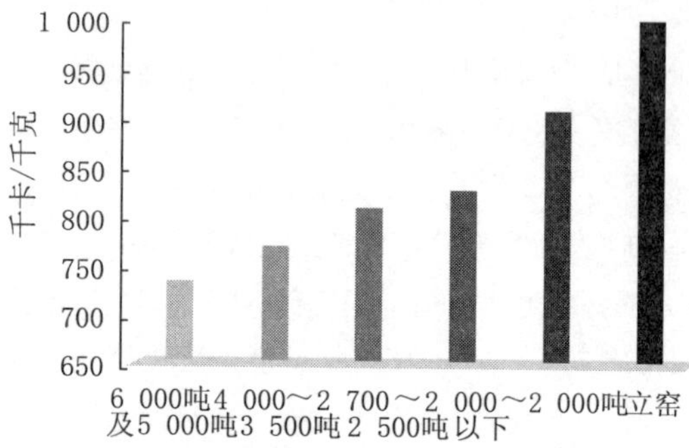

图表 8　2009 年每千克水泥熟料烧成热耗比较（预分解窑日产规模）

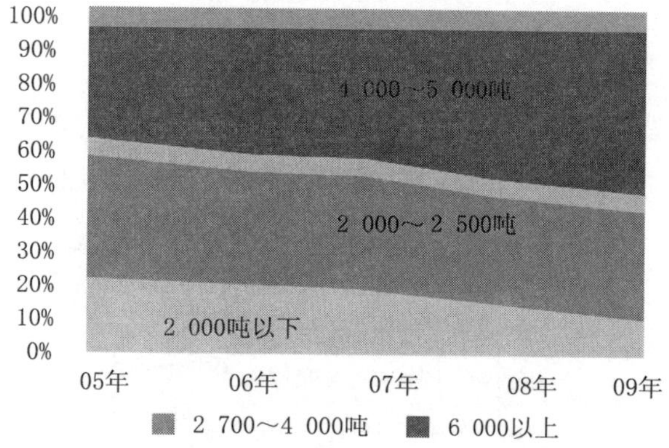

图表 9　新型干法生产线日产规模生产能力比重

"十一五"时期粉磨企业迅猛发展是水泥工业的显著特征。2009 年水泥粉磨企业达到 1 890 家，生产能力 8.3 亿吨，占水泥生产能力 33.7%，产量 5.3 亿吨，占水泥产量 31.9%。粉磨企业是伴随大型企业的发展而兴起的。2009 年在水泥粉磨企业中，年生产能力 30 万吨以下企业 926 家，能力 1.3 亿吨，只占粉磨企业能力 15.5%；30～60 万吨企业 496 家，能力 1.9 亿吨，占 22.7%；60 万吨以上企业只有 468 家，能力 5.1 亿吨，占 61.8%（见图表 10）。

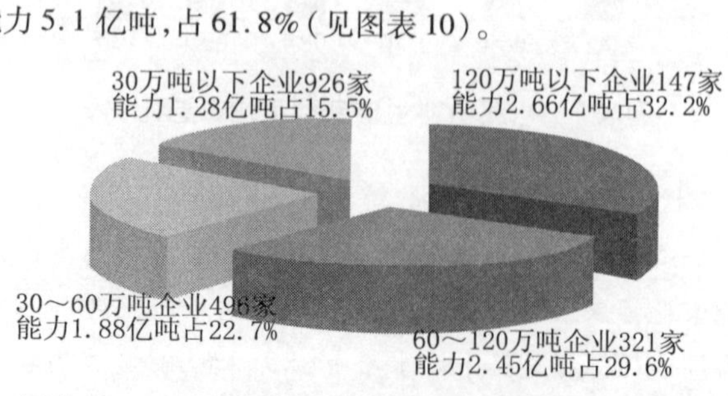

图表 10　2009 年水泥粉磨企业吨水泥综合电耗比较（水泥年生产能力、千瓦时）

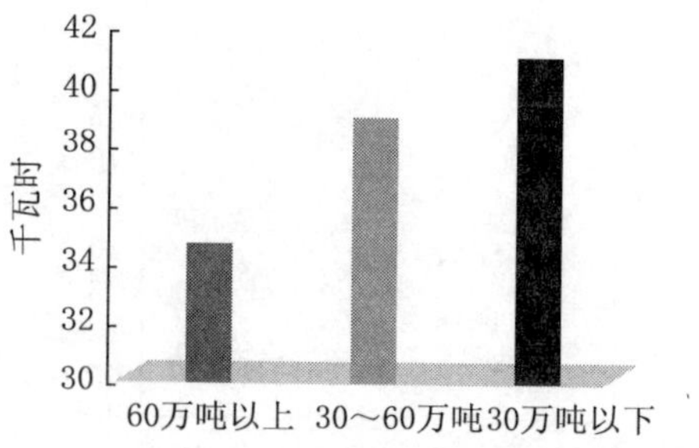

图表 11　2009 年水泥粉磨企业年生产能力规模构成

60 万吨以上企业吨水泥综合电耗比 30 万吨以下企业低 16%，比 30～60 万吨企业低 5%（见图表 11）。"十一五"时期吨水泥综合电耗下降 9.8%，大型水泥粉磨企业的发展是重要原因。

落后产能加速淘汰

"十一五"时期水泥工业在淘汰落后生产能力方面取得巨大进展。五年间累计关停水泥熟料生产能力 4.34 亿吨，水泥生产能力 4.03 亿吨（见图表 12）。在关停的生产能力中，除小部分因城市建设关停的以外，大多数为高耗能的落后生产能力。水泥落后生产能力的淘汰，不仅提升了行业整体生产技术水平和产品质量，更重要的是提高了行业整体资源能源利用效率。近年来不断上涨的能源价格为淘汰落后生产能力提供了市场条件。2003 年，水泥企业的煤炭购进价格和水泥出厂价格都是 200 多元，五年以后，水泥企业煤炭购进价格上涨到每吨 600 多元（见图表 12），由于水泥生产能力的过剩，同时期水泥出厂价格只上升到 280 元左右。2003 年水泥企业电力购进价格每千瓦时 0.51 元，2010 年已经上涨到每千瓦时 0.66 元（见图表 12）。2003～2010 年，水泥企业煤炭购进价格平均每吨上涨 384 元，电力购进价格每千瓦时上涨 0.15 元。

"十一五"时期关停生产能力

年度	水泥熟料（万吨）	水泥（万吨）
2006	4 600	5 500
2007	8 900	6 200
2008	9 700	10 400
2009	13 200	12 600
2010 预计	7 000	5 600
合计	43 400	40 300

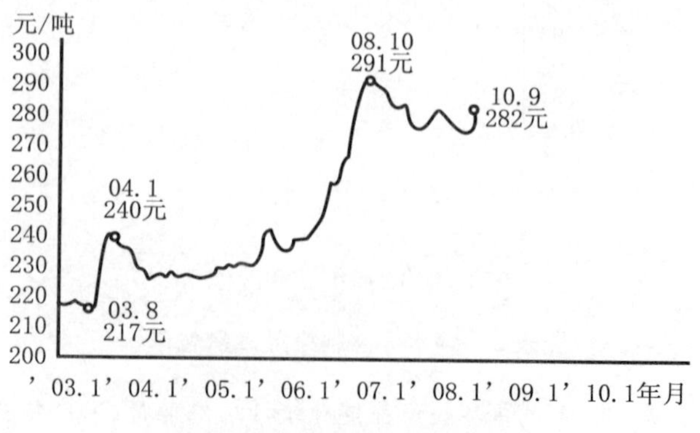

建材企业煤炭月平均购进价格

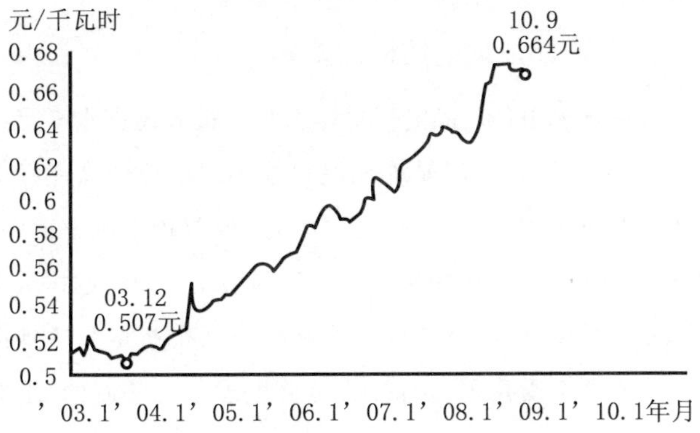

建材企业电力月平均购进价格

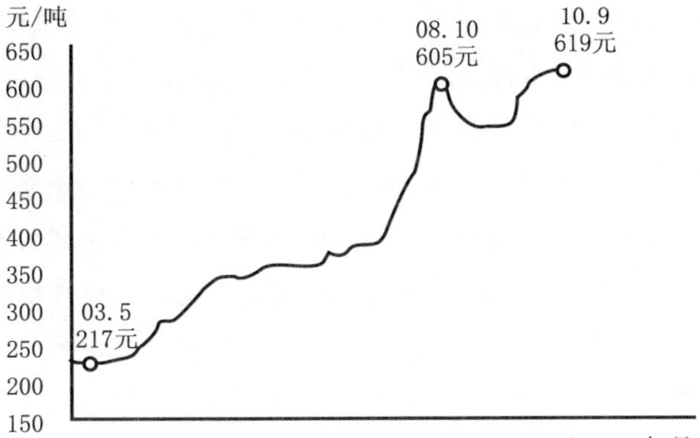

全国水泥月平均出厂价格

图表12　能源价格和水泥落后生产能力淘汰情况

水泥生产新型干法工艺前期资本投入大，吨水泥设备折旧成本是立窑生产工艺的6倍，而单位产品煤耗比立窑企业低20%，电耗低10%，劳动生产率是立窑企业的3.6倍。在低能源价格和低人工成本的年代，水泥立窑工艺和新型干法工艺生产成本相差不大，在市场竞争中甚至还略占便宜。这也是当年我国水泥工业有众多小立窑企业的主要原因。当进入新世纪，煤炭电力价格和职工工资水平上升以后，立窑生产工艺的劣势就凸显出来了。按目前煤炭电力价格计算，立窑企业吨水泥煤耗成本要比新型干法企业高20元，电力成本比新型干法企业高6元；立窑企业职工平均工资虽然只有新型干法企业的52%，但水泥劳动生产率远低于新型干法企业，因而吨水泥人工成本反而比新型干法企业高14元。综合算下来，立窑企业吨水泥煤电和人工等变动成本比新型干法企业高40元，而吨水泥平均利润也就是10元。新型干法工艺之所以能在市场竞争中淘汰立窑工艺，高能源利用效率和高劳动生产率是重要原因。

目前我国市场经济还不尽完善，企业竞争环境不规范平等。仅靠能源价格上涨和市场优胜劣汰是无法实现对落后生产能力淘汰的，不规范的市场还需必要的行政手段。“十一五”时期水泥落后生产能力的淘汰，国家出台的一系列宏观控制政策和各级地方政府淘汰措施起了关键性作用。

产业集中度进一步提高

大型企业集团不仅生产规模大，管理水平先进，而且集团内部实行专业化分工，资源能源利用效率高。大型企业集团代表着建材工业的先进生产力。“十一五”时期水泥工业产业集中度有了很大提高，大型企业集团的发展促进了水泥工业单位产品能耗的下降。

“十五”时期在水泥工业中真正建立现代企业制度的大型企业集团寥寥无几。“十一五”时期水泥大型企业集团有了长足发展。水泥生产过程60%的电耗和几乎百分之百的煤耗集中在熟料生产中，而2010年60家年生产能力在500万吨以上的水泥企业集团熟料产量已经占总产量的半数以上，前20家年生产能力千万吨的企业集团则控制了熟料产量的45%（见图表13）。在大型水泥企业集团中，“冀东”、“同力”、“亚东”、“海螺”、“华润”、“华新”、“山水”、“越堡”的部分生产线吨熟料标准煤耗已低于100千克标准煤（熟料热耗700千卡/千克，2 927千焦尔/千克），“亚东”、“华润”、“海螺”、“冀东”、“塔牌”的吨熟料标准煤耗集团整体水平已低于110千克标准煤（熟料热耗770千卡/千克，3 220千焦尔/千克）。在水泥粉磨企业中，年生产能力在120万吨以上的企业几乎都隶属于大型企业集团，“海螺”、“冀东”、“台泥”、“山水”、“红狮”、“天瑞”、“金峰”、“亚东”、“中建材”等隶属的大型粉磨站高强度等级水泥吨水泥综合电耗也达到了30千瓦时左右。

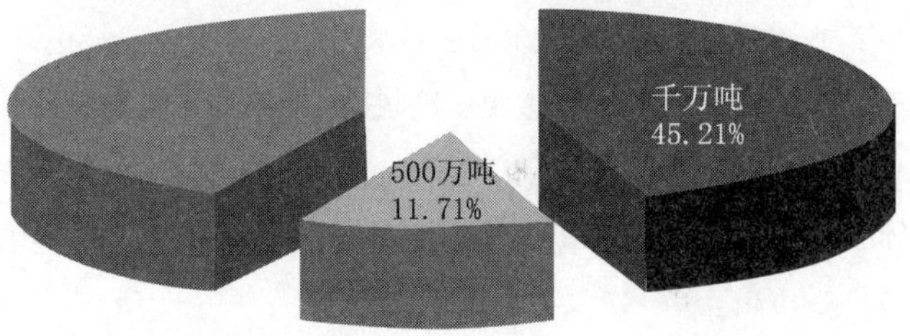

图表13　2010年水泥企业集团熟料产量规模构成

积极推广应用节能技术

“十一五”时期余热发电等一批节能降耗技术在水泥工业中推广应用，取得良好社会经济效益。

（1）纯低温余热发电技术。

1997～2005年，水泥行业投入运行的纯低温余热发电机组13台套，装机容量63兆瓦。“十一五”时期水泥纯低温余热发电快速发展，预计到2010年末，水泥行业投入运行的纯低温余热发电机组将达到561台套，装机容量4 786兆瓦（见图表14）。

水泥行业各年投入运行纯低温余热发电机组

年度	发电机组（台套）	装机容量（兆瓦）
1997－2005	13	63.0
2006	26	160.0
2007	45	387.6
2008	109	1 001.5
2009	204	1 704.8
2010预计	164	1 468.6
合计	561	4 785.5

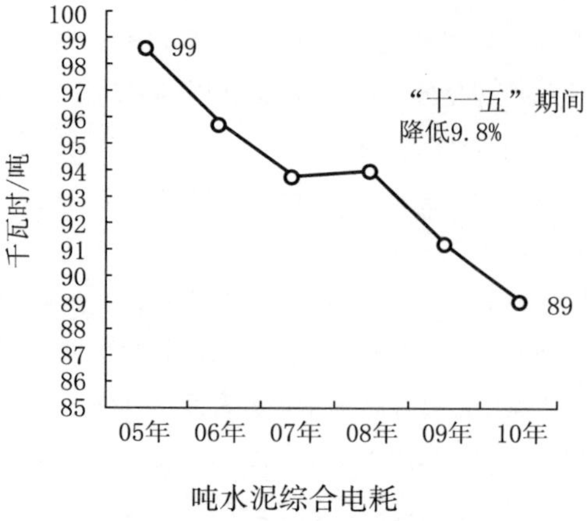

图表 14　水泥工业节能降耗技术应用

纯低温余热发电技术为水泥工业带来可观的经济效益。据不完全统计:2009 年水泥企业纯低温余热发电 52 亿千瓦时,比上年增长 74%,水泥工业也因此降低耗电成本约 10 亿元。预计 2010 年水泥工业纯低温余热发电量将达到 80 亿千瓦时。“十一五”时期水泥工业利用纯低温余热发电技术累计发电 177 亿千瓦时,按各年火力发电平均煤耗计算,水泥工业纯低温余热发电量相当于为社会节约能源 580 万吨标准煤,减排二氧化碳 1 600 万吨。

(2)节电技术。

水泥预粉磨技术:水泥粉磨是水泥生产过程主要耗电环节。“七五”时期我国引进辊压机制造技术,目前国产化技术已日趋成熟并具备设备制造能力。水泥预粉磨技术能提高水泥磨产量和降低耗电成本,“十一五”时期在水泥企业中得到广泛应用。

立式磨在水泥企业中应用:立磨与我国水泥企业传统使用的管磨相比,因为有较好的应力状态,单位电耗比管磨小很多。我国自行研制开发与引进技术制造的立式磨设备,“十一五”时期已在许多大型水泥企业中得到应用。

电动机变频调速技术在水泥企业中应用:水泥生产中风机电动机负载电耗占总耗电量近 30%。“十一五”时期许多大型水泥企业应用高压变频器对风机电机进行改造取得显著节电效果。

“十一五”时期我国吨水泥综合电耗从 2005 年的 99 千瓦时下降到 2010 年的 89 千瓦时,下降幅度 9.8%(见图表 14),其中节电技术在水泥企业中的推广应用是重要因素。

应该指出的是:“十一五”时期水泥工业的产业结构调整优化,为节能降耗技术的推广应用提供了可能。纯低温余热发电技术在水泥工业中的推广应用是以水泥新型干法工艺的发展为前提的;水泥预粉磨技术和立式磨,是随着水泥企业的大型化包括大型水泥粉磨站的发展而发展的。大型水泥企业集团是应用节能降耗技术的主体,水泥工业规模结构的提升,促进了节能降耗技术的推广应用。

单位产品能耗的结构性差异

我国水泥单位产品能耗总体水平与世界先进水平存在差距是不争的事实,但笼统地说我国水泥单位产品能耗平均水平与世界先进水平有百分之多少的差距是不全面的。早在 20 世纪 80 年代和 90 年代,我国水泥工业通过技术引进和吸引外资,已经有少数企业新型干法生产工艺达到世界先进水平。受我国当时社会经济发展水平的制约,水泥工业缺乏足够的资金推广应用先进生产技术,为满足庞大的市场数量需求,占生产能力百分之九十以上的是立窑、湿法窑、中空窑等高耗能生产工艺。新世纪以来,特别是 2003 年以后,水泥生产的新型干法工艺有了长足发展。2009 年我国新型干法水泥熟料产量 7.88 亿吨,其中 15.9%、1.3 亿吨的产量熟料热耗在 707 千卡(2 956千焦尔)以内,平均热耗 681 千卡(2 847千焦尔),世界上恐怕没有哪个国家的水泥工业能像我国拥有如此多的先进生产力。另一方面,占我国新型干法熟料产量 69.3% 的熟料热耗仍然在 707 ~ 882 千卡之间(2 956 ~ 3 688千焦尔),平均热耗 781 千卡(3 265千焦尔);14.8%、1.2 亿吨产量的熟料热耗在 882 千卡(3 688千焦尔)以上,平均热耗 1016 千卡(4 247千焦尔),落后水平与先进水平之间有 50% 的差距。我国 2009 年还有立窑等其他工艺熟料产量 2.97 亿吨,占水泥熟料总量 27.3%。我国水泥单位产品能耗与世界先进水平的差距源于我国水泥工业不合理的工艺和规模结构。经过“十一五”时期的发展,我国水泥工业的工艺和规模结构已经有了很大改善,但在“十一五”末期,在我国水泥熟料生产能力中,仍有占总量三分之一的高耗能生产工艺:3.9 亿吨的立窑及其他生产能力熟料热耗平均水平在 996 千卡(4 163千焦尔),有近 300 条日产规模1 000吨新型干法生产线,生产能力 1.1 亿吨,熟料热耗平均水平在 907 千卡(3 791 千焦尔)(见图表 15)。

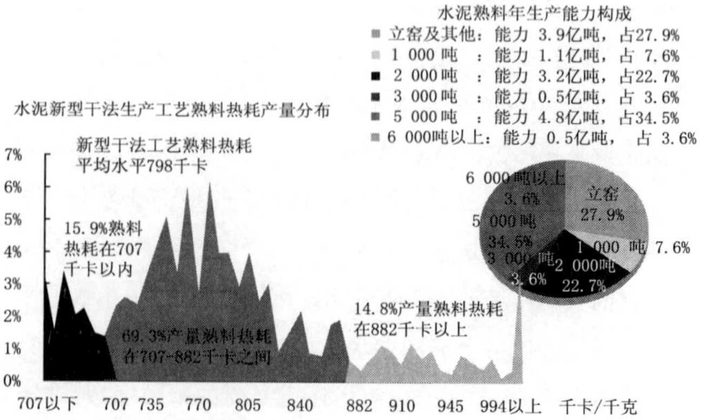

图 15　2009 我国水泥工业能源利用效率差异

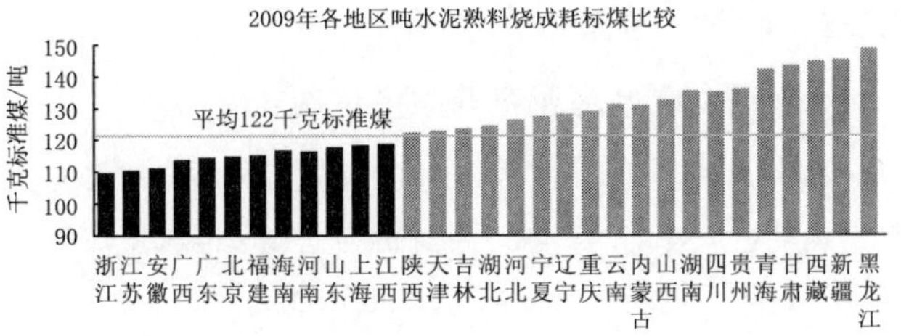

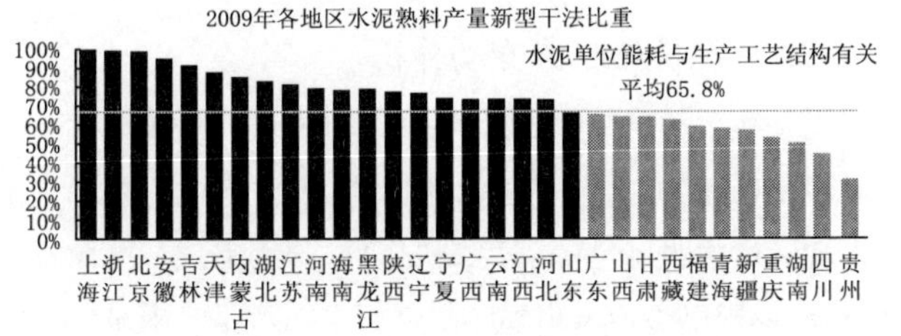

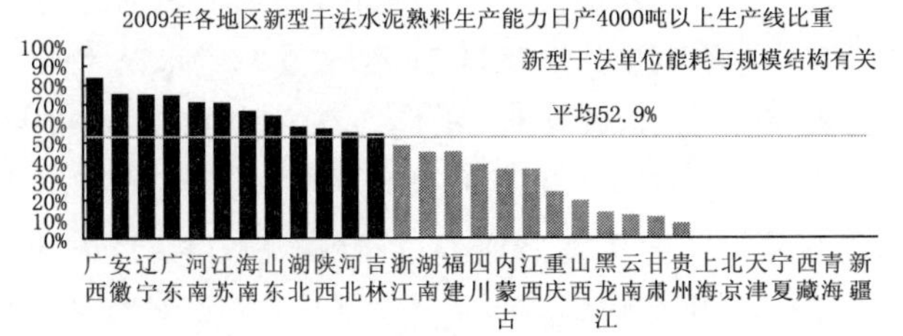

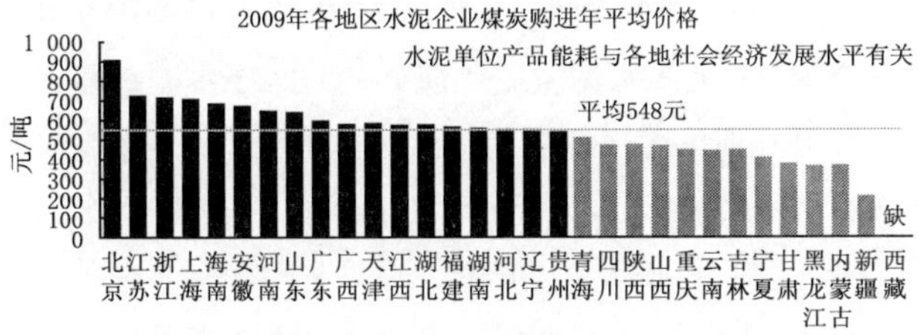

图 16　各地区水泥单位产品能耗水平差异分析

我国是幅员辽阔的发展中大国，各地区之间社会经济发展水平的不平衡性，形成了各地区之间水泥工业工艺和规模结构的差异，形成了各地区水泥单位产品能耗先进水平和落后水平之间有 25% 的差距（见图表 16）。中西部地区中的安徽、广西、河南、江西等省区因为有大型水泥集团的存在和发展，水泥生产新型干法生产工艺比重高，新型干法工艺中大型线比重高，水泥工业能源利用效率高，中西部地区其他省区市水泥生产工艺和规模结构不合理，能源利用效率低（见图表 16）。在国家实施一系列中西部开发战略之前，中西部地区社会经济发展水平与东部地区有较大差距，水泥市场容量小，水泥工业发展水平低。中西部地区的安徽、广西、江西等省区水泥工业之所以有较高水平，比邻东部地区的地缘优势，大部分产品能销往东部市场也是不可忽略的因素。中西部地区有资源能源优势，社会经济发展水平低，煤电价格远低于东部发达地区。2009 年东部地区水泥企业煤炭购进价格每吨平均比西部地区高 200 元，比中部地区高 100 元（见图表 16），华东、中南、东北地区水泥企业电力购进价格平均每千瓦时要比西北、西南、华北地区高 0.1 元以上。廉价能源使中西部地区高耗能落后生产能力得以生存，能耗较高的小吨位水泥新型干法生产线在中西部地区立足和发展。西北地区的一些水泥上市公司，吨水泥熟料烧成耗标煤长期在 150 千克标准煤（熟料热耗 1050 千卡/千克，4391 千焦尔/千克）左右，西部地区的低能源成本容许企业选择低设备投资成本、高能耗的技术路线。水泥工业产业结构现状正是我国社会经济发展不平衡的反映。

★该篇文章发表于 2011 年 1 期《中国水泥》杂志。

2010 年全国重点水泥企业生产运营分析★

Analysis of production operation of key national cement enterprises in 2010

◎国家建材信息中心分析师　马秋忠

Ma Qiuzhong, analyst of State Building Material Information Center

2010 年末，汇总重点联系水泥企业 365 家，生产水泥 7 495.22万吨，与上年同期比增长 19.36%，增加水泥产量 1 215.83万吨；水泥累计产量 85 329.35 万吨，同比增长 20.87%。销售水泥 7 316.92 万吨，比上年同期增长 17.64%，增加水泥销量 1 097.01 万吨；水泥累计销售 85 812.67万吨，同比增长 22.24%。水泥熟料累计产量 64 108.55万吨，与上年同期比增长 25.79%；销售率为 97.62%，环比下降 4.92 个百分点；水泥库存 1 451.48 万吨，同比增长 13.74%（见图 1）。

销大于产的企业占上报企业的 34.52%，共 126 家，即：华北 24 家、东北 8 家、华东 47 家、华南 24 家、西南 15 家、西北 8 家。

P · O 42.5、P · C 32.5、P · S · A 42.5 和 P · S · A 32.5 水泥是近期基础设施建设的主导产品。

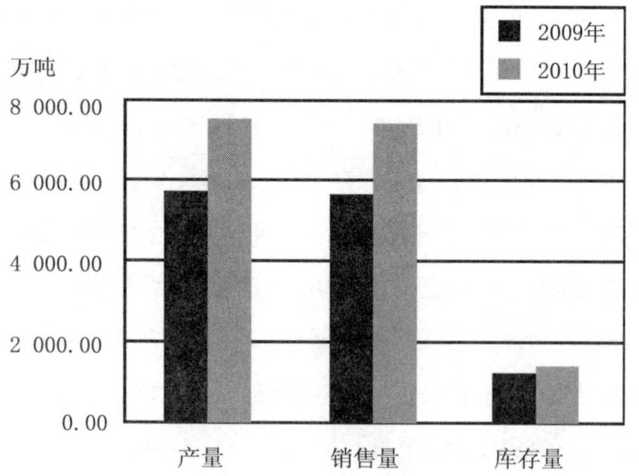

图1　水泥产、销、存量

重点联系水泥企业水泥价格继续看好，普通 P·O 42.5 涨幅最高的华北地区，每吨涨幅 25.98 元；涨幅最少的是华南地区每吨涨幅 0.78 元；下降幅度最大的是西北地区每吨涨幅为 26.31 元；该产品有三个地区下降，东北地区、西南地区和西北地区（见图 2）。

2010 年末，重点联系水泥企业累计产量同比增长了 28.37%，累计销量同比增长 30.27%；增销水泥 19573.61 万吨，其中：华北地区水泥累计产量增长 20.51%，水泥累计销量增长 18.98%；东北地区水泥累计产量增长 9.51%，水泥累计销量增长 13.58%；华东地区水泥累计产量增长 31.38%，水泥累计销量增长 41.02%；华南地区水泥累计产量增长 33.79%，水泥累计销量增长 34.40%；西南地区水泥累计产量增长 22.76%，水泥累计销量增 21.34%；西北地区水泥累计产量增长 30.40%，水泥累计销量增长 31.62%。

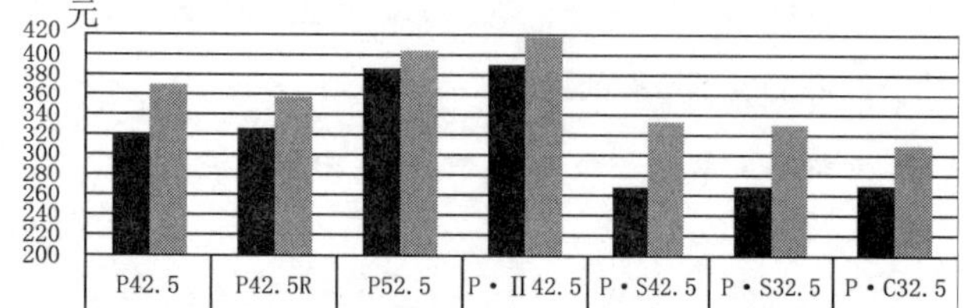

	P42.5	P42.5R	P52.5	P·Ⅱ42.5	P·S42.5	P·S32.5	P·C32.5
2009年	320.90	326.28	386.33	390.00	266.63	268.00	270.57
2010年	368.91	355.25	403.80	417.20	334.60	332.91	311.81

图2　水泥出厂平均价格（元/吨）

重点企业水泥熟料产量为 9027.24 万吨，累计完成 64108.55 万吨，同比增长 25.99%。重点水泥企业有 4 家企业停产。

预计 2011 年 1 月水泥产量需求主要集中在华东地区和华南地区的广东省和西南四川省。

一、重点联系水泥企业生产情况

西南石贵省份受到冰雨的影响造成区域的自然灾害，给销售运输造成一定的影响。各省份为完成节能减排任务，给企业下达了限电限产的指标，企业的产能与产量受到严重影响，致使产量不足，有一大部分企业纷纷购买熟料以满足市场对水泥的需求。

二、水泥价格趋势变动分析

山于各省市对节能减排的政策力度加大，为确保年内完成硬性指标，相继出台了限电的措施，现在不仅华东和华南两大地区最为明显，整个六大地区都在努力完成节能减排的任务，所以限电是强硬指标。限电使水泥产量受限是使水泥价格继续上涨的主要原因。

价格涨幅最好的还是华东地区，涨幅最高的是普硅 P·Ⅱ52.5水泥，每吨涨幅为 33.97 元；矿渣 32.5 水泥，每吨涨幅为 21.81 元；其次普硅 P·Ⅱ 42.5 水泥每吨涨幅为 18.49 元；依次是复合 42.5 水泥，每吨涨幅为 13.43 元；矿渣 42.5 水泥，每吨涨幅为 7.60 元、普通 42.5 每吨涨幅为 8.73 元；复合 32.5 水泥，每吨涨幅为 3.54 元；普通 42.5 水泥，每吨涨幅为 5.73 元；只有普通 52.5 水泥价格下降，每吨降幅为 7.38 元。

三、六大地区普通 P·O 42.5 水泥价格涨幅情祝

全国重点监控水泥企业普通 P·O 42.5 水泥每吨平均价格与上月环比增长了 4.71 元，华北普通 P·O 42.5 水泥每吨价格环比增长了 25.98. 元，东北普通 P·O 42.5 水泥每吨价格环比下降了 26.31 元，华东普通 P·O 42.5 水泥每吨价格环比上涨 14.73 元，华南普通 P·O42.5 水泥每吨价格环比增长 0.78 元，西南普通 P·O 42.5 水泥每吨价格环比下降 3.64 元，西北普通 P·O 42.5 水泥每吨价格环比下降 9.30 元。

四、六大地区复合 P·C32.5 水泥价格涨幅情祝

全国重点监控水泥企业复合 P·C32.5 平均价格与上月环比每吨上涨了 5.71 元，华北复合 P·C32.5 水泥销售价格环比每吨下降 13.31 元，东北水泥销售价格环比每吨下降了 18.44 元，华东水泥销售价格环比每吨增长 3.54 元，华南水泥销售价格环比每吨上涨 3.12 元，西南水泥销售价格环比每吨上涨 35.01 元，西北水泥销售价格环比每吨下降 0.52 元。

五、2010 年六地区 365 家重点联系水泥企业的产量、销量和熟料与上年同期比增幅分析（不完全统计）（见表 1）

表 1　2010 年六地区 365 家重点联系水泥企业的产量、销量和熟料与上年同期比增幅分析（不完全统计）

地区名称	企业数（个）	水泥产量（万吨）	同期比增幅（%）	水泥销量（万吨）	同期比增幅（%）	熟料累计（万吨）	同期比增幅（%）
华北地区	63	756.38	↑19.72	735.23	↑20.10	8 600.46	↑26.19
东北地区	15	205.15	↑26.57	182.13	↑26.71	3 184.28	↑28.24

续　表

地区名称	企业数(个)	水泥产量(万吨)	同期比增幅(%)	水泥销量(万吨)	同期比增幅(%)	熟料累计(万吨)	同期比增幅(%)
华东地区	162	3 926	↑31.38	3 891.41	↑39.17	28 019.30	↑22.64
华南地区	71	1 326.17	↑39.39	1 326.44	↑31.89	9 711.18	33.83
西南地区	35	359.90	↑10.11	36.486	↑9.24	3 036.16	35.52
西北地区	19	263.03	↑26.24	237.72	↑30.29	3 794.28	↑32.88

表2　2010年重点联系水泥企业累计生产量、销售量前10名一览表

序号	产量排前10名企业(单位:万吨)		序号	销售量排前10名企业(单位:万吨)	
	企业名称	累计产量		企业名称	累计销量
1	安徽海螺集团	17 259.78	1	安徽海螺集团	17 317.15
2	山东山水水泥集团有限公司	6 047.74	2	山东山水水泥集团有限公司	5 665.40
3	唐山冀东水泥股份有限公司	4 568.19	3	唐山冀东水泥股份有限公司	4 583.11
4	华新水泥股份有限公司	3 241.83	4	华新水泥股份有限公司	3 205.36
5	北京金隅集团	2 945.83	5	北京金隅集团	2937.80
6	天瑞集团水泥有限公司	2 511.00	6	天瑞集团水泥有限公司	2 523.00
7	红狮股控集团有限公司	2 280.15	7	红狮股控集团有限公司	2 464.77
8	吉林亚泰集团水泥股份有限公司	1 997.00	8	吉林亚泰集团水泥股份有限公司	2 014.00
9	葛洲坝集团水泥分公司	1 566.00	9	葛洲坝集团水泥分公司	1 734.36
10	新疆天山水泥股份有限公司	1484.69	10	新疆天山水泥股份有限公司	1479.71

注:本统计表为重点联系企业上报数据,不包含中国建材集团、中国中材集团所属企业(天山水泥例外)。

六、2010年重点联系水泥企业累计生产量、销售量前10名一览表(见表2)

华北地区

2010年末,华北地区汇总水泥企业62家,生产水泥756.38万吨,同比增长19.72%,比上年同期多生产水泥124.57万吨;水泥累计完成10540.8万吨,同比增长20.51%;销售水泥735.23万吨,同比增长20.10%,比上年同期增销123.07万吨;累计销售水泥10518.86万吨,同比增长18.98%,比同期多销水泥1678.30万吨(见图3)。

水泥销售率96.03%,环比下降5.48个百分点;年末水泥库存123.30万吨,同比增长了10.88%,水泥产、销量的下降是季节性下降。华北地区销量大于产量的企业占38.71%,其中:北京市11家、天津市1家、河北省6家,山西省2家、内蒙古自治区4家。

P·O 42.5、P·O 42.5R和复合P·C 32.5水泥是华北基础设施建设主导产品。

华北地区在8个水泥品种的销售价格中,涨幅最高的是普通P·O 42.5水泥,每吨涨幅为25.98元;降幅最大的是普通P·O 52.5水泥,每吨下降为50.40元;其余水泥品种的销售价格基本是下降趋势(见图4)。

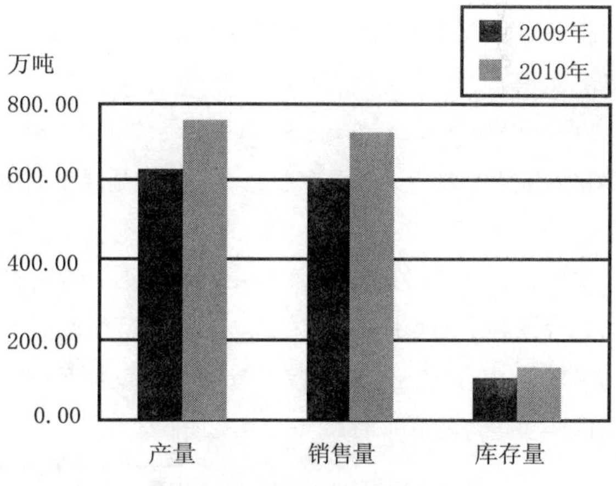

图3　华北地区水泥产、销、存量

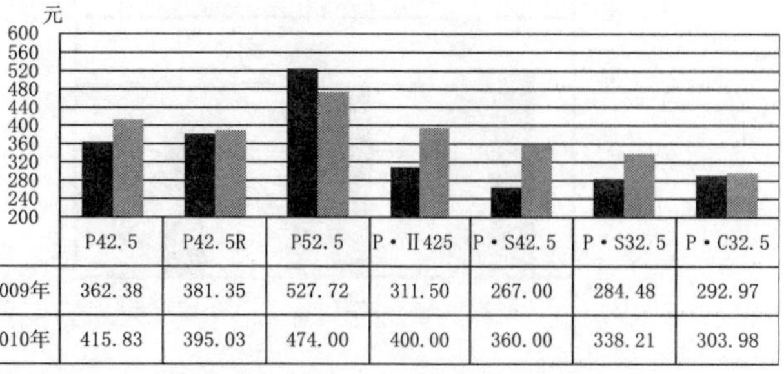

	P42.5	P42.5R	P52.5	P·Ⅱ425	P·S42.5	P·S32.5	P·C32.5
2009年	362.38	381.35	527.72	311.50	267.00	284.48	292.97
2010年	415.83	395.03	474.00	400.00	360.00	338.21	303.98

图4　华北地区水泥出厂算术平均价格(元/吨)

2010 年华北地区水泥熟料主要生产基地主要集中在河北省、内蒙古自治区和天津市。

水泥熟料产量排前 10 名的是唐山冀东水泥股份有限公司、北京金隅集团、冀东水泥唐山分公司、鹿泉金隅鼎鑫水泥有限公司、河北太行水泥股份有限公司、内蒙古蒙西水泥股份有限公司、乌兰察布中联水泥有限公司、鹿泉曲寨水泥有限公司、内蒙古冀东水泥有限责任公司、奎山冀东水泥有限公司。

2010 年华北地区上报水泥企业 62 家，其中，生产水泥熟料企业 46 家，累计生产熟料 8600.46 万吨，与上年同期比增长 26.19%，比上年同期多生产水泥熟料 1785.07 万吨，水泥熟料产量占重点联系水泥企业熟料总产量的 13.47%。

预测 2011 年 1 月华北水泥产量主要集中在河北、山西和内蒙古自治区，水泥流入主要是北京市。

东北地区

2010 年末，东北地区汇总水泥企业 15 家，生产水泥 205.15 万吨，同比增长 26.97%，比上年同期增加水泥产量 26.97 万吨；累计生产水泥 3701.01 万吨，同比增长 9.51%；销售水泥 182.13 万吨，同比增长 26.71%，比上年同期增加水泥销售量 38.39 万吨；累计销售水泥 3713.87 万吨，同比增长 13.58%，比上年同期增销水泥 444.02 万吨；14 家水泥企业生产正常。水泥销售率 88.78%，环比下降 14.96 个百分点；年末水泥库存 91.41 万吨，同比下降了 22.61%（见图 5）。

东北产大于销的企业占上报企业的 53.33%，东北地区季节性变化大，随着传统节日春节的到来，1 月水泥销售市场将逐月下降。

2010 年 P · O 42.5 和 P · S · A 32.5、矿渣 P · S42.5，P · S32.5和复合 32.5 水泥是东北地区基础设施建设的主导产品。

在 9 个水泥品种的销售价格中，涨幅最高的是矿渣 P · S 32.5水泥，每吨涨幅在 90.37 元，下降最多的是普通 P · O 42.5水泥，销售价每吨下降了 26.31 元，复合 P · C 32.5 水泥，销售价每吨下降了 18.49 元（见图 6）。

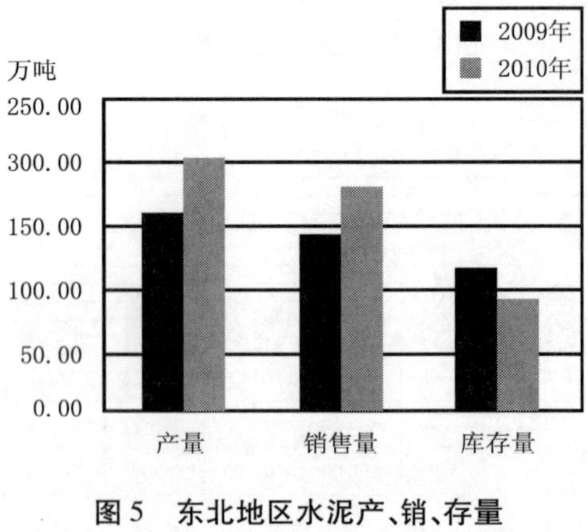

图 5　东北地区水泥产、销、存量

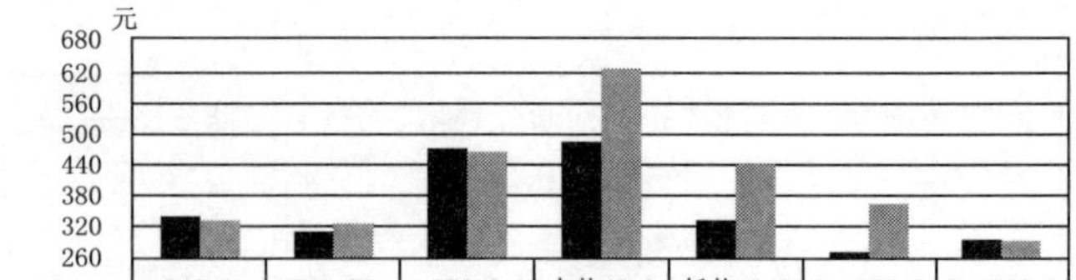

	P42.5	P42.5R	P52.5	中热42.5	低热42.5	P · S32.5	P · C32.5
2009年	346.32	320.85	474.00	489.46	338.77	268.50	298.67
2010年	335.51	326.61	469.17	630.00	440.00	374.00	294.63

图 6　东北地区水泥出厂平均价格（元/吨）

2010 年东北地区水泥熟料生产企业集中在辽宁和吉林省，熟料产量排前 10 的企业有吉林亚泰水泥有限公司、冀东水泥磐石有限责任公司、德全水泥集团江清有限责任公司、大连水泥集团有限公司、渤海水泥（葫芦岛）有限公司、大连小野田水泥有限公司、鞍山冀东水泥有限责任公司、冀东水泥吉林有限责任公司、辽宁山水工源水泥有限公司、辽阳山水水泥有限公司。

东北地区上报水泥企业 15 家，生产水泥熟料企业 14 家，累计生产熟料 3 184.28 万吨，比 2009 年同期增长 28.24%，水泥熟料产量占重点联系水泥企业熟料总产量的 4.99%。

预测 2011 年 1 月水泥输出的省份主要集中在吉林省、辽宁省，水泥流入的省份主要是黑龙江省。

华东地区

2010 年末华东地区汇总水泥企业 167 家，生产水泥 3 926.61万吨，同比增长 31.38%，比上年同期多生产水泥 937.96 万吨；累计生产水泥 42 772.29 万吨，同比增长 34.43%；销售水泥 3 891.41 万吨，同比增长 39.17%，同期增加水泥销售量 1 094.90 万吨；累计销售水泥 42 345.49 万吨，同比增长 41.02%，比上年同期多销售水泥 12 316.52 万吨；水泥销售率 99.10%，环比下降 3.22 个百分点；年末库存 1 052.22万吨，同比增长 28.59%（见图 7）。

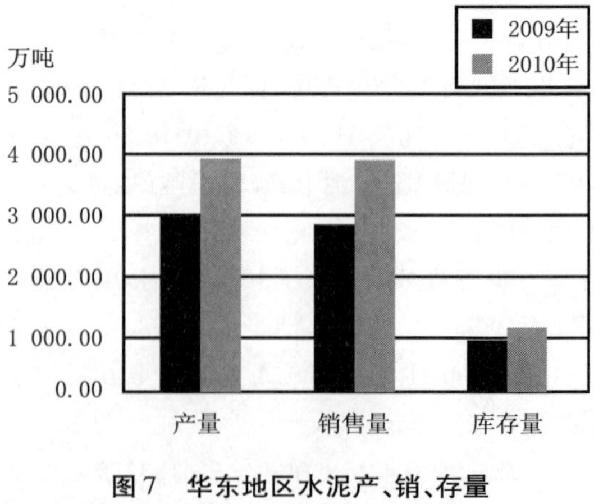

图 7　华东地区水泥产、销、存量

华东地区销大于产的占上报企业的 28.14%，共 47 家，即：上海市 4 家、江苏省 1 家、浙江省 16 家、安徽省 11 家、福建省 2 家、江西省 3 家、山东省 10 家。

P · O 42.5、P · O 42.5R 和复合 32.5 水泥是华东近期基础设施建设的主导产品。

华东重点企业的水泥价格因节能减排、限电限产使产量下降，华东的 8 个水泥品种继上月水泥价格持续上涨；涨幅最高的为普硅 P · Ⅱ 52.5 水泥，每吨涨幅为 33.97 元；依次是矿渣 32.5 水泥，每吨涨幅为 21.81 元；P · Ⅱ 42.5 水泥每吨涨幅为 18.49 元；复合 42.5 水泥，每吨涨幅为 13.43 元；普通 42.5，每吨涨幅为 5.73 元；复合 32.5 水泥，每吨涨幅为 3.54 元；早强 42.5R 水泥，每吨涨幅为 3.55 元（见图 8）。

2010 年华东地区水泥熟料主要生产集中在安徽、山东和江西省，熟料产量排在前 10 名的有：安徽海螺集团、山东山水水泥集团有限公司、红狮控股集团有限公司、江西万年青股份有限公司、盘固水泥集团有限公司、山东沂州水泥集团有限公司、江西亚东水泥有限公司、句容台泥水泥有限公司、红火集团有限公司、淮海中联水泥有限公司。

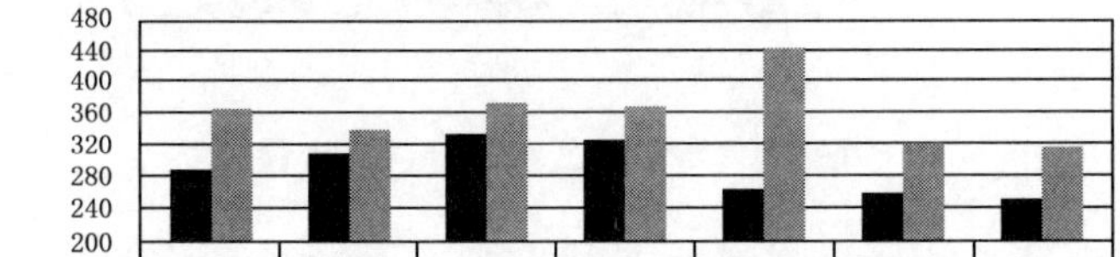

	P42.5	P42.5R	P52.5	P稩142.5	P穛42.5	P穛32.5	P褫32.5
■ 2009年	289.07	309.32	335.55	325.00	265.60	256.27	252.03
■ 2010年	364.93	341.96	376.69	368.48	442.00	320.52	315.88

图 8　华东地区水泥出厂平均价格（元/吨）

华东地区上报水泥企业 167 家，生产水泥熟料企业 103 家，累计生产熟料 28 019.30 万吨，比上年同期增长 22.64%）水泥熟料产量占重点联系水泥企业熟料总产量的 43.71%。

预测 2011 年 1 月华东水泥输出的省份在浙江、山东和安徽，流入省份主要是上海市、福建省。

华南地区

2010 年末，华南地区汇总水泥企业 71 家，生产水泥 1326.17 万吨，同比增长 39.39%，比上年同期多生产水泥 374.75 万吨；累计生产水泥 12764.85 万吨，同比增长 33.79%；销售水泥 1326.44 万吨，同比增长 31.89%，同期增加销售水泥 320.70 万吨；累计销售水泥 12923.13 万吨，同比增长 34.4%，比上年同期多销售水泥 3307.55 万吨；水泥销售率 100.02%，环比下降 1.22 个百分点；年末水泥库存 245.15 万吨，同比下降了 19.73%（见图 9）。

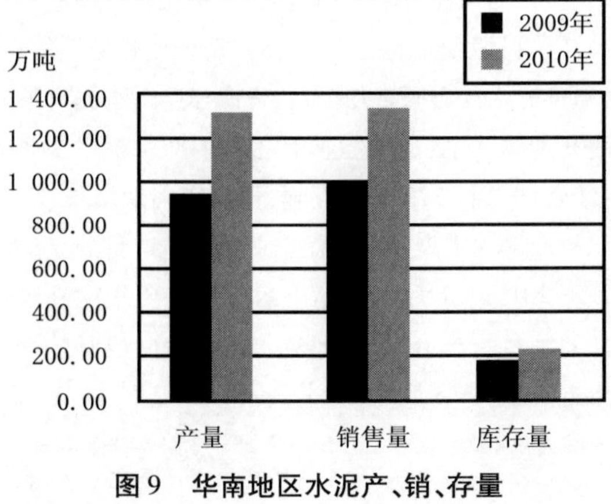

图 9　华南地区水泥产、销、存量

华南地区水泥销售量大于产量的企业占上报水泥企业的 33.8%，共 24 家；即：河南 6 家、湖北 11 家、广东 6 家、广西 1 家。

普通 P · O 42.5、早强 P · O 42.5R、矿渣 P · S 42.5、矿渣 P · S 32.5、复合 42.5 和复合 32.5 的水泥是华南近期基础设施建设的主导产品。

华南重点水泥企业 8 个水泥品种的销售价格环比有 5 个品种上涨，涨幅最高的是 P · Ⅱ 52.5 水泥，每吨涨幅 34.70 元；矿渣 32.5 水泥每吨涨幅为 31.74 元；早强 42.58 水泥每吨涨幅为 11.93 元，P · Ⅱ 42.5 每吨涨幅为 3.16 元；普通 42.5 每吨涨幅为 0.78 元；降幅最大的是矿渣 42.5 水泥每吨降幅为 41.89 元（见图 10）。

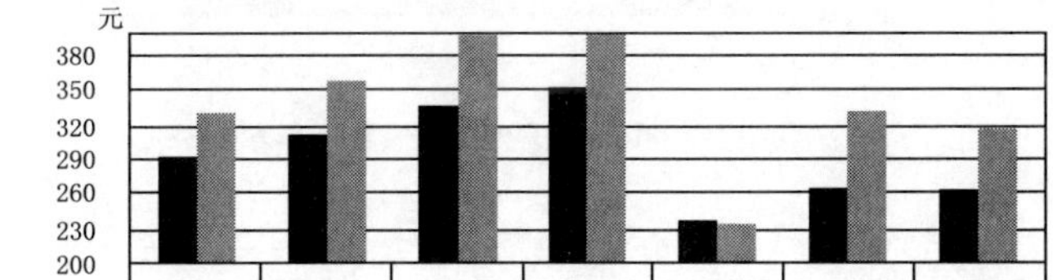

	P42.5	P42.5R	P52.5	P · Ⅱ42.5	P · S42.5	P · S32.5	P · C32.5
■ 2009年	294.79	316.60	340.00	352.96	237.50	264.92	261.67
■ 2010年	334.24	360.59	404.50	405.64	235.00	333.92	318.13

图 10　华南地区水泥出厂平均价格（元/吨）

综上所述，该地区水泥市场进入良性循环的正常轨道。

该地区水泥价格上涨的主要原因还是地区政府为完成节能减排的任务，给制造企业下达限产限电指标。再有就是能源煤炭价格涨价等多种原因，致使水泥价格市场上浮，水泥价格继续上涨，使水泥企业走出市场销售价格的低谷。

2010 年华南地区水泥熟料产量排前 10 名的有：华新水泥股份有限公司、河南天瑞集团水泥有限公司、葛洲坝集团股份有限公司水泥厂、广东塔牌集团有限公司、河南孟电集团水泥有限公司、中国联合水泥集团南阳分公司、世纪新峰雷山水泥有限公司、广州市越堡水泥有限公司、华润红水河水泥有限公司、广西鱼峰水泥股份有限公司。

华南地区上报水泥企业 71 家，生产水泥熟料企业 51 家，累计生产熟料 9711.18 万吨，比上年同期增长 33.83%。水泥熟料产量占重点联系水泥企业熟料总产量的 15.21%。2010 年 11 月熟料累计产量有调整，因有企业重复计算，调整后比上月略有下降，属正常调整。

预计 2011 年 1 月华南地区水泥输出省份是湖北、河南；输入的是广东、广西和海南省。

西南地区

2010 年末，西南地区汇总重点水泥企业 35 家，生产水泥 359.90 万吨，同比增长 10.11%，同比增产水泥 33.05 万吨；水泥累计生产 3798.21 万吨，同比增长 22.76%；同期累计多产水泥 704.20 万吨；销售水泥 364.86 万吨，同比增长 9.24%，同期增销水泥 30.87 万吨；累计销售水泥 3784.82 万吨，同比增长 21.34%，比上年同期多销售水泥 665.71 万吨；

水泥销售率100%，环比下降了 2.20 个百分点；年末水泥库存54.69万吨，同比增长了 8.34%（见图 11）。

西南地区水泥销售量大于产量的企业占上报水泥企业的 42.86%，共 15 家；即：云南省 11 家、四川省 2 家、重庆 1 家、贵州省 1 家。

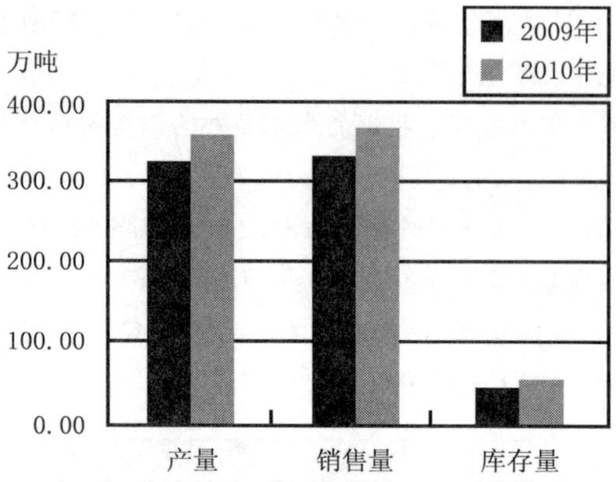

图 11　西北地区水泥产、销、存量

P·O 42.5 级、P·O 42.5R 水泥、矿渣 P·S 42.5 和复合 32.5 的水泥是西南地区近期基础设施建设的主导产品。

在 8 个水泥品种中有 6 个品种价格环比上涨；涨幅最高的是复合 P·C 32.5 水泥，每吨涨幅为 30 199 元；P·Ⅱ 52.5 水泥，每吨涨幅为 17.50 元；早强 P·O 42.5R 水泥，每吨涨幅为 6.39 元；该地区矿产资源丰富，新投产企业均正常生产，市场形成稳步向上的趋势（见图 12）。

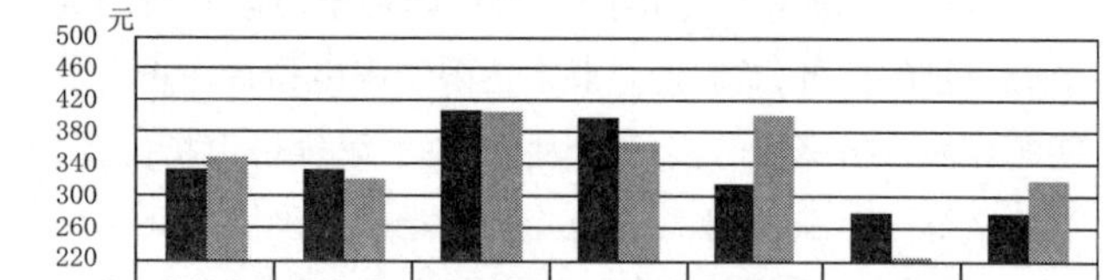

	P42.5	P42.5R	P52.5	P·C42.5	P·S42.5	P·32.5	P·C32.5
2009年	324.44	327.10	405.79	392.26	310.00	273.50	278.66
2010年	338.89	315.76	402.46	357.79	401.00	227.00	314.18

图 12　西南地区水泥出厂平均价格（元/吨）

2010 年，西南水泥熟料产量排前 10 名的企业是：利华集团、云南瑞安建材投资有限公司、四川亚东水泥有限公司、重庆市万州科华水泥有限公司、重庆科华建材（集团）有限公司、红塔滇西水泥股份有限公司、四川金顶集团股份有限公司、云南国资水泥红河有限公司、重庆腾辉特种水泥有限公司、大理水泥（集团）有限责任公司；西南地区上报水泥企业 35 家，生产水泥熟料企业 31 家，累计生产熟料 3036.16 万吨，比上年同期增长 35.52%，水泥熟料产量占重点联系水泥企业熟料总产量的 4.75%。

预计 2011 年 1 月西南地区流入的省份是云南省、四川、重庆、贵州和西藏。

西北地区

2010 年末，西北地区汇总重点水泥企业 19 家，企业生产水泥 263.03 万吨，同比增长 26.24%，比上年同期多生产水泥 54.67 万吨；累计水泥产量 4580.99 万吨，同比增长 30.404%；销售水泥 237.72 万吨，同比增长 30.29%，比上年同期多销售水泥 55.26 万吨；累计销售水泥 4565.37 万吨，同比增长 31.62%，比上年同期增加销售水泥 1096.64 万吨；水泥销售率 90.38%，环比下降 10.91 个百分点；年末水泥库存 102.70 万吨，同比增长了 12.82%（见图 13）。

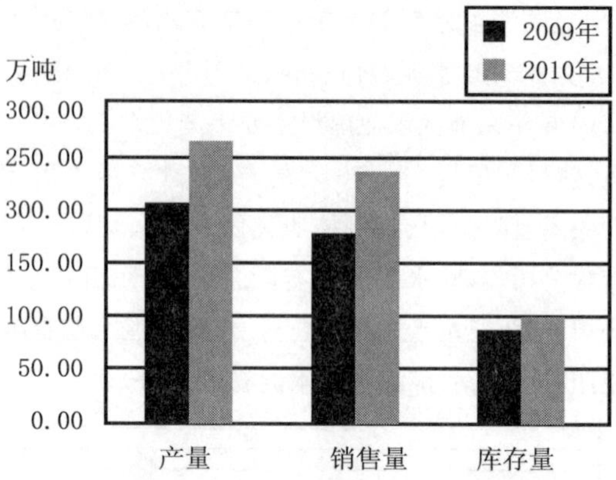

图 13　西北地区水泥产、销、存量

西北地区销大于产的企业占上报企业的 42.10%，共 8 家，陕西省 4 家、甘肃省 1 家、青海省 1 家、宁夏自治区 1 家、新疆自治区 1 家。

P·O 42.5 和 P·A·S 32.5、P·O 42.5R 和复合 32.5 水泥是西北地区近期基础设施建设的主导产品。

本地区 7 个水泥品种销售价格与上月环比有两个品种上升，涨幅最高的是复合 P·C 32.5R 水泥，每吨涨幅 28.12 元，其次是早强 P·O 42.5R 水泥，每吨涨幅 16.95 元（见图 14）。

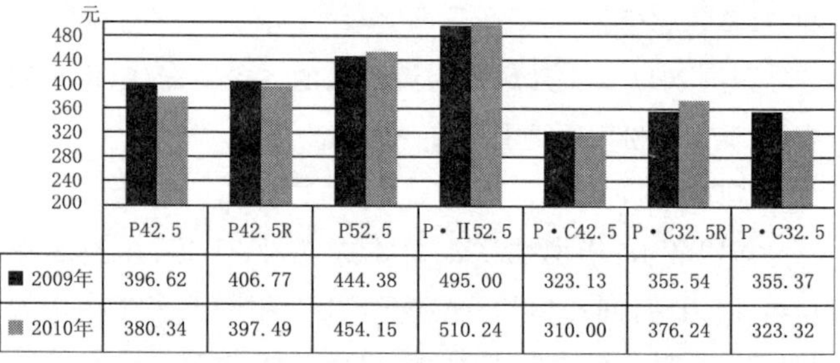

	P42.5	P42.5R	P52.5	P·Ⅱ52.5	P·C42.5	P·C32.5R	P·C32.5
2009年	396.62	406.77	444.38	495.00	323.13	355.54	355.37
2010年	380.34	397.49	454.15	510.24	310.00	376.24	323.32

图 14　西北地区水泥出厂平均价格（元/吨）

2010 年末，西北地区水泥熟料排在前 10 名的是：新疆天山水泥股份有限公司、祁连山水泥集团股份有限公司、宁夏建材集团有限责任公司、陕西秦岭水泥（集团）股份有限公司、永登祁连山水泥有限公司、青松建材化工股份有限公司、中材汉江水泥股份有限公司、红古祁连山水泥股份有限公司、新疆青松水泥有限责任公司、青海祁连山水泥有限公司。

西北地区上报水泥企业 19 家，生产水泥熟料企业 16 家，累计生产熟料 3794.28 万吨，比上年同期增长 32.88%，水泥熟料产量占重点联系水泥企业熟料总产量的 5.94%。

预测 2011 年 1 月水泥输出的省份主要集中在陕西、甘肃和新疆维吾尔自治区；水泥流入的省份主要是陕西省、宁夏回族自治区。

★该篇文章发表于 2011 年 2 期《中国水泥》杂志。

第二篇

综述

各省水泥工业概况

各省水泥工业概况

Cement Industry Profile in Each Province

北京市

Beijing

【概况】

一、北京水泥行业产销情况

2010年全市在统计范围内的水泥生产企业有14家，12条新型干法生产线。全年生产熟料729.8万吨，生产水泥1 037.7万吨，水泥销售量1 044.1万吨，水泥散装率达到92%以上；完成工业总产值35亿元以上，销售收入34亿元以上，利润3.8亿元以上。

2010年北京各种工程消费水泥总量2 400万吨，与上年相比基本持平。

北京金隅水泥股份有限公司、唐山冀东水泥股份有限公司是在京销售水泥的主力军，在京销售水泥近1 200万吨，占北京水泥需求量的50%。为首都建设做出了积极的贡献。

二、产业结构调整情况

北京水泥行业在“十一五”期间基本完成了产业结构调整的目标，淘汰退出企业30多家，淘汰落后产能600万吨左右。大型水泥企业得到了迅速发展。

现北京金隅股份有限公司水泥产能已达到3 700万吨，在北京地区的水泥企业产能达到了800万吨左右，占到了北京水泥产能的80%。

唐山冀东水泥股份有限公司水泥产能已达到9 000万吨，在北京的水泥销售量达到了400万吨左右。

【节能减排取得的成果】 在保留企业中有50%建成了余热发电站，装机容量28.5兆瓦，辊压机、立磨、高压变频设备得到了普遍应用。大型水泥企业的能耗、煤耗、水耗和污染物排放指标全部低于北京市地方的标准要求。

新北水水泥有限责任公司从2005年建成全国首条处置城市工业废弃物环保示范线至今，发展成为年处理污泥及各种废弃物能力达20万吨，自主开发了8套废弃物预处理系统、实现了工业废弃物输送、预处理、焚烧的机械化和自动化处置。获得专利项目就达十多项，为水泥企业走循环经济发展之路和产品转化做出了榜样。

【2010年协会工作】

1. 在北京召开七届六次会长暨营销例会。

大会介绍了2009年北京市水泥生产销售情况、水泥产业结构调整、采用新技术促进企业节能减排等新情况；水泥行业如何发展低碳产业以及大型水泥集团国际化发展的趋势；会议还根据环渤海地区经济和企业不断发展情况，就如何协调稳定本地区水泥市场等问题进行了研讨。

2. 在河南巩义召开2010年北京水泥行业协会年会。

大会通过了协会2009年年度工作报告和协会新增选的副会长单位及代表。

会议在当地产生了很大的影响，巩义市市长及主管工业的市政府有关领导也出席了会议的晚间座谈。此次会议提高了通达中原耐火技术有限公司在北京水泥行业和当地的知名度，也为企业集团对外发展打下了基础。

3. 中国水泥协会与北京水泥行业协会联合在京召开了水泥企业中秋联谊会。

参会代表为北京水泥行业协会副会长单位和驻京的中外水泥行业代表，本次大会也是首次由中国水泥协会和地方协会联合举办的有中外水泥企业参加的交流会。会议开创了一个在轻松愉快的气氛中进行国际、国内大型企业相互交流的新形式，为大型企业向国际化发展、相互交流提供了一次机会和尝试。

4. 协会走访调研，确定北京水泥行业“十二五”规划。

协会在走访、调研日产1 500吨企业的能耗达标、矿山尾矿储量及综合利用、大灰厂水泥厂退出后的发展等基础上，结合现有企业与标准的差距、政策要求和北京水泥发展超前意识、规划退出企业如何平稳退出等情况，确定了北京水泥行业“十二五”规划基本思路：以调整布局，适应建设世界城市，转变经济发展形式，促进节能减排，开发低碳经济为指导思想；以符合国家产业政策，指导行业发展方向，有利于促进企业集团壮大和社会效益，连续性与创新性结合为原则；主要内容是：一个坚持，即坚持科学发展观；中心任务是实现“两个转变”，即从资源消耗型向处置工业废弃物的城市依赖型转变，从环境污染型向清洁生产的城市环境净化器转变，实现环境、社会、经济效益的有机结合。目的是促进企业集团健康发展；水泥市场秩序稳定；协会工作不断创新。最终实现水泥总量控制在1 000万吨。节能水平全部达到北京市地方标准要求，淘汰不适宜北京世界城市发展要求的落后产能，全面推广使用现有成熟的节能减排新技术。

5. 协会接受了北京市社团办组织的对北京百家协会进行的评估审查。

胡中甲会长从北京水泥行业发展的六个阶段阐述了协会发展的过程；张宗兴副会长介绍了北京水泥行业协会具备的5个特点。经过4个半小时的文件审查和深度访谈询问，对评估文件的6大部分（基础条件、内部治理、财务管理、工作绩效、学习型社团创建、创先争优）120项条款的对比评估和总分1100分进行了打分与交流。评估组对协会多年来在行业中所做的工作以及内部规范化管理予以充分肯定。

6. 坚持两个服务，发挥桥梁作用。

服务政府：参与“北水”利用余热供暖项目审核、配合标准处对邯郸水泥厂化验室现场审核。参与经信委组织的对40家高耗能企业的复查，参与经信委对“北水”余热项目的资金利用现场审核、参与经信委组织对12家水泥企业单位耗能调查，参与许可证检查、水泥备案条件专家意见、散装水泥十二五规划修改意见。

服务企业：协助中国水泥协会推荐全国优秀总工评选，振兴水泥公司韩晓光、琉璃河公司关生林、赞皇水泥公司魏卫东获得全国优秀总工程师称号；积极推荐企业参加环渤海五省市诚信企业的评选，“鼎鑫”、“张家口”、“赞皇”、“水泥科技”、“振兴”、“水泥经贸”等18家企业获得环渤海五省市诚信企业称号；积极推荐环渤海五省市知名品牌工作，“金隅水泥”、“冀东水泥”、“通达浇注料”、“鼎鑫水泥”、“振兴水泥”等获得环渤海五省市知名品牌称号。

7. 受重庆水泥协会委托联系对北京新北水水泥有限责任公司处置城市工业废弃物环保示范线和余热发电项目进行调研。

北京水泥行业协会领导给予了高度重视，委派专人进行协调。在参观时北京新北水水泥有限责任公司总经理、北京水泥行业协会副会长赵雍亲自介绍了企业情况，与中国水泥协会孔祥忠秘书长、重庆水泥协会马泽民秘书长及重庆经信委领导进行了交流。中国水泥协会孔祥忠秘书长、重庆水泥协会马泽民秘书长及重庆经信委领导，对本次调研北京水泥行业协会给予的支持和帮助表示衷心的感谢，并欢迎到重庆水泥协会指导工作。

记 事

1月29~30日 北京水泥行业协会在北京石景山的海韵假日酒店召开了2010年会长会暨营销例会。

2月23日 北京金隅股份有限公司出资5亿收购拉法基瑞安北京地区水泥及混凝土业务，在金隅环球贸易中心举行了股权转让签约仪式。

3月31日~4月1日 参加中国水泥协会、中国贸易促进委员会建筑材料行业分会在北京五洲大酒店召开的题为：“发展低碳经济 转变增长方式”的2011年中国国际峰会。

7月31日 北京水泥行业协会年会在河南巩义召开。

9月18日 中国水泥协会和北京水泥行业协会在北京召开在京中外水泥企业中秋联谊会，座谈北京水泥行业发展方向等内容。

10月18日 北京水泥行业协会胡中甲会长等陪同中国水泥协会副会长兼秘书长孔祥忠、重庆水泥协会、重庆经信委及重庆市大型水泥企业等领导一行到北京新北水水泥有限责任公司，对该公司城市垃圾与污泥处理项目进行参观、学习和调研，受到了北京新北水水泥有限责任公司总经理、北京水泥行业协会副会长赵雍及其企业其他领导的热情接待。

12月21日 参加北京市工业经济联合会在首钢文馆召开的《北京市工业经济联合会第五届会员大会》换届大会。

12月25日 参加由工信部在北京西苑饭店召开的《水泥企业质量管理规程》宣贯会。

北京水泥行业管理机构

北京市经济和信息化委员会经济运行处

职能：行业主管部门

电话：010—85235907

地址：北京市朝阳区工体北路6号凯富大厦

邮编：100027

北京市建筑节能与建筑材料管理办公室

职能：散装水泥管理

电话：010—59958959

地址：北京市海淀区西四环中路16号院3号楼9层

邮编：010—100039

北京水泥行业协会

职能：行业服务

会长：胡中甲

电话：010—66417347

地址：北京市西城区宣武门西大街129号

（金隅大厦配楼B座105室）

邮编：100031

北京水泥质量监督检验站

职能：水泥质量监督管理

站长：赵虎奎

电话：010—89382980－2377

地址：北京市房山区琉璃河镇站前街15号

邮编：102403

天津市

Tianjin

【概况】 2010年天津建材业协会在册水泥企业共120家，其中24家为本市企业，全年水泥总产量为769.38万吨，外省市销往本市水泥产量共计1 618.33万吨。在前几年淘汰落后产能基础上，2010年通过关停取缔等措施，淘汰落后立窑水泥生产线4条，淘汰产能60万吨，自此天津的落后产能淘汰问题基本解决。

每年9月份是市场步入旺季的开始，产品价格随之上涨，而2010年水泥价格却因"限电门"时间在7～8月份提前上涨。进入9～10月，随着限电省份急速蔓延，各地价格"涨声不断"。以9～10月份京津冀水泥价格为例，三地水泥价格普遍上涨10～30元/吨。价格上涨主要原因是由于河北省针对水泥行业进行限电，特别是针对小水泥厂限电比较严厉，限电期间小厂基本处于停产状态，而对大型企业影响相对有限，仅有三四天的停产情况。小厂虽然规模小，但数量较多，因此对京津供给量减少，使价格出现上调。

2010年水泥需求量仍将保持2 500万吨左右。2009年天津市固定资产投资5 000亿元，2010年达到6 000亿元。主要仍以重大项目建设为重点，安排市政建设项目258项；安排交通项目54项，其中铁路建设、机场建设、港口、综合交通枢纽、高速公路、地铁很多工程都是2010年才开始启动；滨海新区工业区建设今年也将加快施工的速度；房地产投资也将保持10%以上的增长，新开工面积估计在9 000万平方米；另外再加城乡基础设施统筹建设。这些重点工程项目的顺利进行将使水泥需求量保持在高位。随着天津投资吸引力的进一步增强，从2008～2010年连续三年天津的固定资产投资都超过北京、上海，排名第一。如此大的投资总量必然推动各项工程建设的加速，从而推高水泥需求。

但是，受石灰石资源限制和政府保护环境的政策要求，目前天津已无在建熟料产能。以往的天津市场由两家企业主导——"金隅"通过收购"振兴水泥"成为区域内惟一一家大型新型干法企业，具有明显的区位优势；"冀东"在天津宁河县布有粉磨站，大部分水泥熟料直接从唐山输入。另外还有一些本地粉磨站和小立窑。但是随着水泥需求的增加，本地企业的水泥供应能力已经远远满足不了需求，如此巨大的水泥缺口，必然有众多外地水泥和熟料涌入。由此，天津市场格局发生了以下变化：

第一，流入区域扩大。以往天津水泥流入方向主要为河北、山东，现在由于水泥缺口加大，本地和周边水泥企业都不再轻易出售熟料，导致当地一些小粉磨站不得不去往更远的辽宁、华东地区购买熟料。

第二，物流方式改变。天津水泥物流以往依靠公路运输，现在扩大到海路。从辽宁、华东方向通过水运来的熟料甚至比公路运输更有成本优势。

第三，大型粉磨站建设。"山水"在天津津南的200万吨粉磨站和"崇正"在静海区的150万吨粉磨站均从山东输入熟料，并已分别在2010年8、9月份投产；"冀东"在原粉磨站规模上扩建至150万吨；"天瑞"在大港的400万吨粉磨站于本年5、6月份投产。这新增800余万吨的产能从根本上改变了市场的格局。

第四，中转站建设。某浙江投资商在天津临港工业区建设了一个5万吨的水泥中转站，主要通过海运方式购买外地熟料运入天津。

【调整天津水泥市场的建议及措施】 2010年，我们加强了水泥专业委员会的自身建设与组织建设，提高了专委会的凝聚力和影响力，充分发挥本专业专家组的作用，发挥各委员单位、会员单位的积极性与能动性，加强了对会员单位的科学管理，形成了行业自律诚信的良好氛围。专委会作为连接政府、生产企业和市场之间的桥梁与纽带，在施行行业管理、加强企业自律诚信、维护企业合法权益、促进行业及企业健康可持续发展等方面做了很多工作。5月份组织环渤海地区知名品牌评选工作，尽可能为企业提供优质、便捷的服务；9月份组织天津水泥企业进行4年一次的化验室换证工作，加大对企业监督力度，对产品进行质量把关；10月份会同二十一站对进入天津市场的水泥产品进行统一抽检，合格率达到98%；年会期间诚邀建材研究总院水泥所物理室主任解读《水泥企业质量管理规程》，会后督促企业认真执行；与河北省建筑材料工业协会积极沟通，及时发现问题，为企业排忧解难。

2011年，水泥行业要抓住经济回暖的有利时机，从结构调整、技术升级、节能减排等方面下功夫，控制好市场总规模，不断提高行业集中度，努力实现水泥行业健康发展。针对天津水泥市场发展形势，天津建设管理部门从加大市场监管力度、支持大型水泥企业建设、深入开展企业诚信自律等方面入手，进一步规范水泥市场，维护正常的水泥市场竞争秩序。

1. 采取水泥市场准入制管理，根据进津企业备案情况，对水泥厂生产状况进行普查。对不符合条件的中小型企业一律不准许进津备案。

2. 以相关管理制度规范使用水泥的生产企业。规定在建筑结构中一律禁止使用立窑水泥，并以发布可使用的旋窑水泥生产企业名单为准进入监管。

3. 加大市场检查力度进行管理，每年进行一次市场抽检。一经发现违规或质量不达标产品，给予相应处罚，直至取消备案资格，不准进入天津市场。以此来保证天津水泥市场的良性发展。

4. 提高水泥企业平均生产规模，并支持在天津东部、西南部建设年产60年万吨以上的水泥粉磨站，根据本市资源情况，发展新型干法水泥项目。

5. 鼓励有实力的水泥企业向上下游产业链延伸，生产商品混凝土及预制品等产品，也可以通过联合重组来扩大规模，实现由规模扩大转变为真正的实力增强，从而达到质量和市场占有率的提高。

6. 坚持节能减排，发展循环经济，实现节能及降耗，增强市场竞争力。以技术升级促节能、讲环保，健全水泥企业生产监管机制，对未达环保标准的企业，坚决予以关停。

记 事

3月15日 数字水泥网一行人员来到天津市建材业协会、"天津天瑞"、"天津振兴"、"天津冀东"进行调研。

4月10日 天津市最大的水泥粉磨生产项目——天瑞集团年产400万吨水泥粉磨项目正式在滨海新区大港区港西街工业园区开工建设。据了解，该项目总投资6.3亿元，配套建设了国内最大的矿渣立磨设备以及位于津南区二道闸的专门原料运输码头，项目采用新型干法水泥熟料生产，主要负责将水泥的半成品熟料进行粉磨加工，将主要生产耐海水侵蚀的低碱水泥。

4月23～24日 在天津瑞景大酒店召开第二届天津仕名TRMS矿渣立磨技术交流会，来自全国百家矿渣磨使用单位共同交流了矿渣立磨技术使用经验。

5月14日 《水泥窑协同处置工业废物设计规范》送审稿审查会及《水泥窑协同处置污泥工程设计规范》编制工作大纲审查会在天津召开。住房和城乡建设部标准司、国家建筑材料工业标准定额总站、中国水泥协会、中材国际工程股份有限公司等单位的领导，国内知名水泥企业及各兄弟设计院的专家共20余人参加了会议。

6月20日 下达针对天津市生产能力未达到60万吨的18家水泥企业，根据《水泥企业化验室评审考核管理办法（试行）》第六章第十五条的规定统一进行化验室合格证换证工作的通知，期间组织二十一站等有关专家对水泥企业化验室进行统一评审，评审结果全部合格，截止到11月14日顺利完成18家水泥企业的换证工作。

8月18～20日 中国水泥协会在长沙市召开的各省市水泥协会秘书长联席会议，会议的主要内容是通报各省市上半年水泥工业经济运行情况、上半年全国水泥市场分析以及关于水泥"十二五"发展规划的战略思考。通过听取各省市水泥协会秘书长的发言，针对本市具体情况提出提高天津水泥市场的建议及措施。

10月26日～11月11日 为保证天津市水泥市场的良性发展，天津市建材业协会会同质检二十一站针对水泥专业委员会在册的具备生产条件的120家水泥企业，本市24家、外地96家进行一年一度的统一产品抽样，产品合格率达98.6%。

2011年1月11～12日 为加快产业发展，提高产业集中度，完善市场监管体系，2010年天津水泥年会在塘沽胜利宾馆胜利召开。来自北京、河北、山东、天津的近200名代表汇聚一堂。

做好会员单位的管理工作，及时反馈企业的诉求呼声，为企业办好事、办实事，截止至年底已完成所有会员单位的年检工作。

河 北 省

Hebei Province

【概况】 2010年，河北省水泥产量12 667万吨，同比增长14.2%，总产量居全国第四位，占全国比重6.75%。

2010年，河北省水泥行业入统企业共332家，其中71家亏损，相比2009年大幅下降。资产合计656亿元，主营业务收入468亿元，利润总额52.5亿元，利税总额69.1亿元。

【2010年河北省水泥工业经济运行特点】

1. 水泥市场总体平稳，限产限电导致价格上涨。

2010年，河北省水泥市场总体平稳，产销衔接基本正常。下半年，受限产限电措施影响，水泥价格出现较大幅度上涨。见下表。

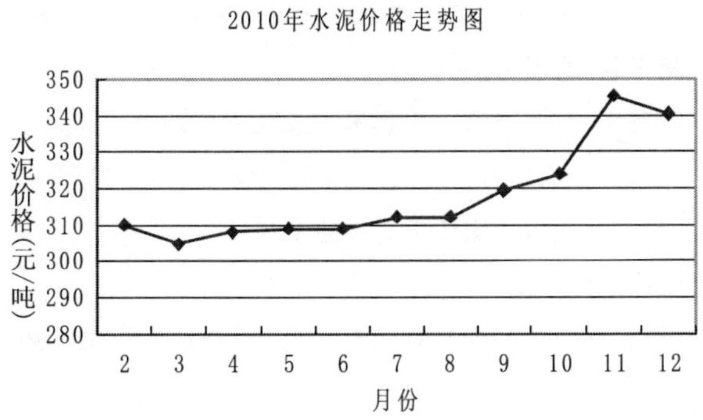

2. 淘汰落后成效显著,产品结构不断优化。

2010 年,河北省水泥工业淘汰落后水泥工作力度加大,合计淘汰落后水泥产能 1 314 万吨,产业结构得到进一步优化。2010 年河北省新型干法水泥熟料比重达到 88%,比去年同期提高 17 个百分点

记 事

4 月 6 ~ 8 日 河北省水泥企业化验室评审考核评审员换证培训班在石家庄市陆军指挥学院举办,共有 83 名同志参加了培训。

4 月份 河北省淘汰落后产能工作围绕《国务院关于进一步加强淘汰落后产能工作的通知》明确的淘汰范围和目标任务展开,2010 年淘汰 87 家企业的 129 座水泥机立窑,产能 1 260 万吨。

4 月 15 日 河北省建筑材料工业协会(以下简称"协会")2010 年第一次会长会议在平山县召开。会议讨论了 2010 年协会工作要点、关于评选功勋企业家、功勋职工、功勋企业、水泥行业优秀技术专家以及对标行动先进企业等事项、探讨了"十二五"河北省水泥行业发展规划和一季度生产、市场、价格等情况。

4 月 26 日 协会下发了《关于 2010 年全省建材行业继续开展对标活动的补充通知》(冀建协[2010]12 号),继续在全行业开展对标工作。这次对标修订了有关指标,从单一的技术经济指标扩展到经济、技术、质量、减排以及节能指标。

5 月 22 日 唐山冀东水泥股份有限公司与临城县政府正式签署建材产业战略合作协议,"冀东水泥"将投资 15 亿元重组改造临城县水泥行业,帮助其加快升级步伐。这次签约必将对推进临城水泥产业升级、加快发展方式转变产生重要影响。双方成功建立战略合作关系开启了临城县开放招商的新局面,也必将促进"冀东水泥"的战略转型。

5 月 ~ 7 月 协会顺利完成了 2010 年度全省水泥企业化验室评审考核工作。

6 月 2 日 河北省政府新闻发布会称 2010 年前三季度,河北将淘汰落后炼铁产能 1 240 万吨,炼钢产能 200 万吨,水泥产能 1 260 万吨,玻璃产能 464 万吨。该省环保厅公布的数据引起媒体广泛关注。

8 月 26 日 协会下发了《关于对我省水泥企业化验室主任进行培训的通知》(冀建协[2010]19 号),分二期对全省水泥企业化验室主任进行了培训,共有 402 名同志参加了培训。

11 月 10 ~ 11 日 协会 2010 年第二次会长会议在石家庄召开。会议研究讨论了第五届理事会工作报告、审议了协会第六届理事会章程等草案,商讨通过了拟增的副会长人选。

11 月 17 日 协会 2010 年度下半年各市秘书长会议在石家庄召开。会议通报了换届工作有关事宜。

12 月 30 日 河北省建筑材料工业协会第六次会员代表大会暨第六届理事会第一次会议在石家庄举行。会议对获得功勋企业、功勋企业家、对标行动先进企业、优秀科技专家、功勋职工等荣誉称号的单位和个人进行了表彰;审议通过了协会章程(修正案)、财务报告等文件,选举产生了新一届理事会的理事、常务理事、秘书长、副会长、会长;通过了监事会主席、监事、副秘书长任职以及其他有关文件。会议取得圆满成功。

河北省建筑材料工业协会简介

河北省建筑材料工业协会成立于 1989 年 7 月。协会的宗旨是在中国共产党的领导下,坚持党的基本路线和方针政策,遵守法律、法规,坚持为河北省建材工业发展服务,为会员单位服务,为政府服务,充分发挥政府与企业之间的桥梁和纽带作用。

河北省建筑材料工业协会主要工作是开展全省建材行业的调查研究,撰写行业发展报告和政策建议报告;指导各专业协会、各市协会、分会开展工作;开展行业统计和经济运行分析;出版《河北建材会讯》和河北建材行业网的维护更新,提供多方面信息服务;负责全省建材企业化验室管理以及全省建材行业重点岗位人员培训和上岗证的发证和管理;开展建材行业的行检、行评;加强行业自律,建立行业自律性管理约束机制,维护公平竞争和市场秩序;制定本行业质量规范、服务标准;为会员单位出具公信证明;组织会员企业开拓国内外市场并做好反倾销、反垄断、反补贴和保障措施的申诉、应诉、调查等相关工作;向政府及有关部门反映行业、会员诉求,提出有关行业发展和立法等方面的意见或建议;参与行业规划、行业标准、产业政策的研究制定,组织贯彻实施并进行监督;对行业内重大项目投资、技术改造、产业布局、结构调整进行前期论证;参与行业资质认证、事故认定等相关工作;行业驰名商标、著名商标、名牌产品等培育与推荐;水泥产品进入建筑市场备案申请材料的审核;华北五省市诚信企业、知名品牌的评审工作。承担政府和有关单位委

托的其他工作。

会长：葛旭东

副会长：张增光、曹田平、王长林、陈　鹰、李竹林、李延明、王树林、宋社平、胡玉振、赵眷英、申庆山、江俊永、梁占绪、蔡汝强、武增海、田　文、陈增现、田海奎、连　杰、赵士军、闫国建、贾增军、王彦庆、杨拥民、周成耀、李怀江、宋建国、赵启刚、王季文、张振秋

秘书长：武增海（兼）

副秘书长：陈新顺　彭拥军　王铁军　孙建勋

监事会主席：冯志宏

地址：河北省石家庄市合作路129号

邮政编码：050051

电话：(0311)87042331(兼传真)/85020038/85020039

山西省

Shanxi Province

【概况】 2010年是"十一五"的收官之年，也是建材工业发展最快的一年。全省建材工业系统广大职工团结奋斗，努力拼搏，深入贯彻落实科学发展观，狠抓新型材料工业的调整与振兴，大力推进产业结构调整，保证了全行业的健康快速发展。

2010年山西省建材工业在省委、省政府的正确领导下，坚持贯彻落实科学发展观，继续贯彻落实促进工业经济平稳较快发展的各项政策措施，通过优化产业结构，淘汰落后产能，在全省经济呈现企稳回升态势的推动下，山西省水泥产品产销量普遍保持稳定增长，发展态势良好。2010年，全省规模以上企业水泥产量3 568.5万吨，同比增长32.13%；其中新型干法水泥2 144.4万吨，占总产量的61%；全社会水泥总产量约3 900万吨。规模以上企业水泥熟料产量2 378万吨，同比增长32.95%，其中新型干法水泥熟料产量1 649.5万吨，占熟料总产量的69.4%。

【行业经济运行特点】

1. 产业结构继续优化。

2010年，围绕国家有关产业政策要求和山西省政府下发的《山西省新型材料产业调整振兴规划》以及省经信委下发的关于水泥、新型墙体材料、高岭土、耐火材料等4个行业调整振兴实施方案的全面实施，积极推进传统高耗能产业循环化，推进各建材产业规模化、集群化发展。水泥工业随着"大同冀东"、"同煤集团"、"华润福龙"等日产熟料5 000吨及"山西神固"、"太原金圆"、"太原广厦"、南娄集团等日产熟料2 500吨以上共14条新型干法项目的相继建成投产，全年新增新型干法水泥产能2 003万吨，总产能达到5 150万吨，新型干法水泥产能占总产能的比重达到79.3%。

2. 落后产能的淘汰力度持续加大。

根据《国务院关于进一步淘汰落后产能工作的通知》要求，结合山西省水泥工业发展现状，省经信委先后下达了二批淘汰落后水泥产能计划，共涉及水泥企业97户。完成全年淘汰落后水泥产能831.8万吨的任务。

3. 优势企业兼并重组步伐加快。

2010年，是山西省新型干法水泥建设的转折点，省内外优势企业集团开始在全省各地布局加快联合重组进军的步伐。在现有"山东山水"、"浙江金圆"、"河北冀东"等大集团形成发展新格局的基础上，中国建材集团、华润集团已与省政府签订了战略框架合作协议，"中联"和"北京金隅"也开始布局。山西省水泥工业将以联合重组与适当发展相结合，做大做强。全省水泥企业必将进行一次重新洗牌，进一步提高产品集中度，推动行业的健康发展，具有划时代的意义。

4. 节能减排工作成效显著。

全省继续加大对水泥等高耗能行业的节能减排工作力度。继续加强对新上建材项目的节能评估工作，坚持防止"两高一资"企业盲目扩张。积极鼓励，支持水泥企业大力推进重点节能改造，积极推广先进节能技术，推广应用节能新产品。同时加大能源审计工作力度，对多户超能耗（电耗）限额标准的建材企业和产品，实施增加电价等经济处罚措施，均有效推动了全省行业的节能工作，保障完成了"十一五"节能目标。2010年全省可比水泥综合能耗107.5千克标煤/吨，比2009年下降6.2%；2010年全省可比水泥熟料综合能耗为126.8千克标煤/吨，同比下降5.65%。到2010年底，全省已建成和在建的新型干法水泥窑纯低温余热发电机组的企业达5户，总装机容量46.8兆瓦。全年可节电达35%，节约标煤12万吨，减少CO_2排放量30万吨。

5. 各项经济指标全面大幅度超额完成。

按照2009年初确定的同比增长8%的目标，到2010年底各项经济指标全面大幅度超额完成。全省规模以上

建材工业实现增加值97.46亿元，增长51.46%，高于全省工业水平28.49%，创"十一五"以来新高；实现销售收入258.37亿元，增长34.13%，突破200亿元大关；实现利税16.22亿元，增长195.15%，取得了一年翻1.5倍的好成绩；利润总额4.47亿元，增长196.54%，彻底摘掉了全行业连续多年亏损的帽子，实现了扭亏目标。工业经济的增长，为全省经济发展做出了突出贡献。

2010年各项经济指标完成情况详见表1：

表1

序号	指标名称	完成值(亿元)		同比增长(%)	
		2009年	2010	2009年	2010年
1	工业增加值	64.25	97.46	14.3	51.69
	其中：水泥制造	19.37	29.02	9.19	49.82
2	工业总产值	182.1	279.87	10.94	53.69
	其中：水泥制造	64.36	95.54	29.55	48.45
3	主营业务收入	192.63	258.37	16.27	34.13
	其中：水泥制造	63.37	89.62	29.04	41.42
4	利税总额	5.49	16.22	-31.72	195.45
	其中：水泥制造	1.52	5.56	-5	265.79
5	利润总额	-4.63	4.47	-295.7	196.54
	其中：水泥制造	-2.27	0.86	10.73	137.89

2010年产量详见表2：

表2

产品名称	产量		同比增长(%)	
	2009年	2010年	2009年	2010年
水泥(万吨)	2 700.8	3 568.5	12.37	32.1
水泥熟料(万吨)	1 596.2	2 378	6.68	49
其中：预分解窑熟料	1 064.9	1 649.5	32.15	54.9

2010年水泥和熟料产量情况详见表3、表4：

表3

地　市	水泥产量(万吨)		同比增长(%)		所占比例(%)	排名
	2009年	2010年	2009年	2010年		
全省	2 700.8	3 568.5	24.15	32.13		
其中：新型干法水泥	1 384.4	2 144.4	32.15	54.90		
太原	455	525.6	45.83	15.52	14.73	2
其中：新型干法水泥	360.6	434.5	50.76	20.48	20.26	2
大同	161	408	-17.14	153.42	11.43	3
其中：新型干法水泥	41.1	309.5		653.48	14.43	3
阳泉	122.6	147	-0.41	19.9	6.86	8
其中：新型干法水泥	88.7	99.2	-2.43	4.55	4.63	8
长 治	328.6	303.2	19.27	-7.73	8.50	5
其中：新型干法水泥	137.8	118.2	76.37	-14.25	5.51	6
晋城	125.3	142.8	28.38	13.97	4.00	9
其中：新型干法水泥	94.6	114.7	15.01	21.15	5.35	7
朔州	100.2	68.4	85.9	-31.74	1.92	10
其中：新型干法水泥	0	7.8			0.36	10

续 表

地　　市	水泥产量(万吨)		同比增长(%)		所占比例(%)	排名
	2009 年	2010 年	2009 年	2010 年		
忻州	39.2	48.1	-35.84	22.7	1.35	11
其中:新型干法水泥	7.9	0			0	11
吕梁	207.5	272.6	7.68	31.37	7.64	6
其中:新型干法水泥	64.2	307.6	-4.26	378.95	14.34	4
晋中	225	247.8	-2.3	10.13	6.94	7
其中:新型干法水泥	205.4	206.4	13.67	0.51	9.63	5
临汾	248.3	336.5	29.73	3552	9.43	4
其中:新型干法水泥	100.1	91.7	8.91	-8.44	4.28	9
运城	427.8	797.8	24.69	86.49	22.36	1
其中:新型干法水泥	283.9	454.7	30.62	60.16	21.20	1

表 4

地　　市	熟料产量(万吨)		同比增长(%)		所占比例(%)	排名
	2009 年	2010 年	2009 年	2010 年		
全省	1 596.2	2 378	-18.45	48.98		
其中:预分解窑熟料	1064.9	1649.5	32.15	54.90		
太原	288.1	338.3	46.77	16.38	14.23	3
其中:预分解窑熟料	277.4	334.2	50.76	20.48	20.26	2
大同	99.8	309.9	-35.61	210.52	13.03	4
其中:预分解窑熟料	31.6	238.1		653.48	14.43	3
阳泉	80.4	87.2	-9.56	8.46	3.67	9
其中:预分解窑熟料	68.2	76.3	-2.43	4.55	4.63	8
长治	164.9	170.1	5.1	3.15	7.15	6
其中:预分解窑熟料	106	90.9	76.37	-14.25	5.51	6
晋城	93105.7	11.38	13.66	4.44	8	
其中:预分解窑熟料	72.8	88.2	15.01	21.15	5.35	7
朔州	33.7	43.7	-14.03	29.67	1.84	10
其中:预分解窑熟料	0	6			0.36	10
忻州	26.6	15	-37.85	-43.61	0.63	11
其中:预分解窑熟料	6.1	0			0	11
吕梁	123.1	348.6	-3.07	183.18	14.66	2
其中:预分解窑熟料	49.4	236.6	-4.26	378.95	14.34	4
晋中	192.1	197.6	5.84	2.86	8.31	5
其中:预分解窑熟料	158	158.8	13.67	0.51	9.63	5
临汾	149.7	107.9	4.76	-27.92	4.54	7
其中:预分解窑熟料	77	70.5	8.91	-8.44	4.27	9
运城	302.9	491.6	25.63	62.3	20.67	1
其中:预分解窑熟料	218.4	349.8	30.62	60.16	21.21	1

2010 年末水泥及熟料产能情况详见表 5:

表 5

地市	熟料产能(万吨)	水泥产能(万吨)	所占比例(%)	排名
全省	4 996.4	6 496.5	100	
太原	606.6	788.6	12.1	3
大同	679.4	883.2	13.6	2
阳泉	172.5	224.3	3.5	11

续　表

地市	熟料产能（万吨）	水泥产能（万吨）	所占比例（%）	排名
长治	449.8	584.8	9	6
晋城	366	475.8	7.3	7
朔州	494.8	643.2	9.9	5
忻州	250.5	325.7	5	10
吕梁	803.4	1 044.7	16.1	1
晋中	312.6	406.4	6.3	8
临汾	289.9	376.9	5.8	9
运城	570.7	742	11.4	4

2010年末水泥产量前20名情况详见表6：

表6

地　市	企业名称	水泥产量（万吨）	熟料产量（万吨）	所占比例（%）	排名
吕梁	山西吉港水泥有限公司	245	190	6.87	1
运城	冀东海天水泥闻喜有限责任公司	220.90	185.83	6.19	2
大同	大同冀东水泥有限责任公司	197.66	196.21	5.54	3
晋中	智海企业集团有限公司	170.06	130.37	2.83	4
太原	太原狮头集团有限公司	137.02	110.34	3.84	5
运城	山西省新绛威顿水泥有限责任公司	112.13	112.82	3.14	6
阳泉	山西亚美建筑工程材料有限责任公司	108.34	76.33	3.04	7
太原	太原市广厦水泥有限公司	93.01	60.44	2.61	8
临汾	山西中条山新型建材有限公司	80.51	70.478	2.26	9
太原	太原金圆水泥有限公司	75.32	80.15	2.11	10
太原	太原北白水泥制造有限公司	71.77	40.68	2.01	11
长治	山西晋牌水泥集团有限公司	57.58	50.03	1.61	12
晋城	山西陵川金隅水泥有限公司	57.06	63.46	1.60	13
太原	西山煤电（集团）有限责任公司水泥厂	53.01	35.09	1.49	14
运城	山西天王台建材集团有限公司	51.49	30.00	1.44	15
吕梁	中阳县桃园水泥有限责任公司	51.26	21.54	1.44	16
大同	山西广灵精华化工集团有限公司	47.91	21.89	1.34	17
长治	山西华宝集团潞洲水泥制造有限公司	39.38	26.41	1.10	18
吕梁	山西川东水泥有限公司	38.60	23.95	1.08	19
大同	大同市兴旺集团公司	37.81	18.69	1.06	20

2010年末水泥产能前20名情况详见表7：

表7

地市	企业名称	熟料产能（万吨）	水泥产能（万吨）	所占比例（%）	排名
大同	大同冀东水泥有限责任公司	310	403	6.20	1
运城	冀东海天水泥闻喜有限责任公司	186	241.8	3.72	2
大同	大同市云中水泥有限责任公司	155	201.5	3.10	3
朔州	大同煤矿集团建材有限公司	155	201.5	3.10	4
朔州	朔州金圆水泥有限公司	155	201.5	3.10	5
吕梁	华润水泥福龙有限公司	155	201.5	3.10	6

续　表

地市	企业名称	熟料产能（万吨）	水泥产能（万吨）	所占比例(%)	排名
吕梁	山西吉港水泥有限公司	155	201.5	3.10	7
晋中	智海企业集团榆次水泥分公司	155	201.5	3.10	8
太原	太原市广厦水泥有限公司	124	161.2	2.48	9
长治	潞城市卓越水泥有限公司	124	161.2	2.48	10
运城	山西省新绛威顿水泥有限责任公司	114.7	149.1	2.30	11
太原	太原狮头水股份泥有限公司	108.5	141.1	2.17	12
太原	太原金圆水泥有限公司	99.2	129	1.99	13
晋城	山西陵川金隅水泥有限公司	93	120.9	1.86	14
太原	山西双良鼎新水泥有限公司	77.5	100.8	1.55	15
朔州	山西神固水泥有限责任公司	77.5	100.8	1.55	16
阳泉	山西亚美建筑工程材料有限公司	77.5	100.8	1.55	17
阳泉	山西南娄集团股份有限公司	77.5	100.8	1.55	18
临汾	山西中条山新型建材有限公司	77.5	100.8	1.55	19
晋城	高平市维高水泥有限公司	77.5	100.8	1.55	20

2010 年固定资产投资完成情况详见表 8：

表 8

产品名称	投资额(亿元)		同比增长(%)	
	2009 年	2010 年	2009 年	2010 年
全省建材工业	107.47	135.5	67.87	26.08
水泥制造	53.68	64.03	89.82	19.28

2010 年综合能耗情况详见表 9：

表 9

指标名称	指标完成		同比下降(%)
	2009 年	2010 年	2010 年
可比水泥综合能耗(千克标煤/吨)	114.6	107.5	6.20
可比熟料综合能耗(千克标煤/吨)	134.4	126.8	5.65

从表 1～表 9 可以看出：

①产量大幅度增长。

——水泥累计完成 3 568.5 万吨，同比增长 32.1%。水泥熟料完成 2 378 万吨，同比增长 49%。其中窑外分解窑水泥熟料 1 649.5 万吨，占总产量的比重为 69.36%，同比增长 54.9%。

从各市来看，水泥产量除长治、朔州市同比出现下降外，其余各市均保持不同程度增长，尤其大同市增幅最高，达 153.42%，运城市增长也达到 60.16%。

②固定资产投资增长较快。

全省建材工业固定资产投资完成 135.5 亿元，同比增长 26.08%，高于全省工业 3.1 个百分点。其中水泥工业完成 64 亿元，增长 19.2%。

③主要能耗指标明显下降。

2010 年，全省建材工业规模以上企业万元增加值综合能耗 7.05 吨标煤/万元，同比下降 4.9%。主要耗能建材产品单位综合能耗普遍呈现大幅度下降。

——2010 年全省可比水泥综合能耗 107.5 千克标煤/吨，比 2009 年下降 6.2%；2010 年全省可比水泥熟料综合能耗为 126.8 千克标煤/吨，同比下降 5.65%。

——2010 年全省建材行业利用固体废弃物达到 1 400 万吨，主要是利用高炉矿渣、粉煤灰、煤矸石、电石渣、金属镁渣、脱硫石膏、硫酸渣、铝厂赤泥等。

——到 2010 年底，全省水泥已建成和在建的新型干法窑纯低温余热发电机组的企业全年可节电达 35%，节约标煤 12 万吨，减少 CO_2 排放量 30 万吨。

【推进结构调整，实现可持续发展】 2010 年，围绕国家有关产业政策要求和山西省政府下发的《山西省新型材料产业调整振兴规划》以及省经信委下发的关于水泥、新型墙体材料、高岭土、耐火材料等4个行业调整振兴实施方案的全面实施,积极推进传统高耗能产业循环化,推进各建材产业规模化、集群化发展。随着"大同冀东"、同煤集团、"华润福龙"、"大同云中"的4条日产5 000吨熟料及"太原金圆"、"朔州金圆"、"潞城卓越"的3条日产4 000吨熟料,以及"山西双良"等企业的日产2 500吨熟料新型干法水泥生产线在年底之前的陆续建成投产,到年底全省新型干法水泥新增产能2 000万吨,总产能将达到5 000万吨。新型干法水泥产能占总产能的比重将达到77%。目前全省各地仍有"阳泉冀东"、"华润福龙"二线、"新绛威顿"、"山水太岳"、"蒲县翔龙"、"汇功昌靖"、"山西亿龙"、"山西金海洋"等10条日产2 500~5 000吨熟料新型干法水泥线正在建设,预计明年将全部建成投产,将再新增新型干法水泥产能近1 500万吨,全省新型干法水泥产能将达到6 500万吨。

目前,本省的水泥产业已出现了以市场为主导,合理配置资源,凭借管理优势、技术优势、设计研发优势、营销优势以及资本运作和融资优势为支撑的大企业集团联合重组。在现有"山东山水"、"浙江金圆"、"河北冀东"等大集团形成发展新格局的基础上,中国建材集团、华润集团已与省政府签订了战略框架合作协议,"中联"和"北京金隅"也已开始布局,未来几年我省将以联合重组与适当发展相结合,做大做强,全省水泥企业必将进行一次重新洗牌,进一步提高产品的集中度,推动行业的健康发展,具有划时代的意义。

【加大落后工艺产能淘汰力度,积极推进节能降耗】　据《国务院关于进一步淘汰落后产能工作的通知》要求,结合我省水泥行业发展状况,2010年省经信委先后下达了二批淘汰落后水泥产能计划,共涉及水泥企业97户,淘汰落后水泥产能831.8万吨。上半年通过努力共淘汰落后水泥产能202万吨,下半年淘汰的629.8万吨落后产能于9月30日前基本完成,比较圆满地完成了这项艰苦而伟大的任务。

【加强行业管理,提高产品质量】　开展水泥企业化验室监督检查

到2010年底,全省水泥企业化验室合格证的有效期均到期。我办于9月份布置了2010年的全省水泥企业化验室合格证换证监督检查工作。行办抽调人员分两组于10~11月份深入各地企业进行重点监督抽查,完成对近50户企业的抽查工作,各市组织的监督检查和交叉互检于12月上旬结束,我们对部分监督检查不合格的企业注销其化验室合格证和检验报告专用章,并在媒体上对全社会予以公告。同时对全省涌现出的一批水泥企业化验室管理优秀单位和优秀工作者按照相关评比条件进行择优评选并在适当时间进行表彰。

加强建材产品的监督抽查工作。一是加强对水泥等产品的监督检验,受省质监局授权委托,省建材质检中心今年完成了对100多户水泥企业的定期监督检测任务。并完成了一部分新型墙体材料产品的市场监督抽样检测任务;二是做好水泥对比验证检验。根据国家有关规定及《山西省水泥企业产品质量对比验证管理办法》规定,省建材质检中心与242户水泥企业进行了对比验证检验,与230户企业进行了水泥性能检测与化学分析大对比。在11月11日省建材质检中心召开会议,对2010年年度全省水泥性能检测与化学分析大对比工作进行了总结和情况通报。并对86个水泥性能检测全合格单位和120个化学分析对比全合格单位进行了大会表彰。

记　事

3月10日　河曲县引进山东山水水泥集团有限公司新建100万吨干法水泥生产线项目在河曲正式签约。

根据协议,由山东山水水泥集团有限公司设立具有独立法人资格的公司作为项目建设主体,在河曲县沙泉乡双神堂村建设1条日产2 500吨熟料生产线及配套余热发电和年产100万吨水泥粉磨生产线,投资总额预计3亿元,该项目于今年3月底前开工建设,工程建设工期12个月。

3月10日　"北京金隅"宣布,以1.6亿元(人民币,下同)与山西岚县"昌通建材"合作成立合资水泥生产企业;同时,"金隅"也出资8 000万元,与中国"昊华化工"在河南省焦作市合作成立"沁阳金隅水泥"。"金隅"分别占上述2家新公司80%的股权。

"金隅"表示,透过是项合作,将令集团水泥年产能增加约185万吨,石灰石矿山储备增加约5 700万吨。公司称,该项投资是集团首次将水泥业务拓展至山西省及河南省等新区域,将有助提升公司于环渤海区域水泥行业的市场份额及巩固领导地位,同时进一步完善旗下水泥业务的大十字战略布局。

3月19日　山西省建材行业工作座谈会暨省建材工业协会第五届会员代表大会在太原召开,大会根据山西省建材工业协会《章程》进行了换届选举。

4月20日　山东山水水泥集团收购山西"晋牌水泥"签字仪式在太原国贸大厦举行。协议规定,山水集团将在"晋牌水泥"原有一条日产2 000吨生产线的基础上,再由"山水"投资新建一条日产5 000吨生产线。值此,山水集团将在山西实施市场整合2 000万吨规模的目标。

4月20日　受省经信委之托,由省建材行办主持,在大量试验的基础上,在太原召开了混凝土和水泥(熟料)中工业废渣掺量研讨会,会议邀请了有关方面的专家进行论证,为山西省科学综合利用金属镁渣、粉煤灰、铜矿渣、碎屑等各种工业废渣提供了科学依据,为政府有关部门决策提供支撑。

6月1日起,山西省出台的《淘汰落后产能专项补偿资

金管理办法》规定，企业按照国家产业政策主动淘汰落后生产能力并对设备进行废毁处理的，可以申请资金补偿。今后，淘汰落后产能专项补偿资金的使用将纳入国民经济和社会发展规划，主要用于《补偿资金管理办法》所规定的电力、钢铁、焦炭、水泥、电石、铁合金等高耗能高污染行业落后产能的淘汰。

6月1日 山西省经济信息化委员会有关负责人表示，2010年山西省将综合运用法律、经济、技术和必要的行政手段，加大淘汰力度，年内确保完成淘汰六大产业落后产能总量2 253.2万吨。其中，今年淘汰落后钢铁产能1 059万吨，焦化500万吨，水泥670万吨，电石铁合金20万吨，电解铝4.2万吨，小火电100万千瓦。

6月10日 组织国家级和省级QC小组诊断师，对上报来的优秀QC小组等集体和个人的材料进行认真的评审，并完成了向全国建材行业及全省的优秀QC小组等的推荐上报工作。年内有8个集体和个人荣获全国建材行业及山西省优秀QC小组等荣誉称号。

6月14～15日 工业和信息化部原材料工业司在四川成都组织召开了建材工业“十二五”规划研讨会，行管办郑晋宜同志参加了会议。

6月19日 山西省建材工业协会会长办公会议在新绛威顿水泥有限公司召开。这次会议重点就山西省水泥工业淘汰落后产能、企业联合重组和本省水泥工业“十二五”发展规划思路进行研究。

6月25～27日 全省建材行业“吉港杯”质量控制工岗位职业技能竞赛在山西吉港水泥有限公司隆重举行。本次职业技能竞赛是由山西省建筑材料工业行业管理办公室、山西省劳动和社会保障厅、山西省总工会和中国共产主义青年团山西省委员会共同主办，山西省建筑材料工业行业管理办公室承办，山西吉港水泥有限公司协办的一次在全省水泥行业影响力很大的技术比武，也是本省建材行业一次高水平的技能大检阅。

7月8日 “华润水泥”投资有限公司与山西耀华水泥有限公司正式达成合作意向，并正式签署合作意向书，双方将合资建设忻州日产2 500吨新型干法水泥熟料生产线。

8月10日 山西省国新能源发展集团与华润水泥控股有限公司在太原举行山西1 200万吨水泥战略合作框架协议签约仪式。

双方将开展以循环经济为主题的水泥合作，涉及全省六个地区，产能达到1 200万吨，总投资68亿元。此次合作的新型水泥项目每年可消耗400万吨粉煤灰、120万吨煤矸石和70万吨石膏粉，十分符合山西省发展循环经济要求。

8月11日 山西华宝焦化集团与香港华润集团水泥控股有限公司合资经营华润水泥（长治）潞州有限公司签约仪式在东明国际大酒店举行。此次签约项目总投资8亿元，投产后，年产水泥将达到300万吨，实现产值10亿元，上缴税金1亿元。

8月18日 国家建材行业职业技能鉴定工作监督工作会议于在大同市雁北宾馆召开，来自全国各地建材行业的40多名代表参加会议。会议的主要议程是：全面总结2009年的工作，提出2010年的工作要求，为部分鉴定站颁发许可证，表彰建材行业技能人才培育突出贡献奖的单位和个人，并进行了经验交流。

8月18～19日 华北地区硅酸盐学会第十届学术交流会议于在山西太原召开。这次会议由北京市、天津市、河北省、山西省硅酸盐学会共同举办，由山西省硅酸盐学会筹备和具体承办。这次会议围绕低碳、节能、环保、可持续发展主题，进行了大会讨论交流和演讲交流，并对上会的156篇论文进行了交流评比，共评选出一等奖论文26篇，二等奖论文52篇，三等奖论文78篇。

10月12日 山西省建材工业协会会长办公会议在山西大同召开，来自全省各地四十余位副会长参加了会议。这次会议重点将紧紧围绕全省水泥工业节能降耗这一主题，结合当前能效对标、节能降耗等工作经深入的分析与探讨，更好地指导企业开展这项工作，为做好“十二五”规划的贯彻落实奠定基础。

10月19日 山西省“十一五”规划重点项目同煤集团日产4 500吨新型干法水泥熟料生产线项目经过两年多的紧张建设，正式建成投产。

10月20日 大同冀东水泥有限责任公司2条日产4 500吨熟料水泥生产线全面投产，这也是大同市近年来坚持实施依托大企业大集团发展大同战略取得的又一丰硕成果。

10月25日 华润水泥投资有限公司、山西国新能源发展集团公司和山西中盛新型建筑材料集团有限公司正式签署框架协议，三方按72%、18%、10%的比例合资在山西省方山县大武镇分期建设两条日产5 000吨新型干法水泥熟料生产线、配套建设年产400万吨水泥粉磨站和2×7.5兆瓦纯低温余热发电站，项目总投资约为15亿元人民币。该项目全部建成投产后，加上山西中盛新型建筑材料集团有限公司现有日产1 500吨新型干法水泥熟料生产线，总设计水泥年产能达到500万吨，将成为山西省规模最大、技术和环保水平最高的新型干法水泥生产基地。

10月28日 山西省霍州市人民政府、华润水泥投资有限公司、山西省国新能源发展集团有限公司、山西焦煤集团霍州煤电集团有限公司签署战略合作框架协议，霍州市人民政府将提供优越的投资环境，大力支持“华润水泥”、“国新能源”和“霍州煤电”合资合作，在山西省霍州市投资建设日产5 000吨新型干法水泥熟料生产线，配套建设两套4.2×13

米带辊压机联合粉磨系统和9兆瓦余热发电站，预计项目总投资约人民币8亿元，设计熟料年产能155万吨、水泥年产能200万吨，余热发电量5 000万千瓦时。

11月13日　由山西省建材工业协会承办“山西水泥企业能源管理培训班”在太原晋西宾馆隆重举行。会议邀请了水泥行业能源管理专家，分析并介绍了水泥企业节能减排工作现状、形势和任务，能源知识、能源管理体系和管理制度的建立等，企业能效对标、节能措施、能源审计，节能统计、计量知识等知识，增强了学员们的知识，使学员们纷纷表示获得的收益颇大，因而受到各领导和学员一致好评。全省水泥行业多家生产企业的技术负责人等70余名代表参加了培训班。

12月18日　大同冀东水泥有限责任公司一期日产4 500吨新型干法水泥熟料生产线点火运行。此举标志着“冀东水泥”在晋北市场抢抓先机，冀东发展集团有限责任公司已确立在晋区域领先地位。

大同冀东水泥有限责任公司一期生产线点火运行后，年产熟料160万吨、水泥近200万吨，实现年产值约6亿元，年利税达1.2亿元。与传统湿法工艺相比，年平均二氧化碳排量减少约5.6万吨，年消耗粉煤灰等工业废渣52万吨，对改善大同市生态环境起到重要作用。

12月27～29日　行管办在山西省忻州市奇村工人疗养院组织举办水泥企业化验室主任上岗培训班，同时在本次培训会议中宣贯国家工信部新发布的《水泥企业质量管理规程》，新规程将从2011年1月1日起执行。

山西省建筑材料工业行业管理办公室（简称省建材行业办）

主要职责：

1.负责全省建材行业的规划、协调、管理与服务

在省经委的领导下，贯彻落实国家和省有关方针、政策、法规；根据省经委确定的总体发展规划，研究拟定建材行业专业发展规划，促进行业结构调整，规划引导行业合理布局；组织制订行业规章和技术标准；协调行业内部关系，维护公平竞争秩序；研究行业发展中的重大问题，向有关部门提出政策建议；掌握和分析行业生产动态，汇集、分析和发布行业经济技术和市场信息，提供信息咨询服务；促进建材资源综合利用，负责全省墙体材料革新与推广、管理工作，推进新型建材及制品的开发和推广应用；指导国有企业改革和组织结构调整。

2.省建材行业办下设2个部：综合部、行业管理部。

3.核定省建材行业办行政编制6名。（略）

4.设置建材离退休人员管理处，负责原建材局机关离退休人员的管理和服务工作，并对本行业离退休人员管理工作进行指导、协调、督促、检查。

（据山西省机构编制委员会晋编字[2000]8号《关于省经贸委行业管理办公室机构编制的通知》）。

（据山西省人民政府办公厅晋政办发[2004]63号《山西省人民政府办公厅关于印发山西省经济委员会职能配置内设机构和人员编制方案的通知》）。

山西省建筑材料工业行业管理办公室党委书记兼主任：郭世刚

副主任：顾俊忠

离退休人员管理处处长：张玲俐

地　址：山西省太原市红沟路129号

邮政编码：030013

电　话：0351－4427640

传　真：0351－4425718

网　址：www.sxjcw.gov.cn

内蒙古自治区

Inner Mongolia Autonomous Region

【概况】　2010年，水泥产量5 354.4万吨，同比增长28.75%。

1.超额完成“十一五”淘汰落后水泥产能工作任务。“十一五”期间，内蒙古自治区完成淘汰落后水泥产能共843万吨，其中，2010年完成淘汰落后水泥产能145.3万吨，超额完成国家给内蒙古下达的“十一五”期间完成500万吨落后水泥产能的目标任务。

2.水泥行业结构调整取得成效。水泥工业是我区建材工业的主体产业。截止到2010年，全区规模以上水泥生产企业有120户，总生产能力为7 000万吨/年。

内蒙古自治区水泥工业整体技术装备水平处于全国中上等水平，最大单台主机生产规模达到日产熟料5 000吨。近几年来，全区水泥工业在发展过程中严格执行国家水泥产业发展政策，在建设新型干法水泥的同时加大淘汰落后产能力度，从2007年到2010年累计淘汰落后水泥生产能力843万吨。新型干法水泥产能比重逐年提高，到2010年底，新型

干法水泥产能的比重达到90%以上，产业结构调整取得了显著成效。

水泥主要生产基地有乌海市、鄂尔多斯市、呼和浩特市、乌兰察布市、赤峰市、通辽市、呼伦贝尔市及锡林郭勒盟等地区。重点水泥生产企业有乌兰水泥集团（“中国建材中联水泥”）、蒙西水泥股份有限公司、内蒙古冀东水泥股份有限公司、山东山水水泥集团有限公司、中国中材集团公司（“赛马实业”）。

记 事

5月16日 赤峰市人民政府、山东山水集团战略合作暨“远航水泥”重组签约仪式在玉龙国宾馆举行。原国家建材局局长、中国建材工业协会名誉会长王燕谋，山东省济南市副市长赵文朝，山东山水集团董事长、总裁张才奎，市党政领导杭桂林、王中和、张利平等出席签约仪式。

辽 宁 省

Liaoning Province

【概况】 2010年，全省水泥工业增加值完成62.45亿元，比上年增长8.92%；实现销售产值215.95亿元，比上年增长24.56%，产品销售率完成95.70%；工业总产值实现225.65亿元，比上年增长25.58 %；水泥产量4 789万吨，比上年增长1.1%；占全国总产量的2.79%；在全国各省区水泥行业中产量位居到第17位。

1. 结构调整。

全省水泥工业按照“总量控制，上大压小，等量淘汰”的基本思路，大力发展新型干法水泥，通过产业政策扶持及辅以相应的经济和法律手段，加速落后产能的退出。全行业结构调整步伐加快，产业、产品和组织结构进一步优化。

2010年全省淘汰落后水泥产能目标543万吨。到年底淘汰落后水泥产能550万吨，涉及企业29户，拆除生产线49条，淘汰落后产能补贴资金6 500万元，全面完成了国家下达的淘汰落后产能任务，是“十一五”时期淘汰落后产能力度最大的一年。

2010年全省水泥行业由高耗能型结构正逐步向节能型转变。全省新型干法水泥比重超过80%，“山水”、“天瑞”、“冀东”、“亚泰”和“金刚水泥”已完成在辽宁的布点建线，以“大鹰水泥”为代表的辽宁水泥企业近几年也得到了快速发展，大连、辽阳、本溪、铁岭等地已成为全省重要的水泥熟料生产基地，占全省新型干法水泥熟料总产量的70%，企业生产集中度进一步提高。在不断提高工艺技术装备水平的同时，企业规模化、集团化进一步提升。大型企业集团竞争格局已现雏形，形成了一批知名的如“大鹰水泥”、“山水工源”等一批具有一定竞争能力的大型企业集团。同时这些大企业集团也在不断发挥自身优势，实施跨地区的企业兼并和重组，进一步推动全行业集约化程度的提高。

2. 固定资产投资。

水泥行业由于国内大型水泥集团的进入并迅速建线布点，固定资产投资大幅增长，发展势头强劲。2010年水泥行业固定资产投资完成71.5亿元，同比增长19%；是历年来项目最多、投资额最大的一年。

3. 节能减排。

近年来，新型干法水泥余热发电、变频等节能技术得到普遍应用，在应用变频技术的同时，开发应用替代能源，水泥工业已成为节能减排的主体和重要节点。

2010年全省新型干法水泥企业积极采用纯低温余热利用技术进行余热发电，其中有6条余热发电生产线投入运行，在建的8条带余热发电生产线将陆续竣工投产，年可节约40万吨标煤，也大幅度减少CO_2、SO_2的排放，对水泥行业实现节能减排意义重大。

2010年，全省水泥行业有100多户企业享受固体废弃物综合利用免税政策，共利用各种工业固体废弃物1 000多万吨；水泥行业利废占全省工业固体废弃物消纳量30%以上。

记 事

2010年，按照辽宁省委、省政府的统一部署，辽宁省建材工业“十二五”规划编制工作正式启动，规划将就水泥工业在“十二五”期间的发展提出明确指导性意见，对辽宁水泥工业的发展有重要的指导意义。

2月初 大连水泥集团公司与金州建达合资合作项目签字仪式举行。“大水”唐贤刚副总经理介绍了大连水泥集团特种水泥有限公司生产工艺项目工期和发展方向，唐副总说，大连水泥集团有限公司与金州“建达水泥”合资合作，成立大连水泌集团特种水泥有限公司，该项目的建设对金州区经济社会的发展，对大连市水泥产品结构的调整，对投资双方都具有十分重要的意义。

该项目采用新型干法水泥生产工艺，2010 年 6 月份点火试生产，60 天达标达产。具有工艺先进、节约能源，环保达标，少批量多品种生产的特点，可以满足特种水泥生产需要。

项目建成后，年产熟料 31 万吨，年产水泥 40 万吨。其中特种水泥生产 20 万吨以上，主要销往大庆、吉林、辽河东北三大油田和辽宁红沿河核电站。随着市场的开发和新产品的试制，企业将有较大的市场发展空间。预计年实现销售收入 1.4 亿元，实现利税 4 000 万元。具有良好的经济效益和社会效益，成为投资双方新 的效益增长点，也将为金州区经济发展注入新的活力。

5 月 17 日　辽宁大鹰水泥集团纯低温余热发电奠基暨第三期日产 4 000 吨水泥熟料生产线竣工点火仪式正式启动。辽宁省经信委建材处处长王世明及阜新市委、市政府，阜蒙县，西安设计院的领导出席了竣工点火仪式。

项目总投资为 3.9 亿元，采用新型干法预热分解生产工艺，配备了 1.5 万千瓦的纯低温余热发电设备，年产水泥熟料 124 万吨。该线利用生产过程中产生的废气发电，可节约企业 30% 的用电量。

启动后，可新增产值 2.8 亿元、利税 1 亿元，安排就业 200 人。

5 月 25 日　"昌兴国际"发布公告称，其持有 53.89% 权益的附属公司 Prosperity Minerals Holdings Limited（PMHL）将向辽宁燕州筑兴水泥公司（卖方）收购辽宁"昌庆水泥"25% 股权，代价为 1 亿元人民币（约 1.14 亿港元）。收购完成后，"昌兴"将持有"辽宁昌庆"约 13.47% 实益权益。

8 月 19 日　辽宁本溪市区内最大的水泥厂"本溪水泥厂"实施定向爆破，该厂有 70 年的历史，年产水泥 120 万吨，但由于设备老化，工艺落后，长期以来对周围环境影响极大。爆破的两处为除尘器和增湿塔。据介绍，本溪水泥厂爆破拆除以后，本溪每年的工业粉尘排放量可减少 2 874 吨。

8 月　由中国水泥协会和中国建筑材料联合会科技部共同主办的第三届全国水泥企业总工程师论坛暨全国水泥企业总工程师联合会年会在大连召开，此次会议由大连易世达新能源发展股份有限公司、大连"世达重工"、"智光电气"和大连力科技术工程有限公司联合协办。

9 月 3 日　葫芦岛市渤海水泥低温余热发电工程竣工并成功并网发电。渤海水泥低温余热发电项目是一个高效节能的循环经济项目。由辽宁兴达实业集团渤海水泥有限公司与大连易世达能源开发有限公司合作建设，总投资 7 000余万元。2008 年 9 月 25 日开工建设，历时 23 个月工程竣工并网发电。该项目利用兴达集团渤海水泥有限公司日产 4 000 吨水泥熟料生产线中的低 温余热资源进行发电，项目建成后年发电量可达 6 100 万千瓦时；年可节约标煤约 2.5 万吨，年减排二氧化碳 5.2 万吨；每年节约标准煤 2.5 万吨。

10 月 16 日　亚泰集团公告，根据公司建材产业发展规划，鉴于"铁新水泥"重要的战略位置和良好的发展前景，公司同意由所属子公司吉林亚泰集团建材投 资有限公司收购"辽宁新新"持有的"铁新水泥"1.08 亿股权，占"铁新水泥"注册资本的 44%。股权收购价款为 2.49 亿元。此次 51% 股权再挂牌，意味着"铁新水泥" 近乎整体转让。挂牌资料披露，标的公司其他股东没有放弃行使优先购买权，因此"亚泰"方面也可能成为挂牌股权的买家。

目前"铁新水泥"拥有 1 条日产 5 000 吨新型干法水泥熟料生产线、2 条日产 2 500 吨新型干法水泥熟料生产线、两套纯低温余热发电系统、三套水泥粉磨系统和两套矿渣微粉生产线。2009 年"铁新水泥"生产熟料 220 万吨，生产水泥 131 万吨。

12 月 6 日　铁法煤业（集团）有限责任公司在产权市场挂牌转让铁岭"铁新水泥"51% 股权，挂牌价 2.65 亿元。（"铁新水泥"成立于 2003 年 3 月，经营范围为生产、销售高标号水泥、熟料等。公司注册资本 2.46 亿元，其中"铁法煤业"占注册资本的 51%；"辽宁新新"占注册资本 44%，吉林亚泰集团投资有限公司占注册资本 5%。）

黑龙江省

Heilongjiang Province

【概况】　2010 年黑龙江省水泥工业进入历史发展最佳时期。主要建材产品产量、工业增加值、销售收入、利润及利税总额等主要经济指标创历史新高。全省规模以上（统计口径内）水泥企业 89 户，全部从业人员年平均人数 22 038 人。

1. 经济运行情况。

（1）工业增加值 、工业总产值两位数增长。2010 年全省规模以上 89 户水泥企业完成工业增加值 43.24 亿元，同比增长 42.27%；完成工业总产值 133.73 亿元，同比增长

54.01%;完成销售产值126.47亿元,同比增长52.17%。

(2)主营业务收入、利润、利税总额大幅增加。2010年全省规模以上水泥企业主营业务收入129.61亿元,同比增长52.86%;实现利润13.49亿元,同比增长113.11%;实现利税总额21.79亿元,同比增长74.74%。

(3)产成品、应收账款净额、三项费用增加。2010年水泥工业(89户规模以上企业)产成品占用资金3.69亿元,同比增加10.15%;应收账款净额10.15亿元,同比增长26.56%;三项费用合计金额11.78亿元,同比增加31.62%。

(4)亏损企业数量、亏损面、亏损企业亏损额。全省89户规模以上企业中,有16户亏损,亏损面17.97%,亏损企业亏损额0.56亿元,同比下降42.58%。

(5)水泥、熟料产量大幅增加。水泥:全省89户规模以上水泥企业生产水泥3 513万吨,同比增长32.8%;水泥熟料:全省40户熟料生产企业生产熟料1 457万吨,同比增长21.0%,其中预分解窑熟料产量1 177万吨,同比增长25.1%。

表1 2010年全省水泥工业主要经济指标完成情况表

	单位	实际	同比±%
工业增加值	亿元	43.24	42.27
工业总产值	亿元	133.73	54.01
销售产值	亿元	126.47	52.17
产品销售率	%	94.57	-1.19
主营业务收入	亿元	129.61	52.86
主营业务成本	亿元	108.06	50.73
利润总额	亿元	13.49	113.11
利税总额	亿元	21.79	74.74
产成品	亿元	3.69	15.56
应收账款净额	亿元	10.15	26.56
三项费用	亿元	11.78	31.62
资产负债率	%	61.57	-6.91

2.经济运行分析。

(1)全省经济快速发展和固定资产投资高速增长拉动水泥发展。水泥工业是受固定资产投资拉动的行业。2010年是"十一五"最后一年,黑龙江省在国家振兴东北老工业基地政策的支持下,实施"八大经济区"和"十大工程"发展战略,加速了全省经济发展。2010年全省GDP首次突破1万亿大关,全社会固定资产投资6 812.6亿元,同比增长35.5%。全省经济的快速发展和固定资产投资高速增长拉动了水泥工业发展。全省公路交通实施三年决战计划,高速公路、一、二级公路、通乡通村公路新建总里程创历史新高,哈大、哈齐高铁全面施工,哈大齐工业走廊建设,哈尔滨国际化大都市建设,城市化建设和城市改造升级,房地产开发和保障性住房建设,江河治理等水利建设的快速推进,拉动了水泥市场需求增长。预计"十二五"全省水泥工业发展不会有大的起落,全省国民经济"十二五"规划纲要,确定到2015年GDP翻一番,水泥工业仍然会在全省经济快速发展的拉动下,平稳向前发展。

(2)水泥工业经济运行质量和效益稳步提高。进入"十一五"以来,水泥工业经济运行质量和效益明显提高,2010年主要经济指标比2005年:工业总产值133.73亿元,增加3.1倍,年均递增32.44%;工业增加值43.24亿元,增加5.1倍,年均递增43.36%;利税总额21.79亿元,增加25.6倍,年均递增92.7%;利润总额13.49亿元(2005年亏损2.1亿元);水泥产量3 513万吨,增加2.2倍,年均递增25.85%。具体经济指标完成情况见表2。

表2 "十一五"水泥工业主要经济指标表

年份	工业总产值(亿元)	工业增加值(亿元)	利税(亿元)	利润(亿元)	销售收入(亿元)	水泥产量(万吨)
2005年	32.82	7.14	0.82	-2.1	32.82	1 113
2006年	40.93	11.2	4.11	0.94	40.86	1 456
2007年	50.31	14.48	6.10	2.29	48.62	1 607
2008年	61.58	18.46	7.38	2.29	60.76	1 968
2009年	88.82	30.39	12.48	6.33	84.07	2 619
2010年	133.73	43.24	18.9	11.61	121.8	3 513
十一五合计	375.37	117.67	48.97	23.46	356.11	1 1163
年均递增%	32.43	43.36	87.30	——	29.99	25.85

3)市场发展空间相对较大。黑龙江省水泥工业起步较晚,发展滞后于发达省市。但从另一方面看,过剩生产能力比重低于全国平均和发达省市,为今后发展提供了相对较大的市场空间。2010年末全省水泥熟料生产能力1 687万吨,其中新型干法水泥熟料产能1 325万吨,全省人均熟料产能441千克,其中人均新型干法水泥熟料产能346千克,还不到全国平均的一半,距离《水泥行业准入条件》人均900千克限额规定,还有1 700~2 100万吨新型干法水泥熟料的发展空间。

在看到经济运行良好一面的同时,还应看到存在问题,主要有:

①原燃材料、动力运输价格上涨、三项费用增加。2010年以来,全省水泥工业所需原燃材料、动力、运输价格直线上扬,企业生产成本大幅提高。大宗原材料进厂价格上涨30%以上,水泥生产所需粉煤灰价格从70~90元/吨,提高到150~170元/吨,原煤价格每吨上涨100多元,电力及运输价格也有一定上涨。原燃材料价格上涨,增大了生产成本。据统计,2010年水泥单位成本比2009年上涨33.87元/吨,上涨12.4%。三项费用增加,2010年水泥工业三项费用12.54亿元,增加3.13亿元,同比增长33.26%。

②水泥单位成本增加。2010年全省水泥单位成本307.6元/吨,比2009年的273.73元/吨,提高33.87元/吨,单位成本上升幅度达12.37%。

③产成品,应收账款净额增加、产品产销率下降。应收账款净额10.15亿元(占全省建材的37.45%),同比增加26.56(净增2.13亿元)。水泥产销率下降,2010年水泥产品产销率94.57%,同比下滑1.14个百分点。

④发展不平衡,亏损企业数、亏损面、亏损额仍占一定份额。2010年全省水泥工业亏损企业数、亏损企业面同比持平,亏损企业亏损额0.56亿元,同比下降42.58%,亏损额减少0.42亿元。

【水泥出口】 2010年全省水泥出口形势明显不如上年。2010年水泥主要出口俄罗斯,出口数量仅1.7万吨,同比下降63.3%;出口金额223.34万美元,同比下降47.0%。

【产业结构调整】 2010年黑龙江省建材产业结构调整步伐加快。水泥工业认真贯彻落实"控制总量、调整结构、优化布局、淘汰落后"的结构调整方针和原则,制止盲目投资和低水平重复建设。支持日产4 000吨以上新型干法水泥项目建设,淘汰落后水泥产能。水泥结构调整成果显著,"宾州水泥"日产5 000吨,"浩良河水泥"日产5 000吨生产线分别在6月和9月份建成投产,佳木斯"北方水泥"日产5 000吨、鹤岗"鑫塔水泥"日产2 500吨新型干法线有望2011年6~8月建成投产,哈尔滨"小岭水泥"日产2 500吨新型干法水泥线于3月份建成投产,亚泰"安达水泥"年产100万吨粉磨站,"绥化大众"60万吨/年粉磨站,佳木斯"北方水泥""东风"100万吨/年、"同江"60万吨/年粉磨站分别建成投产。2010年新增新型干法水泥熟料产能近400万吨,新增大型水泥粉磨产能320万吨。淘汰落后产能工作进展顺利,据不完全统计,2010年淘汰落后水泥产能200多万吨,提前超额完成了国家下达淘汰105万吨的指标。

企业兼并整合良性推进。"北方水泥"整合水泥市场和企业步伐加快,继"北方水泥"兼并整合佳木斯"鸿基水泥"后,先后完成了对绥化"大众水泥"、牡丹江"建新水泥"、鹤岗"鸿泰水泥"、大庆"鸿庆水泥"的整合。同时对黑河"关鸟河水泥"、黑龙江"宾州水泥"整合工作进展顺利,有望2011年成功完成整合,对"北疆集团水泥"、"鸡西城海水泥"、"双鸭山新时代水泥"整合进展也在加快进行。

【散装水泥】 2010年全省水泥企业完成散装水泥1 363.6万吨,同比增长26.8%;散装水泥占水泥总产量的比例38.9%,同比增长0.6%;预拌混凝土完成1 365万立方米,同比增长207%;干粉砂浆6万吨。各项指标均创历史最好水平。全省散装水泥推广应用主要成绩和工作:

1.抢抓机遇完善政策推进"散装水泥"法制化和规范化。

认真组织实施《黑龙江省散装水泥管理规定》、《黑龙江省促进散装水泥发展条例》、《关于"十一五"期间加快散装水泥发展指导意见》,黑龙江省《预拌砂浆生产应用技术规程》。各地市为了贯彻落实省政府及有关部门出台的上述文件精神,相继出台了:《哈尔滨市应用散装水泥和预拌混凝土管理条例》、《哈尔滨市预拌砂浆管理办法》,齐齐哈尔、佳木斯、鹤岗、双鸭山等市陆续发布实施了市长令。

2.加快开拓农村散装水泥市场。

认真贯彻落实商务部《关于加快在农村推广散装水泥的指导意见》,抓住新农村建设机遇,积极开展农村散装水泥试点。各市地分别采用加快投资、增加移动式散装设施,为农村建房提供优惠、优质散装水泥。全省累计建立农村散装水泥供应网点33个,下投移动式散装罐81个,累计投资200多万元。

3.促进预拌混凝土和砂浆向规模化产业化发展。

2010年全省13个辖市全部实现了"禁止现场搅拌混凝土"(简称"禁现"),全省新增混凝土搅拌站50余家,新增生产能力1 000多万立方米,新增散装水泥固定接收库140余座,新增散装水泥使用能力320万吨。预拌混凝土发展速度之快,建设规模之大空前,一是"禁现"政策驱动,二是水泥行业延伸产业链,三是混凝土质量稳定提高。

4.散装水泥综合配套能力和水平明显提高。

水泥企业,特别是新改扩建水泥项目均执行70%散装水泥生产能力,全省有散装水泥铁路运输车171辆(节),散装水泥专用运输车2 500多台,散装水泥中转库17座,固定接收库274座，散装水泥综合配套能力达到2 500多万吨，是"十五"末期的3.6倍，增长305%。

存在问题：发展不平衡，中小水泥企业散装水泥发放能力较差，地区间发展差距逐步拉开，新、旧企业散装设施和能力相差较大；公路等项目建设用散装水泥少，黑龙江省地处高寒地区，公路、桥梁、水利等基础设施建设所用水泥均需在4月末备料到现场，因一次性应用，无散装设施，只能用袋装水泥；预拌混凝土和砂浆在边远地区推广应用还有一定困难，一是散装水泥运输半径过大，二是混凝土用量小，难以吸引投资建设10～20万立方米/年规模的商混站；落后散装设施还有待更新换代，小型落后企业需要进一步提高散装水泥和预拌混凝土技术装备水平，淘汰落后装备；少数地区预拌混凝土产能过剩，哈尔滨、大庆地区产能过剩问题应值得关注，并采取相应的制止盲目投资和重复建设，防止市场恶性竞争，确保行业健康发展。

记 事

1月12日 全省重点水泥企业经济运行分析研讨会在哈尔滨市召开。24家重点大中型水泥企业参加了研讨会，会上，省建材行业协会通报了2009年1～11月份全省水泥企业经济运行情况，辽宁、吉林两省与我省指标对比情况；各企业汇报交流了2009年生产经营情况及存在的问题，2010年生产经营计划指标；分析研讨了2010年水泥行业面临的形势及应采取的对策措施；研究讨论了黑龙江省及各区域水泥市场及价格走势，冬储水泥销售数量及价格科学合理确定依据；协会还通报了辽宁、吉林两省冬储水泥、熟料数量及价格等有关情况。于灵彦会长做了会议总结发言。会议统一了思想，认清了形势，坚定了信心，通过交流经验，对科学合理调整2010年生产经营计划，特别是科学合理确定冬储水泥销售数量及价格，引导水泥健康发展，起到重要作用。

2月2日 哈尔滨小岭水泥有限责任公司日产2 500吨新型干法水泥生产线竣工投产。哈尔滨小岭水泥厂淘汰二条中空发电窑（淘汰落后水泥产能45万吨），于2009年3月动工新建1条日产2 500吨生产线，历经11个月的建设，于2010年2月2日投产，该项目投产，对调整全省及哈尔滨市水泥结构起到重要作用。

4月6日 全省重点水泥企业经济运行分析研讨会在省建材行业协会召开。会议通报了全省2009年及2010年1～3月份全省水泥行业经济运行情况，各地区冬储水泥销售及价格情况，辽宁、吉林省冬储熟料价格走势，2010年市场分析。各企业交流了1～3月份生产经营情况，存在问题。协会领导作了总结发言，进一步统一了行业思想和对形势的认识。

4月20～21日 全省水泥企业化验员统一考试。此次考试，由省建材行业协会组织，全省参考人数1 198人，考试分设11个考场，分别对化验室简分、全分、物理三个工种的化验员进行资格证书的考试。考试全省统一时间、统一考卷，分二天进行。考试通过率为91%。

6月20日 黑龙江"宾州水泥"日产5 000吨新型干法熟料生产线竣工投产。该生产线是企业续建的第二条日产日产5 000吨新型干法水泥生产线。它的建成投产，一是使该企业一跃成为全省水泥规模最大的企业，二是优化了水泥产业结构，提高了新型干法水泥的比例。三是缓解了全省新型干法商品熟料的紧缺情况。

8月11日 西林钢铁集团浩良河水泥公司日产4 000吨新型干法水泥生产线投产。创造了我国高寒地区同类型生产线，建设周期和调试时间短，一次试车成功的纪录。该项目是省、市重点推进项目，总投资6.8亿元，设计日产熟料4 000吨，年产水泥200万吨。"浩良河水泥"日产4 000吨生产线的建成投产，将进一步优化全省水泥结构，缓解商品熟料紧张局面，并且使该企业生产规模位次跃升。

8月12日 中国建材联合会会长张人为一行到黑龙江省调研。张人为会长听取了省建材行业协会工作汇报，到哈尔滨、牡丹江市水泥企业进行视察。张人为会长对黑龙江省建材工业快速发展和协会的工作予以肯定。并对黑龙江省建材工业发展提出：进一步加快结构调整，转变经济发展方式，推进"二化"融合；进一步推进企业兼并整合，提高产业集中度；进一步搞好"十二五"建材发展规划，用足用好国家振兴东北老工业基地政策，加快发展；进一步加强"节能减排"工作，推进清洁生产和推进资源节约型、环境友好型产业进程；进一步加强和改进协会工作，把协会建成企业之家。

11月9日 全省重点水泥企业经济运行分析研讨会在哈尔滨召开。来自全省22家水泥企业的总经理（董事长）、主管经营付总参加了研讨会。会上省建材行业协会通报了全省建材工业及水泥工业1～10月份生产经营情况，水泥市场情况、价格走势、冬储水泥形势。各大中型水泥企业交流了1～11月份生产经营情况，冬储水泥数量、价格计划，会议就今冬明春水泥生产及存在的问题，明年面临的形势及应采取的对策措施展开了分析研讨。建材行业协会于灵彦会长对会议进行了总结。会议统一了对今冬和明年水泥工业面临形势和冬储水泥价格走势的认识，为做好今冬及明年生产经营工作打下基础。

水泥主管部门机构情况

黑龙江省水泥工业主管部门——黑龙江省工业和信息化委员会，与国家工业和信息化部对口，主管全省工业和信息化。

具体主管处室:原材料处。

分管原材料处副主任方安儒,电话:0451－82296427。

原材料处处长高泰来,电话:0451－82296450。

副处长王毅,电话0451－82296450。

黑龙江省工业和信息化委员会办公地址:哈尔滨市南岗区和平路68号,邮编150040。

上海市

Shanghai

【概况】　上海水泥生产厂家有10家,熟料生产厂家3家,中转水泥厂家约12家。

2010年生产水泥844.60万吨,同比增加1.24%。熟料产量48.89万吨,同比减少67.63%。外省市进沪水泥1 503.84万吨,同比减少19.67%。中转水泥141.74万吨,同比增加15.90%。生产掺和料324.92万吨,同比减少7.57%。

2010年上海重大工程完成投资超过1 000亿元,上海完成200万平方米经济适用房竣工,403万平方米经济适用住房和806万平方米的动迁安置房开工。尽管2010年本市水泥用量同比减少13.22%,但"世博会"前城市基础设施轨道交通建设的提前完成都是2010年提升水泥用量的推手,使2010年全市水泥用量达到2 348.44万吨。

记　事

1月5日　《建筑时报》记者采访问了中国水泥协会副会长、上海水泥协会会长诸葛培智。并在该报发表文章:要使中国水泥迎来属于自己的春天,主要做好以下几方面的工作:一是解决供大于求的问题。二是中国水泥协会、地方水泥协会与水泥大企业要共同研究行业自律、节能保价的措施。三是搞好节能减排工作,并在该领域寻求自身的突破和发展可以给中国水泥行业带来第二次崭新生命。

1月19日　协会常务副会长楼淑慧、秘书长余斌协调日本住友大阪水泥株式会社和上海建材(集团)总公司下属水泥企业,交流处理城市废弃物的经验,并联系参观浦东水泥厂进行实地考察(由市水泥公司负责接待)。

1月29日　协会召开本市水泥类企业化验室主任、统计员会议,会议上市安质监总站和市建科院相关部门的领导陈震华工程师和沈丽华主任,介绍了2009年本市水泥类产品的生产及质量情况,并提出了2010年的监管要求。

3月17日　协会常务副会长楼淑慧、秘书长余斌陪同市安质监总站张健民科长前往"奉贤海螺水泥",就水泥企业执行水泥新标准后,如何配合混凝土搅拌站确保建设工程质量,及企业目前遇到的问题和想法共同进行了探讨。

3月25日　中国水泥协会副会长、上海市水泥行业协会会长诸葛培智在上海举办的"2010国际水泥周""长三角"地区水泥峰会上做了题为"'长三角'水泥市场分析"的演讲。

4月15日　协会在听取部分会员单位及相关部门意见的基础上,结合水泥类产品的特殊性,就2010年度建材备案换证工作提出:"网上查阅"现有的部分内容需作适当修改、企业IC卡发放和交易管理仍按原程序办理、充分发挥企业"诚信手册"的作用等几点建议,供受理服务中心参考。

4月21日　协会秘书长余斌参加了市建设交通委"十二五"规划行业组研讨会,并按照工作方案的具体要求,就水泥类行业的特点和发展趋势做了汇报,并递交了汇报(提纲类)书面材料。

5月12日　协会在上海建材(集团)公司会议室,召开五届六次理事会。会议传达了市建交委"十二五"规划行业组大讨论的有关情况和中国水泥协会会长会议情况;审议通过了协会继续延期半年换届、调整部分副会长等提议;讨论同意水泥类企业推行统一质保书和在适当时候做好合格供应商的推荐工作;会议要求会员企业按新的管理要求,做好2010年度建材备案换证工作。会议决定于2010年12月前召开协会五届六次会员大会。理事会在充分发表意见和热烈的讨论中圆满结束。

5月17日　"2010年上海市预拌混凝土质量工作会议"召开。会议由潘延平副站长主持。会议通报了2009年下半年度全市预拌混凝土质量专项检查情况,宣布有关预拌混凝土质量事故处理,并布置了下阶段全市预拌混凝土质量监督管理的五项重点工作。

5月19日　协会按规定完成了上海市社会团体管理局下发的《上海行业协会状况问卷调查》,为上海市行业协会调研报告提供了水泥方面的第一手资料。

5月21日　协会在上海海螺水泥有限责任公司会议室,召开有部分水泥企业主管领导和化验室主任参加的专题会议,就本市水泥类企业推行统一质保书事宜进行了商讨,并在样式、内容等方面形成了初步统一意见,报相关管理部门审核。

5 月 26 日 协会就上海市浦东新区建设和交通委员会印发的《浦东新区建交委征询意见调查表》的要求，从“协会现状及在行业中所处的地位、协会服务和协调会员单位支持浦东新区市政建设的发展、协会今后发展的设想、建议和诉求”等四个方面进行了征询意见反馈。

6 月 9 日 协会向各会员单位印发《关于规范本市水泥产品质量保证书管理的通知》（沪水协 2010 第 010 号），并附“统一质保书”样式和填表说明。根据监管要求，在本市建设工程使用的水泥，实行内容和格式统一的“产品出厂质量检验报告”（简称“统一质保书”）自 2010 年 7 月 1 日起执行，“统一质保书”提供给用户的 3 天检测报告（用白色纸）和 28 天强度补报（用蓝色纸）二联，均印有防伪标记和由水泥协会统一提供的编号。各水泥企业电脑打印的“统一质保书”右上角再有加印的 D（字母外有圈），以示和手写“统一质保书”的区别。

6 月 12 日 “上海市建材行业技术革新奖奖励委员会会议”召开。会议汇报总结 2010 年上海市建材行业“台安月皇杯”技术革新奖工作，并讨论通过了 35 个获奖项目，其中市水泥协会所属会员单位申报的四个获奖项目，上海联合水泥有限公司申报的项目获得一等奖。

6 月 23 日 协会根据市城乡建设和交通委员会转发的《关于本市开展治理和规范涉企收费工作的通知》（沪发改价费【2010】004 号文）要求，在协会秘书处进行传达学习，并重点对照文件对社会团体组织提出要求的相关部分进行自查，已按时向市建交委递交《社团收费治理规范》自查工作汇报。

6 月 25 日 对协会承担的课题《上海水泥企业节能减排综合利用途径研究》（送审稿）进行终审，协会再次听取了课题各委托单位上海市建筑建材业市场管理总站、上海宝田新型建材有限公司，上海市宝山区、奉贤区、金山区、松江区散装水泥办公室提出的修改意见，目前课题正在做定稿前的进一步完善工作。

6 月 29 日 协会全体党员参加了由中共上海市化学建材行业协会、上海市水泥行业协会、上海市混凝土行业协会、上海市玻璃玻璃纤维玻璃钢行业协会、上海市建筑五金门窗行业协会、上海市建设协会、上海市绿色建筑促进会等七个行业协会秘书处联合支部成立大会。

6 月 30 日 协会在听取市各相关管理部门和企业意见的基础上，向各会员单位印发《关于规范本市用于混凝土中的粒化高炉矿渣粉出厂质量合格证管理的通知》（沪水协 2010 第 014 号），并附“统一质保书”样式和填表说明，自 2010 年 7 月起执行。“统一质保书”提供给用户的 7 天品质检验报告（用白色纸）和 28 天活性指数补报（用兰色纸）二联，均印有防伪标记和由水泥协会统一提供的编号。各矿粉企业电脑打印的“统一质保书”右上角再有加印的 D（字母外有圈），以示和手写“统一质保书”的区别。

7 月 7 日 协会会长诸葛培智、工程师王美华参加上海市标准委员会建筑材料委员会牵头、上海市建材行业能源利用监测站组织的上海市制修订地方标准项目建议书的会议。会议围绕制定“上海市水泥能耗标准”进行了讨论。

7 月 7 日 协会常务副会长楼淑慧、秘书长余斌专程拜会了本协会副会长单位——宝钢发展有限公司上海新型材料分公司，就宝钢发展有限公司和上海宝田建材有限公司，荣获“2009 年度上海市掺合料企业质量诚信考核五佳企业”，向“宝钢发展”、上海宝田建材有限公司张维彬经理等领导表示热烈祝贺；并向他们通报了本市矿粉企业从 7 月起使用“统一质保书”等事宜。

7 月 27 日 协会常务副会长楼淑慧、秘书长余斌专程去会员单位——上海青龙粉磨厂调研，在周彩金厂长的陪同下，参观考察了该厂结合实际自行改制后，设计能力约 100 万吨/年的粉磨工艺系统，节能低耗效果明显。

7 月 29 日 协会秘书长余斌会同市混凝土行业协会、市石材行业协会和砂石料分会秘书长，向市安质监总站潘延平副站长、张健民科长、刘继华副科长、陈震华和邵维平工程师，汇报了本市为确保建设工程质量、推行“统一质保书”后协会所做的工作和下一步打算。市安质监总站领导在肯定协会所做工作的同时，就总站和上述三协会之间要定期建立协调和联动机制、企业规范使用“统一质保书”等要纳入诚信管理平台、协会要做好行业内部诚信考核评比和合格供应商推荐、对不诚信或原材料供应有问题的厂商进行曝光和清除出推荐目录等方面提出了相应要求。

8 月 4 日 协会常务副会长楼淑慧、秘书长余斌专程拜会了本协会理事单位——上海申金水泥有限公司，就协会的现状和发展及协会换届等具体事宜征询了高天林理事（董事长）的意见。

8 月 9 日 协会承担的课题《上海水泥企业节能减排综合利用途径研究》已完成印刷，并送交委托单位——上海市建筑建材业市场管理总站。

8 月 10 日 中国水泥协会以中水协字[2010]023 号文，授予袁亮国等 27 人“2009 年全国水泥企业优秀总工程师称号”，其中经上海市水泥行业协会初步评选和推荐的马勇（上海建材集团水泥有限公司总工程师）和郁伟华（上海联合水泥有限公司总工程师）荣获此殊荣。

8 月 25 日 协会就水泥中转企业反映目前市建筑建材业管理部门办证窗口只办理老证（即原有备案证明的散装水泥中转企业到期换证）不受理新证的现状。协会以“沪水协【2010】第 017 号文”，向市建管办、市建材办建议：为加强对中转散装水泥质量的监管力度，以确保建设工程质量。“本市应在充分发挥目前散装水泥中转能力的基础上，继续增加符合规模要求并有质量保证体系的中转企业，同意将其纳入‘备案’监管体系。”

9 月 20 日　协会常务副会长楼淑慧、秘书长余斌专程拜访了上海市发展和改革委员会产业发展处乐燕鸣处长，就上海及“长三角”地区水泥产业结构调整、供需现状及存在问题和发展前景等进行了探讨。

9 月 25 日　市产业结构调整协调推进联席会议办公室召开专门会议，主要协调上海海豹水泥有限公司水泥配制项目建设相关事宜，协会常务副会长楼淑慧参加。市发改委产业处、市经济和信息委产业投资处和宝山区经委的相关领导出席了会议。

9 月 30 日　协会按照《关于在本市社会团体开展“小金库”专项治理工作的实施方案》要求，将自查自纠情况报告表按时呈报市城乡建设和交通委员会。

10 月 12 日　协会按“每月一报”的要求，将上海水泥类企业“统一质保书”2010 年 9 月认购情况，以书面形式向市安质监总站汇报。目前本市水泥类企业：生产及中转企业认购率达到 100%（除“联合”、“九峰”停产企业外），矿粉企业认购率达到 80%；外省进沪水泥生产企业的认购率已接近 60 %。

10 月 13 日　协会参与编制的《水泥单位产品能源消耗限额》，已作为上海市质量技术监督局发布的上海市地方标准，并要求此标准自 2010 年 12 月 15 日起实施．

10 月 21 日　上海市建筑建材业受理服务中心召开“建材类专业类交易备案综合受理协调工作小组筹备会议”。会议主要内容是交易备案情况反馈及建议；研讨市场现场联动（联合检查施行方案）等，会上市受理服务中心和市安质监总站的领导做了重要讲话。

10 月 21 日　参加上海市社会团体管理局召开的“上海市行业协会负责人会议”，会议主要内容是“贯彻落实全国行业协会改革发展经验交流会精神和新修改的《上海市促进行业协会发展规定》”，协会秘书长余斌参加。

11 月 5 日　经市城乡建设和交通委员会沪建交【2010】1005 号文批准同意，协会按要求抓紧做好换届改选工作。

11 月 16 日　协会五届七次理事会于 2010 年 11 月 16 日在上海南方水泥有限公司会议室召开。

11 月 18 日　协会向市建筑建材业受理服务中心递交“关于将上海符合监管要求的散装水泥中转企业纳入备案管理的建议”。

11 月 18 日　协会就上海水泥近期价格上涨情况，在五届七次理事会完成换届改选的相关议程后专题征询意见，并将意见整理后递交市安质监总站材料科参考。

12 月 1～2 日　协会五届六次（暨六届一次）代表大会及上海水泥市场“十二五”发展研讨会在光大会展中心（东馆）召开，会议同时召开了六届一次理事会。会议审议表决同意：诸葛培智同志连任第六届理事会会长、匡鸿等 23 名同志任协会副会长、柳擎峰等 15 位同志任协会理事、余斌同志兼任秘书长；会议同意第五届理事会期间的工作总结并审议通过了六届理事会期间的工作打算；市建筑建材业行政管理部门的吴慧英科长、陈震华工程师出席会议并就行业监管工作作了重要讲话，市城乡建设和交通委负责行业协会工作的陈灵生处长全程参加会议、监督换届改选过程，并作重要指示。最后诸葛培智会长作上海水泥市场“十二五”发展展望的发言。会议同时举办了“袋收尘企业与水泥企业交流座谈会”，代表们参观了“第九届上海国际袋式除尘技术与设备展览会”。

12 月 10 日　协会推荐上海建材集团、“安徽海螺”、“江苏金峰”、“常州盘固”、“上海崛荣”、“上海海豹”、“上海申金”、“长源散装”、宝钢新型材料分公司、“上海海螺”、“石发电力”、建材及构件质检站等 12 家单位参加“2010 年上海城市公众满意企业调查活动”。

12 月 15 日　协会副会长兼秘书长余斌参加了宝钢发展有限公司上海新型材料分公司召开的矿粉、粉煤灰客户座谈会，在会上介绍了市水泥行业协会对 2010 年水泥市场的分析及 2011 年展望。

12 月 29 日　由中国水泥协会、江苏省水泥协会主办，“海螺”、“南方”、“金峰”、“红狮”、“盘古”、“中材天山”、“上海建材”、“华新”等八家水泥企业协办的“长三角”地区水泥市场高峰研讨会在南京召开。协会诸葛会长参加会议，并做了《走出严寒、迎来春天》的发言。

12 月 30 日　经市社会团体管理局核准，协会社团法人证书有效期延至 2014 年 12 月，并同意协会第六届一次会员代表大会通过的《上海市水泥行业协会章程》修改稿。

江苏省

Jiangsu Province

【概况】　2010 年，全省有水泥企业数 259 家，其中新型干法企业数 26 家，JT 窑企业 4 家，立窑企业 4 家，粉磨站企业 221 家，特种水泥企业 4 家。全年水泥产量 15 689 万吨，水泥工业总产值 536 亿元，完成投资总额 28.89 亿元。

1. 产能及产量。

2010 年，江苏省水泥粉磨产能 23 000 万吨，实际生产水泥15 689万吨，占全国水泥总产量的8.36%，居全国第一；熟料产能约6 200万吨，其中新型干法占90%以上，水泥熟料产量6 236万吨，占全国水泥熟料总产量的5.29%，居全国第五，其中：新型干法水泥熟料产量5 558万吨，占全国新型干法水泥熟料总产量的5.85%，居全国第六，占全省熟料总产量的89.13%。全年出口水泥350万吨，累计增长21%，其中：南京市53.99万吨、镇江市10万吨、无锡市45.61万吨、苏州市82.96万吨。

2. 产能分布。

水泥粉磨产能主要集中在常州、无锡、徐州、盐城、南京、镇江、苏州7个市，占全省总产能的75.47%；受石灰质原料资源的影响，熟料产能主要集中在常州、南京、无锡、徐州、镇江5个市，占全省总产能的92.65%以上。

3. 企业结构及技术装备。

2010年全省水泥企业平均水泥生产规模91万吨/年，粉磨能力达100万吨（含）以上的企业56家，占企业总数的21.62%，其产能占总产能的61.07%，200万吨（含）以上的企业26家，占企业总数的10.04%，其产能占总产能的41.86%，前10位水泥企业（集团）粉磨产能占总产能的44%。熟料生产企业年平均熟料生产规模182万吨/年，前10位企业（集团）熟料产能占总产能86%。

全省现有新型干法水泥企业26家，熟料生产线49条，总产能5 726万吨，其中日产4 000吨及以上生产线26条，日产2 000 ~ 4 000吨（不含）生产线16条，日产2 000吨（不含）以下生产线7条。有83.67%的生产线采用了纯低温余热发电技术，发电机组总能力达298兆瓦。

全省有水泥磨542余台，其中直径3.0米（不含）以下水泥磨数量大约占41%，其产能约4 000万吨。从水泥磨规格看，直径3.0米以上磨主要以直径3.2米、直径3.8米、直径4.2米为主，占直径3.0米以上磨总数的76%，其产能占82.29%。

记 事

1月10日 徐州龙山水泥厂日产5 000吨新型干法熟料生产线正式投料生产，这是徐州地区淘汰21座立窑产能后建设的一条新型干法熟料生产线，这将进一步促进徐州地区落后水泥产能的淘汰。

1月26日 江苏省水泥协会在南京召开江苏省水泥产业结构调整指导会，有240多人参加了会议。中国水泥协会会长雷前治作了新的水泥工业产业政策修订背景和我国水泥工业形势分析报告，江苏省水泥协会会长聂长兰针对即将颁布的新的产业政策，结合江苏水泥工业的实际情况，提出了江苏省水泥产业结构调整的意见。会上还表彰了优秀化验室和优秀化验室主任，授予华新金猫（苏州）水泥有限公司等24家水泥企业化验室为“2008 ~ 2009年度江苏省水泥企业优秀化验室”，从远达等28名化验室主任为“江苏省水泥企业优秀化验室主任”。

2月8日 随着一阵震耳欲聋的爆破声，寒山桥西北堍南新水泥厂主体建筑轰然倒下，现场顿时腾起一团团黄尘，站在数百米外的人们，依然感到地动山摇。凭着空前的拆除面积，这一爆破工程成为苏城有史以来的“第一爆”。

3月 江苏金峰集团收购无锡新恒来水泥有限公司，这是金峰集团收购的第二家水泥粉磨企业，收购后集团将新增水泥粉磨产能180万吨。

4月15日 南京市中联水泥有限公司日产4 500吨水泥生产线暨纯低温余热发电项目开工建设。

8月3日 省政府办公厅转发省经信委等部门关于实施节能预警调控意见的通知（苏政办发（2010）97号），全省水泥企业大范围限电停产，由此出现了水泥市场供应短缺，水泥价格大幅上涨。

9月26日 江苏省水泥协会召开省内十大重点水泥企业负责人会议，听取因限电产生的影响，分析研究江苏及周边水泥市场情况，进一步加强水泥市场自律工作。

8月17日 江苏省水泥协会组织全省水泥行业“十强”排名活动，江苏金峰水泥集团有限公司、江苏磊达股份有限公司、徐州中联水泥有限公司、盘固水泥集团有限公司、中国水泥厂有限公司、淮海中联水泥有限公司、江苏南方水泥有限公司、江苏天山水泥集团有限公司、江苏鹤林水泥有限公司、句容台泥水泥有限公司被评为江苏省水泥行业综合10强单位。

8月25日 苏州最有影响力和知名度的华新金猫水泥（苏州）有限公司因苏州市政府“三区三城”的总目标和城乡一体化建设的需要实施关闭停产。

9月 宜兴市金墅水泥有限公司收购兼并宜兴市善卷水泥有限公司和宜兴市金墅水泥厂，兼并后该公司形成产能80万吨，水泥粉磨产能275万吨。

10月 江阴绮星水泥有限公司收购江阴顾山水泥有限公司，收购后，该公司水泥粉磨产能将达200万吨。

12月 无锡市安镇水泥有限公司因城市规划及京沪高铁建设的需要停产关闭。

9 ~ 12月 为贯彻实施淘汰落后水泥产能产业政策，苏州市昆山市淀山湖水泥有限公司、昆山市千兴水泥有限公司、昆山市禾发水泥有限公司、张家港市金臣水泥有限公司关闭停产。

10月5日 “句容台泥”举行20兆瓦余热冲转汽轮机顺利冲转成功庆典仪式，这意味着“句容台泥”两条新型干法熟料生产线均采用低温余热发电技术。

9 ~ 12月 江苏金峰水泥集团“新金峰”两条日产5 000吨水泥熟料及纯低温余热发电生产线正式点火运行，此时，江苏金峰水泥集团具有日产2 500吨熟料生产线一条、日产

5 000吨熟料生产线8条，并全部采用纯低温余热发电技术，已形成年产近1 500万吨水泥熟料生产能力。

12月21～22日　江苏省水泥协会在盐城东台市召开会长办公会议，总结2010年协会工作并提出2011年工作意见，代表们还参观了江苏水泥产量较大、经济效益较好、多门类发展较成功的江苏磊达股份有限公司。

12月29日　中国水泥协会与江苏省水泥协会在南京联合召开长三角地区水泥市场高峰论坛，来自"长三角"六省一市（上海、江苏、浙江、江西、安徽、湖南、湖北）的骨干水泥企业以及省级水泥协会和资本市场代表共80余人参加了会议。中国水泥协会孔祥忠秘书长主持会议，中国水泥协会会长雷前治、江苏省水泥协会会长聂长兰、上海市水泥协会会长诸葛培智分别从行业结构调整、低碳经济发展、企业社会责任、稳定供求关系等方面作报告和致辞，中国数字水泥网总裁刘作毅作了华东及全国水泥市场分析报告，"南方水泥"、"海螺水泥"、江苏"金峰水泥"等领导在会上介绍和分析了水泥市场情况，为进一步加强水泥行业自律、稳定市场秩序产生了十分积极的作用。

江苏省镇江市

Zhenjiang City, Jiangsu Province

【概况】　2010年是我国"十一五"规划的最后一年，在这一年里我会在省协会和市经信委的有关部门的指导下，经过会员单位的共同努力，总的看形势是好的。对镇江市水泥行业来讲是冰火两重天，9月份以前水泥销售不温不火，价格亦滞留在220元/吨(32.5级)左右，250元/吨(42.5级)，多数企业出现微利，有的企业出现亏损，最多企业亏损累计达到2 400多万元，9月份以后销售突然转旺，价格直线上升，从220元/吨、250元/吨直升为450元/吨、480～500元/吨，个别企业42.5等级曾超过530元/吨，各企业为了提高产量，开足马力，产量也大增，大多数企业扭亏为盈。

2010年度镇江辖区内，水泥三巨头："江苏鹤林"实产熟料320万吨，水泥450万吨，"句容台泥"生产熟料385万吨，水泥250万吨，"江苏联合"10个月生产熟料145万吨，因此镇江市2010年度熟料生产在850万吨以上，水泥超过1 300万吨，比2009年度增长30%左右，且42.5等级以上水泥占85%以上。

2010年度，我会在中国水泥协会及江苏省建材工业协会水泥分会的指导下，继续积极贯彻国务院、国家发改委的政策，大力开展节能减排，坚决淘汰关停落后生产力，积极进行环境治理，引导我市水泥企业，淘汰落后的机立窑生产线，改粉磨站，采取各种措施，节能、节电、降低生产成本、取得了明显的成效。

2010年度，丹阳美联水泥有限公司新建的直径3.8×13米粉磨生产线于5月底建成投产，由此跨入年产能力100万吨的粉磨行列，扬中大地水泥有限公司两条直径3.8×13米粉磨生产线于10月底动工新建，预计明年七月投产，到时亦将跨入年产能超百万吨水泥的行列。

镇江光华白水泥有限公司与江苏远东水泥有限公司签订租赁合同，将该公司原产能为日产1 500吨的水泥生产线进行技术改造成白水泥生产线，12月底竣工试产，因此江苏光华建筑材料有限公司将成为全省第一、全国名列前茅的白水泥生产企业。

句容台泥水泥有限公司投入2.5亿元，用于节能减排．在上半年，实施了2条新型干法的纯低温余热发电项目，并取得了较好的成效。相继克服了当年下半年限电带来的影响。

【协会工作】

一、积极宣传国家及行业有关政策法规

1. 春节后国务院下达了2010年第七号文件，《国务院进一步加强淘汰落后产能工作的通知》，我会在三月份召开了第十七次水泥协会理事会，会上全文传达了国务院关于进一步加强淘汰落后产能工作的通知，及行业协会关于建材产品下乡的建议，并且在会上总结了上年度协会工作及时布置今年的工作意见。

2. 四月省建材工业协会会议，提出全省水泥产品质量自律检查及化验室合格证复查工作，由本市及外市专职检查员共同参与工作，本市协会牵头，在5月27日召开了全市水泥生产企业化验室主任会议，进行了具体布置，并要求每个企业进行自查，并写出自查小结。

3. 大力淘汰落后的机立窑生产线，做好节能、减排工作，协会协助市经信委对国家发改委明文下达的三家机立窑厂家，进行了大量的预验收工作，即镇江长河水泥有限公司的两条直径3.0米及直径3.6米的机立窑进行破坏性捣毁，拆除主机改建为粉磨站，另外还协助市经信委使北固水泥有限公司两条机立窑拆除，丹阳嘉山水泥有限公司的直径3.0米机立窑拆除进行了市级验收。

4. 按照国家产业政策要求，企业要做大做强，本市除现有新型干法的"鹤林"、"句容台泥"，"江苏联合"三巨头，熟料产能在850万吨以上，粉磨站除"江苏北固"上了百万吨规模外，2010年，"江苏美联"和"扬中大地"，经省发改委批准上了直径3.8×13米和2条直径3.8×11米的粉磨生产线，产能均超百万吨大关（带辊压机），"句容台泥"的纯低温余热发电项目在上半年开始正式运转，把九月份以后的限电对企业的影响降至最小，大大降低了成本，节电降耗成效明显。

二、继续做好水泥产品质量保证及日常管理工作

1. 根据江苏省建材工业协会水泥分会2010年度第七号《关于开展2010年水泥企业质量自律及化验室合格证监督检查工作的通知》，我会在五月二十七日召开全市水泥企业化验室主任会议，进行了具体布置．本次检查，先由企业按本次检查内容要求做好自查打分，并形成一式两份自查书面材料，分别交市协会和检查组，书面材料包括：2010年质量自律小结。

2. 完成《2009年江苏省水泥(熟料)企业情况调查表》。

3. 完成江苏省水泥企业产品质量自律检查结果评价表。

4. 进行2010年水泥企业化验室合格证监督结果评价，检查组由省水泥协会统一组织，市协会负责本市水泥企业的检查组织工作，检查组人员由省市协会联合组成。我市水泥产品质量自律检查分两批四组，时间从6月2日至6月4日和6月8日至6月10日。

5. 按省建材行业协会要求，积极组织参加全省水泥企业综合十强及粉磨、熟料综合十强的推荐、评选工作，另外积极组织企业(大型)参加省协会组织的财税人员，合理避税培训活动，为企业做好综合服务。

6. 继续做好水泥企业统一的化验室台账、记录的供应工作。

7. 继续为企业做好提供质量、信息、价格资讯及技改的前期准备工作，尽量满足企业的合理要求。

8. 积极配合省协会、省质检站、组织镇江市水泥企业参加省站的水泥品质指标和化学分析大对比活动。在品质指标大对比中镇江市有五个企业获优胜单位，“镇江金山”、“江苏联合”、“江苏远东”、“句容天龙”、“镇江船二”。“镇江光华”获全合格单位。在化学分析大对比中镇江市有九个企业获优胜单位，“镇江金山”、“江苏联合”、“镇江润扬”、“江苏远东”、“镇江江源”、“句容台泥”、“句容天龙”、“镇江船二”，两个企业为全合格单位:“江苏鹤林”、“江苏北固”。

9. 继续保持与上海水泥协会、浙江水泥协会以及苏、锡、常、南京、徐州等兄弟协会联系交流信息，特别在产品质量、技术交流、价格信息、经营自律等，并及时向我市会员单位通报，做好市场导向及预测工作。

【省十强】 2010年江苏省水泥综合10强企业，其中有镇江市的:

江苏鹤林水泥有限公司

句容台泥水泥有限公司

2010年江苏省水泥粉磨市、县第一企业

江苏北固水泥有限责任公司

【资讯】 2010年是“十一五”收官之年，这五年间我市水泥行业出现六大亮点:

1. 水泥投资大幅度攀升。

粉磨:“北固”投资7 000万元(直径4.2米带辊压机)，“红垒”投资3 500万元(直径3.2米)，“盘隆”投资7 000万元(直径3.2米带辊压机)，“美联”投资9 000万元(直径3.8米带辊压机)。粉磨总投资2.65亿. 新型干法:“句容台泥”投资10亿元、“鹤林”投资8亿元、“联合”投资6亿元:计24亿元，总投资26.65亿，超过前50年的总和。2010年投资近8个亿。

2. 生产规模大型化。

2010年底前建成投产的新型干法3条线，都在日产5 000吨以上，占新型干法产量60%以上，粉磨站直径3.2米以上新建4条，占粉磨线能力60%以上。

3. 水泥产量稳步增长。

2010年水泥产量1 300万吨，5年间共生产水泥5 700吨，平均每年增长15.4%，几乎占50年以来的60%以上. 2010年度镇江辖区内，水泥三巨头:“江苏鹤林”实产熟料320万吨，水泥450万吨、“句容台泥”生产熟料385万吨，水泥250万吨、“江苏联合”10个月生产熟料145万吨，因此镇江市2010年度熟料生产在850万吨以上，水泥超过1 300万，比2009年度增长30%左右，且42.5等级以上水泥占85%以上。

4. 淘汰落后取得重大进展。

5年淘汰落后机立窑10万吨生产线40条，淘汰湿法窑10万吨生产线2条，淘汰旋窑日产600吨生产线2条，日产1 500吨生产线1条，共45条生产线，总产量约500万吨。

5. 节能减排效果显著。

2010年节约标准煤50万吨以上，减少大气CO_2排放量300万吨以上，节约3亿度电左右;减少大气污染排放200万吨以上，新型干法低温余热发电1.2亿千瓦时。

6. 产业集中度大幅度提高。

2010年100万吨以上的熟料生产企业有3家，“鹤林”生产320万吨、“句容台泥”385万吨、“联合”10个月生产158万吨，总共生产熟料850万吨;4家粉磨站、3家新型干法企业2010年共生产水泥1 000万吨以上，占76%，全年实现利润4个多亿，没有一个企业亏损，全部盈利，企业平均规模由“十五”期间25万吨，扩大到60万吨以上。

浙江省

Zhejiang Province

【概况】 2010年，我国经济保持了较快的增长速度，国民经济朝着宏观调控的预期方向发展。由于投资的拉动，浙江省水泥销量略有增长。七月份以后因为节能限电，对水泥、熟料生产有一定影响。全年生产水泥11 275万吨，比上年增长4.4%。全年生产熟料5 968万吨，同比增长3.5%。从外省购入熟料数量增长，全年净从外省购入熟料已超过1 000万吨。由于限电，三季度开始出现水泥供不应求的情况，使水泥价格上扬，企业效益上升，全年利润38.50亿元，同比增长191%。

近年水泥产量、新型干法水泥产量增长情况如表

年 份	2001	2005	2006	2007	2008	2009	2010
水泥产量(万吨)	4 791	9 129	9 947	10 546	10 207	10 796	11 275
增长速度(%)	12.5	4.1	12.4	6.0	-3.2	7.2	4.4
新型干法水泥产量(万吨)	154	7 860	9 606	10 371	10 077	10 784	11 275
新型干法水泥比例(%)	3.2	89.0	96.6	98.3	98.7	99.9	100

浙江省水泥工业在"十五"末即已基本完成工艺结构调整,2010年通用水泥全部实现新型干法生产。水泥产量在1亿吨左右已有多年,近年的产量增速远低于全国水泥产量的增速。浙江省水泥产量在全国的排名逐步后退,2008年、2009年为第4位,2010年降至第7位。

2010年散装水泥量8 351万吨,排名全国第三。散装率74%,已连续10年居全国各省、区的首位。

预拌混凝土发展较快,2010年预拌混凝土产量10 973万立方米,同比增长31.5%。产量居全国各省、市第二位。

2010年的主要经济指标,如表

指 标	2010年实绩	同比增长%
销售产值	388.86亿元	25.89
主营业务收入	402.08亿元	27.15
主营业务成本	343.26亿元	20.33
利润总额	38.50亿元	191.03
税金总额	18.27亿元	44.38
企业家数	232家	-0.87
亏损企业数	34家	-44.26
全部职工平均人数	39 395人	-4.54

2010年人口普查的浙江省常住人口为5 442.69万人,由此计算的人均水泥产量为2.07吨,较全国人均产量1.39吨高出49%,居各省市首位,浙江省以现有人口计算的人均累积水泥产量已达23.57吨。可以认为浙江省的水泥产量已临近峰值。

【生产能力与淘汰落后产能】 浙江省水泥工业存在着较严重的产能过剩。近几年来,回转窑、水泥磨的运转率都只有60%左右,不仅是产能、投资的浪费,更造成了水泥市场的过度竞争,企业效益低下,影响行业的正常发展。因此,控制产能已是全行业的紧迫任务。按照国务院[2009]38号文件精神,不审批新的水泥熟料生产线项目,在淘汰小型水泥磨建设大型磨机时,实施产能的等量置换、减量置换,防止水泥生产能力的增长。

2010年11月投产"建德海螺"日产5 000吨熟料生产线。6月份长兴新明华化工建材有限公司投产日产400吨白色水泥熟料生产线。

到2010年底,全省共保有通用水泥熟料生产线90条。

生产线规模、数量、产能

生产线规模	条数	设计产能(万吨/年)	实际产能(万吨/年)	产能比重(%)
2 000吨/日以下	33	1 147.0	1 376.4	15.78
2 500吨/日	35	2 712.5	3 255.0	37.31
5 000吨/日	22	3 410.0	4 092.0	46.91
合 计	90	7 269.5	8 723.4	100

表内设计产能按设计日产量年生产310天计算,实际产能按设计产能的120%计,符合目前生产情况。因此,全省熟料产能为8 723万吨。

日产2 000吨以下小型生产线数量上占生产线总数的三分之一,产能仅占16%。日产5 000吨的大型生产线的产能占总产能的47%。2010年已有约10条小型生产线因效能差而全年停产,未生产熟料。

2010年,淘汰水泥磨95台,至年底全省共有水泥磨414台,水泥粉磨产能16 902万吨。其中,新型干法水泥企业粉磨产能8 049万吨,粉磨企业产能8 838万吨,白水泥粉磨产能15万吨。

水泥磨机的规格分布如下

直径(m)	4.2	4.0	3.8	3.5	3.2	3.0	2.6	2.4	2.2	1.8
数量(台)	45	4	30	2	111	96	9	67	47	3

全省各市熟料、水泥产能和2010年的产量如表

地　区	生产线数量(条)	熟料设计产能(万吨)	熟料实际产能(万吨)	熟料产量(万吨)	水泥磨数量(台)	水泥产能(万吨)	水泥产量(万吨)
全　省	90	7 269.5	8 723.4	5 968	414	16 902	11 275
杭州市	18	1 953.0	2 343.6	1 701	58	2 899	2 021
湖州市	21	1 816.6	2 179.9	1 361	51	2 154	1 338
嘉兴市	7	310.0	372.0	250	78	2 304	1 685
绍兴市	10	554.9	665.9	597	40	1 910	1 288
金华市	13	1 004.4	1 205.3	758	74	2 270	1 479
衢州市	20	1 553.1	1 863.7	1 200	70	2 955	1 857
宁波市	1	77.5	93.0	101	23	1 430	1 093
台州市					8	420	210
丽水市					9	455	280
舟山市					2	75	10
温州市					1	30	14

2010年熟料生产线的产能利用率为68.4%,水泥粉磨的产能利用率为66.7%。

【提高行业集中度】 企业组织结构调整已取得了显著成效。南方水泥有限公司成立三年来,完成了大规模的兼并重组。“南方水泥”在浙江境内有生产企业44家,共有生产线41条,其中日产5 000吨生产线13条,日产2 500吨生产线16条;熟料产能占全省的50.4%,水泥产能占全省的28.4%。红狮集团在浙江境内有8家企业,共有生产线8条,其中日产5 000吨生产线4条,日产2 500吨生产线3条;熟料产能占全省的12.3%,水泥产能占全省的6.9%。海螺集团在浙江沿海建了一批大型粉磨企业,在浙江共有6家企业,其中一家有2条日产5 000吨生产线,其余为粉磨企业;熟料产能占全省的4.3%,水泥产能占全省的7.4%。此外,红火集团、江山虎集团也具较大规模。这5家企业的熟料生产能力达到6 473万吨,占全省熟料产能的74.2%;水泥生产能力达到8 007万吨,占全省水泥产能的48.1%,以5家企业水泥产量计算的水泥生产集中度已达53.5%。但是,小粉磨企业众多的现象尚未彻底改观。在效益回升情况下,一些停产的小粉磨企业重新生产水泥。2010年水泥产量10万吨以下的还有40家。

【市场销售与行业自律】 由于产能过剩,浙江水泥市场几年来长时间处于供过于求的局面,以致竞争激烈,价格低,效益差。行业内力求通过自律来实现产销平衡,避免恶性竞争,企业共商通过节能限产的方法,控制产能的发挥,平衡、稳定市场。“南方水泥”在行业自律中起了带头作用,倡导“不恶性竞争、不挤占市场、不开大票、不赊销”的“四不”原则,得到了同行企业的响应。三季度高温季节,按照省经信委的安排,配合电力部门的“迎峰度夏,有序用电”,省水泥协会制定了“浙江省水泥行业2010年夏季节能减排方案”,在七、八两月,全省水泥企业分别停电限产8天。高温季节的停电限产,有力地支持了省政府的节能减排工作,为完成浙江省“十一五”的节能指标做出了贡献。最大压减电力负荷达117万千瓦,为全省供电的迎峰度夏提供保障。对水泥行业,缓解了高温季节水泥市场供过于求的矛盾,避免了过度竞争。九月份以后,省内各地按当地供电情况,对水泥行业分别制订了不同的限电方案,水泥企业用电受到较大限制,对水泥、熟料生产影响较大,导致市场趋向紧张,水泥和熟料的价格在多年处于低位后得到了回升。

【产品质量与科技进步】 为配合《水泥企业质量管理》的修订,省水泥协会对《浙江省水泥质量统一表式》进行修订。在广泛征求企业意见的基础上,组成表式修订小组,几次讨论、修改有关表式,同步修改了使用规则。定稿后的《浙江省水泥质量统一表式》为第五版本,印发给企业于2011年1月启用。年底召开化验室主任会议,讲解第五版《浙江省水泥质量统一表式》的修改点和使用方法。会议中,请中国建材研究总院水泥所江丽珍主任作关于当前水泥质量及标准情况的技术报告。

开展年度水泥质量调查,统计汇总后编印了《2009年浙江省水泥质量调查资料》。

浙江省生产的通用水泥,新型干法水泥已达100%,高强度等级水泥产量虽逐年增长,但比例不高。为与浙江省经济发展、基础设施和各类建设的水平相适应,需要提高混凝土的强度等级,相应提高42.5及以上等级水泥的产量。为此,省水泥协会通过各种途径向有关部门反映,呼吁提高建设工程使用水泥的强度等级,适应低碳经济的要求。

2010 年各品种、强度等级水泥的产量如表

品种及等级	52.5 硅酸盐水泥	52.5 普通水泥	42.5 普通水泥	42.5 复合水泥	32.5 复合水泥	32.5 石灰石水泥	管桩水泥	海工水泥	白水泥
产量（万吨）	22	66	4 133	599	6 147	3	6	43	5
%	0.20	0.60	37.44	5.42	55.68	0.02	0.06	0.39	0.05

42.5 等级以上水泥占通用水泥比例的增长情况见表

年　份	2000	2005	2006	2007	2008	2009	2010
32.5(%)	93.0	75.0	72.1	70.7	65.6	61.3	56.0
42.5(%)	7.0	25.0	27.9	29.3	34.4	38.7	44.0

浙江省科协、省科技厅、省人力社保厅联合设立“浙江省自然科学学术奖”，省水泥协会组织全省水泥行业企事业单位工程技术人员申报参评“2010 年浙江省水泥行业自然科学学术奖”。召开评审会，评出一等奖 1 个，二等奖 4 个，三等奖 4 个。推荐申报省自然科学学术奖，获得三等奖 1 个。

【节能减排】　新型干法熟料生产线纯低温余热发电已经普及。全省已有 73 条生产线建成余热电站，装机容量 383.2 兆瓦，年可节能 95 万吨标准煤。尚余十多条生产线未建余热发电，都是已经停产或将停产的小型生产线。

2010 年的能耗指标如下

熟料标准煤耗 kg/t	熟料综合电耗 kWh/t	熟料综合能耗 kg/t	水泥综合电耗 kWh/t	水泥综合能耗 kg/t	粉磨企业水泥电耗 kWh/t
111.4	64.5	119.5	80.6	82.1	34.3

各项能耗与上年基本持平。

为进一步推动水泥企业的节能工作，鼓励先进，鞭策落后，省水泥协会向全省水泥企业发出了《关于开展水泥企业能耗对标工作的通知》，要求企业努力降低能耗，尽快达到水泥单位产品能耗限额的国家标准和浙江地方标准的要求。

利用水泥窑处置工业废弃物已经起步。已投入正常运行的有：宁波科环新型建材有限公司处理电镀、不锈钢酸洗的重金属废渣；“富阳南方”处理造纸污泥；“绍兴南方”处理印染污泥。“德清南方”试烧垃圾飞灰，为城市垃圾作最终处理。为推动水泥窑协同处置城市垃圾，在全省水泥企业化验室主任会议上邀请中材国际工程公司技术中心杨学权主任作“利用水泥工业新型干法窑处置城市生活垃圾”的技术报告。省水泥协会向省政府领导和发改委、省经信委、省建设厅、省环保局等部门提出了“关于利用水泥窑处置废弃物的建议”的报告，要求政府部门开展调研，制订政策，促进这一利国利民工作的开展。

【其他工作】　省水泥协会承担政府委托的行业统计工作，完成了 2010 年的定期报表和 2009 年年报。召开全省水泥工业统计工作会议，总结 2010 年的统计工作，布置 2010 年年报和 2011 年的定期报表，表彰优秀统计员和统计工作做得较好的企业。举办水泥企业统计员继续教育培训，请省统计局法规处领导宣贯新的《统计法》，讲解统计工作中存在的问题。有 135 名统计员经考试合格领取“浙江省水泥行业统计员证”或进行继续教育注册。

浙江省水泥协会参加中国水泥协会三届三次理事会、秘书长联席会议，崔小明秘书长应邀介绍了浙江省水泥行业自律工作经验、兼并重组和控制产能的情况。积极开展地方协会的经验交流，先后接待湖北省水泥协会、新疆维吾尔自治区水泥协会、湖南省水泥协会、四川成都水泥协会所组织的水泥企业的考察访问，与省外同行交流结构调整、行业自律、兼并重组等方面的经验。

省水泥协会作为联合主办单位，组织企业参加在南京召开的“2010 年水泥工业节能减排发展低碳经济研讨会”，会上中国水泥协会雷前治会长作专题报告，交流了水泥工业处理生活垃圾技术和发展低碳经济的经验。

作为浙江省科协的成员，省水泥协会参加科协的各种活动，申报学术活动项目，参加学会工作会议和学会干部培训。

按照省经信委的要求，编写《浙江省水泥工业发展报告》，按季编写水泥工业简况。在国家审计署到浙江省经信委审计能源消耗情况时，提供水泥工业产能、产量、能耗等方面的材料。

记　事

1 月 13 日　浙江省水泥协会编写《浙江省水泥工业发展报告》，提交省经信委，汇编出版《浙江省建材工业发展报告》。

1 月 19 日　核对中国水泥协会统计的浙江省新型干法水泥生产线清单。

1 月 20 日　省水泥协会召开常务理事扩大会、省水泥行业自律工作领导小组联席会议，研究春节期间设备检修、节能限产工作和协会会务。

2 月 4 日　参加省能源标准化委员会会议，研究地方标准《水泥单位产品能耗限额及计算方法》的修订工作。

3 月 4 日　参加浙江省科协学会工作会议，讨论学术活动和学会改革工作。

3月4日 省建材冶金煤炭行业管理办公室开会讨论淘汰落后水泥生产能力工作，计划全年淘汰磨机60台，淘汰水泥生产能力650万吨。

3月中旬 红狮集团董事长、省人大代表章小华向人大提出关于开展水泥窑处置废弃物工作的提案。

4月6日 因高速公路实施计重收费，使金华、衢州等地区水泥运费大幅增加。应企业的要求，省水泥协会向省经信委建材冶金煤炭行业办提出《关于请求延长高速公路模拟计重收费时间和降低收费标准的报告》。

4月9日 省水泥协会崔小明秘书长和省内主要企业负责人去省交通厅反映高速公路计重收费对水泥工业的影响，省交通厅表示计重收费运行一段时间后将测算增加费用程度，再考虑调整费率。

4月13日 召开市、县水泥协会秘书长联席会议，传达中国水泥协会六届三次理事会和省经信委行业协会工作会议精神，交流工作情况和经验。

4月19日 省水泥协会为发展低碳经济，做好节能减排，推动水泥窑处置废弃物工作的开展，向省政府领导和省发改委、省经信委、省建设厅、省环保局等部门提交《关于"利用水泥窑处置废弃物的建议"的报告》，要求政府部门重视这一工作，制订有关政策。

5月4日 《浙江省水泥行业调查资料(2009年)》编印完成。

5月24日 省水泥协会崔小明秘书长向省经信委凌云副主任汇报水泥行业节能限产工作和水泥窑处理生活垃圾的相关政策要求。

6月1日 国家审计署到浙江省经信委审计能源消耗情况，省水泥协会提供水泥行业水泥、熟料的产能、产量、能源消耗、废渣利用和企业概况等材料。

6月19日 省水泥协会召开常务理事扩大会、省水泥行业自律工作领导小组联席会议，研究配合省经信委、电力部门电力迎峰度夏，水泥行业七、八两月节能限产各8天的有关措施。

6月22~24日 省水泥协会召开全省水泥企业化验室主任会议，会上总结全省2009年质量，请中材国际工程公司技术中心主任杨学权高工作《利用水泥工业新型干法窑处置城市生活垃圾》的报告。

6月下旬 长兴新明华化工建材有限公司新建日产400吨白色硅酸盐水泥熟料生产线投产，年产白色硅酸盐水泥15万吨。

7月1日 为推动水泥企业的节能工作，省水泥协会向全省水泥企业发出《关于开展水泥企业能耗对标工作的通知》，要求企业努力降低能耗，达到水泥单位产品能耗限额的国家标准和省地方标准的要求，向国内和国际的先进水平靠拢。

7月21~22日 省水泥协会举办水泥行业统计员继续教育培训，宣贯新的《统计法》，讲解统计工作中存在的问题。

8月10日 省水泥协会接待湖北省水泥协会一行九人的来访，交流行业自律工作的经验。

8月12日 省水泥协会召开省水泥行业自然科学学术奖评审会，评出一等奖1个，二等奖4个，三等奖4个。从中推荐2个申报省自然科学学术奖。

9月9日 李辛龙会长接待中央电视台二频道记者关于"南方水泥"成立及其对浙江省水泥行业影响的采访。

9月中旬 省水泥协会向省发改委发展规划院提供有关水泥工业"十二五"规划的材料。

9月26日 南方水泥有限公司举行成立三周年庆典，李辛龙会长以"南方水泥创建了浙江水泥工业的繁荣"为题致词祝贺。

10月11日 结合《水泥企业质量管理规程》的修订，省水泥协会组织人员修改了《浙江省水泥质量统一表式》。邀请部分企业化验室主任组成的表式修改工作小组，召开会议讨论、修订了有关原始记录和台账，并相应修订了使用规则。

11月8日 由自治区建材行办主任、建材协会会长吕志坚带领的新疆水泥行业学习考察团一行16人到浙江考察，浙江省水泥协会李辛龙会长、崔小明秘书长同他们座谈、交流控制产能、行业自律等方面的工作和经验。

11月11~12日 江苏省硅酸盐学会、安徽省硅酸盐学会联合浙江省水泥协会等，在南京召开"2010年水泥工业节能减排发展低碳经济研讨会"，省水泥协会组织约20家企业参加会议。

11月15日 省水泥协会向省建材冶金煤炭行业管理办公室提交"十二五"规划编制的有关材料。

11月19日 向中国水泥协会提交浙江省水泥企业兼并重组情况及"南方水泥"、"浙江红狮"在省内收购企业的名单。

11月22~24日 召开全省水泥工业统计工作会议，总结统计工作，布置年报、月报，表彰先进。

11月30日 湖南省建材行业办公室、湖南省水泥协会和部分水泥企业来浙江考察，李辛龙会长、崔小明秘书长与湖南同行座谈行业发展，工作经验。

12月10日 省水泥协会召开五届八次理事会、省水泥行业自律工作领导小组联席会议，讨论研究会务工作和春节期间的行业自律工作。

12月23~24日 召开全省水泥企业化验室主任会议，宣贯第五版本《浙江省水泥质量统一表式》，请中国建材研究总院水泥所江丽珍主任作技术报告。

12月24日 2011年水泥企业使用的《浙江省水泥质量统一表式》开始发放。

浙江省水泥行业主管部门简介

机构名称：浙江省经济信息委员会建材冶金煤炭行业管理办公室

工作职责：组织拟订并实施建材、钢铁、有色金属、黄金、稀土、煤炭行业产业政策、发展规划和技术规范；做好本行业经济运行分析和产业信息发布，协调行业发展中的重大问题和事项；组织实施行业准入；落实本行业淘汰落后生产能力工作；协同培育本行业企业大集团、行业龙头和重点骨干企业，参与本行业重大工业建设项目投资的有关工作；负责煤炭生产、经营企业资质管理。

主　任：李军
地　址：浙江省杭州市体育场路479号
邮　编：310007
电　话：0571－87058227
传　真：0571－87058139

安徽省
Anhui Province

【概况】 水泥产业是安徽省的优势产业，具有良好的发展前景。安徽省沿江流域蕴藏有上百亿吨的水泥用石灰石资源，为安徽省大力发展新型干法水泥，在沿江建设大型新型干法水泥熟料基地提供了条件。截止到2010年12月，安徽省境内有水泥生产企业172家、水泥粉磨生产企业126家，全省拥有日产1 000～10 000吨新型干法水泥生产线80条（其中日产5 000吨以上生产线42条），位居全国第一位；正在建设的3条日产12 000吨生产线是目前世界上最先进的生产线。2010年，全省水泥产量8 096万吨，同比增长10.9%（其中：通用42.5级水泥2 105万吨，同比增长33.3%；通用52.5级水泥323万吨，同比增长2.9%）；水泥商品熟料产量10 069万吨，同比增长2.8%；商品混凝土3 846万立方米，同比增长69%；水泥排水管2 738千米，同比增长140.6%；水泥电杆16.37万吨，同比增长30.4%；水泥混凝土桩1 285万米，同比增长66.7%；水泥专用设备制造51 736吨，同比增长5.02%；全省散装水泥供应量完成4 355.46万吨，列全国第八位，中部地区第二位，占供应目标的117.72%；同比净增798.76万吨，列全国第五位，增长了22.46%；水泥散装率55.32%，列全国第七位，中部地区第一位，高于全国平均水泥散装率7.22%个百分点，同比提高了4.91个百分点；超额完成了安徽省散装水泥“十一五”发展规划目标。按2010年全省散装水泥供应量计算，节约标准煤100.07万吨；减少粉尘排放43.77万吨，减少二氧化碳排放260.19万吨，减少二氧化硫排放0.85万吨；综合经济效益19.6亿元；为促进节能减排，发展低碳经济，建设生态安徽做出了积极贡献。

安徽是水泥生产大省，“十一五”期间国家下达安徽省淘汰水泥落后产能任务1 200万吨。安徽省认真贯彻国家水泥产业结构调整政策，大力淘汰机立窑等落后水泥产能，通过关停、转产、土地开发等多种方式，到2010年底，全省已关闭、拆除机立窑和湿法窑等水泥生产线303条，实际淘汰落后产能2 997.8万吨。2010年底，全省新型干法水泥比重已超过97%，位居全国前列。

【水泥技术用来处理生活垃圾】 2010年3月，世界首条利用水泥窑垃圾处理系统——日处理600吨示范项目，在铜陵海螺公司建成。4月正式开始处理生活垃圾，截止到11月底，垃圾焚烧处理量约5.48万吨。经检测各项指标完全合格；其中，经国家权威机构实地取样、德国Eurofins GfA GmbH实验室检测，二噁英排放指标仅为每立方米0.037 6纳克，大大优于欧洲发达国家规定的每立方米0.1纳克的控制标准。彻底解决了铜陵市垃圾填埋，大量占用土地，污染环境等难题。在全球率先走出了一条水泥工业发展循环经济，打造绿色环保产业的新途径。目前我国历年垃圾堆存量约60亿吨，占用耕地达5亿平方米，2010年城市垃圾产生量将达2.64亿吨。生活垃圾处理方法主要有填埋、堆肥、焚烧三种，利用焚烧过程中产生的热量能源化，具有无害化彻底、处理量大等特点，是世界发达国家普遍采用的一种方法。安徽海螺集团针对中国城市垃圾分类难度大等特点，开发出垃圾不需分类、具有自主知识产权的利用新型干法水泥窑处理城市生活垃圾系统，该技术为世界首创。

【水泥企业化验室合格证换(发)证工作】 为提高全省水泥生产企业的质量管理水平和社会、经济效益，根据国家相关规定，在安徽省经信委和地市建材主管部门的大力支持下，安徽省建材工业协会于2009年11月至2010年10月，组织开展了全省水泥企业化验室合格证换（发）证验收工作。按照《安徽省水泥企业化验室合格证等级评定及管理办法（暂行）》的规定，通过对各水泥企业化验室现场考核、对比实验累计得分排序，共有151家企业化验室获得相应的证书，其中23家获甲级合格证（95分以上）；67家获乙级合格证（80分以上）；54家获丙级合格证（70分以上）；7家获丁级合格证（60分以上）。2010年11月2日至4日，全省水泥企业化验室合格证换（发）证工作总结大会在黄山市召开，地市建材主管部门、企业家、化验室主任等共计150余名代表参加了会议。会上，除领导讲话、先进企业介绍经验、颁发证书外，还邀请质检专家、化验室管理专家就"对比实验误差原因"进行了分析、对水泥企业化验室基础管理工作进行了指导。

【2010年获中国建材联合会、中国硅酸盐学会建筑材料科技奖的项目】

1. 项目名称:大型生料立式磨粉磨技术的研究及装备开发。

完成单位:合肥水泥研究设计院、合肥中亚建材装备有限责任公司

完成人员:邓小林、张志宇、叶卫东、袁凤宇、王庆国、华兆林、谭凤林、屠 威、梅宏伟、方 庆、周 飞、孟永勇、张伟丽、张新江、李金荣

获奖等级:科技进步类一等奖

2. 项目名称:日产6 000吨水泥生产线窑头冷却器及袋收尘系统研究。

完成单位:合肥水泥研究设计院

完成人员:梁宏灿、毛志伟、王 琦、杨如顺、宋立华

获奖等级:科技进步类三等奖

3. 项目名称:水泥生产过程气体分析系统开发。

完成单位:合肥水泥研究设计院

完成人员:王建民、李林桃、许荣康、田 野、卜明豪

获奖等级:科技进步类三等奖

记 事

5月8日 安徽"全椒海螺"一期日产4 500吨生产线竣工点火仪式隆重举行。安徽省滁州市市长江山、市政协主席江俊、市委副书记张裕发、市人大副主任张尽忠、副市长王图强,全椒县委书记汪建中、县长盛必龙,安徽海螺集团常务副总经理、股份公司总经理纪勤应等有关负责同志出席了生产线竣工点火仪式。

5月31日,随着一声轰响,安徽芜湖市南陵县南芜水泥厂的一条生产线被成功爆破拆除。南芜水泥厂这样的生产线共有4条,余下的3条在7月份以前全部拆除或转产,结束南陵县小水泥生产的历史。

6月5日 安徽盘景水泥有限公司2条日产4 500吨熟料生产线暨余热发电项目竣工典礼在公司厂区内隆重举行。中国水泥协会秘书长孔祥忠,国家工信部产业政策司处长袁克兰,安徽省巢湖市委常委、常务副市长洪晓建、市人大副主任阚建华、市政协副主席范洛森等有关单位负责人出席了庆典仪式。

7月18日 由苏州中材建设有限公司承建的安徽巢东股份水泥有限公司2条日产5 000吨新型干法水泥生产线二线窑尾框架顺利封顶。

8月28日 由合肥水泥研究设计院粉体工程公司承担的国家科技支撑计划项目"高性能水泥绿色制造工艺与装备"的子项——"HFCG160大型辊压机及粉磨系统节能技术的研究开发",在安徽省合肥市通过了由中国建材联合会和安徽省科技厅共同组织的专家鉴定。

9月4日 由中国企业联合会、中国企业家协会主办,安徽省人民政府协办,合肥市人民政府承办的2010中国企业500强发布暨中国大企业高峰会在合肥市召开。大会发布了"2010中国企业500强"、"2010中国制造业企业500强"、"2010中国服务业企业500强"和"2010中国企业效益200佳"名单。这是中国企业联合会、中国企业家协会自2002年以来第9次向社会发布中国企业500强及其分析报告。安徽海螺集团名列2010年中国企业500强150位,中国制造业500强68位,中国企业效益200佳76位。

10月15~16日 全国政协常委、全国政协民族和宗教委员会副主任、国务院参事蒋明麟一行到安徽海螺集团考察调研。集团公司董事长郭文叁简要汇报了集团公司改革发展情况和1~9月份生产经营情况,重点介绍了"海螺"在水泥余热发电、回转窑处理城市垃圾等循环经济项目方面取得的成绩,以及日产12 000吨水泥熟料生产线设计、建设等情况。16日,蒋明麟主任到"铜陵海螺"实地调研了垃圾焚烧项目。"铜陵海螺"公司总经理李群峰等接待并汇报了项目设计、运行等情况。

11月1日 中国建筑材料联合会会长张人为、国务院国有资产监督管理委员会国有大型企业监事会原主席乔龙德,在"铜陵海螺"考察时联名题词:"'铜陵海螺'垃圾处理的成功实践表明,水泥窑可以成为城市环境'净化器',应该大力倡导,大力推广"。

11月13日 中共中央政治局常委、中纪委书记贺国强视察安徽海螺集团。中纪委副书记黄树贤,中纪委常委、秘书长吴玉良,安徽省委书记张宝顺,省长王三运,省委常委、省政法委书记徐立全,省委常委、省纪委书记王宾宜,省委常委、省委秘书长詹夏来及芜湖市委书记陈树隆、市长杨敬农等陪同视察。

11月16日 安徽省科技厅发布"安徽省科学技术奖评审委员会评审结果公告",安徽海螺集团有限责任公司研发的水泥工业窑炉低温载能废气高效再利用系统的开发与应用项目获"安徽科技奖"。

11月18日 "芜湖海螺"两条日产12 000吨水泥熟料生产线及配套36兆瓦余热发电项目A线设备安装工程按期开工建设;胡锦涛总书记2008年视察芜湖海螺公司时,详细询问了两条12 000吨水泥熟料生产线建设、设备配置国产化率、技术水平等情况;该项目总投资约30亿元,所建生产线是目前世界上规模最大、技术最先进的熟料生产线。

12月22日 国家工商总局副局长付双建,总局商标局、商评委、商标协会等部门主要负责同志,在安徽省副省长唐承沛、省政府副秘书长宓建毅、省工商局局长金启建、副局长黄家华,芜湖市市长杨敬龙等省、市领导的陪同下到安徽海螺集团调研。

安徽省水泥工业主管部门机构情况简介

机构名称:安徽省建材工业协会。

主要职责:

(1)、建立行业信息统计网络,开展行业统计调查,进行整理分析和研究,提供统计信息。

(2)、参与行业规划、重大技术改造、技术引进、利用外资、投资与开发项目的前期咨询论证。

(3)、参与本行业企业集团组建和改革方案的调研、编制、论证工作,以及本行业大型企业集团管理方面的咨询、诊断、指导,帮助企业改善和加强管理。

(4)、配合有关部门参与质量管理与质量监督工作,在本行业内开展产品质量的改进和提高活动,收集或反馈质量信息,为提高产品质量提供诊断、咨询服务。

(5)、承担制定本行业贯彻国家行业标准的具体实施办法,报政府有关部门批准后组织实施。

(6)、受有关部门委托,参与本行业新产品鉴定、产品认证和质量体系认证。

(7)、受有关部门委托,参与行业生产、经营许可证发放,出口配额、进口许可证管理,行业职业技能鉴定及专业资质评定等有关工作。

(8)、承担省经信委和有关部门委托的其他工作和任务。

协会领导:

分党组副书记、副会长(主持工作):申晓林,联系电话:0551-2621787。

分党组成员、综合处处长:李江北,联系电话:0551-2621482。

内设机构:协会内设机构3个(综合处、经济监测管理处、经济技术合作处)。

(1)综合处。处长:李江北,电话:0551-2621482;副处长:胡兵,电话:0551-2622423。

(2)经济监测管理处。副处长:刘功顺,电话:0551-2622524。

(3)经济技术合作处。处长:刘成信,电话:0551-2621786。

办公地址:安徽省合肥市益民街17号富华大厦五楼。

联系电话:0551-2621516(值班室)、2621482(传真)。

邮政编码:230001。

(安徽省建材工业协会李江北 供稿)

福建省

Fujian Province

【概况】 福建省水泥工业深入贯彻落实科学发展观,认真落实国家、省有关水泥工业结构调整的有关政策,坚持以市场为导向,以产业优化升级为中心,加快结构调整步伐,在发展中推进调整,在结构调整中促进发展,进一步转变发展方式,加强总量控制,加快淘汰落后产能,全省水泥工业健康发展迈上新的台阶。

一、生产平稳增长,效益明显提高

2010年全省规模以上水泥企业167家,完成水泥工业总产值209亿元,增长12.7%;完成销售产值208亿元,增长20.3%;实现利润7.5亿元,增长1317%;水泥产量5 793万吨,增长6%,其中新型干法水泥3 728万吨,增长22.9%,散装水泥产量2 860万吨,增长32.8%,水泥散装率49.37%;产销率99.25%,提高0.77个百分点。

二、加强结构调整,加快淘汰落后产能

福建省认真贯彻落实《国务院关于进一步加强淘汰落后产能工作的通知》(国发〔2010〕7号)精神,认真完成国家工业和信息化部下达淘汰落后产能的目标任务。2010年全省淘汰水泥落后产能367.4万吨,累计淘汰落后水泥产能2 840多万吨,超额完成了国家和省政府下达淘汰落后水泥产能的目标任务。主要做法:

1. 加强领导。

为了加强淘汰落后产能组织协调工作,福建省政府参照《国务院办公厅关于淘汰落后产能工作部际协调小组组成人员的通知》(国办函〔2010〕72号),成立了"福建省淘汰落后产能工作厅际协调小组"(闽政办〔2010〕192号),省经贸委主任担任组长,成员有省经贸委、发改委、财政厅等省直18个厅级单位、21位厅级领导,协调小组办公室设在省经贸委。各设区市、县政府对淘汰落后产能工作的目标、任务也作了层层分解和组织落实,淘汰落后产能任务比较重的设区市龙岩市、三明市,也相应成立专门协调机构。

2. 分解目标任务。

2010年国家工信部下达福建省淘汰落后产能目标任务后,我省立即召开各重点行业年度淘汰落后产能工作专门会议,研究将目标任务分解至各县(区、市),落实淘汰落后产能具体企业名单。根据国家工信部和福建省政府部署,要求以设区市政府为主体,负责将淘汰落后产能企业名单于7月底前在当地主流媒体或政府网站向社会公告;2010年9月底前,将本年度计划淘

汰的落后产能全部关停;2010年11月底前,将落后产能的主体设备、生产线全部拆除,并完成各项善后工作。

3. 严格市场准入。

贯彻落实国家工信部、发展改革委以及福建省政府的行业调整振兴规划,严格执行国家产业政策、产业准入条件,切实抑制产能过剩。支持优势企业通过兼并、收购改造落后产能企业。在建设用地、能源消耗、污染物排放、安全生产等方面严格按照政策规定执行。2010年度福建省没有审批和核准新建、改建、扩建水泥项目。

4. 实施政策措施。

一是对落后产能企业执行差别电价。对水泥行业落后产能全面执行差别电价,差别电价加价增加的收入全额专项用于水泥产业结构调整。二是严格水泥生产许可证管理,水泥行业列入淘汰名单的,不再换发新的生产许可证。积极配合省质监局按照国家质监总局和国家发改委下发《关于工业产品生产许可证工作中严格执行国家产业政策有关问题的通知》(国质检监联[2006]632号)精神把好水泥产品生产许可证换发工作的产业政策关。三是加强监督检查和执法处罚力度。各设区市政府在当地媒体公示本地区年度淘汰落后产能企业名单、落后工艺设备和淘汰时限,以加强社会监督。实行年度考核问责制,加大执法处罚力度,对未按期淘汰落后产能的企业在排污许可、信贷资金、项目审批、土地审批、生产许可、工商登记、电力供应等实行限制措施。

5. 做好职工安置。

福建省明确了淘汰落后产能企业是安置职工的主体。劳动和社会保障部门指导、督促企业在淘汰落后产能工作中制定职工安置方案,依法处理劳动关系,保证职工合法权益,维护社会稳定。对淘汰落后产能企业分流出来的失业人员,劳动和社会保障部门认真及时地为失业人员办理失业登记、社会保险接续、档案寄存、再就业服务。

6. 加强检查考核。

对淘汰落后产能企业进行现场监督检查和验收,主要调动各地市政府的力量。在企业关闭停产时,进行关闭验收,当场收缴工商营业执照、生产许可证、排污许可证和税务登记证,切断生产用电。企业必须在6个月之内完成设备拆除,待设备拆除后,县级结构调整办公室再一次现场验收,收缴放射源、易燃易爆品。县(市)的验收情况书面报告市级结构调整办公室,验收时都有填写验收登记表备查。

三、加强水泥投资项目管理

严格控制新建水泥生产线项目。按照"等量淘汰"的原则,加强总量控制,合理引导省内重点企业根据我省经济建设需求,有序、适度地建设水泥项目,抑制产能过剩和低水平重复建设。原则上不再核准新布点的新型干法水泥项目,投资新建或改扩建水泥(熟料)生产线、水泥粉磨站,要符合国家《水泥行业准入条件》等产业政策和规定,符合我省建材工业发展规划,符合资源、环境、市场需求和经济发展等情况,用地必须符合土地供应政策和土地使用标准。重点支持布局合理、石灰石资源有30年以上保证、符合国家鼓励的水泥窑协同处置城市生活垃圾、污泥和工业废弃物综合利用示范生产线建设。

四、推动企业并购重组。

着力培育和扶持发展重点骨干水泥企业做大做强。鼓励支持重点骨干水泥企业兼并重组现有水泥企业,进一步提高行业生产集中度。鼓励支持重点骨干水泥企业兼并重组已核准而建设进度严重滞后的项目,促进已核准项目尽快建成投产。

五、加强节能减排。

加快技术进步,支持企业采用先进成熟、节能环保型技术装备,鼓励企业实施改善品种、提高质量、节能降耗、环境保护等方面的技术提升与改造。鼓励企业利用粉煤灰、高炉矿渣、煤矸石等工业废弃物为原料,应用新型干法水泥低温余热发电技术和大型高效粉磨技术,加强低热值燃料、可燃废弃物的应用,降低能源消耗水平,减少污染物排放。

记 事

4月8日 省经贸委召开全省水泥行业结构调整座谈会;

4月12日 省经贸委召开全省散装水泥工作座谈会;

7月2日 中国建材联合会徐永模副会长到福建省调研;

8月20日 大田红狮水泥有限公司日产4 500吨熟料新型干法水泥项目建成投产;

8月31日 省质量技术监督局发布福建省地方标准《水泥单位产品能源消耗限额》(DB35/T 1049－2010),于10月1日实施;

9月28日 省经贸委召开全省淘汰落后产能工作座谈会;

12月18日 福建水泥股份有限公司安砂日产4 500吨熟料新型干法水泥项目建成投产;

12月25日 武平塔牌水泥有限公司日产4 500吨熟料新型干法水泥项目建成投产。

福建省龙岩市

Longyan City, Fujian Province

【概况】 2010年,龙岩市水泥工业在市委、市政府的正确领导和各有关部门的关心支持下,紧紧抓住福建实施跨越发展的良好机遇，促进产业结构调整和行业发展方式转变，全市水泥工业实现又好又快发展态势。行业运行呈现以下特点：

1. 水泥产量小幅增长，产值利税增长高于产量增长。

全市水泥产量2 926万吨，比上年增长5.5%，占全省水泥总产量50.5%。其中新型干法水泥产量达2 020万吨，占我市总产量比重为69.5%。全市水泥销售收入（现价）首次破百亿，实现103.33亿元。比上年增长23%。

除新丰公司因受灾全年停产外，全市10家旋窑企业2010年合计上缴税费4.28亿元，实现利润3.56亿元，（现价）产值利税率达15%，是'十一五'以来行业的最好水平。其中漳平红狮公司上缴税费1.24亿元，实现利润1.5亿元，是本市水泥行业单个企业税、利双过亿的首次突破。

2. 以煤炭为主的水泥生产成本要素持续大幅上升。

2010年是近几年来水泥生产成本上涨幅度最大的一年。其中以煤炭价格上涨幅度最大，至年底，大矿吨煤到厂价（含税费价）已高达950元，小矿普遍也超过800元，全年涨幅达200～300元。外购石灰石年涨价幅度也创纪录，吨价突破40元。其他成本要素如人工工资、油料、备用件、研磨体、包装袋等全部提价，初步测算吨水泥直接成本提高70～80元。

3. 市场需求由复苏到旺销，水泥售价大幅度提升。

2010年福建省水泥市场自1季度末起到年底出现了从"复苏"到"旺销"乃至"抢购"的状况。4～7月水泥价格小幅回升，8月份起水泥价格每月上调，至11月底，P·C 32.5R水泥吨价突破400元，P·O 42.5水泥吨价普遍超过450元，且价格坚挺和持续时间之长是本行业近十几年来之最。水泥市场进入4季度后供需矛盾凸现，由于部分经销商的运作，11月福州和莆田区域水泥市价猛冲上600、700元台阶。加上重点项目工程水泥供应因需方在市场发生重大变化情况下，没有及时调整合同水泥价格，导致大批工地水泥少供甚至断供，工程进度受到严重影响，引起省领导关注，最终促成福建省成为继海南省之后，全国第二个对水泥实施价格干预的省份。

自12月1日起实行水泥价格干预后，随着各项干预措施的落实，12月下旬起全省水泥供售紧张情况缓解，价格也呈下行趋势。

2010年水泥价格的上升，有效化解了企业成本上升的压力，促使长时期在低迷价位徘徊的不合理水泥价格得到理性回升，也给企业和行业带来了显著效益。

4. 产业结构调整继续深入，行业产业集中度显著提升。

（1）2010年市政府下达淘汰关闭16家落后产能企业的30台机立窑，310万吨水泥产能到年底全部完成关闭。至此，龙岩市'十一五'期间累计淘汰落后水泥产能1 682万吨，完成省下达任务的184%。

（2）有央企背景的华润水泥控股公司在2009年收购"新罗岩山"、"永定龙潭"生产线项目后，2010年又收购了龙岩三德水泥公司、"紫金恒发"停建水泥项目以及新罗区"小池东宝"已批未建项目，致力打造福建水泥行业龙头企业。漳平红狮水泥公司年内也收购了紫金建材集团位于漳州华安年产170万吨的紫金水泥粉磨厂。促进了龙岩市水泥产业集中度的提高。

5. 行业节能减排，清洁生产水平进一步提高。

全市日产2 500吨熟料以上规模的新型干法生产线年内已全部完成配套建成纯低温余热发电站。全市九家旋窑企业纯低温余热发电装机容量合计8.9万千瓦，2010年合计发电31 300万千瓦时。（其中春驰新丰公司和"漳平振鸿"二家企业分别因停产和电厂刚建成未发电）折算可节约标煤12.52万吨，减少CO_2排放9.39万吨。为实现节能降耗、节约资源和成本，全市新型干法企业全面应用高效粉磨、高压变频等节能技术和装备，大力推行工业废弃物综合利用，以及清洁生产技术。

2010年全市行业生产（供应）散装水泥1 230万吨，比上年增长35%。发散量已达全市水泥总产量的42%，占全市新型干法水泥产量的65.3%，是行业历史最好水平。

记　事

1月13日　龙岩市委常委、统战部长黄海英，市政府副市长温锡浩为龙岩市水泥行业创办的福建建融担保有限公司授牌。

1月19日　中国水泥协会行文（中水协[2010]003号）发《关于命名福建省龙岩市为中国水泥产业基地的决定》。

1月22日　龙岩市委市政府召开全市建材产业破百亿总结奖励大会。市委书记张健、市长黄晓炎出席会议，龙岩市6家重点水泥企业分获一、二、三等奖，龙岩市水泥同业商会被授予"建材产业破百亿突出贡献单位"。

1月24日　福建省质量技术监督局发布全省获评"福建省名牌产品"名单，龙岩市福建蓝田水泥有限公司"步步高"牌普通硅酸盐水泥和国产实业（福建）水泥有限公司"十大"牌普通硅酸盐水泥新评为省名牌产品。

2月23日　龙岩市委市政府举行民营企业家新春恳谈会，福建省政协副主席、工商联主席李祖可，市四套班子领导陈建寿、黄海英、黄福清、卢泉昌等出席。水泥同业商会会长、副会长11人参会，会长许沂炎作了发言。

3月16日　龙岩市水泥同业商会召开第三届会员大会，市政府副市长郑如占，市政协副主席张琼珊和市直各有关部门领导出席会议。大会选举产生了新一届常务理事会和商会领导班子，福建春驰水泥集团董事长邱景河当选会长。

4月16日　"华润水泥"与龙岩市市三德（中国）水泥股份有限公司签约，以8.3亿元收购"三德"资产。

4月23日龙岩市水泥同业商会组织会员单位向青海省

玉树地震灾区捐款，共有15家会员企业认捐善款48.4万元。

5月10日 “华润水泥”与福建紫金建材集团签约，收购紫金集团在建未竣工的“紫金恒发”日产4 500吨熟料新型干法水泥生产线项目。

5月10日 福建龙岩市新罗区政府和福建紫金建材集团有限公司、龙岩紫金集团有限公司分别与华润水泥投资有限公司签约总投资40亿元的水泥生产线及搅拌站项目。此次签约的项目包括4条日产4 500吨熟料新型干法水泥生产线、配套9 000千瓦纯低温余热发电项目，1个水泥搅拌站。

5月15～17日 由中国水泥协会、水泥商情网等单位主办的“中国水泥工业首届中控大比武”福建赛区初赛在我市举行。参赛选手72人，其中本市近50人。

6月上旬 龙岩华龙水泥集团在关闭机立窑生产线厂区转型投资建设年产80万吨干混砂浆和年产50万立方预拌商品混凝土生产线。

7月17～20日 中国水泥协会数字水泥网总裁刘作毅等3人到龙岩市调研，走访了全市10家新型干法企业。

8月6日 福建省水泥第二主产区三明市成立市水泥协会，我会常务副会长、秘书长前往祝贺。

9月中旬 市水泥同业商会会长邱景河率10余名水泥企业家组团赴新疆考察。

9月25日 龙岩市水泥行业福建龙麟集团有限公司被工信部确定为“全国两化融合促进节能减排试点示范企业”。

9月底 首届中国水泥工业中控操作技能大比武结束。龙岩市福建春驰集团新丰水泥公司中控工吕海增、赖庆川分别获窑操、磨操金牌选手。另新丰公司陈增元、合丰公司谢觉航分别获窑操银牌选手。

10月中旬 龙岩市水泥行业工会联合会组织部分水泥企业工会主席参观上海世博会。

11月2～3日 由福建省建材工业协会主办，龙岩市水泥同业商会协办的“全省水泥企业能效对标及节能降耗新技术宣讲班”在龙岩市举办，中国水泥协会副会长曾学敏到会讲座。

11月13日 国家工信部原材料司材料处陈立新处长，国家建材信息中心马秋忠处长在省、市经贸委有关领导陪同下到福建龙麟集团调研。

11月25日 鉴于多种因素，促成福建省水泥价格自10月份以来持续上涨，供给紧张，导致重点工程建设受影响，省政府办公厅发出《关于做好重点工程水泥供应保障和价格稳定工作的紧急通知》。11月26日，省物价局发出《关于对我省水泥实施价格干预措施的紧急通知》，自12月1日起实行水泥出厂最高限价管理。

12月16日 龙岩市福建塔牌水泥有限公司二期日产5 000吨熟料水泥生产线点火投产。

12月19日 国家水泥质量监督检验中心在海南召开全国第12次化学分析大对比全优及合格单位表彰大会。我市福建塔牌水泥有限公司获全优单位奖，福建龙麟集团和龙岩合丰水泥公司获合格单位奖。

（福建省龙岩市水泥同业商会供稿）

江西省

Jiangxi Province

【概况】 2010年，全省水泥产量6 268万吨，同比增长1.3%；水泥行业完成工业增加值80.3亿元，同比增长2.9%；水泥行业实现主营业务收入225.3亿元，同比增长9.7%；实现利税30.6亿元，同比增长36.7%；实现利润20.4亿元，同比增长65.9%。

2010年，江西大型水泥集团在并购重组方面有了重大进展，兼并重组涉及整合水泥产能近2 000万吨。“吉安齐峰”、“玉山虎山鸡山水泥”、“虎山岩鹰水泥”、泰和玉华水泥集团、“萍乡日江水泥”和“上高华厦水泥”等水泥企业相继重组进入江西南方水泥有限公司。通过兼并重组等整合，江西省水泥行业集中度进一步提高，产能集中度达到60%以上。

【产业结构明显优化】 2010年，江西省水泥产业结构继续优化，新型干法水泥占全省水泥生产能力的比重达到85%，比2005年的59%提高26个百分点，高于全国70%的平均水平，处于全国领先地位。现有新型干法生产线46条，其中，日产小于1 000吨熟料新型干法生产线2条，日产1 000～2 000吨熟料新型干法生产线13条，日产2 000～4 000吨熟料新型干法生产线20条，日产大于4 000吨熟料新型干法生产线11条。

【产业集中度不断提高】 2010年，江西省水泥行业经过联合、兼并和重组已形成以“江西万年青”等大型水泥企业集团为主的发展格局。“江西万年青”水泥产能达到1 500万吨；江西南方水泥有限公司产能达到1 800万吨；“海螺水泥”产能1 100万吨；“亚东水泥”产能为800万吨，“红狮水泥”产能达到350万吨。上述5家企业总产能达到5 550万吨，占全省水泥产能的75%，远远高于全国前十位的企业生产集中度23%的水平，产业集中度居全国领先水平。水泥产业生产集中度进一步提高，有利于推进江西省内及邻近区域市场水泥整合和结构调整，提高产业集中度，通过发挥协同效应，改变无序竞争的状况，促进地方水泥行业的健康发展。

【淘汰落后、节能减排水平不断提高】 2010年淘汰落后水泥产能517.19万吨，超额完成年度计划161万吨的目标；“十一五”期间已累计淘汰落后水泥产能1 455.39万吨，提前超额完成国家下达的“十一五”期间江西省淘汰落后水泥产能955万吨的任务。“十一五”期间江西省已获得淘汰落后水泥产能1 297.29万吨的中央财政奖励资金20 859万元。

【节能减排成效显著】 截止到2010年，江西省日产2 000吨以上水泥生产线全部配备了纯低温余热发电设备，余热发电站达26个，装机容量289兆瓦，每年可发电21亿千瓦时，节约能源85万吨标煤。

记 事

1月 江西省工信委召开全省水泥工业结构调整严格市场准入工作座谈会，贯彻国务院《关于抑制部分行业产能过剩和重复建设引导产业健康发展若干意见》的文件精神，落实工信部《关于抑制产能过剩和重复建设引导水泥产业健康发展的意见》的工作部署。

4月 按照产业政策、环保、能耗、质量和安全等方面的要求，开展我省水泥企业分类确认工作，引导企业走技术改造、节能减排、科技创新的可持续发展道路。

5月 承办由工业和信息化部原材料司和中国建材联合会主办的全国建材行业工作座谈会。全国各省、自治区、直辖市及计划单列市工业和信息主管部门分管建材的负责同志、中国水泥协会等部分行业协会以及部分地方建材协会、大型企业集团共计100余位代表出席了会议，与会代表讨论交流了当前各地建材工业形势的新变化、新问题以及行业管理工作情况。

7月 引导全省水泥企业开展“四率”对标工作。完成了2010年江西水泥行业的“四率”摸底和与全国同行业的比较，开展了2010年度水泥行业“四率”的评选工作。

12月 召开全省水泥行业准入条件工作座谈会，继续加大淘汰落后水泥产能工作力度的要求，推进江西省水泥产业结构调整优化升级和可持续发展。

江西省水泥行业主管部门简介

江西省工业和信息化委员会承担水泥行业管理职能，内设建材工业处。委党组成员、副主任殷勤同志分管建材工业处，傅爱军同志任建材工业处处长。

其主要职责是：

1. 研究拟定建材行业发展战略和规划，促进建材行业结构调整，引导建材行业合理布局。

2. 研究提出建材行业发展的政策和规律；组织制定建材行业规范、技术标准、协调建材行业内部关系，维护公平竞争秩序；研究提出建材行业发展中的重大问题，向有关部门提出政策建议。

3. 掌握、分析建材行业生产经营动态，汇集、分析、发布建材行业经济技术和市场信息，提供信息咨询服务。

4. 研究提出建材行业体制改革的政策措施，指导国有企业改革和结构调整，建立现代企业制度；指导建材行业的国有企业扭亏解困、减员增效和实施再就业工程。

5. 承办省政府和省经贸委交办的其他事项。

江西省工业和信息化委员会建材工业处
地　址：江西省南昌市省政府大院北二路100号。
邮　编：330046
电话兼传真：0791－6222363

山东省

Shandong Province

【概况】 2010年山东省规模以上水泥企业321家，生产水泥1.479亿吨，同比增长4.44%；工业增加值同比增长7.45%；销售收入完成683.08亿元，同比增长15.15%；实现利税88.37亿元，同比增长21.25%；利润总额54.92亿元，同比增长27.38%；出口水泥384.84万吨，同比增长13.81%，创汇1.80亿美元，同比增长12.26%；出口熟料3.12万吨，同比降低97.10%，创汇130.66万美元，同比降低96.53%。固定资产投资完成53.60亿元，同比增长20.90%。

结构调整取得突破性进展。全省建材行业继续贯彻控制总量、上大压小的方针，以淘汰落后为重点，加大了结构调整工作的力度。2010年淘汰落后立窑产能2 065.7万吨，“十一五”期间累计淘汰立窑产能7 595.8万吨。全年有12条新型干法水泥生产线建成投产，新增产能1 712万吨。2010年预分解窑熟料完成6 841.04万吨，占全省熟料总量的80.21%，同比增长14.79个百分点。

节能减排工作取得了新成绩。综合能耗继续下降，水泥单位综合能耗达到83.89千克标准煤/吨，同比降低10.11%。2010年全省发展散装水泥8 462.16万吨，居全国第二位，“十一五”期间累计完成散装水泥4.12亿吨，水泥散装率达到57.37%，超额完成国家“十一五”规划确定的水泥散装率55%的目标，节能减排效果显著：“十一五”期间，全省推广散装水泥折合节约标准煤947万吨，减少水泥损失1 855万吨，减少粉尘排放414万吨，减少二氧化碳排放2 462万吨，减少二氧化硫排放8万吨，实现综合经济效益185亿元。

科技进步和自主创新能力有了新的增强。2010年度获得山东省科学技术进步奖的建材项目有4个，其中与水泥行业有关的项目2个，二等奖和三等奖各1项。

记 事

1月4日 莒县日广水泥熟料有限公司日产5 000吨熟料生产线投产。

2月26日 山东省宣传贯彻《山东省促进散装水泥发展规定》政府令座谈会暨全省散装水泥工作会议在济南召开，商务部商贸司张蜀东副司长、中散协丁建一会长、山东省经济和信息化委员会李建生副主任、山东省政府法制办陈公雨副主任、山东省建筑材料工业协会王福江会长等领导出席会议并讲话。

2月28日 全省建材工作会议在淄博召开。山东省建筑材料工业协会会长王福江作了《站在新起点 迎接新挑战 开创我省建材工业科学发展新局面》的工作报告。

3月1日 《山东省促进散装水泥发展规定》政府令开始实施。

3月16日 淄博市淄川区宝山水泥厂日产4 000吨熟料生产线投产。

3月 枣庄创新山水水泥有限公司日产水泥5 000吨水泥熟料生产线投产。

5月9日 枣庄泉头集团金桥旋窑水泥有限公司日产5 000吨水泥熟料生产线投产。

5月24日 为推动落后产能淘汰工作，全面完成“十一五”节能减排任务，日照市再次启动集中淘汰立窑水泥生产线行动。此次淘汰行动后，剩余的10条立窑水泥生产线也将于今年10月份前全部淘汰。

6月3日 山东省烟台市环保局称，烟台市以“铁腕”举措推动治污减排，2010年是“十一五”环保规划的最后一年，火电、水泥、粉丝等重点行业将加大结构调整力度，年内将关闭32条立窑水泥生产线。目前，已有19条立窑水泥生产线关闭。

6月3日 山东省国资委宣称，今后3年内，山东将淘汰关停17个传统优势行业的513家企业落后产能，以确保完成“十一五”期间万元GDP综合能耗下降20%的硬指标。值得注意的是，山东此次淘汰落后的目标不仅有民营中小企业，部分国企央企也在名单之内。

6月21日 栖霞白洋河水泥有限公司日产3 000吨水泥熟料生产线投产。

7月18日 由中国水泥协会主办、江苏科行集团协办的全国大型水泥窑用高效低阻布袋除尘技术现场推广会在淄博召开。

10月1日 栖霞兴昊水泥有限公司日产3 000吨水泥熟料生产线投产。

10月10日 费县沂州水泥有限公司日产5 000吨水泥熟料生产线投产。

10月12日 住建部等六部委发布《关于开展推动建材下乡试点的通知》，明确在山东和宁夏地区开展试点工作，水泥产品成为建材下乡的主要产品。

10月26日 冀东烟台水泥有限公司日产7 200吨水泥熟料生产线投产。

10月 临朐山水水泥有限公司日产5 000吨熟料生产线投产。

11月3日 葡城水泥(枣庄)有限公司日产5 000吨水泥熟料生产线投产。

11月20日 山东鲁碧建材有限公司日产5 000吨熟料生产线投产。

12月7日 济宁海螺水泥有限公司日产5 000吨水泥熟料生产线投产。

12月21日 山东省建筑材料工业协会授予14名同志为山东省建材行业首席技师，其中，水泥行业有12人获首席技师称号。

河南省

Henan Province

【概况】 2010年1～12月份全省规模以上水泥生产企业248家，完成工业总产值429.69亿元，比去年同期增长7.45%；工业增加值同比增长6.35%；销售产值424.89亿元，同比增长8.06%；产品销售率98.88%；固定资产投资完成额82.49亿元，同比降低12.70%;产量11 643万吨,累计同比下降2.78%。继江苏(15 689万吨)、山东(14 790万吨)、四川(13 344万吨)、河北(12 667万吨)之后,位居全国第五位。1～11月份全省水泥企业完成利税总额50.59亿元,同比增长7.41%;利润总额33.46亿元,同比增长12.28%;企业亏损36个,企业亏损额2.03亿元,同比减少33.22%。

2010年1～12月份各市水泥产量　　单位:万吨

地市名称	12月产量	本月增长率(%)	累计产量	累计增长(%)	企业个数
郑州市	169.95	-19.81	2 095.373	-1.63	44
开封市	3.84	-26.61	56.57	30.38	3
洛阳市	56.70	-14.88	578.45	-9.14	15
平顶山市	85.40	-9.74	1 120.65	-6.81	17
安阳市	107.08	-5.29	1 303.60	16.91	22
鹤壁市	21.01	-66.72	394.67	-31.76	12
新乡市	90.88	18.36	993.86	-9.55	25
焦作市	48.49	15.7	555.06	-0.19	11
濮阳市	14.20	0.71	122.49	18.22	1
许昌市	44.48	27.07	477.15	13.29	12
漯河市	3.21	11.06	27.25	-9.33	2
三门峡市	33.16	-24.72	418.42	-22.73	9
南阳市	126.75	-26.23	1 279.81	-15.93	29
商丘市	43.09	-6.36	471.38	29.25	9
信阳市	64.20	48.23	669.59	12.64	11
周口市	12.49	-12.22	225.70	24.01	5
驻马店市	49.81	10.09	472.22	-5.45	16
合　计	1008.86	-9.82	11 643.19	-2.78	248

【政府文件】

河南省名牌战略推进委员会
关于“2010年河南省名牌产品”的公告

2010年第1号

根据《河南省人民政府关于实施质量兴省战略的决定》(豫政〔2009〕61号)的有关规定,按照《河南省名牌产品管理办法》的有关要求,在企业自愿申报的基础上,经各省辖市有关部门审查推荐、申报数据公示、消费者(用户)满意度调查、专家组审查认定、省名牌战略推进委员会审定通过并公示,河南省名牌战略推进委员会决定授予313种产品“2010年河南省名牌产品”称号,颁发河南省名牌产品证书(证书有效期为三年)。

特此公告

河南省名牌战略推进委员会

二〇一〇年九月七日

2010年河南省名牌产品名单(水泥行业)

企业名称	产品名称	注册商标	证书编号
永城煤电集团汇龙水泥有限公司	P·C 32.5复合硅酸盐水泥	恒升	41-2010-269
登电集团水泥有限公司	32.5级、42.5级粉煤灰硅酸盐水泥	世利	41-2010-270
郑州登峰熔料有限公司	CA-50、60、70、80铝酸盐水泥	鸭	41-2010-271
天瑞集团水泥有限公司	普通硅酸盐及复合硅酸盐水泥	天瑞	41-2010-272

【重点工程】

“南阳”“唐河泰隆”日产4000吨水泥生产线投产

2月21日,河南省南阳市唐河泰隆水泥有限公司日产4 000吨干法水泥熟料生产线投产庆典在该县黑龙镇举行,这标志着宛东地区又一干法水泥生产线正式建成投产。

唐河泰隆水泥有限公司于2007年12月28日正式开工建设,项目总投资4.3亿元,占地400余亩,年可产水泥熟料140万吨,预计实现销售收入3.2亿元,提供就业岗位500余个,吸收下岗职工300余人。

“天瑞南召水泥”日产4 500吨水泥生产线投产

3月3日,天瑞集团南召日产4 500吨新型干法水泥生产线项目竣工投产。项目投资8亿元建设日产4 500吨干法水泥熟料生产线,配套建设9兆瓦纯低温余热发电系统和100万吨水泥粉磨站系统。项目投产后,年产100万吨新型干法水泥,年实现销售收入4亿多元,利税总额1.5亿元,可安排400余人就业,同时,可带动当地运输、服务业的发展。

天瑞集团是集水泥、铸造、旅游、铝电等产业为一体的跨行业、跨地区的大型企业集团,2005年收购重组了云钢总厂、2007年建设了鸭河100万吨粉磨站两个项目。天瑞集团“南召”日产4 500吨新型干法水泥项目,是继两个项目之后,天瑞集团再次与南召县成功合作的一个项目。

登封“嵩基水泥”日产4 500吨水泥生产线投产

3月7日,登封市嵩基水泥有限公司正式点火试生产,该生产线占地110余亩,工艺布局合理紧凑,2008年投资5.7亿元兴建的1条日产4 500吨的新型干法熟料水泥生产线,公司可年产水泥220万吨,完成销售收入6亿元,实现利税

2.1亿元。

登封市嵩基水泥有限公司是登封市第二水泥厂为淘汰落后水泥产能而兴建具有国内领先技术，符合国家产业政策的新型干法水泥生产线，是典型的低碳节能项目，正在建设和水泥生产线配套的纯低温余热站，充分利用水泥窑生产过程中废弃的热量进行发电，配套12兆瓦余热发电机组，每年发电量在9 000万千瓦时以上，每年可减少 CO_2 排放量5万多吨，节约标准煤2万多吨。

“河南大地水泥”第二条日产4 500吨生产线投产

6月8日，河南大地集团第二条年产200万吨干法水泥生产线投产暨晋级国家大型企业庆典仪式举行。该生产线投资6亿元，于2009年5月份动工。竣工投产后，大地集团可年产水泥熟料400万吨、水泥500万吨，实现销售收入12.3亿元，利税3.6亿元，同时大地水泥有限公司晋级国家大型企业。

“洛阳万基水泥”二期日产4 500吨生产线投产

2010年10月洛阳万基水泥有限公司日产4 500吨熟料水泥生产线点火成功试运行，这标志着“洛阳万基水泥”在粉煤灰综合利用项目中又一条水泥生产线建成投产。二期扩建项目总投资4.5亿元，2009年6月份开工。项目达产后年可新增销售收入3.83亿元，利税1亿元。

“黄河同力水泥”二期日产4 500吨生产线投产

12月29日，宜阳县隆重举行“黄河同力水泥”二期生产线投产暨消纳城市生活垃圾示范线开工仪式。

“黄河同力水泥”二期日产4 500吨熟料水泥生产线总投资7.8亿元，由天津水泥工业设计研究院设计，引进部分国外先进的干法水泥技术装备。整个项目设计合理，工艺先进，具有生产规模大、环境保护好、产品质量高、能源消耗低等优点，代表着当今国际先进水平。该项目于2009年9月开工，2010年11月14日点火，目前主机设备运转平稳。二期生产线投产后，公司年水泥生产能力可达500万吨，年销售收入超过11亿元，年实现利税1.6亿元。

“消纳城市生活垃圾”项目是河南省的首台首套，该生产线依托洛阳黄河同力水泥公司新型干法水泥回转窑系统，建设1条日消纳500吨城市生活垃圾的全封闭处理线。该项目总投资约5 120万元，建设工期7个月，一期建成投产后，每年可处理洛阳市产生的生活垃圾16.5万吨，全部建成投产后，年处理生活垃圾能力可达到33万吨，对实现洛阳市循环经济发展，改善城市环境将起到的重大的作用。

【职工培训工作】 职业技能培训工作是协会的一项长期工作，培训部因地制宜，结合企业实际，及时调整全省建材行业职业培训计划、培训教材及培训模式，在职业技能培训鉴定工作中，始终坚持专业化、专家化、实用化方式，保证质量，宁缺毋滥，严格把关。

2010年先后对登封中联登电水泥有限公司、国投新登郑州水泥有限公司、登封宏昌水泥有限公司、郑州长城特种水泥有限公司、洛阳黄河同力水泥有限公司、天瑞集团南召水泥有限公司等15家单位近200多人次进行了职业技能培训及鉴定。

【重要活动】

1. 编制了《“十二五”河南省水泥工业空间布局优化的对策研究》（初稿）。

《“十二五”河南省水泥工业空间布局优化的对策研究》（初稿）对全省各地市目前的水泥企业布局进行调查研究，根据对水泥市场的预测分析，为全省水泥工业的发展提出指导性意见，加快全省水泥工业的结构调整，推动企业重组，避免产能过剩，重复建设，促进全省水泥工业健康有序发展。

2. 编制了《河南省“十二五”水泥工业发展规划》（征求意见稿）。

协会在接到省工信厅编写《河南省“十二五”水泥工业发展规划》任务后，专门成立了规划编写组，通过调研省内多家重点水泥企业，在总结“十一五”期间河南省水泥工业取得的显著成效及在发展过程存在的问题的基础上，提出了河南省水泥工业“十二五”期间的总体发展思路、发展目标、行业任务以及相应的保障措施，为政府相关职能部门对行业发展正确引导、宏观调控提供准确可靠指导依据。《规划》初稿已经完成，并在11月21日通过了工信厅组织的专家初步论证，现已进入汇总专家提出的意见进一步完善阶段。

3. 组织开展了“天瑞杯”2010年度河南省建材行业技术革新奖竞赛活动。

根据豫机冶建工协〔2010〕2号文件精神和《建材技术革新奖管理办法》等有关规定，组织开展了2010年度“天瑞杯”河南省建材行业技术革新奖竞赛活动，河南省建材行业广大职工，以企业为阵地，以岗位为舞台，紧紧抓住企业生产技术和节能减排的重点、难点问题，积极开展技术攻关、小发明、小创造、小革新等群众性技术创新活动，取得了显著成效，涌现出一批技术革新先进人物和优秀技术革新成果。各单位经过认真评审、层层筛选，申报了80多个在节能降耗、减少污染排放、提高产品质量、提高生产效率和管理水平等方面具有显著效果的优秀技术革新项目。经考评委专家为期二十天的申报项目预审，7月5日，“天瑞杯”河南省建材行业技术革新奖评审会在郑州召开，共评出2010年度技术革新奖40项。其中技术改造类一等奖8项，二等奖5项，三等奖3项；技术开发类一等奖7项，二等奖2项，三等奖1项；技艺工法类一等奖8项，二等奖4项，三等奖2项。省机械冶金建材工会、省建筑材料工业协会推荐各类别一等奖23项参加全国建材行业技术革新的评选活动。

记 事

4月23日 省建材协会联合天瑞集团水泥有限公司在平顶山天瑞温泉大酒店联合召开了全省重点水泥企业高管联谊会。会议由河南省建筑材料工业协会常务副会长兼秘书长王爱贞同志主持,河南省工业和信息化厅刘昱旻副厅长应邀出席了会议并作重要指示,天瑞集团水泥有限公司、河南同力水泥股份有限公司、中国联合水泥集团河南运营管理区、河南孟电集团水泥有限公司、河南省安阳湖波水泥有限责任公司、义煤集团水泥有限公司、焦作千业水泥有限责任公司、国投新登郑州水泥有限公司、华新水泥(河南信阳)有限公司、焦作坚固水泥有限公司、郑煤集团龙力水泥有限公司、春江集团有限公司、河南锦荣水泥有限公司等有关领导参加了会议,会议就河南省水泥工业当前遇到的问题进行了认真、热烈、坦率的发言和讨论。与会代表一致认为目前河南水泥工业产能严重过剩,供大于求,水泥需求低迷,整个行业处于微利或亏损边缘。面对严峻的形势,各重点水泥企业要加强行业自律,共同维护行业价格,增进市场协同,实现企业价值,为河南水泥行业的健康发展主动承担自己应有的责任。

5月27~29日 在洛阳市召开了河南省建材材料工业协会三届三次理事会暨行业形势报告会,省工业和信息厅刘昱旻副厅长、省国资委巡视员、协会朱振华名誉会长、中国水泥协会曾学敏副会长应邀出席了会议。协会执行会长李法伸、张浩云、任振河、朱雷波,协会常务副会长王爱贞、副会长杨旭、肖长玉、郭栋、王宏伟、和南方、贾剑光等全省建材行业180多名代表参加了会议。

会议由协会执行会长中国洛阳浮法玻璃集团有限公司朱雷波总经理主持。省工业和信息厅刘昱旻副厅长发表重要讲话,中国水泥协会曾学敏副会长做《水泥工业发展及能效对标》专题技术讲座,协会王爱贞常务副会长通报了近期全国及河南省建材行业经济运行情况,重点分析了河南省建材行业的发展趋势,警示河南省建材行业即将面临生死抉择,呼吁全省建材企业认真解读国家相关产业政策,紧跟形势,及时调整发展战略;协会王庆荣常务副秘书长向理事会汇报了协会2009年工作总结和2010年协会工作安排。

洛阳理工学院、天瑞集团水泥有限公司、中国联合水泥集团有限公司南阳分公司、河南同力水泥股份有限公司、中国洛阳浮法玻璃集团有限责任公司、洛阳鹏飞耐火耐磨材料有限公司等做专题报告。

6月30日~7月3日 省机械冶金建材工会和省建材工业协会在平顶山共同举办了河南省"天瑞杯"水泥中央控制室窑操作工、磨操作工职业技能竞赛决赛。各水泥企业结合本单位情况,积极组织开展了以水泥中央控制室窑操作工、磨操作工为主的技能竞赛活动。经过企业内部选拔和初赛,全省水泥行业共有11支代表队98名选手参加了决赛。经过严格的理论考试,一批优秀选手脱颖而出。王国恒、张颜红等20名选手被授予"河南省建材行业技术能手"称号;68名参赛选手晋级高级工技术职称;天瑞集团水泥有限公司、河南同力水泥股份有限公司、中联水泥河南运营管理区分别获得水泥中央控制室窑操作工团体前三名;天瑞集团水泥有限公司、中联水泥河南运营管理区、河南同力水泥股份有限公司分别获得水泥中央控制室磨操作工团体前三名;天瑞集团水泥有限公司、中联水泥河南运营管理区、河南同力水泥股份有限公司、河南孟电集团水泥有限公司、焦作千业水泥有限责任公司、济源国泰微粉科技有限公司等6家单位荣获优秀组织奖。

10月28~29日,省建材协会与登封市水泥协会联合在登封市召开全省重点水泥企业节能减排高峰论坛会。

协会常务副会长兼秘书长王爱贞主持会议并阐述了召开此次会议的重要性及节能减排有序化的思路;登封市副市长杨戍超、登封市水泥协会会长、登封市嵩基水泥有限公司董事长屈松记代表东道主致欢迎词,提出水泥工业应借鉴煤炭工业的经验,加大联合重组的力度,提高企业的市场话语权,并对水泥工业今后如何节能限产有序化,提出了自己的见解;协会执行会长李法伸通报协会2010年1~10月工作总结和10~12月工作计划。

天瑞集团、中联水泥河南运营管理区、"河南同力水泥"、"登封新登"、"焦作千业"、"信阳华新"、"河南大地水泥"等二十多家重点水泥企业领导就河南省水泥工业目前遇到的新问题进行了认真、热烈、坦率的发言和讨论,就今后如何主动有序节能限产,分别作了发言,阐述了自己的看法及建议。

与会代表一致认为在目前河南水泥工业产能严重过剩,供大于求情况下,各水泥企业要转变发展方式,加强行业自律,增进市场协同,实现企业价值。同时,就2011年河南省水泥行业如何主动节能限产达成初步共识,并向全社会发布河南省重点水泥企业节能减排宣言,郑重承诺:为在"十二五"期间合理有序的完成节能减排目标,承担水泥企业社会责任,愿意响应政府号召,在全省用电高峰时自觉限产,为推动全省水泥行业健康可持续发展尽一份绵薄之力。

11 月 3 日 省机械冶金建材工会和省建材协会在洛阳召开了河南省建材行业工会工作协作会首届一次会议，来自全省建材行业二十余家单位的工会主席及负责人参加了会议。

会议为 2010 年度“天瑞杯”河南省建材行业技术革新奖竞赛、“天瑞杯”河南省水泥中央控制室窑操工、磨操工职业技能竞赛以及重点企业节能减排竞赛活动中获奖单位及个人代表颁发了奖状和证书。

会议确定了河南省建材行业工会工作协作会成员；讨论通过了《河南省建材行业工会工作协作会章程》；选举产生了河南省建材行业工会工作协作会会长、副会长，通过了首届和第二届工会工作协作会轮值会长、轮值秘书长；通过首届工会工作协作会年度工作计划；拟定 2011 年建材行业省级技能竞赛工种，对建材行业技能竞赛提出建议；各家企业还交流了工会工作经验。

11 月 8 日 省建材工业协会王爱贞常务副会长带领省内 18 家水泥企业的三十多位专业人士，赴安徽铜陵海螺水泥有限公司参观考察了水泥窑处理城市垃圾示范线，与厂方举行座谈会，详细了解了水泥窑处理城市垃圾的工艺流程，并对生产中的有关问题进行了技术探讨与交流。

“铜陵海螺”垃圾处理项目是水泥工业新型干法水泥工艺与中国国情完美结合的垃圾气化处理工艺，该项目的成功运行，标志着水泥工业在城市生活垃圾处理领域探索出了一条发展循环经济的新路子。

湖北省

Hubei Province

【概况】 2010 年湖北省规模以上水泥企业 182 家，共完成工业总产值 330.95 亿元，累计增长 13.9%；工业增加值同比增长率 -8.34%，低于全国水泥行业平均增长 21.47 个百分点；产品销售率 95.93%，低于上年 2.37 个百分点。全年共实现利润总额 25.99 亿元，实现利税总额 41.58 亿元。2010 年湖北省水泥工业经济运行特点是：

水泥产量快速增长。2010 年，湖北省水泥总产量 8 982.87万吨，增长 32.9%，总产量居全国第 8 位；水泥熟料总产量 5 532.71 万吨，居全国第 10 位；其中预分解窑熟料产量5 118.19万吨，占水泥熟料总产量的 92.51%。水泥月产量呈快速增长态势，其中 2 月产量最低，为 351.87 万吨；12 月产量最高，为 976.06 万吨，创湖北省水泥月产历史最高记录。尽管湖北省水泥产量增长较快，但水泥熟料产量明显不足，全年外省输入水泥熟料超过 1 000 万吨。

经济效益由亏转盈。2010 年湖北省水泥行业经济效益先抑后扬，1～8 月由于新线集中投产，造成产量过快增长，效益大幅下降，在产量增长 27.18% 的同时，全行业亏损 3 320 万元；水泥价格逐步走低，吨水泥平均价格由元月 254 元降至 8 月 247 元；9～12 月由于市场需求大幅增加，水泥产销趋于平衡，水泥价格触底反弹，自 10 月起吨水泥平均价格超过 300 元，全行业实现扭亏为盈，全年实现利润 25.99 亿元。

水泥产业结构日趋优化。全年新增 7 条新型干法水泥生产线，湖北“世纪新峰雷山水泥”二期、湖北“华祥水泥”二期、湖北“亚东水泥”阳逻二期、黄冈亚东水泥、湖北“京兰水泥京山”三期、“黄石四棵水泥”、“五峰俊王水泥”等 7 条新型干法水泥生产线相继投产，新增水泥熟料产能 833 万吨，新增水泥产能 1 100 万吨。新型干法水泥熟料比例不断攀升，产量由 2009 年的 3 652.69 万吨提高到 2010 年的 5 118.19万吨，占水泥熟料总产量的比例由 2009 年的 83.77% 提高到 2010 年的 92.51%。截止到 2010 年底，湖北省已建成投产的新型干法水泥生产线 58 条，新型干法水泥熟料产能达到 6 000 万吨。

水泥工业投资大幅下降。2010 年湖北省水泥工业共完成投资额 46.45 亿元，同比下降 43.2%，降幅居全国第 1 位；水泥投资占全省建材工业投资比例由 2009 年的 32.6%，降至 2010 年的 13.74%，由此预示湖北省水泥工业产业结构调整接近阶段性完成。

【企业兼并重组】 7 月 12 日，武汉鑫凌云水泥有限公司易名为武汉亚鑫水泥有限公司，湖北亚东水泥有限公司出资 2.5 亿元收购 70% 的股权，“武汉亚鑫”为其非全资附属公司。11 月 25 日，“华新水泥”以 2 348 万元正式收购湖北房县钻石水泥股份有限公司 70% 的股权。11 月 29 日，“华新水泥”以 2 380 万元正式收购湖北京兰集团三源水泥有限公司 100% 的股权。

【淘汰落后产能】 11 月 22 日，湖北省淘汰落后产能工作领导小组办公室发布 2010 年湖北省淘汰落后产能检查验收公告，全年共关闭立窑水泥生产线17条，小粉磨生产线3条，淘汰落后水泥产能277万吨。

记事

1月5日 湖北省首条用水泥窑处置危险废物的生产线，在武穴市通过验收。

经过一年实践，添加了有毒有害物质的水泥，质量可靠，工厂排出的尾气，也达到了相关标准。目前，湖北省固废中心依托"华新水泥"（武穴）环保科技公司，已对废弃农药等9类危险废物进行了试烧，共处置危险废物1 399吨。湖北省环保厅现在正着手编制《水泥窑处置废弃农药技术规范》，此标准还有望成为国家标准。

1月11日 由商务部推荐，华新水泥股份有限公司和武汉理工大学马保国、李叶青、李相国等10人共同完成的"水泥低环境负荷化关键技术及工程示范"项目，在全国科学技术奖励大会上，获2009年度国家科学技术进步二等奖。

1月12日 鹤峰县五岳水泥有限公司关闭工作通过湖北省政府检查验收，这标志着该县提前1年实现淘汰落后水泥产能的目标。至此，该县3家小水泥生产企业全部关闭，共拆除机立窑4座，淘汰实际落后产能20万吨以上。

4月22日 "华新水泥"员工捐献的20万元善款被送到黄石市慈善总会，"华新"员工的爱心将通过他们转交给青海玉树地震灾区群众。

6月7日 湖北省住房和城乡建设厅以鄂建文〔2010〕103号文印发了《关于加强混凝土管桩质量控制管理的通知》，规定30层及以上或高度超过100米高层建筑不得采用管桩基础。湖北省混凝土与水泥制品协会应管桩生产企业要求，于6月30日向省住建厅提交《情况反映》，代表行业提出3条意见和建议。

7月3日 台湾远东集团亚洲水泥公司黄冈亚东公司年产200万吨水泥1号窑项目竣工投产。该项目投资13亿元人民币。省委书记罗清泉致信祝贺。省政协副主席陈春林、台湾远东集团董事长徐旭东先生出席庆典仪式。当日，黄冈亚东公司向武穴市田镇小学捐赠人民币100万元，扶助该校改扩建校舍。

7月19日 《楚天都市报》刊登《问题水泥造假源头在哪里》报道，披露鄂州市企业生产的假冒水泥混入工程造价1 420多万元的中南民院游泳馆项目。该报道引起鄂州市委、市政府高度重视，决定在全市开展为期一个月的水泥专项整治活动。

8月29日 葛洲坝水泥厂纯低温余热发电项目当晚11点45分成功并网发电，标志着该项目进入投产试生产阶段。

9月15日 武钢集团金资公司与新加坡昂国集团在汉签约，合资建设年产120万吨磨细高炉矿渣粉生产线。该项目可将武钢炼铁过程产生的废渣变为高性能工业原料。昂国集团是东南亚高性能矿渣粉和矿渣水泥生产与应用的先驱者。

9月23日 央视《焦点访谈》以《武汉建材市场出现假冒水泥已形成利益链》为题播出记者新闻调查，并专题采访省建材行业协会秘书处秘书长周豫鄂。周豫鄂代表省建材工业协会对水泥造假的危害及治理措施提出了意见和建议。

9月27日 工信部在京召开"工业化与信息化融合促进节能减排经验交流会"，葛洲坝集团股份有限公司水泥分公司被列为首批60家"两化"融合促进节能减排试点示范企业之一。

11月3日 葛洲坝集团水泥分公司荆门公司日产4 800吨新型干法水泥熟料生产线项目顺利通过竣工验收，成为葛洲坝水泥板块五年发展战略规划第一个完成竣工验收的项目。

11月17日 省发展和改革委员会委托省混凝土与水泥制品协会开展《湖北省混凝土与水泥制品行业现状及发展方向》专题调研。

12月17日 由"华新水泥"与武汉市环境投资开发集团公司共同投资1.5亿建设的武汉陈家冲生活垃圾预处理项目，在武汉市城管局举行了签字仪式。

湖南省

Hunan Province

【概况】 水泥工业是湖南省建材工业的重要组成部分，其产值约占全省建材工业总产值的25%。2010年全省水泥工业实现总产值322.2亿元，同比增长23.3%；工业增加值同比增长25.9%；水泥行业实现利润17.9亿元，同比增长12.6％。2010年，全省水泥产量突破8 000万吨，达8 814万吨，同比增长13.8%；增幅与全国基本持平；生产熟料5 779

万吨,增长13.9%,较全国平均高5.3个百分点,其中新型干法熟料产量3 743万吨,同比增长41.8%,比全国平均高出23个百分点;水泥工业完成投资103.6亿元,同比增长7.0%。全省已投产新型干法水泥生产线52条,新型干法熟料产能达到5 075万吨(折合水泥产能6 598万吨),新型干法水泥熟料产量占全部水泥熟料产量的比例达64.7%,同比提高13个百分点;新型干法水泥产能释放呈快速增长之势,水泥工业由立窑水泥一统天下的局面大幅改观,行业技术结构、组织结构、区域布局得到优化,整体素质进一步提高。近年来,随着我国水泥产业结构调整向中西部地区的推进,湖南省已成为大型水泥集团争相投资的热点地区,海螺集团、中国建材集团、中材集团、"华新水泥"、"冀东水泥"、"台湾国产实业"等一批知名企业以及本土的湖南金大地股份有限公司、湖南印山实业集团、湖南武冈云峰水泥公司等已基本完成规划布局,企业实力也得到迅速增强。

散装水泥在湖南省得到了快速发展,水泥散装率不断攀升。2010年全省共完成散装水泥供应量4 077.45万吨,同比增加1 035.84万吨,增速为34.06%,高于全国平均增速14.79个百分点,年供散量居全国第10位。2011年,省人大财经委、常委会预算工委在全省范围内开展了《湖南省散装水泥条例》执法调研工作,促进了条例的进一步贯彻实施,扩大了散装水泥工作的社会认识度和影响力。4月,省经信委颁发了全省预拌砂浆企业备案管理规定,为科学引导预拌砂浆行业健康有序发展提供了政策依据,全省散装水泥、预拌混凝土、预拌砂浆"三位一体"协调发展的格局初步形成,散装水泥发展步入平稳、较快增长的新阶段。

记 事

7月23日 湖南省水泥协会第二届理事大会在长沙召开,湖南行业、企业水泥代表参加了会议。湖南水泥工业在"十一五"期间取得了巨大成绩,在产业结构调整中加速淘汰落后产能,大集团积极参与湖南水泥工业的调整,推进产业的提升,本地企业积极发展新型干法水泥,为湖南水泥新型干法水泥的发展做出了贡献。

9月30日 "邵阳南方"日产4 500吨熟料新型干法水泥生产线投产。

10月6日 石门海螺水泥公司二期工程的点火投产。

10月26日 湖南衡阳市松木工业园区"金山水泥"日产4 500吨干法旋窑水泥项目一期工程竣工投产。

11月9日 湖南省水泥协会在长沙市召开了2010年度第二次协会常务理事会议。

11月29~12月1日,湖南省水泥协会组织全省重点水泥企业负责人赴广东、浙江考察学习。

湖南省建筑材料研究设计院有限公司申报的"利用新型干法水泥生产线烧成系统处理城市废弃物关键技术研究和设备开发"经省科技厅及相关专家审核,已列入省科技厅省属科研机构技术创新发展专项。

(湖南省水泥协会供稿)

湖南省水泥协会

名誉会长:樊家生

会　长:谢家振

常务副会长:易汉文

副会长:卜华松　李焕然　梅向福　满高鹏　彭忠喜　廖晓武

秘书长:冯刚

广 东 省

Guangdong Province

【概况】

(一)生产规模

到2010年底,全省共有水泥生产企业296家(含粉磨站),水泥生产能力14 000多万吨;目前,全省共有熟料生产企业226家,熟料总生产能力9 496万吨。其中,新型干法水泥熟料生产能力5 840万吨,占总生产能力61.5%。水泥粉磨站70家,水泥生产能力5 300多万吨。

(二)实际产量

1.水泥熟料。

2010年广东省水泥熟料产量为8 301万吨,居全国第四位。其中新型干法水泥熟料的实际产量5 915万吨,占全省熟料总产量的71.26%。

2.水泥产量。

2010年,全省水泥实际产量11 551万吨,居全国前六位。

(三)水泥销售

2010年全省共消耗水泥约13 000万吨。其中珠江三角洲地区水泥消费量约占全省总消费量的70%;外地水泥输入广东约2 000万吨,主要来源于广西壮族自治区。

(四)落后水泥产能退出力度加大

2010年全省继续淘汰落后水泥产能近700万吨,"十一五"时期累计完成淘汰落后水泥产能达5 958万吨。

(五)经济效益

2010年规模以上的水泥企业完成工业总产值529亿元，销售总值为515亿元，出口交货值1.58亿元，实现利润约31亿元。

（六）水泥企业兼并重组

华润集团与广州市政府签署战略合作框架协议，承接了“越秀水泥”的股权，该集团还收购了惠州市环球水泥有限公司在大陆的水泥和混凝土企业的全部资产。

记　事

1月6日　华润水泥控股有限公司与罗定市人民政府在广州东方宾馆举行华润（罗定）水泥项目合作框架协议签署仪式。省委常委、政法委书记、公安厅长梁伟发，省政府副省长万庆良，云浮市市长黄强等省、市、县和部门领导出席了签约仪式。华润（集团）有限公司副总经理陈朗，华润水泥控股有限公司董事长周俊卿，总经理周龙山和部门负责人参加签约仪式。协会常务副会长李黎和许日昌秘书长应邀出席仪式。

1月14日　广东水泥行业协会五届理事会第一次会长办公会议在深圳召开。广东省经信委孙鮀生副巡视员、省经信委原材料处梁荣英副处长、水泥协会会长、副会长、理事、监事、秘书长和副秘书长约30多人，中国水泥协会副会长兼秘书长孔祥忠应邀参加了会议。

1月28日　华润水泥（封开）有限公司二线日产4 500吨水泥熟料生产线投产。

2月8日　全省2009年节能形势分析暨2010年全省经信系统节能工作现场会在佛山顺利召开。我会陈跃勋副秘书长代表协会参加了会议。

2月11日　省民政厅、省新社会组织深入学习实践科学发展观活动指导小组在省政府大院召开全省社会组织深入学习实践科学发展观活动总结表彰视频会议。我会被授予“广东省社会组织深入学习实践科学发展观活动先进单位”称号。

2月26日　省经济和信息化委员会林位超副主任率领省经信委原材料工业处和技术改造处等相关处室领导20余人赴广州越秀水泥集团有限公司属下的广州市越堡水泥有限公司、广州市珠江水泥有限公司调研考察。

5月11日　协会被国家统计局、中国建材联合会评为年度建材统计工作先进集体。

5月11日　广东塔牌集团股份有限公司申请组建的“广东省低能耗水泥工程技术研究开发中心”项目通过广东省科技厅、发展改革委、经济和信息化委组织的专家论证。

5月22日　省水泥行业协会在广州燕岭大厦召开五届理事会第二次会议。广东省经信委原材料处梁荣英副处长、广东省节能监察中心陈健主任应邀参加了会议。

5月22日　由协会负责制订的《水泥企业安全生产管理规范》广东省地方标准通过省质量技术监督局组织的专家审定。并于2010年9月13日由省质量技术监督局发布，地方标准编号DB44/ 800－2010。

6月18日　广州石井德庆水泥厂有限公司二线日产2 500吨水泥熟料生产线投产。

6月18日　省经济和信息化委员会在广州召开重点耗能企业能耗限额标准专项监察动员会议。此次行动共选取了8大行业的160多家企业，其中水泥企业50家。协会派出五位专家参与本次专项监察行动。

6月24日　为贯彻落实工信部全国工业系统淘汰落后产能工作会议精神，省经济和信息化委在广州召开了全省淘汰落后产能工作会议。省经济和信息化委副主任林位超作了广东省淘汰落后产能工作再动员和部署，副巡视员孙鮀生作了会议总结。

6月30日　中国建筑材料联合会副会长徐永模一行四人到广州市越堡水泥有限公司调研，广州越秀水泥集团赵思源董事长介绍了广东的经济形势，上半年的生产经营情况，企业节能减排工作以及循环经济发展规划。协会许日昌秘书长陪同调研，并介绍了广东省水泥行业的总体情况、上半年的经济运行特点、行业节能减排工作动态。

7月8日　华润水泥（阳春）有限公司日产2 500吨水泥熟料生产线投产。

7月28日　省民政厅和民间组织管理局组织对我会进行等级评估考核验收，各位专家给予我会高度评价，按照《广东省全省性行业协会评估评分细则》打出了最高分，最终评定我会为5A级协会。

7月28日　梅州市宁江水泥有限公司日产4 000吨水泥熟料生产线投产。

8月18日　省水泥协会徐惠明会长、李黎常务副会长参加了中国水泥协会组织召开的各省市水泥协会秘书长联席会议。

8 月 19 日　《广东省水泥工业发展专项规划环境影响报告书》通过省环境保护厅组织的有关部门和专家审查，参加会议的有省发展和改革委员会、省经济和信息化委员会、省国土资源厅、省水泥行业协会、省环境科学研究院等单位的代表及特邀专家。

9 月 14 日　全国水泥行业主流媒体在山东枣庄参加了以“责任、交流、协作”为主题的首届全国水泥行业媒体研讨会。我会信息部部长、《水泥与混凝土》杂志主编黄育怀参加了会议。

9 月 8 日　协会联合华南理工大学材料科学与工程学院、广州大学共同开展“水泥产业低碳技术路线图研究”项目列入了广东省科学技术厅重大科技专项计划项目。

10 月 9 日　广东省人民政府《印发广东省进一步加强淘汰落后产能工作实施方案的通知》(粤府办[2010]56 号)。

10 月 10 ~ 11 日　国家民政部在广州召开了全国行业协会改革发展经验交流会，中央纪委、中央编办等 26 个国家机关部委负责人、全国行业协会代表，各省、自治区、直辖市民政厅(局)领导等约 300 人出席会议。民政部李立国部长、姜力副部长和广东省委常委、副省长肖志恒同志等领导出席会议并讲话。省水泥协会作为本省为数不多的协会代表参加了本次会议。

10 月 15 日　重庆市水泥协会组织 9 家大中型企业高层领导一行 13 人，在重庆市水泥协会副会长兼秘书长马泽民的带领下，到广州越秀水泥集团考察学习。我会许日昌秘书长、陈跃勋副秘书长陪同重庆水泥同行考察。

10 月 22 日　协会与省环境监测中心共同修订的《水泥工业大气污染物排放标准》地方标准由省质量技术监督局发布，地方标准编号 DB44/ 818 - 2010。

11 月 17 日　协会负责起草的地方标准《水泥窑炉袋式除尘器安全管理规范》在 2010 年广东省标准创新贡献奖评选活动中荣获三等奖。

11 月 18 日　协会组织塔牌集团股份有限公司、“中材亨达”、“广州石井”等会员单位的代表和省经信委原材料处领导以及华南理工大学、广州大学的专家教授共 17 人赴日本太平洋水泥公司的埼玉工厂学习考察埼玉工厂废弃物处理技术，受到了日本太平洋水泥公司的热情接待。

11 月 29 日　湖南省水泥协会谢家振会长一行来广东开展协会工作和淘汰落后水泥产能情况交流活动。

12 月 1 ~ 2 日　由广东省水泥情报网、广东省硅会水泥与混凝土专业委员会、省水泥行业协会、省混凝土协会及广州市水泥协会联合召开了 2010 年广东省“水泥与混凝土”年会在清远召开。广东省经信委、省住房建设厅、省质监局、省散装水泥办公室、省节能监察中心、清远市建设局、清远市质监局等部门领导，以及合肥水泥研究院、华南理工大学、广州大学和省资源综合利用协会的专家、学者，以及来自全省水泥及混凝土企业代表共 340 多人参加了会议。

12 月 5 日　华润集团与广州市政府签署战略合作框架协议，并承接了“越秀水泥”的股权。

12 月 8 日　台湾水泥公司资深副总经理黄健强先生、大陆区销售总监林丽华女士一行造访我会。

12 月 10 日　协会由于在节能工作方面的突出表现，被评为年度省节能先进单位，并受到省政府的表彰，这是我会第二次取得获得该项殊荣。同时受到表彰的还有广东塔牌集团股份有限公司、广东清远广英水泥有限公司 、英德市宝江水泥材料有限公司、英德海螺水泥有限责任公司、台泥(英德)水泥有限公司、英德龙山水泥有限责任公司、韶关昌山水泥厂有限公司、茂名市油城牌水泥有限公司、广州市珠江水泥有限公司、广州石井水泥公司、广州石井水泥厂、广州市越堡水泥有限公司、广东新春潭水泥有限公司、惠州市光大水泥企业有限公司、惠州环球水泥有限公司、广东塔牌集团有限公司惠州龙门分公司、四会市骏马水泥有限公司、广东广信青洲水泥有限公司等单位。

12 月 17 日　“华润水泥”(封开)项目三期日产 4 5000 吨生产线点火。

“华润水泥”封开项目基地是目前规划中全球最大的水泥基地，设计规划 6 条日产 4 500 吨生产线，全部建成投产后，基地年产能将达 1 000 万吨。

“华润水泥”封开项目位于广东省封开县长岗镇，拥有储量巨大的优质石灰石矿山，厂区紧靠西江主干线和 321 国道，公路距广州 212 公里，水路距西江出海口约 300 公里，水陆交通便利，具备 1 000 吨级以上港澳线船舶直接出海的江海直航条件，自备码头年吞吐能力超过 2 300 万吨。封开项目是“华润水泥”规模最大、投资最多、战略地位最重要的水泥项目，矿石输送皮带廊长达40余公里，位居全球水泥行业之首；其自备码头为全国最大的内河码头之一。封开项目也是“华润水泥”在广东省建设的第一个熟料基地。

水泥工业统计资料

（1）2010年度广州水泥股份有限公司的金羊牌、韶关昌山水泥厂有限公司的粤海牌商标被认定为广东省著名商标称号，广州市珠江水泥有限公司粤秀牌、广州石井水泥公司石井牌、英德市英马水泥有限公司英马牌、惠州罗浮山旋窑水泥有限公司罗浮山牌等商标得到延续广东省著名商标称号。

（2）2010年塔牌、粤秀、石井、金羊、罗浮山牌、英马、英洲牌、固力、广英牌、骏马牌、顺龙牌等产品荣获广东省名牌产品称号。

（3）广州市越堡水泥有限公司“利用水泥窑协同处置城市污水处理厂污泥项目”和中材亨达水泥有限公司郁南分公司“熟料冷却机改造”获2010年度“凯盛杯”全国建材行业技术革新二等奖；广州市珠江水泥有限公司的“纯软件失重喂料控制系统的研制”和“熟料运输斜拉链机降速、维护技术及行走轮监控”获2010年度“凯盛杯”全国建材行业技术革新三等奖。

广东省水泥行业主管部门

广东省经济和信息化委员会原材料工业处

联系人：梁荣英副处长

联系地址：广州市吉祥路100号

邮政编码：510030

电　话：020－83133292

传　真：020－83135886

广西壮族自治区

Guangxi Zhuang Autonomous Region

【概况】　2010年广西水泥工业坚持以科学发展观为指导，认真贯彻国家产业政策，取得良好的效果。

一、广西新型干法水泥发展及落后水泥产能淘汰情况

1.新型干法水泥产能。

“十一五”期间，新型干法水泥生产线发展迅猛，由2006年的17条增至2010年46条。水泥产能由2006年2 144万吨/年增至目前7 142万吨/年，占水泥总产能由37.3%增至73.42%。

2.新型干法水泥产量。

新型干法水泥产量由2006年1 723万吨/年增至2010年5 472万吨/年，占水泥总产量由53.06%增至79.03%。

3.新型干法水泥在建、拟建产能。

目前在建、拟建新型干法生产线20条，产能3 227万吨/年，待全部投产，新型干法水泥产能将提高为10 429万吨/年。

4.超额完成落后水泥产能淘汰任务。

“十一五”期间，全区淘汰落后水泥生产能力累计达到1 015万吨，超额完成了国家下达广西壮族自治区淘汰落后产能848万吨的任务。2010年底立窑水泥生产能力（2 585万吨）的比重从“十一五”期初的61%下降到了27%。

二、2010年行业基本情况

1.基本情况。

2010年全区水泥总产量6 360.2万吨，比上年增长12.07%，其中旋窑水泥产量4 992.6万吨（含粉磨站产量221.35万吨），比上年增长17.87%，占2010年水泥总产量的78.50%（旋窑水泥产量占水泥总量比例创新高）；比例比上年提高5.12%，立窑水泥产量1 366.84万吨，比上年下降11.03%，占2010年水泥总产量的21.49%（立窑水泥产量占水泥总量比例明显委缩）。熟料总产量5 880万吨，比上年增加11.04%，其中旋窑熟料产量4 924.33万吨，比上年增加17.31%，占2010年熟料总产量的83.75%；立窑熟料产量955.37万吨，比上年下降12.95%，占2010年熟料总产量的16.25%。水泥区外销量1 526万吨，出口销量4.8万吨。

2.出厂水泥质量。

2010年，全区出厂水泥质量合格率达到了100 %；强度等级42.5以上高标号水泥产量为4 627.9万吨，占全年出厂水泥总量的72.77%，比上年略有上升。

3.能源消耗及废料综合利用。

能耗统计，按照GB16780－2007标准统计，从统计结果看，2010年，全区水泥企业平均可比熟料综合煤耗107千克标煤/吨，可比水泥综合电耗81千瓦时/吨，可比熟料综合能耗109.49千克标煤/吨，可比水泥综合能耗85千克标煤/吨。符合GB16780－2007标准能耗限额限定值要求。部分

指标达到GB16780－2007标准能耗限额先进值。能耗指标与2009年相比进步较大.

在工业废料综合利用方面,在保证产品质量的前提下,合理利用工业废料,全年共计使用各种废料1 130.1万吨,占全年水泥掺量的17.76%,比上年提高0.25%。极大缓解了自治区工业废料排放带来的压力,为社会环境治理做出了应有的贡献。

4. 经营状况。

2010年,全区水泥企业经营状况有所改善,实现销售收入207.826 1亿元,比上年提高36.94%;利润总额30.985 9亿元,比上年提高89.44%;利税总额36.272 9亿元,比上年提高57.74%,各项指标均比上年有较大幅度的提高。这主要得益于去年八月起广西与全国一样受限电影响,水泥价格大幅度上涨。但从检查结果看,各市之间、各企业之间存在着较大的差异,如河池市2010年利润总额负增长(－2 154.69万元),16个企业有11个企业亏损。旋窑企业普遍经营情况良好,而立窑企业举步维艰,135家企业有51家企业亏损。

记 事

2月 桂林南方水泥有限公司第一条日产4 000吨新型干法水泥熟料线项目正式投产,配9兆瓦纯低温余热发电机组。

3月 华润水泥(上思)有限公司第一条日产4 500吨新型干法水泥熟料线项目正式投产,配9兆瓦纯低温余热发电机组。

4月28日 广西南宁市邕宁区总投资2 600万元的广西华宏水泥股份公司纯低温余热发电项目开工建设。

5月 华润水泥(富川)有限公司第一条日产4 500吨新型干法水泥熟料线项目正式投产,配8.8兆瓦纯低温余热发电机组。

5月 广西虎鹰水泥有限公司第一条日产3 200吨新型干法水泥熟料线项目正式投产。

8月 柳州鹿寨正菱水泥有限公司第一条日产2 500吨新型干法水泥熟料线项目正式投产。

11月 柳州鹿寨金利水泥有限公司第一条日产2 500吨新型干法水泥熟料线项目正式投产。

12月 扶绥新宁海螺水泥有限责任公司第三条日产4 500吨新型干法线项目正式投产,配9兆瓦纯低温余热发电机组。

12月 广西四合工贸水泥有限公司第三条日产4 000吨新型干法线项目正式投产,配9兆瓦纯低温余热发电机组。

12月 华润水泥(田阳)有限公司第一条日产4 500吨新型干法水泥熟料线项目正式投产,配9兆瓦纯低温余热发电机组。

2008～2010年广西名牌产品(水泥企业的名牌产品)

获取年份	产品名称	产品商标	产品规格	生产企业名称
2008	普通硅酸盐水泥	西普牌	P·O 42.5R	广西西普南雁水泥有限公司
2008	普通硅酸盐水泥	古庙牌	P·O 42.5	广西华宏水泥股份有限公司
2008	水泥	海螺牌	P·O 42.5、P·C 32.5	兴业葵阳海螺水泥有限责任公司
2008	水泥	海螺牌	P·O 42.5、P·C 32.5	北流海螺水泥有限责任公司
2008	复合硅酸盐水泥	鱼峰牌	P·C 32.5复合硅酸盐水泥	广西鱼峰水泥股份有限公司
2008	硅酸盐水泥	鱼峰牌	P·Ⅱ 42.5硅酸盐水泥	广西鱼峰水泥股份有限公司
2008	普通硅酸盐水泥	鱼峰牌	P·O 42.5普通硅酸盐水泥	广西鱼峰水泥股份有限公司
2008	普通硅酸盐水泥	右江牌	P·O 52.5、P·O 42.5	广西东泥股份有限公司
2008	普通硅酸盐水泥	绿宝石牌	P·O 42.5	浦北县绿宝石水泥有限公司
2008	普通硅酸盐水泥	天荣牌	P·O 42.5	广西四合工贸有限责任公司
2008	水泥	红水河牌	P·O 42.5	广西华润红水河水泥有限公司

★ 2010年度广西企业100强名单(水泥企业)

名次	企业名称	营业收入(万元)
64.	广西鱼峰水泥股份有限公司	104 838
75.	广西登高集团有限公司	82 840
88.	北流海螺水泥有限责任公司	66 444

海南省

Hainan Province

【概况】 水泥是海南省建材工业支柱，工业总产值占全省建材行业80%以上。2010年全省熟料产量1 202万吨，同比增长38.5%，水泥固定资产总投资16.286亿元，本年新增项目投资3.24亿元。外来熟料约90万吨（主要来自越南70万吨），外来水泥约有100万吨（主要来自广西）。预计到“十二五”末期，全省的熟料产量将到达年产约1 600万吨每年，水泥产量约到达1 800万吨每年。

海南省水泥产品品种主要以32.5强度等级水泥和42.5强度等级水泥，复合水泥也以32.5强度等级水泥为主。

【海南水泥市场发展】 随着国家宏观调控措施以及两大水泥龙头企业（海南华盛天涯水泥有限公司和华润海南水泥有限责任公司）新建的新型干法水泥建成投产和市场供求关系及能源价格上涨等因素共同影响，行业经济效益有所下降。

“十二五”期间海南将加大投资规模，其中包括文明生态村建设、道路、房地产以及一些重大工程项目的建设能够为水泥行业提供较大的市场需求。

记　事

海南省规模较大的水泥生产企业有华盛水泥有限公司、华润水泥有限公司、海南鸿启实业有限公司叉河水泥分公司等。

2010年，华盛水泥有限公司第三期工程建成投产。第三期工程在昌江县建设1条日产5 000吨的新型干法水泥熟料生产线和一座9兆瓦纯低温余热电站，在三亚市建设一座年产200万吨水泥的粉磨站。华盛水泥有限公司的新型干法水泥年产能达到600万吨，是海南省最大的水泥生产企业。

华润海南水泥公司的前身为国投水泥有限公司。2010年，该公司第三期日产5 000吨新型干法水泥熟料生产线及配套设施建成投产。华润海南水泥公司的新型干法水泥年产能已达到400万吨，是海南省第二大的水泥生产企业。

2010年，海南鸿启水泥有限公司2条日产2 500吨陆续的投产。

重庆市

Chongqing

【概况】 2010年，重庆市建成投产新型干法线10条，新增产能1 700吨。水泥总产能和产量分别达到6 900万吨和4 400万吨左右，分别增长32.73%和20.2%。新型干法水泥产量达到3 200万吨左右，增长45.45%；占全年水泥总产量的72.73%。完成工业总产值约134亿元，增长21.7%；销售收入实现约130亿元，增长21.5%；主营业收入约114.8亿元，增长11.9%；应收账款同比上升28.2%；利润全行业亏损约342万元，应交增值税同比下降约45.9%。水泥行业“表面光环”多，水泥企业“核心利益”少。

【节能降耗成绩显著】 在水泥行业产能过剩和比邻企业强势入渝“双重挤压”下，重庆水泥企业主动转变发展方式，注重能源管理，注意采用节能技术、设备和设施，注视节能改造，千方百计降低煤耗和电耗。据统计分析，2010年，新型干法吨熟料标煤耗为115千克标煤/吨，比2009年下降1千克标煤/吨，机立窑企业吨熟料标煤耗为128千克标煤/吨，比2009年下降2千克标煤/吨，全市水泥企业吨水泥电耗为98.02千瓦时/吨，比2009年上升了5.36千瓦时/吨（新型干法水泥比重大增），将煤、电两项折算成吨水泥综合能耗，2010年则为121.2千克标煤/吨，比2009年下降3千克标煤/吨，全年水泥行业节能降耗成效显著，成绩喜人。

全市2010年底以前投运的新型干法水泥熟料生产线余热发电16条，设计发电能力共112兆瓦，其中，到2010年底建成6条生产线，设计发电能力51兆瓦，还未正式投入营运。据不完全统计，10条已营运的余热发电设计能力为61兆瓦，全年共发电22 886.96万千瓦时（其中：南山工厂5 405.04万千瓦时；特水工厂4 416.84万千瓦时；“天助”

4 089.96万千瓦时；“万科”2 396 万千瓦时；“润江”570 万千瓦时；“金九”6 009.12 万千瓦时），全年节约标煤 10 070.26 吨，减少二氧化碳排放 22 818.3 吨，并减少二氧化硫和二氧化氮排放，以及降低对环境的热污染。

【资源综合利用成效明显】 据统计，2010 年全市水泥企业消纳粉煤灰、锅炉炉渣、建筑垃圾、煤矸石、硫酸渣、工业尾矿、脱硫石膏等废弃物共计 1 320 余万吨。“拉法基瑞安”和“润江”2 户企业利用水泥窑协同处置城市生活污水厂污泥 3.5 万吨和污染土壤 3 万吨。

【回顾“十一五”重庆水泥】

1. 产能产量大幅增长。

2010 年，全市水泥产能产量分别为 6 900 万吨和 4 600 万吨。全市常住人口 2 884.62 万人，人均产量 1 590 千克，全国排名第八。与 2005 年相比，水泥产能和产量分别增长 90% 和 96%；

“十一五”期间，重庆水泥总产量 16 845 万吨，相当于重庆解放以来水泥总产量的 45.55%，是“九五”、“十五”水泥总产量的 1.17 倍。

2011 年，重庆市水泥产能和产量将分别达到 8 200 万吨左右（其中新型干法线 54 条，产能 6 600 万吨）和 5 000 万吨左右（其中新型干法水泥产量占总产量的 80% 左右）。

2. 结构调整成绩斐然。

（1）技术结构调整成绩可喜。“十一五”期间建成和技改新型干法生产线 26 条，新增水泥产能 3 467 万吨，与“十五”相比增长 3.3 倍；

（2）组织结构调整集中度提高。生产企业 122 户，与“十五”相比减少了 24%，其中 5 户 300 万吨及以上的纯干法水泥企业的产能占了全市新型干法产能总量的 46%；

（3）产品结构调整趋于合理。“十一五”结束，高标号水泥占总产量的 40% 左右，与“十五”相比提高了 25 个百分点；

（4）在和谐声中淘汰落后产能。“十一五”期间关闭淘汰落后水泥生产线 98 条，淘汰落后产能 898 万吨，与“十五”相比增加淘汰 520 万吨。

3. 节能减排初见成效。

“十一五”期间，重庆水泥能源消耗大幅下降，吨熟料标煤耗和吨水泥综合能耗比 2005 年分别下降 17.4% 和 17.1%。

“十一五”期间，有 16 条新型干法水泥线建有余热发电，装机容量 112 兆瓦。投入营运 10 条，年发电 22 887 万千瓦时，年节标煤 92 464 吨，减排二氧化碳 224 211 吨。重庆 43 条新型干法水泥生产线，余热发电装机容量 266 兆瓦，年可发电 16 亿千瓦时，年可节约标煤 56 万吨，减排二氧化碳 133 万吨。

重庆市“十一五”期间新型干法水泥投产线统计表

序号	企业名称	建设规模	年度增熟料(万吨)	投产日期
1	重庆（铜梁）金江水泥有限责任公司	一期 2 500	77.5	3 月 17 日
2006 年 小 计		77.5		
2007 年 小 计		232.5		
2	重庆（合川）金九水泥有限公司	一期 2 500	77.5	1 月 26 日
3	重庆（彭水）茂田水泥有限公司	一期 2 500	77.5	6 月 28 日
4	重庆（江津）天助水泥有限公司	二期 2 500	77.5	10 月 11 日
2008 年 小 计		285.2		
5	重庆（大渡口）小南海水泥厂	二期 3 200	99.2	3 月 28 日
6	重庆金江水泥有限公司	二期 5 000	155.0	12 月 28 日
7	重庆拉法基瑞安水泥公司涪陵工厂技改	1 000	31.0	12 月 31 日
2009 年 小 计		908.3		
8	黔江弘扬建材集团	1 200	37.2	4 月 19 日
9	重庆武隆山拔尔桑水泥有限公司	2 000	62.0	5 月 7 日
10	重庆万州科华水泥有限公司	二期 5 000	155.0	6 月 8 日
11	重庆秀山三磊水泥有限公司	二期 2 500	77.5	6 月 10 日
12	重庆（北碚）富皇水泥有限公司	二期 3 200	99.2	6 月 18 日
13	南川新嘉南水泥集团公司	2500	77.5	7 月 8 日
14	重庆（长寿）润江水泥有限公司	二期 4 000	124.0	10 月 15 日
15	重庆金九水泥有限公司	二期 2 500	77.5	11 月 17 日
16	冀东江津水泥有限责任公司	一期 3 200	99.2	12 月 23 日

续 表

序号	企业名称	建设规模	年度增熟料(万吨)	投产日期
17	重庆富丰水泥有限公司	二期 3 200	99.2	12月28日
2010年小计			1 317.5	
18	华新涪陵水泥有限公司	5 000	155.0	1月15日
19	綦江科华水泥有限公司	二期 2 500	77.5	3月26日
20	重庆(万盛)南桐特种水泥有限责任公司	5 000	155.0	5月28日
21	海螺忠县水泥有限公司	一期 5 000	155.0	6月29日
22	重庆(永川)拉法基参天水泥有限公司	5 000	155.0	9月4日
23	台泥(合川)有限公司	一期 5 000	155.0	9月28日
24	重庆(开县)开州水泥有限责任公司	二期 2 500	77.5	10月15日
25	重庆茂田水泥有限公司	二期 2 500	77.5	10月18日
26	东方希望重庆(丰都)水泥有限公司(预测)	一期 5 000	155.0	12月20日

"十一五"期间,建成投产新型干法水泥生产线共27条(含技改一条),其结构是:8条日产5 000吨、1条日产4 000吨、4条日产3 200吨、10条日产2 500吨和日产2 000吨、日产1 200吨、日产1 000吨线各一条,共新增水泥总产能2 821万吨。

【协会尽力反映诉求 用心服务企业】 2010年,重庆市水泥协会在抑制水泥产能过剩和建议政府出台淘汰落后产能经济补偿方面;在为企业搞好节能降耗、减排增效方面;在为企业正确应对激烈的市场竞争,坚持搞好供需形势分析方面;在当好桥梁纽带,增强政府有关部门对协会和水泥行业的影响力等方面,认真履行职能,尽力反映诉求,用心服务企业,热心办好事实事,引导行业健康和平稳发展等,做了一些实实在在的工作。

1. 为发挥桥梁纽带作用。

通过给政府有关部门传递信息,写出建议,办好委托事,以出色的成绩和高效的工作,赢得政府有关部门的认可,从而增强了协会对政府的影响力。

①精心撰写规划,提前上报政府。2010年3月2日,市经信委以渝经信建材[2010]2号文件,即《重庆市经济和信息化委员会关于开展"十二五"建材工业有关专项发展规划编制工作的通知》,文件明确要求重庆市水泥协会负责编制《重庆市水泥工业"十二五"发展规划》。这是政府对协会工作的信任,是对水泥协会委以的重任,也是水泥协会在政府影响力的体现。

②细心拟撰标准,受托服务政府。根据中德政府间的有关合作协议;为推进重庆高耗能行业能耗限额新标准的制定和实施,重庆市水泥协会主动与重庆市节能技术中心、德国技术合作公司合作,在大量调研基础上,主动承担了制订《重庆市水泥企业能耗限额标准》的起草工作。《征求意见稿》已经完成,并于二、三月报请市政府有关部门审定,待市质监部门核准后实施。

③真心提出建议,处置城市污泥。重庆市的生活垃圾、污泥、工业废弃物产出量大,而处置不够科学和合理,且投资大。市政府有关部门领导十分重视运用水泥窑高温煅烧优势,处置城市废弃物的办法希望水泥协会提出切实可行建议。提出利用水泥窑处置城市废弃物的好建议,2010年10月13~20日,协会秘书长马泽民和市经信委建材处副处长帅斌同志带队,率领重庆市9户大型水泥企业的老总和重庆利特环保工程公司的经理,先后赴北京金隅集团下属新北水水泥有限公司;广东越秀集团下属广州越堡、珠江水泥公司;安徽铜陵海螺水泥公司等,学习考察了他们在政府的重视和支持下,利用水泥窑协同处置固体废物与城市生活垃圾、生活污水厂污泥的生产工艺流程、技术设备装备、科研攻关、项目投资、当地政策和实施效果等情况。协会以重水协[2010]10号文,即"关于重庆市固体废物产出量、处置现状及面对挑战与利用水泥窑协同处置固体废物的建议",分别呈报黄奇帆市长、凌月明、童小平副市长以及市经信委、市市政委有关领导和部门。有关领导和部门对协会呈办事项的及时性和高效率,给予了充分肯定。

④撰写各种文章,关注水泥行业。协会在有影响的《中国水泥》、《西部水泥》、《重庆水泥》等杂志、《中国建材报》和中国"数字水泥网"、"中国水泥网"、"水泥商情网"等众多媒体先后发表和刊登了《巴西协会谈巴西水泥、访巴西水泥协会》、《赴江苏学习考察有关企业情况报告》、《赴广安、达州两市水泥行业学习考察的体会》等考察、调研报告;《重庆水泥要居安思危——从雷会长谈重庆水泥危机想到的》、《浅析"春秋战国"危害,加快"联合合作"步伐》、《如何面对提前来临的冬天》等评论和述评,增强了协会对政府的影响力。积极发挥好桥梁纽带的作用。

2. 坚持维护企业利益。

协会利用国家政策,尽心反映企业诉求,千方百计维护行业和企业利益,进一步增强了协会和企业的亲和力、凝聚力。

①针对产能过剩,继续反映诉求。重庆市近两年每年以新投产10条新型干法线、新增产能增速超过30%以上,而重庆水泥市场每年增幅有限。水泥产能过剩,与全国相比有过

之而无不及，企业怨声载道。为维护行业利益，协会在两个方面加大工作力度：一方面，继续向政府有关部门呼吁，停止核准水泥新项目。2010年，协会先后撰写论文和建议，影响政府政策关注水泥科学发展、健康发展。另一方面，协会通过各个媒体大造重庆产能过剩的舆论宣传，影响政府停止核准水泥项目。2010年，在《重庆晚报》等多家有影响的媒体先后刊登了"重庆踩不住水泥产能过剩刹车，新批项目仍次第面世"、"多方协调，抑制行业产能过剩"等报道文章。

②针对企业担心，反映企业心声。反映企业诉求，主要集中在企业最关心、最担心、最企盼、最棘手的"热点"问题上。一年来，协会主要作了以下工作。

消除"淘汰落后产能"无奖励的担心。2010年开年之初协会集中听取了全市水泥产能20万吨以上的20户机立窑企业法人代表意见基础上，代拟上报了有20户机立窑企业老板签名的《重庆市淘汰落后产能的若干建议》，协会通过各种渠道呈送到有关市领导和部门手中。得到主管部门的重视。时任重庆市经信委主任的吴冰亲笔批示："送山林主任并建材处，请你们认真研究一下这份建议，其中提的措施和政策建议有操作性。你们和产业政策处、法规处一道应有一个总体的调整意见和办法，要有退出的渠道和资金来源，请按两位领导的批示，尽快形成我们的工作方案"。

加大反映企业诉求力度。协会于2010年8月23日，再次向市经信委递交了《重庆市水泥协会关于贯彻执行渝府发[2010]75号和渝办发[2010]196号文件精神有关情况的汇报》。协会根据40余户水泥企业和10多个区县经信委反映就贯彻执行文件精神的相关问题，集中反映了"五盼"：即一盼客观公正评价落后水泥产能的形成及作用；二盼奖励资金市政府也应配套；三盼奖励资金按设计产能计算；四盼重庆市水泥散装办公室应出点淘汰落后水泥产能的奖励资金；五盼大型水泥企业也应承担社会责任。协会在"情况汇报"的内容中，集中了广东、浙江、四川省和成都、江苏徐州、重庆荣昌、彭水、涪陵等政府出台的淘汰落后水泥产能的补偿标准。协会的反映已引起有关方面的高度重视。

2010年5月，重庆市物价局和经信委联合以渝价[2010]177号文件颁发了《关于清理对高耗能企业优惠电价等问题的通知》，文件中明确规定："从2010年6月1日起对限制类企业每千瓦时用电加价5分~1角，对淘汰类企业每千瓦时用电加价3角"。针对部分企业担心电业部门误将机立窑企业均列入限制类范围，其后果不堪设想。协会立即将国办发[2006]77号文件即《国务院办公厅转发发改委关于完善差别电价政策意见的通知》中明确规定的："限制类企业的范围，2004年5月1日后建设的水泥机立窑、干法中空窑、立波尔窑、湿法窑、日产1 500吨及以下熟料新型干法水泥生产线"的规定和要求，一并反馈呈送市经信委、物价局和电业部门，避免了"难堪"后果的产生。

3. 为提高企业素质，我们在狠抓培训。

①营销培训。在重庆水泥产能过剩条件下，为引导企业制订好营销策略，开拓水泥市场，4月27~30日在重庆渝通宾馆举办了"水泥营销培训班"，28家水泥企业法人和营销人员40余人参加培训。使参训人员从实际的、单纯的、零碎的买卖水泥，提升到营销的理论高度。通过培训，普遍反映：理念提升，思路开阔，灵活营销，开拓创新。

②节能培训。为使企业科学用能、合理用能、节约用能，6月9~10日在重庆阳光酒店举办了"能效对标管理及新技术培训会"，55家水泥企业法人和生产、工艺、技术人员共计80余人参加培训。邀请国内知名水泥专家和企业家，现场进行现身说法和专业现场答疑，破解了企业在节能改造和节能实践中许多难点、疑点。通过培训，使参训企业和人员理念得到提升，眼界更加开阔，节能意识更具紧迫感和危机感，促进水泥企业生产方式向高效率、低消耗、低排放转变。

水泥企业在水泥生产过程中，粉磨电耗约占60%~70%，为帮助企业解决长期困扰水泥粉磨效率低的难题，引导企业把节煤、节电作为两大节能重点，并加快推进水泥企业合同能源管理，2010年9月27日，协会与市节能技术服务中心联合在重庆君豪大酒店举办了"水泥企业球磨机节电提质优化方案培训班"，42户水泥企业的主要负责人、中控室负责人、磨机操作工和电气工程师等近100人参加了培训。国内知名中控专家、浙江中控技术有限公司王建飞博士现场传授公司运用创新理念、改进创新设备、摸索总结球磨机节约电能、提升粉磨质量、提高企业效益的技术和经验。并现场解答各种疑虑和提问，现场破解了企业难题，受到企业普遍好评。

4. 积极引导行业自律。

重庆产能严重过剩，导致市场竞争加剧。为搞好行业自律，协会利用供需分析会的平台，引导企业互通信息，资源共享，相融共生。

①协会2010年进入第3季度时，重庆高温持续上升，而水泥价格持续下跌，在企业之间凸现价格竞争之际。2010年7月15日，协会组织17户大型水泥企业的老总和营销负责人，共同应对。经过讨论和争论，形成同行是朋友，相互多包容的认识。正确面对和冷静对待重庆产能过剩和市外水泥挤压重庆市场的现实，提出了：区域"合作"，共同受益；研发新品，防止重复，避免碰撞；加强管理，降低成本；资产联合，组建集团等4条措施和努力方向。供需分析平台，不但能引导行业自律，而且起到了为企业"联合合作"的宣传影响作用。

供需分析会，在引导行业自律，启迪企业走"联合合作"之路，具有重要的促进作用，受到企业肯定。并决定将"供需分析会"梳理成《水泥企业供需信息通报会议制度》，并于2010年8月12日召开的第三届四次常务理事（扩大）会议上，获得通过。

②2010年8、9月份，重庆水泥市场提前进入"寒冬"，水泥价格创历史新低，相当多的企业老总在"望泥兴叹"时，协会与《水泥商情网》联合，于2010年9月4日在重庆东和春天大酒店举办了"2010西部水泥论坛"。来自西部地区12个省、区、市水泥企业近300人参加会议。论坛紧紧围绕"当水泥卖到190时，是竞争还是合作"，抓住西部地区产能过剩条件下水泥行业的机遇与挑战这个中心，开展了以"价格大战在即，竞争空前激烈，水泥到底有多大降价空间？企业市场营销如何创新？企业面对合作还是竞争的重大抉择，合作之路又该怎么走"等为题的大讨论。参会企业通过讨论，不但对当时水泥"寒冬"有了冷静应对的措施，而且从思想上都有了"联合合作"的愿望，"论坛"取得超过预想的效果。

③保持市场稳定，维护市场秩序。2010年进入9月后，上半年投产的4条线开始产能释放，在产能过剩和比邻水泥强势入渝"双重压力"下，水泥价格开始向"谷底"下滑。在多数企业丧失信心时，协会于2010年9月16日在金佛山天星大酒店，召开了有50余人参加的全市大型水泥企业法人和营销负责人的"供需分析座谈会"。大家分析了水泥实际产量和吨水泥均价下滑的原因后，畅谈了重庆建设亮点多，坚定信心不泄气；认识到了水泥企业集中度不高，是导致恶性竞争的根子。明确了现阶段医治产能过剩，避免恶性竞争的"药方"，就是学习浙江经验，控总量，保高端，限产保价：即"协会组织，政府支持，大企业带头，行业自律"。

④应对过剩出新招，限产保价齐给力。水泥产能严重过剩，导致水泥市场"寒冷"。而重庆的綦（江）万（盛）南（川）片，重庆秀（山）吉（湖南吉首）铜（贵州铜仁）片和重庆长江沿线片，水泥市场秩序混乱，水泥市场价格低迷，成为全市最突出的三个片区。为维护水泥市场秩序，防止不正当的市场竞争，2010年10月26日、11月12日和12月7日分别在"綦江科华"、"秀山三磊"和"万州科华"召开（片区）供需分析座谈会，共商企业自律，维护市场秩序，互动诚信机制，保持市场平稳。应对过剩出新招，限产保价齐给力，确保了在"寒冷"市场压力下，水泥企业平稳健康发展。

5. 为把握行业话语权，坚持调研。

2010年度的行业调研，从2010年5月开始，以协会人员为主，在市水泥质检站的支持、配合下，前后不少于70天，深入到140余户占80%的水泥企业，与企业法人和技术人员，交换看法，搞好座谈，统计数据，填报资料，核实能耗，听取建议；到11月底全部结束，目前，协会正综合各类数据，归纳各种"建议"，充实修订"规划"建议稿，分析企业各种能耗指标，为协会增加知情权和发言权，呼吁政府关注水泥，充实了第一手资料。

6. 为企业办事有力量，我们在经信委心中。

在市经信委有关部门的信赖和支持下，一年来，协会受托为5个新建粉磨站企业撰写了《新建水泥粉磨站可行性研究报告》；为20多户企业在提高台时产量，提高经济效益，降低能耗方面，推荐新技术，提出好建议；为8户企业在余热发电、处置城市废弃物等，提供信息，提出建议；为20多户企业提供发展产业链经验、信息和建议等。

7. 为搞好秘书处内部建设，我们在与时俱进。

协会秘书处工作人员坚持"有为就有位、有位更好为"的理念。在内部建设上，以勤奋、敬业、奉献为基础；在实际工作上，以服务、解难、办事为宗旨；以崭新的精、气、神，感召社会，感召政府。

协会秘书处在组织建设上，根据工作需要，健全了机构。为加强对内管理，明确了办公室主任；为加大信息网络建设力度，增设了信息网络部，并任命了部长；为确保工作精干高效，在人员上进行精简，从6人精简为5人，目前秘书处人员平均年龄不足45岁。

记　事

1月15日　重庆"富丰水泥"二线日产4 500吨新型干法竣工投产，这是该线2009年底投产后举行的一次仪式

1月29日　协会召开有市政府办公厅一处（工业）、四处（文卫）处长参加的汇报"淘汰落后水泥产能的若干建议"，并委托参会处长将"若干建议"呈送黄奇帆市长和分管工业的童小平副市长。

同日　协会参加重庆市经信委共商三年淘汰落后水泥产能的具体计划。

同日　收到黄奇帆市长在水泥协会呈送的《重庆市淘汰落后水泥产能若干建议》上批示：转小平并吴冰阅处。

2月1日　协会收到童小平副市长在水泥协会呈送的《重庆市淘汰落后水泥产能若干建议》上批示：此项工作区县政府是贯彻主体。市经信委要对其安置难点问题拿出规范的意见，加强协调商量防止大矛盾。

2月11～12日　马泽民秘书长会同市经信委建材处负责人深入忠县和涪陵看望在春节期间坚守在水泥项目"海螺"、"华新"建设工地的员工，带去水泥协会的问候和祝福。

3月2～7日　在收到市经信委委托重庆市水泥协会编写《重庆"十二五"水泥发展专项规划》通知后，赴黔江、万盛、南川、合川等区县共计9户企业进行调研，拉开了年度调研，全力编写好"规划"的序幕。

3月2日　协会以重水协[2010]01号和02号分别发出《关于开展2009年度行业调研为编写"十二五"水泥发展专项规划做准备的通知》和《关于催收2010年度会费的通知》

3月11～12日　协会参加在北碚海宇温泉酒店召开的全市工业和信息化系统行业协会、专业性协会、联合型协会、学会、商会等80多家市级社团组织工作会议，会上表彰了15个优秀社会团体和20名社会团体先进个人，重庆市水泥协

会集体和秘书长马泽民个人分别受到表彰。

3月12日 参加重庆拉法基瑞安水泥公司与市经信委共建南山工厂矿山植被恢复示范林启动仪式暨植树活动，开创了水泥企业矿山植被恢复的先河，为协会引导水泥企业恢复矿山植被总结和积累了经验。

3月17～18日 重庆市水泥协会三届二次会员大会（年会）在小南海水泥厂温泉隆重召开，全市水泥企业的同仁和精英120多人参加会议，市经信委、中小企业局、民政局有关部门的负责人和10多个区县经委领导人参加会议；中国水泥协会雷会长、数字水泥网总裁刘作毅专程赴渝参加会议并讲话。这次会议是协会单独召开会议人员最多的一次，充分体现了协会的凝聚力、感召力和活力。

3月23日 配合市经信委赴大学城就2户关闭立窑企业，与当地主管部门进行协调。

3月25日 为编写“十二五”水泥规划继续深入万盛区与“南桐特种”有关领导和技术人员进行座谈。

3月26日 马泽民秘书长赴綦江参加“科华水泥”二线日产3 000吨新型干法生产线竣工投产仪式，这是重庆市2010年竣工投产的第二条新型干法生产线。

3月30日～4月2日 马泽民秘书长赴京参加中国水泥协会年会，以“再话亮点热点与重点难点的重庆水泥”为题进行了大会发言，受到好评。

4月19日 协会参加市节能办召开的关于中德合作项目——重庆水泥产品能耗限额标准制定的讨论会。

4月22～23日 陈启和副秘书长代表协会参加奉节县重名水泥公司“4.21”重大伤亡事故调查专家组，与其他专家一起，从安全、技术角度提出发生伤亡事故的原因和整改意见。

4月27～30日 协会在渝通宾馆举办“水泥营销培训”。特邀全国水泥营销专家、西南民族大学刘德昌教授授课。20余户企业的40余名营销人员参加了培训。

4月28～30日 马泽民秘书长、熊科部长会同建材处帅斌副处长共赴四川广安、达州两市5县的水泥生产线在建、拟建进行调研，并撰文发表“赴广安、达州两市水泥行业学习考察的体会”，提出了两市水泥挤压重庆水泥市场现实性。

5月3～7日 马泽民秘书长应两个会员企业之约，赴江苏徐州和常州参观考察了8户企业（建材机械6户、水泥企业2户）。其目的是了解设备生产、配套厂家有无核心竞争力；大型企业面对产能过剩有何高招！考察后撰文“赴江苏参观考察有关企业情况汇报”。

5月25～26日 协会主要人员共4人到金质花苑酒店参加由市节能技术服务中心与德国技术合作公司（GTZ）合作，举办的“能耗限额标准研讨会”，为我市各行业制定新的能耗限额标准，学习和借鉴德国的经验。

5月28日 重庆南桐特种水泥有限责任公司改扩建项目日产4 800吨新型干法水泥熟料生产线建成投产．这是重庆今年建成投产的第三条干法生产线．

6月9～10日 协会在阳光酒店举办“能效对标管理及节能新技术培训会”，特邀中国水泥协会副会长曾学敏，国内设备制造专家任永刚、李宪章等5人现场授课。55家水泥企业近90名专业技术人员参加了培训。

6月29日 “重庆海螺水泥”一线工程日产4 500吨新型干法水泥熟料生产线点火投料，7月9日在忠县水泥项目建设现场隆重举行了投产庆典仪式．重庆市人大常委会副主任王洪华参加庆典并宣布一线建成投产。

7月14～15日 协会在北碚缙云山天香苑第一次召开大型企业产销形势分析会，16户企业老总和分管营销负责人共计40余人参加会议。会议由邱沛阳会长主持，王道云主任代表协会作了“关于重庆市水泥行业2010年上半年产销价格及形势分析”发言。参会的“科华”、“拉瑞”、“海螺”、“弘扬”、“嘉南”、“冀东”和“富皇”的代表积极发言，建言献策。

8月12日 协会在南海温泉召开三届四次常务理事（扩大）会议，常务理事、理事单位代表80余人参加会议。会上，马泽民秘书长代表协会以“凝聚力，影响力，感召力”为题，总结了上半年工作，并对上半年水泥行业经济运行进行了分析。

8月13日 秘书处全体人员在小南海水泥厂招待所参加“重庆市建材行业工作会”。会议对今年淘汰落后水泥产能205万吨进行了部署。

8月18～21日 马泽民秘书长赴长沙参加中国水泥协会召开的一年一度“各省市区水泥协会秘书长联席会议”。会上孔祥忠秘书长总结了上半年工作，刘作毅作了全国水泥市场分析，各省市通报了上半年水泥工业经济运行情况。马泽民秘书长在会上作了大会交流，受到好评。

8月22～24日 协会向市经信委撰写和递交了“重庆市水泥协会关于贯彻执行渝府发[2010]75号和[2010]196号文件精神有关情况的汇报”，强烈要求市政府拿出一定关闭淘汰落后水泥企业的补偿资金，并提出了补偿资金的筹集办法和渠道。

8月26日 重庆南桐特种水泥公司举行资源综合利用日产4 500吨熟料水泥生产线项目工程投产剪彩仪式。市发改委、经信委、水泥协会以及“万盛”4大班子的领导和企业代表300余人参加了仪式，马泽民秘书长发表了热情洋溢的讲话。

9月4日 由重庆市水泥协会和水泥商情网联合举办的《2010’西部水泥论坛》在重庆江北东和花园酒店召开。来自西部省市区行业协会、水泥生产企业、设备厂家近300余人参加会议。中国水泥协会雷前治会长、工信部袁克兰处长亲临论坛，并分别以“水泥产能过剩对策研究”、“关于近期严控水泥产能系列产业政策解读”作了讲解和阐述，有深度和高度，很有指导性。

9月10日　马泽民秘书长、陈启和副秘书长和熊科部长参加市经信委建材处召开的部分水泥企业超标使用铬渣作混合材的整改检查会议。

9月25日　“拉法基瑞安”重庆参天水泥有限公司日产4 600吨水泥生产线隆重举行投产仪式。副市长童小平按下了正式投产的电子显示球。

9月27日　重庆市水泥协会和市节能技术服务中心共同联办的“水泥企业球磨机节电提效提质安全优化方案培训班”在江北君豪大酒店举行，来自近50户水泥企业的主要负责人、中控负责人（或磨操工）、电气工程师等100余人参加了为期一天的培训。

9月29日　台泥重庆水泥有限公司第一条日产4 800吨新型干法水泥生产线正式竣工点火投产。

10月13～20日　协会以马泽民秘书长带领9户水泥企业、1户环保公司共计12人赴广州越堡、珠江水泥公司；安徽铜陵、芜湖水泥公司；北京新北水水泥公司学习考察了三大集团企业发展循环经济试点项目——利用水泥窑协同处置固体废物与城市生活垃圾、生活污水厂的生产工艺流程、技术设备装备、科研攻关、项目投资、当地政策和实施效果等情况。

10月22日　协会马泽民秘书长主持召开办公会：一是学习党的十七届五中全会公报主要内容；二是通报带队12人赴广东、安徽、北京学习考察三大水泥集团利用水泥窑协同处置城市固体废弃物的情况和经验；三是根据邱会长建议，讨论建设精干高效的秘书处。经过工作述职和岗位职责对照，形成了“从目前的专职6人，精简为5人”，“从退休返聘的3人中精简”。经过讨论和个人自愿原则，决定精减陈启和副秘书长同志。

10月26日　秘书处主要工作人员一行3人，赴綦江科华水泥公司参加在该公司召开的綦（江）万（盛）南（川）片区水泥供需分析会。在协会的引导下，共商企业自律，维护市场秩序，互动诚信机制，确保市场平稳达成共识。

10月27日　协会与市水泥质检站召开碰头会，讨论一年来开展行业调研的效果和成果，综合数据情况，交流行调的经验和体会，讨论了加强水泥质量监管工作的措施。

同日　协会与重庆市友邻的“利万步森”分管营销的王总，共商融入重庆水泥主市场的办法和措施，受到比邻企业如评。

11月2日　马泽民秘书长参加在市能投集团召开的论证会，阐述了重庆青木实业公司在青木关通过技改建设一条日产2 500吨新型干法线的可行性。

同日　秘书处向到协会检查工作的市经委分管建材工业的李山林主任，汇报了全市水泥窑协同处置全市固体废弃物、城市生活垃圾的可行性建议。受到充分肯定。

11月4日　马泽民秘书长赴市经信委与建材处共商引导重庆水泥企业处置、消纳城市固体废弃物、城市生活垃圾的建议和打算，得到认可和支持。

11月23日　协会特邀“拉法基”地维工厂厂长郝彦武介绍企业用水泥窑处置城市污泥和城市垃圾的实践，增强了协会引导企业处置城市固体废弃物的信心，坚定了争取政府交由水泥行业处废的决心。

11月24日　协会参加市经委环资处工作会，并利用机会向部门和有关领导递交了协会提出的“关于重庆市固体废物产出量、处置现状及面对挑战与利用水泥窑协同处置固体废物的建议”。

11月25～26日　协会秘书处参加在金科大酒店由市固废中心和国家环保部共同举办的“中挪合作环境管理能力建设项目——水泥窑共处置废弃物技术培训交流会”，提高了对水泥窑共处置废物的认识，增强了处置废物的信心和决心。

11月30日　协会以重水协[2010]10号文，即《关于重庆市固体废物产出量、处置现状及面对挑战与利用水泥窑协同处置固体废物的建议》分别呈报黄奇帆市长、凌月明、童小平副市长以及市经信委和市市政委有关领导和部门。

12月7～9日　秘书处主要人员一行3人，在赴“万州科华”，在参加长江沿线10户大型水泥企业供需分析会，引导长江片区企业形势分析并取得自律共识后，与建材处帅斌副处长共赴“开县开州”、“嘉州”、“新美陶瓷”；“巫山小三峡”、“永年”；“奉节天宝”、科华粉磨站等区县7户重点企业进行调研。

12月22日　秘书处全体人员赴綦江赶水水泥公司调研，总结企业节能降耗和抓管理、降成本的经验，为树立“标杆”企业掌握第一手材料。

12月23日　协会参加由市经信委召开的关于超标使用六价铬“水泥质量通报会”。

12月24日　参加市民政局在北部新区召开的“全市社团组织总结表彰大会”，会上表彰了34个先进社团，重庆市水泥协会被评为“全市性行业协会先进集体”，受到表彰，并被授牌。

四川省

Sichuan Province

【概况】　2010年，四川省认真贯彻省委“巩固回升，加快发展”的工作基调，紧紧抓住扩大内需、灾后恢复重建和实施西部大开发的重大机遇，灾后恢复重建任务基本完成，全省经济加快发展。2010 年全省实现地区生产总值（GDP）16 898.6亿元，比上年增长 15.1%，增速比上年提升 0.6 个百分点；全社会固定资产投资规模扩大，全年完成全社会固定资产投资 13 582 亿元，比上年增长 13%。2010 年，348 户规模以上企业实现销售收入 407.8 亿元，与上年同比增长 42.33%；盈亏相抵后的利润总额 19.38 亿元，与上年同比增长 1.97%；利税总额 30.31 亿元，与上年同比增长 10.25%。由此拉动水泥需求持续快速增长，水泥行业产销两旺，实现销售收入和利税持续二位数增长，水泥工业发展取得令人欣喜的业绩。

1. *在转变发展方式、发展新型干法水泥方面取得新进展。*

2010 年，四川省投产新型干法水泥生产线 30 条，年新增熟料产能 3 301.5 万吨，年新增水泥产能4292.0万吨。2010 年全省有新型干法生产线 94 条，年熟料产能 8 053.8 万吨，年水泥产能 10 606 万吨，为淘汰落后产能提供了前提，为“十二五”期间水泥工业基本实现现代化打下了扎实的基础。

2. *产量。*

2010 年，全省水泥产量 13 228 万吨，同比增长 48.85%，产量位居全国第三位，增速名列全国第一；占全国水泥总产量的 7.05%，比上年度提高 1.59 个百分点。产量高速增长，结束了水泥产品供不应求状况，保障了国民经济建设和灾后重建的需要。四川省主要城市 2010 年水泥产量如下表：

四川省主要城市 2010 年水泥产量

地　区	2010 年产量（万吨）	企业数（个）	平均产量（万吨）	同比增长（%）
乐山市	1 786	35	51.03	34.06
内江市	1 330	31	42.90	36.66
达州市	1 273	24	53.04	115.19
眉山市	1 119	24	46.63	106.13
成都市	1 039	5	207.80	26.87
德阳市	995	36	27.64	57.17
绵阳市	679	27	25.15	44.05
广安市	639	15	42.60	17.94
宜宾市	626	27	23.19	17.21
广元市	553	17	32.53	256.23

3. *经济效益。*

2010 年，全省 348 户规模以上水泥生产企业销售收入 407.8 亿元，同比增长 42.33%，实现利税 30.31 亿元，同比增长 10.25%，产量增速、销售收入增速高于利税总额增速 38.6 及 32.1 个百分点，出现了生产成本上升、产品销售价格下降态势。

4. *大企业快速成长，企业集中度提升明显。*

到 2010 年末，全省水泥产能上百万吨的企业（集团）51 户，比上年增加 24 户。51 户企业年水泥产能 9 547.13 万吨，占总产能 61.06%。年水泥产能 300 万吨及以上企业 12 户，同比增加 5 户，其中峨胜公司产能 1 120 万吨，名列首位。

记　事

1 月 4 日　四川川煤广旺水泥股份有限公司挂牌成立。四川川煤广旺水泥股份有限公司是以川煤集团公司、广旺投资公司、川煤勘设公司为发起人，于 2009 年 12 月创立的一家股份制公司，现拥有卢家坝、剑阁、天台、宝轮 4 个生产基地 6 条工艺先进的水泥生产线，水泥年产能力为 300 万吨。

1 月 29 日　四川省水泥协会第二届三次理事长会在都江堰市召开，出席会议的理事长、副理事长或副理事长的代表、秘书处负责人共 16 人，熊建华理事长主持会议。

会议审议并通过了秘书处关于开展化验室合格证换（发）证工作的汇报；审议并通过了关于协会理事长、副理事长变更为会长、副会长的议案；审议并通过了聘李川任协会名誉会长议案，提交协会常务理事会审议。

1 月 29 日　四川省水泥协会第二届一次常务理事会在都江堰市召开。出席会议的常务理事或常务理事代表 67 人，熊建华会长主持会议。会议审议并通过了副理事长葛冠军代表协会作的《2009 年度工作总结及 2010 年工作安排》的报告，审议并通过了理事长会提交的两个议案，即将协会理事长、副理事长变更为会长、副会长，聘李川任名誉会长。

本次会议的最大特点是会议代表就四川省水泥工作的热点问题畅所欲言地发表意见，省经委、省质检局有关领导认真地听取意见。本次会议必将对四川省水泥工业的健康发展、淘汰落后产能等工作产生积极的影响。

2 月　国家发展改革委批准四川峨胜水泥股份有限公司的四川峨胜水泥股份有限公司纯低温余热发电项目作为清洁发展机制项目。该项目的国外合作方为 EnBW Trading GmbH，预计年减排量为 102 798 吨二氧化碳当量。

2 月 3 日　四川省灾后重建项目——“达州海螺”一期工程竣工投产，二期主体工程正式开工。

“达州海螺”水泥项目于 2008 年 6 月签约落户达州市大竹县，2009 年 1 月开工建设，总投资 15 亿元，建直径 4.8 × 74 米预分解窑二台，年产 440 万吨的水泥粉磨系统和 18 兆瓦纯低温余热发电站，可实现年产值 16 亿元，利税 2.4 亿元。

海螺公司到四川投资建厂，将在 2011 年形成年产 800 万吨生产能力，将有力促进四川省水泥工业发展，提升四川省水泥工业经营管理水平等方面发挥积极推动作用。

2 月 6 日　巴中市委书记、市人大常委会主任李仲彬率市委副书记、市长蒲波、市委常委委员宣迅及市级相关部门、南江县党政主要负责人一行在省经委有关领导陪同下，在安徽省芜湖市考察访问海螺集团，受到了海螺集团董事长郭文叁的亲切接见并签署了《投资合作框架协议》。

2月25日　在四川省江油市含增镇，举行了四川“国大水泥”竣工投产仪式，“国大水泥”日产4 000吨熟料新型干法生产线宣告正式投产，四川“国大水泥”项目是绵阳市重点项目。

四川“国大”负责人分析，四川在西部大开发中占据重要的位置，对水泥尤其是高性能水泥需求巨大，江油市有优质的石灰石资源，因此“国大”义无反顾地投资四川。

2月28日　四川峨胜水泥股份有限公司随五条日产4 600吨熟料生产线最后一条点火投产，企业年水泥产能达到1 120万吨。同时一期日产4 600吨熟料生产线配11.5兆瓦，二、三期2条日产4 600吨熟料生产线配23兆瓦，四、五期2条日产4 600吨熟料生产线配23兆瓦，水泥窑纯低温余热电站全部并网发电。

3月12日　坐落于世界“双遗产”峨眉山脚下的四川峨胜水泥股份有限公司年产35万吨机立窑生产线随着两声巨响爆破拆除。这次爆破拆除的机立窑生产线，并不在国家产业政策规定淘汰范围内，是企业自愿行为。

在爆破现场，四川省环保厅副厅长杨雷鸿表示：“此次爆破拆除为全省工业企业淘汰落后的产能、节能减排、转变发展方式开了个好头。”

3月12日　广元市震后引进开工建设的首个超十亿元重大工业项目——“广元海螺水泥”项目第一条日产4 500吨熟料新型干法生产线在朝天区大巴口正式点火成功，投入生产。

该项目作为广元市“5.12”汶川特大地震灾后引进开工的首个重大工业项目，是广元市实施资源转化战略的重大成果，同时结束了朝天区没有现代化工业的历史，为朝天区早日建成川北知名的建材工业基地打下了坚实的基础。

3月14日　四川亚东水泥有限公司日产4 200吨熟料三号窑正式竣工点火投产。

成都市委副书记唐川平出席点火投产仪式，并为炉窑点火。副市长白刚致辞，白刚代表市政府对该生产线的投产表示祝贺，并表示成都市将一如既往地提供优质服务，为企业在成都发展创造良好的发展环境。

3月25日　四川双马水泥股份有限公司发布公告称，公司收到《江油市财政局关于下达2010年度淘汰落后产能中央财政奖励资金的通知》，根据川财建[2009]312号文件精神，对公司响应国家有关政策淘汰落后产能，下发2009年淘汰落后产能奖励资金1 750万元。

公司收到奖励资金后，作为收益处理，用于淘汰落后产能相关支出。公司已经收到该笔资金，并按规定将其入2010年度营业收入。

4月1日　攀枝花大地水泥公司因华伦集团资金黑洞等负面影响，难以支持生产所需原材料，此外债台高筑现金流断裂，公司难以维持正常的生产经营，于4月1日宣布进入停窑停产状态。

攀枝花大地水泥公司前身为四川省渡口水泥厂，拥有四条湿法窑，是四川省四大水泥厂之一，2005年被华伦集团通过浙江大地纸业集团收购后，未新建新型干法水泥生产线等原因，退出水泥行业将是必然的结果。

5月14日　四川省副省长李成云莅临四川南威水泥有限公司视察。

四川南威水泥有限公司是年产100万吨新型干法水泥企业，是巴中市惟一一条新型干法生产线。李成云副省长在肯定公司所作出成绩的同时，要求南威水泥公司进一步强化内部管理，加强技术创新，提高产品质量，抓好市场开拓，做大做强企业。

5月22日　四川省政府第56次常务会议审议并原则通过，明确未来将抑制四川省六大行业过剩产能重复建设。

水泥行业：对取得核准批复满两年未开工的项目，取消核准文件。省内非灾区的机立窑等落后水泥产能从现在起安排分步淘汰。到2012年底关停淘汰全部落后水泥产能。

5月23日　四川兰丰水泥有限公司日产4 500吨熟料新型干法生产线在彭州市桂花镇竣工投产，该项目是彭州市震后引进的单个最大产业化项目。

兰丰公司董事长赵静涧表示：我们计划总共投资15亿元，建设二条日产4 600吨熟料新型干法水泥生产线，可提供就业岗位近千个，实现年销售收入15亿元，年利税将达3亿元。

6月1日　省政府常务会审议并原则通过的《关于进一步推动2010年工业节能减排工作的实施意见》中明确要求6月1日起，对水泥企业执行的差别电价，限制类企业执行的电价加价标准由现行的每千瓦时0.05元提高到0.10元；淘汰类企业执行的加价标准由现行的每千瓦时0.20元提高到0.30元。

6月15日　由天津院设计研发的四川宜宾海丰和锐有限公司年产120万吨全电石渣综合利用制水泥项目于6月15日顺利点火投产，对综合利用电石渣，消除电石渣对环境污染具有重要意义。

6月17日　为深入了解中国西南水泥行业的发展情况，中国建筑材料联合会会长张人为一行到“拉法基瑞安”都江堰工厂考察调研。

张人为会长对“拉法基瑞安”都江堰工厂安全环保和节能减排方面做出的成绩表示赞许，认为“拉法基瑞安”都江堰工厂在可持续发展领域为中国建材行业起了表率作用。

6月21日　四川省副省长黄小祥一行视察四川星船城水泥公司二线。内江市委书记唐利民、资中县委书记何兵等市县领导陪同。

川威集团董事长王劲、星船城公司董事长王思中等对黄小祥一行省、市领导的到来表示热烈的欢迎，王思中向黄小祥副省长一行汇报了“星船城”的产业布局及水泥产业的发展状况和规划。

在了解情况后，黄小祥副省长对公司提出了殷切希望。

他说，要通过采用新技术、新设备和新的管理方法，加大资源综合利用，做好节能减排工作，在此基础上，加快发展步伐，争取早日跨入全国大型水泥企业集团行列。

6月26日 “安县中联水泥”日产4 500吨熟料生产线竣工点火仪式在四川省安县桑枣镇隆重举行。该项目是“5.12”汶川特大地震灾害发生后，中国建材集团积极响应党中央、国务院号召，在继“北川中联”日产4 1500吨熟料生产线建成投产后，在灾区启动的又一支持灾后重建的大型工业项目。

中国水泥协会雷前治会长、中国建材集团宋志平董事长及四川省、绵阳市领导出席了点火仪式。

该项目年产高标号水泥200万吨，项目总投资7.2亿元，同期配套建设9兆瓦的余热发电站。

8月18日 位于江油市武都镇的江油红狮公司首条日产4 000吨熟料新型干法生产线点火生产。浙江红狮集团是国家重点支持的12家大型水泥企业之一，该项目计划总投资12亿元，建设2条日产4 000吨熟料新型干法水泥生产线及配套纯低温余热发电站，建成后可生产水泥400万吨，实现销售收入16亿元，利税2亿元。

9月15日 四川嘉华企业（集团）公司水泥分厂两根废旧的烟囱成功爆破，接下来两条立筒预热器窑生产线将被拆除。峨眉山——乐山大佛景区管理委员会副主任陈先树难掩激动。他说，嘉华水泥厂位于乐山大佛景区17.8平方公里范围内，这次爆破标志着，乐山大佛景区内从此告别工业生产。

9月27日 “中国联合水泥”四川运营管理区成立暨揭牌仪式在“北川中联”公司隆重举行。“中国联合水泥”董事长崔星太、总经理张金栋出席仪式并为四川运营管理区成立揭牌。

10月14日 川煤集团芙蓉水泥公司日产4 000吨熟料生产线在宜宾市筠连县竣工投产。该项目总投资8亿元，年水泥产能200万吨，配套9兆瓦纯低温余热发电站。四川省水泥协会秘书长应邀出席投产典礼。

11月28日 “ST金顶”发布公告称，公司于11月25日收到浙江省富阳市人民法院送达的《民事裁决书》和《协助执行通知书》，公司控股股东华伦集团公司所持有的“ST金顶”的全部股份被司法划转给海亮金属贸易集团公司，“海亮金属”成为第一大股东。“海亮金属”为浙江海亮集团的子公司，注册资本3亿元，为国内最大有色金属贸易公司之一。

12月8日 兆山新星集团四川天全水泥有限公司日产4 000吨熟料新型干法生产线在四川省天全县竣工投产。该项目为四川省雅安市灾后重建的重点项目，年水泥生产能力160万吨，对于支持川西、藏东民族地区的经济建设具有重要意义。

12月16日 四川金顶（集团）股份有限公司峨眉水泥厂两条拥有39年历史、曾经号称“亚洲第一”的湿法窑水泥生产线正式拆除。

12月26日 省水泥协会受四川省经委的委托，起草《四川省水泥工业“十二五”发展规划》讨论稿，协会为此作了大量调研工作，并征求了省内有关企业意见，形成初稿交省经委。

“十二五”规划讨论稿提出到2015年，全省新型干法水泥产能达到1.7亿吨，年产能1 000万吨以上水泥企业（集团）达到3户以上。所有水泥企业水泥单位产品能耗达到国家规定的限额限产值，污染物排放全部达到国家标准。到2015年，全省水泥行业综合利用各种工业废渣和其他废弃物量达5 000万吨以上，已投产日产2 000吨及以上熟料新型干法水泥生产线全部建成低温余热发电装置。

12月28日 四川川铁集团日产4 000吨熟料新型干法水泥生产线在四川华蓥市竣工投产。该项目总投资7.36亿元，年水泥产能200万吨，配10.5兆瓦纯低温余热发电站。四川省李成云副省长出席竣工投产仪式。

2010年1～12月各市（州）水泥产量

单位：吨

企业名称	12月	比上年同期增长（%）	1～12月累计	比上年同期增长（%）	企业数（个）
全　省	12 693 500	43.01	132 275 500	56.51	348
阿　坝	12 512	-55.27	231940	-37.18	4
巴　中	127 230	-38.68	2 327 825	71.77	6
成　都	1 087 918	46.91	10 390 542	26.87	5
达　州	1 004 481	68.57	12 734 505	115.19	24
德　阳	1 146 489	61.09	9 948 838	57.17	36
甘　孜	2 465	-90.81	918 534	65.34	5
广　安	505 877	0.25	6 387 743	17.94	15
广　元	627 484	130.53	5 526 749	256.23	17

续　表

企业名称	12 月	比上年同期增长(%)	1～12 月累计	比上年同期增长(%)	企业数(个)
乐　山	1 818 643	59.95	17 860 424	34.06	35
凉山彝族自治州	559 655	-2.48	5 363 251	27.63	19
泸　州	647 213	91.49	5 053 417	44.05	14
眉　山	1 126 970	113.16	11 186 716	106.13	24
绵　阳	444 732	-1.49	6 794 100	44.05	27
内　江	1 133 213	10.18	13 296 079	36.66	31
南　充	10 644	-47.90	1 093 447	3.31	5
攀枝花	53 652	-63.66	804 437	-43.62	6
遂　宁	31 554	-37.98	484 204	23.20	4
雅　安	113 094	-46.48	2 169 768	10.41	13
宜　宾	674 826	-7.96	6 264 020	17.21	27
资　阳	159 580	-22.29	3 900 083	90.20	13
自　贡	775 660	114.14	3 827 124	127.12	11

四川省水泥协会联系方式：
地　址：成都市锣锅巷67号二楼(原省建材局办公楼二楼)
电话和传真：028-86750301
邮　编：610017
邮　箱：scssnxh@163.com
（四川省水泥协会成学军供稿）

贵州省
Guizhou Province

【概况】 贵州省水泥工业乘2009年快速发展之势，2010年再上新台阶，全省水泥产量和产能均大幅增加，结构调整取得了突破性进展。

1. 水泥产量快速增长。

2010年，全省生产水泥3 695万吨，较2009年的2 665万吨，增加了1 030万吨，增幅为38.65%。

2. 水泥生产能力急剧扩大。

2010年，全省有17条新型干法水泥生产线点火，新增产能2 180万吨，占2010年底全省水泥产能的34.29%

3. 结构调整有突破性进展。

数十年来，提供优质水泥和特种水泥的湿法窑，因能耗高，从2008年开始陆续退役，2010年，最后8条湿法窑拆除。2010年，全省有23条机械化立窑生产线被淘汰。贵州水泥厂和贵阳水泥厂的日产1 000吨湿磨干烧生产线(各条1)，因城市扩容而退出市场。

截止到2010年底，全省水泥企业工艺结构状况如下：

窑　型	生产线(条)	产能(万吨)	占总产能比例(%)
机立窑	183	1 856	29.19%
小旋窑	7	47	0.74%
新型干法窑	45	4 455	70.07%
合计	235	6 358	100%

新型干法水泥产能比例达到国家要求(国家发改委第50号令《水泥工业产业发展政策》)和《贵州省"十一五"水泥工业发展及结构调整意见》(黔经贸技改[2007]24号)中的力争目标。

记　事

2月13日　贵州金久水泥有限公司日产5 000吨熟料新型干法生产线点火。

3月18日 遵义赛德水泥有限公司日产2 500吨熟料新型干法生产线点火。

4月7日 贵州省毕节市水泥厂日产2 000吨新型干法生产线点火。

4月20日 贵州省人民政府以黔府发[2010]3号文下发《省人民政府关于进一步加强淘汰落后产能工作的意见》。

4月28日 贵州水泥厂日产3 200吨熟料新型干法生产线点火。

4月30日 贵定海螺盘江水泥有限责任公司日产5 000吨熟料新型干法生产线点火。

5月18日 毕节赛德水泥有限公司日产2 500吨熟料新型干法生产线点火。

6月28日 贵州广宇水泥有限公司日产2 500吨熟料新型干法生产线点火。

6月29日 贵州省水泥工业协会召开第五届第4次会员大会。

6月30日 贵阳海螺盘江水泥有限责任公司日产5 000吨熟料新型干法生产线点火。

7月16日 贵州金宏建材有限公司利用电石渣生产水泥日产1 000吨熟料新型干法生产线点火。

8月10日 贵州汇瑞水泥有限公司日产3 200吨熟料新型干法生产线点火。

8月18日 贵州三都润基水泥有限公司日产2 500吨熟料新型干法生产线点火。

8月23日 贵州开阳紫江水泥有限公司日产2 500吨熟料新型干法生产线点火。

8月25日 福泉利森水泥有限公司日产3 200熟料新型干法生产线点火。

9月16日 贵州苗岭建材有限公司利用电石渣生产水泥日产2 500熟料新型干法生产线点火。

9月20日 红狮控股集团龙里红狮水泥有限公司日产5 000吨熟料新型干法生产线点火。

9月25日 遵义三岔拉法基瑞安水泥有限公司日产5 000吨熟料新型干法生产线点火。

12月18日 贵州中诚水泥有限公司日产2 500熟料新型干法生产线点火。

贵州省水泥工业主管部门

2010年,贵州省水泥工业主管部门是贵州省经济和信息化委员会。

地址:贵州省贵阳市中华北路187号

邮编:550004

水泥工业的方方面面,由省经信委相关处室(规划与投资处,资源综合利用处,产业政策处,节约能源处等)管理,日常工作由省经信委原材料工业处管理。

云南省
Yunnan Province

【概况】 地处祖国西南边疆的云南省,在国家产业政策指导下,水泥工业沿着新型工业化道路科学发展不断取得新成绩。2010年,全省共有水泥生产企业245户,其中,建有完整生产线的企业151户,日产700吨及以上规模新型干法水泥企业64户,生产线84条,新型干法水泥熟料生产能力5 067万吨,新型干法水泥比重达到84.6%,超额14.6个百分点完成水泥工业"十一五"结构调整目标任务,实现了"十一五"圆满收官。

一、产品产量

2010年,全省累计生产水泥5 786.16万吨,比上年净增739.71万吨,同比增长14.66%,高出全国增长率0.86个百分点。水泥产销率98.4%,同比提高0.59个百分点。

1.各州市产量。

全省16个州市中,有14个州市的水泥产量较上年增长。其中,增幅超过全省平均水平的有曲靖市、文山市、德宏傣族景颇族自治州、大理白族自治州、怒江傈僳族自治州和迪庆藏族自治州(详见表1)。

表1 云南省2010年分州市水泥产量(单位:万吨)

行政市	产 量	增长率(%)	自治州	产 量	增长率(%)
昆 明	948.20	10.42	大 理	837.19	22.16
曲 靖	1 127.62	32.40	红 河	436.82	10.06
玉 溪	749.79	4.48	文 山	314.97	24.37
昭 通	298.25	0.90	德 宏	172.04	25.31
丽 江	250.73	6.34	楚 雄	104.24	-13.70
普 洱	215.85	10.76	西双版纳	32.49	-18.10
保 山	200.09	7.44	怒 江	19.57	71.87
临 沧	59.82	11.50	迪 庆	18.47	142.71

2. 集团公司产量。

全国重点水泥企业集团云南拉法基瑞安建材投资有限公司和云南昆钢水泥建材集团合计生产水泥 1 510.63 万吨，比上年净增 273.42 万吨，占全省水泥总量的 26.11%，同比提高 1.59 个百分点。其中：

云南拉法基瑞安建材投资有限公司生产水泥 868.33 万吨，同比增长 1.60%。水泥产量占全省总量的 15.01%，比上年降低 1.93 个百分点。

云南昆钢水泥建材集团生产水泥 642.30 万吨，同比增长 51.43%。水泥产量占全省总量的 11.10%，比上年提高 2.69 个百分点。

3. 骨干企业产量。

全省水泥行业骨干企业中，昆钢嘉华水泥建材公司产量突破 220 万吨，红塔滇西水泥公司产量超过 215 万吨，继续领跑全行业。两户领跑企业合计产量 436.03 万吨，占全省总量的 7.54%，同比提高 0.4 个百分点。

跟跑企业产量在 120～200 万吨之间，企业户数由上年的 5 户增加至 8 户。按照产量由高至低的顺序排列依次为：红河水泥公司（含分公司产量）、远东水泥公司、宇恒水泥公司、永保水泥公司（含分公司产量）、保山嘉华水泥公司、东骏水泥公司、华新水泥昭通公司、大理水泥集团，合计产量 1 321.42万吨，占全省总量的 22.84%。

助跑企业产量在 60～120 万吨之间，企业户数由上年的 7 户增加至 20 户，合计产量 1 722.14 万吨，占全省总量的 29.76%。

年产量超过百万吨的 15 户企业名单及排名详见表 2。

表 2　云南省 2010 年水泥产量超百万吨企业　（单位：万吨）

排 名	企 业 名 称	产 量	备 注
1	云南昆钢嘉华水泥建材有限公司	220.42	
2	云南红塔滇西水泥股份有限公司	215.61	
3	云南国资水泥红河有限公司	195.07	含分公司产量
4	云南远东水泥有限责任公司	194.08	
5	曲靖宣威宇恒水泥有限公司	193.83	含分公司产量
6	云南丽江永保特种水泥有限公司	184.26	含分公司产量
7	保山昆钢嘉华水泥建材股份有限公司	151.32	
8	云南国资水泥东骏有限公司	140.88	
9	华新水泥（昭通）有限公司	131.13	
10	大理水泥（集团）有限公司	130.85	
11	云南壮山实业股份有限公司	119.28	
12	宜良红狮水泥有限公司	113.71	
13	云南滇东水泥有限公司	111.20	含分公司产量
14	云南国资水泥剑川有限公司	106.81	
15	云南易门大椿树水泥有限责任公司	102.23	

4. 散装水泥。

2010 年，全省散装水泥供应量达 1 797.33 万吨，比上年净增 493.03 万吨，同比增长 37.80%，高出全国散装水泥增长率 18.53 个百分点。散装率达 32.06%，同比提高 8.21 个百分点，低于全国 16.04 个百分点。全省散装水泥供应量增长率高于水泥产量增长率 17.4 个百分点，继续保持平稳发展的良好势头。

5. 出口水泥。

在充分满足省内市场供给的同时，根据周边国家需求，沿边企业积极组织水泥产品出口。据省级以上口岸（不含边贸）统计，2010 年，全省出口水泥 29.47 万吨，比上年增长 37.32%。

6. 与全国行业对比。

2010 年，云南水泥工业产量持续稳定增长，水泥产量在全国排名第 14 位，西部排名仅次于四川、广西，列第 3 位，双双排位与上年持平。

二、主要经济指标

水泥产量一路飙升，全行业主要经济指标一再冲高，企业经济效益显著。全省全部主营业务收入在 500 万元以上独立核算（以下简称规模以上）水泥企业累计完成——

工业总产值（现价）169.23 亿元，同比增长 23.20%，占全省建材工业行业工业总产值的 76.98%。

工业增加值 49.26 亿元，同比增长 18.82%，占全省建材工业行业增加值的 79.43%。

产品销售产值 165.52 亿元，同比增长 21.91%，占全省建材工业行业销售产值的 76.85%。

主营业务收入163.47亿元，同比增长26.52%。

利税总额26.19亿元，同比增长62.44%。

利润14.16亿元，同比增长120.14%。

三、产品价格

与水泥产量逐月平稳增长的同时，水泥市场价格呈现出升高——下降——回升的趋势。

一季度，全省水泥平均出厂价格（含税）343元/吨，为全年最高值，同比上扬49元，环比上扬55元；二季度平均出厂价格（含税）327元/吨，同比提高27元，环比下降16元；三季度平均出厂价格继续走低，仅为311元/吨，同比下降16元，环比下降16元，降至全年最低价；四季度平均出厂价格有力反弹，升至335元/吨，同比提高47元，环比提高24元。全年平均出厂价格329元/吨，比上年提高35元/吨。

以昆明为中心的滇中水泥市场需求持续增长，产品出厂价格平缓下降。滇西市场产销两旺，产品出厂价格逐月升高，与昆明地区正好相反。滇东北市场持续向好，上半年产品出厂价格领先全省，下半年被滇西南地区反超。高出全省平均出厂价格的州市主要有昭通、普洱、保山、德宏、版纳等。低于全省平均出厂价格的州市主要有昆明、玉溪、曲靖、楚雄、文山等。

水泥出口创汇2 098.91万美元，较上年增长37.32%，吨水泥平均出口价格71.22美元，较上年提高9.69美元。

四、结构调整

“十一五”规划期的最后一年，云南水泥工业行业以科学发展观为引领，认真实施“工业强省”、“质量兴省”战略，紧紧把握建设面向西南开放桥头堡带来的新一轮投资高潮和建设热潮，大力调整产业结构，积极推进技术进步，行业发展成绩喜人。

1. 行业投资。

2010年，多元化投资主体在全省水泥工业行业固定资产投资再创新高，新型干法水泥生产线建设热火朝天，全年完成固定资产投资61.25亿元，同比增长51.08%，增幅提高8.3个百分点，占全省建材工业行业固定资产投资的53.47%，是历年来投资金额最多的一年。行业投资在全国同行业排名第16位，西部排名仅次于四川、内蒙、广西、贵州和陕西列第6位。全国排名与上年持平，西部排名较上年上升一位。

2010年，共有16条日产2 000～5 000吨熟料新型干法水泥生产线在滇中、滇西、滇南、滇东北等9个州市的不同区域竣工投产，新增熟料生产能力1 240万吨。新增熟料产能减去淘汰产能，净增648万吨，是产业结构调整以来，新型干法水泥生产线建成投产和新增熟料产能最多的一年。这一年，云南单线最大生产规模提高至日产5 000吨熟料。

2. 淘汰落后。

根据全省“十一五”淘汰落后水泥生产能力目标任务计划，在各级建材行业主管部门和企业的共同努力下，2010年全省共拆除12个州市61户企业的76条生产线，其中，立窑74条，湿法窑1条，干法窑1条，淘汰落后水泥生产能力789万吨，产业结构进一步优化。

五、节能减排

根据国家和云南省制定的一系列节能减排政策措施以及节能减排目标，全省水泥行业积极采取有效措施加快产业结构调整，加大淘汰落后产能，加强产业之间和企业之间链接，加强以节能减排为中心的企业管理，大力发展循环经济，努力提高资源综合利用率，节能减排取得了明显成效。

1. 能源消耗。

2010年，全省水泥行业可比熟料平均综合煤耗控制在每吨135千克标煤以内，在2005年每吨165千克标煤的基础上下降18.2%；可比熟料平均综合电耗控制在每吨78千瓦时以内，在2005年每吨91千瓦时的基础上下降14.3%；可比熟料平均综合能耗控制在每吨145千克标煤以内，在2005年每吨173千克标煤的基础上下降16.2%；全能水泥生产企业可比水泥平均综合电耗控制在每吨120千瓦时以内，可比水泥平均综合能耗控制在每吨118千克标煤以内，达到了国家标准GB16780—2007《水泥单位产品能耗限额》规定的现有水泥企业限定值。

2. 资源综合利用。

通过推进节能减排，发展循环经济，全省水泥工业行业的能源利用效率和资源综合利用率大幅提高。2010年，水泥行业消纳冶金、化工、火电、煤炭及相关行业的各类矿渣、磷渣、电石渣、粉煤灰等各类工业废渣和城市建筑垃圾1 679.77万吨，较上年增长30.49%，占全省固体废弃物利用量的58 %以上。

3. 余热发电。

余热发电技术进一步推广运用。2010年4月，中日合作日产2 500吨熟料配套建设6兆瓦纯低温余热发电示范生产线在云南壮山实业有限公司并网发电，运行效果良好。同年11月，全省新型干法水泥纯低温余热发电节能示范项目现场交流会在该企业召开，30余户新型干法生产企业前来学习取经，示范带动效应显著。同年，“宜良红狮”、“华新昭通”、“华新东川”、“红河紫燕”、“临沧镇康”等多家企业的余热发电装置投产运行，全省水泥行业采用纯低温余热发电技术并网发电企业增至10余户。

六、经济运行及行业发展主要特点

在全省经济社会加快发展的有利环境下，水泥工业经济运行和行业发展态势整体向好，呈现出以下主要特点：

1. 应对困难和挑战的能力明显增强。

2010年开春，上年三季度开始的严重旱情在全省范围继续蔓延，一直延续至5月方基本缓解。百年未遇的特大干旱，使全省缺电率达到20%以上，一度高达32%。为保居民生活和重点行业用电，省有关部门出台措施，对包括水泥在内的高耗能行业实行严格的用电限制,多数州市要求企业错峰生产,部分州市对企业拉闸限电,给水泥企业的生产经营带来较大困难。旱灾过后,全省又多次出现柴油紧缺,油价上涨,煤炭价格也急剧升高,原燃材料成本大幅增加。在挑战和压力面前,广大企业坚定信心,从容应对,全力以赴组织生产,合理安排开机时间,有效进行错峰让峰,加大节能减排力度,确保了生产稳步运行,市场有序供给。经过全行业的共同努力,一季度全省生产水泥1 236.33万吨,同比增长11.91%;1~5月生产水泥2 103.36万吨,同比增长7.43%,全年水泥产量在上年突破5 000万吨大关的起点上,又创出近5 800万吨的新记录,确保了各项重点工程和民生建设项目需求。与此同时,广大企业以高度的社会责任感积极参加抗旱救灾,或组织突击队参加扑灭干旱引发的山火;或出资打井促春耕;或捐钱捐物献灾区,受到当地政府和群众的好评。

2. 大企业(集团)带动作用进一步提高。

近年来,全省水泥企业改革发展进一步提速,新兴企业生机勃勃。昆钢水泥建材集团以强劲的后发态势迅速扩张,水泥产能直线飙升剑指1 000万吨,2010年水泥产量已占全省总量的11.10%,同比提高2.69个百分点。水泥行业领军之势凸显,"华新水泥"在云南已拥有昭通、东川、香格里拉生产线。单一企业中,昆钢嘉华水泥公司、红塔滇西水泥公司继续保持稳产高产态势。"云南远东"、"云南壮山"、"文山兴建"、"思茅建峰"等水泥企业的二线三线建成投产,区域龙头作用愈显突出。

3. 水泥工业生产格局呈现新变化。

经过"十一五"以来的不懈努力,云南水泥工业产业结构调整不断取得新的成绩,生产格局出现新的变化。2010年曲靖市水泥产量一路飙升,一举突破1 000万吨大关,以1 127.62万吨的高产夺魁,同比增长32.40%,超出全省平均增幅17.74个百分点,成为全省第一个水泥产量超千万吨的地区。曲靖、昆明、玉溪三市的水泥产量接近全省水泥总量的50%。与此同时,省会昆明发展先进生产力速度进一步加快,当年建成投产日产5 000吨新型干法水泥生产线1条,新增水泥熟料生产能力155万吨,全市新型干法水泥熟料生产能力达到981万吨,成为全省已彻底关闭立窑和湿法窑、新型干法水泥生产企业数最多,生产能力最大的地区。

(执笔:时晓初,审核:师　红)

西藏自治区

Tibet Autonomous Region

【概况】 2010年底,西藏自治区建有各类水泥工业生产企业12家,从业人员4 000余人,设计年生产能力共计369万吨,其中新型干法水泥设计年生产能力210万吨,占总设计产能的56.9%。2010年全区水泥产量219.12万吨,同比增长15.33%,实现产值13.12亿元、利润2.6亿元。

【水泥产业结构调整和淘汰落后产能情况】 国家有关部门高度重视西藏建材工业发展,针对特殊的区情,给予了一系列的优惠扶持政策。结合西藏实际情况,目前,国家虽未对西藏自治区落后产能下达淘汰计划和任务指标,但西藏自治区按照国家相关规定,开展了水泥领域淘汰落后产能和产业结构调整的工作。

1. 严格市场准入。

按照中央第五次西藏工作座谈会提出的"所有建设项目都要严把生态环境关、产业政策关、资源消耗关"的要求,及工信部公布的水泥行业准入条件和落后产能淘汰标准,强化了安全、环保、能耗、物耗、质量、土地等指标的约束作用,对不符合规划、产业政策、环境功能区划、污染排放标准和生态保护要求的项目,坚决不予审批,从源头上控制了落后产能的准入。

2. 抓大限小,整合资源。

为加快淘汰水泥工业落后产能,在加强水泥工业项目审查、审批,有效控制落后产能扩大化的基础上,通过加快高新集团组建及鼓励拉萨远大公司、东嘎水泥厂、信通水泥厂3家水泥企业加快整合淘汰落后等途径,进一步增强了水泥企业淘汰落后产能的主动性。根据对全区目前水泥行业发展现状和对市场需求情况的预测,按照总体规划、分步实施、等量淘汰的原则,拟在昌都地区新建3条日产2 000吨新型干法水泥熟料生产线项目、日喀则地区雪莲工贸公司立窑水泥生产线通过搬迁技术改造建设一条2 000吨新型干法水泥熟料生产线。

3. 建立立窑水泥淘汰机制。

目前,全区需淘汰的落后生产线共有10条,产能159万吨。为进一步贯彻落实国家、自治区产业发展和规划政策,从2008年开始逐步淘汰落后生产能力的立窑水泥企业。立窑企业根据"等量置换、减量置换"原则,新建、改扩建新型干法水泥项目,在项目竣工验收时,必须淘汰落后工艺。

4. 发挥政策激励作用,支持企业淘汰落后产能。

为加快落后产能淘汰工作,鼓励企业加大节能减排工作力度,一是在2010年国家安排西藏自治区的十大重点节能工程、循环经济和资源节约重大示范项目及重点工业污染治理工程专项中,分别安排原华新水泥(西藏)有限公司水泥生产线纯低温余热发电项目和西藏高争建材股份有限公司水泥生产纯低温余热发电项目资金480万元和460万元,有效地促进了地方落后产能及节能减排工作的推进。二是根据《中央财政关闭小企业补助资金管理工办法》的规定，向财政部、工业和信息化部上报《西藏自治区关于申请关闭小水泥企业专项资金的请示》(藏财企字〔2010〕97 号)，落实 2010 年度关闭小水泥企业资产补偿、人员安置费等专项补助资金 951 万元。

【主要产品生产情况】 西藏地区水泥产品目前主要有硅酸盐水泥和普通硅酸盐水泥两大类，年设计年生产能力 369 万吨，其中新型干法水泥生产企业 2 家，分别为高争建材股份有限公司和华新水泥(西藏)有限公司，其余均为需要淘汰的立窑和湿法窑。由于受能源、市场、季节、设备和管理等因素的影响，实际产能约达设计产能的 60%。

水泥企业产能及实际产量 （单位:万吨）

企业名称		工艺	设计产能	2010 年产量
西藏高争建材股份公司	老厂	湿法窑	10	86.41
	一期	新型干法	60	
	二期	新型干法	60	
西藏高争集团公司	昌都水泥厂	立窑	10	9.5
	阿里水泥厂	立窑	10	4.42
	芒康水泥厂	立窑	8	2
拉萨市堆龙德庆县东嘎水泥厂		立窑	30	9.23
华新水泥(西藏)有限公司	一期	新型干法	30	9.41
	60	二期	新型干法	
山南地区雅砻水泥有限责任公司		立窑	10	5
拉萨市远大建材有限责任公司		立窑	25	9.95
日喀则地区雪莲工贸有限公司		立窑	25	11
西藏金哈达信通水泥厂		立窑	20	9
日喀则地区高争水泥厂		立窑	8	3.2
昌都地区类乌齐县水泥厂		立窑	3	-
合　计		369	219.12	

记　事

5 月　配合中国建筑材料工业联合会开展西藏高争建材股份公司《水泥化验室合格证》复核检查工作，该公司取得《水泥化验室合格证》。

6 月 30 日　参加全国建材工作会议和规划工作会议，组织建材生产企业传达学习会议精神，并将“十二五”建材工业发展思路向承担我区建材工业“十二五”规划编制的单位传达。

7 月 1 日　根据工作需要，及时启动建材企业质量监督管理工作，开展调研后，启用符合行业管理规定要求的表格。

7 月　华新水泥(西藏)有限公司二期日产 2 000 吨新型干法熟料水泥生产线正式竣工投产，目前该公司产能达到日产 3 000 吨。

9 月　组织有关单位对日喀则雪莲工贸公司及拉萨“远大”、“信通”、“东嘎”三家水泥厂联合新建新型干法水泥生产线项目开展前期工作情况进行研究论证后，印发了《关于同意拉萨“远大”、“堆龙东嘎”、金哈达信通联合水泥有限公司 120 万吨/年新型干法水泥生产线项目开展前期工作的函》。

行政管理机构

水泥行业主管部门为西藏自治区工业和信息化厅原材料工业处。

主要职责：承担钢铁、石油化工、煤化工、有色、黄金、建材、装备、民爆等行业的行业管理工作，拟订相关行业发展规划、政策并组织实施；指导企业加强安全生产管理，参与重大安全生产事故的调查、处理；按照国家和自治区规定，承担有关项目行业准入管理(预核准)、结构调整和产业升级、规定权限内的项目审核、核准和备案工作；拟订重要原材料年度生产指导性或指令性计划等。

地　址：拉萨市娘热路 20 号

邮　编：850000

电　话：0891－6322722(传真)、6324102

陕西省

Shaanxi Province

【概况】 2010年,全省水泥产能已达到6 500万吨以上。其中新型干法产能约6 000万吨,占总产能92%。其中,关中地区占82%,陕南占16%,陕北占2%。水泥产量5 464万吨,同比增长21%。

【淘汰落后水泥产能】 2010年,陕西省继续加大淘汰落后产能的力度。共淘汰以机立窑为主的落后水泥产能538万吨,涉及企业36户。2007年到2010年,全省累计淘汰落后产能2 196万吨,超额完成省政府确定的到2010年淘汰落后水泥产能800万吨的计划指标要求。水泥行业产业结构调整步伐明显加快,为新型干法水泥发展创造了市场空间。

【技术进步】 2010年,全行业省内大型水泥企业加快新型干法水泥产能发展,做大做强,提高市场竞争能力。陕西尧柏特种水泥有限公司分别于1月、6月和7月在汉中洋县、勉县和渭南蒲城建成了3条日产2 500吨新型干法生产线。铜川声威集团三期日产5 000吨熟料新型干法水泥带低温余热发电工程项目于7月份开工建设。10月份陕西实丰水泥有限责任公司日产4 500吨新型干法生产线点火投产。4月份,中材汉江水泥公司日产2 500吨熟料新型干法水泥投产。陕西韩城市政府关闭所有机立窑生产线,于2010年下半年又分别在韩城阳山庄水泥公司和韩城韩禹水泥公司建了两条日产2 500吨熟料新型干法线。陕西金龙水泥有限公司在安康市平利县日产4 500吨熟料新型干法生产线于12月投产。宝鸡众喜水泥有限公司在岐山县建材工业园区建设的一条日产4 500吨熟料新型干法生产线于7月投产。海螺集团在宝鸡市千阳县建设的第一条日产4 500吨熟料新型干法生产线于11月建成。冀东水泥股份有限公司(凤翔)日产4 500吨熟料新型干法水泥带低温余热发电工程项目于10月建成。10月,陕西北元化工集团水泥公司消纳电石渣日产3 000吨熟料新型干法水泥生产线建成投产。这些项目的建成为全省当年新增新型干法水泥产能1 700万吨,落后产能比重大幅下降,极大地促进了全省水泥产业结构的调整。

【行业管理】 省工信厅根据陕西省绝大多数水泥企业化验室合格证于2010年12月15日到期的实际情况,决定委托省水泥协会对全省水泥企业实施化验室合格证换发证工作。经过会议宣贯、企业自查、申报材料、现场评审、对比检验、综合评审等阶段工作,2010年,共评审通过126户企业。为配合评审工作,为142户企业的1 688名化验室人员进行了培训并换发了上岗证,还对907名新上岗的化验室人员进行专业培训。通过此次化验室评审,基本摸清了全省水泥企业的装备、工艺和技术状况的家底。

【西部水泥有限公司香港上市】 西部水泥有限公司(陕西尧柏特种水泥有限公司)为了进一步拓宽融资渠道,经过努力于8月23日在香港联合交易所成功挂牌上市,同时从英国AIM退市。此次上市,标志着陕西尧柏特种水泥有限公司掀开了企业持续发展的新篇章。同年11月26日经陕西省商务厅批准陕西尧柏特种水泥有限公司更名为"尧柏特种水泥集团有限公司"。至2010年底,该公司已在陕西有九处生产基地,遍布关中和陕南地区,年产水泥达1 200万吨以上。2010年上半年,该公司又在新疆和田地区开工建设日产4 500吨项目。

【散装水泥】 散装水泥供应量持续增长。2010年,全省共完成散装水泥供应量2 246.9万吨,同比净增562.67万吨,同比增长33.41%,散装率达到41.61%,比上年提高了3.89个百分点。散装水泥设施设备能力有了提高。2010年,全省新增专用汽车129辆,累计达到1 419辆,新增散装水泥储存罐226台,累计达到2 493台。全省城市建设和重大项目建设基本上以散装水泥为主,由城镇向农村发展的散装水泥推广供应体系正在形成。节能环保成效显著。2010年共生产使用散装水泥2 246.9万吨,相当于节约标准煤51.62万吨、减少二氧化碳排放134.23万吨、减少二氧化硫排放0.44万吨、减少粉尘排放22.58万吨,实现综合经济效益10.11亿元。

(陕西省工业和信息化厅原材料处　赵益民)

甘肃省

Gansu Province

【概况】 2010年,甘肃省建材工业保持上年发展势头,生产和销售继续稳步增长,水泥市场需求旺盛,水泥供不应求，价格保持高位运行，水泥企业效益稳步提高，带动整个建材工业效益继续提升。全省规模以上水泥工业实现工业总产值95亿元，同比增长45%；累计完成工业增加值41亿元，同比增长45%，全省水泥实际产量2 500万吨，增长35%；水泥实现利税18.5亿元，同比增长25.5%，其中利润总额12亿元，同比增长27.8%。水泥工业实现利润占全省建材工业利润的88%，为整个建材工业经济效益的大幅提高做出主要贡献。建材工业固定资产投资高速增长，新型干法水泥生产线加速建设和投产。2010年新增680万吨水泥熟料生产能力，水泥熟料生产能力达到2 560万吨。新型干法水泥熟料生产能力占水泥熟料总能力的比重提高到62%；水泥工业已经从小、弱、散、落后的产业形态发展成为以新型干法为主且单条生产线能力大幅度提高的理想形态。甘肃祁连山水泥集团形成永登、天水、平凉、陇南、青海五大生产基地。2010年中材集团成为祁连山水泥集团实际控制人，祁连山集团势力进一步壮大，水泥生产能力由2005年的500万吨增加到1 200万吨，综合效益明显提高；酒钢宏达建材有限责任公司、金昌水泥(集团)有限责任公司、饮马实业集团公司、王岘水泥厂、寿鹿山水泥有限公司等一批水泥骨干企业稳健成长，效益良好。

2010年甘肃水泥市场需求依然旺盛，价格稳中有升，供需基本平衡，水泥工业保持有序发展，未出现产能严重过剩的问题。水泥和墙体材料企业每年大约消纳矿渣、钢渣、煤矸石、粉煤灰等工业固体废料800万吨。水泥产品单位能耗继续下降，水泥生产造成的粉尘及CO_2、SO_2排放下降。水泥企业利用余热发电和节能减排技术，在发展循环经济上继续取得积极进展，资源综合利用成效明显。

2010年水泥工业经济运行质量和经济效益继续提升，全行业生产经营形势是好的，但潜在的经济运行质量问题不容忽视。水泥生产和投资增速偏快，水泥产能有释放过快的趋势；利税增长与主营业务收入增长出现不同步，利润增速开始放缓；水泥产销率开始下降；水泥价格高位运行，出现滞涨或下降的趋势；应收账款净额及其增长率增高。尽管围绕水泥工业控制总量调整结构做了不少工作，但总量集中发展过快、部分地区产销不平衡的问题开始显现；在调整水泥工业结构、发展新型干法水泥的同时，淘汰落后工艺生产能力的力度还不够，加之部分机立窑水泥企业竞相扩大落后生产能力，进行JT窑技术改造，使总量偏大的问题愈加突出，严重影响了经济运行质量。2011年可能会更加明显，应引起行业高度重视。

【存在的主要问题】 水泥工业产业结构不合理的问题依然突出，落后产能淘汰的任务仍然艰巨，水泥落后产能还有30%多；能源消耗和环境污染问题依然严峻；企业战略管理意识不强，自主创新能力不足；水泥工业在甘肃工业中所占比重较低，整体实力不强，市场话语权不多；行业管理水平存在明显差距；潜在的经济运行质量问题开始显现等。

【发展趋势和环境分析】 展望未来，国际国内经济发展长期向好的趋势不变。各地各行业加快发展的积极性很高，中国经济内在的增长动力仍然十分强劲。甘肃省将继续处在大规模建设阶段，建材工业具有大发展的基础和优势，既面临难得的发展机遇，也存在严峻的挑战。

发展机遇：一是世界经济保持稳定增长和世界建材工业发展趋势为我们提供了可借鉴的发展方向和跨越式发展的机遇；二是“扩内需”政策将促进建材消费的增长；三是随着区域发展总体战略的逐步实施和西部大开发战略的进一步推进，中西部地区消费需求增速加快，全国范围内经济结构的调整已经加快了推进产业向西部转移的步伐，甘肃将迎来大发展的机遇；四是国务院提出进一步支持甘肃经济社会发展的47条意见，将全面加速甘肃经济社会发展的步伐；五是《甘肃省循环经济总体规划》的实施，将直接加速甘肃循环经济的发展，使减量化、再利用和资源化、基础设施及生态保护迎来大发展；六是甘肃省固定资产投资将保持持续稳定增加。省委省政府提出“十二五”期间甘肃省固定资产投资增速保持在20%以上，这将直接拉动建材工业的持续稳定发展。

与此同时，建材工业发展也面临巨大的挑战：一是随着经济的开放和信息化的发展，省内市场全国化趋势明显，这将对全省建材市场竞争格局产生重大影响；二是有相当数量建材产品特别是同质化的基础原材料低端产品将处于供大于求的局面，市场竞争日趋激烈；三是建材工业创新能力不足，企业研发能力不强，影响经济增长的质量和效益；四是经济发展已经到生产高成本时代，成本的提高对建材工业发展带来制约；五是建设节约型社会，发展循环经济、低碳经济对建材工业的发展提出了新的更高的要求和挑战；六是国际金融动荡和世界经济发展增速放缓，影响我国经济增长速度减慢。

2010年分地区水泥产量　　单位：吨

产品名称	累计产量	累计增长率(%)	企业个数
水泥	24 528 008.99	31.91	86
兰州市	5 480 640.97	6.2	10
嘉峪关市	1 753 178.06	30.44	5
金昌市	1 947 060	32.14	2
白银市	3 408 860.63	39.83	16
天水市	3 375 504.85	58	10
武威市	535 113	13.55	5
张掖市	1 289 670.11	8.34	9
平凉市	2 830 977	77.12	6
酒泉市	381 396.75	-46.06	5
庆阳市	324 954	102.42	2
定西市	461 322	2.27	4
陇南市	1 345 656.09	528.9	6
临夏回族自治州	275 288.28	10.15	4
甘南藏族自治州	731 487.25	19.31	2

甘肃省新型干法水泥生产线

2010 年 12 月 30 日

序号	项目名称	改造投产时间	熟料（万吨）	水泥（万吨）	熟料（t/d）
1	大通河水泥股份有限公司 1 000t/d 新型干法水泥熟料生产线	2001	30	35	1 000
2	金昌水泥集团公司 1 000t/d 新型干法水泥生产线	2001	30	35	1 000
3	金城水泥有限公司 1 000t/d 窑外分解水泥生产线综合节能技改工程	2002	30	35	1 000
4	永登祁连山水泥股份有限公司 2 500t/d 新型干法水泥熟料生产线	2002	75	86	2 500
5	甘谷祁连山水泥有限责任公司 700t/d 新型干法水泥生产线	2003	20	23	700
6	贡马水泥有限公司 700t/d 新型干法水泥生产线技改工程	2003	20	23	700
7	陇东水泥有限责任公司综合利用废渣 300t/d 特种水泥生产线	2003	20	23	700
8	甘肃寿鹿山水泥有限公司 1 000t/d 新型干法水泥生产线	2003	30	35	1 000
9	酒钢宏达建材有限公司 1 000t/d 新型干法水泥生产线改造工程	2003	30	35	1 000
10	武山水泥厂一号立筒预热器窑改 1 500t/d 预分解窑生产线	2003	45	52	1 500
11	山丹水泥化工集团 1 000t/d 新型干法水泥熟料生产线	2001.11.16	30	35	1 000
12	永登祁连山水泥股份有限公司 2 000t/d 新型干法水泥熟料生产线	2001.12.16	75	86	2 500
13	兰州甘草水泥集团公司 1 000t/d 新型干法水泥熟料生产线	2002.1.18	30	35	1 000
14	大通河水泥股份有限公司 1 000t/d 新型干法水泥熟料生产线	2002.4.28	30	35	1 000
15	平凉祁连山 2 500t/d 新型干法水泥生产线	2004.12.28	75	86	2 500
16	甘肃西部水泥股份公司 1 000t/d 新型干法水泥生产线	2005.10.18	30	35	1 000

续 表

序号	项目名称	改造投产时间	熟料（万吨）	水泥（万吨）	熟料（t/d）
17	夏河安多水泥股份公司 1 000t/d 新型干法水泥生产线	2005.9.18	30	35	1 000
18	金昌水泥 2 500t/d	2009	75	86	2 500
19	兰州甘草水泥集团公司 1 000t/d 新型干法水泥熟料生产线	2009.5	30	35	1 000
20	“平凉海螺”4 500t/d	2009.10.31	135	155	4 500
21	“陇南润基”2 500t/d	2009.12.13	75	86	2 500
22	“中材天水水泥”2 ×2 500t/d	2009.12.28	75	86	2 500
23	酒钢宏达建材有限公司 2 000t/d 新型干法水泥生产线改造工程	2009.3.1	60	69	2 000
24	“祁连山甘谷”3 000t/d	2010.02.26	90	120	3 000
25	“祁连山陇南成县”3 000t/d	2010.03.02	90	104	3 000
26	“夏河安多”2 000t/d	2010.05.01	75	86	2 500
27	古浪水泥股份有限公司 700t/d 新型干法水泥生产线	2010.7	20	23	700
28	“白银王岘”2 000t/d	2010.08.04	60	70	2 000
29	“永登祁连山”5 000t/d	2010.10.25	150	197	5 000
30	“张掖巨龙”2500t/d	2010.11.08	75	90	2 500
31	“中材白银”4500t/d	2010.11.9	135	200	4 500

记 事

3月2日　甘肃祁连山水泥集团成县年产120万吨新型干法水泥生产线建成投产，届时祁连山水泥产能已达1 000万吨。

3月5日　按照中国水泥协会中水协字(2010)002号文件关于组织评选《2009年全国水泥企业优秀总工程师》的通知精神，省建材工业协会推荐永登祁连山水泥有限公司总经理李生钰为2009年全国水泥企业优秀总工程师报中国水泥协会参加评选活动。

3月23日　甘肃省工信委召集建材、石化、冶金工业协会等单位，启动甘肃省工业十二五发展规划编制工作。工信委副主任于光明到会动员并负责主抓此项工作。

3月31日　建材工业协会将关于做好建材工业“十二五”规划编制工作的通知报省工信委。

4月5日　天水祁连山水泥有限公司发布2010年一季度季报，1～3月份，累计完成工业总产值10 970万元，较上年同期9 820万元增长11.7%，累计完成工业增加值3 401万元，较上年同期3 044万元增长11.73%，累计完成工业销售产值11 430万元，较上年同期10 008万元增长14.21%；累计完成水泥生产31.12万吨，比上年同期净增4.49万吨，增长16.86%。

4月6日　省工信委以甘工信原[2010]176号下发《甘肃省工业和信息化委员会关于做好建材工业“十二五”规划编制工作的通知》

4月14日　青海省玉树藏族自治州玉树县发生7.1级地震。震后，甘肃祁连山水泥集团股份有限公司迅速向青海省玉树藏族自治州地震灾区捐赠100万元人民币，为灾区人民群众奉献爱心。

4月20日　甘肃祁连山水泥集团股份有限公司发布2010年一季度季报，报告期内，公司实现净利润7 303万元，同比增长54.58%，继续保持了又好又快的良好发展势头。

4月23日　经国务院国资委批准中国中材股份有限公司通过增资扩股和股权受让方式获得甘肃祁连山建材控股有限公司51%的股权，并办理工商变更登记手续。中国中材股份有限公司成为甘肃祁连山实际控制人。

5月1日　甘肃夏河安多水泥公司日产2 500吨新型干法水泥生产线项目点火投产。投产后每年可新增利税5 000万元，消化固体废弃物40万吨以上。夏河安多水泥有限责任公司是由夏河安多投资公司控股、全体员工参股设立的有限责任公司，日产2 500吨新型干法水泥生产线，投资3.5亿元，配套建设年产100万吨粉磨站、4.5兆瓦低温余热发电系统。

5月11日　祁连山召开2010年第一次临时股东会，对原董事会进行改组，经“中材股份”和甘肃省国资委两家股东推荐，选举脱利成、周育先、闫宗文、魏其新、刘继彬、蔡军恒、梅学千、魏士渊等8人为公司第三届董事会董事。

5月12日　甘肃祁连山水泥集团股份有限公司在兰州召开第五届董事会第二十次会议，会议通过了《关于聘任公司总裁的议案》，聘任刘继彬为公司总裁。刘继彬于2004年8月至2010年5月，担任“中材股份”旗下中材水泥有限责任公司总经理。

5月28日　甘肃祁连山水泥集团与酒钢宏达建材有限责任公司签署增资协议。“祁连山水泥”及其子公司永登祁连山水泥有限公司将向酒钢宏达以货币方式增资人民币超过4.82亿元。增资完成后，“祁连山”和“永登祁连山”将分别持有“酒钢宏达”30%的股份，“祁连山”以60%的比例实现控股。

5月28～29日　建材工业协会去嘉峪关参加省工信委召开的全省上半年工业经济形势分析会。

5月31日～6月8日　建材工业协会随省工信委去嘉峪关、酒泉、张掖、金昌、武威等地进行“十二五”规划调研。

6月　第一周全国水泥市场平均价格小幅上扬，环比上周涨0.41%。新疆、甘肃、青海，分别上调10～40元/吨。

7月3日　甘肃省白银市白银王岘水泥有限公司首条日产2 000吨新型干法水泥熟料生产线投产。此项目是白银市城市经济转型重点建设项目。

7月7日　甘肃祁连山水泥集团股份有限公司发布业绩预增公告，上半年归属于上市公司股东的净利润同比增长50%以上。

7月12日　“中材股份”公布，为进一步巩固及发展公司在区域水泥市场的龙头地位，集团旗下A股附属“甘肃祁连山水泥”与全资子公司“永登祁连山水泥”以现金2.41亿元(人民币，下同)，认购酒钢(集团)宏达建材注册资本4 102万元，增资完成后，公司与全资子公司分别占“宏达建材”30%股份。

7月25日　2010年上半年，“祁连山”生产水泥(含外销熟料)387.33万吨，同比增长26.79%；销售水泥390.43万吨，同比增长24.36%；实现净利润2.46亿元，同比增长53.77%。

7月28日～8月7日　建材工业协会随省工信委去甘南、陇南、天水、定西等地进行“十二五”规划调研。

8月4日　红古祁连山公司日产700吨干法水泥熟料生产线窑胴体被缓缓吊下，标志着该生产线已完成使命，退出历史舞台。

8月9～17日　建材工业协会随省工信委去兰州、白银、金昌等地进行“十二五”规划调研，

8月29日　当永登公司特种水泥部工作人员按下控制盘上主电机减速开关按钮后，特种三、四号水泥窑仪表指针

缓缓归零，分别服役了53年和51年的湿法生产线三、四号水泥窑光荣退役。至此，见证了"祁连山"半个多世纪发展历程的湿法水泥熟料生产线全部完成历史使命，光荣退出历史舞台。这是公司淘汰落后产能，实现结构调整和节能减排目标，提升企业竞争力的一项重要举措。

8月30日 "祁连山"投资建设的年产100万立方米商品混凝土生产系统项目在兰州市西固区建成投产。

9月6日 为做好执行差别电价企业名单动态甄别工作，以《省发展改革委省经委省物价委省环保局省质监局关于对全省铁合金等八个高耗能行业调整执行差别电价的通知》(甘发改能源〔2007〕1296号)为基础，建材工业协会结合《甘肃省2010年淘汰落后产能企业名单》，在逐级核查摸底的基础上，按照国家产业政策，对建材工业名单进行认真核查确认后报省发改委。

9月27日 在工业和信息化部信息化推进司召开的两化融合(工业化和信息化融合)促进节能减排经验交流会上，"祁连山水泥"被确定为两化融合促进节能减排试点示范企业。

10月15日 在甘肃省张掖市召开2010年甘肃省建材行业通联工作会议

10月22日 甘肃寿鹿山水泥有限责任公司建厂四十周年庆祝大会，在景泰县人民文化广场举行。

10月25日 甘肃祁连山水泥集团股份有限公司永登日产5 000吨新型干法水泥生产线建成投产

10月底 甘肃省开展2010年淘汰落后产能专项监督检查，建材协会参与。

11月8日 张掖巨龙建材有限责任公司日产5 000吨熟料新型干法水泥项目一期日产2 500吨生产线工程建成投产。

11月4日 全国厂务公开民主管理工作经验交流暨先进单位表彰电视电话会议上，甘肃祁连山水泥集团股份有限公司被评为"全国厂务公开民主管理先进单位"，受到通报表彰。

11月9日 中材甘肃水泥有限责任公司日产4 500吨新型干法水泥生产线正式点火投产。继10月25日，祁连山永登年产200万吨水泥线投产后，白银线的投产标志着中材集团继续稳居西北水泥市场的龙头地位，标志着中材集团与甘肃省战略合作进入了更高历史发展阶段。

11月18日 中材集团与甘肃省白银市在集团总部签署了战略合作协议书。双方表示将抓住西部大开发和甘肃省发展的战略机遇，围绕中材集团西北区域龙头战略目标，积极推动白银市的经济建设和城市转型，进一步促进中材集团在白银市的产业发展。

12月3日 建材行业协会召开会长会议，共商甘肃建材工业发展及行业协会换届等事宜。

12月20日 经过甘肃省工业和信息化委员会、财政厅、统计局、国家税务局、地方税务局评审，甘肃祁连山水泥集团股份有限公司、金昌水泥(集团)有限责任公司、甘肃寿鹿山水泥有限责任公司和兰州蓝天浮法法玻璃股份有限公司等四户企业主营业务收入跻身2009年度甘肃工业百强企业，分别位列2009年度甘肃工业百强企业名单第18、55、66和84位。

12月29日 建材工业协会召集有关人员认真讨论《全省推进工业跨越发展工作会议征求意见材料》，就有关建材工业的内容提出修改意见报省政府主管部门。

甘肃省建材工业协会
地　址：甘肃省兰州市广场南路51号统办一号楼10层
邮政编码：730000
电子邮箱：gsjcxbb@126.com
办公室电话
刘志强　副会长：(0931)8850667
秘书处：(0931)8960233
行业工作处：(0931)8960235 8850622
综合处：(0931)8850541

青海省

Qinghai Province

【概况】 2010年，在面对国内外宏观经济环境复杂多变的情况下，青海省建材工业系统广大干部职工万众一心，迎难而上，奋力拼搏，深入贯彻落实科学发展观，狠抓建材工业的调整与振兴，大力推进产业结构调整，保证了全行业的平稳健康发展。

截止到2010年底，全省现有水泥生产企业15户，资产总额100多亿元。主要分布在西宁、海东、海西地区，2010年水泥实际产量811万吨，比2009年增长32.95%。水泥价格基本稳定，经济效益得到提高。全省水泥散装率达到42.61%。

【结构调整】 全省水泥工业按照"总量控制，上大压小，等量淘汰"基本思路，大力发展新型干法水泥，通过产业政策扶持及相应的经济和法律手段，加速落后产能的退出。全行业结构调整步伐，产业、产品和结构进一步优化。

到2010年底，青海省水泥工业通过技术改造，淘汰落后生产工艺，发展新型干法水泥，进行水泥结构调整，淘汰落后水泥总产能245万吨。在建新型干法熟料生产线2012年全部建成投产后，预计水泥总产能将达2 200万吨，其中新型干法水泥年生产能力可达1 960万吨，新型干法总产能占全省产能89%。总之，全行业以国家政策为导向，以建筑业需求为主要市场，将建材工业的发展与治理环境污染、资源综合利用和本省建材工业节能减排相结合，大力发展新型干法水泥，全省建材产业结构得到进一步优化。

但从未来全省水泥需求量及国家对水泥产业的调控方向来分析，青海省水泥行业还存在一些问题：水泥产品结构和布局不合理、产能过剩、水泥行业生产集中度偏低、节能减排成效不显著、季节性供需矛盾比较突出。

在"十二五"期间，青海省将继续加大落后产能淘汰工作力度，加快水泥行业整合步伐，提高资源综合利用水平，积极开发新产品，延伸水泥产业链。促进全省水泥工业健康、协调、可持续发展。

记 事

1月4日 青海"乐都金鼎"2条日产2 500吨水泥线一期工程开建。

4月15日 青海玉树地震牵动亿万人心，为援助玉树灾区人民，青海省建材工业协会倡议本省及兄弟省份建材行业的同仁伸出援助之手，为灾区人民贡献一份爱心。

5月初 青海省化隆县认真贯彻省、地有关节能减排的文件精神，加大落后产能企业淘汰力度，顺利关闭了最后一家落后水泥生产企业——青山建材水泥有限责任公司。

5月5日 青海盐湖"海纳化工"300万吨水泥项目开工，计划2011年生产线建成投产，2012年达产。

6月11日 中材集团在西宁与青海省政府签署新的战略合作协议，计划在青海投资30亿元，进一步发展水泥、资源地质勘查、非金属新材料、节能减排等产业。

9月2日 随着一声巨响，青海乐都华夏水泥公司的2号机立窑轰然倒地。这是今年全省第一个用定向爆破的方式拆除旧厂房的实例，也是青海省实现节能减排目标、淘汰落后生产方式迈出的又一实际行动。

11月24日 由苏州中材建设有限公司承建的青海盐湖海纳化工有限公司日产4 600吨熟料水泥生产线窑尾框架顺利封顶。

宁夏回族自治区

Ningxia Hui Autonomous Region

【概况】 2010年，宁夏建材行业快速发展，规模以上企业全年完成工业增加值28.6亿元，增长35.3%，增速排在全国第10位，高于全国13个百分点；实现利润11亿元，同比增长6.6%。主要产品产量：水泥1 357.45万吨，增长28.76%，净增293万吨。熟料964.6万吨，增长22.3%。

【散装水泥】 全年散装水泥供应量484.35万吨，比2005年增长3.55倍，"十一五"期间年均增长35.4%。2010年水泥散装率35.6%，比"十一五"末提高16.8个百分点，年均提高3.37个百分点。

【支援玉树震区】 宁夏胜金水泥有限公司积极支援青海玉树地震灾区，2010年7月份向青海运输水泥2万多吨。

【建材下乡】 10月12日，国家住房城乡建设部、财政部、发展改革委、工业和信息化部、国土资源部和商务部六部委联合发文，确定宁夏、山东为全国建材下乡试点。宁夏开展建材下乡工作将探索各类推动建材下乡的具体措施、操作办法和工作模式，为全国范围内制定建材下乡政策提供经验。为保证试点工作效果，在试点期间。建材下乡以推动水泥产品下乡为主。鼓励使用散装水泥和预拌混凝土。

【第一台直径4.2水泥磨建成投产】 2010年6月15日，宁夏青铜水泥股份有限公司利用先进节能技术淘汰落后水泥粉磨装备技术改造项目投产，该项目淘汰两台直径2.4×13米水泥磨，建成一条辊压机+V形选粉机+直径4.2×13米双闭路水泥粉磨生产线。填补了宁夏没有直径4.2米水泥磨的空白。

【日产5 000吨熟料生产线投产】 宁夏瀛海天琛水泥有限公司日产5 000吨熟料新型干法水泥生产线项目于2010年10月建成投产。该项目自2009年8月10日开工建设，历时14个月，总投资5.6亿元。12月，宁夏"明峰萌成"日产5 000吨熟料生产线也建成投产。这两条生产线的建成投产填补了宁夏大型水泥生产线的空白。

【"二化"融合示范企业】 7月18日，宁夏经信委公布了"自治区工业企业信息化和工业化融合典型示范企业"名单，获此殊荣的企业共15家，宁夏赛马实业股份有限公司作为建材行业惟一代表入选。

【水泥利润】 全年规模以上水泥企业全年实现销售收入约43亿元，实现利润约8.6亿元。但利润率比上年略有下降。

【水泥投资】 继续保持增长，但增速趋缓。完成水泥投资16.7亿元，13个新项目建成，再次取得宁夏水泥工业发展史上的大丰收。年内水泥项目总投资计划额32个亿，实际完成16.7亿元，增长15.9%。年末，全区已投产新型干法熟料生产线增加到21条,在建4条;全区水泥总产能超过2 100万吨。

【新型干法熟料产能加快发展】 宁夏西夏水泥有限公司、宁夏青铜峡水泥股份有限公司太阳山分厂一期、宁夏瀛海天琛建材有限公司、宁夏明峰萌成建材有限公司等企业4条新干法熟料生产线投产,新增熟料产能470万吨。至2010年底,全区新型干法熟料产能跃过1 400万吨,比重达到87%。

【粉磨生产线更新换代提速】 先后有"金力实业"、"赛马宁东"二期、"金海超宇"、"吴忠水泥"、"亿丰建材"、"青水股份"、"建成建材"、"太青山"、"科进石膏"、胜金固原分公司、"丰运建材"、"贺兰金山"等企业直径3.2米以上的粉磨生产线投产。

【跨区域发展】 宁夏赛马实业股份有限公司在本区和甘肃、内蒙建成4条熟料生产线,收购"包头西水"35%的股权、"乌海西水"45%的股权,同时以新增股份换股吸收合并宁夏建材集团获国资委批准。实现了区域性跨越式发展。

行业管理机构:

自治区经济和信息化委员会原材料工业处

原材料工业处,将原冶金行业管理办公室、石化行业管理办公室、建材行业管理办公室的职能划入原材料工业处,同时接收了自治区发改委承担的自治区稀土工业办的职能。

地　址:750001 银川市解放西街361号623室

处　长:朱洪军

电　话:0951-6038158 13995084160

建材行业管理工作人员:赵德海

电　话:0951-6038255 13895098880

邮　箱:nx6880@163.com

新疆维吾尔自治区

Xinjiang Uygur Autonomous Region

【概况】 截止至2010年底,全区共有水泥企业88家,总资产221亿元,从业人员2.13万人。拥有各类水泥生产线119条,生产能力3 500万吨(其中电石渣水泥生产线8条,生产能力660万吨),其中新型干法水泥生产线41条,生产能力2 630万吨,占总生产能力的75%,比上年提高12个百分点,比"十五"提高了46个百分点,略低于全国80%的平均水平。

【项目建设】 全年共投产水泥生产线14条,新增生产能力近1 000万吨,是历史上增长速度最快的一年,大批日产3 000吨及以上,最大日产5 000生产线开工建设。2011年在建和预计开工建设的新型干法水泥项目32个,新增生产能力3 700万吨,其中地方核准26个,生产能力3 030万吨;兵团核准6个,生产能力670万吨。

【淘汰落后】 淘汰水泥落后产能91万吨。

记　事

1月26日 新疆维吾尔自治区人民政府下发了《2010年立法工作计划的通知》,《促进散装水泥和预拌混凝土(砂浆)发展应用条例》列入自治区人民政府2010年立法调研论证项目。

3月9~10日 新疆建材行业工作会议在乌鲁木齐召开,行办党委书记、主任吕志坚作了题为《立足新起点,抓住新机遇,继续推进建材行业又好又快发展》的工作报告。来自自治区、新疆生产建设兵团各有关部门、各地州市及部分县的建材主管部门的领导及重点建材企业代表270余人出席了会议。新疆维吾尔自治区经信委党组成员、副主任朱立、国家发改委环资司墙改办处长滕军力、工信部原材料司建材处调研员高秀兰、中国石灰协会秘书长尹保明出席会议并讲话。同时,会议套开了水泥行业工作会议、石灰清理整顿工作汇报会、墙改及散装水泥座谈会,以及2010年自治区重点工程建材产品衔接会议。

4月15日 中国建材集团重组新疆凯盛建材设计研究院揭牌仪式在乌鲁木齐举行。自治区建材行办党委书记、主任吕志坚出席并致辞祝贺,自治区党委办公厅副主任韩军、自治区安全生产监督管理局纪检组长王利、自治区经信委副巡视员刘成德等政府有关部门领导共同参加了揭牌仪式。

4月27日 新疆建筑材料研究院院长刘晓莉荣获"全国先进工作者"荣誉称号,成为自治区建材行业十万职工中惟一一名获此殊荣者。(刘晓莉,女,汉族,生于1955年5月,1982年毕业于新疆大学化学系,中共党员,研究员,国务院政府特殊津贴专家,自治区第九批有突出贡献优秀专家。现任新疆建筑材料研究院院长、自治区建材非金属产品质量监督检验站站长,主要从事建材行业新产品、新技术、新工艺的研究开发和推广应用及建材质量监督管理工作。先后荣获"全国五一劳动奖章"、全国"第二届新世纪巾帼发明家提名奖"、"自治区先进工作者","自治区科技兴新工作先进个人”,多次被原自治区建材局、自治区建材行办评为“优秀领导干部”。)

6月26日 “阿克苏天山多浪”两个项目通过审查。阿克苏天山多浪水泥有限公司为新疆天山水泥股份有限公司在南疆的全资子公司,原有水泥生产能力240万吨。随着市场需求激增,新疆天山水泥股份有限公司计划分别投资67 963万元和70 547万元,在喀什和叶城两地建设两条日产4 000吨熟料新型干法水泥生产线。

6月28日 哈巴河县阿山水泥有限责任公司日产2 500吨新型干法水泥生产线成功点火。

7月23日 山东山水水泥集团有限公司投资建设的喀什英吉莎2条日产5 000吨新型干法水泥熟料生产线及配套建设的英吉莎、莎车、疏勒、岳普湖、叶城5个年产100万吨水泥粉磨站项目通过专家及有关部门的论证。

7月28日 自治区建材行办组织建材行业节能减排技术服务机构及部分水泥企业,就如何推进水泥行业能效对标活动,落实《新疆水泥行业能效对标活动管理暂行办法》进行座谈研讨,建材行办孙存稳副主任主持会议并做总结讲话。

8月28日 山水集团“喀什英吉沙”2条日产5 000吨熟料生产线及年产600万吨水泥项目正式启动,成为新疆单线规模最大的新型干法水泥生产线。据山水集团张才奎董事长介绍,山水集团在喀什投资20亿元,建设英吉沙大型熟料基地,配套建设英吉沙、疏勒、莎车、叶城、岳普湖5个水泥粉站。第一步,形成熟料产能将320万吨,水泥产能600万吨,年产值超过30亿元。在此基础上,力争再用两到三年的时间,水泥产能达到1 000万吨。同时,积极发展煤炭、余热发电、新型建材等产业,形成循环经济产业链,把“喀什山水”建成南疆规模最大、效益最好、带动作用最大的建材企业。山水集团将把最好的队伍、最好的技术带到喀什,举全集团之力,用最短的时间建成全疆的样板工程。

8月26~27日 新疆天山水泥股份有限公司总投资13.8亿多元的两条日产4 000吨水泥生产线分别在喀什市、叶城县开工建设。新疆维吾尔自治区经信委党组成员、(厅长级)副主任朱立,新疆建材行办党委书记、主任吕志坚,新疆建材行办党委委员、副主任孙存稳及喀什地区行署及相关部门、县市领导出席奠基仪式。

9月15日 自治区建材行办召开了由“石河子天业”、“塔城天盾”和“巴州三川”三家水泥熟料供应方和乌昌片区的“天山”、“屯河”等6家熟料购买方参加的水泥熟料调配紧急协调会。经过协调,三家供应方企业顾全大局,最终形成共识,“十一”之前向乌昌片区水泥企业供应熟料5万吨。目前,熟料调运工作已经开始,这将在半月之内增加乌昌区域水泥供应量约7万吨,日增水泥供应量4 000~5 000吨,大大缓解了乌昌片区水泥供应紧张局面。

11月12~26日 为贯彻落实党的十七届五中全会、自治区七届九次(全会)扩大会议精神,加强我区与内地省区的交流,开阔视野,汲取内地企业的先进管理经验。建材行办吕志坚带队组织全区7家骨干水泥企业,赴浙江、上海、江苏、河南、内蒙、陕西6省区进行学习考察。考察期间,先后与浙江省水泥协会、上海建材集团、江苏省建材工业协会、河南省建材工业协会、河南同力水泥集团、河南天瑞集团、内蒙古经信委、陕西“尧柏水泥”、“西矿环保”、西安墙体材料研究设计院进行了座谈,参观考察了上海玻纤院、海螺集团总部、“铜陵海螺水泥”日产万吨水泥生产线、河南“同力水泥”、“蒙牛乳业”、陕西“尧柏水泥”、“西矿环保”生产线,并参加了在南京召开的“2010水泥工业节能减排发展低碳经济研讨会”。通过学习考察,代表团成员增长了见识,开阔了眼界,找到了差距,收到了预期效果。

新疆维吾尔自治区建筑材料行业管理办公室简介

主要职责:

(1)研究拟定自治区建材工业发展战略和行业规划,提出发展自治区建材行业的方针、政策;推进行业结构调整,引导行业合理布局。

(2)研究提出自治区建材工业的行业法规,组织制定行业管理规章、技术标准;汇集、分析和发布行业经济技术信息,提供信息咨询服务。

(3)协调行业内部关系,维护公平竞争秩序;掌握、分析自治区建材行业生产动态,向有关部门提出政策建议;促进建材资源综合利用,推进新型建材及制品的开发的推广应用;组织有关的自治区建材行业经济技术合作与交流。

(4)指导直属国有建材企事业改革和结构调整,指导自治区国有建材企业扭亏解困、减员增效和实施再就业工程。

(5)负责自治区发展散装水泥、新型墙材和建筑节能工作;协助有关部门做好自治区非金属矿资源勘察、开采的监督管理工作。

(6)承办自治区人民政府和自治区经济贸易委员会交办的其他事项。

地址:新疆乌鲁木齐市光明路26号建设广场写字楼11楼

邮编:830002

电话:0991-8860708

传真:0991-8860713

第三篇

标准、专利、科技成果

水泥行业标准

水泥专利

科技成果

水泥行业标准

Cement standard

中华人民共和国工业和信息化部公告

Bulletin of PRC Industry and Information Ministry

工科[2010]　第126号

工业和信息化部批准《混合动力电动汽车类型》等438项行业标准(标准编号、名称、主要内容及起始实施日期见附件1),其中:汽车行业6项、轻工行业标准58项、化工行业标准133项、石化行业标准3项、黑色冶金行业标准49项、黄金行业标准2项、有色金属行业标准105项、稀土行业标准6项、建材行业标准68项、民爆行业标准8项;批准《金属锰(1)》等28项行业标准样品(标准样品目录见附件2),其中:黑色冶金行业标准样品26项(标准样品成分含量见附件3)、有色金属行业标准样品2项(标准样品成分含量见附件4);批准《光学树脂眼镜片(QB 2506—2001)》等2项轻工行业标准修改单(见附件5);以上28项行业标准样品及2项标准修改单,现予公布,自公布之日起实施。

以上汽车行业标准由中国计划出版社出版,轻工行业标准由中国轻工业出版社出版,化工行业标准由化工出版社出版,石化行业标准由中国石化出版社出版,黑色冶金行业标准由冶金工业出版社出版,黄金、有色金属及稀土行业标准由中国标准出版社出版,建材行业标准由中国建材工业出版社出版,民爆行业标准由中国兵器标准化所出版。

附件:

1. 438项行业标准编号、名称、主要内容及起始实施日期(节选水泥部分)
2. 28项黑色冶金、有色金属行业标准样品目录(略)
3. 26项冶金行业标准样品成分含量表(略)
4. 2项有色金属行业标准样品成分含量表(略)
5. 2项轻工行业标准修改通知单(略)

二〇一〇年十一月二十二日

438项行业标准编号、名称、主要内容及起始实施日期(节选水泥部分)

标准编号	标准名称	标准主要内容	代替标准	采标情况	实施日期
建材行业					
JC/T 437－2010	自应力铁铝酸盐水泥	本标准规定了自应力铁铝酸盐水泥的术语和定义、材料、自应力等级、技术要求、试验方法、检验规则和包装、标志、运输与贮存等。	JC 437－1996		2011－03－01
JC/T 600－2010	石灰石硅酸盐水泥	本标准规定了石灰石硅酸盐水泥的术语和定义、组分与材料、强度等级、技术要求、试验方法和检验规则及包装、标志、运输和贮存等。 本标准适用于石灰石硅酸盐水泥。	JC 600－2002	EN 197－1:2000,NEQ	2011－03－01

续 表

标准编号	标准名称	标准主要内容	代替标准	采标情况	实施日期
建材行业					
JC/T 2029－2010	预应力离心混凝土空心方桩	本标准规定了预应力离心混凝土空心方桩的产品分类、原材料及一般要求、技术要求、试验方法、检验规则、标志、产品合格证、贮存和运输等。 本标准适用于工业与民用建筑、港口、市政、桥梁、铁路、公路、水利等工程使用的空心方桩。			2011－03－01
JC/T 2030－2010	预制混凝土衬砌管片生产工艺技术规程	本标准规定了盾构施工法用预制混凝土衬砌管片产品制造过程中各工序的工艺技术要求，包括原材料、钢筋骨架、混凝土、模具及组装、成型、蒸汽养护、脱模、修补、后期养护、检验、标志、防腐、产品贮存及运输等。 本规程适用于以钢筋、混凝土为主要原材料制成的用于轨道交通、公路、铁路、水工、电力、市政等隧道工程的预制混凝土衬砌管片。			2011－03－01
JC/T 2031－2010	水泥砂浆防冻剂	本标准规定了水泥砂浆防冻剂的术语和定义、分类、要求、试验方法、检验规则、包装、运输、出厂与贮存。 本标准适用于最低使用温度为－5℃、－10℃的水泥砂浆防冻剂。			2011－03－01
JC/T 640－2010	顶进施工法用钢筋混凝土排水管	本标准规定了顶进施工法用钢筋混凝土排水管的范围、引用标准、术语和定义、产品分类、原材料、要求、试验方法、检验规则、标志、包装、运输、贮存、出厂证明书等内容。 本标准适用于顶进施工排水管道用钢筋混凝土管及顶进施工保护套管用钢筋混凝土管。 本标准适用于雨水、污水、引水及农田排灌等重力流管道的管子。 本标准适用于离心、悬辊、芯模振动及其他方法成型的顶进施工法用钢筋混凝土排水管。	JC/T 640－1996		2011－03－01
JC/T 748－2010	预应力与自应力混凝土管用橡胶密封圈	本标准规定了预应力与自应力混凝土管用橡胶密封圈的分级和标记、材料与制造、技术要求、试验方法、检验规则、标志、包装、运输和贮存以及使用注意事项等。 本标准适用于预应力混凝土管、自应力混凝土管、预应力钢筒混凝土管等管道密封接口，以天然橡胶或合成橡胶为主要原料制成的胶圈。	JC/T 748－1987(1996)		2011－03－01

续 表

标准编号	标准名称	标准主要内容	代替标准	采标情况	实施日期
建材行业					
JC/T 749 - 2010	预应力与自应力混凝土管用橡胶密封圈试验方法	本标准规定了预应力与自应力混凝土管用橡胶密封圈试验方法的有害物含量测定、性能试验、胶圈尺寸测量和外观质量检查等内容。 本标准适用于预应力混凝土管、自应力混凝土管、预应力钢筒混凝土管等输送饮用水的管道橡胶密封圈的试验。	JC/T 749 - 1987 (1996)		2011 - 03 - 01
JC/T 2032 - 2010	轨道交通风道用纤维钢丝网水泥板	本标准规定了轨道交通风道用纤维钢丝网水泥板的分类、规格与标记、技术要求、试验方法、检验规则、标志、包装、运输和贮存等。 本标准适用于以水泥和轻骨料为基材，以钢丝网、非石棉类纤维为主要增强材料，并掺入少量辅助材料制成的轨道交通风道用纤维钢丝网水泥板。			2011 - 03 - 01
JC/T 2033 - 2010	混凝土外加剂用聚醚及其衍生物	本标准规定了混凝土外加剂用聚醚及其衍生物的术语和定义、分类和标记、技术要求、试验方法、检验规则、包装、运输、贮存、标志和质量证明书。			2011 - 03 - 01
JC/T 580 - 2010	水泥振动筛	本标准规定了水泥振动筛的型式、型号与基本参数、技术要求、试验方法、检验规则及标志、包装、运输和贮存。 本标准适用于水泥振动筛。	JC/T 580 - 1995		2011 - 03 - 01
JC/T 691 - 2010	高铬铸铁衬板	本标准规定了高铬衬板的产品分类、技术要求、试验方法、检验规则及标志、包装、运输和贮存。 本标准适用于水泥建材工业用水泥管磨机用高铬衬板。	JC/T 691 - 1998		2011 - 03 - 01
JC/T 878.1 - 2010	水泥工业用硬齿面减速机 第1部分：中心传动磨机	本部分规定了水泥工业用硬齿面中心传动磨机减速机的分类与标记、要求、试验方法、检验规则和标志、包装、运输、贮存。 本部分适用于水泥工业用硬齿面减速机中的中心传动磨机减速机（以下简称减速机），其他行业可参照使用。	JC/T 878.1 - 2001		2011 - 03 - 01
JC/T 878.2 - 2010	水泥工业用硬齿面减速机 第2部分：边缘传动减速机	本部分规定了边缘传动减速机的分类与标记、要求、试验方法、检验规则和标志、包装、运输、贮存。 本部分适用于水泥工业用硬齿面减速机中的边缘传动减速机（以下简称减速机），其他行业可参照使用。	JC/T 878.2 - 2001		2011 - 03 - 01

续 表

标准编号	标准名称	标准主要内容	代替标准	采标情况	实施日期
建材行业					
JC/T 878.3 - 2010	水泥工业用硬齿面减速机 第3部分:窑用减速机	本部分规定了窑用减速机的分类与标记、要求、试验方法、检验规则和标志、包装、运输、贮存。 本部分适用于水泥工业用硬齿面减速机中的边缘传动减速机(以下简称减速机),其他行业可参照使用。	JC/T 878.3 - 2001		2011 - 03 - 01
JC/T 878.4 - 2010	水泥工业用硬齿面减速机 第4部分:立式磨机减速机	本部分规定了立式磨机减速机的分类与标记、要求、试验方法、检验规则和标志、包装、运输、贮存。 本部分适用于水泥工业用硬齿面减速机中的边缘传动减速机(以下简称减速机),其他行业可参照使用。	JC/T 878.4 - 2001		2011 - 03 - 01
JC/T 878.5 - 2010	水泥工业用硬齿面减速机 第5部分:辊压机用减速机	本部分规定了辊压机用减速机的分类与标记、要求、试验方法、检验规则和标志、包装、运输、贮存。 本部分适用于水泥工业用硬齿面减速机中的边缘传动减速机(以下简称减速机),其他行业可参照使用。	JC/T 878.5 - 2001		2011 - 03 - 01

水泥专利

Cement patent

2010年水泥专利

Cement patent in 2010

201010017229　利用机械装置降低烟气有害成分的方法
201010019583　利用高硅低钙石灰石生产水泥的方法
201010034452　一种利用煤矸石制备的高贝利特硫铝酸盐水泥
201010101619　锆酸钙以及利用锆酸钙制备的水泥窑用镁钙锆砖
201010102083　一种新型复合生态水泥及其制品应用
201010102122　竖窑
201010103636　一种气烧水泥竖窑
201010104144　一种生活垃圾焚烧飞灰水泥窑协同处置的预处理方法
201010104161　回流脱出液的生活垃圾焚烧飞灰水泥窑协同预处理的方法
201010104529　一种矿渣粉磨助磨剂
201010104554　用于建筑垃圾作为水泥混合材的外加剂
201010105621　一种石膏分解煅烧生产硫酸与水泥的装置
201010108426　一种水泥窑纯中低温余热发电系统
201010109401　一种硅酸盐水泥熟料的制备方法
201010113503　基于粒度调配的高性能水泥及其制备方法
201010113834　适合分离捕集 CO_2 的部分全氧型水泥生产方法
201010119782　水泥生产袋式收尘设备及袋笼的安装和换袋方法
201010125683　水泥窑预热器内筒用氧化铝－氮化硼挂件
201010128111　一种生产中热硅酸盐水泥的方法
201010128810　专用于纯低温余热发电技术的耐磨可塑捣打料的制备方法
201010129894　新型干法水泥熟料生产用特种矿化剂及其使用方法
201010130626　回转窑
201010132030　水泥窑处理生活垃圾筛上物和／或固体可燃废弃物的方法
201010134817　一种采用电解锰渣作为水泥矿化剂生产水泥的方法
201010136641　一种液体水泥助磨剂的制备方法
201010141394　一种聚羧酸水泥活化助磨增强剂及其制备方法
201010143052　用磷石膏生产水泥缓凝剂的方法
201010148179　水泥的生产方法
201010150002　水泥助磨材料生产设备
201010150254　一种铁铝酸盐水泥及其制备方法
201010152833　钢渣破碎预磨新工艺
201010153511　特种低碳钢渣水泥生产工艺
201010155899　一种污泥－高钙粉煤灰碱激发水泥及其制备方法
201010157711　一种用电石渣生产水泥主料、水泥辅料和水泥的方法
201010157732　一种用电石法聚氯乙烯的废渣生产水泥的方法
201010158048　干法生产中高硫煤煅烧水泥熟料的方法
201010158286　污泥式水泥胶凝材料及其制备方法
201010158703　水泥窑用预热器陶瓷内筒
201010158705　干法水泥回转窑预热器用陶瓷内筒
201010158990　一种用电石渣制造水泥的方法
201010159010　一种用电石渣制造水泥主料、添加料和硅酸盐水泥的方法
201010159713　水泥窑用预热器陶瓷内筒
201010159714　干法水泥回转窑预热器用陶瓷内筒
201010160828　赤泥焙烧回收碱同步生产水泥工艺
201010161203　水泥生料粉立管旋喷预热器及预热分解系统
201010161682　一种大型水泥窑用矾土－氮化硅复合耐磨砖及其制造方法
201010161702　一种大型水泥窑用矾土－氮化硅铁复合耐磨砖及其制造方法
201010162532　一种水泥窑协同处理生活垃圾焚烧飞灰的方法
201010169017　用纯碱废渣与蒸氨废液合成水泥熟料、辅料

及水泥的方法
201010169618　一种磷酸钾镁水泥凝结时间和早期水化速度的控制方法
201010169654　一种用纯碱废渣制造水泥主料和添加料的方法
201010169676　一种用纯碱废渣制造水泥熟料、缓凝剂和水泥的方法
201010174325　路基缓凝水泥及其生产方法
201010175534　一种水泥助磨剂及其制备方法
201010177292　一种石膏制备硫酸联产水泥的工艺
201010179107　一种复合硅酸盐水泥及其制备方法
201010181826　一种疏水凝胶复合水泥及其堵漏方法
201010185578　一种环保型水泥及其制备方法
201010185823　水泥混合材、还原钢渣及其生产方法
201010188056　贝利特－硫铝酸锶钙水泥
201010188057　阿利特－硫铝酸锶钙水泥
201010191141　半终预粉磨立磨和球磨联合粉磨装置
201010193454　一种有预热器的立窑及其制备石灰的方法
201010196253　水泥窑废气间接干化处理和利用污泥装置及工艺方法
201010197784　一种白水泥及其生产方法
201010199449　竖窑
201010200574　一种立式辊磨机的调节装置
201010204313　一种氯氧镁水泥
201010205647　一种利用氟石膏、磷石膏、铜尾矿制备硫铝酸盐水泥熟料的方法
201010206394　复合硫酸盐水泥
201010208280　纯静压滑履水泥磨机
201010208291　纯静压管磨机
201010208852　球磨机提升环沟衬板
201010208962　一种利用工业废渣生产的中热硅酸盐水泥
201010209130　用于高温水泥缓凝剂的聚合物及其制备方法
201010209144　用于高温水泥缓凝剂的聚合物及其制备方法
201010209153　用于高温水泥缓凝剂的聚合物及其制备方法
201010211051　一种主要用固体工业废渣生产硫铝酸盐水泥熟料的方法
201010213250　一种柔性水泥组分、柔性水泥产品及其制备方法和用途
201010213808　干法水泥生产线的余热单压回收发电系统
201010215079　一种水泥组合物及其制备方法
201010217686　一种废弃氟石膏的活性激发技术
201010219636　高温熔融态矿渣生产的水泥熟料、生产工艺流程及装备
201010222377　利用劣质煤实现水泥熟料煅烧的方法
201010223620　一种利用大理石废料制备水泥复合调凝剂的方法
201010230148　水泥助磨剂
201010230411　焚烧飞灰水泥窑协同处置工艺
201010234926　一种高温特种油井水泥材料及其制备方法
201010236749　煅烧活化页岩做水泥掺和料的方法
201010237033　利用循环流化床固硫灰渣制备特种水泥的方法
201010237832　一种水泥熟料篦式冷却机侧充气盲板
201010240408　一种生产水泥的方法
201010240477　多元醇葡萄糖苷作为水泥助磨剂的应用
201010242333　水泥改性剂及其制备方法和应用
201010246940　一种提产型复合水泥助磨剂
201010247366　一种含镁铝尖晶石的铝酸盐水泥的制备方法
201010251044　一种利用低等级粉煤灰和脱硫副产物生产水泥的方法
201010251853　一种油井水泥中温缓凝剂
201010254760　一种转炉渣制备金属铁及水泥的方法
201010260099　波辊机
201010265181　一种低熟料用量、高折压比复合水泥的制备方法
201010271651　水泥工业管磨机用新型衬板结构及其制作方法
201010275099　一种用于石灰回转窑的浇注料
201010275111　用于球团回转窑的防止粉尘粘结的涂料
201010275385　含高胶凝性矿物的通用硅酸盐水泥改性剂及其应用方法
201010275391　含铝酸盐矿物的通用硅酸盐水泥改性剂及其应用方法
201010275448　回转窑热端窑口保护罩
201010281741　一种聚羧酸－醇胺型高分子助磨剂及其制备方法
201010283101　一种高效节能水泥助磨剂及其制备方法
201010283952　一种电解锰渣生态水泥的制备方法
201010288690　一种提高焚烧灰渣在水泥原料中掺混比的方法
201010290322　回转窑炉衬修补料
201010291455　利用电石生产除尘灰制备水泥活性混合材的方法及其装置
201010291520　一种水泥回转窑三次风管专用高温耐磨阀板的制备方法
201010293853　水泥磨钢锻分级机
201010293868　水泥磨钢球分级机
201010300438　一种新的水泥粉磨工艺

201010301372	抗腐蚀水泥体系及其应用
201010508222	复合型水泥助磨增强剂
201010508265	一种含聚羧酸减水剂的水泥
201010508274	一种含有早强剂的水泥
201010509037	工业窑炉专用特种高强耐磨耐火粘结泥浆
201010509838	一种将脱硫灰改性用作水泥缓凝剂的方法
201010510957	一种氯氧镁水泥骨料及其制备方法
201010512568	道路微膨胀缓凝水泥
201010513213	干法水泥生产线的余热双压回收发电系统
201010535374	一种大型水泥窑用棕刚玉－氮化硅复合耐磨砖及其制造方法
201010536623	一种石膏制硫酸与水泥的改进生产工艺
201010537002	一种利用城市污水厂污泥生产硅酸盐水泥的方法
201010539425	一种用稻壳作为水泥窑燃料的方法
201010541518	一种水泥窑用抗结皮浇注料
201010550792	一种白云石矿生产用于镁水泥原料的苛性白云石的方法
201010551895	一种轻烧白云石水泥
201010559837	一种料饼破碎分级筛
201010567035	利用水泥回转窑处理生活垃圾的设备工艺配置方法
201010567073	新型干法水泥窑处置城镇污泥的方法和设备
201010568288	复合型水泥助磨剂及其制备方法
201010571258	一种水泥助磨剂
201010572303	一种水泥复合助磨剂及其制备方法
201010573224	复合白水泥
201010573670	一种水泥窑自备电站燃煤发电与余热发电耦合系统
201010578436	脱硫石膏无熟料钢渣水泥
201010579652	一种熟料窑用陶瓷喷嘴的制备方法
201010582843	节能钢渣水泥
201010584441	一种水泥窑旋风预热器内筒的制作方法
201010585447	一种增强型粉煤灰水泥助磨剂的制备方法
201010586920	一种高效水泥助磨剂及其制备方法
201010590726	一种节能增强型水泥液体助磨剂及其制备方法
201010590727	一种粉体复合水泥助磨剂及其制备方法
201010591427	一种高性能发泡水泥及其制备方法
201010593065	一种粉煤灰水泥及其制备方法
201010594601	煅烧水泥熟料的多孔推板窑
201010598775	无石灰石配料特种水泥熟料及其生产方法
201010600775	梳形共聚物水泥分散剂的制备方法、所用单体及所得梳形共聚物水泥分散剂
201010600881	一种立式粉磨烘干装置
201010600952	干法水泥回转窑表面余热发电系统
201010601089	一种水泥回转窑高温筒体壁面辐射能余热回收的装置
201010601138	一种高硫生料生产水泥熟料防结皮工艺
201010604286	一种可调节立磨进料装置
201010607264	采用萘精制后残油合成高效减水剂工艺
201010612274	一种高电阻绝缘水泥
201010614099	一种锰渣复合激活改性的矿渣水泥掺和料及其制备方法
201010615794	一种叶蜡石粉高电阻绝缘水泥
201010616948	一种抗冲磨低热硅酸盐水泥
201010616980	一种微膨胀低热硅酸盐水泥
201010622800	液体水泥助磨剂
201010622836	增强型液体水泥助磨剂
201019026108	水泥熟料煅烧窑预加水成球工艺及其设备
201020022963	多级旋喷分解炉
201020039569	立磨同步举辊供油系统
201020039570	风道防堵式立磨
201020039571	高耐磨冷却机密封条
201020041148	一种水泥窑低温余热发电补汽装置
201020043259	一种研磨分离机
201020043260	一种挤压分离机
201020103877	水泥熟料冷却机
201020106100	差动卸料机械化水泥立窑
201020108003	一种石膏分解煅烧生产硫酸与水泥的装置
201020110035	一种用于水泥工业窑的燃烧器
201020118864	一种水泥立磨用锁风排料装置
201020125634	一种水泥生产设备的推雪人装置
201020129076	水泥干法回转窑低温余热物料烘干系统
201020129080	水泥干法回转窑低温余热发电与物料烘干系统
201020132264	水泥窑预热器用内筒挂件
201020159571	一种液体水泥助磨剂自动化生产设备
201020159575	一种液体水泥助磨剂在线检测装置
201020162947	水泥助磨材料生产设备
201020166523	一种新型回转窑窑体
201020168758	白水泥熟料漂白机
201020170286	设置防磨陶瓷的水泥厂溜槽
201020173579	一种用于水泥熟料预分解窑预热器的电动闸板阀装置
201020174198	一种抽插式耐热耐磨陶瓷预热器内筒
201020174951	水泥预热器陶瓷内筒
201020175707	一种降低烟气有害成分的装置
201020175718	控制流活动篦板风管
201020175731	控制流篦板的固定装置
201020193199	耐磨损陶瓷风闸板

201020207017 一种立式辊磨机的调节装置
201020213044 三次风阀板
201020216037 半终预粉磨立磨和球磨联合粉磨装置
201020220363 竖窑
201020230267 一种研磨体
201020230268 一种生产水泥用回转窑
201020234536 一种判断熟料窑主电机非正常停车的装置
201020236641 球磨机提升环沟衬板
201020236644 立磨辊皮衬板
201020236661 筒体衬板
201020242389 干法水泥生产线的余热单压回收发电系统
201020250668 一种磨制水泥的变间距立式磨分离器
201020250681 一种磨制水泥的变角度立式磨分离器
201020250895 二辊立式中速磨
201020256902 适用于旋窑三次风管的闸阀装置
201020259938 回转窑尾分解炉
201020259962 粉状物料计量秤进出料口的软连接装置
201020259978 一种卧式螺旋水泥冷却器
201020264772 适用于原料配料秤的导料槽装置
201020268259 垃圾处理系统
201020268309 水泥分解炉进气装置
201020272333 一种水泥熟料篦式冷却机侧充气盲板
201020283804 一种水泥球磨机粗磨仓用篦板
201020284119 一种水泥窑用的三次风闸板
201020285667 水泥窑窑头能级匹配利用的余热利用系统
201020510790 新型干法水泥回转窑燃烧器一次空气利用余热节能装置
201020513314 一种用于水泥余热发电中提高废气利用效率的两级闪蒸器
201020521218 回转窑热端窑口保护罩
201020521596 一种水泥窑尾余热利用系统
201020523430 一种水泥窑用镶嵌式硅莫砖
201020523588 一种无余热发电的水泥厂节电空调系统
201020523589 一种有余热发电的水泥厂节电空调系统
201020524395 行进式水泥熟料篦冷机的篦板
201020524522 行进式水泥熟料篦冷机活动篦床的列间密封装置
201020527687 立式辊磨机磨辊提升机构
201020538670 水泥余热发电用窑头抽风装置
201020538689 改进型水泥工业用发电系统
201020541362 一种水泥窑尾烟气余热梯级利用系统
201020544591 水泥磨钢段分级机
201020544607 水泥磨钢球分级机
201020550806 回转窑用氧化铝烧嘴
201020554915 水泥窑窑尾预热器中的蒸汽过热器
201020555584 一种水泥窑用篦式冷却机喉部预制件
201020559612 水泥余热发电用煤磨取风装置
201020566711 水泥磨机用滚圈支撑装置
201020569301 干法水泥生产线的余热双压回收发电系统
201020570168 旋转篦式冷却机
201020582042 一种水泥磨隔仓装置
201020593208 将废弃物的热分解气体导入水泥分解炉的废弃物处理设备
201020598035 一种石膏制硫酸与水泥的改进生产装置
201020606738 滚动轴承水泥磨机
201020613247 一种滚动轴承联动板振打装置
201020617087 一种水泥辅料破碎及输送安全逻辑控制装置
201020617622 一种推动式均流冷却机液压驱动控制系统
201020617626 一种篦式冷却机栅条损坏检测装置
201020622580 立式螺旋球磨机
201020624528 一种水泥生产余热发电装置
201020634754 新型干法水泥窑处置城镇污泥的设备
201020636021 一种新型的塔式机立窑
201020648145 回转窑窑头罩
201020650341 冷却机头罩下料装置
201020650343 冷却机直接冷却水系统
201020654829 纵向控制流固定床
201020654830 生产白水泥熟料的分解炉
201020654846 分解炉喷煤管
201020655523 一种水泥窑窑头罩
201020665484 水泥原料立式磨磨内喷水装置
201020665531 耐磨型水泥原料立式磨
201020665586 水泥回转窑窑口结构
201020670476 利用水泥回转窑表面余热回收的空气加热装置
201020675447 一种立式粉磨烘干装置
201020675998 一种水泥生产用回转窑窑口护板
201020676816 生料入窑外加粉煤灰系统
201020678736 一种可调节立磨进料装置
201020679172 用于球磨机滑履轴承润滑的改进型托瓦
201020681540 一种水泥磨机出料装置
201020681665 一种水泥磨机隔仓板装置
201020688182 生料磨内喷水装置
201020688860 熟料破碎机锤头轴
201020693583 粉煤灰库底疏通系统
201020693588 水泥磨出磨斜槽
201020698293 水泥熟料冷却机用风量控制阀
201029044059 水泥熟料煅烧窑预加水成球设备

科技成果

Technical achievement

2010 年

Year 2010

2010 年度中国建筑材料联合会 · 中国硅酸盐学会 建筑材料科学技术奖获奖项目(节选水泥部分)

Award winning items of building material technical prize of China Building Material Federation – China Silicate Association in 2010 (cement division)

科技进步类

序号	项目名称	授奖等级	主要完成单位及证书编号	主要完成人及证书编号
1	日产 5 000 吨生产线 TRM5341 生料辊磨的研制及应用	一	天津水泥工业设计研究院有限公司 (2010 – J – 1 – 01 – D01)	刘　箴(2010 – J – 1 – 01 – R01)、柴星腾(2010 – J – 1 – 01 – R02)、刘子河(2010 – J – 1 – 01 – R03)、聂文海(2010 – J – 1 – 01 – R04)、王振中(2010 – J – 1 – 01 – R05)、张彦杰(2010 – J – 1 – 01 – R06)、刘英杰(2010 – J – 1 – 01 – R07)、石国平(2010 – J – 1 – 01 – R08)、胡　斌(2010 – J – 1 – 01 – R09)、邹延阳(2010 – J – 1 – 01 – R10)、董金利(2010 – J – 1 – 01 – R11)、申占民(2010 – J – 1 – 01 – R12)、尚桂来(2010 – J – 1 – 01 – R13)、曾　荣(2010 – J – 1 – 01 – R14)
2	大型生料立式磨粉磨技术的研究及装备开发	一	合肥水泥研究设计院 (2010 – J – 1 – 02 – D01) 合肥中亚建材装备有限责任公司 (2010 – J – 1 – 02 – D02)	邓小林(2010 – J – 1 – 02 – R01)、张志宇(2010 – J – 1 – 02 – R02)、叶卫东(2010 – J – 1 – 02 – R03)、袁凤宇(2010 – J – 1 – 02 – R04)、王国庆(2010 – J – 1 – 02 – R05)、华兆林(2010 – J – 1 – 02 – R06)、谭凤林(2010 – J – 1 – 02 – R07)、屠　威(2010 – J – 1 – 02 – R08)、梅宏伟(2010 – J – 1 – 02 – R09)、方　庆(2010 – J – 1 – 02 – R10)、周　飞(2010 – J – 1 – 02 – R11)、孟永勇(2010 – J – 1 – 02 – R12)、张伟丽(2010 – J – 1 – 02 – R13)、张新江(2010 – J – 1 – 02 – R14)、李金荣(2010 – J – 1 – 02 – R15)

续表

序号	项目名称	授奖等级	主要完成单位及证书编号	主要完成人及证书编号
4	水泥生产环境负荷生命周期评价理论与应用研究	一	北京工业大学(2010－J－1－04－D01) 北京市琉璃河水泥有限公司(2010－J－1－04－D02) 北京新北水水泥有限责任公司(2010－J－1－04－D03)	崔素萍(2010－J－1－04－R01)、 龚先政(2010－J－1－04－R02)、 姜德义(2010－J－1－04－R03)、 刘文彦(2010－J－1－04－R04)、 赵向东(2010－J－1－04－R05)、 王志宏(2010－J－1－04－R06)、 高　峰(2010－J－1－04－R07)、 兰明章(2010－J－1－04－R08)、 王亚丽(2010－J－1－04－R09)、 赵　雍(2010－J－1－04－R10)、 赵启刚(2010－J－1－04－R11)、 关生林(2010－J－1－04－R12)、 狄向华(2010－J－1－04－R13)、 陈文娟(2010－J－1－04－R14)、 王　为(2010－J－1－04－R15)
13	水泥窑尾电收尘器改为袋收尘技术开发与应用	二	天津水泥工业设计研究院有限公司(2010－J－2－07－D01)	李志军(2010－J－2－07－R01)、 张晓梅(2010－J－2－07－R02)、 王作杰(2010－J－2－07－R03)、 肖家祥(2010－J－2－07－R04)、 靳　爽(2010－J－2－07－R05)、 喻宏祥(2010－J－2－07－R06)、 郭志伟(2010－J－2－07－R07)、 李　勇(2010－J－2－07－R08)、 于浩波(2010－J－2－07－R09)、 周建奇(2010－J－2－07－R10)
19	SCD1400、SCD1600 熟料槽式输送机的开发	三	上饶中材机械有限公司(2010－J－3－01－D01)	彭明德(2010－J－3－01－R01)、 梁云玲(2010－J－3－01－R02)、 刘志福(2010－J－3－01－R03)、 王爱民(2010－J－3－01－R04)、 周敏虎(2010－J－3－01－R05)
23	6 000t/d 水泥生产线窑头冷却器及袋收尘系统研制	三	合肥水泥研究设计院(2010－J－3－05－D01)	梁宏灿(2010－J－3－05－R01)、 毛志伟(2010－J－3－05－R02)、 王　琦(2010－J－3－05－R03)、 杨如顺(2010－J－3－05－R04)、 宋立华(2010－J－3－05－R05)
26	水泥生产过程气体分析系统开发	三	合肥水泥研究设计院(2010－J－3－08－D01)	王建民(2010－J－3－08－R01)、 李林桃(2010－J－3－08－R02)、 许荣康(2010－J－3－08－R03)、 田　野(2010－J－3－08－R04)、 卜明豪(2010－J－3－08－R05)
28	JGY2－1614 辊压机开发	三	唐山盾石机械制造有限责任公司(2010－J－3－10－D01)	于九洲(2010－J－3－10－R01)、 朱凤春(2010－J－3－10－R02)、 李冬雪(2010－J－3－10－R03)、 王　东(2010－J－3－10－R04)、 庾小东(2010－J－3－10－R05)

续表

序号	项目名称	授奖等级	主要完成单位及证书编号	主要完成人及证书编号
29	SLK 高细粉分级机流场特性及结构特征研究	三	绵阳西金科技发展有限公司(2010－J－3－11－D01) 西南科技大学(2010－J－3－11－D02)	李双跃(2010－J－3－11－R01)、 任朝富(2010－J－3－11－R02)、 刘继光(2010－J－3－11－R03)、 韩敬东(2010－J－3－11－R04)、 欧阳康(2010－J－3－11－R05)
30	FPP 预粉磨技术与设备研发	三	江苏飞鹏重型设备有限公司(2010－J－3－12－D01)	王华业(2010－J－3－12－R01)、 王　燕(2010－J－3－12－R02)、 张嘉程(2010－J－3－12－R03)、 何立春(2010－J－3－12－R04)、 陈　翔(2010－J－3－12－R05)

2010 年度“凯盛杯”全国建材行业技术革新奖获奖项目公告(节选水泥部分)

Bulletin of award winning items of "Kaisheng Cup" national building material industry technical innovation prize in 2010 (cement division)

A 类:技术改造类

序号	项目名称	主要完成单位及证书编号	主要完成人及证书编号
二等奖			
1	利用水泥窑协同处置城市污水处理厂污泥项目	广州市越堡水泥有限公司(2010－A2－01－D01)	陈文和(2010－A2－01－G01) 邓明佳(2010－A2－01－G02) 张小雄(2010－A2－01－G03) 曾钜建(2010－A2－01－G04) 刘志强(2010－A2－01－G05)
6	2 500t/d 回转窑系统无烟煤改造	中材萍乡水泥有限公司(2010－A2－06－D01)	黄宝春(2010－A2－06－G01) 徐国兴(2010－A2－06－G02) 陈大年(2010－A2－06－G03) 马军雷(2010－A2－06－G04) 刘清元(2010－A2－06－G05)
9	低钙高镁石灰石资源综合利用	国投新登郑州水泥有限公司(2010－A2－09－D01)	王宏伟(2010－A2－09－G01) 雷丰收(2010－A2－09－G02) 周秉跃(2010－A2－09－G03) 周永兰(2010－A2－09－G04) 凌金辉(2010－A2－09－G05)
10	熟料冷却机改造	中材亨达水泥有限公司郁南分公司(2010－A2－10－D01)	崔　锦(2010－A2－10－G01) 李小明(2010－A2－10－G02) 张宝民(2010－A2－10－G03) 韦焕兴(2010－A2－10－G04) 叶林养(2010－A2－10－G05)

续表

序号	项目名称	主要完成单位及证书编号	主要完成人及证书编号
		二等奖	
12	纯低温余热发电热风系统技术改造	天瑞集团水泥有限公司 (2010 – A2 – 12 – D01)	井献玉(2010 – A2 – 12 – G01) 张悟将(2010 – A2 – 12 – G02) 王芳力(2010 – A2 – 12 – G03) 董振坤(2010 – A2 – 12 – G04) 曹国钊(2010 – A2 – 12 – G05)
		三等奖	
3	纯低温余热发电系统改造与应用	中国联合水泥集团有限公司南阳分公司 (2010 – A3 – 03 – D01)	刘天成(2010 – A3 – 03 – G01) 孔燕霞(2010 – A3 – 03 – G02) 宋玉安(2010 – A3 – 03 – G03)
4	4 500t/d 回转窑分解炉及烟室改造	南阳中联卧龙水泥有限公司 (2010 – A3 – 04 – D01)	李广明(2010 – A3 – 04 – G01) 林国刚(2010 – A3 – 04 – G02) 柳俊林(2010 – A3 – 04 – G03)
6	水泥散装机改造	德州中联大坝水泥有限公司 (2010 – A3 – 06 – D01)	孙　勇(2010 – A3 – 06 – G01) 张玉利(2010 – A3 – 06 – G02) 孙伟卿(2010 – A3 – 06 – G03)
7	风扫煤磨系统的改造	合肥水泥研究设计院 (2010 – A3 – 07 – D01)	石　峻(2010 – A3 – 07 – G01) 甘　昊(2010 – A3 – 07 – G02) 彭　毅(2010 – A3 – 07 – G03)
8	Φ4.2×13m 开流高细磨提高产量的途径	平煤建工集团天元水泥有限公司 (2010 – A3 – 08 – D01) 河南省建材设备有限责任公司 (2010 – A3 – 08 – D02)	高双成(2010 – A3 – 08 – G01) 王爱贞(2010 – A3 – 08 – G02) 张书元(2010 – A3 – 08 – G03)
9	ZGM113 型辊式磨煤机系统改造	鲁南中联水泥有限公司 (2010 – A3 – 09 – D01)	王克东(2010 – A3 – 09 – G01) 葛全伟(2010 – A3 – 09 – G02) 杨延通(2010 – A3 – 09 – G03)
11	高硅低钙石灰石资源综合开发利用	中材汉江水泥股份有限公司 (2010 – A3 – 11 – D01)	王树生(2010 – A3 – 11 – G01) 王生平(2010 – A3 – 11 – G02) 来学敏(2010 – A3 – 11 – G03)
13	纯软件失重喂料控制系统的研制	广州市珠江水泥有限公司 (2010 – A3 – 13 – D01)	刘坤勇(2010 – A3 – 13 – G01) 肖　非(2010 – A3 – 13 – G02) 梁　楠(2010 – A3 – 13 – G03)
14	熟料运输斜拉链机降速、维护技术及行走轮监控	广州市珠江水泥有限公司 (2010 – A3 – 14 – D01)	李坚雄(2010 – A3 – 14 – G01) 余建华(2010 – A3 – 14 – G02) 郭碧莹(2010 – A3 – 14 – G03)

B类:技术开发类

序号	项目名称	主要完成单位及证书编号	主要完成人及证书编号
一等奖			
1	特大型(8 000t/d)新型干法水泥回转窑	中信重工机械股份有限公司 (2010－B1－01－D01) 洛阳矿山机械工程设计研究院有限责任公司 (2010－B1－01－D02)	张凯博(2010－B1－01－G01) 赫连旭阳(2010－B1－01－G02) 王文煜(2010－B1－01－G03) 李　光(2010－B1－01－G04) 栾素青(2010－B1－01－G05) 梁　军(2010－B1－01－G06) 王　平(2010－B1－01－G07)
6	水泥生产线过程指标优化系统	枣庄中联水泥有限公司 (2010－B1－06－D01)	肖子才(2010－B1－06－G01) 于光民(2010－B1－06－G02) 贾书伟(2010－B1－06－G03) 皮士海(2010－B1－06－G04) 王鸿雁(2010－B1－06－G05) 刘　鑫(2010－B1－06－G06) 陈西军(2010－B1－06－G07)
二等奖			
1	利用电石渣100%替代石灰石研制生产硅酸盐熟料	新疆天山水泥股份有限公司 (2010－B2－01－D01)	包文忠(2010－B2－01－G01) 文柏鸣(2010－B2－01－G02) 周海军(2010－B2－01－G03) 赵文新(2010－B2－01－G04) 胡庆彪(2010－B2－01－G05)
2	RP170系列大型辊压机	洛阳矿山机械工程设计研究院有限责任公司 (2010－B2－02－D01)	张光宇(2010－B2－02－G01) 郝　兵(2010－B2－02－G02) 王素玲(2010－B2－02－G03) 王亚强(2010－B2－02－G04) 崔郎郎(2010－B2－02－G05)
3	LPC20D22双转子锤式破碎机	常熟仕名重型机械有限公司 (2010－B2－03－D01)	廖正光(2010－B2－03－G01) 金　鸣(2010－B2－03－G02) 廖　宏(2010－B2－03－G03) 徐垌伟(2010－B2－03－G04) 仲　斌(2010－B2－03－G05)
4	纯低温余热发电设备中专用耐磨可塑捣打料	瑞泰科技股份有限公司 (2010－B2－04－D01)	张金龙(2010－B2－04－G01) 陈雪峰(2010－B2－04－G02) 周　健(2010－B2－04－G03) 李存弼(2010－B2－04－G04) 王志清(2010－B2－04－G05)
5	MLS4531A立式辊磨机的开发与研制	北方重工集团有限公司水泥设备分公司 (2010－B2－05－D01)	周　滨(2010－B2－05－G01) 信　锐(2010－B2－05－G02)

续表

序号	项目名称	主要完成单位及证书编号	主要完成人及证书编号
		二等奖	
7	利用废渣低温煅烧高标号熟料	天辰化工有限公司 (2010－B2－07－D01)	金延宇(2010－B2－07－G01) 仲吉祥(2010－B2－07－G02) 刘佰平(2010－B2－07－G03) 张艳花(2010－B2－07－G04) 李　飞(2010－B2－07－G05)
13	大直径生料库无粘结后张拉预应力结构技术	中国中材国际工程股份有限公司 (2010－B2－13－D01)	毛风涛(2010－B2－13－G01) 吉同宁(2010－B2－13－G02) 朱建平(2010－B2－13－G03) 魏旺来(2010－B2－13－G04) 邹　斌(2010－B2－13－G05)
15	5 000t/d 熟料生产线窑操作优化系统	河南同力水泥股份有限公司 (2010－B2－15－D01)	张浩云(2010－B2－15－G01) 孔德强(2010－B2－15－G02) 任永刚(2010－B2－15－G03) 郭　辉(2010－B2－15－G04) 李建军(2010－B2－15－G05)
19	水泥窑用轻质耐碱耐火浇注料(GL－11NL)的研制与应用	通达耐火技术股份有限公司 (2010－B2－19－D01)	李燕京(2010－B2－19－G01) 冯　良(2010－B2－19－G02) 姚维东(2010－B2－19－G03) 窦青荣(2010－B2－19－G04) 陶贵华(2010－B2－19－G05)
22	高效窑外分解回转窑	华新水泥股份有限公司 (2010－B2－22－D01)	李叶青(2010－B2－22－G01) 胡贞武(2010－B2－22－G02) 陶守宝(2010－B2－22－G03) 李永忠(2010－B2－22－G04) 邵　利(2010－B2－22－G05)
		三等奖	
10	利用新型干法线批量生产中热硅酸盐水泥	永登祁连山水泥有限公司 (2010－B3－10－D01)	李生钰(2010－B3－10－G01) 王兴社(2010－B3－10－G02) 刘　锋(2010－B3－10－G03)
24	水泥销发系统的研发与应用	淮海中联水泥有限公司 (2010－B3－24－D01)	刘　彬(2010－B3－24－G01) 王　峰(2010－B3－24－G02) 邹士忠(2010－B3－24－G03)
26	辊压机远程服务系统	成都利君实业股份有限公司 (2010－B3－26－D01)	何亚民(2010－B3－26－G01) 魏　勇(2010－B3－26－G02) 徐智平(2010－B3－26－G03)
28	水泥企业综合信息化系统关键技术研究与应用	山东东华水泥有限公司 (2010－B3－28－D01)	王少林(2010－B3－28－G01) 王　勇(2010－B3－28－G02) 王进虚(2010－B3－28－G03)
29	KDMC 粉尘预分离气箱脉冲袋式除尘器	江苏科宝机械制造有限公司 (2010－B3－29－D01)	童金秋(2010－B3－29－G01) 韩金国(2010－B3－29－G02) 王学森(2010－B3－29－G03)

C类:技艺工法类

序号	项目名称	主要完成单位及证书编号	主要完成人及证书编号
3	回转窑筒体不正常窜动调整的操作工法	苏州中材建设有限公司 (2010－C2－03－D01)	夏　毅(2010－C2－03－G01) 程　金(2010－C2－03－G02)
4	水泥窑预热器纳米陶瓷内筒的应用	天瑞集团水泥有限公司 (2010－C2－04－D01)	贾华平(2010－C2－04－G01) 周建奇(2010－C2－04－G02) 牛晓锁(2010－C2－04－G03) 陈丙武(2010－C2－04－G04) 袁启亮(2010－C2－04－G05)
5	改变石灰石矿山开采方法、充分利用矿山资源	广州市珠江水泥有限公司 (2010－C2－05－D01)	胡乾威(2010－C2－05－G01) 李勇庆(2010－C2－05－G02) 谭志飞(2010－C2－05－G03) 黄森伦(2010－C2－05－G04) 张国文(2010－C2－05－G05)
三等奖			
1	14嘴回转式包装机下料控制系统和自动灌注系统	中国葛洲坝集团股份有限公司水泥厂装运车间 (2010－C3－01－D01)	李锦国(2010－C3－01－G01) 田圣乔(2010－C3－01－G02) 陈　泉(2010－C3－01－G03)
5	窑尾预热器和窑头喷煤系统改造	金刚(集团)白山水泥有限公司 (2010－C3－05－D01)	张明江(2010－C3－05－G01) 赵锡文(2010－C3－05－G02) 付广宇(2010－C3－05－G03)
7	窑尾缩口防结皮技术改造	中材亨达水泥有限公司郁南分公司 (2010－C3－07－D01)	崔　锦(2010－C3－07－G01) 李小明(2010－C3－07－G02) 张宝民(2010－C3－07－G03)
9	水泥粉磨辊压机打散分级机筛分板的技术革新	宁夏青铜峡水泥股份有限公司 (2010－C3－09－D01)	武宝君(2010－C3－09－G01) 吴　昊(2010－C3－09－G02) 贾海跃(2010－C3－09－G03)
10	HORO磨系统国产化改造	中材汉江水泥股份有限公司 (2010－C3－10－D01)	王树生(2010－C3－10－G01) 田建科(2010－C3－10－G02) 郭德福(2010－C3－10－G03)
11	隧孔爆破技术、自充气式空气间隔器联合使用	葛洲坝老河口水泥有限公司采石车间 (2010－C3－11－D01)	蒋德权(2010－C3－11－G01) 莫吉勇(2010－C3－11－G02) 赵新应(2010－C3－11－G03)
12	斗式提升机下部结构改进	芜湖起重运输机器有限公司 (2010－C3－12－D01)	晋心斌(2010－C3－12－G01) 袁仁杰(2010－C3－12－G02) 胡智勇(2010－C3－12－G03)
13	水泥混合材掺量快速检测方法	国投新登郑州水泥有限公司 (2010－C3－13－D01)	王宏伟(2010－C3－13－G01) 雷丰收(2010－C3－13－G02) 凌金辉(2010－C3－13－G03)
14	窑尾回灰仓技改项目	河南省豫鹤同力水泥有限公司 (2010－C3－14－D01) 河南省建材设备有限责任公司 (2010－C3－14－D02)	冯士国(2010－C3－14－G01) 朱瑞琴(2010－C3－14－G02) 王庆荣(2010－C3－14－G03)

续表

序号	项目名称	主要完成单位及证书编号	主要完成人及证书编号
三等奖			
15	熟料连续取样器的设计与使用	天瑞集团水泥有限公司 (2010-C3-15-D01)	贾华平(2010-C3-15-G01) 牛晓锁(2010-C3-15-G02) 陈丙武(2010-C3-15-G03)
16	劣质原燃材料生产优质熟料的成功应用	郏县中联天广水泥有限公司 (2010-C3-16-D01)	林金利(2010-C3-16-G01) 夏耀文(2010-C3-16-G02) 孙立军(2010-C3-16-G03)

2010年中国建材工程建设优秀工程勘察奖获奖单位和个人名单表(节选水泥部分)

Award wining unit and individual list of excellent project survey prize of Chinese building material project construction in 2010 (cement division)

(一等奖2项)

序号	单位名称	获奖项目名称	参加人员名单
4	建材昆明地质工程勘察院	老挝水泥工业有限公司2 500t/d生产线工程地质详勘	沈　旺、杜　健、蔡建昆、苏亚辉、贾昆湖、苏祖昆、杨金明、张盛江、段云涛、吴　双
5	苏州开普岩土工程有限公司	Mass伊拉克苏莱曼尼亚水泥厂5 000t/d第一生产线岩土工程详细勘察报告	马元海、鱼海麟、徐慕启、胡卫华、祁得胜、马海凤、陈文琴

(二等奖4项)

序号	单位名称	获奖项目名称	参加人员名单
2	西安建材地质工程勘察院	汉中尧柏水泥有限公司熟料水泥生产线建设工程岩土工程勘察	徐　鹏、吴景龙、吴立明、王星辉、毕小勇、张学领、李向阳、严良森、周　波
4	湖南建材地质工程勘察院	石门海螺一期2×5 000t/d熟料+320万t/a水泥生产线岩土工程详细勘察	汤　平、彭志强、朱刚强、蒋丽云、肖亚鸣、陈培根、段　伟
5	湖南建材地质工程勘察院	中材株洲水泥有限责任公司日产5 000吨熟料水泥生产线岩土工程勘察	汤　平、程锦亮、蒋丽云、陈培根、段　伟、肖亚鸣、刘　杰、李秋英
10	浙江中材工程勘测设计有限公司	浙江虎山集团日产4 000吨水泥熟料生产线技改工程	周春平、周东升、祝永庆、刘文波、汪礼云、谢秀芝

(三等奖2项)

序号	单位名称	获奖项目名称	参加人员名单
4	河南建材地质工程勘察院	华新水泥股份有限公司信阳4 500t/d生产线详勘岩土工程地质勘察	吴汉志、吴德运、侯亚强、可伟伟、左　强、周　翔、杜安鹏、康　耀、吴文明、张三平

续表

序号	单位名称	获奖项目名称	参加人员名单
5	建材昆明地质工程勘察院	国资水泥福民有限公司水泥厂厂址岩土工程详细勘察	杜　健、蔡建昆、申庆宗、陈正学、苏祖昆、杨金明、张盛江、段云涛、贾昆湖、李方治

建材行业第九次优秀工程咨询成果奖项目、单位和主要人员获奖名单表（节选水泥部分）

Award winning list of the ninth excellent project consultation achievement prize items, units and main staff in building material industry (cement division)

（一等奖 15 项）

序号	申报单位	项目名称	主要人员名单
1	苏州中材非金属矿工业设计研究院有限公司	安徽华岳矿物材料有限公司年采 200 万吨钾长石矿开采与加工项目可行性研究	朱良友、段小爱、何　琴、袁　山、程权利、韩映炜、金维娟、方友琴、周小菊、王　磊、马大钧、凌金华
5	合肥水泥研究设计院	河北盛华化工有限公司 200 万吨/年电石渣制水泥项目可行性研究报告	唐根华、胡春静、刘　丽、丁奇生、李　强、周宏建、阮宏松、黄　臻、朱　皖、项小芳、马　林、田之文
6	安徽海螺建材设计研究院	《吉林亚泰水泥有限公司发电改造工程》项目可行性研究报告	张长乐、梅世江、夏贤清、何承发、李大明、考传利、屈　军、戎　斌、王其辉、李东祥、罗霜燕、赵米晗
9	成都建筑材料工业设计研究院有限公司	四川省凯霖水泥有限公司 4 600t/d 熟料新型干法水泥生产线工程项目申请报告	毛胜荣、贾如平、李雅丽、廖泽君、郭　敏、黄文刚、康　麟、章娅云、王亚维、向继东、陈　凡、雎菊蓉
10	武汉建筑材料工业设计研究院 中材节能发展有限公司	中材亨达水泥有限公司 5 000t/d + 4 500t/d 熟料生产线配套 25MW 余热发电工程可行性研究报告	李　勇、李　随、王建峰、田　雷、刘　军、周晓林、杨晶婧、吕月昭
11	中国中材国际工程股份有限公司	安徽铜陵海螺水泥有限公司 12 000t/d 水泥熟料生产线项目申请报告	熊建华、王　宏、陈　燕、陆红梅、王大海、杜　黎、贺　烽、吕满根、马永跃、陶　琍
12	中国中材国际工程股份有限公司	青海盐湖海纳化工有限公司聚氯乙烯一体化水泥子项目申请报告（4 600t/d 熟料水泥生产线）	周贤光、吕文平、王　宏、陈　蕾、胡　锐、赵永生、周　琤、杜　黎、戴　宇、周　惠、王大海、唐　剑
13	河南建筑材料研究设计院有限责任公司	河南同力水泥股份有限公司再融资环境保护核查技术报告	查少翔、程　浩、张伟伟、王才梅、鲁然英、郭　威、王鹏飞、芦新建、谢　磊、张　健、张鹏刚、杨　勇
14	北京凯盛建材工程有限公司	鲁南中联水泥有限公司 2×2 500t/d 水泥熟料生产线节能减排技术改造项目可行性研究报告	马明亮、毛　露、佟贵山、谢吉优、姜敬宝、武　力、叶海东、杨凤莲、赵九如、王　琪、王立杰、马爱明

续表

序号	申报单位	项目名称	主要人员名单
15	北京凯盛建材工程有限公司	天津市同生化工厂40万吨铬渣无害化处理工程可行性研究报告	马明亮、陆秉权、王统寿、王业华、赵九如、何世葆、杨凤莲、杨红彩、齐溪浙、李　英、巢江咏、王　琪
17	天津水泥工业设计研究院有限公司	北京金隅集团有限责任公司处置城市工业废弃物示范工程(二期工程)可行性研究报告	宋寿顺、王芳协、尹卫平、郑金召、胡芝娟、高　文、丛培泽、郭丽荣、熊忠良、丁　奕、谢　蓉、陈　刚
18	天津水泥工业设计研究院有限公司	甘肃京兰水泥有限公司4 600t/d熟料新型干法水泥生产线及配套纯低温余热发电工程项目申请报告	宋寿顺、王芳协、高　文、王万生、陈冬珍、杨路林、洪　卓、谢宪中、王　伟、张　颖、张百祥
19	新疆凯盛建材设计研究院(有限公司)	新疆天业(集团)公司二期综合利用电石渣3 000t/d新型干法水泥生产线——可行性研究报告	李洪洲、朱明胜、李卫民、李长安、张浩、巴图孟克、刘　彬、慕明莉、史　涛、顾　明、缪惠玲、胡　凯
22	武汉建筑材料工业设计研究院有限公司	非洲莫桑比克长城水泥工业有限公司1 500吨/日熟料水泥投资项目可行性研究报告	杨顺德、王国民、李慎平、苏林强、胡　曦、盛红亮、彭淑芬、刘朝晖、刘　智、张　枫、王高峰、邓　军
24	山东中材工程有限公司	辽宁德曼耐火材料有限公司年产15万吨镁碳砖生产线可行性研究报告	石新城、付伟峰、牛胜伟、刘艳梅、陈敏健、刘铁艳、张　静、王大峰、徐晓婷、张艳侠、崔素珍

（二等奖15项）

序号	申报单位	项目名称	主要人员名单
5	山东省建筑材料工业设计研究院	临朐山水水泥有限公司4 000t/d新型干法水泥熟料生产线项目申请报告	王乐亮、卫　建、王华民、王敬臣、李宗华、李金运、高树海、黄胜昌
6	山东省建筑材料工业设计研究院	山东永通实业有限公司钢铁渣综合利用项目可行性研究报告	靳志刚、陈艳生、卫　建、童　岩、张家敦、宋文远、李宗华、张　前、杨　嵩
7	合肥水泥研究设计院	济宁金威煤电有限公司利用电石渣2 500t/d熟料水泥生产线可研报告	卫　耕、崔冬梅、杨　斌、陆树标、唐　玮、黄　臻、时继明、朱　皖、项小芳、包先法、纵振海、肖其中
9	安徽海螺建材设计研究院	《冀东水泥滦县有限责任公司4 000t/d熟料生产线关停15MW补燃电站新建9MW纯低温余热电站工程》项目申请报告	梅世江、夏贤清、何承发、徐　刚、李大明、屈　军、肖　艳、陈　圆、余　生、李家发、李晓娟、刘明同
10	安徽海螺建材设计研究院	《遵义海螺盘江水泥有限责任公司2×4 500t/d熟料新型干法水泥生产线工程》项目申请报告	张长乐、周金波、梅世江、徐　刚、张中建、孔圆圆、李东祥、戎　斌、周　鑫、凌庭生、吴少龙、黄　伟
11	安徽海螺建材设计研究院	《贵定海螺盘江水泥有限责任公司4 500t/d熟料水泥生产线二期工程》项目申请报告	张长乐、汪克春、戎　斌、司家年、周　鑫、孔园园、吴少龙、谢林坡、刘永涛、何文兵、李晓娟、郑役文

续表

序号	申报单位	项目名称	主要人员名单
12	安徽海螺建材设计研究院	《扶绥新宁海螺水泥有限责任公司4 500t/d熟料新型干法水泥生产线技改项目（三期工程）》项目申请报告	周金波、徐　刚、梅世江、张中建、司家年、戎　斌、张小军、田文刚、李东祥、周　湘、杨劲松、席　河
13	安徽海螺建材设计研究院	《江都海昌港务实业有限责任公司150万t/a超细矿渣粉磨生产线工程》项目申请报告	周金波、汪克春、徐　刚、梅世江、戎　斌、黄　伟、罗霜燕、周　鑫、朱　彬、徐宝林、葛志勇、汪学森
17	成都建筑材料工业设计研究院有限公司	四川省铁路集团有限责任公司新建4 000t/d熟料新型干法水泥生产线工程项目申请报告	江仲余、陆乔发、罗芝春、黄文刚、朱秀丽、王慧生、黄　敏、董式群、曹　华、吕　欢、黄　平、黎　娟
18	武汉建筑材料工业设计研究院 中材节能发展有限公司	江苏汉天水泥有限公司纯低温余热发电工程（9MW）可行性研究报告	魏连友、曲　贺、张国平、贵小宣、杨　镇、张晶莹、王　林、曹　伟
19	中国中材国际工程股份有限公司	英德市仁科资源综合利用水泥有限公司2×4 500t/d熟料水泥生产线及纯低温余热发电项目申请报告	熊建华、顾昌贵、潘　洞、陆红梅、周新彭、潘立群、程立明、唐风青、殷东良、杨伟清、马永跃
20	河南建筑材料研究设计院有限责任公司	春江集团有限公司（春江二期工程）4 500t/d熟料带纯低温余热发电水泥生产线项目申请报告	陆庆珩、李中文、张洪梅、解少红、孙伟通、王　立、侯晓宁、屈浩然、尹　星、徐朋君、石志刚、段慧勇
24	天津仕敏工程建设监理技术咨询有限公司	中天仕名科技集团有限公司节能减排水泥成套装备技术创新与产业化项目工程监理	穆玹媛、刘志海、滕占虹、许　强、李占军
25	天津水泥工业设计研究院有限公司	河源市金杰环保建材有限公司4 500t/d熟料生产线建设工程可行性研究报告	徐培涛、随明洁、高　文、尹卫平、袁玉兰、王　伟、丛培泽、郭建设、戎冀军、崔　峰、岳润清
26	新疆凯盛建材设计研究院（有限公司）	伊犁南岗公司利用德国政府贷款建设新型干法水泥余热发电项目——可行性研究报告	李洪洲、巴图孟克、刘彬、张　浩、缪惠玲、慕明莉、邵　杰、李明涛、俞　捷、李卫民、顾　明、胡　凯

（三等奖4项）

序号	申报单位	项目名称	主要人员名单
4	合肥水泥研究设计院	福建大唐国际宁德发电有限责任公司年产36万吨Ⅰ级粉煤灰粉磨站可行性研究报告	董江波、郑　青、陈　路、丁奇生、殷志峰、刘　昊、孙继亮、张　静、贾黎聪、刘晓冬、赵建民
6	武汉建筑材料工业设计研究院 中材节能发展有限公司	德州中联大坝水泥有限公司2×2 500t/d熟料生产线配套9MW余热发电工程可行性研究报告	刘学军、陶军普、许　琴、任太琳、门延涛、侯　英、胡希栓、童雪音
7	中国中材国际工程股份有限公司	安徽瀛浦金龙水泥有限公司纯低温余热发电工程项目申请报告	李连君、熊建华、崔　彤、姬洪宇、杨　峰、杨万纲、胡观利、韩方学、齐红军、邓国平、仇乐乐
11	武汉建筑材料工业设计研究院有限公司	金昌水泥（集团）有限责任公司2 500t/d电石渣水泥熟料生产线4.5MW纯低温余热发电工程项目资金申请报告	杨顺德、熊　伟、苏林强、盛红亮、蒋　伟、向孟飞、李朝峰、谈晓宏、张　枫、胡学帆、杜雅琴、黄　威

2010 年度国家建材工程建设优质工程奖名单

（排名不分先后）

Award winning list of excellent projects of state building material project construction in 2010 (arranged in alphabetical letter)

序号	项目名称	申报单位
1	安徽池州海螺 2×5 000t/d 水泥熟料生产线工程	苏州中材安装有限公司
3	中建材枣庄中联水泥有限公司 5 000t/d 熟料生产线工程	中国十五冶建设有限公司
4	亚泰哈尔滨 4 000t/d 水泥生产线钢结构工程	天津中天仕鼎钢结构工程有限公司
5	亚泰集团哈尔滨水泥有限公司石灰石矿山扩帮工程	天津矿山工程有限公司
6	都江堰拉法基水泥有限公司三期扩建工程矿山采准及附属项目	中国非金属材料南京矿山工程有限公司

第四篇

先进集体及先进个人

2010 年先进集体及先进个人

2010 年先进集体及先进个人

Advanced Collective and individuals in 2010

2010 年全国劳动模范(水泥部分)

National labor model in 2010 (cement division)

林玉泉　唐山冀东水泥公司技术开发中心电气室主管

卢伟森　英德海螺水泥有限责任公司生产处处长

梁雅佳　梅州金三角水泥有限公司总经理

王代轮　富丰水泥集团有限公司生产营运部经理

唐蓝忠　广元广旺卢家坝水泥有限责任公司制成车间主任

苟华东　四川省星船城水泥股份有限公司生产二厂厂长

臧永良　祁连山水泥集团股份有限公司永登公司设备保全部铆焊组班长

宋志平　中国建筑材料集团有限公司董事长、党委书记

邢　涛　中国中材集团有限公司国际工程股份有限公司副总裁

2010 年全国建材工业优秀质量管理小组(水泥部分)

Excellent quality control teams of national building material industry in 2010 (cement division)

吉林亚泰水泥有限公司节能环保创利 QC 攻关小组

山东山铝水泥有限公司质控中心 QC 小组

泰山中联水泥有限公司生料荧光配料小组

临沂中联水泥有限公司临沂中联 QC 小组

鲁南中联水泥有限公司原煤质量管理活动小组

徐州中联水泥有限公司提高水泥磨台时产量,实际节能降耗 QC 小组

四川峨胜水泥股份有限公司峨胜九里制造一厂化验室荧光 QC 小组

南阳市天泰水泥有限公司制成车间第一 QC 小组

南阳市天泰水泥有限公司质量认证管理小组

天瑞集团水泥有限公司分解炉改造降低煤耗神火 QC 小组

天瑞集团水泥有限公司熟料连续取样器如意 QC 小组

天瑞集团水泥有限公司高抗磨石灰石工艺系统改造瑞先 QC 小组

天瑞集团水泥有限公司乳酸渣作缓凝剂瑞鑫 QC 小组

天瑞集团水泥有限公司电石渣配料汝审 QC 小组

淮海中联水泥有限公司降低 2#水泥磨成品细度提高台时产量 QC 小组

淮海中联水泥有限公司改进 P·O 52.5 水泥与混凝土外加剂适应性 QC 小组

连云港中联水泥有限公司降低 1#磨出磨水泥温度,改善水泥使用性能 QC 小组

宿迁中联水泥有限公司挤压联合开流磨系统水泥与外加剂适应性改进 QC 小组

华新水泥股份有限公司黄石分公司技术部化验室 QC 小组

永登祁连山水泥有限公司设备保全部 QC 小组

平凉祁连山水泥有限公司维修部机修 QC 小组

福建水泥股份有限公司炼石水泥厂窑运率 QC 小组

福建水泥股份有限公司炼石水泥厂资源利用 QC 小组

福建水泥股份有限公司炼石水泥厂 5#立磨 QC 小组

新疆青松建化(集团)股份有限公司水泥厂电力车间 QC 小组

新疆青松建化(集团)股份有限公司水泥厂烧成二车间 QC 小组

伊犁南岗建材(集团)有限责任公司伊犁水泥厂烧成车间 QC 小组

伊犁南岗建材(集团)有限责任公司霍城水泥厂制成车间 QC 小组

新疆天山水泥股份有限公司二分厂 QC 小组

新疆天山水泥股份有限公司二分厂中控室自动化 QC 小组

新疆天山水泥股份有限公司一分厂烧成 QC 小组

新疆天山水泥股份有限公司一分厂动力 QC 小组

新疆屯河水泥有限责任公司头屯河水泥厂成品车间 QC 小组
新疆屯河水泥有限责任公司特种水泥厂化验室 QC 小组
新疆屯河水泥有限责任公司头屯河水泥厂烧成二车间窑头 QC 小组
新疆屯河水泥有限责任公司头屯河水泥厂烧成二车间设备 QC 小组
新疆青松水泥有限责任公司检测中心 QC 小组
新疆青松建化(集团)股份有限公司二分公司制成车间攻关 QC 小组

2010 年全国建材工业质量信得过班组名单(水泥部分)

List of quality trusting teams of national building material industry in 2010 (cement division)

北京强联水泥有限公司工艺技术攻关小组
天津振兴水泥有限公司分析组
亚泰集团哈尔滨水泥有限公司质量管理组
阜阳中联水泥有限公司质控处
淮海中联水泥有限公司化验室物检组
四川峨胜水泥股份有限公司峨胜九里制造一厂一车间烧成工序三班
云南红塔滇西水泥股份有限公司制成车间 QC 小组
云南兴建水泥有限公司烧成工段 QC 小组
山东山铝水泥有限公司化验室化验班
泰山中联水泥有限公司控制室
宁夏赛马实业股份有限公司质量管理部化学分析组
新疆青松建化(集团)股份有限公司水泥厂化验检测中心 QC 小组
伊犁南岗建材(集团)有限责任公司伊犁水泥厂化验室 QC 小组

2010 年全国建材工业质量管理小组活动优秀企业名单(水泥部分)

List of excellent enterprises in quality control team activity of national building material industry in 2010 (cement division)

北京市琉璃河水泥有限公司
吉林亚泰水泥有限公司
亚泰集团哈尔滨水泥有限公司
陕西尧柏特种水泥有限公司
鲁南中联水泥有限公司
淮海中联水泥有限公司
天瑞集团水泥有限公司
义煤集团水泥有限责任公司
云南红塔滇西水泥股份有限公司
云南兴建水泥有限公司
新疆天山水泥股份有限公司
新疆青松水泥有限责任公司

2010 年全国建材工业质量认证活动优秀企业名单(水泥部分)

List of excellent enterprises in quality authentication activity of national building material industry in 2010 (cement division)

亚泰集团哈尔滨水泥有限公司
四川峨胜水泥股份有限公司
泰山中联水泥有限公司
山东山铝水泥有限公司
江西万年青水泥股份有限公司
宁夏赛马实业股份有限公司
新疆青松建材化工(集团)股份有限公司水泥厂

全国建材行业优秀化验室名单(水泥部分)

List of excellent laboratories of national building material industry (cement division)

北京市琉璃河水泥有限公司
北京太行前景水泥有限公司
亚泰集团哈尔滨水泥有限公司
河北太行水泥股份有限公司

冀东海德堡(扶风)水泥有限公司
冀东水泥吉林有限责任公司
临澧冀东水泥有限公司
内蒙古亿利冀东水泥有限责任公司
冀东水泥磐石有限责任公司
唐山冀东水泥三友有限公司
冀东海天水泥闻喜有限责任公司
大同冀东水泥有限责任公司
冀东水泥扶余有限责任公司
冀东水泥滦县有限责任公司
唐山冀东水泥股份有限公司
冀东海德堡(泾阳)水泥有限公司
天瑞集团周口水泥有限公司
大连天瑞水泥有限公司
天瑞集团光山水泥有限公司
洛阳黄河同力水泥有限责任公司
河南省豫鹤同力水泥有限公司
驻马店市豫龙同力水泥有限公司
新乡平原同力水泥有限责任公司
南阳市天泰水泥有限公司
安康市尧柏水泥有限公司
重庆小南海水泥厂
枣庄市沃丰水泥有限公司
龙口市泛林水泥有限公司
康达(山东)水泥有限公司
泰山中联水泥有限公司
沂州集团有限公司
临沂中联水泥有限公司
南京中联水泥有限公司
淮海中联水泥有限公司
阜阳中联水泥有限公司
徐州中联水泥有限公司
四川峨胜水泥股份有限公司
华新水泥股份有限公司黄石分公司
华新水泥(宜昌)有限公司
华新水泥(武穴)有限公司
华新水泥(赤壁)有限公司
华新水泥(鹤峰)民族建材有限公司
华新水泥(恩施)有限公司
华新水泥(阳新)有限公司
华新水泥(襄攀)有限公司
湖南华新湘钢水泥有限公司
永登祁连山水泥有限公司
天水祁连山水泥有限公司
平凉祁连山水泥有限公司
兰州红古祁连山水泥股份有限公司
民和祁连山水泥有限公司
甘肃寿鹿山水泥有限责任公司
宁夏赛马实业股份有限公司
宁夏中宁赛马水泥有限公司
宁夏青铜峡水泥股份公司
云南红塔滇西水泥股份有限公司
广州市越堡水泥有限公司
云南兴建水泥有限公司
贵州科特林水泥有限公司
新疆天山水泥股份有限公司

全国水泥品质指标对比检验先进单位名单(水泥部分)

List of advanced units in national cement quality index comparison and testing (cement division)

北京市琉璃河水泥有限公司
亚泰集团哈尔滨水泥有限公司
河北太行水泥股份有限公司
冀东水泥吉林有限责任公司
唐山冀东水泥三友有限公司
冀东水泥滦县有限责任公司
唐山冀东水泥股份有限公司
龙口市泛林水泥有限公司
康达(山东)水泥有限公司
泰山中联水泥有限公司
徐州中联水泥有限公司
沂州集团有限公司
焦作坚固水泥有限公司
洛阳黄河同力水泥有限责任公司
河南省豫鹤同力水泥有限公司
驻马店市豫龙同力水泥有限公司
南阳市天泰水泥有限公司
天瑞集团汝州水泥有限公司
天瑞集团周口水泥有限公司
大连天瑞水泥有限公司
南京中联水泥有限公司
重庆小南海水泥厂
四川峨胜水泥股份有限公司
华新水泥股份有限公司黄石分公司
华新水泥(宜昌)有限公司
华新水泥(昭通)有限公司

华新水泥(赤壁)有限公司
西安蓝田尧柏水泥有限公司
永登祁连山水泥有限公司
天水祁连山水泥有限公司
云南红塔滇西水泥股份有限公司
云南兴建水泥有限公司
广州市越堡水泥有限公司
新疆天山水泥股份有限公司

全国建材行业用户满意产品名单(水泥部分)

List of user satisfactory products of national building material industry (cement division)

北京市琉璃河水泥有限公司　金隅牌水泥
北京强联水泥有限公司　金隅牌水泥
吉林亚泰水泥有限公司　鼎鹿牌水泥
亚泰集团哈尔滨水泥有限公司　天鹅牌水泥
重庆小南海水泥厂　南海牌水泥
泰山中联水泥有限公司　泰山牌水泥、水泥熟料
陕西尧柏特种水泥有限公司　尧柏牌水泥
河南省义煤集团水泥有限责任公司　腾跃牌水泥
南阳市天泰水泥有限公司　伏牛山牌水泥
天瑞水泥集团有限公司　天瑞牌水泥
焦作坚固水泥有限公司　坚固牌水泥
甘肃寿鹿山水泥有限责任公司　寿鹿山牌水泥
贵州科特林水泥有限公司　科特林牌水泥
云南兴建水泥有限公司　兴建牌水泥
四川峨胜水泥股份有限公司　峨胜牌水泥
新疆天山水泥股份有限公司　天山牌水泥

2010年全国建材工业质量管理小组活动卓越领导者名单(水泥部分)

List of outstanding leaders in quality control team activity of national building material industry in 2010 (cement division)

北京市琉璃河水泥有限公司　赵向东
北京天坛股份有限公司　何建北
吉林亚泰水泥有限公司　吴宝升
亚泰集团哈尔滨水泥有限公司　高景文
泰山水泥集团有限公司　丁本立
泰山中联水泥有限公司　祝尊峰
临沂中联水泥有限公司　杨位臣
莱州鑫星水泥有限公司　贾国庆
莱州鑫星水泥有限公司　段乐荣
鲁南中联水泥有限公司　颜　棣
康达山东水泥有限公司　黄家敏
淮海中联水泥有限公司　倪　骏
陕西尧柏特种水泥有限公司　张继民
义煤集团水泥有限责任公司　郭　栋
义煤集团水泥有限责任公司　莫向杰
华新水泥(鹤峰)民族建材有限公司　余小刚
华新水泥(阳新)有限公司　陈惠东
天瑞水泥集团有限公司　贯华华
四川峨胜水泥股份有限公司　耿辉勤
云南红塔滇西水泥股份有限公司　杨兴辉
新疆青松建化(集团)股份有限公司水泥厂　吴哲超
新疆天山水泥股份有限公司　王鲁岩
新疆屯河水泥有限责任公司　杨金泉
新疆青松水泥有限责任公司　高　华

2010年全国建材工业质量认证活动卓越领导者名单(水泥部分)

List of outstanding leaders in quality authentication activity of national building material industry in 2010 (cement division)

亚泰集团哈尔滨水泥有限公司　谷万一
四川峨胜水泥股份有限公司　陈建平
临沂中联水泥有限公司　杨位臣
山东山铝水泥有限公司　张建业
天瑞集团水泥有限公司　郭志伟
江西万年青水泥股份有限公司　李和返
宁夏赛马实业股份有限公司　罗　雳

2010年全国建材工业质量管理小组活动优秀推进者名单(水泥部分)

List of excellent promoters in quality control team activity of national building material industry in 2010 (cement division)

亚泰集团哈尔滨水泥有限公司　宋少龙
枣庄市沃丰水泥有限公司　王天佑
鲁南中联水泥有限公司　李良峰
陕西尧柏特种水泥有限公司　王建礼
云南红塔滇西水泥股份有限公司　王书涛
四川峨胜水泥股份有限公司　许晓英
新疆青松建化(集团)股份有限公司水泥厂　方玉莲
新疆天山水泥股份有限公司　黄　蓓
新疆屯河水泥有限责任公司　王金辉
新疆青松水泥有限责任公司　蒋能斌

2010年全国建材工业质量认证活动优秀推进者名单(水泥部分)

List of excellent promoters in quality authentication activity of national building material industry in 2010 (cement division)

亚泰集团哈尔滨水泥有限公司　高景文
义煤集团水泥有限责任公司　陈海森
四川峨胜水泥股份有限公司　何仪田
临沂中联水泥有限公司　隋善耘
山东山铝水泥有限公司　刘增山

建材行业优秀化验室主任名单(水泥部分)

List of excellent laboratory directors of building material industry (cement division)

北京市琉璃河水泥有限公司　练礼财
北京强联水泥有限公司　桑红山
吉林省石岭水泥有限责任公司　李汝军
天津振兴水泥有限公司　聂亮国
亚泰集团哈尔滨水泥有限公司　宋少龙
河北太行水泥股份有限公司　白永刚
唐山冀东水泥股份有限公司　刘桂华
天津冀东水泥有限公司　仇　鑫
临澧冀东水泥有限公司　谷亚东
内蒙古亿利冀东水泥有限责任公司　王晓梅
冀东水泥磐石有限责任公司　姜　林
唐山冀东水泥三友有限公司　龚建贵
冀东海天水泥闻喜有限责任公司　卢　锋
大同冀东水泥有限责任公司　张建军
冀东水泥滦县有限责任公司　于　滨
唐山冀东水泥股份有限公司唐山分公司二厂　于会云
冀东海德堡(泾阳)水泥有限公司　卫社宁
枣庄市沃丰水泥有限公司　李修启
龙口市泛林水泥有限公司　张广田
康达(山东)水泥有限公司　黄祖义
泰山中联水泥有限公司　吴自超
临沂中联水泥有限公司　隋善耘
焦作坚固水泥有限公司　李荣军
洛阳黄河同力水泥有限责任公司　郭文洁
河南省豫鹤同力水泥有限公司　郝振山
南阳市天泰水泥有限公司　周崇普
新乡平原同力水泥有限责任公司　刘振伦
驻马店市象龙同力水泥有限公司　韩红政
河南省同力水泥有限公司　李玉山
天瑞集团周口水泥有限公司　王春红
大连天瑞水泥有限公司　郑　屹
天瑞集团光山水泥有限公司　张冠军
卫辉市天瑞水泥有限公司　罗佑文
陕西尧柏特种水泥有限公司蒲城分公司　王征文
南京中联水泥有限公司　许维芳
徐州中联水泥有限公司　王　麟
阜阳中联水泥有限公司　杜文峰
四川峨胜水泥股份有限公司　蔡　攀
华新水泥股份有限公司黄石分公司　徐　莉
华新水泥(武穴)有限公司　饶建雄

华新水泥(岳阳)有限公司　石　威
华新水泥(赤壁)有限公司　张德珍
华新水泥(阳新)有限公司　黄知广
湖南华新湘钢水泥有限公司　李水军
甘肃寿鹿山水泥有限责任公司　张天铭
永登祁连山水泥有限公司　李向春
天水祁连山水泥有限公司　李　拓
兰州红古祁连山水泥股份有限公司　康小珍
广州市越堡水泥有限公司　郭纯章
宁夏赛马实业股份有限公司　姜生辉
云南红塔滇西水泥股份有限公司　郭　伸
云南兴建水泥有限公司　张云强
新疆天山水泥股份有限公司　袁　晖

建材行业 QC 小组成果现场发布奖(水泥部分)

Site achievement release prize of QC team of building material industry (cement division)

一等奖:新疆天山水泥股份有限公司二分厂 QC 小组
三等奖:新疆屯河水泥有限责任公司特种水泥厂化验室 QC 小组
新疆天山水泥股份有限公司一分厂烧成 QC 小组

2010 年全国水泥企业优秀总工程师名单

List of excellent chief engineers of national cement enterprises in 2010

推荐单位	申报单位	申报人
“中联水泥”	中国联合水泥集团有限公司	李广明
“中联水泥”	南阳中联卧龙水泥有限公司	宋玉安
“北方水泥”	北方水泥有限公司	于本良
黑龙江省水泥协会	佳木斯北方水泥有限公司	姜烈刚
“南方水泥”	南方水泥集团	陈幼荣
“南方水泥”	江西南方水泥	涂顺祖
“南方水泥”	建德南方水泥	王建军
北京水泥行业协会	北京新北水水泥有限责任公司	熊运贵
北京水泥行业协会	北京金隅水泥节能科技有限公司	李方忠
“中国中材”	天津水泥工业设计研究院	俞为民
“中国中材”	新疆天山水泥股份有限公司	包文忠
“中国中材”	天水祁连山水泥有限公司	李　拓
“中国中材”	平凉祁连山水泥有限公司	王　刚
“中国中材”	甘谷祁连山水泥有限公司	张辉元
“中国中材”	宁夏青铜峡水泥有限责任公司	王常军
“中国中材”	中材天山(云浮)水泥有限公司	卢宝山
四川省水泥协会	四川嘉华企业(集团)	阳运霞
上海市水泥行业协会	上海宝田新型建材有限公司	王彩英
河北建材工业协会	冀东水泥股份有限公司	刘　臣
河北建材工业协会	秦皇岛浅野水泥有限公司	连　杰
河北建材工业协会	武安市新峰水泥有限责任公司	解风春
广东水泥行业协会	广州石井水泥公司	陈　光
山西省建材工业协会	新绛威顿水泥有限责任公司	支俊秉
辽宁建材行业协会水泥分会	辽宁中北水泥有限责任公司	王建波

2010年"峨胜杯"全国第十二次水泥化学分析大对比获奖名单

"Esheng Cup" award winning list of the 12th national cement chemical analysis and comparison in 2010

在各参加单位的大力支持下,2010年"峨胜杯"全国第十二次水泥化学分析大对比工作现已圆满结束。国家水泥质量监督检验中心发布了全国第十二次化学分析大对比全优单位名单、全合格单位名单、特别奖和优秀组织奖,获奖名单如下:

全优单位名单(排名不分先后)

序号	单位名称
1	北京强联水泥有限公司
2	北京市金隅平谷水泥有限公司
3	唐山六九水泥有限公司
4	武安市新峰水泥有限责任公司
5	赞皇金隅水泥有限公司
6	冀中能源股份有限公司水泥厂
7	鹿泉金隅鼎鑫水泥有限公司
8	鹿泉市曲寨水泥有限公司
9	张家口金隅水泥有限公司
10	河北凤达水泥有限公司
11	邢台中联水泥有限公司
12	大同冀东水泥有限责任公司
13	冀东海天水泥闻喜有限责任公司
14	山西广灵精华化工有限公司绿川建材
15	内蒙古牙克石蒙西水泥有限责任公司
16	包头市祥顺达工贸有限责任公司
17	包头市西水水泥有限责任公司
18	内蒙古亿利冀东水泥有限责任公司
19	赤峰远航水泥有限责任公司
20	内蒙古天皓水泥有限公司
21	内蒙古乌海市长久水泥有限责任公司
22	辽宁交通水泥有限责任公司
23	辽阳市建筑材料产品质量监督检验站
24	抚顺水泥股份有限公司
25	黑龙江省黑河关鸟河水泥有限责任公司
26	西林钢铁集团黑龙江浩良河水泥有限公司
27	七台河纬地水泥有限责任公司
28	黑龙江红兴隆农垦雁窝岛水泥厂
29	大庆油田水泥有限责任公司
30	黑龙江北疆集团龙江水泥有限公司
31	黑龙江省双鸭山新时代水泥有限责任公司
32	陕西富平水泥有限公司
33	汉中尧柏水泥有限公司
34	陕西铜川声威特种水泥有限公司
35	甘肃省张掖市山丹水泥(集团)有限责任公司
36	兰州甘草环保建材股份有限公司
37	酒钢(集团)宏达建材有限责任公司
38	甘肃高崖金城水泥有限公司
39	兰州红古祁连山水泥股份有限公司
40	宁夏石嘴山金力实业集团有限公司
41	宁夏瀛海灵武特种水泥有限公司
42	民和祁连山水泥有限公司
43	青海省互助金圆水泥有限公司
44	青海祁连山水泥有限公司
45	和布克赛尔县北屯南岗建材有限责任公司
46	新疆屯河水泥有限责任公司额敏水泥分公司
47	新疆屯河富蕴水泥有限责任公司
48	新疆天业(集团)有限公司
49	新疆青松建材化工股(集团)股份有限公司新型干法水泥分公司
50	和田青松建材有限责任公司
51	新疆屯河金波水泥有限责任公司
52	新疆伊犁南岗建材(集团)有限责任公司伊犁水泥厂
53	新疆库车青松水泥有限责任公司
54	伊犁南岗建材(集团)有限责任公司霍城水泥厂
55	新疆天龙矿业股份有限公司水泥公司
56	新疆天山水泥股份有限公司塔里木分公司
57	新疆天山水泥股份有限公司哈密分公司
58	博乐南岗建材有限责任公司
59	新疆屯河水泥有限责任公司沙湾五宫水泥分公司
60	新疆屯河水泥有限责任公司古城水泥分公司
61	新疆和静天山水泥有限责任公司
62	石河子开发区青松天业水泥有限公司
63	新疆天山水泥股份有限公司
64	宜兴天山水泥有限责任公司
65	无锡天山水泥有限公司
66	江西亚东水泥有限公司瑞昌制造厂
67	江西省圣塔实业集团有限公司
68	江西丰城南方水泥有限公司

69 常山江山虎水泥有限公司
70 浙江上峰水泥集团有限公司
71 江山市何家山水泥有限公司
72 衢州方圆检测有限公司
73 浙江常山虎跃水泥有限责任公司
74 江山南方水泥有限公司
75 浙江杜山集团有限公司
76 桐庐南方水泥有限公司
77 宁波海螺水泥有限公司
78 浙江上峰建材有限公司
79 枣庄市建材产品质量监督检验中心
80 济南世纪创新水泥有限公司
81 昌乐山水水泥有限公司
82 潍坊山水水泥有限公司
83 龙口市泛林水泥有限公司
84 青州中联水泥有限公司
85 平阴山水水泥有限公司
86 山东申丰水泥集团有限公司
87 烟台宝桥锦宏水泥有限公司
88 大宇水泥(山东)有限公司
89 泰山中联水泥有限公司
90 康达(山东)水泥有限公司
91 山东宏艺科技股份有限公司
92 安丘山水水泥有限公司
93 龙元建设安徽水泥有限公司
94 福建塔牌水泥有限公司
95 漳州紫金建材有限公司
96 福建南平水泥股份有限公司
97 禹州市中锦水泥有限公司
98 天瑞集团周口水泥有限公司
99 商丘天瑞水泥有限公司
100 河南锦荣水泥有限公司
101 河南隆鑫水泥有限责任公司
102 郏县中联天广水泥有限公司
103 郑州天瑞水泥有限公司
104 天瑞集团光山水泥有限公司
105 天瑞集团郑州水泥有限公司
106 天瑞集团南召水泥有限公司
107 焦作坚固水泥有限公司
108 湖南隆回南方水泥有限公司
109 张家界巨日水泥有限公司
110 华新水泥(株洲)有限公司
111 益阳市东方水泥有限公司
112 湖南宁乡南方水泥有限公司
113 中材湘潭水泥有限责任公司
114 湖南海螺水泥有限公司
115 湖南印山实业集团印山台水泥有限公司
116 华新水泥(郴州)有限公司
117 永州市九嶷骄阳水泥有限责任公司
118 郴州市建筑材料行业产品质量检测所
119 恩施土家族苗族自治州产品质量监督检验所
120 黄冈亚东水泥有限公司
121 沙洋秦江水泥有限责任公司
122 湖北钟厦水泥股份有限公司
123 湖北永兴水泥集团有限公司
124 湖北华祥水泥有限公司
125 黄石成美建材有限公司
126 湖北白兆山水泥有限公司
127 竹山县金龙节能有限责任公司
128 竹溪瑞成水泥有限公司
129 湖北亚东水泥有限公司
130 华新水泥(秭归)有限公司
131 华新水泥(宜昌)有限公司
132 华新水泥(武穴)有限公司
133 华新水泥(赤壁)有限公司
134 华新水泥股份有限公司黄石分公司
135 武汉武钢华新水泥有限责任公司
136 利川市齐岳山水泥有限责任公司
137 英德海螺水泥有限责任公司
138 华润水泥(封开)有限公司
139 梅州市华山水泥有限公司
140 湛江鱼峰水泥有限公司
141 河源和兴水泥有限公司
142 广西华润红水河水泥有限公司
143 北流海螺水泥有限责任公司
144 广西武宣东田建材有限公司
145 广西登高(集团)田东水泥有限公司
146 台泥(贵港)水泥有限公司
147 广西华宏水泥股份有限公司
148 昌江华盛天涯水泥有限公司
149 大连小野田水泥有限公司
150 四川省绵竹澳东水泥有限责任公司
151 四川嘉华锦屏水泥有限责任公司
152 四川德胜集团水泥有限公司
153 四川省犍为宝马水泥有限责任公司
154 四川峨眉山佛光水泥有限公司
155 四川永祥股份有限公司
156 四川省星船城水泥股份有限公司
157 四川南威水泥有限公司
158 云南国资水泥富民有限公司
159 云南永保特种水泥股份有限公司
160 滇北工贸有限公司

161　宜良金珠水泥有限公司
162　思茅建峰水泥有限公司
163　云南三江水泥有限公司
164　云南省建筑材料科学研究设计院
165　贵州科特林水泥有限公司
166　遵义华峰水泥有限责任公司
167　贵州省毕节市水泥厂
168　凤冈县西部水泥有限公司
169　贵州豪龙水泥有限公司
170　黔南州质量技术监督检测所
171　贵州资兆建材有限公司
172　贵州苗岭建材有限公司
173　贵阳金龙水泥有限公司
174　中铁五局集团六盘水水泥有限责任公司
175　贵州博宏实业有限责任公司水泥分公司
176　北京市琉璃河水泥有限公司
177　北京顺发拉法基水泥有限公司
178　北京兴发水泥有限公司
179　北京新北水水泥有限责任公司
180　北京立马水泥有限公司
181　天津振兴水泥有限公司
182　上海万安企业总公司金山水泥厂
183　华润水泥(昌江)有限公司
184　重庆拉法基水泥有限公司
185　冀东水泥滦县有限责任公司
186　鹿泉金隅鼎鑫水泥有限公司第三分公司
187　三河冀东水泥有限责任公司
188　唐山冀东水泥三友有限公司
189　鹿泉金隅鼎鑫水泥有限公司第二化验室
190　冀东水泥丰润有限责任公司
191　秦皇岛浅野水泥有限公司
192　河北太行水泥股份有限公司
193　唐山冀东水泥股份有限公司唐山分公司
194　乌海市西水水泥有限责任公司
195　内蒙古冀东水泥有限责任公司
196　鄂尔多斯市东胜蒙西水泥有限公司
197　内蒙古蒙西水泥股份有限公司
198　大连天瑞水泥有限公司
199　辽阳千山水泥有限责任公司
200　冀东水泥吉林有限公司
201　冀东水泥磐石有限责任公司
202　吉林德全汪清水泥有限公司
203　金刚(集团)白山水泥有限公司
204　辽源渭津金刚水泥有限公司
205　牡丹江建新水泥制品有限公司
206　天瑞集团水泥有限公司
207　天瑞集团汝州水泥有限公司
208　义煤集团水泥有限责任公司
209　河南省同力水泥有限公司
210　河南省豫鹤同力水泥有限公司
211　陕西尧柏特种水泥有限公司蒲城分公司
212　冀东海德堡(扶风)水泥有限公司
213　安康市尧柏水泥有限公司
214　西安蓝田尧柏水泥有限公司
215　冀东海德堡(泾阳)水泥有限公司
216　甘谷祁连山水泥有限公司
217　平凉祁连山水泥有限公司
218　天水祁连山水泥有限公司
219　永登祁连山水泥有限公司
220　青海水泥股份有限公司
221　宁夏赛马实业股份有限公
222　新疆屯河水泥有限责任公司头屯河水泥
223　伊犁南岗建材(集团)有限责任公司南岗水泥厂
224　新疆屯河特种水泥厂
225　徐州中联水泥有限公司
226　中国水泥厂有限公司
227　句容台泥水泥有限公司
228　淮海中联水泥有限公司
229　江南－小野田水泥有限公司
230　浙江三狮水泥股份有限公司
231　浙江红狮水泥股份有限公司
232　江西万年青水泥股份有限公司万年水泥厂
233　江西瑞金万年青水泥有限责任公司
234　枣庄中联水泥有限公司
235　鲁南中联水泥有限公司
236　山东山铝水泥有限公司
237　烟台山水水泥有限公司
238　山水集团山东水泥厂有限公司
239　淄博山水水泥有限公司
240　安徽芜湖海螺水泥有限公司
241　马鞍山海螺水泥有限责任公司
242　安徽海螺水泥股份有限公司白马山水泥厂
243　安徽枞阳海螺水泥股份有限公司
244　安徽怀宁海螺水泥有限公司
245　安徽池州海螺水泥股份有限公司
246　福建水泥股份有限公司炼石水泥厂
247　石门海螺水泥有限责任公司
248　湖南石门特种水泥有限公司
249　永州市中大特种水泥有限公司
250　双峰海螺水泥有限公司
251　湖南金磊南方水泥有限公司
252　华新水泥股份有限公司

253 华新水泥(襄樊)有限公司
254 葛洲坝股份有限公司水泥厂
255 华新水泥(阳新)有限公司
256 华新水泥(恩施)有限公司
257 兴安海螺水泥有限责任公司
258 华润水泥(平南)有限公司
259 兴业葵阳海螺水泥有限责任公司
260 广西鱼峰水泥股份有限公司
261 广西东泥股份有限公司
262 广西云燕特种水泥建材有限公司
263 华润水泥(贵港)有限公司
264 扶绥新宁海螺水泥有限责任公司
265 华润水泥(南宁)有限公司
266 广东广信青洲水泥有限公司
267 中材天山(云浮)水泥有限公司
268 东莞华润水泥厂有限公司
269 台泥(英德)水泥有限公司
270 广州市珠江水泥有限公司
271 中材亨达水泥有限公司郁南分公司
272 广州市越堡水泥有限公司
273 云南省丽江水泥有限责任公司
274 华新水泥(昭通)有限公司
275 云南昆钢嘉华水泥建材有限公司
276 保山昆钢嘉华水泥建材有限公司
277 云南红塔滇西水泥股份有限公司
278 大理红山水泥有限责任公司
279 贵州水泥厂
280 贵州水城瑞安水泥有限公司
281 贵州凯里瑞安建材有限公司
282 邻水红狮水泥有限公司
283 四川峨胜水泥股份有限公司
284 四川双马宜宾水泥制造有限公司
285 达州利森水泥有限公司
286 四川利森建材集团有限公司
287 都江堰拉法基水泥有限公司
288 四川利万步森水泥有限公司
289 唐山冀东水泥股份有限公司
290 乌兰察布中联水泥有限公司
291 天津市建筑材料产品质量监督检测中心
292 中国水泥发展中心物化检测所
293 上海建科检验有限公司
294 河北省建材产品质量监督检验站
295 吉林省建筑材料产商品质量监督检验站
296 黑龙江省建筑材料质量监督检验站
297 大连市建材产品质量监督检验站
298 河南省水泥质量监督检验站
299 陕西省建筑材料工业设计研究院建材检测中心
300 甘肃省建筑材料产品质量监督检验站
301 宁夏回族自治区建筑材料产品质量监督检验站
302 新疆建材非金属产品质量监督检验站
303 湖南省建筑建材质量监督检验授权站
304 湖北省水泥基材料质量监督检验站
305 浙江省建筑材料科技有限公司建材质量检测中心
306 江西省建材产品质量监督检验站
307 广东省质量监督水泥检验站(梅州)
308 广西建材产品质量监督检验站
309 四川省建材产品质量监督检验中心
310 贵州省建筑材料行业产品质量监督检验站
311 云南省建筑材料产品质量监督检验站
312 山西省水泥产品质量监督检验站
313 山东省水泥质量监督检验站
314 广东省质量监督水泥检验站(韶关)
315 海南省产品质量监督检验所
316 辽宁省建筑材料监督检验院
317 湖北省建材产品质量监督检验站
318 北京市水泥质量监督检验站
319 重庆市水泥质量监督检验站
320 江苏省建材产品质量检验站
321 广东省水泥质量监督检验站广州站
322 福建省水泥质量监督检验站
323 福建省水泥产品质量监督检验中心(龙岩)

全合格单位名单(排名不分先后)

序号 单位名称
1 贵州黔桂三合水泥有限责任公司
2 安徽海螺水泥股份有限公司宁国水泥厂
3 云南远东水泥有限责任公司
4 祥云县建材(集团)有限责任公司
5 安徽宣城海螺水泥有限公司
6 安徽铜陵海螺水泥有限公司
7 甘肃省九连山水泥有限责任公司
8 弋阳海螺水泥有限责任公司
9 贵州六矿瑞安水泥有限公司
10 淄博鲁中水泥有限公司
11 沂州集团有限公司
12 安徽荻港海螺水泥股份有限公司
13 肥城米山水泥有限公司西厂

14　烟台三菱水泥有限公司
15　湖南省云峰水泥有限公司
16　博罗县固力建材有限公司
17　北京太行前景水泥有限公司
18　湖南邵峰南方水泥有限公司
19　辽宁恒威水泥集团有限公司
20　甘肃寿鹿山水泥有限责任公司
21　沈阳冀东水泥有限公司
22　台州海螺水泥有限公司
23　重庆市渝溪产业(集团)有限公司
24　绍兴南方水泥有限公司
25　泰安鲁珠水泥有限公司
26　内蒙古建材产品质量检验所
27　甘肃省山丹县清泉水泥厂
28　铜川声威建材有限责任公司
29　广东亨达利水泥厂有限公司
30　陕西秦岭水泥(集团)股份有限公司
31　湖南万安达集团普华实业有限责任公司
32　华新水泥(河南信阳)有限公司
33　华新水泥(南通)有限公司
34　枣庄山水水泥有限公司
35　广州石井德庆水泥厂有限公司
36　阿荣旗蒙西水泥有限公司
37　宁夏青铜峡水泥股份有限公司
38　重庆腾辉特种水泥有限公司
39　吉林亚泰水泥有限公司海伦分公司
40　平凉海螺水泥有限责任公司
41　山西省新绛威顿水泥有限责任公司
42　娄底市娄星水泥制造有限公司
43　山东莒州水泥有限公司
44　海拉尔蒙西水泥有限公司
45　奎山水泥股份有限公司
46　潍坊市五井煤矿有限公司建材厂
47　四川利森建材有限公司
48　焦作市岩鑫水泥有限责任公司
49　鹤岗鑫塔水泥有限责任公司
50　分宜海螺水泥有限责任公司
51　荣县自力水泥有限公司
52　江苏八菱海螺水泥有限公司
53　福建省水泥质量监督检验站
54　重庆天助水泥(集团)有限公司
55　湖南省东安舜皇水泥有限责任公司
56　浙江科华集团有限公司
57　山西天王台建材集团有限公司
58　山西双良水泥有限公司
59　金昌水泥(集团)有限责任公司新型干法水泥厂
60　新疆哈密南岗建材有限公司
61　湖州南方水泥有限公司
62　富阳登城水泥有限公司
63　浙江赤龙水泥有限公司
64　福建龙岩合丰水泥有限公司
65　福建龙麟集团有限公司
66　卫辉市天瑞水泥有限公司
67　登封市嵩基水泥有限公司
68　焦作市中晶水泥有限责任公司
69　株洲韶峰水泥有限责任公司
70　湘潭市潭州水泥有限公司
71　中材株洲水泥有限责任公司
72　湘乡市盘峰水泥有限公司
73　湖南省永州莲花水泥有限责任公司
74　湖北白兆山水泥有限公司
75　广东塔牌集团蕉岭鑫达旋窑水泥有限公司
76　梅州金塔水泥有限公司
77　重庆润江环保建材股份有限公司
78　大邑显明西岭水泥有限公司
79　乐山民发水泥有限责任公司
80　云南博闻科技实业股份有限公司
81　盈江县允罕水泥有限责任公司
82　浙江浦峰集团贵州省瓮安水泥有限公司
83　清镇市建南水泥有限公司
84　贵州省清镇市新发水泥有限公司
85　独山县麻尾水泥厂
86　贵州顶效瑞安水泥有限公司
87　四川金顶特种水泥有限公司
88　四川金顶(集团)股份有限公司峨眉水泥厂

水泥质检机构特别奖

序号　单位名称
1　浙江省建筑材料科技有限公司建材质量检测中心
2　贵州省建筑材料行业产品质量监督检验站
3　广西建材产品质量监督检验站
4　陕西省建筑材料工业设计研究院建材检测中心
5　云南省建筑材料产品质量监督检验站

水泥企业特别奖

序号	单位名称
1	宁波海螺水泥有限公司
2	贵州省毕节市水泥厂
3	广州市越堡水泥有限公司
4	贵州科特林水泥有限公司
5	乌兰察布中联水泥有限公司
6	贵州苗岭建材有限公司
7	浙江三狮水泥股份有限公司
8	华新水泥股份有限公司中心试验研究室
9	鲁南中联水泥有限公司
10	凤冈县西部水泥有限公司
11	遵义华峰水泥有限责任公司
12	贵州水泥厂
13	贵州博宏实业有限责任公司水泥分公司
14	天瑞集团汝州水泥有限公司
15	宜良金珠水泥有限公司
16	山水集团山东水泥厂有限公司
17	黔南州质量技术监督检测所
18	广州市珠江水泥有限公司
19	邢台中联水泥有限公司
20	乌海市西水水泥有限责任公司
21	郑州天瑞水泥有限公司
22	济南世纪创新水泥有限公司
23	贵阳金龙水泥有限公司
24	云南永保特种水泥股份有限公司
25	牡丹江建新水泥制品有限公司
26	台泥(英德)水泥有限公司
27	平阴山水水泥有限公司
28	贵州豪龙水泥有限公司
29	安康市尧柏水泥有限公司
30	北京立马水泥有限公司

省级水泥质检机构优秀组织奖

序号	单位名称
1	四川省建材产品质量监督检验中心
2	云南省建筑材料产品质量监督检验站
3	山东省水泥质量监督检验站
4	浙江省建筑材料科技有限公司建材质量检测中心
5	河南省水泥质量监督检验站

第五篇

企业篇

企业明星录

2010 年全国投产新型干法水泥生产线

2010 年部分余热发电项目

重组联合

国外建设项目

重点企业集团动态

企业篇

Enterprises

企业明星录

Record of star enterprises

推动行业健康持续发展的企业——中国联合水泥集团有限公司

The enterprise to promote healthy and sustainable industrial development – China United Cement Group Co. Ltd.

【企业概况】　中国联合水泥集团有限公司(以下简称“中国联合水泥”)是国务院国资委管理的大型央企－中国建材集团的核心企业,香港 H 股上市公司－中国建材股份的重要业务板块,国家重点扶持的特大型水泥集团。

“中国联合水泥”旗下的70余家分、子公司遍布山东、江苏、河南、河北、安徽、四川、山西、内蒙古等省市自治区。总资产300亿元,年产能规模8 000万吨。

“中国联合水泥”拥有50余条日产2 500吨级、日产5 000吨级、日产6 000吨级、日产10 000吨级代表世界和国内先进水平的新型干法水泥生产线。其中,日产10 000吨级生产线各项经济技术指标全球领先。

“中国联合水泥”秉承“中国建材”善用资源、服务建设核心理念,以“全球优秀的水泥及混凝土专业制造商”为愿景,按照“调结构、降能耗、优资源、促循环”的低碳化发展思路,致力于为客户提供绿色环保的建材产品。

“中国联合水泥”坚持以专业化的制造技术、专家化的管理手段确保高品质产品的生产;坚持以完善的市场保障系统、专情化的服务理念对消费者负责;坚持推进低碳化生产经营方式,打造绿色环保产业,履行企业公民的社会责任;坚持在企业良性发展的同时,持续关注员工健康和福利,实现企业与员工共同成长。

“CUCC”是“中国联合水泥”产品的统一商标,产品品种涵盖了32.5、42.5、52.5、62.5等各种型号及性能的普通水泥、特种水泥和商品混凝土。

“中国联合水泥”愿与国内外有识之士一道,致力于人与自然的和谐统一,愿与各利益攸关方、社会各界精诚合作,多赢共赢,推动行业健康持续发展,共同开创人类生活更加美好的未来。

【全资、控股、持股子公司】

1. 鲁南中联水泥有限公司
2. 淮海中联水泥有限公司
3. 中国联合水泥集团有限公司南阳分公司
4. 邢台中联水泥有限公司
5. 枣庄中联水泥有限公司
6. 青州中联水泥有限公司
7. 徐州中联水泥有限公司
8. 泰山中联水泥有限公司
9. 德州中联大坝水泥有限公司
10. 日照中联水泥有限公司
11. 淅川中联水泥有限公司
12. 洛阳中联黄河水泥有限公司
13. 安阳中联水泥有限公司
14. 临沂中联水泥有限公司
15. 曲阜中联水泥有限公司
16. 南阳中联卧龙水泥有限公司
17. 北川中联水泥有限公司
18. 登封中联登电水泥有限公司
19. 郏县中联天广水泥有限公司
20. 山东东华水泥有限公司
21. 莒县中联水泥有限公司
22. 安县中联水泥有限公司
23. 南京中联水泥有限公司
24. 平邑中联水泥有限公司
25. 滕州中联水泥有限公司
26. 乌兰察布中联水泥有限公司
27. 邓州中联水泥有限公司
28. 河南省海皇益民旋窑水泥有限公司

29. 锡林浩特中联金河水泥有限公司
30. 东平中联美景水泥有限公司
31. 滁州中联水泥有限公司
32. 运城中联水泥有限公司
33. 沂南中联水泥有限公司
34. 济源中联水泥有限公司
35. 巴彦淖尔中联水泥有限公司
36. 新泰中联泰丰水泥有限公司
37. 铜梁中联水泥有限公司
38. 泰安中联水泥有限公司
39. 怀远中联水泥有限公司
40. 太原狮头中联水泥有限公司
41. 通辽中联水泥有限公司
42. 乌兰察布市蒙中水泥有限公司
43. 临城中联水泥有限公司

中国新型干法水泥工业的摇篮——冀东发展集团有限责任公司

The cradle of new type dry process cement industry of China – Jidong Development Group Co. Ltd.

【企业概况】 冀东发展集团有限责任公司(以下简称冀东发展集团)始建于1979年,前身是河北省冀东水泥集团有限责任公司,2009年10月27日正式揭牌更名。公司自1978年筹建以来,走上了一条与改革开放同步并列的创业历程,是中国改革开放的有力见证和伟大实践。从中国新型干法水泥的摇篮到领军企业;从确定“设备是基础、技术是动力、管理是关键、人员是根本”20字办厂方针到制定并实施“三北战略”、“一先两进”、“突出主业、相关多元”发展战略;从培育“团结奋进、开拓创新、争创一流、爱国奉献”的“冀东”精神到完善以“共创、共赢”为核心价值观和致力于实践“让生活的基础更坚实”的企业使命为主要内容的“冀东”企业文化体系建设;从一厂一院单体企业到集水泥生产、装备制造、工程设计与建设、混凝土、房地产等多种经营为一体的大型综合性企业集团。冀东发展集团30余年沧桑巨变,30余年励精图治,为中国水泥行业培育和造就了一大批顶尖人才,对中国新型干法水泥工业的发展起到了重要的示范带头作用。

2010年,公司总资产达到378亿元,水泥年产能9 000万吨。公司先后荣获企业文化建设“新中国60年企业精神60佳”、河北省“五一”劳动奖状、“河北省企业文化建设示范单位”、“2010代表河北的十大最具影响力品牌”等荣誉称号。冀东水泥股份公司荣获“2010年国家‘两化’融合50佳企业”、“全国节能减排、环保承诺示范单位”、“2009~2010年建材企业统计信息报道工作先进集体”、“2010年度河北省‘双三十’节能减排工作优秀单位”。冀东水泥股份公司董事会荣获上市公司“优秀董事会”奖并成为首家荣获中华人民共和国建材市场信用等级评价AAA优秀企业。公司党委书记、董事长张增光荣获“环境公益活动杰出贡献奖”、“‘两化’融合领军人物”、“河北省企业文化建设先进个人”。

2010年,公司党委、董事会、总经理部团结带领广大员工,遵循“共创、共赢”的理念,发扬“四海为家、八方创业”的精神,成功实施了“突出主业、相关多元”发展战略,审时度势、与时俱进、务实高效、创新发展,实现了以“跨区域、多领域、加速度、高赢利”为特点的跨越式发展。水泥板块实现了做大、做强、做优,并迈出了海外建厂的实质性步伐;装备工程板块在转型发展、创新发展方面走出了具有“冀东”特色的新路子;商混板块迅速做大,并在加大市场整合过程中有效控制了营销通道和风险;房地产板块在地产开发和项目建设中取得了突破性进展。公司整体生产经营、项目建设、资本运作、管理创新、节能减排、技术创新等各项工作均实现了新突破,企业发展战略全面升级,综合竞争力显著增强。

1. 水泥板块。2010年,公司以科学发展观为指导,坚持“突出主业、相关多元”的战略方向,果断采取扩张型战略,抢抓行业发展机遇,凭借设计制造的综合能力优势大举新建产能,实施资本运作,拓宽融资渠道,加速做大做强水泥板块,扩大区域领先优势,实现水泥主业跨越式发展。冀东水泥股份公司先后有10条生产线建成投产;5个项目陆续开工建设;完成水泥磨技改项目10个,新型干法水泥熟料生产线达到43条,水泥年产能达到9 000万吨,位居国内三甲,在国际位列前七名,水泥主业发展到57家子(分)公司,水泥市场覆盖11个省、自治区和直辖市。完成熟料产量4 097万吨,水泥4 578万吨,同比提高49%和54%,水泥窑可比运转率92.3%,同比提高0.3个百分点;全公司累计发电量12.66亿千瓦时,水冷机组吨熟料发电量平均40.18千瓦时,空冷机组吨熟料发电量平均24.48千瓦时。

2. 装备工程板块。装备工程板块是冀东发展集团新兴战略板块,主要由唐山冀东装备工程股份公司和华海风能发展有限公司和冀东日彰节能风机制造公司组成。

■唐山冀东装备股份有限公司

唐山冀东装备工程股份有限公司是冀东发展集团公司控股子公司，是将冀东发展集团公司所属的唐山盾石机械有限责任公司、唐山盾石建筑有限责任公司、唐山盾石筑炉有限责任公司和唐山盾石电气有限责任公司的资产置入唐山陶瓷股份公司后，成立的上市公司。

公司实施“以技术创新为龙头，以节能装备、特色维修为主攻方向的差异化发展战略”，已经发展成为拥有装备技术研发、装备制造、建筑与维修工程三大业务板块，是集水泥装备研发、生产线设计，节能装备、新能源装备、建材装备制造，国内外建筑、维修工程于一体的上市公司，是国内一流，世界知名的水泥装备制造商与水泥建筑、维修工程服务商。

公司具备日产2 000吨至10 000吨新型干法水泥熟料生产线的工艺设计、装备制造、建筑、安装、调试、保驾、维修、技改的立体“保姆式”服务能力和海外水泥生产线EPC“交钥匙”总包工程资质，公司年机械装备制造能力10万吨，电气盘柜制造能力1万面，日产2 000～10 000吨新型干法水泥熟料生产线总包建设能力10条，检修能力100条。

■华海风能发展有限公司

华海风能发展有限公司是由冀东发展集团有限责任公司、哈电发电设备国家工程研究中心有限公司、华效资源有限公司共同出资设立的现代化风力发电装备制造企业，重点开发制造具有自主知识产权的5.0兆瓦海上直驱型永磁风力发电机组和既适应于陆上亦可用于海上的3.0兆瓦半直驱永磁风力发电机组。至“十二五”末公司将形成年产1 500兆瓦（1.5兆瓦～6.0兆瓦风力发电机组）的能力，产值超100亿元。

■冀东日彰节能风机制造有限公司

冀东日彰节能风机制造有限公司，是由冀东发展集团与日本机械技术株式会社合资组建的专业生产高效节能离心风机的企业。公司注册资本7 000万元，总投资6.08亿元人民币，占地315亩。公司用先进的日本高效节能风机技术为客户“量身”设计、制造各种高效节能离心风机及备品备件，同时承接各种通风系统的节能改造与技术咨询。公司生产的风机产品广泛应用于建材、冶金、化工、电力、环保等行业。公司生产的高效节能风机，是国内离心风机的替代产品，其特点有：风机效率可提高85%～90%；节约电能达10%～30%；噪音低、振动小；风机的寿命长。公司将本着“高效、精细、卓越、创新”的生产经营理念，为我国节能和环保产业的发展做出贡献。

3. *商品混凝土板块*。“商混”产业作为水泥产业的延伸，在为水泥板块打开销售通道的同时，增加了公司的赢利点。2008年2月28日，唐山盾石混凝土有限公司在唐山市丰润区注册成立，标志着“冀东水泥”进入预拌混凝土生产行业的开始；2009年4月唐山冀东水泥混凝土投资发展有限公司成立，标志着公司正式大规模进军商混产业。经过两年多快速发展，混凝土投资公司依托水泥主业创造的品牌优势，按照“集群发展，区域领先”的发展思路，采取“集中优势，重点突破”的战术，遵循“水泥领先区域优先发展商混”的基本发展策略，全面整合区域资源，抢占重点区域市场，先后在北京、天津、唐山、陕西、重庆、内蒙、山西、吉林等11个省、市、自治区的重点城市布局混凝土生产企业37家，搅拌站站点42个，混凝土产能达到2 400万立方米。

4. *房地产板块*。进军地产业，是公司“十一五”期间“一业为主、相关多元”战略的重要举措之一。地产业作为水泥、商品混凝土的下游产业，使建筑原材料直接转化为面向大众的商品，不仅为水泥销售拓展自身需求，还可以享受房地产高速增长所带来的有效回报。

2009年5月，作为冀东发展集团房地产板块的主营运平台，唐山盾石房地产开发有限公司成立，注册资本3亿元，旗下拥有唐山冀东水泥南湖房地产开发有限公司、唐山东昊房地产开发有限公司、中房华瑞（唐山）置业有限公司等三家子公司，公司现有本科以上学历员工占90%，工程师以上专业技术职称员工占65%。目前，公司地产板块在唐山市区内土地储备面积已达3 500余亩。房地产板块启动两年来，已开发项目7个。其中唐山惠民园66万平方米安置房项目已于2009年底竣工；金岸·世铭小区19万平方米项目将于2011年底竣工；金岸·红堡、启新1889住宅小区、青苹果小区三个项目成功启动；中国水泥工业博物馆暨启新1889文化产业园的展陈中心基本建成。这些项目总投资达80亿元，总面积125万平方米，全年竣工面积110万平方米。房地产板块除取得良好业绩外，管理体制逐渐成熟，也初步集聚了相应的人才队伍，在地区市场中形成一定的品牌影响力，为下一阶段发展奠定了基础。

【公司发展战略】　深入贯彻落实科学发展观，进一步解放思想，转变发展方式和赢利模式，拓展新的发展空间，以完善产业链、掌握资源为基础促进协同效应，确立行业优势地位，在新时期形成更高层面的竞争力；坚持做强做优水泥产业，快速扩张商品混凝土、提升产品品质尽快完成布局，加强科技研发促进装备工程产业，稳健投入促进房地产业发展，积极拓展矿业、原材料产业以掌握资源，发展国际、国内贸易物流以完善网络渠道，推进海外发展；同时注重内延式与外延式两方面增长，进一步夯实内部管理基础，积极整合内外部资源，实现集团公司整体上市，建设以建材为主、多业并举、科工贸一体的大型国际化企业集团，实现营业收入1 000亿元以上，为实现集团“十二五”科学发展的新跨越而努力奋斗。

【自主创新、科技为先】　冀东发展集团、冀东水泥股份公司先后建立技术开发中心、生产技术管理部、装备研发中心、材料科研检验中心，收并河北建材设计研究院等科研机构，拥有技师、高级技师302名，工程师829名，高级工程师160名的专业技术人员队伍。公司以技术进步和技术创新为动力不断提升企业核心竞争力。一是提高装备研发与创新能力。先后研制出水泥工业用高效冷却机、大型堆取料机、辊压机、锤式破碎机、矿渣超细粉立磨、原料立磨、高效离心风机、工业用皮带秤、料位计、高效布袋收尘器等新产品，并将科研成果转化为生产力，满足公司快速发展的需要。二是建立技术联盟，快速提升科研开发能力。公司与“北航”合作，自主研发了科里奥利秤等新产品；与西门子制造工程中心、“浙江中控”合作，生产工业用低压电气成套开关设备、自动化控制系统以及高科技产品；与中南大学合作开发数字化矿山技术。经过与国内外技术领先的科研院所及企业合作，为专业化发展移动式筛分设备、移动破碎机及工程设备结构件、耐热耐磨铸造件、移动式散状物料输送系统等新能源和先进节能装备制造项目奠定了基础。三是有效实施“两化”融合，坚持用现代信息技术和应用技术，改造传统产业和提升企业管理水平。与“燕大”合作实施了冀东水泥唐山分公司二线控制系统自动化改造、企业标准编码体系建设，推进了生产系统和管理系统的技术升级；与用友软件公司建立了战略联盟，共同研发水泥企业整体解决方案；与将心公司合作开发商品混凝土ERP管理软件；与浪潮集团合作成功完善了财务和资金管理体系。通过这些合作，为集团提高经济效益和运营质量、增强内在素质和竞争实力发挥了重要作用。

2010年10月，唐山盾石电气有限责任公司在被认定为河北省省级“企业技术中心”的基础上，经国家科技部核准，河北省科技厅、河北省财政厅、河北省国家税务局、河北省地方税务局批准，荣获“高新技术企业”称号，成为冀东发展集团首家国家级高新技术企业。同时还被推选为“全国低压成套开关设备和控制设备标准化委员会会员单位”并获证书。唐山盾石电气有限责任公司参与联合开发设计的“XBZ2 智能型 / XBJ2 紧凑型24KV(20KV)箱式变电站”新产品在天津经过国家科技成果鉴定。中国电气工业协会电控配电设备分会和天津电气传动设计研发所联合为唐山盾石电气有限责任公司颁发了型号使用证书。产品SIVACON低压成套开关柜获得中国电器工业协会“质量可信产品”殊荣。此外，悬浮式静态烘干机、辊压机压辊多片可换辊套、水泥立磨可调整风环、水泥冷却器、浮动式散装物料储存装置、钢球、钢段分选机、可编程收尘控制箱、回转窑变频调速装置、中压软起柜和风力发电速变器控制柜10项获国家专利，新产品陆续投放市场后，以其设计独特、质高价优的显著特点受到用户广泛好评。

2010年11月，在河北省企业管理现代化创新成果评选中，冀东发展集团提交的《八点结网、八项公开、动态联控的区域一体化物资采购模式》和《实施集团化全面预算管理、提升企业战略管控水平》两项成果从全省307项申报成果中脱颖而出，分获河北省第十七届企业管理现代化创新成果一、二等奖。其中《八点结网、八项公开、动态联控的区域一体化物资采购模式》已作为河北省8项优秀成果之一，参加国家级企业管理现代化创新成果评选。

附：2010年获市以上认定的科技成果

项目 序号	受奖时间	受奖单位	受奖项目	受奖级别	证书编号
1	2010.7.22	唐山盾石机械制造有限责任公司	IGYZ－1614 水泥工业用辊压机	唐山市科技进步二等奖	2010Z－16－1
2	2010.7.22	唐山盾石机械制造有限责任公司	JLMI－46.4 水泥工业用立式辊压机	唐山市科技进步二等奖	2010Z－17－1
3	2010.12.24	唐山盾石机械制造有限责任公司	JLMI－46.4 水泥工业用立式辊压机	河北省科技进步三等奖	2010JB3078

【国内、海外企业合作项目】 2010年1月28日，冀东水泥股份公司与菲律宾康达制造公司在厦门马哥孛罗东方大酒店举行关于(承德)所属公司股权转让框架协议签字仪式。康达制造公司在承德县注册有水泥、水泥矿产品、水泥制成品3家公司，水泥项目拥有1条日产4 000吨水泥熟料生产线，年产水泥120万吨，公司拟收购康达制造公司承担所属公司100%股权。

2010年3月9日，冀东水泥股份公司与衡水深州市安华建筑材料有限责任公司合资、合作经营水泥及商品混凝土项目签字仪式在衡水市迎宾馆举行(见下图)。

2010年5月13日，冀东发展集团与中非发展基金公司、南非妇女投资公司、南非大陆水泥公司正式签署中非水泥日产2 500吨熟料水泥生产线（带6兆瓦低温余热发电）工程合作框架协议。

项目总投资额为16.5亿兰特（约合15.4亿元人民币）。其中中方股份占51%（约合8.4亿兰特）。冀东发展集团拥有股份的30.6%（约合5.04亿兰特）并将负责该项目工程总承包及成套设备出口，项目建设期18个月。该项目的实施是冀东发展集团走出国门、奔向海外投资发展，实现四个跨越（跨地域、跨所有制、跨行业、跨国）的首个项目（见下图）。

2010年6月2日，冀东发展集团与用友软件公司战略合作协议签署仪式在唐山宾馆隆重举行（见下图）。

2010年6月22日，由冀东水泥股份公司、首钢京唐钢铁公司和首钢总公司三方共同出资的曹妃甸盾石建材矿渣细磨项目一期投产庆典在唐山曹妃甸盾石新型建材有限公司生产区举行（见下图）。

2010年8月5日，冀东水泥股份公司与燕山大学战略合作协议签约仪式在冀东发展集团总部外宾招待所举行。

2010年8月11日，浙江中控公司与冀东发展集团就仿真培训系统、清库机器人、节能减排专家系统等方面进行技术合作洽谈。

2010年9月8日，冀东发展集团与浙江中控技术股份有限公司在唐山宾馆签订战略合作框架协议（见下图）。

2010年9月28日，冀东水泥股份公司与“中冶武勘”就项目建设中遇到的地质勘察问题和疑问开展战略合作技术交流。

2010年12月7日，冀东发展集团与浙江中控技术股份有限公司合作实施框架协议签字仪式在北京中苑宾馆隆重举行。

【履行社会责任】 冀东发展集团始终坚持与社会协调发展的科学理念，大力发展以纯低温余热发电、资源综合利用为代表的清洁生产、循环经济技术，实现企业经济责任、社会责任、政治责任的协调统一。截止至2010年底，公司共投资14亿多元，建成纯低温余热发电机组23台（套），总装机容量超过230兆瓦，累计发电12.66亿千瓦时，节约标煤43万多吨，利用余热发电、电石泥配料减少二氧化碳排量135万吨。2010年公司共利用工业综合固体废弃物1 800万吨，“十一五”累计利用工业综合固体废弃物近5 000万吨，使水泥企业成为循环经济产业链上的重要一环，成为“工业城市的清道夫”，受到国务院节能减排工作督察组的高度评价。股份公司连续三年荣获“河北省节能减排目标考核优秀企业”荣誉称号，先后获得“河北省节能先进单位”和“唐山市减排先进单位”荣誉称号。并取得“全国节能减排·环保承诺示范单位”证书。

记　事

1月6日　唐山盾石电气有限责任公司研发的新型智

能抽出式开关柜、可智能抽出式组合开关柜、智能低压抽屉式开关柜的异型母线、可智能抽出式低压开关设备适配器、用于 PLC 控制柜的防尘通风装置、直流传动组合柜新产品项目获得六项国家专利。

1 月 21 日 冀东发展集团有限责任公司与中非基金发展公司在北京签订中非冀东建材投资有限责任公司《股东协议》。中国建材联合会会长张人为、唐山市副市长辛志纯、唐山市国资委主任孟宪友、河北省建材协会会长葛旭东出席签订仪式。集团公司董事长张增光，总经理王晓华、唐山冀东水泥股份有限公司总经理于九洲、副总经理龚天林、李占军、陈鹰参加。

1 月 28 日 唐山冀东水泥股份有限公司与菲律宾康达制造公司在厦门马哥孛罗东方大酒店举行关于(承德)所属公司股权转让框架协议签订仪式。

4 月 23 日 唐山冀东水泥股份有限公司荣获2009 年度河北省"双三十"节能减排工作优秀单位称号。

4 月 27 日 唐山冀东水泥股份有限公司技术中心林玉泉被授予全国劳动模范称号。

5 月 8 日 唐山冀东水泥股份有限公司董事会荣获董事会杂志上市公司"优秀董事会"奖。

5 月 13 日 冀东发展集团有限责任公司投资南非建设水泥项目签约仪式在约翰内斯堡举行。集团公司董事长张增光、股份公司副总经理陈鹰参加。

5 月 20 日 唐山冀东水泥股份有限公司成功发行 2010 年第一期短期融资券，发行金额为 3 亿元。

7 月 14 日 唐山盾石电气有限责任公司研发可编程收尘控制箱、回转窑变频调速装置、中压软起柜、风力发电速变器控制柜新产品获取 4 项国家专利。

10 月 12 日 以内伽赫拉为团长的南非共产党代表团来冀东发展集团有限责任公司访问。集团公司总经理、党委副书记王晓华、唐山冀东水泥股份有限公司副总经理于宝池、陈鹰参加会见(见下图)。

10 月 13 日 唐山盾石电气有限责任公司荣获国家级"高新技术企业"称号。

11 月 13 日 冀东发展集团有限责任公司被中国企业文化建设研究会评为"新中国 60 年企业精神 60 佳"。

11 月 18 日 新加坡大华银行中国区总监张志坚、中国区执行董事洪茂全一行 4 人访问唐山冀东水泥股份有限公司。

12 月 唐山冀东水泥股份有限公司在中国计算机用户协会组织的全国评审中被评为"2010 年中国两化融合 50 佳企业"，张增光董事长被评为"两化"融合领军人物。

典型循环经济环保企业——北京金隅股份有限公司

Typical enterprise of circulated economy and environment protection – Beijing Jinyu Co. Ltd.

【企业概况】 北京金隅股份有限公司成立于 2005 年 12 月，公司充分利用自身独特的资源优势，以建筑材料制造为主业，纵向延伸出房地产开发、物业投资及管理等产业，形成中国大型建材生产企业中独一无二的纵向一体化产业链结构。

水泥是金隅股份(公司)的核心产业之一，业务包括水泥、熟料及商品混凝土的生产和销售。"金隅股份"是国家重点支持十二家的大型水泥企业集团之一，在京津冀地区具有显著的区域规模优势和市场控制力，是北京地区最大的水泥生产商。目前，金隅股份水泥板块共有 20 多家水泥生产企业和 3 家大型混凝土公司，分布于京、津、冀、晋、豫、吉等省(直辖市)，水泥产能 4 000 万吨，预拌混凝土产能 1 000 万方。产品广泛应用于国家重点工程和重大基础项目建设，其中高标号水泥在 2008 年北京奥运场馆建设中的使用份额高达 90% 以上，金隅水泥产品获国家免检称号。同时，公司充分利用水泥工业自身技术优势，率先发展工业废弃物、污水处理厂污泥、危险废弃物、城市垃圾焚烧飞灰等的资源化和无害化处置等具有典型循环经济意义的环保产业，实现了经济效益、社会效益和生态效益的协调统一。

公司下属的北京金隅红树林环保技术有限责任公司拥有全国第一条利用水泥窑处理城市工业废弃物环保示范线，年处置能力达到 10 万吨，是国内处置城市工业废弃物历史最长、处置种类最多、规模最大的建材环保型企业。公司下属的北京市琉璃河水泥有限公司也是全国最早开始使用纯低温余热发电技术的水泥企业之一。

公司所属的水泥企业全部采用新型干法水泥生产工艺及现代节能环保水泥生产技术生产高标号低碱水泥，并以高质量水泥产品及在区域的产能优势，成为首都机场T3航站楼、京沪高速铁路、北京地铁、南水北调等众多大型重点工程的水泥供应商。

“金隅”牌水泥获得北京名牌产品称号，水泥产品先后获得ISO9001质量管理体系认证、ISO10012测量体系认证、ISO14001环境管理体系认证以及GB/T28001职业健康安全管理体系认证。

“金隅”牌水泥P·O 42.5及P·O 32.5水泥产品获得国家质量监督检验总局批准豁免质量检测。

记　事

1月27日　邯郸市人民政府与北京金隅集团签署联合打造“北京金隅集团冀南建材基地”的战略合作框架协议。邯郸市委书记崔江水、市长郭大建、北京金隅集团董事长蒋卫平、“金隅股份”总裁姜德义等出席签约仪式。图为邯郸市市长郭大建和“金隅股份”总裁姜德义代表双方签署协议（见下图）。

2月8日　“沧州临港金隅水泥有限公司年产200万吨水泥项目竣工暨投产庆典”仪式在沧州黄骅渤海新区隆重举行，河北省建材协会会长葛旭东、黄骅市委书记回学勇、渤海新区党工委副书记尹恩远、“金隅股份”总裁姜德义、“金隅鼎鑫”总经理周成耀等领导出席了庆典（见下图）。

4月15日　全国人大常委副委员长陈至立一行到金隅新北水有限责任公司，就“以科技促进循环经济”进行考察调研。全国人大常委会委员、环资委主任委员汪光焘，全国人大常委会委员、环资委副主任曹伯纯，全国人大常委会环资委委员张洪飚、北京市人大常委会主任杜德印、副主任刘晓晨，北京市副市长苟仲文、金隅集团党委书记、董事长蒋卫平陪同（见下图）。

5月11日　曲阳金隅公司日产4 000吨熟料生产线竣工。创9个月建设1条日产4 000吨熟料生产线记录。金隅集团、河北省、保定市、曲阳县有关领导参加了点火仪式。集团党委书记、董事长蒋卫平宣布点火，回转窑一次点火成功（见下图）。

5月18日　涿鹿金隅水泥有限公司日产4 000吨水泥熟料生产线项目点火投产，该项目总投资6.5亿元人民币，可年产熟料155万吨，水泥200万吨。

5月27日　国务院安全检查领导小组张纪有、陈姝萍、刘伟等领导在鼎鑫金隅公司检查指导安全生产工作，河北省安监局副局长刘春增、石家庄市安监局副局长安全喜、鹿泉市安监局局长王富田陪同检查（见下图）。

5月11日　“沁阳金隅”奠基仪式在沁阳市沁北产业集聚区举行。

10月28日　“邯郸金隅”太行水泥有限责任公司日产4 500吨水泥熟料生产线顺利竣工。此项项目的竣工对促进邯郸地区水泥产业结构优化升级、经济社会可持续发展和节能减排具有十分重要的意义(见下图)。

11 月 10 日　全国人大常委会副委员长蒋树声率领全国人大常委会执法检查组来到天津振兴水泥有限公司,实地查看节能减排项目落实成果。蒋树声副委员长对天津振兴公司确立的“把资源综合利用和环境保护作为企业立足之本”的发展理念给予了高度评价

11 月 10 日　国家环保部副部长吴晓青就处置污水厂污泥工程项目到北京水泥有限公司进行实地调研。北京市环保局局长陈添、环保产业协会秘书长杜琳、“金隅股份”总裁姜德义等人陪同调研。(见下图)。

11 月 18 日　北京金隅股份有限公司与阿特拉斯·科普柯(上海)贸易有限公司战略合作协议签字仪式在北京举行,水泥事业部部长姜长禄代表公司在协议书上签字。

【获奖情况】

1. 2010 年 1 月,鼎鑫金隅公司被评为 2009 年河北省质量效益型先进企业。

2. 2010 年 3 月,鼎鑫金隅公司被中国建筑材料联合会评为企业信用评价 AAA 级信用单位。

3. 天津振兴水泥有限公司获奖项(附表格)。

项目名称	主要完成人	获奖等级	获奖日期
化验室质量管理信息系统开发	王　锟、聂亮国、郭清芳	天津市 2010 年度“建材行业技术革新奖”一等奖	2010. 6
立磨挡风环改造	杨彦伟、王学民、许焕朋、白建恭	天津市 2010 年度“建材行业技术革新奖”二等奖	2010. 6
脱硫石膏代替天然石膏在水泥生产中的创新应用	牛海龙、李玉海、赵宏杰、王学民、聂亮国、谢雅岚、娄　杰	天津市 2010 年度“建材行业技术革新奖”三等奖	2010. 6

4. 2010 年 6 月 9 日,北京市琉璃河水泥有限公司赵向东、王贵生、闫少伯、张宝军、刘海鹏共同发明“三次风余热锅炉烟灰的输送装置及方法”,专利号:ZL 2008 1 0223028. 6。

5. 北京市琉璃河水泥有限公司获得省、市级科技进步奖的水泥项目(附表格):

项目名称	主要完成人	获奖等级	授予单位	获奖日期
水泥窑处置垃圾焚烧飞灰关键技术的试验研究	赵向东、李　强、关生林、周治平、张国亮	(科研成果奖)二等奖	北京市建材行业联合会、北京硅酸盐学会	2010 年 12 月
水泥磨系统节能降耗优化改造	赵向东、李　强、练礼才、唐　明、张万柏	(技术革新奖)三等奖	北京市建材行业联合会、北京硅酸盐学会	2010 年 12 月
创新型水泥窑余热发电技术	北京市琉璃河水泥有限公司	职工技术创新奖	北京市职工技术协会	2010 年 12 月
创新型水泥窑余热发电技术	北京市琉璃河水泥有限公司	银奖	北京发明协会、北京市职工技术协会	2010 年 12 月
用于新型干法水泥生产线的余热发电系统	赵向东、朱国桢、张高佐、王贵生、关生林	中国专利优秀奖	国家知识产权局	2010 年 11 月

6. 2010 年 11 月，鼎鑫金隅公司被评为环渤海地区建材行业 AAA 级诚信企业。

7. 2010 年 12 月，鼎鑫金隅公司被河北省建材工业协会评为河北省建材行业 2010 年度对标行动先进企业。

8. 2010 年 12 月，鼎鑫金隅公司被河北省建材工业协会评为河北省建材行业功勋企业。

9. 邯郸金隅公司荣获全国水泥品质对比检验先进单位荣誉称号。

10. 邯郸金隅公司荣获环渤海五省市建材行业"诚信企业"荣誉称号。

11. 邯郸金隅公司化验室荣获全国建材系统优秀化验室称号。

12. 邯郸金隅公司获河北省建材行业功勋企业荣誉称号。

13. 邯郸金隅公司获河北省建材行业对标行动先进单位称号。

14. 北京水泥有限公司赵雍获北京市人民政府颁发的 2010 年度北京市劳动模范称号，王艳辉获北京市委、市政府授予的北京市有突出贡献高级技能人才奖。

西南地区水泥行业领导企业——拉法基瑞安水泥有限公司

Leading enterprise of cement industry in southwestern region – Lafarge Ruian Cement Co. Ltd.

【企业概况】 拉法基瑞安水泥有限公司（下称"拉法基瑞安"）于 2005 年 11 月 9 日正式成立，它集合了世界建筑材料行业的领袖企业拉法基集团和香港瑞安建业有限公司各自在中国的水泥资产，从而成为中国西南地区水泥行业新的领军企业。

公司总部位于北京，下属重庆、四川、贵州和云南四个运营单位，拥有 31 个工作场所、3 000 万吨年生产能力及约 9 000多名员工。

"拉法基瑞安"自成立以来，始终坚持以客户为中心、重视员工的成长、注重与各利益相关方及股东共同发展为首要原则。凭借拉法基集团优秀的工业体系、先进的研发和生产技术、管理经验，"拉法基瑞安"将为飞速发展的中国市场构筑一道厚重的建筑基石。

【"拉法基瑞安"的行动与承诺——可持续发展】 "拉法基"认为，只有走可持续发展之路，真正关注环境并受到公众的认可，才能不断取得成功。为此，拉法基集团在近 180 年的发展中，始终坚持在可持续发展战略的基础上寻求发展，实现企业发展与环境保护的和谐统一，拉法基集团连续两年因其在应对全球变暖方面所实施的战略和行动而在"碳信息披露计划"评出的 500 个企业中名列前十位。2007 年，拉法基集团在全球开始推行"2012 可持续发展远景"，包括致力于在中国坚持可持续发展。一脉相承拉法基集团在可持续发展方面的理念，"拉法基瑞安"始终将实现经济效益、社会责任、资源利用以及环境保护的协调一致作为公司可持续发展的核心。与拉法基集团"2012 可持续发展远景"一致，"拉法基瑞安"在可持续发展方面有六个关键领域——关注安全、员工发展、节能减排与矿山恢复、优化生产、以客户为中心及关注利益相关方，并在每个方面都提出了明确目标，对每个环节进行了全面细致的规划。"拉法基瑞安"希望通过在以上六个关键领域的努力工作成为中国建材行业内坚持可持续发展的典范。

主要关注点：

1. 关注安全。安全是"拉法基瑞安"的核心价值，是重中之重，是企业文化的基石，也是公司实现可持续发展的首要任务。所有"拉法基瑞安"工作的员工都有权获得安全、健康的工作环境，同时也必须为营造这一环境负责。

自公司成立以来，"拉法基瑞安"始终将安全放在首位，零事故是所有工厂应予实现的目标。公司对所有工厂进行了安全评估，建立了包括总部、分公司及工厂等各个层面在内的安全管理团队，并制定了一套完整而详细的安全规则加以实施。"拉法基瑞安"还为每个员工配备了个人安全防护用品及安全手册，并针对所有员工进行了大量的安全培训，以提高他们安全技能和安全意识，并取得显著成效。自 2005 年成立至今，事故发生率降低幅度超过 84%，26 个工作场所在超过一年的时间里没有发生损失工作日事故，其中 9 个工作场所实现连续三年无损工时事故。

为了提高员工的安全意识，加强安全文化，"拉法基"从 2008 年起将每年的 6 月份定为集团的"健康安全月"，在全球业务范围内开展健康和安全文化推广活动。在 2008 至 2011 年连续四年的健康安全月期间，"拉法基瑞安"以"我关注我们的健康与安全"为主题，在所有工作场所（包括工厂、分公司和总部）组织了形式多样、丰富多彩的各种活动，共有约 9 000 多名的员工以及员工家属、合同方、合作伙伴、政府相关部门和其他利益相关方参与了公司"健康安全月"的相关活动，通过参与各种活动，公司的利益相关方对"拉法基"的安全理念和安全价值观有了更深层次的理解。

2. 员工发展。员工是"拉法基瑞安"最珍贵的财富，具有专业技能和能动性的员工团队是"拉法基瑞安"成功的关键。秉承拉法基集团多元本土化管理的理念,“拉法基瑞安”大力启用本地管理人员(其中包括工程师和技术人员),各分公司的主要管理人员中本土人才的比例更是达到90%以上。本土人才对本土市场和文化背景的深度理解,为公司带来了业务发展上的优势。公司还为员工创造在相互信任、尊重、对话和团队合作的基础上全面参与、互相支持的工作环境,并赋予员工激励性、挑战性的责任。

为了促进员工的职业发展和集团业绩的增长,“拉法基瑞安”一直以来将培训看做是公司的长期投资,在提高员工工作技能的同时,加强员工适应外界迅速变化的能力,最终培养“拉法基瑞安”的未来领导人。“拉法基瑞安”提供的培训项目丰富多样,如获得集团“最佳员工参与项目”奖的“融入集团”、“集团人才库最佳贡献奖”的“学校工厂”等,这些培训带动了管理人员、技术人员以及一线员工工作技能的提高和发展,同时也增强了员工的积极性。自成立以来,公司为为员工提供了约200万小时的培训,用于培训的费用更是超过2 500万人民币。

3. *节能减排和矿山恢复*。“拉法基瑞安”自成立以来一直秉承拉法基集团将创造价值、保护环境和自然资源、节约能源与专业技术相结合的战略方针,致力于成为中国水泥行业中可持续发展的典范,积极贯彻中国政府节能减排政策,发展循环经济,努力为减缓气候变化做贡献,保护自然,并在“2012 可持续发展远景”中设立了具体的环境管理目标。

为了实现节能减排、减缓气候变化、发展循环经济、保护环境和人类健康的承诺,2005~2010年间,“拉法基瑞安”共关闭了41条高耗能、高污染的立窑、湿法窑落后生产线,同时投资61亿元人民币用于技术更新和兴建新型干法生产线。按照中国《循环经济促进法》和《应对气候变化国家方案》对水泥工业的要求,积极发展新型干法窑外分解技术,采用节能粉磨设备和余热发电技术,利用可燃废弃物替代矿物燃料,综合利用工业废渣和尾矿,积极协助地方政府利用水泥窑协同处置市政污泥。目前,“拉法基瑞安”已有8个工厂建设并成功运行余热发电项目,每个项目平均投资6~9千万元人民币,平均年减排二氧化碳7~9万吨。

1990~2010年期间,吨熟料的二氧化碳排放削减了28%。提前并超额完成了集团分解给中国区的减排任务。单位产品能耗平均值达到并超过了GB 16780—2007《水泥单位产品能源消耗限额》的推荐执行的先进水平。2010年9月,拉法基瑞安水泥有限公司以其工业化与信息化融合的良好实践入选工业和信息化部全国首批60家“两化融合促进节能减排试点示范企业”。2010年12月16日,拉法基瑞安水泥有限公司与中国节能环保集团正式签署《“拉法基瑞安”水泥生产线低温余热利用项目协议》,在滇黔地区大规模开展水泥生产线余热利用,项目运营后,每家工厂将节约电能约30%,年总发电量达2.2亿千瓦时,年节约标准煤7.1万吨,年减排二氧化碳17.6万吨。该项目也意味着“拉法基瑞安”在云南、贵州以及中国其他地区所有日产熟料2 000吨以上的水泥生产线将在2012年全部配备余热发电设施。

研究表明,建筑行业的能耗约占全球能耗的40%,其温室气体排放量占全球总量的30%,因此,建筑行业的绿色发展对全球以及区域的可持续发展意义重大。作为世界建材领域的领袖企业,拉法基集团投入了大量的人力物力,潜心研究可持续建筑产品与解决方案,研究领域包括减少产品及相应建筑的碳足迹、降低生产过程和建筑物本身的能耗,以及减少并优化建筑成本。随着研发工作在中国的不断推进,“拉法基瑞安”将根据西南地区的材料和条件,为当地的建设开发更多更轻、更强、更美观的创新建材,提供更快、更新、更生态友好的可持续建筑创新解决方案,同时利用水泥窑的独特工艺优势,无害化协同处置城市固废,使西南地区的城市化建设具有更小的生态影响和碳足迹、更低的能耗和建设成本、更多的可持续建筑与生态园区、更美的城市天际线。

“拉法基瑞安”的矿山恢复计划,是让矿山在开采后依然可以恢复到原有的自然状态,重新焕发勃勃生机。“拉法基瑞安”已为旗下的十几个矿山制定了矿山恢复计划。在严格执行拉法基集团标准的同时,主动征求地方政府的意见,并根据计划每年预留相应的资金用于该计划的实施。

4. *优化生产*。改造落后生产设备,采用新技术,不仅能够节约资源(燃料、电力等),还能对生产过程中产生的粉尘、废气、废水等实现有效控制,是实现可持续发展的关键点。

“拉法基瑞安”通过技术改进以优化生产,一方面是为了进一步满足市场需求,另一方面也为公司履行企业社会责任、贯彻节能环保的可持续发展理念提供了坚实的基础。

提高干法窑运转率是优化生产的一个重要指标。与传统的回转窑和立窑技术相比,新型干法窑具有生产能力大、自动化程度高、产品质量高、能耗低、工业废弃物利用量大等优点。干法窑能够实现余热发电,这与“拉法基瑞安”注重节能环保的理念不谋而合,是“拉法基瑞安”打造可持续发展的企业模式的再次体现。

5. *以客户为中心*。“拉法基瑞安”不仅承诺为客户提供可靠的、创新的、高性价比的产品,同时希望成为客户的合作伙伴,与他们一同关注安全和环境保护。

“拉法基瑞安”良好的品牌美誉度来自于产品的高标准和高品质,其产品的稳定性、耐久性、适应性等指标始终是同类产品的翘楚。为了保障这些优势的一贯性,“拉法基瑞安”

特别成立了业界首家混凝土实验室，产品出厂不但要做水泥的相关试验，还要做混凝土试验，以预见在预拌混凝土时产生的波动，并及时通知客户调整配合比。此外，“拉法基瑞安”还是国内第一家设立技术支持经理职位的企业。通过分享“拉法基”跨国集团的技术、服务及经验，经过多年的运作经营，“拉法基瑞安”已在国内确立了良好的品牌知名度，参与了诸多大型项目的建设，包括重庆朝天门大桥、四川省紫萍铺大坝，成都香格里拉酒店等。

“拉法基瑞安”旗下的所有分公司每年还为客户举办一次安全研讨会，与客户探讨安全的重要性。公司还通过每年一次的“客户满意度”了解客户需求以及对公司的期望。与此同时，公司还不断帮助客户认识和使用能够在生产过程中较多利用混合材的水泥产品，并积极进行产品研发，与客户共同进行新产品测试和应用探讨。

6. 关注利益相关方。作为一个负责任的企业社会公民，“拉法基瑞安”致力于建设更美好的社区，同时将公司的最佳实践及经验与我们的利益相关方分享，通过为公众提供更加安全、舒适和高质量的生活环境推动当地经济的增长，同时支持社会、教育和文化的发展，为创造和谐社区做出贡献。

与此同时，“拉法基瑞安”还积极参与各项公益活动，通过各种方式支持各项公益事业，如连续五年为四川龙溪虹口大熊猫基地捐款、连续三年赞助重庆大学生绿色夏令营、出资数百万举办“就业与再就业培训班”，为下岗职工提供培训、资助当地学校校舍重建，为贫困地区修建道路等等。自2005年成立至今，“拉法基瑞安”用于捐赠、赞助的费用超过2 000万人民币。

除了积极参与社会公益事业之外，公司的还关注女性管理人员的比例以及员工的健康等方面，如将女性高级管理人员的比例在五年内增加一倍，为员工建立综合职业健康计划等。

7. 创新，发展的原动力。创新是企业不断发展的原动力，只有创新才能使拉法基在行业和市场上始终处于领先的地位。

建在法国里昂的研发中心是拉法基集团的技术智囊所在，同时“拉法基”集团在马来西亚首都吉隆坡投资的亚洲技术中心。目前拉法基集团已在北京建立了亚洲技术技术中心的分支机构，能够将最新的研究成果第一时间传递到中国，提供最新的产品研发信息，满足市场需求。亚洲技术中心的北京分支充分体现了“拉法基”对创新的不懈追求，以及对中国市场及用户的高度重视与承诺。

“拉法基瑞安”将坚持在中国市场的长期发展，同时将尊重当地文化和为社区做贡献作为发展的前提。“拉法基瑞安”还承诺秉承将创造价值、保护环境、保护自然资源、节约能源与专业技术相结合的战略方针，致力于企业与社会、环境的和谐发展。公司的目标是成为员工首选的公司、客户首选的供应商以及受社区欢迎的伙伴。

创造高品质生活空间的企业——华润水泥控股有限公司

Enterprise to create high quality life space – Huarun Cement Co. Ltd.

【企业概况】 华润水泥控股有限公司（香港联合交易所股份代码：HK1313）成立于2003年，现为华润（集团）有限公司的全资子公司，华润集团一级利润中心，是华南地区领先的水泥及混凝土生产商，是国家重点支持的大型水泥企业集团之一。以产能计，“华润水泥”是华南地区最大的新型干法水泥及熟料生产商；以销量计为中国第二大混凝土生产商。

“华润水泥”的业务涵盖石灰石开采，以及水泥产品、熟料及混凝土的生产、销售及分销。

“华润水泥”的产品广泛用于修建高层建筑及基建工程，如水电站、水坝、桥梁、港口、机场及道路等。“华润水泥”拥有64条水泥粉磨线和29条熟料生产线，水泥和熟料的年产能分别达5 340万吨及3 760万吨。“华润水泥”同时经营49家混凝土搅拌站，产能超过2 900万立方米。

记 事

1. 加入可持续性倡议行动组织。2010年2月，“华润水泥”正式加入可持续发展倡议行动组织（Cement Sustainability Initiative，简称CSI），同年4月，“华润水泥”受邀成为CSI在中国的联席主席，与“拉法基瑞安”和“豪瑞”一起协助办理CSI中国区域的项目协调工作。

水泥可持续性倡议行动（CSI）作为全球最权威的行业可持续发展组织机构，是基于对商业可持续发展的共同追求，其理念是降低能耗，节约资源，合理使用原燃材料，充分利用各种工业和城市废弃物，推动全球水泥行业的可持续发展。“华润水泥”加入CSI以来，坚持“不以牺牲环境为代价谋求企业发展、不以牺牲环境的长远利益换取企业的短期利益”的原则，借鉴CSI组织内其他企业的产品生产，废弃物管理和二次利用方面的优秀案例，不断强化CSI的运作模式，在节能减排、资源利用、安全生产等方面都取得了较大提升，进一步提高了企业的核心竞争力，逐步奠定其在行业中的领导地位。

2010年，“华润水泥”于CSI工作主要取得了如下成绩：

2010年2月27日，“华润水泥”加入可持续发展倡议行动组织的申请获世界可持续发展工商理事会批准。

2010年4月，“华润水泥”受邀成为CSI在中国的联席主席，与“拉法基瑞安”和“豪瑞”一起协助办理CSI中国区域的项目协调工作。

2010年6月9日，“华润水泥”获委任为水泥可持续发展倡议行动组织的中国地区联席主席。

2010年9月13～15日，“华润水泥”参加在波兰华沙举行的“2010年CSI论坛会议”，与其他成员一起探讨水泥技术路线图的实施和计划，并进行有关技术交流和经验分享。

2010年11月1日，水泥可持续性发展倡议组织全球CEO会议在中国上海召开，“华润水泥”出席会议，并代表中国水泥企业发表了演讲。推动了CSI在中国的发展，加快CSI在行业中的应用。能够作为中国水泥企业的代表在会议上发言，表示CSI充分肯定了“华润水泥”在可持续发展方面的成果，以及作为CSI中国地区联系主席以来的工作。

2. 进军山西市场，成功推动多区域发展战略。2010年，“华润水泥”以收购山西“福龙水泥”为契机，先后成功布局吕梁、榆林、延安和霍州市场，发展成为山西市场的行业龙头企业。标志着“华润水泥”深耕华南、面向全国战略的圆满启动，顺利推进了“华润水泥”的多区域发展战略。

2010年6月份，“华润水泥”与山西“福龙”签订股权转让协议，收购山西“福龙水泥”72%股权，8月18日，“福龙水泥”日产4 000吨新型干法熟料生产线顺利投产。投产后，“华润福龙”仅1条生产线产能就超过周围几家水泥企业的总和。

8月份，“华润水泥”先后与“国新能源”、沂州“耀华水泥”、山西华宝集团、方山“中盛水泥”签订框架合作协议，为“华润水泥”在山西的发展夯实基础。

10月28日，“华润水泥”在山西省霍州市投资建设日产5 000吨新型干法水泥熟料生产线，“华润水泥”在山西逐渐成多点发展，成燎原之势。

3. 纳入恒生综合指数、红筹指数和摩根士丹利指数三个成分股。凭着对行业的深刻了解，“华润水泥控股”把握住每一次发展契机，不断提高企业盈利能力和品牌价值，坚持股东价值最大化，仅一年时间，“华润水泥控股”已经获得资本市场和投资者的充分认可，2010年3月8日，“华润水泥”被恒生指数有限公司纳入恒生综合指数和恒生香港中资企业指数及恒生中国内地100两个主题指数成分股，2010年11月11日，“华润水泥”又被纳入摩根士丹利（MSCI）中国指数。

4. “华润水泥”封开项目成为全球最大的单一基地水泥项目。2010年4月，“华润水泥”封开项目中世界上第一个长达40公里的矿石输送长皮带廊全程打通，正式带料试运行，标志着“华润水泥”封开项目的生命线已全线贯通，成功迈出了封开项目的决定性步伐，对“华润水泥”的发展具有重要意义。“华润水泥”封开项目是公司建立水泥行业领导地位的标志性工程。封开项目的顺利推进加强了“华润水泥”市场从沿江走向沿海的覆盖能力，对区域市场竞争优势具有重大的战略意义，进一步奠定了“华润水泥”在中国水泥行业的领导地位。

“华润水泥”封开项目作为“华润水泥”规模最大、投资最多、战略地位最重要的水泥项目之一，拥有全国最大的内河码头和世界上最长的矿石输送皮带廊。目前已有2条生产线顺利运行。预期第3、4号生产线于2010年12月及2012年1月相继投产，令该基地的水泥年产能由400万吨提升至800万吨，其后会于2012年底前，再增加5、6号生产线，令到水泥年产能达至1 200万吨，将成为全球最大的单一基地水泥项目。

5. 华润水泥承建广西水泥产学研研发中心。2010年6月28日，“华润水泥”承建广西水泥产学研研发中心，进一步提升了产业创新能力和增强企业发展后劲，参与行业标准的制定，提升行业话语权，深化其在广西市场的行业主导地位及影响力。

广西水泥研发中心为广西区重点支持的23个千亿元产业重大科技攻关工程（1823工程）之一。“华润水泥”以水泥节能技术使用及研发、水泥减排技术研发、城市垃圾处理技术研发、混凝土新技术应用及研发等为主要研究方向，通过与专业研究院、水泥大型设备生产厂家和专业院校等建立合作关系，围绕做大做强广西水泥、混凝土产业，实现自主创新能力、产业核心竞争力和可持续发展能力显著增强的目标，积极推动广西水泥产业科技进步，促进水泥产业升级。

6. 贺州循环经济园顺利投产。2010年4月，“华润电力”贺州电厂项目通过国家发改委核准，贺州“华润”循环经济产业示范区的建设成为现实。未来火电厂产出的粉煤灰、炉渣、脱硫石膏作为水泥厂的原料加以利用，电厂脱硫使用的石灰石粉由水泥厂提供。“华润水泥”每年可利用粉煤灰40万吨，脱硫石膏8万吨，保证节约资源、保护环境、循环经济的有力实施。

贺州“华润”循环经济的水泥项目以科学发展观为指导，以华润集团为核心，依托当地的石灰石资源和在建的华润富川电厂，按照循环经济“减量化、再利用、再循环”的3R原则，构建以电厂—水泥厂—粉煤灰砌块—商品混凝土搅拌站的循环经济产业链条。

贺州循环经济园的建设得到集团领导和贺州市政府的高度重视。2010年5月，华润集团副董事长王帅廷、集团副总经理周俊卿等领导考察贺州华润循环经济产业园工作进展情况。与贺州市政府确立了水泥、啤酒、电力产业循环发展模式，并建立集中办公区和水泥、啤酒、电力等业态的循环经济科普展览区等产业园配套设施，形成“三厂一区”的“华润”循环经济产业示范区的整体格局。

2010年5月，华润水泥（富川）有限公司一期工程年产200万吨水泥生产线建成投产，为贺州华润水泥循环经济园的推进打下坚实的基础。

7. 开展全面风险管理试点工作。全面风险管理作为集团2010年度的工作重点之一，自2010年1月起，由集团审计部牵头，成立了由“董事办、人力资源部、财务部、战略管理部、法律部、信息管理部、华润水泥、华润置地”参加的跨部门工作小组，明确了先利润中心、后逐步推广的工作模式。

“华润水泥”试点工作于5月19日正式启动，启动会上华润集团审计总监强调试点重在形成“一种理念、一套机制、一个样板”，摸索出符合华润管理的方法论，华润集团副总经理兼“华润水泥”董事长周俊卿向“华润水泥”管理团队提出五点要求和希望，“华润水泥”总经理表示一定按照集团部署和要求，结合“华润水泥”战略与经营管理重点，帮助解决几个重大风险监控与防范问题。为此，“华润水泥”确定的试点单位为：三个部门（运营部、市场部、物流部）、三个基地（平南基地、封开基地、东莞混凝土）、一个大区：广东大区及市场部。

试点目标是帮助解决物流、销售、项目建设中几个重大风险的监控与防范措施，以封开为例，建立项目建设与生产营运平行运行的风险管控模式；梳理总部部室、大区及基地间的风险管控模式；掌握理论、方法、工具，以便在“华润水泥”及集团复制推广。

试点最大的意义在于让全员开始思考以前我们的风险管理欠缺在哪里？试点引入的全面风险管理方法和工具的优点在哪里？两者应该如何结合，如何切实帮助把管理改善、业绩提升。另外试点工作暴露出来的一些专业与资源配置等方面的不足，立即转化为组织的经验或教训在其他管理工作中得到应用。所以从这些方面讲，试点取得了成功、取得了成果，还展示了“华润”人做事认真执著务实的文化基础和敬业精神，并得到顾问公司的认可。

8. 全面推进绩效管理工作。全员绩效管理和人才管理作为集团和水泥控股未来几年工作的重点之一，对公司发展战略的制定、决策层工作的规范化和计划性、责任到人，惩罚分明具有重大意义。“华润水泥”高度重视并积极推进绩效管理工作，2010年以来，“华润水泥”全面推进个人绩效管理，形成系统、规范、高效的绩效管理模式。

2月11日，“华润水泥控股”向人力资源部各部室、各大区下发了《关于成立2010年“华润水泥控股”绩效管理小组暨第一次会议的通知》，通知决定成立水泥控股绩效管理小组，阐述了绩效管理小组职责，标志着“华润水泥”绩效管理工作的全面推进，取得了以下成绩：

3月1日，控股绩效管理小组召开了第一次会议，讨论并通过了各部室、各大区2010年业绩合同指标。3月3日，在控股人力资源部的组织下，控股公司总经理周龙山先生与各部室、各大区领导签署了《2010年业绩合同》，至3月30日，公司（控股各部室、大区、基地）业绩合同已全部签署完成，关键岗业绩合同签署完成93%。

启动并推动以素质能力为核心的销售人员选、育、用、留项目。6月份水泥控股启动调研，协同市场部物流管理部门推进物流一线作业人员的薪酬绩效管理，绩效、激励及员工手册并制定初稿。

6～9月份，水泥控股各基地公司根据各自的情况，总结和检查上半年绩效管理工作，细化和探索特殊岗位的绩效管理和积极筹备启动绩效管理工作，全面、有针对性地积极推进全员绩效管理工作，并取得了显著的成果。

西北最大的水泥生产企业——新疆天山水泥股份有限公司

Largest cement production enterprise in northwest China – Xinjiang Tianshan Cement Co. Ltd

【企业概况】 新疆天山水泥股份有限公司是以募集方式设立的上市公司（证券简称：天山股份 证券代码：000877）。公司成立于1998年11月，是西北地区最大的水泥生产厂家、最大的油井水泥生产基地和全国重要的特种水泥生产基地。公司拥有代表世界水泥工艺先进水平的窑外分解工艺线13条，于1999年4月通过国家建材质量体系认证中心ISO9002质量体系认证，是目前新疆惟一一家通过产品质量和质量体系双认证的水泥生产企业，是新疆水泥行业惟一被中国质量协会和中国建筑协会授予“质量满意产品”称号、其主要产品被国家质量技术监督检验检疫总局命名为国家级免检产品、被中国质量协会用户委员会评为“全国用户满意企业”的企业，是自治区环保治理“一控双达标”的首家水泥企业。

公司是以生产、销售、研发“天山”牌通用、特种水泥为主的企业，主要产品有42.5级、和52.5级普通和硅酸盐水泥，32.5级普通缓凝、复合水泥，A级、H级、G级油井水泥，道路硅酸盐水泥，425级和525级抗硫酸盐水泥、425#低碱水泥等。

公司设有自治区本行业惟一国家级技术中心、博士后流动工作站，能够根据市场所需组织各品种的水泥生产，先后研制开发了20多个水泥品种，有18个产品填补了区内外空白，日常储存了30多个品种的生产能力，承担着科技开发，新产品的开发、中试、试生产；生产工艺重大课题的技术攻关；组织进行新技术、新工艺、新材料、新设备的引进、吸收、消化、推广、应用；水泥技术交流与合作；在现有生产工艺条件下通过技术创新实施产品结构调整战略、实现优化资源配置、提高产品质量、降低消耗、提高综合效益的目标；对引进技术和设备进行消化吸收，注意行业技术发展动态，为企业发展提供可选择的战略依据。

公司严格按照《公司法》的有关规定以及中国证监会关于上市公司运作的各项要求规范运作，建立了规范的法人治理结构和科学的组织结构。公司的决策机构为股东大会、董事会，下设董事会办公室、审计监察部；监督机构为监事会；经理层为执行机构，并设有党群人力资源部、总裁办公室、战略规划部、企业管理部、财务管理部、矿产资源管理部、安全管理部、市场部、技术中心、物资物流中心。公司实行事业部管理体制，下设东疆事业部、北疆事业部、南疆事业部、米东事业部、华东事业部、销售总公司。各事业部(公司)所属分(子)公司30余个，遍布天山南北，并在长江三角洲等沿海经济发达地区迅速发展。

公司通过资源优化配置、产品结构调整、市场资源整合，使公司企业规模快速放大、企业核心竞争力大幅提升。在企业文化建设方面，公司创建了适应社会主义市场经济规律的，具有天山股份企业特点的理念、制度、识别文化。在营销方面，公司不断提升营销理念，产品销售向着规范化、专业化、信息化的全新发展方向发展，从单一产品销售向建立覆盖全疆服务网络的延伸；确定了“为用户提供最好的产品和服务，把天山股份做成全国最好的水泥企业之一”的发展思路，同时建立了完善的成品物流配送体系，以宏大的气势，构建大市场营销战略思想，以强大的供应能力为客户提供全面保证，产品广泛应用于各项大型工程、重点工程建设。

【天山牌水泥重点工程信息】

1. *精伊霍铁路*。是新疆第一条电气化铁路，东起兰新铁路精河站，西至中哈边境口岸霍尔果斯穿行于天山之间，全长286公里；沿途共有39座隧道，隧道累计长度超过56公里，隧道占整个铁路线的20%，水泥材料中标单位为“祁连山”，“南岗”、“天山”，全线水泥使用量为90万吨，精伊霍铁路共有大小桥梁125座，其中精河至北天山段130公里，由“天山”牌水泥中标，大小桥梁45座，特大桥15座，隧道累计长度达30多公里，总延长了13.7公里。累计使用“天山”牌水泥41万吨，精伊霍铁路将于2010年7月6日正式通车(见下图)。

2005年7月10日，精伊霍铁路第一座大桥(奎赛公铁立交大桥)主体工程完工，全部是由“天山”牌水泥现场浇筑而成，对水泥的技术要求非常高，为此“天山股份”技术人员凝聚多年的技术经验，精心研发、生产出符合地貌特征的低碱52.5水泥，填补了自治区科研成果的空白。

2008年12月28日，精伊霍铁路(精河－伊宁－霍尔果斯口岸)北天山隧道，穿越婆罗科努山主峰的天山越岭隧道全长13.6公里，经过连续4年中铁一局不断掘进在12月28日全隧贯通，共使用“天山”牌水泥共14万吨。是精伊霍铁路中距离最长，也是施工难度最大的隧道，也是属于西北第二长大隧道，在全国现有的铁路隧道中长度位居第五。

2. *乌精二线*。乌精二线是在2007年9月18日破土动工，历时两年零226天，在2009年12月6日，全线通车。兰新铁路乌西至精河新增二线工程实现全线通车运营自兰新铁路乌西站引出，经昌吉、石河子、奎屯、乌苏至精河站，全长381.5公里。水泥材料中标单位为“天山”、“青松”，“天山”水泥使用量11.28万吨，占全线水泥使用量76%。

3. *奎北铁路*。于2007年4月开工建设，全长468.50公里，南起兰新铁路奎屯站，向北经克拉玛依、乌尔禾、福海至新疆兵团垦区重镇北屯，工程总投资55亿元。工程水泥使用在48.7万吨，项目材料中标单位仅是“天山股份”，其中使用“天山股份”旗下“屯河”牌32万吨。

奎屯河特大桥项目是奎北铁路的控制性工程，该桥全长6.9公里，共需架梁209孔，这也是迄今新疆境内铁路的第一长桥，仅此桥使用“天山股份”旗下屯河牌水泥3.2万吨（见上图）。

2010年，奎北铁路先行开通了奎屯至克拉玛依间的货运，2011年4月开通了克拉玛依至北屯间的货运，2011年6月1日开通客运。

4. *南疆吐库二线铁路*。于2007年10月25日吐（鲁番）库（尔勒）二线铁路全线开工，南疆铁路是南疆地区通往北疆和内地的惟一铁路通道。南疆铁路吐库二线起自兰新铁路吐鲁番站，经托克逊、和硕、焉耆等县市至库尔勒，全长333.86公里，投资近86亿元，工程期为5年。全线水泥材料中标单位是“天山股份”，工程全部使用的是低碱度水泥，新疆是属于高碱地区，生产低碱度相当困难，“天山股份”技术人员根据地质地貌特征研发生产出符合南疆吐库铁路的低碱度水泥，工程使用“天山”牌水泥为85.9万吨，目前此工程还没有完工。2009年8月6日由中国铁建中铁十八局集团承建的全长8 834米的伯信特隧道安全胜利贯通，使用“天山”牌水泥7.2万吨（见下图）。

5. *引额济克工程*。引额济克工程位于新疆北部，是一项跨流域、长距离的调水工程，其中“635”水利枢纽工程位于阿勒泰地区福海县北屯镇以东约56公里的额河干流中流段。引水总干渠及西干渠由福海县经和布克赛尔蒙古自治县至克拉玛依市。于1997年7月动工建设，2000年8月18日顺利完工通水。该工程建设规模为总库容4.31亿立方米，引水干渠总长324公里，均使用“天山股份”旗下“屯河”牌高抗硫水泥共计14.3万吨。

6. *引额济乌工程*。引额济乌工程位于新疆维吾尔自治区北部，从阿勒泰地区到乌鲁木齐经济区（见下图）。

全部工程均使用“天山”牌的高抗硫和普硅水泥，使用量在34.9万吨。

7. 喀腊塑克水利枢纽工程。喀腊塑克水利枢纽工程是“引额济乌”供水工程的龙头项目也是引额供水工程的重要组成部分，位于新疆阿勒泰地区福海和富蕴县境内，坝址位于额尔齐斯河与喀腊额尔齐斯河汇合口下游2公里，距下游“635”水利枢纽41.5公里，工程使用“天山”牌水泥34.10万吨（见下图）。

水利枢纽

记　事

1月8日　股份公司副总裁兼南疆事业部总经理杨兆祺被新疆企业家联合会等授予“第四届新疆优秀企业家”荣誉称号。

1月8日　华东事业部江苏汉天公司日产5 000吨熟料生产线顺利通过72小时达产达标考核。

1月26日　南疆事业部阿克苏天山多浪公司被阿克苏地区行政公署授予2009年度地区节能降耗工作“先进企业”称号。

1月28日　东疆事业部吐鲁番熟料分公司4.5兆瓦纯低温余热发电项目并网发电。

2月2日　华东事业部获得“无锡市劳动保障诚信企业”。

2月16日　米东事业部米东天山公司电石渣制水泥项目被乌鲁木齐市米东区委、政府评为AAA级循环经济项目。

2月25日　米东事业部米东天山公司被乌鲁木齐市米东区政府评为优秀纳税企业和节能减排优秀企业。

3月12日　南疆事业部帕米尔公司荣获克孜勒苏柯尔克孜自治州颁发的2009年度企业贡献奖“先进单位”。

3月25日　股份公司工会组织全公司员工进行“爱心一元捐”活动，共捐款5.46万元人民币。

3月25日　北疆事业部硫磺沟90万吨矿渣微粉项目投产。S75级矿渣微粉台产达到每小时140吨。

4月6日 中国证监会“证监许可[2010]416号”文《关于核准新疆天山水泥股份有限公司非公开发行股票的批复》，核准了本公司2009年度非公开发行股票方案。

4月21日 股份公司倡议所属单位开展为玉树地震灾区捐款活动，共捐款67.9万元人民币。

4月21日 南疆事业部天山多浪公司被阿克苏市总工会授予2009年度“工会工作先进集体”。

4月25日 华东事业部获得“无锡市惠山区劳动保护先进单位”称号。

4月27日 股份公司“天山”、“屯河”、“多浪”牌水泥，被新疆名牌战略推进委员会授予“新疆名牌”产品。

4月28日 股份公司2009年度非公开发行股票募集资金15.5亿元人民币到账。

4月30日 南疆事业部阿克苏天山多浪公司被中华全国总工会、国家安全生产监督管理总局授予2009年度全国“安康杯”竞赛活动“优胜企业”称号。

4月30日 南疆事业部帕米尔公司荣获乌恰县国家、地方税务局颁发的2009年度“纳税先进单位”奖牌。

4~5月 “一封安全家书”暨“天山股份”安全文化宣讲活动在股份公司全面启动，并在自治区安全文化宣讲竞赛活动中获得优秀奖。

5月11日 北疆事业部阜康“天山水泥”有限责任公司在新疆阜康市重化工业园设立。

5月11日 天山股份完成2009年非公开发行实际发行76 911 544股的登记托管工作。

5月30日 东疆事业部取得新疆维吾尔自治区财政厅颁发的企业所得税税源调查二等奖。

6月4日 股份公司三项实用新型专利获得国家知识产权局受理通知书。

6月14日 华东事业部“溧水”9兆瓦发电项目并网发电。

6月17日 南疆事业部阿克苏天山多浪公司被新疆银行业协会评为“2008~2009年”新疆银行业“信贷诚信企业客户”。

6月18日 南疆事业部“喀什”90万吨粉磨项目提前两个月投产，P.O42.5台产达到每小时170吨。

7月2日 北疆事业部“布尔津”日产2 000吨项目投产，已通过达标考核，日产达到2 500吨。

7月15日 南疆事业部“和静”50万吨矿渣微粉项目投产，台产达到每小时90吨。

7月20日 北疆事业部伊犁天山水泥有限责任公司在新疆查布查尔县伊南工业园设立。

7月20日 在全国建材工业第25次QC成果发表会上，股份公司荣获2010年度全国建材工业质量管理小组活动优秀企业称号；东疆事业部“天山公司二厂烧成QC小组”荣获全国建材工业第25次优秀质量管理小组成果发布第二名，荣获一等奖，并荣获2010年全国建材工业优秀质量管理小组称号和全国优秀质量管理小组称号；东疆事业部“天山公司一厂烧成车间窑头攻关QC小组”荣获2010年全国建材工业优秀质量管理小组称号。

7月21日 南疆事业部阿克苏天山多浪公司被阿克苏地委、行署授予2010~2011年度“重点扶优扶强企业”。

7月23日 股份公司设置矿产资源管理部。

7月25日 东疆事业部天山公司取得自治区国税局和地税局联合颁发的2009年度纳税信用等级企业－A级奖牌。

7月26日 股份公司被评为全国建材行业用户满意产品称号。

7月28日 股份公司被评为“全国水泥产品对比检验先进单位”。

7月29日 东疆事业部天山公司化验室被评为“全国建材行业优秀化验室”称号，天山公司二分厂化验室主任袁晖被评为全国建材行业优秀化验室主任称号。

7月30日 股份公司审计监察部，被评为中材集团“内部审计先进单位”，并作大会交流。

8月10日 东疆事业部哈密天山公司日产2 500吨水泥熟料生产线一次点火成功。

北疆事业部“布尔津”日产2 000吨项目7月2日投产，已通过达标考核，日产达到日产2 500吨。

8月25日 北疆事业部昌吉天山商品混凝土公司建成投产。

8月25日 北疆事业部昌吉40万方混凝土搅拌站投产。

8月26日 南疆事业部喀什天山公司日产4 000吨熟料水泥生产线奠基。

8月27日 南疆事业部叶城天山公司日产4 000吨熟料水泥生产线奠基。

8月30日 华东事业部溧阳分公司日产5 000吨熟料生产线连续60天运转100%，创造了股份公司新型干法熟料生产线连续运转时间最长的历史纪录。

9月1日 中国水泥协会会长雷前治一行莅临股份公司调研。

9月9日 北疆事业部伊犁天山公司日产4 500吨熟料水泥生产线开工奠基。

9月18日 股份公司总工程师包文忠同志获得全国建材行业“优秀总工程师”称号

10月18日 北疆事业部阜康天山公司3条日产2 500吨

电石渣熟料水泥生产线项目开工奠基。

10 月 18 日　南疆事业部若羌天山水泥有限责任公司在新疆若羌县设立。

10 月 20 日　北疆事业部额敏天山水泥有限责任公司在新疆额敏县设立。

10 月 20 日　东疆事业部哈密天山水泥有限责任公司在新疆哈密市工业园区设立。

10 月 21 日　北疆事业部富蕴天山水泥有限责任公司在新疆富蕴县设立。

10 月 22 日　东疆事业部吐鲁番天山水泥有限责任公司在新疆吐鲁番市大河沿镇设立。

10 月 22 日　南疆事业部库车天山水泥有限责任公司在库车县北郊成立。

10 月 23 日　华东事业部湖山分公司获得江苏省水泥产品质量监督检验中心颁发的《全省水泥品质指标检验大对比物理全优单位》奖牌。

10 月 28 日　南疆事业部和静天山金特矿微粉有限公司年产 50 万吨矿渣微粉生产线项目举行竣工投产仪式。

10 月 30 日　股份公司《利用电石渣 100% 替代石灰石研制生产硅酸盐熟料》项目获得 2010 年度“凯盛杯”全国建材行业技术革新奖二等奖。获奖证书，由中国建筑材料联合会、中国机冶建材工会全国委员会联合颁发。

11 月 22 日　新疆天山水泥股份有限公司获得中国建材行业 AAA 级信用等级称号。等级证书由中国建筑材料联合会颁发。

11 月 28 日　华东事业部苏州天山公司化验室在江苏省水泥品质大对比工作中荣获“优胜单位”和“合格单位”。

12 月 1 日　南疆事业部克州天山水泥有限责任公司设立。

12 月 7 日　新疆天山水泥股份有限公司入选国家第一批“两型”企业创建试点企业名单。

12 月 20 日　在全国第十二次水泥化学分析“峨胜杯”大对比中，华东事业部宜兴天山公司、东疆事业部天山水泥公司荣获“全优单位”。

12 月 21 日　股份公司两项发明专利获得国家知识产权局专利受理通知书。无石灰石配料特种水泥熟料及其生产方法、糖滤泥配料油井水泥熟料及其生产方法。

12 月 28 日　南疆事业部阿克苏天山多浪公司日产 3 200吨水泥熟料生产线点火，项目创造股份公司水泥生产线建设周期最短的纪录。

宁夏第一大水泥生产商——宁夏赛马实业股份有限公司

Ningxia No. 1 cement manufacturer – Ningxia Saima Industry Co. Ltd.

【企业概况】　宁夏赛马实业股份有限公司于 1998 年 12 月 4 日以发起方式设立，2003 年 8 月公司股票在上海证券交易所上市交易（股票代码:600449）。公司注册资本 23 915. 94 万元，地处宁夏回族自治区银川市西夏区新小线 2 公里处。是宁夏第一大水泥生产商，市场占有率约 53%，是西北水泥龙头之一，也是国家重点支持的水泥工业结构调整 60 户大型企业之一。产品覆盖甘肃、内蒙和陕西等地。经营范围:水泥制造、销售;水泥制品，水泥熟料、塑料管材、精细石膏的制造与销售，混凝土骨料的制造与销售;水泥用石灰岩开采（在许可规定的期限内经营）。

多年来，通过加强内部管理、新建水泥生产线及并购重组等方法，各项经营指标逐年攀升，截止至 2010 年 12 月末，总资产总资产 61. 64 亿元，增长了 10 倍，净资产 25. 95 亿元，增长了 5 倍。2010 年度营业收入 24、28 亿元人民币，增长了 8 倍，利润总额 6. 99 亿元人民币，增长了 17 倍。实现归属于母公司所有者的净利润 5. 62 亿元。公司本部现有 3 条日产 2 500 吨新型干法水泥生产线，拥有宁夏中宁赛马水泥有限公司（公司持有其 100% 股权）、宁夏石嘴山赛马水泥有限公司（公司持有其 100% 的股权）、固原市六盘山水泥有限责任公司（公司持有其 100% 的股权）、乌海赛马水泥有限责任公司（公司持有其 100% 的股权）、中材青海水泥有限责任公司（公司持有其 100% 的股权）、宁夏赛马混凝土有限公司（公司持有其 100% 的股权）、中材甘肃水泥有限责任公司（公司持有其 98. 415% 的股权）、宁夏青铜峡水泥股份有限公司（公司持有其 86. 82% 股权）、天水中材水泥有限责任公司（公司持有其 80% 的股权）6 家全资子公司和 3 家控股子公司，参股乌海西水水泥有限责任公司、包头西水水泥有限责任公司各 45% 的股权。公司年水泥生产能力 1 300 万吨。控制产能约 1 900 万吨。

赛马实业公司目前拥有新型干法水泥产能占公司全部产能 80% 以上，占自治区新型干法水泥产能的 80% 以上，区内最优良的产能结构确保了公司主要产品均为品质较好、强度较高的优质水泥。

公司生产技术全部采用新型干法生产工艺，主要产品有“赛马”牌、“青铜峡”牌、“双鹿”牌、“六盘山”牌普通硅酸盐、硅酸盐水泥及道路硅酸盐水泥、中低热水泥、油井水泥等。公司通过 GB/T19001:2000 idt ISO9001:2000 质量体系认证。“赛马”牌、“青铜峡”牌商标为宁夏著名商标。公司先后荣获“全国质量百佳企业”、“全国环境保护先进企业”、“自治区先进企业”等荣誉称号。公司产品广泛应用于区内外的重点工程建设，远销北京、内蒙、甘肃、山西、西藏等省区，并获得了陕西咸阳国际机场、甘肃中川机场、银川河东机场、山西运城机场、宁夏贺兰山机场、拉萨贡嘎机场等重大工程项目的大量使用和好评。

【下属公司】

宁夏青铜峡水泥股份有限公司

宁夏中宁赛马水泥有限公司

宁夏石嘴山赛马水泥有限责任公司

固原市六盘山水泥有限责任公司

宁夏赛马混凝土有限公司

乌海赛马水泥有限责任公司

天水中材水泥有限责任公司

中材甘肃水泥有限责任公司

创造联合重组全新模式的企业——南方水泥有限公司

Enterprise to create brand – new pattern of unity and reorganization – Southern Cement Co. Ltd.

【企业概况】 南方水泥有限公司（简称“南方水泥”）是中国建材股份有限公司（HK3323，简称“中国建材”）水泥业务板块的核心企业之一，2007 年 9 月 5 日在上海注册成立，运营总部设在浙江杭州。“南方水泥”注册资本为 100 亿元人民币，其中，“中国建材”占注册资本 80% 的股权。“南方水泥”的创立，得到了国资委、中国建材联合会、中国水泥协会和有关各地各级政府部门的大力支持与高度肯定，也得到了众多水泥企业的热烈响应。

“南方水泥”成立以来，坚持“联合重组、优化布局、市场协同、管理整合、技术进步”的发展方针，公司规模迅速壮大。2010 年是“南方水泥”深化整合、夯实基础、加快发展的关键之年。“南方水泥”按照中国建材集团和“中国建材”的统一部署和“四个紧抓”的要求，克服长时间洪涝灾害、部分区域新增产能大量释放等不利影响，抢抓结构调整和节能减排的历史机遇，在紧抓市场、成本，推进市场协同、强化市场开发、加强技术改造和管理改进，提升公司盈利能力；紧抓管理，推进管理整合、加强职能建设，提高公司管控能力；紧抓发展，推进联合重组、项目建设、完成增资扩股，增强企业可持续发展能力；紧抓文化，推进党建工作、加强企业文化建设，增加企业软实力方面均取得了良好的成绩。

2010 年，“南方水泥”产能 1.2 亿吨，总资产超过 400 亿元，2010 年全年销售熟料水泥超过 1 亿吨，销售收入超过 250 亿元，利税超过 30 亿元，吨水泥盈利年复合增长率达到 20%。生产线全部配套建设余热发电设备，全年节约标煤 34 万吨，减排二氧化碳 85 万吨。市场范围覆盖浙江、上海、江苏、安徽、湖南、江西、广西、福建等省（市），成为我国东南经济区规模最大的水泥企业集团。

“南方水泥”在推进联合重组优化布局的同时，按照“中国建材”确定的“三五”运行模式的总体要求推进管理整合，确立了“区域化、成本领先和市场拓展”为主要内容的 RCM 经营战略，建立了明晰的组织架构和健全的公司管控及业务管理体系，区域市场竞争力和企业盈利能力不断提高。

“南方水泥”秉承“善用资源、服务建设”的企业理念，努力创建“创新绩效型、资源节约型、环境友好型、社会责任型”的“四型”企业，着力把公司发展成为中国水泥行业规模领先、技术领先、管理领先、效益一流的专业化水泥公司。

记 事

4 月 23 日 嘉兴中行与“南方水泥”签订现金管理服务协议书（见下图）。

5月19日　国务院国有企业监事会主席罗汉等莅临“南方水泥”检查工作，对于公司央企市营的机制、联合重组的成长模式和“三五”管理模式给予了充分肯定。

8月　“湖州南方”管理整合综合试点通过验收，标志着区域公司管控模式和工厂运营模式基本确立，为下一步在公司范围内的全面推广奠定基础。

9月　公司在杭州隆重举行三周年庆典。同时召开发展战略研讨会，国务院国有资产监督委员会、工业和信息部、环境保护部，浙江省、湖南省部门，中国建材联合会、中国建材协会、浙江省水泥协会的领导出席会议，与会嘉宾对“南方水泥”的成长发展给予了高度肯定，认为“南方水泥”三年的发展开创了行业健康发展的新路径，是“中国水泥行业整合发展的典范”。

9月　“南方水泥”被中国建筑材料企业管理协会授予“2010年中国建材企业500强”第十一位和“2010年中国建材最具成长性企业100强”首位。

12月　“南方水泥”大规模联合重组和管理整合水泥企业的经验获“第十七届国家级企业管理创新成果一等奖”，同时被哈佛商学院收录为教学案例。

12月　“南方水泥”注册资本金由35亿元人民币顺利增资至100亿元人民币。

“常山南方”2条生产线

富阳“山亚南方”

“桂林南方”水泥有限公司

湖南“金磊南方”

湖南“桃江南方”

“江山南方”图片——企业全景图

兰溪“诸葛南方”

为水泥生产商提供全方位的服务——合肥水泥研究设计院

Committed to provide full service to cement producers – Hefei Cement Research and Design Institute

【企业概况】 合肥水泥研究设计院(HCRDI)(简称“合肥院”)是原国家建材局直属的重点科研设计单位,有60多年的历史,1999年转制为国有企业,现隶属中国建筑材料集团有限公司。全院占地面积25公顷,现有职工2 440多人,其中教授级高工58人、高级技术人员210人、中级技术人员430人。具有专项技能的人员有110人,各类执业资格人员共120多人。

“合肥院”下设设计分院、粉体工程公司、热工技术装备公司、金山科技实业公司、环保工程公司、设备及金属材料工程公司、机电工程公司等专业公司16个,主要从事水泥生产技术和装备的研发、制造;水泥工厂的工程设计、技术服务、工程监理、设备成套、工程总承包等工作,拥有工程设计、工程总承包、工程咨询、工程监理、环境治理专项设计甲级资质,工程造价咨询、钢结构工程设计乙级等各类资质。“合肥院”在全国工程勘察设计百强企业中位列第10名;连续五年在中国建材机械行业20强企业中位列三甲;是全球最大225家国际承包商之一;荣获“中国百家创新示范企业”奖。

1. 科研开发。成立于1950年的合肥水泥研究设计院作为中国水泥行业的重点科研院所,主要进行试验研究和技术开发工作,承担国家下达的水泥工艺、技术装备和自动化等领域的研究任务,承担国家科研攻关项目等。几十年来,“合肥院”坚持为水泥工业的技术进步服务,瞄准国内外的先进水平,着重研究开发“水泥生产过程中节能、环保和自动化技术的新工艺、新装备”,形成了以水泥热工、粉体工程、水泥工业自动化、环境保护工程、水泥原料优化开采和资源综合利用为代表的优势专业。建院以来,“合肥院”共承担包括国家科技攻关计划、国家科技支撑计划、省部级重点项目等在内的研究课题350余项,投入资金数亿元。其中承担国家级科技项目20余项,省、部级科技项目60余项;全院经鉴定的各类科研成果200余项,其中有90项处于国际或国内领先水平。具有重大影响的科技成果有:“日产700~5 000吨水泥煅烧窑外分解技术开发”、“挤压联合粉磨技术”、“HRM立式磨”、“高细高产磨”、“钢丝胶带提升机”、“科氏力流量计”、“高浓度低速脉冲气力输送装置”、“日产5 000吨预分解窑窑尾袋式除尘器的研制及应用”、“石灰石矿山强化开采爆破安全研究”、“DS&HES高效选粉机及其工艺系统”、“HFKH型快速沸腾式烘干系统及设备”、“立窑节能示范”、“高掺电石渣煅烧水泥熟料新型干法工艺的研究”等,这些科技成果为我国水泥工业的技术进步,做出了较大贡献。

近年来,“合肥院”立足于研发和技术创新,科技投入逐年增加,在加快“研发中心”的建设以及抓好重点科研项目的前提下,以节约能源、资源和环境保护基本国策为指引,围绕节能减排、环境保护和综合利用的主题,实施科研项目的开发和拓展,完成了电石渣综合利用、低温余热发电及垃圾焚烧等多个综合利用项目的科研工作,提高了资源和能源的利用效率,得到广大用户的认可,达到了同行业的领先水平。

2. 科技成果产业化。合肥水泥院经过三十余年的努力,不断探索适合自身实际的产业化生产模式。上世纪80年代初,为了适应外部环境的变化和经济发展的要求,“合肥院”利用自身的科研优势,开始了科研成果产业化的尝试,在取得了初步成效之后,“合肥院”根据自身特点,针对不同发展时期和不同类别的产品,逐步发展了技术转让、合资办厂和自办企业等多种产业化模式,带来了巨大的经济效益和社会效益,“合肥院”的技术研发和装备制造也走在了国内同行的前列。但是,由于产业模式多,产品类别复杂、企业分散、产业规模、管理水平参差不齐,为了把科技产业进一步做大、做强,使“合肥院”的科技产业迈上一个新的台阶,2001年,“合肥院”在合肥经济技术开发区建设了拥有国内一流加工设备、管理规范的现代化科技产业加工基地——科技产业园(第一产业园),产业园占地200亩、建筑面积5.5万平方米,园区内生产、实验、办公设施完善。科技产业园的建成,不仅使“合肥院”在装备制造能力、生产规模和企业管理等方面有了新的突破,也是“合肥院”科技产业发展中一个非常重要的产业模式，它标志着“合肥院”科技产业新的发展时期的到来。

经过三十年的发展，“合肥院”逐渐形成了多层次的产业群体，拥有多项自主知识产权的上百种科技产品，其中：以辊压机、立式磨、高效选粉机等为代表的新型节能粉磨技术及装备，节能效果显著，各项指标达到了国际先进水平，产品竞争实力强，市场占有率达到60%以上；以高能效预分解系统、第四代步进式冷却机、控制流篦冷机、多通道燃烧器、节能烘干机等为代表的热工技术及装备，经过不断优化和改进，多项技术获国家专利，技术指标达到了国内领先水平，在建材及钢铁、冶金、有色等行业中具有较强的竞争力；以高浓度防爆型袋式收尘器、气箱脉冲袋收尘器、电收尘器、煤磨袋收尘器等为代表的环保技术与装备，拥有多项发明和实用新型专利，各项技术指标达到了国内领先水平，在激烈的市场竞争中具有较强的优势；以钢丝胶带斗式提升机、大型低耗气力输送设备等为代表的物料输送技术与装备，技术指标达到了国际先进水平，打破了国外著名生产商的垄断，填补了国内空白，产品国内市场占有率达到80%以上；以转子秤、科氏秤、皮带秤、筒体测温仪器等为代表的计量与控制系统装备，灵敏度高，环境适应能力强，技术指标先进，达到了国内领先水平；此外，高效破碎机、高浓度气力输送泵、耐磨耐热材料、钢结构等技术产品也处于国内领先水平，具有一定的市场竞争力。合肥水泥院这些高品质的技术装备，不仅应用于水泥工业，还广泛应用于建材、电力、冶金、化工等领域，不仅满足国内需求，还出口到亚洲、非洲、美洲、欧洲等地区，使“合肥院”成为水泥大型装备的生产和出口基地。

3. 工程设计。自建院以来，通过几代人的努力，合肥水泥院的设计工作从无到有，从机立窑生产线到现今的万吨新型干法水泥生产线，从国内第一条窑外分解线——邛县水泥厂日产700吨熟料窑外分解工艺线，到沙特阿拉伯日产6 000吨熟料生产线，合肥水泥院充分利用自身的科研优势，不断提高设计水平。迄今为止，已承担国内外不同工艺、不同规模的水泥生产线设计500多条，并可提供水泥粉磨站、电石渣综合利用、余热发电、城市垃圾焚烧、水泥厂矿山等工程的设计服务，具有工艺布局合理、运行可靠、经济技术指标先进等鲜明的技术特色。工程设计项目获省部级以上优秀工程设计奖41项，工程咨询获省部级以上优秀工程咨询成果奖17项。

从2001年开始，“合肥院”开始实行“走出去”战略。虽然起步时间晚，但由于具有国内领先的设计水平和建材行业领先的装备研发和制造水平，“合肥院”设计的水泥工厂具有鲜明的技术特色，在子系统与整条生产线的衔接上浑然天成，在工厂的运转和售后服务方面均较那些拼盘式的水泥工厂具有明显的综合优势，因此，“走出去”的步伐很快。从2001年在巴基斯坦承接第一个技术改造项目，到2005年在沙特承接第一个水泥生产线EPC项目，“合肥院”经历了由小到大、由单一设备出口到生产线建设的“走出去”过程，在巴基斯坦、越南、印度尼西亚、埃塞俄比亚、智利、沙特阿拉伯、苏丹、俄罗斯等国家相继承接了二十多个总承包项目，逐渐形成了以水泥技术为核心，利用科研和产业优势，以总承包工程带动装备出口的主要出口模式，国外经营业额已从2002年的300万美元增长到2009年的4亿美元，连续五年列安徽省首位，成为具有国际影响力的国际工程承包商和技术装备供应商。

通过走科研、设计、产业、工程总承包四位一体化协调发展的道路，合肥水泥研究设计院已从一个科研事业单位跨越成为极具国际市场竞争力的高科技型企业。面对新时期国际、国内市场的新挑战和新机遇，“合肥院”全体人员将继续依靠科技创新，坚持“科学技术是第一生产力”的方针，坚持走国际化道路，推进体制改革，加强人才引进，不断提高管理水平，勇于开拓，积极进取，继续打造“合肥院”品牌，为成为知名的国际工程承包商和装备制造商而不懈努力和奋斗。

记 事

1950年1月 重工业部华北窑业公司筹备成立研究所，重点试验研究水泥使用技术。

1950年10月1日 新中国成立后第一个建材科研机构——华北窑业公司研究所在北京成立。

1951年3月1日 东北工业部建筑材料工业管理局以第一陶瓷厂研究部和本局设计处化工科为基础，在沈阳成立技术研究室（简称东北技术研究室）。

1953年2月 东北工业部建材工业管理局并入重工业部建筑材料工业管理局，原东北技术研究室更名为“中央人民政府重工业部建筑材料工业管理局技术研究室”（简称东北技术研究室）。

1954年5月24日 重工业部批准建材工业管理局将原北京研究所与东北技术研究室合并，在北京管庄成立“重工业部建筑材料工业管理局建筑材料工业试验所”。

1978年1月10日 国家建材总局在北京召开会议，决定合并江油水泥工艺研究所、辽宁水泥自动化研究所、唐山水泥机械研究所，在合肥建院，院名为“国家建材总局水泥研究院”。

1980年2月14日 建材部决定，将国家建材总局水泥研究院更名为“建筑材料工业部合肥水泥研究院”。

1983年4月18日 “合肥院”承担的国家攻关项目“邳县窑外分解炉”通过验收并达标，这是国家建材局第一个国家级攻关验收项目。

1983年 “合肥院”开始工程设计工作，承接枣庄矿务局日产700吨技改工程。

1987年5月 “合肥院”设备所在新型耐磨耐热金属材料研究的科技成果基础上，利用材料试验车间，生产特种金属材料的磨机衬板、隔仓板等产品，自行销售，形成了“合肥院”第一个产业。

1994年10月 “合肥院”首个国外工程设计项目越南和平水泥厂年产10万吨机立窑生产线一次性点火投料成功。同年12月，获得越南国家副主席陈德良接见，越南建设部颁发了荣誉证书。

1999年5月20日 科技部、国家经贸委国科发政字(1999)197号文件，自1999年7月1日起，“合肥院”由事业单位转制为企业，进入中国新型建筑材料(集团)公司。

2000年12月 在合肥经济开发区购置土地近百亩，建设院第一科技产业园。

2002年8月 “合肥院”首次自行出口的巴基斯坦LUKEY水泥厂日产2 500吨熟料生产线油改煤项目，实现投产达标。

2003年6月 “合肥院”与安徽皖维高新材料股份有限公司签订了日产6 000吨熟料生产线合同，该项目的实施，标志“合肥院”在大型干法生产线工程设计上获得重大突破。

2005年7月20日 “合肥院”与沙特NAJRAN水泥公司签订了日产6 000吨水泥熟料生产线合同。这是“合肥院”承接的第一个EPC模式的总承包工程，是当时国内规模最大的水泥出口项目，也是沙特国内最大的水泥生产线工程。

2005年8月 “合肥院”设计的山东淄博日产1 200吨高掺电石渣生产线顺利投产达标，这是我国首条高掺入工业废渣生产水泥的干磨干烧工艺生产线，为循环经济发展起到了积极的推动和示范作用。

2006年2月15日 “合肥院”巴基斯坦Attock项目中的3名工程技术人员遭受恐怖分子袭击，不幸遇难。在党和国家领导人以及各级政府的重视下，在集团领导的关心和大力支持下，院领导班子、各有关部门，团结协作、相互配合，袭击事件最终得到妥善处理。“合肥院”技术人员在事发三个月后重返工地，受到了业主和我国驻巴领事馆的高度评价，为工厂按期投产做出了贡献。

2006年4月5日 人大常委会副委员长、国务委员陈至立在安徽省委书记郭金龙、省长王金山、合肥市委书记孙金龙、市长吴存荣等的陪同下到“合肥院”考察(见下图)。

2006年8月31日 “合肥院”与福建漳平振鸿水泥有限公司签订日产2 500吨熟料水泥生产线合同，这是“合肥院”承接的第一个国内总承包工程。

2006年 《淄博宝生环保建材有限公司电石渣替代石灰石新型干法水泥生产线科研报告》荣获“全国优秀工程咨询成果”二等奖。这是“合肥院”首次荣获全国优秀工程咨询成果奖。

2007年9月11日 “合肥院”HFCG系列辊压机产品荣获“中国名牌产品”称号，开创了建材行业科研院所自主研发和制造的产品获“中国名牌”的先河。

2007年 《大型新型干法水泥生产线配套装备研制与应用》获得国家科技进步二等奖。这是该年度我国建材行业惟一获得国家科技进步奖的项目。

2008年1月27日 越南国家主席阮明哲先生来由“合肥院”承建的缘何水泥厂视察指导工作。

2008年6月7日 “合肥院”设计的首套10兆瓦低温余热发电系统在湖南印山水泥公司并网发电。

2008年6月26日 “合肥院”与越南建设部建材局共同举办的“2008年越南市场水泥技术推介会”在越南河内隆重举行。

2008年12月23日 中国水泥协会主办召开“合肥院”HRM4800型立磨新闻发布会。该磨机的正式投入生产，结束了我国不能自主生产大型原料磨的历史，标志着自此以后国内大型水泥生产线不再依赖进口的原料立式磨。

2009 年 11 月 8 日　“合肥院”重组成立了中建材宁国新马耐磨材料有限公司。

2008 年 11 月 25 日　建材联合会会长张人为视察“合肥院”(见下图)。

2007 年 9 月 6 日　全国政协副主席罗豪才考察“合肥院”(见下图)。

全球最大的混凝土机械制造商——三一重工股份有限公司

The largest concrete machine manufacturer in the world – Sanyi Zhonggong Co. Ltd.

“三一重工”是全球最大的混凝土机械制造商,也是中国最大、全球第六的工程机械制造商。

【企业概况】　三一重工股份有限公司由三一集团投资创建于 1994 年,总部坐落于长沙经济技术开发区。自公司成立以来,“三一重工”每年以 50% 以上的速度增长。2010 年,公司实现营业收入 339.55 亿元,同比增长 78.94%;净利润 56.15 亿元,较上年同期增长 112.71%;每股收益 1.11 元,同比增长 112.71%。2011 年 7 月 1 日,英国《金融时报》公布全球 500 强上市企业名单,“三一重工”以 215.84 亿美元的市值排名第 431 位,成为惟一上榜的中国机械企业。

“三一重工”主要从事工程机械的研发、制造、销售,是中国最大、全球第六的工程机械制造商。近年来,连续获评为中国企业 500 强、亚洲品牌 50 强、工程机械行业综合效益和竞争力最强企业、福布斯“中国顶尖企业”、《财富》十大“最受赞赏中国公司”、全国质量工作先进单位,中国最具成长力自主品牌、中国最具竞争力品牌、中国工程机械行业标志性品牌。

“三一重工”产品包括混凝土机械、挖掘机、汽车起重机、履带起重机、桩工机械、筑路机械。目前,三一混凝土机械、挖掘机、履带起重机、旋挖钻机已成为国内第一品牌,混凝土输送泵车、混凝土输送泵、商品混凝土搅拌站和全液压压路机等多款产品连续多年市场占有率居国内首位,泵车产销量居世界首位,是全球最大的混凝土机械制造企业。

2002 年,“三一重工”在香港国际金融中心创下单泵垂直泵送混凝土 406 米的世界纪录。2007 年 12 月,“三一重工”在上海环球金融中心以 492 米再次创造单泵垂直泵送的世界新高。“三一重工”还研制出世界第一台全液压平地机、世界第一台三级配混凝土输送泵、世界第一台无泡沥青砂浆车。2007 年和 2009 年,由“三一重工”自主研制的 66 米泵车、72 米泵车两次获得吉尼斯世界纪录,标志着中国由混凝土泵送技术的跟随者成为领导者。2011 年 9 月 19 日,“三一重工”86 米世界最长臂架泵车下线,再次实现对混凝土超长泵送技术的超越。2011 年 9 月 24 日,在北京人民大会堂召开的 2011 年工程机械行业用户满意度测评结果发布会中,“三一重工”旗下泵车、拖泵、车载泵、搅拌站、旋挖钻机、挖掘机、履带起重机、摊铺机 8 类产品获得自主品牌用户满意度第一。

【研发体系】　三一秉承“品质改变世界”经营理念,将销售收入的 5% ~7% 用于研发,致力于将产品升级换代达到世界一流水准。拥有国家级技术开发中心和博士后流动工作站，目前，“三一重工”共申请专利 2 600 余项，拥有授权有效专利 1 500 项，拥有核心技术 100 多项。两次荣获国家科技进步二等奖，其中“三一重工”技术创新平台荣获 2010 年度国家科技进步二等奖，是建国以来工程机械行业和湖南省惟一获此殊荣的企业，也是工程机械行业获得的国家级最高荣誉。“三一重工”执行总裁易小刚获首届十佳全国优秀科技工作者，是工程机械行业和湖南省惟一获奖者。

【服务体系】 目前，“三一重工”在全国建有 21 家 6S 中心，为客户提供整车销售、零配件供应、售后服务、信息反馈、产品展示、培训全套解决方案。在国内设有 700 多个服务网点，3 000 多名训练有素的服务工程师、1 600 多辆工具齐全的服务车、450 多个配件仓库、5 亿多元、8 万余种零配件让客户在全国的任何一个地方都能轻松享有最高品质的服务保证。

此外“三一重工”在全国建立了 50 多家维修中心，能为客户迅速解决疑难故障，快速地为客户对设备进行维修处理。同时为打造“精益服务”，行业首创成立 ECC 企业控制中心(见下图)。

【制造能力】 精益制造是“三一”倾力打造的三大核心竞争能力之一。通过实行全面的生产管理、6S 现场管理、6σ 管理，建立全新的“三一”生产方式——SPS，持续、稳定提升和保证产品品质。

“三一重工”分别从德、美、日等国引进了最先进的加工中心、喷涂线、钢材预处理线等大型现代化设备；分工精细、结合计算机控制的流水装配线，在国内首家应用于混凝土输送泵、压路机等产品装配，确保整机品质完全符合设计标准。目前，“三一重工”已形成 500 亿元产值的生产能力，并且还在不断扩建。

【质量保证】 “三一重工”已通过国家 ISO 9000 质量体系认证、ISO14001 环境管理体系认证、OHSAS18001 职业健康安全体系认证和德国 TUV 认证。在公司，每日一次的质量检查通报和现场检查通报、每周一次的质量分析会、每月一次由总经理主持的质量总结会已成为惯例。2007 年全面导入 6σ 管理，有效减少过程偏差或缺陷，进一步完善了质量管理体系。

【领导关怀】 2003 年 10 月 3 日，中共中央总书记、国家主席胡锦涛同志莅临“三一重工”考察指导工作，并亲切寄语：“你们已经取得了辉煌的过去，希望你们团结一心，有一个更加美好的未来。”

2006 年 9 月 15 日，中共中央政治局委员、国家公安部部长周永康视察“三一重工”，并鼓励“三一重工”人：“你们为振兴民族工业做出了很大贡献”。

2005 年 4 月，中央政治局常委、国家副主席曾庆红视察“三一重工”，对“三一重工”在工程建设机械设备制造领域所取得的成绩给予了充分肯定。

2009年1月29日，正在德国访问的温家宝总理于当地时间下午1点，与德国总理默克尔一起，出席了在德国总理府举行的“三一重工”与德国北威州政府投资协议签字仪式（见上图）。根据协议，“三一重工”将在德国北威州的科隆市投资1亿欧元建设研发中心及机械制造基地，这是迄今为止中国在欧洲最大的一笔实业投资项目。

【企业责任】 2008年5月12日地震发生后，“三一重工”驻川经营机构迅速向总部报告了当地情况，集团高层对此高度重视，迅速成立了以董事长梁稳根为组长、以公司团委为骨干力量的支援抗震救灾领导小组，并决定一次向灾区捐赠1 800万元，其中设备1 500万元、现金300万元。捐献的设备主要是适应救灾需要的挖掘机和起重机。5月14日上午，“湖南省青年志愿者三一集团抗震救灾服务队”迅速成立，第一批志愿者共50人奔赴灾区。位于四川、重庆的“三一重工”分支机构已投入了救灾活动，公司还从全国范围内调集了最优秀的设备操作手飞赴灾区开展救灾。尽管每年3～5月份是最大的产销旺季，在生产任务非常繁重、人员极度紧张、产品供不应求的情况下，公司仍然在“品质改变世界，爱心拯救生命”、“品质改变世界、爱心改变命运”的支持抗震救灾口号下，充分动员全公司力量，开展各项支援灾区的活动。

【国际救援】 2010年8月5日，智利北部铜矿塌方，矿难发生地处于沙漠地带，矿工被困700米深地底，现场救援环境恶劣，智利政府选定由中国上海三一集团设计生产的SCC4000型履带起重机，承担起吊救援舱的重任。此次参与智利被困矿工救援任务的三一SCC4000履带起重机，是由上海三一科技有限公司设计生产，在2006年正式下线，被誉为“神州第一吊”，曾获得上海科技博览会金奖，在电控、力限系统、液压装置等方面都处于世界先进水平。它起重达400吨，是迄今我国出口到南美洲地区最大吨位的履带起重机。被誉为“神州第一吊”的三一SCC4000型履带起重机被选中参与智利矿难救援，为这场国际救援的成功提供了保障，受到智利政府和国际社会的高度赞扬，被认为是“中国制造”崛起的体现。随设备一同进驻的“三一重工”服务工程师郝恒，是救援现场惟一的亚洲面孔（见下图）。

铸就成套混凝土机械卓越品质——徐工混凝土机械事业部

Cast excellent quality of complete set of concrete machinery
——XuGong Concrete Machinery Business Department

【企业概况】 徐工混凝土机械事业部，是徐工集团核心企业之一，自1987年开始研制、生产、销售混凝土成套机械的专业化制造企业，是中国混凝土机械行业真正的鼻祖，开创了中国混凝土产业之先河。目前，徐工混凝土机械事业部拥有员工近3000人，其中，各类技术人员1000余人，拥有行业内最具领先水平的精、大、稀重点设备数百台套。

目前，已形成拥有自主知识产权、领先水准的混凝土机械产业集群：35到270立方六大系列、20多种型号的混凝土搅拌站，10到60万吨干混砂浆站；3方到15方混凝土搅拌运输车，粉粒物料运输车；28米到74米混凝土泵车，80、90、100车载泵，60、80拖泵和HPC30喷浆车等成套装备，全力提供最全面、最适用的混凝土成套机械一体化解决方案。

事业部拥有行业内最先进生产制造基地和最完美的工艺流程保证，全数字化数控切割机群、国际先进的高效自动焊接工作站、国际领先的大型数控加工中心、行业最大的喷涂线，以及行业先进的泵送试验系统，完全满足了混凝土成套机械各型产品的下料成型、焊接、数控加工、涂装、装配、调试等关键工艺技术领域的生产，实现了混凝土机械产品的流水线生产布局，铸就徐工成套混凝土机械卓越品质。

服务资源密集化网络布局，全面打造覆盖全球的立体式营销、服务保障体系。国际100多家代理商；国内31个直销代表处、80余家经销商、300多家4S、6S终端网点；遍布全球的400多个备件储备中心和超过1亿元人民币的三包备件储备；400统一呼叫中心、CRM系统、DMS系统、GPS系统、远程诊断系统等信息化平台支撑；800余名专业服务工程师、500余辆专用售后服务车。全方位贴近市场、服务客户。

依托"中国工程机械之都"的强大产业支撑，在徐工集团宽广、优秀的发展平台上，徐工混凝土机械事业部秉承"担大任、行大道、成大器"的理念，不断进行技术升级和创新，持续加大网络资源投入，为中国工程机械走向世界做出更多的积极贡献。

华南地区市场主导企业之一——台湾水泥股份有限公司

One of the leading enterprise in south China market – Taiwan Cement Co. Ltd.

【企业概况】 “台泥”创立于1946年，为台湾业界的领导企业，市场占有率长期保持第一。主要营业范围包含水泥、水泥制品之生产与销售，以及预拌混凝土之产销。2010年在大中华地区的总产能约为5 000万吨，在中国国内名列前茅。“台泥”为全球主要外销厂商之一，其高质量水泥在国际间颇负盛誉，先后获得包括美国加州洛杉矶市政府水泥认证、欧盟水泥CE认证在内的多项证书。

目前，“台泥”分别于广东英德、广西贵港、江苏句容、辽宁昌庆、贵州安顺、四川广安、四川重庆、云南保山、云南安宁、台湾和平、苏澳及花莲设有水泥厂；于安徽朱家桥、广西柳州及福建福州及东莞投资或设立粉磨站，总共有14座水泥厂，4座粉磨厂、24座预拌厂及一座水泥专用港分别位于台湾及中国内地两地。

2010年是“台泥”植根大陆的第6个年头。这6年来“台泥”在大陆的业务版图已遍及广东、广西、福建、江苏、贵州、云南、四川、重庆、辽宁，在这片神奇的土地上，“台泥”在不到5年的时间里就轻而易举地超越了过去50多年在台湾发展起来的产能，“台泥”的业绩也随之突破成立以来的新高。

【环保是责任，不是成本】 台泥人信奉的一句话——“环保是责任，不是成本”，这也是“台泥”环保责任观的精髓所在。成立60余年来，“台泥”始终以环境保护为己任，秉承这一理念，通过发展发电、废弃物处理等事业，倾心打造“水泥、发电、环保”三大核心的环保产业链，并在台湾成立亚洲最大的植物保种中心，履行企业的社会责任。

在大陆的每一座工厂我们也以ISO14001环保认证体系来建设。值得一提的是，“台泥”的矿山沿用了台湾绿色开采的经验，即充分利用开采区域的资源、最大限度地避免矿区环境的破坏，透过研究土地与生态破坏所产生的环境效应，选择最适当的采矿方法，再以采矿活动为中心，将矿山人文环境、生态环境、资源环境和经济环境相互联系起来。

在“台泥”英德厂生态化矿山作业现场，“乱石堆、粉尘灰、噪音大”不复存在，科学、合理的作业井然有序。而在江苏句容，长达16.4公里的采矿皮带廊输送系统隐藏于青山绿水中间一尘不染，这里曾因环保的突出示范荣列国土资源部先进矿山企业和江苏环境友好工程。

为深入推进节能减排，“台泥”是大陆较早全面推进余热发电的水泥企业，以英德厂为例，目前投入两套21兆瓦纯低温余热发电系统：年发电量约3亿千瓦时，相当于年节约标煤约9.7万吨，可减少CO_2排放量约10.5万吨。

“台泥”深信，环保与经济的良性互动有助于提升社会生活品质，因而“台泥”在生产过程中致力于尊重环境资源，保护我们所身处的环境，“以提升竞争力、资源再利用最大化、降低单位能源耗量、减少废弃物”为主轴，达到企业可持续发展的目标。“台泥”以新式、科学生产工艺，矿渣废料得到再利用、水泥窑炉高温可以处理包括电子工业废物在内的所有有害垃圾，从而达到零排放，将水泥产业做成绿色产业。

【台泥“三合一”发展模式】 “台泥”在台湾花莲和平厂开创性地摸索出一条世界水泥工业独特的“水泥＋发电＋环保”“三合一”发展模式，三位一体，资源互补。

在那里，从矿区最上端开挖，外面无法看到采矿过程，原料开采后直接以输送带运到水泥厂，制造过程也是完全在密闭式空间完成；在运输物流上，就盖一个海港，然后把最终产品直接送到港口码头分送给各地，所以厂区所在的地方道路、社区、乡镇根本不会受到环境的破坏，反而因厂区的绿化变得更美，得到更优的生活环境。

一般来说，水泥的基本原料有石灰石、黏土、硅砂、铁渣等四种，配合煤炭、燃料油及天然气等燃料煅烧成熟料，并在研磨水泥时加入适量的石膏，配合电力和煤炭、燃料油及天然气等燃料制造而成，在前段制程中会排放二氧化碳，而业者会在磨制过程中添加炉石粉及粉煤灰，以减少普通水泥的用量，形成水泥替代品。

和平电厂烧煤产生出来的粉煤灰，就当做水泥原料之一；至于水泥生产过程中所产制的石灰粉，又被当成电厂脱硫的原料，最后做出的脱硫石膏，也可以作为水泥附加添加的成分之一，这样，就形成一个良性循环。

另外在协同处废方面，“台泥”恪尽环保职责，专门成立处置废弃物的达和环保公司与水泥厂一同长期持续为社会、为企业处理生活垃圾、污泥及事业废弃物，包括废溶剂、氟化钙污泥，脱硫无机性污泥、净水污泥、煤灰、石材污泥、脱硫石膏、工程废弃土、铝渣等。如从2001至2010年，“台泥”协助处理电子业产出废溶剂116 295吨，处理氟化钙污泥132 262吨，每吨水泥处理其他事业废弃物在100～300千克。这样一来，“台泥”一方面可为社会解决公害，一方面也可以把废溶剂等当替代燃料，降低生产成本。

记　事

1. 并购大陆“昌兴国际”附属水泥公司年产能1 600万吨。

2. 句容台泥水泥有限公司二线年产200万吨投产。

3. 完成并购大陆“昌兴国际”附属水泥公司的大陆产能，台泥大陆年产能达3 635万吨。

4. “台泥”辽宁昌庆水泥有限公司一线年产200万吨投产。

5. “台泥”(重庆)水泥有限公司一线年产200万吨投产，“台泥”大陆年产能达4 035万吨。

6. 完成发行新股4亿股总金额新台币108亿元现金增资案，增资后资本总额为36 921 758 690元。

7. 赞助2010年上海世博会台湾馆，就近提供高质量水泥及客制化抗渗混凝土技术，协助台湾馆短期内兴建完成。

8. 荣获行政院文化建设委员会表扬颁发第十届文馨奖“金奖”。

9. 荣获经济部国贸局举办1998年度输往中东地区重点拓销市场出口成长率第2名，颁发“金贸奖”一座。

10. 大陆广东英德厂、广西贵港厂及江苏句容厂荣获大陆水泥质检中心“全优单位”奖，其中广东英德厂更以卓越的质量荣膺“特等奖”。

2010 年全国投产新型干法水泥生产线

New type dry process cement production line put into production in China in 2010

据中国水泥协会统计，2010 年全国新投产新型干法水泥生产线 222 条，年新增设计水泥熟料产能 2.60 亿吨。其中日产 4 000 吨及以上生产线 119 条，占新增水泥熟料总产能的 69.58%；日产 2 000 吨及日产 4 000 吨以下生产线 98 条，占新增水泥熟料总产能的 29.82%；日产 1 000 ~ 1 500 吨生产线 5 条，仅占新增水泥熟料总产能的 0.60%；2010 年，涉及年新增设计水泥熟料产能较大的省份有：四川省新增3 220.9 万吨；河北省新增 2 068 万吨；贵州省新增1 798万吨；山西省新增 1 472.5 万吨；重庆市新增 1 395 万吨；广西区新增 1 364 万吨；陕西省新增 1 255.5 万吨；江西省新增 1 159.4万吨；山东省新增 1 122.2 万吨；湖南省新增 1 054 万吨；新疆区新增 1 010.6 万吨；湖北省新增 958 万吨；内蒙区新增 952 万吨。

在此，中国水泥协会感谢各省市自治区水泥协会（建材协会）以及各大设计院和企业所帮助提供和核准的 2010 年水泥投产数据。

2010 年全国已投产新型干法生产线统计汇总表

规 模(t/d)	800 ~ 1 200	2 000 ~ 2 500	3 000 及以上	4 000 及以上	5 000 以上	合计
生产线数(条)	5	82	16	16	103	222
熟料能力(万 t/a)	155.0	6 153.5	1 593.4	2 008.8	16 064.2	25 974.90
占熟料总产能比(%)	0.60	23.69	6.13	7.73	61.85	100.00

2010 年全国投产新型干法生产线统计（按地区）

Statistics of national new type dry proocess production lines put into production in 2010 (per region)

总序号	序号	企业名称	建设地点	建设规模(t/d)	投产日期
	一	北京			
		0 条生产线(0 万吨熟料/年)		0	
	二	河北			
1	1	河北鼎星水泥有限公司	河北石家庄井陉县孙庄乡	3 200	2010.03
2	2	曲阳金隅水泥有限公司	河北曲阳县灵山镇	5 000	2010.05
3	3	涿鹿金隅水泥有限公司	河北张家口涿鹿卧佛寺乡	5 000	2010.06
4	4	邯郸金隅太行水泥有限公司三线	河北邯郸市峰峰矿区	5 000	2010.11
5	5	金隅集团赞皇县水泥项目二线	河北赞皇县五马山工业园	5 000	2010.07
6	6	冀东水泥三友公司二线	唐山古冶区巍山石矿	4 000	2010.04
7	7	冀东唐县水泥公司一线	河北保定唐县	5 000	2010.06
8	8	冀东水泥唐山启新项目	河北唐山	5 000	2010.12
9	9	康达承德水泥有限公司(冀东)	河北承德市承德县甲山镇	3 000	2010.12
10	10	唐山耀东水泥有限公司	河北唐山滦南县扒齿港镇	4 000	2010.03
11	11	武安新峰水泥有限公司二期一线	河北武安午汲镇	5 000	2010.09
12	12	河北兴隆福成水泥公司	河北承德市兴隆县李家营乡	2 500	2010.02
13	13	中达集团有限公司水泥项目	河北邢台内丘县	2 500	2010.06
14	14	燕东集团华城水泥有限公司	河北唐山市丰润区刘家营	5 000	2010.06
15	15	唐山冀丰水泥(泓泰水泥)有限公司	河北唐山市丰润区沙流河镇	5 000	2010.12

续 表

总序号	序号	企业名称	建设地点	建设规模(t/d)	投产日期
16	16	河北抚宁县信合水泥厂二期	河北秦皇岛市抚宁县石门寨	2 500	2010.12
		16 条生产线(2 067.7 万吨熟料/年)		66 700	
	三	**山西**			
17	1	太原金圆水泥有限公司一期	山西太原阳曲县	3 200	2010.01
18	2	朔州金圆水泥有限公司一期	山西朔州市朔城区神头镇	5 000	2010.12
19	3	太原冀东双良水泥有限公司	山西太原阳曲县东黄水镇	2 500	2010.01
20	4	大同冀东水泥有限公司二线	山西大同塔山工业园	5 000	2010.10
21	5	山西神固水泥有限公司	山西朔州右玉县	2 500	2010.09
22	6	山西同煤集团水泥项目	山西朔州怀仁县何家堡	5 000	2010.10
23	7	吉港冠宇水泥有限公司一期	山西忻州保德县尧洼乡	2 500	2010.12
24	8	山西华润福龙水泥有限公司一线	山西吕梁市柳林县雅沟村	5 000	2010.07
25	9	山西高平维高水泥有限公司	山西晋城高平县马村镇	2 500	2010.10
26	10	山西太原广厦水泥有限公司二线	山西太原阳曲	2 500	2010.11
27	11	大同云中水泥有限公司	山西大同南郊区口泉乡上窝寨	5 000	2010.12
28	12	金隅岚县昌通建材有限公司	山西吕梁市岚县	2 500	2010.12
29	13	山西南娄集团公司	山西阳泉市盂县南娄镇	2 500	2010.12
		13 条生产线(1 472.5 万吨熟料/年)		45 700	
	四	**内蒙古**			
30	1	内蒙古君正化工水泥项目	内蒙	2 500	2010.04
31	2	乌海赛马水泥有限公司	内蒙乌海	2 500	2010.08
32	3	阿拉善左旗松塔水泥有限公司	内蒙阿拉善左旗巴润别立镇	2 500	2010.09
33	4	内蒙古包钢西水创业乌海有限公司	内蒙乌海东南郊卡布其镇	5 000	2010.05
34	5	克什克腾旗红山水泥有限公司一线	内蒙赤峰克什克腾旗煤电化基地	2 500	2010.10
35	6	内蒙阿旗山水水泥有限公司一期	内蒙赤峰阿鲁科尔沁旗双胜镇	2 500	2010.11
36	7	内蒙古东蒙水泥有限公司三线	内蒙通辽市库伦旗扣河子镇	3 200	2010.08
37	8	内蒙古蒙西集团生产经营中心二期	内蒙鄂尔多斯	5 000	2010.08
38	9	阿荣旗蒙西水泥有限公司二期	内蒙呼伦贝尔市阿荣旗工业园区	5 000	2010.10
		9 条生产线(951.7 万吨熟料/年)		30 700	
	五	**辽宁**			
39	1	辽宁大鹰水泥集团二线	辽宁阜新阜蒙县	4 000	2010.05
40	2	北方水泥凌源市富源矿业有限公司	辽宁朝阳市凌源市	4 000	2010.11
41	3	大连金州建达水泥有限公司	辽宁大连	1 000	2010.12
42	4	大连天瑞水泥有限公司三线	大连长兴岛	5 000	2010
43	5	辽宁锦州三鸽水泥制造有限公司	辽宁锦州市班吉塔镇	5 000	2010.08
		5 条生产线(589.0 万吨熟料/年)		19 000	
	六	**吉林**			
44	1	吉林亚泰双阳水泥有限公司六线	吉林双阳	5 000	2010.08
45	2	亚泰集团通化特种水泥 4 000t/d 项目	吉林通化	2 500	2010.05
		2 条生产线(232.5 万吨熟料/年)		7 500	
	七	**黑龙江**			
46	1	西林钢铁集团浩良河水泥有限公司二线	黑龙江伊春市	5 000	2010.08

续 表

总序号	序号	企业名称	建设地点	建设规模(t/d)	投产日期
47	2	黑龙江宾州水泥有限公司二线	黑龙江宾县	5 000	2010. 08
		2 条生产线(310. 0 万吨熟料/年)		10 000	
	八	江苏			
48	1	溧阳市新金峰水泥有限公司	江苏溧阳市	5 000	2010. 12
		1 条生产线(155. 0 万吨熟料/年)		5 000	
	九	浙江			
		0 条生产线(0 万 t 熟料/年)		0	
	十	安徽			
49	1	滁州全椒海螺水泥有限公司一期	安徽滁州全椒县	5 000	2010. 05
50	2	巢湖(东)海昌水泥股份有限公司二期	安徽巢湖银屏镇	5 000	2010. 10
51	3	天瑞集团萧县水泥有限公司一线	安徽宿州市萧县经济开发区	5 000	2010. 11
		3 条生产线(465. 0 万吨熟料/年)		15 000	
	十一	福建			
52	1	永安万年水泥有限公司二期	福建永安市曹远镇	5 000	2010. 07
53	2	三明大田红狮水泥有限公司一线	福建三明市大田县太华镇	5 000	2010. 08
54	3	福建安砂建福水泥股份公司 9#窑工程	福建永安市安砂镇	5 000	2010. 12
55	4	福建塔牌水泥有限公司二期	福建武平县岩前镇	5 000	2010. 12
		4 条生产线(620. 0 万吨熟料/年)		15 000	
	十二	江西			
56	1	江西印山台水泥有限公司一期	江西萍乡上栗县桐木镇	5 000	2010. 01
57	2	江西瑞金万年青水泥有限公司二线	江西瑞金市云石山乡	5 000	2010. 02
58	3	江西南方万年青水泥有限公司(6 号窑)	上饶市万年县陈营镇	5 000	2010. 02
59	4	江西亚东水泥有限公司四线	江西瑞昌市	4 200	2010. 05
60	5	江西永丰南方万年青水泥有限公司一线	江西吉安市永丰县陶唐乡	5 000	2010. 06
61	6	江西上高南方水泥公司一线	江西宜春上高县墨山垦殖场	5 000	2010. 06
62	7	戈阳海螺水泥有限公司二线	江西上饶市弋阳县三县岭乡	5 000	2010. 09
63	8	江西玉华宏盛水泥有限公司	江西安福县	3 200	2010. 11
		8 条生产线(1 159. 4 万吨熟料/年)		37 400	
	十三	山东			
64	1	中联莒县日广熟料水泥有限公司	山东日照市莒县	4 000	2010. 01
65	2	山东泉头集团金桥水泥有限公司	山东枣庄市中区孟庄镇	5 000	2010. 05
66	3	费县沂州水泥有限公司二线	山东费县	5 000	2010. 11
67	4	葡诚(枣庄)水泥有限公司(山亭一线)	山东枣庄市山亭区	5 000	2010. 11
68	5	冀东水泥烟台公司	山东烟台福山	7 200	2010. 10
69	6	济宁海螺(泗水)水泥有限公司一期	山东济宁市泗水县苗馆镇	5 000	2010. 12
70	7	山东鲁碧水泥有限公司二线	山东莱芜市颜庄镇	5 000	2010. 12
		7 条生产线(1 122. 2 万吨熟料/年)		36 200	
	十四	河南			
71	1	唐河泰隆建材有限公司	河南唐河县黑龙镇	5 000	2010. 02
72	2	天瑞南召水泥有限公司	河南南阳南召县	5 000	2010. 03
73	3	登封市嵩基水泥有限公司	河南登封市徐庄镇	5 000	2010. 03

续 表

总序号	序号	企业名称	建设地点	建设规模(t/d)	投产日期
74	4	河南宝丰大地水泥有限公司二线	河南平顶山宝丰县	5 000	2010. 06
75	5	洛阳黄河同力水泥有限公司二线	河南洛阳宜阳县	5 000	2010. 12
76	6	洛阳新安电力集团万基水泥有限公司	河南洛阳新安县庙头	3 000	2010. 11
77	7	安阳中联水泥有限公司	河南安阳市许家沟乡	5 000	2010. 12
		7 条生产线(1 023. 0 万吨熟料/年)		33 000	
	十五	湖北			
78	1	湖北钟厦水泥股份有限公司二线	湖北荆门市钟祥县双河镇	5 000	2010. 01
79	2	湖北世纪新峰水泥有限公司三线	湖北鄂州市鄂城区	6 000	2010. 03
80	3	黄岗亚东水泥有限公司一线	湖北武穴市田家镇	4 200	2010. 05
81	4	湖北亚东水泥有限公司二线	湖北武汉新洲区	4 200	2010. 12
82	5	华祥水泥有限公司二线	湖北黄石市大冶市汪仁镇	2 500	2010. 08
83	6	黄石四棵水泥厂一期	湖北黄石市大冶市汪仁镇	4 000	2010. 11
84	7	京兰集团永兴水泥公司三线	湖北京山县永兴镇	5 000	2010. 11
		7 条生产线(957. 9. 0 万吨熟料/年)		30 900	
	十六	湖南			
85	1	临湘海螺水泥有限公司	湖南岳阳市临湘县白云镇	5 000	2010. 04
86	2	石门海螺水泥有限公司(一期)二线	湖南常德石门新关镇	5 000	2010. 10
87	3	华新水泥永州道县项目一期	湖南永州市道县寿雁镇	4 000	2010. 08
88	4	湖南邵阳南方水泥有限公司一期	湖南邵阳县谷洲镇	5 000	2010. 12
89	5	湖南常德南方水泥公司鼎城项目	湖南省常德鼎城区板滩镇	5 000	2010. 12
90	6	南方水泥耒阳东兴水泥有限公司二线	湖南耒阳市小水镇江坡村	5 000	2010. 11
91	7	湖南衡阳金山水泥有限公司一期	湖南衡阳石鼓区松木工业园	2 500	2010. 10
92	8	湖南良田水泥有限公司二线	湖南郴州苏仙区良田镇	2 500	2010. 11
		8 条生产线(1 054. 0 万吨熟料/年)		34 000	
	十七	广东			
93	1	华润水泥(阳春)有限公司一线	广东阳江市阳春市春湾镇	2 500	2010. 07
94	2	华润水泥(封开)有限公司二线	广东肇庆市封开线长岗镇	5 000	2010. 04
95	3	华润水泥(封开)有限公司三线	广东肇庆市封开线长岗镇	5 000	2010. 12
96	4	广州石井德庆熟料基地二线	广东肇庆市德清县	3 000	2010. 06
		4 条生产线(480. 5 万吨熟料/年)		15 500	
	十八	广西			
97	1	桂林南方水泥有限公司一期	广西恭城瑶族自治县虎尾区	5 000	2010. 02
98	2	广西华润水泥(上思)有限公司一线	广西上思县	5 000	2010. 05
99	3	广西华润水泥(富川)有限公司一期	广西贺州富川县白沙镇	5 000	2010. 05
100	4	广西华润水泥(田阳)有限公司一期	广西百色市田阳县	5 000	2010. 12
101	5	广西尖峰虎鹰水泥有限公司一期	广西河池东江工业园区	5 000	2010. 05
102	6	广西隆安县四合工贸有限公司水泥项目	广西南宁隆安县古潭乡	4 000	2010. 12
103	7	广西抚绥海螺水泥有限公司三线	广西崇左市扶绥县新宁镇	5 000	2010. 12
104	8	登高集团田东水泥有限公司二线	广西百色市田东县平马镇游昌村	5 000	2010. 01
105	9	柳州鹿寨金利水泥有限公司一线	广西柳州市鹿寨县对亭村	2 500	2010. 11
106	10	柳州鹿寨正菱水泥有限公司一线	广西柳州市鹿寨县对亭村	2 500	2010. 10
		10 条生产线(1 364. 0 万吨熟料/年)		44 000	

续 表

总序号	序号	企业名称	建设地点	建设规模(t/d)	投产日期
	十九	海南			
107	1	华盛天涯昌江水泥有限公司三线	海南昌江	5 000	2010. 01
108	2	海南昌江鸿企叉河水泥二线	海南昌江县叉河镇	2 500	2010. 12
		2 条生产线(232. 5 万吨熟料/年)		7 500	
	二十	重庆			
109	1	重庆綦江科华水泥公司二线	重庆綦江	5 000	2010. 03
110	2	华新水泥重庆涪陵有限公司	重庆涪陵区	5 000	2010. 01
111	3	重庆南桐特种水泥有限公司	重庆万盛区南桐镇	5 000	2010. 06
112	4	拉法基瑞安重庆参天水泥有限公司一线	重庆永川市	5 000	2010. 09
113	5	重庆海螺水泥公司忠县项目一期一线	重庆忠县乌杨镇	5 000	2010. 07
114	6	台泥合川公司一期	重庆合川盐井镇建梁村	5 000	2010. 10
115	7	丰都希望重庆水泥公司一期一线	重庆丰都县湛普镇燕子村	5 000	2010
116	8	丰都希望重庆水泥公司一期二线	重庆丰都县湛普镇燕子村	5 000	2010
117	9	彭水县茂田水泥公司二线	重庆彭水县	2 500	2010. 10
118	10	重庆开州水泥集团有限公司	重庆开县温泉镇	2 500	2010. 10
		10 条生产线(1 395. 0 万吨熟料/年)		45 000	
	二十一	四川			
119	1	攀钢集团攀枝花瑞达水泥公司	四川省攀枝花米易县湾丘黄龙村	2 500	2010. 01
120	2	达州海螺水泥项目一期	四川达州大竹县石河镇	5 000	2010. 02
121	3	广元海螺水泥项目一期	四川广元市朝天区大巴口	5 000	2010. 03
122	4	亚东四川水泥公司三线	四川彭州市	4 200	2010. 03
123	5	四川兰丰水泥有限公司一期	四川彭州市桂花镇红石桥村	5 000	2010. 05
124	6	资中东方红水泥有限公司	四川内江资中县兴隆镇	2 500	2010. 04
125	7	四川罗江利森水泥有限公司	四川德阳罗江县万安镇	2 500	2010. 02
126	8	会东利森水泥(乌东德有限公司)	四川凉山会东小叉河乡	2 500	2010. 08
127	9	四川女娲建材有限公司	四川绵阳安县	2 500	2010. 02
128	10	安县中联水泥有限公司	四川绵阳市安县	5 000	2010. 06
129	11	旺苍县匡山水泥制造有限公司	四川广元市旺苍县普济镇	2 500	2010. 03
130	12	广汉三星堆水泥有限公司一期	四川广汉市高坪镇	2 500	2010. 06
131	13	自贡金龙水泥荣县项目	四川自贡荣县双石镇	5 000	2010. 09
132	14	四川德胜水泥有限公司	四川乐山沙湾区	5 000	2010. 09
133	15	宜宾天原集团海丰和锐公司一期	四川宜宾市江安县春坝工业区	2 500	2010. 06
134	16	都江堰拉法基水泥有限公司三线	四川成都都江堰	5 000	2010. 09
135	17	川煤集团芙蓉公司筠连水泥项目	四川宜宾筠连县巡司镇	4 000	2010. 10
136	18	华新万源 300 万吨水泥项目二期	四川达州市万源县官渡镇	2 500	2010. 10
137	19	宜宾瑞兴实业有限公司	四川宜宾文兴县古宋镇	5 000	2010. 10
138	20	四川江油红狮水泥项目一期	四川绵阳江油武都镇	5 000	2010. 08
139	21	四川广元高力水泥实业公司	四川广元利州区三堆镇	3 200	2010. 11
140	22	兆山新星集团雅安天全水泥有限公司	四川雅安天全县	5 000	2010. 12
141	23	四川铁路集团水泥有限公司	四川广安华蓥溪口镇	5 000	2010. 12

续 表

总序号	序号	企业名称	建设地点	建设规模(t/d)	投产日期
142	25	峨眉山市磷肥厂水泥技改项目	四川乐山峨嵋山市高桥镇	2 500	2010.01
143	26	四川峨胜水泥有限公司 5000×5 五期	四川峨眉山市胜利镇夏荷村	5 000	2010.05
144	27	峨眉山市佛光水泥有限公司	四川乐山市峨眉山市乐都镇	5 000	2010.01
		27 条生产线(3 220.9 万吨熟料/年)		101 400	
	二十二	贵州			
145	1	修文金久(久长)水泥有限公司	贵州贵阳市修文县久长镇金桥村	5 000	2010.07
146	2	贵州毕节市水泥厂	贵州毕节市	2 000	2010.03
147	3	贵州印江金顶水泥有限公司	贵州铜仁地区印江县	2 500	2010.03
148	4	贵州乌江水泥有限公司	贵州贵阳乌当区清镇市	3 200	2010.04
149	5	贵定海螺盘江水泥有限公司	贵州黔南州贵定县德新镇	5 000	2010.04
150	6	贵阳海螺盘江水泥有限公司	贵州贵阳清镇市站前街	5 000	2010.06
151	7	贵州安龙金宏水泥有限公司一期	贵州黔西南州安龙县新桥镇	1 200	2010.07
152	8	独山中诚水泥有限公司	贵州黔南州独山县	2 500	2010.08
153	9	毕节赛德水泥有限公司(2500)	贵州毕节市鸭池镇哈哪村	2 500	2010.08
154	10	贵州恒达隆庆乌江水泥有限公司	贵州毕节市纳雍县寨乐乡	3 200	2010.08
155	11	黔西渝贵水泥有限公司	贵州毕节地区黔西县	3 200	2010.08
156	12	贵州水晶建材有限公司	贵州清镇市红枫湖镇	2 500	2010.08
157	13	贵州开阳紫江水泥有限公司	贵州贵阳开阳县	2 500	2010.08
158	14	贵州三岔拉法基瑞安水泥公司	贵州遵义红花岗县三岔镇	5 000	2010.09
159	15	贵州龙里红狮水泥有限公司一线	贵州黔南州龙里县谷脚镇	5 000	2010.09
160	16	三都润基水泥有限公司	贵州黔南州三都县	2 500	2010.09
161	17	瓮安玉山水泥有限公司	贵州黔南州瓮安县	2 500	2010.09
162	18	贵州思南广宇水泥有限公司一期	贵州铜仁市思南县	2 500	2010.07
163	19	赫章黔沪水泥有限公司	贵州毕节地区赫章县	1 200	2010.02
		19 条生产线(1 798.0 万吨熟料/年)		59 000	
	二十三	云南			
164	1	云南定华能源建材有限公司	云南华坪县	2 000	2010.01
165	2	云南远东水泥有限公司三线	云南曲靖陆良	2 500	2010.01
166	3	云南壮山实业股份有限公司三线	云南文山州文山县	2 500	2010.03
167	4	腾冲腾越水泥有限公司	云南保山市腾冲县	2 500	2010.04
168	5	宜良红狮水泥有限公司一期	云南昆明市宜良	5 000	2010.05
169	6	官房滇中水泥公司	云南昆明市石林县	2 000	2010.05
170	7	云南雄业集团曲靖水泥有限公司	云南曲靖麒麟区三宝镇	2 000	2010.05
171	8	昆钢红河州紫燕水泥有限公司	云南红河建水县临安镇	2 500	2010.05
172	9	昆钢镇康水泥有限公司	云南临沧市镇康县	2 000	2010.06
173	10	云南壮乡水泥有限公司	云南文山广南县	2 000	2010.05
174	11	云南兴建水泥有限公司二线	云南文山砚山	4 000	2010.09
175	12	云南澄江华荣水泥有限公司二线	云南玉溪市澄江县九村镇	2 000	2010.10
176	13	云南江川翠峰水泥厂二线	云南玉溪市江川县江城镇	2 000	2010.10
177	14	华新水泥(昆明东川)有限公司	云南昆明东川区铜都镇	2 500	2010.10
178	15	云南思茅建峰水泥有限公司三线	云南普洱市思茅市翠云区南屏镇	4 000	2010.10

续　表

总序号	序号	企业名称	建设地点	建设规模(t/d)	投产日期
179	16	富民金锐水泥建材有限公司	云南昆明市富民县	2 500	2010.11
		16 条生产线(1 302.0 万吨熟料/年)		42 000	
	二十四	陕西			
180	1	陕西汉中勉县尧柏水泥有限公司	陕西汉中勉县金泉镇	2 500	2010.06
181	2	宝鸡众喜凤凰山水泥有限公司	陕西宝鸡岐山县祝家庄	5 000	2010.08
182	3	中材汉江水泥有限公司二线	陕西汉中市西郊	2 500	2010.02
183	4	陕西蒲城尧柏特种水泥公司二线	陕西渭南蒲城	2 500	2010.06
184	5	声威集团凤县水泥项目	陕西宝鸡凤县凤州镇	2 500	2010.08
185	6	陕西实丰水泥有限公司	陕西富平县曹村镇	5 000	2010.10
186	7	陕西北元化工集团水泥有限公司一线	陕西榆林神木县	3 000	2010.09
187	8	冀东水泥凤翔有限公司一期	陕西凤翔县	5 000	2010.11
188	9	海螺千阳县水泥有限公司一期	陕西省宝鸡千阳县水沟镇	5 000	2010.11
189	10	陕西阳山庄水泥有限公司一线	陕西韩城市阳山庄村	2 500	2010.07
190	11	陕西药王山水泥有限公司二线	陕西铜川耀州区	2 500	2010
191	12	陕西安康平利县金龙水泥公司	陕西安康平利县长安镇	2 500	2010.11
		12 条生产线(1 255.5 万吨熟料/年)		40 500	
	二十五	甘肃			
192	1	陇南祁连山水泥公司	甘肃陇南成县抛沙镇	3 000	2010.02
193	2	甘谷祁连山水泥公司	甘肃天水市甘谷	3 000	2010.02
194	3	祁连山永登水泥有限公司三线	甘肃永登县	5 000	2010.10
195	4	中材甘肃白银水泥有限公司一线	甘肃白银市	5 000	2010.11
196	5	祁连山漳县水泥有限公司一线	甘肃定西市漳县	2 500	2010.12
197	6	甘肃京兰水泥有限公司	甘肃兰州市	5 000	2010.10
198	7	夏河安多水泥有限公司经济园区一期	甘肃甘南夏河县经济园区	2 500	2010.05
199	8	甘肃火焰山水泥有限公司一期	甘肃白银	2 000	2010.08
200	9	甘肃张掖巨龙建材有限公司一期	甘肃张掖市甘州区西洞滩工业园	2 500	2010.11
		9 条生产线(945.5 万吨熟料/年)		30 500	
	二十六	青海			
201	1	青海金鼎水泥有限公司一线	海东地区乐都县	2 500	2010.07
202	2	祁连山青海水泥有限公司二线	青海西宁湟中县上新庄镇	2 500	2010.08
203	3	青海互助金圆水泥有限公司二期	青海互助县东河乡	5 000	2010
		1 条生产线(155.0 万吨熟料/年)		5 000	
	二十七	宁夏			
204	1	中材青铜峡水泥股份公司油井水泥一线	宁夏吴忠市太阳山开发区	2 000	2010.08
205	2	宁夏赛德赢海天琛水泥有限公司	宁夏银川市永宁县闽宁镇	5 000	2010.11
206	3	宁夏明峰萌成水泥有限公司二线	宁夏吴忠市盐池县	5 000	2010.11
207	4	宁夏西夏水泥有限责任公司	宁夏青铜峡市青铜峡镇	2 500	2010.05
		2 条生产线(217.0 万吨熟料/年)		7 000	
	二十八	新疆			
208	1	克州青松水泥股份有限公司	克孜勒苏柯尔克孜州阿图什市	2 500	2010.02
209	2	巴州青松绿原建材有限公司	新疆巴州库尔勒塔什店镇	2 500	2010.06

续 表

总序号	序号	企业名称	建设地点	建设规模(t/d)	投产日期
210	3	天山屯河水泥布尔津线分公司	新疆阿勒泰市布尔津县	2 000	2010. 06
211	4	哈巴河阿山水泥有限公司	新疆阿勒泰哈巴河县	2 500	2010. 06
212	5	库尔勒鲁岳三川水泥公司	新疆巴州库尔勒塔什店镇	2 500	2010. 06
213	7	哈密新天山水泥有限公司	新疆哈密市	2 500	2010. 08
214	8	新疆天山米东水泥有限公司二期一线	新疆乌鲁木齐米东区	2 000	2010. 10
215	9	新疆天山米东水泥有限公司二期二线	新疆乌鲁木齐米东区	2 000	2010. 10
216	10	新疆天业天辰水泥有限公司三期一线	新疆石河子市	2 500	2010. 09
217	11	新疆天业天辰水泥有限公司三期二线	新疆石河子市	3 000	2010. 09
218	12	新疆大唐鼎旺水泥有限公司一期	新疆乌昌地区奇台县三个庄子乡	3 000	2010. 10
219	13	阿克苏天山多浪水泥公司	新疆阿克苏市西工业园	4000	2010. 12
220	14	东湖水泥有限公司	新疆乌昌地区奇台县	800	2010. 08
221	15	杜瓦玉山水泥有限公司	新疆和田杜瓦镇	800	2010. 08
		15 条生产线(1 010.6 万吨熟料/年)		32 600	
	二十九	西藏			
222	1	华新水泥(西藏)公司二线	西藏山南日喀则桑日县	2 000	2010. 03
		1 条生产线(62.0 万吨熟料/年)		2 000	
	总计	222 条生产线(25 819.9 万吨熟料/年)		832 900	
2010 年投产 222 条线,熟料产能为:837 900×310 天=25 974.9 万吨/年。					

2010 年新建部分重点大型水泥生产线项目

Partial newly built key large cement production line projects in 2010

山东省“中联水泥”莒县日产 4 000 吨生产线点火

1 月 4 日,山东省“中联水泥”莒县日广水泥熟料有限公司日产 4 000 吨熟料生产线一次点火成功,并顺利投入试运行。

该项目的顺利点火投产,不仅符合行业结构调整政策,而且将极大地促进当地经济繁荣发展,更有利于进一步提高“中国联合水泥”在整个行业的竞争力及“中联水泥”品牌在鲁东南地区市场的地位和影响力。

内蒙古“冀东水泥”日产 3 200 吨生产线点火

1 月 5 日,内蒙古“冀东水泥”阿巴嘎旗有限公司回转窑一次点火成功,标志着“冀东水泥”阿巴嘎旗有限公司日产 3 200 吨水泥熟料项目建设取得阶段性成果,具备了全线贯通投产条件。

“冀东水泥”阿巴嘎旗有限公司是日产 3 200 吨水泥熟料带 5.4 兆瓦纯低温余热发电项目,总投资 5.2 亿元,2008 年 9 月 11 日开工建设。经过 15 个月的紧张施工,顺利实现点火。目前公司已经投入到生产运行的准备工作中,各项工艺及设备的消缺工作正在进行,力争 5 月份具备满负荷生产条件。

“华新”重庆涪陵公司日产 4 600 吨生产线点火

1 月 15 日,位于巴蜀腹地、乌江岸边的“华新水泥”重庆涪陵有限公司日产 4 600 吨水泥熟料生产线成功点火。

作为涪陵区重点引进企业,项目自开工以来,得到当地政府部门和公司各相关部门的大力支持,建设者克服种种困难,短短的一年时间内,在乌江岸边建成了一座具有当今世界先进水平的水泥生产线。该项目的建成投产,不仅对“华新”的发展具有重要的意义,而且将推动我国西部水泥行业结构调整,促进重庆地区经济的快速发展。

江西“印山台水泥”一期日产4 800吨熟料生产线投产

1 月 17 日,位于江西萍乡市上栗县桐木镇崇德村和鸡冠山乡鸡冠村交界处的江西印山台水泥有限公司日产4 800吨水泥熟料生产线竣工投产暨二期工程奠基典礼仪式在这里隆重举行。

江西印山台水泥有限公司总投资 15 亿元,是萍乡市重点招商引资项目。项目建设分为2条日产4 800吨水泥熟料生产线及配套20兆瓦纯低温余热发电站。项目正式投产后年产水泥500万吨，预计年销售额可达18亿元，年创税收1.2亿元，安排劳动力1 000余人，对于推动地方产业结构调整和经济发展具有十分重要的意义。整个项目分两期进行，一期工程已投入建设资金6.8亿元，二期立项环评等各项手续已办理完毕，征地拆迁、"六通一平"等前期工作已全部完成，预计2011年建成投产。

河北"鼎星水泥"日产4 000吨生产线点火

1月20日，河北鼎星水泥有限公司日产4 000吨熟料生产线正式点火试产。

该项目地处井陉县，采用当今国内外先进的新型干法预分解生产工艺，设计年产水泥熟料120万吨，年产高标号水泥165万吨，并通过利用水泥熟料生产线的余热资源进行发电，提高资源的利用率，实现节能减排、循环发展。

该项目设计总投资5.6亿元，建成后年可实现销售收入3.9亿元，并可安排300余人就业。目前，公司已投资3.7亿元，完成第一期日产4 000吨熟料生产线及相关配套设施。年内，公司还将投资1.7亿元，建设一座纯低温余热发电站。届时，该项目将成为当地"资源循环利用，企业清洁生产"的典范。

山西省太原"金圆水泥"日产4 000吨新型干法水泥生产线点火投产

1月20日，山西省水泥行业节能减排重点项目、全省规模最大的新型干法水泥生产线——太原"金圆水泥"日产4 000吨新型干法熟料生产线在阳曲县正式点火。

太原"金圆水泥"生产线采用目前国内最先进的水泥生产工艺，每年可消化一电、二电粉煤灰16万吨，工业企业硫酸废渣20万吨。项目一期总投资4.2亿元，达产后年产熟料120万吨，生产高标号、高性能水泥160万吨，将成为现有山西省水泥行业生产规模最大的企业。生产线配套建设的7.5兆瓦余热发电项目，可把水泥烧制中的余热回收用于发电，实现废气循环。为保护环境，太原"金圆水泥"还投资7 000万元建设了国内最先进的全封闭皮带廊道输送系统。

"宜良红狮"一期日产5 000吨新型干法水泥生产线正式点火投产

1月28日，云南省宜良红狮水泥有限公司隆重举行一期日产5 000吨新型干法水泥生产线投产典礼。

"宜良红狮"规划建设2条日产5 000吨新型干法生产线，总投资10亿元，分二期实施。其中一期建设1条日产5 000吨生产线及配套的纯低温余热发电项目，建成后可年产水泥200万吨，实现销售收入5.5亿元，利税1.5亿元，将成为宜良县工业重要经济支柱产业之一。"宜良红狮"将继续发扬"敬业奉献，追求卓越"的"红狮精神"，贯彻落实科学发展观，鼓励技术创新，加强内部管理，积极开拓市场，尽快实现达产目标，真正成为"设备先进、工艺合理、环保一流"的现代化大型绿色环保水泥企业，为推动当地经济快速发展贡献力量。

四川"达州海螺"首条日产5 000吨生产线顺利点火

1月30日，达州海螺公司一期日产5 000吨水泥熟料生产线顺利点火。

"达州海螺"项目依托达州市良好的投资环境，于2008年6月签订协议，规划建设2条日产5 000吨新型干法熟料水泥生产线及18兆瓦余热发电项目，其中一期工程于2008年12月16日开工建设。在项目建设过程中，四川省委书记刘奇葆、省长蒋巨峰、省委副书记李崇禧等省级领导多次来现场视察指导工作，并对公司寄予厚望；达州市委、市政府领导多次深入现场帮助企业解决实际问题，市县有关部门更是对项目建设全程指导和蹲点服务，确保了工程建设的顺利开展。

"桂林南方水泥"日产4 000吨生产线点火投产

2月2日，"中国建材"桂林南方水泥有限公司2条日产4 000吨熟料新型干法水泥生产线一期工程竣工暨项目点火投产仪式在广西恭城瑶族自治县举行。标志着南方水泥有限公司在广西的新一轮联合重组和项目建设全面启动。

自治区副主席高雄宣布项目试生产点火，并与中国水泥协会会长雷前治，桂林市委书记、市人大常委会主任刘君，中国建材股份有限公司总裁、南方水泥有限公司董事长曹江林一道，共同为项目试生产启动了点火水晶球。

桂林南方水泥公司成立于2008年3月，位于恭城县西岭乡虎尾工业园区，该项目于2009年2月18日开工建设。该条熟料生产线总投资达6.5亿人民币，投产后每年可正常生产孰料180万吨，生产水泥100万吨，外销熟料100万吨。按照规划，公司将建设2条日产4 000吨水泥熟料生产线，总投资12亿多元。全部建成投产后年生产水泥达200至240万吨，实现利税1亿元。

湖北"世纪新峰"水泥二期日产6 000吨熟料生产线点火投产

2月3日，湖北世纪新峰雷山水泥有限公司二期日产6 000吨熟料生产线项目点火生产典礼暨13.5兆瓦水泥余热发电项目开工在湖北鄂州市举行。

世纪新峰雷山水泥(集团)公司总部位于湖北省鄂州市。公司控股世纪新峰雷山水泥有限公司、河南世纪新峰水泥有限公司、四川南部世纪新峰年产200万吨水泥粉磨站三家企业。拥有三条新型干法窑生产线，年水泥生产能力超过600万吨。

"雷山"二期日产6 000吨熟料生产线采用了多项新技术：采用第四代大型篦冷机、双耐风高压喷煤管、两档支撑短窑技术、XF型分解炉、保温效果最好的热工系统等。同步配套建设的余热发电项目总投资1.1亿元，建成后年可发电8 000多万千瓦时，可降低吨熟料生产成本12～15元，是"世纪新峰”实施低碳经济、提升产业水平的重要举措。

江西“瑞金万年青水泥”二期日产5 000吨熟料生产线竣工

2月6日，江西瑞金万年青水泥公司二期日产5 000吨熟料生产线竣工投产典礼在瑞金市云石山乡隆重举行。

江西瑞金万年青水泥有限责任公司于2001年经国家经贸委批准，由瑞金市引进江西省建材集团公司、江西万年青公司投资建设，首期投资5.6亿元，被列为江西省重点建设项目。历时两年建成了第一条200万吨水泥生产线。二期工程是赣州市重点建设项目，总投资3.5亿元。该工程竣工投产后公司可达到日产熟料1万吨、年产水泥400万吨的能力。

“唐河泰隆水泥”日产4 500吨生产线投产

2月9日，河南省南阳市唐河泰隆水泥有限公司日产4 500吨干法水泥熟料生产线投产庆典在该县黑龙镇举行，这标志着宛东地区最大干法水泥生产线正式建成投产。

该项目总投资4.3亿元，项目投产后可年产水泥熟料140万吨，实现销售收入3.2亿元，实现税利5 800万元。目前，内乡县泰隆建材有限公司投资的水泥企业共有6家，分布于南阳市内乡、唐河、邓州等县市，其中拥有2条日产4 500吨新型干法水泥生产线、1条日产2 000吨新型干法水泥生产线和3个水泥粉磨站，综合水泥年产能达500万吨，利税1.2亿元。

“祁连山水泥”2条120万吨新型干法水泥生产线投产

3月2日，甘肃“祁连山水泥”集团成县年产120吨、甘谷年产120万吨新型干法水泥生产线分别建成投产。随着这两条生产线的投产，祁连山水泥的产能规模已超过1 000万吨。

而“祁连山水泥”永登年产200万吨、青海年产200万吨生产线和漳县年产120万吨生产线将分别于2010年底、2011年初建成投产。届时，“祁连山”产能规模将超过1 500万吨。

河南“天瑞南召”日产5 000吨新型干法水泥生产线建成投产

3月3日，在河南省各级政府、相关单位的竭诚服务、共同努力下，天瑞集团南召日产5 000吨新型干法水泥生产线项目竣工投产。

该项目是列入南召市“发动机”计划的重点项目之一，总投资13亿元，项目一期投资8亿元建设日产5 000吨干法水泥熟料 生产线，配套建设9兆瓦纯低温余热发电系统和100万吨水泥粉磨站系统。一期项目投产后，年产100万吨新型干法水泥。

四川省“广元海螺”日产4 500吨 新型干法水泥项目正式点火

3月13日，广元市震后引进开工的首个超十亿元重大工业项目——“广元海螺”水泥项目第1条日产4 500吨新型干法水泥孰料生产线在朝天区大巴口工业园区正式点火成功，投入生产。

该项目作为广元“5.12”汶川特大地震灾后引进开工的首个超十亿元重大工业项目，是朝天乃至全市实施资源转化战略的重大成果。“广元海螺”水泥项目第一条生产线的成功点火，标志着该项目将竣工投产，对做大做强该市建材产业、推进工业强市、强区将起到巨大的促进作用。同时，结束了朝天区没有现代化工业的历史，为朝天早日建成川北知名的建材工业基地区，为加快科学发展、建好川北门户打下了坚实的基础。

四川亚东水泥公司年产200万吨水泥生产线竣工投产

3月14日，投资达到11亿元的四川“亚东水泥”三号窑于竣工点火投产。

四川亚东水泥有限公司成立于2004年，计划总投资36亿元，分三期建设，每期各建设1条年产200万吨水泥生产线。其中一期工程于2006年9月28日投产，二期工程于2008年12月28日投产。三期工程于2008年12月25日启动建设，投资达11亿元，这条年产200万吨水泥生产线的正式投产，标志该公司达成了年产600万吨的总目标。

“重庆科华”二期日产3 000吨新型干法水泥熟料生产线点火投产

3月26日，重庆科华建材(集团)有限公司二期日产3 000吨新型干法水泥熟料生产线点火仪式暨竣工投产庆典在这里隆重举行，这一綦江县重点工程项目的竣工，标志着“重庆科华”在綦江将形成年产260万吨新型干法水泥的规模，年产值将达到7亿元，实现利税1.6亿元，直接提供就业岗位600余个。

“华新西藏”二期日产2 000吨水泥生产线成功点火

3月31日，华新西藏公司隆重举行了二期日产2 000吨新型干法水泥生产线点火仪式。

华新西藏公司二期日产2 000吨新型干法熟料水泥生产线项目为西藏自治区2009年重点工业建设项目，项目投资4.5亿元人民币，设计产能是年产熟料60万吨，年产水泥80万吨，项目建成投产后，华新水泥(西藏)有限公司生产能力将达到120万吨以上，年增加税收4 000多万元。西藏公司二期生产线的成功点火，将有利于地加快西藏地区水泥行业结构调整步伐，促进西藏地区经济发展。

湖南“临湘海螺”日产5 000吨生产线点火

4月12日，“临湘海螺”日产5 000吨熟料生产线点火仪式隆重举行。

该项目总投资8.3亿元，工程于2008年10月破土动工，主体工程于2009年3月11日开工建设。项目正式投产后，可年产熟料150万吨，水泥220万吨，年发电量6 000万千瓦时以上，年新增产值7亿多元，上缴各项税收约1亿元。

该项目生产线采用新型干法窑外分解的先进工艺，配置低热耗型回转窑，控制流型最新技术的第三代冷却机，在项目设计中，充分运用海螺集团多年来推广新型干法水泥的成功经验，全面采用现代的环保和先进工艺生产技术，能够大力促进发展循环经济，推进水泥行业节能减排。

贵州水泥厂日产3 200吨水泥生产线点火

4月28日，由"苏州中材"总包的贵州水泥厂日产3 200吨燃无烟煤水泥生产线经过多方努力，烧成系统已于2010年4月28日点火，5月3日投料生产，通过2010年5月16日6:00时至5月19日6:00时连续72小时的运转考核，熟料累计生产9 900吨，各项指标均达到设计要求。

贵州省"贵定海螺"首条日产4 500吨水泥熟料生产线顺利点火

4月30日，"贵定海螺"盘江公司首条日产4 500吨水泥熟料生产线点火仪式隆重举行。

"贵定海螺"盘江项目是海螺集团与盘江煤电集团合作，在贵州投资兴建的第三个项目，作为贵州省2009年省级重点建设项目，自2009年3月28日主体工程开工建设以来，集团、股份公司及股东方领导高度重视和关心项目建设，多次亲临现场指导，给项目建设以巨大鼓舞，广西区域兄弟公司组成了强大的支援小组到公司进行试生产帮扶工作，为项目调试、试生产提供了有力的技术和管理支撑。该项目的建成，将进一步淘汰贵州落后水泥生产能力，促进贵州省水泥工业结构调整和转型升级，为促进地方经济发展起到积极的推动作用。

"四川德胜"日产4 600吨熟料水泥生产线投产

5月4日，"四川德胜"日产4 600吨熟料生产线顺利点火。

项目总投资4.8亿元人民币，于2009年开工建设，该配套水泥生产线是综合利用高炉炼钢炉渣技改项目，可年产矿渣微粉60万吨的生产能力，以及具备9兆瓦余热发电生产力。

"黄冈亚东水泥"一号窑点火投产

5月5日，台湾远东企业集团董事长徐旭和亚泥中控执行长、台湾亚东集团董事长、黄冈亚东水泥公司董事长张才雄共同点燃黄冈亚东水泥有限公司一号窑的引火棒，历经两年建设的黄冈亚东水泥有限公司日产4 200吨水泥熟料生产线正式投产。

"黄冈亚东水泥"由台湾远东集团亚洲水泥公司控股，为收购原黄冈(武穴)水泥厂后注册成立。远东集团是台湾五大民营集团之一。

"黄冈亚东"项目第一期工程投资13亿元人民币，于2008年3月破土动工，采用国际领先水平的预热分解短窑系统，同步建设余热发电系统，年产200万吨优质水泥。

安徽省"全椒海螺"一期日产5 000吨生产线顺利点火

5月8日，"全椒海螺"现场彩旗飘扬，气球高挂，到处洋溢着喜庆的气氛，"全椒海螺"一期日产5 000吨生产线竣工点火仪式隆重举行。

"全椒海螺"项目是安徽省"861"行动计划重点建设项目，也是全椒市重点建设项目之一。该项目位于十字镇境内，注册资金3.5亿元，占地720亩，总投资15亿元，建设2条日产5 000吨新型干法水泥熟料生产线、年产220万吨水泥的粉磨系统和18兆瓦纯低温余热发电项目。项目于2009年4月10日开工建设，历时不过13个月，一期5 000吨熟料线、两台磨机今起正式投产运行。一台9兆瓦余热发电机组计划6月份投入使用。

泉头集团枣庄日产5 000吨水泥线点火投产

5月9日，由天津水泥工业设计研究院有限公司设计的泉头集团枣庄金桥旋窑水泥有限公司日产5 000吨新型干法水泥生产线顺利投产。

项目总投资5.1亿元，新建日产5 000吨旋窑水泥熟料生产线及配套9兆瓦低温余热发电项目。工程于2009年6月份开工建设，目前，经过11个月的辛勤努力和精心施工，该项目已全面竣工。项目投产达效后，年可增加发电量9 000万千瓦时，年节约标准煤2.5万吨，减少二氧化碳排放4万余吨，实现产值6亿元，利税6 000万吨，安排400人就业。

"曲阳金隅"日产4 000吨水泥熟料生产线点火成功

5月11日，河北省"曲阳金隅"日产4 000吨水泥熟料生产线成功点火。

该项目总投资6.5亿元、年产熟料155万吨，水泥200万吨。生产线全部采用布袋收尘器，排放浓度可达30毫克/立方米以下，窑尾余热吨熟料可以发电50千瓦时以上，年节约标准煤约2.4万吨。正式投产后可年产水泥熟料155万吨，水泥200万吨，年产值达到6亿元，利税1.4亿元。

湖南"祁阳海螺"2条日产4 500吨熟料生产线开工

5月11日，总投资16亿元的"祁阳海螺"新型干法水泥熟料生产线，在祁阳县黎家坪镇朝主山村开工。

"祁阳海螺"新型干法水泥项目为2条日产4 500吨熟料生产线，由大型建材企业海螺集团旗下的祁阳海螺水泥有限责任公司投资兴建。2条生产线同步规划，分期实施。一期工程日产4 500吨熟料生产线计划2011年5月建成投产。整个生产线采用国际先进技术，装备一流，节能环保。项目全部建成投产后，年产熟料360万吨、水泥500万吨，余热发电1.4亿千瓦时，一年可创产值13.5亿元、税收2亿元。

云南“远东亚鑫”年产120万吨水泥项目开工

5月11日，云南“远东亚鑫”年产120万吨水泥项目开工建设仪式在宣威市羊场镇隆重举行。

云南“远东亚鑫”年产120万吨水泥项目是磷电一体化项目的重要组成部分，由云南远东水泥集团公司和宣威亚鑫工贸公司合资建设，一期工程拟投资2.5亿元，建设1条年产120万吨水泥的生产线。项目投产后，每年能就近消耗磷电生产过程中产生的50万吨固体废渣，实现资源再生利用，优化产业结构，延长产业发展链条。

“华润水泥”（富川）日产4 500吨熟料生产线点火投产

5月17日，落户于富川瑶族自治县白沙镇的华润水泥厂项目投产。该厂年产环保水泥400万吨，是桂东地区最大最环保的水泥厂。

项目总投资13亿元，规划建设2条日产4 500吨水泥熟料新型干法水泥生产线，项目分两期完成。生产线采用国际上最先进的窑外分解生产工艺。

河北省涿鹿“金隅水泥”日产4 000吨熟料生产线投产

5月18日，涿鹿金隅水泥有限公司日产4 000吨水泥熟料生产线项目点火投产仪式举行。

该水泥熟料生产线项目由北京金隅集团投资兴建，项目总投资约6.5亿元，可年产熟料155万吨、水泥200万吨。项目采用具有世界先进水平的窑外预分解技术，且全部采用布袋收尘器，窑尾粉尘排放浓度可达30毫克/标立方米以下。项目同时计划配套建设一座12兆瓦的余热发电站，可满足整条生产线50%以上的用电需求，具有典型的节能减排和循环经济示范意义。涿鹿金隅水泥有限公司项目的投产，将为优化全市工业结构、促进产业升级做出新的贡献。

四川广汉“三星堆水泥”日产2 500吨水泥熟料生产线项目点火投产

5月20日，广汉三星堆水泥有限公司日产2 500吨新型干法水泥熟料生产线举行点火仪式。

该项目是四川省灾后重建重点项目，总投资4亿多元，为国务院灾后重建规划项目，是四川省灾后重建重点项目，也是德阳市招商引资重大项目。公司主导生产P·O 42.5R、P·C 32.5R、P·C 32.5等级别水泥，年产水泥150多万吨。生产线的建成运行，对落后产能等量淘汰、促进产业升级、实现优势互补和促进广汉乃至德阳经济的发展都具有十分重要的意义，对发展循环经济、改善生态环境具有重大的作用，并将有力地推动节能减排，社会效益和经济效益显著。

四川“兰丰水泥”日产5 000吨熟料新型干法水泥生产线点火

5月23日，作为彭州震后引进的单个最大产业化项目———四川“兰丰水泥”在彭州市桂花镇点火投产。此举标志着又一个全市乃至整个四川省灾后重建重点项目和重大产业化项目的正式投产。项目总共投资15亿元，在彭州桂花镇建设了2条日产5 000吨熟料新型干法水泥生产线。可提供就业岗位近千个，实现年销售收入15亿元。仅年利税就将达3亿元。

江西“南方水泥”生产线相继投产

5月28日，江西“南方水泥”有四家成员企业的水泥、熟料生产线相继建成投产。其中新干南方100万吨水泥粉磨站正式投产。“九江南方”100万吨水泥粉磨站于5月底开始试生产，“上高南方”日产5 000吨熟料生产线于6月1日点火投产，永丰南方日产5 000吨熟料生产线6月9日点火投产。

江西南方水泥有限公司成立15个月以来，充分依托央企背景资源，发挥资金、管理和技术优势，利用项目新建和联合重组双轮驱动，迅速发展壮大，水泥、熟料综合年产能从2009年3月创立之初的500万吨，一跃成长为如今的2 000万吨，与关联企业江西“南方万年青”共同占据江西全省70%以上的产品市场份额。

河南宝丰大地集团第二条日产5 000吨生产线投产

6月8日，河南大地集团第二条年产200万吨干法水泥生产线投产暨晋级国家大型企业庆典仪式举行。

该项目投资6亿元，于2009年5月份动工。该生产线竣工投产后，大地集团可年产水泥熟料400万吨、水泥500万吨，实现销售收入12.3亿元，利税3.6亿元。

“亚东水泥”200万吨生产线顺利投产

6月16日，江西亚东水泥有限责任公司第四条生产线在九江瑞昌市码头镇点火投产。该项目总投资7.5亿元人民币，年产水泥200万吨。目前亚东水泥有限责任公司年产水泥达800万吨，年产值增加到4亿元。“亚泥”第五、六期投资28亿元，建设日产6 000吨水泥熟料生产线并配套余热发电系统。全部项目建成后，“亚泥”年产水泥1 400万吨，将成为江西省最大的水泥生产基地。

重庆能源集团“南桐特水”日产4 500吨水泥熟料生产线项目点火

6月21日，重庆能源集团南桐特水公司日产4 500吨熟料水泥生产线项目点火成功。该项目将成为目前重庆市最大的资源综合利用水泥项目。

该项目工程总投资7.18亿元，从2009年4月1日起开工到建成点火历时446天，投产后，年产水泥220万吨。该项目引进了国内先进的双系列五级旋风预热器带在线双喷腾式分解炉的新型干法窑水泥生产工艺，同步配套建设一座额定功率10兆瓦的纯低温余热发电站。同时,该项目工程突出了高标准、严要求,自动化程度高,注重环保节能等特点,建成投产后,每年可消耗煤矸石、脱硫石膏等各类工业废渣208.8万吨。

"安县中联"日产4 500吨水泥熟料生产线竣工投产

6月26日,安县中联水泥有限公司日产4 500吨水泥熟料生产线竣工点火仪式,在四川省安县桑枣镇隆重举行。该项目是"5·12"特大地震发生后,中国建材集团积极响应党中央、国务院号召,支援灾后重建,继"北川中联"在灾区投资兴建的又一个大型工业项目。

"安县中联"日产4 500吨水泥熟料生产线项目总投资7.2亿元,采用目前最先进的新型干法窑外分解工艺,年产高标号水泥200万吨,同时配套建设9兆瓦的纯低温余热发电系统。项目建成后将带动2 000余个就业岗位。

浙江长兴"新明华化工"年产15万吨白水泥熟料新线投产

6月27日上午,长兴新明华化工建材有限公司举行年产15万吨白水泥节能减排、转型升级技改项目投产点火典礼。

该项目由浙江省经信委批准立项,建设总投资1.41亿元。该项目是在原址上淘汰5条落后的回转窑系统,对白水泥生产实施技术改造。项目开发采用具有完全自主知识产权的白水泥生产新型窑外分解煅烧工艺和白水泥熟料漂白、余热回收利用等新技术,可使白水泥熟料烧成热耗达到小于1 200×4.18千焦/千克的国际先进水平;该项目采用先进的环保设备,确保废气粉尘排放浓度小于50毫克/标立方米的标准要求;整条生产线采用DCS集散计算机智能控制系统,提高生产工况控制的及时性和准确性,确保产品质量。真正做到节能减排、社会效益、经济效益和环境效益的三统一。

四川宜宾"瑞兴实业"日产4 000吨水泥项目点火投产

6月30日,四川宜宾瑞兴实业有限公司日产4 000吨新型干法熟料水泥项目在兴文县古宋镇桃子坪村正式点火,成为宜宾市同类生产线中率先实现点火的项目。

总投资7.5亿元的日产4 000吨新型干法熟料水泥项目,是川南地区同类建材项目中规模最大、兴文有史以来投资最大的工业项目。该项目建成投产后,预计每年将生产商品水泥200万吨,实现销售收入7亿元,年上缴利税1.2亿元,解决就业350人,使兴文的资源优势进一步转化为商品优势,有力推动兴文新型工业化进程。

"贵阳海螺"盘江公司日产4 500吨熟料生产线点火

6月30日,"贵阳海螺"盘江公司首条日产4 500吨熟料生产线点火仪式在这里隆重举行。

"贵阳海螺"盘江公司总投资16亿元、年产水泥440万吨的,是贵阳最大的水泥生产项目。位于清镇市站街镇,当地石灰石资源丰富。项目应用先进的生产工艺,日产4 500吨的水泥生产线每年可以节约标煤2.6万吨,节电约3 213万千瓦时,节能效果十分显著。海螺盘江公司项目于2008年5月开工建设,经过13个月紧张施工,首期年产220万吨生产项目点火成功。项目同步安装了一套9兆瓦纯低温余热发电系统,充分利用富余热量进行发电。通过能源二次利用,每年可发电6 300多万千瓦时,节约标煤22 000多吨,减少二氧化碳排放4 700多吨。

河北省"赞皇金隅"日产4 000吨熟料生产线点火投产

7月1日,赞皇金隅水泥有限公司日产4 000吨水泥熟料生产线项目点火投产仪式举行。

该水泥熟料生产线项目总投资6.1亿元,采用当今世界先进水平的工艺技术和装备,DCS集散型控制系统,实现了生产过程的自动化和现代化。至此,赞皇金隅公司形成了年产270万吨优质水泥熟料、300万吨高标号水泥的生产能力,可提供600个就业岗位,年消纳尾矿废石、工业废渣180万吨,实现销售收入8亿元,利税8 000万元,并影响和带动运输收益2亿元。

赞皇金隅水泥有限公司是该县建材行业的大型骨干企业。日产4 000吨熟料生产线的点火投产,对壮大该县园区经济,推动建材产业结构调整,充分发挥大企业的区域引领作用,扩张经济总量具有十分重要的意义。

甘肃白银市"王岘水泥"日产2 000吨生产线投产

7月1日,甘肃省白银市首条日产2000吨新型干法水泥熟料生产线在白银王岘水泥有限公司投产。此项目是白银市城市经济转型重点建设项目。

该项目生料制备采用目前国内最先进的辊压机终粉磨技术,相比传统工艺电耗降低50%以上,产量提高100%~300%;烧成系统采用目前国内先进的五级旋风预热器和窑外分解炉工艺,外加3兆瓦的低温余热电站一个,年发电量1 960万千瓦时,折合标煤1.1万吨。

"华润水泥"阳春日产2 500吨生产线点火投产

7月8日,华润水泥(阳春)有限公司("阳春华润")日产2 500吨新型干法水泥熟料生产线成功点火投产。2009年12月6日,"华润水泥"以1.95亿元的代价成功竞拍阳春春潭水泥有限公司日产2 500吨新型干法水泥熟料生产线。在阳江、阳春市委市政府的大力支持下,"华润水泥"迅速组织了强大的技术和工程力量,迅速进驻、迅速恢复施工,在短短四个多月的时间内,将一个已停工达两年多的在建项目建成投产,创造了中国水泥行业工程建设速度的奇迹。

"阳春华润"位于阳春市春湾镇,厂区附近有阳云高速公路、三茂铁路、S113和S369省道通过,交通便利,公路距阳江港约70公里。阳春市石灰石资源丰富,总储量达10亿吨以上，CaO 含量达 53% 以上，资源利用率大于 95%，具有发展水泥工业良好的资源和交通条件。

重庆“忠县海螺”水泥项目一期日产 4 500 吨水泥熟料生产线点火投产

7 月 9 日，中国最大水泥企业“海螺水泥”年产 1 000 万吨新型干法水泥项目首条生产线在忠县乌杨镇正式点火。该项目总投资 45 亿元，将建设 4 条日产 4 500 吨新型水泥熟料项目，并为库区提供至少 2 500 个就业岗位。

“海螺水泥”为中国最大水泥企业，在全球水泥企业排名第三，这次在忠县投产的年产 1 000 万吨新型干法水泥项目，占地 1 450 亩，其中厂区及码头 1 140 亩，皮带廊道及破碎场地 310 亩。该项目将建设 4 条日产 4 500 吨的水泥熟料生产线，并配套建设年产 440 万吨的水泥粉磨系统、36 兆瓦的纯低温余热发电系统及年吞吐量达 1 500 万吨的专用码头，总投资 45 亿元。

贵州“金宏建材”日产 1 200 吨电石渣水泥项目点火

7 月 16 日，贵州省安龙县政府通过招商引进河南煤化集团组建的贵州省金宏建材有限公司，在安龙县新桥镇火蒙兴建了日产 2 400 吨电石渣水泥项目。经过近 1 年的建设，该项目一期投资 2.5 亿元的日产 1 200 吨熟料水泥生产线成功点火。这标志着安龙县重化工循环经济基地建设初见成效。该项目建成投产后，可年产水泥熟料 40 万吨、水泥 60 万吨，实现年销售收入 1.35 亿元、利润 1 500 余万元。

“潭州水泥”年产 100 万吨水泥粉磨生产线投产

7 月 28 日，湘潭市潭州水泥有限公司年产 100 万吨水泥粉磨生产线竣工投产。

该项目在拆除的原湘潭市水泥厂 2 条机立窑水泥生产线的原址上建设。一期工程投资 4 000 万元，严格按照国家“两型社会”试验区的环保生态要求规划，兴建 1 条年产 100 万吨水泥粉磨生产线，在环保方面做到“无粉尘、无废水、无废气、无噪音、无固体废弃物”排放，实现水泥粉磨清洁化生产。同时，该生产线每年可消纳工业废渣粉煤灰 30 万吨、钢渣 5 万吨、脱硫石膏 2 万余吨，是一个典型的循环经济项目。

贵州水晶集团百万吨电石渣水泥项目点火投产

8 月 1 日，贵州水晶集团电石渣综合利用环保治理项目——年产百万吨水泥装置点火，标志着该项目建设取得了阶段性成果。项目全线投产后，企业可新增产值 3.5 亿元，利税 6 000 万元。

该项目总投资 2.3 亿元，于 2009 年 3 月 22 日开工奠基。该工程是以年产 100 万吨水泥项目为依托，加快治理企业电石渣、粉煤灰等工业废渣。

“亚泰双阳”六期扩建日产 5 000 吨新型干法项目成功点火

8 月 2 日，总投资 7 亿元的国家循环经济及振兴东北老工业基地重点工程——亚泰建材双阳公司六期扩建工程一次点火成功。该项目是在国家调整水泥工业结构和振兴吉林老工业基地的大背景下，按照亚泰集团总体发展规划，充分利用亚泰集团的资源优势、技术优势与管理优势而投资兴建的。它的建成投产，对于保持亚泰集团在国内建材行业的领先优势，拓宽新的创利空间，拉动地方经济发展都具有重大意义。

该项目建设规模为 1 条日产 5 000 吨新型干法水泥熟料生产线，建成投产后，将使亚泰建材双阳公司熟料年生产能力达到 700 万吨以上、水泥生产能力达到 300 万吨以上，创利能力也将进一步大幅提升。

“华新”湖南“道县水泥”线投产

8 月 9 日，投资 5 亿元的华新水泥湖南道县有限公司日产 4 000 吨熟料生产线成功点火。“华新道县”项目是日产 4 000吨熟料、配套 7 500 千瓦纯低温余热发电新型干法水泥生产线项目。该项目总投资 5 亿元，可年产优质高标号水泥 200 万吨，年发电量为 4 896 万千瓦时，销售收入达 6 亿多元。该项目是永州市工业经济龙头企业、节能环保示范企业、循环经济样板企业。

浩水公司日产 4 000 吨生产线投产

8 月 11 日，浩水公司日产 4 000 吨熟料新型干法水泥生产线窑前系统正式投产。

该生产线窑前系统全面投入试生产，创造了我国高寒地区同类型生产线建设周期最短、调试时间最短、一次试车成功的行业新记录。

浩水公司日产 4 000 吨熟料新型干法水泥生产线工程是黑龙江省和伊春市的重点推进项目，是西林钢铁集团 2009 年的头号技改工程，总投资 6.8 亿元，设计日产熟料4 000吨，年产熟料 155 万吨、水泥 200 万吨，于 2009 年 4 月 11 日正式开工建设。该生产线是“浩水”的第 2 条生产线，是在西林钢铁集团自 2008 年 7 月对浩水公司实施兼并重组不到一年，并同时进行生产和改制工作的情况下完成的，使“浩水”重获新生。

“浩水”新线建成投产将使浩水公司形成年产熟料 230 万吨，年产水泥 300 万吨的规模生产能力，成为黑龙江省北部地区的重要水泥生产基地，使浩水公司重新回到黑龙江省水泥行业三甲之列。

四川省“江油红狮水泥”日产 4 000 吨生产线点火投产

8 月 18 日，位于江油市武都镇的红狮水泥厂首条日产 4 000 吨新型干法水泥生产线点火生产。至此，江油水泥产业已经完成淘汰落后产能，进入重新布局阶段。

项目总投资 12 亿元，建设 2 条日产 4 000 吨新型干法水泥生产线及配套纯低温余热发电项目，建成后可年产高标号水泥 400 万吨，实现销售收入 16 亿元，利税 2 亿元，具有良好的经济效益和社会效益。

浙江红狮集团是国家重点支持的12家大型水泥企业之一。“江油红狮”是红狮集团实施西部战略的重要布点，是支持四川灾后重建的重要举措。项目计划总投资12亿元，建设两条日产4 000吨新型干法水泥生产线及配套纯低温余热发电项目，建成后可年产高标号水泥400万吨，实现销售收入16亿元，利税2亿元，具有良好的经济效益和社会效益。

内蒙古正镶白旗日产5 000吨水泥熟料项目开工建设

8月24日，正镶白旗日产5 000吨水泥熟料项目一期工程举行了开工奠基仪式。

该项目分两期建设，一期工程计划总投资3.5亿元建设日产2 500吨水泥熟料生产线一条，年产水泥熟料80万吨、水泥120万吨。项目建成后，可实现利税3 000万元，安置就业人员300余人。将对正镶白旗的工业经济及物流业发展，增加税收，创造就业等方面都具有十分重要的作用。

山水集团日产万吨熟料基地落户喀什经济特区

8月28日，山东山水水泥集团新疆喀什英吉沙县2条日产5 000吨熟料生产线正式奠基。该项目总投资14.2亿元。项目分两期建设，一期投资8.2亿元人民币，于2011年9月投产，二期投资6亿元人民币，于2012年开始建设，项目建成后将成为新疆最大的水泥熟料生产线。与熟料基地配套的年产600万吨水泥粉磨站项目同步启动。

贵州“乌江水泥”150万吨生产线点火

9月2日，贵州纳雍隆庆乌江水泥有限公司150万吨新型干法水泥生产线成功点火，这是贵州省在淘汰落后产能，建设循环经济方面取得的又一大成就。

该水泥厂每年可循环利用纳雍电厂30万吨粉煤灰废渣作为生产原料，占该电厂年废渣排放量的50%左右，一定程度上缓解了电厂废渣对当地环境的污染；同时，该水泥厂粉尘排放浓度小于每标立方米30毫克，基本达到“零排放”。

“天山股份”日产4 500吨生产线在伊犁开工建设

9月9日，由中材集团旗下新疆天山水泥股份有限公司投资7.5亿元兴建的日产4 500吨熟料水泥生产线，在新疆伊犁州察布查尔县开工建设。生产线带9兆瓦纯低温余热发电系统。年产水泥200万吨，年发电量$5\ 184\times10^4$千瓦时，年供电量为$4\ 770\times10^4$千瓦时，还可充分消化当地的工业废渣。这是目前天山股份在新疆建设的最大水泥生产线。

河北武安“新峰水泥”二期日产4 800吨生产线建成投运

9月15日，河北省武安市新峰水泥有限责任公司二期工程第一条新型干法水泥熟料生产线竣工投运仪式在这里举行。

新峰水泥公司积极推进2条日产4 800吨新型干法水泥熟料生产线和2×12兆瓦余热发电项目的二期扩建工程建设。目前，二期工程第1条日产4 800吨新型干法水泥熟料生产线建成投产，第二条生产线的建设也在积极进行中。待二期工程全部完成后，新峰将形成年产新型干法水泥熟料500万吨、优质水泥300万吨，年发电量2亿千瓦时的能力，公司年可利用武安当地各类固体废弃物近300多万吨，年节约标煤50万吨，减少二氧化碳排放100万吨，减少粉尘排放1万多吨，减少二氧化硫排放2 000多吨，减少氮氧化物排放2 000多吨，年节水100万吨。

内蒙“松塔水泥”日产2 500吨生产线投产

9月19日，由天津水泥工业设计研究院有限公司设计的内蒙古阿拉善左旗松塔水泥有限责任公司日产2 500吨新型干法水泥熟料生产线竣工点火。

该项目于2009年7月正式开工建设，采用天津院新型预分解技术，以周边粉煤灰、煤矸石、炉渣等工业废弃物为原料，充分体现了资源节约、环境友好、自主创新、科学发展的理念。项目的建成，填补了阿拉善盟新型干法水泥熟料生产线的空白。

内蒙赤峰“红山水泥”2 500吨生产线一期竣工

9月20号，克什克腾红山水泥有限公司日产2 500吨水泥熟料生产线一期工程竣工投产。

该项目总投资2.85亿元，项目投产后，年可实现销售收入4亿多元，利税总额达产年为14 020万元，实现销售税金3 622万元。克什克腾红山水泥项目采用新型干法水泥生产线技术，使用节能环保型设备，每年可节约标煤2.25万吨。这个项目是克什克腾煤电化基地循环经济重要组成部分，将围绕克什克腾煤电化基地企业产生的粉煤灰、脱硫石膏等工业废渣进行再利用，解决了相关企业的废料排放问题，又为本企业的生产提供了充分和廉价的原料。

贵州“龙里红狮”2条日产5 000吨一线点火

9月20日，贵州“龙里红狮”2条日产5 000吨熟料水泥生产线一期工程顺利点火。

龙里红狮水泥有限公司是浙江红狮控股集团的全资子公司。2008年，红狮集团投资12亿元在龙里县谷脚镇建设2条日产5 000吨新型干法熟料水泥生产线并配套纯低温余热发电项目，并被贵州省政府列为省重点工程，分两期实施。一期建设1条日产5 000吨生产线投产后可年产高标号水泥200万吨，实现销售收入5亿元，利税1亿元，可解决附近1 000余农民工就业，并带动原材料的开采、销售、运输、服务等相关产业发展，满足龙里县及周边地区基础建设对水泥的需求。

江西“弋阳海螺”二期日产4 500吨生产线投产

9月24日，“弋阳海螺”二期日产4 500吨生产线点火仪式隆重举行，实现顺利投产。“弋阳海螺”二期日产4 500吨料生产线的投产,使"弋阳海螺"的产能规模达到400万吨,成为集团在江西区域最大的熟料生产基地。弋阳海螺公司充分依托集团公司品牌优势、管理优势、技术优势和人才优势,加速管理转型,实现又好又快发展,为集团公司和江西区域新一轮的发展做出更大的贡献!

"拉法基瑞安"参天水泥公司投产

9月25日,拉法基发水泥有限公司下属的"拉法基瑞安"重庆参天水泥有限公司日产4 600吨水泥熟料生产线投产。

"拉法基瑞安"重庆参天水泥有限公司"(以下简称参天工厂)由拉法基瑞安水泥有限公司和重庆参天水泥有限公司合资组建,总投资约13亿元人民币,是一家高科技、现代化、环保型的水泥生产企业,此次投产的生产线设计产能日产熟料4 600吨,水泥年产量超过两百万吨,其产品主要服务重庆和四川地区。

湖北"亚东水泥"新型干法生产线投产

10月6日,湖北亚东厂二号新型干法旋窑正式落成投产,实际熟料生产量约为165万吨,实际水泥生产量可达到200万吨。随着新的生产线投产,加上并购的武汉"亚鑫水泥"一套生产线,集团实际熟料年产量可达1 750万吨。

湖南石门海螺水泥公司二期工程点火投产

10月6日,湖南石门海螺水泥公司二期工程的点火投产,湖南省石门县一跃成为该省最大的水泥生产基地县。"石门海螺"水泥项目总投资12亿元,一期工程投产以来,累计实现产值18.11亿元,实现利润1.13亿元,创造税收1.1亿元,为石门县经济社会发展做出了重要贡献。

"石门海螺"水泥项目二期熟料生产线于2009年9月17日开工,包括日产4 500吨新型干法水泥生产线及纯低温余热发电项目。随着第二期工程竣工投产,"石门海螺水泥"将形成日产9 500吨水泥熟料生产能力,年产值将突破10亿元,年缴税金过亿元。加上湖南石门特种水泥有限公司目前拥有的1条日产2 500吨的新型干法生产线和1条日产1 200吨的干法回转窑生产线,该县已经形成日产水泥熟料13 200吨的生产能力,成为湖南水泥生产第一县。

"沂州水泥"日产5 500吨水泥生产线顺利点火

10月10日,费县沂州水泥有限公司日产5 500吨水泥生产线顺利点火。

沂州水泥有限公司是沂州集团(中国制造业500强)为贯彻国家水泥产业结构调整,结合山东省"十一五"期间关闭立窑、淘汰落后、上大压小而新设立的公司。公司设计规模为两条日产5 000吨新型干法水泥熟料生产线,包括2.4万千瓦机组配套余热发电项目,总投资12亿元,年可产水泥超500万吨;实现销售收入超15亿元,利税超5亿元,一期工程第一条生产线已于2008年12月份投入运行。

"邵阳南方水泥"日产5 000吨新型干法线投产

10月11日,湖南省邵阳南方水泥有限公司(以下简称"邵阳南方")日产5 000吨熟料生产线项目成功产出第一批熟料,标志着项目已顺利投产,也标志着邵阳市水泥行业又结硕果,水泥产业结构调整取得全新进展。这是继2010年9月30日回转窑成功点火以来,该项目取得的又一重大阶段性胜利。

该项目采用先进的新型干法窑外预分解烧成工艺,利用废气余热、同步配套建设纯低温余热发电系统,是典型的节能减排、循环经济项目,符合国家的节能产业政策。系统每年可向项目供电5 735万千瓦时,节约标煤23 169吨左右,可减少4.56万吨左右的二氧化碳气体排放量。"邵阳南方"项目还充分考虑综合利用邵阳市本地的工业废渣、煤矸石、粉煤灰等作为替代原料和混合材,既节省了不可再生资源的用量、降低了生产成本,又减少了废渣堆存占有土地及对生态环境的污染。

"华新"东川公司日产2 500吨水泥熟料生产线点火

10月12日,昆明东川地区,华新东川公司日产2 500吨新型干法水泥熟料生产线成功点火。该生产线总投资3.97亿元,并配套建设4.5兆瓦纯低温余热发电系统。

项目于2008年12月开始动工兴建,是云南东川建立再就业特区以来引进的最大项目,得到了昆明市和东川区各级政府和部门的大力支持,它的建成将为当地经济发展起到极大的带动作用。

"天山股份"3条新型水泥生产线落户阜康

10月18日,中材集团旗下子公司新疆天山股份有限责任公司建3条日产2 500吨新型干法熟料水泥生产线在新疆阜康开工建设。

该项目总投资预计10亿元,年产水泥300万吨。先期建设的第1条日产2 500吨电石渣水泥生产线,项目投资预计3.45亿元,建成投产后可年产水泥100万吨,年消化电石渣72万吨,解决就业215人。项目预计将于2012年2月投产。

"冀东水泥"(大同)2条日产4500吨生产线全面投产

10月20日,大同冀东水泥有限责任公司2条日产4 500吨熟料水泥生产线全面投产。

该项目由冀东发展集团自行设计,研发、制造与安装,设备国产化率达95%以上,配套建设了2×9兆瓦纯低温余热发电机组。处于国内领先水平。项目总投资15亿元,可年产熟料350万吨,水泥500万吨,年实现产值16亿元,年创利税2.34亿元。

"冀东水泥"凤翔日产4 500吨熟料水泥生产线投产

10月25日,"冀东水泥"凤翔日产4 500吨熟料水泥生产线建成投产仪式，在陕西凤翔县隆重举行。

"冀东水泥凤翔"日产 4 500 吨熟料水泥生产线，由冀东发展集团自行研发、设计和制造，采用国内最先进的窑外预分解水泥生产工艺技术和装备，同时配套建设 9 兆瓦纯低温预热发电机组，项目整体具有环保和节能的显著特点，生产过程完全符合国家发展循环经济和清洁生产的产业政策要求。该项目总投资 8.1 元人民币，年产水泥 220 万吨，同时年发电量 7 000 万千瓦时。该生产线的建成及投产运营，将对地方水泥产业结构的调整和经济建设，推进节能减排和清洁生产，实现资源综合利用发挥积极作用。

"华润"签约山西方山 2 条日产 5 000 吨水泥项目

10 月 25 日，华润水泥投资有限公司、山西国新能源发展团体公司和山西中盛新型建筑材料团体有限公司正式签署框架协议，三方按 72%、18%、10% 的比例合资在山西省方山县大武镇分期建设 2 条日产 5 000 吨新型干法水泥熟料生产线、配套建设年产 400 万吨水泥粉磨站和 2 × 7.5 兆瓦纯低温余热发电站（以下简称"方山项目"），预计项目总投资约为 15 亿元人民币。"方山项目"全部建成投产后，加上山西中盛新型建筑材料团体有限公司现有日产 1 500 吨新型干法水泥熟料生产线(2005 年 8 月 20 日点火)，总设计水泥年产能达到 500 万吨，将成为山西省规模最大、技术和环保水平最高的新型干法水泥生产基地。

"祁连山永登"年产 200 万吨生产线点火投产

10 月 25 日，中材集团所属甘肃祁连山水泥集团股份有限公司投资 5.5 亿元新建的永登年产 200 万吨新型干法水泥生产线点火投产。"祁连山水泥"年产能由此突破 1 200 万吨，提前完成"十一五"计划目标，成为中材集团水泥业务的一大发展平台。

"永登"日产 5 000 吨新型干法水泥生产线点火投产采用了目前世界上最先进、最成熟的窑外分解工艺，是甘肃省生产规模最大的水泥生产线之一，是"祁连山水泥"首条建成投产的日产 5 000 吨水泥生产线。"永登祁连山"目前的产能规模已达到 400 万吨。

"华润水泥"签约山西霍州日产 5 000 吨水泥项目

10 月 28 日，山西省霍州市人民政府、华润水泥投资有限公司、山西省国新能源发展集团有限公司、山西焦煤集团霍州煤电集团有限公司签署战略合作框架协议，霍州市人民政府将提供优越的投资环境，大力支持"华润水泥"、"国新能源"和"霍州煤电"合资合作，在山西省霍州市投资建设日产 5 000 吨新型干法水泥熟料生产线，配套建设两套直径 4.2 × 13 米带辊压机联合粉磨系统和 9 兆瓦余热发电站。项目总投资约人民币 8 亿元，设计熟料年产能 155 万吨、水泥年产能 200 万吨，余热发电量 5 000 万千瓦时。

邯郸市"金隅太行"日产 4 500 吨生产线投产

10 月 28 日，北京金隅集团邯郸金隅太行水泥有限责任公司日产 4 500 吨水泥熟料生产线竣工投产，这标志着该公司发展再上新台阶。也是邯郸市与北京金隅集团加强合作取得的又一重要成果。此次投产的生产线总投资 6.3 亿元，具有世界先进水平，是一条集节能、环保、利废、高效为一体的现代化熟料水泥生产线。该生产线投产后，可使该公司形成年产熟料 325 万吨、高标号水泥 500 万吨的生产能力，实现销售收入 12 亿元、利税 1.5 亿元，同时将带动地方运输、服务等配套产业持续发展。

"北方水泥"凌源富源矿日产 4 000 吨熟料线点火

10 月 30 日，北方水泥有限公司所属辽宁凌源市富源矿业有限责任公司日产 4 000 吨新型干法低碱水泥熟料生产线顺利点火。这是"北方水泥"成立后在建工程中第一条建成点火的生产线，填补了辽西大型新型干法水泥低碱水泥生产线空白。

该项目于 2009 年正式开工建设，总投资 3.6 亿元。生产线采用新型干法水泥生产的先进技术，综合利用煤矸石、钢渣、炉渣和粉煤灰等工业废弃物，充分体现了资源节约、循环利用和环境友好的可持续发展理念。项目达产后可年产 124 万吨低碱水泥熟料，填补了辽西地区无大型新型干法水泥低碱熟料生产线的空白，与生产线配套的纯低温余热发电系统等也将开工建设。这将对扩大就业机会、拉动地方经济发展起到有力的带动作用。

宁夏第一条日产 5 000 吨水泥生产线竣工投产

10 月 31 日，宁夏瀛海集团瀛海天琛公司日产 5 000 吨熟料新型干法水泥生产线项目在永宁县投产，填补了宁夏没有大型水泥生产线的空白。该生产线每年将为宁夏及周边地区提供优质高标号水泥 200 万吨，实现销售收入近 8 亿元，实现利税近 2 亿元。

瀛海天琛公司日产 5 000 吨熟料新型干法水泥生产线项目，总投资 6.4 亿元，主要利用粉煤灰、脱硫石膏、矿渣等排放物为原料，生产水泥熟料，同时配套建设 9 兆瓦纯低温余热发电项目，达到了资源循环利用。该项目作为宁夏单条产能规模最大的水泥生产线，其工艺水平采用国内领先技术。

瀛海集团旗下水泥产业拥有 6 个全资子公司，水泥年产能达 600 万吨。

"葡诚(枣庄)水泥"日产 5 000 吨生产线投产

11 月 3 日，由天津水泥工业设计研究院有限公司设计的葡诚(枣庄)水泥有限公司日产 5 000 吨新型干法水泥生产线正式投产。

葡诚(枣庄)水泥有限公司隶属于葡诚水泥集团。葡诚水泥集团是由葡萄牙西姆泊水泥集团与澳门马氏家族合资设立。目前，葡诚水泥集团在中国拥有 1 条日产 5 500 吨生产线、3 条日产 2 500 吨生产线和 2 座水泥粉磨站。

"千阳海螺"熟料线一期工程点火投产

11 月 8 日，陕西省宝鸡市"千阳海螺"一期日产 4 500 吨熟料新型干法水泥生产线顺利点火投产。

该生产线总投资约7.6亿元，建设内容包括原料与燃料运输、新型干法水泥生产、水泥存储及运输等装置和一座纯低温余热发电站，配套建设厂区总降压站及相应的生产辅助设施。建成投产后，可年产熟料148万吨，年产水泥220万吨。9兆瓦纯低温余热发电站设计年发电量6 480万千瓦时，年供电量6 026万千瓦时。项目建设体现了陕西省发改委提出的“切实落实节能措施，提高能源利用效率”的要求。

甘肃张掖“巨龙建材”日产2 500吨新型干法水泥生产线投产

11月8日，张掖巨龙建材有限责任公司日产5 000吨熟料新型干法水泥项目一期日产2 500吨生产线工程建成投产。

该项目一期生产线投资3.5亿元人民币，自筹资本金1.2亿元，集水泥生产、销售、运输、矿山开采、纯低温余热发电、水泥制品加工为一体。辅助开发建设年产150万吨石灰石矿山和一座装机容量为4 500千瓦余热发电厂，年发电量3 000万千瓦时。计划年生产水泥100万吨，年可实现销售收入3.5亿元，年实现税金5 000万元以上。

“赛马实业”白银年产200万吨水泥线投产

11月9日，中材集团所属宁夏赛马实业股份有限公司投资6亿元建设的白银年产200万吨新型干法水泥生产线项目点火投产。

继10月25日“祁连山永登”项目投产，半个月内，中材集团在甘肃2条年产200万吨水泥生产线投产，标志着中材集团与甘肃省的战略合作进入了新的历史发展阶段。

白银日产4 500吨水泥生产线及配套纯低温余热发电项目，是2008年甘肃省政府与中材集团签订战略合作协议后，由甘肃省工信委核准，白银市实施资源转型战略以来最大的循环经济招商引资项目。

白银项目投产后，可年产水泥200万吨，年消化利用粉煤灰、铅锌矿渣、铜矿渣等工业废渣70多万吨。该项目是目前白银市最大一条新型干法水泥生产线。

“芜湖海螺”日产12 000吨生产线设备安装顺利开工建设

11月18日，“芜湖海螺”2条日产12 000吨水泥熟料生产线及配套36兆瓦余热发电项目A线设备安装工程按期开工建设。芜湖海螺公司举行了隆重的开工仪式。“芜湖海螺”2条日产12 000吨水泥熟料生产线及配套36兆瓦余热发电项目是海螺集团的重点项目，得到了安徽省委、省政府的高度重视。项目总投资约30亿元人民币，所建生产线是目前世界上规模最大、技术最先进的熟料生产线。

广元“高力水泥”年产150万吨生产线投产

11月19日，广元高力水泥实业有限公司年产150万吨新型干法水泥生产线投产庆典在利州区三堆镇举行。这标志着广元市建材产业规模和质量又迈上一个新台阶。

“高力水泥”项目是广元市利州区立足资源转化重大的招商引资项目，也是该区地震灾后产业重建的重点项目，由广州广英实业公司和广东客商投资兴办，总投资5亿元人民币，投产后可实现年产值4.5亿元人民币，税收2 500万元以上，解决地方就业300人左右。

新疆“蒙鑫水泥”日产4 500吨生产线开工奠基

11月21日，新疆蒙鑫水泥有限公司新型干法水泥生产项目一期日产4 500吨工程在新疆生产建设兵团农六师奇台农场举行了开工奠基仪式。

该项目主要是建设日产9 000吨、年产270～300万吨水泥熟料的新型干法水泥生产线项目，总投资15亿元人民币，其中，一期工程投资8亿元人民币，二期投资7亿元人民币，项目占地656亩。从原料加工到产品出厂均采用目前国内最先进的工艺流程和机械设备，项目环保采用高效、除尘、低温、余热发电系统，将实现废气合理利用，粉尘达标投放。一期工程投产后，预计每年实现2亿元的利税，二期项目建成后利税将突破3.5亿元人民币，能有效解决本地400余人的就业问题。

广西“华润陆川”项目正式开工

12月6日，广西壮族自治区“华润陆川”项目窑尾钢塔架第一根钢管柱顺利吊装就位，标志着“华润陆川”日产5 000吨项目正式启动开工。

华润水泥(陆川)项目总体规划建设2条日产4 500吨熟料的水泥生产线，投资总额13.5亿元人民币，将采用目前世界上最先进的新型干法窑外分解生产工艺，建设2条配备9 000千瓦纯低温余热发电的新型干法水泥生产线。项目投产后，每条生产线年产熟料148.5万吨，年产商品熟料26.5万吨，年产水泥160万吨，余热发电年产发电量为6 048万千瓦时，年供电量为5 564万千瓦时。一期项目投产后预计年产值6亿元人民币，上缴税收5 000万元，安排就业500多人。

兆山新星集团四川日产4 000吨水泥生产线点火

12月8日，兆山新星集团四川天全水泥有限公司日产4 000吨熟料新型干法水泥生产线项目胜利点火。

该项目于2009年6月在四川天全县正式开工筹建，经过一年多的紧张施工，该项目一次性点火成功。四川天全水泥生产线进入正常生产后，其生产规模为年产水泥160万吨、年发电量为4 570万千瓦时。本项目为四川省雅安市灾后重建的重要项目，对于支持川西、藏东民族地区经济发展和经济建设具有十分重要的意义。

“福建水泥”(安砂)建成年产200万吨水泥项目

12月18日，福建水泥股份有限公司安砂年产200万吨旋窑水泥生产线成功点火正式投产。

该项目总投资7.18亿元人民币，为1条日产5 000吨熟料新型干法水泥生产线，配套9 000千瓦纯低温余热发电装置。工程投产后将形成年产高标号水泥200万吨。该项目2008年1月被省政府列为预备重点项目，2009年1月被省政府列为在建重点项目。是国家产业政策鼓励和重点支持的水泥发展项目，它的建成投产，对福建省水泥工业结构的调整和优化，推动水泥产品的升级和技术进步具有重要的意义；对当地经济发展，充分发挥当地石灰石、硅质矿、无烟煤等水泥生产资源丰富的优势，带动相关产业发展和城镇化建设等具有重要意义。同时，对福建水泥股份有限公司的发展壮大，提高竞争实力起到重要作用。

湖南"常德南方"日产5 000吨熟料生产线投产

12月26日，湖南常德南方水泥有限公司日产5 000吨熟料项目成功产出第一批熟料，这既是继12月17日项目顺利点火后，项目建设取得的又一历史性成果，也是"常德南方"为纪念毛泽东主席诞辰117周年献出的一份厚礼。

"常德南方"日产5 000吨熟料生产线项目坐落于常德市鼎城区石板滩镇荷花堰村，自有矿山位于距生产厂区12公里外的雷公庙镇。项目占地800多亩，总投资8.5亿元。该项目于2009年8月8日开始"三通一平"，12月18日土建动工。该项目正式投产后，每年可生产商品熟料93万吨、高标号水泥120万吨，年余热发电量7 000万千瓦时，年销售收入达5.5亿元，创利税8 000万元。

"川铁集团"年产200万吨最大水泥生产线正式点火投产

12月28日，川铁集团年产200万吨新型干法水泥生产线在四川广安华蓥市正式点火投产。项目总投资7.6亿元人民币，该生产线正式投产后，努力争取水泥年产能达到450万吨，5年后产值达到12亿元以上，并辐射川渝地区，打造水泥行业优秀品牌。同时，公司还将斥资4 000余万元建设装机为10.5兆瓦纯低温余热发电站，利用窑尾、窑头的废气余热进行发电，年发电超过4 000万千瓦时，不仅可以创造上千万元的经济效益，还将大幅度减少煤炭消耗和二氧化碳排放。

2010年部分余热发电项目

Partial electric power generating projects with remnant heat in 2010

“江西南方水泥”多条生产线余热发电项目顺利投产

3月6日，由“南京凯盛”总承包的江西南方兰源水泥有限责任公司日产2 500吨熟料生产线6兆瓦余热发电工程性能考核期圆满结束。

江西南方兰源水泥余热发电工程自2009年5月20日开工建设，于2010年2月9日顺利完成72+24小时试运行。月度发电量达到340万千瓦时，平均发电量近40千瓦时/吨，全面达到合同要求。

3月11日，由南京凯盛总承包的江西南方兰丰水泥有限责任公司2条日产2 500吨熟料生产线9兆瓦余热发电工程顺利投产，月度发电量达到664万千瓦时，平均发电量39.5千瓦时/吨。

中铝山东水泥公司余热发电项目并网

3月9日，中国铝业公司山东铝业水泥有限公司2009年重点节能环保建设工程之一——水泥余热发电项目成功实现并网发电。

该项目整体设计装机容量1.2万千瓦，每年可利用余热1.3万亿千焦，节约标煤2.4万吨，发电量7 250万千瓦时。由于符合国家节能环保政策要求和企业未来低碳发展方向，因此得到了省、市政府的大力支持，顺利通过了中铝公司节能技术改造财政奖励资金的专家论证。工程于2009年5月8日破土动工，12月份完成设备安装。经过汽轮机冲转、汽轮机超速试验、发电设备等多次冲击性试验和检测，各项指标运行良好，顺利实现并网发电。据科学测算，该项目满负荷发电后，每月可增加经济效益200万元。

华润水泥(封开)公司一线余热发电成功并网

3月17日，华润水泥(封开)有限公司第一线余热发电站成功并网发电。余热发电站装机容量9 000千瓦，年发电量约6 750万千瓦时，每年节约标准煤约25 403万吨，减排二氧化碳约57 400吨，节能减排效益明显。近年来，“华润水泥”积极推进节能减排，是业内少数熟料生产线均同步配套建设余热发电站的水泥企业集团之一。

“徐州淮海中联水泥”日产5 000吨余热发电工程投产

4月10日，由“南京凯盛”总承包的“徐州淮海中联水泥”日产5 000吨熟料生产线9兆瓦余热发电工程顺利完成72+24小时试运行。该项目余热发电系统采用南京凯盛的专利余热发电技术，结合高效的下进风式AQC余热锅炉。

“淮海中联水泥”余热发电工程自2009年3月26日开工以来，严格执行国家电力工程质量验收标准，顺利通过江苏省电力质量监督中心站的各阶段质量监检。

云南“壮山实业”余热发电工程正式投产

4月21日，云南壮山实业股份有限公司日产2 500吨新型干法熟料生产线配套6兆瓦余热发电工程正式投产。这标志着壮山公司发展循环经济、节约能源又迈向了新的台阶。

该项目利用原有的1条日产1 000吨熟料生产线窑头废气和新建的1条日产2 500吨熟料生产线窑头窑尾高温废气余热，采用国际先进的“海螺川崎”复合闪蒸补汽式纯低温余热发电技术进行余热发电，总投资4 100万元，年发电量3 600万千瓦时，节约标煤12 600吨。

吉林“德全水泥”低温余热发电并网发电成功

4月28日，吉林德全水泥汪清有限公司低温余热发电项项目一次并网发电成功。

低温余热发电工程是吉林德全水泥汪清有限公司利用现有的日产水泥熟料4 000吨的新型干法生产线窑尾余热及窑头熟料、篦冷机废气余热生产低压过热蒸汽进行发电，是典型的纯低温余热发电的节能减排工程，发电机装机容量9兆瓦，平均发电功率8.6兆瓦，年运行时间7 300小时，年发电量6 278万千瓦，年供电量5 839万千瓦时，同时每年节约标准燃煤2.3万吨，减少二氧化碳、二氧化硫等温室气体排放约6万吨，每年可使企业节约成本3 000万元左右。

低温余热发电是一项变废为宝的高效节能技术。不仅降低了建厂投资成本低，而且经济效益显著，为大型企业余热回收利用、节能降耗找到了一条行之有效的途径和方法。纯低温余热发电技术是国家积极鼓励、大力推广的节能技术。

广西“华宏水泥”纯低温余热发电项目开工建设

4月28日，广西中小企业的典范——邕宁区广西华宏水泥股份公司纯低温余热发电项目开工建设。该项目总投资2 600万元，将列入自治区中小企业发展项目库，在中小企业专项资金扶持、融资服务等方面给予重点倾斜。

“中材节能”签“祁连山”2.5亿元余热发电合同

6月2日，中材节能发展有限公司与祁连山水泥集团股份有限公司在天津签订了永登祁连山水泥有限公司(日产5 000吨)、青海祁连山水泥有限公司(日产2 500吨+日产5 000吨)、成县祁连山水泥有限公司(日产3 000吨)、甘谷祁连山水泥有限公司(日产700吨+日产2 500吨)及漳县祁连山水泥有限公司(日产3 000吨)共5个项目的余热发电工程总承包合同。

多年来,中材节能公司与祁连山水泥集团一直保持着友好合作关系,中材节能公司先后完成了祁连山水泥集团股份有限公司旗下的永登祁连山水泥有限公司一期及平凉祁连山水泥有限公司两个项目的余热发电工程设计及技术服务。此次5个项目工程总承包的签约,标志着双方的合作进入了新的发展阶段,中材节能公司将会更好地发挥自己的技术优势、品牌优势和项目管理优势为祁连山水泥集团的快速发展做出新的贡献。

安徽“盘景水泥”2条日产4 500吨熟料生产线暨余热发电项目竣工典礼

6月5日,安徽盘景水泥有限公司2条日产4 500吨熟料生产线暨余热发电项目竣工典礼在公司厂区内隆重举行。

安徽“盘景水泥”位于和县石杨镇金城村。2007年10月,盘景水泥日产4 500吨熟料生产线项目正式开工,2008年12月15日正式建成投产。2009年11月,余热发电项目建成并网。这期间,随着生产线的建设,办公楼、厂内公园、食堂、员工宿舍等配套建设也陆续跟进,目前,盘景水泥公司已经呈现出了一派干净、整洁的崭新面貌。安徽“盘景水泥”是盘固水泥集团旗下的子公司。“盘固水泥”位于江苏省金坛市,是江苏省最大的以水泥制造为主业的民营企业,在目前竞争激烈的市场环境中,公司只有实现多元化发展才能有效地规避风险。除了水泥,盘固集团的业务还涉及化工、物流、采矿、生态旅游等领域。目前盘固集团下辖常州“盘石水泥”、江苏“华阳水泥”、安徽“盘景水泥”、常州“盘固物流”、金坛市“盘固化工”、金坛市“盘固采石”、上海“盘固投资”、金坛“紫云湖旅游开发”共8家子公司。

四川“南威水泥”4.5兆瓦余热发电项目竣工

6月16日,四川南威水泥有限公司投资建设的该市第一条4.5兆瓦余热发电生产线目前正式竣工,投入试运行。该项目是日产2 500吨新型干法熟料生产线的配套工程,概算总投资4 563万元,目前日发电量8万千瓦时,达到了设计要求。该项目年可发电3 000万千瓦时,年平均利润总额1 100万元以上,可满足全厂1/3左右的用电量,并降低每吨水泥制造成本15~20元。

工程投入运行后,对现有的环境状况将有一定的减排作用,可以减少粉尘的对外排放,窑系统降尘量每小时可减少约4吨,同时可提高除尘器的收尘效率,降低废气对外排放温度,减少热污染。相对于燃煤电站,每年可减少二氧化碳排放量4万吨、减少二氧化硫排放量230吨,减少氮氧化合物排放量56吨,每年节约标煤1万吨以上。

“华新”西藏公司7.5兆瓦余热发电项目并网发电

6月18日,“华新水泥”西藏公司7.5兆瓦纯低温余热发电项目正式实现并网发电。

该项目是西藏自治区第一个水泥回转窑余热发电项目,完全符合国家“十一五”期间新上日产2 000吨新型干法旋窑产业鼓励配套政策。实现了水泥生产过程中余热资源的有效利用,符合国家节能降耗、低碳环保的产业政策,每年可节省用电3 750.51万千瓦时,为企业降低产品成本,提高产品竞争力,创造较大的经济效益奠定了基础,还可缓解因供电不足影响企业生产的矛盾。

“华新水泥”(渠县)纯低温余热发电工程成功并网发电

6月20日,渠县公司纯低温余热发电工程成功并网发电,现已进入试运行发电阶段。该项目现运行装机容量达7 000千瓦,余热发电工程成功并网后,该公司每年生产用电总耗可降低三分之一,这意味着渠县公司生产1吨熟料将降低约35千瓦时的电力消耗,不仅有利于节能减排工作,而且将促进企业经济效益的提升。

四川“蓥峰水泥”纯低温余热发电项目正式并网发电

7月中旬,四川华蓥市省级高新技术企业川煤集团广能蓥峰水泥公司年产200万吨干法水泥生产线纯低温余热发电项目正式并网发电。

该项目通过对水泥窑在熟料煅烧过程中窑头窑尾排放的废气余热进行回收,通过余热锅炉产生蒸汽带动汽轮发电机发电,项目采用的纯低温余热发电技术余热回收效率高、发电过程中无需补充燃料,不产生任何污染,是符合国家产业政策的绿色发电技术,是一种环保的、节能减排的、符合可持续发展要求的循环经济技术,经济效益非常显著。

该项目年发电量可达6 000多万度,每年为企业节约标煤2万多吨,电费近3 000万元,产品综合能耗可下降约18%,同时减少二氧化碳排放量近6万吨。

贵州首台新型干法水泥纯低温余热发电机组投运

7月2日,贵州省首台新型干法水泥纯低温余热发电机组在贵州科特林水泥发展有限公司正式投入运行,该项目总投资4 000万元,全年发电量3 600万千瓦时,可供本公司三分之一的生产用电,相当于1年节省标煤1万吨,减少CO_2等废气排放2.5万吨。

全球最大余热发电项目并网发电

7月19日,由中材节能发展有限公司承建的泰国京都项目二台机组完成一次并网成功发电目标。本次并网发电成功标志着“中材节能”的技术与服务水平被世界级高端客户所认可,同时其项目管理模式已经与国际接轨。这是“中材节能”在国际水泥余热发电领域中,首次为全球最大水泥生产线配置余热发电系统即获成功的首例。

泰国京都(SIAM CITY)水泥公司是世界著名水泥集团“豪西蒙”(HOLCIM)旗下的泰国子公司。“中材节能”为其两条日产10 000吨水泥生产线提供余热发电EPC总承包,这也是豪西蒙集团在其全球工厂中第一个采用新一代余热发电技术进行投资的项目。京都项目建成投产后,每年将利用废气余热发电2.4亿千瓦时,减少CO_2排放量约10万多吨,相当于节约标准煤4万余吨。该项目的实施,不但能降低企业的生产成本,也将为节能减排事业做出新的贡献。豪西蒙集团亚洲区总裁 Paul. Hugentobler 在贺信中也表示,并网成功不仅会给"豪西蒙"带来了巨大的经济利益,更为环保事业做出了突出贡献。

该项目合同总工期为20个月,总装机容量为32兆瓦。合同内容全部以国际通用的菲迪克(FIDIC)条款为依据组成,相关技术指标要求先进,自动化控制水平极高,项目管理完全采用欧洲的管理模式。为实现合同目标,"中材节能"充分发挥自身的集成优势,多角度、全方位与业主对接。

"宜昌华新"2号窑10.5兆瓦余热发电项目并网成功

7月21日,宜昌公司2号窑系统余热发电项目并网成功,标志着该公司又一座10.5兆瓦纯低温余热发电站顺利建成,进入到发电阶段。

该项目从2009年10月破土动工以来,在集团公司领导和各职能部门的大力支持下,在原有2条窑系统生产线上建设4台余热锅炉和1台装机功率为10.5兆瓦的汽轮发动机。

此次并网是继6月27日该公司1号窑系统余热发电成功并网后的又一喜讯,也为宜昌公司10.5兆瓦纯低温余热发电项目画上了圆满的句号,必将为公司大力发展循环经济翻开崭新的一页。

"赣州南方水泥"余热发电项目通过验收

7月23日,受国家财政部、国家发改委的委托,由江苏省财政投资评审中心和江苏省南京市节能技术服务中心的领导和专家组成的检查组对江西赣州南方万年青水泥有限公司余热发电节能改造项目的建设、运行情况和节能效果进行专项检查,该项目通过验收。

该余热发电项目是利用水泥生产线窑尾废气和窑头熟料冷却机产生的余热在锅炉作用下生产出过热蒸汽,带动一台7.5兆瓦汽轮机组进行发电,可将水泥生产过程中排放的40%废气余热进行回收,能源利用率达95%以上。项目总投资5 000万元,于2008年9月12日动工建设,2009年6月竣工并网发电。该项目自投入运行以来,系统运行稳定,机组发电能力基本达到设计要求,年发电量达4 600余万千瓦时,解决了企业1/3的用电;此外,每年还可节约标煤1.61万吨,减少 CO_2 排放3万多吨、SO_2 排放200余吨。

"中材节能"签土耳其2余热发电总承包项目

8月12日,中材集团旗下中材节能发展有限公司与土耳其 BATICIM 水泥集团签署两个余热发电总承包项目,这是"中材节能"今年在土耳其首都安卡拉成功举办余热发电技术推介会之后,再次与土耳其 BATICIM 水泥集团进行合作。此次签订的是 BATICIM 水泥集团旗下 BATICIM 水泥公司12兆瓦和 BATISORK 水泥公司7兆瓦余热发电项目。

该项目建成后,将每年节约标准煤约5.5万吨,年减排二氧化碳12万吨,将进一步为缓解全球温室效应做出贡献。

土耳其 BATICIM 水泥集团位于土耳其伊兹密尔市,是一家在伊斯坦布尔证券交易所注册的上市公司,其业务涵盖水泥生产、商品混凝土制造、粉煤灰处理、港口服务等领域。凭借旗下 BATICIM 及 BATISORK 水泥公司220万吨年生产能力,BATICIM 水泥集团现已成为土耳其第七大水泥生产商。

"德州大坝"余热发电项目获验收

8月12日,由中材节能总承包建设的德州中联大坝水泥有限公司2条日产2 500吨水泥熟料生产线9兆瓦纯低温余热发电工程项目通过建设单位、监理单位及相关参建方的联合竣工验收。

该项目以 EPC 总包模式为业主服务,即工程设计及技术服务、设备成套、土建及安装施工、调试及保运服务,主机由4台余热锅炉及1套9兆瓦汽轮发电机组及附属设备组成。

"建德海螺"完成余热发电 CDM 项目审核

8月16~17日,浙江省建德海螺公司顺利完成联合国委派的审核机构专家组对公司二期余热发电 CDM 项目进行的现场审核。清洁发展机制(CDM)是《京都议定书》规定的三种灵活机制之一,是世界各国基于温室气体减排的考虑而共同制定的一种国际市场合作机制。部分发达国家通过资金和技术支持的方式同发展中国家展开项目级合作,并据此获得所产生的经核证的减排量,以便帮助其遵守他们在议定书中所承担的约束性减排义务。水泥余热发电 CDM 项目通过水泥熟料生产线余热回收发电来满足公司的用电需求和减少温室气体排放,协助其加快低碳排放和无碳排放的清洁项目的开展,从而实现削减全球温室气体排放,改善人类赖以生存的气候环境。该项目通过水泥熟料生产线余热回收发电可又满足公司用电和减少温室气体排放,为节能减排做出新的贡献。

四川省"广元海螺"首套余热发电机组成功并网

8月16日,"广元海螺"首套9兆瓦纯低温余热发电机组成功并网发电。该项目每年可向水泥生产线供电电量5 088.96万千瓦时,吨熟料发电量设计为40千瓦时/吨。

"广元海螺"余热发电项目的成功并网投运,是落实国家"发展循环经济,推进节能减排"号召的实际行动,有力支持了广元市、朝天区以工业发展提升地方经济动力的理念,也为公司经营发展提供了一个新的经济增长点,促进了余热发电技术在水泥行业进一步推广。

"中材节能"与昆钢签订合同

2010年8月,中材集团旗下中材节能发展有限公司与曲靖昆钢嘉华水泥建材有限公司正式签署了日产4 000吨水泥熟料生产线纯低温余热发电项目 BOT 合同。根据合同,"中材节能"获得项目特许权,负责电站的投资、建设、运营和维护,享有投资回收和投资回报,特许权期满后将电站无偿移交曲靖昆钢嘉华。

该项目投产后，每年利用废气发电约5 000万千瓦时，节约标煤约2万吨，减排CO_2约5万吨，具有较好的经济效益、社会效益和环境效益。

"华新"黄石分公司余热发电机组成功并网发电

8月23日，黄石分公司1.5万千瓦纯低温余热发电机组一次并网成功，开始试运行发电。每年将节省标煤3.2万吨，同时还能降尘减排，改善区域环境质量，具有明显的经济效益和社会效益。

葛洲坝水泥厂纯低温余热发电项目成功试运行

8月29日，葛洲坝水泥厂纯低温余热发电系统经过24小时联动试运行，并成功并网发电，标志着该项目进入投产试生产阶段。

该项目2010年三月份正式开工兴建，是葛洲坝水泥厂2010年实施节能减排、资源综合利用的重点项目，是在不影响水泥生产的前提下最大限度地回收利用水泥生产线窑头熟料冷却机及窑尾预热器的废气余热，采用成熟、可靠的工艺和装备进行资源综合利用、降低生产成本、发展循环经济的节能环保项目。

天瑞集团南召青山水泥公司余热发电项目开工

9月16日，河南天瑞集团总投资5 600万元的南召青山水泥公司9兆瓦余热发电项目开工建设。该项目是南召青山水泥项目的重要组成部分。在不影响企业正常生产的情况下，青山水泥公司充分利用新型干法水泥熟料生产线生产过程中产生的余热发电，建成后年发电量6 600万千瓦时，年可实现利税近3 000万元。据估算，该项目每年可节约标煤2.5万吨，减少排放二氧化碳6万吨。

湖北"金龙水泥"纯低温余热发电项目开工建设

10月初，湖北金龙水泥有限公司10兆瓦纯低温余热发电项目通过省发改委核准批复并开工建设。该项目通过回收利用日产2 500吨、日产4 000吨两条新型干法水泥生产线窑头熟料冷却机和窑尾预热器废气余热进行发电，这是十堰市首家新型干法水泥窑纯低温余热发电项目。

该项目总投资7 800万元，装机容量10兆瓦，主要新建2台水泥窑窑头冷却机废气余热锅炉（AQC炉）和2台水泥窑窑尾预热器废气余热锅炉（SP炉），配1台10兆瓦汽轮发电机组，项目所发电能全部由企业自用，并通过10千伏电压等级接入系统，与系统并网运行。该项目年发电量可达7 530万千瓦时，实现销售收入3 200万元，创利税210万元，节约标煤25 838吨，减少CO_2排放56 844吨，SO_2排放300.7吨，NOx排放381.8吨。

云南"镇康"余热发电项目并网发电

11月16日，由中材节能承建的云南"镇康"水泥建材有限公司日产2 000吨新型干法熟料水泥生产线纯低温余热发电工程于一次并网发电成功。

昆钢水泥建材集团有限公司独资的"镇康"日产2 000吨带4.5兆瓦余热发电的新型干法熟料水泥生产线，年产熟料62万吨，年产水泥80万吨，年发电量2 520×10^4千瓦时。是临沧市第一条新型干法熟料水泥生产线，项目的建成投产将对调整云南省水泥产业结构，临沧区域经济及进一步加快镇康县工业化发展起到积极的推动作用，具有显著的社会和经济效益。

四川"安县中联"余热发电并网成功

11月24日，"安县中联"余热发电并网成功，开始发电。

"安县中联"日产5 000吨水泥熟料生产线配套9 000千瓦余热发电机组，水泥项目自2009年8月5日开工，2010年6月26日点火一次投料成功，目前运行稳定，产销两旺。余热发电项目的成功并网发电，标志着"安县中联"项目建设基本完成，将正式转入正常生产运营阶段。同时，这个项目是有利于企业降低成本，有利于循环经济，有利于节能减排，有利于减少温室效应的好项目，对企业的可持续健康运行具有深远的意义，具有良好的社会综合效益。

湖北"白兆山水泥"5兆瓦余热发电项目开工建设

11月26日，湖北"白兆山"5兆瓦水泥余热发电项目签约及开工仪式在施工现场举行，该项目是在湖北白兆山水泥有限公司产2 500吨水泥的生产线上，配套建设一个装机容量5兆瓦的余热发电站，发电站采用国际领先的纯低余热发电技术，将水泥窑窑头、窑尾排放的废气余热转化为电能，有效地提高水泥生产过程中的能源利用效率。

该项目余热发电站由上海泰豪智能节能技术有限公司投资建设，以国家鼓励推行的合同能源管理模式实施，项目建成后，每年可节约标准煤1万至1.2万吨，每年可减少二氧化碳排放近3万吨，余热发电站的发电量占企业总用电量的35%左右。

"中材汉江"余热发电项目并网

11月28日，中材汉江水泥股份有限公司余热电站建成并顺利实现了1#生产线并网发电，实现了一次投运即成功并网发电。

该余热发电项目是"中材汉江"按照中材水泥有限责任公司发展战略要求，积极响应国家发展循环经济和节能减排的号召，实施的一项节能建设项目。项目于2009年12月开工建设，建设施工单位经过11个月的紧张建设，项目建成并一次实现了并网发电。

该项目充分利用水泥生产中窑头和窑尾产生的350℃以下低温余热进行发电，每年可供电量5 000万千瓦时，可为企业节约标准煤近万吨，减少CO_2排放约1.426万吨，余热利用和发电量均达到了全国同类型企业先进水平，经济效益、社会效益显著。

宁夏"太阳山油井水泥"余热发电建成

12月10日，由苏州中材建设有限公司总承包的宁夏青铜峡水泥股份有限公司太阳山2条日产2 000吨油井水泥生产线一期工程配套4.5兆瓦余热发电工程正式并网发电。

该工程由中材节能公司总承包并承担现场施工任务，中材节能发展有限公司设计并负责设备采购。安装工程于2010年8月中旬开始,9月15日两台锅炉水压试验一次性验收合格,整个系统于11月中旬开始调试。

云南"华新"昭通公司日产4 000吨水泥生产线余热发电项目并网

12月10日,"华新"云南昭通公司日产4 000吨熟料生产线配套7.5兆瓦纯低温余热发电工程成功并网。

该项目为昭通市工信委、发改委及昭通市政府挂牌的重点项目,在立项初期便得到各方的大力支持,昭通公司也成为昭通市惟一一家利用余热资源建站的公司。该项目的建成,每年将节约用电4千万千瓦时,减少二氧化碳排放量4万余吨,将真正发挥"节能、减排、降成本"三大作用。截止至12月10日16时,该公司预热发电设备运转正常,累计发电量约7万千瓦时。

"拉法基瑞安"7条水泥生产线余热利用项目签约

12月16日,拉法基瑞安水泥有限公司与中国节能环保集团正式签署了《水泥生产线低温余热利用项目协议》,并在春城昆明举行了隆重的签约仪式。云南省工信委主任刘绍忠、"拉法基瑞安"首席执行官姜祥国、中国节能环保集团董事长王小康、以及来自云南省政府、红河哈尼族彝族自治州、大理白族自治州、丽江市的领导一同出席了该签约仪式。

签约的7条生产线分别位于"拉法基瑞安"云南分公司下属东骏、富民、红河、三江、剑川、丽江工厂和贵州分公司的水城工厂。

"中材节能"承建"中材亨达"余热电站并网发电

12月31日,由中材节能股份有限公司承建的中材亨达水泥有限公司2条日产5 000吨新型干法熟料水泥生产线25兆瓦纯低温余热发电项目成功并网发电。

该项目于2010年4月开始动工,建成后可减少外购电量17 000万千瓦时/年,年节约标准煤约6万吨,可减少二氧化碳排放量约15万吨。

重组联合

Reorganization and unity

金隅集团斥1 226万增持鼎鑫水泥余下股权

1月11日,金隅股份宣布,以1 226万元人民币收购鼎鑫水泥的1.54%股权,完成交易后鼎鑫水泥将是金隅的全资附属公司;鼎鑫水泥主要从事制造及销售水泥及熟料。

尧柏水泥1.8亿元收购陕西秀山水泥

1月13日,在英国伦敦证券交易所AIM市场上市的中国西部水泥有限公司(陕西尧柏特种水泥有限公司)发布公告称,公司已经以1.8亿元人民币的价格收购了陕西秀山水泥集团有限公司。

此次收购涉及秀山水泥集团在陕西省镇安县的一座水泥厂,该工厂毗邻中国西部水泥的安康和蓝田两大生产基地。交易内容还包括距离安康基地10公里远的一个水泥粉磨站。据悉,秀山水泥厂年产熟料60万吨,其石灰石矿山储备可供开采30年。秀山龙水泥粉磨站年粉末能力约为10万吨。

中国西部水泥有限公司(陕西尧柏特种水泥有限公司)是一家集水泥产销于一体的外商(英国)独资企业。公司注册地位于西安市高新技术产业开发区。下设陕西尧柏特种水泥有限公司蒲城分公司、西安蓝田尧柏水泥有限公司、安康市尧柏水泥有限公司、汉中尧柏水泥有限公司、汉中勉县尧柏水泥有限公司等分(子)公司。2006年12月,陕西尧柏特种水泥有限公司以中国西部水泥有限公司的名义在英国伦敦证券交易所AIM市场成功上市。

"中国建材"转让"祁连山"14.46%股权

中国最大水泥生产商中国建筑材料集团在上海联合产权交易所挂牌转让甘肃祁连山建材控股有限公司(下称祁连山控股)14.46%股权。中国建筑材料集团选择退出,让人联想起中材股份进入"祁连山"。2009年,"中材股份"通过参与增发取得"祁连山"5 500万股,以微弱之差居第二大股东位置。下半年,"中材股份"又增持139.73万股。12月末,"中材股份"通过增资以及受让甘肃国资委所持祁连山控股部分股权,持有"祁连山"控股51%,从而以24.66%的比例间接控制"祁连山"。分析人士认为,同是建材行业的巨头,中国建筑材料集团在中材股份已经控制"祁连山"的情况下,选择退出,或许是一种战略调整。

冀东水泥与ST秦岭资产重组进程

早在2007年,冀东水泥开始正式运作陕西产能扩张,通过对"扶风"、"泾阳"、"凤翔"等地水泥企业的控股而成为陕西域内最大的水泥企业之一。2009年8月25日,冀东水泥即宣布有意重组ST秦岭。但由于ST秦岭自身的负担较重,重组的道路并不平坦。2010年2月3日,已停牌102天之久的ST秦岭终于复牌,这也宣告着其与冀东水泥的重整计划完成。按照重整方案,ST秦岭控股股东出让其43%的股份,其他股东无偿出让21%的股份,用于重整;其中,近12 897万股由重组方冀东水泥有条件接受,由此冀东水泥一举成为ST秦岭大股东。同时,冀东水泥除承诺继续雇用秦岭水泥原职工,投入5亿元用于支持其新生产线的建设外,还将以定向增发形式将其在陕水泥资产注入ST秦岭。

5月7日,冀东水泥宣布将启动向ST秦岭(600217)注入资产的行动,冀东水泥和ST秦岭于当日起双双停牌,预计不晚于6月7日复牌。冀东水泥第六届董事会第八次会议审议通过了公司作为重组方参与陕西秦岭水泥股份有限公司破产重整,并有条件受让全体出资人让渡的128 967 835股股份的决议。根据上述决议:作为重组方,如果秦岭水泥重整计划获得法院裁定批准,公司同意有条件受让全体出资人让渡的128 967 835股股份,并做出五项承诺。其中第五项承诺为:将公司在陕西省的水泥资产以定向增发的方式注入秦岭水泥,以解决上市公司同业竞争问题,并提高秦岭水泥盈利能力。公司承诺拟注入资产2010年的净利润不低于人民币2亿元。

2010年5月24日,ST秦岭(600217)公告,公司收到国务院国资委批复,同意公司控股股东陕西省耀县水泥厂将所持公司6266.4万股股份转让给冀东水泥(000401),占公司总股本的9.48%。截至2010年5月24日,冀东水泥持有公司股份6000万股,占公司总股本的9.08%. 此次转让完成后,冀东水泥持有公司股份1.23亿股,占公司总股本的18.56%,为公司第一大股东。此次股份转让还需在中国证券登记结算有限责任公司上海分公司办理股份过户手续。

6月4日,冀东水泥接到原控股股东陕西省耀县水泥厂通知及中国证券登记结算有限责任公司上海分公司出具的《过户登记确认书》,耀县水泥厂持有的秦岭水泥9. 48%的股权已于6月3日完成股权转让过户登记手续。

然而,一个月的焦急等待,最后却等来了"重组方案不成熟"。6月7日,ST秦岭(600217)和重组方冀东水泥(000401),双双披露公告称,由于相关重组方案尚不成熟,ST秦岭将于即日起正式复牌;而冀东水泥则因拟筹划非公开发行引进境外战略投资者,申请继续停牌。

冀东水泥(000401)因参与ST秦岭(600217)重整计划,依据陕西省铜川市中级人民法院出具的《协助执行通知书》,中国证券登记结算有限责任公司上海分公司于9月8日办理了陕西省耀县水泥厂持有ST秦岭无限售流通股5000万股的划转手续,划转该5000万股ST秦岭股票至公司证券账户。至此,公司持有ST秦岭股份1.73亿股,占ST秦岭总股本的26.13%,为该公司第一大股东。耀县水泥厂持有ST秦岭5911万股,占ST秦岭总股本的8.95%.

按照铜川中院批准的秦岭水泥《重整计划》,耀县水泥厂应让渡其所持有ST秦岭7048万股。目前,耀水所持秦岭水泥部分股份尚处于冻结状态,其应让渡股份尚有2048万股未划转,耀县水泥厂办理了所持ST秦岭股份的冻结解除手续,其应让渡的2048万股随后进行划转。冻结期限从2010年9月1日至2012年8月31日。

12月29日,因执行《陕西秦岭水泥(集团)股份有限公司重整计划》(下称:《重整计划》),根据陕西省铜川市中级人民法院的裁定,中国证券登记结算有限责任公司上海分公司依法于当日划转陕西省耀县水泥厂(下称:水泥厂)持有公司无限售流通股1512503股,18967835股分别至公司破产企业财产处置专户,唐山冀东水泥股份有限公司(下称:冀东水泥)证券账户。至当日,冀东水泥持有公司股份191632000股(其中:协议受让62664165股,按照《重整计划》受让128967835股),占公司总股本的29%,为公司第一大股东。水泥厂持有公司股份38633660股,占公司总股本的5.85%。

至此,冀东水泥对ST秦岭持股比例增至26.13%,其第一大股东的身份得以进一步夯实,意味着其谋划5年却历经波折的"陕西市场版图"布局向着胜利迈出一大步。

此次重组顺利完成,冀东的战略版图更为清晰。秦岭水泥是陕西市场惟一能和冀东水泥在陕西高端水泥市场竞争的企业,冀东水泥实现对其的控股,即可达到对陕西高端市场的价格控制,进而在陕西市场基建需求继续保持旺盛的时机获得更高的盈利能力。

"中材"斥8123万增持水泥公司股权

2月8日,中国中材宣布,分别以2,280万元(人民币,下同)及5,843万元,合共8,123万元,分别收购湖南牛力于常德中材的22.87%股权及湖南牛力于湘潭中材的24.85%股权;完成后,该两公司将会成为中材的全资附属公司。

"金隅"近7亿购水泥生产线

2月9日金隅股份宣布,旗下鹿泉东方鼎鑫水泥与河北燕赵水泥订立资产收购协议,鼎鑫向燕赵收购1条日产能4 000吨水泥熟料生产线,包括水泥生产线所在的建筑面积为230亩(约15.38万平方米)土地的土地使用权,总作价为6.93亿元人民币。另外,河北燕赵在收购协议内承诺,不再筹划与生产及销售水泥熟料有关或与其构成竞争的任何新项目。"金隅股份"在京津冀地区的水泥市场份额及掌控能力进一步增强,巩固水泥产业板块的大十字战略布局。

"北京金隅"斥资5亿收购"拉法基瑞安"北京三家公司股权

2月23日,北京金隅股份有限公司和拉法基瑞安水泥在北京签署协议,拉法基瑞安水泥将其北京的水泥及混凝土业务售予北京金隅股份有限公司。其中所涉及的资产包括拉法基瑞安位于北京的两家水泥干法生产厂和一家混凝土搅拌站。

这项协议的签署与"拉法基瑞安"重点布局中国西南地区,并加强其在该地区的领导地位这一发展战略相一致。目前,"拉法基瑞安"在西南地区有3条日产5 000吨的干法生产线,以及一家新的混凝土工厂在建,并将于2010年年中投产。此外,公司还有其他项目也在同时进行。

北京金隅股份有限公司是目前北京地区最大的建材企业。"拉法基瑞安"相信,此项交易将为其北京的工厂及员工提供更好的发展机会。

双方此次签署的协议中所涉及的公司包括北京兴发水泥有限公司,北京顺发拉法基水泥有限公司,以及拉法基易成混凝土有限公司。拉法基瑞安在上述公司中所占的股份分别为65%,70%和76.722%。"北京金隅"将以总代价5.7亿元人民币的美元等值金额收购三家水泥及混凝土公司股权。

该协议的正式生效还需要得到上述三家企业的其他股东以及相关政府部门的批准。

北京金隅表示,这三家水泥及混凝土公司位于北京东北部,总年产能为150万吨的新型干法水泥生产厂,及一家位于北京东南部年产能为30万立方米的混凝土厂。此次收购完成后将有助提升金隅集团于北京及环渤海地区水泥行业的市场份额及领导地位。

"山水水泥"收购天津天辉水泥

"山水水泥"董事会于4月10日宣布,行使天辉购股权,借以收购"天津天辉"全部股权,现金代价为1269.83万元人民币(下同),及股东贷款3467.4万元。"天津天辉"在天津从事小规模的水泥生产和销售业务。"山水水泥"表示,收购有助于减轻公司外销熟料的压力。

"山水立新"拥有济南山水85%,而"山水立新"则由持有超过30%股权的张才奎所控制。由于张才奎身兼本公司董事会主席兼控股股东,因此根据《上市规则》的规定,"济南山水"和"山水立新"均属张才奎的联系人,因而是本公司的关连人士;根据《上市规则》,收购事宜亦构成本公司的关联交易。

"天津天辉"是一家有限责任公司,于2002年7月由济南山水和山水立新在中国成立,注册资本人民币1 600万元,由济南山水和山水立新各自拥有90%和10%。天津天辉不设附属公司,亦无持有其他公司或实体的任何权益。

2010年水泥行业的兼并重组将加快进行,产业集中度将进一步提高,水泥产业集中度的提高,将为行业的发展带来规模效益和盈利空间的提升。行使“天津天辉”购股权有利于提高上市公司天津区域水泥市场占有率,提升上市公司在天津水泥市场的话语权,消除两公司目标客户、产品定价方面的利益冲突。

ST双马收购都江堰拉法基水泥获批

4月15日ST双马公告称,发改委已原则同意四川双马水泥股份有限公司通过向拉法基中国海外控股公司定向发行A股将其所持有都江堰拉法基水泥有限公司的优质资产50%的股权注入四川双马水泥有限公司;经董事会审议和与交易双方沟通协商,公司董事会根据公司2010年第一次临时股东大会对董事会的授权,决议在维持本次重大资产重组总体方案不变的前提下,将目标资产作价由23.51亿元人民币调整为22.56亿元人民币;由发行3.09亿股调整为发行2.96亿股。

拉法基都江堰公司是拉法基集团在国内最大的生产基地,公司一直保持良好的盈利水平。收购完成后,公司到2010年的产能将达到800万吨左右,公司资产质量和规模将发生质的改变。

该资产重组完成后,ST双马到2011年的水泥销量将达到850万吨左右,较公司当前江油本部及宜宾生产线的生产能力增加3倍以上。长期来看,拉法基都江堰仍将是公司资产重组完成后盈利能力最突出的核心资产,而ST双马仍是四川水泥市场的最有力竞争者。

11月24日,“四川双马”公告:公司发行股份购买资产暨关联交易事项经中国证监会上市公司并购重组审核委员会2010年第33次工作会议审核并获得有条件通过。公司股票于2010年11月25日开市起复牌。在重组方案获批的同时,“双马”也成功脱帽,股票简称从“ST双马”变更为“四川双马”。

中国建材工程重组新疆凯盛建材院

4月15日,中国建材国际工程有限公司重组新疆凯盛建材设计研究院(原新疆建材设计研究院)揭牌仪式在乌鲁木齐隆重举行。新疆凯盛正式成为中国建材工程旗下的控股子公司。

“新疆凯盛”的前身是1965年成立的建材部第三非金属矿山设计研究院,历经1982年的重组和2002年的改制发展至今,目前已成为西北地区建材行业规模最大、综合实力最强、资质最多的设计研究院,并成功实现了由单纯工程设计、工程咨询向工程总承包、工程项目管理的转型。“新疆凯盛”自主研发的电石渣100%替代石灰石应用新型干法水泥技术取得重大突破,获得了多项发明专利,有效地推动了水泥、化工行业循环经济的发展,为祖国西北地区的经济发展做出了重要贡献。2009年,新疆凯盛实现营业收入突破2亿元,签订合同近3亿元。

在国家积极开展对新疆实施对口支援,大力发展新疆经济的大好形势下,“中国建材工程”对“新疆凯盛”的重组,既符合了中央对新疆工作的重要决策,也符合了中国建材集团的发展战略,是建材行业的强强联合,同时也完成了“中国建材工程”在西部的布点,调整完善了中国建材工程的经营布局。中国建材工程将凭借在技术、人才、资金、业务及市场拓展方面的优势,发挥新疆凯盛所具有的技术特长、所处的地理优势和多年发展形成的良好环境,将新疆凯盛水泥工程业务在现有基础上进一步做大、做强、做精,进一步开拓和整合中亚、西亚建材工程市场。重组新疆凯盛后,中国建材工程在水泥工程领域的专业技术、科技创新和工程总承包等方面的优势将更加突出。新疆凯盛将与中国建材工程其他所属企业携手共同开拓水泥工程新市场,共同对新能源、新材料进行深入研发和推广应用,实现优势互补,共同发展。

华润水泥8.3亿元收购生产线 开展福建业务

4月15日,华润龙岩水泥,以8.3亿元人民币(约9.43亿港元)向三德(中国)收购福建的水泥生产基地连同所有与其运营相关的资产及负债,同时华润水泥向三德(中国)收购在福建的有一条水泥粉磨线。

泉州三德位于福建的水泥生产基地包括2条新型干法熟料生产线(年产能共为1 400 000吨)及3条水泥粉磨线(年产能共为240万吨),连同与其运营相关的所有资产及负债(包括相应的土地及楼宇、生产厂房与设施、设备及机器、零件及存货、应收款项及负债等)。此2条新型干法熟料生产线配有余热发电设备,可回收利用熟料生产过程中产生的热量转化为电力运营中使用;位于泉州市惠安火车站附近的水泥厂粉磨站,是一个年产60万吨粉磨能力的粉磨站。

三德收购项目是“华润水泥”进军海西、整合提升福建水泥行业的重大战略行动,对福建水泥产业结构调整、提升福建水泥产业的竞争力具有重要意义。

在本次收购前,华润水泥已经在新罗区岩山镇和永定县龙潭镇布局建设2条日产4500吨新型干法水泥熟料生产线。预计上述项目将于2011年全部建成投产,届时,华润水泥在福建省的水泥年产能将达到660万吨,成为福建省最大的水泥生产企业。

“山水”收购山西晋牌水泥

4月20日,山水水泥收购山西晋牌水泥签字仪式在太原国贸大饭店举行。协议规定,“山水集团”将在晋牌水泥原有1条日产2 000吨生产线的基础上,再由“山水”投资新建1条日产5 000吨生产线。至此,山水集团将在山西实施市场整合2000万吨规模的目标。

中材股份完成祁连山整合

4月23日,继国务院国资委批准中材股份通过增资扩股和股权受让方式控股甘肃祁连山建材控股有限公司51%的股权之后，中材股份已基本完成对祁连山的整合工作。

5月11日，祁连山股份控股股东——甘肃祁连山建材控股有限公司召开2010年第一次临时股东会，对原董事会进行改组，经中材股份和甘肃省国资委两家股东推荐，选举脱利成、周育先、闫宗文、魏其新、刘继彬、蔡军恒、梅学千、魏士渊等8人为公司第三届董事会董事。5月12日，甘肃祁连山水泥集团股份有限公司在兰州召开第五届董事会第二十次会议，会议通过了《关于聘任公司总裁的议案》，聘任刘继彬为公司总裁。

5月28日，刚刚与"中材集团"完成整合的甘肃祁连山水泥集团股份有限公司再出并购重组力作，"祁连山"与酒钢(集团)宏达建材有限责任公司签署增资协议，"祁连山"及其子公司永登祁连山水泥有限公司将分别向酒钢宏达以现金方式增资扩股人民币4.83亿元。增资完成后，"祁连山"及其子公司将分别持有"酒钢宏达"30%的股权。作为"中材集团"西北水泥战略布局的一支重要力量，"祁连山"此举意在实现中材集团打通河西走廊、将甘肃与新疆水泥市场连成一线的战略部署，是落实中材集团董事长谭仲明关于西北水泥市场"填格子收官"指示的实际步骤。

根据协议，"祁连山"和"永登祁连山"分别向"酒钢宏达"增资241 318 125元人民币，增资完成后，酒钢宏达的股权结构为：酒钢集团持股37.8599%，长城公司持股2.1401%，"祁连山"和"永登祁连山"分别持股30%。

据悉，"酒钢宏达"目前拥有1条日产1 000吨和1条日产2 000吨新型干法水泥生产线，正在建设1条日产5 000吨生产线。

2010年初，"祁连山"在甘肃甘谷、成县建设的2条年产120吨水泥生产线已经投产，"中材集团"总产能已经突破1 000万吨，年内产能将达到1 500万吨，目前"祁连山"正在建设的生产线还有永登三线日产5 000吨、青海二线日产5 000吨和漳县日产3 000吨三个项目。这些项目建成投产后，"祁连山"将在甘肃、青海两省形成西北四厂8线、东南五厂7线及兰州、天水、陇东、陇南、青藏5个水泥销售区域，初具业务协同发展、市场遥相呼应、资源优化配置的战略格局。

"祁连山"增资"酒钢宏达"是其"立足甘肃、放眼青藏"战略中的重要一步，"祁连山"做强做大势必带动"中材集团"在西北的发展。目前，"中材集团"在西北地区拥有"天山股份"、"赛马实业"和"祁连山"3家上市公司，分别占新疆40%、宁夏60%以及甘肃40%左右的市场份额。在近来中央新一轮新疆区域经济规划出台及加大投资的背景下，通过增资"酒钢宏达"，"中材集团"将"祁连山"与"天山股份"两家区域龙头连成一体，无疑是加大"中材集团"在两地水泥市场发展的"乘数效应"。

加入"中材集团"后，"祁连山"将以央企为依托，借助中材集团雄厚的资金、管理、技术、品牌等优势，大力实施"突出主业、做大做强"的发展战略和"并购为主、新建为辅"的发展思路，加快实施"两圈两带"区域市场布控战略。"祁连山"目标产能达到3 000万吨，确保在甘肃、青海市场占有率超过50%的战略目标，为"中材集团"实现北方最大水泥制造商战略做出贡献。

"海螺水泥"二度增持"冀东水泥"

2010年4月27日，"海螺水泥"二度增持"冀东水泥"。自2008年8月8日"海螺水泥"首次爆出举牌持有"冀东水泥"后，截至，"海螺水泥"通过集中交易累计再次增持"冀东水泥"6062.50万股，"海螺水泥"持有"冀东水泥"的股份数量为1.22亿股，占"冀东水泥"股份总数10.05%，再次达到举牌线。

据悉，2008年8月8日"海螺水泥"持有"冀东水泥"6123.51万股股份，占"冀东水泥"股份总数的比例为5.05%。

举牌后，"海螺水泥"仍为"冀东水泥"的第二大股东，"冀东水泥"第一大股东冀东发展集团有限责任公司目前持有40.81%的股份。公告显示，2010年前4个月"海螺水泥"一直在增持"冀东水泥"股份，4个月合计增持"冀东水泥"2001.99万股，增持价格在每股14.29～16.10元人民币之间，粗略估计其所投资金约3亿元人民币。公告没有披露"海螺水泥"何时增持剩余4061万余股。除了2010年一季度增持外，"海螺水泥"曾于2009年第三季度增持217.59万股，其余股份均在2008年增持。

据之前"海螺水泥"披露的2009年年报，除了持有"冀东水泥"股份外，"海螺水泥"还曾经于2008年持有"巢东股份"、"华新水泥"、"同力水泥"、"福建水泥"等公司的股份，其中持有"巢东股份"3938.57万股股份至今未变，占"巢东水泥"总股份的16.28%，不过该股份系于2007年通过协议转让获得；"华新水泥"和"福建水泥"根据证券市场情况变化及对相关股票长期投资价值的判断于2009年全部出售；"同力水泥"的持股数未变。"冀东水泥"成为2010年一季度"海螺水泥"惟一增持的公司，并且是"海螺水泥"惟一两次增持达到举牌线的公司。

此外，2009年"海螺水泥"还以短期持股的方式通过证券二级市场对"青松建化"、"西山煤电"等6家公司股票进行了短期投资，并且该6家公司股票已全部卖出。

"海螺水泥"表示，此次增持"冀东水泥"股份是基于对"冀东水泥"目前的投资价值判断而作出的商业行为。未来将视"冀东水泥"的运营和发展状况及其股价情况等决定是否继续增持或减持"冀东水泥"的股份。

"华润"投资40亿元整合"龙岩水泥"

5月10日，华润水泥控股有限公司与福建省龙岩市新罗区政府签署战略合作协议，共同推进由"在德水泥"项目、"东宝水泥"项目、"紫金水泥"项目、"岩山水泥"项目、铁杉混凝土搅拌站项目组成的新罗区“四加二”水泥产业事例提升规划。项目包括新建4条日产4 500吨熟料新型干法水泥生产线、配套9 000千瓦纯低温余热发电项目和1个水泥搅拌站，总投资约40亿元人民币。整个项目达标投产后可年产水泥1 000万吨以上，占福建省水泥市场近一半的份额。

“山水水泥”拟斥8.6亿元人民币收购“赤峰远航”股权

5月18日，“山水水泥”拟斥8.6亿元人民币收购“赤峰远航”股权。“山水水泥”宣布，拟向“赤峰远航”分2次收购赤峰远航一分厂厂区内，2条日产2500吨新型干法水泥熟料生产线等资产，共计不少于80%股权，现金总对价约8.6亿元人民币，双方已订立合作框架协议。

该资产包括水泥熟料生产线配套的两套纯低温余热发电设施；2条水泥粉磨生产线；1条矿渣微粉生产线以及所有配套设施设备、赤峰远航十家石灰石矿采矿权及位于矿区内所有其他资产；上述厂区和矿区的土地使用权；“远航牌”商标；及燃料、原材料、产成品及生产经营设施存货资产。

“山水水泥”预计，此举有助扩大内地水泥市场的地域版图，增加山水集团整体收益及利润，估计与“赤峰远航”通过结盟与合作，目标公司未来3年内产能将达到500万吨。

从战略上看，“山水”先在山西布局，然后继续西进。赤峰布局另一个重大意义在于，这个点将成为“山水”连接山东本部、山西、辽宁的中间地带，为其将三大市场连接起来具有极其重要的意义。

“冀东水泥”3.34亿入主秦岭水泥获正式批准

5月24日，“冀东水泥”重组ST秦岭首枚棋子落单，3.34亿人民币入主秦岭水泥获得证监会正式批准，这意味着陕西水泥市场这块水泥兵家必争之地最后以“冀东水泥”成功谋局而告终。公告称，公司2010年第一次临时股东大会审议通过了公司以3.34亿元的价格收购陕西省耀县水泥厂持有的秦岭水泥6266.41万股的议案。本次转让完成后，“冀东水泥”持有的秦岭水泥1.22亿股，占秦岭水泥公司总股本6.6亿的18.56%，成为“秦岭水泥”第一大股东。

“昌兴”附属斥资1.14亿元收购辽宁“昌庆水泥”25%

5月25日，昌兴宣布，其持有53.89%权益的附属公司Prosperity Minerals Holdings Limited（PMHL）将向辽宁燕州筑兴水泥公司（卖方）收购辽宁昌庆水泥25%股权，代价为1亿元人民币（约1.14亿元）。收购完成后，昌兴将持有辽宁昌庆约13.47%实益权益。辽宁昌庆最近完成兴建位于中国辽宁的1条年产能达200万吨之水泥及熟料生产线。今年3月3日开始试产，厂房于今年9月开始正常投产。

辽宁昌庆原为PMHL及卖方分别持有75%及25%股权的合营公司，其后“昌兴”将所持75%权益售予台泥国际（01136）。由于卖方无意与不熟悉的一方（即台泥）合营一家企业，故要求PMHL协助找寻买方购买其于辽宁昌庆之25%权益。监于PMHL与卖方及台泥均维持长期关系，

且PMHL董事认为卖方寻求之价格合理具吸引力，遂决定购入辽宁昌庆25%股权。PMHL相信，待厂房开始营运后，PMHL将有机会以更高价值出售于辽宁昌庆之25%股权。

金隅股份26.5亿购多家企业股权资产

5月30日北京金隅（2009）公布，董事会通过以总代价约265亿元（人民币.下同）收购一揽子水泥、新型建材、房地产开发及投资性物业等十余家企业股权及资产。其中，“金隅股份”斥资约五亿元收购水泥相关股权及资产，占总代价约百分之二十。这将为旗下水泥业务新增年产能约90万吨，混凝土业务新增约400万立方米的年产能，矿山储备约1.2亿吨。

“金隅股份”6.24亿人民币收购北京水泥厂66.12%股权

6月7日，“金隅股份”收购“中国信达”所持北京水泥厂66.12%股权，对价为6.24亿元人民币，北京金隅集团持有17.54亿股内资股（相当于金隅45.27股数）。

北方水泥重组鹤岗鸿泰水泥

中国建材北方水泥已完成了对鹤岗鸿泰水泥有限公司的战略重组。

鹤岗鸿泰水泥有限公司现有生产能力为年产60万吨，为该市的骨干水泥企业。经过双方的积极运作，已于6月1日进行资产交接，重新组建了鹤岗北方水泥有限公司。

鹤岗市为黑龙江省原煤主产地之一，每年产生大量的煤矸石，鹤岗北方水泥有限公司在生产过程中可消纳一定的煤矸石等废弃物，对于节能减排、环境保护非常有利。重组鸿泰水泥有限公司是北方水泥发展战略的一个步骤，北方水泥将进一步加大黑龙江水泥市场和水泥企业的整合重组力度，力争在较短时间内完成区域市场布局。

“华润”并购山西“福龙水泥”

6月1日，“华润水泥”收购山西联盛集团旗下的山西福龙水泥有限公司72%股权，并更名为山西华润福龙水泥有限公司。这是“华润水泥”开拓北方市场，扩展水泥生产区域的先锋项目。

公司拟建设2条日产5 000吨熟料干法水泥生产线项目，并配备两台7 500千瓦纯低温余热发电机组。是山西省“两区”暨吕梁市“双百双千”战略中的一个大型环保节能项目，是国家发改委重点扶持的循环经济项目。工程总投资约21亿元人民币，年产熟料350万吨，水泥450万吨，可实现销售收入12亿元人民币，年实现利润3亿元人民币，上缴各种税费1亿元人民币。同时可安排近600人就业，带动2 000多人的相关产业。

“金隅”股份收购太行水泥

6月4日，“金隅股份”召开第二届董事会第八次会议，审议通过了《公司以吸收换股方式吸收合并河北太行水泥股份有限公司之预案》的议案，议案得到中国证监会原则性批准，公司重组太行水泥的工作全面启动，标志着金隅股份正式启动整体A股市场回归。6月7日，“太行水泥”正式复牌交易。

预案中换股比例为1.2:1，即每股太行水泥股票可换取1.2股金隅股份本次发行的A股股票。本次换股吸收太行水泥的换股价格为10.80元/股，按照过往吸收合并公司案例和同行业可比公司的市场估值等参考因素，就太行水泥4月2日的停牌价格10.65元/股给予了一定幅度溢价，充分体现了金隅股份履行对太行水泥股东承诺的决心以及对换股后金隅股份后续发展的强劲信心。

7月7日，“太行水泥”公布了其与“金隅股份”的换股吸收合并报告书草案。方案显示，换股吸收合并后，预计2010年和2011年，“金隅股份”净利润将分别达到28.87亿和36.28亿元，年增长率约为40%和26%；每股收益预计为0.71元和0.82元，年增长率均达到15%以上。

重组太行水泥对金隅股份的持续稳健发展具有极其深远的战略意义。一是通过资源整合，强化水泥业务，本次换股吸收合并完成后，公司将整合完成原太行水泥旗下所有水泥业务，建立水泥板块集中统一战略规划和管理体系，通过一体化整合发挥协同效应，降低管理成本、融资成本，提高经营效率；二是扩大水泥主业规模，通过吸收合并太行水泥，股份公司所控制的水泥产能将增加1 000万吨，归属于母公司的所有者权益、总收、利润等主要经济指标将显著增加；三是如期履行市场承诺，提升公司市场价值。公司在境外H股上市之初，在招股书中正式对外承诺公司上市后一年之内，将以资产注入等方式解决与A股控股上市公司太行水泥的同业竞争问题。换股吸收合并方案的实施，充分体现国有大型企业集团的规则意识和市场意识，全面解决公司与行业水泥存在的同业竞争和关联交易，规范上市公司企业法人治理结构，有助于投资者更清晰的判断公司估值，提升公司市场价值。四是增加A股融资平台，提高融资渠道和效率。

“湖北亚东”以2.366亿人民币收购“武汉鑫凌云”70%股权

6月23日，“亚洲水泥”宣布，非全资附属“湖北亚东”与卖方订立收购协议，以总代价2.366亿元人民币，收购“武汉鑫凌云”70%股权。于完成日期，武汉鑫凌云将易名为武汉亚鑫。根据收购协议，“湖北亚东”与“鑫凌云”合营。经营一家水泥厂，其主要包括1条新型干法熟料生产线，每年水泥总产能为150万吨。收购将加快实现亚洲水泥在中游地区扩大产能计划，提高在武汉水泥市场的占有率。

“赛马”收购“西水股份”部分资产

7月27日，“西水股份”、“赛马实业”联袂公告称，“西水股份”分别以人民币6 734.185 5万元和2 8929.834万元的价格，将所持有的控股子公司包头市西水水泥有限责任公司35%的股权、全资子公司乌海市西水水泥有限责任公司45%的股权转让给“赛马实业”。

“赛马实业”因重组停牌，其实际控制人中材集团还拥有“天山股份”、“祁连山”，分别占据新疆40%、宁夏60%以及甘肃40%左右的市场份额。此前，“赛马实业”的水泥业务主要集中在宁夏地区。公司今日表示，此举是为了扩大公司的水泥主业规模，优化公司在内蒙古包头及内蒙古乌海的水泥市场竞争环境，推进公司区外发展水泥主业的速度，符合公司做大做强水泥主业的战略目标。

“台泥”完成昌兴水泥收购事项

8月12日，在北京召开新闻发布会，宣布斥资38亿港元并购昌兴矿业集团在大陆的水泥业务已经顺利完成。

并购昌兴矿业集团在大陆的水泥业务后，“台泥”在海峡两岸的水泥业务版图遍及台湾地区、广东、广西、福建、江苏、云南、贵州、四川、重庆、辽宁等地，到今年年底水泥产能将突破5 000万吨，其中大陆部分为4035万吨，台湾部分为1 060万吨。根据“台泥”的计划，随着建设中的四川广安、贵州安顺、重庆合川二期3条水泥生产线在2011年陆续投产，届时“台泥”仅大陆产能就将跃升至4 635万吨。

国外建设项目

Foreign construction projects

塞浦路斯项目回转窑顺利合拢

2月8日，随着250吨履带吊车缓缓落钩，从窑中离开，标志着塞浦路斯项目回转窑吊装工作安全、顺利结束。

塞浦路斯项目回转窑是“中材建设”自主设计，为1条日产6 000吨熟料生产线项目，筒体总长77米，直径5.2米，共分7节，单节最重90.889吨，最重轮带89.612吨。重量重，体积大，吊装难度大。项目部选用CKE2500履带吊作为主吊车，选用SCC800C履带吊作为辅助吊车；吊装前认真组织项目部领导、技术人员、起重工、吊车司机、班组负责人等相关人员进行吊装施工方案论证，相关人员均根据各自的经验对回转窑吊装方案提出合理的建议和意见，意见完全统一后发公司项目管理部及公司领导审核批准。

塞浦路斯回转窑的顺利吊装标志着欧盟单条生产能力最大的回转窑已经完成主体的安装，也标志着“中材建设”塞浦路斯项目的安装施工进入了一个高潮。

“中材国际”承接沙特水泥生产线工程

“中材国际”公告，公司全资子公司成都建筑材料工业设计研究院有限公司和沙特阿拉伯Hail Cement Company签署了日产5 000吨熟料水泥生产线工程总承包合同。该项目位于沙特阿拉伯Hail市。合同范围包括工程设计、设备供货、土建、安装、调试、考核、技术服务并最终通过达标达产考核，由成都研究院将良好运行的工厂交付业主整体接管。合同金额为1.44亿美元加4 000万欧元。合同自签署之日即5月21日起生效，合同工期为开工日（收到预付款）后31个月临时验收。

“中材节能”承建巴基斯坦LCL项目余热发电站投运

3月31日，由中材节能发展有限公司承建的巴基斯坦卡拉齐水泥有限公司LCL项目再传捷报，总装机容量为15兆瓦的余热电站系统一次性通过性能考核，各项指标均达到合同约定标准并获得业主颁发的考核验收证书。巴基斯坦业主对中材节能在此项目上的履约能力，给予了高度评价。

目前，该项目余热发电系统已正式投入商业运营阶段。这也是中材节能在巴基斯坦继CCCL项目之后第二个顺利实现考核验收的项目。该项目的按期完成，是“中材节能”海外项目成功运行的又一硕果，同时也标志着“中材节能”领先的余热发电技术在巴基斯坦及中亚地区得到了广泛认可。大家抱定“优质、安全、高效、信誉”的服务理念，从施工设计、技术措施和设备采购等各方面都做了仔细研究，精心组织策划，并制定了一整套的详尽的施工方案，大家紧紧抱成一团，历尽千辛万苦，加快推进项目进程。

“中材国际”签订土耳其MCP2×10 000吨/日熟料生产线总承包协议

4月16日，“中材国际”总裁武守富和副总裁吴选民随同李长春高访代表团集中乘车前往位于安卡拉市基济莱区的土耳其总理府。双方领导人会晤结束后，在总理府会议大厅举行了双方签约仪式。中国“中材国际”和土耳其EREN集团合作的水泥厂项目是本次企业签约的两个项目中的第一个。武守富总裁和Ahmet Eren先生分别代表双方在商务协议文本上签字。“中材国际”本次签约的MCP项目位于土耳其南部Mersin港附近的Silifke镇，项目规模为两条日产一万吨水泥熟料生产线，项目意向总金额7.8亿美元，项目以EPC交钥匙总承包工程模式运行，范围包括工程设计、设备供应、土建工程、机电设备安装、培训生产调试等，项目工期30个月，采用中材国际自主工艺技术。最终合同将于业主融资到位后签订。

“中材节能”承建巴基斯坦CCCL余热发电项目获颁最终验收证书

4月20日，中材节能发展有限公司承建的巴基斯坦CHERAT水泥公司－CCCL日产3 200吨纯低温余热发电项目在天津获颁余热电站工程最终验收证书（FAC）。在当天举行的签署仪式上，“中材节能”董事长张奇代表公司从巴基斯坦CHERAT水泥公司首席执行官Azam手中接过证书。

据了解，巴基斯坦Cherat Cement Company －CCCL（3200t/d）纯低温余热电站1×7兆瓦机组EP项目合同于2007年11月签订，由于受到金融危机影响，2009年1月才正式开工，于今年1月29日并网发电，3月份顺利通过各项指标考核，获得业主颁发的验收证书。

业主对“中材节能”的余热发电技术装备、技术服务水平及项目管理水平表示非常满意。业主首席执行官Azam专程赴华答谢并为中材节能签署了最终验收证书，而且提前释放了质保金保函。至此，“中材节能”总承包的巴基斯坦CHERAT水泥公司余热电站工程已全部按合同履约完成。

“苏州中材”签订越南系养4.9亿元工程总承包合同

5月4日，中材国际工程股份有限公司发布公告称，公司子公司苏州中材建设有限公司与越南宁平系养水泥股份有限公司签署了越南宁平系养2条日产5 000吨熟料生产线工程总承包合同，合同金额为4.9 125亿元人民币。

该项目位于越南宁平省花芦县。合同范围从原料配料站至熟料出库、总降与水处理站的机械、电气及土木建筑工程（桩基工程除外）、设备采购（业主自购部分设备除外）、设备监造、运输(运至施工现场)、安装工程、生产调试、试运转、完成达产达标及性能考核直至验收。

"中材国际"承接沙特水泥生产线工程

5月23日"中材国际"公告,公司全资子公司成都建筑材料工业设计研究院有限公司和沙特阿拉伯Hail Cement Company签署了日产5 000吨熟料水泥生产线工程总承包合同,合同金额为1.44亿美元加4 000万欧元。该项目位于沙特阿拉伯Hail市。合同范围包括工程设计、设备供货、土建、安装、调试、考核、技术服务并最终通过达标达产考核,由成都研究院将良好运行的工厂交付业主整体接管。合同自签署之日即5月21日起生效,合同工期为开工日(收到预付款)后31个月临时验收。

天津院与印度"拉法基"签署7 200万欧元合同

5月24日,中材集团天津水泥工业设计研究院有限公司和拉法基集团签署了印度RAJASTHAN日产5 000吨水泥生产线工程EP总承包合同。合同金额为7 200万欧元。

据悉,该水泥生产线位于印度西北部拉贾斯坦邦境内,合同范围包括工程设计、设备采购与供货、安装调试指导等。合同履约期限为自合同签订日起36个月,其中设备交货期为17个月。

该合同是继"天津院"与拉法基集团成功合作了SONADIH项目后,双方在印度水泥市场的又一次合作。此次合同的签订表明拉法基集团对天津院的充分认可和信任,为双方长期的战略合作打下了坚实基础。

"中材国际"再签订1.1亿欧元合同

"中材国际"5月25日公告称,全资子公司中材建设有限公司和OAO Lafarge("拉法基")Cement(Russia)签署了日产5 000吨水泥生产线设计、供货、安装、调试承包合同,合同价格为1.11亿欧元。

该项目位于俄罗斯的卡卢加州,距离首都莫斯科大约200公里。合同范围包括从石灰石破碎到水泥包装出厂。石灰石及粘土长皮带输送、辅助车间系统及部分公用系统不在承包范围之内。合同内容包括设计,机械、电气、钢结构、彩板供货及安装,海运和内陆运输,现场调试监督管理。不包括总图工程施工(场平、道路、排水等)和土建工程施工。项目工期为颁发开工令后34个月出熟料,38个月临时验收。质保期为临时验收后12个月。

5月以来,"中材国际"接连拿下大额海外承包合同。5月4日,子公司苏州中材建设有限公司和系养水泥股份有限公司签署了越南宁平系养2条日产5 000吨熟料生产线工程总承包合同,合同金额为人民币4.91亿元。

目前海外水泥工程市场正处于稳步回升状态,发展中国家人均水泥消耗水平的提升将成为国际水泥工程需求复苏的主要动力,公司海外订单有望实现稳步增长。

"中材建设"承建坦桑尼亚TCCL项目竣工

5月28日,由中材建设有限公司承建的坦桑尼亚TCCL项目竣工。坦桑尼亚总统基奎特,坦桑尼亚市场贸易、工业部部长Mary Nagu博士出席竣工典礼,"中材建设"党委书记刘建民应邀参加庆典。

坦桑尼亚TCCL项目是"中材建设"在坦桑尼亚的第二个总承包项目,位于坦桑尼亚东部海滨城市坦噶,合同于2007年12月签订,由HOLCIM集团旗下的HOLCIM TRANDING按HOLCIM质量标准进行项目管理,工程范围包括辅料破碎、熟料库、水泥粉磨及水泥包装与装车。

"合肥院"与"越南建材"签订日产5 000吨水泥熟料生产线EPC总承包合同

6月23日,合肥水泥研究设计院与越南建材有限公司就广福日产5 000吨水泥熟料生产线EPC总承包项目签约仪式于越南广平省洞海市举行。

作为国际知名水泥工程承包企业,"合肥院"一直积极关注并参与越南水泥行业的发展进步。自2006年以来,"合肥院"已先后承建越南缘何水泥公司日产1 500吨水泥熟料生产线和日产5 000吨水泥熟料生产线和越南和苹水泥厂日产1 500吨水泥熟料生产线等EPC工程。现缘何一线、缘何二线、和发水泥生产线已相继投产和交付使用;和苹水泥生产线也已即将完工。这些项目的相继完成得到了越南各界的一致好评。为"合肥院"开拓越南市场打下了坚实的基础。秉着互惠互利的宗旨,"合肥院"与越南建材有限公司签订广福水泥厂日产5 000吨总承包合同。该合同的签订标志着经历了2008年全球经济低迷后,"合肥院"与越南企业新的合作开始。

"合肥院"总包俄日产5 000吨水泥项目成功试运行

11月27日,合肥水泥研究设计院总包的俄罗斯日产5 000吨水泥项目日前成功试运行。该生产线是俄罗斯目前在建规模最大、速度最快和最先进的水泥项目,采用目前世界上先进的新型干法水泥工艺技术,利用页岩废料作原料生产绿色水泥。项目的建成,将对当地产生极大的经济和社会效益。

"天津院"签订越南都梁1 941万美元水泥线合同

7月13日,天津水泥工业设计研究院有限公司和越南设备安装总公司LILAMA签署了都粱水泥有限公司日产2 500吨水泥生产线工程设计和主机设备供货承包合同,合同金额为1 941万美元。

越南仪安省省委常委、副省长阮平制,原建设部部长阮猛检,建设部建材司司长黎文到出席签字仪式。天津院有限公司总经理徐培涛和LILAMA董事长潘雄分别代表双方在合同上签字。

据悉,该水泥生产线位于越南中部仪安省,合同范围包括工程设计、主机设备采购与供货、技术指导、生产服务等,合同履约期限为自合同签订日起24个月。

本合同是继天津院与越南设备安装总公司LILAMA在成功合作了松涛项目后双方的又一次合作。此次合同的签订表明越南设备安装总公司对天津院的充分认可和信任,为双方长期的战略合作打下了坚实基础。

"中材节能"承建全球最大余热发电项目并网发电

7 月 19 日，由中材节能发展有限公司承建的泰国京都项目二台机组完成一次并网成功发电目标。这是"中材节能"在国际水泥余热发电领域中，是首次为全球最大水泥生产线配置余热发电系统即获成功的首例。

该项目建成投产后，每年将利用废气余热发电 2.4 亿度，减少 CO_2 排放量约 10 万多吨，相当于节约标准煤 4 万余吨。

该项目合同总工期为 20 个月，总装机容量为 32 兆瓦。

"中材建设"联手外企签订保加利亚 1.6 亿欧元合同

8 月 11 日，中材集团旗下中材建设有限公司和欧洲第三大建筑商 STRABAG 组成的联合体，与意大利水泥集团保加利亚分公司签署了保加利亚日产 7 000 吨水泥生产线工程 EPC 总承包合同，该水泥生产线位于保加利亚瓦尔纳西部 30 公里处。

该合同总金额 1.6 亿欧元，其中，"中材建设"承担的金额占合同金额的 47.6%，为 7 616 万欧元。合同范围从原料堆场至水泥配料站。"中材建设"主要负责工艺设计、钢结构制作安装、除业主供货外的机械设备的采购、安装和调试，合同中其余部分，包括电气设计、土建工程、电气设备供货及施工由 STRABAG 承担。合同约定 2010 年 9 月 1 日开工。

"中材节能"签订土耳其 2 项余热发电总承包项目

8 月 12 日，中材集团旗下中材节能发展有限公司与土耳其 BATICIM 水泥集团签署两个余热发电总承包项目，这是"中材节能"在土耳其再次与土耳其 BATICIM 水泥集团进行合作。此次签订的是 BATICIM 水泥集团旗下 BATICIM 水泥公司 12 兆瓦和 BATISORK 水泥公司 7 兆瓦余热发电项目。

据悉，该项目建成后，将每年节约标准煤约 5.5 万吨，年减排二氧化碳 12 万吨，将进一步为缓解全球温室效应做出贡献。

"天津院"签订马来西亚 1.45 亿美元总承包合同

8 月 25 日，天津水泥工业设计研究院有限公司与马来西亚 HUME Cement 有限公司在吉隆坡签署了日产 5 000 吨水泥生产线总承包合同。合同总额为 1.449 5 亿美元，采用工程总承包方式，工程范围从矿山石灰石破碎至水泥发运，包括设备制造、土建施工安装和工程调试等。

项目所有的主机设备均采用天津院最新的技术装备，包括日产 5 000 吨水泥线配套立磨、第四代篦冷机、第三代预热器系统等等。该项目的签署，表明"天津院"的水泥技术和装备水平正在被国际客户认可，对公司发展具有深远的影响。

中国"十七冶"承建俄罗斯水泥生产线砌筑设备完工

九月，"中国中冶"所属中国十七冶集团有限公司承建的位于俄罗斯圣彼得堡州斯兰济市日产 5 000 吨水泥熟料生产线工程，三次风管最后一段 9 吨管道顺利吊装对接，标志着该工程需要砌筑的设备全部安装完工。

中国十七冶集团项目部先后完成了水泥生料库、熟料库、矿山破碎、水泥粉磨、皮带输送通廊等 90 多个子项目的土建工程，完成钢结构制作安装 6 000 吨、设备安装 9 000 吨、耐火材料砌筑 3 000 吨，完成保温约 4 500 平方米、电气安装 50%。他们只用 14 天就完成了高 37 米、内径 40 米的熟料库滑模施工，并高质量地完成工艺复杂的矿山破碎系统。

河北冀东发展集团打响中国水泥海外扩张第一枪

10 月 12 日，国家发改委网站公布了一批 9 月份所核准的国内企业海外投资项目清单，其中，中国水泥巨头——河北冀东发展集团联合国内中非发展基金在南非建设水泥生产线的项目获得核准。这是中国水泥厂商第一次在海外直接投资建厂。"冀东发展"向海外突围的举动，也为省内产能过剩领域公司的未来发展提供了思路。

该水泥厂位于南非林波波省，由冀东发展集团、中非发展基金、南非大陆水泥公司和南非维普公司共同出资建设，总投资 16.5 亿兰特（折合美元 2.208 亿元），其中冀东发展集团和中非发展基金占总投资额的 51%，南非大陆水泥公司占 25.1%，南非维普公司占 23.9%。该水泥厂建设期为两年，2012 年建成投产后日产 2 500 吨水泥，由冀东发展集团负责该厂的建设和运营，这也是中国水泥企业第一次在海外投资建厂运营。据了解，南非林波波省有着丰富的石灰石矿藏，目前探明的储量达 8 100 万吨，尚未探明的储量估计达 1.2 亿吨。国际金融危机后南非及南部非洲的水泥市场需求正在逐步恢复，预计今后几年每年的需求增幅将达 5% 至 7%。

"中国建材工程"总包哈萨克斯坦水泥项目点火

11 月 14 日，由中国建筑材料集团有限公司所属"中国建材工程"EPC 总承包建设的哈萨克斯坦梅纳拉尔日产 3 000 吨水泥熟料生产线顺利点火。

该项目是哈萨克斯坦目前规模、装备、技术最先进的水泥生产线，为哈萨克斯坦 16 个大型项目之一，受到了哈萨克斯坦政府的高度重视。项目的建成，将改变哈萨克斯坦长期依赖从周边国家进口水泥的状况，大大缓解该国建筑行业水泥短缺的问题，在带动经济增长的同时，改善当地居民的就业，提高当地居民的生活水平。

"中国建材工程"负责该项目的工程总承包，承担了该项目的设计、设备制造、运输、土建、安装、调试、培训、试运行、一年生产服务等工作，经过了 18 个月的紧张施工，目前项目成功点火。

项目的成功，对于进一步拓展"中国建材工程"与国际水泥巨头的合作，展示中国水泥工程技术品牌和实力，在中亚地区乃至全球水泥市场树立标杆、开拓市场具有重要意义，标志着"中国建材工程"海外工程总承包实力跃上一个新的台阶。

南京西普集团总承包越南向阳水泥二线投产

11 月 23 日，由南京西普水泥工程集团有限公司承担建设的，越南向阳水泥股份公司第二条日产 2 500 吨熟料新型干法水泥生产线顺利点火投产。

该工程项目为西普集团 EPC 总承包项目，总承包合同于

2009年10月30日签订,并于2009年12月10日正式生效,经过双方的共同合作与努力,于2010年11月23日上午10点18分顺利进行生产线竣工点火。项目整个建设过程从合同生效到竣工点火共历时11个月13天,创造了越南水泥工程建设史上最快的建设速度,树立了成功的典范。充分体现和证明了西普集团在承担水泥工程总承包(EPC)建设方面的卓越优势和在越南水泥建设市场的雄厚实力。

据了解,越南向阳二线日产2 500吨总承包项目,是西普集团今年继贵州毕节市水泥厂日产2 000吨熟料新型干法水泥生产线总承包项目、中舜水泥有限公司埃塞俄比亚年产25万吨水泥粉磨站总承包项目、贵州天瑞水泥开发有限公司日产2 800吨熟料新型干法水泥生产线总承包项目投产后的第4个正式投产的总承包项目。

“中材国际”签署叙利亚水泥生产线承建大单

11月30日,全资子公司“中材建设”与United Arab Cement Company签署了叙利亚UACC3200TPD水泥生产线总承包合同,合同金额为10 615.6万美元。

该合同范围从原料破碎到水泥包装出厂,并包括一套煤磨系统。合同内容包括工程总承包范围内的工程设计、设备供货、土建、安装、调试、技术服务并最终通过达标达产考核。

该项目自收到业主预付款之日起计算工期,开工日后26个月临时验收,宽限期一个月,开工日起38个月最终验收。

装备公司签订马来西亚2200万美元粉磨站总包合同

12月13日,中国建材装备有限公司与马来西亚CIMA集团NSCI公司在吉隆坡签订了新建135吨/时 水泥粉磨站项目总包合同,合同金额为2 200万美元。

据悉,CIMA集团自1975开始生产经营水泥及相关产品,目前2条生产线年产熟料280万吨,水泥340万吨,占据马来西亚市场份额的18%。该项目的成功签署,标志着装备公司在东南亚地区又成功开拓出一片全新的市场领域。

“苏州中材”签订伊拉克1.125亿美元总承包合同

12月15日,苏州中材建设有限公司在昆山中材大厦与伊拉克MASS IRAQ投资公司(简称:MGI)签署了苏莱曼尼亚水泥厂(SCP)日产5300吨三线总承包合同,合同金额为1.125亿美元。集团董事长谭仲明出席并见证签字仪式。

据了解,苏莱曼尼亚三线工程是在二线基础上的追加项目,位于SCP厂区内,合同范围包括原料储存至水泥生产的整条生产线;承包方式为包括设计、采购、土建、安装、调试试生产的EPC总承包方式;竣工时间为合同生效期起24.5个月。

SCP一线、二线2条日产5 300吨水泥生产线均由苏州中材承建,目前,一线已竣工投产,MGI与“苏州中材”签订的生产管理服务合同于当年6月5日生效并实施;二线工程正处于施工阶段,预计2011年9月份建成投产。

“中材国际”签署巴西1 065万美元设计供货合同

12月15日,中国中材国际工程股份有限公司与巴西Votorantim Cimentos集团在圣保罗签署了4套石油焦磨的设计供货(EP)合同。合同总价为1 065万美元。

该合同范围从石油焦入磨至成品输送,包括全套设备及车间钢结构,交货期为合同生效后12个月。

据了解,巴西Votorantim Cimentos集团是巴西国内最大的水泥集团,占巴西国内50%左右的份额,同时在南美其他国家和北美均有生产线。这个项目是继美国SCC项目后两家公司的又一次合作。

“苏州中材”与伊拉克MASS IRAQ签订承包合同

12月16日,“中材国际”子公司苏州中材建设有限公司与伊拉克MASS IRAQ投资公司签署了苏莱曼尼亚水泥厂日产5 300吨三线总承包合同,合同金额为1.125亿美元。合同范围包括原料储存至水泥生产的整条生产线的设计、采购、土建、安装、调试、试生产并最终通过达标达产考核,竣工时间为合同生效期起24.5个月。

同时,除合同金额中2 000万美元定金外的9 250万美元因汇率波动带来的损益由双方各承担50%,但汇率和材料波动所增的补偿额最高为合同金额的5%。

“天津院”承建阿曼5线水泥粉磨站投产

12月21日,由天津水泥工业设计研究院有限公司承建的阿曼莱苏特5号水泥粉磨站工程总承包项目投产。

2009年9月9日,天津院和阿曼莱苏特水泥有限公司签署了莱苏特水泥5号粉磨站(100吨/时)EP+安装的工程总承包合同。该项目位于阿曼萨拉拉地区,是继天津院和Raysut水泥公司进行了3线及4线水泥生产线的友好合作之后的再次合作,充分体现了业主方对天津院设计能力及所供设备的认可和信任。

“中材建设”承建ABC项目点火成功

12月23日,由中材建设有限公司承建的叙利亚阿尔巴迪亚(简称ABC)水泥项目一次性点火成功,比合同工期提前40天,这是项目的一个极其重要的里程碑事件。

ABC水泥项目是由叙利亚、沙特阿拉伯和意大利三方股东联合成立的叙利亚阿尔巴迪亚水泥股份有限公司投资建设的日产5 000吨水泥熟料的大型现代化工厂,项目投资约3亿美元。今年10月份,贾庆林主席曾亲临该项目现场视察,对集团的水泥技术装备与工程总承包能力给予了充分肯定。

“中材国际”签订沙特1.35亿美元总承包合同

12月30日,中材国际工程股份有限公司与沙特阿拉伯王国城市水泥公司签署了日产5 000吨熟料生产线工程总承包合同(二期项目),合同金额为1 352 255亿美元。此次合同是继“中材国际”与沙特城市水泥公司一线总承包项目合作后的另一个项目。

公告显示,项目所在地位于沙特阿拉伯首都利雅得附近一期项目工厂内,合同范围包括石灰石输送至熟料库的整条熟料生产线的工程设计、设备供货、土建、安装、调试、技术服务并最终通过达标达产考核,合同生效后22个月出熟料,25个月完成PAC(临时验收)。

重点企业集团动态

New move of key enterprise groups

"华润水泥"项目落户罗定

1月6日，广东省罗定市政府与华润水泥控股有限公司在广州隆重举行战略合作框架协议签署仪式。根据协议，华润公司将在4年内投资15亿元，建设一个年产400万吨水泥熟料的大型生产基地，并配套余热发电项目，该项目将成为罗定经济快速发展的"助推器"。

"金隅股份"获农行100亿授信

1月6日，华北地区水泥龙头金隅集团旗下的"金隅股份"宣布在北京与中国农业银行签署银企全面合作协议，后者为"金隅股份"提供意向性授信100亿元人民币，支持"金隅股份"在水泥、新型建筑材料、房地产开发、投资性物业及节能环保等产业板块的持续发展。

"海螺水泥"2010年新增销量2 000万吨

1月15日，亚洲最大的水泥生产商安徽海螺水泥股份有限公司(600585. SH/00914. HK，下称"海螺水泥")董事会秘书兼副总经理章明静向记者透露：2010年一季度，该公司在西南地区将有700万吨水泥生产线投产。预计全年新增2 000万吨销量。

章明静表示，目前西南地区销售的水泥毛利较高。2009年公司通过水路从安徽地区运输水泥到西南地区，总量约为100万吨，每吨毛利120元到150元，远高于公司在华东地区50元到60元的毛利水平。不过，章明静也表示：随着多家水泥公司在西南地区新建水泥生产线，目前的高毛利不一定能长期维持。

到目前为止，"海螺水泥"约拥有12 000万吨水泥的年生产能力。预计到2010年底，"海螺水泥"年产能将达到14 000万吨以上。

"伯利休斯"获"海螺"日产12 000吨项目订单

1月19日"伯利休斯"(Polysius. AG)发布公告称，将为"芜湖海螺"在建的2条日产12 000吨生产线供应设备，包括五阶段二系列DOPOL预热器，PREPOL－MSC分解炉和SNCR系统；两个分解炉用燃烧器及烧成带燃烧器。

塔牌集团2亿元增资"福建塔牌"

塔牌集团1月19日公告，为加快第二条生产线建设速度、解决项目建设资金缺口并改善"福建塔牌"的财务状况，公司董事会审议并通过了以自有资金对"福建塔牌"增加投资20 000万元，增资完成后，"福建塔牌"的注册资本为30 000万元，仍为公司全资子公司。塔牌集团熟料产能在2009年底接近1 600万吨，大大提升公司区域龙头地位，销售市场也扩展至福建和江西，较大地化解市场集中于广东特别是粤东地区的风险。

"华新武穴"启动国内最大规模水泥窑协同处理市政垃圾项目

1月21日，刚刚加盟"中国环保事业合作伙伴"的华新水泥股份有限公司与湖北武穴市人民政府在武汉签订了"新型干法窑协同处理武穴市政垃圾合作协议"，这标志着目前国内惟一、规模最大的利用新型干法窑全过程协同处置市政垃圾的项目正式启动。

根据协议，华新水泥股份有限公司将与武穴市政府共同投资1亿人民币，在华新水泥(武穴)有限公司建设无废水、废渣、废气和异味的市政垃圾预处理工厂，利用新型干法窑协同处置技术处理武穴市政垃圾，发展循环经济，实现清洁生产。水泥窑协同处理市政垃圾较之传统的填埋法、堆肥和垃圾发电，具有处理成本低、稳定性强、减少土地占用及资源最大化等优点，可以防止二次污染，实现无害化处理的彻底性。市政垃圾里的有机成分还可以替代部分燃料，节约一次能源，同时也可减少二氧化碳等废气的排放。据悉，该项目预计今年年底投产，每年可处理市政垃圾10万吨，节约标煤2万多吨，是目前国规模最大的水泥窑协同处理市政垃圾项目。

"天津院"与"金隅股份"签订战略合作框架协议

2月23日，天津水泥工业设计研究院有限公司与北京金隅股份有限公司举行战略合作框架协议签字仪式。此次双方在工程设计咨询及技术改造、备品备件、科研开发、人才培训、技术和信息交流、装备制造等方面达成全面战略合作，旨在充分发挥双方各自的企业优势以及在行业和地区的影响力，实现强势互补，进一步提高各自企业的核心竞争力，建立起双方合作共赢的长期战略合作伙伴关系，为推进水泥工业技术进步和可持续发展做出努力和贡献。

"冀东"投资45亿元打造曹妃甸机械装备制造基地

2月23日，冀东发展集团有限责任公司与奥地利海拓公司就移动破碎及筛分设备的合作经营项目框架协议签字仪式正在这里举行。当冀东发展集团董事长张增光、奥地利海拓公司股东兼首席执行官亚力山大分别代表双方签字后，标志着“冀东”曹妃甸机械装备制造基地构建的盾石机械、华海风电、日彰节能风机、海拓移动破碎机等四大板块已全部落实到位，并相继进入厂房建设和设备安装阶段。这次，冀东发展集团牢牢把握曹妃甸国家级循环示范区的机遇，投资45亿元，在园区征地2500亩，按国际先进标准打造京津冀地区最大的机械装备制造基地，全力推进企业“一业为主、相关多元”发展战略。

“祁连山水泥”产能跨入千万吨级行列

中材集团在西北水泥市场的控制力得到进一步加强。5天之内，中材集团旗下甘肃祁连山水泥集团股份有限公司（以下简称祁连山）两条年产120万吨新型干法水泥生产线建成投产，新增水泥产能240万吨，祁连山的水泥产能由此跨入1 000万吨级规模水平，巩固了其在甘青藏区域的龙头地位，加大了区域市场控制力，为构筑“两圈两带”市场布控战略打下了坚实基础。

“金隅”斥2.4亿成立水泥合资公司

3月10日，北京“金隅”宣布，以1.6亿元（人民币，下同）与山西岚县“昌通建材”合作成立合资水泥生产企业；同时，“金隅”也出资8 000万元，与中国“昊华化工”在河南省焦作市合作成立“沁阳金隅水泥”。“金隅”分别占上述2家新公司80%的股权，从而进一步完善旗下水泥业务的大十字战略布局。

中材集团获广发银行授信五十亿元

3月15日，中材集团与广东发展银行在北京签署战略合作协议。根据协议，广发银行将为中材集团提供全方位的金融服务和50亿元人民币的授信额度，以支持中材集团做大做强，尤其是在低碳经济、节能减排、清洁能源等领域的战略部署和快速稳健发展。

中材集团党委书记于世良和广发银行董事长董建岳在签约仪式上致辞。中材集团总经理刘志江和广发银行行长辛迈豪代表双方在协议上签字。广发银行为中材集团提供50亿元授信额度，这一战略举措必将对中材集团未来的发展起到强有力的促进作用，也会使双方的合作进入一个新的发展阶段。

隋玉民担任“中材水泥”董事长、党委书记

4月14日下午，中材水泥有限责任公司干部大会在总部大会议室召开。中国中材集团有限公司党委书记、副董事长于世良，党委常委、副总经理张海，中国中材股份有限公司副总裁隋玉民、王广林，中材集团人力资源部部长洪中国出席会议。“中材水泥”经营班子成员、总部在京全体人员参加会议。

会上张海副总经理宣读了中国中材集团有限公司和中国中材股份有限公司文件：委派隋玉民同志担任中材水泥有限责任公司董事，并担任党委书记、董事长。王广林同志不再担任中材水泥有限责任公司党委书记、董事长。

中国建材集团举办国际专利申请主题讲座

4月20日，中国建材集团公司在京举办国际专利申请主题讲座，邀请美国 Workman Nydegger 律师事务所专利律师 R. Burns Israelsen 和北京弘权知识产权代理事务所所长刘继富博士等两位知名知识产权专家分别就“美国专利申请及专利诉讼”和“PCT 国际申请基本知识及欧洲专利申请”做主题报告。集团公司科技管理部及集团所属“中国建材总院”、“中国建材股份”、“中建材进出口”、“合肥院”等10余家企业的科技及知识产权相关负责人参加了讲座。

中国建材集团获中国农业银行600亿元授信

4月28日，中国建材集团与中国农业银行战略合作框架协议签字仪式在京举行。中国建材集团董事长宋志平，中国农业银行行长张云致词。中国建材集团总经理姚燕、中国农业银行副行长郭浩达代表双方在协议上签字。按照协议，中国建材集团与中国农业银行将建立起长期、稳定、良好的业务支持与战略合作关系，实现互惠互利和共同发展。中国农业银行将为中国建材集团提供优惠的金融服务和支持，并对集团公司及所属企业提供总额600亿元人民币的意向性信用额度以及其他金融服务。

赤峰市政府与山水集团战略合作

5月16日上午，赤峰市人民政府、山东山水集团战略合作暨远航水泥重组签约仪式在玉龙国宾馆举行。

近年来，山水集团积极实施“走出去”战略，省外布局已取得重大进展，此次与远航水泥实施重组，既是两家企业发展的需要，也是地方经济发展的需要。双方将以政府支持和企业间的相互信任、深厚感情为基础，共同努力，实现既定的发展目标，为赤峰经济社会发展做出贡献。此次两家企业的成功合作，既是优势互补、互惠互利的经济合作，也是以诚相待、互尊互信的人文合作。山水集团将以这次合作为契机，继续发扬艰苦奋斗、不懈努力、争创一流的精神，与远航水泥的干部职工一道，扎根赤峰，奉献赤峰，高标准、高质量地推进项目建设与重组，以实际行动为赤峰发展做出贡献。

“华新水泥”将社会责任纳入核心战略流

2010年5月，“华新水泥”对外发布了主题为从“末端治理”到“节能、利废、环保”跨越的《2009年企业社会责任报告》。自2008年发布中国水泥行业第一份社会责任报告开始，“华新水泥”每年定期公布社会责任报告，2010年已是第三年。

2007年，“华新水泥”对公司组织结构进行了一次重要调整，增设环保事业管理部，并与核心业务——水泥事业管理部处于同样重要的地位。

环保事业管理部成立，标志着华新公司积极推进“纵向一体化”战略，引领水泥工业由“污染型”向“环保型”跨越，

特别是在发展水泥主业的同时，环保业务进入实质阶段，"华新"对社会责任的践行，又开启了新的篇章。

郭文叁辞去海螺集团总经理之职任勇接任

2010年5月，海螺集团有限责任公司董事长郭文叁辞去集团总经理职务，由原上市公司海螺型材总经理任勇接任。调整之后，郭文叁仍将担任海螺集团党委书记和董事长。如今，任勇已经正式就任安徽海螺集团有限责任公司总经理一职。

任勇于1982年加入海螺集团，历任宁国水泥厂制造分厂厂长、安徽铜陵海螺水泥有限公司副总经理、海螺水泥公司销售部部长等多个领导职务。

中材集团计划在青海投资30亿元

中材集团与青海省政府6月11日签署新的战略合作协议，计划在青海投资30亿元提升青海产业水平，进一步发展水泥、资源地质勘查、非金属新材料、节能减排等产业，集团在青海的新型干法水泥产能目标为1 000万吨。

冀东集团在南非投资建设首家水泥厂

5月13日，中国河北冀东水泥集团公司、中非发展基金、南非维普公司和南非大陆水泥公司在约翰内斯堡举行合资建设南非大陆水泥厂签字仪式。

据介绍，中南4家投资方将投资16.5亿兰特建设位于南非林波波省的南非大陆水泥厂。其中冀东水泥集团和中非发展基金占总投资额的51%，南非大陆水泥公司占25.1%，南非维普公司占23.9%。该水泥厂建设期为两年，2012年投产后日产2 500吨水泥。冀东水泥集团将负责该厂的建设和运营。建成后，将提供170个就业岗位，6兆瓦余热发电站，可供水泥厂三分之一的生产用电，降低生产成本。同时，填补了南非水泥工业的一个空白。这将是中国水泥企业在南非和非洲大陆投资建设和运营的第一家水泥厂。

"天山股份"投资18.45亿元扩大产能

"天山股份"6月19日发布公告称，公司分别又新疆阜康天山水泥有限责任公司、阿克苏天山多浪水泥有限责任公司、库尔勒天山神州混凝土有限责任公司、新疆昌吉天山混凝土有限责任公司、新疆屯河水泥有限责任公司为投资主体分别实施新建水泥熟料生产线、商品混凝土生产线或进行余热发电技术改造。投资总额约18.45亿元。

中国建材集团水泥科技培训中心揭牌

7月8~10日，由中国建材集团主办、合肥水泥研究设计院承办的集团公司水泥科技培训中心暨首期水泥科技培训班在合肥成功举办。集团公司总经理姚燕、西安建筑科技大学校长徐德龙院士、中国水泥协会秘书长孔祥忠、集团公司总经理助理蒋洋、"合肥院"副院长周云峰、总工包玮等出席仪式。姚燕和徐德龙共同为水泥科技培训中心揭牌。来自中国建材集团所属水泥企业的40余名首期学员、"合肥院"科技骨干及科技管理骨干代表10余人参加了仪式。仪式由"合肥院"副院长周云峰主持。

培训班为参加培训的集团水泥行业企业的领导精心搭建了交流平台，并组织学员参观了"合肥院"科技产业园，体验"合肥院"科技产业的丰硕成果。

"华润"、"中国建材"获国资委业绩考核A级

7月23日，国务院国资委公布了2009年度中央企业业绩考核结果。纳入国资委考核范围的132家中央企业中，有38家考核为最优的A级，占全部中央企业的28.79%。其中，水泥行业获得A级考评的企业有华润（集团）有限公司、中国建筑材料集团有限公司两家单位，与2008年相同。

在水泥行业中，华润（集团）有限公司、中国建筑材料集团有限公司获得"中央企业2007~2009年任期业绩考核业绩优秀企业"称号，中国中材集团有限公司、中国葛洲坝集团公司获"中央企业2007~2009年任期业绩考核效益进步特别奖"称号。

谭仲明担任"中材股份"主席

7月27日，"中材股份"（01893）发布公告称，董事会通过，委任谭仲明为主席；李新华为副主席，任期3年；周育先为总裁；顾超为董事会秘书；全部由7月26日起生效，任期3年。

另外，余明清、顾超、苏逵、金乐永、隋玉民、张志法、王宝国、王广林、王伟及刘燕分别获委任为副总裁，任期3年，由7月26日起生效。

"天山股份"投资逾45亿再建8条生产线

9月16日，新疆天山水泥股份有限公司发布对外投资公告，"天山股份"投资45.21亿元实施乌鲁木齐、哈密、吐鲁番、富蕴、额缴、和静天山、库车等地8个熟料水泥项目的建设，对水泥业务进行新一轮结构调整和布局。这是继2010年6月投资18.5亿元实施6个扩产项目后，"天山股份"再次大规模投资。8条生产线主要以日产3 000吨和日产5 000吨熟料水泥生产线为主，其中包括一项水泥窑协同处理污泥工程。

"中材国际"获中国上市公司最佳董事会称号

9月20日，由国内知名财经媒体《理财周报》主办的"第三届中国上市公司最佳董事会评选活动"颁奖活动及"2010中国上市公司董事会价值管理论坛"在深圳隆重举行。

本次最佳董事会评选活动历时三个月，由中国（香港）董事会研究院和理财周报IPO实验室采用VOD系统筛选出提名公司。由专业机构和行业专家组成评审团，以董事会为剖析视角，从资本回报、战略管理水平、董事会治理、社会责任和市值管理五大指标体系，从66项与上市公司董事会价值有关的指标数据进行深度解读。通过对上市公司基本面的量化及对比分析，建立一个可供参照的上市公司董事会治

理坐标，并最终确定最佳董事会名单。

“中材国际”与“中国神华”等公司一并荣获“2010 中国央企控股上市公司最佳董事会 20 强”和“主板上市公司最佳董事会 50 强”称号。

“赛马实业”新建水泥生产线

9 月 27 日，“赛马实业”公告：公司董事会同意公司在银川新建 1 条日产 4 500 吨水泥熟料生产线及配套 9 兆瓦纯低温余热发电项目，同意其控股子公司宁夏青铜峡水泥股份有限公司在吴忠市投资建设 2 条日产 2 000 吨新型干法油井水泥生产线及配套 2×4.5 兆瓦纯低温余热发电项目后续工程。此外公司审议通过了以现金向全资子公司乌海赛马水泥有限责任公司进行增资 1 066 万元的议案，增资资金用于该公司 1 条日产 2 500 吨新型干法水泥生产线及配套纯低温余热发电项目的建设。

“天津院”承揽越南项目获“越南建设工程质量金杯”

11 月 13 日，“越南建设工程质量金杯”奖颁奖仪式在越南首都河内举行，天津院有限公司承揽的总承包工程越南西宁水泥厂项目、越南松涛水泥厂 EP 项目同时获此殊荣。

越南政府为提高全国工程质量，提出了“建设行业产品和工程质量保证及提高”口号，并开展了“越南建设工程质量金杯”评奖活动。主要是在 2000 年 ~2010 年期间完成的全国上千工程中评选出最优秀的 65 个工程，其中水泥项目 5 个。该项活动历经 20 年的时间，此次为首次评选，活动精神为“质量是企业的信誉和商标”。越南政府副总理阮善仁在讲话中表示，希望各项目继续做好模范工程的榜样。

中材集团与白银市签署战略合作协议

11 月 18 日，中材集团与甘肃省白银市在集团总部签署了战略合作协议书。双方表示将抓住西部大开发和甘肃省发展的战略机遇，围绕中材集团西北区域龙头战略目标，积极推动白银市的经济建设和城市转型，进一步促进中材集团在白银市的产业发展。集团党委书记、副董事长于世良，集团总经理刘志江，集团党委常委、“中材股份”总裁周育先，“中材股份”副总裁、宁夏建材集团有限责任公司董事长王广林出席签约仪式。

“山水水泥”与“亚洲水泥”就合作业务订立备忘录

11 月 19 日，“山水水泥”公布，公司与“亚洲水泥”及“亚泥（中国）”订立不具法律约束力谅解备忘录，双方拟于辽宁和内蒙等地进行合作业务，并设立合营公司；为落实合作安排建议，“亚泥（中国）”将投资“山水水泥”多家附属公司其控股公司的既有股权或新发行股权；根据合作安排建议，“亚泥（中国）”将投资合营公司不超过 30% 股权。

“山水水泥”指，合营公司将在中国辽宁和内蒙等地从事水泥、水泥制品和建筑材料的生产、设计与销售业务。

“同力水泥”1 445 万增资子公司

“同力水泥”11 月 19 日公告，为保证洛阳黄河同力水泥有限责任公司二期工程配套年产 100 万吨水泥粉磨站项目的顺利开展，2010 年 10 月，公司与“黄河同力”其他股东洛阳市建设投资有限公司、宜阳虹光工贸中心按照在“黄河同力”的持股比例，对“黄河同力”增资 1 976 万元。本次增资的目的是为了建设“黄河同力”年产 100 万吨粉磨站项目，该项目为“黄河同力”二期熟料生产线配套项目，项目建成后，可以有效地利用“黄河同力”的区位优势，提高公司的盈利能力。

尖峰集团 1.12 亿增资“普洱水泥”项目

尖峰集团 11 月 26 日晚间公告，公司与普洱市接力水泥有限责任公司签署合作投资协议书，公司共出资 1.12 亿元以增资和受让股权方式，持有普洱市尖峰接力水泥有限公司的股权。上述增资及股权转让完成后，尖峰接力公司的注册资本为 1.5 亿元，其中公司占 75%、“接力水泥”占 25%。

尖峰接力公司将全面承接“接力水泥”的“日产 2 000 吨新型干法水泥熟料生产线技改项目”及低温余热发电系统和现有的经营业务。

“中联水泥”内蒙古运营管理区挂牌

中国联合水泥集团有限公司（以下简称“中联水泥”）内蒙古运营管理区 11 月 29 日在呼和浩特挂牌成立。这标志着“中联水泥”在内蒙古区域重组取得重大进展。

截止至目前，“中联水泥”在内蒙古地区已完成对内蒙古乌兰水泥集团、锡林浩特市金河水泥有限责任公司、内蒙古同达建材有限责任公司包头分公司以及内蒙古同达建材有限责任公司巴彦淖尔分公司的联合重组。“中联水泥”是中国建材股份有限公司的核心业务版块，集水泥熟料、水泥粉磨，商品混凝土生产为一体。2009 年总资产超过 200 亿元，年产能规模达到 6 000 万吨以上，产能列中国第三。

“华新”董事会批准收购房县“钻石水泥”和“京兰三源水泥”

11 月 30 日据“华新水泥”公告：“华新水泥”董事会批准公司收购房县钻石水泥有限责任公司 70% 的股权及湖北京兰集团三源水泥有限公司 100% 的股权，股权交割完成后，“房县钻石”将更名为华新水泥有限公司，原“房县钻石”的固定资产借款余额 16 000 万元将由“华新房县”承接；“湖北京兰”将更名为华新水泥（长阳）有限公司。

第六篇

记事篇

2010 年大事记

环球信息

中国水泥大事记

Memorabilia of China Cement

2010 年大事记

Memorabilia in 2010

一月

7 日　中材集团所属中国中材股份有限公司和中国中材国际工程股份有限公司获列“国有上市企业社会责任榜”百强。当日在广州发布的评选结果显示,“中材股份”列第 56 位,较 2008 年该榜单的第 76 位上升 20 位;“中材国际”列第 22 位,较 2008 年的第 53 位大幅提升。在慈善公益分榜中,“中材国际”高居第 11 位。

8 日　金隅集团北京通达耐火技术股份有限公司“国家认定企业技术中心”揭牌仪式在通达公司技术中心举行。国家级企业技术中心是企业研发实力和自主创新能力的综合体现,被认定企业一般都是本行业全国“排头兵”企业。

11 日　中国建筑材料集团有限公司 2010 年工作会议在北京召开。

国务院国有企业监事会主席罗汉,中国建材联合会会长张人为,中国城市经济学会会长周道炯,国务院参事室副主任蒋明麟,中国建材联合会副会长、中国水泥协会会长雷前治等领导出席会议。

罗汉主席充分肯定了中国建材集团近年来的发展,认为集团确实取得了令人振奋、鼓舞的好成绩。张人为会长充分肯定了中国建材集团 2009 年的工作成绩,认为集团已经成为建材行业产业规模最大、业务领域涵盖最广、在行业的活力、影响力、控制力很强,有着雄厚实力和竞争优势的行业领军企业,从而成为推动行业结构调整,尤其是联合重组和科技进步、新产业发展的中坚力量。

会上通报了 2009 年集团资产总额达到 1 000 亿元、同比增长 16%,全资、控股企业完成营业收入 836 亿元、同比增长 34%,利润总额同比增长 35%。集团主业得到快速发展,水泥业务形成东南、淮海、北方三大核心区域市场,水泥年产能超过 1.5 亿吨。

20 日　2010 中国—越南水泥装备技术交流及商贸洽谈会在广西首府绿城南宁举行。本次会议由越南水泥协会和越南水泥总公司主办,广西水泥协会和越南社会主义共和国驻华大使馆商务处支持,越南 TIPI 国际投资贸易协会和中越同盛(北京)国际商务中心共同承办,并得到了安格尔南宁统领建材科技有限公司的大力赞助。

21 日　由国家发展和改革委员会、中国水泥协会主办,中国建筑材料科学研究总院承办的“第四期中国水泥工业节能减排与清洁发展国际通用工具培训研讨会”在北京新大都饭店隆重举行。来自日本经济产业省、日本水泥协会等政府官员和专家,以及国内水泥行业多家生产企业的技术负责人、大学和科研机构的有关人员、有关媒体参加了培训研讨会。

国际通用水泥行业 CO_2 计量方法 - CSI 工具是目前世界范围内水泥行业普遍采用的 CO_2 数据统计方法和工具,举办研讨会是我国水泥工业结构调整与节能减排的重要举措,也是在水泥行业推行能源和环境效率标识工作的基础。此前已成功举办了三期“中国水泥工业节能减排和清洁发展国际培训研讨会”,共有 126 名代表参加了培训。

24 日　中国建材联合会会长张人为、副会长兼秘书长孙铁石等一行来到海南华盛水泥集团天涯水泥厂进行调研。华盛集团总经理来正新向张人为一行介绍了“华盛”这些年的发展情况。“华盛水泥”是一家非常注重资源综合利用、节能减排和技术创新的民营企业。华盛水泥集团自 2000 年底转制,到目前拥有 2 条日产 5 000 吨新型干法水泥生产线,1 条日产 5 500 吨生产线。

张人为会长对华盛集团在短短 10 年时间取得的成绩给予了肯定,并代表中国建材联合会感谢华盛集团对水泥新型干法技术的贡献。他说,水泥行业这些年发展很快,特别是民营资本的介入,意义重大。希望“华盛水泥”抓住海南国际旅游岛大发展的机遇,对标水泥行业领军企业,特别是在企业现代化精细管理、绩效管理方面确定学习对象，在新时期有更大的发展。

26日 辽宁省建材工业协会水泥分会六届二次理事会召开《关于协会秘书处人员调整的选举会议》，根据选举结果，辽宁建材协会决定马世义同志当选水泥分会秘书长。

31日 全国首例生活垃圾无害化处理项目在安徽“铜陵海螺”点火试运行，为我国在城市生活垃圾处理领域探索出了一条发展循环经济的新路子。

海螺集团在国内率先开展生活垃圾无害化处理项目，即利用水泥工业新型干法旋窑技术处理生活垃圾项目。该项目于2008年4月17日由铜陵市政府和海螺集团签署，项目总投资2.47亿元人民币，总规模为日处理城市生活垃圾600吨(2条日产300吨处理线)，年处理生活垃圾总量为19.8万吨。垃圾焚烧后的煤气产品可折抵1.82万吨原煤。

自实施以来，项目受到了中央及安徽省有关部门的高度关注，各级领导都希望尽快建成该项目，早日发挥示范作用，为解决城市垃圾处理中占用大量土地、产生二次污染的难题探索出一条发展循环经济的新路子。

二月

4日 华新水泥股份有限公司与武穴市政府签订新型干法窑协同处理市政垃圾合作协议。据称，这是我国第一个利用新型干法窑全过程协同处置市政垃圾的环保建设项目。

三月

8日 中国建材集团公司与中国进出口银行在北京签署战略合作协议。

根据协议内容，中国进出口银行将中国建材集团作为重要客户，为集团公司及其控股子公司在对外经济合作中提供出口卖方信贷、出口买方信贷、进口信贷、对外优惠贷款、外国政府转贷款和贸易融资等各类信贷资金支持和其他优质金融服务。中国进出口银行还提供非融资类金融产品服务，包括开立保函、办理结算、结售汇、外汇买卖、本外币各类存款、承销业务、信息咨询及金融衍生产品等。支持集团公司在更高层次和更广范围实施“走出去”战略，参与对外经济合作。

9日 在完成了各项会议议程后，中国建材联合会张人为会长代表联会宴请来京参加十一届全国人大三次会议和全国政协十一届三次会议的建材界代表，共话行业和企业调整结构、加快转变发展方式大计。

水泥界的代表委员安徽海螺集团董事长郭文叁，山水集团董事长张才奎，吉林亚泰集团股份有限公司董事长、总裁宋尚龙，浙江虎山集团董事长张剑星，河南天瑞集团董事长李留法，合肥水泥研究设计院副院长陈章水以及在京的国务院参事室副主任蒋明麟、中国中材集团公司总经理谭仲明，大家欢聚一堂，交流体会。

代表们表示在温家宝总理的政府工作报告提出的方针政策中，“严格控制对‘两高’行业和产能过剩行业的贷款”，“促进企业兼并重组，加快淘汰落后产能”，“加强环境保护，积极发展循环经济和节能环保产业”等多项措施与水泥行业紧密相关。普遍认为政府工作报告中多处涉及与水泥及相关行业体现了国家对水泥行业发展的高度重视和寄予的希望，水泥行业和企业将迎难而上，贯彻执行好各项政策措施。身为代表或委员，有责任和义务为调整经济结构、加快转变经济发展方式谋划科学可行的决策办法；也相信水泥业者有能力发挥好产业自身的技术、设备等优势，为发展循环经济和节能环保产业做出更大的贡献。

15日 中材集团与广东发展银行在北京签署战略合作协议。根据协议，广发银行将为中材集团提供全方位的金融服务和50亿元人民币的授信额度，以支持中材集团做大做强，尤其在低碳经济、节能减排、清洁能源等领域的战略部署和快速稳健发展。

中材集团党委书记于世良和广发银行董事长董建岳在签约仪式上致辞。中材集团总经理刘志江和广发银行行长辛迈豪代表双方在协议上签字。签约仪式由广发银行总行公司银行部副总经理张中华主持。

17日 中国水泥协会就环保部提出的实施“低碳水泥标准”送审稿，组织在京有关水泥专家进行了讨论。专家们从不同角度、不同层面对“低碳水泥标准”送审稿内容提出了自己的意见和建议。

专家们一致认为：“低碳水泥标准”推出的目的和出发点是好的，有利于增强水泥企业的环保意识，推动水泥工业低碳经济发展。尽管对发展绿色水泥产品普遍表示认可，但认为结合水泥行业的发展现状，以及国内外水泥行业发展趋势，我国现在提出“低碳水泥标准”还为时过早，很多具体内容还有待商榷。

最后，孔祥忠秘书长就“低碳水泥标准”送审稿提出四点建议：一是标准送审稿对“低碳水泥”的定义或界定不明确，现在也不可能明确下来；二是国家正在起草《关于低碳经济发展指导意见》，我国发展低碳经济的路线图还没出来，涉及水泥行业的低碳减排指标、政策更没有提及，“低碳水泥标准”显得超前了；三是站在企业的角度、行业的利益上，我们的水泥厂要做的各种认证已不少了，要达到“低碳水泥标准”要求，企业还要付出不少投入，而我们水泥行业正处在结构调整的关键时期，节能减排任务还很重，更何况“低碳水泥标准”的认证在国际也没有这么做，这个标准如近期推出可能得不到企业的认可和配合；四是标准的起草要吸收我国大型水泥集团的代表参加，当然也需要中国水泥协会的支持。

18 日　中国水泥协会会长雷前治在重庆水泥协会秘书长马泽民陪同下，来到重庆“忠县海螺”2 条日产 4 500 吨水泥项目工地参观考察。

雷会长一行参观了正在建设的生产线，听取了项目建设情况介绍后心情很激动。他说，经过十多年的发展，“海螺”已经成为一个世界级的水泥集团，不仅做大了规模，更提升了水泥工业在国家经济中的地位。中国水泥工业的发展，“荻港”2 条日产 2 500 吨生产线有着非常重要的位置，当时海南昌江建设 1 条日产 2 500 吨生产线需要 14 个亿人民币，新型干法生产线是搞不起，国产化、低投资是发展新型干法水泥的出路，“海螺”在这里为发展中国水泥工业做出了巨大贡献，是吃螃蟹的探索者。“荻港”采用国产化设备，用了 3.7 亿人民币就搞成了。

“海螺”积累了丰富的生产管理经验，有一套系统的生产运行管理模式。还要在循环经济、低碳经济方面要做出新的贡献，低碳经济对水泥工业的压力很大，为此，雷会长提出几个题目供大家思考：在低碳经济环境下如何实现水泥工业可持续发展，做出新的贡献；外加剂对水泥工业究竟是福是祸，我们没有做很好的研究。“华新”曾提出立磨磨水泥，对颗粒机配有多大影响；助磨剂究竟有多少作用？

最后，他祝愿“海螺”、为中国水泥工业发展再做贡献。

20～24 日　亚太地区清洁发展和气候伙伴关系（Asia Partnership on Clean Development and Climate）第 8 次 APP 水泥工作组会议在加拿大温哥华召开。

来自美国、加拿大、日本、韩国、中国、印度、澳大利亚政府代表和观察员，以及美国波特兰水泥协会（PCA）、日本水泥协会（JCA）、欧盟水泥联盟（CEMBUREAU）、澳大利亚水泥工业协会（ACIF）、加拿大水泥协会（CAC）、中国水泥协会（CCA）、韩国水泥工业协会（KCIA）、巴西国家水泥工业协会（BNCIA）、印度水泥协会（ICA）、世界可持续发展工商理事会（WBCSD）、国际能源署（IEA）、欧盟水泥研究所（ECRA）的代表和观察员，共 60 人参加了此次会议。中国代表团由中国水泥协会秘书长孔祥忠为团长、中国建筑材料科学研究总院副院长隋同波等五名观察员组成。

大会针对七个国家已开展的合作项目进行审查评议，探讨下一步项目合作和工作内容。就水泥工业的安全和健康、水泥排放 CO_2 协议、全球数据库情况、ISO 标准、水泥业在气候变化中的应对策略、混凝土可持续发展生命周期的评估、碳捕获研究工作的状态等等问题进行深入的研究和讨论。此外，与会的国际机构：国际能源机构（IEA）、欧盟水泥研究所（ECRA）和欧洲水泥联盟（CEMBUREAU），对于所开展的水泥项目和新技术做了详细报告，最后介绍了 2009 水泥技术路线图项目（Roadmap）和 CSI 议定书 3.0 修订版。

会议上，中国水泥工作组成员隋同波教授作为中方代表向大会做了中国水泥工业发展现状的报告，介绍了中国 2009 年水泥行业的发展情况及节能减排举措和取得的成绩，并代表中方表达了 2011 年举办 APP 水泥工作组会议的意愿。

25 日　CRH 中国区总裁柏克力一行拜访中国水泥协会雷前治会长，雷会长热情接待了熟悉的老朋友，双方就结构调整、水泥技术、产能过剩等问题进行了轻松的交谈。

26 日　北京金隅股份有限公司与中国建设银行北京市分行在金隅环球贸易中心隆重举行战略合作协议签字仪式。“金隅股份”董事长蒋卫平、“金隅股份”总裁姜德义、建设银行北京市分行行长王军及双方高管出席了签字仪式。根据协议，建设银行北京市分行将向“金隅股份”提供 150 亿元意向性授信额度。

此次战略合作协议的签署，是双方真诚合作的结晶，是彼此友谊互信的体现，也是开启银企全面战略合作的新篇章。同时提供资金结算、金融顾问、中间业务、企业年金等一揽子服务。

27～29 日　中国建筑材料联合会四届八次理事（常务理事）会在北京友谊宾馆举行。中国建材联合会会长张人为，工业和信息化部原材料司司长陈燕海，中国建材联合会副会长雷前治、常务副会长孙向远，中国建材联合会副会长徐永模、陈国庆、叶向阳、孙铁石、王惠文、刘志江、姚燕、徐尧湘、姚季鑫、李新华、吴一岳、王福江、陈惠南，国务院国有资产监督管理委员会协会办处长梁方，工业和信息化部原材料司处长吕桂新、产业政策司处长袁克兰等出席会议，200 多名中国建材联合会四届理事会理事及代表参加会议。

会上，陈燕海讲话，他首先肯定了联合会的工作同时通报了 2009 年建材工业经济运行情况。梁方处长在讲话中对联合会的工作提出了指导意见，他指出今后协会的工作要在为企业服务、在国际上争取话语权等方面下大力气。中国建筑材料联合会党委书记、常务副会长孙向远代表联合会作题为“改革创新、加快发展努力实现建材行业又快又好发展”的工作报告，叶向阳宣读了关于变更、增补中国建筑材料联合会四届八次理事会常委理事的议案，徐永模宣布 2009 年度“中国建筑材料联合会、中国硅酸盐学会建筑材料科学技术奖”获奖项目单位，中国建筑材料联合会领导向获奖单位颁发了证书。最后张人为会长作大会总结发言。

30日　世界水泥可持续发展倡议组织CSI联络员会议在北京北辰五洲国际大酒店召开。

会议由CSI项目主管柯立华（Howard. klee）博士主持。CSI参会代表来自“CEMEX”北京办事处、“中国建材”、“中国中材”、“华润水泥”、“CRH中国”、“亚泰集团”、“华新豪瑞”、“拉法基（中国）”、“日本太平洋水泥”、中国水泥协会、中国建材研究总院等代表参加。

水泥可持续性倡议行动（Cement Sustainability Initiative，英文简称CSI）基于对商业可持续发展的共同追求，汇聚了全球18个重要的水泥生产商，其水泥产量约占全球水泥总产量的30%。发起CSI的主要目的在于：探究水泥工业可持续发展的内涵；单独或共同确定水泥公司可采取的行动并逐步推进，促进可持续发展进程；为其他水泥公司参与可持续发展提供框架；为未来利益相关方的参与建立基础、创造条件。迄今为止，CSI仍然是全球最大由单个行业独自推出的可持续性项目之一。

30日　中国水泥协会会长会议及六届三次理事大会隆重召开。

大会由孔祥忠秘书长主持。雷前治会长在会上做了中国水泥行业发展形势的报告。国家发改委工业协调司刘明处长、国家工信部原材料司吕桂新处长、国家工信部产业政策司袁克兰处长也分别就贯彻国发【2009】38号文件、水泥建设项目清理工作、《水泥工业产业发展政策》（修订稿）编制等情况做了说明；并做淘汰水泥落后产能、推进行业节能减排工作等专题报告。

31日　由中国水泥协会、中国国际贸易促进会建筑材料行业分会主办的“2010年中国国际水泥峰会”在北京五洲大酒店隆重开幕。国际水泥峰会是全球最大规模的水泥行业峰会，本次峰会的主题为“推动低碳经济，转变发展方式”。

峰会吸引了国外大型水泥集团总裁、总经理、总工程师；科研院所所长、总工程师；政府代表；国内外水泥装备制造商等相关企业领导；金融投资机构；国际贸易公司；行业协会；国际运输、物流公司等数百人参会。强大的嘉宾阵容和与会代表的高涨热情再次彰显了“世界水泥看中国”的号召力。开幕式上，工信部原材料工业司贾银松巡视员代表国家工业和信息化部副部长苗圩宣读了贺信；发改委产业协调司刘明处长宣读国家发展和改革委员会解振华副主任发来的贺信。中国建材联合会会长张人为，中国水泥协会会长（峰会主席）雷前治，法国拉法基集团首席执行官乐峰先生出席会议并致辞。开幕式由中国水泥协会秘书长孔祥忠主持。

本次峰会旨在从宏观环境与政策、产业发展方向、国际水泥产业交流等多维视角进行研讨。在为期两天的会议中将有一系列的主题演讲，并举办两场由政府官员和国内主流水泥企业高管分别参与的“高层对话”，以解读国家产业政策、回顾上年经济运行、展望未来发展走势、分析市场、研讨低碳经济、水泥制造前沿技术及发展趋势。

31日　由中国国际贸易促进委员会建筑材料科行分会，中国水泥协会共同主办的“第十一届国际水泥技术及装备展览会”在国家会议中心隆重召开。中国建材联合会会长张人为，中国建材联合会副会长、中国水泥协会会长雷前治，中国建材联合会党委书记、副会长中国贸促会建材分会会长孙向远，中国建材联合副会长、中国混凝土与水泥制品协会会长、中国建筑砌块协会会长、中国建筑材料联合会玻璃纤维增强水泥分会会长、中国建筑材料联合会粉体技术分会会长徐永模，中国建材联合会副会长陈国庆，原国家建材局副局长、中国加气混凝土协会会长杨志元，中国贸促会建材分会副会长胡幼奕出席了本届展会开幕式并为大会剪彩。

本届展会一方面给中国水泥带来了新的发展空间，激发了中外企业的创新意识，使其在竞争与合作的过程中达到共赢；另一方面又让国内外水泥企业充分感受到“中国国际水泥技术及装备展览会”的无限潜力。作为年产量占世界的40%以上的水泥大国，“中国国际水泥技术及装备展览会”（CEMENTTECH）已经成为全球最大的水泥技术装备展览。

31日　工业和信息化部原材料司在北京召开原材料行业淘汰落后产能座谈会。会议主要内容是贯彻落实国务院关于进一步加强淘汰落后产能工作通知的精神，分解落实各地淘汰落后产能任务，部署下阶段淘汰落后产能工作。各省、自治区、直辖市工业主管部门，有关行业协会代表70余人参加了会议。

会上，工业和信息化部原材料工业司司长陈燕海介绍了原材料司2010年工作思路和主要工作安排，重点阐述了原材料行业淘汰落后产能工作的意义、介绍了进展情况，并对下一步淘汰落后产能工作安排进行了部署。产业政策司副司长候世国介绍了淘汰落后产能相关文件精神及整体工作安排。原材料工业司有关处室分别介绍了钢铁、有色、建材行业淘汰落后产能的具体安排。各地工业主管部门就淘汰落后产能工作进行了交流。

根据淘汰落后产能工作部署，原材料工业司已向各地下达了2010年~2012年淘汰落后产能的目标计划，要求各地抓紧开展工作，摸清家底，核实情况，落实淘汰落后产能年度计划和工作安排，在认真研究的基础上，工业和信息化部将尽快下达淘汰落后产能目标任务。

31 日　中央电视台财经频道在北京梅地亚酒店举办《财经频道"行业协会"座谈会》。发言的有水泥业 、银行业 、证券业 、期货业、食品工业、汽车工业、资产评估等 10 家行业协会 。

曾学敏副会长代表中国水泥协会发言，她说，中国水泥协会的工作主要围绕落实国家政策，抑制水泥产能过剩；全力推进行业节能减排；加强行业规划引导；积极开展国际交流与合作；搭建信息发布平台等这几个方面的工作来进行。水泥协会继续加强自身建设，维护行业利益，积极向政府反映、反馈会员和企业意见，配合政府做好相应工作，推动"水泥产品下乡"等方面的工作。

31 日　工业和信息化部原材料司在北京召开"原材料行业淘汰落后产能座谈会"。会议主要内容是贯彻落实国务院关于进一步加强淘汰落后产能工作通知的精神，分解落实各地淘汰落后产能任务，部署下阶段淘汰落后产能工作。各省、自治区、直辖市工业主管部门，有关行业协会代表 70 余人参加了会议。

四月

2 日　中国水泥协会雷前治会长会见了前来参加会议的俄罗斯阿利特科学院科技中心主席波利沙科夫 · 埃杜阿尔特(Eduard bolshakov)院士。

波利沙科夫先生向雷会长简要介绍了近几年俄罗斯水泥工业的发展以及变化情况，介绍了 2010 莫斯科水泥研讨会的情况并邀请雷会长率团参会。

双方还就中国水泥协会和俄罗斯水泥协会建立联系和长期合作的问题进行探讨，雷会长并请波利沙科夫先生向俄罗斯水泥协会转达中方的意向。

6 日　中国政府公布《国务院关于进一步加强淘汰落后产能的通知》，确定了电力、煤炭和钢铁等九大行业近期淘汰落后产能的目标和任务。该通知明确了建材行业 2012 年底前淘汰落后产能的任务。水泥行业在 2012 年底前，淘汰窑径 3.0 米以下水泥机械化立窑生产线、窑径 2.5 米以下水泥干法中空窑(生产高铝水泥的除外)、水泥湿法窑生产线(主要用于处理污泥、电石渣等的除外)等。

9 日　工业和信息化部表示，中国淘汰落后产能的任务仍很艰巨，钢铁、水泥行业的落后产能占到全行业产能的 20% 左右。其中水泥行业落后产能约有 5 亿吨，占总产能的 20% 以上。

9～10 日　中国建筑材料联合会在山西太原召开《水泥企业质量管理规程》审议会。来自部分省级建材主管部门、建材协会、水泥质检站、水泥企业共计 40 余位代表参加了会议。中国建筑材料联合会常务副会长孙向远、工业和信息化部原材料司建材处处长吕桂新、山西省经信委投资规划处处长杨永辉到会并作了重要讲话。

14 日　工业和信息化部发布《关于进一步加强中小企业节能减排工作的指导意见》(以下简称《意见》)，明确提出我国将利用 3～5 年时间，培育和形成一批中小企业节能减排示范企业，推动重点节能减排技术在中小企业的广泛运用，使重点用能行业的中小企业单位能耗下降 25% 左右。

15 日　全国人大常委会副委员长陈至立，全国人大常委会委员、环资委主任委员汪光焘，全国人大常委会委员、环资委副主任委员曹伯纯，全国人大常委会环资委委员张洪飚等在北京市人大常委会主任杜德印、副主任刘晓晨，北京市副市长苟仲文和北京市政府有关部门领导的陪同下来到金隅新北水有限责任公司，就"以科技促进循环经济"进行专题考察调研。

19 日　由中国水泥协会和中国建筑材料联合会科技部联合主办的"全国大型新型干法窑用耐火材料新闻发布会"在河南郑州隆重举行。原国家建材局副局长李俭之，中国水泥协会副会长兼秘书长孔祥忠，中国建材联合会科技部主任周清浩，河南省建材工业协会常务副会长兼秘书长王爱贞，河南省耐火材料行业管理协会副会长兼秘书长靳亲国，河南省新密市市委书记王铁良、河南省新密市市委副书记、市长谢霜云及新密市政府、各有关部门的领导出席了会议，会议由中国水泥协会副秘书长兼技术中心主任王郁涛主持。

27 日　中国建材集团董事长、党委书记宋志平，中国建材国际工程有限公司董事长、总经理彭寿，荣获"全国劳动模范"荣誉称号。

28 日　郑州特种水泥有限公司与洛阳水泥工程设计研究院在郑州签订新型干法铝酸盐水泥生产线 EP(设计及关键设备提供)合同，这意味着世界上首条新型干法铝酸盐水泥生产线落户郑州。该生产线年产 8 万吨，采用多项最新技术，与中空回转窑相比降低煤耗 40% 以上。

28 日　中国建材集团与中国农业银行战略合作框架协议签字仪式在京举行。中国建材集团董事长宋志平，中国农业银行行长张云致词。中国建材集团总经理姚燕、中国农业银行副行长郭浩达代表双方在协议上签字。

按照协议，中国建材集团与中国农业银行将建立起长期、稳定、良好的业务支持与战略合作关系，实现互惠互利和共同发展。中国农业银行将为中国建材集团提供优惠的金融服务和支持，并对集团公司及所属企业提供总额 600 亿元人民币的意向性信用额度以及其他金融服务。

五月

9日　中国水泥协会会长雷前治、秘书长孔祥忠在上海世博园瑞典馆与阿特拉斯·科普柯公司全球高级副总裁Bjorn rosengren、露天凿岩设备部总裁Andreas malmberg进行了亲切友好的交流。

中国水泥协会会长雷前治高度评价了阿特拉斯.科普柯公司为中国水泥行业企业发展所作出的贡献，在提到当前国内大的水泥企业集团，无论从南到北还是从东到西，矿山开采几乎都有阿特拉斯.科普柯的产品，说明阿特拉斯.科普柯的产品充分得到了行业的认可。希望阿特拉斯.科普柯公司继续帮助中国在能源消耗，环境保护方面，更好地推进矿山的技术进步。

阿特拉斯·科普柯公司全球高级副总裁Bjorn rosengren代表公司向中国水泥协会长期以来的支持表示了感谢，随后介绍了阿特拉斯·科普柯公司目前的情况和未来的发展。他说，中国已经是目前公司发展最快的，也是发展潜力最大的市场。公司一直将“节能降耗，提高效率”作为产品研发的宗旨之一，公司已经开始在中国设立研发机构，更好地帮助和服务客户。

13日　国家发展改革委、国家电监会、国家能源局联合下发《关于清理对高耗能企业优惠电价等问题的通知》（以下简称《通知》），全面清理对高耗能企业的用电价格优惠。

《通知》要求，限期取消现行对电解铝、铁合金、电石等高耗能企业用电价格优惠；各地凡是自行对高耗能企业实行优惠电价，或未经批准以电力用户与发电企业直接交易、双边交易等名义变相对高耗能企业实行优惠电价的，要立即停止执行。

《通知》明确，继续对电解铝、铁合金、电石、烧碱、水泥、钢铁、黄磷、锌冶炼8个行业实行差别电价政策，并自2010年6月1日起，将限制类企业执行的电价加价标准由现行每千瓦时0.05元提高到0.10元，淘汰类企业执行的电价加价标准由现行每千瓦时0.20元提高到0.30元。在此基础上，各地可根据需要，进一步提高对淘汰类和限制类企业的加价标准。

13日　黑龙江“佳木斯北方水泥”2010年首批出口水泥在同江港顺利出航。这是同江开江后的第一批出口货物。

13日　柳州市污水治理有限责任公司根据现阶段污泥处理的发展方向，经过充分比较和论证，提出利用鱼峰水泥股份有限公司3条水泥生产线，协同处理污水处理厂污泥项目。目前该建设项目已获得环保部门审批同意。项目工程内容包括：建设污泥收运和泵送系统；回转窑煅烧系统设备的改造。此项目每天可将300吨污泥处置成水泥，变废为宝，项目建设总投资4 600万元，建设期为一年。

14日　《水泥窑协同处置工业废物设计规范》送审稿审查会及《水泥窑协同处置污泥工程设计规范》编制工作大纲审查会在天津召开。会议听取了主要编制人李惠介绍《水泥窑协同处置工业废物设计规范》在征求意见稿基础上修改的情况。经质询和讨论，对具体的条款和文字表述进行反复斟酌修改，审查专家认为送审稿的章节设置合理、编写格式符合工程建设标准编写的相关规定，技术内容翔实、数据可靠，可操作性强，与相关标准协调一致，一致同意通过《水泥窑协同处置工业废物设计规范》国家标准送审稿审查。要求编制组按照专家提出的修改意见进一步修改完善《水泥窑协同处置污泥工程设计规范》编制工作大纲内容并上报。

14日　国家环境保护部办公厅下发了《关于上市公司环保核查后督查情况的通报》（环办[2010]67号，以下简称《通报》），对包括“冀东水泥”在内的11家上市公司存在的严重环保问题进行了通报批评，要求被通报企业高度重视环境保护工作。“冀东水泥”认真自查问题，立即拿出整改方案，及时将环保整改情况报送国家环境保护部和所在地省级环保部门，并向社会披露相关信息。

18日　为能及时反映企业的诉求，中国水泥协会近日已就新丰水泥公司反映问题向铁道部致函，福建省建材工业协会也同时向福建省政府反映，希望铁道部和福建省尽快督促落实受灾水泥企业的理赔工作。

2009年12月23日，福建龙厦铁路工程龙岩段象山隧道施工出现涌水塌方事故，引起地表局部下沉、部分房屋开裂，造成1 200多名群众和工人受灾。这次灾害造成附近的春驰集团新丰水泥厂2条日产2 500吨新型干法水泥生产线地面下沉、设备受损、建（构）筑物开裂。2009年12月30日全线被迫停产。此次灾害造成新丰水泥厂骤然停产，工厂报废、已签订的后续《水泥销售合同》无法履行；1.1亿元的贷款无法收回；停产后每月还要支付职工工资、营业费用、财务费用和银行分期还款本息共计466万元；为履约执行中的水泥销售合同，每月要亏损300万元；投资建设的6.5亿元企业建（构）筑物和设备报废；如重建需2年时间，股东收益损失1.85亿元。

23日　“华新水泥”对外发布了主题为从“末端治理”到“节能、利废、环保”跨越的《2009年企业社会责任报告》。“华新水泥”作为中国历史最悠久的水泥公司，100多年来，始终坚持以为社会提供高品质的水泥，来践行自己的社会责任。这是自2008年发布中国水泥行业第一份社会责任报告开始,“华新”每年定期公布的社会责任报告,这已是第三年。本次报告特别辑录了国际上通行的《与全球报告倡议组织(GRI)指南的关系》,与公司本次报告进行对比,此项举措标志着公司社会责任管理体系已与国际接轨并已成熟。

李叶青总裁在致辞中郑重向社会承诺:“华新”仍将一如既往地诚信尽责,不断追求在经济、社会和环境责任方面的卓越表现:依法纳税;加大技术创新力度,提高节能减排水平;像对待员工一样对承包商和第三方的安全负责;建设和谐、康乐、繁荣的社区;着手矿山复垦与生物多样性保护工作;开展志愿者服务等。

24日 国家发改委宣布,国务院已批准实施《长江三角洲地区区域规划》(以下简称《规划》),这是继2008年国务院发布《关于进一步推进长江三角洲地区改革开放和经济社会发展的指导意见》后,再次提升“长三角”地区整体实力和国际竞争力的重大决策部署。长江三角洲地区包括上海、江苏和浙江,区域面积21.07万平方公里,是全国发展基础最好、体制环境最优、整体竞争力最强的地区之一。

24日 经国务院国有资产监督管理委员会、中国建筑材料集团有限公司批准,国家工商行政管理总局审查核准,上海市工商行政管理局变更登记,“中国建材国际工程有限公司”的名称变更为:“中国建材国际工程集团有限公司”;并核准以中国建材国际工程集团有限公司为核心企业组建的企业集团名称为:“中国建材国际工程集团”。

26日 来自美国、德国、俄罗斯、菲律宾、日本和中国的九项蓝天奖获奖技术,受邀参加上海世博会联合国馆举行的“联合国工业发展组织周”专场推介活动并作推介演讲,安徽海螺川崎工程有限公司“利用水泥窑处置城市生活垃圾技术”受邀参加该项活动。

安徽海螺川崎工程有限公司“利用水泥窑处置城市生活垃圾技术”,以其对城市生活垃圾实行“无害化、减量化、资源化”处理的技术领先优势,在全球54项参选技术中获得2009年度全球可再生能源领域最具投资价值的领先技术“蓝天奖”提名奖。

“蓝天奖”评选是由联合国工业发展组织主办、深圳国际能源与环境技术促进中心组织实施的国际性评选活动,每两年在全球范围内评选出可再生能源领域最具投资价值的领先技术,通过“蓝天奖”技术成功案例的示范和推广,引导可再生能源在中国和其他发展中国家的规模化应用。

27~28日 全国工业系统淘汰落后产能工作会议在京召开。中共中央宣传部、中央财经领导小组办公室、国务院办公厅、国务院研究室、中华全国总工会、淘汰落后产能工作部际协调小组18个成员单位的领导和同志,31个省(区、市)工业和信息化主管部门、新疆生产建设兵团发展改革委和相关行业协会的代表,约160人参加了会议。

根据《国务院关于进一步加强淘汰落后产能工作的通知》和《国务院关于进一步加大工作力度确保实现“十一五”节能减排目标的通知》的要求,工业和信息化部向各省、自治区、直辖市人民政府下达了2010年18个行业淘汰落后产能的目标任务,其中:水泥9 155万吨。

30日 央行网站公布《中国人民银行、中国银行业监督管理委员会关于进一步做好支持节能减排和淘汰落后产能金融服务工作的意见》(下称《意见》)。《意见》指出,要求从严把好支持节能减排和淘汰落后产能信贷关,对产能过剩、落后产能以及节能减排控制行业,要合理上收授信权限,特别是涉及扩大产能的融资,授信权限应一律上收到总行。

六月

7日 停牌达两个月的“太行水泥”复牌。早在2007年收购“太行水泥”时,金隅集团就曾承诺择日将旗下水泥资产注入上市公司,2009年“金隅股份”H股IPO时,金隅集团再次明确欲将“太行水泥”发展成为集团下属水泥业务的惟一发展平台。而今,承诺终得践行。

根据公告,本次吸收合并,“金隅股份”A股换股价格为9.00元/股;“太行水泥”换股价格为10.80元/股。即“太行水泥”股东所持每股“太行水泥”股票可以换取1.2股“金隅股份”本次发行的A股股票。吸收合并后,将以“金隅股份”为存续公司承继及承接“太行水泥”的所有职工、资产、负债等,“太行水泥”将终止并注销法人资格,“金隅股份”A股将申请在上交所上市交易。

8~9日 世界可持续发展工商理事会(WBCSD)水泥可持续发展倡议行动组织(CSI)在四川省都江堰市召开“员工健康与安全问题、气候保护专题研讨会”。来自CSI秘书处、员工健康与安全问题工作组、气候保护专题工作组、国外各成员企业、中国新加入的成员企业:“中国建材”、“中国中材”、“天瑞”、“亚泰”、“华润”的代表出席了本次会议。就员工健康与安全问题、气候保护专题听取了专题组的介绍,并进行了十分热烈的讨论。会上,中国水泥协会副会长、秘书长孔祥忠致欢迎词并以中国水泥工业的发展、国家产业政策的调整为主体做了专题报告。

24 日　天津院有限公司设计研发的宜宾"海丰和锐"年产120万吨全电石渣综合利用制水泥项目一期工程成功投料运行,熟料结粒良好,标志着天津院设计研发的首条全电石渣制水泥项目顺利进入试生产运行阶段。

该条水泥生产线位于宜宾市江安县阳春坝工业区,是属国家产业政策鼓励的"三废综合利用及治理工程"项目,设计规模日产2 000吨熟料,天津院首次利用新型干法预分解技术处理100%湿排电石渣,采用了多项自主研发的新技术。该生产线的顺利投产标志着天津院采用新型干法利用湿排电石渣生产水泥熟料的技术取得了突破性进展,填补了天津院在全电石渣制水泥技术上的空白,对电石渣制水泥领域的市场开拓具有重要意义。

七月

18 日　由中国水泥协会、中国建材联合会科技部主办,江苏科行集团承办的"全国大型水泥窑用高效低阻布袋除尘技术推广会"在山东淄博成功举行。

由江苏科行集团研制的高效低阻布袋除尘技术和装备,已在山东淄博鲁中水泥有限公司等多家水泥企业日产5 000吨水泥熟料生产线上长期稳定运行。国产大型水泥窑布袋除尘技术推进了我国水泥工业布袋除尘新技术的应用,从而提高了大型新型干法水泥窑的运转率,降低新型干法生产线的粉尘排放和运行成本,为节能、低耗的技术装备的研发创新,再添助力。当天下午,与会代表还参观了山东鲁中水泥有限公司日产5 000吨生产线现场。

22 日　湖南省水泥协会第二届理事大会在长沙召开,湖南水泥行业、企业代表参加了会议。湖南水泥工业在"十一五"期间取得了巨大成绩,在产业结构调整中加速淘汰落后产能,大集团积极参与湖南水泥工业的调整,推进产业的提升,本地企业积极发展新型干法水泥,为湖南水泥新型干法水泥的发展做出了贡献。

中国水泥协会副会长、秘书长孔祥忠应邀出席大会。会议通过表决推选出:樊家生任湖南省水泥协会名誉会长,谢家振任会长,常务副会长:易汉文,秘书长:冯钢。

八月

3 日　国务院国资委人事局局长时希平受国资委领导的委托,向中国建筑材料联合会班子宣布:经国资委党委研究决定,推荐国务院国有资产监督管理委员会国有大型企业监事会原主席乔龙德同志作为中国建筑材料联合会下一任会长人选。乔龙德同志将参加班子工作,熟悉情况,待中国建材联合会换届时,按照联合会章程办理选举、任用手续。

5 日　工信部产业司公布了2010年各行各业的落后产能淘汰名单。其中水泥行业名单涉及762家企业、1.07亿吨产能。

需要指出的是,列入名单的企业其中部分早已不再生产,而此次也将其计算在内;另外,由于全国新型干法比重的提高,面对激烈的市场竞争,落后产能所占有的市场空间必定少于1.07亿吨。但对部分地区而言,仍能够起到缓解市场压力的作用。

7 日　由中国水泥协会和中国建筑材料联合会科技部共同主办的第三届中国水泥企业总工程师论坛暨全国水泥企业总工程师联合会年会在大连召开。

中国建材联合会副会长、中国水泥协会会长雷前治,中国水泥协会副会长、秘书长孔祥忠,中国建材联合会科技部主任周清浩,辽宁省水泥协会会长王友春,大连易世达新能源发展股份有限公司总裁何启贤,智光电气营销中心总经理姜新宇等出席活动并致辞。本届论坛以技术创新和节能减排为主题。

14 日　由国家发展与改革委员会和中国水泥协会主办,中国建筑材料科学研究总院承办的中美政府合作项目"中国水泥工业节能减排和替代原燃料利用综合项目"中期报告会在北京举行。该项目在亚太气候变化伙伴关系(APP)的框架下由中美政府共同支持,以期利用国际最佳范例和工具,对我国水泥企业的能效和碳排放进行评估,提出节能减排改进措施,提高水泥企业的能效和减少碳排放,通过项目成果在全国范围内推广,最终提高整个中国水泥行业的能效和减排能力。

来自国内外大中型水泥企业技术负责人、能源公司、能效管理及优化公司以及数字水泥网等有关媒体近80位代表参加了会议。会议由中国水泥协会副会长、秘书长孔祥忠主持。会议中,中美专家及国内外水泥企业代表就项目的有关问题进行了充分的交流和讨论。

18 日　全国各省市区水泥协会秘书长联席会议在湖南长沙隆重召开。本次会议由中国水泥协会和湖南省水泥协会联合主办。

中国水泥协会会长雷前治、副会长孔祥忠、马泽民、徐惠明,湖南省建材行办主任樊家生、湖南省水泥协会会长谢家振、长沙市保灵建材助剂有限公司董事长王志出席了会议,各省市区水泥协会和全国水泥重点企业的代表等近百人参加了会议。

会议通报了各省市上半年水泥工业经济运行情况;上半

年全国水泥市场分析报告及中国水泥协会上半年工作汇报。雷前治会长做了《关于水泥“十二五”发展规划的战略思考》的专题报告。

24日　中国建筑材料联合会张人为会长到江苏科行集团考察指导，中国水泥协会副会长兼秘书长孔祥忠，中国建材装备公司总经理方芳，江苏省建材协会会长聂长兰等陪同了考察。

张人为指出，“科行”是一个非常有特色的环保装备企业，坚持科技创新、明确发展方向、年轻而有活力、跨行业发展等都是其他建材企业值得学习和借鉴的亮点。

26日　国务院发布国发【2010】27号文，旨在深入贯彻落实科学发展观，切实加快经济发展方式转变和结构调整，提高发展质量和效益。阐明六个问题：充分认识企业兼并重组的重要意义；主要目标和基本原则；消除企业兼并重组的制度障碍；加强对企业兼并重组的引导和政策扶持；改进对兼并重组的管理和服务；加强对企业兼并重工作的领导。以水泥等行业为重点，推动优势企业实施强强联合、跨地区兼并重组、境外并购和投资合作、提高产业集中度，促进规模化、集约化经营，加快发展具有自主知识产权和知名品牌的骨干企业，培养一批具有国际竞争力的大型企业集团，推动产业结构优化升级。

27日　商务部首次在全国范围内对各行业援外单位从事援外工作者进行的评选，以此来弘扬老一辈援外工作者的为国奉献精神，推进我国对外援助事业科学发展。

此次共在全国范围内评选出金奖获得者499名，银奖826名，中材对外公司有12名老同志获得金奖，5名老同志获得银奖。为此，中国建材工业对外经济技术合作公司(英文简称CBMC)举行颁奖仪式，向获得“中国援外奉献奖”的17名老同志颁发金质奖章和银质奖章以及荣誉证书。CBMC是中国材料工业科工集团公司旗下的骨干企业，是以承包国外建材工业工程和其他工程为主体，以技术服务、劳务输出和国际贸易为支撑的国际型工程公司。

获得“中国援外奉献奖”金奖名单：

于士杰、仇光远、王赛兰、田连栋、巩法堂、齐宝琳、张春富、汪孟颜、卑云生、高景亮、崇俊堃、阎正刚

获得“中国援外奉献奖”银奖名单：

张丽、杨宝珍、国耀东、项淑英、夏枚友。

31日　中国建材工程建设协会以中材建协发[2010]36号文件公布2010年建材行业第九次优秀工程咨询成果奖评审结果。评审专家组，对各单位申报的58个项目进行公平、公正、严谨认真的评审，评审出一等奖24项，二等奖31项，三等奖12项。

九月

1日　中国水泥协会会长雷前治到中材集团旗下新疆天山水泥股份有限公司考察并出席座谈会。

听取汇报后，雷前治对天山股份的快速发展表示充分肯定。他说，“天山股份”是国家重点支持的大型水泥企业集团，在促进新疆水泥行业发展方面起到了积极的作用，在疆内在国内都发展很好。在新疆未来跨越式发展中，希望“天山股份”继续大力发展循环经济，积极参与区域内水泥行业的整合和结构调整，为提高水泥行业的集中度，实现有序竞争、健康发展做出更大贡献，并继续做优、做强、做大。

3日　由中国企业联合会及中国企业家协会联合发布的2010中国企业500强名单公布，中国建筑材料集团有限公司、安徽海螺集团有限责任公司、中国中材集团有限公司营业收入分别以815.82亿元、414.20亿元、353.39亿元上榜，分别名列第71位、150位、182位。

14日　中国建材集团分别与山西省人民政府和大同市人民政府签署战略合作框架协议。根据协议，中国建材集团与山西省将充分发挥各自优势，不断深化合作内容、开拓合作领域、提高合作效益和水平，实现互利共赢。“十二五”期间，中国建材集团将加大在山西省的投资，重点加强在新型建材、新型房屋及新能源材料等“三新”领域以及建材产品物流等方面的合作。

14日　由中国水泥协会主办的“首届全国水泥行业媒体研究会”在山东枣庄召开，本届研讨会以“责任、交流、协作”为主题。会议重点就当前形势下水泥行业媒体共同肩负的责任、义务、成长经验及加强相互协作交流等业界人士共同关心的问题进行了研讨。

16日　中国建材企业管理协会发布“2010年中国建材企业500强名单”，中国建筑材料集团有限公司、安徽海螺集团有限公司、中国中材集团有限公司分别位列第一、二、三位。

16日　“第三届中国(太原)国际能源产业博览会”在山西省太原市隆重开幕。中国建材集团公司董事长、党委书记宋志平率团出席开幕式，并与山西省委书记袁纯清、省长王君会晤。中国建材集团副总经理马建国代表集团公司分别与山西省人民政府和大同市人民政府签署战略合作框架协议。

袁纯清书记和王君省长表示，山西省资源丰富，在发展传统煤炭行业的同时，要走新能源新材料强省大省的道路，大力发展机械装备、新型材料。山西省将创造条件，大力支持中国建材集团在山西的发展。

根据协议，中国建材集团与山西省将充分发挥各自优势，不断深化合作内容、开拓合作领域、提高合作效益和水平，实现互利共赢。

18日　由中国水泥协会和北京水泥行业协会联合主办的“在京水泥企业中秋座谈联谊会”在北京海航大酒店召开，联谊会得到了阿特拉斯·科普柯(上海)贸易公司的全力赞助。

中国水泥协会雷前治会长、北京市水泥协会胡中甲会长出席会议并致辞，“北京金隅”、“唐山冀东”、“中材水泥”、“天津振兴”、“中联水泥”以及“拉法基”、“CEMEX”、“意大利水泥”、“台湾水泥”、“Holcim”等外企驻京代表参加联谊会。会议由中国水泥协会副会长、秘书长孔祥忠主持。

会上各水泥企业代表介绍了各自企业的发展情况。这是中国水泥协会和北京市水泥协会为企业搭建的一个平台，为北京市水泥市场稳定、健康、有序发展等问题起到了引领作用。

19日　在北京中国大饭店举办的“2010(第四届)中国CEO年会”上，由《经理人》杂志推出的“2010中国最具创新力公司”评选结果新鲜出炉，“海螺水泥”作为水泥行业的领军企业入选“2010年度中国最具创新力公司”。

最具创新力企业是指拥有自主知识产权的核心技术、知名品牌，具有良好的创新管理和文化，整体技术水平在同行业居于先进地位，在市场竞争中具有优势和持续发展能力的企业。该项奖从企业是否掌握核心技术、是否具有诚信和社会责任、是否拥有强烈的创新意识这三方面来评选出本年度最具创新力的企业。

23日　“金隅”以3.5亿元人民币，收购河南孟电集团在山西陵山一条日产3 000吨水泥生产线。该项收购增加水泥年产能约150万吨。该厂与河北邯郸相邻，符合公司强化京津冀区域，逐步扩展豫北和晋东南区域水泥产业发展规划。

26日　中材集团旗下中材节能发展有限公司与内蒙古星光煤炭集团鄂托克旗华月建材有限责任公司签订了日产4 500吨水泥熟料生产线纯低温余热发电合同能源管理项目。

该项目装机9兆瓦，每年利用废气节约生产用电约5 500万千瓦时，节约标煤2万多吨，减排二氧化碳5万多吨，具有良好的经济效益、社会效益和环境效益。该项目是“中材节能”在内蒙古乌海市周边地区实施的第二个余热发电投资项目，它将成为“中材节能”投资业务在该地区集群化发展的重要平台。

26日　工业和信息化部印发了《关于首批两化融合促进节能减排试点示范企业的批复函》。文中显示，根据部有关节能减排和两化融合工作的部署，通过组织开展两化融合促进节能减排试点示范工作，组织专家对各有关地方工业和信息化主管部门和行业协会推荐的候选企业进行了初评和复评，60家企业为首批两化融合促进节能减排试点示范企业。

其中涉及水泥企业的有：甘肃祁连山水泥集团股份有限公司、拉法基瑞安水泥有限公司、福建龙麟集团有限公司、吉林亚泰(集团)股份有限公司、红火集团、天津水泥工业设计研究院有限公司、中国葛洲坝集团股份有限公司水泥分公司为首批两化融合促进节能减排试点示范企业；中国建材国际工程集团有限公司、北京金隅集团、新疆青松建化集团公司为两化融合促进节能减排试点示范重点关注企业。

26日　“南方水泥”战略研讨会在杭州西子宾馆召开。会议总结了“南方水泥”3年来的成功经验，谋划未来发展蓝图，为中国水泥工业的发展提供可借鉴的思路和经验是本次研讨会的主题。

中国建材联合会张人为在研讨会上指出，战略性联合重组成就“南方水泥”3年辉煌，“南方水泥”联合重组的经验是行业的财富，对全国水泥工业贯彻落实国务院《关于促进企业兼并重组的意见》文件精神将有重要推动作用。中国建材联合会和中国水泥协会要引导全行业用好这一经验，发挥它的效应。

与会嘉宾相继发言，对“南方水泥”3年来取得的辉煌成绩给予充分肯定，对“南方水泥”所取得的经验作了专业细致的剖析，并期望“南方水泥”能够在中国水泥工业结构调整、价值提升等方面贡献更大的力量。

十月

15日　由中国水泥协会主办、广西鱼峰集团有限公司协办的“第十二届亚洲水泥论坛”在桂林召开，来自印度尼西亚、韩国、马来西亚、菲律宾、新加坡、泰国、越南以及中国内地、香港、台湾等十几个国家及地区共100余名代表参加了此次盛会。

中国水泥协会会长雷前治在开幕词中表示：当今，经济全球化和区域经济一体化迅猛发展，世界各国的经济联系日益密切。特别是在国际金融危机之后的新形势下，各个国家和地区加强合作，有助于促进生产要素的有效配置，有助于实现共同发展。每年一届的亚洲水泥论坛，对于亚洲各国水泥界加强生产和贸易方面的交流，促进区域经济合作具有重要意义。

来自香港、印尼、韩国、马来西亚、菲律宾、新加坡、中国台湾、泰国、越南的代表分别介绍了各自国家的水泥生产、进出口、市场价格等方面的情况，并对明年的形势进行展望。中国水泥协会秘书长孔祥忠代表中国水泥工业运行情况做了报告。他表示，中国水泥工业在取得高速增长的同时，将继续加强兼并重组，提高产业集中度和资源配置效率；加快淘汰落后水泥产能；围绕低碳经济的发展要求继续做好水泥工业的节能减排工作。作为促进东亚乃至亚洲水泥产业健康发展的一项举措，中国和东亚各国水泥协会共同主办的水泥论坛，迄今已经成功举办了十二届，成为友好交流、经贸促进和多领域合作的重要平台。

15 日　国际间享有盛誉的领军水泥企业、2010 年上海世博会台湾馆赞助商——台泥集团今日启动“台泥世博文化之旅”活动，通过一系列丰富多彩、别具匠心的环节串起一个个美妙瞬间，印证其倡导“全面品质生活”的核心企业理念和价值观。

台泥集团成立 60 多年来以“坚持品质，一以贯之”为核心价值观，以“品质至上”精神做好每一件事，将台湾馆打造为“磐石级”品质与“鸡尾酒式”服务的杰作。

22 日　雷前治会长率中国水泥协会代表团一行，在合肥水泥设计院徐宁院长的陪同下，冒雪访问了合肥水泥设计院在俄总包的俄罗斯 Slantsy 日产 5 000 吨熟料水泥生产线。

该项目位于俄罗斯列宁格勒州 Slantsy 市，是目前俄罗斯在建的最大水泥生产线之一。合肥院以总包形式承建，现正处于设备安装高峰期及点火投产最后阶段。

雷会长对该项目的工程建设和质量给予了充分肯定和高度评价，希望合肥院通过这个项目，充分总结经验，更加努力地把项目完成好，扩大中国建材集团合肥院以及中国水泥工业在俄罗斯乃至国际上的影响力和知名度，争取更多的国际工程项目。

26～29 日　以中国水泥协会会长雷前治为团长的代表团，对俄罗斯进行考察访问。期间考察团一行参观考察了俄罗斯水泥工业协会暨俄罗斯欧洲水泥集团，中国建材国际工程集团公司在哈萨克斯坦的水泥生产线项目，雷前治会长还应邀出席在莫斯科举行的“在当今经济快速发展中，水泥行业如何降低能源的消耗和减少二氧化碳的排放”的国际会议。

俄罗斯水泥工业协会会长、俄罗斯欧洲水泥集团董事长米凯尔先生热情接待了雷会长一行。双方在热情、友好的气氛中通报了两国水泥工业的发展情况，雷会长希望通过此次会面，两国水泥协会建立起联系，加强沟通，共同促进水泥工业的发展。

在视察中国建材国际工程集团公司在哈萨克斯坦的水泥生产线项目后，雷会长对项目团队通过优化设计，严抓项目成本和管理取得的成绩表示赞赏，对项目的工作给予了充分肯定。并代表中国水泥协会对战斗在哈萨克斯坦偏远戈壁上的中国建材工程技术人员及建设工人表示慰问。

十一月

3 日　“南京凯盛国际工程有限公司揭牌暨入驻南京国际服务外包产业园典礼”举行。国务院国有重点大型企业监事会原主席乔龙德，全国政协常委、国家民族与宗教事务委员会副主任、国务院参事蒋明麟，中国建材联合会副会长、中国水泥协会会长雷前治，中国建材集团董事长宋志平，南京市副市长罗群，南京市鼓楼区委书记鲍永安出席典礼并揭牌。

4 日　国家安全生产监督管理总局组织专家评审组对中国建材集团编制的《水泥企业安全生产标准化评定标准》进行评审。该标准是受国家安全监督管理总局委托、中国建材集团承担的建材行业第一个国家级安全生产标准化项目，也是我国企业安全生产标准化建设的重要组成部分。

5 日　中国建材联合会主办的“建材工业‘由大变强、靠新出强’发展战略回顾与展望座谈会”在北京新世纪日航大酒店隆重举行。原中共中央政治局委员、国务院副总理、全国人大常委会副委员长邹家华发来贺信，对战略实施十五年来建材工业取得的成就给予了充分的肯定。

中国建筑材料联合会会长张人为，原全国人大环境与资源委员会副主任、国务院参事冯之浚，原国务院国资委国有企业监事会主席乔龙德，全国政协常委、全国政协民族和宗教委员会副主任、国务院参事蒋明麟，中国建筑材料联合会副会长、中国水泥协会会长雷前治，原国家建材局副局长黄书谋，工信部原材料司司长陈燕海，西安建筑科技大学校长、中国工程院院士徐德龙，中材集团董事长谭仲明，海螺集团董事长郭文叁，金隅集团董事长蒋卫平，中国建材集团总经理姚燕，中国工程院院士顾真安等出席了座谈会。

中国建筑材料联合会会长张人为发表了题为《让战略更有生命力地引导行业发展》的主题演讲，全面系统地回顾了《战略》的由来、总结了《战略》的实践、并对《战略》进行了展望。

主持座谈会的原国务院国资委国有企业监事会主席乔龙德表示，《战略》实施十五年来建材工业所取得的累累硕果全社会已经有目共睹，本次座谈会则从思想上对《战略》的制定和实施进行了充分肯定。座谈会以科学发展观为指导，以加快转变发展方式为契机，站在建材工业未来发展战略的高度，站在历史的起点上，肯定十五年以来的成绩，总结经验，寻找规律，站在新的起点上寻找不足，丰富、完善与提升《战略》,使建材工业未来二十年的发展有更清晰的目标和方向,在面临新的挑战和经济社会对建材工业提出的新要求、建材工业自身发展面临的矛盾和困难面前,建材工业能够运用科学的态度,靠新出强,实现建材工业又好又快地发展。

7日 由苏州中材建设有限公司承建的大连水泥厂搬迁异地改造新建日产5 000吨水泥线工程,获2010～2011年度首批中国建设工程鲁班奖(国家优质工程)。该奖由中国建筑业协会公布,这是"苏州中材"继越南福山水泥公司日产5 000吨熟料生产线总承包工程荣获2009年度鲁班奖(境外工程)后第二次获得该项荣誉。

17日 马科托合金材料有限公司上海分公司销售总监顾清在天津院高级工程师的陪同下拜访了中国水泥协会。中国水泥协会秘书长孔祥忠接待了来宾并就感兴趣的话题进行了探讨。孔祥忠秘书长对"马科托"的先进技术表示称赞！并希望马科托公司今后能为水泥行业技术的进步贡献力量！顾清也表示,"马科托"进入中国较晚,但目前中国耐磨行业还有很大发展空间,"马科托"必将以自己的先进技术和管理带动行业的规范化发展,为技术进步贡献自己的一份力量。

22日 原国务院国资委监事会主席乔龙德到中国水泥协会召开调研座谈会,就中国水泥协会工作情况进行全面、详细的了解。中国水泥协会副会长、秘书长孔祥忠向乔龙德主席介绍了协会的职能定位、组织结构、人员构成、职责履行及各分支机构等情况,并详细汇报了近几年协会在围绕服务政府、服务企业、国际交流、自身建设、存在问题、未来设想等内容,同时提交了较为详细的书面汇报材料。在听取汇报的过程中,乔龙德主席就水泥协会开展的工作和遇到的问题和协会参会人员进行了充分的交流和沟通,并对水泥协会开展的工作和取得的成绩表示充分的肯定,也对协会今后工作提出了要求和期望。

十二月

1日 由国家建筑材料工业标准定额总站负责组织编写的6项国家工程建设标准得到住房和城乡建设部的批准其中涉及水泥的标准有《水泥工厂环境保护设计规范》GB50558－2010;《水泥工厂职业安全卫生设计规范》GB50577－2010;《水泥工厂余热发电设计规范》GB50588－2010三项,上述国家标准均自2010年12月1日起实施。

8～11日 由中国水泥协会主办的"水泥矿山开采和资源综合利用技术论坛"在海南隆重召开。

来自全国各大水泥企业、地质勘探、矿山设计单位、国内外知名矿山设备制造厂的代表进行了广泛的交流和探讨,强调了水泥矿山开采和资源综合利用技术对水泥工业节能减排的重要性,并提出了新的要求。中国建材联合会副会长、中国水泥协会会长雷前治做了专题报告,中国水泥协会副会长、秘书长孔祥忠对会议进行了总结。会上,中国水泥协会和阿特拉斯·科普柯签署《战略合作伙伴协议》。中国水泥协会会长雷前治在华润水泥(昌江)公司总经理赵清、总助理兼矿山部主任陈家光的陪同下到华润水泥(昌江)有限公司的矿山对阿特拉斯·科普柯的ROCL6钻机进行现场参观考察。

10日 由中材集团成都建筑材料工业设计研究院有限公司自主设计制造、国内首台年产60万吨矿渣微粉的CRM4622立磨在山东鲁碧建材有限公司三线顺利投产,并于12月20日达标达产。

11日 天津水泥工业设计研究院有限公司在天津市召开科技成果鉴定会,"新型干法水泥节能减排示范线关键技术与装备的研发及应用"和"TCFC行进式稳流冷却机的研制"两项科技成果通过了专家的成果鉴定。

16日 拉法基瑞安水泥有限公司与中国节能环保集团正式签署了《水泥生产线低温余热利用项目协议》,并在春城昆明举行了隆重的签约仪式。云南省工信委主任刘绍忠、"拉法基瑞安"首席执行官姜祥国代表双方签署了协议。

签约的7条生产线分别位于"拉法基瑞安"云南分公司下属东骏、富民、红河、三江、剑川、丽江工厂和贵州分公司的水城工厂。

18日 由中国水泥协会、中国建材联合会科技部主办,淄博市鲁中耐火材料有限公司承办的"预热器内筒及烧成带耐火材料无铬化新产品新闻发布会"在北京西苑饭店举行。150余位代表出席会议,中国建材联合会科技部主任周清浩主持发布会。

"预热器内筒及烧成带耐火材料无铬化"项目是由淄博市鲁中耐火材料有限公司、山东圣川陶瓷材料有限公司和北京科技大学共同研制开发的。此前,上述单位还联合开发了另一项先进技术"镁铁铝尖晶石砖的开发及应用"。两个项目的共同亮点是完全避免了六价铬的污染,生产技术属国内首创,并居国际先进水平。目前两项均通过了省部级鉴定,在国内外多条新型干法熟料生产线上得到应用,并受到客户的好评。

18日 国内首台年产60万吨的TRMS43.4矿渣立磨在广西鱼峰水泥股份有限公司顺利投产。在广西"鱼峰"4号线技改工程竣工的剪彩仪式上,TRMS43.4矿渣立磨被授予本项工程中惟一一项"优质设备"奖。TRMS43.4顺利投产成功,标志着天津院在固体废弃物处理及节能减排降耗领域又迈出新的一步。广西“鱼峰”总经理杨义在剪彩仪式的致辞中说,TR $43.4 矿渣粉磨生产线不仅每年给公司带来巨大收益,同时具有节能减排双重意义。

18日 广西“鱼峰”4号线水泥粉磨资源综合利用节能技改工程正式竣工投产。工程的建设采用了获广西科技进步一等奖并具有自主知识产权的“管磨机磨内多重分选研磨节能技术”,该技术将简化水泥粉磨工艺流程,可比普通水泥粉磨节约电能25%~40%,产量提高10%~20%,每年可消化利用约6.12万吨粉煤灰、67.86万吨矿渣(包括铁合金渣)以及7.86万吨工业废脱硫石膏,成为了科技成果转化及产业化在我国水泥业中最有力的见证。

20日 国家水泥质量监督检验中心召开了2010年“峨胜杯”全国第十二次水泥化学分析大对比总结暨表彰会。

表彰会上对获得“全优单位”称号的324个单位进行了表彰并颁发奖牌证书;交流了大对比工作及水泥化学分析技能经验;还对即将发布的《水泥企业质量管理规程》、《水泥企业化验室基本条件》、《水泥企业产品质量对比验证检验管理办法》等三个行业规章及出厂水泥确认相关要求进行了宣贯。

21日 为期两天的中材集团2011年工作会议在北京结束。会议指出,集团“十一五”各项发展目标已圆满完成;会议提出了集团到2015年的总体目标——资产总额超过1 500亿元,营业收入超过1 500亿元,利润总额超过150亿元,科技贡献率超过75%,国际业务收入超过集团总收入的50%。

国有重点大型企业监事会主席董树奎,中国建筑材料联合会党委书记、常务副会长孙向远,驻集团监事会18办副主任李金凤,集团董事长谭仲明,党委书记于世良,总经理刘志江,外部董事杨育中、张来亮,副总经理张海、李建伦、于国波,集团党委常委、中材股份总裁周育先,集团党委副书记、纪委书记张江,集团总会计师徐卫兵,中国工程院院士沈德忠、中国建材报社社长陈才来、中国建材杂志社社长秦春雨等出席会议。于世良主持会议。

会上,谭仲明作了题为《汇聚能量,执著进取,为建设具有较强国际竞争力的企业集团而努力奋斗》的董事长工作报告,报告客观总结了集团十年来的发展成就,全面分析了未来五年的经济形势,提出了集团下一个五年的发展战略和目标。

22日 中国水泥协会会长雷前治一行到“大田红狮”生产现场视察。“大田红狮”总经理肖赟高向雷会长简要汇报了一期项目运行、产品销售及二期项目建设等情况。汤俊生县长也简要介绍了大田县石灰石资源情况及当地政府的水泥产业政策。雷会长听取介绍后指出,国家加快推进海西经济区建设,为福建省水泥行业发展带来重大机遇“大田红狮”一期项目顺利投产,离不开当地政府的大力支持。“大田红狮”当前重点工作是加快二期项目建设,力争早日建成投产,形成规模优势,为当地水泥行业发展做出更大贡献。

25日 中国建筑材料联合会在中国矿业大学(北京)组织召开了科技成果鉴定会,由咸阳非金属矿研究设计院有限公司承担的“干法超细粉碎新技术及大型对撞式超细粉磨分级设备研制”通过了省部级鉴定。

26日 由中国中材国际工程股份有限公司承担的“十一五”国家科技支撑计划项目“新型干法水泥生产线节能减排技术与装备研究”之课题“城市生活垃圾在水泥窑中的处置技术及装备研究”在南京通过验收。该课题获得授权发明专利2项,实用新型专利9项,发表论文16篇,参与行业标准制定2项。

25~26日 中国建筑材料集团有限公司在京召开2010年度企业工作汇报会。集团公司领导班子与所属骨干企业的主要负责人共170人参会。

来自产业、科技、装备制造、物流贸易板块的35家所属单位在会上分别进行了汇报。各单位认真全面地总结介绍了2010年和“十一五”期间的经营管理工作情况及相关成果,分析了自身业务今后发展所面临的形势,交流了2011年经营工作思路,提出了“十二五”的发展目标和任务。

27日 《水泥工业用管磨装备》国家标准审定会在天津召开。审定会由国家建筑材料工业机械标准化委员会主办,天津院有限公司协办。

《水泥工业用管磨装备》国家标准由天津院、中国建材装备公司负责起草编制,中国中材国际股份有限公司、上海新重机有限公司、成都建材院有限公司、中信重工机械股份有限公司、中天仕名(徐州)重机有限公司、中天仕名(淄博)重机有限公司等14个单位参加。该国家标准的制定是水泥机械技术标准化的一个重大突破,填补了建材机械产品国家标准的空白。

27日 工信部、财政部、科技部公布第一批“两型”企业创建试点名单。水泥行业有“海螺水泥”、“华新水泥”等。

三部委明确,“两型”即资源节约型和环境友好型。工业是耗费能源资源、产生环境污染的主要产业,创建“两型”企业是加快建设“两型”社会的重要内容和必然要求。“两型”企业创建工作拟先通过3年试点,在摸索和总结经验的基础上全面推进。

28日 为贯彻落实科学发展观,促进水泥行业节能减排,淘汰落后和结构调整,引导行业健康发展,根据国家有关法律法规和产业政策,工业和信息化部会同有关部门制定了《水泥行业准入条件》。该准入条件定于2011年1月1日起实施。

环球信息

Global information

环球信息

Global information

越南停止审批水泥生产项目

据《西贡经济时报》1月7日报道，1月5日越南建设部通知各省市，从现在起至2020年停止审批水泥生产项目。建设部信息中心称，截止至2009年底，越南已建97条水泥生产线。设计生产能力5 740万吨。预计2010年将新增13条水泥生产线投入生产，设计生产能力1 170吨。届时，水泥总产量高于总需求量约200万吨。根据计划，2010年越南要出口水泥100万吨。

伊朗水泥产量升至中东第一位

《伊朗新闻报》1月7日报道，伊朗的水泥产量已是全世界的第七位，中东的第一位。在今年（伊朗年自2009年3月21日至12月31日）的前三季度，伊朗生产和销售水泥达4 000万吨，同比增长15.5%。其中所生产的水泥10%用于出口，出口的国家包括伊拉克、阿塞拜疆、土库曼斯坦、塔吉克斯坦、阿富汗、阿曼和科威特等中亚和中东国家，以及非洲的尼日利亚、赞比亚和肯尼亚。

菲律宾贸易部警告水泥企业或实行价格管制

据菲律宾《商报》1月7日报道，贸易部昨天警告说，如果现在观察到市场的水泥价格过高或出现短缺，那贸易部可能对其实行价格控制，还下令水泥制造商提交记录，解释水泥不足和零售价格上升的原因。根据第7581号共和国法令《价格法》，如果商品价格普遍存在违规操作，全国物价协调理事会总裁兼主席法维拉将可以对水泥和其他主要商品实行价格上限。贸易部说，他已向150名违规出售水泥的零售商提出警告，因为其零售价高出贸易部的建议价每袋40千克205比索。贸易部说，由于台风破坏房屋，消费者可能会动用圣诞奖金来购买水泥修复受损房屋。但贸易部指出，水泥制造商已报告说，所有工厂都在运行，不存在供应短缺的问题。

巴基斯坦受益于阿联酋水泥价格上涨

据巴基斯坦《商业记录报》1月30日报道，阿联酋水泥生产厂家日前宣布，由于生产成本增加，决定自2010年2月1日起将国内水泥出厂价从每吨225～230迪拉姆上调至250迪拉姆，增幅约为10%。预计巴基斯坦水泥出口商将从中受益，每吨水泥出口价格有望上涨3～4美元。

牙买加水泥2月1日开始涨价

牙买加水泥公司宣布：从2010年2月1日起该公司生产的水泥涨价7.5%。该公司称，由于能源成本和其他税费增加，消费者就必然要多掏钱来购买水泥。业内人士估计，建材成本的增加将进一步推高房屋价格的上涨。据悉，2009年11月，牙买加水泥公司售出的水泥每包价格含消费税约548牙买加元。

伊朗水泥产能已达到5 500万吨

《伊朗日报》2月11日报道，伊朗工矿部副部长马斯伍德说，伊朗每年的水泥生产能力已达到5 500万吨，目前的水泥销售量达到了4 300万吨。2010年计划生产6 000万吨水泥，其中700万吨水泥出口。

埃及2010年新批12家水泥厂

埃及贸工部长拉希德3月份宣布，根据贸工部工业发展计划，2010年将在埃及境内新批12个水泥生产项目，以满足国内水泥需求和出口。贸工部工业发展中心的消息称，12家水泥厂的年产量将达到1 700万吨。

尼日利亚出台优惠措施大力发展水泥产业

尼日利亚联邦政府出台优惠措施，鼓励本土水泥企业提高产量，降低水泥价格。这些措施包括改善天然气定价机制、降低石膏进口税率至5%等。

尼政府希望通过这些措施能使尼在2013年之前实现水泥自给自足。目前尼日利亚水泥年产量为900万至1 000万吨，需求量约2 000万吨，年进口量1 000万吨，是世界最大水泥进口国。

沙特恢复水泥出口未造成本国供应紧张

据《沙特公报》报道，沙特水泥生产企业表示，沙特水泥供应没有任何问题，不需要建设新的水泥厂，现有生产能力也能满足市场供应。

沙特商工部2009年10月恢复水泥出口，并将出口价格限定在2.67美元/袋，限定出口价格并不意味着沙特水泥生产存在问题。将水泥价格降低至2.67美元/袋，也使得沙特北部地区出现了建筑热潮。

据利雅得商工部承包商委员会的一位官员透露，沙特每年对建材的需求量达450亿里亚尔，而其中主要部分是水泥。至今，水泥供应状况良好。

叙利亚政府关停亏损水泥厂

据商务部消息，叙利亚政府正式宣布关停位于ALEPPO附近的1家水泥厂。

该水泥厂隶属于SHAHBA水泥公司，该公司为叙利亚水泥及建筑材料总公司（GOCBM）下属的6家公司之一，近年来一直处于严重亏损状态。

据GOCBM总经理称，SHAHBA水泥厂始建于1952年，主要采用湿法生产，这项技术现在已经基本淘汰，故不再适宜继续生产。该厂年产量为21万吨，共有3条生产线，2月初关停1条，其他2条将于未来18个月内全部停产。

Al－Hassakeh水泥厂投产

4月1日，由土耳其投资者投资的Al－hassakeh水泥厂正式投产。

该水泥厂为土耳其GCEC集团在叙利亚投资的第二个水泥厂项目，第一个项目AL－RAQQA水泥厂于2009年4月投产。

水泥厂总经理在接受媒体采访时称，该水泥厂的日产量为2 000吨，年产量为70万吨，总投资额约为3 500万美元。该水泥厂位于YAARUBIYEH自由区，靠近叙利亚与土耳其及伊拉克的边境，所生产的水泥主要在叙利亚国内市场及伊拉克市场销售。

墨西哥企业在秘鲁建水泥厂

墨西哥西麦斯水泥公司4月份宣布，该公司将与蓝石水泥控股公司（BlueRockCement）联合在秘鲁投资建水泥厂，预计投资2.3亿美元。

西麦斯公司强调，蓝石公司计划在秘鲁建设一座年产能力达100万吨的水泥厂，西麦斯公司拟出资1亿美元参与这一项目。根据计划，新水泥厂将于2013年年初开始动工。西麦斯公司认为，近年来，秘鲁建筑业发展迅速，年增长率超过10%，是一个很有吸引力的市场。

西麦斯公司成立于1906年，总部设在墨西哥新莱昂州蒙特雷，其产品销往全球50多个国家和地区。蓝石公司成立于2010年3月，其投资方向是在新兴市场和主要高增长地区投资水泥及相关业务。西麦斯公司拥有蓝石公司少数股份，并向该公司提供相应的技术管理和商业服务。

坦桑尼亚议员称将考虑对进口水泥征税

据坦桑尼亚《公民报》4月14日报道，坦议会财经事务委员会已经承诺将对低价涌入的进口水泥采取措施。该委员会副主席哈姆扎·穆文内格哈说，尽管本国水泥投入巨大且提供很多就业机会，但它们却由于低价的外来进口产品而面临停产歇业的威胁。由此将对低价进口水泥采取措施，考虑对进口水泥征税。东非共同体年水泥产能为1 000万吨，但需求量为710万吨，这个数字值得参考。

菲律宾1～2月份水泥销量呈增长势头

据菲律宾《商报》4月15日报道，由于建筑活动活跃，特别是政府大量的基础建设项目，水泥销量继续维持上一季度的增长趋势，从上一季度的15%增长至16.8%。

菲律宾水泥制造商协会表示，2010年1月至2月，水泥销量增长至250万吨。由于表现强劲，该行业协会将修订今年的全年销量增长预测，从3%至4%调整至3%至6%。

肯尼亚水泥需求强劲增长

肯尼亚央行发表一份研究报告称，由于肯尼亚2010年经济形势好转，基础设施建设规模很大，今后一段时间水泥需求将强劲增长。根据相关统计，仅在2010年1月，肯尼亚的水泥销售量就达到了29万吨，比2009年同期增长了18%，而随着肯尼亚经济的进一步复苏，这一趋势还将继续保持下去。

喀麦隆进口水泥对国产水泥形成挑战

《喀麦隆论坛报》4月21日报道，面对日益紧张的水泥市场，喀麦隆政府于今年3月作出了开放水泥市场的决定，从国外进口10万吨水泥，以满足喀国内市场水泥供应。目前喀麦隆水泥市场上，除喀麦隆水泥厂的产品外，又新增了Fabriq、Fortress和Cimco等水泥品牌，以及来自中国和土耳其的水泥品牌。

喀麦隆开放水泥市场后，当地用户对进口水泥评价较高，据一位水泥砖生产者介绍，进口水泥无论从配比和强度上均高于国产水泥，用一袋进口水泥可生产80块水泥砖。但是，据喀麦隆当地工民建工程师介绍，由于缺少进口水泥资料，很难对进口水泥的物理及化学性质做出评价，喀麦隆的水泥标准是每袋水泥平均生产45块水泥砖，并要达到相应的配比及强度。

目前在喀麦隆市场上，最常用的水泥是CPJ35和CPJ45水泥，现在又新增了Fabriq的32.5水泥和Fortress的42.5进口水泥。实际上水泥的配比无论是进口水泥还是国产水泥都是差不多的，主要是包装不同，重要的是水泥的保质期及运输和保存方式。

突尼斯水泥需求量一季度增长12%

根据突贸易和手工业部发布的公报,2010年一季度突尼斯境内水泥需求量比去年同期增长12%(2009年年增长率约为4%)。近期突水泥的进出口均实现了两位数增长,水泥需求的大幅回升再次证明突经济已开始复苏。

受需求周期的影响,突水泥生产厂商通常选择冬季作为设备检修期,需求一般在4月初5月底出现,而今年明显早于往年,从2月份开始即出现大量需求。受有利条件影响,突境内6家水泥生产商已结束设备检修期,开始加大马力重新投入生产,新的扩建项目也在加速推进中。

为满足国内市场需求,突贸易部要求暂停水泥出口直至市场供需平衡,并派出检查组监督企业违规行为。由于突水泥年产量700万吨,足够应付国内需求,近期应该能迅速恢复市场正常秩序,此外,两家新的水泥厂正在筹备中。

伊朗Zabol水泥厂开工投产

《伊朗日报》5月1日报道:伊朗Sistan和Baluchestan省最大的水泥生产厂开工,伊总统内贾德出席了开工仪式。该厂始建于2006年,投资约1.55亿美元,私人和政府部门分别投资51%和49%。开工投产后,日产水泥3 400吨,年产1百万吨。创造直接就业岗位350个,间接就业岗位超过2 000个。产品主要在伊朗、阿富汗、巴基斯坦和海湾国家销售。

科威特对水泥钢筋材料免关税并停止出口一年

科威特内阁于4月12日发布546/2号法令,对建筑用水泥、钢筋材料免除进口关税,并在为期一年之内停止出口。

该项内阁令的发布背景是:今年以来科威特国内建筑行业发展快速,新的经济发展计划实施又带动了众多基础设施项目,使得对于水泥钢筋材料的需求激增,并使市场价格大幅上扬。

海湾合作委员会国家一致同意对水泥和钢筋免除关税

海湾合作委员会总秘书长阿布杜拉赫曼·阿提亚5月5日晚上宣布,海合会国家财务大臣在当天结束的会上通过一项协议,同意对水泥和钢筋免除关税。

从有关资料获悉,沙特海关宣布,自2010年1月1日起,沙特执行海湾合作委员会对部分商品实施保护性关税的措施,对从海合会以外国家进口的钢筋和水泥加征5%的海关关税。

钢材和水泥一直是海湾国家紧缺的建筑材料,两年前,海合会决定免除钢筋和水泥等建材的一切关税,以应对海合会成员国内的钢材、水泥等建材的紧缺状况,抑制建材价格的上扬。2009年5月,海合会财经合作委员会决定,自今年起,海合会国家对上述商品加征统一的保护性总关税。

沙特石灰矿石储量丰富。近两年来,沙特多个大型水泥工厂投产,水泥产量增长很快,目前产量已经超过需求。2010年沙特水泥产量可望达到5 000万吨,2010年沙特水泥需求为3 500万吨,除满足本国需要外还向周边国家出口。

KKR完成在印最大交易1.67亿美元投资水泥公司

据国外媒体报道,美国私募股权投资公司KKR5月份完成对Dalmia水泥子公司1.67亿美元的投资。报道称,这家尚未上市的公司主要负责Dalmia的水泥生产,年生产能力为900万吨。同时,KKR将接管Dalimia在OCL India的股份,承接印度次大陆的绿色工程。Dalmia的融资所得将用于企业发展和杠杆化。

KKR印度首席执行官桑杰·纳亚表示:“我们通过这种方式参与到印度住宅、商业和公营机构基础设施的持续发展之中,为印度的发展服务。”本次交易打破了此前KKR在印度的投资记录。KKR在印度的第一笔交易是投资全球创新、技术和服务公司Aricent;此后相继投资电信公司Bharti Infratel和咖啡连锁店Coffee Day Resorts。KKR印度管理的资金总额为11亿美元。

越南投资15亿美元兴建水泥生产基地

据越南《投资报》5月19日报道,19日越南西贡投资集团所属的京北(Kinh Bac)都市发展总公司与西贡-新期(Sai Gon-Tan Ky)水泥股份公司在义安省西贡-新期水泥工业区举行动工仪式。项目总投资15亿美元,占地面积600公顷,前期投入1.5万亿越盾(约合7 894万美元)进行基础设施建设,计划在6年内建成投产,设计年产水泥1 400万吨,届时将是越南最大的水泥生产基地。

巴基斯坦水泥等行业内陆运输补贴或延至2011年

5月份,为增强部分行业出口竞争力,巴政府于2009~2010财年(2009年7月至2010年6月)宣布对水泥、轻型工程用车、皮衣、家具、苏打粉、过氧化氢、苛性钠及卫生器具等产品出口提供内陆运输补贴。

俄罗斯对水泥的需求10年后或将翻番

据俄联邦地方发展部官员透露,该部制定的《2020年前建材工业发展战略》2010年夏季前提交政府批准。如获批准,俄建筑领域对水泥的需求10年后将增加近1倍,达到每年9 780万吨。

缅甸将再批准私人建6个水泥厂

缅甸掸邦南部抵基市附近PNO公司的龙牌水泥厂已竣工,于6月开始生产。至此缅甸已有水泥厂14座,据悉,另外已批给私营企业6个水泥厂,到2015年将达到20个水泥厂。

目前，缅甸每年至少需要水泥500万吨，但现有生产能力还不足200万吨。2010年4月和5月，一工部的内比都水泥厂、吴若若的麦克斯水泥厂、仰光市政府的首都水泥厂均已陆续竣工投产。

尼日利亚“拉法基”2011年水泥总产量有望达420万吨

2010年7月，尼日利亚拉法基股份公司主席Osunkeye表示，待Lakatabu项目完工投产后，其水泥年产量将增长220万吨。Lakatabu项目开始于2008年中期，预计将于2011年上半年完工并投产。届时，连同在Ewekoro和Sagamu的两座水泥厂，其水泥总产量有望达420万吨。

审计结果显示，该公司2009年营业总额为432.74亿奈拉(约合2.85亿美元)，较2008年同比增长5%；税前利润为92.37亿奈拉(约合6 158万美元)，较2008年同比下降29%。

巴基斯坦上财年水泥销售量增长14%

据巴基斯坦《新闻报》7月4日报道，巴基斯坦上财年(2009年7月至2010年6月)水泥销售量达3 500万吨，较2008~2009财年增长14%。其中，国内市场销售2 400万吨，同比增长24%；国际市场销售1 100万吨，与2008~2009财年基本持平。

报道称，巴上财年第四季度(2010年4月至6月)上调北部地区水泥销售价格和实施水泥出口运输费补贴(2010年3月26日至6月30日)是巴水泥销售增长的主要原因。

海湾金融公司向叙投资建水泥项目

据商务部消息，海湾金融公司GFH与一家总部位于巴林的伊斯兰投资银行进行接洽，目前该公司已与相关投资部门签署了关于在叙投资项目的谅解备忘录。

GFH在叙投资项目包括水泥厂、磷酸盐生产厂及电站项目等。水泥厂项目投资额为3.5亿美元，年产量为200万吨，位于HOMS附近的QARYATEIN地区。GFH拥有该厂的90%股份。

除水泥厂之外的其他投资项目目前还没有具体的资料。GFH成立于1999年，分别在科威特、巴林及伦敦证券交易所上市。

尼日利亚对进口水泥征收35%关税

据尼日利亚媒体报道，尼联邦政府自2010年7月至12月将对许可进口的250万吨水泥加征15%关税，从而使进口水泥关税达到35%，尼各界对此评价不一。

尼水泥业新从业者论坛负责人表示，该政策对水泥行业的新从业者和取得水泥进口许可的企业非常不利，建议联邦政府调低该税率。另有分析人士则指出，这一政策将会提高本地水泥企业的产能利用率，促进尼本地水泥行业发展。

菲律宾计划再次延长水泥零关税政策

据菲律宾《马尼拉公报》7月30日报道，尽管遭受业内反对，菲律宾贸工部仍计划再次延长水泥和面粉零关税政策。

鉴于下个月这两种商品的零关税进口时限将至，税则委员会于周三召开了对862号和863号行政令的听证会，如果该委员会采取贸工部的意见，这将是第二次对水泥和面粉零关税政策进行延期。

菲律宾贸工部考虑向水泥生产企业收费

据菲律宾《星报》8月2日报道，菲投资署一份报告显示，菲律宾的水泥价格是亚洲第二高，菲贸工部正在考虑对菲水泥生产企业征收牟取暴利费。菲贸工部副部长马格拉雅表示，贸工部将研究投资署的报告，并决定是否对水泥生产企业收费。

菲律宾1月份水泥价格为4.56美元/每袋40公斤装，高于日本4.32美元/每袋，马来西亚3.90美元/每袋，台湾3.83美元/每袋，泰国3.27美元/每袋，韩国3美元/每袋，越南2.76美元/每袋，中国2.44美元/每袋。只有印度尼西亚4.62美元/每袋，高于菲律宾。由于选举支出和台风造成的损失，今年一季度菲水泥需求增长了15.7%。

哈萨克斯坦规划2014年实现水泥自给率100%

据哈萨克国际文传电讯社9月8日报道，哈萨克政府批准了工业与新技术部提交的《哈萨克斯坦2010~2014年建材工业发展规划》。工业与新技术部副部长卡玛利耶夫称，该规划旨在实现下列目标：保证国产建筑材料满足国内市场80%的需求；产值增加78%；生产力提升40%。根据规划，政府将促进现有建材企业现代化并建立更多新企业。国家计划投入1 050亿坚戈(约合7.13亿美元)以促进当前水泥厂的现代化建设。此外，在曼吉斯套州、阿克纠宾斯克州、西哈萨克斯坦州，巴甫洛达尔州及阿拉木图州等地将建立5个水泥厂，在阿克托别、阿拉木图、阿斯塔纳及希姆肯特将建设6个工业建设综合体。卡玛利耶夫称，根据规划，到2014年水泥自给率达到100%。

越南煤炭短缺水泥生产困难

据越南《投资报》10月8日报道，越南水泥总公司称，因煤炭短缺，该总公司所属许多企业面临停产境地。越南水泥总公司所需煤炭大都由越南煤炭－矿产总公司提供，由于气候原因，煤炭开采困难，可供量减少；另外水泥业对煤炭的需求增加了36%，而煤炭产量仅增加了5%，使煤炭供不应求。如水泥总公司每日需求煤炭5 000吨，而煤炭总公司仅可满足其50%。为克服困难，水泥总公司已指导其所属企业积极寻求其他煤炭货源。

利比亚与叙利亚合资建水泥厂

10月5日消息，利比亚与叙利亚达成协议，双方将在叙利亚成立一合资公司并投资建设一座水泥厂。

俄取消水泥出口关税

据10月18日俄新社报道，俄总理普京于10月12日签署决定，取消水泥的出口关税。决定自公布之日起一个月后生效。

决定附件中规定，水泥熟料、白水泥、人工染色和非染色水泥、矾土水泥和其他水泥的出口均为零关税。该措施是2009年由俄水泥厂因工作负荷严重不足提出，旨在提高对欧盟国家水泥销售量。

巴西CSN收购西班牙水泥公司股权

据商务部报道，巴西第三大钢铁公司Cia. Siderurgica Nacional SA(CSN)与西班牙Grupo AG公司签订股权收购谅解备忘录。根据该备忘录，CSN将以3.82亿欧元的价格收购后者旗下水泥公司——Cementos Balboa SA及两家钢铁厂的部分股权。

土耳其水泥公司计划在马其顿投资

10月28日，马其顿商会的代表与马其顿商务部部长HadziNezir会见时透露，土耳其水泥公司Cinsa正在对马其顿的经商环境做评估，该公司计划在马投资2亿欧元。2009年，奥地利以1.6亿欧元投资额，位列马其顿最大外资来源地。如果明年土耳其公司的斯科普里广场酒店项目和这一水泥项目得以实施，土耳其则将在马外资来源地中名列前茅。

赞比亚将建150万吨/年水泥厂

据商务部报道，尼日利亚最大的水泥生产商Dangote公司将在未来三年内，在赞比亚投资4亿美元建设水泥厂，投产后2013年产量将达150万吨。

塔吉克斯坦水泥价格上涨

据商务部消息，《亚洲快讯》11月份报道，根据塔经贸部消息，对塔杜尚别市的市场监测数据表明，最近几个月塔水泥价格提高了近11%，达到900索莫尼/吨。(注1美元:4.39索莫尼)

据分析，涨价的部分原因是由于巴基斯坦发生水灾，缩减了水泥的产量，促使水泥价格上涨，而巴基斯坦是塔主要的水泥进口国；而另一方面邻国乌兹别克斯坦提高了输塔天然气价格，而塔主要的水泥企业是以此作为生产能源，推动了水泥生产成本上升。

我国或在俄乌拉尔地区投资兴建水泥厂

俄罗斯车里雅宾斯克州经济发展部新闻处11月份发布消息称，该州政府计划12月在上海与中方签署在该州建造水泥厂的协议。

车里雅宾斯克州经济发展部副部长伊戈尔·拉什马诺夫在2010年上海世博会俄罗斯馆召开了该地区推介会。

据了解，拉什马诺夫与俄罗斯驻上海总领事馆副领事举行了会面。此外，还会晤了黑龙江省商务厅副厅长邹竹丽。双方讨论了签署在车里雅宾斯克州兴建水泥厂的投资合作协议的准备事宜。

据该州经济发展部称，拉什马诺夫在12月访华事宜筹备工作的框架内还将参观几个上海企业。他还透露，拉什马诺夫访问上海期间还与同济大学校长裴钢探讨学生交流项目的问题。

非关税壁垒削减巴基斯坦对印度水泥出口

据巴基斯坦《黎明报》12月21日报道，业内人士称，由于印度标准局(BIS)延迟向巴基斯坦水泥生产商办理质量证书换证工作，巴对印水泥月均出口量从之前的6万吨下降到目前不到1.5万吨。

报道称，印度标准局从2007年起开始向印度水泥商颁发出口所需的质量证书。今年8月份起，巴大多数水泥生产商持有的质量证书先后过期。尽管生产商自6月起便向BIS申请换证，之后还通过多种渠道催促印方加速办证进程，但直至目前尚未获得新的质量证书。

据悉，印度北部地区石灰石质量较差，当地对水泥需求较大。而由于地理和交通成本等因素，巴产水泥成为当地进口首选。

1~11月份哈萨克斯坦水泥产量同比上升15.3%

据哈萨克斯坦国际文传电讯社12月10日报道，哈萨克国家统计局公布:2010年1~11月水泥产量达640万吨，比2009年同期增长15.3%。

第七篇

统计数据

编制说明

工业增加值和主要财务指标统计范围为规模以上企业，即全部国有企业和年销售收入在500万元以上企业。

固定资产投资统计范围为项目计划总投资在50万元以上的建设项目。

空格或“—”表示无该项指标。

“…”表示数值不足最小单位数。

年平均增长率采用累计法计算。

Compilation Description

Statistics scope of industrial added value and main financial index is that of above-scale enterprises, namely overall state enterprises and enterprises of annual sale income over RMB 5 million.

Statistics scope of fixed assets investment is construction projects with planned total project investment over RMB 0. 5 million.

Blank or "—" indicates that there is no such index.

"…" indicates the value is less than the minimum unit number.

Annual average growth rate uses accumulating method for calculation.

产品产量与生产能力

Product output and capacity

1－1　水泥产量

1－1　Cement output

1978～2010年全国水泥产量(亿吨)

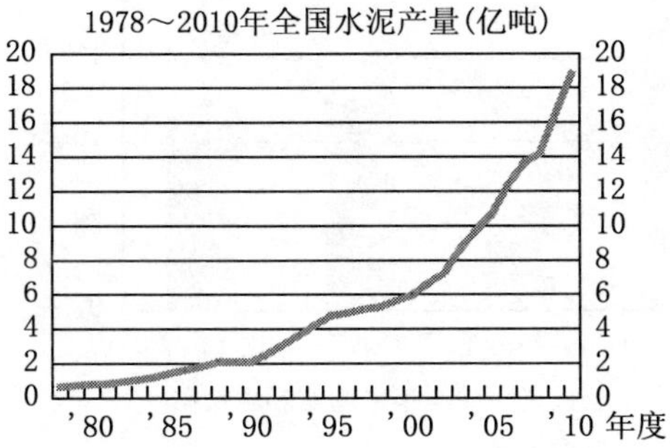

各时期全国水泥年平均增长率

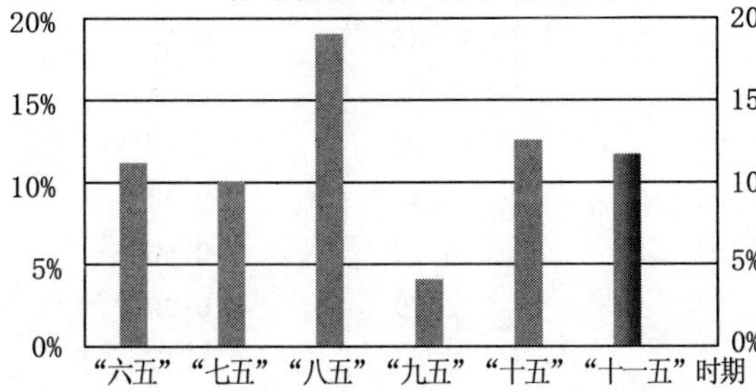

2000年以来全国水泥年增长率

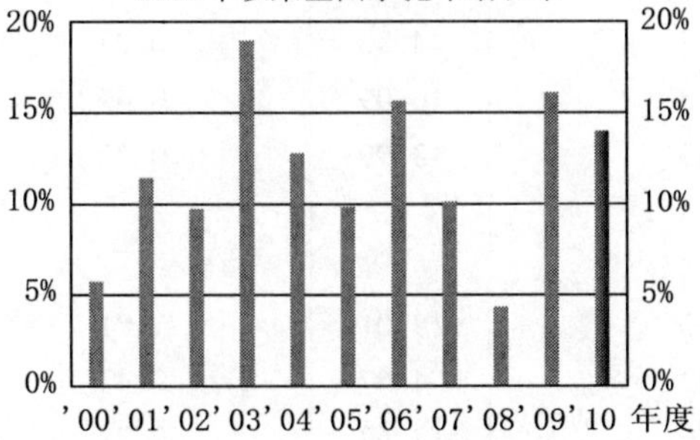

产量单位:万吨

年度	产量	增长率(%)	年度	产量	增长率(%)
1949	66		1986	16 606	13.78
			1987	18 625	12.16
1950	141	113.83	1988	21 013	12.82
1951	249	77.04	1989	21 029	0.08
1952	289	16.18	1990	20 971	-0.28
1953	388	34.17	1991	25 261	20.45
1954	460	18.47	1992	30 822	22.01
1955	450	-2.11	1993	36 333	17.88
1956	639	41.97	1994	42 119	15.92
1957	686	7.26	1995	47 591	12.99
1958	930	35.63	1996	49 212	3.41
1959	1227	31.94	1997	51 276	4.19
1960	1565	27.57	1998	52 706	2.79
1961	621	-60.35	1999	56 105	6.45
1962	600	-3.37	2000	59 319	5.73
1963	806	34.39	2001	66 104	11.44
1964	1 209	50.03	2002	72 535	9.73
1965	1 634	35.11	2003	86 271	18.94
			2004	97 300	12.78
1966	2 015	23.29	2005	106 885	9.85
1967	1 462	-27.42			
1968	1 262	-13.7	2006	123 611	15.65
1969	1 829	44.92	2007	136 117	10.12
1970	2 575	40.8	2008	142 010	4.33
			2009	164 863	16.09
			2010	187 919	13.99
1971	3 158	22.63	年平均增长率:		
1972	3 547	12.33	1949～2010年		14.34
1973	3 731	5.18	1978～2010年		11.54
1974	3 709	-0.58			
1975	4 626	24.73	1950～1952年		76.09
			“一五”时期		20.54
1976	4 670	0.93	“二五”时期		12.45
1977	5 565	19.17	1963～1965年		39.80
1978	6 524	17.24	“三五”时期		3.77
1979	7 390	13.27	“四五”时期		12.84
1980	7 986	8.07	“五五”时期		11.16
			“六五”时期		11.21
1981	8 290	3.81	“七五”时期		10.08
1982	9 520	14.84	“八五”时期		19.01
1983	10 825	13.71	“九五”时期		4.07
1984	12 302	13.64	“十五”时期		12.57
1985	14 595	18.64	“十一五”时期		11.73

1－2 水泥与全社会固定资产投资增长对比

1－2 Growth comparison of cement with society wide fixed assets investment

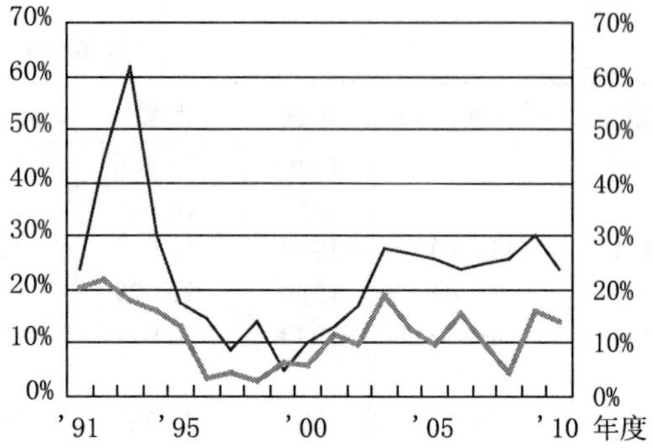

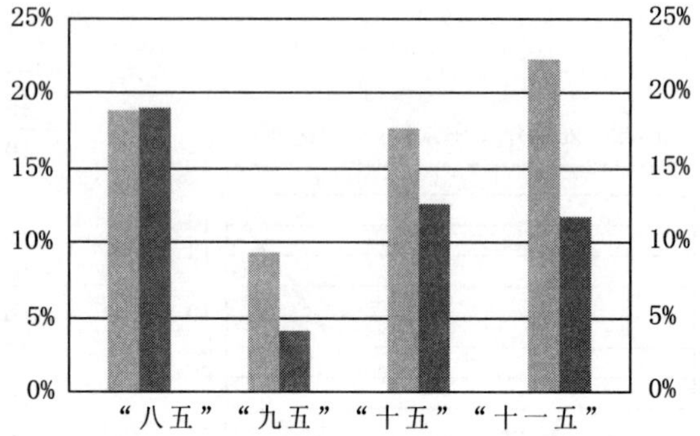

年度	全社会固定资产投资完成额（亿元）	全社会固定资产投资完成额增长率（%）	固定资产投资价格指数（%）	全社会固定资产投资完成额剔除价格因素实际增长率（%）	水泥产量增长率（%）	水泥产量增长率与全社会固定资产投资完成额实际增长率比率
1991	5 595	23.85	109.50	13.11	20.45	1.56
1992	8 080	44.43	115.30	25.26	22.01	0.87
1993	13 072	61.78	126.60	27.79	17.88	0.64
1994	17 042	30.37	110.40	18.09	15.92	0.88
1995	20 019	17.47	105.90	10.93	12.99	1.19
1996	22 914	14.76	104.00	10.05	3.41	0.34
1997	24 941	8.85	101.70	7.03	4.19	0.60
1998	28 406	13.89	99.80	14.12	2.79	0.20
1999	29 855	5.10	99.60	5.52	6.45	1.17
2000	32 918	10.26	101.10	9.06	5.73	0.63
2001	37 214	13.05	100.40	12.60	11.44	0.91
2002	43 500	16.89	100.20	16.66	9.73	0.58
2003	55 567	27.74	102.20	24.99	18.94	0.76
2004	70 477	26.60	105.60	20.11	12.78	0.64
2005	88 774	25.72	101.60	23.98	9.85	0.41
2006	109 998	23.91	101.50	22.08	15.65	0.71
2007	137 324	24.84	103.90	20.16	10.12	0.50
2008	172 828	25.85	108.90	15.57	4.33	0.28
2009	224 599	29.95	97.60	33.15	16.09	0.49
2010	278 122	23.83	103.60	19.53	13.99	0.72
年平均增长率：						
"八五"时期		36.89	–	18.85	19.01	1.01
"九五"时期		11.16	–	9.42	4.07	0.43
"十五"时期		20.19	–	17.76	12.57	0.71
"十一五"时期		25.48	–	22.29	11.73	0.52

注：全社会固定资产投资完成额和固定资产投资价格指数引自国家统计局《2011 年中国统计年鉴》。

1 -3　全社会固定资产投资构成

1 -3　The structure of society wide fixed assets investment

亿元

年　度	总　计	按城乡分		按构成分		
		城　镇	农　村	建筑安装工程	设备工具器具购置	其他费用
1995	20 019	15 644	4 376	13 173	4 262	2 583
1996	22 914	17 567	5 346	15 109	4 926	2 878
1997	24 941	19 194	5 747	15 614	6 045	3 282
1998	28 406	22 491	5 915	17 875	6 529	4 003
1999	29 855	23 732	6 123	18 796	7 053	4 006
2000	32 918	26 222	6 696	20 536	7 786	4 596
2001	37 214	30 001	7 212	22 955	8 834	5 425
2002	43 500	35 489	8 011	26 579	9 884	7 037
2003	55 567	45 812	9 755	33 447	12 682	9 438
2004	70 477	59 028	11 449	42 804	16 527	11 147
2005	88 774	75 095	13 679	53 383	21 423	13 968
2006	109 998	93 369	16 629	66 776	25 564	17 658
2007	137 324	117 464	19 859	83 518	31 575	22 231
2008	172 828	148 738	24 090	104 959	40 594	27 275
2009	224 599	193 920	30 678	138 758	50 844	34 996
2010	278 122	241 431	36 691	171 352	61 682	45 088
构成%						
1995	100	78.14	21.86	65.80	21.30	12.90
1996	100	76.67	23.33	66.00	21.50	12.50
1997	100	76.96	23.04	62.60	24.20	13.20
1998	100	79.18	20.82	62.90	23.00	14.10
1999	100	79.49	20.51	62.96	23.62	13.42
2000	100	79.66	20.34	62.40	23.70	13.90
2001	100	80.62	19.38	61.70	23.70	14.60
2002	100	81.58	18.42	61.10	22.70	16.20
2003	100	82.44	17.56	60.20	22.80	17.00
2004	100	83.75	16.25	60.70	23.50	15.80
2005	100	84.59	15.41	60.13	24.13	15.73
2006	100	84.88	15.12	60.71	23.24	16.05
2007	100	85.54	14.46	60.82	22.99	16.19
2008	100	86.06	13.94	60.73	23.49	15.78
2009	100	86.34	13.66	61.78	22.64	15.58
2010	100	86.81	13.19	61.61	22.18	16.21

注:引自国家统计局《2011 年中国统计年鉴》。

1－4 主要行业全社会固定资产投资

1－4 Society wide fixed assets investment in main industry

亿元

年份	合计	第一产业	第二产业	第三产业			
				小计	其中：交通运输、仓储和邮政业	水利、环境和公共设施管理业	房地产业
2003	55 567	1 652	21 352	32 563	6 289	4 366	13 143
2004	70 477	1 891	28 740	39 846	7 646	5 072	16 679
2005	88 774	2 324	38 837	47 613	9 614	6 274	19 505
2006	109 998	2 750	48 479	58 769	12 138	8 153	24 524
2007	137 324	3 404	61 154	72 767	14 154	10 154	32 439
2008	172 828	5 064	76 961	90 803	17 024	13 534	40 442
2009	224 599	6 895	96 251	121 453	24 975	19 874	49 359
2010	278 122	7 923	118 102	152 097	30 074	24 828	64 877
构成%							
2003	55 567	2.97	38.43	58.60	11.32	7.86	23.65
2004	70 477	2.68	40.78	56.54	10.85	7.20	23.67
2005	88 774	2.62	43.75	53.63	10.83	7.07	21.97
2006	109 998	2.50	44.07	53.43	11.03	7.41	22.30
2007	137 324	2.48	44.53	52.99	10.31	7.39	23.62
2008	172 828	2.93	44.53	52.54	9.85	7.83	23.40
2009	224 599	3.07	42.85	54.08	11.12	8.85	21.98
2010	278 122	2.85	42.46	54.69	10.81	8.93	23.33
年增长率%							
2004	26.83	14.43	34.61	22.37	21.57	16.17	26.90
2005	25.96	22.90	35.13	19.49	25.74	23.71	16.95
2006	23.91	18.34	24.83	23.43	26.25	29.94	25.73
2007	24.84	23.77	26.14	23.82	16.61	24.55	32.27
2008	25.85	48.80	25.85	24.79	20.28	33.29	24.67
2009	29.95	36.14	25.06	33.76	46.70	46.84	22.05
2010	23.83	14.91	22.70	25.23	20.42	24.92	31.44

注：引自国家统计局《2011 年中国统计年鉴》。

1 -5　水泥产量地区分布

1 -5　Regional distribution of cement output

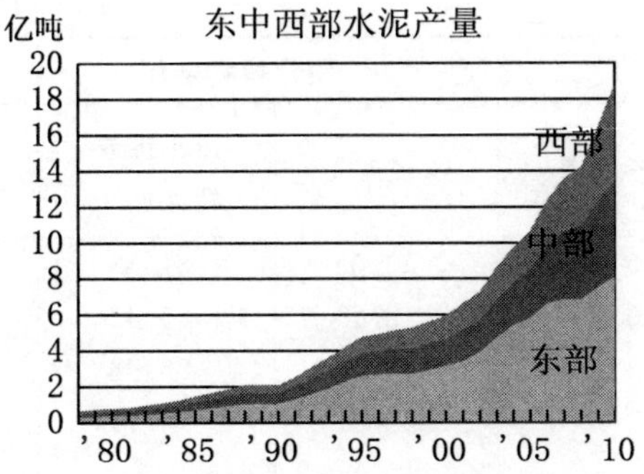

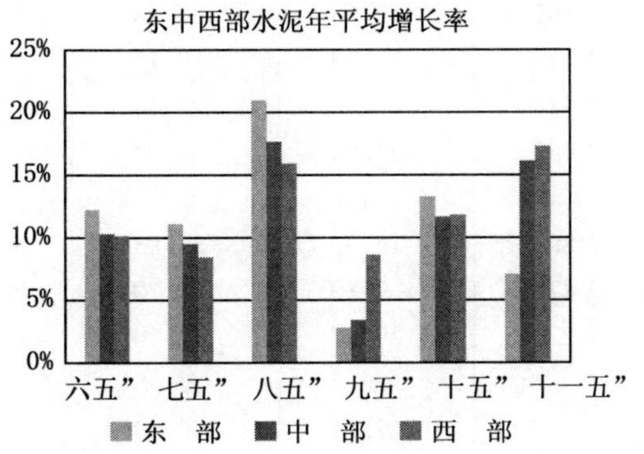

2010 年水泥产量省区市分布

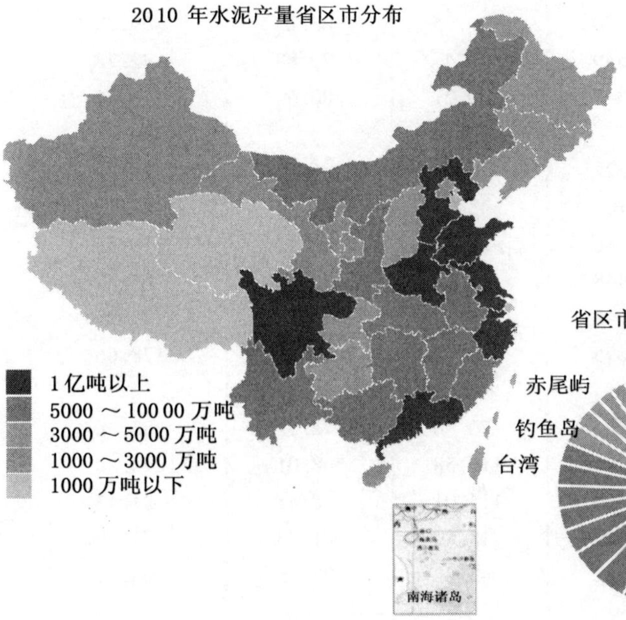

省区市水泥产量比重

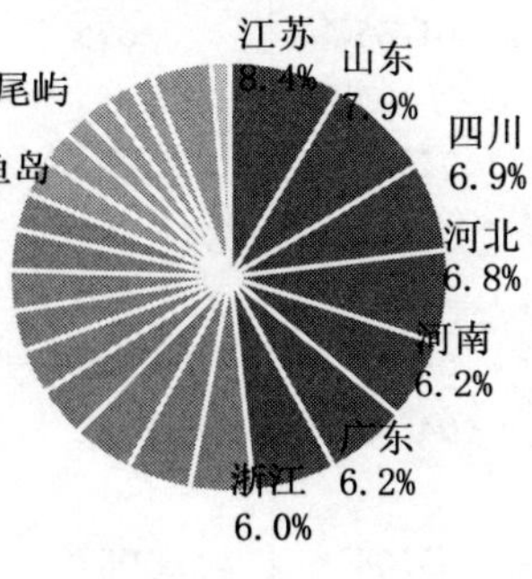

2010 年分省区市水泥产量

产量单位:万吨

省区市	水泥产量	增长率%	比重%
全　国	187 919	13.99	100.00
东　部	80 815	7.65	43.01
中　部	54 156	12.58	28.82
西　部	52 947	27.02	28.18
北　京	1 049	-2.90	0.56
天　津	832	18.79	0.44
河　北	12 772	15.98	6.80
山　西	3 670	31.39	1.95
内蒙古	5 470	22.17	2.91
辽　宁	4 786	-0.85	2.55
吉　林	3 080	11.45	1.64
黑龙江	3 592	35.89	1.91
上　海	671	-14.31	0.36
江　苏	15 685	6.50	8.35
浙　江	11 329	4.19	6.03
安　徽	8 069	13.04	4.29
福　建	5 919	7.97	3.15
江　西	6 263	1.54	3.33
山　东	14 899	2.81	7.93
河　南	11 657	-1.84	6.20
湖　北	9 004	27.96	4.79
湖　南	8 822	14.79	4.69
广　东	11 611	14.28	6.18
广　西	7 517	15.65	4.00
海　南	1 264	34.69	0.67
重　庆	4 621	26.93	2.46
四　川	12 882	41.56	6.86
贵　州	3 810	42.39	2.03
云　南	5 786	15.22	3.08
西　藏	219	16.77	0.12
陕　西	5 513	21.64	2.93
甘　肃	2 425	32.88	1.29
青　海	811	32.75	0.43
宁　夏	1 422	32.65	0.76
新　疆	2 471	21.13	1.31

1-6-1 2010年水泥熟料产量

1-6-1 Cement clinker output in 2010

产量单位:万吨

省区市名称	水泥熟料			预分解窑熟料			
	产　量	增长率%	与水泥比例%	产　量	增长率%	占水泥熟料比例%	上年占水泥熟料比例%
全　国	118 817	9.60	63.23	96 688	22.65	81.38	72.72
东　部	43 354	0.81	53.65	36 164	12.53	83.42	74.73
中　部	38 501	8.93	71.09	33 104	18.80	85.98	78.84
西　部	36 962	22.97	69.81	27 421	45.61	74.19	62.65
北　京	730	-9.78	69.58	722	-9.15	98.95	98.27
天　津	212	3.69	25.53	185	2.65	86.98	87.86
河　北	4 677	-5.31	36.62	4 170	16.28	89.15	72.60
山　西	2 402	46.45	65.44	1 718	60.22	71.54	65.39
内蒙古	3 107	25.12	56.80	2 757	31.02	88.74	84.74
辽　宁	3 158	-2.42	65.99	2 805	14.30	88.83	75.84
吉　林	2 640	6.64	85.70	2 473	9.10	93.70	91.58
黑龙江	1 479	22.81	41.17	1 220	29.67	82.50	78.13
上　海	57	-57.61	8.49	57	-57.61	100.00	100.00
江　苏	6 226	-8.80	39.70	5 558	0.51	89.27	81.00
浙　江	5 818	1.43	51.36	5 812	2.58	99.89	98.77
安　徽	10 057	3.68	124.64	9 867	7.56	98.11	94.57
福　建	4 207	3.78	71.08	2 870	19.55	68.23	59.23
江　西	4 442	-2.17	70.93	3 549	7.47	79.88	72.72
山　东	9 108	8.06	61.13	7 342	30.27	80.60	66.86
河　南	6 123	-4.74	52.52	5 322	4.45	86.92	79.28
湖　北	5 523	26.21	61.34	5 167	43.71	93.54	82.15
湖　南	5 836	17.12	66.16	3 788	56.60	64.91	48.55
广　东	8 382	5.95	72.19	5 948	14.66	70.96	65.57
广　西	5 674	3.56	75.49	4 642	15.66	81.81	73.25
海　南	778	7.62	61.55	695	22.16	89.28	78.66
重　庆	3 341	30.21	72.30	2 423	76.88	72.51	53.38
四　川	8 390	41.98	65.13	5 706	117.58	68.01	44.38
贵　州	2 931	38.72	76.93	1 420	114.01	48.45	31.41
云　南	4 039	5.63	69.81	3 309	18.89	81.93	72.79
西　藏	207	21.26	94.45	152	43.22	73.45	62.19
陕　西	3 621	11.51	65.68	3 087	24.05	85.24	76.62
甘　肃	1 798	30.57	74.14	1 317	50.70	73.27	63.48
青　海	522	31.04	64.41	370	59.62	70.76	58.09
宁　夏	1 067	24.64	75.04	869	37.95	81.43	73.57
新　疆	2 264	38.71	91.62	1 368	44.97	60.44	57.83

1-6-2 2010 年水泥熟料产量（续）

1-6-2 Cement clinker output in 2010

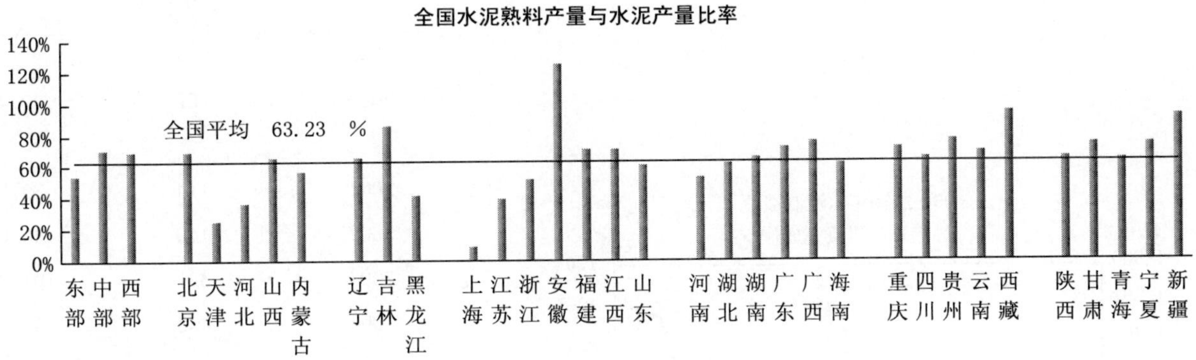

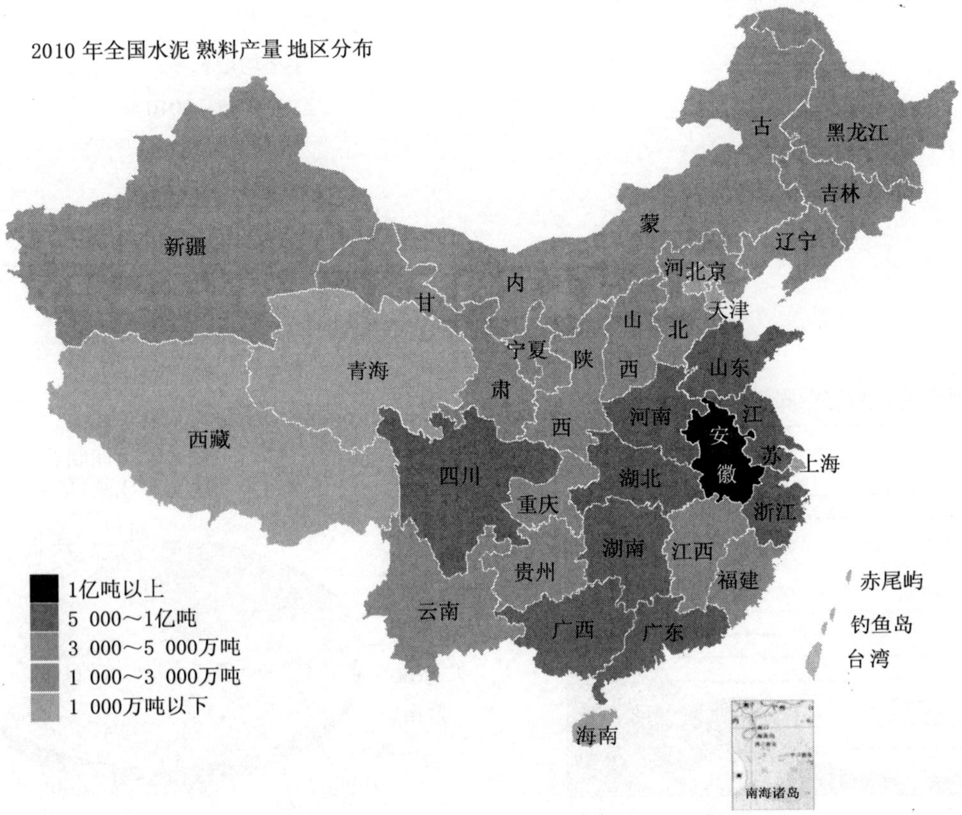

1 –7　水泥制造业固定资产投资完成额

1 –7　The completed amount of fixed assets investment in cement manufacturing industry

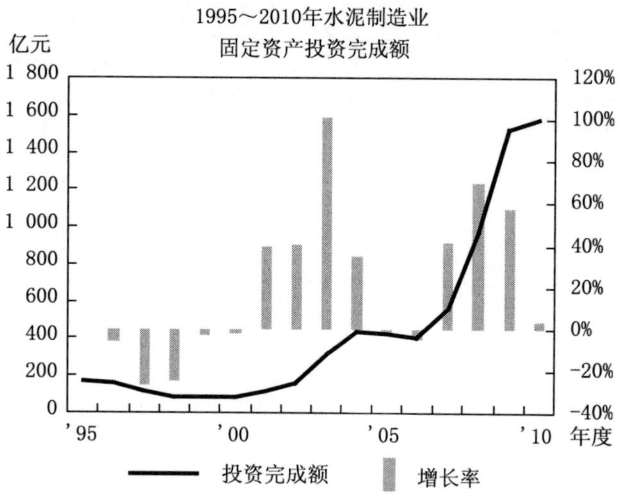

年　度	固定资产投资完成额（亿元）	年增长率（%）
1995	167	
2000	82	-2.43
2001	114	39.53
2002	160	40.01
2003	321	101.22
2004	433	34.99
2005	423	-2.33
2006	403	-4.85
2007	568	40.97
2008	964	69.64
2009	1 521	57.72
2010	1 576	3.60
年平均增长率：		
1995～2010 年		12.08
“九五”时期		-15.13
“十五”时期		45.75
“十一五”时期		30.41

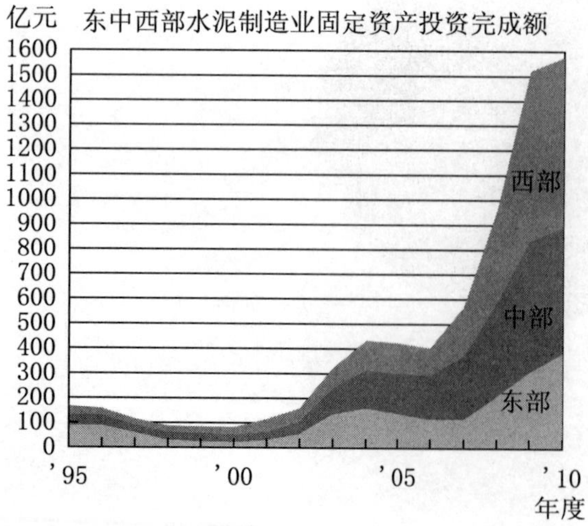

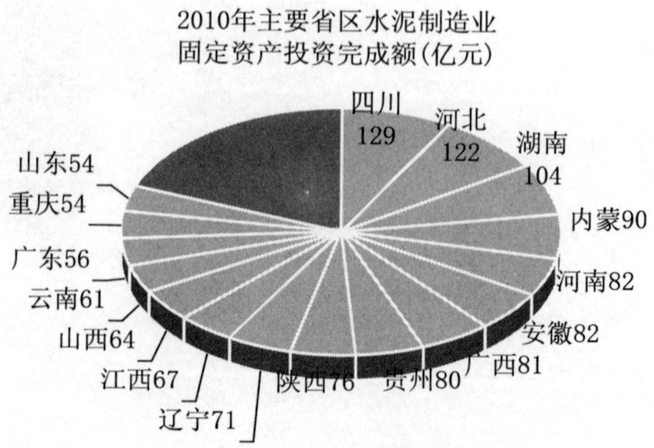

1-8 水泥制造业按地区分固定资产投资完成额

1-8 The completed amount of fixed assets investment by region in cement manufacturing industry

地区名称	投资完成额(亿元)			2010年比2009年增长率%	"十一五"时期年平均增长率%	"十五"时期年平均增长率%	投资完成额比重(%)		
	2010年	2005年	2000年				2010年	2005年	2000年
东部沿海	384.89	139.74	22.27	25.13	16.68	57.08	24.43	33.01	27.26
中部地区	508.60	160.99	30.34	-3.53	29.10	42.81	32.28	38.03	37.15
西部边远	682.28	122.55	29.07	-0.56	43.35	38.33	43.30	28.95	35.59
北　京	1.52	0.91	1.75	12.20	5.32	-16.66	0.10	0.21	2.14
天　津	6.41	0.22	0.17	122.09	89.54	60.18	0.41	0.05	0.21
河　北	122.44	16.08	7.11	63.99	45.13	29.57	7.77	3.80	8.70
山　西	64.03	9.12	2.12	19.28	50.01	39.13	4.06	2.15	2.59
内蒙古	89.58	19.41	1.76	23.72	32.03	62.50	5.69	4.58	2.16
辽　宁	71.47	13.15	0.89	19.04	43.85	79.19	4.54	3.11	1.10
吉　林	18.80	16.77	2.39	-20.78	4.03	46.08	1.19	3.96	2.92
黑龙江	44.85	9.67	2.05	44.39	30.05	34.81	2.85	2.28	2.50
上　海	0.00	0.02	0.14	-100.00	290.05	65.83	0.00	0.00	0.17
江　苏	28.89	16.49	2.02	21.47	1.28	72.11	1.83	3.90	2.48
浙　江	5.49	7.37	3.63	-16.85	-4.30	42.66	0.35	1.74	4.44
安　徽	81.76	28.62	7.99	-2.97	24.57	40.28	5.19	6.76	9.79
福　建	33.97	9.09	1.51	-14.90	43.14	45.48	2.16	2.15	1.85
江　西	66.63	23.11	6.71	8.46	18.11	33.67	4.23	5.46	8.22
山　东	53.60	32.00	4.04	20.90	-1.62	75.38	3.40	7.56	4.95
河　南	82.49	41.04	1.83	-12.70	23.18	86.06	5.23	9.70	2.24
湖　北	46.45	19.30	6.33	-43.20	32.19	22.12	2.95	4.56	7.75
湖　南	103.58	13.36	0.93	7.02	59.22	86.95	6.57	3.16	1.14
广　东	55.94	39.30	0.99	21.91	-4.00	115.86	3.55	9.28	1.21
广　西	81.47	33.82	0.61	21.26	16.36	128.90	5.17	7.99	0.75
海　南	5.18	5.11	0.02	-35.79	-3.88	223.68	0.33	1.21	0.02
重　庆	54.31	14.39	1.08	-33.83	35.36	81.69	3.45	3.40	1.33
四　川	129.36	14.27	6.15	-36.18	72.20	22.37	8.21	3.37	7.53
贵　州	80.25	3.93	2.75	23.28	90.04	19.39	5.09	0.93	3.37
云　南	61.25	11.59	3.07	19.91	46.09	42.43	3.89	2.74	3.75
西　藏	2.70	2.36	0.50	35.00	-14.94	52.43	0.17	0.56	0.61
陕　西	75.77	13.41	5.21	13.56	39.92	23.74	4.81	3.17	6.38
甘　肃	31.04	2.24	1.76	5.69	68.61	31.24	1.97	0.53	2.15
青　海	15.99	0.45	0.54	106.42	107.17	30.15	1.01	0.11	0.66
宁　夏	16.35	2.47	1.27	20.22	37.69	32.24	1.04	0.58	1.55
新　疆	44.20	4.20	4.37	69.01	58.40	8.33	2.80	0.99	5.35

1－9　水泥制造业国有控股企业固定资产投资

1－9　Fixed assets investment of state controlled enterprises in cement manufacturing industry

2002～2010年水泥制造业和其中
国有控股企业固定资产投资完成额

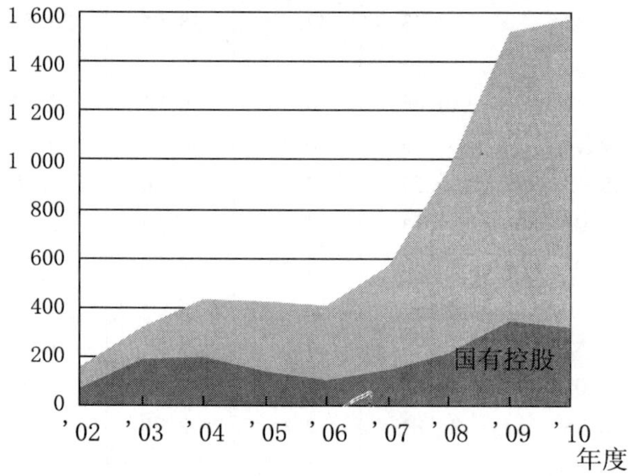

2010年国有控股企业固定资产投资完成额
和占水泥制造业比重

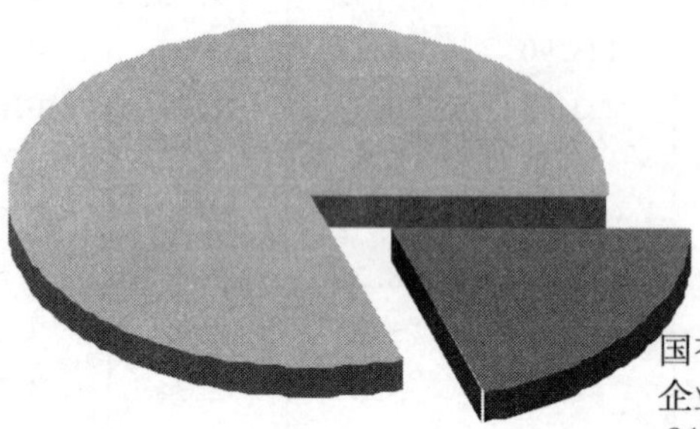

年　度	固定资产投资完成额（亿元）	年增长率（%）	占水泥制造业比重（%）
2002 年	72.36		45.35
2003 年	188.88	161.02	58.83
2004 年	197.25	4.43	45.51
2005 年	142.43	-27.79	33.65
2006 年	105.81	-25.71	26.27
2007 年	146.95	38.88	25.88
2008 年	220.15	49.81	22.83
2009 年	344.82	56.63	22.67
2010 年	317.31	-7.98	20.14
东部地区	61.43	4.66	15.96
中部地区	127.04	-11.80	24.98
西部地区	128.85	-9.33	18.89
北　京	1.52	12.20	100.00
天　津	0.14		2.21
河　北	43.04	43.57	35.15
山　西	10.28	-45.69	16.05
内蒙古	16.00	38.72	17.87
辽　宁	4.17	-65.89	5.83
吉　林	2.51	-71.00	13.34
黑龙江	11.14	170.15	24.84
上　海			
江　苏	3.85	844.53	13.31
浙　江	0.44	3.08	8.00
安　徽	38.99	31.46	47.69
福　建	0.85	-72.63	2.50
江　西	18.99	79.69	28.50
山　东	7.28	0.86	13.58
河　南	10.03	83.01	12.16
湖　北	12.68	-57.37	27.31
湖　南	22.42	-39.20	21.64
广　东	0.01	-99.61	0.01
广　西	3.51	-31.34	4.31
海　南	0.14	-94.81	2.72
重　庆	14.61	-52.87	26.90
四　川	13.13	-64.49	10.15
贵　州	17.53	94.95	21.84
云　南	11.28	-1.58	18.41
西　藏	0.44		16.15
陕　西	21.74	45.54	28.69
甘　肃	7.81	11.28	25.17
青　海	4.50		28.14
宁　夏	6.37	181.50	38.94
新　疆	11.93	-6.94	26.99

1-10　2010年全国投产窑外分解窑数量

1-10　Quantity of NSP kiln newly put into production nationwide in 2010

2010年投产窑外分解窑数量和日熟料生产能力规模比重

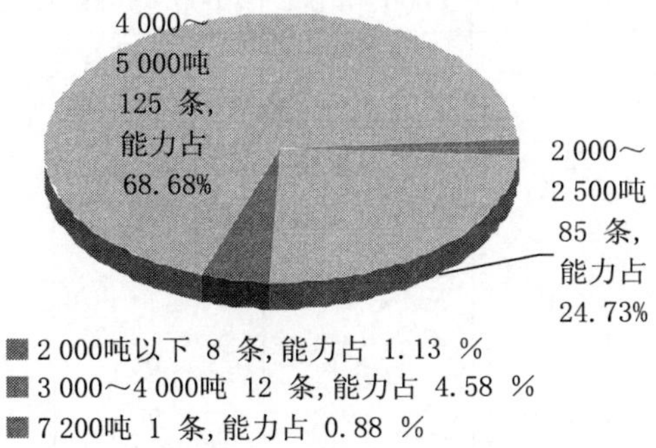

2010 年全国投产窑外分解窑

按水泥熟料日生产能力分组	生产线数量（条）	熟料日生产能力	
		生产能力（吨）	比重（%）
总计	231	824 800	100.00
2 000 吨以下	8	9 300	1.13
2 000～2 500 吨	85	20 4000	24.73
3 000～4 000 吨	12	37 800	4.58
4 000～5 000 吨	125	566 500	68.68
7 200 吨	1	7 200	0.88

历年投产窑外分解窑熟料日生产能力规模比重

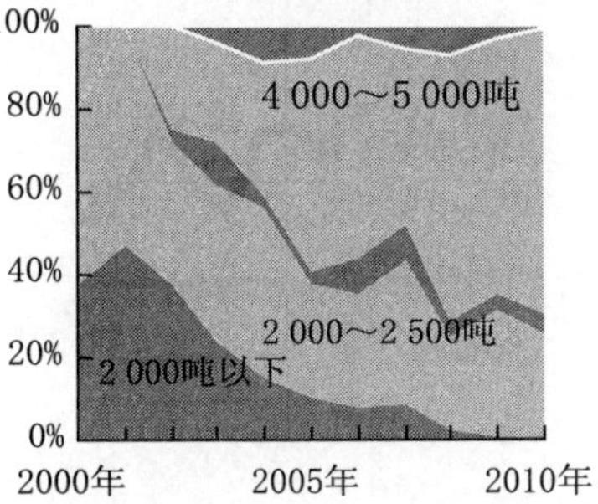

历年投产窑外分解窑熟料日生产能力平均规模

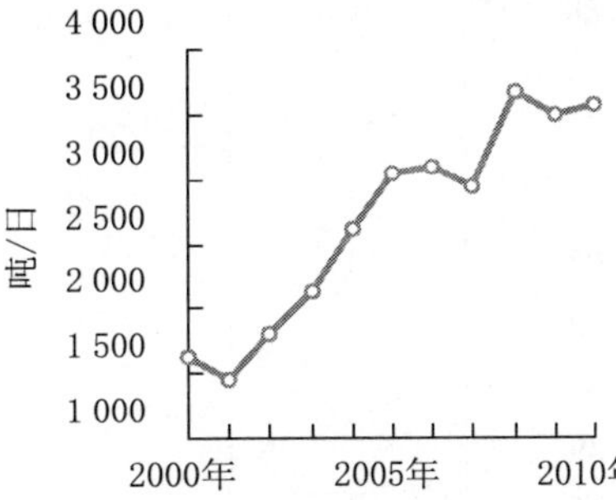

历年投产窑外分解窑熟料日生产能力东中西部地区比重

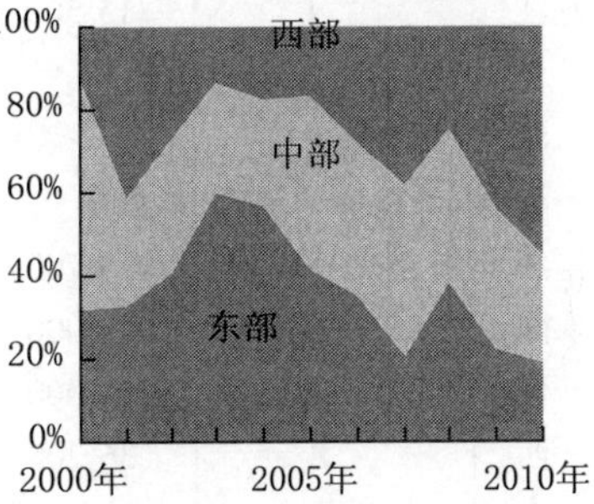

2000 年以来历年投产窑外分解窑

年度	生产线数量（条）		日产能力（吨）	平均规模（吨/日）	按地区分投产生产线数量（条）					
					东部地区		中部地区		西部地区	
	总计	其中：4 000 吨/日及以上			总计	4 000 吨/日及以上	总计	4 000 吨/日及以上	总计	4 000 吨/日及以上
2000	13	1	21 100	1 623	5		6	1	2	
2001	37		53 600	1 449	13		7		17	
2002	66	6	119 200	1 806	29		14	6	23	
2003	101	12	217 900	2 157	56	6	25	5	20	1
2004	166	32	434 100	2 615	77	26	46	4	43	2
2005	114	40	346 800	3 042	39	19	47	16	28	5
2006	87	31	270 500	3 109	26	13	34	10	27	8
2007	108	32	319 460	2 958	19	8	42	16	47	8
2008	141	76	518 190	3 675	45	36	55	27	41	13
2009	193	92	676 800	3 507	33	29	58	35	102	28
2010	231	126	824 800	3 571	39	30	51	40	141	56

1－11 2010 年全国分地区投产窑外分解窑数量

1－11 Quantity of outside kiln decomposing kiln put into production per region nationwide in 2010

数量单位:条

地 区	生产线数量	日产能力（吨）	日产能力比重（%）	按熟料日生产能力(吨/日)分生产线数量				
				2 000 以下	2 000～2 500	3 000～4 000	4 000～5 000	7 200 吨
东 部	39	159 200	19.30	3	4	2	29	1
中 部	51	209 600	25.41	1	9	1	40	
西 部	141	456 000	55.29	4	72	9	56	
北 京								
天 津								
河 北	11	44 300	5.37		2		9	
山 西	14	47 500	5.76		7		7	
内蒙古	13	45 800	5.55		6		7	
辽 宁	5	18 500	2.24	1			4	
吉 林	2	9 000	1.09				2	
黑龙江	4	15 500	1.88		1		3	
上 海								
江 苏								
浙 江	3	8 700	1.05	1	1		1	
安 徽	6	29 000	3.52				6	
福 建	3	15 000	1.82				3	
江 西	8	36 200	4.39			1	7	
山 东	14	62 700	7.60	1		1	11	1
河 南	3	14 500	1.76				3	
湖 北	5	21 900	2.66				5	
湖 南	9	36 000	4.36	1	1		7	
广 东	3	10 000	1.21		1	1	1	
广 西	9	35 500	4.30		2		7	
海 南								
重 庆	13	53 800	6.52		2	1	10	
四 川	34	110 000	13.34	2	16	1	15	
贵 州	15	46 500	5.64	1	8	1	5	
云 南	18	49 000	5.94		15		3	
西 藏	2	4 000	0.48		2			
陕 西	10	36 000	4.36		4	1	5	
甘 肃	8	25 000	3.03		4	2	2	
青 海	1	2 500	0.30		1			
宁 夏	6	19 000	2.30		4			
新 疆	12	28 900	3.50	1	8	3	2	

1－12　2010 年水泥熟料和水泥生产能力

1－12　Production capacity of cement clinker and cement in 2010

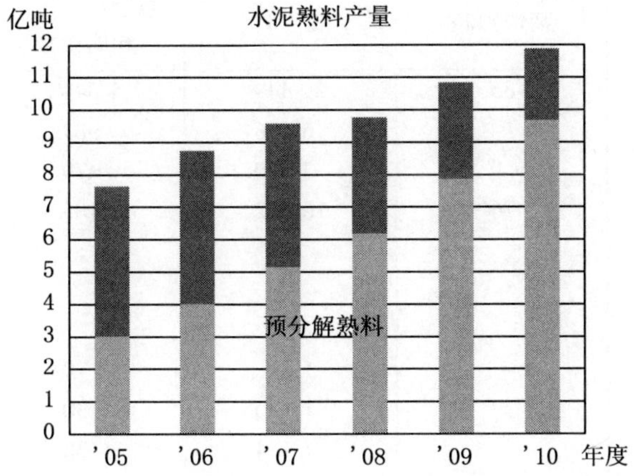

2010 年全国水泥熟料产量 11.88 亿吨，水泥熟料与水泥产量比例 63.23%；预分解窑熟料产量 9.67 亿吨，占水泥熟料产量 81.38%。

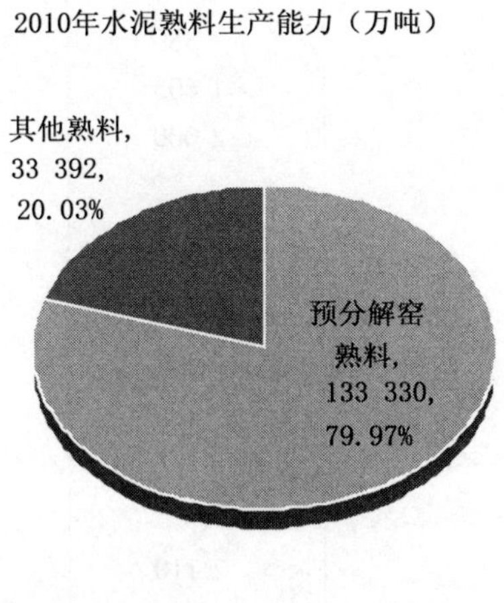

2010 年末全国水泥熟料生产能力 16.67 亿吨，其中运营的预分解熟料生产线 1 304 条，生产能力 13.33 亿吨，其他熟料 3.34 亿吨。预分解熟料占水泥熟料生产能力 79.97%。

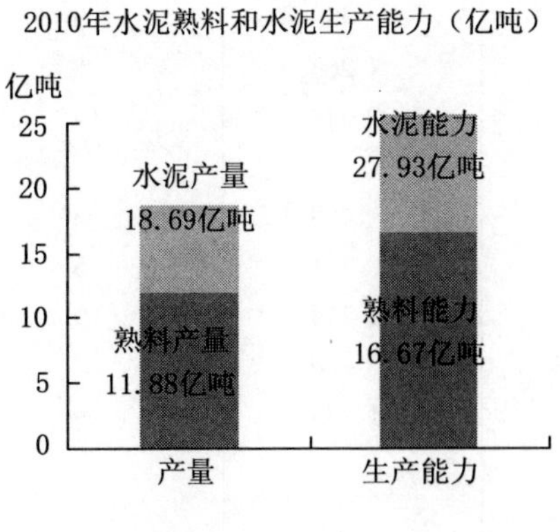

2010 年末全国水泥生产能力 27.93 亿吨，水泥熟料生产能力与水泥生产能力比例 59.69%。

1 -13 2010 年省区市水泥产品增加生产能力

1 -13 Production capacity of cement product added by each province, region and city in 2010

能力单位:万吨 生产线:条

省区市名称	水泥熟料生产能力				水泥生产能力	
	合 计	预分解窑熟料		其他熟料	合 计	其中:粉磨企业
		生产线	能 力			
全国总计	27 524	231	27 440	85	29 449	1 644
东 部	5 462	39	5 462		6 026	981
中 部	7 115	51	7 107	9	7 120	479
西 部	14 947	141	14 871	76	16 302	185
北 京						
天 津						
河 北	1 701	11	1 701		1 796	170
山 西	1 495	14	1 487	9	1 190	30
内蒙古	1 469	13	1 469		1 184	30
辽 宁	599	5	599		526	306
吉 林	299	2	299		492	115
黑龙江	545	4	545		291	
上 海						
江 苏					240	180
浙 江	233	3	233		185	5
安 徽	1 026	6	1 026		778	4
福 建	480	3	480		580	
江 西	1 263	8	1 263		1 605	200
山 东	2 049	14	2 049		2 000	160
河 南	450	3	450		320	20
湖 北	794	5	794		970	110
湖 南	1 244	9	1 244		1 475	
广 东	400	3	400		640	100
广 西	1 203	9	1 203		1 152	
海 南					60	60
重 庆	1 757	13	1 757		2 110	
四 川	3 599	34	3 599		4 479	10
贵 州	1 635	15	1 599	36	2 020	
云 南	1 514	18	1 514		1 370	
西 藏	106	2	106		140	
陕 西	1 278	10	1 238	40	1 792	100
甘 肃	776	8	776		935	15
青 海	91	1	91		120	
宁 夏	607	6	607		380	30
新 疆	915	12	915		620	

1－14 2010年省区市水泥产品减少生产能力

1－14 Production capacity of cement product reduced by each province, region and city in 2010

能力单位:万吨 生产线:条

省区市名称	水泥熟料生产能力				水泥生产能力	
	合计	预分解窑熟料		其他熟料	合计	其中:粉磨企业
		生产线	能力			
全国总计	6 666	18	685	5 982	1 493	170
东部	3 110	14	568	2 542	624	38
中部	1 784	3	97	1 688	140	
西部	1 772	1	20	1 752	729	132
北京						
天津	37			37		
河北	750	2	82	667	113	
山西	148	1	20	128	20	
内蒙古	68			68	100	60
辽宁	440	2	65	375	38	38
吉林	80	1	31	49	120	
黑龙江						
上海	70	1	70		100	
江苏	771	2	67	704	60	
浙江	293	6	263	30	150	
安徽	98			98		
福建	147	1	21	126	37	
江西	169			169		
山东	455			455	126	
河南	366			366		
湖北	436			436		
湖南	487	1	46	441		
广东	121			121		
广西	576			576	50	
海南	26			26		
重庆	189			189	22	22
四川	288			288	257	40
贵州	22			22	50	
云南	330			330	141	10
西藏						
陕西	115			115	54	
甘肃	77	1	20	57	40	
青海						
宁夏	59			59		
新疆	49			49	15	

1-15 2010年末省区市水泥熟料和水泥生产能力

1-15 Production capacity of cement clinker and cement of each province, region and city at the end of 2010

能力单位:万吨

省区市名称	年末水泥熟料生产能力				年初水泥生产能力	熟料与水泥生产能力比例%	预分解熟料占熟料生产能力比例%
	总计	预分解窑熟料		其他熟料			
		生产线(条)	生产能力				
全国总计	166 720	1 304	133 330	33 392	279 321	59.69	79.97
东部	57 696	397	45 668	12 028	114 408	50.43	79.15
中部	51 518	403	43 725	7 793	82 153	62.71	84.87
西部	57 507	504	43 938	13 571	82 759	69.49	76.40
北京	852	12	836	16	1 279	66.62	98.12
天津	194	3	194	0	1 288	15.06	100.00
河北	7 261	48	5 901	1 360	17 957	40.43	81.27
山西	4 350	48	3 527	824	7 056	61.65	81.06
内蒙古	4 809	48	4 350	461	8 111	59.29	90.46
辽宁	4 919	37	4 268	650	8 216	59.87	86.78
吉林	3 085	26	2 737	348	4 488	68.74	88.73
黑龙江	2 078	24	1 710	368	4 807	43.23	82.27
上海	121	4	121	0	857	14.12	100.00
江苏	7 555	49	6 556	1 000	21 384	35.33	86.77
浙江	7 589	80	7 581	8	15 918	47.67	99.89
安徽	11 734	79	11 215	520	11 660	100.63	95.57
福建	5 417	33	3 459	1 958	8 562	63.26	63.86
江西	6 381	48	5 041	1 340	9 666	66.02	79.00
山东	12 443	76	9 273	3 171	22 675	54.88	74.52
河南	8 744	66	7 619	1 126	18 987	46.05	87.13
湖北	7 101	60	6 504	597	12 167	58.36	91.59
湖南	8 044	52	5 374	2 670	13 323	60.38	66.81
广东	10 223	48	6 513	3 710	14 968	68.30	63.71
广西	7 713	44	6 159	1 554	10 652	72.41	79.85
海南	1 122	7	966	156	1 303	86.09	86.11
重庆	5 641	41	4 213	1 428	7 708	73.18	74.68
四川	12 818	92	9 065	3 753	19 908	64.38	70.72
贵州	5 292	39	3 345	1 948	6 942	76.23	63.20
云南	6 639	89	5 473	1 166	9 171	72.39	82.44
西藏	337	5	256	81	418	80.68	76.00
陕西	5 565	41	4 487	1 078	8 883	62.65	80.63
甘肃	2 928	34	2 176	752	3 940	74.32	74.31
青海	809	9	597	212	1 109	72.97	73.80
宁夏	1 803	22	1 487	316	2 088	86.35	82.47
新疆	3 153	40	2 331	822	3 830	82.32	73.93

1－16　2010年末全国水泥熟料生产能力地区分布

1－16　Regional distribution of nationwide cement clinker production capacity at the end of 2010

2010年全国水泥熟料生产能力地区分布

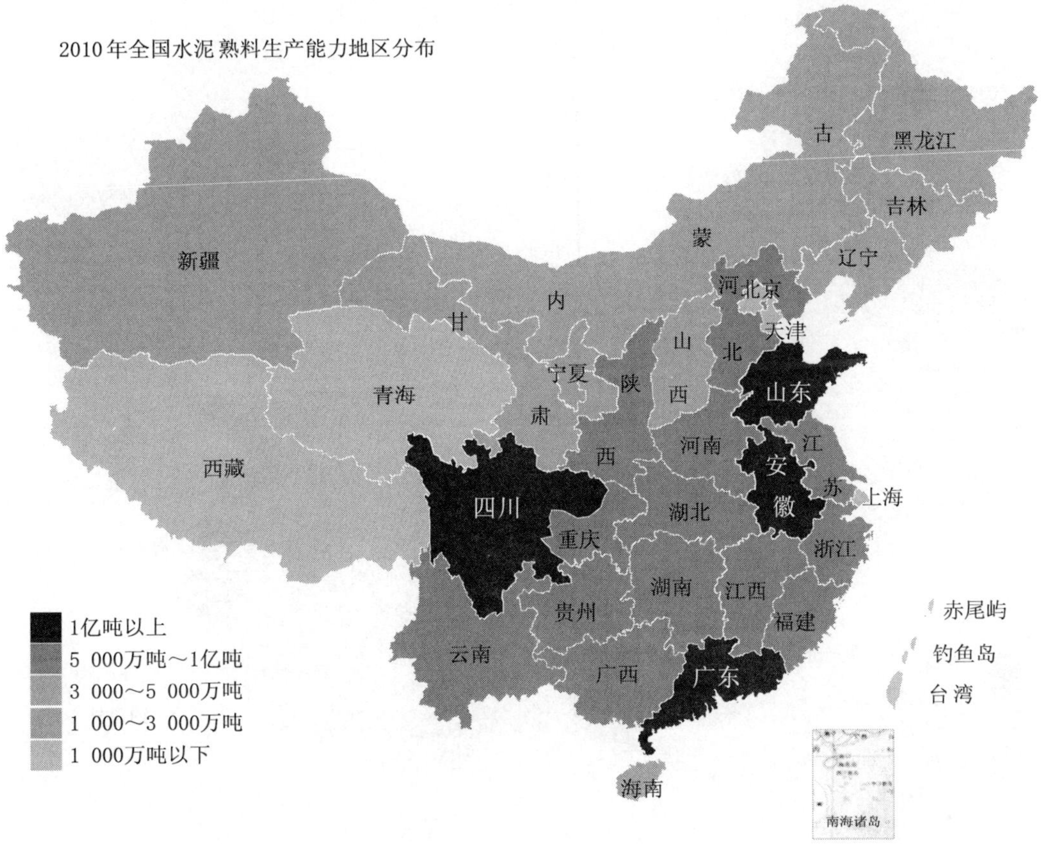

2010 年全国窑外分解窑熟料生产能力地区分布

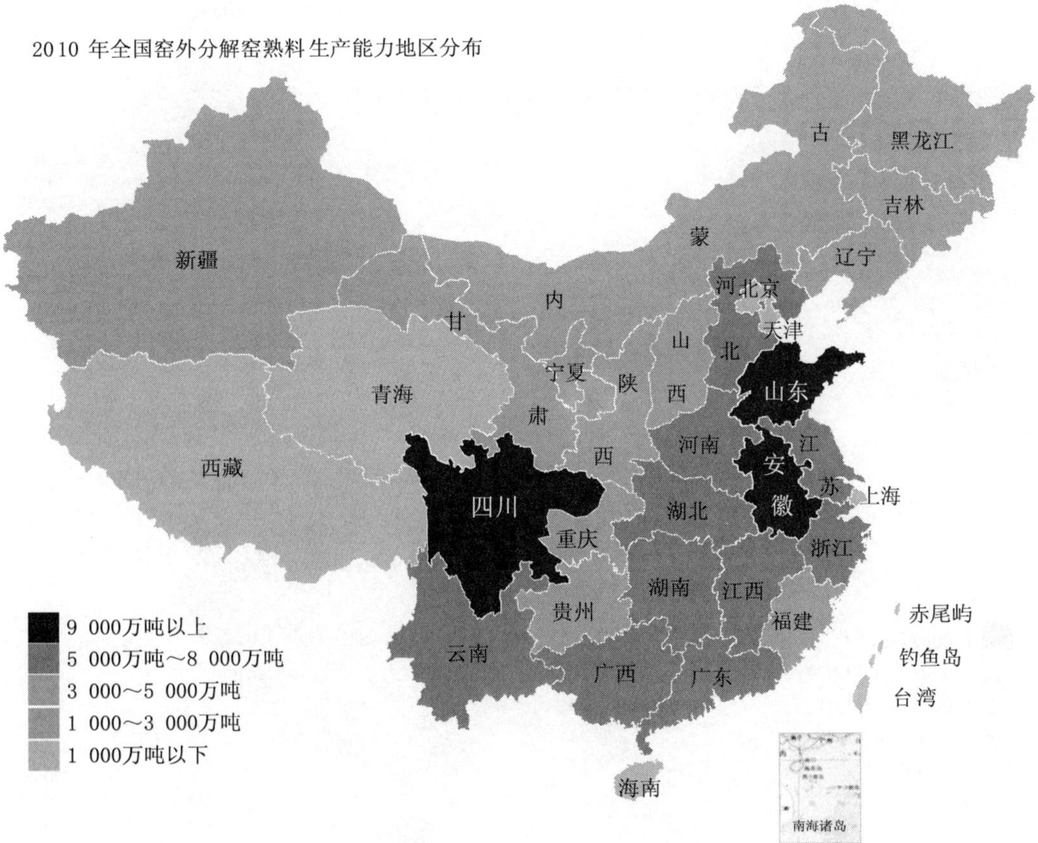

1－17　2010 年末全国水泥产品生产能力地区分布

1－17　Regional distribution of nationwide cement product production capacity at the end of 2010

2010 年全国水泥生产能力地区分布

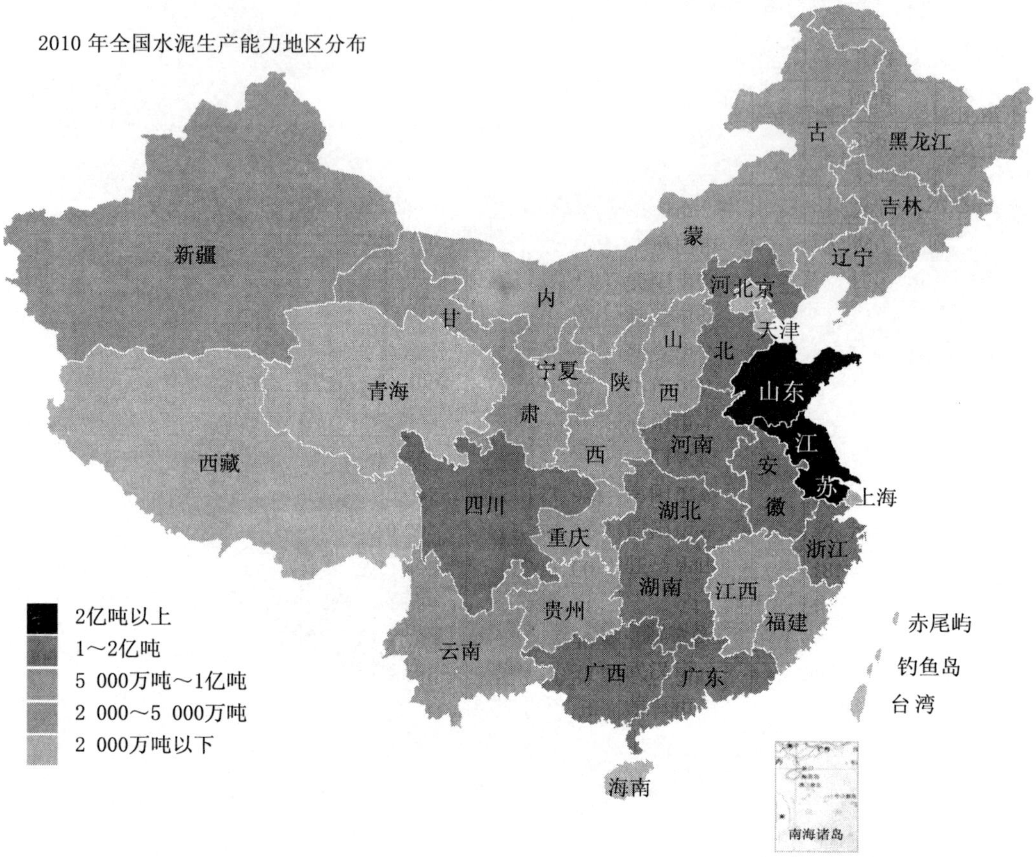

2010年全国年生产能力 60 万吨以上水泥 粉磨企业生产能力地区分布

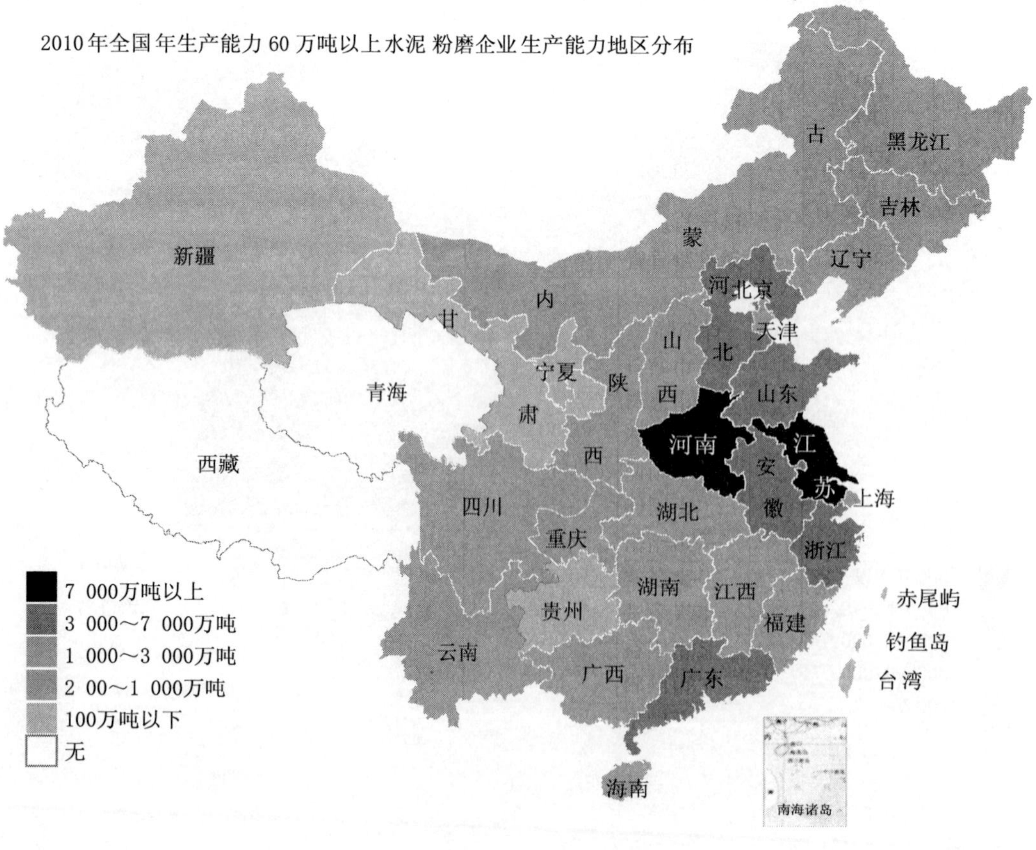

1－18　2010 年能力利用率

1－18　Capacity availability in 2010

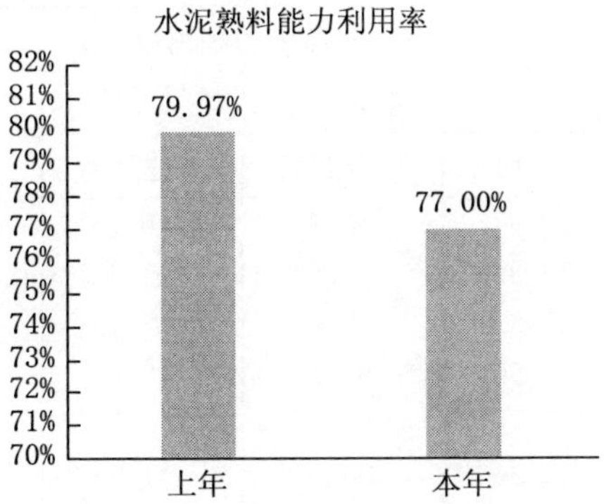

2010 年水泥熟料能力利用率 77%，比上年下降 2.97 个百分点。

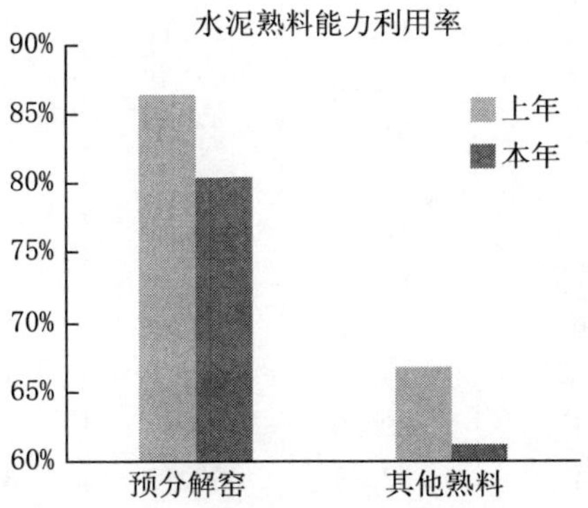

2010 年预分解窑熟料能力利用率 80.52%，比上年下降 5.88 个百分点；其他熟料能力利用率 61.2%，比上年下降 5.55 个百分点。2010 年预分解窑熟料能力利用率比其他熟料高 19.32 个百分点。

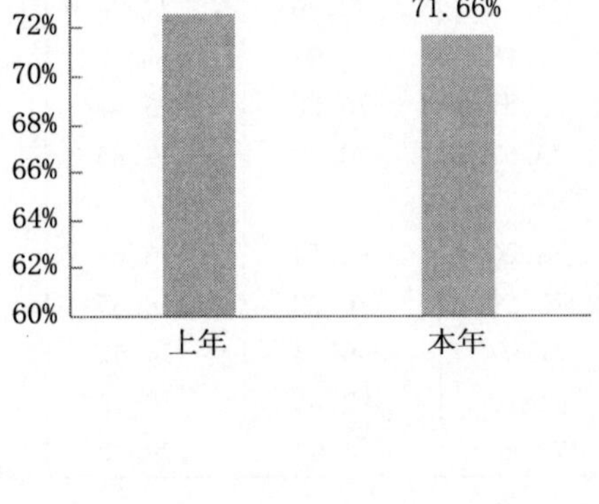

2010 年水泥能力利用率 71.66%，比上年下降 0.9 个百分点。

1－19 2010年省区市能力利用率

1－19 Capacity availability of each province, region and city in 2010

单位:%

省区市名称	本年能力利用率				上年能力利用率			
	水泥熟料			水 泥	水泥熟料			水 泥
	平 均	预分解窑	其他熟料		平 均	预分解窑	其他熟料	
全国总计	77.00	80.52	61.20	71.66	79.97	86.40	66.75	72.56
东 部	77.92	83.44	54.07	72.96	79.88	87.54	63.47	72.86
中 部	79.89	82.31	63.03	69.96	83.51	88.63	68.73	72.36
西 部	73.22	75.10	66.74	71.50	76.30	81.54	68.87	72.26
北 京	85.65	86.37	47.69	83.65	92.36	94.41	41.34	83.45
天 津	109.44	95.19	149.41	73.34	87.50	97.45	50.30	75.68
河 北	72.30	81.90	29.96	75.98	73.66	90.76	49.13	75.36
山 西	65.99	61.52	76.60	58.15	59.31	64.95	50.94	56.50
内蒙古	75.83	76.25	70.74	72.26	81.69	88.72	56.73	73.61
辽 宁	67.87	70.11	42.10	57.35	69.96	73.48	60.83	59.81
吉 林	88.73	95.01	51.45	73.43	100.18	107.53	57.47	74.28
黑龙江	81.49	84.90	76.34	82.82	76.92	79.83	68.04	71.09
上 海	36.51	36.51		73.96	74.64	74.64		80.75
江 苏	81.52	84.35	49.42	74.27	89.30	94.23	73.03	73.27
浙 江	76.30	76.52	27.04	72.27	76.69	76.34	121.71	71.39
安 徽	89.34	92.20	33.37	74.22	97.04	100.08	63.49	77.84
福 建	80.50	88.89	66.13	73.10	85.97	103.26	69.15	75.54
江 西	77.09	80.47	62.72	71.74	93.53	100.12	79.57	82.00
山 东	78.32	88.18	51.98	69.40	79.05	86.44	67.42	74.21
河 南	71.74	71.98	61.18	61.52	77.76	79.50	71.76	67.84
湖 北	82.39	84.61	43.73	78.31	74.95	79.43	59.52	73.42
湖 南	77.75	79.33	70.85	70.47	75.84	77.97	73.93	74.51
广 东	83.21	93.58	64.56	79.11	79.84	94.99	61.24	72.33
广 西	79.33	83.53	56.03	74.53	84.19	94.19	65.23	74.12
海 南	69.36	71.91	49.45	98.87	90.47	92.09	84.97	93.57
重 庆	69.64	72.65	60.32	70.02	70.89	76.10	65.74	73.77
四 川	75.21	78.51	72.03	73.71	75.36	72.36	77.94	73.51
贵 州	65.20	55.79	76.42	66.01	67.18	58.93	71.78	67.82
云 南	68.13	70.17	54.82	67.38	73.57	76.88	65.97	68.21
西 藏	72.92	74.88	67.98	63.06	73.62	70.29	79.85	73.45
陕 西	72.93	79.79	46.24	69.98	78.26	88.54	56.68	72.28
甘 肃	69.22	73.26	61.57	70.64	70.59	80.28	58.35	68.21
青 海	68.41	67.01	78.75	79.68	71.27	69.16	74.42	82.03
宁 夏	70.35	73.43	57.38	74.91	81.19	92.85	60.16	68.94
新 疆	82.89	73.05	105.81	73.05	77.86	76.93	79.18	75.18

1－20　2010 年末全国窑外分解窑数量和生产能力

1－20　Quantity and capacity of NSP kiln nationwide at the end of 2010

2010年末各窑型日生产能力比重

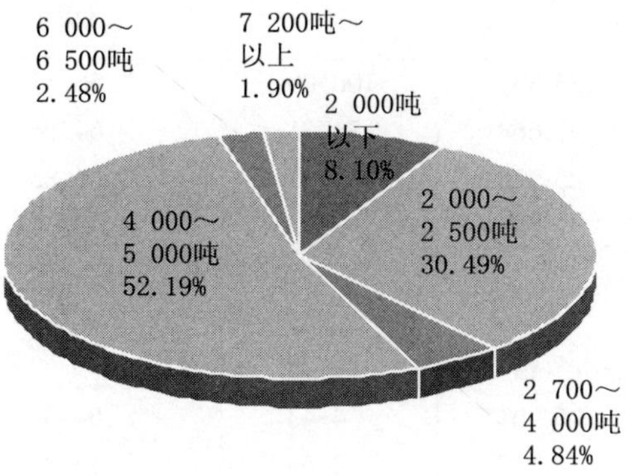

2010 年末全国窑外分解窑

按水泥熟料日生产能力分组	生产线数量（条）	熟料日生产能力	
		生产能力（吨）	比重（%）
总　计	1 304	3 914 500	100.00
2 000 吨以下	284	317 200	8.10
2 000～2 500 吨	500	1 193 400	30.49
2 700～4 000 吨	61	189 600	4.84
4 000～5 000 吨	435	2 042 900	52.19
6 000～6 500 吨	16	97 000	2.48
7 200 吨以上	8	74 400	1.90

窑外分解窑平均日产规模

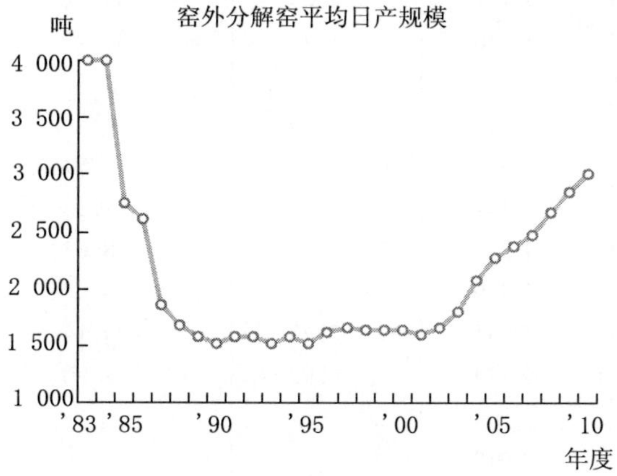

历年全国窑外分解窑

生产线:条　平均规模:吨

年度	年末生产线数量		日产 4 000 吨以上生产线能力比重（%）
	数量	平均规模	
1983 年	1	4 000	100.00
1985 年	4	2 750	72.73
1990 年	27	1 522	29.20
1995 年	68	1 514	15.54
2000 年	136	1 627	24.58
2001 年	173	1 589	19.79
2002 年	239	1 649	21.42
2003 年	339	1 803	23.82
2004 年	502	2 078	30.88
2005 年	612	2 266	37.94
2006 年	695	2 378	41.04
2007 年	797	2 465	42.34
2008 年	924	2 669	48.72
2009 年	1 091	2 851	52.74
2010 年	1 304	3 002	56.57

窑外分解窑各窑型生产能力比重

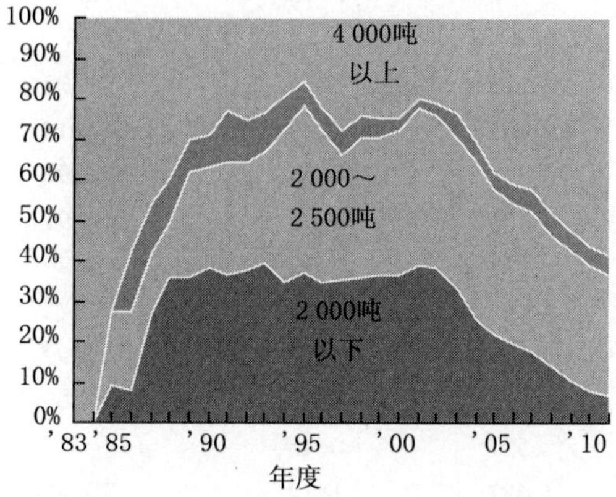

1－21 2010 年末省区市窑外分解窑数量

1－21 Quantity of NSP kiln of each province, region and city at the end of 2010

省区市名称	生产线数量(条)				年生产能力(万吨)	占全国总量比重(%)	日产4 000吨以上生产线能力比重(%)
	总计	其中:按日生产能力(吨/日)分					
		2 000以下	2 000～2 500	4 000吨以上			
全国总计	1 304	284	500	459	133 330	100.00	56.57
东部	397	67	141	175	45 668	34.25	64.96
中部	403	92	132	163	43 725	32.79	62.85
西部	504	125	227	121	43 938	32.95	42.12
北京	12	6	4		836	0.63	
天津	3	1	2		194	0.15	
河北	48	3	20	23	5 901	4.43	64.50
山西	48	21	17	9	3 527	2.64	36.34
内蒙古	48	11	23	13	4 350	3.26	45.64
辽宁	37	6	8	22	4 268	3.20	77.97
吉林	26	7	8	10	2 737	2.05	60.72
黑龙江	24	11	9	4	1 710	1.28	35.71
上海	4	4			121	0.09	
江苏	49	5	17	25	6 556	4.92	70.57
浙江	80	23	34	23	7 581	5.69	51.13
安徽	79	10	23	46	11 215	8.41	78.05
福建	33	5	17	11	3 459	2.59	53.62
江西	48	7	24	15	5 041	3.78	49.14
山东	76	11	21	40	9 273	6.95	71.90
河南	66	16	8	34	7 619	5.71	74.20
湖北	60	12	19	26	6 504	4.88	63.57
湖南	52	8	24	19	5 374	4.03	55.66
广东	48	3	15	27	6 513	4.89	73.46
广西	44	4	7	31	6 159	4.62	84.50
海南	7	0	3	4	966	0.72	72.73
重庆	41	5	18	14	4 213	3.16	51.07
四川	92	11	46	29	9 065	6.80	47.10
贵州	39	8	22	6	3 345	2.51	27.96
云南	89	35	43	7	5 473	4.10	16.97
西藏	5	1	4		256	0.19	
陕西	41	6	17	16	4 487	3.37	57.92
甘肃	34	17	12	3	2 176	1.63	21.67
青海	9	2	5		597	0.45	
宁夏	22	9	10	2	1 487	1.12	20.43
新疆	40	16	20		2 331	1.75	

水泥及水泥制品进出口

Cement and cement product import and export

2-1 历年水泥和水泥熟料出口

2-1 Export of cement and cement clinker in past years

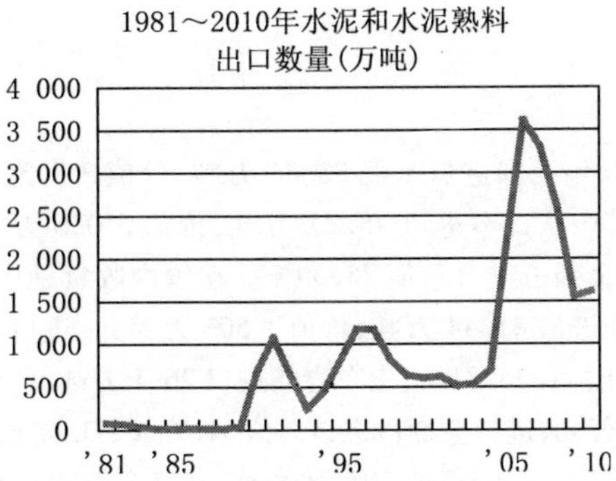

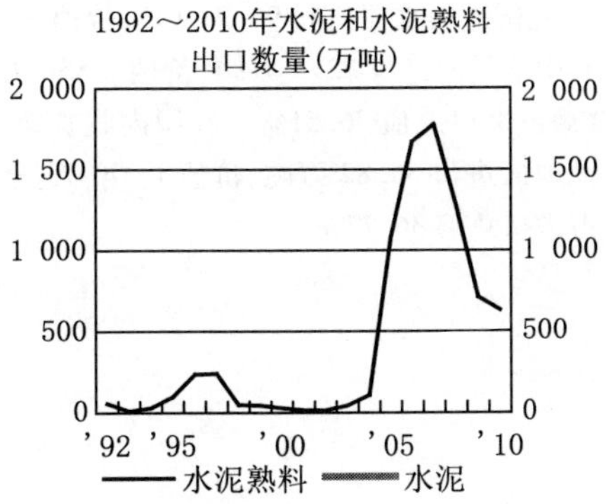

水泥和水泥熟料出口

数量:万吨 金额:万美元

年度	数量	增长率%	金额	增长率%
1985	14.23	-18.20	591	-27.90
1990	682.94	1 464.63	25 735	1 392.38
1995	818.95	81.06	29 807	90.00
2000	605.90	-4.68	18 996	-5.45
2005	2 215.73	214.54	68 460	197.14
2006	3 612.97	63.06	118 062	72.45
2007	3 300.75	-8.64	115 043	-2.56
2008	2 603.80	-21.11	109 879	-4.49
2009	1 561.13	-40.04	68 719	-37.46
2010	1 616.26	3.53	72 307	5.22

数量:万吨 金额:万美元

年度	水泥出口				水泥熟料出口			
	数量	增长率%	金额	增长率%	数量	增长率%	金额	增长率%
1995	726.23	69.68	26 914	79.40	92.72	281.56	2 893	321.98
2000	582.46	-2.21	18 427	-3.45	23.44	-41.43	569	-43.47
2005	1 137.25	89.01	40 602	100.99	1 078.49	949.66	27 858	881.38
2006	1 940.71	70.65	72 479	78.51	1 672.26	55.06	45 584	63.63
2007	1 519.34	-21.71	60 488	-16.54	1 781.41	6.53	54 555	19.68
2008	1 323.23	-12.91	63 056	4.25	1 280.57	-28.11	46 823	-14.17
2009	848.65	-35.86	42 559	-32.51	712.48	-44.36	26 160	-44.13
2010	982.71	15.80	49 608	16.56	633.55	-11.08	22 699	-13.23

2－2 历年水泥和水泥熟料进口

2－2 Import of cement and cement clinker in past years

水泥和水泥熟料进口

数量:万吨　金额:万美元

年度	数量	增长率%	金额	增长率%
1985	365.76	11.95	15 255	3.34
1990	39.66	－67.83	1 759	－69.79
1995	31.36	－76.62	1 933	－73.23
2000	142.58	185.36	3 475	135.22
2005	116.35	－56.41	4 048	－47.77
2006	111.64	－4.05	3 925	－3.03
2007	65.12	－41.67	2 612	－33.46
2008	61.71	－5.24	2 900	11.02
2009	81.97	32.84	3 699	27.56
2010	178.51	117.76	7 599	105.43

2010年我国进口水泥82.31万吨,价值3 873万美元。其中从日本进口75.27万吨,价值3 036万美元,进口金额占进口总值78.39%。在国内收货地中,广东深圳进口41.44万吨,价值1 503万美元,进口金额占进口总值38.81%;山东青岛进口26.1万吨,价值1 238万美元,进口金额占进口总值31.96%;江苏连云港进口6.98万吨,价值291万美元,进口金额占进口总值7.51%。

2010年我国进口水泥熟料96.2万吨,价值3 725万美元。其中从越南进口72.3万吨,价值2 850万美元,进口金额占进口总值76.51%。在国内收货地中,海南省其他地区进口35.82万吨,价值1 370万美元,进口金额占进口总值36.77%。

数量:万吨　金额:万美元

年度	水泥进口				水泥熟料进口			
	数量	增长率%	金额	增长率%	数量	增长率%	金额	增长率%
1995	28.73	－78.17	1 807	－74.31	2.63	6.09	126	－33.54
2000	3.63	－37.03	559	39.97	138.96	214.32	2 916	170.53
2005	82.08	－25.62	3 162	－20.05	34.27	－78.11	886	－76.66
2006	77.05	－6.13	2 991	－5.40	34.59	0.93	934	5.46
2007	53.87	－30.09	2 293	－23.33	11.25	－67.46	319	－65.91
2008	56.60	5.08	2 709	18.13	5.10	－54.64	190	－40.21
2009	70.27	24.15	3 338	23.21	11.7	129.2	361	89.45
2010	82.31	17.13	3 873	16.03	96.20	722.16	3 725	932.62

2－3　水泥和水泥熟料出口价格变动趋势

2－3　Export price floating trend of cement and cement clinker

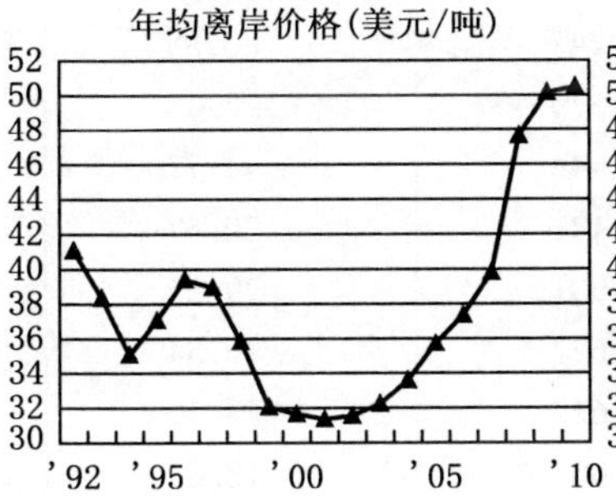

年　度	水泥年均离岸价格（美元/吨）
1992	41.06
1993	38.34
1994	35.05
1995	37.06
1996	39.38
1997	38.94
1998	35.84
1999	32.04
2000	31.64
2001	31.35
2002	31.54
2003	32.23
2004	33.57
2005	35.70
2006	37.35
2007	39.81
2008	47.65
2009	50.15
2010	50.48

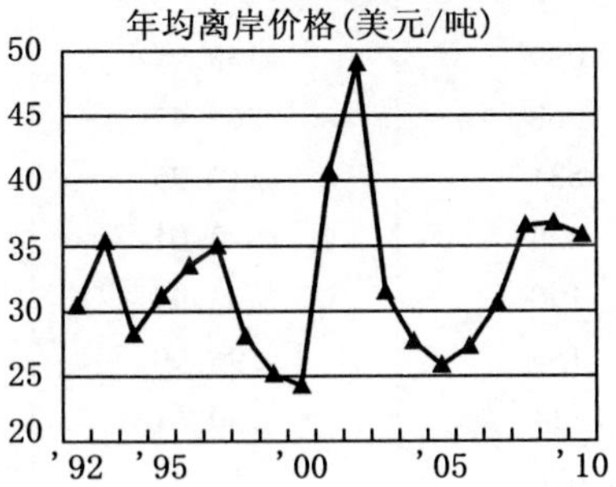

年　度	水泥熟料年均离岸价格（美元/吨）
1992	30.43
1993	35.38
1994	28.21
1995	31.20
1996	33.47
1997	35.00
1998	28.01
1999	25.14
2000	24.26
2001	40.70
2002	49.04
2003	31.47
2004	27.63
2005	25.83
2006	27.26
2007	30.62
2008	36.56
2009	36.72
2010	35.83

2-4-1　2010年水泥出口主要发货地

2-4-1　Main consignment location for cement export in 2010

数量:吨　金额:万美元

地　区	数量	增长%	金额	增长%	比重%
总计	9 827 073	15.80	49 608	16.56	100.00
山东省	3 848 381	13.81	18 014	12.26	36.31
龙口	2 087 139	19.74	9 293	15.06	18.73
日照	1 008 681	-18.07	4 570	-17.74	9.21
烟台	590 373	107.46	2 911	102.33	5.87
青岛	64 818	236.97	301	244.25	0.61
临沂	48 988	75.69	247	86.83	0.50
淄博	31 775	-40.79	579	-7.45	1.17
枣庄	7 992	-48.97	48	-44.77	0.10
江苏省	3 493 854	21.03	15 121	20.57	30.48
苏州张家港	950 770	30.99	3 901	29.52	7.86
泰州	722 572	21.86	2 627	15.54	5.29
南京	566 907	20.00	2 622	13.52	5.28
无锡	456 727	-25.62	2 063	-18.62	4.16
南通	382 432	108.96	1 870	103.09	3.77
镇江	262 306	82.71	1 234	86.34	2.49
苏州	60 000	-45.55	317	-46.07	0.64
连云港	55 000	-	312	-	0.63
无锡宜兴	36 000	-	156	-	0.31
广东省	594 428	0.19	3 101	7.29	6.25
东莞	299 070	18.47	1 494	17.92	3.01
广州	235 817	-8.73	1 237	2.83	2.49
肇庆	53 273	-28.18	291	-17.85	0.59
深圳	2 580	-30.79	24	-14.72	0.05
北京市	379 060	10.95	2 168	7.93	4.37
云南省	294 677	37.32	2 099	58.94	4.23
保山	115 210	185.03	968	269.47	1.95
德宏	78 833	-6.62	531	-10.25	1.07
思茅	39 997	-11.78	229	-3.01	0.46
临沧	34 753	23.42	190	33.94	0.38
大理	21 756	293.24	154	396.99	0.31
畹町	2 248	-68.31	14	-59.61	0.03
内蒙古自治区	391 254	48.89	2 076	54.37	4.19
二连	315 217	44.69	1 559	45.42	3.14
乌海	33 314	3 600.39	296	3 909.13	0.60
巴彦淖尔	27 428	224.99	144	172.40	0.29
乌兰察布	4 914	-74.45	25	-78.84	0.05
阿拉善	4 497	-13.14	20	-32.18	0.04
锡林郭勒	2 048	114.62	9	107.16	0.02
天津市	33 011	15.06	1 599	30.65	3.22
塘沽区	24 804	37.35	1 457	35.08	2.94
其他地区	6 749	-33.85	105	-21.88	0.21
安徽省	290 421	153.19	1 462	134.27	2.95

2－4－2　2010年水泥出口主要发货地

2－4－2　Main consignment location for cement export in 2010

数量:吨　金额:万美元

地　区	数量	增长%	金额	增长%	比重%
广西壮族自治区	141 624	－26.14	808	－27.79	1.63
柳州	99 844	64.93	540	63.77	1.09
南宁	36 177	－67.39	231	－65.12	0.47
贵港市	5 477	－26.68	35	－33.96	0.07
玉林	125	－87.18	1	－86.03	－
新疆维吾尔族自治区	81 596	－5.54	762	－5.22	1.54
阿勒泰	33 957	90.86	229	97.21	0.46
乌鲁木齐	28 251	－15.21	336	－28.17	0.68
克孜	5 062	242.70	25	225.43	0.05
哈密	4 103	13 576.67	45	24 280.47	0.09
克拉玛依	4 000	－	83	－	0.17
喀什	2 547	－84.80	12	－86.14	0.02
宁夏回族自治区	33 411	－	350	－	0.71
银川	29 111	－	304	－	0.61
其他地区	4 300	－	46	－	0.09
上海市	48 612	－26.50	297	－22.31	0.60
浦东	23 350	－25.29	94	－25.69	0.19
其他地区	20 183	－12.66	149	－14.03	0.30
宝山	4 259	26 485.52	27	15 427.49	0.05
青浦	758	5.63	26	10.10	0.05
浙江省	47 666	－7.83	283	－0.74	0.57
诸暨	42 500	－	229	－	0.46
湖州	5 000	－50.99	33	－57.87	0.07
义乌	152	936.31	22	427.43	0.04
温州	13	0.84	－	－52.55	－
河南省	12 842	67.49	279	41.58	0.56
郑州	10 355	54.62	222	29.67	0.45
其他地区	1 997	131.13	52	113.97	0.10
洛阳	390	550.00	3	445.00	0.01
开封	100	127.27	2	97.40	0.00
辽宁省	37 385	132.27	261	80.16	0.53
丹东	19 878	534.56	99	398.30	0.20
其他地区	7 544	97.98	102	74.19	0.21
营口	4 000	131 047.54	20	5 034.85	0.04
大连	3 511	－46.33	22	－45.73	0.04
河北省	20 136	－80.43	233	－61.84	0.47
石家庄	12 676	－6.05	148	－0.47	0.30
其他地区	6 270	－21.96	74	－5.32	0.15
黑龙江省	17 441	－68.31	223	－47.00	0.45
大庆	9 700	－43.21	165	－1.85	0.33
佳木斯	2 220	－58.38	16	－54.90	0.03
吉林省	28 448	－15.22	132	－2.83	0.27
白山	14 904	－10.89	59	－5.92	0.12
延边	6 351	15.39	38	29.98	0.08
山西省	9 008	4.99	129	57.82	0.26

2－5 2010 年水泥熟料出口主要发货地

2－5 Main consignment location for cement clinker export in 2010

数量:吨 金额:万美元

地 区	数量	增长%	金额	增长%	比重%
总计	7 124 798	-44.36	26 160	-44.13	10.00
安徽省	6 001 130	6.71	19 721	7.86	86.88
安庆	2 330 572	0.15	7 649	1.41	33.70
铜陵	1 256 025	247.79	4 080	251.32	17.98
池州	1 182 640	168.03	3 949	158.45	17.40
芜湖	1 044 784	-50.20	3 462	-48.94	15.25
其他地区	187 108	-52.80	581	-54.35	2.56
贵州省	27 019	76.28	872	64.15	3.84
贵阳	26 779	74.71	864	62.73	3.81
其他地区	240	-	8	-	0.03
广东省	56 890	-58.42	598	-67.04	2.63
番禺	17 896	128.72	158	131.12	0.70
南海	15 070	-	134	-	0.59
珠海	7 749	-	43	-	0.19
广州	5 969	-31.85	54	-24.99	0.24
清远	5 482	-89.43	166	-88.74	0.73
中山	2 709	898.86	24	914.15	0.11
河南省	22 298	29.59	572	24.71	2.52
其他地区	14 023	42.31	312	22.65	1.38
郑州	7 636	4.13	238	17.25	1.05
洛阳	639	-	21	-	0.09
江苏省	94 471	422.12	295	399.99	1.30
镇江	88 871	624.59	265	553.75	1.17
苏州张家港	5 520	78 757.14	18	31 442.86	0.08
南京	75	-6.09	12	1457.77	0.05
广西壮族自治区	74 025	-56.18	292	-68.33	1.29
贵港市	70 264	-13.65	265	-9.73	1.17
南宁	3 261	-44.82	24	-39.37	0.10
玉林	500	-	4	-	0.02
山东省	31 162	-97.10	131	-96.53	0.58
日照	26 696	-96.17	101	-95.99	0.44
烟台	4 100	-98.03	12	-98.19	0.05
淄博	263	3 181.75	16	14 856.82	0.07
山西省	6 682	-	77	-	0.34
其他地区	4 762	-	58	-	0.26
阳泉	1 920	-	19	-	0.08
吉林省	12 499	111.49	45	104.90	0.20
珲春	12 499	111.49	45	104.90	0.20
天津市	947	-23.74	30	-33.98	0.13
其他地区	866	-17.28	26	-35.28	0.12
塘沽区	81	710.50	4	710.97	0.02
辽宁省	6 140	1 534 949.25	21	1 610 100.00	0.09
大连	6 090	1 522 449.25	20	1 531 376.92	0.09
上海市	224	-69.77	21	86.21	0.09
其他地区	161	1 308.42	20	7 051.15	0.09
河北省	1 020	1 041.26	14	761.08	0.06
北京市	305	345.20	7	8.51	0.03
内蒙古自治区	353	-92.30	1	-94.44	0.01

2－6－1　2010 年水泥出口主要收货地

2－6－1　Main destination location for cement export in 2010

数量:吨　金额:万美元

国家或地区	数量	增长%	金额	增长%	比重%
总　计	9 827 073	15.80	49 608	16.56	100.00
安哥拉	3 149 243	23.81	14 831	16.79	29.90
中国台湾	1 087 056	35.89	4 050	33.82	8.16
刚果	743 650	32.95	3 246	40.87	6.54
中国香港	559 820	6.17	2 896	11.96	5.84
美国	581 402	－19.84	2 870	－19.07	5.78
蒙古	470 286	51.31	2 757	60.02	5.56
缅甸	290 155	37.10	2 084	59.75	4.20
喀麦隆	342 914	88.04	1 646	82.30	3.32
加蓬	254 289	50.72	1 288	77.28	2.60
日本	126 815	－19.00	1 215	0.92	2.45
尼日利亚	316 720	－61.64	1 181	－66.44	2.38
俄罗斯联邦	150 427	5.26	862	－1.47	1.74
澳大利亚	121 212	78.63	823	67.53	1.66
几内亚	156 403	106.74	766	88.80	1.54
秘鲁	116 820	－	628	－	1.27
韩国	89 923	－31.51	600	－9.94	1.21
新加坡	158 078	97.30	589	66.55	1.19
赤道几内亚	105 768	172.93	526	171.07	1.06
朝鲜	115 401	107.74	524	105.69	1.06
民主刚果	100 505	0.97	514	1.25	1.04
纳米比亚	86 260	54.02	463	56.69	0.93
哈萨克斯坦	22 245	－14.63	401	3.19	0.81
印度	6 262	26.40	357	30.10	0.72
文莱	55 401	109.06	318	108.85	0.64
贝宁	63 280	90.93	304	81.86	0.61
巴西	53 933	30 543.73	275	5 658.25	0.55
科摩罗	52 596	241.58	247	242.58	0.50
多哥	43 310	1 859.74	215	2 084.48	0.43
莫桑比克	37 709	－69.48	188	－69.24	0.38

2－6－2 2010年水泥出口主要收货地

2－6－2 Main destination location for cement export in 2010

数量:吨 金额:万美元

国家或地区	数量	增长%	金额	增长%	比重%
菲律宾	18 132	285.48	184	217.87	0.37
中国澳门	40 292	－50.21	182	－47.67	0.37
马达加斯加	36 410	－58.24	180	－59.46	0.36
伊拉克	9 900	88.57	167	81.61	0.34
苏丹	28 222	－14.92	133	－29.34	0.27
巴基斯坦	22 040	1 440.18	132	584.20	0.27
泰国	3 552	50.44	130	102.12	0.26
巴布亚新几内亚	18 131	－32.27	130	－33.69	0.26
东帝汶	22 908	－	127	－	0.26
利比里亚	23 639	27.78	122	21.04	0.25
印度尼西亚	2 225	58.14	112	76.36	0.23
塞拉利昂	21 027	110.27	109	114.88	0.22
尼日尔	5 809	34.34	94	44.81	0.19
南非	1 740	－37.86	90	－47.79	0.18
吉尔吉斯斯坦	15 517	8.44	89	7.39	0.18
乍得	6 024	300.01	85	427.75	0.17
土库曼斯坦	7 449	－50.97	67	－53.24	0.14
埃塞俄比亚	9 775	－23.28	65	－8.04	0.13
马来西亚	1 703	1.36	62	119.62	0.12
马约特岛	11 249	562.19	60	513.67	0.12
越南	5 773	－27.73	60	－25.77	0.12
荷兰	1 299	－13.92	52	－30.20	0.10
加纳	10 005	32 070.16	49	6 521.24	0.10
塔吉克斯坦	7 628	－62.62	48	－62.03	0.10
肯尼亚	7 992	－49.13	48	－45.13	0.10
利比亚	5 700	878 174.27	44	54 772.51	0.09
老挝	6 424	57.41	37	50.90	0.08
叙利亚	3 500	1 198.70	37	995.29	0.07
厄立特里亚	6 000	128.46	35	136.39	0.07
英国	832	－	31	－	0.06
伊朗	932	－4.41	29	－10.16	0.06

2-7-1　2010 年水泥熟料出口主要收货地

2-7-1　Main destination location for cement clinker export in 2010

数量:吨　金额:万美元

国家或地区	数量	增长%	金额	增长%	比重%
总　计	6 335 537	-11.08	22 699	-13.23	100.00
孟加拉国	1 763 132	12.46	5 622	13.17	24.77
中国台湾	1 083 714	-7.11	3 496	-9.74	15.40
澳大利亚	398 078	268.85	1 510	279.27	6.65
印度尼西亚	304 372	14 089.83	1 225	2 070.74	5.40
西班牙	317 625	-57.45	1 002	-58.06	4.41
加纳	285 525	-	985	-	4.34
肯尼亚	264 781	65.93	881	59.95	3.88
比利时	275 242	85.60	873	76.37	3.84
印度	208 727	-64.41	710	-63.27	3.13
巴西	206 407	110.17	710	120.69	3.13
埃及	187 527	188.62	661	133.35	2.91
秘鲁	175 969	-	618	-	2.72
越南	160 121	-48.80	614	-43.77	2.70
莫桑比克	119 049	-	389	-	1.71
菲律宾	107 560	201.63	357	191.16	1.57
马来西亚	84 774	451.57	346	164.58	1.52
中国香港	76 228	-12.94	308	2.46	1.36
贝宁	79 100	-	273	-	1.20
法国	6 464	74.60	216	73.06	0.95
墨西哥	4 775	15.31	181	19.47	0.80
吉布提	5 482	-92.91	166	-91.33	0.73
土耳其	4 159	62.46	157	55.68	0.69
埃塞俄比亚	37 275	-29.49	140	-33.10	0.62
加拿大	5 910	456.85	133	491.86	0.59

2-7-2　2010年水泥熟料出口主要收货地

2-7-2　Main destination location for cement clinker export in 2010

数量:吨　金额:万美元

国家或地区	数量	增长%	金额	增长%	比重%
坦桑尼亚	38 771	–	132	–	0.58
美国	7 413	4 942 137.33	127	1 991 090.63	0.56
韩国	5 652	-40.47	113	15.17	0.50
荷兰	4 377	45.42	110	40.44	0.48
塞拉利昂	24 000	–	83	–	0.36
尼日利亚	22 000	46.46	77	60.19	0.34
日本	2 429	80.65	75	118.24	0.33
斯里兰卡	17 069	5 251 946.15	54	3 822 057.14	0.24
马达加斯加	16 405	70.56	52	88.36	0.23
葡萄牙	3 274	136.56	51	99.46	0.22
瑞典	1 644	24.92	49	34.85	0.22
朝鲜	12 499	95.00	45	98.03	0.20
利比里亚	10 544	–	36	–	0.16
阿拉伯联合酋长国	3 456	-99.76	36	-99.28	0.16
泰国	1 841	1 764.62	22	703.17	0.10
沙特阿拉伯	113	–	22	–	0.10
伊朗	432	-88.98	17	-85.38	0.07
意大利	279	-99.10	7	-92.62	0.03
蒙古	618	-86.42	3	-83.30	0.01
伊拉克	65	–	3	–	0.01
英国	78	-72.20	3	-72.17	0.01
民主刚果	40	-50.00	2	239.65	0.01
安提瓜和巴布达	57	1 042.40	1	1 499.33	0.01
德国	51	-93.88	1	-94.88	0.01
苏丹	50	–	1	–	0.00

2－8－1　2010 年水泥出口主要流向

2－8－1　Main flow of cement export in 2010

数量:吨　金额:万美元

国内发货地	收货国家或地区	出口数量（吨）	数量增长率（%）	出口金额（万美元）	金额增长率（%）	金额比重（%）	年平均离岸价格(美元/吨)
山东龙口	安哥拉	1 376 236	3.94	6 049	－1.80	12.19	43.95
江苏南京	美国	532 594	24.02	2 419	17.21	4.88	45.41
江苏泰州	中国台湾	574 289	346.93	2 107	337.32	4.25	36.69
山东龙口	刚果	458 766	122.40	2 008	126.60	4.05	43.77
北京海淀	安哥拉	336 370	5.29	1 915	4.03	3.86	56.92
江苏无锡	安哥拉	373 946	63.67	1 608	66.80	3.24	43.00
内蒙锡林郭勒二连浩特	蒙古	314 713	44.46	1 557	45.19	3.14	49.47
广东东莞	中国香港	266 668	17.08	1 355	16.82	2.73	50.82
广东广州	中国香港	234 630	－3.71	1 212	8.21	2.44	51.65
山东日照	中国台湾	283 921	－46.43	1 045	－45.69	2.11	36.82
云南保山	缅甸	115 210	185.03	968	269.47	1.95	84.03
江苏镇江	安哥拉	180 811	0.00	884	－	1.78	48.89
山东烟台	安哥拉	186 300	313.86	864	334.18	1.74	46.39
山东日照	喀麦隆	170 990	389.94	832	363.39	1.68	48.67
江苏苏州张家港	中国台湾	223 954	74.84	798	65.07	1.61	35.64
山东日照	安哥拉	149 500	－1.01	755	－11.20	1.52	50.50
江苏南通	安哥拉	159 634	625.61	733	640.13	1.48	45.95
江苏苏州张家港	新加坡	157 131	98.60	534	73.00	1.08	34.00
云南德宏	缅甸	78 833	－6.62	531	－10.25	1.07	67.30
江苏泰州	尼日利亚	148 271	－43.19	519	－43.27	1.05	35.02
山东日照	几内亚	103 900	0.00	508	－	1.02	48.91
江苏苏州张家港	日本	113 123	－20.84	507	－20.03	1.02	44.81
山东淄博	日本	9 575	34.35	469	29.94	0.95	490.24
广西柳州	安哥拉	71 923	124.74	413	145.97	0.83	57.47
江苏苏州张家港	澳大利亚	78 845	296.68	410	303.88	0.83	52.03
山东龙口	喀麦隆	74 500	－21.58	370	－19.24	0.75	49.67
江苏苏州张家港	尼日利亚	103 393	－41.05	353	－39.25	0.71	34.15
天津塘沽区	印度	5 973	33.81	348	31.94	0.70	581.84
江苏无锡	加蓬	59 764	－56.70	347	－39.33	0.70	58.06
江苏连云港	安哥拉	55 000	－	312	－	0.63	56.73
江苏苏州张家港	秘鲁	56 000	－	307	－	0.62	54.79
宁夏银川	蒙古	29 111	－	304	－	0.61	104.51
山东日照	韩国	79 787	－23.84	302	－22.76	0.61	37.88
内蒙乌海	蒙古	33 314	3 600.39	296	3 909.13	0.60	88.84
广东肇庆	中国香港	53 118	9.94	291	15.62	0.59	54.74
江苏南通	巴西	53 684	－	268.42	－	0.5411	50.00

2-8-2 2010年水泥出口主要流向

2-8-2 Main flow of cement export in 2010

国内发货地	收货国家或地区	出口数量（吨）	数量增长率（%）	出口金额（万美元）	金额增长率（%）	金额比重（%）	年平均离岸价格（美元/吨）
江苏苏州张家港	刚果	66 960	116.00	263	120.60	0.53	39.34
安徽马鞍山	纳米比亚	50 080	100.32	259	98.33	0.52	51.74
山东龙口	几内亚	52 500	26.51	257	28.71	0.52	49.04
山东青岛	赤道几内亚	53 750	207.11	247	215.34	0.50	46.03
山东烟台	美国	24 593	23.09	244	23.57	0.49	99.19
安徽马鞍山	刚果	53 250	–	238	–	0.48	44.67
安徽马鞍山	秘鲁	44 300	–	235	–	0.47	53.07
江苏南通	刚果	47 066	–	234	–	0.47	49.74
山东烟台	刚果	55 608	-17.61	232	-12.96	0.47	41.64
浙江诸暨	安哥拉	42 500	–	229	–	0.46	53.80
山东烟台	朝鲜	54 766	263.26	227	280.29	0.46	41.46
天津塘沽区	日本	3 611	27.97	226	27.62	0.46	625.06
新疆阿勒泰	蒙古	33 055	86.28	224	93.62	0.45	67.81
新疆乌鲁木齐	哈萨克斯坦	13 279	-11.63	222	-27.34	0.45	167.53
山东烟台	俄罗斯联邦	39 010	48.49	217	39.71	0.44	55.54
山东日照	尼日利亚	41 491	-85.72	212	-86.58	0.43	51.20
江苏苏州	安哥拉	40 000	-42.86	212	-42.37	0.43	52.88
天津塘沽区	韩国	3 310	82.62	209	83.70	0.42	630.96
山东日照	俄罗斯联邦	37 371	8.18	206	1.39	0.41	55.02
江苏镇江	加蓬	45 643	0.00	205	–	0.41	44.97
云南思茅	缅甸	35 197	-15.99	202	-6.81	0.41	57.45
江苏南京	澳大利亚	34 249	-7.95	202	-8.04	0.41	59.00
江苏苏州张家港	加蓬	45 972	819.44	200	954.99	0.40	43.60
山东烟台	科摩罗	41 596	731.92	198	761.57	0.40	47.50
广西南宁	安哥拉	29 153	-69.26	196	-66.71	0.40	67.39
云南临沧	缅甸	34 753	23.42	190	33.94	0.38	54.75
山东日照	刚果	39 900	–	185	–	0.37	46.47
安徽马鞍山	安哥拉	42 360	-23.91	177	-44.23	0.36	41.88
山东烟台	贝宁	34 935	88.95	171	68.48	0.34	48.92
黑龙江大庆	伊拉克	9 700	84.76	165	79.70	0.33	170.12
天津塘沽区	澳大利亚	2 641	74.32	163	54.12	0.33	618.50
江苏苏州张家港	文莱	27 800	50.27	160	50.41	0.32	57.55
安徽马鞍山	文莱	27 600	–	158	–	0.32	57.32
江苏无锡宜兴	安哥拉	36 000	–	156	–	0.31	43.28
云南大理	缅甸	21 756	293.24	154	396.99	0.31	70.81
江苏南通	多哥	30 060	–	152	–	0.31	50.50

2-8-3 2010 年水泥出口主要流向

2-8-3 Main flow of cement export in 2010

国内发货地	收货国家或地区	出口数量（吨）	数量增长率（%）	出口金额（万美元）	金额增长率（%）	金额比重（%）	年平均离岸价格(美元/吨)
安徽马鞍山	加蓬	28 000	-	149	-	0.30	53.18
山东烟台	赤道几内亚	29 000	1 833.33	144	1 822.33	0.29	49.72
内蒙巴彦淖尔	蒙古	27 428	224.99	144	172.40	0.29	52.48
山东烟台	民主刚果	27 500	37.50	144	27.56	0.29	52.32
安徽马鞍山	喀麦隆	28 000	-	141	-	0.28	50.36
山东临沂	安哥拉	26 000	73.30	138	117.21	0.28	53.23
广东东莞	中国澳门	32 385	31.38	138	30.36	0.28	42.61
河北石家庄	美国	11 774	1.64	135	5.93	0.27	115.00
江苏南通	纳米比亚	25 998	-16.14	130	-21.01	0.26	50.04
北京东城	巴基斯坦	21 440	1 524.24	130	1 008.11	0.26	60.57
广西柳州	苏丹	27 921	-2.15	127	-21.65	0.26	45.38
山东龙口	加蓬	24 810	396.20	122	498.33	0.25	49.20
山东日照	贝宁	27 420	1 621.71	118	1 513.34	0.24	42.91
江苏苏州张家港	安哥拉	26 400	-64.30	107	-74.94	0.21	40.34
江苏苏州	加蓬	20 000	39.18	106	40.88	0.21	52.75
山东龙口	塞拉利昂	21 000	110.00	105	107.10	0.21	50.00
山东淄博	俄罗斯联邦	21 491	138.63	100	85.18	0.20	46.56
辽宁丹东	朝鲜	19 878	534.56	99	398.30	0.20	49.74
江苏苏州张家港	喀麦隆	20 000	-	98	-	0.20	49.00
上海市其他地区	巴布亚新几内亚	12 800	-39.08	97	-40.06	0.19	75.44
上海浦东	尼日利亚	23 311	-25.17	93	-25.46	0.19	39.74
山东日照	赤道几内亚	15 000	-	92	-	0.19	61.27
山东烟台	喀麦隆	20 190	573.00	91	573.76	0.18	45.05
江苏南通	秘鲁	16 521	-	86	-	0.17	51.94
山东日照	民主刚果	16 750	-44.17	85	-41.29	0.17	50.90
江苏镇江	民主刚果	17 500	-	85	-	0.17	48.65
天津塘沽区	印度尼西亚	1 346	86.72	85	86.88	0.17	628.12
新疆克拉玛依	哈萨克斯坦	4 000	-	83	-	0.17	208.72
山东烟台	莫桑比克	17 700	-	82	-	0.16	46.20
山东烟台	东帝汶	17 482	-	82	-	0.16	46.67
天津塘沽区	南非	1 336	-43.40	79	-50.61	0.16	590.18
江苏南通	加蓬	15 000	0.00	77	0.00	0.15	51.00
山东龙口	俄罗斯联邦	14 950	29.98	73	41.05	0.15	49.06
辽宁省其他地区	乍得	5 784	284.06	73	350.72	0.15	125.97
山东日照	加蓬	14 500	-	73	-	0.15	50.00
山东烟台	利比里亚	13 636	-	72	-	0.15	52.83

2-8-4 2010 年水泥出口主要流向

2-8-4 Main flow of cement export in 2010

国内发货地	收货国家或地区	出口数量（吨）	数量增长率（%）	出口金额（万美元）	金额增长率（%）	金额比重（%）	年平均离岸价格(美元/吨)
天津市其他地区	尼日尔	4 492	–	71	–	0.14	158.40
山东烟台	马达加斯加	13 910	-7.39	70	0.39	0.14	50.39
山东龙口	民主刚果	13 740	–	69	–	0.14	50.15
天津塘沽区	泰国	1 077	1 141.13	68	1 113.29	0.14	635.51
山东日照	菲律宾	10 020	902.00	68	1 225.37	0.14	67.46
江苏苏州张家港	美国	12 120	-40.19	65	-34.92	0.13	54.00
天津塘沽区	中国台湾	1 021	-5.10	64	-4.30	0.13	629.07
山东日照	多哥	13 250	–	64	–	0.13	48.00
江苏南通	喀麦隆	12 884	-67.79	62	-70.03	0.12	48.00
江苏无锡	民主刚果	11 000	–	60	–	0.12	54.49
吉林白山	朝鲜	14 904	-10.89	59	-5.92	0.12	39.67
河北省其他地区	韩国	5 388	-26.99	56	-23.30	0.11	104.68
山东龙口	马达加斯加	11 500	52.24	54	43.80	0.11	47.34
山东龙口	莫桑比克	12 000	–	54	–	0.11	45.33
山东青岛	民主刚果	11 000	–	53	–	0.11	48.04
江苏苏州张家港	纳米比亚	10 000	–	52	–	0.11	52.10
天津塘沽区	荷兰	1 299	-6.78	52	-24.45	0.10	399.10
江苏镇江	喀麦隆	16 350	908.26	51	641.70	0.10	31.44
山东龙口	利比里亚	10 000	-45.95	50	-50.41	0.10	50.00
山东龙口	科摩罗	11 000	5.79	49	0.40	0.10	44.85
山东烟台	加纳	10 000	–	49	–	0.10	48.80
新疆乌鲁木齐	蒙古	7 082	7.78	48	-8.84	0.10	68.33
江苏无锡	刚果	12 000	-95.15	48	-95.19	0.10	40.00
山东枣庄	肯尼亚	7 992	-48.97	48	-44.77	0.10	59.99
天津塘沽区	新加坡	722	34.47	47	33.41	0.09	647.66
宁夏回族自治区其他地区	蒙古	4 300	–	46	–	0.09	106.08
江苏南通	东帝汶	5 426	–	45	–	0.09	83.35
新疆哈密	蒙古	4 103	13 576.67	45	24 280.47	0.09	109.51
北京宣武	安哥拉	10 010	33 266.67	45	9 838.22	0.09	44.68
山东临沂	俄罗斯联邦	7 950	–	45	–	0.09	56.16
江苏南通	马约特岛	8 150	–	43	–	0.09	53.00
北京东城	吉尔吉斯斯坦	7 091	595.20	43	535.99	0.09	60.20
河南郑州	泰国	1 495	-3.02	43	-7.41	0.09	285.19
山西阳泉	俄罗斯联邦	3 420	97.57	42	147.42	0.08	122.72
湖北荆门	菲律宾	4 070	32.65	41	31.11	0.08	99.77
江苏南通	马达加斯加	8 000	–	40	–	0.08	49.50

2-8-5　2010 年水泥出口主要流向

2-8-5　Main flow of cement export in 2010

国内发货地	收货国家或地区	出口数量（吨）	数量增长率（%）	出口金额（万美元）	金额增长率（%）	金额比重（%）	年平均离岸价格（美元/吨）
江苏苏州张家港	俄罗斯联邦	7 986	127.91	39	115.32	0.08	49.13
四川成都	土库曼斯坦	4 901	-65.95	38	-70.99	0.08	78.15
吉林延边	朝鲜	6 351	16.45	38	33.15	0.08	59.41
山西阳泉	菲律宾	2 588	-	38	-	0.08	145.76
安徽马鞍山	莫桑比克	5 000	-58.34	37	-33.77	0.08	74.73
山东临沂	刚果	10 000	-	36	-	0.07	36.49
浙江湖州	埃塞俄比亚	5 000	-	33	-	0.07	65.00
山东省其他地区	叙利亚	3 000	-	32	-	0.06	105.59
新疆乌鲁木齐	塔吉克斯坦	4 267	-15.29	31	-5.94	0.06	73.51
广西贵港市	越南	4 800	-24.05	31	-30.19	0.06	63.83
山东龙口	赤道几内亚	6 000	-52.00	30	-47.52	0.06	50.57
天津塘沽区	马来西亚	452	377.78	28	376.10	0.06	623.58
四川乐山	哈萨克斯坦	635	-	28	-	0.06	439.61
上海市其他地区	利比亚	5 000	-	27	-	0.05	54.16
云南思茅	老挝	4 800	39.53	27	40.04	0.05	55.85
山东临沂	朝鲜	5 000	-	27	-	0.05	53.50
河南郑州	伊朗	890	10.56	26	0.81	0.05	292.49
天津塘沽区	英国	432	-	26	-	0.05	601.55
内蒙乌兰察布	蒙古	4 914	-74.45	25	-78.84	0.05	51.85
新疆克孜	吉尔吉斯斯坦	5 062	273.01	25	258.51	0.05	50.17
天津东丽区	俄罗斯联邦	960	-	25	-	0.05	256.63
上海宝山	巴布亚新几内亚	4 002	-	24	-	0.05	61.03
山东烟台	厄立特里亚	4 000	-	24	-	0.05	60.00
安徽马鞍山	澳大利亚	4 630	2.89	24	3.20	0.05	51.15
河南省其他地区	韩国	960	41.18	23	38.80	0.05	243.69
河南郑州	马来西亚	912	-	22	-	0.04	237.07
广西南宁	中国澳门	4 095	-68.31	21	-62.31	0.04	52.40
辽宁省其他地区	尼日尔	1 300	-43.48	21	-49.36	0.04	164.71
浙江义乌	纳米比亚	142	-	21	-	0.04	1 477.19
新疆乌鲁木齐	土库曼斯坦	1 904	228.24	21	162.88	0.04	108.92
内蒙阿拉善	蒙古	4 497	-13.14	20	-32.18	0.04	44.99
湖北荆门	埃塞俄比亚	2 700	575.00	20	631.52	0.04	74.78
山西省其他地区	菲律宾	850	466.67	20	442.97	0.04	236.86
辽宁营口	朝鲜	4 000	-	20	-	0.04	49.50
河南郑州	澳大利亚	713	4 653.33	20	4 515.20	0.04	276.72

2－9－1　2010年水泥熟料出口主要流向

2－9－1　Main flow of cement clinker export in 2010

国内发货地	收货国家或地区	出口数量（吨）	数量增长率（%）	出口金额（万美元）	金额增长率（%）	金额比重（%）	年平均离岸价格（美元/吨）
安徽安庆	孟加拉国	966 922	45.90	3 042	45.13	13.40	31.46
安徽安庆	中国台湾	717 298	9.59	2 290	7.34	10.09	31.92
安徽池州	澳大利亚	364 294	352.98	1 241	309.56	5.47	34.08
安徽铜陵	孟加拉国	287 721	518.70	941	553.07	4.15	32.72
安徽芜湖	孟加拉国	198 411	－62.89	649	－61.73	2.86	32.72
安徽池州	埃及	185 607	－	588	－	2.59	31.66
安徽铜陵	中国台湾	180 264	140.45	583	131.42	2.57	32.34
安徽芜湖	加纳	161 730	－	554	－	2.44	34.24
安徽芜湖	西班牙	168 896	－60.20	511	－62.24	2.25	30.23
安徽省其他地区	孟加拉国	161 925	17.10	505	16.24	2.22	31.16
安徽铜陵	印度	153 431	248.84	478	250.74	2.11	31.17
安徽铜陵	西班牙	146 662	－15.77	447	－19.81	1.97	30.50
安徽安庆	印度尼西亚	127 802	－	441	－	1.94	34.52
安徽铜陵	比利时	131 745	－	427	－	1.88	32.38
安徽池州	孟加拉国	125 873	－	418	－	1.84	33.20
安徽安庆	越南	104 735	－48.54	354	－47.09	1.56	33.76
安徽池州	中国台湾	105 270	－37.81	346	－39.42	1.52	32.86
安徽铜陵	肯尼亚	99 457	－	336	－	1.48	33.75
安徽芜湖	肯尼亚	87 600	5.57	300	4.92	1.32	34.29
安徽池州	加纳	83 080	－	289	－	1.27	34.75
安徽芜湖	贝宁	79 100	－	273	－	1.20	34.49
安徽安庆	澳大利亚	33 718	22.61	266	180.62	1.17	78.96
安徽安庆	巴西	79 132	1.31	265	4.66	1.17	33.49
安徽安庆	莫桑比克	81 449	－	265	－	1.17	32.53
安徽铜陵	菲律宾	77 122	－	255	－	1.12	33.04
安徽芜湖	中国台湾	75 141	－55.96	252	－56.03	1.11	33.53
安徽铜陵	巴西	70 039	－	238	－	1.05	34.00
安徽铜陵	秘鲁	66 096	－	233	－	1.03	35.25
广西贵港市	中国香港	66 434	－15.53	233	－14.90	1.02	35.01
安徽芜湖	比利时	72 519	－51.07	221	－55.03	0.97	30.50
贵州贵阳	法国	6 464	97.78	216	103.72	0.95	334.12
安徽池州	印度尼西亚	49 098	－	172	－	0.76	35.00
安徽芜湖	印度尼西亚	49 767	－	171	－	0.76	34.44
安徽芜湖	马来西亚	50 002	－	170	－	0.75	34.00
广东清远	吉布提	5 482	－80.22	166	－88.00	0.73	303.08

2-9-2　2010年水泥熟料出口主要流向

2-9-2　Main flow of cement clinker export in 2010

国内发货地	收货国家或地区	出口数量（吨）	数量增长率（%）	出口金额（万美元）	金额增长率（%）	金额比重（%）	年平均离岸价格（美元/吨）
贵州贵阳	土耳其	4 080	61.97	155	61.87	0.68	380.00
江苏镇江	印度尼西亚	49 552	-	145	-	0.64	29.25
安徽安庆	加纳	40 712	-	142	-	0.63	35.00
安徽芜湖	埃塞俄比亚	37 275	40.46	140	31.18	0.62	37.57
安徽安庆	比利时	45 275	-	138	-	0.61	30.50
贵州贵阳	加拿大	5 910	456.85	133	491.86	0.59	225.51
安徽安庆	秘鲁	37 520	-	133	-	0.59	35.50
安徽芜湖	秘鲁	37 403	-	133	-	0.59	35.50
安徽池州	坦桑尼亚	38 771	-	132	-	0.58	34.00
安徽池州	巴西	36 730	-	125	-	0.55	34.00
安徽池州	莫桑比克	37 600	-	124	-	0.55	33.00
安徽安庆	肯尼亚	39 199	-48.53	123	-53.01	0.54	31.50
安徽池州	肯尼亚	38 512	-	121	-	0.53	31.50
安徽池州	秘鲁	34 950	-	119	-	0.52	34.00
河南郑州	墨西哥	2 710	52.76	108	73.82	0.47	396.93
广东南海	印度尼西亚	11 114	-	99	-	0.43	88.74
广东番禺	印度尼西亚	11 086	-	98	-	0.43	88.52
安徽芜湖	印度	26 940	-88.16	88	-88.05	0.39	32.50
安徽安庆	印度	26 185	-86.07	85	-86.08	0.37	32.50
河南郑州	荷兰	3 216	17.29	84	18.07	0.37	260.75
安徽池州	塞拉利昂	24 000	-	83	-	0.36	34.50
安徽安庆	马来西亚	24 200	-	82	-	0.36	34.00
山东日照	巴西	20 486	1.91	81	18.40	0.36	39.50
安徽池州	菲律宾	24 012	-	80	-	0.35	33.30
安徽铜陵	尼日利亚	22 000	-	77	-	0.34	35.00
安徽省其他地区	比利时	25 183	-	77	-	0.34	30.50
安徽池州	越南	24 299	-	75	-	0.33	30.95
贵州贵阳	埃及	1 920	-	73	-	0.32	381.25
江苏镇江	孟加拉国	22 280	-	67	-	0.29	30.00
贵州贵阳	墨西哥	1 825	-22.90	66	-26.31	0.29	363.25
河南省其他地区	韩国	2 331	-14.41	66	-6.56	0.29	283.64
安徽铜陵	越南	21 488	-	65	-	0.29	30.42
河南省其他地区	美国	2 999	-	61	-	0.27	205.00
贵州贵阳	印度	2 136	105.98	58	81.03	0.26	273.21
贵州贵阳	印度尼西亚	1 728	9.09	58	9.09	0.26	337.00

2-9-3　2010年水泥熟料出口主要流向

2-9-3　Main flow of cement clinker export in 2010

国内发货地	收货国家或地区	出口数量（吨）	数量增长率（%）	出口金额（万美元）	金额增长率（%）	金额比重（%）	年平均离岸价格（美元/吨）
贵州贵阳	越南	1 447	52.27	56	52.27	0.25	390.00
广东番禺	马来西亚	6 021	-23.05	53	-22.63	0.23	87.90
江苏镇江	斯里兰卡	17 039	-	53	-	0.23	31.00
山西省其他地区	美国	4 301	-	50	-	0.22	116.00
河南省其他地区	瑞典	1 644	24.92	49	34.85	0.22	300.96
河南省其他地区	葡萄牙	3 034	326.12	46	326.12	0.20	150.00
吉林延边珲春	朝鲜	12 499	111.49	45	104.90	0.20	35.91
河南省其他地区	西班牙	2 064	127.81	44	181.23	0.19	212.42
广东珠海	中国香港	7 749	-	43	-	0.19	55.79
安徽池州	利比里亚	10 544	-	36	-	0.16	34.50
广东南海	马来西亚	3 951	-	35	-	0.15	88.40
广西贵港市	越南	3 830	40.21	32	61.34	0.14	83.85
广东广州	阿拉伯联合酋长国	2 855	-	25	-	0.11	87.66
河南省其他地区	荷兰	1 137	-	25	-	0.11	220.00
广东中山	印度尼西亚	2 709	-	24	-	0.11	88.64
广西南宁	越南	3 261	-44.82	24	-39.37	0.10	72.62
河南郑州	日本	874	-20.55	23	-20.84	0.10	264.15
安徽安庆	菲律宾	6 425	-73.84	22	-73.02	0.10	34.00
河南省其他地区	日本	810	710.00	21	599.83	0.09	257.04
天津市其他地区	中国香港	648	-	20	-	0.09	308.54
辽宁大连	马达加斯加	6 090	-	20	-	0.09	32.69
山东日照	马达加斯加	6 210	-	20	-	0.09	32.00
山西阳泉	韩国	1 920	-	19	-	0.08	100.06
上海市其他地区	沙特阿拉伯	32	-	19	-	0.08	5 857.04
江苏苏州张家港	中国台湾	5 520	-	18	-	0.08	32.00
贵州贵阳	伊朗	432	1 900.00	17	1 914.74	0.07	382.80
山东淄博	日本	263	5 150.80	16	328 950.00	0.07	626.67
河南洛阳	韩国	459	-	15	-	0.07	331.30
江苏南京	美国	75	-	12	-	0.05	1645.57
山东烟台	马达加斯加	4 100	-40.58	12	-35.74	0.05	29.95
广东广州	印度尼西亚	1 325	-	12	-	0.05	89.07
广东佛山	泰国	1 240	-	11	-	0.05	88.33
广东广州	中国香港	1 171	6 027.68	10	4 875.44	0.05	87.70
河北唐山	比利时	500	-	9	-	0.04	185.86
贵州贵阳	泰国	244	3 960.00	8	3 129.03	0.04	341.99

2-10-1 2010年水泥及水泥制品出口总表

2-10-1 General list of cement and cement product export in 2010

商品名称	数量(吨)	数量增长率(%)	金额(万美元)	金额增长率(%)
水泥	9 827 073	15.80	49 608	16.56
1. 白色硅酸盐水泥	86 801	34.85	829	19.53
2. 硅酸盐水泥	9 644 647	16.13	45 905	15.79
3. 铝酸盐水泥	52 138	43.32	2 329	31.94
4. 其他水泥	43 487	-46.28	545	19.65
水泥熟料	6 335 537	-11.08	22 699	-13.23
水泥建筑用砖及砌块	397 510	-5.31	3 073	-22.61
水泥砖瓦	121 884	-14.67	6 439	0.09
1. 人造石制砖、瓦、扁平石	83 264	5.68	5 326	4.91
2. 水泥或混凝土制砖、瓦、扁平石	38 621	-39.71	1 112	-17.96
水泥构件	969 373	15.92	12 036	9.50
1. 混凝土管、杆、板、桩等	385 862	-11.43	4 748	-16.82
2. 其他混凝土预制结构件	583 512	45.66	7 289	37.93
水泥轨枕	17 561	-37.23	175	-38.06
其他水泥制品	350 238	31.42	24 900	88.03
石棉水泥瓦楞板	6 910	-35.46	101	-51.36
石棉水泥片、板、砖、瓦	10 918	8.31	343	-41.79
石棉水泥管子及管子附件	116	-38.80	17	-29.75
其他石棉水泥制品	1 493	-77.57	97	-80.28
纤维素水泥瓦楞板	671	-9.98	14	-63.74
纤维素水泥片、板、砖、瓦	133 862	52.16	3 816	50.20
纤维素水泥管子及管子附件	384	127.16	13	16.69
其他纤维素水泥制品	16 172	7.27	1 041	6.58

2－10－2　2010 年水泥及水泥制品进口总表

2－10－2　General list of cement and cement product import in 2010

商　品　名　称	数量(吨)	数量增长率(%)	金额(万美元)	金额增长率(%)
水泥	823 110	17.13	3 873	16.03
1. 白色硅酸盐水泥	4 124	－25.91	166	－21.63
2. 硅酸盐水泥	810 272	17.49	3 115	20.43
3. 铝酸盐水泥	7 500	22.81	505	17.88
4. 其他水泥	1 214	－15.86	87	－21.70
水泥熟料	961 982	722.16	3 725	932.62
水泥建筑用砖及砌块	2 142	62.98	126	69.37
水泥砖瓦	13 294	16.31	1 674	24.19
1. 人造石制砖、瓦、扁平石	11 540	17.78	1 533	23.83
2. 水泥或混凝土制砖、瓦、扁平石	1 754	7.51	141	28.22
水泥构件	7 544	557.34	418	138.92
1. 混凝土管、杆、板、桩等	777	70.19	180	583.07
2. 其他混凝土预制结构件	6 766	879.29	238	60.10
水泥轨枕	0	－99.88	0	－99.78
其他水泥制品	11 971	80.36	1 101	71.15
石棉水泥瓦楞板	1	1 001.25	0	100.70
石棉水泥片、板、砖、瓦	345	－45.77	100	－47.76
石棉水泥管子及管子附件	4	－65.36	4	－76.02
其他石棉水泥制品	32	－66.86	28	－14.85
纤维素水泥瓦楞板	0	－4.76	0	－82.31
纤维素水泥片、板、砖、瓦	710	－41.45	145	－57.40
纤维素水泥管子及管子附件	0	148.65	2	2 132.80
其他纤维素水泥制品	47	23.63	78	2 715.10

2－11 历年水泥制品出口

2－11 Cement product export in past years

1992～2010年水泥制品
出口数量(万吨)

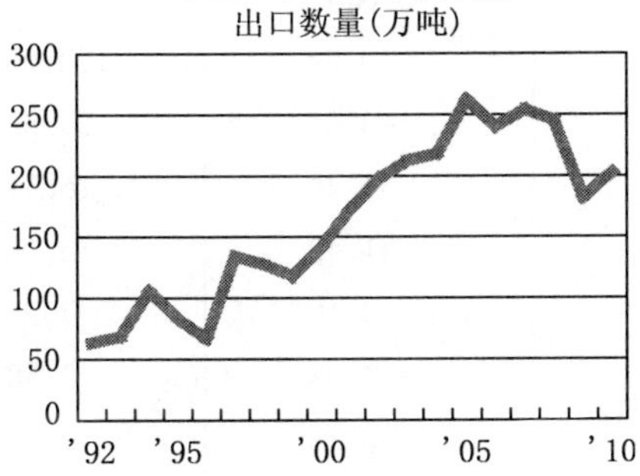

1992～2010年水泥砖瓦和构件
出口数量(万吨)

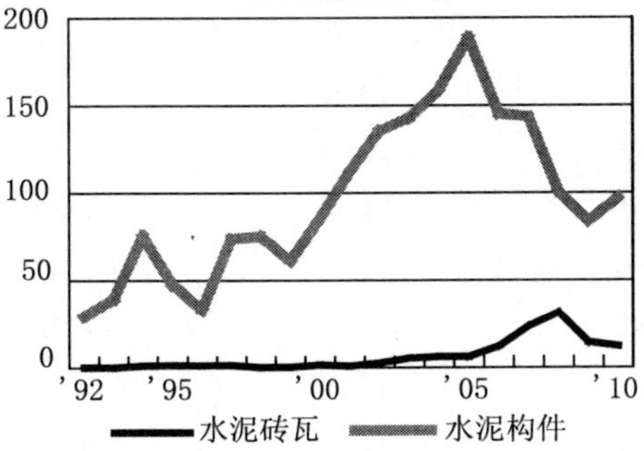

水泥制品出口

数量:吨 金额:万美元

年度	数量	增长率%	金额	增长率%
1995	831 766	－21.07	3 657	－23.31
2000	1 416 504	19.96	7 730	28.45
2005	2 620 528	20.09	24 102	36.90
2006	2 402 519	－8.32	28 436	17.98
2007	2 538 675	5.67	41 083	44.47
2008	2 457 528	－3.20	56 123	36.61
2009	1 824 997	－25.74	39 797	－29.09
2010	2 027 094	11.07	52 063	30.82

数量:吨 金额:万美元

年度	水泥砖瓦出口				水泥构件出口			
	数量	增长率%	金额	增长率%	数量	增长率%	金额	增长率%
1995	14 340	24.92	216	157.01	477 550	－36.77	1 758	－44.04
2000	15 004	317.59	106	40.11	853 373	39.66	4 900	21.22
2005	62 324	－0.82	2 192	40.64	1 885 622	18.71	12 766	27.76
2006	120 959	94.08	3 757	71.38	1 453 565	－22.91	11 181	－12.42
2007	235 710	94.87	7 418	97.43	1 434 333	－1.32	12 904	15.42
2008	314 537	33.44	14 110	90.23	1 007 295	－29.77	11 743	－9.00
2009	142 839	－54.59	6 432	－54.41	836 265	－16.98	10 992	－6.39
2010	121 884	－14.67	6 439	0.09	969 373	15.92	12 036	9.50

2－12　2010 年水泥砖瓦出口主要发货地

2－12　Main consignment location of cement block and tile export in 2010

数量:吨　金额:万美元

地　区	数量	增长%	金额	增长%	比重%
水泥砖瓦	121 884	－14.67	6 439	0.09	100.00
福建泉州	31 317	2.52	1 404	－0.65	21.80
广东云浮	12 418	64.74	1 050	31.44	16.31
广东佛山	12 271	10.72	848	31.42	13.16
广东深圳	9 602	－6.21	511	－0.19	7.94
广东广州	2 988	2.99	231	－2.88	3.58
浙江嘉兴	757	241.28	181	230.33	2.82
山东即墨	4 840	－16.27	159	－12.99	2.47
上海青浦	956	41.28	147	24.57	2.29
山东青岛	3 938	－5.76	141	－3.53	2.19
天津武清区	2 448	－3.22	138	3.29	2.14
山东威海	1 914	110.13	122	16.04	1.89
浙江杭州	2 076	4.67	95	14.63	1.47
江苏南京	1 023	－94.87	93	－78.29	1.45
辽宁大连	7 373	－53.31	91	－21.65	1.42
上海市其他地区	526	266.99	90	591.99	1.40
福建厦门	984	283.26	82	617.47	1.28
河北唐山	1 842	－31.12	67	－16.37	1.03
广东肇庆	540	286.11	59	42.59	0.92
江苏连云港	2 310	2.64	59	19.58	0.91
山东胶州	1 160	－17.85	42	－22.52	0.65
广东省其他地区	713	17.83	41	63.30	0.64
广东汕头	709	563.68	40	897.80	0.62
上海黄浦区	234	－46.74	35	－51.17	0.55
浙江义乌	176	－54.39	34	－40.98	0.53
浙江省其他地区	549	212.63	34	314.72	0.52
广东揭阳	253	－40.81	32	－38.66	0.50
山东烟台	1 385	－48.07	32	－49.06	0.49
浙江宁波	627	442.82	32	462.81	0.49
新疆乌鲁木齐	336	－37.38	31	－81.56	0.49
广东江门	182	28.48	29	245.51	0.46
天津市其他地区	1133	53.61	29	6.21	0.45
福建南平	287	0.00	24	0.00	0.37
广东惠州	466	1 972.50	24	3 514.64	0.37
广东南海	164	－75.17	22	－72.73	0.34
江西南昌	243	－	21	－	0.32
内蒙锡林郭勒二连浩特	3 186	14.39	20	8.09	0.32
江苏苏州	110	134.05	20	8.75	0.31
北京海淀	97	－50.36	19	172.68	0.29

2-13　2010年水泥构件出口主要发货地

2-13　Main consignment location of cement component export in 2010

数量:吨　金额:万美元

地　区	数量	增长%	金额	增长%	比重%
水泥构件	969 373	15.92	12 036	9.50	100.00
广东深圳	262 830	-4.46	2 509	-24.06	20.85
广东东莞	243 685	69.59	2 460	77.60	20.44
北京东城	27 640	182.89	814	640.81	6.76
浙江嘉兴	8 177	85.80	742	63.96	6.17
广东中山	92 859	85.18	629	118.77	5.23
广东惠州	36 017	21.49	499	-31.41	4.15
广东江门	35 047	1 451.91	397	2 887.36	3.30
山东烟台	9 732	1 407.64	334	13 498.86	2.78
广东顺德	11 172	-53.56	304	-58.31	2.53
江苏南京	15 096	238.72	285	292.95	2.37
广东番禺	55 069	122.12	279	196.39	2.32
福建泉州	6 492	-17.32	263	27.24	2.18
广东广州	24 328	-61.02	254	-66.81	2.11
江苏苏州昆山	1 999	159.63	211	143.43	1.75
上海奉贤	18 594	-81.31	200	-79.94	1.66
辽宁大连	8 346	-3.60	200	9.34	1.66
河北沧州	8 721	118.37	192	122.03	1.60
上海浦东	14 013	3 997.04	157	1 029.96	1.31
广东珠海	15 821	9.44	125	-38.32	1.04
上海闵行区	1 507	-2.99	123	20.79	1.02
上海市其他地区	12 149	484.31	123	243.77	1.02
山东龙口	4 682	-	119	-	0.99
江苏南通	10 043	-	116	-	0.97
上海宝山	6 729	-41.70	82	-41.51	0.68
湖北武汉	2 644	24.87	70	23.01	0.58
江苏无锡	2 621	52.46	63	41.31	0.52
浙江宁波	5 300	-	45	-	0.37
福建厦门	4 528	29 207.78	44	2 326.16	0.37
上海南汇	1 726	-37.01	36	-58.47	0.30
北京西城	825	217.58	33	455.65	0.27

2－14 2010 年水泥砖瓦出口主要收货地

2－14 Main destination location of cement block and tile export in 2010

数量:吨 金额:万美元

国家或地区	数量	增长%	金额	增长%	比重%
水泥砖瓦	121 884	－14.67	6 439	0.09	100.00
美国	8 094	35.04	959	20.01	14.89
日本	13 108	－41.67	734	－5.22	11.39
韩国	18 321	－31.97	672	－3.50	10.44
印度	7 242	－14.89	360	－12.12	5.60
中国香港	10 566	24.39	328	－3.46	5.10
英国	4 354	53.71	290	81.64	4.50
加拿大	2 796	79.81	266	45.79	4.14
泰国	2 986	25.58	237	95.74	3.68
希腊	4 150	－27.75	184	－25.69	2.86
中国台湾	5 550	－51.32	172	－43.77	2.67
西班牙	2 732	5.12	160	47.98	2.49
比利时	2 162	457.85	136	671.22	2.12
马来西亚	2162	0.45	136	－7.80	2.11
巴西	2 959	131.99	134	105.17	2.09
黎巴嫩	2 891	33.58	128	25.64	1.98
澳大利亚	1 487	－37.79	92	－32.22	1.43
土耳其	2 070	88.41	91	64.47	1.42
新加坡	1 548	－58.13	74	－48.43	1.14
伊朗	1 441	－25.95	66	－32.84	1.02
荷兰	1 332	6.90	63	－16.46	0.97
菲律宾	1 147	41.99	57	196.74	0.89
沙特阿拉伯	1 305	－18.48	56	－57.57	0.87
塞浦路斯	925	54.81	54	73.49	0.84
意大利	966	8.96	54	31.95	0.83
哈萨克斯坦	371	－44.56	51	－74.35	0.80
德国	880	67.20	51	52.39	0.78
俄罗斯联邦	446	－82.24	47	－62.04	0.73
越南	840	40.57	45	71.44	0.70
以色列	739	8.23	45	18.41	0.70
阿拉伯联合酋长国	537	－78.95	40	－73.53	0.62
巴布亚新几内亚	1 355	7.56	39	－26.04	0.61
安哥拉	878	－57.28	37	－33.20	0.57
蒙古	3 884	33.55	31	38.30	0.48
墨西哥	408	144.56	27	116.04	0.43
葡萄牙	399	－12.21	24	－22.78	0.38
尼日利亚	440	198.71	24	210.43	0.37
秘鲁	258	2 054.80	24	954.12	0.37
法国	324	40.53	21	58.08	0.33
朝鲜	318	－4.82	20	－5.64	0.31
坦桑尼亚	360	8.77	20	－49.15	0.31
卡塔尔	267	117.99	20	107.22	0.30
巴基斯坦	516	140.14	18	10.43	0.28
波多黎各	93	－41.08	16	－10.51	0.25
南非	136	－86.35	16	－41.27	0.24

2-15 2010年水泥构件出口主要收货地

2-15 Main destination location of cement component export in 2010

数量:吨 金额:万美元

国家或地区	数量	增长%	金额	增长%	比重%
水泥构件	969 373	15.92	12 036	9.50	100.00
中国香港	672 616	26.23	6 682	9.10	55.52
澳大利亚	47 853	231.77	1 359	497.53	11.29
日本	28 305	-9.03	1 217	22.33	10.11
中国澳门	55 163	25.87	376	-18.22	3.12
新喀里多尼亚	47 201	-	334	-	2.78
缅甸	19 788	2 492.10	200	3 746.41	1.66
阿拉伯联合酋长国	7 298	87.69	181	-32.61	1.50
菲律宾	9 610	-62.01	175	-8.96	1.46
荷兰	1 632	214.42	175	193.89	1.45
韩国	6 960	280.13	147	70.80	1.22
美国	3 308	56.05	145	10.60	1.20
马来西亚	13 374	-86.46	134	-86.32	1.12
伊朗	10 243	1 318.01	121	856.16	1.00
文莱	10 975	1 959 764.29	109	607 137.43	0.90
中国台湾	5 576	46.54	99	46.95	0.82
新西兰	5 372	308.21	95	323.79	0.79
尼日利亚	2 383	5 684.37	74	17 807.55	0.61
蒙古	6 337	-18.71	61	-58.25	0.51
西班牙	2 646	-12.97	58	-11.56	0.48
新加坡	2 502	116.07	55	43.27	0.46
土库曼斯坦	790	344.46	28	223.75	0.23
乌克兰	1 362	107.41	25	83.94	0.21
塔吉克斯坦	352	1.23	17	-33.03	0.14
老挝	467	282.96	11	508.20	0.09
泰国	454	1 259.02	10	189.24	0.09
印度	791	28.23	10	-11.30	0.08
尼日尔	320	-	10	-	0.08
哈萨克斯坦	1 045	-19.75	9	-82.35	0.07
马尔代夫	591	-	8	-	0.07
加拿大	92	-14.59	7	54.47	0.06
所罗门群岛	221	-22.85	7	-30.66	0.06
卡塔尔	133	426.94	7	673.60	0.05
巴基斯坦	597	-93.26	6	-93.98	0.05
德国	257	22.33	6	-7.05	0.05
南非	113	133.36	5	59.42	0.04
刚果	36	-36.18	5	-29.91	0.04
多米尼加共和国	103	-	5	-	0.04
丹麦	66	-53.77	5	-57.53	0.04
越南	92	-99.80	5	-99.25	0.04
沙特阿拉伯	231	809.77	5	157.44	0.04
俄罗斯联邦	54	-87.95	4	-90.46	0.03

2-16-1　2010年水泥砖瓦出口主要流向

2-16-1　Main flow of cement block and tile export in 2010

数量:吨　金额:万美元

国内发货地	收货国家或地区	出口数量（吨）	数量增长率（%）	出口金额（万美元）	金额增长率（%）	金额比重（%）	年平均离岸价格（美元/吨）
广东深圳	美国	1 140	136.06	269	324.19	4.18	2 359.46
广东云浮	美国	2 364	2.98	209	-45.31	3.24	883.28
浙江嘉兴	日本	657	803.21	176	280.59	2.73	2 670.43
福建泉州	希腊	4 053	-28.74	175	-28.55	2.72	432.13
山东即墨	韩国	4 840	-15.35	159	-9.46	2.47	329.10
福建泉州	印度	3 315	-28.05	150	-29.35	2.33	451.92
广东云浮	韩国	1 779	574.26	147	707.62	2.28	824.19
广东佛山	印度	2 508	5.43	139	39.09	2.16	555.07
天津武清区	日本	2 375	-6.09	136	2.09	2.11	572.23
广东佛山	中国香港	1 578	19.31	131	146.01	2.03	826.95
山东威海	韩国	1 914	110.13	122	16.04	1.89	636.47
上海青浦	美国	710	118.19	109	96.90	1.69	1 530.19
福建泉州	巴西	2 465	151.40	98	123.98	1.52	397.75
福建泉州	中国台湾	2 069	-33.51	91	-35.39	1.41	437.63
广东云浮	泰国	688	248.05	91	762.85	1.41	1 315.68
广东云浮	马来西亚	1 297	716.04	89	1 747.29	1.39	688.26
福建泉州	黎巴嫩	2 030	-2.06	89	-2.25	1.38	438.93
福建泉州	英国	1 875	-6.75	87	-12.75	1.35	464.76
福建泉州	美国	946	-31.28	87	-11.48	1.35	920.84
江苏南京	美国	525	62.27	80	83.56	1.24	1 516.16
广东云浮	英国	777	705.98	79	731.35	1.23	1 017.69
山东青岛	韩国	2 311	-6.25	79	-3.10	1.22	340.03
福建泉州	比利时	1 692	572.05	76	545.97	1.18	447.38
广东佛山	英国	941	692.39	74	504.62	1.15	789.79
广东佛山	泰国	1 207	-17.37	73	-9.19	1.13	603.37
广东云浮	加拿大	535	20.57	72	4.55	1.12	1 349.70
辽宁大连	日本	3 762	-0.45	71	19.65	1.10	187.90
广东深圳	中国香港	4 858	8.24	66	-31.98	1.02	135.37
福建泉州	土耳其	1 309	45.76	63	41.55	0.98	482.70
福建厦门	美国	647	1 033.60	63	969.19	0.97	965.61
福建泉州	伊朗	1 357	-11.86	61	-8.63	0.95	452.08
上海市其他地区	日本	320	1 062.07	61	2 096.48	0.94	1 890.63
广东深圳	加拿大	217	17.57	60	-9.25	0.94	2 780.20
江苏连云港	日本	2 310	2.76	59	21.17	0.91	254.04
福建泉州	西班牙	1 704	-17.36	57	-29.00	0.89	336.10
广东云浮	澳大利亚	661	12.45	54	-4.95	0.83	810.37
广东佛山	加拿大	683	1 101.97	51	954.18	0.80	752.81
广东云浮	比利时	392	-	51	-	0.80	1 306.24

2－16－2　2010 年水泥砖瓦出口主要流向

2－16－2　Main flow of cement block and tile export in 2010

数量:吨　金额:万美元

国内发货地	收货国家或地区	出口数量（吨）	数量增长率（%）	出口金额（万美元）	金额增长率（%）	金额比重（%）	年平均离岸价格(美元/吨)
广东佛山	西班牙	446	13 904.49	49	13 099.81	0.76	1 091.24
广东云浮	西班牙	449	428.02	47	298.82	0.74	1 053.93
福建泉州	荷兰	1 101	14.86	47	11.99	0.73	427.52
广东云浮	中国香港	816	－44.87	47	－56.49	0.73	571.87
山东胶州	韩国	1 160	－17.85	42	－22.52	0.65	362.44
浙江杭州	日本	855	－21.95	42	－28.49	0.65	486.71
山东青岛	日本	936	－16.24	41	－5.75	0.64	438.28
河北唐山	巴布亚新几内亚	1 353	30.81	39	－11.10	0.60	287.58
广东佛山	美国	335	112.56	36	56.96	0.56	1 085.87
上海黄浦区	日本	234	－46.51	35	－51.00	0.55	1 512.70
浙江杭州	加拿大	652	4 191.30	34	4 695.78	0.53	525.69
广东肇庆	韩国	399	－	34	－	0.53	853.77
福建泉州	塞浦路斯	640	22.78	33	28.20	0.51	515.77
福建泉州	新加坡	772	161.22	33	138.93	0.51	421.48
广东云浮	印度	586	－36.98	32	－41.60	0.50	549.10
新疆乌鲁木齐	哈萨克斯坦	90	－81.65	29	－82.33	0.45	3 229.27
广东江门	泰国	160	50.66	28	360.28	0.43	1 718.17
福建泉州	意大利	632	21.64	27	38.06	0.41	421.30
广东佛山	日本	179	－14.97	27	19.61	0.41	1 482.51
广东揭阳	美国	176	－54.66	26	－48.10	0.40	1 463.48
河北唐山	日本	340	53.98	24	42.93	0.38	717.46
广东佛山	德国	308	886.27	24	501.80	0.38	789.69
广东惠州	泰国	210	－	22	－	0.34	1 044.93
山东烟台	韩国	1 142	－54.68	22	－60.58	0.34	191.58
广东汕头	中国香港	337	535.58	22	1 089.44	0.33	638.51
广东广州	越南	275	－15.59	21	37.06	0.33	779.88
福建泉州	德国	490	24.04	21	－1.67	0.33	430.65
江西南昌	哈萨克斯坦	241	－	21	－	0.32	853.19
内蒙锡林郭勒二连浩特	蒙古	3 186	14.39	20	8.09	0.32	63.96
广东肇庆	中国香港	51	－40.14	19	－40.22	0.30	3 736.94
广东广州	俄罗斯联邦	104	－13.09	19	－25.48	0.29	1 805.54
天津塘沽区	中国台湾	747	－63.59	18	－62.95	0.28	239.91
福建泉州	以色列	378	40.96	17	34.21	0.27	460.49
广东云浮	黎巴嫩	504	－	17	－	0.26	338.27
上海市其他地区	美国	49	1 445.00	17	2 086.99	0.26	3 479.21
广东佛山	巴西	193	239.55	17	321.00	0.26	876.86
辽宁沈阳	朝鲜	201	8.40	17	15.03	0.26	831.94

2－17 2010年水泥构件出口主要流向

2－17 Main flow of cement component export in 2010

数量：吨 金额：万美元

国内发货地	收货国家或地区	出口数量（吨）	数量增长率（%）	出口金额（万美元）	金额增长率（%）	金额比重（%）	年平均离岸价格（美元/吨）
广东东莞	中国香港	243 642	71.05	2 444	81.79	20.30	100.30
广东深圳	中国香港	231 728	－12.67	2 322	－28.09	19.29	100.21
北京东城	澳大利亚	27 044	2 743.73	808	5 766.41	6.71	298.73
浙江嘉兴	日本	5 038	76.95	608	70.68	5.05	1 206.66
广东惠州	中国香港	36 017	21.49	499	－31.41	4.15	138.53
广东江门	中国香港	33 490	33 696.75	392	5 550.58	3.26	117.04
广东中山	新喀里多尼亚	47 133	－	334	－	2.77	70.84
山东烟台	澳大利亚	9 365	－	333	－	2.76	355.15
广东番禺	中国香港	55 012	123.94	274	265.86	2.28	49.84
广东顺德	中国香港	9 294	－55.31	256	－47.71	2.13	275.53
广东中山	中国香港	38 499	3.00	244	118.37	2.03	63.47
福建泉州	日本	5 539	－29.31	242	17.48	2.01	437.23
广东广州	中国香港	23 790	97.90	234	97.26	1.95	98.40
辽宁大连	日本	8 346	－3.34	200	9.85	1.66	239.10
广东深圳	中国澳门	31 027	222.62	184	162.70	1.53	59.42
江苏苏州昆山	荷兰	1 632	218.77	175	195.05	1.45	1 070.35
上海浦东	缅甸	13 505	－	144	－	1.19	106.36
浙江嘉兴	美国	3 139	102.03	134	39.18	1.12	428.36
上海奉贤	马来西亚	13 310	－86.52	132	－86.51	1.10	99.39
广东珠海	中国澳门	15 789	11.27	125	－26.29	1.04	79.28
山东龙口	菲律宾	4 682	－	119	－	0.99	255.21
江苏南通	伊朗	10 043	－	116	－	0.97	115.99
河北沧州	阿拉伯联合酋长国	4 604	－	106	－	0.88	230.58
江苏南京	新西兰	5 318	304.10	94	319.44	0.78	177.17
上海闵行区	韩国	989	8.95	86	41.99	0.71	870.40
上海宝山	澳大利亚	6 729	－41.70	82	－41.51	0.68	121.87
上海市其他地区	文莱	7 467	－	74	－	0.61	98.90
江苏南京	尼日利亚	2 369	－	73	－	0.61	310.10
江苏无锡	中国台湾	2 586	50.44	62	39.28	0.52	240.77
河北沧州	西班牙	2 646	－12.97	58	－11.56	0.48	219.63
江苏南京	日本	2 985	717.39	58	605.02	0.48	192.88
广东中山	中国澳门	6 784	－45.11	46	－65.58	0.38	67.13
浙江宁波	韩国	5 300	－	45	－	0.37	84.53
福建厦门	菲律宾	4 311	－	42	－	0.35	97.05
上海南汇	日本	1 726	－37.01	36	－58.47	0.30	208.30
江苏苏州昆山	澳大利亚	356	45.02	36	41.80	0.30	1 007.88
上海奉贤	文莱	3 508	－	35	－	0.29	99.32
广东顺德	新加坡	1 595	－	33	－	0.28	208.35
上海市其他地区	缅甸	3 236	－	31	－	0.25	94.45
北京西城	土库曼斯坦	790	－	28	－	0.23	351.01
河北沧州	乌克兰	1 362	107.41	25	83.94	0.21	185.89
江苏南京	中国台湾	2 433	32.44	25	38.82	0.21	103.57

出厂价格

Ex – factory price

3 –1 全国通用水泥产品平均出厂价格变动趋势

3 –1 Floating trend of average nationwide ex-factory price of cement Product

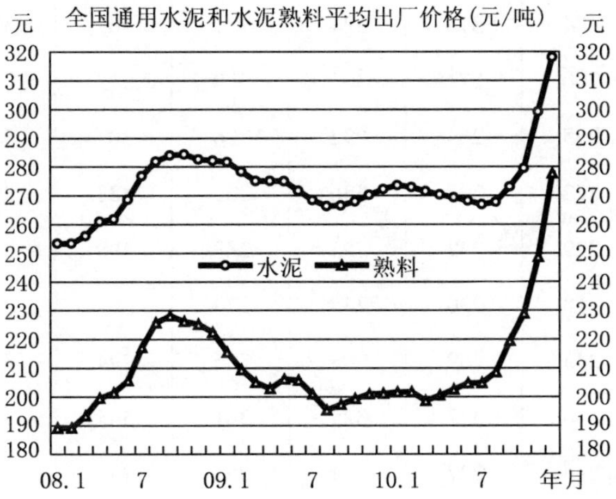

全国通用水泥和水泥熟料平均出厂价格

(元/吨)

年 月	水泥	水泥熟料
2009 年 01 月	282	215
02 月	278	209
03 月	275	205
04 月	275	203
05 月	275	206
06 月	272	206
07 月	268	201
08 月	266	195
09 月	267	197
10 月	268	199
11 月	270	201
12 月	272	201
2010 年 01 月	274	202
02 月	273	202
03 月	271	199
04 月	270	201
05 月	269	203
06 月	268	205
07 月	267	205
08 月	268	209
09 月	273	219
10 月	279	229
11 月	299	249
12 月	318	278

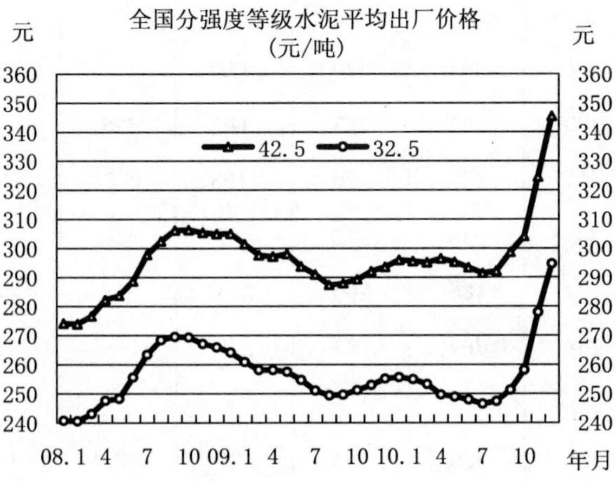

全国分强度等级水泥平均出厂价格

(元/吨)

年 月	32.5	42.5
2009 年 01 月	264	305
02 月	261	301
03 月	258	298
04 月	258	297
05 月	257	298
06 月	255	294
07 月	251	291
08 月	249	287
09 月	250	288
10 月	251	289
11 月	253	292
12 月	255	294
2010 年 01 月	256	296
02 月	255	296
03 月	253	295
04 月	250	296
05 月	249	295
06 月	248	293
07 月	246	291
08 月	247	292
09 月	251	299
10 月	258	304
11 月	278	325
12 月	295	345

3 –2 历年12月份全国水泥平均出厂价格

3 –2 Average nationwide ex-factory price of cement in December over past years

元/吨

品种规格	2002 年	2003 年	2004 年	2005 年	2006 年	2007 年	2008 年	2009 年	2010 年
通用硅酸盐水泥(注 1、2)	213	237	224	226	239	248	282	272	318
其中:强度等级 32.5 水泥	204	227	212	215	227	236	266	255	295
强度等级 42.5 水泥	226	254	243	246	259	268	305	294	345
强度等级 52.5 水泥	277	300	291	294	315	324	371	362	395
硅酸盐水泥(P·Ⅰ或 P·Ⅱ)	250	271	276	260	271	305	329	312	368
强度等级 42.5 水泥	228	248	257	255	264	292	326	307	362
强度等级 52.5 水泥	305	331	340	272	297	336	335	323	391
普通硅酸盐水泥(P·O)	216	242	226	229	242	253	288	298	347
强度等级 32.5 水泥	208	233	215	218	230	243	274		
强度等级 42.5 水泥	227	257	242	245	259	268	306	294	344
强度等级 52.5 水泥	262	290	295	310	327	325	381	365	388
矿渣硅酸盐水泥(注 3)	203	213	214	215	222	224	257	248	275
强度等级 32.5 水泥	198	211	209	209	217	218	246	239	266
强度等级 42.5 水泥	212	221	233	237	238	245	284	270	296
强度等级 52.5 水泥	283	284	225	233	243	294	393	630	630
粉煤灰硅酸盐水泥(P·F)	136	171	178	192	203	225	242	242	254
复合硅酸盐水泥(P·C)	205	234	210	213	233	231	262	261	307
强度等级 32.5 水泥	185	216	195	199	210	211	237	258	300
强度等级 42.5 水泥	248	287	256	266	289	285	312	307	372
专用水泥									
白色硅酸盐水泥	368	360	383	386	393	420	485	467	485
抗硫酸盐硅酸盐水泥	266	314	293	290	297	293	348	378	400
快硬高强铝酸盐水泥	658		346	457	521	800	1198	1147	909
快硬硫铝酸盐水泥	355	365	344	345	338	372	467	440	443
砌筑水泥(M)	171	182	179	182	186	200	223	218	242
道路硅酸盐水泥	230	270	259	268	269	283	275		315
特性水泥									
低碱度硫铝酸盐水泥	322	341	334	321	330	332	405	389	390
硅酸盐水泥熟料	148	170	164	168	183	189	222	201	278

注:1. 通用硅酸盐水泥含 R 型;

2. 通用硅酸盐水泥平均价格不含西藏、新疆地区;

3. 矿渣硅酸盐水泥(P·S·A 或 P·S·B)。

3－3　省区市通用水泥平均出厂价格

3－3　Average ex-factory price of cement commonly used in each province, region and city

2009年12月省区市水泥平均出厂价格对比

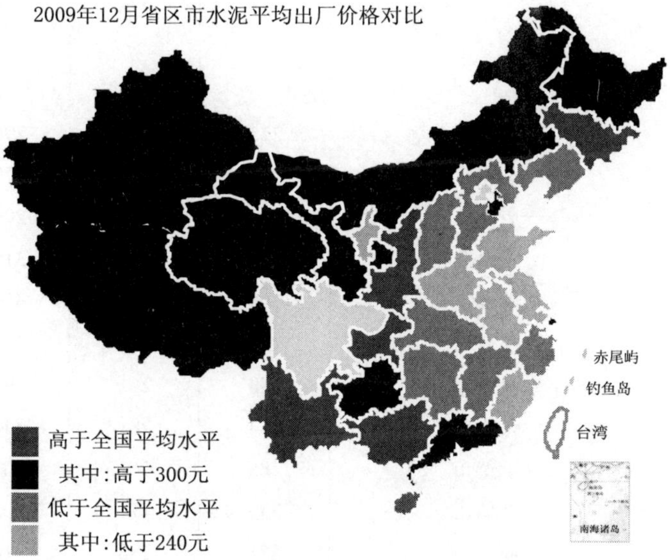

2010年12月省区市水泥平均出厂价格对比

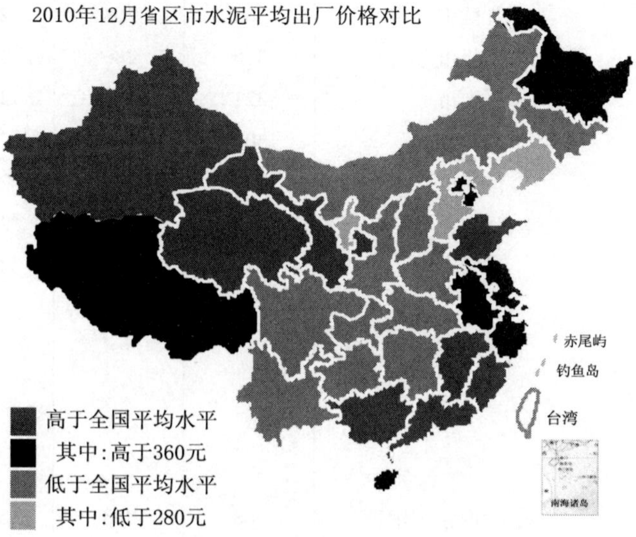

元/吨

省区市	2009年12月	2010年12月
全　国	272	318
北　京	292	362
天　津	278	321
河　北	241	275
山　西	269	290
内蒙古	306	302
辽　宁	254	253
吉　林	284	282
黑龙江	335	368
上　海	249	447
江　苏	230	398
浙　江	245	394
安　徽	235	377
福　建	233	329
江　西	266	344
山　东	228	320
河　南	226	296
湖　北	252	304
湖　南	269	300
广　东	312	358
广　西	283	324
海　南	353	428
重　庆	273	291
四　川	332	295
贵　州	335	288
云　南	276	311
西　藏	603	605
陕　西	285	290
甘　肃	333	343
青　海	348	348
宁　夏	301	280
新　疆	337	352

3－4　2010年末华北地区水泥平均出厂价格

3－4　Average ex-factory price of cement of north China at the end of 2010

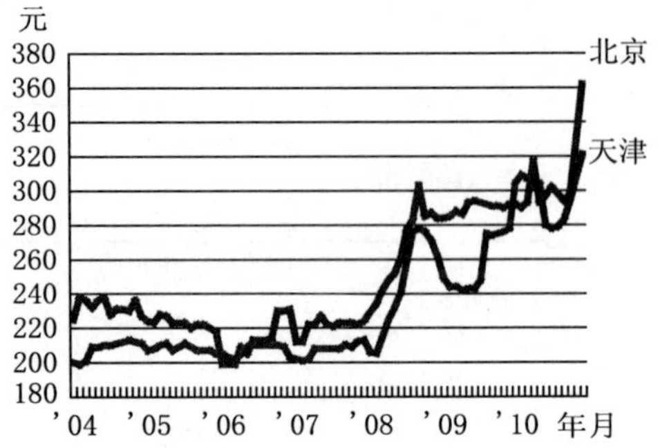

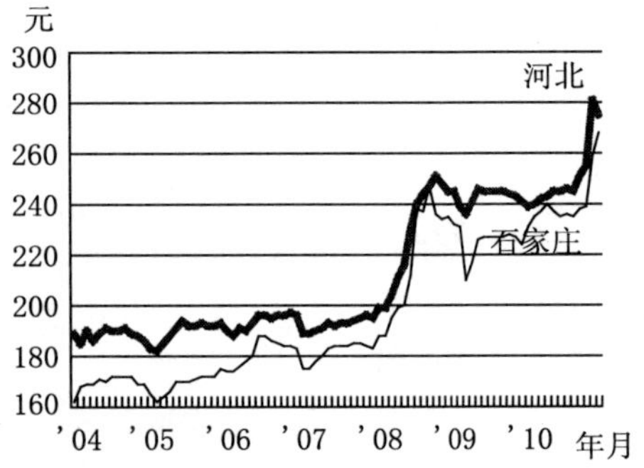

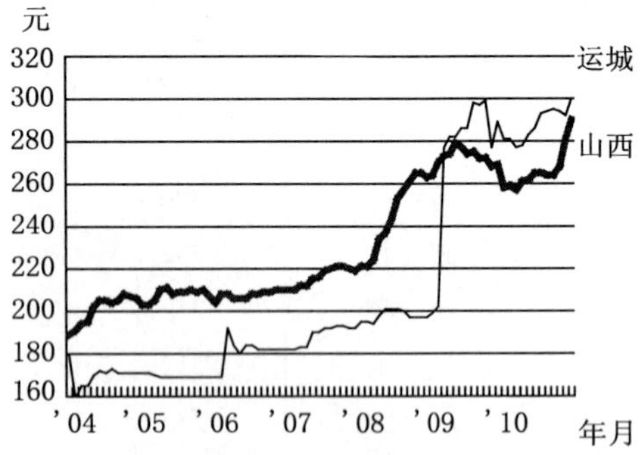

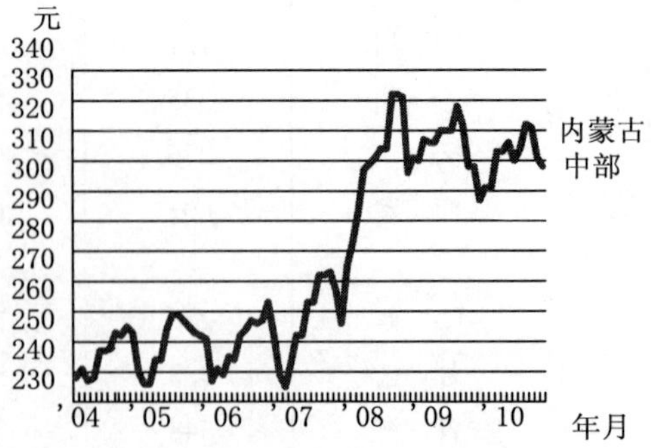

元/吨

地区名称	平均价格	其中:强度等级	
		32.5	42.5
北京市	362	315	349
天津市	321	226	305
河北省	275	251	296
石家庄市	268	229	270
唐山市	248	214	279
秦皇岛市	274	235	318
邯郸市	304	235	359
邢台市	300	240	270
保定市	258	261	293
张家口市	264	281	344
承德市	285	261	303
廊坊市	339	171	303
衡水市	281	283	310
山西省	290	271	301
太原市	324	256	312
大同市	282	255	310
阳泉市	321	274	321
长治市	307	268	297
晋城市	305	268	275
朔州市	310	286	340
晋中市	321	284	338
运城市	300	207	249
忻州市	235	320	260
临汾市	222	247	262
吕梁市	320	275	342
内蒙古中部	308	268	316
呼和浩特市	277	264	322
包头市	322	240	316
乌兰察布市	314	305	350

3－5 2010年末东北地区水泥平均出厂价格

3－5 Average ex-factory price of cement of northeast China at the end of 2010

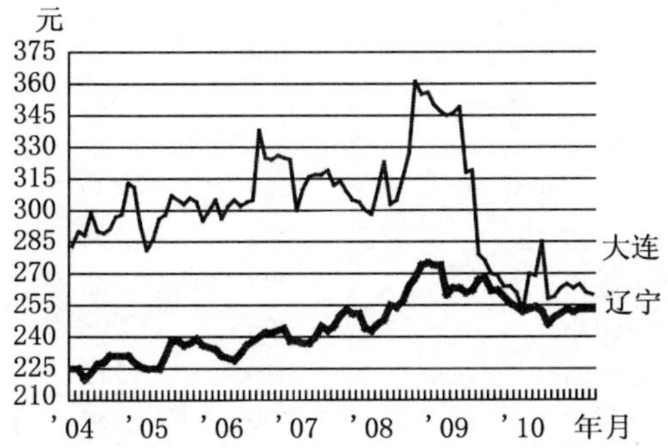

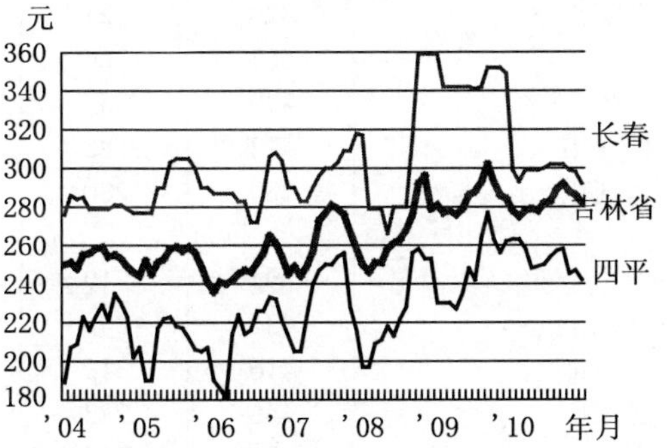

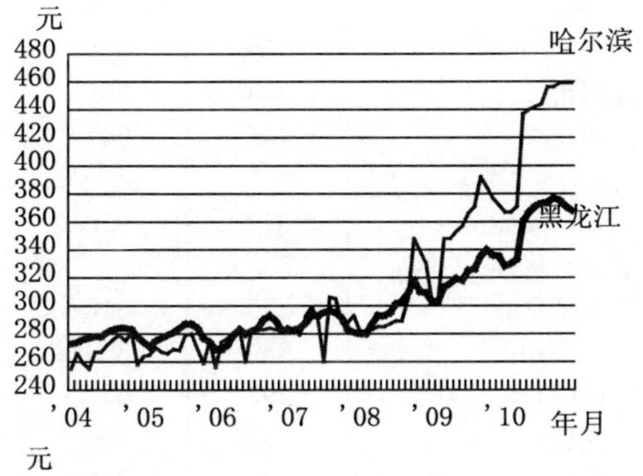

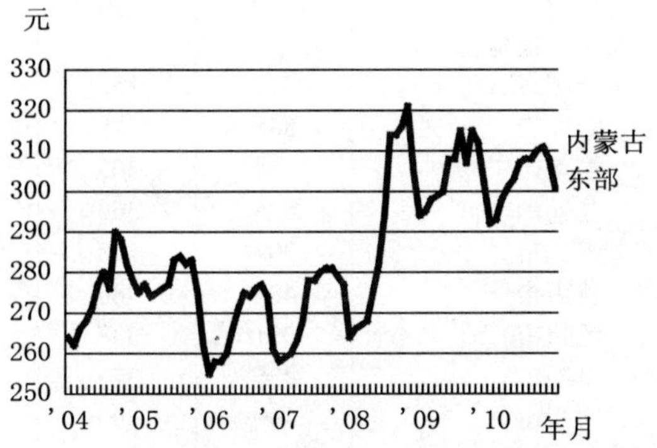

元/吨

地区名称	平均价格	其中:强度等级	
		32.5	42.5
辽宁省	253	265	323
沈阳市	270	240	404
大连市	260	317	319
鞍山市	217	249	329
抚顺市	226	326	384
本溪市	254	300	353
丹东市	209	209	360
锦州市	279	264	310
营口市	237	321	327
辽阳市	259	209	290
盘锦市	259	255	300
铁岭市	320	280	400
朝阳市	248	246	291
吉林省	282	334	361
长春市	292	268	423
吉林市	294	390	361
四平市	242	304	210
辽源市	252	345	415
通化市	302	301	418
白山市	249	295	334
松原市	320	288	350
白城市	314	353	323
延边朝鲜族自治州	320	394	421
黑龙江省	368	388	420
哈尔滨市	459	363	425
齐齐哈尔市	332	444	332
鸡西市	315	356	424
鹤岗市	321	306	321
双鸭山市	319	286	428
大庆市	313	390	468
伊春市	395	414	395
绥化市	344	300	297
内蒙古东部	301	321	345
赤峰市	250	270	257
通辽市	280	313	265
呼伦贝尔市	346	427	487
兴安盟	261	318	311

3－6－1　2010年末华东地区水泥平均出厂价格

3－6－1　Average ex-factory price of cement of east China at the end of 2010

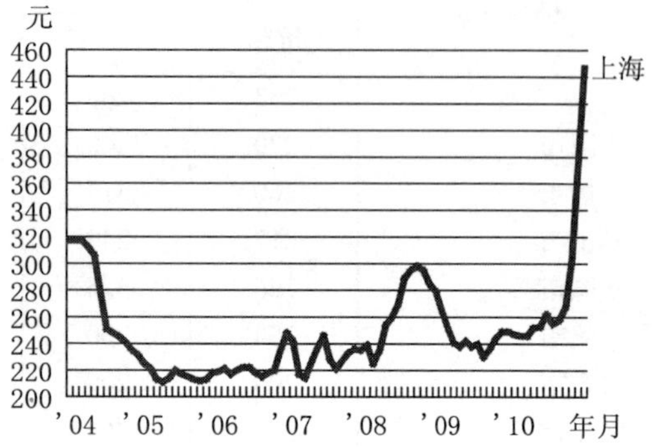

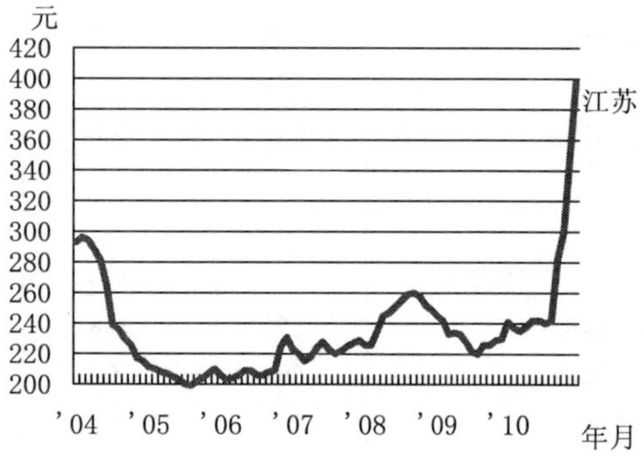

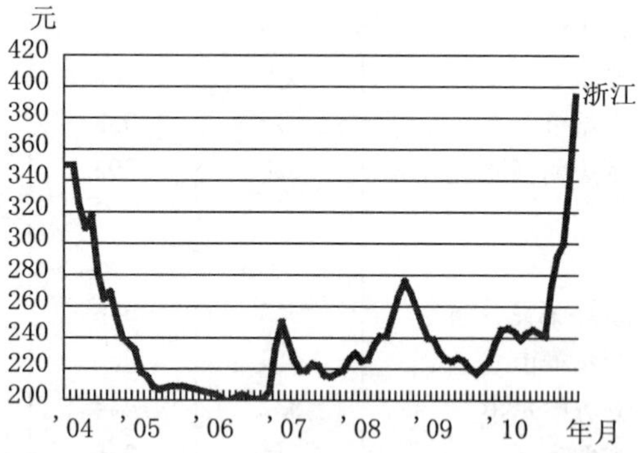

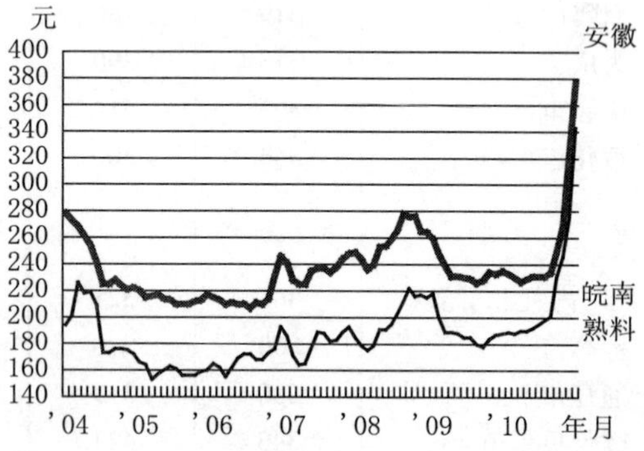

元/吨

地区名称	平均价格	其中:强度等级	
		32.5	42.5
上海市	447	297	375
江苏省	398	327	371
南京市	397	294	403
无锡市	393	333	425
徐州市	394	295	364
常州市	419	313	310
苏州市	430	284	233
南通市	236	306	376
连云港市	430	365	358
淮安市	324	321	296
盐城市	362	366	429
扬州市	439	355	335
镇江市	472	188	353
宿迁市	280	280	340
浙江省	394	319	362
杭州市	434	346	393
宁波市	416	312	398
温州市	445	273	333
嘉兴市	404	295	322
湖州市	391	302	332
绍兴市	415	324	355
金华市	329	315	359
衢州市	348	309	354
台州市	446	342	410
安徽省	377	320	349
皖南地区水泥熟料	343		
皖南地区水泥	375	318	355
芜湖市	382	303	332
铜陵市	292	327	210
安庆市	442	406	372
巢湖市	400	316	355
池州市	306	245	310
宣城市	310	370	470
安徽其他地区			
合肥市	371	354	408
蚌埠市	388	278	342
淮南市	354	307	354
马鞍山市	525	366	463
淮北市	307	278	306
黄山市	480	480	270
滁州市	331	338	298
阜阳市	435	373	425
宿州市	390	390	291
六安市	350	300	295
亳州市	401	309	390

3－6－2 2010年末华东地区水泥平均出厂价格

3－6－2 Average ex-factory price of cement of east China at the end of 2010

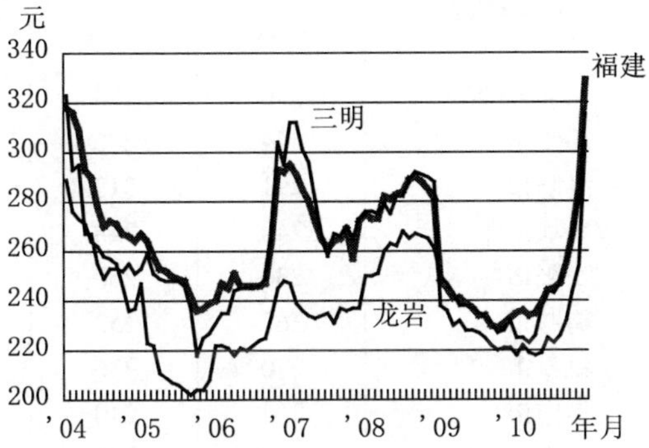

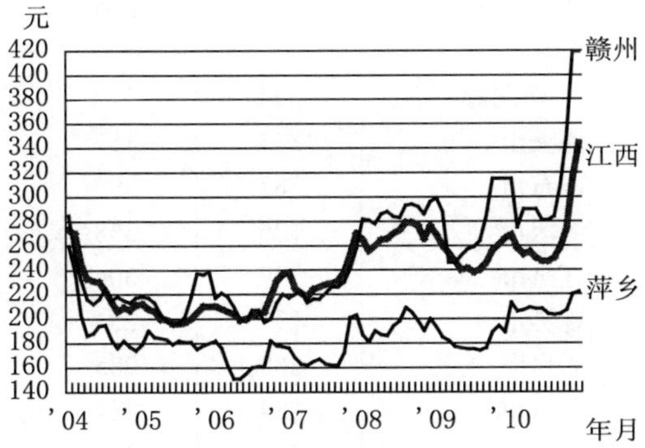

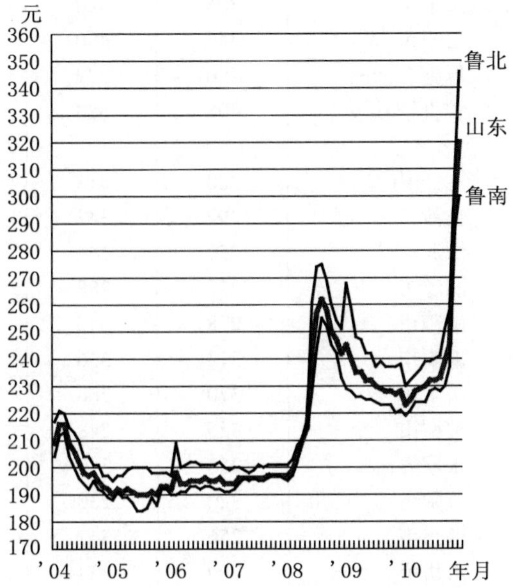

元/吨

地区名称	平均价格	其中:强度等级	
		32.5	42.5
福建省	329	301	332
福州市	401	366	421
厦门市	360	301	356
三明市	304	280	324
泉州市	382	341	387
漳州市	274	280	303
南平市	371	332	354
龙岩市	315	278	305
江西省	344	334	373
南昌市	404	349	345
景德镇市	286	286	328
萍乡市	222	232	312
九江市	359	310	340
鹰潭市	338	341	299
赣州市	419	326	333
吉安市	326	364	457
宜春市	341	395	260
抚州市	371	315	435
上饶市	346	349	420
山东省	320	302	314
鲁北地区	346	307	327
济南市	294	334	323
青岛市	429	308	399
淄博市	377	286	282
东营市	318	306	313
烟台市	323	355	320
潍坊市	347	294	352
威海市	353	356	380
德州市	321	318	353
滨州市	374	246	308
鲁南地区	300	301	298
枣庄市	323	289	267
济宁市	281	344	303
泰安市	283	287	348
日照市	213	218	280
莱芜市	291	271	336
临沂市	328	280	275
聊城市	268	292	301
菏泽市	341	328	340

3－7－1　2010 年末中南地区水泥平均出厂价格

3－7－1　Average ex-factory price of cement of mid－south China at the end of 2010

元/吨

地区名称	平均价格	其中:强度等级	
		32.5	42.5
河南省	296	274	297
郑州市	334	286	311
洛阳市	291	313	285
平顶山市	240	248	321
安阳市	230	260	164
鹤壁市	262	252	278
新乡市	270	236	248
焦作市	264	240	274
濮阳市	295	271	318
三门峡市	303	243	295
南阳市	243	302	289
信阳市	370	308	388
驻马店市	329	305	285
湖北省	304	312	344
武汉市	333	317	385
黄石市	287	309	350
十堰市	326	358	381
宜昌市	299	306	340
襄樊市	252	254	320
鄂州市	308	285	311
荆门市	284	281	299
孝感市	218	208	300
荆州市	359	281	330
黄冈市	370	370	390
咸宁市	305	320	350
随州市	340	450	392
恩施自治州	296	329	334
省直辖县级	408	320	330
湖南省	300	318	345
长沙市	292	342	389
株洲市	252	254	269
湘潭市	227	288	287
衡阳市	278	340	253
邵阳市	313	336	430
岳阳市	370	266	382
常德市	325	248	355
张家界市	253	340	303
益阳市	320	230	400
郴州市	256	347	361
永州市	299	324	336
怀化市	325	317	357
娄底市	321	320	333
湘西自治州	302	339	315

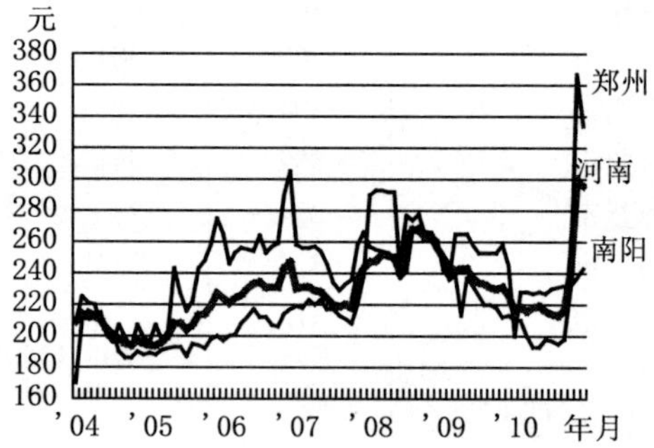

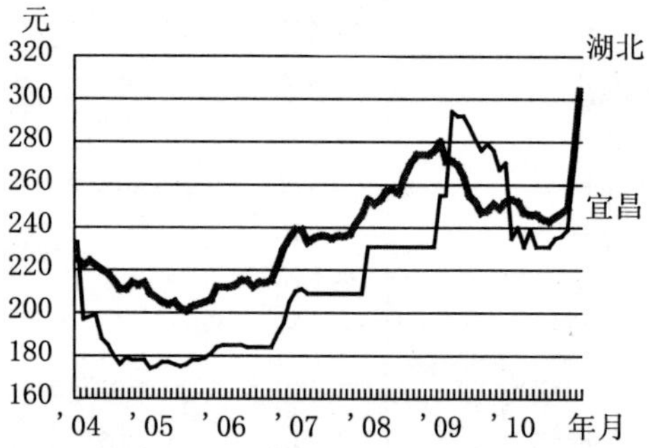

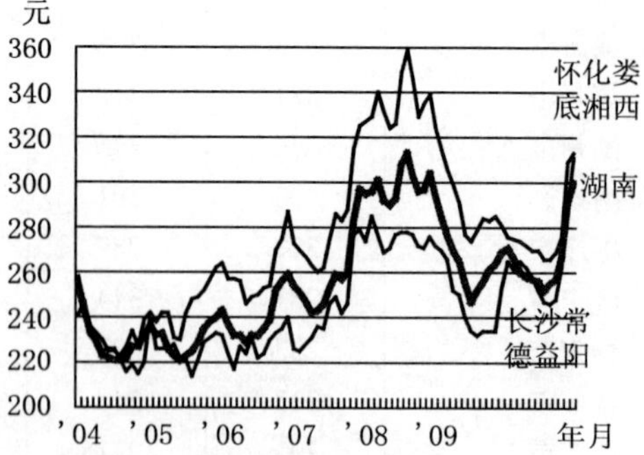

3 -7 -2　2010 年末中南地区水泥平均出厂价格

3 -7 -2　Average ex-factory price of cement of mid - south China at the end of 2010

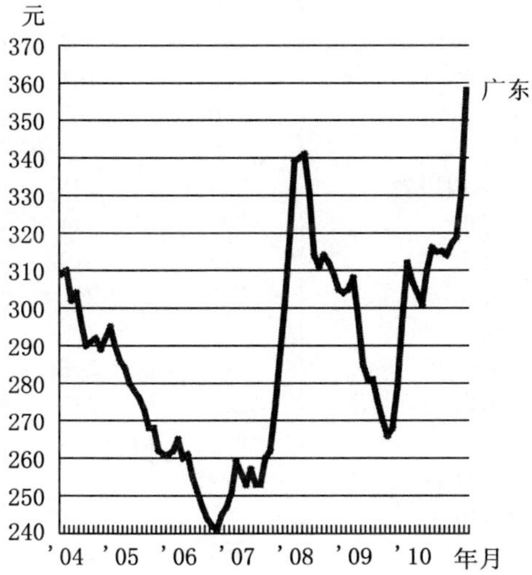

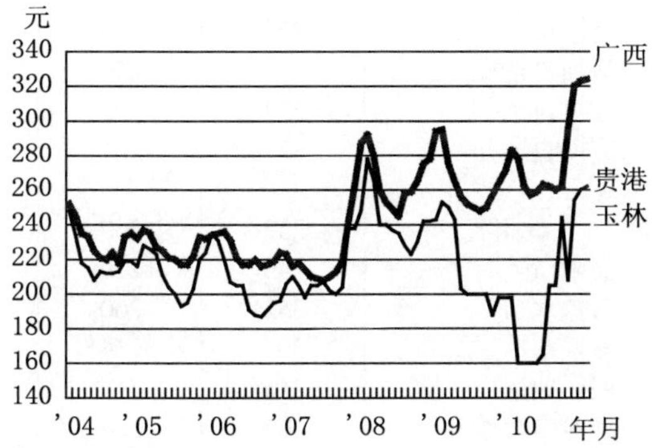

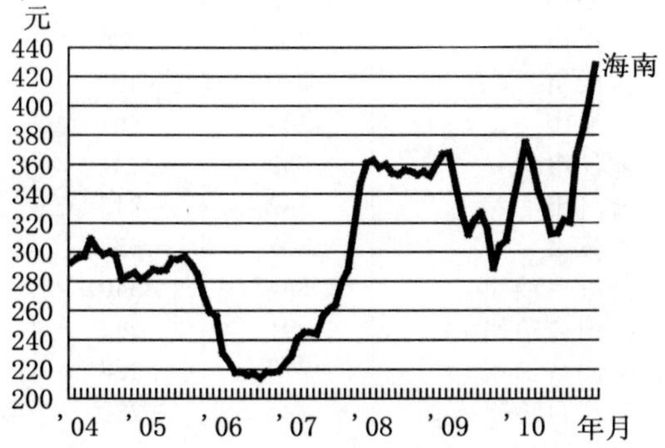

元/吨

地区名称	平均价格	其中:强度等级	
		32.5	42.5
广东省	358	335	351
珠三角地区	364	321	341
广州市	336	305	318
江门市	423	335	423
惠州市	347	335	355
东莞市	362	299	329
粤北地区	379	313	345
清远市	379	313	347
粤东地区	331	369	367
汕头市	450	430	470
梅州市	335	343	367
河源市	305	420	0
粤西地区	351	350	372
茂名市	355	355	0
肇庆市	385	346	369
汕尾市	327	314	365
阳江市	325	365	234
云浮市	346	346	373
广西壮族自治区	324	257	294
南宁市	350	256	261
柳州市	333	323	322
桂林市	279	239	282
梧州市	320	270	312
钦州市	316		256
贵港市	270	214	268
玉林市	245	157	280
百色市	353	305	335
来宾市	375	235	375
崇左市	365		288
海南省	428	381	383

3 -8　2010 年末西南地区水泥平均出厂价格

3 -8　Average ex-factory price of cement of southwest China at the end of 2010

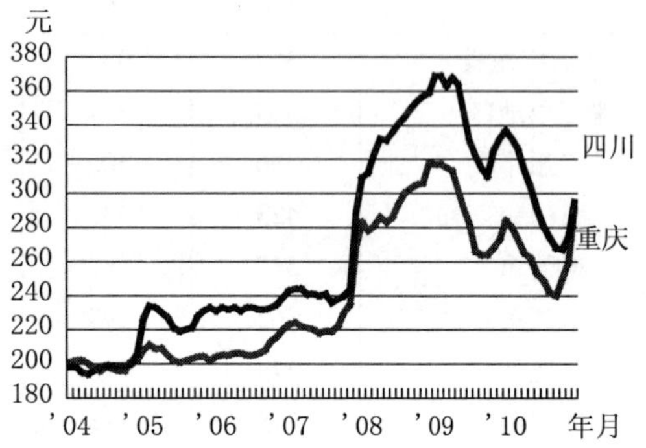

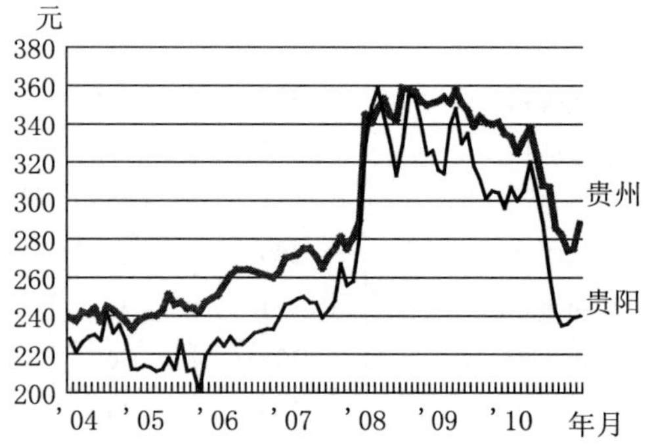

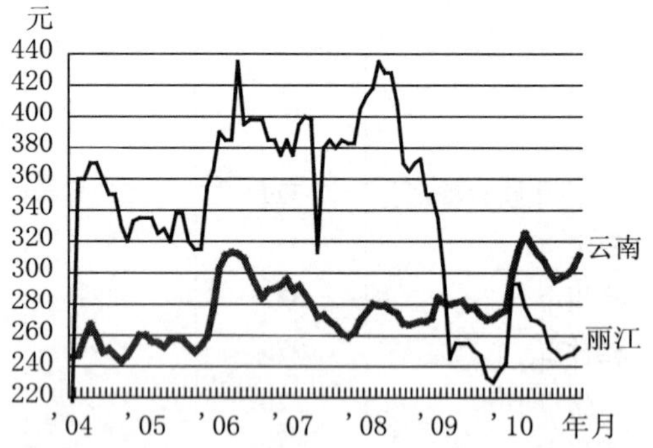

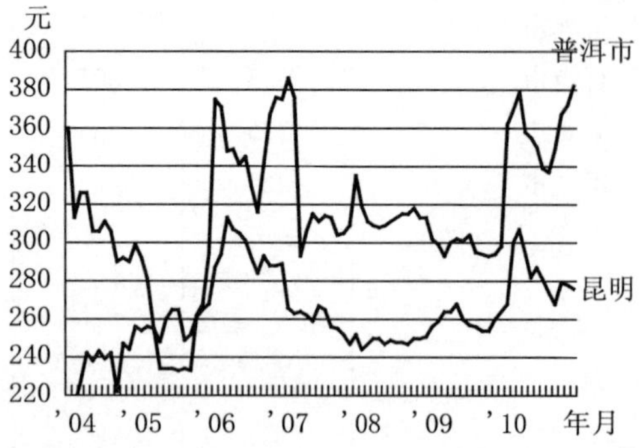

元/吨

地区名称	平均价格	其中:强度等级	
		32.5	42.5
重庆市	291	262	280
市辖区	292	261	278
县	290	263	281
四川省	295	275	295
成都市	299	424	289
自贡市	325	319	281
攀枝花市	205	261	248
泸州市	322	298	368
德阳市	285	296	301
绵阳市	298	233	268
广元市	269	269	268
内江市	267	247	271
乐山市	267	252	273
眉山市	333	310	294
宜宾市	313	280	302
广安市	253	213	209
达州市	265	246	258
雅安市	334	283	335
巴中市	385	282	204
资阳市	278	278	233
阿坝自治州	325	256	345
甘孜自治州	274	295	275
凉山自治州	329	331	376
贵州省	288	260	293
贵阳市	240	210	230
六盘水市	352	260	325
安顺市	209	254	0
铜仁地区	245	311	340
黔西南自治州	303	314	333
毕节地区	316	270	350
黔东南自治州	312	282	248
云南省	311	288	330
昆明市	276	236	291
玉溪市	268	266	271
保山市	330	400	438
昭通市	357	301	402
丽江市	252	331	368
普洱市	382	315	384
临沧市	307	337	385
楚雄自治州	324	340	327
红河自治州	291	243	293
文山自治州	270	268	276
怒江自治州	384	280	340
西藏自治区	605	574	682

3-9-1　2010 年末西北地区水泥平均出厂价格

3-9-1　Average ex-factory price of cement of northwest China at the end of 2010

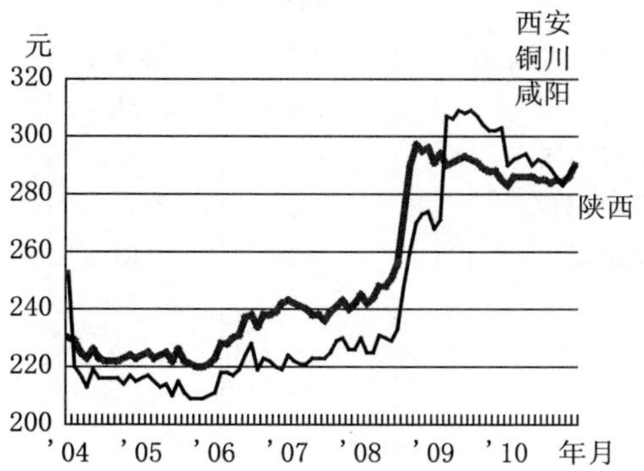

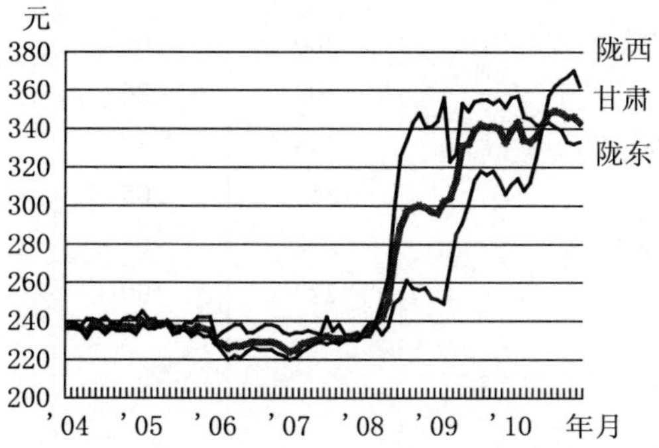

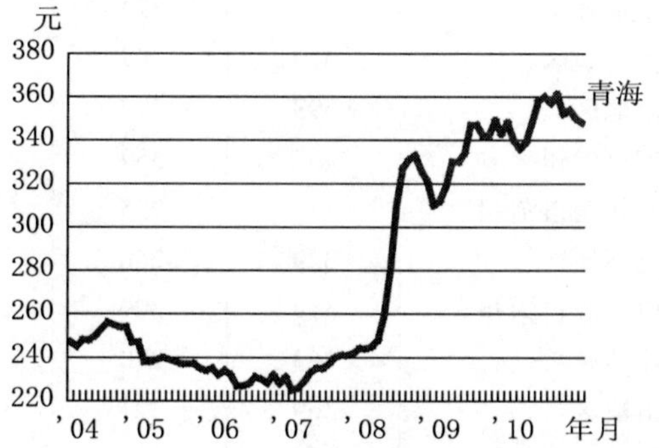

元/吨

地区名称	平均价格	其中:强度等级	
		32.5	42.5
陕西省	290	247	286
西安市	275	215	288
铜川市	294	220	246
宝鸡市	363	229	263
咸阳市	309	260	300
汉中市	263	260	303
榆林市	365	320	400
安康市	277	300	265
商洛市	322	332	375
甘肃省	343	287	333
陇东地区	333	270	320
兰州市	317	298	300
白银市	339	251	305
天水市	329	239	306
平凉市	290	265	305
庆阳市	318	350	350
定西市	355	290	240
陇南市	329	329	320
临夏自治州	412	285	365
甘南自治州	349	330	333
陇西地区	362	313	371
嘉峪关市	371	292	393
金昌市	378	301	359
武威市	363	337	402
张掖市	333	340	340
酒泉市	385	268	393
青海省	348	284	299
西宁市	337	262	298
海东地区	338	283	249
黄南自治州	393	393	410
海西自治州	416	340	400

3－9－2　2010 年末西北地区水泥平均出厂价格

3－9－2　Average ex-factory price of cement of northwest China at the end of 2010

元/吨

地区名称	平均价格	其中:强度等级	
		32.5	42.5
内蒙古西部	298	249	327
乌海市	274	193	295
鄂尔多斯市	344	296	362
巴彦淖尔市	256	239	252
阿拉善盟	312	240	308
宁夏回族自治区	280	201	269
银川市	309	226	302
石嘴山市	254	182	285
吴忠市	265	205	265
固原市	262	207	233
中卫市	287	190	255
新疆维吾尔自治区	352	323	412
乌鲁木齐市	434	324	416
吐鲁番地区	319	307	409
哈密地区	393	377	406
昌吉自治州	457	357	425
巴音郭楞自治州	357	255	367
阿克苏地区	329	266	383
克孜勒苏自治州	319	309	355
喀什地区	263	270	297
和田地区	369	321	412
伊犁自治州	335	308	393
塔城地区	435	323	413
阿勒泰地区	453	353	440

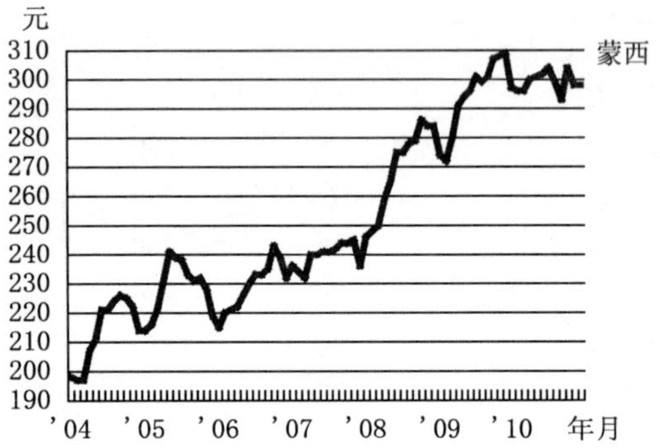

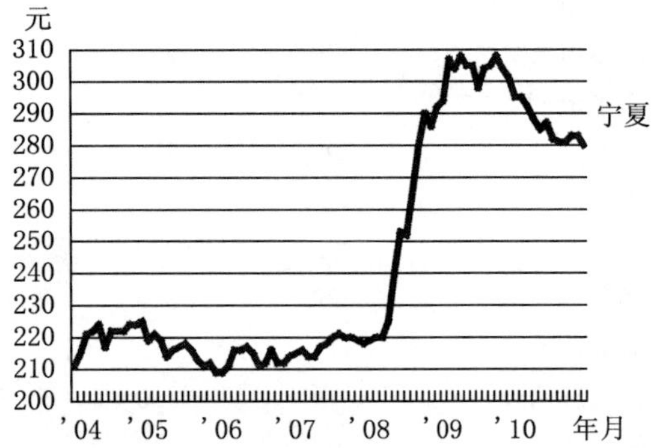

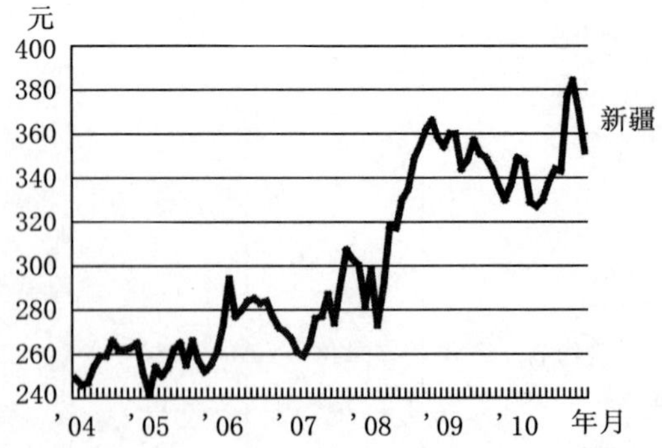

煤电购进价格

Coal and electricity purchasing price

4-1 水泥企业煤炭电力平均购进价格变动趋势

4-1 Floating trend of average coal and electricity purchasing price for cement enterprises

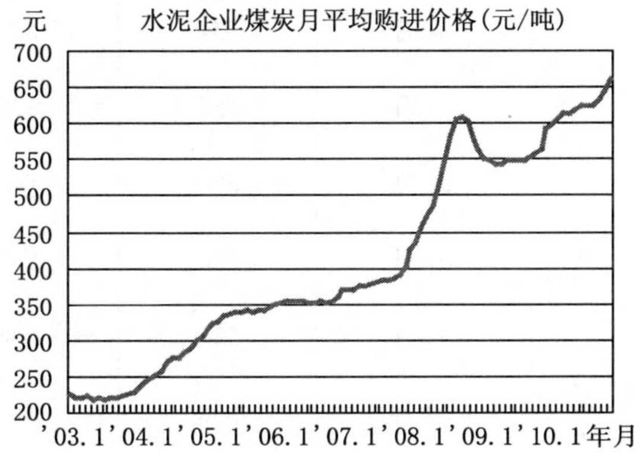

水泥企业煤炭、电力月平均购进价格

元

年　月	煤炭（吨）	电力（千瓦时）
2009 年 01 月	563	0.624
02 月	551	0.622
03 月	547	0.622
04 月	544	0.627
05 月	544	0.625
06 月	548	0.625
07 月	547	0.625
08 月	549	0.621
09 月	547	0.620
10 月	553	0.620
11 月	558	0.627
12 月	564	0.630
2010 年 01 月	593	0.641
02 月	599	0.643
03 月	607	0.650
04 月	613	0.651
05 月	614	0.649
06 月	618	0.648
07 月	625	0.647
08 月	625	0.649
09 月	625	0.646
10 月	633	0.649
11 月	644	0.653
12 月	662	0.656

4 -2 水泥企业煤炭平均购进价格变动趋势

4 -2 Floating trend of average coal purchasing price for cement enterprises

水泥企业煤炭月平均购进价格

元/吨

年 月	无烟煤	烟煤
2009 年 01 月	566	561
02 月	564	544
03 月	560	539
04 月	554	538
05 月	557	536
06 月	558	542
07 月	556	542
08 月	556	546
09 月	556	541
10 月	561	548
11 月	571	551
12 月	572	560
2010 年 01 月	606	585
02 月	615	590
03 月	629	596
04 月	636	600
05 月	640	600
06 月	644	604
07 月	653	610
08 月	657	609
09 月	657	608
10 月	660	619
11 月	679	626
12 月	695	645

4－3　2010年12月份水泥企业煤炭平均购进价格

4－3　Average coal purchasing price for cement enterprise in Dec. 2010

元/吨

省区市	煤　炭	无烟煤	烟　煤
全　国	662	695	645
北　京	1 213	1 440	760
天　津	662	674	656
河　北	676	588	823
山　西	585	503	631
内蒙古	409	413	408
辽　宁	583	447	624
吉　林	509	482	537
黑龙江	421	466	417
上　海	926	712	926
江　苏	810	830	797
浙　江	910	939	888
安　徽	797	895	759
福　建	666	644	757
江　西	780	752	819
山　东	769	690	803
河　南	804	821	796
湖　北	703	619	733
湖　南	751	768	738
广　东	740	850	693
广　西	716	753	685
海　南	837	797	837
重　庆	630	607	644
四　川	597	566	649
贵　州	761	967	673
云　南	547	543	550
陕　西	587	670	581
甘　肃	454	327	472
青　海	503	1 200	410
宁　夏	441	667	441
新　疆	205	205	205

2010年12月省区市水泥企业煤炭平均购进价格对比

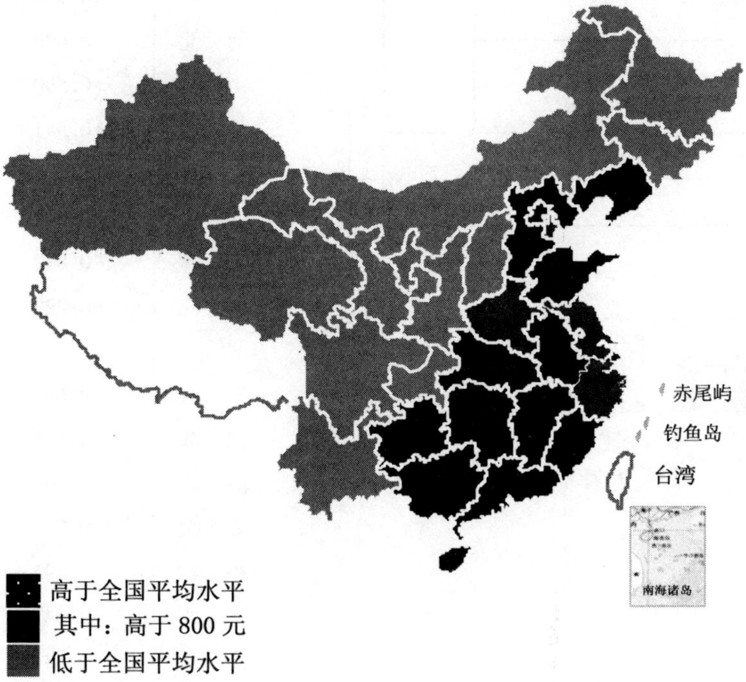

高于全国平均水平地区		低于全国平均水平地区
高于800元	低于800元	
北　京	安　徽	天　津
上　海	江　西	重　庆
浙　江	山　东	四　川
海　南	贵　州	陕　西
江　苏	湖　南	山　西
河　南	广　东	辽　宁
	广　西	云　南
	湖　北	吉　林
	河　北	青　海
	福　建	甘　肃
		宁　夏
		黑龙江
		内蒙古
		新　疆

4－4　2010年12月水泥企业电力平均购进价格

4－4　Average electricity purchasing price for cement enterprise in Dec. 2010

元/千瓦时

省区市	2010年12月
全　国	0.656
北　京	0.580
天　津	0.651
河　北	0.699
山　西	0.590
内蒙古	0.541
辽　宁	0.692
吉　林	0.817
黑龙江	0.723
上　海	0.693
江　苏	0.806
浙　江	0.697
安　徽	0.721
福　建	0.693
江　西	0.647
山　东	0.681
河　南	0.614
湖　北	0.742
湖　南	0.692
广　东	0.690
广　西	0.728
海　南	0.757
重　庆	0.730
四　川	0.611
贵　州	0.611
云　南	0.630
陕　西	0.615
甘　肃	0.575
青　海	0.457
宁　夏	0.534
新　疆	0.504

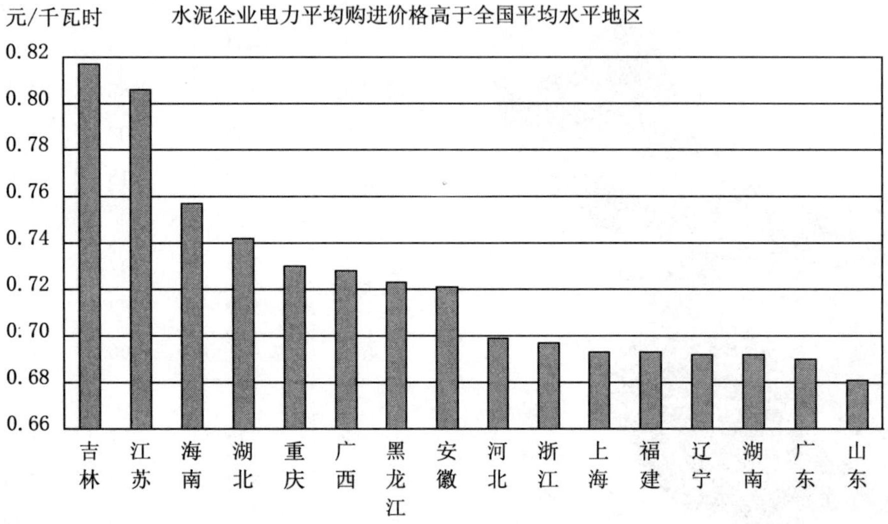

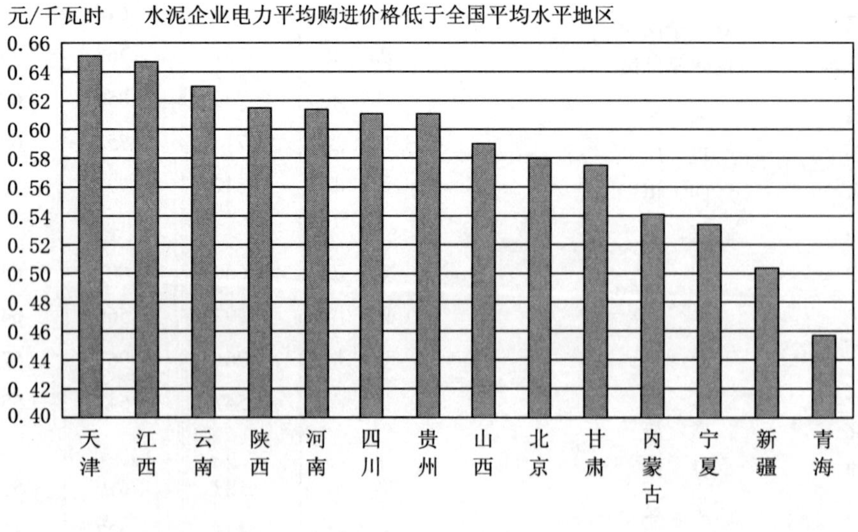

4-5-1 2010年末水泥企业煤电平均购进价格华北

4-5-1 Average coal and electricity purchasing price for cement enterprise at the end of 2010 (north China)

煤炭平均购进价格:元/吨

电力平均购进价格:元/千瓦时

地区名称	无烟煤	烟煤	电力
北京市	1 440	760	0.580
天津市	674	656	0.651
河北省	588	823	0.699
石家庄市	585	754	0.600
唐山市	600	465	0.500
秦皇岛市	625		
邯郸市		960	0.768
邢台市	540	703	0.000
保定市		619	0.405
张家口市	1 431	610	
承德市		487	0.731
沧州市	1 334	666	0.605
廊坊市		791	0.590
衡水市	961	889	0.820
山西省	503	631	0.590
太原市	695	415	0.671
大同市		571	0.570
阳泉市	488	850	0.538
长治市	650	467	0.670
晋城市	590	700	0.685
朔州市		417	0.470
晋中市	620	350	0.590
运城市	716	715	0.648
忻州市	482	1038	0.535
临汾市	380	635	0.427
吕梁市	645	608	0.600
内蒙古中部	630	456	0.527
呼和浩特市	395	275	0.470
包头市	865	440	0.410
乌兰察布市		601	0.514
锡林郭勒盟		430	0.670

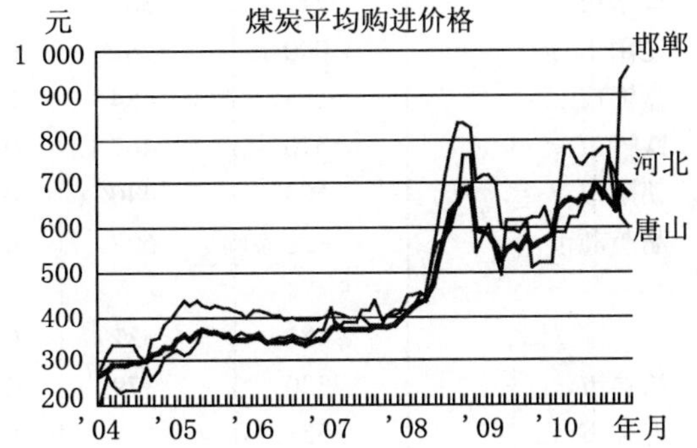

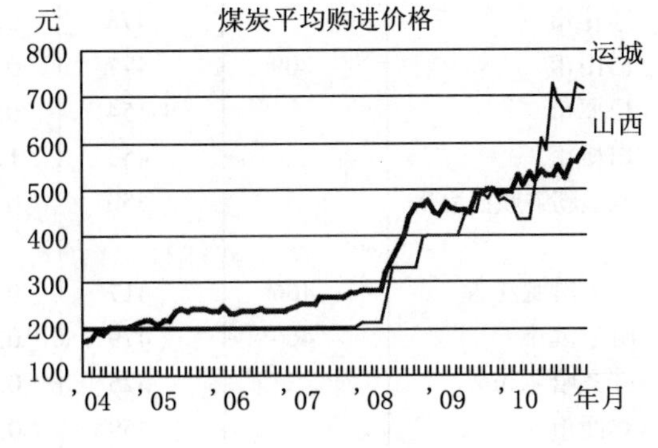

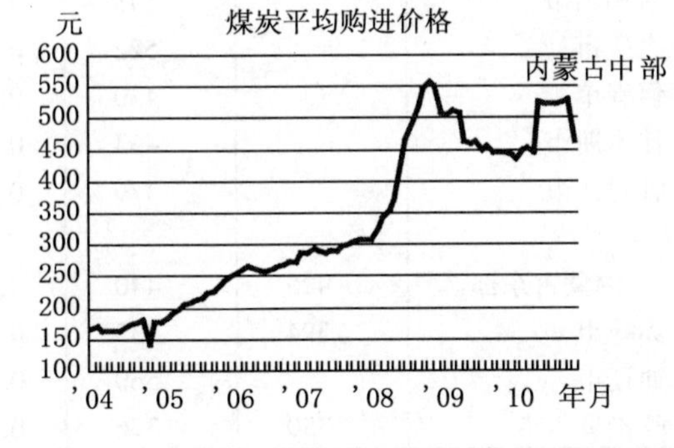

4-5-2 2010年末水泥企业煤电平均购进价格东北

4-5-2 Average coal and electricity purchasing price for cement enterprise at the end of 2010 (northeastern China)

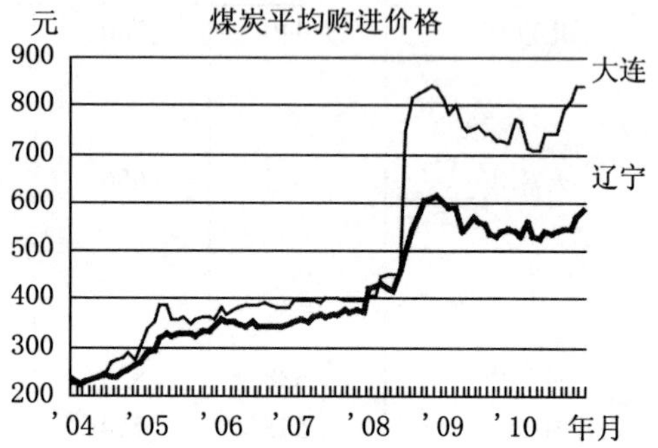

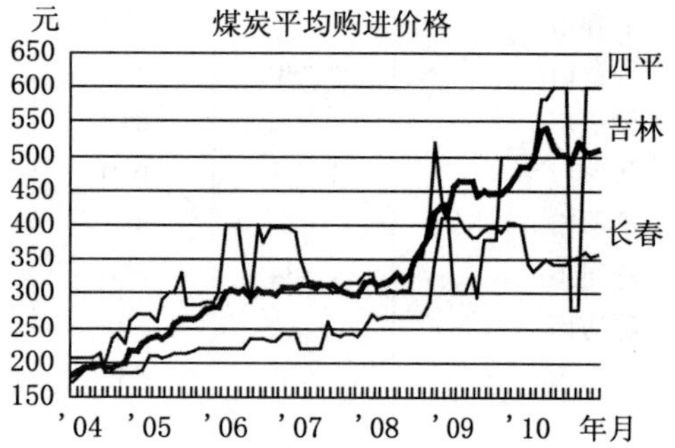

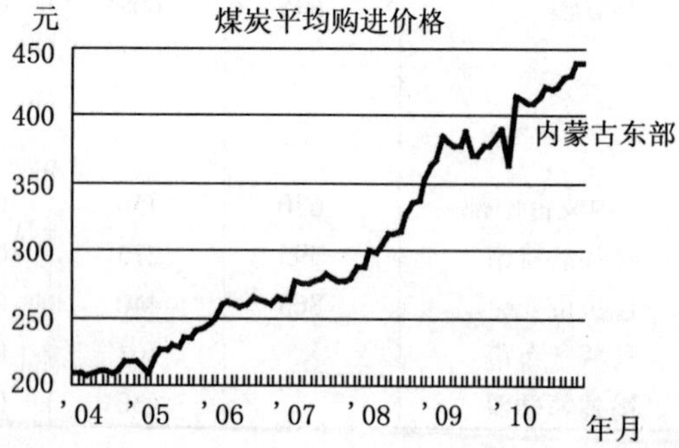

煤炭平均购进价格:元/吨
电力平均购进价格:元/千瓦时

地区名称	无烟煤	烟煤	电力
辽宁省	447	624	0.692
沈阳市	816	599	0.770
大连市	707	840	0.685
鞍山市	457	682	0.555
抚顺市	493	570	0.696
本溪市	495	624	0.690
丹东市	318	665	0.791
锦州市	352	567	0.605
营口市	578	578	0.777
阜新市	717	887	0.733
辽阳市	1 000	762	0.510
盘锦市		484	0.650
铁岭市	370	447	0.800
朝阳市	503	440	0.623
葫芦岛市		597	0.744
吉林省	482	537	0.817
长春市	320	379	0.740
吉林市	551	417	0.620
四平市	600	318	0.550
辽源市	1 168	492	0.610
通化市		478	0.808
白山市	809	477	0.955
松原市		1 154	0.830
白城市		453	1.000
延边朝鲜族自治州		550	0.795
黑龙江省	466	417	0.723
哈尔滨市	466	479	0.633
齐齐哈尔市		525	0.770
鸡西市		459	0.772
鹤岗市		520	0.705
双鸭山市		348	0.716
大庆市		522	0.600
伊春市		430	0.600
佳木斯市		453	0.750
牡丹江市		476	0.705
内蒙古东部	425	440	0.624
赤峰市	394	435	0.576
通辽市		560	0.564
呼伦贝尔市	350	376	0.532

4-5-3-1　2010年末水泥企业煤电平均购进价格华东

4-5-3-1　Average coal and electricity purchasing price for cement enterprise at the end of 2010 (east China)

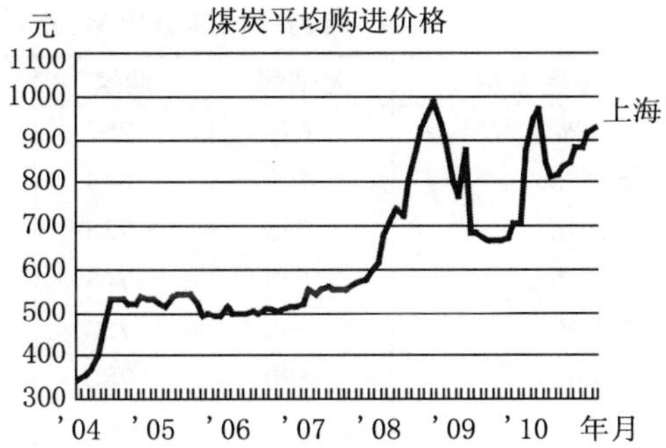

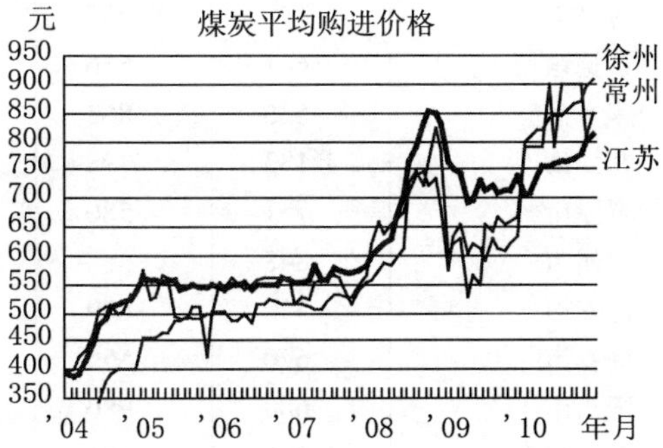

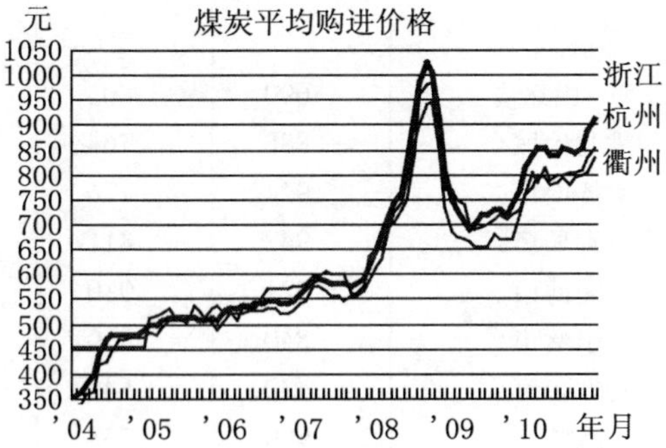

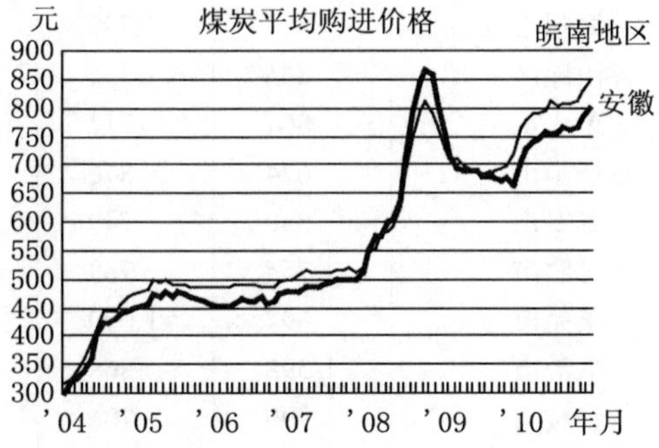

煤炭平均购进价格:元/吨
电力平均购进价格:元/千瓦时

地区名称	无烟煤	烟煤	电力
上海市	712	926	0.693
江苏省	830	797	0.806
南京市	825	797	0.792
无锡市	1 150	775	0.919
徐州市	1 126	851	0.682
常州市		847	0.990
苏州市		817	0.934
南通市	1 049	761	0.643
连云港市		810	0.768
淮安市	979	1 050	0.733
盐城市	890	736	0.773
扬州市	800	887	0.720
镇江市	510	750	0.745
泰州市	900	801	0.750
宿迁市	1 525	988	0.764
浙江省	939	888	0.697
杭州市	821	890	0.673
宁波市	936	797	0.680
温州市	875	819	0.880
嘉兴市	887	827	0.700
湖州市	915	855	0.733
绍兴市	880	1 108	0.800
金华市	1 045	930	0.661
衢州市	863	825	0.638
舟山市	825	816	0.829
台州市	1 013	937	0.820
丽水市	1 532	809	0.693
安徽省	895	759	0.721
皖南地区	937	805	0.739
芜湖市	846	670	0.722
铜陵市	1 349	742	0.723
安庆市	980	864	0.687
巢湖市	460	638	0.633
池州市	660	836	0.771
宣城市	940	794	0.750
安徽其他地区			
合肥市	1 625	768	0.760
蚌埠市	867	696	0.747
淮南市		682	0.794
马鞍山市	899	723	0.774
淮北市	815	674	0.820
黄山市		910	0.781
滁州市	890	855	0.660
阜阳市	867	910	0.883
宿州市	798	773	0.703
六安市	780	750	0.667
亳州市	1 155	853	0.718

4-5-3-2 2010年末水泥企业煤电平均购进价格华东

4-5-3-2 Average coal and electricity purchasing price for cement enterprise at the end of 2010 (east China)

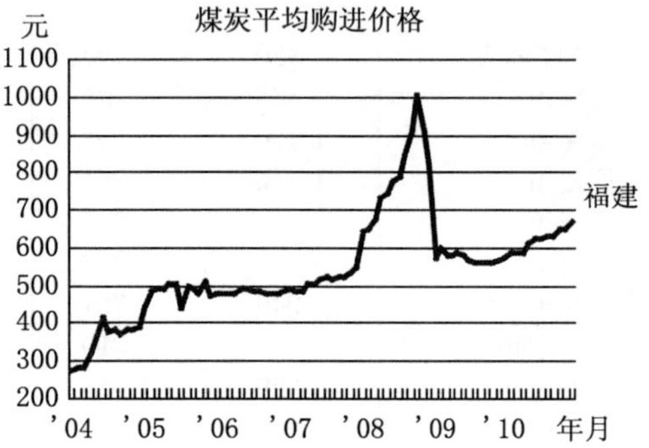

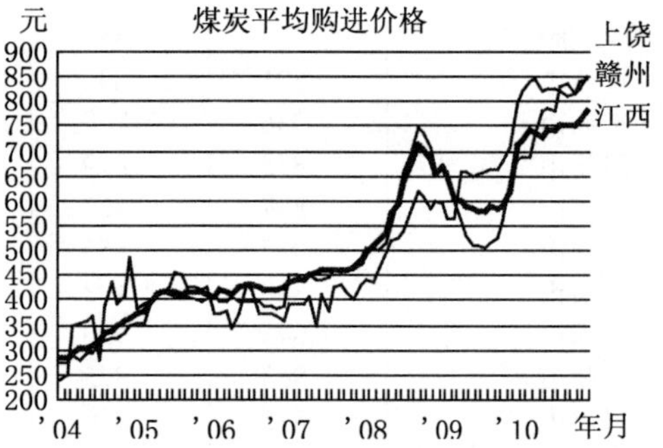

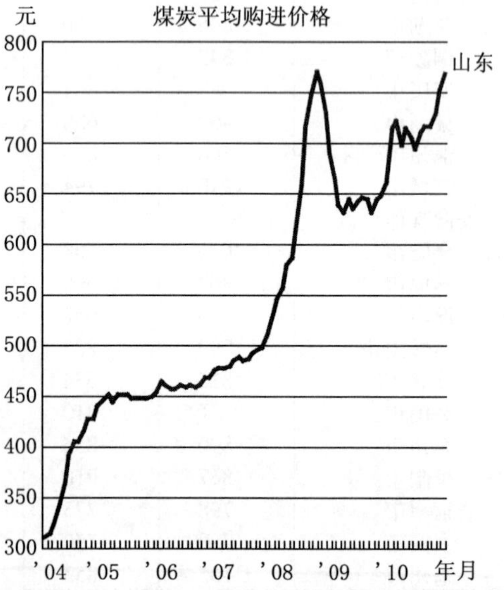

煤炭平均购进价格:元/吨
电力平均购进价格:元/千瓦时

地区名称	无烟煤	烟煤	电力
福建省	644	757	0.693
福州市	705	844	0.821
厦门市	733	735	0.778
三明市	635	745	0.645
漳州市	795	720	0.727
南平市	580	780	0.610
江西省	752	819	0.647
南昌市	740	757	0.752
景德镇市	661	536	0.500
萍乡市	536	863	0.743
九江市	1 133	798	0.623
鹰潭市	751	580	0.630
赣州市	848		0.685
吉安市	550	679	0.585
宜春市	670	555	0.570
抚州市	688	980	0.655
上饶市	905	821	0.650
山东省	690	803	0.681
鲁北地区	888	764	0.723
济南市	924	776	0.718
青岛市	947	811	0.777
淄博市	921	980	0.794
东营市	840	850	0.622
烟台市	430	542	0.655
潍坊市	900	738	0.700
威海市	863	689	1.000
德州市	533	660	0.681
滨州市		792	0.683
鲁南地区	885	754	0.692
枣庄市	864	712	0.657
济宁市	624	846	0.654
泰安市	850	749	0.660
日照市	755	769	0.780
莱芜市	892	1 000	0.370
临沂市	1 398	868	0.674
聊城市	999	706	0.920
菏泽市	557	823	0.635

4-5-4-1 2010年末水泥企业煤电平均购进价格中南

4-5-4-1 Average coal and electricity purchasing price for cement enterprise at the end of 2010 (mid-south China)

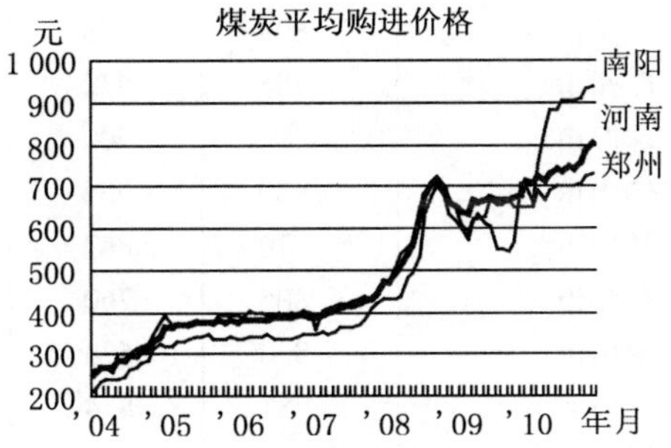

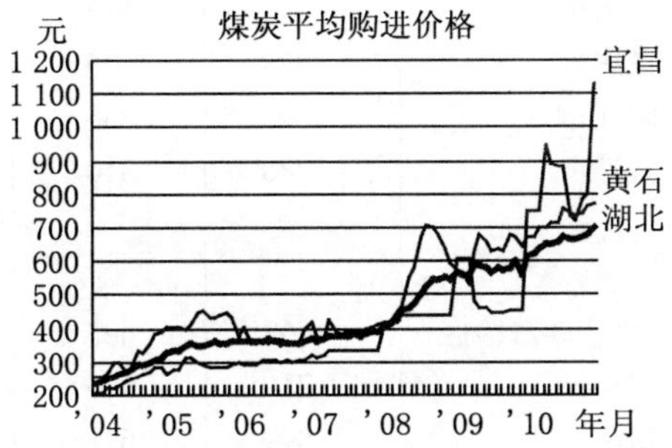

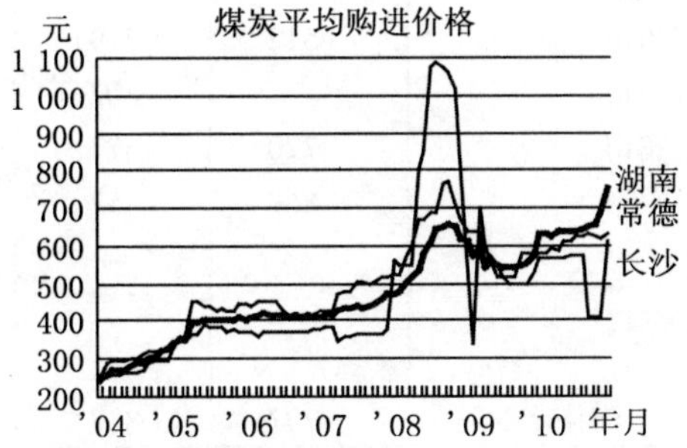

煤炭平均购进价格:元/吨

电力平均购进价格:元/千瓦时

地区名称	无烟煤	烟煤	电力
河南省	821	796	0.614
郑州市	603	926	0.684
开封市	912	760	0.700
洛阳市	664	760	0.670
平顶山市	1 400	780	0.683
安阳市	848	610	0.615
鹤壁市	1 109	570	0.592
新乡市	954	750	0.467
焦作市	1 258	850	0.612
濮阳市	400	690	0.602
许昌市	638	788	0.608
漯河市	778	826	0.655
三门峡市	916	950	0.660
南阳市	1 150	730	0.550
商丘市	1 000	917	0.610
信阳市		780	0.580
周口市	1 095	880	0.697
驻马店市	634	798	0.615
湖北省	619	733	0.742
武汉市	737	655	0.680
黄石市	773	772	0.773
十堰市	273	740	0.611
宜昌市	460	1 128	0.610
襄樊市	970	656	0.787
鄂州市	593	867	0.778
荆门市	695	855	0.837
孝感市	765	641	0.637
荆州市	735	760	0.817
黄冈市	780	915	0.791
咸宁市	660	612	0.626
随州市	880	780	0.703
恩施自治州	494	507	0.797
省直辖县		680	0.673
湖南省	768	738	0.692
长沙市		615	0.590
株洲市	709	616	0.600
湘潭市	951	775	0.880
衡阳市	903	600	0.664
邵阳市	400	711	0.680
岳阳市	672	830	0.740
常德市		633	0.705
张家界市		927	0.733
益阳市	673	688	0.790
郴州市	643	680	0.654
永州市	720	754	0.650
怀化市	795	619	0.582
娄底市	839	952	0.760
湘西自治州	730	500	0.658

4 -5 -4 -2　2010 年末水泥企业煤电平均购进价格中南

4 -5 -4 -2 Average coal and electricity purchasing price for cement enterprise at the end of 2010 (mid - south China)

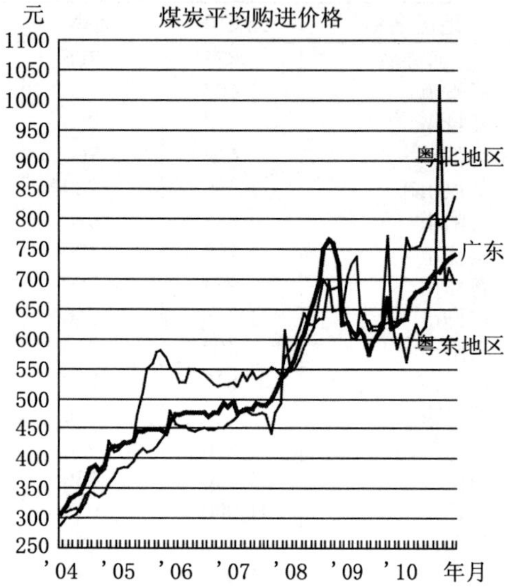

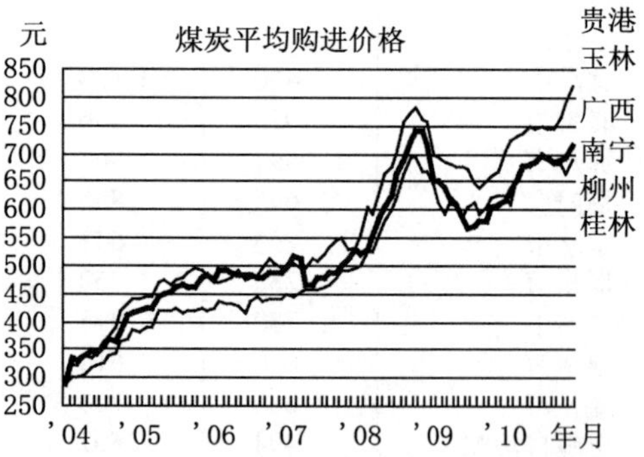

煤炭平均购进价格:元/吨
电力平均购进价格:元／千瓦时

地区名称	无烟煤	烟煤	电力
广东省	850	693	0.690
珠三角地区	899	778	0.801
广州市	884	872	0.694
珠海市		500	0.779
佛山市	989	904	0.775
江门市	770	867	0.630
东莞市	805	760	0.567
中山市	880	673	0.733
粤北地区	781	854	0.815
韶关市		820	0.866
清远市	732	738	0.590
粤东地区	617	741	0.659
汕头市	837	178	0.780
梅州市	546	727	0.683
河源市	760	938	0.520
粤西地区	807	803	0.781
湛江市	727	834	0.670
茂名市		415	0.728
肇庆市	928	675	0.730
阳江市		835	0.837
云浮市	780	810	0.600
广西壮族自治区	753	685	0.728
南宁市	719	529	0.700
柳州市	899	672	0.675
桂林市	690	801	0.732
梧州市	943	700	0.751
北海市	1 009	677	0.950
防城港市	374	685	0.704
钦州市	650	600	0.748
贵港市	874	714	0.692
玉林市	853	989	0.720
百色市	222	0	0.599
贺州市	512	719	0.740
河池市		802	0.718
来宾市	720	577	0.629
崇左市	869	857	0.641
海南省	797	837	0.757

4 -5 -5 -1　2010 年末水泥企业煤电平均购进价格西南

4 -5 -5 -1　Average coal and electricity purchasing price for cement enterprise at the end of 2010 (southwestern China)

煤炭平均购进价格:元/吨
电力平均购进价格:元／千瓦时

地区名称	无烟煤	烟煤	电力
重庆市	607	644	0.730
市辖区	728	725	0.753
县	559	627	0.711
四川省	566	649	0.611
成都市	595	747	0.659
自贡市	570	658	0.734
攀枝花市	593	597	0.330
泸州市	602	473	0.651
德阳市	563	815	0.530
绵阳市	802	503	0.815
广元市		573	0.530
遂宁市	725	345	0.810
内江市	515	729	0.676
乐山市	600	490	0.830
南充市	496	647	0.775
眉山市	513	458	0.520
宜宾市	391	526	0.540
广安市	970	1 066	0.597
达州市	496	449	0.330
雅安市	468	459	0.544
巴中市		728	0.960
资阳市	470	618	0.900
阿坝自治州	660	0	0.275
甘孜自治州	619	0	0.425
凉山自治州	340	460	0.596

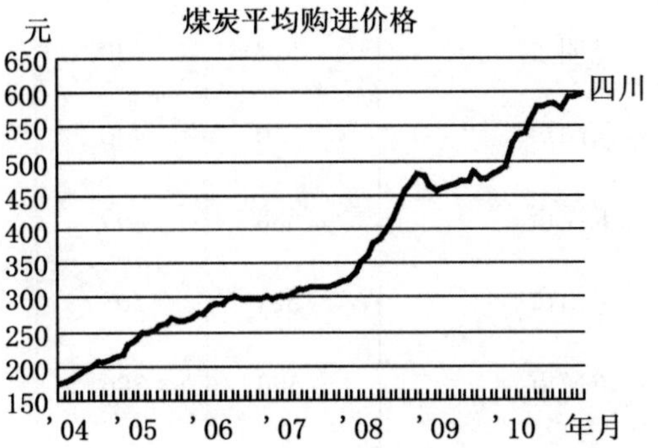

4-5-5-2 2010年末水泥企业煤电平均购进价格西南

4-5-5-2 Average coal and electricity purchasing price for cement enterprise at the end of 2010 (southwestern China)

煤炭平均购进价格:元/吨

电力平均购进价格:元/千瓦时

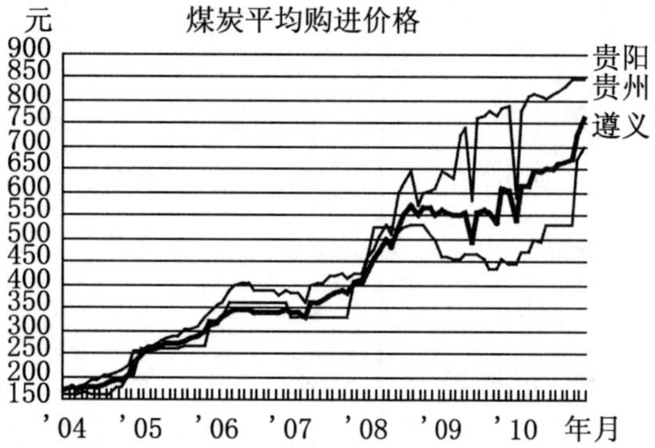

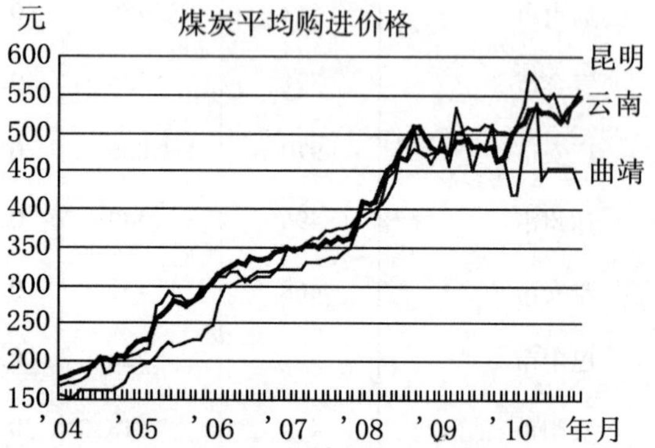

地区名称	无烟煤	烟煤	电力
贵州省	967	673	0.611
贵阳市	480	968	0.789
六盘水市	590	604	0.560
遵义市	970	430	0.490
安顺市	458	410	0.500
铜仁地区	517	704	0.620
黔西南自治州	538	420	0.360
毕节地区	533		0.590
黔东南自治州	1 450	550	0.478
云南省	543	550	0.630
昆明市	517	630	0.513
曲靖市	0	430	0.720
玉溪市	588	499	0.900
保山市	624	503	0.530
昭通市	500	386	0.534
丽江市	473	522	0.539
普洱市	505	568	0.705
临沧市	585	585	0.655
楚雄自治州	492	554	0.659

4－5－6－1　2010年末水泥企业煤电平均购进价格西北

4－5－6－1　Average coal and electricity purchasing price for cement enterprise at the end of 2010 (northwestern China)

煤炭平均购进价格：元/吨
电力平均购进价格：元／千瓦时

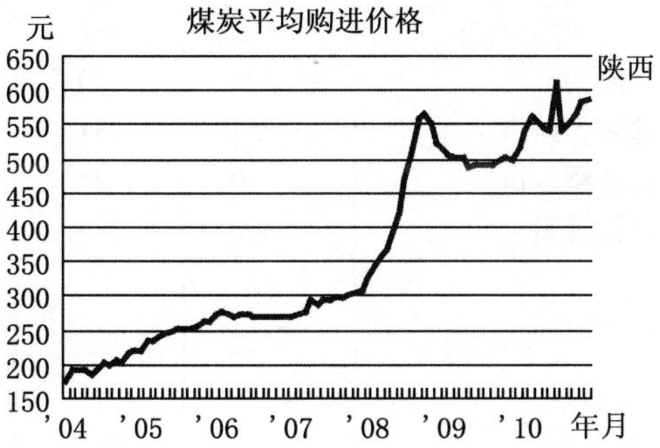

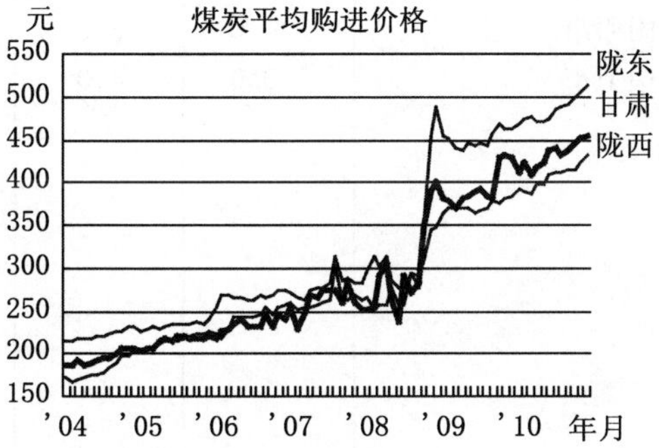

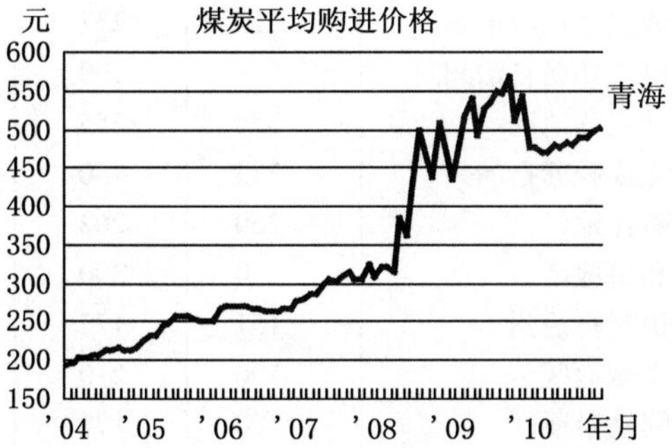

地区名称	无烟煤	烟煤	电力
陕西省	670	581	0.615
西安市	750	644	0.658
铜川市	1 033	562	0.552
宝鸡市	1 387	615	0.565
咸阳市	590	749	0.627
汉中市		584	0.592
榆林市	580	430	0.350
安康市	687	613	0.815
商洛市		437	0.570
甘肃省	327	472	0.575
陇东地区	683	490	0.631
兰州市	773	440	1.000
白银市	220	367	0.458
天水市	1 114	569	0.540
平凉市	535	253	0.593
庆阳市		440	0.762
定西市	350	534	0.480
陇南市		696	0.650
临夏自治州	509	547	0.380
甘南自治州		574	0.564
陇西地区	447	431	0.556
嘉峪关市	380	387	0.220
金昌市	647	471	0.455
武威市	410	533	0.628
张掖市	365	320	0.510
酒泉市		495	0.480
青海省	1 200	410	0.457
西宁市	1 300	379	0.524
海东地区	1 100	471	0.382
海西自治州	968	366	0.450

4－5－6－2 2010年末水泥企业煤电平均购进价格西北

4－5－6－2 Average coal and electricity purchasing price for cement enterprise at the end of 2010（northwestern China）

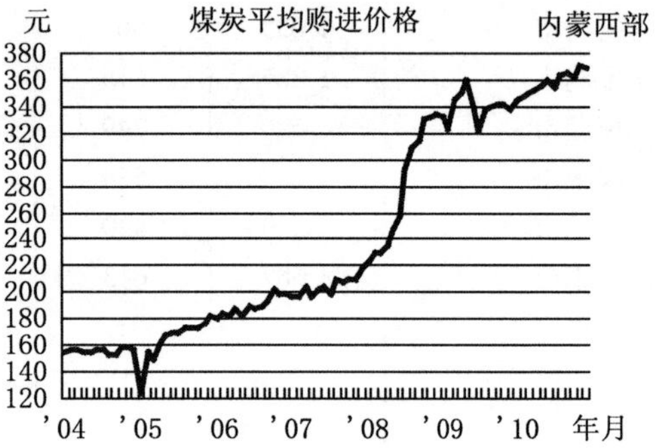

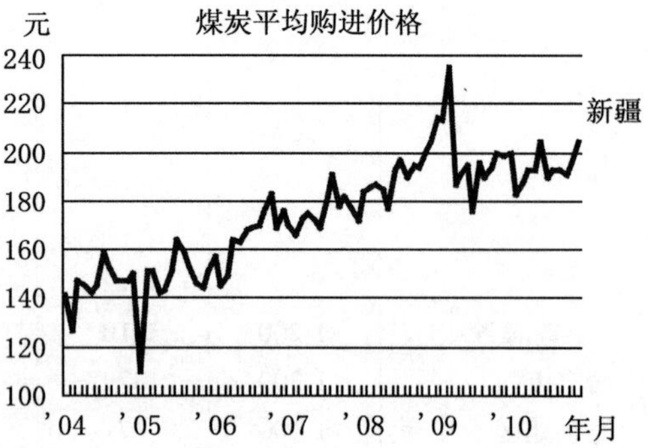

煤炭平均购进价格:元/吨
电力平均购进价格:元／千瓦时

地区名称	无烟煤	烟煤	电力
内蒙西部	547	352	0.494
乌海市	278	220	0.447
鄂尔多斯市	1 052	231	0.498
巴彦淖尔市	0	324	0.538
阿拉善盟	300	285	0.415
宁夏回族自治区	667	441	0.534
银川市	921	454	0.550
石嘴山市	530	398	0.508
吴忠市	1 250	400	0.557
固原市	0	522	0.687
中卫市	350	420	0.550
新疆维吾尔自治区	205	205	0.504
乌鲁木齐市	0	283	0.433
吐鲁番地区	0	139	0.530
哈密地区	141	200	0.475
昌吉自治州	0	187	0.000
博尔塔拉自治州	222	237	0.453
巴音郭楞自治州	238	190	0.531
阿克苏地区	354	255	0.596
克孜勒苏自治州	385	440	0.470
喀什地区	260	262	0.468
和田地区	0	300	0.445
伊犁自治州	151	172	0.523
塔城地区	190	210	0.499
阿勒泰地区	120	171	0.495
内蒙西部	547	352	0.494
乌海市	278	220	0.447
鄂尔多斯市	1 052	231	0.498

财务状况

Financial Status

净资产收益率：也称权益净利率或投资报酬率，是指企业报告期内的净利润与平均净资产的比率，体现投资者投入企业的自有资本获取净收益的能力，表明投资与报酬的关系，反映企业资本运营的综合效益。

总资产贡献率：指报告期内利税总额、利息支出之和与平均资产总额的比率，综合反映行业或地区全部资产获取收益的水平和投入产出状况。

总资产报酬率：指企业报告期内获得的报酬总额（利润总额与利息支出之和）与平均资产总额的比率，表示企业全部资产获取收益的水平，全面反映企业的获利能力和投入产出状况。

主营业务利润率：即毛利率，指企业报告期内主营业务利润同主营业务收入净额的比率，表明企业的单位销售收入所获的销售利润，反映企业主营业务的获利能力。

销售利润率：指企业报告期内利润总额与主营业务收入的比率，表明每百元主营业务收入的获利比率，反映企业盈利总水平。销售利润率体现了企业综合盈利能力和获利水平。销售利润率高，说明企业成本和费用低，总体获利水平高。

总资产周转率：反映企业全部资产效率。计算公式为：总资产周转率＝主营业务收入/平均资产总额

流动资产周转率：反映投入企业流动资金周转速度。计算公式为：流动资产周转率＝主营业务收入/流动资产平均余额

存货周转率：反映企业存货的周转速度。计算公式为：存货周转率＝（主营业务成本＋营业费用）/存货平均余额

应收账款周转率：反映企业应收账款的收款期，也是企业应收账款变现速度的指标。计算公式为：应收账款周转率＝主营业务收入/应收账款平均余额

资产负债率：指企业期末负债总额同资产总额的比率，表示企业总资产中通过负债筹集的数量，反映企业利用债权人提供的资金从事生产经营的能力，是衡量企业负债水平及风险程度的重要判断标准。

流动比率：指企业本年流动资产同流动负债的比率，表明企业资金流动速度，反映企业短期债务到期前可以转化为现金用于偿还流动负债的能力。

速动比率：指企业本年速动资产同流动负债的比率。速动资产是流动资产扣除存货后的差额。

利息保障倍数：指企业在报告期内利润总额、利息支出之和与利息支出的比值，反映企业经营收益是所支付的债务利息的多少倍，从偿债资金来源角度考察企业债务利息的偿还能力。

财务状况

Financial status

5－1 工业增加值和主营业务收入

5－1 Industrial added value and main business income

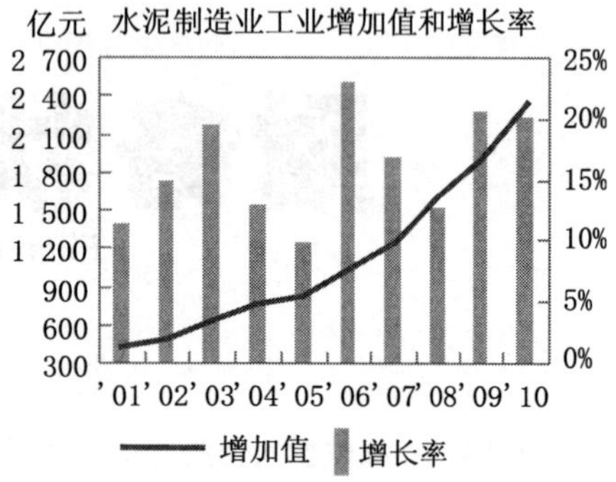

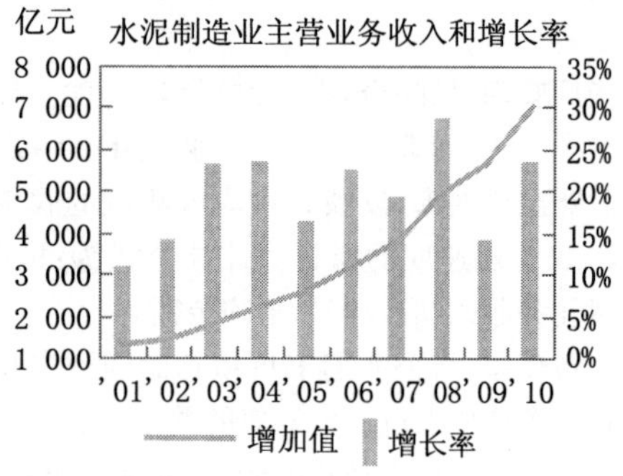

年　度	工业增加值（亿元）	年增长率（%）
2000	396	5.35
2005	822	9.95
2006	1 035	23.11
2007	1 254	16.86
2008	1 063	12.61
2009	1 909	20.61
2010	2 349	20.28
年平均增长率		18.71

注：工业增加值按当年价格计算，增长率和平均增长率按可比价格计算。

年　度	主营业务收入（亿元）	年增长率（%）
2000	1 168	3.18
2005	2 631	16.66
2006	3 228	22.65
2007	3 859	19.57
2008	4 977	28.97
2009	5 684	14.19
2010	7 019	23.50
年平均增长率		21.88

2010 年水泥制造业主要财务指标

金额单位：亿元

指标名称	指标值
企业个数（个）	4 774
亏损企业（个）	963
企业亏损率（%）	20.17
工业增加值	2 348.87
主营业务收入	7 019.44
主营业务成本	5 791.6
主营业务税金及附加	48.6
营业费用	172.23
管理费用	307.14
财务费用	126.42
其中：利息支出	119.37
利润总额	712.2
亏损总额	37.23
利税总额	1 066.06
应交所得税	100.28
净利润	611.92
本年应交增值税	305.27
本年进项税额	718.49
本年销项税额	979.47

5－2　利润和利税总额

5－2　Profits and total profits and taxes

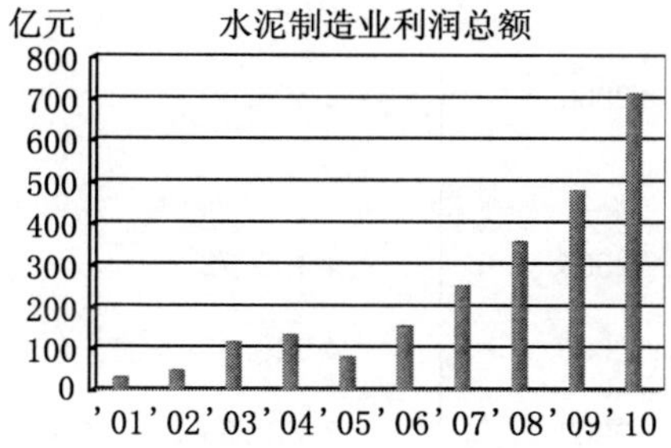

年　度	利润总额（亿元）	年增长率（%）
2000	6.33	－223.63
2005	79.19	－40.61
2006	154.33	94.89
2007	251.16	62.74
2008	356.32	41.87
2009	478.28	34.23
2010	712.20	48.91
年平均增长率		58.93

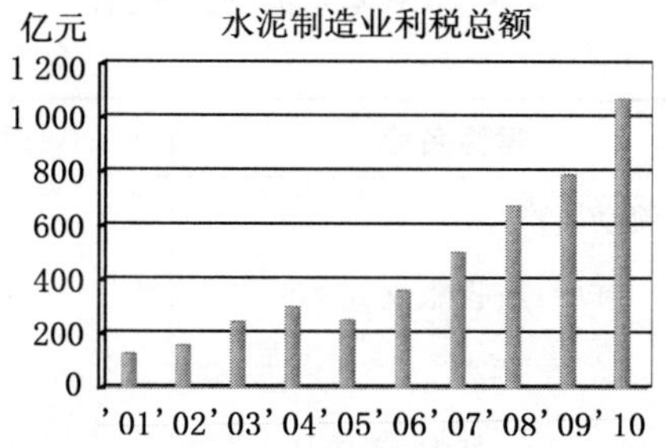

年　度	利税总额（亿元）	年增长率（%）
2000	97.03	20.43
2005	247.68	－16.51
2006	359.33	45.08
2007	499.41	38.98
2008	672.16	34.59
2009	786.79	17.05
2010	1 066.06	35.49
年平均增长率		35.63

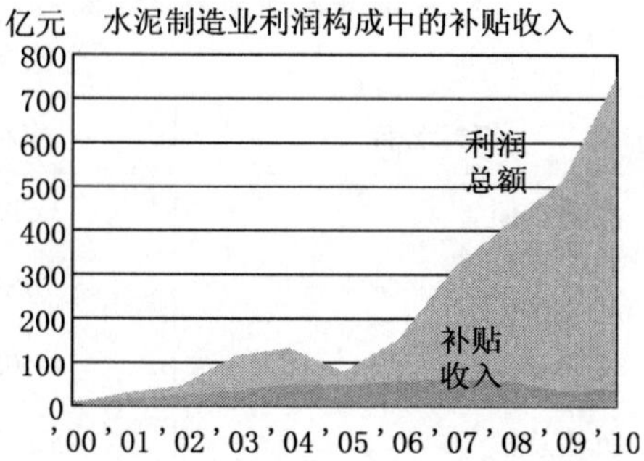

2009 年水泥制造业利润构成　金额单位：亿元

指标名称	指标值
主营业务利润	1 179.24
其他业务利润	17.21
费用总额	605.79
营业利润	685.53
投资收益	1.99
补贴收入	40.22
营业外收入	63.84
营业外支出	41.71
利润总额	712.2

5－3 资产和负债总额

5－3 Total assets and liabilities

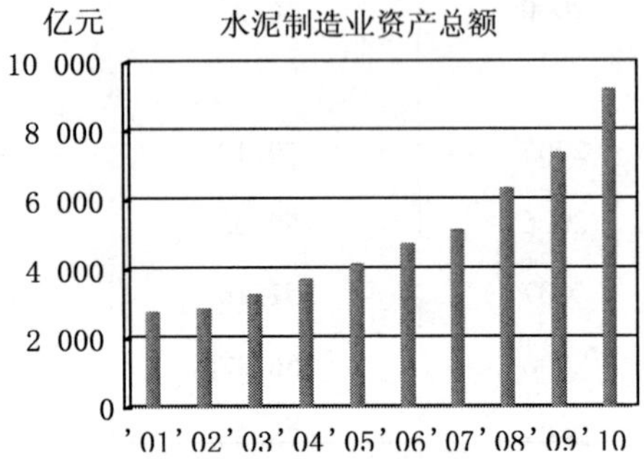

年　度	资产总额（亿元）	年增长率（%）
2000	2 598.49	-0.90
2005	4 130.72	11.72
2006	4 720.30	14.27
2007	5 113.83	8.34
2008	6 316.00	23.51
2009	7 347.37	16.33
2010	9 202.5	25.25
年平均增长率		15.73

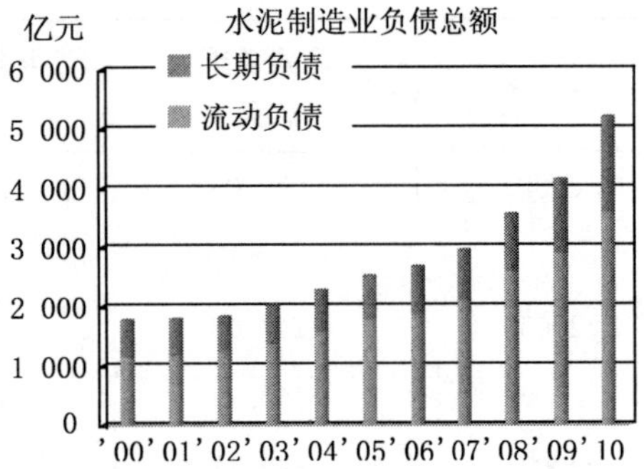

金额单位:亿元

年度	负债总额	流动负债	长期负债
2000	1 773.58	1 151.25	602.32
2005	2 548.45	1 780.87	735.67
2006	2 722.69	1 860.33	810.78
2007	3 020.11	2 088.64	863.55
2008	3 694.00	2 585.90	976.32
2009	4 327.62	2 890.88	1 254.47
2010	5 462.77	3 593.41	1 605.75

2010 年水泥制造业资产

金额单位:亿元

指标名称	指标值
流动资产	3 059.65
其中:应收账款	416.76
存货	627.92
其中:产成品	171.12
固定资产	4 947.14
固定资产原价	6 036.44
累计折旧	1 672.31
无形及递延资产	1 195.71
资产总额	9 202.5

2010 年水泥制造业负债

金额单位:亿元

指标名称	指标值
流动负债	3 593.41
其中:应付账款	789.56
长期负债	1 605.75
负债总额	5 462.77
净资产	3 705.85

5 －4　净资产

5 －4　Net assets

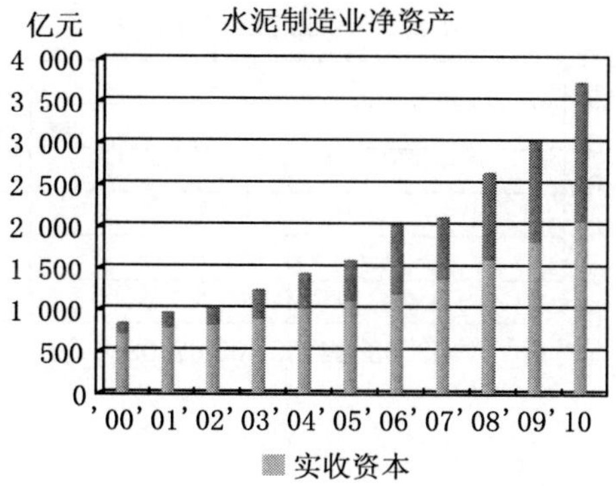

年　度	净资产(亿元)		实收资本占净资产比重(%)
	总　计	其中：实收资本	
2000	824.32	700.24	84.95
2005	1 576.30	1 095.80	69.52
2006	1 997.61	1 180.98	59.00
2007	2 093.62	1 364.01	65.15
2008	2 622.00	1 594.27	60.80
2009	3 005.59	1 807.78	60.15
2010	3 705.85	2 050.70	55.34

净资产年平均增长率 18.31%

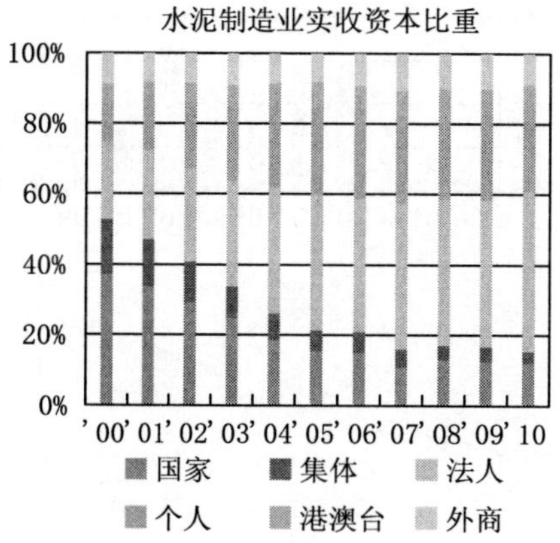

实收资本构成

分　类	资本金(亿元)		资本金比重(%)	
	2010 年	2000 年	2010 年	2000 年
国家资本金	244.00	259.18	11.90	37.01
集体资本金	72.79	110.80	3.55	15.82
法人资本金	928.15	152.55	45.26	21.79
个人资本金	480.93	75.58	23.45	10.79
港澳台资本金	142.92	41.45	6.97	5.92
外商资本金	181.91	60.68	8.87	8.67

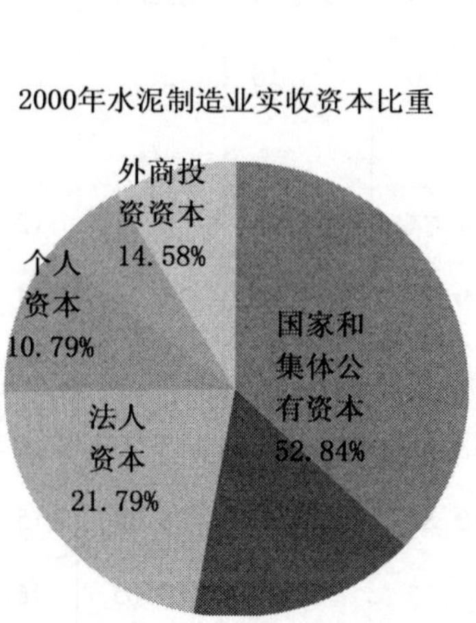

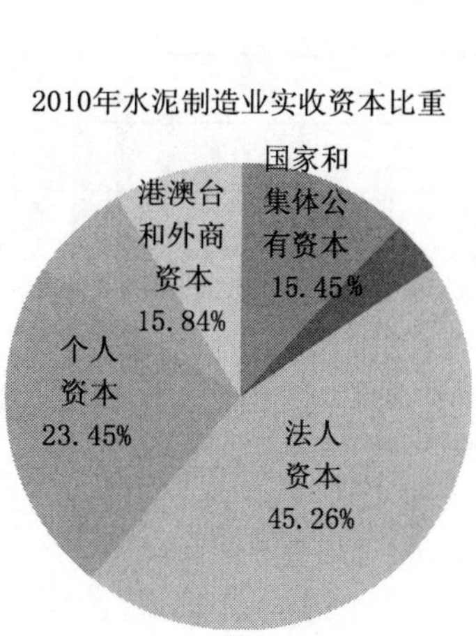

5－5　资本投入产出和盈利水平分析指标

5－5　Analysis index for capital input and output and profit making level

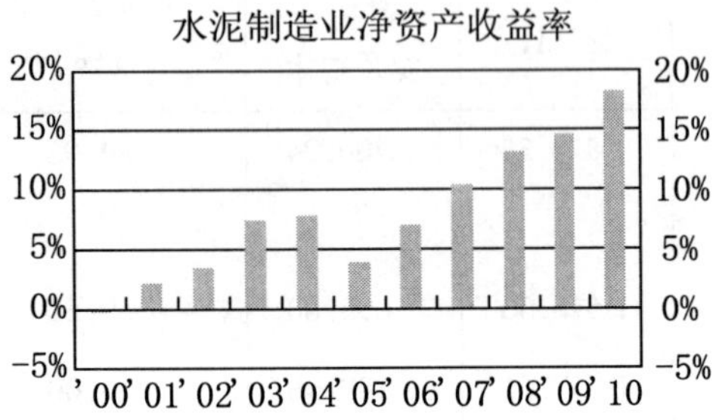

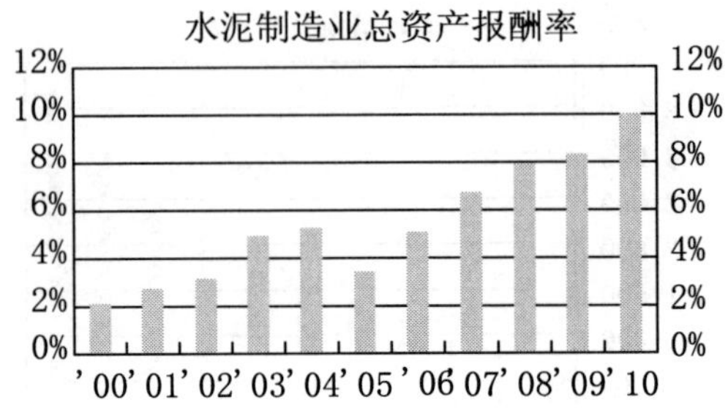

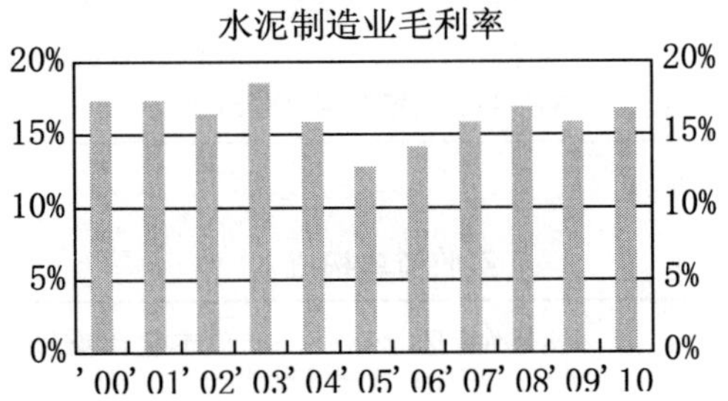

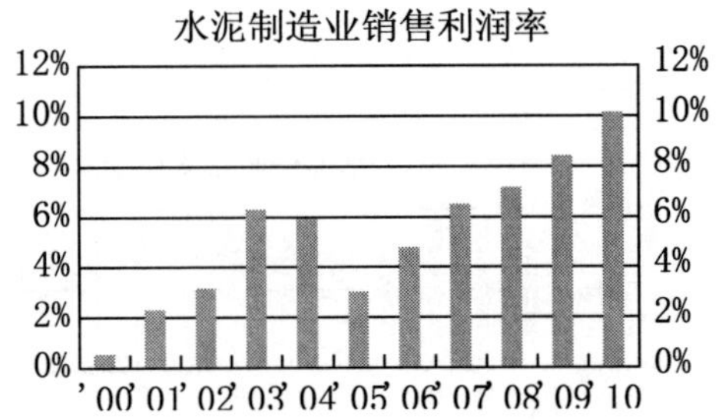

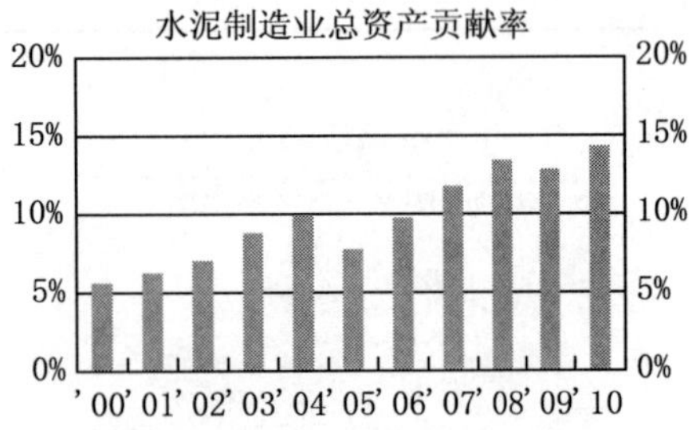

%

年　度	总资产贡献率	净资产收益率	总资产报酬率	毛利率	销　售利润率
2000	5.60	-0.18	2.12	17.35	0.54
2005	7.74	3.93	3.44	12.81	3.01
2006	9.72	7.00	5.08	14.17	4.78
2007	11.78	10.36	6.74	15.83	6.51
2008	13.46	13.11	7.93	16.87	7.16
2009	12.86	14.60	8.34	15.84	8.42
2010	14.33	18.24	10.05	16.80	10.15

5－6 资本运营分析指标

5－6 Analysis index for capital management

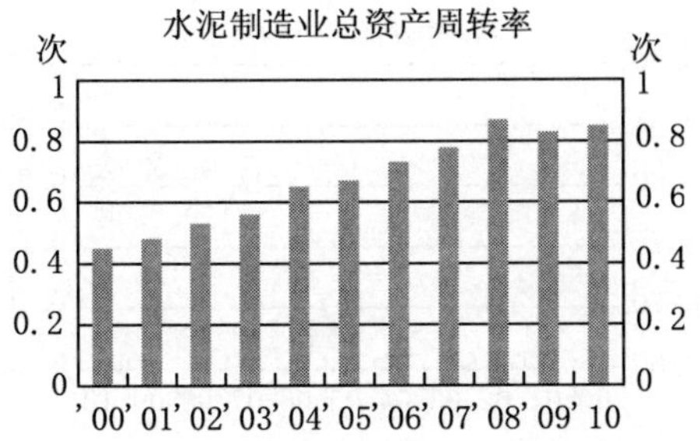

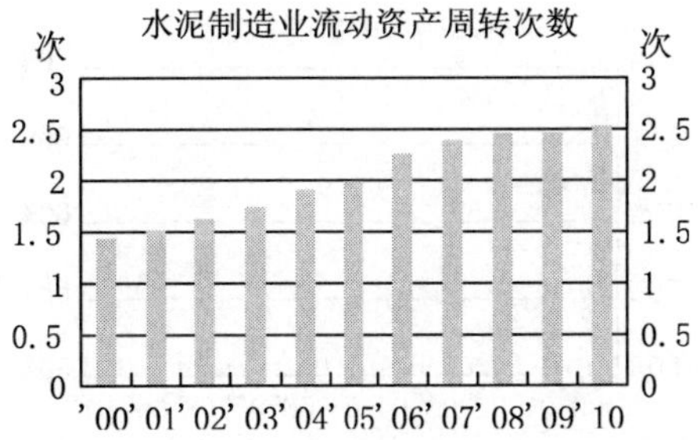

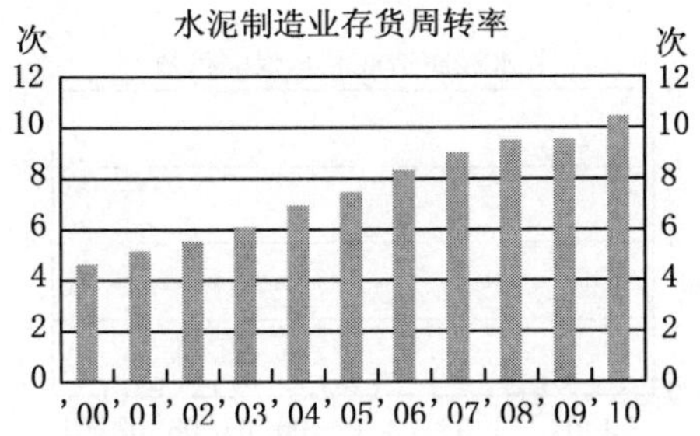

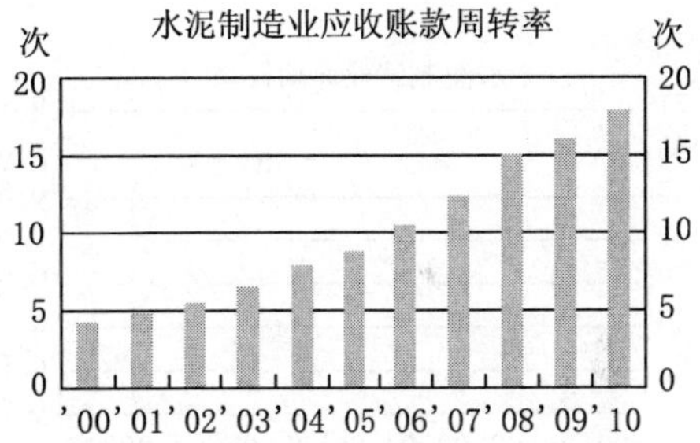

次

年度	总资产周转率	流动资产周转次数	存货周转率	应收账款周转率
2000	0.45	1.44	4.63	4.25
2005	0.67	1.99	7.47	8.76
2006	0.73	2.26	8.33	10.55
2007	0.78	2.39	9.03	12.39
2008	0.87	2.46	9.52	15.05
2009	0.83	2.47	9.55	16.04
2010	0.85	2.54	10.44	17.88

5－7 资产负债分析指标

5－7 Analysis index for assets and liabilities

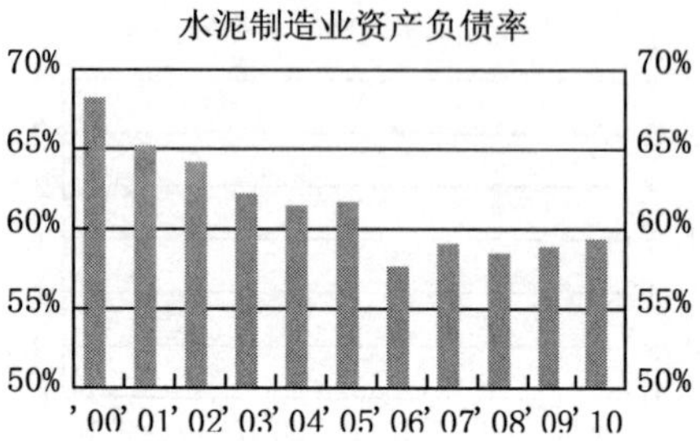

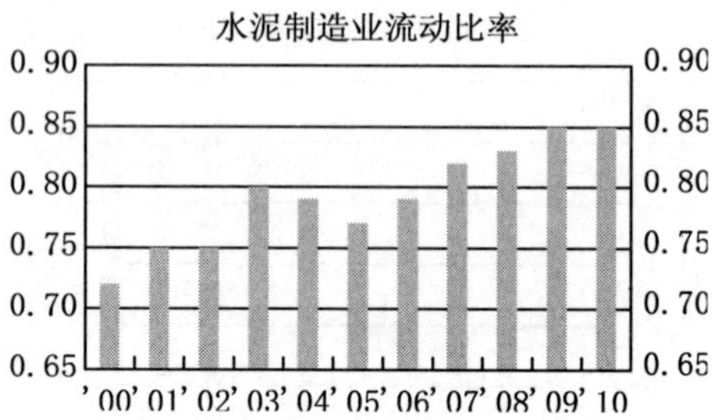

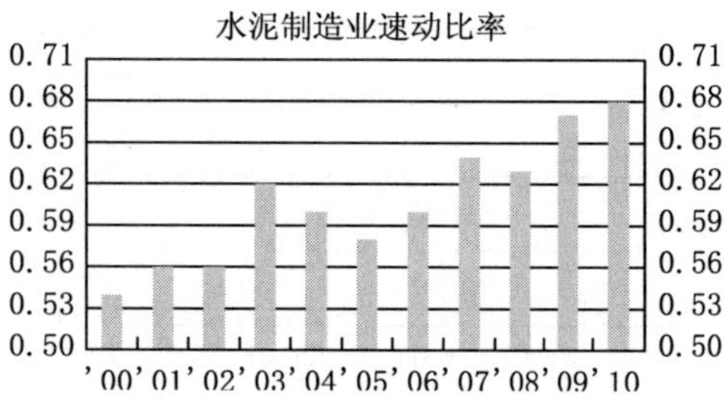

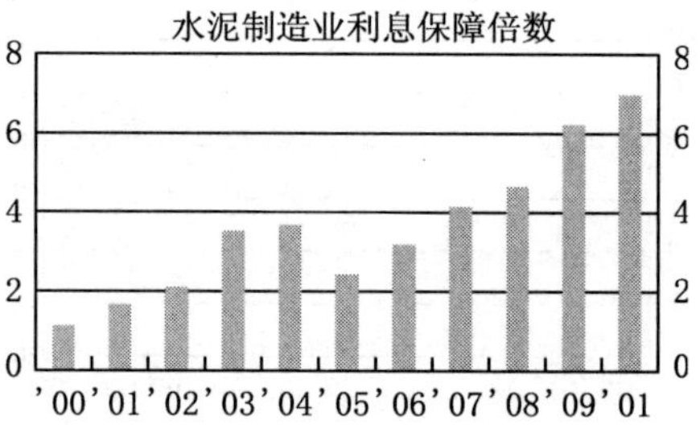

年　度	资产负债率 (%)	流　动 比　率	速　动 比　率	利息保 障倍数
2000	68.25	0.72	0.54	1.13
2005	61.70	0.77	0.58	2.43
2006	57.68	0.79	0.60	3.18
2007	59.06	0.82	0.64	4.14
2008	58.49	0.83	0.63	4.67
2009	58.90	0.85	0.67	6.23
2010	59.36	0.85	0.68	6.97

5－8 劳动生产率和人均工资福利费

5－8 Productivity and per-capita wage and welfare cost

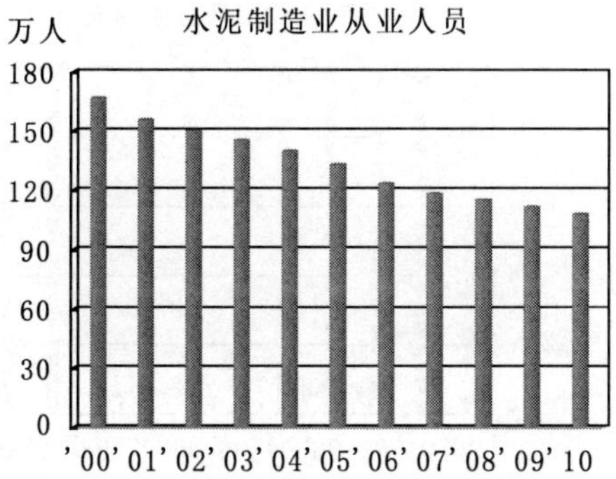

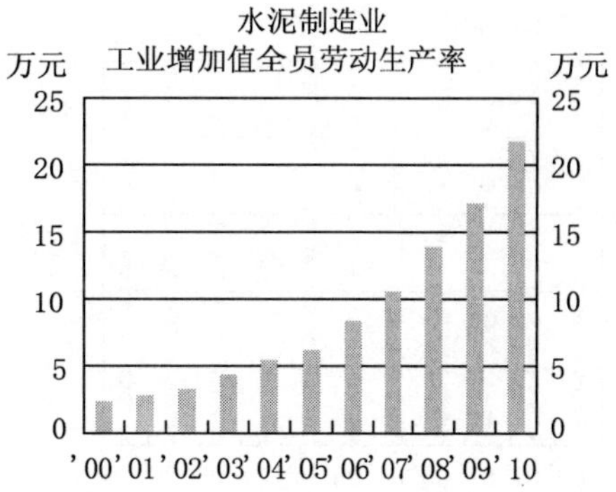

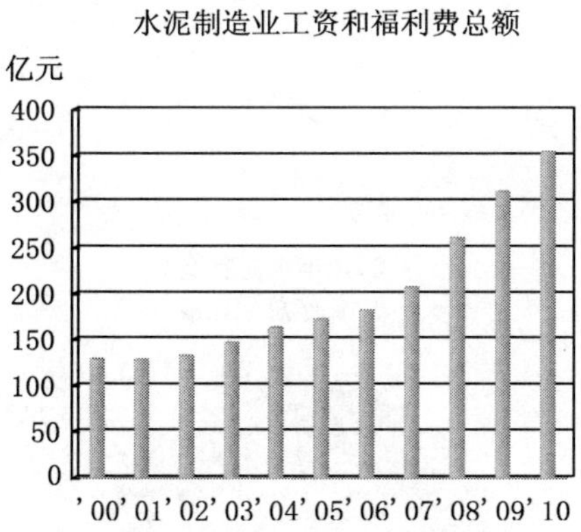

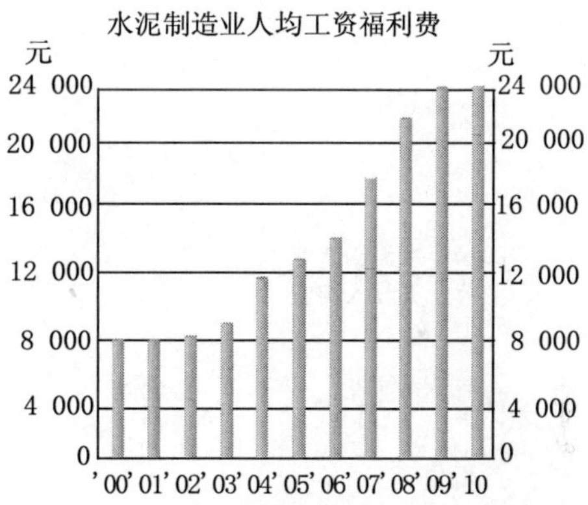

年度	从业人员（万人）	工业增加值全员劳动生产率（元/人）	工资和福利费总额（亿元）	人均年工资福利费（元/人）
2000	166.95	23 737	128.29	7 684
2005	133.05	61 774	172.46	12 962
2006	123.44	83 811	182.28	14 766
2007	118.22	106 037	206.82	17 495
2008	115.27	139 046	260.69	22 616
2009	111.66	170 986.88	310.66	27 822.25
2010	108.03	217 437.93	353.86	32 757.87

5-9 水泥制造业经济类型构成

5-9 Economic type composition in cement manufacturing industry

水泥制造业主营业务收入构成

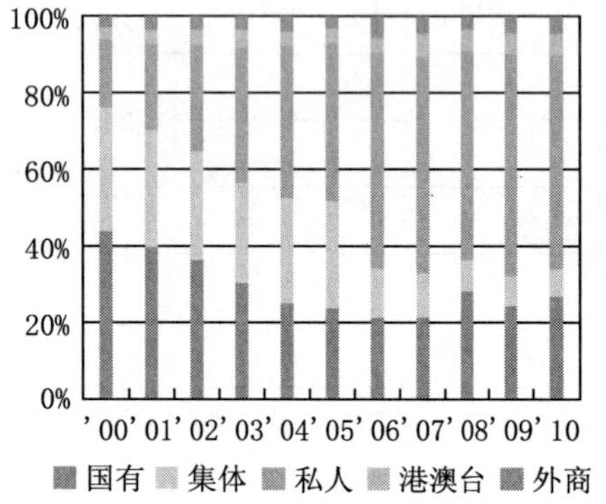

水泥制造业资产总额构成

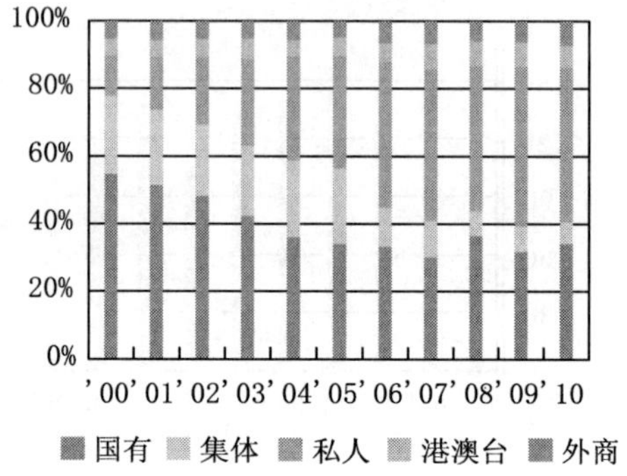

2010年水泥制造业主营业务收入构成

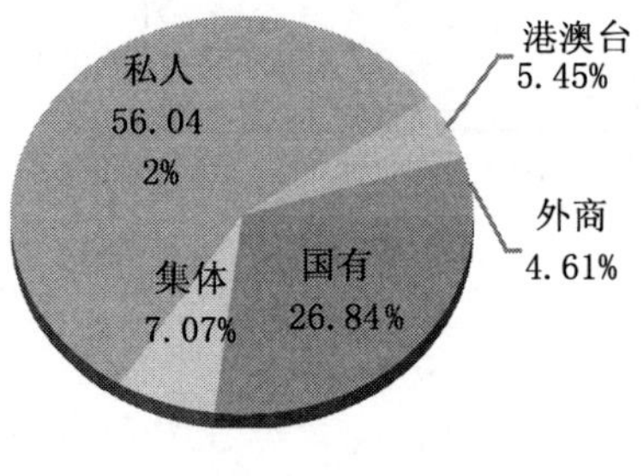

2010年水泥制造业资产总额构成

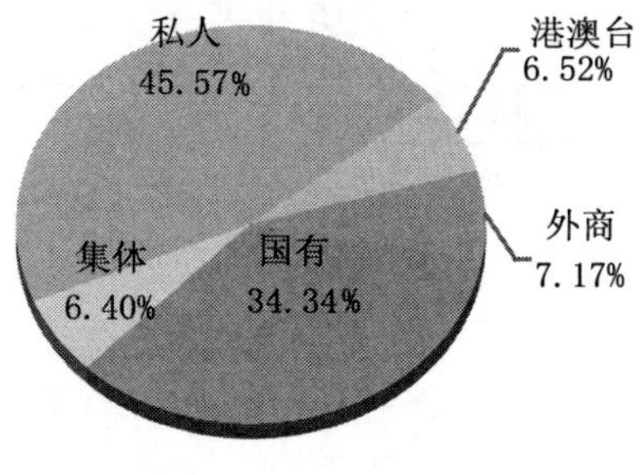

2010 年水泥制造业各经济类型主要统计指标

金额单位:亿元

经济类型	企业户数	从业人员(万人)	主营业务收入	利润总额	利税总额	资产总额
水泥制造业	4 774	108.03	7 019.44	712.20	1 066.06	9 202.50
国有控股企业	511	24.50	1 883.77	243.72	345.49	3 160.42
集体控股企业	409	9.64	496.20	44.73	70.74	588.63
私人控股企业	3 693	67.20	3 933.96	331.48	517.53	4 193.59
港澳台商控股企业	83	3.20	382.24	49.04	71.46	600.26
外商控股企业	78	3.48	323.27	43.23	60.84	659.60

5－10 水泥制造业经济类型资本投入产出和盈利水平对比

5－10 Comparison of economic type capital input and output and profit making level in cement manufacturing industry

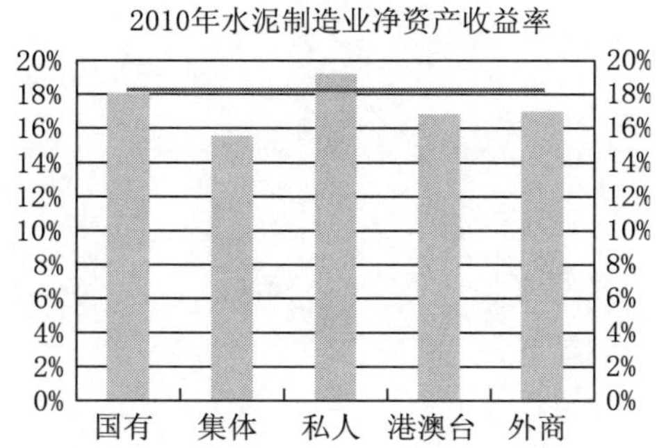

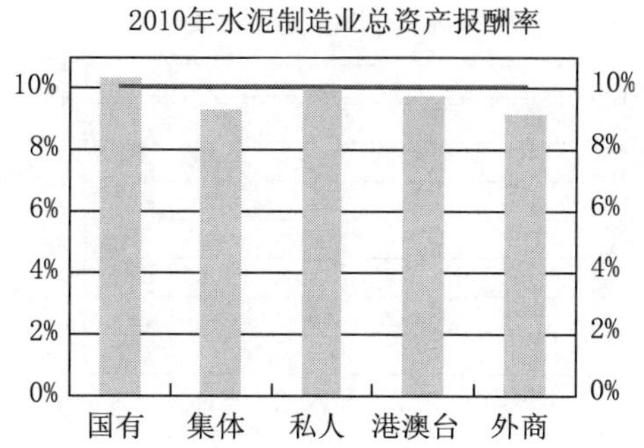

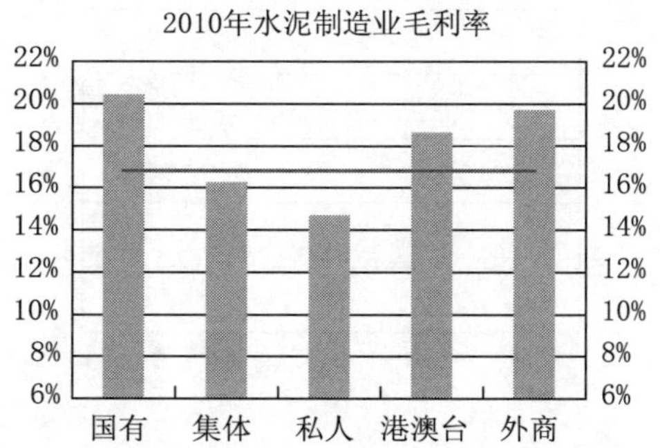

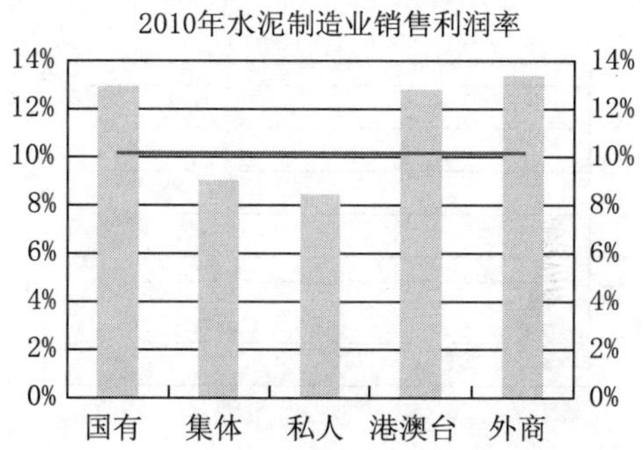

2010 年水泥制造业经济类型资本投入产出和盈利水平对比

%

经济类型	净资产收益率	总资产报酬率	毛利率	销售利润率
平均水平	18.24	10.05	16.80	10.15
国有控股企业	18.05	10.33	20.45	12.94
集体控股企业	15.56	9.31	16.27	9.01
私人控股企业	19.25	10.13	14.7	8.43
港澳台商控股企业	16.84	9.75	18.64	12.83
外商控股企业	16.98	9.15	19.72	13.37

5－11 水泥制造业经济类型生产效率和人均收入对比

5－11 Comparison of economic type productivity and per-capita income in cement manufacturing industry

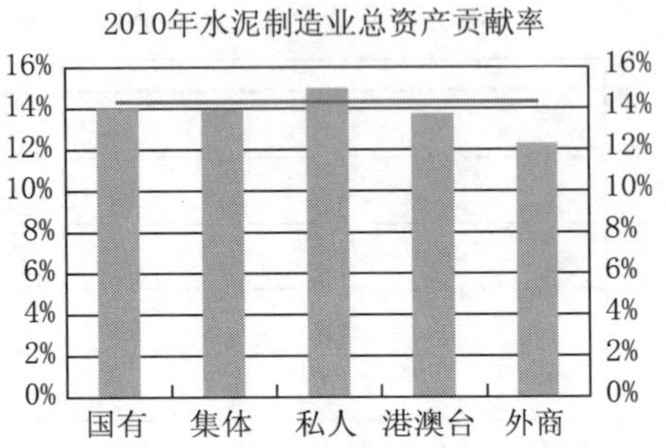

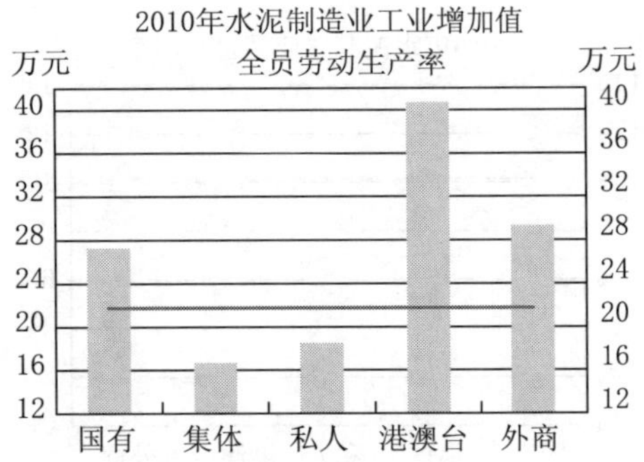

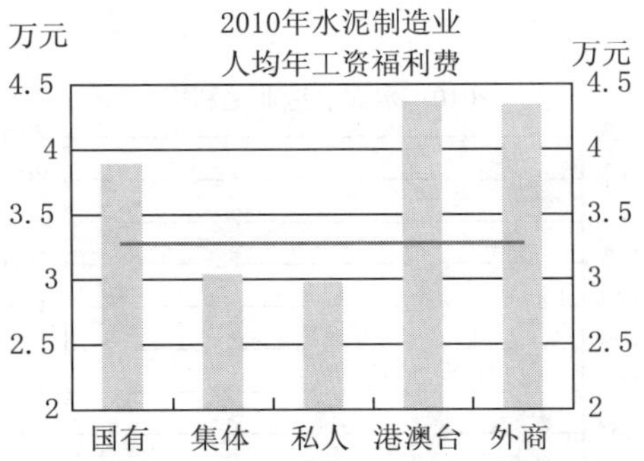

2010 年水泥制造业经济类型生产效率和人均收入对比

经济类型	总资产贡献率（%）	工业增加值全员劳动生产率（元/人）	人均年工资福利费（元/人）
平均水平	14.33	217 437.93	32 757.87
国有控股企业	14.03	272 596.16	38 944.9
集体控股企业	13.92	166 855.43	30 420.09
私人控股企业	14.98	185 151.34	29 759.59
港澳台商控股企业	13.75	406 883.78	43 711.02
外商控股企业	12.29	293 591.77	43 484.22

5－12　水泥制造业经济类型资本运营对比

5－12　Comparison of economic type capital management in cement manufacturing industry

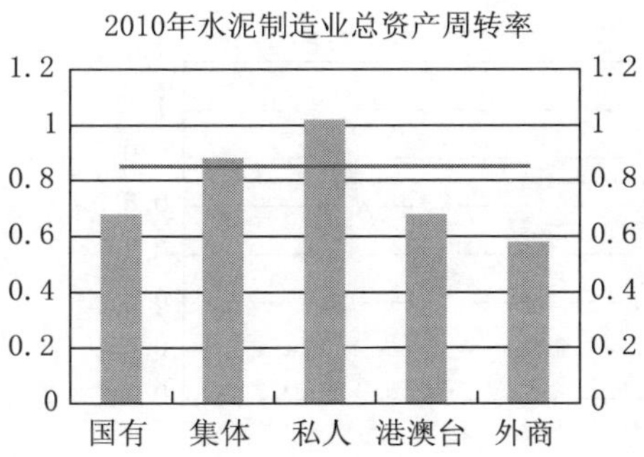

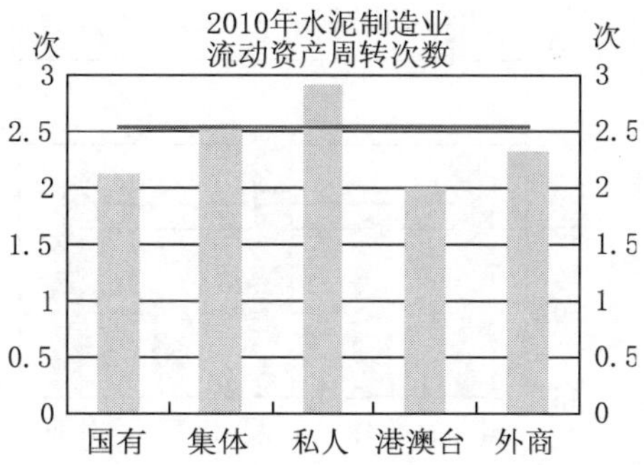

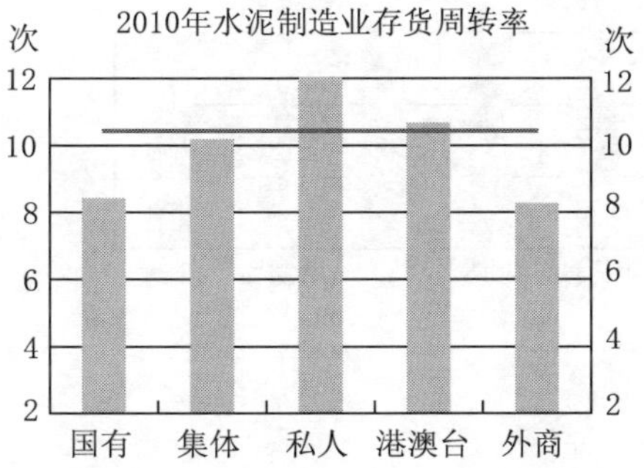

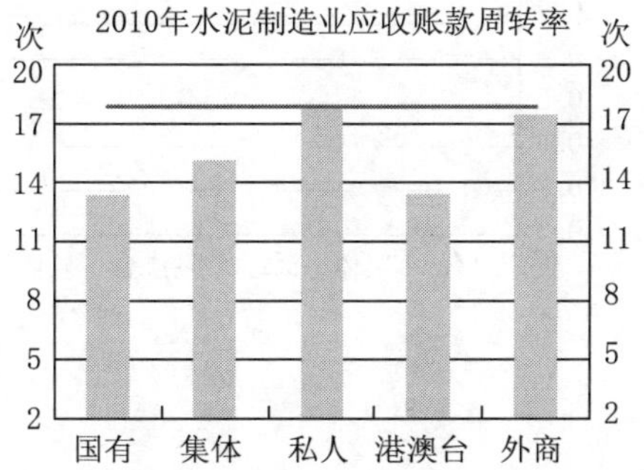

2010 年水泥制造业经济类型资本运营对比

次

经济类型	总资产周转率	流动资产周转次数	存货周转率	应收账款周转率
平均水平	0.85	2.54	10.44	17.88
国有控股企业	0.68	2.12	8.42	13.35
集体控股企业	0.88	2.56	10.19	15.09
私人控股企业	1.02	2.92	12.01	17.92
港澳台商控股企业	0.68	2.00	10.69	13.39
外商控股企业	0.58	2.32	8.26	17.45

5－13　水泥制造业经济类型资产负债对比

5－13　Comparison of economic type assets and liabilities in cement manufacturing industry

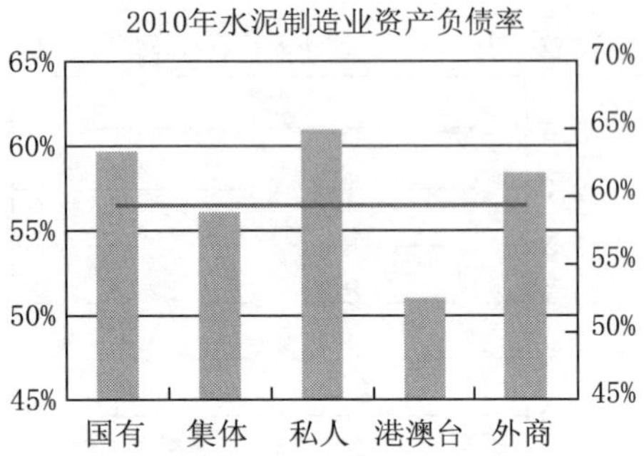

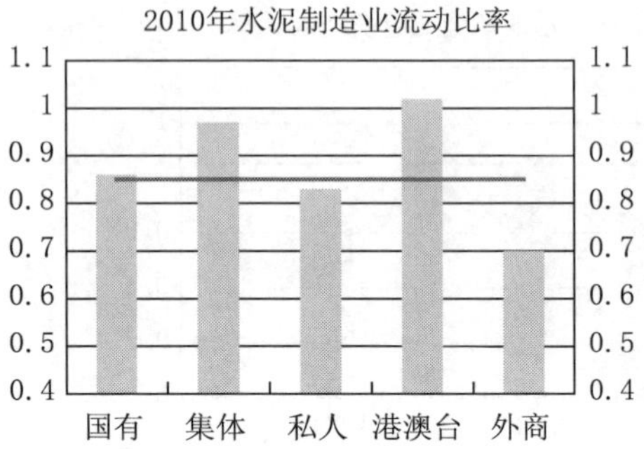

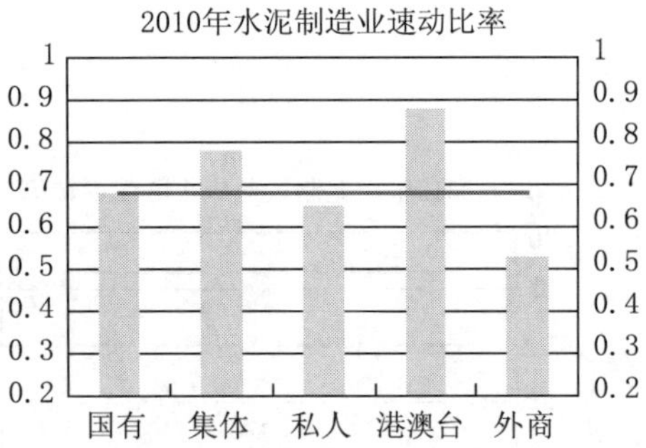

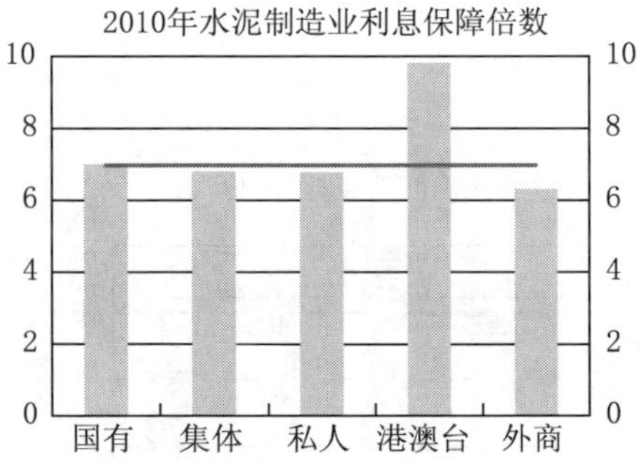

2010 年水泥制造业经济类型资产负债对比

经济类型	资产负债率(%)	流动比率	速动比率	利息保障倍数
平均水平	59.36	0.85	0.68	6.97
国有控股企业	59.66	0.86	0.68	7.01
集体控股企业	56.07	0.97	0.78	6.79
私人控股企业	60.95	0.83	0.65	6.78
港澳台商控股企业	51.01	1.02	0.88	9.81
外商控股企业	58.39	0.70	0.53	6.30

5-14-1 省区市水泥制造业主要财务指标

5-14-1 Main financial index of cement manufacturing industry of each province, region and city

金额单位:亿元

省区市名称	企业户数	从业人员(万人)	工业增加值	增加值增长率(%)	主营业务收入	利润总额	利税总额	利税总额增长率(%)	资产总额	资产总额同期增长率(%)
全国	4 774	108.03	1 909.26	20.28	7 019.44	478.28	1 066.06	35.49	9 202.50	25.25
北京	17	0.48	10.22	-11.89	33.60	4.15	6.27	-11.39	46.61	-16.58
天津	25	0.30	4.98	29.99	27.65	0.57	2.57	68.38	32.22	25.39
河北	298	6.79	135.44	25.80	474.54	37.91	72.76	41.97	673.25	35.89
山西	150	3.08	17.23	76.74	94.50	-2.01	8.02	359.75	192.08	28.43
内蒙古	125	2.75	75.38	27.13	218.96	16.47	30.82	19.80	276.28	18.07
辽宁	200	3.47	54.47	23.71	210.26	11.91	20.19	4.09	267.23	13.18
吉林	69	3.51	88.09	11.64	314.19	21.29	26.68	-21.12	419.61	28.07
黑龙江	93	2.40	27.69	56.39	132.95	5.89	22.92	92.27	177.29	38.66
上海	19	0.29	8.51	-13.87	30.84	1.18	3.23	33.44	26.56	-20.73
江苏	293	5.36	120.47	9.76	517.75	21.71	69.90	56.03	516.32	12.86
浙江	226	4.00	74.17	19.56	405.27	14.11	59.04	111.81	573.32	8.65
安徽	172	3.51	85.43	29.55	346.78	29.52	72.16	63.88	493.09	19.49
福建	164	2.36	39.95	23.92	206.34	2.12	19.96	109.21	186.85	4.24
江西	171	3.81	70.31	9.45	231.57	15.92	37.00	30.65	295.84	23.85
山东	302	9.74	180.95	5.54	638.07	47.41	94.60	25.24	561.10	7.78
河南	258	5.98	151.28	8.37	418.34	33.79	65.41	20.94	504.43	17.67
湖北	164	4.32	98.91	13.12	321.85	25.84	41.58	7.10	515.29	20.96
湖南	307	6.22	74.76	17.17	304.22	15.89	42.13	33.31	309.66	33.14
广东	295	5.83	102.69	25.15	495.72	28.31	79.46	57.45	554.68	42.57
广西	218	4.62	69.78	39.61	241.93	17.76	53.07	90.04	333.55	26.41
海南	18	0.48	5.29	66.90	56.29	5.44	12.09	78.26	71.13	34.67
重庆	155	3.35	41.80	23.48	132.14	8.31	16.01	3.67	286.90	56.79
四川	325	8.28	149.29	27.70	471.71	48.08	68.95	-0.57	594.94	45.73
贵州	172	3.32	23.80	20.51	91.16	3.50	9.10	1.14	200.27	85.46
云南	174	3.75	46.58	18.02	171.01	7.95	25.79	42.67	309.17	21.74
西藏	11	0.36	4.43	15.76	10.75	2.08	3.90	27.49	24.58	16.61
陕西	151	3.27	61.13	25.85	168.64	19.42	40.96	45.10	235.34	33.67
甘肃	85	2.46	28.32	30.15	83.83	9.80	19.01	28.05	129.99	28.63
青海	20	0.71	10.41	21.91	27.03	3.22	7.04	51.10	54.52	49.26
宁夏	31	0.83	17.67	35.23	46.46	8.90	12.21	1.22	93.04	27.45
新疆	66	2.41	29.84	31.92	95.09	11.85	23.24	33.49	247.36	44.45

5－14－2 省区市水泥制造业主要财务指标

5－14－2 Main financial index of cement manufacturing industry of each province, region and city

单位：%

省区市名称	总资产贡献率	净资产收益率	总资产报酬率	毛利率	销售利润率	工业增加值全员劳动生产率（元/人）	人均年工资福利费（元/人）
全　国	14.33	18.24	10.05	16.80	10.15	217 438	32 758
北　京	12.72	10.47	8.33	13.52	11.97	191 795	37 692
天　津	9.91	7.91	6.55	8.24	5.77	225 833	32 773
河　北	14.00	19.31	10.94	19.63	11.56	254 008	32 783
山　西	6.82	5.88	3.99	12.83	3.36	96 369	27 541
内蒙古	13.45	16.91	9.53	18.89	9.51	349 459	32 300
辽　宁	9.66	12.22	6.46	13.10	5.77	187 877	30 173
吉　林	8.36	10.13	5.64	11.73	5.27	283 992	38 646
黑龙江	15.81	21.70	10.51	17.34	11.15	189 422	24 526
上　海	11.13	9.17	7.01	12.37	6.44	294 291	41 688
江　苏	15.93	19.26	10.61	15.19	8.50	278 971	32 961
浙　江	12.34	15.58	8.86	14.32	9.83	261 415	32 997
安　徽	17.35	21.56	13.43	21.78	15.68	346 744	33 156
福　建	12.55	14.71	7.78	10.87	5.44	216 765	33 749
江　西	14.82	17.62	10.55	18.21	11.05	214 790	33 884
山　东	18.86	22.39	13.35	15.25	10.15	203 020	33 048
河　南	15.53	17.37	10.84	16.39	10.42	267 106	32 727
湖　北	10.67	13.43	7.36	15.79	8.07	257 818	40 757
湖　南	17.14	18.93	10.98	16.17	8.35	140 221	35 780
广　东	17.69	26.18	11.64	14.65	10.28	251 011	27 735
广　西	18.89	26.51	14.22	23.04	16.18	224 909	42 025
海　南	20.72	31.69	15.40	22.47	15.62	198 573	33 234
重　庆	8.45	9.90	5.42	17.67	6.74	139 298	33 400
四　川	15.58	18.74	10.72	15.13	9.46	200 573	32 426
贵　州	7.50	3.96	3.65	13.61	3.46	77 832	23 480
云　南	10.47	13.03	6.80	18.41	9.04	161 167	27 821
西　藏	17.66	17.32	12.58	30.76	25.51	150 061	29 709
陕　西	21.31	33.48	16.01	22.48	17.83	225 048	32 656
甘　肃	17.83	23.56	13.02	28.58	16.06	154 028	29 151
青　海	17.32	24.00	13.54	30.17	19.67	188 160	29 378
宁　夏	16.18	16.85	11.81	28.65	18.48	272 688	33 686
新　疆	12.38	14.15	9.05	26.95	17.11	163 559	33 710

5－14－3　省区市水泥制造业主要财务指标

5－14－3　Main financial index of cement manufacturing industry of each province, region and city

省区市名称	总资产周转率（次）	流动资产周转次数（次）	存货周转率（次）	应收账款周转率（次）	资产负债率（%）	流动比率	速动比率	利息保障倍数
全　国	0.85	2.54	10.44	17.88	59.36	0.85	0.68	6.97
北　京	0.66	1.56	7.28	6.74	47.65	1.11	0.89	17.29
天　津	0.95	2.15	6.97	7.08	49.92	1.09	0.79	6.30
河　北	0.81	2.64	11.00	28.31	60.64	0.91	0.72	7.05
山　西	0.55	1.53	4.18	7.99	75.49	0.80	0.53	1.87
内蒙古	0.86	2.94	9.05	24.06	60.90	0.71	0.54	6.96
辽　宁	0.84	2.78	10.53	12.60	63.19	0.73	0.58	3.95
吉　林	0.84	1.73	6.02	11.28	69.13	0.91	0.65	4.64
黑龙江	0.87	1.99	6.55	14.03	61.20	0.89	0.68	13.26
上　海	1.03	1.57	12.05	4.15	43.54	1.71	1.49	18.03
江　苏	1.06	2.99	15.85	20.99	61.08	0.79	0.67	6.74
浙　江	0.74	1.96	10.78	11.64	60.43	0.76	0.64	5.47
安　徽	0.77	2.38	14.44	12.07	54.15	1.06	0.92	9.45
福　建	1.13	3.18	13.90	16.01	63.95	0.79	0.62	4.74
江　西	0.87	2.51	10.49	39.82	55.31	0.89	0.74	10.80
山　东	1.18	3.03	13.19	23.23	52.63	1.13	0.89	9.72
河　南	0.90	2.84	12.87	28.44	54.65	1.00	0.83	7.20
湖　北	0.68	2.54	10.11	21.58	61.38	0.89	0.70	4.00
湖　南	1.12	4.92	18.35	31.63	56.12	0.66	0.50	6.83
广　东	1.05	3.30	13.14	20.69	64.36	0.88	0.71	13.77
广　西	0.81	2.58	10.27	15.19	51.23	0.92	0.76	12.71
海　南	0.91	2.14	12.56	28.97	60.13	0.99	0.89	12.70
重　庆	0.56	1.82	9.97	18.90	66.04	0.64	0.54	3.32
四　川	0.94	3.25	12.95	31.46	58.46	0.72	0.56	5.86
贵　州	0.59	1.88	8.60	14.86	61.96	0.86	0.69	2.28
云　南	0.61	1.96	7.06	12.04	62.53	0.61	0.46	5.19
西　藏	0.47	1.37	2.48	9.54	44.13	1.30	0.77	21.92
陕　西	0.82	2.89	8.30	20.52	58.76	0.61	0.45	11.49
甘　肃	0.73	2.03	6.05	11.23	59.00	1.20	0.88	9.51
青　海	0.59	1.71	4.63	9.90	62.15	0.78	0.56	7.29
宁　夏	0.56	1.73	5.65	14.48	49.21	0.82	0.65	8.07
新　疆	0.45	1.46	5.63	24.26	48.59	1.09	0.90	7.08

5－15－1 2010 年水泥制造业地区经济效益分析

5－15－1 Analysis of regional economic benefit of cement manufacturing industry in 2010

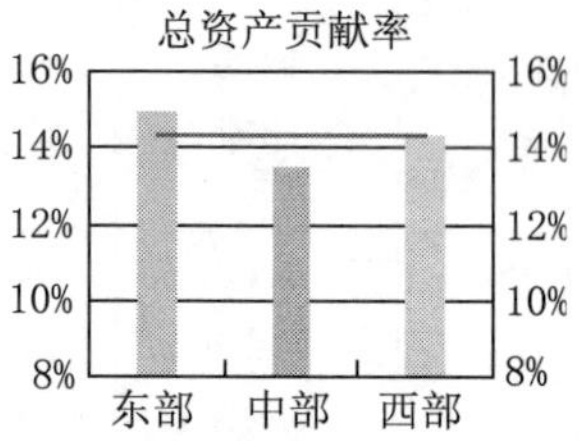

较高地区：陕西、海南、广西、
山东、甘肃
较低地区：山西、贵州、吉林、
重庆、辽宁

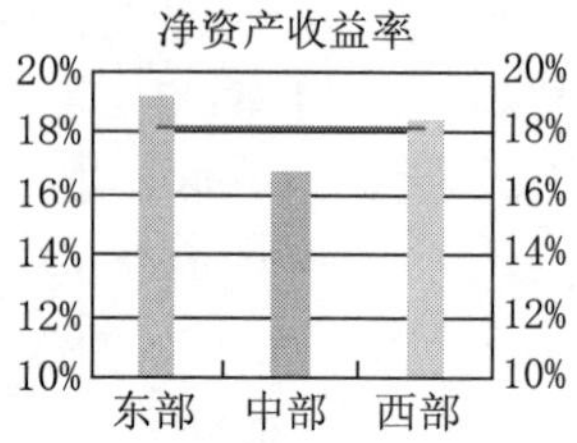

较高地区：陕西、海南、广西、
广东、青海
较低地区：贵州、山西、天津、
上海、重庆

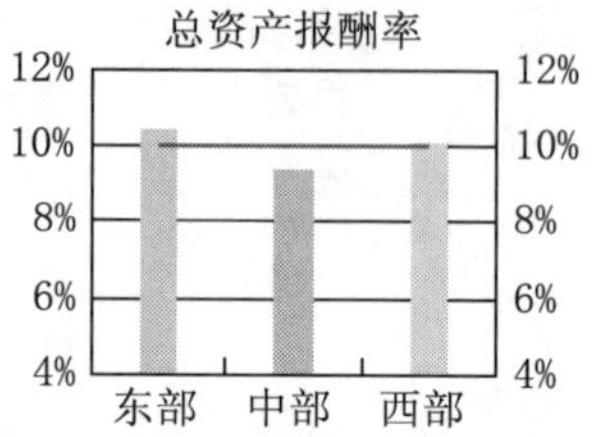

较高地区：陕西、海南、广西、
青海、安徽
较低地区：贵州、山西、重庆、
吉林、辽宁

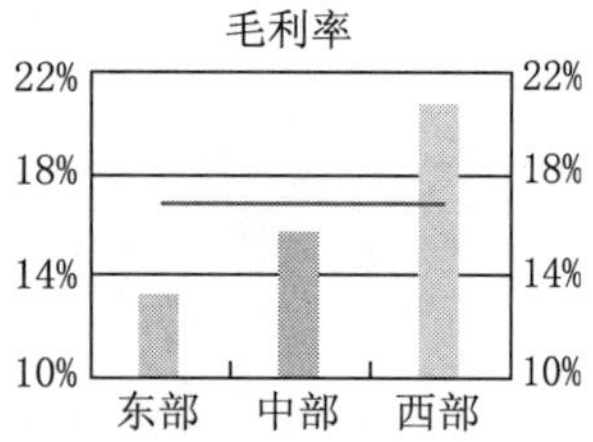

较高地区：西藏、青海、宁夏、
甘肃、新疆
较低地区：天津、福建、吉林、
上海、山西

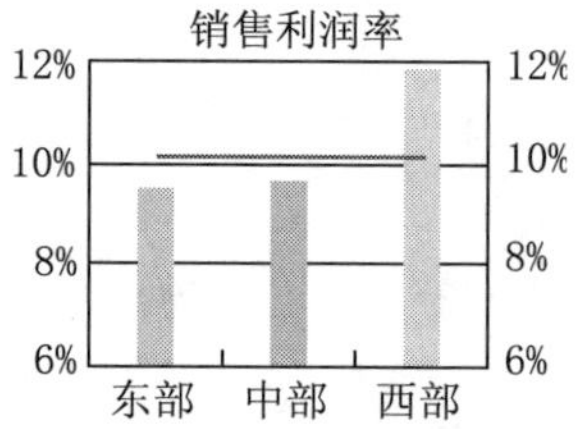

较高地区：西藏、青海、宁夏、
陕西、新疆
较低地区：山西、贵州、吉林、
福建、天津

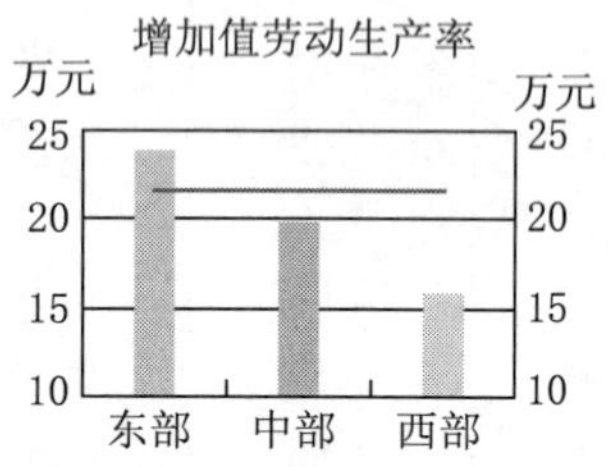

较高地区：内蒙古、安徽、
上海、吉林、江苏
较低地区：贵州、山西、重庆、
湖南、西藏

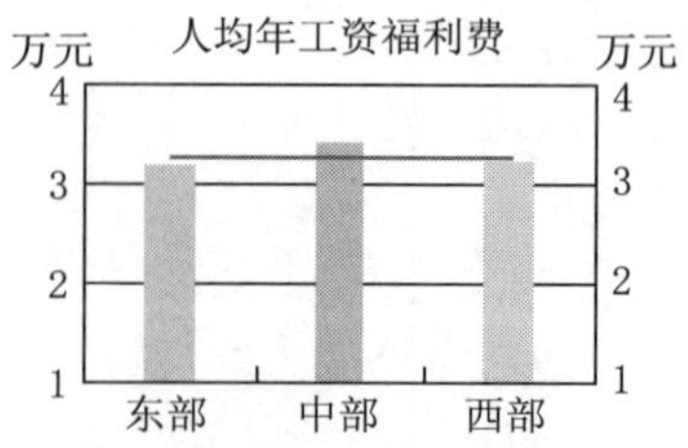

较高地区：广西、上海、湖北、
吉林、北京
较低地区：贵州、黑龙江、
山西、广东、云南

5－15－2　2010年水泥制造业地区经济效益分析

5－15－2　Analysis of regional economic benefit of cement manufacturing industry in 2010

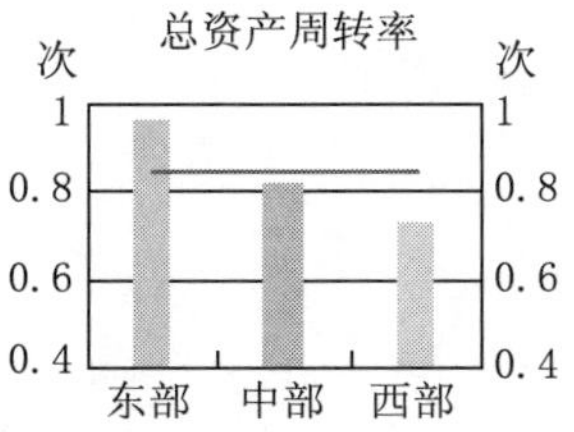

较快地区：山东、福建、湖南、江 苏、广东

较慢地区：新疆、西藏、山西、重 庆、宁夏

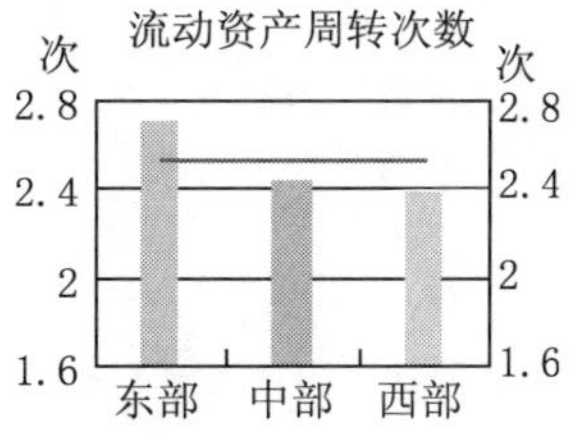

较快地区：湖南、广东、四川、福建、山东

较慢地区：西藏、新疆、山西、北京、上海

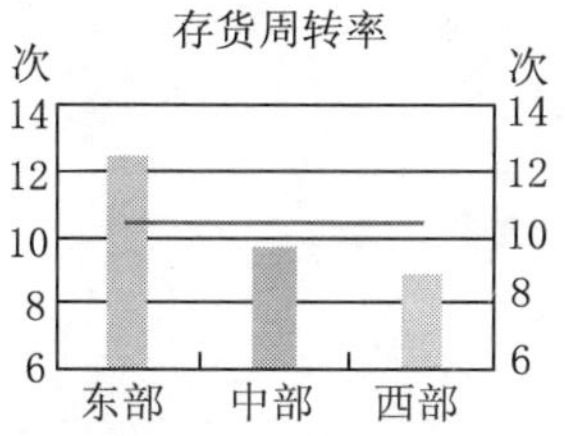

较快地区：湖南、江苏、安徽、福建、山东

较慢地区：西藏、山西、青海、新疆、宁夏

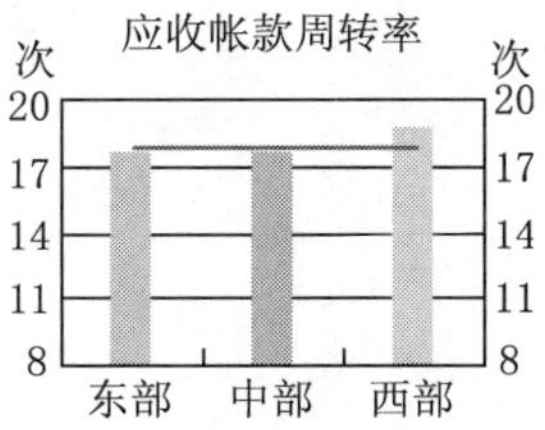

较快地区：江西、湖南、四川、海南、河南

较慢地区：上海、北京、天津、山西、西藏

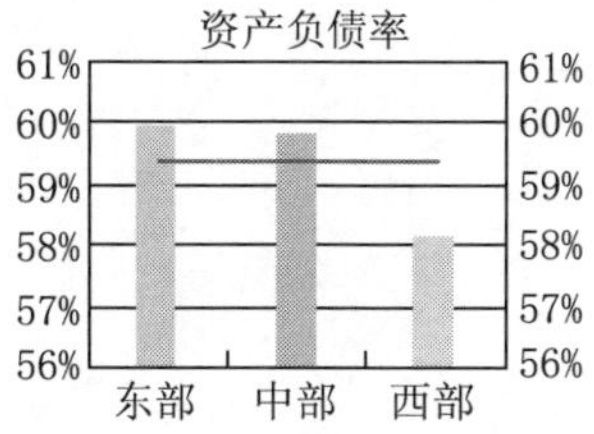

较低地区：上海、西藏、北京、新疆、宁夏

较高地区：山西、吉林、重庆、广东、福建

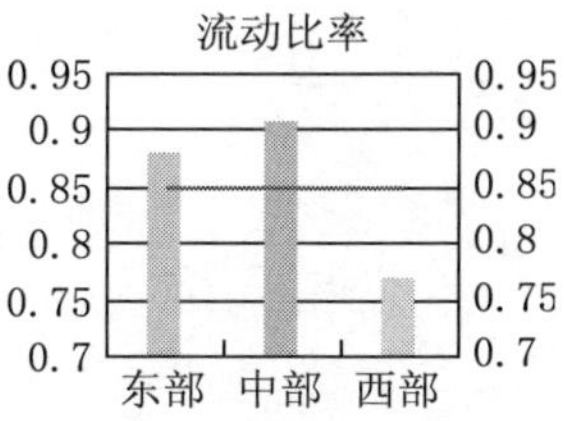

较快地区：上海、西藏、甘肃、山东、北京

较慢地区：陕西、云南、重庆、湖南、内蒙古

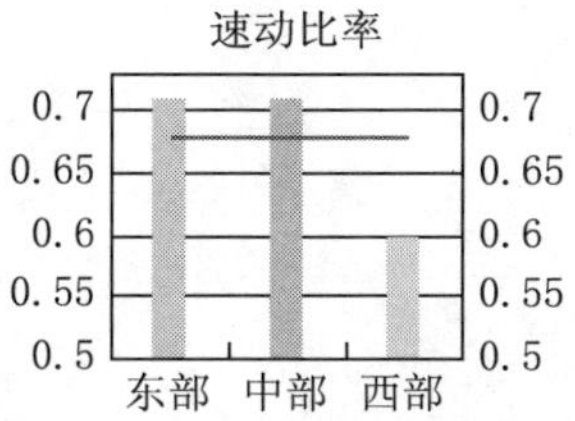

较快地区：上海、安徽、新疆、山东、北京

较慢地区：陕西、云南、湖南、山西、重庆

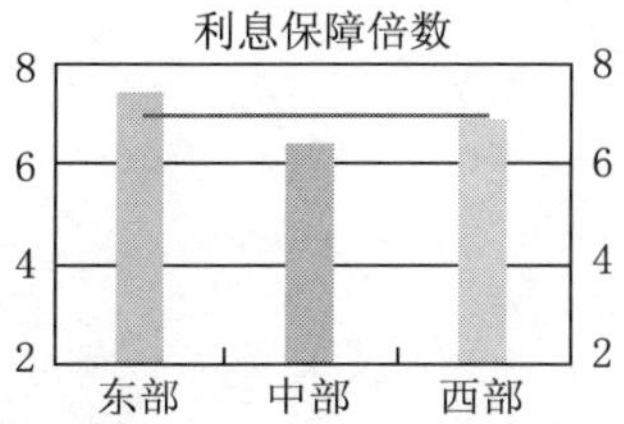

较高地区：西藏、上海、北京、广东、黑龙江

较低地区：山西、贵州、重庆、辽宁、湖北

DONGFANG

兴化市东方机械有限责任公司

兴化市东方机械有限责任公司成立于1994年6月，是国内最早生产水泥厂用耐热耐磨钢件的厂家之一，是国家建材标委会定点生产企业；“江苏省民营科技企业”；泰州市AAA级信用企业；当地重点骨干企业。公司通过了ISO9001：2000质量体系认证，产品历次经国家专业部门抽检均为合格，与数家科研院所建立了合作关系，被建材行业权威部门评定为“中国品牌”。近年来参与200多条干法水泥新线的建设，国内首条日产5000吨、8000吨和10000吨熟料线耐热钢件均由该公司提供，公司技术人员和技术工人占职工总数的三分之二。近年添置了一批大型设备，制造的篦冷机、预热器等产品出口到土耳其等23个国家和地区。产品质量可靠，诚信度高，售后服务及时，谒诚欢迎国内外新老客户前来考察指导，进行广泛和深度合作。

主要业绩：浙江省32条线、安徽省24条线、河北省20条线、山东省19条线……

出口：越南、巴基斯坦、伊朗、阿曼等23个国家和地区。

用途	材质牌号
回转窑熟料分解系统	ZG40Cr25Ni20
	ZG35Cr25Ni12
预热器系统	ZG40Cr25Ni20
	ZG35Cr25Ni12
	ZG30Cr28Ni12
	ZG30Cr24Ni7N
	ZGM1、ZGM2(自行研发)
冷却机系统	ZG40Cr25Ni20
	ZG35Cr25Ni12
	ZG30Cr26Ni5
燃烧器系统	ZG40Cr25Ni20
	ZG40Cr28Ni16
	G30Cr20Ni10
	G30Cr26Ni5
破碎机系统	中碳多元合金钢及锰钢系列
立磨系统	中高铬、镍铬合金

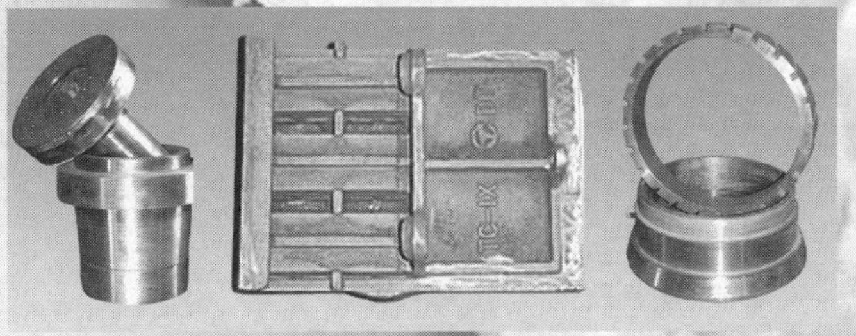

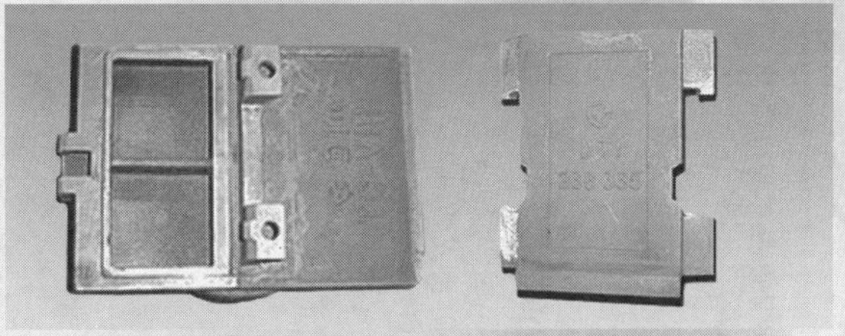

中国品牌 耐热钢系列产品展

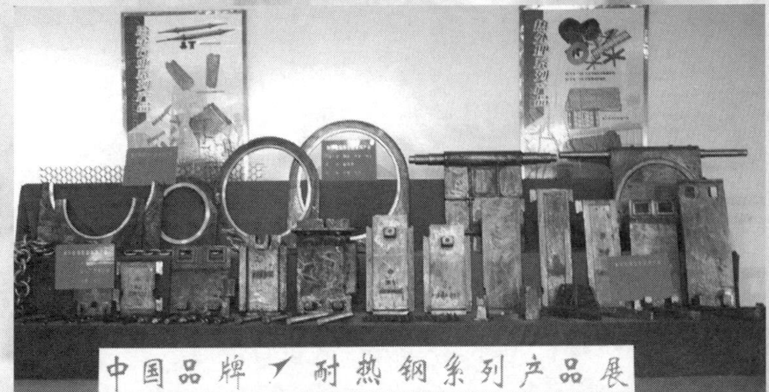
中国品牌 耐热钢系列产品展

地　址：江苏省兴化市昭阳工业园三区西环路105号

邮　编：225700

电　话：0523-83261087/83261779

传　真：0523-83262165

网　址：www.xhdfjx.com

E-mail：xhdfjx@126.com

冀东水泥
JIDONG CEMENT

唐山冀东水泥股份有限公司简介

唐山冀东水泥股份有限公司是冀东发展集团有限责任公司的核心企业，是中国北方规模最大的水泥上市企业，是一个以水泥生产为主业，集干粉砂浆、水泥外加剂、水泥助磨剂等新型建筑材料为一体的大型绿色环保型建材企业集团。2010 年，股份公司共有 7 个项目建成投产，3 个项目即将投产，5 个项目陆续开工或启动，新型干法水泥熟料生产线达到 43 条，水泥产能跃升至 9000 万吨，位居国内三甲，国际前七，连续第三年实现 50% 以上的大幅增长。

本年度，股份公司完成熟料产量 4097 万吨，水泥产量 4578 万吨，同比提高 49% 和 54%；实现水泥、熟料净销售 5681 万吨，同比提高 49%。截至 2010 年底，公司累计投产纯低温余热发电机组 23 台（套），总装机容量超过 230MW，累计发电 12.66 亿度，节约标煤 43 万多吨，利用余热发电、电石泥配料减少二氧化碳排量 135 万吨。

股份公司先后荣获“全国节能减排·环保承诺示范单位”证书、“2010年中国‘两化’融合50佳企业”称号。连续3年荣获“河北省‘双三十’节能减排工作优秀单位”。预计到2015年，股份公司水泥产能将达到1.5亿吨，跨入世界前五大水泥集团行列。

名优工程展示

公司简介

公司概况： 中国联合水泥集团有限公司（以下简称“中国联合水泥”）是国务院国资委管理的大型央企-中国建材集团的核心企业，香港H股上市公司-中国建材股份的重要业务板块，国家重点扶持的特大型水泥集团。

中国联合水泥旗下的70余家分、子公司遍布山东、江苏、河南、河北、安徽、四川、山西、内蒙古等省市自治区。总资产300亿元，年产能规模8000万吨。

中国联合水泥拥有50余条日产2500吨级、日产5000吨级、日产6000吨级、日产10000吨级代表世界和国内先进水平的新型干法水泥生产线。其中，日产10000吨级生产线各项经济技术指标全球领先。

中国联合水泥秉承中国建材“善用资源、服务建设”核心理念，以“全球优秀的水泥及混凝土专业制造商”为愿景，按照“调结构、降能耗、优资源、促循环”的低碳化发展思路，致力于为客户提供绿色环保的建材产品。

中国联合水泥坚持以专业化的制造技术、专家化的管理手段确保高品质产品的生产；坚持以完善的市场保障系统、专情化的服务理念对消费者负责；坚持推进低碳化生产经营方式，打造绿色环保产业，履行企业公民的社会责任；坚持在企业良性发展的同时，持续关注员工健康和福利，实现企业与员工共同成长。

“CUCC”是中国联合水泥产品的统一商标，产品品种涵盖了32.5、42.5、52.5、62.5等各种型号及性能的普通水泥、特种水泥和商品混凝土。

中国联合水泥愿与国内外有识之士一道，致力于人与自然的和谐统一，愿与各利益攸关方、社会各界精诚合作，多赢共赢，推动行业健康持续发展，共同开创人类生活更加美好的未来。

中国联合水泥南阳分公司年产400万吨水泥生产线

中国联合水泥所属企业名单

鲁南中联水泥有限公司
淮海中联水泥有限公司
中国联合水泥集团有限公司南阳分公司
邢台中联水泥有限公司
枣庄中联水泥有限公司
青州中联水泥有限公司
徐州中联水泥有限公司
泰山中联水泥有限公司
德州中联大坝水泥有限公司
日照中联水泥有限公司
淅川中联水泥有限公司
洛阳中联黄河水泥有限公司
安阳中联水泥有限公司
临沂中联水泥有限公司
曲阜中联水泥有限公司
南阳中联卧龙水泥有限公司
北川中联水泥有限公司
登封中联登电水泥有限公司
郏县中联天广水泥有限公司
山东东华水泥有限公司
莒县中联水泥有限公司
安县中联水泥有限公司
南京中联水泥有限公司
平邑中联水泥有限公司
滕州中联水泥有限公司
乌兰察布中联水泥有限公司
邓州中联水泥有限公司
河南省海皇益民旋窑水泥有限公司
锡林浩特中联金河水泥有限公司
东平中联美景水泥有限公司
滁州中联水泥有限公司
运城中联水泥有限公司
沂南中联水泥有限公司
济源中联水泥有限公司
巴彦淖尔中联水泥有限公司
新泰中联泰丰水泥有限公司（2011年）
铜梁中联水泥有限公司
泰安中联水泥有限公司
怀远中联水泥有限公司

地址：北京市海淀区三里河路甲11号中国建材大厦16层
电话：010-88083366
传真：010-88084112
网址：www.cucc.com.cn

张德江副总理视察徐州中联水泥万吨线

枣庄中联水泥生态园远景图

北京金隅股份有限公司

公司简介

北京金隅股份有限公司成立于2005年12月，主营业务包括水泥、新型建筑材料、房地产开发和物业投资及管理。公司充分利用自身独特的资源优势，以建筑材料制造为主业，纵向延伸出房地产开发、物业投资及管理等产业，形成中国大型建材生产企业中独一无二的纵向一体化产业链结构。

金隅股份是中国环渤海地区最大的建材企业之一，是国家重点扶持的十二家大型水泥企业集团之一，在京津冀地区具有显著的区域规模优势和市场控制力。目前金隅股份水泥板块共有二十多家水泥生产企业和3家大型混凝土公司，分布于京、津、冀、晋、豫、吉等省（直辖市），水泥产能4000多万吨，预拌混凝土产能1000万方。产品广泛应用于国家重点工程和重大基础项目建设，其中高标号水泥在北京奥运场馆建设中的使用份额达到90%以上，金隅水泥产品获国家免检称号。公司充分利用水泥工业自身技术优势，率先发展工业废弃物、污水处理厂污泥、危险废弃物、城市垃圾焚烧飞灰等的资源化和无害化处置等具有典型循环经济意义的环保产业，实现了经济效益、社会效益和生态效益的协调统一。

HCRDI一直致力于

水泥生产商提供全方位的服务

水泥研究设计院隶属中国建材集团，主要从事水泥生产工业的科技研发、装备制造、工程设计总承包等工作，致力于为水泥行业投资者提供一站式、全方位服务，是中国建材行业最为知名制造商和工程承包商之一，荣膺ENR国际工程承包商225强之列。

六十余年的发展，合肥水泥研究设计院已经成为极具市场竞争力的高科技型企业，面对新的挑遇，我们勇于开拓，积极进取，为使我院成为大型化、专业化和国际化的工程承包商和技术装商而奋斗不息。

1. 沙特阿拉伯纳吉兰6000t/d熟料生产线
2. 俄罗斯LSR集团6000t/d熟料生产线
3. 越南缘何5000t/d+1500t/d熟料生产线
4. 用于浙江虎山集团5000t/d熟料生产线的大型立式磨
5. 合肥院自主研发的辊压机
6. 苏丹阿特巴拉4800t/d熟料生产线

m

华润水泥控股有限公司
China Resources Cement Holdings Limited

公司简介

华润水泥控股有限公司（香港联合交易所股份代码：HK1313）是国家重点支持的大型水泥企业集团之一。凭借其独特的资源布局优势及水泥和商品混凝土纵向一体化的生意模式，华润水泥控股已发展成为华南区域最大、最具竞争力的水泥和商品混凝土供应商，在中国水泥行业中具有重要地位。

华润水泥控股成立于2003年，主营业务为水泥和商品混凝土生产及销售服务，价值链涵盖石灰石开采、熟料烧成、水泥粉磨及商品混凝土生产。公司以资源掌控、资源转化和资源分销为重点，以系统成本最低为目标，为客户创造价值。截止到2011年8月31日，华润水泥控股在华南地区沿江沿海掌握有丰富的高品位石灰石资源，公司控股及参股企业合计拥有102条水泥粉磨线，43条熟料生产线及50座混凝土搅拌站，水泥、熟料及商品混凝土生产能力分别突破8050万吨/年、5560万吨/年及2950万立方米/年，水泥产能居全国前列，混凝土产能位居全国第一。华润水泥控股以西江和近海航道为物流主通道，建立起完善的水泥中转和配送网络，已成为控股参股公司业务覆盖粤、桂、闽、琼、晋、滇、黔、蒙、黑龙江东部、陕北及港澳等地区的规模最大、效益最好、管理最强的水泥和商品混凝土供应商，是所在区域水泥和商品混凝土行业的强势品牌。

华润水泥控股十分重视和积极参与企业公民建设，长期践行循环经济和节能减排等对社会和生态环境有益的事业。余热发电、大量使用脱硫石膏和粉煤灰、水煤浆代替重油等节能减排工艺在生产过程中不断得到应用，并取得了令人瞩目的成果。华润水泥控股将继续保持稳健及可持续发展的良好态势，致力提升中国水泥和商品混凝土行业的技术、管理和环保水平，为客户提供优质的水泥和商品混凝土产品，实现从优秀到卓越的跨越。

2010年华润水泥大事件

华润水泥加入可持续性倡议行动组织并获任中国地区联席主席
华润水泥进军山西市场，成功推动多区域发展战略
华润水泥控股正式入选香港恒生综合指数、恒生香港中资企业指数及恒生中国内地100指数成分股
华润水泥承建广西水泥产学研研发中心
华润水泥位于贺州循环经济园的生产线顺利投产
华润水泥成为华润集团开展全面风险管理工作试点单位
华润水泥全面推进绩效管理工作

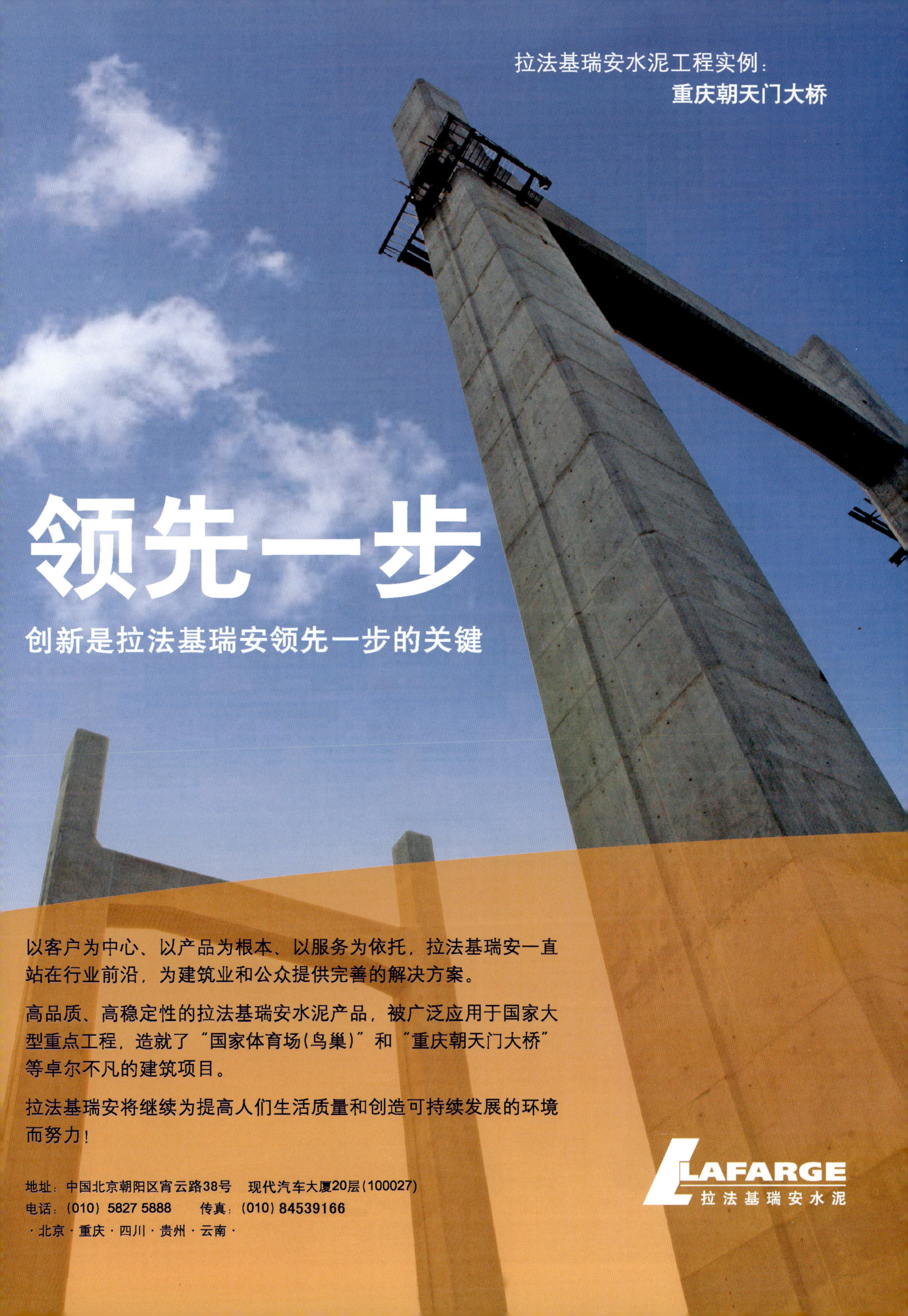
拉法基瑞安水泥工程实例：
重庆朝天门大桥
领先一步
创新是拉法基瑞安领先一步的关键
以客户为中心、以产品为根本、以服务为依托，拉法基瑞安一直站在行业前沿，为建筑业和公众提供完善的解决方案。
高品质、高稳定性的拉法基瑞安水泥产品，被广泛应用于国家大型重点工程，造就了“国家体育场（鸟巢）”和“重庆朝天门大桥”等卓尔不凡的建筑项目。
拉法基瑞安将继续为提高人们生活质量和创造可持续发展的环境而努力！
地址：中国北京朝阳区宵云路38号　现代汽车大厦20层（100027）
电话：（010）5827 5888　传真：（010）84539166
·北京·重庆·四川·贵州·云南·
LAFARGE
拉法基瑞安水泥

徐工的历史可以追溯到1943年许世友将军麾下的鲁南第八兵工厂

中国最早自主研制的混凝土泵车

中国最早自主研制的混凝土搅拌站

80 年代，徐工开启了中国混凝土机械的新篇章

凝土机械成套产品荟萃

搅拌站

15 方

匕系列混凝土泵车

) HBC90 HBC90-I HBC100 HBC100-I HBC120 系列车载泵

30 电机、柴油等不同配置选择系列拖泵

粉粒物料运输车系列，传承了徐工产品优良特质

行内最智能化的搅拌机械联合生产基地

行业内最先进的泵送机械研制基地

徐工建机办公大楼

售后服务团队 时刻准备着！

网上办公人员

徐工泵车和搅拌车在施工工地

中国工程机械出口第一大单 扬帆远航奔赴委内瑞拉

沈阳鑫航搅拌站 HB46A 泵车、搅拌车，正在为徐工双 180 搅拌站料仓浇筑混凝土

四川内江开发区施工 2 台 41 米 日野地盘

CONSTUCTION MACHINERY

徐工集团工程机械股份有限公司建设机械分公司

统一客服热线：400-110-9999

WWW.XCMG.COM

广东塔牌集团股份有限公司

广东塔牌集团股份有限公司（证券简称：塔牌集团，证券代码：002233）地处粤东地区，总部位于梅州市蕉岭县，是一家以水泥为主业，跨区域、跨行业、多元化发展的大型水泥上市企业，是广东省最具规模和综合竞争力的水泥龙头企业之一，是国家重点支持60家大型水泥企业之一。

塔牌集团目前拥有12家全资子公司，形成“三大”水泥生产基地（广东惠州基地、广东梅州基地、福建武平基地），在职员工3300多人，总资产50亿元，主业水泥生产规模1200万吨。2010年度塔牌集团在全国水泥企业产销量排名第十四位、保持广东省本土水泥企业第一。

塔牌集团率先在广东省水泥行业通过了ISO9001质量体系认证、环境管理体系和职业健康安全体系认证，先后荣获“全国质量工作先进单位”、“2011年中国建材企业500强”、“2011年中国建材最具成长性企业100强”“全国用户满意企业”、“中国建材百强企业(第23位)”、“全国质量效益型先进企业”、“中国建材知名企业”、“广东省百强民营企业”“广东省诚信示范企业”等荣誉；“塔牌”水泥先后荣获“国家产品质量免检产品”、“全国用户满意产品”、“全国建材推荐产品”、“中国建材世纪精品”、“广东省名牌产品”、“广东省著名商标”等荣誉。

塔牌集团将通过全面落实科学发展观，认真贯彻落实国家和省、市水泥产业政策，以经济效益为目的，以加快发展为主题，以科学管理为基础，以开拓市场为中心，以技术进步为动力，以企业文化为保障，发挥和利用企业优势，发展和壮大企业规模实力，增强和提升企业的核心竞争力，推进企业持续、快速和协调发展。

2003年国务院副总理张德江到塔牌视察

2004年广东省省长黄华华到塔牌视察（左五）

2004年黄华华省长到塔牌考察时与钟烈华董事长亲切交谈

广东塔牌集团股份有限公司

总部地址：广东省蕉岭县蕉城镇塔牌大厦
邮　　编：514100
电　　话：(0753)7887036
传　　真：(0753)7887233
邮　　箱：tp@tapai.com

天瑞 TIANRUI CEMENT
天瑞集团水泥有限公司
TIANRUI GROUP CEMENT CO.,LTD.

天瑞水泥 TIANRUI CEMENT

天瑞集团水泥有限公司是国家重点支持的十二家水泥企业集团之一，也是河南省政府重点扶持的百户企业之一，系由天瑞集团有限公司将其水泥板块吸纳世界五百强企业美国KKR公司、国际金融公司IFC和摩根大通集团投资，联合组建而成的中外合资企业，是河南省最大的水泥生产企业。天瑞集团水泥有限公司是国际水泥可持续发展倡议行动组织（CSI）的成员企业，2009年11月，被工信部确定为中部水泥行业五大重组龙头企业之一。

天瑞水泥企业主要分布在河南、辽宁和安徽三省，已投产汝州、卫辉、大连、禹州、光山、辽阳、天瑞郑州、南召、瑞平石龙、萧县等18家生产企业，目前拥有17条新型干法熟料生产线，粉磨站8座，年熟料产能3400万吨，水泥产能4000万吨，2010年度水泥实际产销量居全国第六位，河南省第一位。截止2010年底公司总资产超过108亿元，员工6400余人。

天瑞水泥拥有一支高水平的管理团队及国内一流的水泥工程建设、生产经营管理专业人才队伍，已建成的所有项目体现出了投资低、工期短、质量优、运行成本低、效益好的特点。明显的技术、管理和成本优势，使生产的“天瑞牌”水泥具有较强的市场竞争能力，水泥产销量和效益连续多年位居河南省同行业之首，成为国内水泥行业中盈利能力强、成长性好，竞争优势突出的水泥企业。

天瑞水泥着力经营“天瑞”品牌，先后通过了环境管理体系认证、质量管理体系认证、职业健康安全管理体系认证，“天瑞”牌水泥连续11年通过国家产品质量认证，先后荣获“国家质量免检产品”、“绿色建材产品”、“河南省优质产品”、“河南省著名商标”等荣誉称号，2010年初，“天瑞”商标被国家工商总局商标评审委员会认定为中国驰名商标。“天瑞”牌水泥系列产品被广泛应用于葛洲坝水利工程、哈大高铁、石武高铁、郑东新区等公路、铁路、隧道、大型桥梁及高层建筑重点工程建设项目。

作为河南省第一个引进新型干法水泥生产线的企业，天瑞水泥积极响应国家产业发展政策，大力发展大型新型干法水泥工艺，推动水泥工业结构调整和产业升级，厉行资源节约，保护生态环境，坚持走循环经济和可持续发展的新型工业化道路。

展望未来，天瑞水泥将抢抓“中原崛起”和“振兴东北老工业基地”的战略机遇，加快水泥发展步伐，为经济发展和社会进步做出更大的贡献。

天瑞水泥生产线分布图

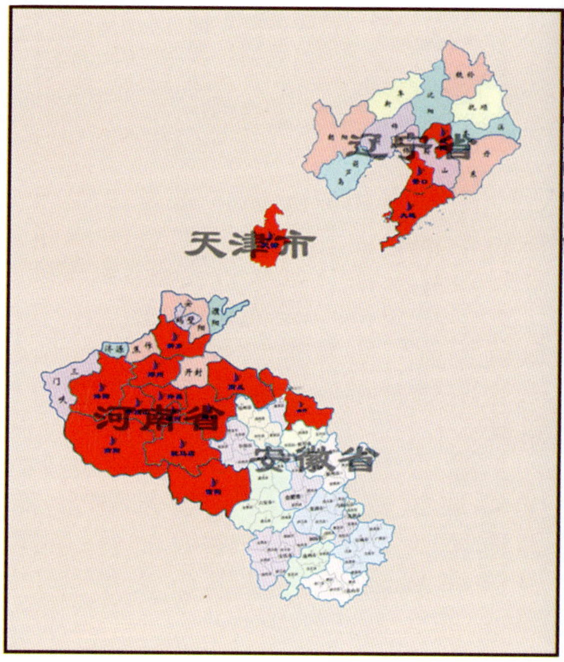

企业荣誉

生产企业外景

天瑞集团汝州水泥有限公司

大连天瑞水泥有限公司

天瑞集团郑州水泥有限公司

卫辉市天瑞水泥有限公司

昌江华盛天涯水泥有限公司

余热发电

水泥粉磨站

18公里石灰石胶带输送长廊

办公大楼

華盛·天涯水泥

华盛水泥位于美丽富饶、四季如春的海南岛，公司总部设在海南省省会海口市，是海南省著名的现代化水泥工业企业，年水泥生产能力600万吨，位居全国水泥行业五十强，被评为全国建材行业先进集体，是国家重点扶持的100家建材企业之一，2008年入选海南建省办特区二十周年十大工程，被评为海南省“十一五”节能攻坚优秀单位。

公司机构环岛分布在全省各地，目前已建成投产的3条日产5000吨新型干法水泥熟料生产线，全部被列为海南省重点建设项目，核心技术从国外引进，具有产量高、能耗低、自动化程度高、环境保护好等特点，代表着当今世界水泥行业先进的生产工艺和技术。“天涯”牌高等级水泥和熟料是公司知名产品，长期、广泛应用于岛内重点建设项目与标志性工程，对加快推动海南省水泥工业结构调整，促进“海南国际旅游岛”建设步伐，发挥着十分积极而重要的作用。

公司一直致力于发展循环经济和节能减排。2005年率先在5000T/D新型干法水泥窑上利用水泥窑废气余热发电，成为水泥行业海南首个、国内第二家正式获得联合国CERs（经核证的减排量）签发的CDM项目；2009年，公司投资建成当时亚洲最长的石灰石长距离胶带输送走廊，全长18.2公里，使公司在可再生能源的开发利用和节能环保方面走进了一个新的领域，是海南省节能减排和循环经济发展先进示范企业。

办 公 地 址：海南省海口市滨海大道87号
熟料生产地址：海南省昌江县
水泥生产地址：海南省海口市、三亚市
电话：0898—68571088
邮编：570105
网址：www.hscement.com

大连小野田

开创可持续发展循环经济之路
争做都市型环保水泥企业的典范

大连小野田水泥有限公司成立于1989年，由日本太平洋水泥公司投资的国内第一家中外合资企业，公司多年来秉承和坚守质量第一、环境友好和发展循环经济的经营理念，在向国内外客户提供优质产品的同时，也完成了由传统水泥生产向兼顾废弃物综合处理的都市环保型水泥企业的转变。作为大连市区内唯一的水泥生产企业，公司实施了创建都市型水泥企业的发展战略，致力于通过处理都市垃圾和产业废弃物来强化企业与城市间的相互依存关系。目前，经我公司水泥窑协同处理的废弃物已涵盖13个行业30多种废弃物。2010年废弃物处理量67.3万吨，吨水泥处理水平已经达到361千克，接近世界先进水平。

大连小野田协同处置13个行业30多种废弃物

大连小野田水泥公司在应对城市突发事件上发挥了不可替代的作用。2010年大连港口发生特大火灾，原油泄露导致土壤及沙滩严重污染，在城市面临的危难时刻，公司组织技术力量，采用先进的技术，安全妥善地处理了1万多吨原油污染土壤和海砂。这种水泥企业协助地方政府应对突发事件的技术和实力，得到当地政府的充分认可，也体现出企业勇于承担社会责任的积极姿态。

大连市城市垃圾焚烧厂即将建成，届时每年将产生1.5万吨焚烧飞灰，灰中含有二噁英和多种重金属，属于危险废弃物。如果采用传统的飞灰固化填埋方式，既不安全，又占用稀缺的土地资源。对此，公司计划利用太平洋水泥公司的飞灰水洗处理及水泥资源化技术。对其实施无害化和资源化的处理，使得危险废弃物完全变成可利用的资源。该项目得到当地政府和国内专家的一致认可，并已提交政府立项审批，建成后，将成为国内第一条成熟的垃圾焚烧飞灰水泥资源化项目，填补国内相关技术空白，成为行业的典范，必将为企业所在地建设蓝天碧海、健康环保的宜居城市做出新的贡献。

日本太平洋水泥公司具有130多年的历史，在节能环保及废弃物的循环利用方面处于世界领先地位。通过多年的研发与实践，确立了利用水泥生产线来消化和处理城市垃圾，垃圾焚烧飞灰和产业废弃物等的技术系统。做到了既生产高质量的水泥，又改善了环境，最大限度地追求和实践着可持续的发展。

亚洲水泥（中国）控股公司

亚洲水泥（中国）控股公司（以下简称本公司或公司）于2004年4月在开曼群岛注册成立，资产总值超过人民币150亿元。公司下辖一贯化水泥制造厂、研磨厂、水泥制品厂、运输公司及投资公司五大类型合计共十八家公司。2008年5月20日，公司成功于香港主板上市。

本公司自江西亚东第一条日产熟料4200吨新型干法水泥生产线于2000年7月成功点火投产以来，先后又在江西瑞昌、四川成都、湖北阳逻及湖北武穴等地共有九条自行建设的同型生产线竣工投产，目前本公司合计有十条日产熟料4200吨之新型干法水泥生产线同步运行，加上2010年收购的武汉亚鑫已有产能，年产水泥合计约达2400万吨。此外，江西亚东正新建二条日产熟料6000吨之新型干法水泥生产线，2014年时，全公司年产水泥预计将达3000万吨。

本公司秉持远东集团[诚、勤、朴、慎.创新]的企业精神，传承台湾经验，致力在大陆建造高环保、高品质、高效率、低成本之[三高一低]的大型现代化模范水泥厂，为企业永续发展奠定良好基础。一直以来，公司均以「工业发展与环境保护并行不悖」的理念，采用最先进的预热预煅式旋窑设备，配合废热回收发电技术，有效节约能源，除引进最先进的收尘设备，有效控制落尘，使之远低于国家标准外，每单位产品综合能耗亦处于水泥企业能耗的先进行列。公司同时投入大量的人力、物力，致力于污水处理、矿山复育和环境绿美化，尽量保留各种原生植物，厂区矿山绿化成果绩效卓著，广受政府及社会专业机构之肯定，多次获颁能源节约及矿山开采先进企业和环境保护模范企业等奖项，誉满海内外。

展望未来，本公司江西亚东、湖北亚东、武汉亚东、黄冈亚东、扬州亚东均临江而建，并沿长江向外辐射，而位于四川成都之四川亚东，则拥有都会地利之便，复因配合政府开发中西部之政策，使本公司成为长江中下游及中国西南（成都）地区主要的大型水泥企业集团，在武汉、九江、南昌、扬州、上海、成都等地，本公司产品—洋房牌水泥，已系高品质水泥的代表，今后仍将继续选择合适机会，扩充产能，希望努力成为中国前十大水泥集团之一。

品质服务热线：400-887-1700
大陆总部地址：江西省瑞昌市码头镇亚东大道6号（邮编：332207）
电话：0792-4888999　　传真：0792-4886998
网址：www.achc.com.cn （大陆总部） www.yadongco.com.cn （江西亚东）

青海水泥股份有限公司

公伯峡电站

青海水泥股份有限公司是经青海省人民政府批准，于1999年10月18日设立的股份有限公司，公司注册资本1.1亿元人民币。主要从事水泥、水泥制品及商品混凝土的生产与销售，担负着为青海省重点工程建设项目提供优质水泥的重任，是青海省规模最早的采用新型干法窑外分解工艺的水泥生产企业，年生产能力100万吨，并于2002年2月通过了国家ISO9002质量体系认证。公司采用国内领先的生产工艺技术，成为青海省生产特种水泥及高标号水泥的主导企业。主要产品“昆仑山”牌水泥获得省优质产品称号， 52.5中热硅酸盐水泥、矿渣水泥、道路硅酸盐水泥及复合水泥拥有国际标准产品证书，此外公司还生产经营“昆仑山”牌52.5级硅酸盐水泥、32.5级和42.5级普通硅酸盐水泥等多品种水泥。42.5普通硅酸盐水泥获中国水泥房建材料认证中心产品质量认证，公司于2006年-2009年度连续四年荣获国家质检总局颁发的“昆仑山”牌P·042.5、P·032.5、P·042.5R、P·032.5R、中热525水泥产品质量免检证书。2007年“昆仑山”牌普通硅酸盐水泥（P·042.5、32.5）被青海省人民政府评为青海省名牌产品，是青海省水泥行业中唯一获此殊荣的产品。2007年-2010年昆仑山牌商标被认定为第五届青海省著名商标。2006年-2008年公司连续荣获“青海企业50强”称号。连续八年被省政府评为利税先进企业。结合青海省黄河上游水电开发、盐湖资源开发和石油天然气资源开发，公司正在试制抗盐卤侵蚀水泥、A级和B级油井水泥、HBC新型水泥等产品。

青藏铁路

地址：青海省大通县桥头镇黎明路19号

邮编：810103　电话：0971-2761901

传真：0971-2761624

更少的煤和电，更多的熟料和水泥节能，从现在开始！

基于EcoStruxure能效管理架构的水泥生产及能源优化解决方案现已推出

作为水泥企业管理者，您是否准备好面对挑战？

生产波动、能源成本、节能减排、运转率、产量、工艺和质量优化、精细化管理、市场竞争，您的工厂无时无刻不面临着日趋激烈的盈利性和可持续发展性方面的挑战。

优化每吨能耗，是迈向成功的关键要素

坚持持续不间断的能效管理是工厂盈利并全面投入运营最直接的方法。EcoStruxure™能效管理架构有助于最大限度地提高和提升水泥生产的效率和质量，在确保工厂保持具有竞争优势的可持续发展的同时，节能增产！

提高生产效率，优化能源使用

EcoStruxure能效管理架构通过帮助您提高整个工厂的生产效率，对能源使用进行优化。我们的目标是帮助您获得更安全、更可靠、更高效、更经济、更环保的能源。

EcoStruxure

管理节能架构，提高从发电到用电端能效™

能源管理 更简单、更节省、更透明的能源管理系统，避免能源浪费、整合能源和电机控制以及信息系统，提高能源使用的效率。

流程与机器管理 优化生产、稳定质量、应用驱动解决方案和信息系统，最大限度地减少停机。

安全管理 通过实时检测潜在的不安全因素、预防人员未经授权进入生产区、识别产品质量问题，增强工厂安全。

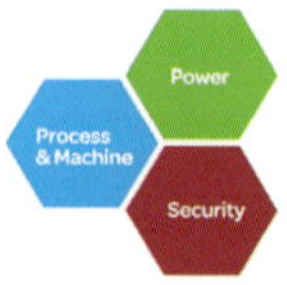

"三"管齐下，助力水泥企业节能增产！

- 能源管理
- 流程与机器管理
- 安全管理

善用其效，尽享其能

即刻在线注册，下载施耐德电气水泥行业解决方案
就有机会赢取价值**300**元的加油卡
登录 www.SEreply.com 输入活动编码：48709f
或拨打 400-810-8889

Schneider Electric
施耐德电气

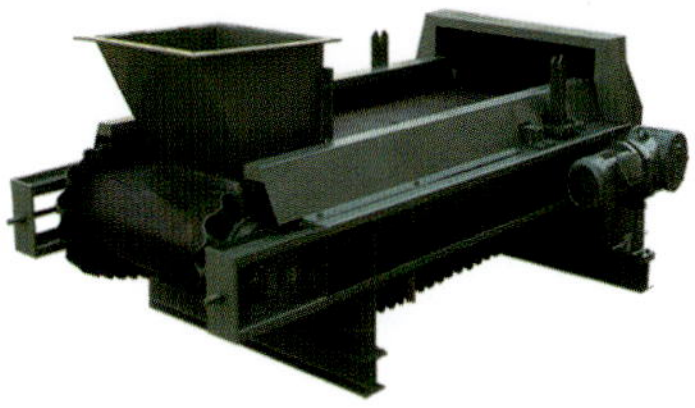

TDGSK系列定量给料机

TDGSK系列定量给料机是在引进、消化、吸收国外先进技术的基础上，结合国内自主研发的计量技术，不断改进后推出的拥有自主知识产权的调速皮带定量给料机。该设备性能稳定、计量准确，广泛应用于建材、冶金、化工等行业的各种物料定量给料。

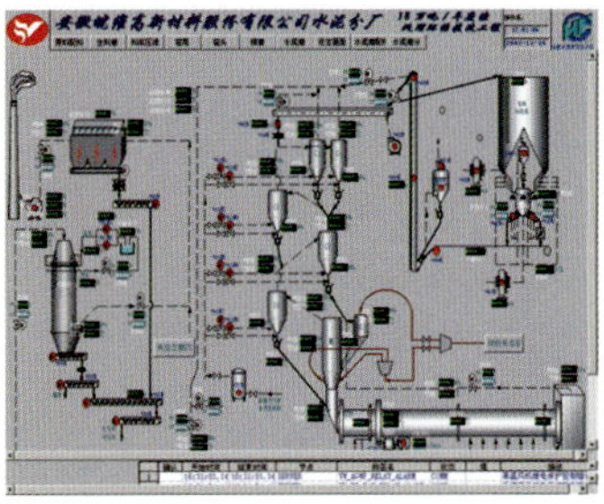

PCS生产过程控制系统

采用高可靠性控制器、工业以太网、现场总线、优化控制技术等多项先进技术与器件集成的PCS生产过程控制系统兼具了DCS和PLC的优点，主要针对新型干法水泥生产线的控制，性能稳定、运行可靠、技术先进、投资低，已经在上百家水泥厂成功应用。

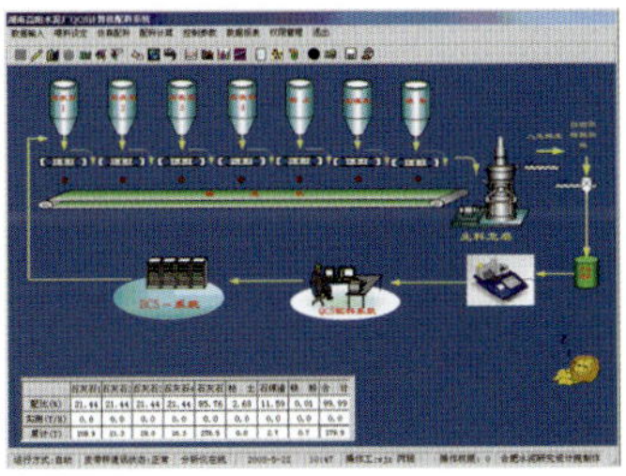

QCS水泥生料质量控制系统

成功应用在新型干法水泥生产线上已有二十多年的历史，对于提高生料配料质量、稳定水泥烧成系统热工制度，提高熟料产量和质量作用明显，尤其对实施水泥质量新标准具有十分重要的意义。

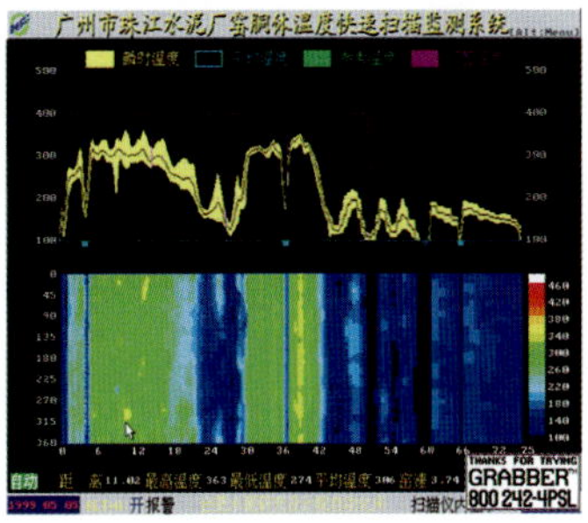

HF系列窑胴体红外扫描系统

可以快速、准确地反映回转窑胴体表面的温度值，提供全窑表面的温度分布情况，及时发现窑砖的状态，有效地预防窑砖及窑皮脱落，从而实现窑的经济运行。

GMS烟气成份在线分析系统

实现对工业生产过程中烟气的连续采样、处理、成份分析和维护的全程自动化，具有检测快速准确、运行可靠、维护量少、寿命长等特点。尤其适用在高温高粉尘的工业流程中，如水泥、冶金、脱硫、化工、电力等行业的长期应用。该系统的使用，能够检测热工过程、检查设备运行状态，返回运行参数到中控室，从而提高设备运行效能，配合故障诊断，节能降耗等。

低压配电柜、仪表柜及专用控制柜

多种类型的电控柜已广泛应用在水泥、冶金等工业及商业、民用领域。其中全数字直流调速、数字交流变频调速、电机软启动及稀油站控制装置、综合启动柜等以其高性能价格比获得广泛应用。

地址：安徽省合肥市望江东路60号(230051)
电话：0551-3439290
传真：0551-3429529
邮箱：jinshan@mail.hf.ah.cn
网址：www.jshan.com

公司倡导“艰苦创业、追求卓越”的企业精神，以“创造财富、造福社会”为公司使命，确立了“科学决策、从严管理、高效创新”的管理理念。率先推行并通过了ISO9001、ISO14001、OHSMH18001一体化管理体系认证和GB/T23331能源管理体系认证，以及通过ＡＡＡ级标准化良好行为确认和测量管理体系认证。主导产品“虎球牌”水泥是国家免检、浙江名牌产品、中国著名品牌，“虎球”商标被认定为中国驰名商标，“红火”商号被认定为浙江省知名商号。

展望未来，红火集团公司发展战略是做强水泥主业、做大物流和食品企业，拓展新型建材产业，实施“争创中国名牌，跻身全国水泥２０强”的目标，力争到“十二五”期末，实现销售收入４0亿元，利税5亿元。

YNCX 云南创兴建材新技术有限公司

云南创兴建材新技术有限公司是2001年底由云南省设计院相关部门改制，并由社会有识之士参股组成的有限公司。公司主要业务是从事建筑材料、节能、环保等方面的新技术、新产品的研究、开发及推广应用；专业从事水泥工厂的技术咨询、设计、技术改造及工程总承包工作；开展建筑材料、节能、环保等产业的产品、设备及材料的销售供应。公司拥有建材行业（水泥工程）专业乙级设计资质及建材行业丙级咨询资质。

通过十年的努力，公司已拥有在新型干法水泥、新型材料、节能环保方面多项专利及自主知识产权的技术，共完成大小水泥厂咨询、设计、技改、总承包近200项。其中，云南思茅建峰水泥有限公司、云南宜良金珠水泥有限公司、云南易门大椿树水泥有限公司、湖南长沙印山集团、水城钢铁（集团）有限责任公司、贵州鑫晟煤化工有限公司均属大中型水泥厂，承担设计了多条日产1000吨、2500吨、3200吨新型干法水泥生产线，目前已有30余条生产线投入运行。另外在对祥云建材（集团）有限责任公司1000t/d 新型干法水泥生产线进行改造时，开创了使用劣质煤、低发热量无烟煤的成功范例，并在全国处于技术领先水平。公司在水泥窑外分解技术及设备的开发制造方面有着自己的特点及经验。我公司承包的贵州鑫晟煤化工有限公司3000t/d新型干法水泥生产线已竣工投产，在这当中，我们过硬的技术力量、一流的员工队伍、良好的社会责任感，赢得了社会的好评。

云南创兴建材新技术有限公司将本着“专业、敬业、诚信”的精神，以低的成本、高的质量为用户服务，为西部建材工业的发展做出新的贡献。

云南创森环保科技有限公司

创 森 环 保
CHUANGSENHUANBAO

云南创森环保科技有限公司是一家集环保设备和输送设备研发、生产、销售，各类工业领域废气净化系统工程设计、工业环境污染治理技术开发及工程承包，国内外环保产品、配件代理销售于一体的现代化、专业化环保节能高新技术企业。

公司总部位于云南省昆明市高新区，工厂位于云南省易门工业园区，工厂占地40余亩，制造车间1万余平方米。公司拥有CS LMC系列长袋脉冲袋式除尘器、CS QMC系列气箱脉冲袋式除尘器、CS DMC系列脉喷单机袋式除尘器、CS QMC(M)系列煤磨防爆型袋式除尘器、扁袋除尘器以及NE系列提升机、FU系列板式链运机、空气输送斜槽等环保节能产品；公司已完成多套工业环境治理工程设计、施工及管理；同时，公司加强对可再生利用工业固体废弃物的研究和技术开发，尤其是对磷石膏的综合开发利用有着深入的研究和探索，逐步掌握了该领域新的综合利用技术，拥有磷石膏制备石膏砌块、利用磷石膏制造纸面石膏板、磷石膏制硫酸联产石灰等方面的领先技术；另外，公司也代理全国相关知名企业的产品及配件。

云南创森环保科技有限公司积极采用国际、国内先进的企业管理体系，秉承“以严治厂、以质取信、以新取胜”的创业宗旨，建立了“专业、敬业、诚信，为用户服务”的企业精神，致力于推动我国环保节能的技术进步，向国内外的各类工业企业提供更高效、更节能、更可靠、更完善的环保节能产品和技术服务。

公司地址：云南省昆明市高新区云南软件园A座8楼　　云南省玉溪市易门县工业园区
邮编：650100　　电话：0871-8108766　8103962　　传真：0871-8109799
网站：www.ycxdi.com　　邮箱：post@ycxdi.com